Taylor Caldwell

Geliebter und berühmter Arzt

Gewidmet
Dr. Samuel A. Vogel und Frances Vogel,
Buffalo, N. Y.

Taylor Caldwell

Geliebter und berühmter Arzt

Der Lebensroman des Arztes
und Evangelisten Lukas

DIANA VERLAG ZÜRICH

Aus dem Amerikanischen übersetzt
von Georg Tichy

Titel der Originalausgabe
DEAR AND GLORIOUS PHYSICIAN

*Gewisse Ähnlichkeiten zwischen dem antiken Rom einerseits
und den Vereinigten Staaten von Nordamerika
oder Rußland andererseits sind durchaus historisch
begründet und kein Zufall.*

Printed in Austria

ISBN 3-905414-49-X
Umschlaggestaltung:
Grafikwerkstatt Bruno Schachtner, Dachau
Umschlagillustration: Rogier van der Weyden,
„Der heilige Lukas zeichnet die
Madonna", Arthothek Planegg/Blauel
Druck und Bindung:
Wiener Verlag, Himberg bei Wien

»Lukas, der geliebte Arzt . . .«

Paulus, Kolosserbrief

VORWORT

An diesem Buch habe ich sechsundvierzig Jahre lang geschrieben. Die erste Fassung entstand, als ich zwölf, die zweite, als ich zweiundzwanzig, die dritte, als ich sechsundzwanzig Jahre alt war, und die Arbeit daran setzte eigentlich nie aus.

Mit der letzten Fassung begann ich vor fünf Jahren. Sie mußte, ebenso wie die früheren Fassungen, unvollendet bleiben, bis mein Gatte und ich 1956 das Heilige Land besuchten und bis mein Gatte mir die Nachweise für das letzte Drittel des Buches und sonstige Hilfen beschaffen konnte.

Von meiner frühen Kindheit an hat Lucanus oder Lukas, der große Evangelist, mich gefesselt. Als einziger unter den Evangelisten war er kein Jude. Er hat Christus nie gesehen. Alles in seinem beredten, aber knappen Bericht stammt vom Hörensagen, von Augenzeugen, von der Mutter Jesu, von Jüngern und von den Aposteln. Den Boden Israels hat Lukas erst fast ein Jahr nach der Kreuzigung Christi betreten.

Dennoch wurde er einer der größten Künder der Heilslehre. Wie Saulus von Tarsos, der nachmalige Paulus und Apostel der Heiden, glaubte er, daß unser Herr nicht bloß zu den Juden, sondern auch zu den Heiden gekommen war. Lukas hat viele Berührungspunkte mit Paulus, der ja gleichfalls nie mit Christus zusammentraf. Beiden wurde eine persönliche Offenbarung zuteil. Beide hatten Schwierigkeiten mit den eigentlichen Aposteln, die lange, auch noch nach dem Pfingstwunder, hartnäckig an der Meinung festhielten, unser Herr sei ausschließlich zum Heile der Juden Mensch geworden und gestorben.

Warum hat gerade Lukas mich ständig gefesselt, und weshalb habe ich ihn von Kind auf stets geliebt? Ich weiß es nicht. Ich kann dazu nur Nietzsche zitieren: »Man hört – man sucht nicht; man fragt nicht, wer es gibt. Ich hatte nie die Wahl.«

Dieses Buch handelt nur mittelbar von Christus. Kein Roman, kein Geschichtswerk kann sein Leben so gut darstellen wie die Heilige Schrift. Vielmehr ist die Geschichte des Lucanus oder des heiligen Lukas eine Geschichte von jedermanns Pilgerfahrt durch Verzweiflung und Lebensdunkel, durch Leiden und Angst, durch Bitternis und Kummer, durch Zweifel und Spott, durch Auflehnung und Hoffnungslosigkeit zu den Füßen und zum Begreifen Gottes. Diese Suche nach Gott und dessen schließliches Offenbarwerden sind das einzige, was im Dasein des Menschen zählt. Ohne diese Suche und dieses Offenbarwerden fristet der Mensch nur seine Tage wie ein Tier, bar aller höheren Verheißung und Erkenntnis; sein Leben ist bedeutungslos, mag er noch so angesehen oder mächtig oder hochgeboren sein.

Ein Geistlicher, der uns bei der Abfassung dieses Buches half, sagte vom heiligen Lukas: »Er war Unserer Lieben Frau erster Troubadour. Nur ihm gab Maria das Magnificat ein, das die edelsten Worte des menschlichen Schrifttums enthält. Er liebte sie mehr als alle Frauen, die er je geliebt hatte.«

Mein Gatte und ich haben buchstäblich mehr als tausend Bücher über Lukas und seine Zeit gelesen, und am Ende dieses Romans ist für jene, die sich in diese Dinge vertiefen wollen, ein Literaturverzeichnis abgedruckt. Wenn den einen oder anderen Leser die Zeit des Lukas erstaunlich modern anmutet, von modernen seelischen Motiven beherrscht, so handelt es sich um eine Tatsache.

Dieses Buch wird gewiß nicht das beste auf Erden sein; aber es wurde mit Liebe und Hingabe für unsere Mitmenschen geschrieben. Und so wird es jetzt schließlich in aller Hände gelegt, weil es die ganze Menschheit angeht.

Fast alle Begebenheiten und die Umwelt von Lukas' Jugend und Mannesalter und der Zeit seines Suchens sind tatsachengerecht, ebenso wie seine Familie und der Name seines Adoptivvaters. Man sollte stets im Auge behalten, daß Lukas in erster Linie ein großer Arzt war.

Als zwölfjähriges Mädchen stieß ich auf ein umfangreiches Buch, das von einer damals in Antiochia lebenden Nonne geschrieben war und viele weder in Geschichtswerken noch in der Bibel zu findende Legenden über den heiligen Lukas enthält. Die Nonne hat diese Legenden und mancherlei alte Überlieferungen zusammengetragen, einschließlich der Berichte über die vielen von Lukas zunächst nicht als solche erkannten Wunder, die er schon vor seiner Abreise in das Heilige Land wirkte. Die Legenden stammen zum Teil aus Ägypten, zum Teil aus Griechenland; sie haben in diesem Roman Aufnahme gefunden. Damals wußte Lukas, weder daß er einer der Auserwählten Gottes war, noch daß er Heiligkeit erlangen würde.

Das mächtige und glanzvolle Babylonische Reich (oder Chaldäa) wird vielen Lesern ebensowenig näher bekannt sein wie seine medizinischen Forschungen, seine von den Priester-Ärzten geübten Behandlungsmethoden und seine Naturwissenschaft – alles Dinge, die auf die Ägypter und die Griechen vererbt wurden. Die babylonischen Gelehrten wußten von den heilmagnetischen Kräften und gebrauchten sie. Diese Errungenschaften waren in Tausenden von Buchrollen der wunderbaren Alexandrinischen

Bibliothek niedergelegt, deren noch erhaltenen Teil Kaiser Theodosius ein paar Jahrhunderte später in einer Anwandlung irregeleiteten Glaubenseifers vernichten ließ. Die moderne Medizin und Naturwissenschaft sind daran, diese Dinge wiederzuentdecken. Jedenfalls aber ist unsere Zeit durch das Wüten römischer Herrscher ärmer geworden. Wären babylonische Naturwissenschaft und Medizin ungeschmälert auf uns gelangt, so stünde es um unsere Kenntnis von der Welt und vom Menschen beträchtlich besser, als dies heute der Fall ist. Wir haben bisher noch nicht herausbekommen, wie die Babylonier bei Nacht ihre Segelschiffe mit einem »kalten Feuer, heller als der Mond«, beleuchteten und wie sie ihre Tempel mit dem gleichen kalten Feuer erhellten. Offenbar benutzten sie die Elektrizität auf irgendeine uns unbekannte, von unserer heutigen schwerfälligen Verwendungsweise verschiedene Art. Es wird berichtet, daß sie nicht von Pferden gezogene »Landfahrzeuge« verwendeten, die bei Nacht beleuchtet waren und hohe Geschwindigkeiten erreichten (siehe das Buch Daniel). Es wird auch berichtet, daß sie merkwürdige »Steine« oder eine Art Erz zur Heilung des Krebses benutzten. Sie waren mit dem Gebrauch der Hypnose, mit der psychosomatischen Heilkunde vertraut. Abraham, ein Bewohner der Stadt Ur in Babylonien, verpflanzte diese Behandlungsweisen zu den Juden, die sie durch alle Jahrhunderte übten. Die Magier, die »Weisen aus dem Morgenlande«, die dem Jesuskind Gaben überbrachten, waren Babylonier, obwohl es damals mit diesem Volk schon seit langem stark abwärtsging.

Wo die Fachleute über bestimmte in diesem Buch geschilderte Begebenheiten oder deren Hintergründe verschiedener Meinung sind, habe ich mich der Mehrheit angeschlossen. Von den Evangelien wird fast ausschließlich dasjenige nach Lukas benützt, so daß vieles in den drei anderen Evangelien Enthaltene nicht mit herangezogen wurde.

Bei dieser Gelegenheit möchte ich Herrn Dr. George E. Slotkin, Eggertsville, N. Y., dem berühmten Urologen und emeritierten Professor der Medizinischen Fakultät von Buffalo, N. Y., für seine unschätzbare Hilfe auf dem Gebiet der antiken ebenso wie der modernen Medizin Dank sagen.

Taylor Caldwell

ERSTER TEIL

Sicherlich erwählt Gott seine Diener gleich bei ihrer Geburt oder vielleicht sogar schon vor der Geburt.

EPIKTET

I

Lucanus wurde sich nie ganz klar darüber, ob er seinen Vater liebhatte oder nicht. Nur daß er ihn bedauerte, wußte er bestimmt. Schlichte, bescheidene Menschen konnte man bewundern. Weise Menschen konnte man verehren. Aber sein Vater war weder schlicht noch weise, obwohl er sich die zweite dieser Eigenschaften zuschrieb.

Buchhalter und Archivare hatten ihren bedeutsamen Platz im Leben, besonders, wenn sie rührig und ihres Wertes eben als Buchhalter und Archivare eingedenk waren, ohne mit weitreichenden Fähigkeiten zu flunkern. Es stand ihnen nicht gut an, in hochtrabendem und beiläufigem Tone von »Dutzendmenschen« zu sprechen. Aber Lucanus' Mutter lächelte so zärtlich und so gutherzig, wenn ihr Gatte mit seinen drolligen Vorurteilen loslegte, daß die Wärme dieses Mitleids ihren Sohn milde stimmte.

Da war die Sache mit der Ziegenmilch, in der Äneas, der Vater, jeden Morgen und Abend die Hände wusch, wobei er die fette Flüssigkeit sorgfältig in jede Runzel und Rille und Falte verrieb. Mit zehn Jahren begriff Lucanus bereits, daß sein Vater die Hände nicht bloß weich und weiß machen wollte, sondern auch die Narben einstiger Sklavenfron zu tilgen versuchte. Das brachte Lucanus auf; denn schon damals war er überzeugt, daß Arbeit, welcher Art immer, erst entehrte, sobald der Arbeitende selbst sie als entehrend empfand. Wenn Äneas jedoch mit den feuchten Händen leicht fächelte, um sie in der milden syrischen Luft zu trocknen, sah Lucanus die Verunstaltungen der Handflächen und die lange, häßliche Narbe auf dem schmalen rechten Handrücken, und Mitleid überflutete ihn mit einer Welle unbestimmter Liebe. Aber sein Begriffsvermögen war im Grunde noch kindlich.

Von seiner besten Seite zeigte sich Äneas, wenn er unmittelbar vor dem Abendessen den Göttern das übliche Trankopfer ausgoß. Lucanus beobachtete ihn dabei stets mit wortloser Verehrung. Die sonst so dünne, schrille, überhebliche Stimme des Vaters wurde demütig und verhalten. Er bekundete seine Dankbarkeit dafür, daß die Götter ihm die Freiheit gewährt, ihm die Erwerbung dieses kleinen, hübschen Hauses inmitten der Gärten mit ihren Palmen, Blumen und Obstbäumen ermöglicht, ihn aus dem Staub erhoben und ihm Macht über andere Menschen geschenkt hatten. Doch der feierlichste Augenblick für Lucanus kam dann, wenn Äneas den Weinbecher neu füllte, mit Ehrfurcht langsam und bedächtig die rote Flüssigkeit ausgoß und fast unhörbar flüsterte: »Dem Unbekannten Gotte!«

Tränen füllten dann die großen, blauen Augen des zehn Jahre alten Lucanus. Dem Unbekannten Gotte. Das Trankopfer war für Lucanus nicht bloß ein uralter Brauch der Griechen; es war ihm ein mystischer Gruß, eine allumfassende Weihehandlung. Er sah die rubinroten Tropfen fallen, und sein

Herz krampfte sich in fast unerträglicher Erschütterung zusammen, als würde vor seinen Augen göttliches Blut vergossen, ein unfaßliches Opfer vollbracht.

Wer war dieser namenlose, unbekannte Gott? Äneas teilte seinem Sohne mit: Bei den Griechen war es Sitte, diese Gottheit derart zu ehren; und das hochstehende griechische Brauchtum mußte man wahren, wenn man unter den Römern lebte, die trotz ihrer Weltherrschaft Barbaren blieben. Seine zerschrammten Hände falteten sich in einer unbewußten Geste der Huldigung, und in sein schmales, sonst so nichtssagendes, gewöhnliches Gesicht traten Würde und Feierlichkeit. In solchen Augenblicken schien es dem Knaben sicher, daß er seinen Vater liebte.

Lucanus war von seinem Vater sorgfältig über die Götter belehrt worden, für die er die griechischen Namen gebrauchte und nicht die ihnen von den Römern gegebenen plumpen Bezeichnungen. Selbst so, mit ihren dichterischen und lieblichen Namen, waren sie für Lucanus bloß riesenhaft und unsterblich gewordene Menschen, die alle Grausamkeit und Raubgier, alle Sinnlichkeit, Mißgunst und Bosheit des Menschengeschlechtes zeigten. Nur der Unbekannte Gott schien die Eigenschaften des Menschen nicht zu besitzen, weder seine Laster noch seine kleinen Tugenden. »Die Philosophen lehren, daß er menschlicher Erkenntnis unzugänglich ist«, hatte Äneas einmal seinem Sohne erklärt. »Aber er ist mächtig, allwissend und allgegenwärtig, in allem Seienden, Baum und Stein und Mensch, anwesend. So sagen es die unsterblichen Denker unseres Volkes.«

»Der Knabe ist zu ernst für sein Alter«, bemerkte Äneas gelegentlich zu Iris, seinem Weibe. »Allerdings muß man bedenken, daß sein Großvater, mein Vater, ein Dichter war, und ich darf also seinen Ernst nicht zu sehr bekritteln.«

Iris wußte, daß der dichtende Großvater eines der eher bemitleidenswerten Trugbilder ihres Gatten war; doch sie nickte zustimmend. »Ja, unser Sohn hat die Seele eines Dichters. Aber wenn er mit der kleinen Rubria spielt, ist er sehr lebhaft; das sehe und höre ich. Sie sind gemeinsam hinter den Schafen her und spielen Verstecken zwischen den Ölbäumen, und manchmal ist ihr kindliches Lachen ungestüm und laut.«

Sie betrachtete ihren Gatten liebevoll, als er den langen Kopf mit bedeutsamer Geste hob und ein Stirnrunzeln aufsetzte. Im Grunde seines armen Herzens fühlte er sich, trotz seiner Verachtung für die Römer, geschmeichelt. »Ich will hoffen, daß er deswegen nicht seine Unterrichtsstunden versäumte«, meinte er. »Bei aller Hochachtung für meinen Dienstherrn fällt es mir schwer, zu vergessen, daß er ein römischer Barbar ist und daß seine Tochter meinem Sohn keinerlei geistige Anregung bieten kann.« Rasch fügte er hinzu: »Immerhin muß man berücksichtigen, daß er erst zehn Jahre alt ist und die kleine Rubria noch jünger. Du sagst, daß sie immer miteinander spielen, meine Teure? Ich habe nichts davon gemerkt. Aber schließlich arbeite ich vom Morgengrauen bis zum Sonnenuntergang im Hause des Tribunen.«

»Lucanus hilft Rubria bei ihren Aufgaben.« Iris schüttelte sich eine goldblonde Locke aus der Stirn. »Wie schade, daß Diodorus Cyrinus, der edle Tribun, nicht dich als Rubrias Lehrer heranzieht!«

Äneas seufzte und drückte einen leichten Dankeskuß auf die weiße Stirn seiner Frau. »Wer sollte denn dann diese Römergeschäfte in Antiochia erledigen und die Bücher führen und die Sklavenaufseher überwachen? Ach, diese habgierigen, unersättlichen Römer! Rom ist ein Abgrund, in den aller Reichtum und alle Arbeit der Welt lautlos versinken und aus dem nie Wohlklang aufsteigt oder aufgestiegen ist.«

Iris hütete sich, ihren Gatten an Vergil zu erinnern. Äneas pflegte bei solchen Gelegenheiten festzustellen, daß Vergil den Vergleich mit Homer nicht aushalte.

Es kränkte Äneas, daß sein Dienstherr nur ein gewöhnlicher Tribun war und kein Augustale. Viele römische Tribunen waren Augustale, nicht aber Diodorus, der die Patrizier verabscheute und dem als Ideal Cincinnatus galt. Der Tribun war recht gebildet und sehr klug, Abkömmling einer biederen, sittenstrengen Soldatenfamilie; aber er trug die Verachtung des Soldaten für geistig eingestellte Menschen zur Schau. Seine altmodischen Tugenden verschloß er im Herzen, verleugnete sein vielfaches Wissen und sprach in der rauhen, einfachen Ausdrucksweise eines Soldaten, dem Bücher verächtlich sind. Auf seine Art verstellte er sich ebensosehr wie Äneas. Beide waren sie Gaukler, pflegte Iris traurig zu sich selbst zu sagen, aber beide gleich bedauernswerte Gaukler. Mochte Äneas Herablassung mimen gegenüber dem Soldaten, dessen Vater ihm die Freiheit geschenkt hatte, und mochte Diodorus rohe Sprechweisen und barsche Umgangsformen zur Schau tragen: beides sagte nichts von ihrem Wesen aus.

Diodorus' Vater, ein sittenstrenger, edel gearteter Mann, hatte den jungen Äneas von einem Bekannten gekauft, der wegen seiner außerordentlichen Grausamkeit den Sklaven gegenüber berüchtigt war, einer Grausamkeit, die ihn selbst bei einem innerlich verhärteten, zynischen Volk in Verruf gebracht hatte. Es hieß, unter den Sklaven dieses Mannes gäbe es keinen, der nicht Narben trüge, angefangen von den Arbeitern in Feldern und Weinbergen und Ölhainen bis zu den jüngsten Mägden in seinem Hause. Durch kein Gesetz ließ er sich davon abhalten, einen ihm mißliebigen Sklaven leichtfertig und willkürlich aus dem Wege zu räumen, und er hatte Arten der Folterung und Tötung ausgeklügelt, die ihm ungemeines Vergnügen bereiteten. Ein Augustale aus stolzem, allerdings entartetem Geschlecht, sehr reich und mächtig, war er auch Senator; und angeblich fürchtete sogar Cäsar ihn.

Nur ein einziger Mann in Rom wagte es, ihm offen seine Mißachtung zu zeigen, der gesinnungstreue Tribun Priscus, Vater des Diodorus, den die römischen Plebejer liebten, Leute, die selbst ebenso verderbt und lasterhaft waren wie ihre Herren, ihm aber für seine Lauterkeit und seine soldatischen Eigenschaften Ehre erwiesen. Sie bewunderten ihn sogar wegen seiner Menschlichkeit und Rechtlichkeit den Sklaven gegenüber, und das war ganz merkwürdig bei einem Volk, dem ein Sklave weniger galt als ein Tier.

Äneas, der griechische Sklave, war Landarbeiter bei dem Senator gewesen, und niemand wußte recht, wie Priscus ihn erworben hatte – außer Äneas selbst, und der sprach nie darüber. Jedenfalls hatte Priscus den wunden, zusammengebrochenen Jungen zu sich genommen, hatte seinen Arzt beauftragt, ihn auszuheilen, hatte ihm einen Platz in seinem Hauswesen angewiesen und bloß Folgsamkeit von ihm verlangt. »Wir alle müssen gehorchen«, hatte Priscus in strengem Tone zu seinem neuen Sklaven gesagt. »Ich gehorche den Göttern und den Gesetzen meiner Ahnen. Auf eine solche Unterordnung kann man stolz sein, weil sie freiwillig ist und allen ehrenhaften Männern auferlegt wird. Zügellosigkeit ist gleichbedeutend mit Seelenlosigkeit.«

Äneas war damals ungebildet gewesen, aber aufgeweckt und ehrerbietig, ein kluger, folgerichtig denkender Kopf. Priscus, der von dem Grundsatz ausging, jeder Mensch, auch ein Sklave, sollte Gelegenheit zur vollen Ausbildung seiner Fähigkeiten erhalten, gestattete dem jungen Äneas, sich in eine Ecke des Zimmers zu setzen, wo sein Söhnchen Unterricht erhielt. In überraschend kurzer Zeit holte Äneas den Vorsprung des Diodorus auf; sein Gedächtnis war erstaunlich. Bald durfte er, auf Anordnung seines Herrn, am unteren Ende des Tisches Platz nehmen, an dem Diodorus mit seinem Lehrer saß. »Haben wir uns da einen griechischen Gelehrten eingehandelt?« fragte Priscus den Lehrer spöttisch. Aber der Erzieher erwiderte geistesgegenwärtig, Äneas sei kein wirklicher Gelehrter, sondern nur ein gescheiter Junge.

Während Diodorus späterhin seinen eigentlichen Beruf, den des Soldaten, ergriff und dem Prokurator in Jerusalem zur Seite trat, übernahm Äneas, als er fünfundzwanzig Jahre alt geworden war, die Verwaltung des römischen Grundbesitzes seines Herrn Priscus. Er verliebte sich in eine andere Sklavin, die junge Iris, ein schönes Griechenmädchen, Liebling des ganzen Hauswesens, von Antonia, der Gattin des Priscus, selbst betreut, die ihre Zofe mit der Liebe einer Mutter umhegte. Priscus und Antonia waren bei der Hochzeit der jungen Leute Ehrengäste gewesen und hatten ihnen viele Geschenke gegeben, darunter das unschätzbar wertvolle Geschenk ihrer Freiheit.

Als Diodorus Cyrinus nach dem Tode seiner Eltern heimkehrte, war er mit dem freigelassenen Äneas zufrieden; der römische Grundbesitz befand sich in schönster Ordnung. Der neue Hausherr hatte seinen ehemaligen Mitschüler als »Durchschnittsmenschen« ohne besonders hervorragende Eigenschaften in Erinnerung; aber er anerkannte seine Tüchtigkeit und Ehrenhaftigkeit, obwohl ihn die Launen und der Dünkel ärgerten, die Äneas im Verkehr mit den ihm unterstellten Sklaven an den Tag legte. Da Diodorus jedoch außerordentlich klug und insgeheim gutherzig war, hatte er Verständnis dafür, daß sein Verwalter sich auf diese Weise für die Jahre der eigenen Sklaverei schadlos hielt.

Der einsame junge Römer, jetzt siebenundzwanzig Jahre alt, fünf Jahre jünger als Äneas, heiratete bald darauf ein Mädchen aus einer urwüchsigen römischen Familie, das seine eigene Handfestigkeit, nicht aber seine Geistesgaben besaß. Bald darnach wurde Diodorus zum Statthalter von Syrien mit dem Sitz in Antiochia bestellt, und er nahm Äneas und Iris dorthin mit. Hier fand Äneas ein ausgedehntes Betätigungsfeld für seine guten Eigenschaften, die peinliche Genauigkeit und Zuverlässigkeit in Bewirtschaftung und Buchführung; und zum erstenmal besaß er ein eigenes Heim auf dem Grundstück seines Herrn in der Bannmeile von Antiochia. An den Abenden träumte er seine Träume von den berühmten Männern des alten Griechenlands und versetzte sich in sie; er las die Epen Homers und trug sie mit lauter Stimme seiner Frau und seinem Sohne vor.

In geistiger Beziehung blieb seine Bildung dürftig und lückenhaft. Er schwatzte von Sokrates; in Wirklichkeit aber gingen die Dialoge des Philosophen über seine Fassungskraft. Von den kleineren Geistesheroen Griechenlands wußte er sehr wenig und von den Staatsmännern seines Volkes fast nichts. Seinen Göttern diente er mit dem gleichen Pflichteifer wie seinem Dienstherrn. Vielleicht bedeuteten sie Griechenland für ihn; vielleicht erschienen ihm, an ihrem Liebreiz und Feinsinn und Glanz gemessen, ihre römischen Entsprechungen als derb und lüstern und tierhaft, ohne jede Zartheit und Anmut, nur vergrößerte Schatten der Römer selbst. Bei seinen Göttern fand Äneas Zuflucht vor den Erinnerungen an bittere Sklavenjahre; bei ihnen schöpfte er Stolz auf sich selbst, weil sogar die Römer diese Götter ehrten, ihnen Tempel erbauten und die Unterschiede zwischen ihnen und ihren eigenen Gottheiten zu merken begannen.

In Rom war Äneas lieber gewesen als in Antiochia. Bei aller Verachtung für den römischen Mop hatte er das Getriebe in den menschenerfüllten Straßen und die Aufregungen der Hauptstadt ebenso wie die Atmosphäre der Macht gern gehabt. Antiochia war ihm zu »fremdländisch«, weil es ständig von rohen Seeleuten aus Hunderten von unbekannten oder anrüchigen Barbarenländern überflutet wurde. Gegen sie hatte er eine ausgesprochene Abneigung und schauderte bei ihrem Anblick mißbilligend zusammen. Aber er besaß ein kleines, nettes Heim, mit kühlen Steinböden und bunten

Wollvorhängen, mit Bogengängen und Gärten; und es war gerade so weit von dem Wohnsitz des Tribunen entfernt, daß er sich als Herr auf eigenem Grund und Boden dünken konnte. Viel von diesem Vergnügen wurde ihm indes oft vergällt, wenn er mit Diodorus zusammentraf und sich stumm dessen Soldatenflüche und grobe Redewendungen anhören mußte.

Diodorus fühlte sich in Syrien noch einsamer als in Rom. Seine Gattin Aurelia war eine robuste junge Frau, die sich ihrem Hauswesen mit den Sklaven sowie ihrem Mann und der jungen Tochter widmete. In ihrer Frömmigkeit und Ehrenhaftigkeit glich sie einer altrömischen Matrone. Aber sie war ungebildet, bloß hausbacken klug und von Natur her so unverfeinert, wie ihr Gatte von Natur her, wenn auch im verborgenen, feinsinnig war. Sie schwatzte über die Sklaven, über ihre Tochter, über die neuesten Moden aus Rom, zeterte über vermeintliche Diebereien in der Küche, über das Klima, den Gesundheitszustand ihrer Familie und die Speisen, die sie selbst unter den Augen der Köche bereitete. Zweifellos war sie eine schätzenswerte Frau, und zweifellos war sie trotz ihres etwas zu großen Leibesumfangs recht hübsch mit ihrem runden, rosigen Gesicht, den großen braunen Augen und dem üppigen schwarzen Haar. Diodorus hörte ihr liebevoll zu und zog sich dann in seine Bibliothek zurück, wo er sorgsam unter Verschluß gehaltene Bücher hervorholte und bis Mitternacht las, lange, nachdem sich alle Hausangehörigen zur Ruhe begeben hatten. Am liebsten las er Dichtungen sowie historische und philosophische Werke. Manchmal rezitierte er ein ganzes Gedicht im Flüsterton, mit einer Art sinnlicher Hingabe an Wort und Sprachmelodie.

Als unzeitgemäß sittenstrenger Römer kam er nie auf den Gedanken, in den zahllosen Bordellen von Antiochia Abwechslung zu suchen; er hielt es sogar für unschicklich, sich mit anderen Römern in der Stadt zum Spiel zu treffen. Nach der Arbeit war, so erklärte er, der Platz des Mannes zu Hause, mochte auch die Ehefrau noch so seicht schwatzen. Er trank sehr wenig bei Tisch und betrachtete Trunkenheit als eines der größten Laster. So fand er keine Möglichkeit, der gewohnten Umwelt zu entrinnen, außer in seiner Berufstätigkeit.

Aurelia hatte in den römischen Familien von Antiochia Freundinnen; aber diese Frauen waren ebenso tugendhaft und alltäglich wie sie selbst. Mit ihnen plauderte sie über die freisinnigeren Damen ihrer Bekanntschaft, und man rümpfte schaudernd die Nase über diese bedauernswerten Geschöpfe. In ihrer Harmlosigkeit hatten Aurelia und ihre Freundinnen keine Ahnung von der Verderbtheit ihres Volkes, von seiner Entartung und moralischen Verkommenheit, seinen lockeren Sitten und Bräuchen; und sie bemäkelten andere Frauen wegen eines Lebenswandels, der in Rom gang und gäbe war. Am höchsten in ihrem Dasein galten ihnen ihre Laren und Penaten, und ihr Geschwätz war so anregend wie eine Schüssel gedämpfter

Bohnen. Aber sie waren glücklich. Sie hatten Ehemänner und Kinder und Gärten, und sie waren fleißig und hingebungsvoll.

Einige Entspannung fand Diodorus Cyrinus im Kreise der einfacheren Soldaten. Mit ihnen sprach er ungezwungen über militärische Angelegenheiten, zum mühsam unterdrückten Ärger seiner jüngeren Offiziere, die sich als Verbannte in diesem Land fühlten, den Vergnügungen und Lustbarkeiten und Lastern Roms sehnsüchtig nachtrauerten und ihren Kommandanten mit Verwunderung und heimlichem Spott beobachteten. An seiner Sittenstrenge zweifelten sie keineswegs; doch diese Eigenschaften flößten ihnen nicht Hochachtung ein, im Gegenteil, sie betrachteten ihren Vorgesetzten als Narren. Selbst seine strenge Rechtlichkeit, die sich nie vom Kleinsinn oder der Laune des Augenblicks übermannen ließ, war für sie etwas Unmenschliches. Er bestrafte einen Offizier, ohne Rücksicht auf Abkunft und gesellschaftliche Stellung in Rom, ebenso rasch wie einen gewöhnlichen Fußsoldaten. Äneas hielt mehr zu den anderen Offizieren; und wenn sie ihm bei einem strengen Befehl des Tribunen zuzwinkerten, warf er sich in die Brust und tat so, als unterdrückte er ein Schmunzeln.

Heute ließ sich alles ausnehmend verdrießlich und unerfreulich an. Umringt von seinen Offizieren, sah Diodorus zu, wie die Erzeugnisse Syriens, Honig, Oliven und Olivenöl, Wolle und vieles andere, von Sklaven auf ein römisches Schiff verladen wurden. Obwohl es Dezember war und das Saturnalienfest bevorstand, brannte die Sonne für diese Jahreszeit ungewöhnlich heiß; die Luft war dampfgeschwängert, und das schmutzige Wasser schimmerte, wie mit geschmolzenem Fett überzogen. Die Rufe der Aufseher klangen besonders gereizt, und unaufhörlich prallte Peitschengeknall an die Mauer aus feuchter Luft. Aber die heftig schwitzenden Sklaven waren träge. Plötzlich sprang Diodorus mit einem ungeduldigen Fluch von dem Tisch am Hafenkai auf, wo Äneas mit peinlicher Genauigkeit die Ballen und Fässer notierte, und lud sich selbst eine besonders große Kiste auf die Schulter, so behende, als handelte es sich um ein kleines Lämmchen. Er schritt über die Laufplanke des Schiffes und warf die Kiste mit rascher Zielsicherheit auf die anderen Behälter. Dann stand er da und lächelte zufrieden.

Die Offiziere starrten ihn mit offenen Mündern an. Äneas blickte diskret zur Seite. Die Soldaten rissen die Augen auf. Die Aufseher und die Sklaven waren wie versteinert. Diodorus aber entspannte seine Muskeln, holte tief Atem und sagte: »Ah! Tut das in der Seele wohl!«

Äneas, der Grieche, teilte mit allen seinen Landsleuten Verachtung und Abscheu vor körperlicher Arbeit, und er war zutiefst betroffen. Noch mehr verletzte es ihn und die anderen, als Diodorus die Sklaven anschrie: »Seid ihr Männer oder Waschlappen? Das muß alles vor Sonnenuntergang geladen sein, sonst werdet ihr bei Fackellicht weiterarbeiten. Vorwärts, wir greifen alle zu, wie Männer, die wissen, was sie wollen, und räumen auf mit dem Zeug!« Wieder bückte er sich, ergriff ein Faß und rollte es auf den Laufsteg hinauf, daß sich ihm an Schultern und Armen und Beinen die Muskeln strafften. Es gab keinen Zweifel, die Sache machte ihm Spaß. Von Peitschenhieben angespornt, eilten die Sklaven zu ihrer Arbeit zurück und sputeten sich jetzt, durch das Beispiel ihres Herrn angeeifert. Diodorus begann zu singen, heiser, in beschwingtem Rhythmus; die Sklaven lachten und fielen in den Gesang ein. Lange vor Sonnenuntergang war das Schiff beladen. Kein einziger Offizier hatte mitgeholfen, nicht einmal ein Soldat; denn der Tribun hatte mit einem verächtlichen Blick zu verstehen gegeben, daß er auf ihre Mitwirkung verzichte.

Dann stellte sich Diodorus zu seinen Offizieren, wischte sich mit einem Tuch, das einer von ihnen ihm reichte, den Schweiß ab und grinste zu dem Schiff hinüber. Der Kapitän kam mit scheuer Hochachtung heran, und der Tribun rief ihm zu: »Erzähle den schlappen Salonhelden in Rom, daß Diodorus Cyrinus, der Sohn des Priscus, selbst beim Beladen dieses Schiffes Hand angelegt hat! Erzähle den Muttersöhnchen, die sich mit Narden- und Rosenöl parfümieren und bei Lautenspiel Nachtigallenzungen in Honig tauchen, daß du heute einen Römer arbeiten gesehen hast, wie die Römer einst gearbeitet haben und wie sie wieder arbeiten müssen, wenn Rom am Leben bleiben und nicht endgültig zugrunde gehen soll zwischen Vasen und Blumen und Tanzmädchen und Wein und Luxus!«

Dann wandte er sich zu seinen Offizieren, die vor Scham über ihn rot geworden waren, fluchte laut und schrie: »Wo sind eure Narben und Schwielen, wo eure Muskeln und breiten Schultern, ihr Stutzer? Wißt ihr überhaupt, was Krieg ist, und was Arbeit? Und welche Körperkräfte aus Genügsamkeit und Seelenstärke entspringen? Zum Hades mit euch allen! Bei Merkur, ihr seid weniger Männer als diese armen Sklaven!«

Das war unverzeihlich. Die Sklaven kicherten einander zu, und die Wangen der römischen Offiziere verfärbten sich bedrohlich. Aber niemand wagte zu erwidern. Diodorus war ohne weiteres imstande, eine kecke Entgegnung öffentlich mit einem Schlag ins Gesicht zu ahnden; das hatte er oft genug getan, auch vor Soldaten und Sklaven.

Unglückseligerweise machte Diodorus noch nicht Schluß. Er ließ den Blick zornig über seine Männer schweifen und fuhr fort: »Cincinnatus hat den Pflug verlassen, um Rom zu retten, und er nahm sich nicht einmal Zeit, die schmutzigen Hände zu waschen und die Sandalen auf die verstaubten Füße zu streifen. Von euch aber würde sich keiner aus der Umarmung einer syrischen Hure lösen wollen, um das Leben eines Menschen zu retten oder um in der Rechtsprechung einem römischen Gesetz Geltung zu verschaffen.«

Schroff wandte er sich von ihnen ab, eilte zum Hafenkai zurück, zu seinem

Pferde, und galoppierte heimwärts. Seinen Wagen ließ er von einem Offizier in die Stallungen bringen, und Äneas fuhr mit.

Zu Hause erzählte er gleich den ganzen empörenden Vorfall seiner Frau Iris, die schweigend zuhörte. Er hatte angenommen, sie würde ebenso entsetzt sein wie er; doch sie sagte sanft, mit ihrem lieblichen Lächeln: »Der edle Tribun war einmal mein Spielgefährte im Hause des Priscus. Er ist schon immer ein strammer Bursche gewesen; manchmal hat er mich huckepack getragen und hat erklärt, er sei Jupiter in Gestalt eines Stiers, und ich sei Europa.«

Einen Augenblick lang beschaute sie sich die entgeisterte Miene ihres Gatten und fügte dann begütigend hinzu: »Na, schließlich sind wir damals nur Kinder gewesen, mein Lieber.«

Manchmal konnte Äneas seine Frau nicht begreifen, und er entgegnete großspurig: »Mir scheint, du erfaßt nicht die Auswirkungen dieses unglaublichen Vorfalls. Diodorus redet ständig von Manneszucht, und dann macht er seine Offiziere vor den Soldaten und den Sklaven lächerlich. Stärkt das ihr Ansehen?«

Iris wußte, daß der Zorn des Tribunen sich weniger gegen seine unmittelbare Umgebung gerichtet hatte als gegen die modernen Anstandsbegriffe und die Verderbtheit in Rom, die ihm unerträglich waren. Die Offiziere hatten nur gleichsam den Funken abgegeben, an dem sein ständig schwelender Ärger sich jäh entfacht hatte. Iris seufzte und sagte zu ihrem Gatten: »Ich bin überzeugt, er wird niemals mehr so etwas tun.«

Äneas entgegnete streng: »Bei einem derart launischen Menschen kann man gar nichts wissen. Ich muß gestehen, daß ich ihn nie verstanden habe.«

Während des ganzen Abendessens hielt bei Diodorus die wütende Stimmung an. Er erzählte Aurelia den Vorfall, und sie nickte mit weiblicher Klugheit, obwohl die ganze Sache über ihre Begriffe ging. Sie ließ eine kleine Pause folgen und sagte dann, als hätte ihr Gatte überhaupt nichts gesprochen, mit besorgter Stimme:

»Die kleine Rubria hustet wieder Blut und klagt über ihre Schmerzen in Armen und Beinen. Der Arzt hat Umschläge an Hals und Gelenken verordnet. Jetzt schläft sie endlich; das Gesicht ist aber noch immer hochrot. Wie traurig, wenn ein Kind leidet, ein Kind, das nie gesund gewesen ist! Und noch viel trauriger ist es, mein Teurer, daß ich dir nur dieses schwächliche Lämmchen geschenkt habe und nicht kräftige Söhne.«

Diodorus vergaß sofort seine üble Laune; er schloß seine Frau in die Arme und küßte sie. Der stechende Geruch seines Schweißes flößte ihr nicht Widerwillen ein, sondern eher ein Gefühl der Beruhigung. Sie schlang die Arme um seinen Nacken und sagte: »Aber ich bin ja erst fünfundzwanzig, und vielleicht gewähren die Götter uns noch Söhne. Ich muß recht bald in die Stadt fahren und Juno ein besonderes Opfer darbringen.«

Das Kind Rubria hatte der Vater ganz tief ins Herz geschlossen, was er allein zu wissen glaubte. Behutsam stieg er die weiße Steintreppe zu den Wohngemächern hinauf und schob geräuschlos die dicke, karmesinfarbenen Seidenbehänge zur Seite. Die Kleine lag im kühlen Frühdämmerlicht in ihrem Bett, schlafend, die Kinderfrau neben sich. Das kleine Fenster war ein scharlachrotes Viereck, und purpurne Schatten duckten sich in die Ecken des Zimmers. Färbte nur der Widerschein der untergehenden Sonne das kleine Gesicht, oder war es jenes unheilvolle, unbekannte Fieber? Diodorus beugte sich über seine Tochter, und beim Anblick ihrer Gebrechlichkeit schlug sein unbeugsames Herz schneller. Lange, dichte, schwarze Wimpern zitterten unstet auf der dünnen, heißen Wange; der hübsche Kindesmund glühte. Ein so süßes, liebes Geschöpf, so voll Lachen und Fröhlichkeit, selbst im Schmerz! Ein so zartes Täubchen! Die knorrige Hand des Vaters strich über die schwarzen Haarsträhnen auf den weißen Kissen, und er flehte verzweifelt Äskulap um Beistand an. »Bitte, du Meisterarzt, Sohn des Apollo, schicke Merkur auf den Schwingen des Mitleids zu diesem Kind, das mir wertvoller ist als mein Leben! Und deine Tochter Hygieia möge freundlich auf die Kranke blicken. Merkur, eile zu ihr! Denn gleicht sie nicht dir – schnellfüßig wie das Feuer, beweglich wie der Wind, wechselvoll wie ein Opal?«

Er gelobte, dem Äskulap einen Hahn, dessen Lieblingstier, zu opfern, und dem Merkur ein Paar weißer Ochsen, mit goldenen Ringen in den Nasen. Schreck erfaßte ihn, als er wieder Rubrias Haar berührte und ihre kleine Hand auf dem Laken zittern sah. Er hatte doch sein ganzes Leben lang die Götter verehrt, und sie würden ihm nicht sein ein und alles nehmen! Nie habe ich Schwert oder Speer, nie einen Menschen oder eine Sache gefürchtet; aber heute bin ich schwach vor Angst, sagte er zu sich. Diese Krankheit ist ja nicht neu; doch mein Herz zittert wie in böser Vorahnung.

Nochmals sprach er seine Gebete und fügte eines zu Juno an, zu der Mutter aller Kinder. Für ihn hatte keine der Gottheiten Roms ihre sittliche Würde verloren, nicht einmal Jupiter, trotz seines Hanges zu Liebesabenteuern. Er fragte sich, ob er nicht Mars anrufen sollte, seinen eigensten Gott, den Schirmherrn der Soldaten. Er verwarf den Gedanken: Mars würde nicht verstehen, daß einem Soldaten ein Kind wertvoller und wichtiger sein sollte als selbst der Krieg. Ein solches Gebet konnte seinen Zorn herausfordern. Diodorus flehte rasch nochmals Merkur an, den Gott mit den geflügelten Sandalen und dem schlangenumwundenen Heroldsstab.

Als Diodorus sich wieder zu Aurelia begab, fand er sie im Vorraum ihres Zimmers, wo sie emsig feine Wolle für ein Kleid ihres Kindes verspann. Wie sie dasaß und die Spindel drehte, das schwarze Haar eng um den runden

Kopf gelegt, das rosige Gesicht ernst und in die Arbeit vertieft, war sie geradezu die Verkörperung einer altrömischen Matrone. In maßvollen Falten floß ihr die weiße Kleidung um die volle Gestalt und um die üppigen Oberarme. Ihr Anblick wirkte beschwichtigend auf Diodorus. Statt zwecklos ihr Kind zu bejammern, spann sie warme Wolle für Rubria. Diodorus berührte ihren Kopf liebevoll zuerst mit der Hand, dann mit den Lippen. Aurelia unterbrach die Arbeit nicht, fragte aber lächelnd: »Warum machst du nicht einen Abendspaziergang in den Garten, mein Teurer? Das wird dich aufheitern, so wie immer.« Ihre Stimme war gleichmäßig und gelassen.

Diodorus dachte an seine Bücher. Heute hatte er durch Sonderboten eine Rolle mit den philosophischen Schriften des Philon erhalten. Es hieß, Philon gelte als dem Aristoteles überlegen. Das glaubte Diodorus nicht, aber er war ebenso erregt wie neugierig. Plötzlich jedoch übermannte ihn Müdigkeit, das Herz wurde ihm schwer, und er beschloß, den Rat seiner Frau zu befolgen. Das Buch konnte warten. Bei seiner augenblicklichen Unrast vermochte er ihm ohnedies nicht volle, mitdenkende Aufmerksamkeit zu schenken.

Er trat in den Hof. Dunkles Karminrot trieb durch die Wipfel der Palmen; Wolken von Jasmindüften stiegen in die warme Luft. Schmucke Granatapfelbäume hoben ihre früchtebeladenen Kronen. Insekten summten mit dem Ton schwingender dünner Drähte, und plötzlich sang eine Nachtigall zum purpurn erglühenden Himmel empor. Die zwischen den Beeten mit den fremdländischen Blumen ausgelegten weißen Steine waren von heliotropfarbenen Schatten überflutet, und verschwommenes Blau füllte die Bogenfelder der Säulengänge rings um den Hof. Ein Springbrunnen mit einem Marmorfaun klingelte leise und mischte seine dünne Stimme in das Lied der Nachtigall. Die Purpur- und Scharlachtöne des Sonnenuntergangs schimmerten verschmelzend in der Brunnenschale, die von glänzenden kleinen Fischen belebt war. Jetzt knarrten die Palmen ein wenig in einer Brise, die von der fernen See her auffrischte, und durch einen der bewegten Wipfel hindurch sah Diodorus den Abendstern leuchten. Die Stämme der längs der hohen Hofmauern gepflanzten Bäume glichen grauweißen Gespenstern.

Kein Laut drang aus dem mächtigen Vierkant des Hauses hinter Diodorus; die Säulen schimmerten im Dämmerlicht, als bestünden sie aus irgendwelchem schwerelosen Stoff und nicht aus Marmor. Diodorus empfand die Stille plötzlich als bedrückend; die Stimme der Nachtigall entzückte ihn nicht wie sonst. Es war eine Stimme, die nichts Tröstendes an sich hatte, nur Schwermut; und der Springbrunnen flüsterte von einem Kummer, der nicht menschlicher Art war. Wiederum bedrängte den Tribunen seine Einsamkeit; ihm fielen die Feiern ein, die in der Stadt zu Ehren des Saturn begonnen hatten. Dem Brauche gemäß würde das Fest mit einer allgemeinen Orgie enden; aber zumindest hörte man dabei Menschenstimmen. Er überlegte, ob er nicht nach Antiochia zurückreiten und einige seiner Offiziere, jene, die am wenigsten gegen ihn eingestellt waren, um sich versammeln sollte. Doch er wußte, daß er diese Männer langweilen würde: sie wollten sicherlich an der lärmenden Fröhlichkeit teilhaben, und er würde bloß stören. Wenn ich nur einen Freund hätte! dachte der einsame Mann. Wenn es nur einen Menschen gäbe, mit dem ich reden könnte, jemanden, mit dem ich einen Becher Wein trinken und über Dinge sprechen könnte, die mir bedeutsam sind. Einen Philosophen etwa oder einen Dichter, oder einfach einen klugen Menschen.

Er hörte eine ganz leise Bewegung, fast nur den Hauch einer Bewegung, und wandte sich wieder zu dem Springbrunnen. Für einen Augenblick leuchtete der Abendhimmel über den murmelnden Palmwipfeln auf; sein Licht fiel auf den Blondkopf eines Kindes, das völlig entrückt an der marmornen Brunnenschale lehnte, ohne Diodorus zu bemerken.

Mit leisen Schritten näherte sich der Tribun dem Kinde, das auf dem struppigen Rasen saß und zu Rubrias Fenster hinaufstarrte. Als er an die andere Seite der großen, seichten Schale gekommen war, dachte Diodorus: Ach, das ist ja der junge Lucanus, der Sohn meines Freigelassenen Äneas! Plötzlich klopfte sein Herz stürmisch vor gewaltiger Sehnsucht, und er mußte an Iris denken, seine alte Spielgefährtin, Iris mit dem goldenen Haar, den wundervollen blauen Augen und der weichen, weißen Haut, dem runden Grübchenkinn und der schmalen griechischen Nase. Wie ein Echo aus langen, dunklen Wandelgängen hört er den Klang ihres Kinderlachens, ihre Stimme, die ihn rief. Seit sie diesen gespreizten, pedantischen Spießer von Äneas geheiratet hatte, war sie, sogar als einstige Spielkameradin, aus seinem Gedächtnis getilgt gewesen. Jetzt aber erinnerte er sich daran, daß vor dem Tode seiner Eltern, während seiner Feldzüge, Iris ihm wie ein Stern vor dem geistigen Auge gestanden hatte, die schöne, kluge Iris, die junge Sklavin seiner Mutter, die Lieblingszofe seiner Mutter, die ihr wie eine Tochter gewesen war.

Er, der Tribun, der ehrgeizige, tatkräftige junge Mann aus untadeliger Familie, hatte sogar daran gedacht, Iris zu heiraten. Seine Eltern wären, so glaubte er, trotz ihrer Liebe zu Iris, vor Scham in den Boden gesunken, wenn ihr Sohn sich zu einer Sklavin herabgelassen hätte und wenn Iris zu ihm die Eheschließungsformel hätte sprechen wollen: »Wo du Gaius bist, dort bin ich Gaja.« Als er aber, noch in seinem damaligen Standort Jerusalem, die Nachricht vom Tode seiner Eltern erhalten hatte, war, nach dem ersten Schmerzausbruch, sein nächster Gedanke Iris gewesen. Zurückgekehrt, hatte er sie nicht nur als Freigelassene, sondern verheiratet und schwanger gefunden, und er schlug sie sich gänzlich aus dem Kopf. Offenbar war damals jenes Gefühl der Vereinsamung entstanden, das er zunächst nur als Sehnsucht nach seinem früheren tätigen Leben im Osten des Reiches gedeutet hatte.

Der ganze Hof füllte sich mit weichen, malvenfarbenen Schatten, aus denen der unbewegte Kopf des Knaben Lucanus wie ein gelber Herbstmond hervorleuchtete. Diodorus sah das feine Profil und dachte: Er sieht aus wie einstmals Iris. Bisher hatte er sich für Kinder, von seiner Tochter Rubria abgesehen, nicht besonders interessiert; zwar wünschte er sich einen Sohn, stellte sich ihn aber stets nur als Soldaten und Erben vor. Nun jedoch starrte er, in dem bunten Zwielicht die Augen anstrengend, Lucanus an; wieder klopfte sein Herz heftig und wurde voll von Zärtlichkeit.

Der Knabe saß in reglosem Schweigen und blickte unverwandt auf das langsam im Dunkel verschwindende Viereck von Rubrias Fenster. Er trug eine dünne, weiße Tunika; die langen, alabasterhellen Beine hatte er untergeschlagen. In seinen Händen lag ein großer Stein, merkwürdig geformt und gefärbt, in dem matten Licht glitzernd. Die ganze Haltung des Knaben war die eines hingegeben Betenden; aber er bewegte sich nicht. Seine rosa Lippen standen offen, und die Augenhöhlen waren von seltsamer Bläue gefüllt. Es war, als horchte er. Und Diodorus, abergläubisch wie alle Römer, beobachtete ihn mit einer Art flackernder Angst; seine Haut prickelte.

Plötzlich sagte er laut: »Das bist ja du, Lucanus.«

Der Junge schrak nicht zusammen. Er rührte sich nur ein wenig und kehrte sein verzücktes Gesicht Diodorus zu. Er sprang nicht auf; er saß weiter da, den Stein in den Händen. Es war, als kenne er den Tribunen überhaupt nicht.

Diodorus wollte eben wieder, diesmal in strengerem Tone, etwas sagen, als der Knabe lächelte, ihn offenbar erst jetzt wirklich bemerkend. »Ich habe für Rubria gebetet«, sagte er; und seine Stimme war die der jungen Iris.

Der Tribun ging um das Rund der Schale herum, zögerte, kauerte sich dann auf die Fersen und blickte mit ernster Miene den Knaben an, der in so völliger Entspannung und Verzauberung vor ihm saß. Diodorus hatte nach seiner Rückkehr aus Antiochia das schwere soldatische Gewand abgelegt; er trug eine lose weiße Tunika, die mit einfachem silberbeschlagenem Leder gegürtet war. Unter dem dünnen Stoff zeichnete sich sein gebräunter Körper vierschrötig und fest ab, und an seinen kräftigen Beinen wölbten sich die Muskeln. Er schlang die starken Arme um die Knie und betrachtete Lucanus, der ihm mit schlichter Heiterkeit zulächelte.

Der Knabe hatte weder Scheu noch Angst vor dem Tribunen. Er blickte in das stolze, strenge und düstere Adlergesicht so ruhig, als wäre es das Gesicht seines Vaters. Weder das energische, vorspringende Kinn noch die durchdringend scharfen, schwarzen Augen unter den mächtig gewölbten schwarzen Brauen jagten ihm Schreck ein. Diodorus dagegen wurde sich, als er plötzlich dem Ebenbild des einst geliebten jungen Wesens gegenübersaß, mit Unbehagen seines eigenen massigen Rundkopfes mit dem steifen, kurzgeschnittenen, glanzlosen Haar bewußt und der rohen Wuchtigkeit seines beherrschten Körpers.

In diesem Hofe hatte der Knabe nichts zu suchen, dachte Diodorus unwillkürlich. Und dann schämte er sich, da ihm Iris einfiel. Aber was hatte der Junge gesagt? »Ich habe für Rubria gebetet.« Die beiden Kinder waren Spielgefährten, so wie seinerzeit er und Iris.

Diodorus milderte seine knarrende Stimme. »Für Rubria betest du, Junge? Ach, sie kann deine Gebete brauchen, die arme Kleine.«

»Ja, Herr«, erwiderte Lucanus ernsthaft.

»Zu welchem Gott betest du?« fragte der Tribun. Gewiß waren die Götter, dachte er, den Gebeten unschuldiger Kinder besonders zugänglich; und sein Gram ließ etwas nach.

Lucanus antwortete: »Zu dem Unbekannten Gotte.«

Die dunklen Augenlider des Tribunen zuckten überrascht.

Der Knabe fügte hinzu: »Mein Vater hat mich gelehrt, daß Er überall ist und in allen Dingen.« Mit schlichter Gebärde hielt er Diodorus den merkwürdigen Stein hin. »Den habe ich heute gefunden; er ist sehr schön. Glaubst du, Herr, daß der Unbekannte Gott jetzt hier ist und mich hört?«

II

Diodorus nahm den Stein in die Hände, noch immer mit ernster Miene neben Lucanus auf den Fersen kauernd. In der zunehmenden Dämmerung konnte er kaum mehr etwas sehen; aber er spürte, daß der Stein warm war; und als er ihn zwischen den Fingern drehte, rief das letzte Licht ein seltsames schwaches, buntes Glimmen hervor.

Der Stein war warm, höchstwahrscheinlich deshalb, weil er so lange in den Händen des Knaben gelegen hatte. Aber obwohl die Luft rasch kühler wurde, verschwand die Wärme nicht. Im Gegenteil, sie nahm zu. Der abergläubische Diodorus hätte am liebsten den Stein weggeworfen; doch das wäre vor dem Jungen etwas peinlich gewesen.

»Glaubst du, Herr, daß Er hier ist und mich hört?« wiederholte Lucanus. Er hatte eine klare, feste Stimme, ohne Unterwürfigkeit, die Stimme eines Menschen von patrizischer Abkunft.

»Wer?« fragte Diodorus. Wieder drehte er den Stein zwischen den Fingern und starrte ihn an.

»Der Unbekannte Gott«, erklärte Lucanus geduldig.

Diodorus hatte von dem Unbekannten Gott gehört. Einmal hatte er ihm sogar in einem griechischen Tempel geopfert, obwohl die Griechen meinten, er wünsche keine Opfer. Wer war dieser namenlose Gott? Welches waren seine Attribute? Welche Menschen beschützte er? Es gab nirgends Abbilder von ihm. Konnte er der Gott der Juden sein, über den Diodorus in Jerusalem viel vernommen hatte? Aber der Tribun wußte, daß die Juden ihrem Gott Opfer darbrachten, Tauben und Lämmer, an irgendeinem Fest, Passah, im Frühling. Die Juden nannten ihren Gott »Herr« und schienen ihren Herrn sehr gut zu kennen. Im Geiste sah Diodorus den mächtigen Tempel aus Gold und hellem Marmor in den pfaufarbenen Himmel Jerusalems aufragen. Lucanus war Grieche, nicht Jude. Vielleicht hatten die Griechen von dem jüdischen Gott Kunde erhalten und ihn, weil sie seinen Namen nicht wußten, den Unbekannten genannt.

Diodorus schüttelte den Kopf. Eine große Mondscheibe erhob sich jetzt, wie eine mit mildem Feuer angefüllte Schale, hinter den Palmen. In den Hof ergoß sich ein Strom wandernden Lichts, und die Schatten der Palmen fielen scharf auf die weißen Steine und die weißen Hausmauern und krochen in die Säulengänge, die zu schimmern begonnen hatten, als bestünden sie aus gelbem Marmor. Jasminduft stieg in Wellen um den Mann und den Knaben auf; Grillen zirpten im Gras und zwischen den farblos gewordenen Blumen. Irgendwo, unsichtbar, rasselte ein gepanzertes Tier über die Steine.

Jetzt entsann sich Diodorus des Namens, den er von einem kleinen jüdischen Würdenträger gehört hatte: Adonai. Er fragte den Jungen: »Heißt er Adonai?«

»Er hat keinen den Menschen bekannten Namen«, erwiderte Lucanus.

»Soweit ich mich erinnern kann, bedeutet der Ausdruck übrigens einfach ›Herr‹«, bemerkte Diodorus zerstreut. »Dieser Adonai ist der Gott der Juden.«

»Aber der Unbekannte Gott ist der Gott aller Menschen«, betonte Lucanus ernst. »Nicht nur der Juden, sondern auch der Römer und Griechen und Barbaren, der Sklaven und der Cäsaren, der Wilden in den Wäldern und in noch unentdeckten Ländern.«

»Woher weißt du denn das, Kind?« fragte Diodorus lächelnd.

»Ich weiß es. Ich spüre es im Herzen. Gesagt hat es mir niemand«, erklärte Lucanus schlicht.

Diodorus war merkwürdig bewegt. Er mußte daran denken, daß die Götter oft ihre Weisheit mit Vorliebe Kindern schenkten.

»Eines Tages«, meinte Lucanus, »werde ich ihn finden.«

»Wo?« fragte Diodorus, um Nachsicht bemüht.

Doch Lucanus hatte das Gesicht zum Himmel erhoben, und seine Züge wurden vom goldenen Licht des Mondes überflutet. »Ich weiß nicht, wo; aber ich werde ihn finden. Ich werde seine Stimme hören und ihn erkennen. Er ist überall, aber mir wird ein besonderes Wissen über ihn zuteil werden, und er wird zu mir reden, nicht bloß durch Mond und Sonne, Blumen und Steine, Tiere und Winde, Morgenröten und Sonnenuntergänge. Ich werde ihm dienen und werde ihm Seele und Leben weihen.«

Freude klang aus der Stimme des Knaben, und wieder überlief den Tribunen ein Schauder des Aberglaubens.

»Und zu ihm hast du für Rubria gebetet?« erkundigte er sich.

Lucanus wandte ihm das Gesicht zu und lächelte. »Ja, Herr.«

»Aber wie nennst du ihn, Kind, wenn du betest?«

Lucanus zögerte. Er blickte Diodorus an, als wollte er sich entschuldigen. »Ich nenne ihn Vater«, sagte er leise.

Diodorus war verblüfft und bestürzt. Niemand hatte je irgendeinen der Götter als seinen Vater empfunden. Das war lächerlich. So vertraulich von dem bedeutungslosen Menschen angesprochen zu werden würde die Götter beleidigen. Wenn der Knabe derart zu dem Unbekannten Gotte redete, wer weiß, dann mochte er vielleicht die Schale seines göttlichen Zornes über den Gegenstand dieser Gebete ausgießen. Über Rubria!

Der Tribun sagte streng: »Niemand, nicht einmal die Söhne der Götter, haben sich je vermessen, einen Gott ›Vater‹ zu nennen. Das ist beleidigend. Zwar haben viele Gottheiten Söhne und Töchter von Menschenwesen, aber...«

»Herr, du bist aufgebracht«, sagte Lucanus, nicht ängstlich oder unterwürfig, sondern mit der bedauernden Stimme jemandes, der unwissentlich einen anderen gekränkt hat und ihn um Vergebung bittet. »Der Unbekannte

Gott zürnt nicht, wenn eines seiner Kinder ihn Vater nennt. Er freut sich darüber.«

»Ja, woher weißt du denn das, Junge?«

»Ich fühle es im Herzen. Und deshalb weiß ich, daß er mich, wenn ich ihn Vater nenne und für Rubria Heilung erbitte, gütig anhört und sie heilen wird, weil er sie liebt.«

Ein gütiger Gott – Unsinn! Die Götter waren nicht gütig. Sie waren eifersüchtig auf ihre Ehre bedacht, sie waren rachgierig und unnahbar und mächtig. Diodorus starrte den Knaben an. Sein erster Gedanke war, ihn zu rügen und späterhin Äneas zur Bestrafung seines vorwitzigen Sohnes aufzufordern. Worte kalten Tadels lagen ihm auf der Zunge, als plötzlich das Mondlicht voll auf Lucanus fiel und sein Gesicht zu übernatürlichem Glanz erhellte.

Da kam dem Tribunen in den Sinn, was der Knabe vorhin gesagt hatte: »Er liebt sie.« Die Götter »liebten« die Menschen nicht. Sie verlangten Verehrung und Opfer von ihnen; aber an sich war der Mensch für die Götter belanglos.

»Er liebt sie.« Konnte der Unbekannte Gott als eines seiner Attribute die Menschenliebe haben? Wie töricht! Wie vermessen, das zu glauben! Und was tat er, Diodorus, hier im Mondlicht? Redete er nicht mit einem Knaben, dem Sohn eines armseligen Freigelassenen, so, wie ein hochangesehener Mann mit seinesgleichen spräche?

Unvermittelt erhob sich Diodorus, mit einem einzigen kräftigen, geschmeidigen Ruck. »Komm, Kind, es ist spät. Ich führe dich zu deinen Eltern.«

Er staunte über die eigenen Worte. Was bedeutete ihm schon dieser Junge, dieser Sohn des Äneas? Was bekümmerte es ihn, ob er nach Hause fand oder bis zum Morgengrauen im Dunkel umherirrte? Aber der Knabe war Iris' Sohn! Und plötzlich sehnte Diodorus sich darnach, seine alte Spielgefährtin wiederzusehen. Überdies lauerten Gefahren in der süß duftenden, aber bedrohlichen Weite zwischen dem Herrenhaus und den Nebengebäuden.

Lucanus stand auf, und im Mondlicht sah Diodorus, daß der Junge scheu lächelte. »Herr, willst du diesen Stein zu Rubria mitnehmen und für die Nacht auf ihr Kissen legen? In ihm ist auch ein Teil des Unbekannten Gottes.«

Der Stein! Der Stein! Pulste er, fragte sich Diodorus, wirklich in seiner Hand wie ein langsam, bedächtig schlagendes, geheimnisvolles Herz? Aber plötzlich fürchtete Diodorus den Stein nicht mehr. So eine Albernheit! sagte er zu sich. Das ist ein hübsches, ungewöhnliches Stück und wird vielleicht Rubria Spaß machen; sie hat ja fremdartige Dinge gern. Er schob den Stein in die Tasche, die ihm von seinem Ledergürtel hing. Doch Lucanus reichte ihm auch noch einen kleinen Wollbeutel. Diodorus nahm ihn; herber, starker Duft entströmte dem Behältnis.

»Es sind Kräuter«, erklärte Lucanus. »Ich habe sie heute auf den Feldern gesammelt, als hätte ich Auftrag dazu. Herr, laß einen Sklaven diese Kräuter in heißem Wein weichen, und Rubria soll davon trinken. Es wird ihre Schmerzen lindern.«

»Kräuter!« rief Diodorus. »Kind, woher weißt du, ob nicht giftige, todbringende Pflanzen darunter sind?«

»Sie sind nicht giftig, Herr. Um mich zu vergewissern, habe ich übrigens selbst vor einigen Stunden davon genommen, und ein Kopfschmerz, den ich hatte, ist vergangen.«

Der Tribun war verdutzt. Mit rauhem Griff schob er die Hand unter das Kinn des Knaben und hob ihm, halb lachend, den Kopf, um seine Miene zu prüfen. Aber der Junge hatte in überzeugendem Ton gesprochen; er hatte gesagt: »... als hätte ich Auftrag dazu.« Vielleicht hatte Apollo selbst, der solch ein Gesicht, solch eine leuchtende Stirn haben mochte, den Knaben angewiesen; es konnte nicht schaden, wenn man den Rat des Jungen befolgte. Diodorus schob auch den kleinen Beutel in seine Tasche. »Sie bekommt es um Mitternacht. Da wacht sie gewöhnlich auf«, erklärte er.

Er nahm die Hand des Knaben, wie ein Vater; zusammen schritten sie durch das goldene Zwielicht und hielten sich, aus Frucht vor Schlangen, sorgsam an den Fußpfad. Diodorus dachte nach. Das war kein durchschnittliches Kind, sondern ein kluger, furchtloser, ernster Junge. Zweifellos wurde er von Äneas dazu vorbereitet, sein Nachfolger als Buchhalter zu werden. Aus irgendeinem Grunde ärgerte Diodorus sich darüber. »Du bist sehr jung, mein Kind«, sagte er, »aber sicher hast du oft an deine Zukunft gedacht. Was für Wünsche hast du denn?«

»Den Unbekannten Gott zu finden, Herr, ihm und in seinem Namen den Menschen zu dienen«, antwortete Lucanus. »Den Menschen kann ich am besten als Arzt dienen, und das ist mein Lieblingswunsch. Ich bin am Hafen gewesen und habe in den Schiffen die Kranken gesehen und die Sterbenden. Die kommen aus allen Teilen der Welt; und ich habe darum gebeten, ihnen helfen zu können. Ich kenne die Philosophen und die Ärzte Griechenlands und habe ihre Bücher gelesen, über die Heilmittel für die geistigen und die körperlichen Krankheiten der Menschen; viele Arzneien sind den Ägyptern entlehnt. Und ich habe oft die Häuser der Ärzte in Antiochia aufgesucht, und sie haben mich nicht weggejagt, sondern mich bei sich geduldet und mir manches erläutert. Und ich lerne fremde Sprachen, auch Ägyptisch und Aramäisch, damit ich mit den Patienten in ihrer Muttersprache reden kann.«

Diodorus war sehr erstaunt. Er drückte dem Jungen die Hand und sagte nachdenklich: »Es gibt eine große medizinische Schule in Alexandria; von der habe ich viel gehört.«

»Dorthin gedenke ich zu gehen«, stellte Lucanus schlicht fest. »Auch ich habe von dieser Schule gehört; die Ärzte von Antiochia sprechen mit Hochachtung darüber. Es wird mich viel Geld kosten, aber Gott wird dafür sorgen.«

»Also, wir haben da einen Gott, der nicht nur keinen Namen, keine verständlichen Attribute, kein Gesicht und keine Gestalt hat und überall zugleich ist, sondern sich überdies als Bankier betätigt!« spottete Diodorus mit einem schiefen Lächeln. »Glaubst du, daß dein Gott auch Zinsen verlangen wird, liebes Kind?«

»Bestimmt.« Des Knaben Stimme war feierlich und überzeugt. »Und zwar mein ganzes Leben, meine volle Hingabe.«

Der Tribun dachte, daß er einen erwachsenen Mann, der so spräche, für verrückt halten würde. Oft hatte er Juden reden hören von den weisen Männern in ihren Städten, die an nichts dachten als an ihren Gott und von nichts schrieben als von ihm. Aber die Juden waren ein Volk, das niemand begreifen konnte, am allerwenigsten ein Römer, obwohl Cäsar Augustus, duldsam und abergläubisch obendrein, angeordnet hatte, daß in Rom dem jüdischen Gott eine gewisse Verehrung gezollt werden sollte, wenn auch nur, um diesen Gott zu bewegen, die Steifnackigkeit und den verbissenen Groll seiner Gläubigen gegen die Römer zu mildern.

Diodorus begann leise vor sich hinzulachen. Er dachte daran, wie er als junger Tribun sich erbötig gemacht hatte, ein Standbild des jüdischen Gottes im römischen Tempel von Jerusalem aufzustellen, und wie entsetzt der Hohepriester gewesen war und wie er die Hände gehoben und heftig in der Luft geschüttelt hatte, als flehte er seinen Gott um den Tod des Tribunen an oder als verfluchte er den Heiden wortlos. Diodorus hatte bestürzt erkannt, daß ihm ein unverzeihlicher Fehler unterlaufen war; in welcher Beziehung aber oder wodurch, konnte er aus den unterdrückten Verwünschungen des Priesters nicht entnehmen. Er hatte es mit Vernunftgründen versucht: Wie konnte eine Statue des jüdischen Gottes in einem römischen Tempel diesen Gott beleidigen? Warum sollte der Gott eine Verehrung durch die Römer verabscheuen? Der Hohepriester hatte nur seinen Bart gerauft und sein Gewand zerrissen und den Tribunen mit so schrecklichen Augen angesehen, daß der arme Diodorus schleunigst das Weite suchte. Durch diesen Vorfall war er in seinem zögernden Glauben bestärkt worden, daß die Juden, besonders aber ihre Priester, nicht ganz zurechnungsfähig seien.

Aber Lucanus war Grieche, nicht Jude, obwohl er sein Leben dem Unbekannten Gott weihen wollte, wie die Juden es ihrem eigenen Gott gegenüber oft zu tun behaupteten. Diodorus erinnerte sich, in den Straßen Jerusalems Männer gesehen zu haben, sogenannte Rabbis, denen Scharen von Menschen demütig folgten, eifrig ihren weisen Aussprüchen lauschend. Manche dieser Lehrer galten als Wundertäter; und das hatte Diodorus interessiert, der fest an die Möglichkeit göttlicher Wunder glaubte. Doch an diese Männer glaubte er nicht, weil sie häufig barfuß und wirrhaarig waren und schrecklich armselig aussahen, trotz ihrer funkelnden Augen und seltsamen, unverständlichen Reden.

Während Diodorus neben Lucanus einherging, schüttelte er den Kopf. »Du solltest das jüdische Gotteshaus in Antiochia besuchen«, meinte er belustigt.

»Das tue ich regelmäßig, Herr«, erwiderte Lucanus heiter.

»So!« rief Diodorus und schob für den Jungen die Zweige eines Dornbusches beiseite, wie er es für seine Tochter getan hätte. »Und ist ihr Gott der Unbekannte Gott?«

»Ja, Herr, davon bin ich überzeugt.«

»Aber er liebt nicht alle Menschen. Nur die Juden.«

»Er liebt alle Menschen«, widersprach Lucanus.

»Du irrst, Junge. Ich habe mich erboten, sein Standbild im römischen Tempel von Jerusalem aufstellen zu lassen, und man hat es abgelehnt.« Diodorus lachte. »Verwehren dir die Juden nicht den Eintritt in ihr Gotteshaus? Ah, jetzt erinnere ich mich. In Jerusalem hatte der Tempel einen Vorraum, den sie ›Vorhof der Heiden‹ nannten. Aber das Heiligtum der Juden durfte kein Fremder betreten.«

»Ich verrichte meine Andacht im Vorhof der Heiden der Synagoge von Antiochia.«

War das ein merkwürdiger Junge! Aber Diodorus dachte wieder an die medizinische Schule in Alexandria. Er sagte: »Ich hoffe, dein Unbekannter Gott hat dir auch schon die Wege zum Medizinstudium geebnet, Lucanus.« Und er lachte wieder, etwas betrübt. Er war ein rechtschaffener und manchmal wohltätiger Mann; aber als echter »alter Römer« ging er mit Geld bedachtsam um. Nach seiner Meinung sollten zwei verliehene Goldstücke, um zwei weitere vermehrt, zurückfinden.

Jetzt kamen Diodorus und Lucanus auf die Lichtung vor dem Garten des Äneas-Hauses. Hohe Palmen reckten sich zum Mond; die Nacht war voll Blütenduft. Mitten zwischen den Blumenbeeten stand das leuchtendweiße Wohnhaus, klein, niedrig und gedrungen; auf den Wänden lagen streifig die Schlagschatten der Bäume. Aus der offenen Tür drang Licht, und als die beiden Ankömmlinge sich näherten, trat in den Türrahmen die ebenmäßige Gestalt einer jungen Frau; und das Licht hinter ihr wandelte ihr lose herabhängendes Haar in einen goldenen Wolkensaum. Sie war in das einfache weiße Gewand einer Frau gekleidet, die ihr Dasein im Hause verbrachte, und sie rief besorgt:

»Lucanus? Bist du es, liebes Kind?«

Der Junge antwortete: »Ja, Mutter.«

Iris trat auf den Rasen hinunter, hielt aber inne, als sie sah, wer ihren Sohn begleitete.

»Ich begrüße dich, Iris«, sagte Diodorus; die Stimme drang ihm gepreßt und leise aus der Kehle. Ihm fiel der Homervers ein von jenem Menschenkind, welches das schönste war der sterblichen Erdbewohner, wegen der schönen Gestalt den Unsterblichen zugesellet.

»Meinen Gruß, edler Diodorus!« erwiderte Iris unsicher. Er hatte sie so höflich begrüßt, als wäre sie die Gattin eines Mannes aus seinem Kreise; und doch griff diese Höflichkeit nach ihr, begierig und mit einem Unterton von Hoffnung. Aus irgendeinem Grunde brannten der jungen Frau die Augen wie von Tränen, und sie dachte an den Spielgefährten ihrer Kindheit. Er war ein so aufrichtiger und beherzter Knabe gewesen, so wahrheitsliebend und freundlich, so ehrenhaft, so voll Zuneigung zu ihr. Jetzt hatte sie ihn, außer von weitem, lange nicht gesehen; seit sie des Äneas Gattin war, hatte er kaum von ihrem Dasein Notiz genommen.

Jetzt erschien Äneas im Flur und trat dann auch hinaus. Als er Diodorus sah, verneigte er sich. »Willkommen in unserem bescheidenen Häuschen«, sagte er, mit der zittrigen Stimme eines Menschen, der außer Fassung geraten ist.

»Es ist kein ›bescheidenes Häuschen‹«, widersprach Diodorus gereizt. »Hier hat der vorherige Legat von Antiochia gewohnt – mein jetziges Haus ist erst für mich gebaut worden –, und er hat nicht das Gefühl gehabt, sich etwas zu vergeben.«

Er schob Lucanus zu seinem Vater hin und sagte mit rauher Stimme: »Ich habe dir deinen Jungen heimgebracht. Er war in unserem Garten, und nach Sonnenuntergang hätte ihn eine Schlange beißen oder ein Skorpion stechen können.«

Äneas verging vor Verwirrung und Angst: er hatte den Tribunen beleidigt. Zornig fiel er über seinen Sohn her: »Du scheinst dir nichts daraus zu machen, daß deine Mutter besorgt war und gerade in die Finsternis hinaus wollte, dich suchen. Dir liegt anscheinend auch nichts daran, daß du den edlen Tribunen belästigt hast ...«

»Er hat mich nicht belästigt«, unterbrach Diodorus. Das Licht aus dem Flur streifte Iris' schönes, jetzt ganz verzweifeltes Gesicht. Gern hätte Diodorus ihr beruhigend die Hand auf die Schulter gelegt. »Die kleine Rubria ist seine Spielgefährtin. Ich habe ihn im Garten angetroffen, wie er unter ihrem Fenster gebetet hat, weil sie krank ist. Ich bin ihm verpflichtet.« Er beobachtete Iris und merkte, daß sie, dankbar und erleichtert, zu lächeln begann. Er sagte zu dem zitternden Äneas, um einen zwanglosen Ton bemüht: »Ein ganz besonderer Junge, dein Sohn, Äneas! Es ist ein Vergnügen, mit ihm zu reden.« Er zögerte. »Meine Kehle ist trocken. Kann ich bei euch einen Becher Wein trinken?«

Äneas war wieder fassungslos. Er traute kaum seinen Ohren. Er blickte Lucanus mit Hochachtung an. Der Junge, von dem der Tribun gesprochen hatte, war sein Sohn! Und wegen dieses Sohnes geruhte der hohe Herr, sich im Hause seines Freigelassenen einen Becher Wein vorsetzen zu lassen. Äneas wußte nicht ein noch aus. Er konnte nur stammeln und beiseite treten, während sein Gast durch den Hausflur schritt. Er warf einen kurzen, stummen Blick auf Iris; sie aber legte ihren Arm um die Schultern des Sohnes und führte ihn hinein. Äneas folgte mit schlotternden Knien. Der Tribun hatte persönlich den Knaben heimgebracht, wo er ihn doch hätte einfach aus dem Garten weisen oder von einem Sklaven durch die Finsternis hätte begleiten lassen können!

Diodorus fand seine frohe Stimmung wieder. Er stand in dem kleinen, aber in keiner Weise ärmlichen Zimmer und musterte es eingehend. Blumen lagen in einer Schale auf dem Tisch, Blumen standen in den Vasen auf dem Marmorfußboden. Die Zugänge zu den Küchen und Schlafräumen waren mit buntem Wollzeug verhängt; die Stoffe bewegten sich hin und her in der kalten Nachtluft, die durch kleine Fenster und die Tür einströmte. Hier und dort, inmitten der vom vorigen Bewohner zurückgelassenen Möbel, erkannte Diodorus Tische und Stühle aus seinem Vaterhaus, die Äneas anläßlich seiner Hochzeit erhalten hatte. Einen der Stühle betrachtete der Tribun besonders aufmerksam und erfreut. Der Stuhl war aus Ebenholz, mit Elfenbein eingelegt; dieses Stück hatte sein Vater Priscus besonders gern gehabt. Sogar ein Tischchen aus wertvollem Zitronenholz stand, im Lampenlicht schimmernd, da, ein Tischchen, das seiner Mutter Antiona gehört hatte. Darauf stand die Silberlampe mit ihrer flackernden Flammenzunge.

»Der Sklave, den ich euch zugewiesen habe, bewährt sich sichtlich«, meinte Diodorus, dem immer behaglicher zumute wurde. Er nahm in dem Ebenholzstuhl Platz und streckte die braunen, muskulösen Beine von sich, mit dem zwanglosen Gehaben des Soldaten. Als Äneas unschlüssig vor ihm stand, feierlich in ein langes, weißes Gewand gehüllt, glich er, der Buchhalter, mit seinem langen, schmalen Gesicht und Schädel eher einem Patrizier als der lässige, nicht auf Förmlichkeiten bedachte Tribun in seiner häuslichen Tunika. So etwas! dachte Diodorus. Der Arme trägt sogar daheim eine Toga!

»Ich habe keinen Wein, der deiner würdig wäre, Herr«, sagte Äneas. Aber Iris schlüpfte mit anmutiger Wendung hinter einen der Vorhänge und holte eine Kanne und zwei Silberbecher hervor, die Diodorus ebenfalls schon aus seiner Kinderzeit kannte. Mit den Bewegungen einer lieblichen, beseelten Statue stellte sie die Becher auf den Zitronenholztisch und goß Wein in sie. Von der Flüssigkeit fiel ein rosiger Widerschein auf ihr Gesicht, und Diodorus mußte an eine vom Licht der untergehenden Sonne überflossene Marmorfigur denken. Gerne hätte er ihr wunderbares Haar gestreichelt, mit dem er in seiner Kindheit so unbefangen gespielt hatte. Er glaubte die seidigen Flechten zwischen den Fingern zu spüren und wurde ganz Sehnsucht. Seine Mutter Antonia, dachte er, hätte sich mit größerem Nachdruck der Heirat zwischen Iris und Äneas widersetzen sollen.

»Ich bin glücklicherweise kein Weinkenner«, erklärte Diodorus. »Für mich schmeckt die eine Sorte genauso wie die andere.« Er streckte die Hand nach einem Becher aus, und Iris selbst reichte ihm, weil Äneas vor Verblüffung noch immer keiner Bewegung fähig war, den Trunk.

»Was, du trinkst nicht mit mir?« fragte Diodorus in barschem Tone seinen Buchhalter. Äneas faßte rasch den anderen Becher, und etwas Wein schwappte auf seine zitternden Finger über.

Einem kaum merklichen Wink seiner Mutter gehorchend, verbeugte Lucanus sich vor dem Tribunen und wünschte ihm ehrerbietig gute Nacht. Diodorus lächelte ernst, und der Knabe verließ das Zimmer. Der hohe Gast goß ein kleines Trankopfer für die Götter aus, und Äneas tat, noch immer sehr blaß, desgleichen. Als jedoch der Grieche nochmals etwas Wein ausgoß und die Lippen andächtig bewegte, blickte der Tribun auf. »Ach ja«, meinte er dann, »für den Unbekannten Gott, nicht wahr?«

»Es ist eine griechische Sitte«, erklärte Äneas entschuldigend.

»Eine sehr löbliche Sitte«, betonte Diodorus, und sein sonst eher grimmiges Gesicht wurde fast sanft. Er wandte den Kopf und bemerkte, daß Iris ihrem Sohn gefolgt war. Er fühlte sich schwer enttäuscht; doch als »alter« Römer billigte er ihr Verhalten. »Sag einmal, Äneas«, begann er. »Ich interessiere mich für deinen Sohn. Was hast du mit ihm vor?«

»Darf ich mich setzen, edler Diodorus?« fragte Äneas. Er ließ sich umständlich in einen Sessel nieder, etwas von seinem Gaste entfernt. Er sann über die Worte seines Herrn nach; diese Herablassung erstaunte und bedrückte ihn von neuem. »Ich habe mir vorgestellt, Herr, daß er mir in deinem Dienst folgen wird.«

»Buchhalter und Archivar? Dieser Junge?« rief Diodorus verächtlich. »O nein. Hat er dir nicht anvertraut, daß er Arzt werden möchte?«

Äneas wurde noch blasser und konnte nur verdutzt starren. Natürlich hatte der Junge ihm und Iris das gesagt; aber Äneas hatte ihm diesen anmaßenden Gedanken streng verwiesen und war böse geworden.

»Ich sehe, daß er es getan hat«, nickte Diodorus. »Nun also, mein lieber Äneas, er wird Arzt werden.« Wieder zögerte er, als täte ihm etwas leid. »Sobald er älter ist, schicke ich ihn nach Alexandria, auf die medizinische Schule. Inzwischen wird er bei dem Hauslehrer der kleinen Rubria Stunden nehmen.«

Tränen schossen Äneas in die Augen. Ehe Diodorus es verhindern konnte, sprang sein Freigelassener auf und warf sich vor den staubigen Sandalen des Tribunen auf den Boden. Er brachte kein Wort heraus; er konnte, voll des Dankes über das ihm Unglaubliche, nur stammeln.

»Na, na, laß doch!« brummte Diodorus, dem Dankbezeigungen sehr peinlich waren. »Ich habe keinen Sohn; und Lucanus ist der Junge, den ich hätte haben mögen. Er soll Arzt werden. Steh auf, Äneas! Du bist kein Sklave. Und hast du vergessen, daß du selber auch mit mir zusammen gelernt hast?«

Er wußte genau, wie eingebildet Äneas war, wie sehr er seinen Herrn als Barbaren und sich selbst als Philosophen betrachtete, verbannt aus einem Lande, das er nie gesehen hatte; und wußte auch, wie beschränkt dieser so biedere Mann war. Würde Äneas nie vergessen, daß er kein Sklave mehr war?

Diodorus blickte grollend auf den weißgekleideten Mann zu seinen Knien. Er machte eine Bewegung, als fürchtete er, Äneas könnte ihm in seiner Fassungslosigkeit, seiner überschwenglichen Dankbarkeit, die Füße küssen; der Gedanke, daß Iris' Gatte sich so zu demütigen vermöchte, war ihm unerträglich.

Äneas setzte sich wieder in seinen Sessel und trocknete seine Tränen. Diodorus blickte rücksichtsvoll weg, und sein Auge fiel auf eine Pergamentrolle auf dem Nebentisch. Er sah, daß es sich um eine Schrift des Aristoteles über die verschiedenen Staatsformen handelte, und war gleich Feuer und Flamme. Er sagte: »Gerade heute hat man mir einige Werke eines neuen Philosophen, Philon, geschickt. Man macht viel Aufhebens von ihm, und ich hätte ihn gern mit Aristoteles verglichen.«

Für einen Augenblick erwachte Hoffnung in dem einsamen Tribunen. Er wußte zwar aus früheren kurzen Gesprächen mit Äneas, daß der Freigelassene wohl lange Stellen aus Plato und Aristoteles genau und auf griechisch zitieren konnte, daß ihm aber jedes tiefergehende Verständnis versagt blieb. Trotzdem regte sich in Diodorus eine Hoffnung.

»Philon?« murmelte Äneas leise. Ein verächtliches Zucken lief, ganz unwillkürlich, über seine blassen Mundwinkel. Dann bekam er Angst, wiederum Diodorus gekränkt zu haben, und er beeilte sich hinzuzufügen: »Gewiß muß er ein bedeutender Philosoph sein.«

Diodorus zuckte die Achseln. »Die Zahl seiner Anhänger in Rom ist zu groß. So wie man jemanden nach den Feinden, die er sich gemacht hat, beurteilen kann, so auch nach seinen Verehrern. Trotz seiner Jugend hat Philon schon zu häufig Ehrungen eingeheimst, als daß viel an ihm daran sein könnte.« Er hielt inne, weil ihm des Cäsar Augustus Interesse für Philon einfiel. In manchen Beziehungen ähnelte der Regent den außer Kurs gekommenen »alten« Römern, und es hieß von ihm, er sei im Vergleich mit den Männern, die sich an seinem Hofe drängten, sittenstreng. Er hatte übrigens auch versucht, den Senat zu respektieren; wenn er diese Hochachtung den einzelnen Senatoren nicht entgegenbringen konnte, war das keineswegs seine Schuld. »Ich habe gehört«, sagte Diodorus, »daß Cäsar selbst häufig mit Philon gesprochen hat. Na schön, ich werde bald im Bilde darüber sein, ob dieser Philon so viel Beachtung verdient.«

Er kreuzte seine kurzen, aber starken Arme über der Brust und betrachtete Äneas. »Aristoteles ...«, sagte er nachdenklich. »Ich liebe seine Begriffsbestimmungen. In vielen Beziehungen ist seine Philosophie der Platonischen überlegen, weil Plato zwar als Realist auftrat, sich aber in Mystizismen verschleierte. Entgegen seiner eigenen Lehre, daß die allgemeinen Ideen objektiven Bestand haben, ist er zum reinen Dichter geworden, selbst in seinem ›Staat‹, einer Schrift, die oft in wirklichkeitsfernen Regionen schwebt. Was hat Aristoteles von ihm gesagt? ›Ich schätze Plato, aber höher schätze ich die Wahrheit.‹«

Äneas, für den Plato die Quintessenz der Wahrheitsoffenbarung war, konnte nur blinzeln. Angestrengt bemühte er sich, den Gedankengängen des Diodorus zu folgen, der nach seinem Empfinden die griechischen Philosophen eigentlich gar nicht verstand. Er konnte keine passenden Worte finden und begnügte sich damit, würdevoll zu nicken.

Diodorus seufzte. Er sah, daß Äneas nicht wußte, worum es ihm ging. Aber der Arme kannte wenigstens beiläufig die Ausdrucksweise der Philosophen. Der Tribun streckte wieder die Beine von sich.

»Plato hat zwar von seinem Lehrer Sokrates den Hang zur Definierung der Begriffe übernommen, deren wahre Bedeutung aber nicht erkannt«, meinte der Tribun, sich warmredend. »Alles, was er schrieb und sagte, war subjektiv. Aristoteles ist der wahre Vater der Logik. Das einzige Absolute, an und für sich Bestehende, war das anerkannte, war das im einzelnen, in der Einzelerscheinung vorhandene Absolute. Er war durchaus objektiv.« Diodorus sann nach; für einen Augenblick verfinsterte sich seine Miene. »Plato war widerspruchsvoll: er forderte Exaktheit und ertrank schließlich im Meere seiner Verallgemeinerungen. Interessanterweise soll Aristoteles eine Zeitlang Soldat gewesen sein; und ein Soldat weiß, daß es in jedem einzelnen absolute Werte gibt, wie Manneszucht, Ehre, Gehorsam, Vaterlandsliebe und Achtung vor der Obrigkeit.«

»Sicherlich gibt es Absolutes«, murmelte Äneas zuvorkommend. »Was, im Namen der Götter, besagte der Ausdruck ›absolut‹?«

Die sonst oft so ungestümen Augen des Tribunen zwinkerten dem Freigelassenen fast gutmütig zu. Er gähnte und trank seinen Wein bis zur Neige aus. »Interessant ist auch, daß Aristoteles dem Ärztebund der Asklepiaden angehörte. Das bringt mich zu Lucanus zurück. Ich glaube, er wird ebensosehr Philosoph wie Arzt werden. Verwehre ihm ja nicht den Zutritt zu deinen wertvollen Handschriften, Äneas!«

Der Freigelassene vergaß sich für einen Augenblick und erklärte stolz:

»Diesen Zutritt hat er schon. Ich unterrichte ihn selbst, Herr.«

»Gut.« Diodorus streckte seine Glieder und erhob sich. Äneas sprang auf. Gott behüte den Jungen vor den nebelhaften Belehrungen seines Vaters! dachte der Tribun. Er verabschiedete sich freundlich von Äneas und machte sich auf den einsamen Rückweg zu seinem Haus, durch das Mondlicht, das weiß und hart geworden war.

Er begann über die Enttäuschungen seines Lebens nachzugrübeln. Als er an Iris dachte, wurde ihm weh ums Herz. Sich die Sittenbegriffe dieser eklen Schweine im modernen Rom anzueignen wäre ihm, auch wenn er es gewollt hätte, das wußte er, unmöglich gewesen. Iris, die ehemalige Sklavin, die Frau eines Freigelassenen, würde es zwar nicht wagen, ihn abzuweisen; aber falls sie noch in Liebe seiner gedachte, durfte er diese Liebe nicht entweihen. Überdies war sie eine sittsame Hausfrau. Heute abend hatte sie ihn mit verschleierten Augen angesehen und ihm so zugelächelt, wie sie ihrem Gatten bestimmt nie zulächeln konnte. Er dachte an die Zofe seiner Mutter mit einer achtungsvollen Zärtlichkeit, die derart verschieden von seinen Gefühlen für Aurelia war, daß er sich nicht einmal einer gedanklichen Untreue schuldig sprechen konnte. Er verglich Iris mit Diana, der Unberührten, der ewig Reinen.

Er blickte zum Mond auf und flehte, in seiner tiefen Schlichtheit, die Göttin an, diese Griechin zu schützen, die er geliebt hatte und noch immer liebte. Er wurde etwas ruhiger.

An den jungen Lucanus dachte er erst wieder, als er sein Haus betrat und Aurelia ungewöhnlich besorgt antraf. Die kleine Rubria war erwacht; sie stöhnte vor Schmerz und fragte nach ihrem Vater.

III

Miteinander, Hand in Hand, stiegen Aurelia und Diodorus die Treppe hinauf und traten in Rubrias Kammer. In dem kleinen Gästezimmer brannten zwei Lampen und steigerten die drückende Hitze. Diodorus atmete schwer; nach der kühlen Abendluft, aus der er kam, war es hier fast erstickend. Ein merkwürdiger Gestank herrschte. Diodorus blickte nach dem kleinen Fenster hoch oben in der weißen Mauer, auf der groteske Schatten tanzten, während der dem Sklavenstand angehörige Hausarzt Keptah und die Pflegerin über dem Bett hantierten. Die Seidenvorhänge waren dicht über das Fenster gezogen. Diodorus eilte sofort hin und schob die Gardinen ungestüm beiseite. »Pfui!« rief er. »Hier ist ja eine Luft, daß die Kleine ersticken kann! Und was für einen Gestank rieche ich da?«

Aurelias volle Wangen erblaßten. Als fügsame Hausfrau tadelte sie ihren Gatten selten, besonders nicht in Gegenwart von Sklaven. Sie sagte bloß: »Diodorus, in dieser Jahreszeit ist die Nachtluft gefährlich. Ich habe selbst befohlen, daß man das Fenster schließt.«

Aber Diodorus atmete in langen Zügen die frische Kühle ein. Er nahm die Vorhänge und fächelte mit ihnen, so daß im Zimmer ein Luftzug entstand. »Wenn die Kleine noch nicht erstickt ist, wird ihr das jetzt wohltun«, meinte er. Er winkte der Pflegerin, das Fächeln fortzusetzen, und sie beeilte sich, zu gehorchen, die Augen vor Schreck weit aufgerissen.

Der Tribun trat zum Bett. Rubria lächelte ihm von ihren Kissen her zu. Doch es war ein schmerzliches Lächeln, und sie bewegte den dunkelhaarigen Kopf ruhelos, während sie ihre kleine Hand dem Vater entgegenstreckte. Er nahm die Finger fest zwischen seine harten, braunen Handflächen, und das Herz stand ihm still, als er die Fieberhitze spürte. Aber er sagte mit fester Stimme: »Was muß ich da hören, Töchterlein?« Seine Augen musterten das kleine Gesicht, bemerkten die dünn gewordenen Züge und die trokkenen, heißen Lippen. Das Fieber verzehrte dieses teuerste aller Wesen! Unter der geröteten Haut kroch die graue Todesfarbe hervor, wie eine verstohlen anschleichende Flutwelle unter einer sonnengeröteten Wasserfläche. Angst umkrallte das Vaterherz, verkrampfte alle seine Kammern und schuf rein körperliche Beklemmung.

Keptah berichtete leise: »Herr, ich habe eine Salbe auf die Glieder des Kindes verrieben, Geierfett, vermischt mit Geiergalle. Das riecht so stechend. Aber man hat mich gelehrt, daß es bei der Behandlung schmerzender Gelenke und Sehnen überaus wirksam ist.«

Diodorus lauschte den langsamen, qualvollen Atemzügen, die durch Rubrias Lungen gepreßt wurden; in dem flackernden Licht der Lampen sah er das Pulsen gequälter Arterien an dem kindlichen Hals und den Schläfen. Ohne ihre Finger loszulassen, legte er die rechte Hand auf ihre Brust. Er spürte das Klopfen des Herzens, rasch und wild. Die geheimnisvolle Krankheit, die dem zarten Körper so zusetzte, hatte das unschuldige Herz ergriffen und würgte es.

Der Tribun beugte sich über seine Tochter, die trotz ihrer Kindlichkeit die Angst des Vaters bemerkt hatte und nichts wünschte, als ihn zu beruhigen. Sie flüsterte leise: »Ich fühle mich viel wohler, Vater. Die Schmerzen sind nicht so arg.« Mit zitternden Fingern strich er über das dunkle, schweißfeuchte Haar auf dem Kissen. Er streichelte die glühende Wange, die zarte Rundung des Halses. Er flehte im Geiste: Laß mich sterben, aber verschone meine Tochter. Entstelle meinen Leib und wirf ihn in den Staub, aber verschone meine Tochter. Mögen auf mich Feuer und Schwert, auf mich alle Flüche der Götter fallen, aber verschone meine Tochter! Eine große, schreckliche Stille erfüllte seine Seele.

Der Arzt braute in einem Becher einen Trank und hielt ihn dann der Kranken an die Lippen; aber sie würgte. Diodorus schob den Arzt beiseite und nahm selbst das Gefäß. Folgsam schluckte jetzt die Kleine Tropfen nach Tropfen, wobei sie den Würgreiz unterdrückte und oft aussetzen mußte, um nach Luft zu schnappen. Aurelia hatte begonnen, die geschwollenen Stellen der hübschen, kleinen Arme und Beine geduldig, gleichmäßig zu massieren, und Diodorus sah ihr zu, während er den Becher an Rubrias Mund hielt. Wie gelassen seine Frau war! Wenn sie Angst hatte, verriet sie jedenfalls nichts davon.

Rubria seufzte jetzt unter den Handgriffen ihrer Mutter erleichtert auf, und die Krämpfe verloren an Heftigkeit. Die Pflegerin fächelte weiter mit den Vorhängen, und Keptah entfernte sich vom Bett, schweigend, mit unergründlicher Miene.

Beim Massieren tauchte Aurelia immer wieder die Finger in die Silberschüssel mit Salbe. Die kurzen, weißen Finger hatten Kraft und Zielstrebigkeit; sie schienen zu wissen, wann sie fest aufdrücken und wann sie nur leicht streichen sollten. Aurelia glich einem Truppenführer, der unbeirrbar dem Feinde zu Leibe rückt, voll Selbstvertrauen, furchtlos. Rubrias Körper entspannte sich Fingerbreite um Fingerbreite, wurde weniger empfindlich gegen Schmerzanfälle, weniger verkrampft während der Schmerzen. »Ja, ja«, sagte Aurelia mit ruhiger und beruhigender Stimme. »Wir werden der Sache schon beikommen. Nicht wahr?« Die Muskeln ihrer Arme, die Muskeln an ihren dicken Händen schwollen sichtlich an und ab; das Licht der Lampen rillte sie. Die Mutter kämpfte; doch in ihrem friedlichen Gesicht, ihren heiter lächelnden Augen war keine Spur dieses Kampfes zu merken.

Sehr einfallsreich, dachte Diodorus mit neuer Demut, dürfte meine Aurelia ja vielleicht nicht sein. Aber sie ist eine Frau, und Frauen haben Kräfte, die der Stärke von Armeen gleichkommen... Rubria hielt die Hand des Vaters weiter umfaßt, wandte sich jedoch unwillkürlich der Mutter zu, wie ein Säugling es tut. Aurelias Gewand glitt tiefer, und Diodorus sah die üppigen Rundungen ihres Busens, der weder Aufregung noch Eile verriet. Die Brust schimmerte vor Schweiß, aber kein angstvolles Atmen hob und senkte sie.

Ohne das Massieren zu unterbrechen, blickte Aurelia zu ihrem Gatten auf, und ihr Lächeln war liebevoll. Ihre braunen Augen sagten ihm: Ich werde diese Kleine für dich retten. Gräme dich nicht, Teuerster! Keine Eifersucht lag in ihrem Blick. Worauf es ankam, war nur, daß ihrem Gatten ein übergroßer Schmerz erspart blieb. Aurelias feste Wangen glühten vor ihrer gelassenen Anstrengung, und ihre vollen Lippen waren vorgewölbt. Sie hatte ihr schwarzes Haar für die Nacht gelöst; wie ein dunkelfarbener Wasserfall flutete es über ihre rundlichen, jungen Schultern.

Jetzt hatte Diodorus nicht mehr so große Angst. Er wandte sich an Keptah, den Arzt. Diesen Sklaven schätzte er sehr und lieh ihn oft erkrankten Freunden. Priscus hatte schon frühzeitig an dem Knaben Keptah eine Begabung für Medizin erkannt und ihn an die große Hochschule von Alexandria geschickt; auch als Menschen hatte er ihn liebgewonnen und seinem Sohn das Versprechen abgenommen, Keptah, sobald er fünfundvierzig Jahre alt würde, freizulassen und ihm eine zur Zukunftssicherung ausreichende Menge Goldes zu schenken. Diodorus gedachte das Versprechen zu halten, obwohl er Keptah, bei aller Hochachtung für seine ärztliche Kunst, als Menschen nicht recht leiden mochte. Er brachte keine Geduld auf für das Spitzfindige das Doppelsinnige, das geheimnisvoll Lächelnde, das dunkel Rätselhafte, das verbindlich Skeptische und Schweigsame.

Und alle diese Eigenschaften besaß der jetzt vierzig Jahre alte Keptah. Seine Rassenzugehörigkeit kannte niemand; aber er hatte etwas Ägyptisches in dem hageren Gesicht, das mit seiner dunklen Hautfarbe, der feingemeißelten Hakennase, den schiefen, tiefliegenden Augen und den dünnen, gekräuselten Lippen so geheimnisvoll, verschlossen und düster wirkte. Das Haar, kurzgeschnitten wie bei Diodorus, schien mit schwarzer Farbe auf den langen, zerbrechlich aussehenden Schädel gepinselt. Der Mann war hochgewachsen, fast fleischlos, und unter seinem Gewand zeichneten sich die knochigen Schultern breit ab. Die braunen Hände waren lang und geschmeidig, mit blutlosen Fingernägeln und starken Knöcheln. Diese Knöchelform hielt Diodorus für ein Anzeichen philosophischer Neigungen. Falls jedoch Keptah wirklich okkultes und mystisches Wissen besaß, was Diodorus gern herausbekommen hätte, so wich er gewandt allen Erkundungsversuchen seines Herrn aus. »Das weiß ich nicht«, murmelte er immer wieder mit seiner weichen, merkwürdig fremdländisch gefärbten Stimme. »Ich bin nur ein Sklave.«

Dieses hochmütige Zerrbild von Demut verfehlte nie, den nach geistiger Nahrung lechzenden Tribunen zu reizen, der sich als roher, dummer Soldat abgewiesen vorkam. Er argwöhnte sogar, daß Keptah sich über ihn lustig machte. Allerdings ließ sich nicht abstreiten, daß dieser Sklave ein kluger Mann und ein hervorragender Arzt war.

Während Diodorus ihn beobachtete, wie er zur Seite, aber nicht abseits stand, fiel ihm ein seltsamer Vorfall ein, der sich erst vor wenigen Monaten hier auf seinem Grund und Boden zugetragen hatte.

Der Aufseher der Haussklaven hatte in der Gesindehalle seinen Geburtstag gefeiert. Als gutherziger Hausvater, der treue Dienste zu würdigen wußte, hatte der Tribun Auftrag gegeben, für diesen Abend Speise und Trank von seiner eigenen Tafel zur Verfügung zu stellen. Als persönliches Geschenk hatte er dem Aufseher einen Beutel mit Goldmünzen überreicht. Für die Festlichkeit sollte es keine Einschränkungen geben.

Als Diodorus sich in dieser Nacht gerade langsam, aber sicher durch eine schwierige Abhandlung über Ethik durcharbeitete, legte er plötzlich die Pergamentrolle weg und runzelte die Stirn. In seiner lampenbeleuchteten Bibliothek war es still; aber von den Sklavenwohnungen her drang wildes Tosen und erfüllte die warme Luft. Dann lächelte der Tribun und zwang sich zur Nachsicht. Theodorus war ein alter Mann und würde nicht mehr viele Gelegenheiten für Fröhlichkeit und Festesfreude haben. Mochten die hübschen Mädchen vor ihm tanzen und die jungen Männer umherhopsen und die Würfel über den Marmorfußboden rollen, mochte der Wein fließen und die Musik von den Hauswänden widerhallen!

Aber der Trubel wurde immer hemmungsloser. Das mußte die kleine Rubria stören und ebenso Aurelia, die vor ihren Sklavinnen aufzustehen pflegte. Alles hatte seine Grenzen, auch Geburtstagsfeiern! Diodorus gestand sich nicht ein, daß der Lärm des fröhlichen Treibens dort draußen im Mondschein ihn anzog. War er denn nicht ein sittenstrenger Römer, dem jede Zuchtlosigkeit verhaßt war? Er murmelte vor sich hin, diesem Radau müsse er ein Ende bereiten. Als er sich jedoch zur Gesindehalle begab, war sein Schritt leicht und rasch.

Die Festlichkeit war aus der Halle auf den dufterfüllten Gesindehof übergeströmt. Man hatte Tische ins Freie geschleppt und Lampen daraufgestellt, deren Schein auf Palmen und Blumen flackerte und auch auf den einfachen Statuen in den entfernten Winkeln. Mondlicht und Lampenlicht flossen ineinander und beleuchteten ein Bild ungezügelter, ausgelassener Lustigkeit. Die Sklavenmädchen, besonders solche mit schönen, rosigen Körpern, waren fast nackt, und ihr Haar baumelte um sie, während sie erstaunlich unzüchtige Tänze vollführten; ihre Gesichter strahlten vor Lüsternheit und Jugend und Wein. Braune und schwarze und goldene Haarflechten flatterten gleich Fahnen um nackte Brüste und runde Glieder. Wie Faune und Satyre gekleidet, mit schamlosen Gebärden, hüpften die jungen Männer um die Mädchen. Und die Musik kreischte und schrillte, tanzte und lachte, spornte und lockte und gellte. Theodorus rekelte sich, als wäre er der Hausherr selber, auf einem weichen Ruhebett und sah dem Tanz mit Freude und unvermögender Wollust zu, während er den weißhaarigen Kopf im Takt der Musik wiegte und mit den dickknotigen Fingern schnippte.

Wie ein Nebel schwebten in der Luft die Gerüche von Blüten, Kräutern, Wein, Schweiß, heißem Bratfleisch und Brot. Sogar die Lampen brannten heller, als wären auch sie angeregt; und Licht und Schatten jagten sich gegenseitig als trunken taumelnde Streifen über den Hof hin. Diodorus war entsetzt. Wo hatten, in diesem so überaus rechtschaffenen und gesetzten und sittsamen Haushalt, die Mädchen und jungen Männer solch schamlose Tänze gelernt, so unziemliche Gesten, solche Lieder, solche Brunstschreie? Das war ein Bacchanal! Das durfte man nicht dulden! Im tiefen Schatten stehend, spürte Diodorus, wie er rot wurde. Er mußte am Morgen mit Aurelia darüber reden! Aber offenbar hörte sie diesen ganzen Tumult selber. Warum hatte sie nicht einen Sklaven gerufen und Ordnung geschaffen und diesem ganzen Treiben durch ein Machtwort Einhalt geboten?

Er zögerte. Theodorus sang mit seiner brüchigen, zittrigen Stimme. Er hatte begonnen, in die Hände zu klatschen. Jetzt bemühte sich der Alte, zur Verblüffung des Tribunen, die Mädchen und die jungen Männer zu noch wilderem Allotria aufzustacheln, in Wendungen, die ihm Diodorus nie zugetraut hätte. Bei den Göttern, waren das Ausdrücke!

Als seine Augen sich mehr an Finsternis und Lampenlicht und Mondschein gewöhnt hatten, ließ der Tribun den Blick umherschweifen. Auf der anderen Seite des Hofes sah er eine undeutliche Bewegung, dann das Schimmern eines weißen Gewandes. Er erkannte die hohe, achtunggebietende Gestalt Keptahs, des Arztes. Diodorus staunte noch mehr. Sonst machte Keptah sich nie mit den anderen Sklaven gemein. Nun, jetzt war er da und sah zu, ebenso wie der Tribun. Auch er war offenbar einsam.

Plötzlich trat Keptah aus dem Schatten und zeigte sich in seinem langen, weißen Arztgewand, aufrecht, unbewegt, unergründlich. Das Lampenlicht beschien voll sein Gesicht, und Diodorus erkannte dieses Gesicht kaum, so fremdartig war es, so glühend, so hintergründig und so verhalten. Der Arzt stand da und betrachtete die hüpfenden Körper, die durcheinanderwogenden Arme und Beine, die flatternden Haare, den wüsten Haufen heißen Fleisches, die fröhliche Selbstvergessenheit betrunkener und wollüstiger junger Leute. Die tanzenden Füße wirbelten näher und näher an ihn heran. Manchmal verschwand er hinter den Mädchen; dann wichen sie wieder zurück, näherten sich ihm und tanzten davon, während die jungen Männer und Knaben ihnen in vollendetem Gleichklang der Bewegungen folgten und mit den Händen nach den liebestollen Brüsten und Armen, nach den baumelnden Haarsträhnen griffen und haschten. Doch Keptah wich und wankte nicht. Er hatte zu lächeln begonnen, und beim Anblick dieses Lächelns erzürnte Diodorus. Das Licht auf Keptahs Gesicht wurde ein Glitzern.

Dann hob der weißgekleidete Sklave die rechte Hand. Wenn er glaubt, daß er sie zum Stehen bringen kann, dachte Diodorus, so ist er ein Narr. Hier könnte nur ein Donnerkeil helfen.

Mit erhobener Hand stand Keptah da, und Diodorus sah die flache, dunkelhäutige Handfläche. Es war nicht die Geste eines Befehls. Auf merkwürdige Art drehte sich der Daumen auf der Handfläche, und die Finger spreizten sich. Der Tribun war derart in den Anblick seines Arztes vertieft, daß es eine Zeitlang dauerte, bis er merkte, daß völlige Ruhe eingetreten war. Selbst die Musikanten hatten mit ihrem wilden Spiel aufgehört.

Erschrocken fuhr Diodorus auf. Ungläubig blickte er um sich, und Verblüffung erfaßte ihn. Die Tänzer hatten mitten in ihren Bewegungen innegehalten. Die Lauten- und Harfen- und Flötenspieler waren erstarrt, die Hände an den Instrumenten. Der Kopf des Theodorus war auf die Brust gesunken. Tiefste Stille herrschte in dem Hof, nur unterbrochen von dem Zischen der Lampen, dem Zirpen von Nachtinsekten, dem fernen Schreien der Vögel, dem gedämpften Bellen eines Hundes. Mondlicht ergoß sich über den Hof; die Lampen brannten weniger hell. Die Tänzer standen ringsumher, mit erhobenen Beinen, ausgestreckten Armen, weißen, entrückten Gesichtern. Man hatte den Eindruck eines Wandgemäldes oder eines Hofes voller Statuen, des aus Stein gemeißelten Bacchanals eines geisteskranken Bildhauers.

Diodorus traute seinen Augen nicht. Er starrte und glotzte, rieb sich die Augen und starrte wieder. Die Nacht war sehr warm; aber den Tribunen überlief es auf einmal eiskalt. Etwas raschelte; ganz leise Schritte wurden vernehmlich. In plötzlichem Schreck zuckte Diodorus zusammen und drehte sich um. Vor ihm stand Keptah, lächelte rätselvoll und ehrerbietig und verbeugte sich dann. Er murmelte: »Die Leute haben dich gestört, Herr.«

Diodorus erschauerte. Er wich einige Schritte zurück. Er flüsterte: »Was hast du da getan?«

Die unergründlichen Augen betrachteten ihn ernst; doch in ihren Tiefen glommen rötliche Funken. »Ich, Herr?« entgegnete der Arzt und zog die Brauen hoch, als wunderte er sich über eine kindische Frage. »Nichts, gar nichts. Ich habe dich im Hof erblickt und dir die Verärgerung angesehen. Darum habe ich den Narren dort aufzuhören befohlen, und sie haben aufgehört.«

»Was hast du da getan?« wiederholte Diodorus; und jetzt war seine Stimme, obwohl er noch immer zitterte, laut und barsch.

Wieder musterte Keptah ihn, mit der gleichen spöttischen Verwunderung. »Das ist etwas, was ich als Arzt gelernt habe, Herr.« Er drehte sich ein wenig zur Seite und betrachtete die beklemmende Szene vor ihnen. Hier und dort traf das Mondlicht eine junge Marmorbrust, die erstarrte Bewegung eines Marmorarms, die Beugung eines Marmorknies. »Beunruhigt dich das, Herr?« fragte Keptah, als staunte er darüber. »Die Sache hat gar nichts auf sich.«

In einer unwillkürlichen Gebärde des Entsetzens und der Drohung hob Diodorus den Arm. »Gib die Leute sofort frei!« schrie er und wich noch weiter von dem Arzt zurück, voll abergläubischer Furcht, von einer Gänsehaut überlaufen.

»Damit sie wieder zu rasen und zu lärmen beginnen, Herr?« Keptah schien verdutzt. »Bald wird es dämmern.«

»Gib sie frei, oder sei verflucht!« schrie Diodorus. Er war zu Tode erschrocken.

»Oder damit sie zu Anstand und Schicklichkeit zurückfinden, vielleicht?« drängte die verschmitzte Stimme eifervoll.

Diodorus schwieg. Keptah schien voll Verwunderung über seinen Herrn nachzusinnen. Dann zuckte er die Achseln. Wieder hob er die Hand und murmelte einige unverständliche Worte.

Das Bild änderte sich nicht plötzlich. Langsam, unendlich langsam begannen die Arme und Beine sich zu regen, träge herabzusinken. Zögernd und zaudernd kam Leben in die Körper. Wie im Traum befangen, wandten sich Köpfe, rührten sich Füße, nicht im Tanz, sondern in einer Verzauberung. Kalt und starr beschien das Mondlicht schwere Schultern, schwere Gliedmaßen. Einer nach dem anderen schlichen die Sklaven aus dem Hof, wortlos, ohne einander anzublicken, ohne einander überhaupt zu gewahren. Es war, als wohnte man einer Szene völliger Erschöpftheit und tierhafter Unbewußtheit bei. Diodorus glaubte einen stummen, grauenvollen Nachtspuk mit anzusehen.

Und nun war der Hof leer. Nur die Lampen, die mit Speiseresten bedeckten Tische, die leeren Stühle blieben. Musikinstrumente lagen auf den Steinfliesen, wie auf der Flucht weggeworfen. Prasselnd erloschen die Lampen. Langsam sank der Mond, und die Palmen knarrten.

Keptah begann zu reden, und Diodorus hatte die Empfindung, daß sie beide endlos lange nebeneinander gestanden waren. »Die Leute werden vergessen, Herr. Sie werden glauben, nach einer frohen Nacht der Schwelgerei und Lustbarkeit zu Bett gegangen zu sein.« Er seufzte. »Glückliche Menschen, die einen so einsichtigen Herrn haben!«

Keptahs Gewand fiel in scharfen Falten von seinen Schultern. In den tiefen Höhlungen seiner Wangen lag das Mondlicht; es betonte die Gruben um seinen Mund. »Du hast mich für bösgesinnt gehalten, Herr«, sagte er. »Ich habe bloß Wissen. Nach einer alten Legende ist allerdings Sünde und Wissen ein und dasselbe. Es ist nicht gut, wissend zu sein. Viel besser hat man es als einfältiges Tier.« Jetzt blickte er Diodorus an, und seine Augen waren nun Höhlen abgrundtiefen Dunkels. »Aber«, fuhr er fort, »wer von uns würde ohne Erkenntnis des Guten und Bösen leben wollen? Nichtwissen ist gleichbedeutend damit, kein Mensch zu sein. Auch keiner der Götter würde es wollen«, fügte er hinzu.

Es war, wie Keptah gesagt hatte. Als Diodorus am Morgen behutsam seinen alten Aufseher über das gestrige Fest ausholte, erzählte der Sklave freudig: »Es war eine wunderbare Nacht, Herr. Und das verdanken wir dir. Nie sind deine Diener glücklicher gewesen!« Er beugte seine schlotternden Knie und küßte dem Tribunen die Hände. Leuchtend lag das Sonnenlicht auf seinen verwitterten Zügen. »Dieses Fest werden wir nie vergessen«, beteuerte er.

Dann ließ Diodorus seinen Hausarzt rufen, der auf leisen, fast schwebenden Sohlen hereinkam. »Du hast mir heute nacht etwas von Gut und Böse erzählt und vom Wissen«, sagte er. »Deine Rede war sehr dunkel.« Diodorus hielt inne. Er blickte Keptah an, nicht, wie ein Herr einen Sklaven, sondern, wie ein Mensch einen Menschen ansieht. »Du hast während deines jahrelangen Aufenthaltes in Alexandria die Lehrmeinungen des Aristoteles studiert. Du erinnerst dich, daß der Weise von absoluten, an und für sich bestehenden Dingen sprach. Glaubst du nicht an absolute Dinge?«

Keptah war keineswegs überrascht; er wußte, daß Diodorus über ihr letztes Gespräch lange nachgedacht hatte. Er wußte von dem Tribunen alles, was sich wissen ließ.

»Nein, Herr, daran glaube ich nicht.«

»Und warum nicht?«

»Weil es keine absoluten Dinge gibt, außer in Gott.«

»Aber Aristoteles war ein großer Philosoph! Willst du dir anmaßen, ihm zu widersprechen?« Diodorus schob sich empört in seinem Sessel herum.

Keptah lächelte sein hintergründiges Lächeln. »Hat mit Aristoteles die Weisheit geendet?«

Diodorus blickte finster drein; aber seine Sicherheit war erschüttert. »Es ist also noch nicht das letzte Wort gesprochen?«

»Noch nicht, Herr.«

Der Blick des Tribunen verfinsterte sich immer mehr. »Keine absoluten Dinge! Noch nicht das letzte Wort!« Er war bestürzt. Übel genug, daß die Politik stets so unbeständig, das Leben so launenhaft war! Aber die Philosophie – und besonders eine Philosophie wie die des Aristoteles – war doch etwas Ewiges, Unveränderliches! Woran sollte man sich in einer unberechenbaren Welt halten, wenn nicht an die Philosophie, wenn nicht an das Ahnengedenken, die Göttertempel und die Weisheit? Er blickte zu Keptah auf und sah den seltsam schiefen Schnitt seiner Augen, die verschwommenen Umrisse seiner blutleeren Lippen.

»Sag mir, was hast du in der Nacht mit den Sklaven getan?«

»Es war nur eine Art Hypnose, Herr«, erklärte der Arzt. »Ein Blendwerk, wenn du willst.«

»Wer wurde verblendet?« Diodorus geriet in Zorn.

Keptah zuckte kaum merklich die Achseln. »Woher soll man das wissen, Herr?«

Der Tribun hatte ihn damals gereizt entlassen. Die von Keptah in ihm aufgerührten Gedankengänge waren zu beunruhigend; deshalb hatte er sie so bald wie möglich unterdrückt. Erst jetzt tauchten sie wieder in ihm auf.

Und nun musterte er Keptah. Mehr denn je war er davon überzeugt, daß der Sklave ihn, den mächtigen Tribunen, für einen sehr einfältigen Menschen hielt. Es war also einfältig, an Tugend zu glauben, an Vaterlandsliebe, an Sittenstrenge, an Ehrenhaftigkeit, an Pflichtgefühl! Und Diodorus argwöhnte, daß für Keptah, für dieses rätselhafte Wesen, solche Einfalt als Albernheit galt. Aber eigentlich war doch ein Mensch, der an nichts Absolutes glaubte, innerlich haltlos! Erschien es ratsam, daß ein solcher Mann die kleine Rubria betreute? Doch wer in Antiochia, oder selbst in Rom, hatte einen derart befähigten Arzt, wie Keptah es war?

In diesem Augenblick fiel dem Tribunen, ohne daß er wußte, warum, plötzlich Lucanus ein.

Verstohlen legte er die Hand auf seine Gürteltasche und betastete den Stein und den kleinen Beutel mit Kräutern. Er sah, daß Keptah ihn heimlich beobachtete. Wie ein ertappter Schuljunge murmelte er: »Hier habe ich ein Amulett.«

Keptah zog die ausladenden schwarzen Brauen hoch und sagte höflich: »Ein Amulett? Oh, Amulette haben oft übernatürliche Wirksamkeit.«

Diodorus runzelte die Stirn. Hielt der Mann ihn wieder zum besten? Aber Keptah war sehr ernst und wartete höflich. Diodorns warf ihm fast den seltsamen Stein in die Hände.

Der Arzt musterte das Stück. Und dann überflog ein völlig undeutbarer Ausdruck sein Gesicht. Er wandte den Lampen seinen Rücken zu, so daß er im Schatten stand; und Diodorus lugte ihm über die Schulter. In Keptahs Händen glomm der Stein im Dunkel, als glühte er von einem inneren, unlöschbaren Feuer, und warf ein schwaches, aber ständiges Licht auf die langen, dunklen Finger des Arztes.

»Was ist das für ein Stein?« fragte Diodorus ungeduldig.

Mit der ihm eigenen heimlichen Belustigung beobachtete Keptah die Aufregung seines Herrn und dessen plötzlich tiefrot gewordenes Gesicht.

»Ich habe ihn heute bekommen«, erklärte Diodorus. »Der Sohn meines Freigelassenen, der kleine Lucanus, hat ihn mir für meine Tochter mitgegeben. Er hat ihn, so sagte er, gefunden. Angeblich wohnen die Götter darin, oder Gott.«

Keptahs Miene änderte sich. Er fragte: »Lucanus?« Dann überlegte er.

Er wußte von der Liebe zwischen dem jungen Griechen und der noch jüngeren Rubria – dieser so unschuldigen, schönen Liebe. Auch die gewaltige Macht der Einbildungskraft kannte er. Er trat zum Bett und schob Aurelia beiseite, als wäre er der Herr und sie eine Sklavin. Unwillkürlich gehorchte sie. Rubria schluchzte leise; nun aber starrte sie Keptah an, als hätte sie Angst vor ihm. Er lächelte der Kleinen zu und zeigte ihr den Stein, der ein seltenes Stück war, aber außer seiner Schönheit keine Kräfte besaß. »Das«, erklärte er der Kranken, »ist ein magischer Stein, den dein Spielgefährte Lucanus gefunden hat. Die Götter müssen ihn dabei geleitet haben. Der Stein wird dir helfen, kleines Fräulein, wenn du an ihn glaubst. Lucanus hat ihn ja für dich gefunden.«

Rubria blickte den Stein an und berührte ihn furchtsam mit einem gebrechlichen Finger. Sie begann zu lächeln. Rasch streifte Keptah ihr Hemd hoch und drückte den flachen, scheibenförmigen Stein an ihre linke Seite in die Gegend der geschwollenen Milz. »Hier muß der Stein liegenbleiben«, sagte er zu den Eltern und der Pflegerin. »Und zwar viele Tage lang, bis die Kleine gesund geworden ist.« Mit einem zwingenden Blick sah er Rubria an; und sie schien tief beeindruckt, ebenso wie ihre Eltern.

Diodorus rieb sich das Kinn; bei allem Aberglauben war er ein vernünftiger, folgerichtig denkender Mann. Er beugte sich über seine Tochter und betrachtete den Stein, sah sein Feuer und sein Blinken. Dann richtete er etwas argwöhnisch den Blick auf Keptah, der nur mit Mühe den feierlichen Ernst bewahrte. »An Magie glaube ich nicht«, brummte der Tribun. Keptah kämpfte gegen eine fast unbeherrschbare Lachlust an. Er entgegnete: »Herr, es gibt viel Magie auf der Welt. Man muß nur an sie glauben, dann entdeckt man sie.«

Der Tribun fand diese Äußerung zweideutig und machte eine finstere Miene; doch Keptah schien in vollem Ernste gesprochen zu haben. Schön, dachte Diodorus, vielleicht weiß ich nicht alles; und ich bin weder ein Arzt noch ein Medizinmann wie dieser Gaukler. Rasch wandten sich seine Gedanken wieder Rubria zu, und er schüttelte den Kopf. »Was fehlt eigentlich dem Kinde?« fragte er Keptah. »Du hast dich nie deutlich ausgedrückt, sondern bist mir immer ausgewichen. Das Blut ... geschwollene Gelenke ... zerstörte Muskelpartien ... Atemnot ... eiterndes Zahnfleisch ... Knoten in den Drüsen.«

Keptah blickte zur Seite. »Es handelt sich um einen nicht seltenen Zustand«, erklärte er freundlich. »Nur schwer zu ... heilen.« Er konnte dem Vater unmöglich sagen, daß seine Tochter die Weiße Krankheit hatte, die unfehlbar zum Tode führte. Er hatte Mitleid.

»Aber die kleine Rubria bleibt doch am Leben?« fragte Diodorus. Beim bloßen Gedanken an den Tod seines Kindes sanken seine Augen in ihre Höhlen zurück.

Keptah sah ihn lange an, ehe er antwortete. Dann sagte er: »Es ist ihr nicht bestimmt, jetzt zu sterben, Herr, ebensowenig wie in nächster Zukunft.« Rubria spürte den Stein ihres Spielgefährten an ihrer jungen Haut und fühlte sich leichter. Keptah bemerkte es. Die Macht des Gemütes, so überlegte er, kann oft den Tod in Schach halten, und der Glaube vermag bisweilen das Unmögliche zu vollbringen.

Diodorus war nicht zufrieden. Angst beschleunigte seinen Herzschlag. »Du weichst mir aus. Wird das Amulett sie nicht völlig heilen?«

»Ich weiß es nicht, Herr.« Die tiefliegenden Augen betrachteten Diodorus mit einem Ausdruck, den der Römer nicht als verhaltenes Mitleid erkannte.

»Dann«, rief Diodorus in rasender Wut, »wird sie offenbar später sterben?«

»Ist das nicht unser aller Schicksal, Herr?«

Diodorus ließ den Kopf auf die Brust sinken und zog die Lippen ein, daß sie sich an die Zähne preßten. Dann besann er sich auf den kleinen Beutel mit Kräutern, den ihm dieser so undurchschaubare Knabe Lucanus gegeben hatte. Mit zittrigen Fingern holte er das Beutelchen aus der Gürteltasche hervor und hielt es, während seine Hand plötzlich merkwürdig steif wurde, dem Arzt hin. »Auch das hat mir Lucanus gegeben. Man soll es, hat er gesagt, in heißen Wein legen und meiner Tochter zu trinken geben.«

Er rechnete mit neuem Spott von seiten Keptahs. Doch der Sklave nahm mit raschem, behendem Griff den Beutel und öffnete ihn. Sofort füllte sich der Raum mit einem herben, aber angenehmen Geruch.

Keptah hielt den Beutel an die Nase, schloß die Augen und atmete ein. »Wo hat der Junge diese Kräuter gefunden, Herr? Und wie ist er gerade auf sie verfallen?«

»Ich weiß es nicht!« schrie Diodorus zornig. »Auf den Feldern, hat er gesagt. Wieso er gerade auf diese Kräuter verfallen ist, hat er mir nicht anvertraut. Bei den Göttern! Nimmt denn diese Geheimnistuerei kein Ende? Was ist in dem Beutel?«

Keptah lächelte und schloß das Säckchen sorgfältig. »Da drinnen sind Kräuter, die ich selber trotz endlos langen Suchens bisher nicht habe finden können.« Er führte seine knochigen Finger an den Mund, als wollte er sich selbst Schweigen gebieten. Er gab den Beutel der Pflegerin und befahl, den Inhalt gleich in heißen Wein zu werfen. Wortlos drehte er sich auf den Fersen herum, ging zum Bett und blickte Rubria mit der Miene eines Menschen an, der plötzlich einem Wunder gegenübersteht.

Diodorus faßte seinen Hausarzt am Arm. »Der Knabe Lucanus hat gesagt, daß er Medizin studieren möchte. Und ich habe ihm versprochen ...« Er hielt inne; seine wildblickenden Augen kniffen sich zusammen vor Nachdenken und Überlegung, und sein Sparsinn meldete sich drängend.

»Ja, Herr?« fragte Keptah. Er war wieder der hochmütige Sklave mit der gespielten Unterwürfigkeit.

»Ich habe ihm versprochen, daß er mit meiner Tochter zusammen lernen kann und daß später ... später ... vielleicht die Möglichkeit besteht für ein Studium ...« Wieder unterbrach sich Diodorus, und seine martialischen Brauen rückten einander näher. »Du wirst ihn unterrichten, Keptah, und wenn du ihn für den Arztberuf geeignet findest, dann« – er atmete tief ein und überwand heldenhaft seine Hemmungen – »schicke ich ihn nach Alexandria.»

Er machte sich darauf gefaßt, daß Keptah sich ungläubig und belustigt zeigen würde. Aber der Sklave neigte mit ernster Miene den Kopf. »Herr, was du gesagt hast, ist vorausbestimmt.«

»Also was beim Hades, meinst du wieder damit?« fragte Diodorus verdutzt. »Offenbar redest du da von den Parzen. Aber haben nicht Aristoteles und Sokrates der freien Wahl des Menschen das Wort geredet und über die Vorherbestimmung gespottet?«

»Bei vielen Philosophen erstreckt sich die Weisheit nicht auf alle Dinge«, erklärte Kepath mit einer Gelassenheit, die aufreizend wirkte. »Wollte man sein Dasein nach den Theorien der Philosophen einrichten, so bliebe man nicht lange am Leben und auch nicht lange bei gesundem Verstand.« Er lächelte Diodorus breit zu, wie ein mitfühlender Vater einem widerspenstigen jungen Sohn zulächelt.

Die Pflegerin hatte einen Silberbecher mit Glühwein gebracht, und Keptah ließ sachkundig die Kräuter darin ziehen. Das Stöhnen der kleinen Patientin war leiser geworden; aber sichtlich hatte sie noch immer starke Schmerzen. Kepath gab den Becher Aurelia, und sie hielt ihn mit liebevollem Lächeln an Rubrias Lippen. Das Kind trank folgsam, zwischen tiefen, dem Schmerz abgerungenen Atemzügen. Keptah stand beim Bett; scharfen Blickes beobachtete er die Kranke lange.

Das Stöhnen wurde seltener. Rubrias Augen weiteten sich vor Verwunderung und bekamen einen ruhigen Ausdruck. Der Kopf der Kleinen lag auf den Knien der Mutter, und wieder hielt Diodorus ihre Finger umfaßt. Sie hob den Kopf, erstaunt über das Nachlassen der Beklemmung; und dann begann sie langsam und tief zu atmen, einen ausgiebigen Atemzug nach dem anderen, wie Seufzer.

»Oh, ihr Götter!« murmelte Diodorus, und seine Augen wurden feucht vor Dankbarkeit.

Wie eine rote Flutwelle zog sich von Rubrias Wangen und Lippen die Fieberglut zurück. Geisterhafte Blässe trat an ihre Stelle. Die Eltern nahmen das als günstiges Anzeichen; sie vergaßen, daß gerade eine solche Blässe diesen letzten Krankheitsanfall eingeleitet und vor Wochen ihre Besorgnis erregt hatte. Keptah nickte mit düsterer Miene vor sich hin.

»Das Kind schläft!« rief Aurelia sehr behutsam. Und wirklich war Rubria eingeschlafen, totenblaß zwischen ihren dunklen Haarflechten.

»Ich opfere dem Äskulap nicht zwei, sondern vier Hähne«, gelobte Diodorus, benommen von der plötzlichen Erleichterung. »Und seinem Boten, dem herrlichen, leichtfüßigen Merkur, zwei Hekatomben!«

Unvermittelt wandte er sich zum Arzt; und ohne daran zu denken, daß er der Herr dieses rätselhaften Sklaven war, ergriff er dessen Hand, zwinkernd, um die Tränen zurückzuhalten. »Ach, Keptah, verlange, was du willst! Für das, was du jetzt geleistet hast, soll dir jeder Wunsch im Augenblick erfüllt werden!«

Keptah zögerte, während Diodorus ihm leidenschaftlich die Hand drückte. Nur gesinnungslose Schleicher, so erwog er, machten sich etwas zunutze, was nicht ihr Verdienst war. Aber für Sklaven gab es keinen anderen Weg als kluge Berechnung. Er sagte, so leise, daß seine Lippen sich kaum bewegten: »Ich bitte um meine Freiheit, Herr.«

Diodorus prallte zurück. Er preßte die Lippen aufeinander. Er starrte den Sklaven finster an. »Ah!« rief er mit drohender Stimme. »Du möchtest meine bei einem Vater nur zu natürliche Gemütsbewegung ausnützen, wie?«

Kepath zuckte die Achseln. »Du hast das Angebot gemacht, Herr, nicht ich«, entgegnete er.

Diodorus wurde plötzlich so wütend, daß ihm sein kurzes Haar zu Berge stand. Seine Hakennase blähte sich. Mißtrauen funkelte in seinen Augen. »Du glattzüngiger Schuft, Keptah! Du weißt von dem Versprechen an meinen Vater, dich mit fünfundvierzig Jahren freizulassen und dir so viel Geld zu schenken, daß du behaglich leben kannst. Willst du mich verleiten, die meinem Vater gegebene Zusage zu brechen?«

Keptah konnte ein Lächeln über diese Spiegelfechterei nicht unterdrükken. Als Diodorus das Lächeln sah, überkam ihn noch größere Wut und beträchtliche Verlegenheit. Er stieß die Hand des Sklaven von sich, zog die Schultern bis zu den Ohren hoch und stand steifnackig da wie ein angriffsbereiter Stier. Grollend versuchte er seinen Sklaven durch Anstarren niederzuzwingen. Aber Keptah fingerte bloß in gelassener Würde an einer Falte seines Gewandes.

Für einen Augenblick vergaß Diodorus seine schlafende Tochter und schrie: »Also schön, du Schlingel! Meinetwegen. In ein paar Tagen gehst du mit mir zum Prätor.« Er fuchtelte mit seinem dicken Finger vor Keptahs Gesicht. »Aber nur, wenn du dich vertraglich verpflichtest, freiwillig so lange bei mir zu bleiben, bis ich dir den Laufpaß gebe.«

»Glaubtest du, ich würde dich im Stiche lassen, Herr?« fragte Keptah im Tone höchsten Erstaunens. »Ist es übrigens nicht vorherbestimmt, daß ich in diesem Hause bleibe und den Sohn des Äneas unterrichte?«

Aber der Tribun war nicht besänftigt. Er blickte wütend drein, im Bemühen, Keptah einzuschüchtern. Der Arzt ließ sich nicht bange machen. »Der Prätor und du, Herr, werden zweifellos einem angemessenen Gehalt zustimmen, das ich gern selbst vorschlagen möchte.«

Diodorus war daran, wieder loszubrechen, als er Aurelias Hand auf seinem schwitzenden Arm spürte. Seine Frau lächelte ihn an; ihre Wangen waren wieder voll, und ein Grübchen schimmerte neben ihrem Mund. Wie sie so am Rande von Rubrias Bett saß, glich sie einem jungen Mädchen; und ihr Haar kräuselte sich feucht an Stirn und Schultern. »Nie soll es von dem edlen Diodorus heißen, daß er ein Versprechen gebrochen hat«, flüsterte sie.

Ihre Erscheinung und ihre Liebe rührten das insgeheim weiche Herz des Tribunen. Doch eine so unsoldatische Schwäche durfte man sich nicht anmerken lassen! In einer Geste erbosten Nachgebens schwang er die Arme hoch. »Schön, ich habe es gesagt, also bleibt es dabei!« rief er. »Aber ich sage gleich noch etwas: Einen begehrlichen Menschen, sei er Herr oder Sklave, verabscheue ich. Keptah, ich habe dich geschätzt; jetzt mißachte ich dich.«

»Die Mißachtung eines Mannes wie du, Herr, ist mehr wert als die Ehrungen aller anderen Menschen«, erklärte Keptah. Aurelia lachte laut auf, als bereitete ihr die Äußerung großes Vergnügen.

Der Arzt wartete auf das Zeichen, daß er sich zurückziehen durfte; und als es gegeben wurde, verbeugte er sich tief vor Diodorus und Aurelia und begab sich sofort in seine eigene versperrte Apotheke, wo er seine Tränke und Salben bereitete und wo er pulverisierte Körper und Organe von größeren Tieren und von Insekten, seltene Kräuter, getrocknete Blüten und Stoffe aus der unbelebten Natur aufbewahrte, Dinge, von denen, bis auf Männer seiner Art, kein Arzt etwas wußte.

Diese Apotheke gehörte zu seiner eigenen Wohnung, die weitab von den Behausungen der anderen Sklaven lag. Diener und Mägde brauchte man übrigens von einer Annäherung nicht erst abzuhalten; ihnen war bange vor Keptah, vor seinem unverständlichen Gehaben und seiner eindrucksvollen Erscheinung. Noch bänger jedoch war ihnen vor dem Zauber, der sich hinter jener geschlossenen Tür barg. Man raunte sich zu, Keptah zapfe insgeheim in den Leichenkammern den Toten vor ihrer Verbrennung Blut ab und verwende es für seine Arzeneien. Widerwärtige Gerüche umschwebten die Gegend oft wie eine Dunsthülle, und manchmal schimmerte bis lange nach Mitternacht Licht durch sein Fenster. Manche Sklaven schworen, das seien nicht Lampenlichter, sondern sternschnuppenartig fliegende Funken, und diese Funken ließen sich wie kalte Leuchtkäfer auf dem Fensterbrett nieder.

Jetzt braute Keptah eine Mixtur, die braun wie Rost war und deren

Geruch nichts Irdischem glich. Er goß sie in ein Kännchen und hielt sie in der Hand. Dann stand er in seiner Apotheke, rings umgeben von den gespensterhaften Regalen und Tiegeln. Und plötzlich wurde er regungslos wie ein Stein; seine Augen hefteten sich auf den Himmel vor seinem Fenster. Das Herz klopfte in seiner Brust, hüpfte wie ein fliehendes Lamm, stockte dann und begann wieder angestrengt zu hämmern.

»Es ist soweit!« sagte er laut. Und dann wiederholte er frohlockend, mit zitternder Stimme: »Es ist soweit! Selig sind meine Augen, daß ihnen dieser Anblick vergönnt wurde!«

Er tastete an seiner Brust nach einem kleinen Gegenstand und zog ihn hervor. Der Gegenstand war aus Gold und einfach geformt. Keptah drückte ihn an die Lippen und verneigte sich immer wieder und sagte immer wieder: »Heilig, heilig, heilig.«

Er fiel in die Knie, und sein Kopf sank ihm auf die Brust. Er schien kaum zu atmen, in einer Verzauberung befangen, einer Schau, die über irdisches Wissen hinausging. Das seltsame Etwas, das er hervorgezogen hatte, schwang vor ihm an einer goldenen Kette, und im Schein der Lampe leuchtete es so hell auf, daß es glänzte wie die Sonne. Und es wuchs vor Keptahs geblendeten Augen, bis es das ganze Weltall zu umfassen schien.

Als Keptah durch seine ihm allein vorbehaltene Tür in den Hof trat, war der Mond nur mehr ein bleicher, nebelhafter Schatten, weit unten, nahe dem Horizont. In dieser Höhe verschmolzen die Palmen mit dem Himmel, und Keptah glitt in das Dunkel davon, das von silbrigen Schatten geheimnisvoll erzitterte. Er brauchte freie Weiten für sein Sinnen. Während ihm das Herz bis in die Kehle schlug, fragte er sich stets von neuem: Werden die Mächte dort oben mir hinzugehen gestatten? Werden sie meinen Augen zu sehen vergönnen? Bald werde ich freigelassen, und dann kann mich nichts davon abhalten, für eine Zeitlang zu gehen. Er faltete die Hände an der Brust und betete, jene Mächte sollten es ihm gewähren.

Durch die labyrinthischen Gärten wanderte er weit weg vom Hause und bemerkte wieder, daß jedes Blatt, jeder Grashalm in sanftem, unirdischem Silberglanz zitterte. Etwas Heiliges spiegelte sich ihm darin. Manchmal hemmte er den Schritt, berührte lächelnd ein dickes, schimmerndes Blatt und warf einen Blick zum Himmel. Jene Astronomen, die nicht wie er Chaldäer waren, mußten nun angstvoll von Kometen sprechen, obwohl kein Komet vorausberechnet war. Aber seine Bruderschaft wußte Bescheid. Gern wäre er jetzt im Kreise seiner Mitbrüder gewesen. In der Vergangenheit hatte er gebetet, es möge ihm, falls der Große Stern zu seinen Lebzeiten käme, vergönnt sein, zu dieser Stunde bei seiner Bruderschaft zu weilen. Der Stern hatte sich gezeigt; aber es war weit zu Fuß nach Antiochia, wo die Bruderschaft ihre freudige Nachtwache halten würde, die dunklen

Augen voll geheimen Wissens und voll Dank. Solche Nachtwachen hielten diese Männer schon so lange, daß deren Ursprung sich im Dämmer der Zeiten verlor, schon seit den Tagen von Ur, seit den Tagen, da Bit Yakin blühte, seit den Tagen, als sie aus fernen Wüsten kamen und noch ein Priestervolk, die Kalu, waren, ehe die Juden sie Babylonier nannten. ›Auch unseren weisesten Männern ist es nicht gegeben, die Stunde zu wissen; Er allein weiß sie‹, so war Keptah unterwiesen worden. ›Nicht einmal die Heiligen im Himmel wissen sie; nur der Heiligste der Heiligen kennt sie, gepriesen sei Sein Name.‹

Keptah gelangte an eine offene Stelle in den weitgedehnten Gärten, am niedrigen Ufer eines Nebenarms des Orontes. Das Flußbett war schmal; aber das Wasser strömte rasch, und jetzt noch rascher als sonst, wie in atemloser Eile, um die Nachricht dem Strom zu überbringen und weiter den weltumspülenden Meeren. Die Ufer lagen im Dunkel, durch das nur lange Lanzen quecksilbernen Lichtes blitzten. Doch der schmale Wasserlauf schimmerte in einem Glanz, stärker als der Schein des Mondes; die von Schwarz und Weiß geriefte Wasserfläche tanzte und floß, wirbelte und funkelte. Von ihr stieg, obwohl kein Wind ging, ein Tönen auf, wie aus Flötenklang und Trommelwirbel gemischt.

Und an diesem Ufer blickte Keptah, Gewand und rätselhaftes Gesicht von Glanz überflutet, zum offenen Himmel empor. Droben stand der Große Stern, fast so leuchtend wie die Sonne, unentwegt scharfe Strahlenpfeile in das schweigende Dunkel ringsumher verschießend. Es war vorausgesagt, daß dieser Stern sich bewegen und den Weg weisen würde. Noch stand er still. Demnach, dachte Keptah, haben die hohen Mächte noch nicht jene Männer erwählt, die ihm folgen sollen.

Während er den Stern beobachtete, der so riesengroß war, in so kaltem Feuer brannte, fiel Keptah in die Knie und begann demütig zu beten. »O Du, auf Den die Welt so lange gewartet hat, selig bin ich, daß es mir vergönnt war, Dein Zeichen zu sehen! Gesegnet ist die Erde, die Dich aufgenommen hat. Gesegnet ist die Frau, die Dich, an mir unbekanntem Orte, geboren hat. Gesegnet ist die Menschheit, weil Du sie erlöst hast. Denn was verschlossen ist, soll nun geöffnet, was geheim ist, soll enthüllt werden. Und die Pforten des Hauses des Herrn sollen weit aufgetan bleiben bis ans Ende der Zeiten; und der Tod soll nicht mehr sein.«

Plötzlich überwältigte ihn unsagbare Wonne, tiefes Entzücken, als hätte ein hochverehrtes Wesen ihm zugelächelt, ihn erkannt und ihm eine Botschaft der Liebe gesandt. Tränen rannen über sein dunkelhäutiges Gesicht. In einer Gebärde der Anbetung und der leidenschaftlichen Demut hob er die Hände zum Himmel.

Mit lauter Stimme sprach er: »Ich bin gereinigt. Ich bin errettet. Was an Bösem, an Spott oder Zweifel in mir war, ist ausgetilgt. Ich habe in den

Wassern des Lebens gebadet. Von dieser Stunde an bin ich geboren. Gepriesen sei der Name des Herrn!«

Eine große Ruhe und Stille kam über ihn, wie eine Segnung. Ein großer Friede umhüllte ihn. Es machte nichts aus, daß ihm nicht mit eigenen Augen zu sehen beschieden war, wer in dieser Nacht den Mutterschoß verlassen hatte. Denn dieser Neugeborene war jetzt buchstäblich zur Welt gekommen, zu allen Menschen, an jeden Ort auf Erden; und er sollte nie wieder scheiden.

Der Stern strahlte so stark, daß man ihn nicht lange anblicken konnte, und Keptah schlug die Augen nieder. Er blieb knien und betrachtete in völliger Regungslosigkeit den eilenden, beleuchteten Fluß vor ihm. Dann wurde sein Blick von einer Bewegung gefesselt, von einem helleren Schimmer nicht weit von ihm, unten an der Uferböschung. Er lenkte seine ganze Aufmerksamkeit auf diese Stelle und erkannte, daß es ein kleiner Blondschopf war, den das Licht des Sternes fast selbstleuchtend machte.

Jetzt sah er das zarte, zum Himmel erhobene Profil des am Ufer sitzenden Knaben. Die wohlgeformte lange Nase, die schönen Rundungen von Wangen und Kinn, das herabwallende Goldhaar zeichneten sich deutlich ab, als schimmerte von innen her Licht durch Alabaster. Das ist ja Lucanus, dachte Keptah verwundert.

Er stand auf, ging wortlos die Uferböschung hinab und stellte sich unbemerkt neben den Knaben. Auch Lucanus betrachtete den Stern, dessen Glanz sich in seinen Augen spiegelte. Er lächelte. Die Hände um die Knie geschlungen, saß er unbewegt da, wie entrückt, ohne auch nur zu blinzeln. Sein weißer Hals war so rein und glatt wie Marmor.

Schließlich sagte Keptah behutsam, als wollte er den Knaben nicht aufschrecken: »Lucanus, warum bist du so spät noch auf?«

Lucanus wandte langsam den Kopf und lächelte. »Ach, du bist es, Keptah. Ich konnte nicht schlafen, und da habe ich mich aus meiner Kammer geschlichen, weil ich durch das Fenster den Stern gesehen habe. Mir war, als riefe er mich; und ich mußte dem Ruf folgen.« Seine Stimme war heiter und furchtlos, und er blickte Keptah, obwohl der Arzt noch Sklave war, mit großer Hochachtung an.

»Natürlich mußtest du dem Ruf folgen, mein Kind«, bestätigte der Arzt und setzte sich neben Lucanus. Gemeinsam betrachteten sie den Stern. Es ist ausgeschlossen, daß er es weiß, dachte Keptah. Er fragte seine Seele: Soll ich ihm die Bedeutung mitteilen? Er wartete auf Antwort. Sie kam gelassen und entschieden: Nein. Aber diesem Worte folgten ein Auftrag und eine Erkenntnis. Neugierig musterte Keptah den Knaben. Es fiel ihm ein, daß bei seinen Krankenbesuchen häufig Lucanus aus dem Nichts auftauchte, sich ihm an die Fersen heftete und seine Handreichungen scheu und forschend von einem Hausflur her, hinter einem Vorhang oder sonst aus der

Ferne beobachtete. Seine Anwesenheit hatte Keptah oft nervös gemacht. Knaben waren neugierige kleine Wesen; sie sahen gern Gewaltanwendung oder Schmerzen, durch die irgendwelche wilde Urinstinkte in ihnen geweckt wurden.

Er sagte: »Ein merkwürdiger Stern, nicht?« Und er wartete gespannt die Antwort ab.

»Ja«, erwiderte Lucanus. »Merkwürdig. Und schön. Ich habe die Empfindung, daß er uns etwas kündet.« Seine Stimme war die eines jungen Mannes und nicht die eines Knaben; Keptah, der ihn dieser Tage selten sprechen gehört hatte, stellte die Tatsache zum erstenmal fest.

»Und was kündet er uns deiner Meinung nach, Lucanus?«

Der Knabe schwieg. Seine blonden Brauen runzelten sich. »Ich weiß nicht. Aber eines Tages, davon bin ich überzeugt, wird es mir offenbar werden.«

Keptah nickte zu sich selber. Er legte seine dunkle Hand auf die weiße Schulter des Knaben und drückte sie. »Daran zweifle ich nicht«, murmelte er. Er drehte Lucanus zu sich, und der überraschte Junge blickte ihn scheu und fest an. Keptah prüfte das heitere, schöne Gesicht, die bei aller Zartheit scharf ausgeprägten Züge, die leidenschaftlichen Umrißlinien des Mundes, das Feuer in den blauen Augen.

»Ich soll dein Lehrer sein«, sagte er lächelnd. »So hat es heute der edle Diodorus angeordnet.« Die Miene des Knaben erstrahlte vor heller Freude. »Und dann«, fuhr Keptah in freundlichem Tone fort, »wird der Herr dich zum weiteren Studium nach Alexandria schicken.«

Lucanus faßte die Hand des Arztes und küßte sie überschwenglich. »Ich bin dein Sklave, edler Keptah!«, rief er und preßte in einer rührenden, stürmischen Geste die dunkle Hand an seine Brust.

»Du hast nie Angst vor mir gehabt, Lucanus?«

»Nein.« Die Miene des Knaben drückte Verwunderung aus. »Nur verehrt habe ich dich im Herzen, Herr.«

Keptah lachte leise und traurig. »Nenne mich nicht Herr, Lucanus. Der edle Diodorus würde das nicht gutheißen. Er hat ein sehr feines Gefühl dafür, was sich schickt.«

Diesmal dachte er an Diodorus mit Bedauern und nicht mit seiner sonstigen Belustigung. Natürlich, so sagte er sich, gibt es Größeres und Dauernderes als seine unsinnigen, eisernen ›absoluten Dinge‹. Aber mein Versuch, ihm – nach jener Nacht, als die Sklaven so lärmend tanzten – seine Trugbilder zu zerstören, war unrecht und grausam. Gut, daß es mir nicht gelang!

Der Große Stern schien hell auf den Mann und den Knaben. Seine Strahlen fluteten immer mächtiger, ertränkten alle kleineren Sterne und Planeten oder verjagten sie über das Himmelsrund zum dämmernden Horizont. Über der Betrachtung des Sterns vergaß Keptah den Knaben, dessen Blick auf sein von tiefen Schatten geformtes orientalisches Gesicht gerichtet blieb. Schließlich fragte Lucanus: »Woher stammst du, Keptah?«

Der Arzt schwieg lange, als stellte und beantwortete er sich selbst Fragen. Dann begann er, ohne den Knaben anzublicken:

»Ich bin Chaldäer. Man hat es mir vor einigen Jahren gesagt. Vorher wußte ich es nicht, da ich als Säugling in das Haus des Priscus gekommen bin, und als Sklave. Mein Vater war ein Kalu, ein Priester; über meine Mutter weiß ich bis heute nichts. Aber während ich noch in Mutters Armen lag, wurde eine Reise unternommen. Mein Vater kannte geheimnisvolle Dinge und hatte sich auf den Weg gemacht nach ... in ein fernes Land.« Er starrte unverwandt den Stern an. »Mein Vater glaubte, zu Unrecht, es sei ihm bestimmt, Augenzeuge zu werden von ...« Er unterbrach sich; ruhelos bewegte sich sein Körper.

»Auf dem Weg in jenes Land wurde die Karawane, in der er mit meiner Mutter und mir reiste, von Räubern und Sklavenjägern überfallen. Meine Eltern wurden getötet. Die am Leben gebliebenen Männer und Frauen und Kinder, darunter auch ich, wurden in die Sklaverei verkauft. Mich erwarb Priscus; und so kam ich in sein Haus, nach Jerusalem und dann nach Rom.«

Lucanus wartete, aber Keptah schwieg. Verhaltener, erschreckender Gram verlieh seinem geheimnisvollen Gesicht etwas Erhabenes.

»Wer hat dir das erzählt, Keptah, wenn nicht einmal der edle Diodorus davon weiß?«

Keptah warf einen raschen Blick auf den Knaben und lachte freundlich. »Ach, du hast den Herrn hinter meinem Rücken ausgefragt!« Plötzlich hörte er zu lachen auf. »Schau nicht so betroffen drein, Junge. Ich bin dir nicht böse.« Er seufzte. »Laß dir genug daran sein, Lucanus, daß ich es erfahren habe. Von wem, kann ich dir unmöglich sagen. Aber ich darf dir von Chaldäa oder Babylonien und von meinem Volk erzählen. Es wurde mir aufgegeben, dich in diese Dinge einzuweihen, obwohl mir vorderhand nicht klar ist, wozu das gut sein soll.

Wir sind ein so altes Volk, daß sogar die Juden, die für sich selbst hohes Alter in Anspruch nehmen, nicht einmal eine Legende über unseren Ursprung besitzen. Aber wir haben den Juden einen gewissen Abraham gegeben, den sie jetzt Vater Abraham nennen. Aus unbekannten Gegenden sind wir zunächst in das Land von Ur gekommen und hatten einst die blühendste Hauptstadt, kenntnisreicher, gesitteter und abgeklärter als alle späteren Städte der Erde. Sie hieß Bit Yakin. Aber wessen Weisheit ohne Gott ist, der kann so weise werden, daß seine Weisheit in Verderbtheit umschlägt ... Warum bist du so erschrocken, Junge?«

»Es ist nichts«, flüsterte Lucanus. Aber Keptah gebot ihm mit seinen von schweren Lidern halbbedeckten Augen, und der Knabe sagte stockend: »Ich denke an den Unbekannten Gott der Griechen.«

»Ach ja, es ist der gleiche Gott«, meinte Keptah, in seine eigenen Gedanken vertieft. Dann fuhr er fort: »Anfangs, jahrhundertelang, hielt Bit Yakin Gott in Ehren und blühte und war mächtig. Von überallher kamen dorthin weise Männer, um unter den Kalu zu studieren. Behutsam wurden sie in einige Geheimnisse und Weisheitslehren eingeweiht und nahmen diese Offenbarungen in ihre Heimatländer mit. Eines dieser Länder war Ägypten. Dort wurde schließlich ein Mann namens Moses mit diesen Geheimlehren durch die Kalu selbst vertraut gemacht, die, einer Eingebung folgend, nach Ägypten gereist waren und den jungen ägyptischen Prinzen viele über das Wissen der dortigen Priester hinausgehende Dinge gelehrt hatten. Hast du von Moses gehört, Lucanus?«

»Ja, in Antiochia haben mir die Juden von ihm erzählt. Er hat den Menschen die Gebote Gottes gebracht.«

Keptah seufzte und meinte spöttisch: »Und die Menschen waren jahrhundertelang emsig damit beschäftigt, alle diese Gebote zu übertreten!«

Lucanus fürchtete schon, Keptah hätte ihn vergessen, so lange schwieg der Arzt wieder. Dann sagte er:

»Weil Menschen nun einmal Menschen sind, werden sie hochmütig, besonders, wenn sie Ansehen genießen. Sogar viele der Kalu sind hochmütig geworden. Und dann verloren sie ihre Weisheit, weil sie vergessen hatten, woher ihre Kenntnis der Geheimlehren stammte. So wurden aus Priestern Scharlatane und Hexer, indem sie die ihnen noch geläufigen geheimen Zauberformeln für böse Zwecke und zum Gewinn benutzten. Diese Priester hatten nur mehr Sinn für grobe Magie und waren nicht länger Astronomen, Ärzte, Naturwissenschaftler und Gottesdiener. Sie wurden Bösewichte, ausschließlich mit niederen Beschwörungskünsten befaßt, die sie an ihre Söhne weitergaben. Und wenn der Priesterstand entartet, so entartet auch das Volk. Ganz Chaldäa wurde, durch seine Priester verraten, langsam von Sittenverderbnis zerfressen; es verkam und fiel Feinden in die Hände. Eine Nation, die keinen Gott hat, muß zugrunde gehen. Wenn dagegen eine Nation in Gott ruht, können keine Mächte des Bösen, keine feindlichen Heere ihre Grundfesten erschüttern; nein, sie bleibt bestehen, und mag auch die ganze Welt gegen sie anrücken.«

Keptah blickte nach dem Stern, und eine Zeitlang bewegten sich seine Lippen stumm.

»Darum verließen die tugendhaft gebliebenen Kalu – und ihrer waren sehr wenige – weinend ihre Heimat und wanderten mit ihrem Geheimwissen in viele verschiedene Länder aus. Und überall gelten sie als die Weisen aus dem Morgenlande, sind Ärzte, Astronomen, Zukunftsdeuter für die Auserwählten, Astrologen, Naturwissenschaftler und Metaphysiker. Nur sie selbst wissen, wer sie sind; niemand Außenstehender wird es je erfahren. Denn sie haben, aus sehr triftigen Gründen, Mißtrauen gegen das Menschengeschlecht gefaßt. Sie bilden eine geheime Bruderschaft, und sie entscheiden durch Wahl über die Aufnahme neuer Mitglieder.«

Nun sah Keptah den Jungen genau, mit den Augen der Seele, an. Und er dachte bei sich: Wie kommt es, daß ich so blind war? Er sagte: »Das ist etwas, was du in Alexandria nicht lernen wirst; und ich muß dir auftragen, diese Kunde nicht an stumpfe Ohren weiterzugeben, Lucanus.« Seine Stimme war barsch und befehlend.

»Ich werde sie nicht weitergeben, aber ihrer eingedenk bleiben«, versprach der Knabe schlicht.

Keptah wurde wieder umgänglich. »Das weiß ich, Kind. In dir ist keine Verderbtheit. Aber laß mich in meiner Erzählung fortfahren. So entartet und hochmütig wurde Chaldäa oder Babylonien, daß es die Kalu nicht mehr ehrte und sich nicht länger das Land der weisen Priester nannte, sondern raubgierig nach Gold und Sklaven und Landbesitz seiner Nachbarn Ausschau hielt. Und es begann, sich das Volk der Kaldi-Kaschdi, der ›Eroberer‹, zu nennen. Und so führte es Kriege, eroberte, versklavte und unterdrückte. Und da alle Reiche, die Kriege führen, untergehen müssen, geschah es auch mit Chaldäa. Denn Kriegführen ist in den Augen Gottes das Allergarstigste, das Allerscheußlichste, das Allerwiderlichste, weil es zerstört, was der Hochheilige in Seiner Liebe geschaffen hat, weil es den Menchen erniedrigt auf die Stufe der seelenlosen Ameise, die gehorcht, ohne zu wissen warum, und kämpft, ohne zu wissen weshalb. Denn in Wahrheit kämpft der Mensch im Kriege für nichts.«

Lange sah er den nachdenklich und ernst dasitzenden Lucanus an. Dann holte er, wie einem Befehl folgend, den goldenen Gegenstand aus seinem Gewand hervor und hielt ihn auf der flachen Hand. »Schau, Kind, und sage mir, was das ist.«

Lucanus starrte auf das Ding in Keptahs Hand und erschauerte. »Dein Kreuz! Das Zeichen der Schmach, weil die Römer ihre gemeinsten Verbrecher kreuzigen.«

Das goldene Kreuz wurde in Keptahs Händen immer heller und schimmerte im Widerschein des Sternes. Es schien aus eigener Kraft zu leuchten.

»Dies ist das Licht der Welt«, erklärte Keptah. »Eines Tages wirst du es verstehen. Vor vielen Jahrhunderten – so vielen, daß die Menschen jene in Staub gesunkene Zeit vergessen haben – galt dieses Zeichen hier den Kalu als das, was es ist. Ich kann dir die Bedeutung des Symbols nicht mitteilen, da darüber zu sprechen verboten ist. Die Kalu trugen es schon auf der Brust, ehe noch die Juden eine Nation wurden, ehe Ägypten einen Pharao hatte, ehe Griechenland entstand, ehe Romulus und Remus von der Wölfin gesäugt wurden. Ägyptische Weise brachten es, ohne seine Bedeutung zu kennen, aus Chaldäa in ihre Heimat; heute noch kann man es in den Pyramiden sehen, als geheimes, allen, bis auf die Erwählten aus Chaldäa, unverständliches Zeichen. Auch die griechischen Priester begriffen es nicht, hatten aber eine verschwommene Kenntnis von ihm; unter seinem Eindruck errichteten sie dem Unbekannten Gott Altäre.«

Eine rätselhafte Gemütsbewegung erfaßte plötzlich den Jungen. Seine Augen füllten sich mit Tränen. Das Kreuz auf Keptahs Hand schien zu wachsen. Lucanus streckte den Arm aus und berührte es mit einem zitternden Finger. Und plötzlich erfüllte ihn unsagbare Wonne und Liebe.

»Schau!« rief Keptah, und Lucanus fuhr auf. Der Arzt deutete zum Himmel. Der große, prächtige Stern wanderte über den Himmel, unentwegt, wie aus eigenem Antrieb. Lucanus sah zu, von heiliger Scheu ergriffen. Wie ein fernes Meer lag das sanfte Rosa der Morgendämmerung unter dem Stern, und er warf seine Strahlen auf diese rötliche Fläche, daß sie glitzerte. Keptah weinte. »Die Erwählten sind erwählt worden«, flüsterte er. »Sie sind unterwegs. Und ich wurde nicht erkoren.«

Sie schauten, bis der Stern langsam von der rosenroten Morgensee überflutet wurde und entschwand. Und sie waren sehr traurig.

»Er ist dahin«, klagte Lucanus.

»Nein«, widersprach Keptah, während er sich die Augen in den Ärmel wischte. »Nie wird er vergehen. Er bleibt bis ans Ende der Zeiten.« Er betrachtete das Kreuz auf seiner Handfläche und dachte: Dieses Zeichen wird bespuckt und mißachtet, verworfen und verspottet, verlacht und verhöhnt werden. Doch nie wird man es den Menschen aus dem Gedächtnis reißen, wegerklären, austilgen können, trotz aller Wut noch ungeborener Generationen, trotz Krieg und Tod und Qual und Blut, trotz des Grauens und des Feuers der Letzten Tage und der verzweifelten Endraserei der Menschen.

Er wandte sich zu Lucanus, und für einen Augenblick überkam ihn Neid. Gesegnet bist du, Kind! sagte er zu sich. Und dann fügte er im Geiste hinzu: Gesegnet bin auch ich, weil ich dich unterweisen darf.

Kühle Strenge kehrte in Keptahs Miene zurück. Mohnfarben stand die durchsichtige Dämmerung hinter den hohen Bäumen, und die Palmen raschelten lebhaft im Frühwind. Keptah sprach:

»Rubria leidet an der Weißen Krankheit und wird nie das Alter der Frauenreife erreichen. Hör doch! Weine nicht so laut und sei nicht so untröstlich. Weshalb jammerst du? Für die meisten von uns Menschen ist das Leben nicht etwas so Schönes. Wir werden im Dunkel geboren, leben im Dunkel und sterben im Dunkel. Und schließlich gehen wir über die gleiche Schwelle davon, über die wir eingetreten sind ... Aber dem Tribunen darfst du nichts sagen, sonst bricht ihm das Herz vor der Zeit.«

Lucanus bedeckte das Gesicht mit den Händen. Keptah schüttelte mitleidig den Kopf: Für junge Menschen ist der Tod etwas Unausdenkliches, ist tiefster, unfaßbarer Schrecken. Der Arzt blickte zu dem perlgrauen Himmel empor, wo der Stern gestanden hatte, und seufzte.

»Du mußt mir sagen, wo du die Kräuter gefunden hast, die Rubria eine Linderung ihrer Schmerzen gebracht haben.«

»Auf den Feldern, an den Bachufern. Und ich wußte, daß sie wirksam sind, Keptah.« Die Stimme des Knaben war nur ein entsetztes Flüstern.

»Das sind sie in der Tat. Du mußt noch welche pflücken, um ihr Schmerzen zu ersparen. Ich werde die Kräuter trocknen und zerstoßen und einen Auszug von ihnen bereiten. Sie sind wertvoll.«

Er stand auf, hochgewachsen, knochig, unnahbar. Auch Lucanus erhob sich.

»Es ist Morgen«, sagte Keptah, »und deine Mutter wird dich suchen. Geh, Junge! Und sprich nicht über das, was ich dir erzählt habe! Denn wenn du es tust, unterweise ich dich nicht weiter.«

IV

»Schön, also jetzt bist du frei«, brummte Diodorus gereizt, als er mit Keptah von der Vorsprache beim Prätor in Antiochia zurückgekehrt war. »Aber die große Summe in Gold brauche ich dir erst zu geben, wenn du fünfundvierzig bist. Diesen Teil des Versprechens an meinen Vater will ich genau einhalten.«

Der Tag war heiß gewesen, die Stadt besonders lärmend und für den sittenstrengen Römer zu betriebsam. Jetzt saß er in seiner weißen Marmorhalle, nippte mürrisch an einem Becher kalten Weines und schlürfte verdrossen reife Feigen, die er von der Silberschüssel neben sich nahm. »Brr, dieser harzige Griechenwein!« rief er übellaunig. »Ich werde das Gefühl nicht los, daß du einen schwachen Augenblick bei mir ausgenutzt und mich hineingelegt hast.

Aber lassen wir das, lassen wir das, du schlauer Schuft! Ich habe genug zu zehren an dem Betrag, den du als Gehalt für dich genannt hast. Du wirst bald so reich sein wie die Levantiner am Markt, wirst dich natürlich selbständig machen und dir eigene Sklaven kaufen, und ich werde dich bitten müssen, gefälligst auch meinem Hause deine Dienste zu leihen.«

Keptah verbiß ein Lächeln. Er stellte sich vor den Tribunen hin und sah ihn mit unergründlicher Miene an. »Herr«, sagte er, »ich werde dir stets dankbar und deines Winkes gewärtig sein. Wohin du gehst, gehe auch ich. Mein Leben gehört weiterhin dir; es gehorcht deinem Gebot.«

»Schöne Worte«, knurrte Diodorus. Seine zornigen Augen funkelten den Freigelassenen grimmig an. Aber er sagte: »Ich denke, wir müssen den Anlaß festlich begehen. Der Hades verschlinge dich! Dort auf dem Tisch ist ein zweiter Becher. Wenn ich dir, wie du behauptest, gebieten darf, so befehle ich dir, diesen Wein mit mir zu trinken. Und ein paar Feigen kannst du dir auch nehmen.«

»Herr, mir sind die römischen Weine lieber, und ich bitte dich, mir den Genuß der griechischen zu erlassen.«

Diodorus fluchte leise, aber er war etwas besänftigt. Er starrte auf den Wein in seinem Becher. »Wirklich ganz elendes Zeug«, bestätigte er. »Alle Achtung vor deinem Geschmack! Aber das nächste Schiff bringt gute Weine. Und dann«, fügte er spöttisch hinzu, »wirst du mir hoffentlich gestatten, dir einige Kostproben davon zu deiner Erquickung zu verehren.«

Er ließ seine benagelten Sandalen auf dem schneeweißen Fußboden klappern und fixierte Keptah mit seinen von buschigen schwarzen Brauen beschatteten Augen. »Nimm dir eine Feige!« befahl er.

Keptah neigte seinen langen Oberkörper zu einer anmutigen Verbeugung und nahm eine der Früchte. Mißvergnügt schob Diodorus sich auch eine Feige in den Mund. »Bei Pollux, diese Stadt ist zum Davonlaufen«, schmähte er. »Ein Misthaufen, aus allen Gossen der Welt zusammengespült. Wenn ich nicht ein so ausgeprägtes Pflichtgefühl hätte, würde ich um Ablösung bitten. Aber wer könnte schon umgehen mit diesem Madengekribbel?«

»Das könnte niemand so gut wie du, edler Diodorus.«

Wieder fixierte der Tribun ihn argwöhnisch. »Deine Stimme ist so ölig. Sie fließt geschmeidig, sie gleißt, und sie ätzt. Säure mit Honig vermischt.«

»Ich merke mit Bedauern, daß du mit mir nicht zufrieden bist, Herr.« Keptah lächelte wieder.

»Eher könnte Pluto mit dir zufrieden sein«, meinte Diodorus, noch immer gekränkt.

»Ich werde Auftrag geben, daß man jedem Sklaven einen Sesterz gibt, dir zu Ehren. Ach, bist du ein anmaßender Kerl, mitsamt deinem demütigen Getue! Niemand ist so klug wie du, bildest du dir ein.« Keptah unterdrückte einen Lachreiz und bewahrte seine würdevolle Haltung. »Offenbar wirst du jetzt die Nase noch höher tragen als früher. Aber eines laß dir gesagt sein: Spiele diesen armen Sklaven nicht wieder so einen Schabernack wie damals bei dem Fest!«

Keptah betrachtete ihn. Sollte er dem Tribunen die Wahrheit sagen, daß er in Wirklichkeit ihn und nicht die Sklaven hypnotisiert hatte? Er entschloß sich, es nicht zu tun; Diodorus würde ihm das nie verzeihen. Er verbeugte sich und erklärte: »Ich verspreche dir, Herr, daß ich keine solchen Dinge mehr tun werde. Und jetzt... wenn du mich vielleicht entlassen wolltest: ich muß zu deiner Tochter Rubria.«

Die Miene des Tribunen erhellte sich. »Oh, ihr geht es viel besser, nicht wahr? Sie kann jetzt das Bett verlassen, und ihr Gesicht hat etwas Farbe, nicht vom Fieber, sondern von Gesundheit. Wann, meinst du, wird sie geheilt sein?«

Keptah zögerte. »Ich glaube, Herr, sie kann in ein paar Tagen in den Garten gehen und nach weiteren zwei Wochen wieder zu lernen beginnen. Bei dem Hauslehrer, der auch Lucanus, den Sohn des Äneas, unterweisen wird. Und nach diesen Unterrichtsstunden wird der Junge bei mir studieren, wenn ich recht verstanden habe, nicht wahr?«

»Gegen Sondervergütung?« fragte Diodorus, wieder erbost.

»Nein, Herr, ich werde ihm alles, was ich selbst weiß, beibringen – aus Dankbarkeit für dich.«

Diodorus knurrte etwas und sah zu, wie der langgestreckte Schatten seines Freigelassenen über die Marmorwand huschte, als Keptah zwischen dieser Wand und dem durch den kurzen Säulengang zur Rechten hereinflutenden Sonnenlicht davoneilte. Ich bin zu leutselig, sagte sich Diodorus nach einem Schluck Harzwein. Ich behandle meine Freigelassenen wie meinesgleichen und die Sklaven wie Freigelassene. Kein Wunder, daß sie es an Respekt fehlen lassen. Ich muß öfter die Peitsche schwingen und etwas soldatische Zucht in dieses Haus bringen... Aber im Herzen wußte er, daß er zu Roheit und Ungerechtigkeit nicht taugte, ebensowenig wie sein tugendhafter Vater, der Leben und Persönlichkeit auch des geringsten Mitmenschen geachtet hatte. Wieder begann Diodorus über das moderne Rom zu grübeln und schnitt eine Fratze.

Diese Schreibtischstrategen, die rechthaberisch die Feldzüge kampferprobter Truppenführer auf fernen Schlachtfeldern lenkten und Operationspläne entwarfen, als verstünden sie etwas von diesen Dingen! Diese weichlichen, blassen Senatoren in ihren bauschigen Togen, die nach einer durchzechten Nacht zuerst zur Erholung den halben Vormittag im Bad saßen und sich von geschickten Sklaven mit eingefetteten Händen die schlaffen Muskeln massieren ließen, dann aber, wieder einigermaßen aufgemöbelt, zum Börsenschacher gingen! Mit Werten, die andere Männer unter Einsatz ihres Lebens für Rom erworben hatten, schacherten sie, diese Dickwänste, und fächelten sich mit parfümierten Taschentüchern Kühlung zu, während sie träge feilschten und boten, sich gegenseitig übertölpelten und zwischendurch den letzten zotigen Klatsch der Hauptstadt austauschten!

Ihr dirnenhafter weiblicher Anhang, ihre Konkubinen, ihre sittenlosen Gattinen, die, auch wenn sie die edelsten Namen Roms trugen, die Ehe brachen, als wäre das ein modisches Gesellschaftsspiel – was es auch war! Die Schmarotzer, die Augustalen, die am Palatin aus und ein gingen, hoheitsvoll wie Statuen, mit Fäulnis in den Leibern und Raubvogelgier in den Köpfen, und Verrat und Mord in den listigen Seelen! Die goldenen Sänften, die zu schändlichen Zwecken gehaltenen verzärtelten Sklavenknaben, die Gewalttaten und Ausschweifungen einer einst zuchtvollen, genügsamen, bescheidenen und heldenhaften Oberschicht, das langsame Verschwinden des gesunden Mittelstandes, ein mit Bedacht herbeigeführtes Verschwinden! Die glänzende Hauptstadt, Herrin der Welt – nun ein Pfuhl von Verderbtheit, Verrat, Gier, Ränkespiel, Lustbarkeit und Verwesung, ein stinkender Fäulnisherd, aus dem Wolken von Fieber und Tollheit und Krankheit aufstiegen und die fernsten Winkel des Reiches verseuchten!

Und dieses Rassengemisch, der römische Mob! Selbst Julius Cäsar hatte ihn, mit Recht, gefürchtet und sich vor ihm geduckt, hatte ihm schöngetan und ihn bei guter Laune gehalten. Der wankelmütige, unstete, falschzüngige, blutdürstige, herzlose, raubsüchtige römische Mob! Wo einst eine nüchterne, sparsame Bevölkerung gelebt hatte, stolz auf ihre Vorväter, eifersüchtig über ihre Republik wachend, ihre Daseinserfüllung in Arbeit und Familie und ihren Göttern, in ihren stillen Heimen unter dem Schutz ihrer Bäume findend, dort hauste jetzt ein bunt zusammengewürfelter, begehrlicher Pöbel, rasch bereit zum Beifall, rasch bereit zum Mord, rasch bereit zur Verlästerung und ebenso sinnlos rasch bereit zum Beifall; in Häusern zusammengepfercht, die vielgeschossigen Stinkstofftürmen glichen;

arbeitsscheu und stets geneigt, zu betteln und den Staat immerfort um Unterstützung anzugehen; Leute, die vor nichtswürdigen Politikern, wenn sie ihre Forderungen erfüllten, scharwenzelten, dagegen jeden der wenigen aufrechten Männer bedrohten, der ihnen im Interesse Roms und auch in ihrem eigenen Interesse entgegentrat; die ständig Brot und Spiele verlangten, niedrige Vergnügungen suchten, geistlose Gladiatoren ebenso wie jeweils den neuesten Wagenlenker oder Schauspieler oder Diskuswerfer verhimmelten, als wäre der Betreffende ein Übermensch; die in Müßiggang den Ertrag der drückenden Steuern verpraßten, die zu ihrem Unterhalt wertvollen Menschen auferlegt wurden, statt daß man durch Hungersnot oder Seuchen die Welt von solchem Pack befreit hätte – ach, dieser römische Mob, dieser fluchwürdige Mob, diese wendigen Herren und Sklaven ihrer Patrone, die Politiker, die um ihre Wahlstimmen warben!

Kein Wunder, daß es jetzt so wenige tüchtige Handwerker, Kaufleute, Arbeiter und Baumeister in Rom gab. Den Ertrag ihrer Arbeit sog ein übermäßig aufgeblähter Verwaltungsapparat an sich, in Form von Steuern für einen müßiggängerischen, aufbegehrenden, unersättlichen, vom Staat lebenden Pöbel. Was machte es dem sabbernden, glotzäugigen, Maulaffen feilhaltenden Mann auf der Straße aus, daß er den heldenhaften Glanz seiner Heimatstadt ausgelöscht, ihre Götter entehrt und seine Ahnenbilder besudelt hatte? Konnte er nicht jetzt, wenn er nur genügend johlte und bei Nacht die Hauswände bekritzelte, jederzeit durchsetzen, daß man ihm mehr Bohnen und mehr Suppe und mehr Brot in seine Schüssel füllte und noch blutigere Schauspiele im Circus Maximus bot? Die Herren waren ihrer Knechte wert, und umgekehrt.

Droben auf dem Palatin saß ein alternder Soldat, Cäsar Augustus, ein aufrechter, sittenstrenger Mann. Aber was konnte er tun, wo er von gewissenlosen Senatoren und Magistraten umgeben war, die ihre Wahl einem sogar noch gewissenloseren Pöbel verdankten? Plötzlich erinnerte sich Diodorus an einen Brief, den er vor einigen Wochen, sorgfältig gesiegelt – wie lange mußten nun schon ehrenhafte Männer ihre Briefe zum Schutz vor rachsüchtigen Schnüffeleien staatlich bestellter Spione siegeln? – und durch einen verläßlichen Boten übersandt, von einem seiner Freunde erhalten hatte. Der Freund schrieb: ›Ich fürchte, daß Rom vor die Hunde geht. So wie du, teurer Freund, habe ich lange daran geglaubt und darum gebetet, daß die alten Tugenden irgendwo in unserer Stadt noch, gleich lieblichen schönen Blumen in einem vergessenen Garten, blühen und Samen bereiten mögen, die an den verödeten Plätzen wieder keimen würden. Aber es gibt keine solchen Gärten mehr! Sie sind niedergetrampelt worden vom Mob und von dessen feigen Herren, die auf die Gunst dieses Mobs angewiesen sind.‹

Diodorus versank in eine Verzweiflung und Hoffnungslosigkeit, die er nie zuvor empfunden hatte, und dachte über die Götter Roms nach. Einst hatten sie ehrbare Arbeit und Liebe verkörpert, die Unverletzlichkeit von Heim und Privateigentum, von Freiheit, Anstand und Güte, die soldatischen Tugenden der Treue und des Pflichtgefühls, die Kinderliebe, die gegenseitige Achtung zwischen Dienstherrn und Untergebenem, Vaterlandsliebe, Gehorsam gegenüber göttlichen unabänderlichen Anordnungen, Stolz und Würde des Einzelmenschen. Was aber hatte Rom aus diesen Göttern gemacht? Käufliche, jeder Beschreibung spottende Zerrbilder der Menschen selbst, mit allen ihren Schwächen.

Diodorus schleuderte den Becher von sich, und das Gefäß krachte an die Marmorwand. Er sprang auf und begann auf dem weißen Fußboden hin und her zu stapfen, daß die Sandalen in einem wilden Trommelwirbel klapperten.

Wie hatte der Brief seines Freundes geschlossen? ›Die einzige Hoffnung für Rom ist die Wiederbesinnung auf religiöse Werte ...‹

Keine Rückkehr jedenfalls zu den alten besudelten Göttern. Aber wohin dann? Zu wem? Zu dem Unbekannten Gott der Griechen? Doch wo war er, und wer war er? War er der Unbestechliche, der Vater, der Liebende, der Gerechte? Warum schwieg er, wenn es ihn gab? Und weshalb unterließ er es, zur Menschheit zu sprechen, die aus den Fugen geratene Welt wieder einzurenken, den Friedlosen Frieden zu bringen, den Hoffnungslosen Hoffnung, den Liebeleeren Liebe, den nach Gerechtigkeit Hungernden Sättigung? Wenn er lebte, dann war jetzt die Stunde, da er sich kundtun sollte, ehe die Welt in ihrem eigenen Unrat erstickte und durch ihr eigenes Schwert starb.

Diodorus war von einem leidenschaftlichen, ungeduldigen Verlangen erfüllt. Zwischen zwei weißen Säulen blieb er stehen, spreizte die Beine und stellte sich wie ein Wachtposten hin. Er betrachtete den Abendhimmel über den Obstbäumen und Palmen. Für eine kleine Weile ließ seine Qual nach. Nie zuvor hatte er einen so herrlichen Sonnenuntergang gesehen, so voll rosigen Lichts und goldener Lanzen, so strahlend und rein, daß die Äste der Obstbäume, die zitternden Wedel der Palmen, die Säulen des Hauses wie selbstleuchtend erglänzten und die Farben des Himmels zurückwarfen. Güte und Erhabenheit gingen von diesem Naturschauspiel aus, als segnete eine mächtige Stimme die ganze Welt, als erhöbe sich eine mächtige Hand in Zärtlichkeit und Liebe. Die grimmige Miene des Tribunen hellte sich auf, wurde fast kindlich. Sein in Zucht gehaltener Verstand sagte ihm, dies sei bloß ein ungewöhnlich prächtiger Sonnenuntergang; seine Seele sagte ihm, daß ein göttliches Wort gesprochen worden war.

Dann fielen ihm die wilden Gerüchte ein, die an diesem Tag in Antiochia umgelaufen waren. Ein besonders glänzender Stern, heller als der hellste Mond, war in der vergangenen Nacht am Himmel erschienen. Viele hatten ihn beobachtet, sogar während der ausgelassensten Stunden der Saturnalien. Große Angst war ausgebrochen; der Mob hatte voll Entsetzen, in flatternden Festgewändern, blindlings die Straßen durchstreift. Von einem Priester im Merkurtempel war dem Tribunen in nachsichtigem Tonfalle mitgeteilt worden, es habe sich bloß um einen Kometen oder einen Meteor gehandelt. Auf Diodorus' Frage aber: »Wo warst du, daß du den Stern nicht selbst gesehen hast?« hatte der Priester geantwortet: »Ich habe geschlafen, edler Tribun.«

Diodorus suchte den Stern in der ihm angegebenen Himmelsgegend. Jetzt sah er dort nichts als den sanft schimmernden Abendstern. Aber ganz plötzlich durchdrang ihn die Überzeugung, daß dort wirklich ein unbekannter Stern gestanden hatte. Eine mächtige Woge von Freude überflutete sein Herz, und auf ihm unerklärliche Weise war er getröstet.

Der nachtblütige Jasmin erwachte in einer Wolke von Duft, und Diodorus atmete den Wohlgeruch ein, als wäre es Weihrauch. Er fühlte sich demütig und friedvoll und stark. »Ich werde tun, was in meinen Kräften steht, werde nach den Werten und Wahrheiten leben, die ich gelernt habe, nach den Sittengesetzen und Rechtsbegriffen, die ich kenne. Und sicherlich wird ein Gott meiner eingedenk sein, auch wenn die ganze Welt in Tollheit versinkt.«

Auf den Marmorfliesen zwischen den Säulen schritt er zu den Frauenwohnungen. Im Hof traf er zwei seiner Offiziere, junge Männer, denen er gewogen war, weil er selbst sie ausgebildet hatte; wegen ihrer ehrlichen Gesichter, freimütigen Augen, wegen ihrer Anhänglichkeit an ihn und an die alten Tugenden genossen sie seine Zuneigung und sein Vertrauen. Als sie seiner ansichtig wurden, nahmen sie Haltung an und grüßten stramm. Er blieb stehen und versuchte, ein finsteres Gesicht zu machen; doch es gelang ihm nicht, weil er sie gern mochte.

»Was ist mit euch, ihr Kerle? Warum seid ihr nicht nach Antiochia zurückgekehrt?« fragte er barsch. Er hielt sich nie eine Leibwache an seinem Wohnsitz, wie andere Befehlshaber es taten. Er verließ sich auf den eigenen rechten Arm; und übertriebenes militärisches Gepränge war ihm zuwider.

»Edler Diodorus, wir haben heute in Antiochia beunruhigende Gerüchte gehört«, meldete einer der Offiziere. »Leute aus dem Pöbel schreien, der Stern, den sie angeblich in der Nacht gesehen haben, zeige den Fall Roms an und den Zorn der Götter gegen alle Römer. Es heißt, der Stern stehe im Osten, fern von der Reichshauptstadt; und das deute, behaupten sie, auf einen nahen Untergang Roms. Wenn aber das Reich zusammenbricht, dann ist es ihrer Meinung nach für ein unterjochtes Land an der Zeit, sich zu erheben und zuzuschlagen.«

»Steh bequem, Sextus!« sagte Diodorus und klopfte dem jungen Hauptmann auf die Schulter. »Na, ihr beide habt doch nicht Angst um mich? Habt ihr deshalb meinem ausdrücklichen Befehl zuwidergehandelt? Ich sage euch, wenn Rom zugrunde geht, dann nur wegen des Mangels an Zucht.«

»Wir würden aber doch, edler Tribun, lieber einige Nächte hier Wache halten«, erklärte der junge Sextus.

Diodorus schwieg eine Weile. Er wandte den Blick von Sextus ab dem anderen Zenturio zu und erkannte die hartnäckige Entschlossenheit beider Männer. Wenn ich, so überlegte er, ihnen nach Antiochia zurückzukehren befehle, werden sie sich in meinen Gärten, für mich unsichtbar, herumtreiben, ohne Schlaf und ohne Essen, und das wird sehr beschwerlich für sie sein. Darf ich das, was sie für ihre Pflicht halten, so vergelten? Gerührt sagte er: »Na schön, ihr querköpfigen jungen Narren, bleibt, solang ihr wollt. Ich werde Quartier für euch besorgen und Verpflegung, und ihr könnt um das Haus herummarschieren und die Türen bewachen, wenn es euch Spaß macht. Das ändert übrigens nichts an meiner Mißbilligung«, fügte er aus erzieherischen Gründen rasch hinzu: »Aber daheim bin ich nicht Soldat, sondern nur friedlicher Hausvater.«

Bei den Frauenwohnungen angelangt, wollte er gerade einem Sklaven befehlen, die Hausfrau zu rufen, als Aurelia selbst erschien, von Iris begleitet. Sie lachten leise miteinander, wie Schwestern; und Aurelias Hand stützte sich leicht auf den Arm der jungen Iris, die dem Tribunen nie so schön erschienen war wie jetzt. Nur sie blickte er an, und in seinen verdutzten Augen mußte sich eine erschreckende Wahrheit offenbaren; denn Iris' hübsches Gesicht umwölkte sich, und der Blick ihrer blauen Augen wurde trüb, wie von Sorge und Kummer.

Die »alte Römerin« Aurelia sah keinen Anlaß, die Gattin eines Freigelassenen, mochte sie auch überdies selbst Sklavin gewesen sein, geringzuschätzen. Wer Liebe verdiente, empfing Liebe; wer Achtung verdiente, empfing Achtung. Aurelia und Iris waren vertraute Freundinnen. Aber Diodorus hatte nicht gewußt, daß Iris in seiner Abwesenheit oft sein Haus aufsuchte. Aurelia war über sein Kommen erstaunt und erfreut.

»Habe ich mich verspätet, Diodorus?« fragte sie und nahm seine Hand. »Die Sonne ist noch nicht ganz untergegangen.«

»Nein, umgekehrt, ich bin früher daran«, entgegnete er. Gerne hätte er ihre rotbraune Wange geküßt, den Mund an ihre vollen Lippen gedrückt. Sie war ihm eine Zuflucht vor etwas, das ihn bedrohte.

Aurelia begann, wie es ihre Art war, munter zu schwatzen. »Iris hat mir geholfen, für den Winter Linnen und Wollstoffe zu weben. Schau dir meine Finger an! Schwielen haben sie bekommen. Beinahe blutig sind sie.« Sie spreizte die Finger vor seinen Augen und lachte. Das schlicht frisierte Haar hing ihr in zwei glänzend schwarzen Zöpfen bis weit unter die Taille; auf dem Gesicht und an den Schläfen lag ihr schimmernde Feuchtigkeit, und kleine, jugendlich schwarze Locken kräuselten sich an Stirn und Wangen.

Iris stand etwas abseits, unnahbar wie eine Marmornymphe, das goldene Haar in griechischer Art aufgesteckt, die Flechten um den Kopf geschlungen und mit weißen Bändern festgehalten. Gleichartige Bänder umschlossen auch ihre schlanke Taille, über der sich ihr vollendet schöner Busen wölbte. Die Strahlen der untergehenden Sonne ließen ihre Haut durchsichtig erscheinen, und Diodorus dachte: Nicht Diana, sondern die griechische Artemis! Arme und Hals und Wangen der jungen Frau färbten sich rosig; und die Verhaltenheit ihres unbewegten Gesichtes, die edle Würde ihrer Gestalt erinnerten an eine Statue, traumverloren in ferne Gedanken versunken, die nichts mit Menschlichkeit zu tun hatten. Bei diesem Anblick mußte Diodorus trotz der Anwesenheit seiner Gattin denken: Ich bin Aktäon, und gewiß ist es mir verboten, sie zu betrachten!

Aurelia bemerkte die Gebanntheit, die auf dem Gesicht ihres Gatten lag, während er die junge Freigelassene ansah; und sie seufzte. In diesem Augenblick verbeugte Iris sich tief und ging. Ihre große, stattliche Gestalt verlor sich im Schatten der träumenden Bäume. Der Tribun sah ihr nach. Aurelia nahm liebevoll seinen Arm. In ihrem Herzen regte sich keine Eifersucht. Dazu liebte sie Diodorus zu sehr und kannte die Tugendhaftigkeit ihrer Freundin zu gut. Außerdem durfte schließlich ein Mann eine Frau anschauen; so viel Würde und Selbstachtung mußte eine Gattin haben, daß sie sich darüber nicht ärgerte.

Während sie miteinander zu ihrem Hause gingen, beklagte Diodorus sich über die ihm aufgedrängte Bewachung. Aber Aurelia war froh. Ihre Sklavinnen hatten ihr von der angeblich in Antiochia herrschenden Stimmung berichtet. »Wir müssen Quartier und Verpflegung für diese treuen Soldaten bereitstellen«, erklärte sie gelassen. Es freute sie, daß auch andere Menschen ihren Gatten liebten.

Da sie ihm die wunderbare Besserung im Zustand ihrer Tochter Rubria persönlich vor Augen führen wollte, lächelte sie bloß auf seine wiederholten Fragen über deren Befinden und nickte geheimnisvoll. Vor ihr klapperte Diodorus die Steintreppe hinauf und betrat Rubrias Zimmer.

In dem Raum waren die Pflegerin und Keptah und der Knabe Lucanus. Aber Diodorus sah nur seine Tochter, die aufrecht im Bette saß und lachte. Frische Farbe lag auf ihren kindlichen Wangen, ihre Augen strahlten, und ihr langes schwarzes Haar war mit einem goldfarbenen Band aufgebunden. In den schmalen Händen hielt sie eine von Lucanus verfertigte, buntbemalte Puppe, deren hölzerne Arme und Beine beweglich waren. Rubria ließ die Puppe auf ihren Knien tanzen und groteske Stellungen annehmen. Lucanus betrachtete sie mit ernstem, ängstlichem Lächeln, und Keptah mischte in einem Becher Wein eine Arznei.

Als Rubria ihren Vater sah, setzte sie sich noch strammer auf und rief lebhaft: »Schau, ist das nicht eine Pracht, Vater? Das hat mir Lucanus heute gebracht!« Sie küßte den Vater hastig, um bald wieder weiterspielen zu können, und er betrachtete sie liebevoll. Ach, die Kleine war wirklich gerade noch vom Rand der elysischen Gefilde zurückgeholt worden! Sie würde am Leben bleiben und später die Herzen ihrer Eltern durch eine gute Heirat erfreuen, und durch Enkelkinder, die sie auf den Knien schaukeln konnten. Aber wir müssen nach Rom zurück, dachte der Tribun. Das hiesige Klima tut dem Kinde nicht gut. Er wollte seine Familie auf dem Gutshof in der Nähe der Hauptstadt unterbringen, wo die Luft angenehm und trocken war; und er würde sich als Landwirt betätigen, dieses verderbte Häusermeer meiden und das Familienleben genießen. Vielleicht gab es dann noch Söhne.

Er sah Lucanus an. Der Junge erwiderte seinen Blick und sagte scheu, aber stolz: »Rubria ist heute zwei Stunden lang in ihrem Lehnstuhl gesessen, Herr.« Dann lachte er mit dem Mädchen über die Verrenkungen der Puppe, und sie waren Kinder unter sich. Zum erstenmal dachte Diodorus an die Studiengelder an der Hohen Schule von Alexandria, ohne unwillkürlich nach der Geldtasche zu greifen. Der Knabe sollte allenfalls Keptah ersetzen, wenn dieser zu alt würde. Er sollte mit der Familie, die ihn liebte, überall beisammenbleiben. Da er frei geboren war, konnte er in eine biedere, anständige Familie einheiraten, in die Familie eines erfolgreichen Handelstreibenden etwa, in eine echt römische Familie. Lucanus und seine – von Diodorus unter Bedacht auf Mitgift und Tugend und Eignung zur gesunden Mutter ausgewählte – Gattin würden auf dem Landgut wohnen. Die patriarchalisch angehauchte Seele des römischen Tribunen weitete sich. Im Alter würde ihn das Lachen und Plaudern von Kindern umgeben, würden ausgedehnte Felder und Forste um ihn sein, das friedliche Muhen der Kühe, viele schattige Obstbäume und das rufende Rauschen eines Flusses.

In froherer Stimmung als seit langem befahl Diodorus, daß Lucanus zum Abendessen bleiben sollte. Die Pflegerin erhielt Auftrag, einen Sklaven zu den Eltern des Jungen zu schicken, mit der Nachricht, er würde später heimkommen. Lucanus wurde rot: noch nie war er aufgefordert worden, mit dem Tribunen und dessen Gemahlin gemeinsam zu essen. Aber er versuchte keine Auflüchte. Rubria bat sofort, hinuntergetragen zu werden, und Keptah nickte zustimmend auf seines Herrn fragenden Blick. Diodorus trug das Kind selbst in seinen Armen und fühlte sich so wohlgemut, daß er nicht bemerkte, wie gebrechlich Rubria war. Ihm wurde nur bewußt, daß sie noch immer lachte und den Kopf an seine Brust schmiegte.

Der Speiseraum war bunt gekachelt, und ein persischer Teppich lag auf dem Fußboden. Aus den Fenstern sah man die Palmen, deren Wipfel jetzt von den letzten Sonnenstrahlen scharlachrot gefärbt waren. Der Wohlgeruch von Jasmin und Rosen erfüllte die warme Luft. Es war so still und friedlich, daß man das Rauschen des Flusses hörte.

In seiner neuen Würde als Freigelassener und als geschätzter Hausarzt saß auch Keptah an der Tafel, jedoch weit unten, Lucanus dagegen in der Nähe von Rubria. Er ist wie mein Sohn, dachte Diodorus plötzlich. Er fand das Gesicht des Jungen dem seiner Tochter sehr ähnlich und ausgesprochen angenehm; besonders die edle Stirnbildung fiel ihm auf. Schließlich und endlich – so legte er es sich zurecht, um seine plötzliche leutselige Anwandlung und die Durchbrechung der Schicklichkeitsregeln zu bemänteln – haben wir Römer immer die Überlegenheit der Griechen, einschließlich ihrer Philosophen, zugegeben. Dieser Knabe hat zweifellos sehr vornehme Ahnen, wahrscheinlich aus viel älterer Zeit als ich.

Die Mahlzeit bildete insofern eine Überraschung für Lucanus, als seines Vaters Tisch viel reichlicher gedeckt und der Wein dort besser war. Es gab eine Schüssel voll kalten gekochten Lammfleisches, nicht sehr kundig gewürzt, dafür mit zu viel Öl versetzt. Dann kam ein Teller mit grobem Brot und einigen minderen Käsesorten. Da Diodorus sparsam war und dem Essen keine übertriebene Bedeutung beimaß, hatten auch Essig und Öl für die Radieschen und Gurken ziemlich geringe Qualität. Lucanus erkannte, daß der Tribun und seine Gattin keine Feinschmecker waren, sondern im Wesen einfache, natürliche Leute, die eine einfache, natürliche Kost bevorzugten und mit Genuß verzehrten. Lucanus bekam Sehnsucht nach seinem häuslichen Essen; Iris verstand es, ein gewöhnliches Bohnengericht so zu würzen und abzuschmecken, daß es ein epikureischer Sinnenschmaus wurde.

Keptah, der auch zum erstenmal der Tafel des Tribunen beigezogen wurde, rümpfte die dunkle Adlernase. Das war Schweinefutter, nicht menschliche Nahrung! Diodorus nagte einen kleinen Knochen ab; im Zimmer roch es durchdringend nach Knoblauch. Einen kultivierten Menschen kann man von einem Plebejer an der Menge von Knoblauch in den Speisen unterscheiden, dachte Keptah und beschränkte sich auf einen Bissen Käse, ein Stück Brot und einen der weniger abscheulichen Weine. Trotzdem fühlte er starke Zuneigung für Diodorus.

Plötzlich wurde Rubria müde, und ihre lebhafte junge Stimme erlahmte. Diodorus trug seine Tochter in ihr Zimmer hinauf. Überall im Hause zündeten die Sklaven Lampen an. Lucanus begleitete den Tribunen. Rubria seufzte vor Zufriedenheit, als sie wieder auf ihren Kissen lag. Sie hielt Lucanus die Hand hin, der sie nahm und dann liebevoll ihre Finger küßte. Rubria schloß die Augen und lächelte. Gleich darauf schlief sie ein.

Es war jetzt dunkel, und Diodorus teilte seinem jungen Gaste mit, nicht ein Sklave, sondern er selbst werde ihn nach Hause begleiten. Während sie durch die rasch hereinbrechende Nacht schritten, erzählte der Tribun kundig von Alexandria, das er gesehen hatte. Schon die Medizinschule allein dehnte sich riesengroß aus, und die Bibliothek war eines der Weltwunder.

Bei dem Gedanken, dort studieren zu dürfen, müsse Lucanus sich eigentlich sehr klein vorkommen. Der Junge nickte ernst.

»Es wird viel Geld kosten«, meinte Diodorus behutsam und versuchte, in dem schwachen Licht der Sterne und des aufgehenden Mondes das Gesicht des Knaben zu beobachten. »Ich bin kein reicher Mann, Lucanus. Deine Studiengelder werden bezahlt; aber du selbst mußt genügsam leben.«

Lucanus unterdrückte ein Lächeln. »Herr«, sagte er, »ich wäre hochzufrieden mit einem Strohsack auf dem Fußboden eines Stalles, und meine Bedürfnisse werden gering sein. Als Gegenleistung bitte ich um die Erlaubnis, dir dienen zu dürfen. Oder, wenn du das nicht willst, zahle ich deine Kosten aus meinen Arzthonoraren zurück.«

Diese Bescheidenheit gefiel dem Tribunen. Er hatte die Hand des Jungen ergriffen und drückte sie nun. »Unsinn!« sagte er gönnerhaft. »Ich möchte nur, daß du dein Glück zu schätzen weißt. Natürlich bleibst du nach den Abschlußprüfungen bei unserer Familie. Keptah wird älter. Außerdem bekommt er ein großherziges Legat, das mein Vater Priscus ihm ausgesetzt hat. Übrigens ein merkwürdiger, nie ganz durchschaubarer Mann, dieser Keptah!«

Hinter ihnen folgte, selbst dem feinen Soldatenohr des Tribunen unhörbar, ein junger Zenturio, in einiger Entfernung, durch die Bäume gedeckt, das Schwert schützend gezogen. Schließlich kam das Haus des Äneas in Sicht, und Lucanus bat den Tribunen, nicht weiterzugehen. Er rannte auf das Haus zu, hielt einen Augenblick inne, um scheu seinem Wohltäter zu winken, der gutmütig zurückgrüßte. Ach ja, dachte Diodorus, das ist der Sohn, den ich hätte haben sollen. Für einen Augenblick war er bekümmert.

Er blieb stehen. Lucanus stürmte in das Haus. Jetzt war alles still, bis auf das schrille Zirpen der Grillen, das geheimnisvolle Rascheln der Palmen und Obstbäume. Diodorus konnte sich nicht erklären, warum er zögerte und warum er plötzlich solche Verzweiflung im Herzen spürte. Die einzige Lampe im Haus des Äneas flackerte auf. Dann öffnete sich die Tür, und Iris trat ins Freie, allein. Ihr schlichtes, weißes Gewand sah im Mondlicht wie flüssiges Silber aus. Gleich einer Göttin schritt sie zu einem Baum und lehnte sich an ihn, ohne zu bemerken, daß Diodorus ganz nahe war. Ihr goldenes Haar fiel ihr lose über die Schultern.

Der Tribun hielt den Atem an. In dem unbestimmten Silberlicht konnte er nur das Profil der jungen Frau sehen. Aber er bemerkte, daß sie in die Richtung seines Hauses blickte; und sie stand unbeweglich wie eine Statue. Die an den Baum gelegte Hand und der ausgestreckte bloße Arm waren vollendet schön und schlank, weißer und leuchtender als selbst der Mond.

In Diodorus' Schläfen hämmerte es wild. Augenblick um Augenblick verging, und noch immer starrte Iris in die gleiche Richtung. Sie stand so reglos, daß der Tribun an eine Erscheinung dachte. Dann vernahm er leises

Weinen und fuhr erschrocken auf. Iris bedeckte das Gesicht mit den Händen.

Diodorus tat einen einzigen Schritt auf die Frau zu. Dann hielt er inne. Er wollte laut rufen und konnte es nicht. Er brauchte nur zu der Frau dort hinzutreten und sie in die Arme zu nehmen. Ein furchtbares Sehnen brannte in seinem Körper. Er spürte ihren Leib an dem seinen, seine Hand in dem wunderbaren Haar, mit dem er so sorglos als Knabe gespielt hatte, einem Haar wie gelbe Seide und voll des Duftes frischer Blumen.

Aber er rührte sich nicht von der Stelle, trotz des leidenschaftlichen Verlangens, das seine Arme erzittern und sein Herz heftig schlagen ließ. Er senkte den Kopf. Lautlos, Schritt nach Schritt rückwärtsschreitend, zog er sich unter die Bäume zurück und ging davon.

V

Der Grieche, der Rubria und Lucanus unterrichtete, war ein kleiner, lebhafter junger Mann, mit einem schelmischen, dunklen Gesicht und spaßigem Gebaren. Er war Sklave und stellte als solcher einen großen Wert dar, weil er hohe Bildung besaß. Er hatte Diodorus fünfhundert Goldstücke gekostet, eine Verschwendung, angesichts deren den Tribunen nur gelegentlich die Reue plagte. Der Lehrer hieß Kusa, was dem Tribunen barbarisch in die Ohren klang, weder griechisch noch römisch; er hatte die Züge eines jungen Satyrs und eine scharfe, lose Zunge. Er fürchtete nichts und, außer Diodorus, niemanden. Bei all seiner Verspieltheit und obwohl er zeitweise Scherze und derben Schabernack mit anderen Sklaven nicht verschmähte, hatte er einen glänzenden Verstand und eine Begabung für Dichtkunst. Ja, er haßte Unbildung und Dummheit und zog gegen diese Fehler mit so saftigen Schimpfworten zu Felde, daß Diodorus ihn zwar auszankte, aber doch lachen mußte. »Bei allen Göttern!« rief er einmal, »ich hatte gedacht, daß ich als Soldat sämtliche einschlägigen Ausdrücke kenne. Aber deine Erfindungsgabe, lieber Kusa, hat mein Wissen noch bereichert.«

Kusa konnte Lucanus von Anfang an nicht recht leiden. Als häßlicher junger Mann beneidete er den Knaben um seine apollinische Schönheit. Als Sklave betrachtete er die Aufgabe, Lucanus, den Sohn ehemaliger Sklaven, zu unterrichten, als Zumutung. Aber der Herr war ein launenhafter Mann, und seinen Anordnungen mußte man sich fügen. Indes versah Kusa sich mit einer kleinen Peitsche, von der er öfter als nötig Gebrauch machte, wenn der Junge sich seiner Meinung nach stockdumm zeigte. Er züchtigte ihn so, daß weder Rubria es bemerkte noch sonst jemand, der ihn beim Tribunen hätte verklatschen können. Lucanus aber fraß Schmerz und Empörung in sich hinein und beklagte sich nicht. Eines Tages jedoch, so gelobte er sich, würde er diese gleiche Peitsche packen und sie sehr wirksam über Kusas Schultern schwingen. Der Lehrer sah das Glimmen in den blauen Augen des stolzen Knaben und grinste. Ah, dachte er, ich mag kurz geraten sein und du trotz deiner Jugend um einen halben Kopf größer, mein lieber Ignorant; aber im Schulzimmer bin ich der Herr!

Dieses Schulzimmer war klein, mit einem einzigen Tisch und drei Sesseln und einer Truhe voll Bücherrollen. Kusa ließ die Tür offen; und manchmal, wenn er gut gelaunt war und Rubria einen Gefallen tun wollte, nahm er seine Schüler mit hinaus auf den Rasen und ließ sie dort Platz nehmen, Rubria auf einem Kissen, um sie vor Feuchtigkeit zu schützen. »Die Philosophen sind durch offene Säulengänge gewandelt«, pflegte er dann zu sagen, »und haben sich auf Steine zur Ruhe gebettet.« Er forderte Lucanus auf, sich auf einen besonders unbequemen Stein zu hocken, und sagte verschmitzt: »Wir müssen lernen, Stoiker zu werden. Das ist ausgezeichnet für die Seele und ein heilsames Zuchtmittel für den Geist.« Da er selbst kein Stoiker war, breitete er für das eigene Hinterteil seinen karminfarbenen Wollmantel aus.

Einmal sagte er zu Diodorus: »Herr, bitte, sei nicht enttäuscht. Dieser Junge mag hübsch sein; aber er hat einen Kopf wie der Marmor, dem er gleichsieht.«

»Dann zaubere in den Marmor Gehirn und Verstand!« erwiderte Diodorus, der Kusa durchschaute. »Laß dir gesagt sein: du hast den Jungen für Alexandria vorzubereiten, und zwar so rasch wie möglich.«

Das steigerte noch Kusas Abneigung gegen Lucanus. Ja, ja, dachte der Lehrer boshaft, man braucht nur blondes Haar und eine weiße Haut zu haben; damit fängt man sich einen Gönner ein. Du, mein lieber Kusa, siehst aus wie ein Kamel oder ein Affe, und das ist dein Unglück.

In langen Stunden und dann Wochen und Monaten und schließlich im Verlauf zweier Jahre mußte Kusa widerstrebend die rasche Auffassungsgabe seines Schülers anerkennen, seine Denkfähigkeit und seinen fast märchenhaften Wissensdurst. Der Geist des Knaben war unersättlich; er verschlang Tatsachen und Dichtung und fremde Sprachen, verdaute sie und machte sie sich zu eigen. Anscheinend vergaß er überhaupt nichts. Seine Rezitationen waren Wunder der Gedächtniskunst. Lange schon hatte er die kleine Rubria weit hinter sich gelassen, und sie sah bewundernd zu ihm auf und spendete ihm Beifall. Von ihr als einem Mädchen erwartete man nicht außergewöhnliche Gescheitheit; ihr Vater wollte ihr nur so viel Bildung sichern, daß sie Dichtungen und weniger anspruchsvolle Bücher mit Genuß lesen könnte. Als seine Tochter ihm von den Fortschritten ihres Mitschülers erzählte, sagte Diodorus: »Na endlich fängt dieser Spitzbube von einem Kusa an, das Geld hereinzubringen, das ich für ihn aufgewendet habe.«

Trotz inneren Sträubens fand Kusa allmählich Freude daran, Lucanus zu schulen. Der Knabe hielt seinen Lehrer geistig in Atem, und die Unterrichtsstunden langweilten Kusa nicht mehr, zum Unterschied von der Zeit, da er Rubria allein zu unterweisen gehabt hatte. Er versuchte, Lucanus zu überfordern, indem er ihm besonders verwickelte Aufgaben stellte, die weit über sein Alter hinausgingen. Doch der Knabe war den Anforderungen immer um einen Schritt voraus, und zwar ohne sich anzustrengen. Kusa, ein wirklicher Lehrer, hegte geheimen, verärgerten Stolz auf diesen Schüler, obwohl seine Lästerzunge und seine Spottsucht nichts davon verrieten. »Du wirst einen prächtigen Buchhalter abgeben«, sagte er oft. »Aber wie kommst du zu der abenteuerlichen Vorstellung, daß du jemals Arzt werden könntest? Du weißt nur, was du auswendig gelernt hast, und deine künftigen Patienten tun mir schon jetzt leid.« Die Peitsche lag immer griffbereit.

Nach zwei Jahren konnte Lucanus sich mit dem Tribunen, zu dessen Genugtuung, über die größeren Dichter und Philosophen auseinandersetzen. Diodorus machte dem Jungen seine wertvolle Bücherei zugänglich, und Lucanus studierte dort nach den Unterrichtsstunden, und erst dic Abenddämmerung vertrieb ihn. Dazu kamen noch die mit Keptah verbrachten Stunden, die Lucanus am allerlohnendsten fand.

Wenn die beiden sich trafen, sprachen sie nie von Rubrias unvermeidlichem Tod. Ihr junger Körper hatte zwar, obwohl sie zwei Jahre weniger zählte als Lucanus, zu den sanften Rundungen der beginnenden Reife angesetzt. Auch ihr hübsches dunkles Gesicht war voller geworden und leuchtete vor Freude über Jugend und Umhegtsein; ihr Appetit war besser, und sie konnte, für kurze Zeit, angeregt mit Lucanus spielen. Aber ihre tödliche Krankheit lag, das wußte Keptah, weiter auf der Lauer.

Lucanus war vollauf zufrieden, wenn er mit Rubria beisammensein, ihre kleinen, warmen Hände berühren, mit ihr belustigte Blicke auf Kusas Kosten tauschen, über den Rasen laufen und eine große, taufeuchte rote Blume pflücken konnte, die er Rubria hinter das Ohr steckte. Lachend und johlend warfen sie sich gegenseitig den Ball zu. Sie ahmten die Vogelstimmen nach und beobachteten ehrfürchtig und liebevoll die kleinen wilden Geschöpfe des Waldes. Manchmal überwältigte die beiden dermaßen der Frohsinn, daß sie nur dastehen und sich mit strahlender Freude und Scheu in die Augen sehen konnten.

Von Tag zu Tag wurde Rubria schöner, wurde ihr Spielkamerad verliebter. Bisweilen dachte er: Sicherlich wird Gott mir nicht diesen Schatz nehmen, dieses liebe Wesen, diese Schwester, dieses Kleinod meines Herzens. Ohne Rubria gäbe es keine Lieder, kein Entzücken in den Adern, kein zärtliches Fühlen, keine Daseinsberechtigung. Er spielte mit Rubrias Haar, wie Diodorus mit dem Haar seiner Mutter gespielt hatte, und ergötzte sich an den mit Frische und dem starken Duft des Lebens durchtränkten Strähnen. Manchmal umarmten die beiden sich wortlos; und wenn er ihre Wange an der seinen spürte, wurde ihm vor Wonne ganz andächtig zumute. Dann hielt er Rubria in den Armen und hatte die Empfindung, die ganze Welt mit aller ihrer milden Schönheit an sein Herz zu drücken.

Sehenden Auges unterließ Keptah es, den jungen Mann weiter vor der unvermeidlichen Betrübnis zu warnen. Er fühlte sich als Zeuge eines heiligen, von Unschuld strahlenden Geschehens. Mitunter erfüllte ihn Trauer und Zweifel. Gab Gott bloß, um wieder zu nehmen? Raubte er, nur in der Absicht, das menschliche Herz zu ihm zu wenden?

Auch Kusa erging es ähnlich. Eines Nachmittags stieß er zufällig unbemerkt auf Lucanus und Rubria, nachdem er sie kurz vorher aus dem Schulraum entlassen hatte. Lucanus flocht aus Gras und Blumen einen Kranz für Rubria, und sie sah ihm mit aufmerksamer Freude zu. Ein zahmer Vogel saß auf ihrer Schulter, scharlach- und jadefarben, und zwitscherte ihr ins Ohr; dann und wann drehte sie sich um und küßte seinen gelben Schnabel. Der Lehrer, dem sich sonst rasch eine bissige Bemerkung über Zeitverschwendung auf die Lippen drängte, schwieg diesmal still. Aus einiger Entfernung sah er zu, und Schwermut überkam ihn. Eifersüchtig verübelten die Götter den Sterblichen Schönheit und Frohsinn! Hier war ein Knabe, dem Sonnengott Phöbus gleich, und ein Mädchen voll scheuer Jungfräulichkeit und Herzensgüte. Von bösen Ahnungen bedrückt, wandte Kusa sich ab. Obwohl er Skeptiker war, betete er an diesem Abend, die Götter sollten nicht neidisch werden auf diese Lieblichkeit, diese harmlose Verliebtheit. Am nächsten Morgen sagte er ärgerlich zu Lucanus: »Wenn du ein Gelehrter und ein Arzt werden willst, rate ich dir, nicht so unbedacht mit jungen Mädchen herumzutändeln. Das ist etwas für gewöhnliche Leute und für den Pöbel ... Aufgepaßt! Jetzt nehmen wir noch einmal unseren letzten Sokratischen Dialog durch. Auf diesem Gebiet bist du besonders begriffsstutzig, Junge.«

Dieser Sommer wurde herrlich. Alles war eitel Freude und Wonne. Das Ansuchen des Tribunen wegen Übersiedlung nach Rom und auf seinen Gutshof harrte allerdings noch der Erledigung, aber Diodorus hegte Hoffnung. Während der mit seiner Frau verbrachten Stunden widmete er sich ganz ihr und fand einige Entspannung dabei. Er wich Äneas möglichst aus und brachte Lucanus nie mehr selbst nach Hause. Iris schwebte in seinem Gedächtnis wie die Erinnerung an einen schönen Morgen; beharrlich vermied er Begegnungen mit ihr. Sie war ein Traum, und man durfte an sie nur wie an einen Traum denken. Wenn ein Mann seine Gedanken nicht fest im Zaum halten konnte, war er kein Mann und vor allem kein Römer. Das Leben verlangte die Beherrschung der Seele und des Körpers, und besonders des Herzens.

Diodorus bekam Bücher aus Rom und versenkte sich in sie. Jetzt hatten sie eine persönliche Bedeutung für ihn, diese Gedankengebäude weltabgewandter Männer, voll von einer Weisheit, aus der Langmut und Tapferkeit klangen, als würde eine festliche, wohltönende Glocke angeschlagen. In ewige Weisheitslehren vertieft, vergaß Diodorus die Verderbtheit Roms und die Gegenwart mit ihrem Verwesungsgeruch und ihrem lärmenden Treiben. Mochte die ganze Welt zusammenstürzen! Die Wahrheit war unsterblich. Die Dummen laufen flugs nach Rom, zitierte er, der Mann sucht Zuflucht in der Wahrheit.

Rubria kam zur Reife, und ihre Mutter freute sich. Es gab feierliche Opferhandlungen in Aurelias Lieblingstempel, dem der Juno. Aurelia stellte ihre Tochter unter den Schutz der Göttin, der Hüterin von Haus und Herd, von Familie und Kindern. Die Mutter blickte in Rubrias leuchtende Augen, die so rein und unschuldig waren, und träumte von Enkeln. Es gab noch römische Familien, die gesinnungsstarke junge Söhne hatten, treu den Göttern und dem Vaterland. Wenn man schon ohne Sohn blieb, konnte man wenigstens Enkel haben. Aurelia band das Haar ihrer Tochter mit Bändern auf und gab ihr schlichte Ratschläge. Sie lehrte Rubria, wie eine Frau in Haushalt und Küche zugreift und wie sie es am besten dem Manne recht tut. Sie schrieb an Freundinnen in Rom und schilderte die zunehmende Schönheit und Reife ihrer Tochter.

»Du treibst die Dinge zu rasch voran«, meinte Diodorus eines Abends. »Das Mädchen ist erst elf Jahre alt.« Schon jetzt war er eifersüchtig auf jenen jungen Mann, der ihm einst die Tochter nehmen, sich ihres Lachens und ihrer Holdheit freuen, sie vom Vater loslösen und ihn aus ihrer Seele verdrängen würde.

Aurelia, die gerade über einem wachsüberzogenen Täfelchen nachsann, auf dem sie einer guten Freundin, der Mutter stattlicher Söhne, schrieb, sagte zerstreut: »Wie hoch wird die Mitgift unserer Tochter? Diodorus, sei bitte nicht so versessen auf deine Bücher! Wir müssen an Rubrias Zukunft denken. In weniger als drei Jahren wird sie heiratsfähig sein.«

In drei Jahren! Und ich bin ein alter Mann, dachte Diodorus grollend. Er sagte: »Du hast es zu eilig. Unsere Kleine hüpft im Gras herum, sie ist noch ein richtiges Kind.«

An diesem Abend nahm er Rubria in die Arme und sang sie in den Schlaf. Dann setzte er sich neben ihr Bett und betrachtete die Schatten ihrer Wimpern auf den rosigen Wangen, die hübschen Umrißlinien ihres Mundes. Mein Liebling, dachte er, mein Herzblättchen! Bestimmt hat es noch nie ein so schönes und so unschuldiges Mädchen gegeben, so voll menschlicher Wärme und so lieb. Eine Hebe, dazu geboren, den Göttern selbst zu dienen... Mit einem plötzlichen erschrockenen Ruck riß er sich von diesem Gedanken los. Mochten die Götter sich andere Diener suchen! Sie waren Götter, und zu ihrem Dienste standen große Scharen bereit; er jedoch hatte nur seine Tochter.

Eines Nachmittags trat Keptah ins Schulzimmer und sagte kurz zu Lucanus: »Komm!«

Kusa sah ihn finster an und erklärte: »Der Junge studiert gerade Plato.«

»Komm!« wiederholte Keptah, ohne auf den Lehrer zu achten, der schließlich bloß ein Sklave war. Und Lucanus stand wortlos auf und ging mit dem Arzt. Auf der Schwelle blieb er jedoch stehen und verbeugte sich vor Kusa, wohl wissend, daß Sklaven und Bediente sehr empfindlich sind.

Diodorus hatte seinem Freigelassenen Keptah einen Esel als Reittier zur Verfügung gestellt. »Ein elender Klepper«, pflegte der Arzt etwas gereizt zu sagen. »Aber angeblich sind die Esel oft klüger als die Menschen und haben Sinn für Humor.« Er hatte einen zweiten Esel für Lucanus entlehnt und erklärte jetzt: »Heute geht es nach Antiochia. Hier ist ein Reittier aus den Stallungen. Gut, daß wir nicht auf Pferde Wert legen, sonst würden wir eine Enttäuschung erleben. Für einen Römer hat unser Herr bemerkenswert wenig für Pferde übrig, und alle seine Mähren sind räudig. Wozu ist Geld gut, als daß man sich Annehmlichkeiten dafür verschafft? Aber manchen Leuten macht es mehr Spaß, an ihre vollen Truhen zu denken als an die Nutzung ihres Inhalts.«

Lucanus mußte über Keptahs angeborene Scharfzüngigkeit lächeln. Die wohlgenährten und sorgfältig gestriegelten Esel beäugten verächtlich den Arzt und den Knaben. »Anscheinend machen sie sich gar nichts aus uns«, bemerkte Keptah, während er aufstieg. Seine langen, knochigen Beine baumelten bis zum Boden, und Lucanus lachte. Er sprang auf den für ihn bestimmten Esel und klopfte ihm begütigend auf den Hals; das Tier schloß gelangweiligt die Augen. Jetzt begannen die beiden auf der Straße nach Antiochia zu traben, und Keptah war ungewöhnlich schweigsam. Er hatte seine Kapuze über den Kopf gezogen, weniger, um sich vor der sengenden Sonne zu schützen, als um sich abzuschließen. Manchmal trieb Lucanus seinen Esel mit einem Peitschenhieb zum Galopp an; er freute sich über Sonne und Wind, die seiner hellen Haut nicht zusetzten. Sein goldblondes Haar flatterte hinter ihm, und er sang. Er wußte nicht, wohin Keptah ihn führte; aber es genügte ihm, im Freien und frei und jung zu sein und die vielen blauen und roten Feldblumen beiderseits der schmalen Straße zu sehen. Er hing seinen Träumen nach.

Antiochia war, wie jedesmal, ein tosendes Wirrsal von Farbe und Hitze und Gestank. Schiffe aus aller Herren Ländern schaukelten im blauschimmernden Wasser, während die weißen und roten Segel sich pulsend vom Himmel abhoben. Die engen, ansteigenden und sich schlängelnden Straßen hallten von fremdländischen Lauten wider; aus jedem Hausflur und jedem kopfsteingepflasterten Gäßchen und Durchlaß tauchten begehrliche schwarze Gesichter auf und drang Fluchen, Schreien und Lachen. In den Kaufläden wimmelte es von Menschen. Die Rufe der Straßenhändler waren ohrenbetäubend. Kamele brüllten störrisch, Wagen ratterten vorbei, Esel schrien, und über den Straßen lag in heißen Schwaden der Geruch von Bratfleisch und Wein, von Essig und Gewürz.

Juden, Syrer, Sizilianer, Griechen, Ägypter, Thessaloniker, Neger, Gallier und sonstige Barbaren aller Art schlenderten oder eilten in ihren fremdartigen Gewändern durch die Straßen und wirbelten Wolken feinen, weißen Staubes ins Sonnenlicht auf. Da und dort gab es heftige Auseinandersetzungen und Zänkereien. Helle, glänzende Bauwerke ragten hoch in die Lüfte. Kinder mit frechen, sonngebräunten Gesichtern spielten mitten auf der Fahrbahn und zeterten den Reitern nach oder bettelten um Almosen.

Lucanus liebte die kraftprotzende Stadt, von der für ihn etwas Erregendes ausging. Er sah Männer und Frauen in kleine, säulengeschmückte Tempel treten, Tauben oder Zicklein in den Armen. Er sah bunte Fahnen und atmete warmen Heuduft, stechenden Staubgeruch ein. Er hoffte, Keptah würde mit ihm in seine Lieblingsschenke einkehren; aber der Arzt ging an ihr vorbei, ohne sie eines Blickes zu würdigen. Römische Soldaten schäkerten mit buntgewandeten Mädchen; besonders auf Verschleierte hatten sie es abgesehen. Sie neckten die jungen Dinger, und dunkle Augen funkelten im Sonnenlicht. Fast körperlich fühlbar toste der Lärm durch die heiße, scharfe Luft, in der die verschiedensten Düfte in den vorherrschenden Dung- und Knoblauchgeruch eingebettet waren. Diodorus hatte von Rom, der Hauptstadt des Weltreiches, erzählt; aber Lucanus war überzeugt, daß keine Stadt so duften und locken konnte wie Antiochia. Frauen standen auf Balkonen; aus manchen Häusern klangen Harfengeklimper und Lachen; und der Wohlgeruch von Rosen und Obstbäumen drang aus Gärten hinter hohen Mauern.

Keptah trabte auf seinem Esel weiter, in sich gekehrt und verschlossen, für Lucanus ein bedrückendes Bild mitten in all der Buntheit. Einige Seeleute mit Lendentüchern und großen goldenen Ohrringen stritten an einer Ecke miteinander; ihre schwarzen Gesichter waren wild und erregt, ihre Gebärden heftig. Ihre fremdländischen Stimmen polterten, in einer für Lucanus unbekannten Sprache, durch die Hitze; ein Messer blitzte auf. Keptah ritt vorbei, als wäre er allein in dieser Stadt. Lucanus seufzte. Zum Leben gehörte doch auch anderes außer der Philosophie!

Erhitzte Leiber schoben sich an seinem Reittier vorbei, und überall roch es ätzend nach Schweiß. Vertrocknete Palmen standen vereinzelt, mit Staub bepudert, längs der Straße. Braunhäutige Hausierer, die auf Brettern fliegenumschwärmte Süßigkeiten trugen und ihre Ware mit schriller Stimme anpriesen, liefen barfuß hinter den beiden Eselsreitern her; abgewiesen, sandten sie ihnen Flüche nach. Bettler hockten an Mauern und klapperten wehklagend mit ihren Almosenschalen; ihre Bärte waren verfilzt und schmutzig. Frauen boten in Körben Blumen an; und Greise mit Stöcken schritten, ohne dem Gewimmel um sie einen Blick zu schenken, dahin, als gehörten sie nicht mehr dieser Welt an. Eine von einem Knaben getriebene Ziegenherde sperrte für eine Zeitlang allen Verkehr; die Tiere meckerten und liefen durcheinander und tanzten umher. Wie jedesmal war Lucanus entzückt. Er lachte über einen kecken Affen, der einem Mann auf der Schulter saß, und hätte gern eine Papageienhandlung in näheren Augenschein genommen.

Die Straßen wurden stiller und düsterer, und Lucanus bemerkte nur mehr wenige Fußgänger und noch weniger Fahrzeuge. Die alten, verfallenen Gebäude machten einen trübseligen Eindruck. Die Großstadtgeräusche verklangen. Das Hundegeheul wurde schwächer. Folgsam trottete Lucanus neben Keptah einher und fragte: »Wohin führst du mich? In dieser Gegend war ich noch nie.«

»Gedulde dich!« murmelte Keptah mit schwacher, heiserer Stimme aus seiner Kapuze. »Ich habe lange Antwort auf eine Botschaft erwartet. Erst heute ist mir Bescheid geworden.«

Hier war die Luft kälter, die Pflastersteine schimmerten feucht, als hätte es geregnet, die Hauswände erhoben sich schroff und finster. Die Hufe der Reittiere weckten lauten Widerhall und wirbelten beklemmenden Staub auf. Ein Rinnsal von Abwässern floß durch die Gosse, schwarz und schlammig; es gluckste und stank. Dunkle Steinmauern, aus denen kein Laut drang, ragten beiderseits der schmalen Straße auf. Nur das leise Miauen unsichtbarer Katzen hörte Lucanus ein paarmal und mußte an Isis, die schon in grauer Vorzeit verehrte ägyptische Göttin, denken, an geheime Riten, an die Mysterien des Ostens. Der Knabe erschauerte; die lauen Schweißperlen auf seiner Haut wurden kalt, und es wäre ihm lieber gewesen, er hätte einen Überwurf mitgenommen.

Dann zog Keptah plötzlich die Zügel seines Grautiers an und winkte seinem Begleiter. Sie hielten vor einer hohen, schwarzen und glatten Basaltmauer. Kein Fenster durchbrach die kraftvolle, abweisende Leere. Kein Lebenslaut regte sich dahinter. Nur ein kleines Tor war in die ungastliche Mauer geschnitten. Keptah stieg ab; beklommen tat Lucanus das gleiche. Wortlos klopfte Keptah an das Tor, als gäbe er ein Zeichen. Das Pochen hallte von Straßenseite zu Straßenseite. Keptah wartete; dann klopfte er nochmals. Diesmal hörte man das Rasseln von Ketten, das Zurückschieben von Riegeln. Mit unwirschem Knarren öffnete sich das Tor. Der Türspalt klaffte auf, und darin wurde ein alter Mann in grober, grauer Tunika sichtbar, unglaublich klein, mit einem langen, weißen Bart und den leuchtendsten braunen Augen, die Lucanus je gesehen hatte – den Augen eines verwundert lächelnden Kindes. Schlüssel klirrten an dem Gürtelstrick, und die Füße des Mannes waren bloß.

Er redete Keptah in einer für Lucanus unverständlichen Sprache an, rasch und freudig, und verneigte sich tief; die ganze Zeit über musterten seine Augen neugierig Keptahs Begleiter. Der Alte öffnete die Tür weit, verbeugte sich wieder und trat zur Seite.

Lucanus blinzelte benommen. Hinter dem Tor lag ein ausgedehnter Garten mit seidigem Gras, Dattelpalmen, schimmernden Laubbäumen, Springbrunnen und Beeten mit Rosen, Lilien und vielen anderen Blumen. Der Garten lag im warmen Sonnenlicht, wie einer anderen Welt zugehörig. In einer milden, sanften Brise bewegten Gruppen von Weidenbäumen ihre herabhängenden Zweige, grünen Wasserfällen gleich. Die Springbrunnen sangen, und die Bäume flüsterten den Kehrreim dazu. In einiger Entfernung stand, mitten in dieser dufterfüllten Helle, ein vierkantiges Gebäude, niedrig und leuchtend, aus weißem Marmor; und dahinter erhob sich ein anderes Bauwerk, aus grauem Granit, mit verschlossenen Rundbogenfenstern, schweigsam wie ein Grab.

Gelbe Steinpfade wanden sich durch den Garten; da und dort verstreut standen Marmorbänke in glänzend dunklem Schatten. Nie hatte Lucanus solche Schönheit und Friedlichkeit gesehen; und zugleich lag über dem Garten und um die Gebäude ein Hauch von Würde und Absonderung. Kein einziger Laut störte die Stille; auch sah man niemanden auf den Gartenwegen oder in der Nähe der beiden Gebäude. Erstaunt und verwirrt stand der Knabe da, während sich hinter ihm und Keptah das Tor schloß, und er hörte nicht einmal das sorgsame Vorschieben der Riegel und das Kettengerassel.

»Komm!« sagte Keptah, und Lucanus folgte ihm über den weichen Rasen. Bunte Vögel sahen ihn von goldfarbenen Ästen an. Die Brunnen murmelten. Die Rosen nickten und atmeten warmen Duft aus. Die Lilien hoben ihre weißen Blütenkelche und verströmten ihren weihevollen Wohlgeruch; Insekten schwebten über ihnen und tauchten die goldenen Leiber tief in die Nektarbecher. Jetzt erst vernahm Lucanus einen Laut, der ihm bisher entgangen war, einen kaum hörbaren Laut, kein Singen, kein Psalmodieren, sondern ein Mittelding zwischen beiden. Das Tönen gehörte mit zu der leuchtenden Luft, zu den Brunnen, zum Wind, und war doch eine menschliche Stimme.

Schweigend führte Keptah seinen Begleiter über den Rasen zu dem vierkantigen niedrigen Marmorbau, der weder Fenster noch Säulenhallen hatte. Von den weißen Mauern hob sich schimmernd eine mit merkwürdigen Relieffiguren geschmückte Bronzetür ab, die sich jetzt öffnete.

»Tritt ein!« befahl Keptah. Trotz seiner Benommenheit schrak Lucanus verwundert auf: keine Hand hatte das Tor geöffnet; anscheinend von selbst und ohne Knarren hatte es sich aufgetan. Lucanus stand auf der Schwelle und zögerte. Keptah flüsterte ihm zu: »Sprich nichts, frage nichts! Ich verlasse dich für eine Weile.« Das Tor schloß sich hinter Lucanus, und er war allein.

Den großen, kahlen, weißen Raum durchflutete, obwohl er fensterlos und die Tür verschlossen war, ein wogendes, perlfarbenes Licht, das stärker und glänzender wurde, verblaßte und wieder aufleuchtete. Die Quelle des wie ein friedvolles Herz pulsenden Lichtes war nicht zu entdecken. Es kam, mit Weihrauchduft beladen, von überall- und nirgendsher. Lucanus wußte plötzlich, daß er in einem Tempel war, konnte aber nicht enträtseln, welcher Art dieser Tempel sein mochte, und erschauerte, ohne zu wissen warum.

Dann gewahrte er im Mittelpunkt des Raumes etwas ganz Seltsames: nicht einen Altar, sondern ein merkwürdiges Gebilde, das ihm plötzlich Angst einflößte. Auf einer geräumigen Plattform über drei niedrigen weißen Marmorstufen stand, hoch aufragend, das Sinnbild der allerärgsten Schmach auf Erden, das Sinnbild des ehrlosesten Verbrechertums und Todes. Es war ein riesenhaftes Kreuz, offenbar aus durchscheinendem Alabaster gefertigt; es reichte fast bis zu der flachen, glatten Steindecke. Die Furcht des Knaben schlug in Scheu und Staunen um. Das Kreuz stand allein; außer seiner schlichten, schaudervollen Erhabenheit war nichts in dem Tempel. Und es herrschte völlige, lautlose Stille.

Das Licht pulste, und das Kreuz wartete. Aber Lucanus stand, in den Anblick versunken, lange mit stürmisch klopfendem Herzen. Bisweilen, ganz wenige Male hatte er einen Gekreuzigten auf einem der Hügel bei Antiochia gesehen und war zu Tränen und namenloser Wut bewegt worden. Und dann hatte er das goldene Kreuz in Keptahs Hand erblickt, in der Nacht des Großen Sternes, vor mehr als zwei Jahren. Er hatte es fast vergessen.

Schüchtern, mit leisen Schritten, als wollte er die weihevolle Stille nicht stören und den Pulsschlag des Lichtes nicht beschleunigen, ging er auf das Kreuz zu, blieb vor den glitzernden, niedrigen Stufen stehen und blickte hinauf. Die mächtigen Kreuzesarme reckten sich hoch über ihn. Dieses Kreuz hatte etwas Beharrendes, Unirdisches an sich, etwas gleichmütig Zuwartendes. Sein Material war fest und wuchtig, gleichzeitig jedoch unkörperlich wie Licht. Es erschien dem Knaben jetzt kaum mehr als Stein, sondern als ein empfindendes, unvergängliches Wesen, festgegründet in seinen gewaltigen Ausmaßen, großartig in seiner Formung.

Lucanus stand und schaute und konnte den Blick nicht abwenden. Nichts war in seiner Seele als ungeheure Erwartung. Das Herz schlug ihm bis zur Kehle. Unwillkürlich beugten sich seine Knie; er ließ sie auf die unterste Stufe sinken und faltete die Hände, den Blick unverwandt auf das Kreuz geheftet, das über ihm aufragte. Er spürte irgendeine schreckliche Vorbedeutung in diesem Sinnbild; und doch war es, als breiteten die Kreuzesarme sich schützend über ihn. Jetzt verstärkte sich das Licht im Tempel und lag auf den alabasternen Querarmen, wie der Widerschein des Mondes auf weit entfalteten Vogelschwingen.

Kein Gedanke regte sich in Lucanus, kein Bewußtsein der eigenen Körperhaftigkeit, nur ein tiefes Staunen und etwas wie von Kummer angenagte Freude. Er blieb lange knien, die blauen Augen auf das Kreuz gerichtet, die Hände gefaltet.

Er wußte nicht, in welchem Augenblick das Kreuz von selbst zu leuchten anfing und wann blaßrosa Schatten es zu überrieseln begannen. Anscheinend hatte seine Seele es viel früher bemerkt als sein Bewußtsein, so daß er darüber nicht erschrak. Gleichzeitig spürte er um sich und in sich eine unsichtbare Wesenheit, die eins war mit dem Kreuz, eins mit dem Licht, eins mit ihm selber. Diese Wesenheit war wie ein Streifen besonders leuchtenden Glanzes und voll mächtiger männlicher Zartheit. Mit blassen Lippen formte Lucanus die Worte: »Der Unbekannte Gott.«

Während der letzten beiden Jahre hatte vielerlei – Jugend und Lebensfülle, leidenschaftlicher Wissensdurst, Ehrgeiz, innigste Liebe zu Rubria, das Gefühl der Zugehörigkeit zur Welt und zu denen, die ihn liebten, der Gedanke an das ärztliche Studium und die Inanspruchnahme durch Keptah, der Frohsinn und Übermut seiner Jünglingsjahre, die strotzende Gesundheit und Freude an allen Dingen – zusammengewirkt, um das zu verdunkeln, nebelhaft und unwirklich zu machen, was er als Kind gewußt oder empfunden hatte. Selbst der Unbekannte Gott war eine von den vielen Gottheiten des Pantheons geworden; eher hatten Erscheinung, Mythos und Guttaten mancher Göttin als eindrucksvoller Schönheitstraum sein junges Herz gefesselt. Mehr als zwei Jahre lang war sein Leben wie ein buntschillernder, dahineilender Fluß hinter ihm gelegen und auch, voll Verheißung, vor ihm. Kusa gab sich als Skeptiker, und auch Lucanus war dahin gelangt, heiteren Sinnes alle Dinge in Frage zu stellen, selbst die Träume und Geheimnisse seiner Kindheit. Als wüßte er das, hatte Keptah immer seltener von dem Unbekannten Gott gesprochen und sich auf medizinische Unterweisungen beschränkt. Manchmal war in Lucanus, wenn er Keptahs verdrossene und verschlossene Miene sah, eine Art Schuldgefühl aufgetaucht.

Jetzt aber, in diesen Minuten, wurde sein bisheriges Leben zu einem Trugbild. Er war wieder ein sehr junges Kind, und wieder stand das große Wunder vor ihm. Es tadelte ihn keineswegs, hieß ihn bloß willkommen. Mit dem Verstand erfaßte er die Bedeutung des Kreuzes nicht. Nur sein Herz begriff; aber dieses Begreifen ließ sich noch nicht in Worte formen.

Lucanus war wie verzückt, als hätten sich ihm Visionen aufgetan, glanzvoll, doch von außerweltlicher Trauer beschattet, jenseits menschlicher Fassungskraft.

Die Lichtschwankungen an dem Kreuz wurden stärker und farbensatter, so daß die weißen Wände, der Fußboden und die Decke wolkenartig verblaßten und verschwammen. Allmählich ähnelte das zuckende Rosa immer mehr dem schwebenden Schatten von Blut, einem Strömen und Fallen und Rieseln, von den Kreuzesarmen hinunter über den ganzen mächtigen Stamm. Das perlfarbene Licht, das durch den Tempel flutete, pulste rascher, als sammelten sich in dem Raum überirdische Wesen in immer größerer Zahl. Lucanus verspürte keine Angst, nur wachsende Verwunderung und eine so innige Liebe, daß sein Körper sie kaum in sich fassen konnte. Der scharlachrote Widerschein des Kreuzes spielte auf dem Gesicht des Knaben, auf der weißen Tunika, den gefalteten Händen, den Augen und den gebeugten Knien.

Langsam, wie im Banne eines Zaubers, stand der Knabe auf, stieg die niedrigen Stufen empor und stand nun in der Höhe des Kreuzes, das wie ein Baum aussah, mit einem Gemisch roter und weißer, im Banne einer unbekannten Gewalt zuckender Farbtöne überzogen. Lucanus wagte die

Hand auszustrecken und das Kreuz zu berühren; es fühlte sich kalt an, und doch zitterte es leicht wie ein Lebewesen. Plötzlich überkam ihn eine leidenschaftliche Gemütsbewegung, jenseits aller Verzücktheit; er hatte die Empfindung, daß er mitten in das Innere des Kreuzes gezogen wurde. Seine Beine knickten unter ihm ein, er sank auf die Plattform, schlang die Arme um den Kreuzesstamm und lehnte die Wange daran. Ohne daß es ihm auch nur im geringsten bewußt wurde, erschauerte sein ganzer Körper vor anbetender Ehrfurcht, vor einem Seelenfrieden, so tief, wie er ihn noch nie gekannt hatte. Er schloß die Augen. Er war an den innersten Kern des Weltalls gedrungen.

Die Bronzetür öffnete sich leise, wie von unsichtbarer Hand berührt, und vier Männer, darunter Keptah, standen auf der Schwelle. Sie sahen den auf dem Boden liegenden Knaben, dessen Arme den Kreuzesstamm umschlangen, dessen Wange an die aufsteigende Steinsäule geschmiegt war. Drei der Männer, noch hünenhafter und breitschultriger als Keptah, lächelten mild und blickten einander an. Lautlos, wie auf samtenen Sohlen, näherten sie sich der Plattform, blieben dort stumm stehen und betrachteten eine kleine Weile das Kreuz. Dann knieten alle vier hin, senkten den Kopf auf die Brust und schlossen die Augen. Ihre Lippen bewegten sich im Gebet.

Drei der Männer waren wie stattliche Könige gekleidet, und es waren wirklich Könige. Ihre Tuniken und Mäntel schimmerten in verschiedenen Farben, Scharlachrot, Blau, Weiß und dem zartesten Jade. Gürtel aus gehämmertem Gold, mit fremdartigen Edelsteinen eingelegt, umschlossen ihre Hüften. Um ihre Häupter wanden sich Kopfbedeckungen aus reinster weißer Seide, besät mit Juwelen, die in dem himmlischen Licht glitzerten. Sie trugen große, breite Halsreifen aus Gold und Silber, mehrere, einen über dem anderen, die Ränder mit Edelmetallen gesäumt, die Flächen von einem dichten Gewebe bunter Schmucksteine überzogen. Die nackten, braunen Arme waren mit breiten, edelsteinbesetzten Metallbändern geziert, unter den Schultern und um die Handgelenke; und ihre Füße staken in goldenen Sandalen. Die östlichen Gesichter waren von der Wüstensonne gebräunt, und die kurzen, männlichen Bärte glänzten von parfümiertem Öl. Unter dichten, schwarzen Brauen glommen orientalische Augen wie große, düstere Sterne; und die Nasen waren Adlernasen, gekrümmt und mächtig, und, ebenso wie die roten Lippen, ungewöhnlich ausdrucksstark.

Lucanus wußte nicht, wann er die vier Männer gewahrt hatte. Aber ihre Anwesenheit dünkte ihn nicht auffällig; er sah sie mit stillschweigender Hinnahme an und wartete, die Arme weiterhin um das Kreuz geschlungen. Als sie sich erhoben, stand er nicht mit auf; denn es schien, als hätten sie ihn vergessen oder überhaupt nicht gesehen. Als sie den Tempel verlassen hatten, verfiel Lucanus wieder in eine Art Schlaf oder ein Dösen, etwas, was ihm später unbegreiflich vorkam. Alles in ihm wehrte sich dagegen, die Arme von dem Kreuz zu lösen; solange er so dalag, empfand er Geborgenheit und Frieden und Stillung aller Wünsche.

Keptah stand im Garten, etwas von den Fremden entfernt, die sich miteinander unterhielten, wobei sie dem jeweils Sprechenden mit tiefem Ernst die Köpfe entgegenbeugten und dann nickten. Sie redeten in einer auch für Keptah unverständlichen Sprache; aber der Klang weckte vertrauten Widerhall in ihm, als hörte er Stimmen aus seiner Kindheit.

Dann schienen die drei Männer zu einem Entschluß gelangt zu sein. Sie lächelten Keptah liebevoll zu, und einer von ihnen trat zu ihm und legte dem Niederknienden segnend die Hand auf den Kopf. Jetzt sprach er so, daß Keptah ihn verstand.

»Du hast dich nicht geirrt, mein Bruder«, sagte er. »Du hast vollkommen recht gehabt. Der Knabe ist einer der Unseren. Aber er kann keine Aufnahme in die Bruderschaft finden, aus Gründen, die auszusprechen ich nicht wage. Ihm wird ein anderes Licht leuchten; ihm ist ein anderer Weg bestimmt, durch weite und dürre, eintönige und öde Gegenden. Und er muß sich Weg und Licht selbst suchen. Denn ehe er sein letztes Reiseziel erreicht, hat Gott für ihn eine Aufgabe und eine ganz besondere Berufung aufgespart. Sei nicht enttäuscht. Weine nicht. Du hast richtig gehandelt, und Gott ist zufrieden mit dir. Viele sollen, bis zu den äußersten Enden der Welt hin, den Ruf empfangen; wann und wie sie jedoch erwählt werden, liegt nicht in unserer, sondern in Gottes Hand. Lehre ihn, was du nur kannst; dann laß ihn seines Weges ziehen. Sei überzeugt, daß er nicht im Dunkel wandern und daß er zum Kreuz zurückfinden wird.«

Einer von ihnen blickte sinnend über den Garten, als sähe er eine ferne Erscheinung. »Er wird zu ihr kommen und sich neben sie setzen«, murmelte er. »Sie wird zu ihm von Dingen reden, die sie im Herzen erwogen hat und über die sie sonst mit niemandem sprechen wird. Sie ist kaum älter als Lucanus selbst; und auch sie muß ihre Qual erleiden, die sie in der Nacht der Engelsbotschaft auf sich genommen hat. Er wird ihre Schönheit und ihre Anmut sehen und ihre sanfte Stimme hören. Doch das liegt in der Zukunft und ist nicht für jetzt bestimmt.«

»Ich sehne mich darnach, sie zu sehen und ihr Kleid zu berühren«, sagte Keptah mit bebender Stimme. »Ich habe sie als Traumbild geschaut, mit dem Kind in den Armen.«

»Du wirst sie sehen«, erwiderte einer der Fremdlinge leise. »Wenn nicht hier, so im Himmel.«

»Geheimnisvoll sind Gottes Wege«, fügte ein anderer hinzu. »Wir können nur gehorchen.«

»Ich habe nichts zu geben«, meinte Keptah.

»Du gibst dein Leben. Du bist zuverlässig und voll von Wissen.«

Keptah stand auf, bückte sich und küßte jedem der Fremdlinge den Mantelsaum, und seine Augen verschwammen in Tränen. Die Männer richteten ihn auf und umarmten ihn. Dann entfernten sie sich, auf das Granitgebäude zu. »Schenkt mir Weisheit«, flüsterte er ihnen nach.

Lucanus trat durch die offene Tür, blinzelnd und benommen, und fand Keptah allein. Die beiden starrten einander an und konnten eine Zeitlang nichts sagen, so von Gedanken erfüllt waren sie. Dann fragte Lucanus: »Wer waren die Männer? Sie haben wie Könige ausgesehen.«

»Es waren Könige«, entgegnete Keptah freundlich. »Könige aus dem Morgenland.«

Er nahm die eiskalte Hand des Knaben und führte ihn fort. Er sagte: »Stelle keine Fragen, die ich nicht beantworten kann. Ich darf nicht sprechen.«

VI

»Einer unserer Hohenpriester in Babylonien oder Chaldäa hat einmal folgendes erklärt: Wenn jemand sich der Annehmlichkeiten dieser Welt, die von Welt und Gott gestattet sind, entschlägt, wird er strenge zur Verantwortung gezogen werden«, sagte Keptah. »Das ist eine Behauptung, der die hageren, verzichtfreudigen Moralisten und die vernunftbesessenen jüdischen Pharisäer widersprechen würden; und das gleiche täte vielleicht unser guter Herr, der Tribun. Trotzdem trifft der Ausspruch zu, ungeachtet auch der Feststellung des Sokrates, daß man Gott am nächsten kommt, wenn man so wenig Bedürfnisse wie möglich hat. Wie ich dir wiederholt erklärt habe, mein lieber Lucanus, kommt es ganz auf die persönliche Auslegung an. Was dem einen als glückhaft und gut und sittlich gilt, kann anderen verhaßt sein.«

Lucanus lachte. »Diodorus hat schon recht, wenn er ständig darüber klagt, daß du dir in der Rolle des Sophisten gefällst, und daß du jede angenehme Aussage durch eine unangenehme, ebenso richtige, entwertest.«

»Mein Griechenknirps«, dozierte Keptah nachsichtig, »ich habe dir schon öfter gesagt: Ich bin ein duldsamer Mensch, und deshalb halten die einfältigen Leute mich für vielschichtig und schrullig und unverläßlich. Wer als wissenschaftlich geschult gelten will, muß außer seinen eigenen Beweisgründen auch die gegnerischen kennen. Du hast ja, zu meiner Befriedigung, Verständnis dafür, daß eine Feststellung, die einem zuwider ist, ebenso wahr sein kann wie eine, die man gern hört. Das alles bezieht sich natürlich nur auf die Dinge dieser Welt, die ich höchst belustigend finde.«

Die beiden saßen in Keptahs Lieblingsschenke, in der Geschäftsleute und Handelstreibende, Studenten und Scholaren, Angehörige der vielen in Antiochia vertretenen Rassen, einzukehren pflegten. Die mit schwarzen Steinen gepflasterte Straße draußen lohte in schmerzendem Sonnenlicht; durch die schmalen Schluchten zwischen den Häuserreihen trieben beklemmend weiße Wolken glühenden Staubes, hallten die Schreie von Kamelen und Eseln, die Rufe roher Treiber, das Schlurren zahlloser hastiger Füße und das Rattern von Wagen. Auf der gegenüberliegenden Straßenseite warfen die hellgelben Gebäude die Hitze und das Licht zurück wie flirrende Spiegel, an denen Männer und Frauen in roten, blauen, schwarzen, gelben und grünen Gewändern vorbeieilten.

Aber in der Schenke war es kühl und ruhig und schattig, schwebten die Düfte von Wein, gutem Käse und ausgezeichneten heißen Pastetchen. Auf den blankgescheuerten weißen Tischen standen Holzschüsseln, angefüllt mit den salzig schmeckenden, sehr kleinen schwarzen Oliven Judäas, mit einheimischen Trauben, purpurrot und schillernd und schimmernd sogar in dem Halbdunkel, mit Granatäpfeln, rot wie Feuerbälle, und mit Büscheln goldfarbener, Honigtropfen ausschwitzender Datteln und mit anderem Obst. Die roh verputzten Wände der Schenke hatte ein heimischer Künstler ausgemalt, der seine derbe Art, seine Ungeschultheit im Bildaufbau und seinen Mangel an Geschmack durch bunte Farbgebung und harmlose Sinnlichkeit ersetzte. Der rotgekachelte Fußboden bot den heißen Füßen Keptahs und seines Schülers ebenso willkommene Erfrischung wie die Becher gut gekühlten Weins ihren Lippen.

Gleich einem Strahlenkranz leuchtete der Kopf des jungen Lucanus aus dem wohltuenden Halbdunkel des Raumes hervor und erregte die Aufmerksamkeit der schwarzhaarigen Zecher an anderen Tischen. Ein hochgewachsener Mann, dunkelhäutig und auf orientalische Art beturbant, zeigte sich besonders entzückt. Sein schmales, ebenso pfiffiges wie tatkräftiges Gesicht, das von zwei auffallend lebhaften Augen erhellt war und in einen schütteren kurzen Bart auslief, konnte sich einfach nicht von der Betrachtung des jungen Griechen abwenden. Seine Gewandung, in gedecktem Scharlachrot und hellem Grün, ließ, ebenso wie die vielen glitzernden Ringe an den Fingern, keinen Zweifel daran, daß es sich um einen Mann in guten Verhältnissen handelte. Seine Diener standen, aus kleinen Bechern Wein trinkend, in der Nähe der offenen Tür. Sie waren alle mit Dolchen bewaffnet und machten einen sehr unternehmenden Eindruck; unter ihren bunten Tuniken sah man kräftige, dunkle Waden prall hervortreten.

Schließlich beugte sich der Fremdling zu Keptah in seinem langen Überwurf aus hellem Leinen und sagte in einem schrecklich klingenden Griechisch: »Ich habe mit viel Interesse deine Rede gehört, guter Mann. Gestatte mir, daß ich mich vorstelle: Ich bin Linus, der Kaufmann, aus Cäsarea in Israel, und ich handle mit Seide und Jade und Elfenbein aus Kathay. Meine Karawane ist unterwegs nach Rom.« Er sprach zu Keptah, aber seine lebhaften Augen blieben verzückt auf Lucanus geheftet, der ihn erst jetzt bemerkte und unter dem festen, musternden Blick, aus ihm unbegreiflichen Gründen, rot wurde und unbehaglich hin und her zu rücken begann.

Keptah fixierte Linus kühl und gemessen, wobei ihm besonders auffiel, daß der Fremde den Jungen wie hypnotisiert anstarrte. Keptah überlegte. Es war, so fand er schließlich, nicht zu früh, Lucanus etwas von den dunkleren, anrüchigeren Seiten des Lebens zu enthüllen. Er sagte höflich: »Und ich bin Keptah, Hausarzt des Tribunen Diodorus, des Prokonsuls von Syrien.« Er hielt inne und fuhr dann fort: »Aus Israel, sagst du? Bist du Jude?«

Als Linus von Keptahs Stellung hörte, änderte sich mit einem Schlage sein Gesichtsausdruck. Der Prokonsul war unter den seefahrenden Händlern recht gefürchtet, und dieser Keptah stand als Hausarzt in seinen Diensten. Linus setzte eine achtungsvolle Miene auf, die nicht ganz geheuchelt war. Im übrigen gefiel ihm die Sache. Dieser Junge mit dem sonnenhellen

Blondhaar war offenbar der Sklave des angesehenen Arztes, und so konnte er wahrscheinlich mit ihm über seine Absichten handelseins werden. »Darf ich dir einen Becher Wein anbieten, geschätzter Keptah?« fragte Linus. »Mit den besten Wünschen für dein Wohlergehen?«

»Wenn du dich zu uns setzt«, erklärte Keptah ernst.

Linus erhob sich unverweilt; und er war tatsächlich ein stattlicher, hochgewachsener, lebensvoller Mann. Als sich sein Gewand ein wenig öffnete, sah Keptah, daß er einen breiten Halsreifen aus reich graviertem Golde trug, ein jetzt auch bei manchen eleganten Römerjünglingen beliebt gewordener ägyptischer Brauch. Lucanus, der sich – er wußte nicht recht warum – noch immer unbehaglich fühlte und rot war, rückte seinen Stuhl ein wenig, um dem Händler Platz zu machen. Dabei spürte er ein leichtes Kneifen an seinem Knie, das er als einen Wink Keptahs auffaßte. Überdies warf ihm der Arzt einen raschen Blick zu, der offenbar ein Befehl war, unter allen Umständen den Mund zu halten.

Linus fand nichts Auffälliges daran, daß ein Sklave so vertraulich neben seinem Herrn saß; dieser Knabe war ja sichtlich der Liebling und Geliebte seines Herrn, verhätschelt und verzärtelt, bestimmten Zwecken dienend. Als der Händler jetzt dem Knaben näher saß, geriet er in immer größeres Entzücken. Er kannte einen römischen Senator, der gerade an einem solchen Jungen Freude haben und nicht wegen des Preises feilschen würde. Tausend Sesterze waren nicht zu viel. Linus lächelte, und weiße Raubtierzähne blitzten aus dem Dunkelbraun seines schlauen, klugen Gesichts.

»Nein, verehrter Keptah, ich bin kein Jude», erwiderte er. »Baal behüte! Ich bin von älterem Stamme, ein Babylonier. Allerdings tragen auch andere, gleich edle Rassen des Ostens zu meinem Blute bei.«

Lucanus blickte Keptah an, der ihn wieder unter dem Tische kniff. »Sehr interessant«, meinte der Arzt gelassen. Der Wirt kam herbei, und Linus bestellte großspurig den besten Wein. Keptah nickte beifällig und sagte: »Der Abraham der Juden war auch Babylonier. Vielleicht hast du von ihm gehört, verehrter Linus?«

»Ach ja«, entgegnete der Händler achtlos. Er grinste wieder. »In Judäa bin ich Jude, in Syrien Syrer, in Rom Römer und in Griechenland Grieche.« Er lachte leise.

Keptah nahm einige kleine schwarze Oliven und sagte: »Und in Afrika bist du sicherlich ein Neger.«

Dem Händler erstarb das Lächeln auf den Lippen. Seine beringten Finger fuhren nach dem Dolch. Keptah spuckte mit heiterer Miene die Olivenkerne in seine braune Hand und warf die Kerne auf den Boden. »Ja, ja, ein kluger Mann ist ein Chamäleon«, fügte er voll höchster Bewunderung hinzu: »Alles zu seiner Zeit. Ich merke, du bist ein Philosoph, so wie ich, wenn ich nicht gerade Tränklein braue und die Familie des edlen Diodorus betreue.« Er blickte auf, und seine rätselvollen Augen hefteten sich auf den Kaufmann, der langsam die Hand vom Dolch zurückzog. »Ich dürfte ja schon erwähnt haben, daß ich Hausarzt beim Prokonsul von Syrien bin, bei einem sehr sittenstrengen und einflußreichen Römer, nicht? Bei einem Mann, der besonders viel auf Zucht hält und dem das Schwert locker in der Scheide sitzt.«

Linus, dessen etwas dunkle Geschäfte schon zweimal die Aufmerksamkeit des Prokonsuls auf sich gezogen hatten, lächelte gewinnend. »Bestimmt entlohnt er dich gut«, fühlte er vor.

Keptah setzte eine unergründliche Miene auf. »Na ja. Soweit ein sparsamer Edelmann es sich erlaubt. Und mein Herr ist bekannt knauserig. Einer von den sogenannten alten Römern. Ich habe schon von anderen Seiten sehr günstige Angebote bekommen; aber ich bleibe bei ihm, weil ich an der Familie hänge.«

Linus lehnte sich entspannt in malerischer Pose in seinem Stuhl zurück. Er starrte wieder Lucanus an, der das Gespräch sehr erstaunlich gefunden hatte. Der Wirt brachte mit ehrfürchtiger Gebärde einen Krug guten, alten Weins und stellte ihn mit einer Verbeugung auf den Tisch. Keptah und Linus beschnupperten den Wein kritisch, nickten beifällig und füllten ihre Silberbecher, die des edlen, erlesenen Inhalts würdig waren. Keptah goß auch in den Becher des Knaben ein bißchen, und Lucanus roch den feinen, köstlichen Duft. »So einen Wein gibt es bei Diodorus nicht – mögen die Götter seinen knickerigen Geldbeutel und seinen barbarischen Geschmack segnen!« sagte Keptah.

Linus, der mit dem Namen des Prokonsuls schmerzliche, nachhaltige Erinnerungen verband, glaubte in Keptahs Stimme Verachtung und Spott zu hören und fühlte sich wohler denn je.

»Allerdings«, fuhr Keptah mit einem verstohlenen, beschwichtigenden Seitenblick zu Lucanus hin fort, »hält er viel auf die Leute, die ihm gut dienen, besonders auf seinen Arzt. Wir achten und schätzen uns gegenseitig. Deshalb hat er mir auch vier wohlbewaffnete Sklaven zu meinem Schutz beigegeben; sie warten in Rufweite, dort drüben auf der Straße, und bewachen meine Sänfte.«

Bei dieser Lüge öffneten sich unwillkürlich die rosigen Lippen des Knaben; aber Keptah nippte wie ein zufriedener Epikureer an seinem Wein. Linus zog überrascht die schwarzen Brauen hoch, zweifelte jedoch keinen Augenblick an Keptahs Behauptung. Also, dachte er, das ist wirklich ein hochmögender Mann; er tritt selbstsicher und elegant auf, wie nur jemand, der in großem Ansehen steht. Zu Ehren des Weins brachte der Wirt eine Kupferschüssel und einen Teller. »Ah«, sagte Keptah anerkennend, »Artischocken in Essig und Öl, mit einem Schuß Kapern und Lauch! Das gehört zu den paar römischen Speisen, die ich gern mag.« Er tauchte ein Stück Brot in die Schüssel und schlürfte feinschmeckerisch, was er aufgefischt hatte. »Die Römer sind zwar ungesittet, aber gelegentlich haben sie glückliche Einfälle.«

Linus wurde ungeduldig. Als Händler war er ein Mann der Entschlüsse. Er wies mit einem Finger auf Lucanus und sagte: »Verehrter Keptah, der Junge ist wohl ein Grieche, nicht? Dieses goldblonde Haar, die weiße Haut, die blauen Augen, der Gesichtsschnitt – alles ganz reizend und echt griechisch.«

»Hast du viele solche Knaben in Griechenland gesehen?« fragte Keptah, erstaunt tuend. »Nein. Die Griechen sind im allgemeinen klein und dunkelhäutig. Deshalb haben sie blondes Haar und helle Hautfarbe besonders geschätzt und an ihren Statuen verewigt. Sei versichert, das Idealbild der Menschen gleicht nie ihnen selbst, sondern ihren Träumen. Trotzdem ist der Knabe tatsächlich ein Grieche; nur dürften seine Ahnen in Griechenland eingewandert sein, aus den kalten Nordländern oder aus Gallien, wo die Leute Tierfelle und Tierhörner tragen und in Urwäldern hausen. Ist er nicht bemerkenswert hübsch und dazu noch von einer frühreifen Männlichkeit?«

Lucanus verstand nicht, wo sein Mentor und Lehrer hinauswollte; er fühlte sich gedemütigt und war empört. Jetzt flößte ihm Linus nicht nur Angst und Abneigung ein, sondern auch Ekel.

Daß Keptah von dem Jungen so redete, als wäre er kein menschliches Wesen und könnte begutachtet werden wie ein Pferd oder ein Jagdhund, bestärkte Linus in der Meinung, daß der Knabe tatsächlich ein Sklave und Keptahs Diener sei. »Ein hübscher Bursche«, bestätigte er mit unterdrücktem Wohlgefallen. »Wie heißt er denn, verehrter Keptah, und wie alt ist er?«

Keptah nippte wieder an seinem Wein und schloß andächtig die Augen. Linus wartete. Seine Juwelen glitzerten in die blaue Dämmerung der Schenke. »Er ist erst dreizehn«, antwortete Keptah, »trotz seines festen Körperbaus. Diese Griechen haben ja alle solche Staturen. Aber er ist anmutig, nicht?«

Linus wurde immer eifriger. Dreizehn! Also noch nicht mannbar! Der alte Senator in Rom war vergessen. Es gab adelige Damen, ihrer Gatten und Liebhaber überdrüssige, sehr reiche Damen, die es prickelnd finden würden, diesen Knaben erst zur Geschlechtsreife, dann in ihr Bett zu bringen und dort sein unschuldiges Gemüt in die Liebeskünste einzuweihen. Es war nicht ausgeschlossen, daß sie für einen so herrlichen Zeitvertreib zweitausend Sesterze zahlen würden. Zum Beispiel diese ausschweifende Frau eines höchst achtbaren Augustalen, eine Vierzigerin, die für solche Knaben eine Schwäche hatte! Sie würde von der Schönheit dieses Jungen berückt sein und der Versuchung, ihn zu kaufen, nicht widerstehen können. Vertraulich beugte Linus sich zu Keptah und sagte leise, aber für des Knaben Ohren nicht leise genug:

»Der edle Tribun ist, wie du sagst, wegen seiner Sparsamkeit bekannt. Du bleibst aus Anstand bei ihm, aus Treue und Anhänglichkeit zur Familie. Dieser Knabe ist nicht einer seiner Sklaven?«

»Nein«, erwiderte Keptah. »Er gehört sozusagen mir. Der Tribun hat ihn mir anvertraut, zur Belohnung für meinen Anstand, wie du es ausgedrückt hast.«

Wieder öffneten sich empört die Lippen des Knaben. Dann zuckte er vor Schmerz zusammen: abermals war er ins Bein gekniffen worden. Linus strahlte. »Vielleicht, Keptah, können wir handelseins werden. Ich habe Kunden in Rom, die für diesen Knaben Interesse hätten.«

»Wirklich?« rief Keptah. »Vielleicht einen Senator? Oder eine Dame, die schon viele Freuden genossen hat und von Langeweile geplagt wird?« Er wandte sich an Lucanus und fragte liebevoll: »Würdest du nach Rom wollen, Lucanus?«

»Nein«, war die Antwort.

Aber Linus schnippte mit den Fingern und sagte streng: »Steh auf, Junge! Ich möchte dich genauer in Augenschein nehmen.«

Lucanus konnte nicht fassen, daß man ihm gegenüber einen derartigen, ihm völlig neuen Ton anschlug. Entrüstet klammerte er sich an seinen Stuhl und starrte seinen Lehrer an. Aber Keptah – hintergründig und undurchschaubar, wie nur er es sein konnte – erwiderte mit finsterer Miene den Blick und sagte nichts. Es war dieser Gesichtsausdruck, der den Jungen völlig durcheinanderbrachte und aufzuspringen veranlaßte, wenigstens wegen des ihm erteilten Befehls als in einer unwillkürlichen Fluchtbewegung. Keptahs Miene änderte sich nicht; er schlang einen seiner langen, fleischlosen Arme um den Rücken seines Stuhls, und die Falten des hellgrauen Linnens fielen von dem Arm nieder wie von einem Gerippe.

Linus trat zu Lucanus. Auch die anderen Händler in der Schenke wandten, ebenso wie die Studenten und Scholaren, unverhohlen ihre Neugier und Aufmerksamkeit dem Jungen zu. Bei der Venus! dachte ein römischer Öl- und Parfümhändler. Das ist ja wahrhaftig der junge Adonis in Person! Seine Haare leuchten wie die Sonne, und die Augen sind so blau wie der nordische Winterhimmel! Er gleicht einer Statue, mit diesem milden Ernst in den Gesichtszügen und der zarten Strenge des unschuldigen Mundes. Und die Stirn! Wie massiger Marmor. Und die Füße wölben sich zu kleinen Brükken, und sein hoher Wuchs stammt sicherlich von den Göttern!

Linus selbst staunte über den Körperbau des Jungen und wurde etwas mißtrauisch. Aber nach einem kurzen prüfenden Blick, auch auf die knabenhafte Gewandung, war es für sein geübtes Kaufmannsauge klar, daß der Sklave, trotz Körpergröße und Breitschultrigkeit, wirklich noch ein Kind war. Lucanus fuhr heftig zusammen, als Linus die dunkle Hand ausstreckte, seine Tunika hob und seine Hinterbacken befühlte. Die blauen Augen des

Knaben flammten in Wut auf; doch ein neugewonnener Stolz ließ ihn nun stillhalten, unbeweglich wie ein Stein. »Schade«, murmelte Linus nachdenklich. »Ich habe an einen orientalischen Prinzen gedacht, reich wie Krösus – wenn die Hinterbacken weicher und rundlicher wären. Aber das ist offenbar ein Männergesäß und kein Spielzeug für einen hochgeborenen Perser.« Er behandelte Lucanus mit dem unbekümmerten Interesse jemandes, der ein zum Verkauf bestimmtes schönes Tier abgreift.

Trotz des zornmütigen Aufruhrs, der in der Seele des Jungen wütete, nahm er, zum erstenmal im Leben, Kenntnis von der unsagbar tiefen Schlechtigkeit und Widerlichkeit der Welt. Er hörte das Murmeln des Händlers, der seine Untersuchung fortsetzte. Seine weiße Haut juckte ihn und wurde kalt; und jetzt hätte er sich, auch wenn er gewollt hätte, ebensowenig rühren können wie der Marmor, dem er glich. Nur sein Herz bebte, und in der Seele brannte ihm Ekel vor so viel Niedertracht. Er blickte in unbekannte Abgründe der schwärzesten Scheußlichkeiten des Menschengeistes. Solchen Dingen war er im Hause des sittenstrengen Tribunen nie begegnet und hätte sie nicht einmal im Traum für möglich gehalten. Auch jetzt faßte er nicht alle Einzelheiten auf und begriff kaum den eigentlichen Sinn des ganzen Handels. Er war wie ein Kind, das lachend in eine grüne, versteckte Grotte läuft, dort Zeuge einer lüsternen Szene wird und, ohne alles zu verstehen, nur der Tatsache bewußt, daß etwas Schändliches, Wüstes geschieht, von Entsetzen ergriffen ist.

Die tastende, kneifende und drückende Hand des Orientalen übte eine seltsam hypnotische Wirkung auf den Knaben. Er fühlte sich erniedrigt, ohne die Erniedrigung abschütteln zu können. Er fühlte seine Menschenwürde beleidigt, seine Reinheit bedroht; aber all dem war er wie ein stummes Opfer widerstandslos preisgegeben. Er konnte nur blinden Auges Keptah anstarren und Abscheu empfinden über diesen unglaublichen Verrat, und das Feuer der ihm angetanen Schmach und des wütenden Zornes darüber in der Brust spüren.

Harmlos lächelnd warf Linus sich wieder in seinen Stuhl. »Fünfhundert Goldstücke«, sagte er zu Keptah. Er nestelte eine Börse von den großen Goldscheiben los, die den Gürtel um seine schmale Taille bildeten. Er schüttete einen glitzernden Haufen von Münzen auf den Tisch. »Machen wir es kurz! Du wirst verstehen, Verehrter, daß ich diesen Jungen nicht bei Tageslicht durch die Straßen führen kann.« Er räusperte sich und grinste dem undurchschaubar blickenden Arzt zu. »Ich habe schon früher einmal einen kleinen Anstand mit den verdammten Soldaten des Prokonsuls gehabt, und ich wünsche ihnen nicht nochmals zu begegnen. Hier sind hundert Goldstücke. Übergib mir den Jungen heute nacht in dem Gasthaus an der Straße der Mädchen, und du kriegst die restlichen vierhundert.«

Dem Jungen brannte der ganze Körper, wie von Flammen versengt, und an den Schläfen pulste ihm das Blut sichtbar in den Adern. Einer der Kaufleute schrie: »Fünfhundert Goldstücke! Das ist Betrug, Herr! Ich biete selber tausend.« Vor Eifer sprang er fast vom Stuhle auf.

Dann sagte Keptah gelassen: »Der Knabe ist nicht verkäuflich.«

Linus lief rot an und beugte sich zu dem Arzt. »Nicht verkäuflich?« wiederholte er. »Dieser Sklave ist nicht verkäuflich – für ein Vermögen? Bist du verrückt?«

»Tausend Goldstücke!« schrie der andere Kaufmann und trat zum Tisch.

Die übrigen Gäste in der Schenke klatschten Beifall, pfiffen, murrten, lachten. Als der Wirt den Lärm hörte, kam er, ein Brett mit frischen heißen Pasteten tragend, in den Schankraum. Keptah winkte ihm mit einem gekrümmten Finger und rief: »Lieber Sura, sei so gut, geh gleich in die nächste Straße und sag dem jungen Hauptmann Sextus, daß Keptah, der Leibarzt des edlen Tribunen Diodorus, ihn sofort herzukommen heißt.«

Der Wirt verbeugte sich und lief auf die Straße. Linus sprang fluchend auf. Er fuchtelte dem unbewegt dasitzenden Keptah mit der Faust unter der Nase. Die anderen Gäste sperrten stumm die Münder auf. »Du verdammter Ägypter!« brüllte Linus. »Ich lasse dir die Kehle durchschneiden!« Er zitterte vor Wut, und seine Bedienten eilten gleich herbei, die Dolche in den Händen.

Keptah kam nicht aus der Fassung. »Ich bin kein Ägypter, mein lieber Mann mit den vielen anrüchigen und unbekannten Rasseneinschlägen. Auch blutdürstig bin ich nicht. Spute dich und verschwinde, bevor der Hauptmann mit seinen Leuten kommt! Du hast die Sachlage nicht begriffen. Dieser Junge ist der Augapfel des Prokonsuls; er ist im Haus des Diodorus als Freier geboren und wird dort wie ein Sohn gehalten.«

Die anderen hatten keine Lust, dem Eintreffen der Soldaten beizuwohnen und vielleicht Tätlichkeiten zu erleben; sie verließen deshalb in aufgeregter Flucht die Schenke. Linus sah sich mit seinen Dienern allein den beiden Fremdlingen gegenüber. Er blickte Lucanus an, und seine hageren Hände machten unwillkürlich Greifbewegungen, als wollte er den Jungen packen und kurzerhand entführen. Er atmete schwer. Dann machte er so rasch kehrt, daß seine scharlachroten und grünen Gewänder durch die Luft wirbelten. Von den Dienern gefolgt, verschwand er mit Windeseile.

Keptah und Lucanus waren allein. Der Knabe setzte sich langsam; sein weißes Gesicht war von Schweißperlen bedeckt; verbitterten und kalten Blickes füllten seine Augen ihre Höhlen mit zorniger Glut.

Unbekümmert nahm Keptah sich ein Büschel Datteln und begann mit Genuß zu kauen. Der Haufen Goldstücke lag auf dem Tisch und funkelte in das blaue Halbdunkel. Keptahs Blick fiel auf die Münzen, und er lächelte. »Der Schuft von Händler hat sich nicht einmal Zeit genommen, die Zeche zu bezahlen«, bemerkte er. »Aber netterweise hat er dieses Geld hier zurückgelassen, und ich werde daraus seine Schuldigkeit begleichen. Den Rest behalte ich. So war ja offenbar seine menschenfreundliche Absicht, und ich bin nicht der Mann, der ein solches Geschenk verschmähen würde.«

»Wie konntest du dich so etwas unterstehen?« rief Lucanus; und jetzt war er wieder sehr jung, knapp am Weinen. »Du bist nicht nur ein Lügner, Keptah, sondern auch ein Dieb und ein schlechter Kerl!« Er heulte los und wischte sich die Tränen mit dem Handrücken ab. Keptah betrachtete ihn nachdenklich. Schließlich legte er das Büschel Datteln hin; seine Miene wurde streng, und seine rätselhaften Augen nahmen einen kühlen, unpersönlichen Ausdruck an.

»Du hast mich verraten!« schluchzte der Knabe. »Du hast mir Schmach angetan! Und ich dachte, du bist mein Freund, nicht bloß mein Lehrer.«

»Hör zu, Lucanus!« sagte Keptah in hartem, gelassenem Tone. Lucanus ließ die Hand sinken und starrte den Arzt an.

»Du bist kein Kind mehr, seit du jetzt das Böse gesehen und gehört und gespürt hast«, erklärte Keptah. »Es ist gut, daß du diese Erfahrung gemacht hast; Kenntnis des Übels bewirkt Abscheu davor und führt zur Mannesreife. Jetzt hast du Waffen zur Hand.« Er stieß mit einem dünnen Finger ein paar Münzen auf dem Tisch an. »Du bist frei geboren, in einem sittenstrengen Haushalt, wo man auch den Sklaven freundlich begegnet. Nie hast du gesehen, daß sie grausam behandelt würden; immer nur gerecht. Das ist höchst ungewöhnlich. Das Haus des Diodorus ist eine Ausnahme unter den Römerhäusern.«

Ein kalter, strenger Blick drang unter den halbgeschlossenen Lidern hervor. »Man hat dir Schmach angetan, hat deine Person schnöde behandelt, deine Menschenwürde gekränkt. Nun, du hast ja die Narben auf den Händen deines Vaters gesehen, der einmal Sklave war, und du hast auf Kinderart diese Narben heiteren Sinns als selbstverständlich hingenommen. Hast du je deinen Vater gefragt, was es heißt, Sklave zu sein, schlechter behandelt zu werden als jeder andere Mensch, ja schlechter als ein wertvolles Pferd oder ein guter Hund? Hast du ihn gefragt nach seiner eigenen Schmach, seiner Scham und Verbitterung, wenn sein Menschentum geschändet wurde? Weißt du, wie das Sklavendasein schmeckt?«

Lucanus war ganz still. Da und dort schimmerte noch eine Träne auf seinen blassen Wangen. Dann sagte er leise: »Nein. Nein. Verzeih mir. Ich habe das alles nicht verstanden. Ich war ein Kind und habe nichts davon begriffen. Du hast mir die Augen geöffnet.«

Keptah lächelte traurig. »Man lernt unter Tränen und Kummer und Schmerzen. Das ist recht so. Der Mensch kann ja, solange er jung und glücklich und unwissend ist, Gott nicht erfassen. Durch Kummer erst lernt er Gott kennen, durch eigenen und fremden Kummer.«

»Von nun an soll niemand in meinen Augen ein Sklave sein, vielmehr jeder ein Mensch in seiner Würde; und ich werde die Sklaverei aus ganzem Herzen und ganzer Seele hassen«, gelobte Lucanus mit zitternder Stimme.

Keptah legte dem Knaben freundlich die Hand auf die Schulter. »Ich habe dich dem Bösen preisgegeben, damit du für später nicht wehrlos bist. Ich habe dir die Verwerflichkeit der Sklaverei vorgeführt, auf daß du sie nie mehr als gegeben hinnimmst... Und da ist jetzt unser guter Sextus mit den beiden braven Soldaten. Ach, Sextus, bitte, bleib ein bißchen und trink diesen wunderbaren Wein mit uns. Ein schändlicher Kerl hat uns belästigt, und wir waren ein wenig in Gefahr. Wir möchten, daß du uns begleitest. Unsere Esel sind hier in der Nähe angebunden; sie werden schon einigermaßen ungeduldig sein, die armen Tiere.«

»Was für ein Schelmenstück hast du denn diesmal wieder aufgeführt?« fragte der junge Hauptmann wohlgelaunt und etwas spöttisch. Er goß sich einen Becher mit Wein voll und trank ihn rasch hinunter, so daß Keptah mißbilligend den Mund verzog.

»Du schüttest den Wein in die Kehle, als wäre er nicht aus himmlischen Trauben gekeltert«, sagte der Arzt. »Als wäre es der billige Rotwein in der Kaserne!«

Sextus leckte sich die Lippen, überlegte und neigte den behelmten Kopf zur Seite. »So besonders gut schmeckt der Wein gar nicht«, behauptete er. »Du bist ein Aufschneider, Keptah.« Er zwinkerte Lucanus zu. Dann erschrak er über die Blässe des Knaben. »Ist ihm übel?« fragte er.

»Sehr übel«, bestätigte Keptah, sich erhebend. »Aber er wird nicht davon sterben.«

Schüchtern trat der Wirt auf ihn zu, und Keptah zahlte mit großer Gebärde sowohl seine wie des Linus Zeche, wobei er außerdem ein Goldstück als Trinkgeld liegenließ. Der Wirt war begeistert. »Guter Herr«, entschuldigte er sich, »es tut mir leid, daß man dich belästigt hat. Das wird nicht mehr vorkommen.«

»Nur keine unbedachten Versprechungen!« warnte Keptah. »Übrigens war das ein außerordentlich lehrreicher Nachmittag.« Er stopfte sich die verbliebenen Goldstücke in den Beutel. »Und jetzt, Lucanus, gehen wir!«

VII

Als Diodorus Cyrinus erwachte, fielen ihm drei unangenehme Tatsachen ein.

Erstens weilte der Gatte von Aurelias älterer Schwester, Senator Carvilius Ulpianus, als unwillkommener Gast im Hause. Er war am Abend zuvor angekommen, benahm sich gönnerhaft liebenswürdig und hatte anscheinend vergessen, daß er, trotz seiner Abkunft aus sehr edler, alter Familie, Cornelia geheiratet hatte, und zwar ihrer Mitgift wegen. Dieses Geld hatte ihm nicht nur – durch aufgelegte Bestechung, pflegte Diodorus empört zu sagen – zur Erlangung der Senatorenwürde verholfen, sondern ihm auch erlaubt, seiner Leidenschaft für ägyptische Kunst zu frönen. Er hatte von prächtigen Vasen und Statuetten gehört, die angeblich aus der Zeit der Zweiten Dynastie stammten, und war unterwegs nach Ägypten, um sie zu erwerben.

Die zweite ärgerliche Tatsache, der sich Diodorus an diesem Morgen gegenübersah, hing mit dem Datum zusammen. Heute war jener Monatstag, an dem der Tribun sich mit syrischen Amtsträgern in der Gerichtshalle von Antiochia zusammensetzen und sich die Beschwerden einheimischer Notabeln, Grundbesitzer und Bürgermeister über die in der Provinz, besonders aber bei den Beschwerdeführern selbst eingetriebenen Steuern anhören und die Berichte der Schurken von Steuerpächtern entgegennehmen mußte. Diese Männer haßte Diodorus mehr als jede andere Sorte von Menschen; für ihn waren sie, mochte auch ihre Tätigkeit in dieser entarteten Zeit offenbar nötig sein, verächtlicher als die räudigsten Schakale, an die seiner Meinung nach auch ihr Gehaben erinnerte, ein Vergleich, auf den Diodorus vor den Amtsträgern immer wieder mit lauter Stimme und in seiner oft recht unfeinen Soldatensprache zurückkam, zur großen Erheiterung der Opfer dieser Steuerpächter.

Die dritte Unannehmlichkeit bestand darin, daß er Kopfweh hatte. Er kannte diese Kopfschmerzen, die ihn gewöhnlich an diesem bestimmten Tage quälten, wobei ihm alle Künste Keptahs höchstens eine gewisse Linderung verschaffen konnten. Er war mit jenem heimtückisch plötzlichen Lichtblitz vor den Augen erwacht, dem Übelkeit folgte und dann der scharfbegrenzte Ausfall eines Gesichtsfeldteils, die vorübergehende Trübung des Sehvermögens und schließlich das verdammte einseitige Kopfweh. Die Tatsache, daß Keptah ihm das Krankheitsbild wissenschaftlich als Migräne bezeichnen konnte und daß Hippokrates darüber eine lange, gründliche Abhandlung geschrieben hatte, vermochte dem Tribunen keinen einzigen Brechreiz zu ersparen, keinen einzigen Hammerschlag auf die linke Kopfseite, keinen einzigen Augenblick des Gefühls eines nahen und nicht unwillkommenen Todes.

»Der Hades soll deinen Hippokrates verschlingen!« pflegte er dann zornig seinem Hausarzt zuzurufen. »Nein, laß mich in Frieden mit deinen stinkenden Aufgüssen und Tränklein!« Schließlich willigte er jedesmal in die Aufgüsse und Tränklein, erbrach sich dann triumphierend vor Keptah und starrte ihn vorwurfsvoll an. Die Migräne hörte erst abends auf. Er brauchte nur Antiochia wieder zu verlassen, und schon war alles vorbei, bis auf eine fast behagliche Schwäche, die in ihm eine Vorfreude auf Aurelias liebevolle Handreichungen und Fürsorglichkeiten weckte. Während er sich mit Genuß verhätscheln ließ, sagte er zu Keptah: »Siehst du, die Hände einer Frau haben mehr Verstand als alle Ärzte zusammen, du Quacksalber.« Dazu lächelte Keptah bloß. Einmal hatte er dem Tribunen gesagt, das Kopfweh sei seine Auflehnung gegen die ihm verhaßten Amtsträger und Steuerpächter; aber über diese Zumutung weibischen Verhaltens war Diodorus derart wütend geworden, daß Keptah die verletzende Äußerung nie mehr wiederholte.

Diodorus, der sittenstrenge Römer, war der Ansicht, anständige Menschen müßten vor der Morgendämmerung das Bett verlassen. Der Senator stand nicht so früh auf; und Aurelia, die jedem, sogar ihrem Schwager, wohlgesinnt war, gestattete den Sklavinnen ihren üblichen lärmenden, übermütigen Wischtuch- und Besenangriff auf Fußböden, Wände und Pfeiler erst dann, wenn der Senator vom Bett her um sein Frühstück gerufen hatte. Dies hieß für den Tribunen eine Schmach auf die andere häufen. Ein unaufgeräumtes Haus und das Frühstück im Bett! Aber natürlich, das sah dem modernen Rom ähnlich!

Das Gefolge des Senators, wohlgenährte Sklaven und Sekretäre – er schrieb immer Briefe, selbst wenn er auf Besuch bei Diodorus war; er mußte ja, wie der Tribun spottete, dafür sorgen, daß seine Klienten nicht vergaßen, auch während seiner Abwesenheit ihm die Truhen zu füllen –, erhielt immer die besten Räume im Gesindetrakt angewiesen. Gewöhnlich brachte der Senator auch zwei schöne junge Sklavinnen mit, was Diodorus noch wütender machte und ihn veranlaßte, die Mädchen streng abgeschlossen zu halten. »Orgien dulde ich in diesem Hause nicht!« sagte er dann zu dem nachsichtig lächelnden Senator, der sich stets darüber wunderte, daß die hübschen Dinger in dieser barbarischen Umgebung nie das Auge des Hausherrn auf sich zogen.

Obendrein benutzte der Senator Narden- und Rosenöl, was dem Tribunen den lauten Stoßseufzer zu entlocken pflegte: »Nicht nur ein verwahrlostes Haus und das Frühstück im Bett, sondern auch noch Parfüms!« Er tat, als fände er seinen Schwager unmöglich, und bestärkte damit den Senator in der Überzeugung, es sei besser, wenn Diodorus, ungeachtet seiner nach Rom gerichteten Briefe, in Syrien blieb. Das war eine Angelegenheit, über die der Gast mit dem Hausherrn noch nicht gesprochen hatte, weil er sich seinem Empfinden nach erst eine Zeitlang ausruhen mußte. Während der ganzen Schiffsreise nach Antiochia hatte ihm die Seekrankheit zugesetzt. Und Diodorus war ein schwieriger Mann.

An diesem Morgen erwies sich das Kopfweh als besonders arg; und Keptah, der unter dem ablehnenden Fauchen seines Herrn Tränke braute, war sich klar darüber, daß der Besuch des Senators an der Verschärfung der Qualen Schuld trug. Er reichte Diodorus den Becher und sagte begütigend: »Ein Schüler des Hippokrates hat einmal den großen Arzt gefragt: ›Würde es die Schmerzen des Patienten nicht lindern, wenn man ihm erlaubte, einen Mord zu begehen?‹ Worauf Hippokrates antwortete: ›Sicherlich.‹«

»Willst du behaupten, ich würde mein Kopfweh loskriegen, wenn ich jemanden – sagen wir ... irgendwen beliebigen – umbringen könnte?« fragte Diodorus empört und setzte sich im Bett auf.

Keptah nickte. Diodorus begann zu fluchen; dann, als ihm sein Schwager einfiel, lächelte er sehnsuchtsvoll. »Rosenöl!« brummte er. »Pfui!« Er sank auf seine Kissen zurück und gab sich angenehmen Träumereien hin. Die Migräne ließ etwas nach, und diesmal erbrach Diodorus sein Tränklein nicht. Immerhin war er in schlimmer Verfassung und in schlechter Laune, als er aus dem Hause in den frischen, schimmernden Morgen trat, ohne Frühstück, das er in solcher Verfassung nicht vertrug.

Dieser Sproß einer generationenlangen Kreuzung von Schweinehunden hätte wenigstens, dachte er, Cornelia als Besuch für meine Frau mitnehmen können, statt nur einen Brief von ihr.

Cornelia war zwar ebenso simpel, stur und phantasielos wie ihre Schwester; aber sie hätte immerhin die Vergnügungssucht ihres Gemahls einigermaßen gezügelt. Der Tribun tröstete sich damit, daß die Besuche des Senators sehr selten, in langen Zeitabständen, erfolgten.

Bei seinen Migräneanfällen wurde Diodorus, nach der anfänglichen Trübung des Sehvermögens, immer besonders klarsichtig, wodurch das Schauen an sich schon zur Qual wurde. Diese gesteigerte Empfindlichkeit der Sinne machte ihm sehr zu schaffen. Und als er jetzt lachen hörte, zuckte er zusammen und fuhr sich mit der Hand an den Kopf. Wer konnte lachen, während der Hausherr in halbtotem Zustand seinen Pflichten nachkommen mußte und jetzt schon das Rattern und Rumpeln und Schwanken des Wagens fürchtete, der bald vorfahren würde, um ihn nach Antiochia zu bringen? Schimpfworte murmelnd, die er sonst höchstens zu Steuerpächtern gebrauchte, trat er aus dem Hof in den Garten. Seine Tochter Rubria und Lucanus spielten mit zwei jungen Sklavinnen Ball und machten einen Lärm, daß Tote erwachen mußten, besser gesagt, dachte Diodorus, daß jedermann erwachen mußte, wenn es nicht gerade der ölduftende Senator war.

Es bot einen hübschen Anblick, wie das schwarzäugige Mädchen in seiner langen rosa Tunika, mit roten Wangen und fliegenden schwarzen Haaren, einherlief, um den von Lucanus oder einem Sklavenmädchen geworfenen Ball aufzufangen. Als ergänzendes Gegenstück zu ihr war Lucanus ein goldblonder junger Gott; und die so schlicht wie ihre junge Herrin gekleideten und fast ebenso entzückenden Sklavinnen erinnerten an Nymphen, mit den weißen tauglitzernden Füßen und den roten oder braunen, fahnengleich hinter ihnen flatternden Haarflechten. Rings um die jungen Leute schien der Garten frisch von Ceres' Hand gepflanzt, mit seinen in einer duftbeladenen Brise leise schwankenden Palmen, den schimmernden Statuen, den wie flüssiges Silber springenden Brunnen und dem darüber gewölbten, märchenhaft blauen Himmel.

Für einen Augenblick besänftigte sich die üble Stimmung des Tribunen. Er betrachtete die Mädchen und den Knaben und dachte: Wie wundervoll, so unschuldig und so schön zu sein! Dann wurde er wieder zornig. Niemand, und mochte er noch so jung sein, hatte ein Anrecht darauf, unschuldig zu sein in dieser verrotteten Welt, die aus parfümierten Senatoren, niederträchtigen Steuerpächtern und Beamten aller Art und aus Cäsaren bestand, die auf dringende Briefe keine Antwort gaben.

Die kleine Range ist jetzt vierzehn; man sollte sie verloben und zur Ehe vorbereiten, dachte Diodorus grollend. Daß der Senator eine vorsichtige Anspielung auf einen seiner Söhne, der nun siebzehn und heiratsreif war, gemacht und daß Diodorus sich daraufhin in einen wahrhaften Mars verwandelt hatte, der aus den Augen rotglühende Pfeile verschoß, diese Tatsache war dem Tribunen ganz aus dem Gedächtnis entschwunden. Rubria war zwar immer noch zu mager, neigte bei Ermüdung zu Anfällen von Atemnot und einem Erblassen der Lippengegend; aber sie hatte einen kleinen runden Busen, und ihre unter der wehenden Tunika augenblicksweise unziemlich sichtbar werdenden Beine waren entschieden die Beine einer Frau. Dieses neue Bild seiner Tochter bestürzte Diodorus ebensosehr wie der Umstand, daß sie noch nicht verlobt war. Auch über Lucanus ärgerte er sich aus irgendeinem unerfindlichen Grunde.

Er erhob die Stimme zu Stentortönen. »Was soll dieses Gehopse? Ist es nicht Zeit zum Unterricht? Was sind das für Leichtfertigkeiten?«

Die Sklavenmädchen starrten ihn erschrocken an und stoben davon, hinter das Haus, wie vom Wind verwehte Blütenblätter. Rubria stand noch immer lächelnd da, und Lucanus wurde rot.

»Es ist noch nicht Lernzeit, Vater«, sagte Rubria, lief auf Diodorus zu, schlang ihm die Arme um den Hals und küßte ihn. Er konnte nicht umhin, den Kuß zu erwidern. Aber den jungen Mann blickte er finster an. »Sechzehn Jahre alt!« rief er. »Und spielt mit Mädchen! Kannst du dir nicht Buben als Spielkameraden finden?«

Rubria küßte ihn unbekümmert nochmals, wie sie es von der Mutter gesehen hatte. Er jedoch warf über ihre Schulter hinweg dem Jungen einen grollenden Blick zu. Lucanus stand schweigend da, den Blondkopf stolz erhoben, mit kühler, verschlossener Miene.

»Mit wem soll er denn spielen?« fragte Rubria, während sie die Arme des Vaters begütigend streichelte. Sie bewahrte ihre Ruhe; sie hatte schon von der Mutter gelernt, Diodorus wie ein liebes, aber gelegentlich bockiges Kind zu behandeln. »Unter den jungen Sklaven ist keiner in seinem Alter, und in der Nähe gibt es keine Familien mit Söhnen.« Sie lachte Lucanus zu und blickte ihn schelmisch an. »Er ist auch zu ernst für andere.«

»Ja, so ernst, daß er den Unterricht schwänzt und statt dessen herumspringt wie ein Ziegenbock«, brummte Diodorus. An diesem Morgen hatte er für junge Leute nicht das geringste übrig. »Muß man abwarten, bis eine bestimmte Menge Sand im Stundenglas herabgerieselt ist, bevor man zu lernen anfängt? Und für so einen verantwortungslosen Fant verschwende ich mein Geld?«

Lucanus sah ihn mit einem harten, blauen Funkeln in den Augen an und öffnete schon den Mund zu einer zornigen Erwiderung. Dann aber bemerkte er, daß Diodorus krankhaft gelb und unrasiert war, mit stoppeliger Gesichtshaut über dem schwarzen Bart. Nun fiel dem Jungen ein, daß heute der Tag für die Amtsträger und Steuerpächter war und daß solche Tage seinen Herrn unweigerlich in üble Laune versetzten. Die unrasierten Wangen zeigten so unbedingt verläßlich die Zeit an wie eine Wasseruhr.

Darum sagte Lucanus sanft: »Du tadelst mich mit Recht, Herr.«

Mit hohen, anmutigen Schritten ging er davon. Diodorus sah ihm nach und wurde bedrückter als zuvor. »Geh zu deiner Mutter, Kind!« befahl er mit ungewohnter Schroffheit seiner Tochter. Jetzt rollte sein Wagen an. Er hörte das höllische Rattern und Rumpeln, zuckte wieder zusammen und stöhnte. Rubria küßte ihn, tätschelte ihm die Wange, warf ihm einen Blick liebevollen Mitgefühls zu und lief weg. Diodorus folgte ihr mit den Augen, bis sie außer Sicht kam; und in seiner Brust regte sich neuer Schmerz. Gestern noch war Rubria ein Säugling an der Mutterbrust gewesen; heute war sie eine Frau; und morgen würde sie die Eltern verlassen – eines der unleidlichsten Taschenspielerstücke der Natur! Er dachte wieder an Lucanus, und abermals überkam ihn eine unbestimmte Verärgerung. Er hatte gesehen, welch glühenden Blick Rubria dem Jungen zugeworfen und mit welch innigem Lächeln Lucanus erwidert hatte. Diodorus hieb auf seine Pferde ein; Angst erfüllte ihn. Wenn er selbst nicht von dieser verpesteten Gegend loskonnte, wollte er Rubria und Aurelia nach Rom schicken. Schließlich war der Sohn des Senators, ein schwächlicher strebsamer Junge, zwar keineswegs ganz nach Diodorus' Geschmack, aber als Schwiegersohn nicht undenkbar. Wenigstens würde von dem Familienvermögen ein Teil den Weg zurückfinden, dachte der Tribun, dem jeder Sesterz, den Carvilius Ulpianus davon ausgeben durfte, zur persönlichen Kränkung gereichte.

Ein alter Stolz kehrte dem Römer wieder; und sein Herz verhärtete sich, wie einem groben Schimpf gegenüber. Plötzlich empörte es ihn, daß Lucanus, dieser Sohn eines Freigelassenen, es wagte, seine Tochter auch nur verliebt anzublicken. In seiner wachsenden finsteren Wut vergaß er, daß die Mutter des Jungen Iris war, die er seit langem höchstens aus der Ferne und flüchtig sah. Er beschloß, am Abend mit Aurelia ein sehr ernstes Wort zu reden. Er stand zu seinem Versprechen, Lucanus ausbilden zu lassen – damit er der Familie in aller gebotenen Bescheidenheit dienen könnte. Zur gegebenen Zeit wollte Diodorus irgendein einigermaßen bildsam, züchtig und häuslich aussehendes Sklavenmädchen freilassen und mit Lucanus verheiraten. Ein römischer Hausvater brauchte da nur zu befehlen; und das wollte er tun! Mochte Lucanus seine Frau nach Alexandria mitnehmen; dort würde sie für ihren studierenden Gatten einen bescheidenen Haushalt führen, ihm Brot backen und einen entsprechend minderwertigen Wein vorsetzen. Ich bin weichherzig und schwach gewesen, dachte der Tribun, während er sich auf die dicke Unterlippe biß und den Pferden die Peitsche gab. Ich habe vergessen, daß ich in dieser schlaffen, von der Hitze gelähmten, entarteten Provinz ein Römer bin, und habe Sklaven wie meinesgleichen behandelt.

Er hatte auch sonst vieles vergessen. Das Gesicht des alten Äneas – dieses schlaue, frömmelnde, schwachmütige Zerrbild eines Mannes! – tauchte vor ihm auf; und für einige Augenblicke machte der Zorn ihn blind und ließ sein Herz stürmisch klopfen, als wäre er unerträglich gedemütigt worden. Eine alte, gestaltlose Angst schlug ihm wieder die Klauen in die Brust.

Als er in Antiochia ankam, war er gerade richtig im Zuge. Er hatte, außer im Kriege, noch nie einen Menschen getötet; aber jetzt gelüstete ihn darnach. Wenn er nur Herkules wäre! Dann würde er mit bloßen Händen diesen Häuserhaufen in Trümmer legen. Als die Stadtgerüche ihm aufdringlich in die Nase stiegen, erschien ihm als der hervorstechendste davon der Uringestank. Eine Metropole der Pisse! Und da fuhr ein römischer Prokonsul durch die Straßen und lenkte seinen Wagen selbst, wie irgendein schäbiger Handelsmann! Erwies ihm niemand die schuldige Ehrenbezeigung? Wo waren seine Offiziere, seine Soldaten? Er vergaß, daß er selbst alles so angeordnet, daß er oft gesagt hatte, er sei ein einfacher Soldat und kein neurömischer Frauenheld; und Cincinnatus sei auf einem Esel in die Hauptstadt eingeritten, ohne Begleitung, ohne Gefolge, bis auf einige arme Bauersleute seines eigenen Schlages. Da wird Wandel geschaffen! gelobte Diodorus sich in schweigendem Grimm.

Wie am Gerichtstage üblich, erwartete Sextus an der Spitze einer Abteilung Soldaten mit Helm, Schild und Waffen an einem bestimmten Punkte der Stadt den Tribun. Diodorus rief dem Zenturio mit zornflammendem Gesicht zu: »Sag einmal, kannst du dich nicht ein bißchen früher aus dem

Bett wälzen, um mir entgegenzumarschieren und mich einzubegleiten? Bin ich irgendein hergelaufener Provinzbeamter, daß ich keine Ehrenbezeigung und kein Geleit verdiene, sondern wie der armseligste Bauer von daheim bis hierher mutterseelenallein den Wagen lenken muß?«

Sextus wußte aus Erfahrung, daß der Tribun an solchen Tagen seiner üblen Laune freien Lauf ließ; doch eine derartige Verunglimpfung seiner Ehre als Soldat und als pflichtbewußter, treuer Offizier war er nicht gewohnt. So geriet er aus der Fassung. Er zog sich nicht in die Verhaltenheit des militärischen Gehorsams zurück, wie es die Manneszucht gegenüber ausfälligen Reden eines Vorgesetzten gebot, sondern platzte heraus: »Aber, edler Diodorus, ich habe doch nur deinen ausdrücklichen Befehlen Folge geleistet. Du hast Eskorten immer abgelehnt und hast angeordnet, daß sich in der Nähe deines Hauses keine Soldaten aufhalten dürfen.« Er blickte Diodorus bestürzt an; und seine Soldaten, mit den Rutenbündeln und den Fahnen, starrten ausdruckslosen Blickes vor sich hin.

Diodorus zügelte seine Rosse so plötzlich, daß sie sich aufbäumten und daß ein Huf fast das Gesicht des Hauptmanns traf. Sextus wich jedoch keinen Fußbreit zurück. Seine jungen Augen waren voll Vorwurf und Betroffenheit.

»Also, beim Zeus!« brüllte Diodorus und hieb auf die Pferde ein. »Wo ist deine militärische Selbstbeherrschung?« Er brachte die Pferde wieder in seine Gewalt und fluchte über sie. »Du wirst mich nicht nur zur Gerichtshalle begleiten, sondern auch zurück bis zu meinem Hause und wirst dich dort zu meiner Verfügung halten!«

Er ratterte davon, und Sextus schüttelte verblüfft den Kopf. Dann befahl er den Soldaten mit scharfem Kommandoruf, ihm hinter dem Tribunen zu folgen. Diodorus' Wagen war inzwischen, in heißen, kreidigen Staub gehüllt, schon am Ende der kopfsteingepflasterten Straße angelangt. Sextus und seine Soldaten begannen einen militärischen Dauerlauf hinter dem Tribunen her; und die Erniedrigung des jungen Offiziers erreichte ihren Höhepunkt, als Passanten den Läufern Spottworte zuriefen. Er knirschte mit den Zähnen.

Mochten nun die Amtsträger diesmal noch lästiger sein als sonst und die Steuerpächterberichte langweiliger oder die Notabeln und Kaufleute nörglerischer, jedenfalls erschien dem Tribunen dieser Tag als der ärgste seines Lebens. Er brüllte, er schlug mit der Faust auf den Tisch, er zerknüllte Schriftstücke, er beschuldigte, er beschimpfte, er unterstellte den Amtsträgern, Notabeln, Händlern genauso wie den Steuerpächtern schmachvolle Stammbäume. Sie selber seien Schafsköpfe; ihre Mütter hätten, kaum flügge, die widernatürlichsten Dinge getrieben. Sie seien komplette Analphabeten; sie seien Bewohner des entartetsten und verächtlichsten Landes der Welt. Sie hätten Spatzengehirne. Antiochia sei eine Latrine, und die

Anwesenden paßten hinein. In derlei saftigen Kraftausdrücken bezeigte er ihnen seine Verachtung. Er müsse einmal die Götter unverzeihlich beleidigt haben, sonst säße er nicht hier. Er schickte sie alle zu Pluto, stellte ihre Ehrenhaftigkeit in Zweifel, bekrittelte ihre Entscheidungen und ihre Berichte. Sie seien Diebe, Lügner, Idioten, Krüppel. Obwohl sein Handgelenk von Lederriemen umwickelt war, verstauchte er es sich dadurch, daß er ständig auf den Tisch schlug, und sein gedunsenes, scharlachrotes Gesicht schien jeden Augenblick aufplatzen zu wollen. In der Mittagspause nahm er keine Speise zu sich; über den ihm angebotenen Wein sagte er gründlich seine Meinung und spuckte aus.

Als er am Nachmittag weiterbrüllte, den Kopf wie ein Schaff voll Schmerzen, die Nackenmuskeln verkrampft, da wurden sich die noch Anwesenden zum erstenmal eines Sinns: der Tribun mußte übergeschnappt sein, natürlich, und er war eine wilde Bestie, wie alle Römer. Steuerpächter und Kaufleute steckten einträchtig die Köpfe zusammen und bemitleideten sich gegenseitig. Die Amtsträger drückten, mit gedämpften Flüsterstimmen, ihren glühenden Wunsch aus, nicht nur der Tribun möge zum Hades fahren, sondern ganz Rom mit ihm.

Sextus hatte zur Rückkehr für sich und drei seiner Unteroffiziere Pferde beschafft, und nun jagten sie hinter dem Wagen des heimkehrenden Tribunen einher. Sie konnten ihn kaum einholen. Er fährt wie Apollo, dachte Sextus, der sich noch immer verletzt fühlte, aber ihm fehlt Apollos Anmut. Er sollte Wagenlenker im Zirkus werden. Gütige Götter, er wird diese armen Tiere zu Tode hetzen! Aber sein Soldatenherz war tief bestürzt. Der Tribun mußte offenbar krank oder vorübergehend von Sinnen sein. Sextus richtete ein Stoßgebet an Mars, während er auf der ausgefahrenen Straße hinter dem Wagen hersprengte. Die feuchte Hitze war drückend; die verdrossenen Soldaten schwitzten unter der Rüstung, und ihre Schilde wurden ihnen schwer. Der eine oder andere fragte sich, was für Strafe und für welches Vergehen es wohl abgeben würde.

Senator Carvilius Ulpianus saß, leutselig gestimmt, in der Säulenvorhalle neben seiner Schwägerin Aurelia, schlürfte einen der teuren Weine seines Gastgebers und brummte in bildhaften Ausdrücken seine Meinung über die Beschaffenheit des Trunks vor sich hin. Aurelia, die brave Hausfrau, rührte emsig die Hände bei einer Näharbeit – eine unfeine, plebejische Gewohnheit, der sich auch ihre Schwester Cornelia, die nie eine elegante Dame werden würde, hinzugeben pflegte. Carvilius und Aurelia fuhren beide erschrocken zusammen, als sie dröhnendes Hufgetrappel hörten und eine große, glänzende Staubwolke in der Ferne sahen. Der Senator sprang auf, daß sein weißes Gewand rings um ihn den Boden fegte. »Also, bei Mithras, kommt dort der Minotaurus daher?« rief er. »Oder stürmt Pluto aus der Unterwelt herauf?«

»Wahrscheinlich ist es nur Diodorus«, bemerkte Aurelia unbeirrt. »Das ist immer ein schlimmer Tag für ihn. Aber sind nicht noch Berittene mit dabei?« Sie legte die Näharbeit beiseite und stand auf, um zu schauen und zu horchen. Als hoffnungsfreudige junge Frau kam sie nie auf den Gedanken, etwas Außergewöhnliches könnte Unheil bedeuten. »Bringt er Gäste zum Essen mit?«

»Wenn das Gäste sind, so dürften es Wagenlenker auf Übungsfahrt sein«, meinte der Senator, der die Augen gegen die Spätnachmittagssonne abschirmte und den Hals reckte, um besser zu sehen. Dann brach er in Gelächter aus, als er undeutlich den wie ein Rennwagenfahrer aufrecht stehenden, auf die Pferde einschlagenden Diodorus und die hinter ihm herjagenden Soldaten erblickte, das ganze Aufgebot in schimmernde Staubwolken gehüllt. Er klatschte in die Hände und stieß Beifallsrufe aus wie im Zirkus. »Er wird das Rennen machen! Er wird als erster am Tor sein!«

»Gütiger Himmel, bei dieser Hitze!« murmelte Aurelia. »Und bei seinem Kopfweh! Warum ist Sextus mit? Und die anderen?«

Diodorus raste zum Tor, sprang vom Wagen und warf die Zügel beiseite. Seine nachgaloppierenden Begleiter hatten Mühe, einen Zusammenstoß mit dem plötzlich angehaltenen Wagen zu vermeiden; ihre Pferde bäumten sich und tänzelten und stiegen rings um den Wagen und wieherten jämmerlich. Von den Rüstungen und Helmen der Soldaten strahlte das Sonnenlicht zurück, und die Pferdemäuler waren mit Schaum bedeckt. Im Laufschritt eilte Diodorus durch das Tor und stürmte in die Säulenvorhalle. Ohne seine Frau zu beachten, fixierte er den Senator.

»Was, du bist noch immer da?« fragte er barsch. »Hast du nicht schon Sehnsucht nach deinen Korybanten und Bacchantinnen? Schmachtest du nicht schon nach deinen Lieblingsgladiatoren und -schauspielern?« Er keuchte; seine Stirn war gerötet und troff von Schweiß.

»Teuerster«, begann Aurelia, erstaunt angesichts solcher Grobheit und beunruhigt über das Aussehen ihres Gatten. Sie tat einen Schritt auf ihn zu, aber er winkte ab. »Laß uns allein, Frau!« sagte er kurz angebunden, ohne sie anzusehen. Aurelia raffte ihre Nähsachen zusammen und verschwand, mit Tränen in den Augen, zwischen den Pfeilern des Hauses. Nie hatte Diodorus bisher in diesem Ton zu ihr gesprochen.

Der Senator geriet nicht aus der Ruhe. Er stand in seiner ganzen Körperfülle und Stattlichkeit da, und seine Miene drückte Belustigung aus. Diodorus erschien ihm als Rüpel, als Kommiß-Schwachkopf, dessen Gemütszustand, wie bei allen Militärs, mehr tierischer als menschlicher Art entsprach. Er zog die Brauen hoch, lächelte und schaute den Becher in seiner Hand spöttisch an. »Solchen Wein würde Bacchus verschmähen, lieber Freund und Schwager; und so umschweben mich, bei aller Sehnsucht nach ihnen, nicht einmal im Geiste Bacchantinnen.«

Die harmlose Stichelei brachte Diodorus vollends auf. Er stand vor diesem geschmeidigen Patrizier mit den schönen Händen und der kundig gefalteten Toga und nahm sich, staubbedeckt, mit starrenden Augen, das zornrote Gesicht krampfhaft verzerrt, wie die wilde, düstere Gestalt eines kriegerischen Barbaren aus. Sein Keuchen klang laut in die Abendstille. Er riß sich den Helm vom Kopf und schleuderte ihn auf den Steinboden. Carvilius Ulpianus nahm einen kleinen Schluck Wein und schüttelte mitleidig den Kopf. Der Helm rollte und rasselte.

Mit ausgeglichenen Bewegungen setzte der Senator sich wieder. Seine Sandalen waren aus goldumrändertem Silber. »Nimm Platz«, lud er ein, wie jemand, der als Gastgeber einen Mann niedrigeren Standes begönnert. »Und trink Wein! Das wird dich erfrischen. Ist das Kopfweh noch immer sehr arg? Mein Arzt, den ich mithabe, kennt eine recht wirksame Arznei. Soll ich ihn rufen?« Er saß in seinem Stuhl, und seine stattliche, selbstsichere Gestalt nahm sich fremdartig aus in der kahlen Säulenhalle vor einem Hause, das der Senator als äußerst plebejisch, höchstens für einen Sklavenaufseher passend, empfand.

»Deinen Arzt soll Merkur verfluchen!« rief Diodorus. Er warf sich in seinen Sessel und wischte sich die schweißüberströmte Stirn mit den Händen. Als Carvilius ihm zu diesem Zweck sein eigenes parfümiertes Taschentuch anbot, wies er es mit einer Verwünschung zurück.

Der Senator lachte. »Muß das aber ein aufregender Tag in der Gerichtshalle gewesen sein!« bemerkte er und nahm eine der bescheidenen Süßigkeiten von der Silberplatte, die neben ihm auf dem Tisch stand. Er blickte sich nach einem Bediensteten um. Aber es wäre offenbar zu viel verlangt gewesen, daß in diesem barbarischen Hauswesen ein Diener zur Hand sein sollte; und so goß der Senator selbst seinem Schwager einen Weinbecher voll und hielt ihm den Trunk mit einer Verbeugung hin. Am liebsten hätte Diodorus abgelehnt. Doch sein Mund war von Staub und Fieber trocken und ausgedörrt; so packte er den Becher und trank ihn in einem einzigen langen Zug leer. Jetzt überkam ihn Verlegenheit darüber, daß er einen Gast beleidigt hatte, mochte dieser Gast auch bloß sein Schwager sein. Er setzte sich, die Knie gespreizt, den kräftigen sehnigen Körper vorgebeugt, den Kopf leicht gesenkt. Er starrte den Boden des leeren Bechers an und murmelte betrübt: »Ich bin eine einzige eiternde Schwäre.«

Carvilius Ulpianus wunderte sich, wo wohl seine eigenen Bedienten sein mochten. Zweifellos hatte die plebejische Formlosigkeit und Lässigkeit dieses Haushalts die Schurken angesteckt, und sie trieben sich wahrscheinlich mit den anderen Sklaven herum. Doch er lehnte sich behaglich zurück. Die Luft hier in Syrien fand er recht heilsam, angenehm warm; sie tat seinem dünnen Blute wohl.

Der Senator war sich klar darüber, daß Diodorus ihm gegenüber weniger die Pflicht zu einer Entschuldigung fühlte, als daß er sich mürrisch ärgerte über den groben Verstoß gegen die guten Sitten, grob sogar für einen Soldaten. Er zog seine aristokratischen Gesichtszüge in eine freundliche, verständnisvolle Miene, und seine kleinen, hellen, eigentlich farblosen Augen nahmen jenen wohlwollenden Ausdruck an, den er für seine Klienten bereithielt, besonders für Großgrundbesitzer, die gegen ansehnliche Vergütung irgendeine Gefälligkeit begehrten.

Der Tribun stand auf, streifte die Brustplatte seiner Rüstung ab, löste den Ledergürtel mit dem kurzen Schwert und warf die Stücke auf einen Sessel. Nun lag seine ockerfarbene Tunika frei, die seine fleißige Aurelia für ihn gesponnen, gewoben und genäht hatte. Seine festen Arme und Beine und die Brust waren mit borstigen schwarzen Haaren bedeckt; und von ihm ging ein derart starker Geruch nach Kraft, Männlichkeit und Schweiß aus, daß der empfindliche Senator die Augen schloß.

Soldaten, so überlegte er, waren unweigerlich gewalttätig und dumm, und Diodorus machte da keine Ausnahme. Obwohl Cornelia, dieses ahnungslose Wesen, behauptete, die Bücher, die der Senator ständig nach Antiochia zu schicken bedrängt wurde, seien für den persönlichen Gebrauch seines Schwagers bestimmt, glaubte Carvilius es nicht. Ein Barbar! Er und sein Vater und alle ihre Ahnen hatten in Rom den Ruf unbedingter Rechtschaffenheit und Ehrenhaftigkeit, soldatischer Tapferkeit und Sittenstrenge. So, dachte der Senator, waren sie alle: phantasielos, bäuerisch, ungebildet. Aber dieser Diodorus, den die Augustalen verlachten, über den selbst der nüchterne Cäsar Tiberius, wenn er seinen Namen hörte, lächelte, hatte doch in Rom auf Männer seiner Art Einfluß; und man durfte nie die Macht von Tribunen und Militärs, mochten sie noch so geistlos sein, unterschätzen.

Diodorus füllte seinen Becher wieder, wobei ihm etwas Wein auf die Hand schwappte. Das rote Sonnenlicht überrieselte die weißen Hausmauern und färbte die Pfeiler rosig. Aus den Gärten hinter dem Hause drang warmer, süßer Duft, und die Palmen rauschten. Es war still und friedlich, heilsam für die Nerven eines hohen Herrn, der erst kürzlich aus Rom gekommen war, wo selbst die Luft nach Ränken stank. Diodorus setzte sich. In weniger mürrischem, aber härterem Ton wiederholte er: »Ich bin eine einzige eiternde Schwäre.«

Der Senator seufzte und blickte sinnend auf seine beringten Finger. Es gab kein Entrinnen. Aber er versuchte es. »Das kann doch nicht sein«, beschwichtigte er, »wo es doch hier so angenehm ist und wo du in der Provinz die Macht in Händen hast. Der Cäsar ist sehr zufrieden mit dir. Knapp vor meiner Abreise hat er mir gesagt: ›Grüße mir unseren wackeren Diodorus und teile ihm mit, daß ich keine andere Provinz und kein anderes Land kenne, die so gut verwaltet wären.‹«

»Er meint«, erklärte Diodorus ungerührt, »daß ich kein Dieb und kein

Lügner bin und ihm die Steuern pünktlich schicke und so gerecht wie möglich vorgehe, so daß Syrien ihm wenig Scherereien bereitet.«

Wieder seufzte der Senator. Er hatte einen schmalen Kopf mit glattem, dunklem Haar; sein Mund war etwas weibisch, ein bißchen zu voll und zu rot für einen Mann.

Diodorus fuhr fort – und jetzt zitterte seine Stimme leicht –: »Ich denke an meinen alten Waffengefährten, Gaius Octavius, dem ihr Zärtlinge den Beinamen Augustus verliehen habt. Deine seinerzeitige Nachricht, daß er in Nola in den Armen seiner Gattin gestorben ist, hat mir das Herz gebrochen. Seinen Nachfolger anerkenne ich nicht als meinen Cäsar, zumindest nicht im Herzen – da kannst du ihn hundertmal als Gottheit bezeichnen. Gottheit!«

Der Senator blickte rasch um sich; hoffentlich spionierte hier niemand herum, um dann so hochverräterische Äußerungen weiterzugeben! Er räusperte sich und murmelte: »Ein Mann sollte besonnen sein. Schau mich nicht so wütend an, lieber Diodorus! Wenn ich mich recht entsinne, hast du dich seinerzeit in Briefen an mich darüber beklagt, daß dein ›alter Waffengefährte‹ schließlich die Republik zerstört und die politische Freiheit beseitigt hat. Natürlich habe ich deine gefährlichen Briefe verbrannt.«

»Unsinn!« rief Diodorus zornig und verärgert. »Ich habe ihm selbst einen Brief darüber geschrieben. Alte Freunde, alte Soldaten sind aufrichtig zueinander. Ich war ihm wie ein Sohn. Wir haben uns über die Ehrungen, die er sich erweisen ließ, gezankt; auch mein Vater hat ihm darüber Vorhaltungen gemacht. Ja, die Republik ist mit ihm gestorben; aber das ist nicht ganz seine Schuld. Jedenfalls war er ein guter Soldat, ein besserer, meiner Meinung nach, als Julius Cäsar selber. Einem guten Soldaten verzeiht man vieles, wenn auch natürlich nicht eine widerrechtliche Machtergreifung; und deshalb habe ich ihn oft ausgescholten. Und als er ein alter, weiser Mann geworden war, hat er mir gesagt: ›Verderbte Bürger schaffen verderbte Herrscher, und letztlich entscheidet der Mob über den Todestag des Anstands.‹«

Gegen seinen Willen war der Senator beeindruckt, und zum erstenmal fühlte er Hochachtung vor Diodorus, der den Augustus ungestraft ausschelten und eine entschuldigende Antwort erhalten konnte.

»Dieser Racker, der jetzt mit Eichenlaub gekrönt wurde, dieser fischblütige Kerl, mag formell mein Herrscher sein, und ich diene ihm als Soldat, wie mein Vater dem Gaius Octavius gedient hat. Aber ich brauche nicht zu heucheln, daß ich ihn anbete und als einen der Götter betrachte.« Zornig schob Diodorus sich in seinem Sessel zurecht. »Und ich möchte auf mein Landgut bei Rom übersiedeln und euren verdammten Mob vergessen, eure ganze Politik und Entartung, und mit meiner Familie unter meinen Obstbäumen spazierengehen.«

»Und auch vergessen, daß du Soldat bist, mein feuriger Mars?«

Diodorus zögerte. »Wenn Rom mich als Soldaten braucht, muß ich dem Ruf folgen. In Syrien braucht man mich nicht. Schickt statt meiner einen von euren Schlingeln her; er wird in diese schandbare Gegend besser passen als ich.« Er stieß einen mächtigen Seufzer aus. »Mein Cäsar war wenigstens sittenstreng und hat seine Gattin bis zu seinem Tode, ein halbes Jahrhundert lang, liebgehabt. Sag mir: Ist Tiberius auch ein solcher Mann?«

Der Senator rieb sich das Kinn, und seine Augen spähten in der Säulenhalle umher und durch die offene Tür. Diplomatisch sagte er: »Ich bin nicht streitsüchtig und kümmere mich außerdem nur um politische Angelegenheiten. Ich sehe zwar Cäsar oft; aber wir erörtern nie Dinge, über die wir verschiedener Ansicht sein könnten.«

»Mit anderen Worten, Tiberius hat auf meine Briefe nicht reagiert, und du hast mit ihm nicht darüber gesprochen.« Diodorus' Augen funkelten.

»Sachte, sachte!« murmelte der Senator. Wenn nur schon das Essen aufgetragen würde! dachte er. Langsam bekam er selbst Kopfschmerzen. Hoffnungsfreudig fragte er: »Kommen Gäste zum Essen?« Fremde Leute würden vielleicht mäßigend wirken auf diesen rappelköpfigen Haudegen.

»Gäste?« rief Diodorus. »Nein. Soll ich Niedrigerstehende in mein Haus laden? Du kennst Antiochia nicht. Ich habe dir schon gesagt, ich verfaule hier bei lebendigem Leibe! Wäre nicht mein jährlicher Besuch beim Prokurator in Judäa, so würde ich vor lauter Langeweile und Wut vergehen. Hast du dir Festgelage vorgestellt, wie du sie in Rom bei Tiberius gewöhnt bist?«

O Götter! dachte der Senator bestürzt. Er versuchte einzulenken. »Warum bist du so schlecht auf Tiberius zu sprechen? Schließlich ist er ein ausgezeichneter Soldat und hat, soweit er es im Rahmen von Sparmaßnahmen tun konnte, die Steuern herabgesetzt. Er ist ein vergleichsweise ehrenhafter und ehrenwerter Mann, behandelt die Provinzen gerecht und hat das Reich gefestigt. Was Gelage angeht, so hat Tiberius als Soldat für solche Dinge nichts übrig. Glaubst du, er ist ein Bacchus?«

»Ich habe einen einzigen Feldzug unter ihm mitgemacht«, sagte Diodorus mit finsterer Miene und rieb sich die schmerzende Stirn. »Mit Gaius Octavius ist er nicht zu vergleichen«, fügte er zur Rechtfertigung seines Urteils hinzu. »Er ist ein schweigsamer, kühler Mensch. Er überläßt zu viel euch Senatoren. Er hört sich das Geschwätz zu vieler loser Zungen an, und das ist nicht die richtige Art für einen Herrscher. Keine Manneszucht...«

»Trotzdem ist er, zum Unterschied von deinem geliebten Octavius, ein Römer von deinem Schlag. Als er die Macht übernahm, waren weniger als hundert Millionen Sesterze im Staatsschatz. Jetzt wachsen die öffentlichen Gelder von Monat zu Monat. Er ist sparsam.«

»Aber er bedient sich gemeiner Spione und Spitzel, was ein Soldat nicht tun sollte«, wandte Diodorus ein. »Wenn jemand seine Mitbürger fürchtet und überall Meuchelmord wittert, muß man vor allem ihn selbst in genaueren Augenschein nehmen.« Wieder sah er den Senator zornig an. »Weshalb beantwortet er meine Briefe nicht?«

»Weil du die Provinz zu seiner Zufriedenheit verwaltest. Sonst würde er dich Knall und Fall abberufen. Ich habe dir schon gesagt: Tiberius und du, ihr seid vom gleichen Schlage.«

»Das empfinde ich nicht als schmeichelhaft«, knurrte Diodorus. Er stand auf. »Wenn ich Cäsar wäre, würde ich euch Senatoren in eure Schranken weisen.«

»Mit anderen Worten, du würdest dich zum Tyrannen machen«, sagte der Senator lächelnd.

»Ich würde strenge Zucht halten«, erklärte Diodorus, den Gürtel seiner Tunika lüftend, »Ich würde in Rom die Neuen Männer fördern, den Mittelstand, die Kleingrundbesitzer, die Händler, die Kaufleute, die Ladeninhaber, die Rechtsanwälte, die Ärzte, die Baumeister. Gewiß, diese Leute sind keine Patrizier, aber auch ich bin keiner! Viele unter ihnen stammen von alten etruskischen Familien ab.« Seine Augen blitzten auf. »Wenn es auf mich ankäme, würden wir Italien den Etruskern zurückgeben, damit sie, zusammen mit den Neuen Männern Roms, den römischen Pöbel bändigen, statt ihm schönzutun, wie ihr Senatoren es, der jämmerlichen Gunst dieses Pöbels zuliebe, tut. Auch würde ich nicht meine Vorzimmer mit Gladiatoren und Spitzbuben und Freigelassenen füllen und sie meine Klienten nennen. Dieses Gesindel!«

Der Senator fühlte sich wieder einigermaßen belustigt. »Tiberius ist kein Catalina; und soviel ich weiß, haben die Neuen Männer bisher noch keinen zweiten Cicero hervorgebracht.«

Verächtlich brummend, begann Diodorus davonzustapfen. Dann blieb er stehen. »Du weißt ja, lieber Carvilius, daß wir zu essen beginnen, wenn das Zeichen ertönt. Inzwischen werde ich mir den stinkenden Staub Antiochias von Gesicht und Händen waschen.«

Der Senator blieb allein in dem rasch schwindenden, immer stärker ins Purpurne spielenden Dämmerlicht. Er lehnte sich in seinem Sessel zurück und seufzte erleichtert. Noch einige Tage, und seine Nervosität würde sich legen. Dieses Haus war zwar barbarisch ausgestattet; es enthielt nur einige wenige etwas kostbarere, vornehmere Möbelstücke und praktisch kein Elfenbein, keine murrinischen Gefäße; selbst unter den Götterbildern fand man bloß einzelne ausgezeichnete Statuen; es gab keine korinthischen Bronzekandelaber, keine irgendwie wertvollen Gemälde; die Schlafkammern waren bloß für die dumpfe Nachtruhe bestimmte Löcher und nicht zur Genußfreude eingerichtet. Aber das Haus atmete einen gewissen schlichten Frieden. Und was das wichtigste war, niemand erwartete hier Gefälligkeiten von ihm, und er brauchte nicht immerfort auf seiner Hut zu sein. In gewissen Beziehungen, so dachte er, waren diese Barbaren zu bewundern. Er überlegte auch weiter, daß es in Rom nicht schadete, mit der ›altrömischen‹ Familie des Diodorus verschwägert zu sein. Sogar Tiberius lächelte dem Carvilius Ulpianus öfter zu als anderen Senatoren; und mochte dieses Lächeln auch unwandelbar dünn und säuerlich sein, ein Lächeln war es jedenfalls. Und der Herrscher erkundigte sich oft nach Diodorus.

Die Springbrunnen im Garten hinter dem Hause rauschten klar und melodisch in die stille Dämmerung, und die Vögel sangen zu dieser Musikbegleitung ihre Liederchöre. Der Senator stand auf, reckte sich wohlig und schritt auf die Gartenanlagen zu. Er hatte eine eigene Villa außerhalb der Tore Roms; doch er konnte sich nicht erinnern, daß es dort je so friedlich gewesen wäre, daß die Springbrunnen in so völligem Einklang mit dem goldenen Bogen des aufgehenden Mondes gemurmelt und geplätschert hätten. Der Westhimmel war zu einer Reihe kleiner Feuerseen geworden, die ein durchscheinendes, eindrucksvolles Grün, gleich himmlischen Wiesen, umgab. Die in schlichtem Weiß gehaltenen ionischen Pfeiler des Hauses und die schmucklosen Säulenhallen schienen aus Schnee geformt, der hier und dort von dem letzten Dunkelrot des Sonnenuntergangs gefleckt war.

Der Senator trat in den Garten. Das ganze Geviert war in gedämpftes, geheimnisvolles, heliotropfarbenes Licht getaucht; nur das Wasser der Springbrunnen schimmerte silberhell. Jasminduft schwebte auf den Flügeln eines sanften Abendwinds, und die Palmen wiegten ihre Wipfel vor einem amethystvioletten, immer dunkler werdenden Himmel. Carvilius blickte vergnügt um sich und genoß wieder die nur vom Plätschern des Wassers und den schläfrigen Vogelstimmen unterbrochene Stille. Dann fuhr er auf.

Er hatte bisher nicht die schöne, lebensgroße Frauenstatue bemerkt, die in der Nähe des mittleren Springbrunnens stand, den einen schneeweißen Arm ausgestreckt, so daß die Finger das schwach funkelnde Wasser in der marmornen Brunnenschale zu berühren schienen. Woher hatte Diodorus, der sonst Kunstwerke überhaupt nicht zu würdigen wußte, eine so wundervolle Arbeit? Der Senator verging fast vor Neid. Aus Sizilien vielleicht? Die Sizilianer gaben ihren Standbildern Farben und taten es manchmal mit Geschmack. Die Statue hatte goldblondes, auf griechische Art aufgestecktes Haar, und das liebliche, sinnende Gesicht war so geschickt mit Rosa bemalt, daß man geschworen hätte, es sei Fleisch und Blut. Der alabasterfarbene Chiton schlang sich um einen untadelig geformten, göttlich schönen Busen, der in diesem unbestimmten, rätselvollen Licht zu atmen schien; und die Falten des schlichten, edlen Gewandes fielen von einer gertenschlanken Taille und bauschten sich über durchschimmernden Schenkeln. Nie hatte der Senator etwas derart Prachtvolles gesehen. Nicht einmal Praxiteles hatte so herrliche Formen in derart erlesener Vollendung geschaffen!

Zum großen Schreck des abergläubischen Augustalen, der an die Götter nicht glaubte, sie aber fürchtete, schwankte das Standbild ein wenig und bewegte sich. Er wich einen Schritt zurück und fuhr sich mit der Zunge über die Lippen. Es hätte ihn nicht überrascht, wenn die sich regende Statue einen silbrigen Bogen gehoben und, zu ihm gewandt, einen Pfeil nach seinem Herzen abgeschossen hätte, weil er Artemis in ihrer Jungfräulichkeit anzuschauen gewagt hatte. In diesem Augenblick sah er in einem Säulengang Diodorus stehen, der, ohne in den sich vertiefenden Purpurschatten seinen Gast zu gewahren, die herrliche Mädchengestalt betrachtete, die jetzt mit gesenktem Kopf langsam und lautlos zum Gartentor schritt.

Der scharfen Beobachtungsgabe des Senators fiel es sofort auf, daß der Tribun völlig regungslos dastand, mit einer Miene, deren schmerzliche Angespanntheit sogar in der sinkenden Dämmerung noch zu erkennen war, mit Gesichtszügen, die von heftiger Qual und verzweifelter Sehnsucht verzerrt schienen. Das Mädchen war jetzt, ohne die beiden Männer zu bemerken, beim Gartentor angelangt, öffnete es und verschwand, wie in Nebel aufgelöst.

Also, beim Jupiter! dachte der Senator, dessen Neugier durch Haltung und Gesichtsausdruck seines Gastgebers geweckt war. Mir scheint, Schwager Diodorus ist gar nicht so gefeit gegen Anfechtungen. Mit solchen Augen schaut ein tugendsamer Ehemann und rauher Krieger nicht ein weibliches Wesen an. Der Gute ist verliebt, und ich kann ihm das nicht verübeln. Diese Sklavin würde selbst den Zeus in entzückte Raserei versetzen!

Er hörte den Tribunen seufzen – ein kurzer, fast unheimlicher Laut in der Dämmerung – und sah, wie Diodorus die behaarten Hände krampfhaft in die Hüften stemmte. Noch neugieriger geworden, räusperte der Senator sich und ging dann auf seinen Schwager zu. Der Tribun fuhr auf und sah den ihm Nahenden wie geistesabwesend an, während der schmerzliche Ausdruck nur langsam aus den grimmigen Augen wich. Zuerst schien er den Senator nicht zu erkennen.

»Also«, sagte Carvilius Ulpianus voll heiterer Anerkennung, »das war die schönste Sklavin, die ich je gesehen habe. Einen Augenblick lang habe ich sie für eine Statue gehalten und wollte sie dir abkaufen. Aber dieses Angebot bleibt wahrhaftig auch jetzt aufrecht.«

Diodorus sagte nichts; er schien augenblicklich keines Wortes mächtig. Er konnte nur weiterhin mit seltsamer Ausdruckslosigkeit den Senator anstarren, als wäre er tief erschüttert. Carvilius klopfte ihm freundlich auf die Schulter.

»Nicht einmal Aphrodite war mit solcher Schönheit angetan«, lobte er. »Welcher Händler hat dir so feine Ware verkauft, und wo ist dieser Tausendsassa? Hat er noch andere solche Augenweiden? Hat er einen ganzen Stall voll derartiger Eurydiken, mit so bezaubernden Formen und dabei so olympischen Zügen?« Er schnalzte leise mit der Zunge, von Verlangen und

Neid erfüllt. Dann fuhr er fort: »Auch wenn sie vielleicht schon« – er räusperte sich diskret – »ihre Jungfernschaft verloren hat, lieber Diodorus, so bin ich bereit, dir ein fürstliches Angebot für sie zu machen.«

Er war entsetzt über die Miene des sich ihm zuwendenden Tribunen, eine Miene von so wilder Glut und Qual und Gekränktheit, daß er überstürzt zurückwich und sich fragte, ob er es vielleicht mit einem Irren zu tun hätte. Nun jedoch begann Diodorus zu sprechen, mit gedämpfter, heiserer Stimme, als wäre ihm die Kehle zugeschnürt.

»Du irrst dich. Diese Frau ist keine Sklavin. Sie ist meine Freigelassene.«

»Ein so herrliches Geschöpf hast du freigelassen?« fragte der Senator, dessen Neugier jetzt selbst über seine Erregung die Oberhand bekam.

»Sie war meiner Mutter wie eine Tochter«, erzählte Diodorus mit noch immer erstickter Stimme. Sie ist kein Mädchen. Sie ist eine Frau, fast dreißig Jahre alt, verheiratet mit meinem Buchhalter Äneas, auch einem Freigelassenen.« Er atmete schwer. »Außerdem ist sie die Mutter meines Schützlings Lucanus, den ich zum Arzt ausbilden lasse.«

Enttäuscht und bedauernd schüttelte der Senator den Kopf. »Ich hätte geschworen, sie ist noch Jungfrau. Jammerschade, daß sie frei ist. Sonst hätte sie ihrem Herrn ein Vermögen einbringen können.« Dann tippte er sich in einer betont naiven Geste mit einem polierten Fingernagel an das Kinn. »Hat sie vielleicht gar auf dich gewartet, lieber Diodorus, und habe ich euch gestört?«

Der Tribun erwiderte fast flüsternd: »Nein. Sie wußte nicht, daß ich hier bin. Offenbar hat sie sich irgendwie verspätet.«

Seine Augen bekamen wieder den stumpfen Schimmer des Leidens; er wandte sich ab und ging auf sein Haus zu. In diesem Augenblick ertönte das Zeichen zum Essen. Heldenhaft versuchte der Senator, seinen Ärger über die Unhöflichkeit des Schwagers hinunterzuschlucken, der ihm wortlos vorausgegangen war, und folgte ihm in seiner gemessenen, weltmännischen Art.

VIII

Es gab sogar kephallenischen Wein zum Essen. Aber das konnte den heiklen Gaumen des Senators nicht versöhnen. Apicius, der berühmte Schlemmer, hatte fünfundsiebzig verschiedene, aber gleich bekömmliche Arten der Zubereitung von Bohnen beschrieben. Aurelia und ihre Köchinnen schienen jedoch offenbar nur eine davon zu kennen, und zwar die gröbste, nur für Ruderknechte taugliche. Der hochgeborene Senator blickte traurig auf sein reichlich mit Knoblauch gewürztes Bohnengericht, in dem einige zweifelhafte Fleischstücke schwammen, von einer Ziege stammend oder aus minderwertigen Körpergegenden eines Schweines. Das Brot war zähe, das Gemüse welk; und die einzige Speise, gegen die der wählerische Carvilius nicht innerlich aufbegehrte, waren die kleinen, salzigen, schwarzen Oliven aus Judäa. Seit dem letzten Besuch hatte er schon vergessen, wie abscheulich das Essen in diesem Hause schmeckte. Diodorus beobachtete ihn spöttisch in dem schwachen Licht der rauchenden Lampen, die aus Zinn, nicht aus Silber waren. Der Tribun klopfte auf den Fuß einer solchen Lampe und sagte: »Mir scheint, du bist verstimmt, lieber Schwager. Es tut mir leid, daß unsere Lampen nicht aus alexandrinischem Glas sind. Da könntest du dein Essen genauer in Augenschein nehmen.«

»Das sagst du mir immer wieder mit den gleichen Worten, wenn ich hier auf Besuch bin«, stellte der Senator langmütig fest. Was war das für ein Brotaufstrich? Ölig und ranzig! Aber Carvilius war ein tapferer Mann: er lächelte und steckte einen kleinen Bissen in den Mund. Er war auch ein höflicher Mann und hätte ein paar anerkennende Worte über das Mahl gemurmelt, wenn nicht plötzlich das Brot ihn angeekelt hätte. »Bei der Hekate, Diodorus!« rief er erregt. »Mußt du denn so leben? Du bist reich wie ein Krösus. Du könntest den Tisch mit murrinischen Gefäßen decken und die Lampen mit einem Öl füllen, von dessen Geruch einem nicht übel wird. Du könntest dir goldene, juwelenglitzernde Becher leisten und Lautenmusik am Abend. Du könntest auch einen halbwegs tüchtigen Koch anstellen.«

Diodorus, dessen Gesicht von der durchgemachten Aufregung fahl war, blickte den Senator finster an. »Ich könnte mir auch Ruhebetten leisten, auf die man sich bei den Mahlzeiten lagert, und zyprische Mädchen, die schändliche Tänze aufführen und deine Füße mit Balsam salben würden. Aber ich bin kein Großstadtlaffe. Ich bin ein schlichter Soldat.«

»Was ist das für ein abscheuliches Getue?« rief der Senator. »Julius Cäsar war auch Soldat, und ebenso dein geliebter Gaius Octavius. Im Feldlager haben sie genügsam gelebt. In Rom haben sie ein Dasein geführt wie Römer und nicht wie armselige Faustkämpfer.«

Diodorus lächelte. Er aß das Brot mit Genuß, und unter seinen dichten schwarzen Brauen irrlichtete es schwarz. »Vielleicht«, sagte er, »spare ich mein Geld« – er nahm einen großen Mundvoll Bohnen – »für eine Mitgift. Meine Tochter kommt ins heiratsfähige Alter.«

Der Senator, der keine Abneigung gegen Gold, dafür aber vier Söhne hatte, verlor seine ungewöhnliche Übellaunigkeit. »Ah«, sagte er, »das ist ein Thema, das mich interessiert. Die kleine Rubria ist zwar zart und anfällig, scheint sich aber hier in diesem milden Klima recht gut erholt zu haben. Und außerdem zeigt sie eine Schönheit, die in ihrer Beseeltheit fast orientalisch wirkt.«

»Ja«, meinte Diodorus sinnend. »Ich denke daran, Aurelia und das Mädchen demnächst nach Rom zu schicken. In Antiochia gibt es keine einzige adelige Römerfamilie mit einem Sohn, der Rubrias wert oder auch nur im rechten Alter wäre.«

»In diesem Falle«, erklärte der Senator, »könnte Tiberius, der zwar Eiswasser in den Adern hat, aber rechtschaffen ist, dich zurückberufen.«

»Ja«, bestätigte Diodorus.

Die beiden Männer saßen allein im Speiseraum. Da der Tribun das Umherhocken von Sklaven nicht liebte, hatte er eine Messingglocke in Reichweite, mit der er im Bedarfsfall einen Bedienten rufen konnte. Er strich mit dem Finger über die Verzierungen der – natürlich billigen – Glocke.

»Ich habe heute viel nachgedacht. Er warf dem Senator einen scharfen Blick zu. Und Kopfweh habe ich auch«, fügte er hinzu, was Carvilius als nicht zur Sache gehörig empfand.

Des Senators Neugier kreiste noch immer um Iris, die seiner Meinung nach so schön war, daß sie sogar den kalten Tiberius entflammen und in Rom Aufsehen erregen könnte. Sie war eine Freigelassene; aber es gab keinen Augustalen, keinen Patrizier, der nicht erpicht darauf gewesen wäre, eine solche Frau in sein Bett zu bekommen und mit allem Gold seiner Truhen zu überschütten. Carvilius Ulpianus rieb die Zunge feinschmeckerisch am Mundwinkel. »Wenn du zurückberufen wirst, bringst du natürlich auch dein ganzes Gesinde nach Rom.«

Diodorus antwortete nicht. Sein Kopfweh hielt an. Er fluchte bei sich selbst auf Keptah.

Von Begehrlichkeit und dem Erinnerungsbild der Frau am Springbrunnen angetrieben, fuhr der Senator fort: »Auch deinen Buchhalter samt Familie. Er muß ja unschätzbar wertvoll für dich sein. Hast du nicht irgendeinmal erwähnt, daß er der Sklave deines Vaters gewesen ist und daß Priscus sehr zufrieden mit ihm war?«

»Ja«, erwiderte Diodorus mit dumpfer Stimme. »Allerdings ist Äneas so sparsam wie ich und hat sich Geld zurückgelegt. Daraus hat er nicht weit von Antiochia einen kleinen Ölgarten gekauft, für dessen Bearbeitung er zwei meiner Sklaven zu verwenden geruht. Er hat gelernt, die Oliven so einzulegen, wie es in Judäa geschieht, und sie sind recht schmackhaft. Außerdem hat er eine ansehnliche Herde von Schafen, deren Fleisch er mir und auf den Märkten in Antiochia zu verkaufen pflegt. Ich bezweifle, daß er mit mir nach Rom wird zurückkehren wollen.«

Das Gespräch erlahmte. Als der Senator die Bemerkung machte, Äneas würde sicherlich seinem Herrn treu bleiben und dessen Wünsche wie Aufträge der Götter behandeln, schüttelte Diodorus den Kopf. »Ich werde seine Treue, wenn sie wirklich vorhanden sein sollte, nicht mißbrauchen«, entgegnete er. »Übrigens ist Treue ein Wort, das im Sprachschatz der Griechen kaum vorkommt.«

Er wollte Iris keinesfalls mehr wiedersehen. Sie hatte für ihn jetzt etwas Angsterregendes. Als er sie im Garten erblickt hatte, so nahe wie seit Jahren nicht, war ihm das Herz aufgegangen. Er hatte sich sehr zusammennehmen müssen, um nicht zu ihr hinzulaufen, sie zu umfassen und sein Gesicht in ihr goldenes Haar zu vergraben. In ihm war ein Aufschrei laut geworden, ein Schrei höchster Freude und tiefster Qual zugleich. Verzweiflung hatte ihn übermannt.

Der Senator sah, wie in dem tatkräftigen, unverfeinerten Gesicht des Tribunen Leidenschaftlichkeit und Entmutigung offen miteinander kämpften, und er lächelte zu sich selbst. Die Miene der jungen Griechin hatte, wie ihm jetzt einfiel, schweren Kummer ausgedrückt. Noch nie hatte Venus so widersetzliche Gefolgsleute gehabt! Diodorus war ein Narr. Warum ermannte er sich nicht und wurde damit seinen Zwiespalt los?

Unwillkürlich aufblickend, bemerkte der Tribun das schwache Lächeln, die weltklugen Augen seines Schwagers und wurde rot. Er füllte wieder seinen schmucklosen Becher und tat einen kräftigen Schluck. Dann sagte er: »Du wirst dich vielleicht wundern darüber, Carvilius, aber ich bin ein treuer Gatte.«

»Leider ist das keine Überraschung für mich«, erwiderte der Senator. Er staunte ein wenig darüber, daß Diodorus eine so flinke Auffassungsgabe zeigte. Der Hausherr gähnte, und auch darüber staunte Carvilius. Es war noch gar nicht Zeit, sich zurückzuziehen! Doch dann fiel ihm ein, daß in diesem barbarischen Hauswesen alle Leute früh zu Bett gingen. Betrübt dachte er daran, daß nicht einmal eine seiner hübschen Sklavinnen ihn auf seinem harten Lager trösten würde. Wie war er nur darauf verfallen, daß er mehrere Tage hier verbringen könnte? So rasch wie möglich wollte er weg! Das heißt, sobald er mit Diodorus zu einem Einverständnis über Rubria gelangte.

Ehe er schlafen ging, begab Diodorus sich in die Wohnräume seiner Gattin. Aurelia, deren rotbraune Wangen die Spur kürzlich vergossener Tränen trugen und deren freundliche Augen an den Rändern gerötet waren, ließ sich von einer jungen, keck dreinsehenden Sklavin das lange, dunkle Haar bürsten. Sie saß in ihrem weißlinnenen Nachtgewand an einem Tisch, und unter dem Linnen erwiesen sich ihre üppigen Formen unverkennbar als die einer reifen Frau. Als sie Diodorus erblickte, zitterten ihre vollen Lippen, und ihre Augen leuchteten auf. Aber im Augenblick beherrschte sie sich und machte eine kühle Miene.

Diodorus wies die Sklavin mit barscher Geste hinaus. Doch Aurelia sagte – zum erstenmal in ihrer Ehe mit auffälliger Schärfe –: »Bleib, Kalliope! Du bist mit meinem Haar noch nicht fertig, und auch sonst gibt es einiges zu tun.«

»Ja, Herrin«, sagte Kalliope. Sie hatte eine rauhe, nicht angenehme Stimme, die im Ohre weh tat, eine zu massige Stimme für ein so kleines, niedliches Geschöpf.

Diodorus hatte im allgemeinen nur eine sehr unklare Vorstellung von seinen Hausbediensteten und schenkte ihnen selten Beachtung. Jetzt aber, da er etwas Bestimmtes im Sinn hatte, schaute er sich die junge Sklavin genauer an und sagte mit seiner gewohnten Ruppigkeit: »Kalliope heißt du? Die Schönstimmige? Mit einem Gekrächze?«

Das Mädchen lächelte süßlich und neigte den Kopf. »Ja, Herr.«

Diodorus musterte die Sklavin. Sie war offenbar siebzehn oder achtzehn Jahre alt, mit einem frechen, lebhaften Gesicht, nicht hübsch, aber so ausdrucksfähig, daß daraus ein gewisser Reiz entsprang. Sie schien flink und tüchtig, ihre Körperformen waren recht anmutig; ihre langen, hellbraunen Haarflechten fielen bis zu den Hüften. Diodorus bemerkte einen glänzenden, wenn auch blassen Schimmer von Braun unter ihren Wimpern. Er sah ihre Hände an; sie hatte, unter Anleitung ihrer Herrin, harte Arbeit gelernt. Sie eignete sich hervorragend für den Zweck, an den der Tribun dachte.

»Würdest du heiraten wollen?« fragte er sie unvermittelt.

»Ja, gewiß, Herr.« Sie warf ihm unter gesenkten Lidern einen lüsternen Blick zu.

»Gut. Ich habe einen prächtigen Mann für dich«, sagte er und betrachtete offenkundig damit die Angelegenheit für erledigt. Wieder winkte er ihr, zu gehen, und diesmal starrte Aurelia ihn nur an, ohne zu widersprechen. Als das Mädchen gegangen war, sagte Aurelia gereizt: »Ich dachte, es gehört zu den Vorrechten der Hausfrau, für ihre Sklavinnen Ehen zu stiften.«

»Ja, ja«, gab Diodorus ungeduldig zu. »Aber hier liegt ein besonderer Fall vor.«

Aurelia hob ihren Silberspiegel und tat, als interessierte sie sich nur für die Farbe ihrer Wangen. Schließlich erkannte Diodorus, daß seine Frau sich über ihn ärgerte. Er sagte: »Was habe ich denn wieder Schlimmes angestellt?« Aurelia beschäftigte sich weiter mit ihrem Spiegel und seufzte. »Es muß ja etwas sehr Arges gewesen sein«, fügte Diodorus hinzu. »Aber jetzt ist keine Zeit für weibliche Empfindlichkeiten.«

Aurelia war empört. Sie schleuderte den Spiegel auf den Tisch, daß die Lampe flackerte. Das schwache Licht beschien ein einfaches Bett ohne Bronzeverzierungen und ohne Schnitzereien, aus glattem Holz; und die Überdecken auf dem Laken waren nur braune Wolle. »Neige ich zur Launenhaftigkeit?« fragte sie. »Oder zu Wutausbrüchen? Wann bin ich dir lästig geworden, Diodorus? Womit habe ich mir den Schimpf verdient, den du mir heute vor meinem Schwager angetan hast?«

»Oh«, sagte Diodorus stirnrunzelnd. Er setzte sich, und starrte auf seine nackten Knie. »Ich wußte nicht, daß ich dich beleidigt habe. Verzeih mir, Aurelia. Ich habe heute ganz höllisches Kopfweh gehabt.« Er wartete auf die gewohnten Trostworte seiner Frau; aber sie rümpfte nur die Nase, und die Kälte ihrer Miene wurde noch frostiger.

Aurelia begann ihr Haar zu flechten, und ihr Gatte versuchte seine Ungeduld zu bezähmen. Er war gekränkt darüber, daß seine Frau ihn nicht wie sonst bemitleidete, daß sie nicht ihre Salbenschachtel öffnete und ihm die Stirn einrieb, daß sie ihn nicht aufforderte, in ihr Bett mitzukommen, um ihn dort in die Arme zu schließen und ihm Liedchen vorzuträllern, bis seine Schmerzen vergessen oder vergangen waren.

»Ich denke, es ist ein schlechtes Zeichen«, sagte er gereizt, »wenn eine Frau sich nicht um ihren Gatten sorgt.« Wieder rümpfte Aurelia hörbar die Nase. Die glänzend schwarzen Haarflechten rieselten ihr über die Finger. »Übrigens«, fügte Diodorus mit erhobener Stimme hinzu, »schwöre ich bei allen Göttern, daß ich keine Ahnung habe, womit ich dich vor diesem Gecken, diesem Togaprotzen, beleidigt habe. Warum trägt er eigentlich hier in diesem schlichten Hause eine Toga?«

»Er ist ein vornehmer Mann«, teilte Aurelia ihm beziehungsvoll mit.

Diodorus starrte sie an, und sie starrte zurück. Das sah der liebenswürdigen Aurelia, die jedem eine großherzige, weitgehende Zuneigung entgegenbrachte, so gar nicht ähnlich, daß Diodorus ganz bestürzt war. »Aha. Und ich bin kein vornehmer Mann«, knurrte er.

»Nie gewesen.« Gegen ihren Willen tauchte ein Grübchen in ihrer braunen Wange auf; dann verstrich es wieder. »Was ist das für eine Geschichte mit Kalliope? Wen soll sie denn heiraten?«

»Lucanus«, sagte der Tribun und schlug sich aufs Knie, als wäre alles erledigt.

Aurelias Augen wurden rund vor Staunen. Ihre fleischigen Hände ließen von dem Haar ab und fielen in den Schoß. »Lucanus?« rief sie. »Den Sohn von Iris?«

»Welchen Lucanus denn sonst?« brummte Diodorus gereizt.

»Er hat sich dieses Mädchen zur Frau gewünscht?« fragte Aurelia in verwundertem Tone.

»Nein, nein! Davon habe ich nichts gesagt. Ich selbst habe es so beschlossen. Bevor er sie heiratet, werde ich sie freilassen, und sie wird mein Geschenk für ihn sein. Wer ist er, daß er meinen Anordnungen trotzen dürfte?«

Aurelias Mund öffnete sich ungläubig. »Hast du übersehen, daß du ihm, auch wenn du zehnmal Prokonsul und Tribun bist, nicht befehlen kannst, ein von dir ausgewähltes Mädchen zu heiraten? Er ist doch ein freigeborener Mann!« Ihr wurde die ganze Sache immer unbegreiflicher. Sie hatte eine Schwäche für Lucanus; er war der Sohn ihrer Freundin Iris, ein stattlicher Junge, und Rubrias Lern- und Spielkamerad. Aber bisher hatte sie immer gemeint, Diodorus mache ein bißchen zu viel Rühmens von dem Jungen.

»Natürlich kann ich ihm befehlen!« schrie Diodorus wütend. »Wer ist er denn schon? Der Sohn eines jämmerlichen Hundes von ehemaligem Sklaven, des Äneas!«

Aurelia schwieg eine Weile. Dann sah sie ihren Gatten fest an und mahnte: »Er ist auch der Sohn der Iris.« Diodorus wollte etwas sagen, unterließ es jedoch. Seine Frau fuhr fort: »Und schrei mich nicht an! Vielleicht wirst du dich darüber wundern, aber ich habe auch manchmal Kopfweh. Allerdings scheinst du fremdes Kopfweh nicht zu beachten ... Laß mich weitersprechen. Lucanus ist frei geboren. Er ist stolz. Du kannst ihm nicht befehlen, eine Sklavin zu heiraten. Ebensowenig, wie du ihn grundlos auspeitschen oder einkerkern lassen kannst, wenn er dir nicht folgt. Ich glaube, du hast lobend erwähnt, daß Tiberius selbst Edikte erlassen hat, die sich gegen Gewalttätigkeit und gesetzwidrige Befehle richten.«

»Tiberius!« rief der Tribun in einem Tone, der den Herrscher zum alten Eisen warf. »Hör zu: ich werde mit Äneas reden und ihm meinen Entschluß mitteilen. Er zumindest wird es nicht wagen, gegen mich aufzumucken. Ich habe es gesagt. Und so geschieht es.«

Mit einer Gebärde der Endgültigkeit erhob er sich. Aber Aurelia ließ sich nicht beeindrucken. »Hast du an Iris gedacht, die du schwer zu kränken im Begriffe bist? Diese Schmach kann ich nicht zulassen.«

Diodorus bekam vor Zorn einen roten Kopf. »Schmach?« brüllte er. »Dabei gebe ich dem Jungen eine Sklavin zu seiner Betreuung, und außerdem komme ich für seine Aufenthaltskosten in Alexandria auf, zu Lasten der Mitgift meiner eigenen Tochter ...«

Aurelia hielt sich die Ohren zu. Als Diodorus wutschnaubend innehielt, ließ sie die Hände wieder sinken und sagte gelassen: »Ohne Zweifel hast du sehr gewichtige Beweggründe. Gib also, wenn du willst, dem Lucanus die Kalliope, sobald er nach Alexandria reist.«

»Das werde ich tun«, bekräftigte Diodorus.

Jetzt ließ die Neugier Aurelia nicht ruhen. »Und zwar warum?« fragte sie.

»Ich habe es so beschlossen. Genügt das nicht?«

»Nein«, antwortete Aurelia. Sie begann wieder ihr Haar zu flechten. Dann schüttelte sie den Kopf. »Ich weiß nicht, was du im Sinn hast. Ist dir bekannt, daß du manchmal hartherzig bist?«

Diodorus war nahe daran, wieder in zorniges Schreien auszubrechen, als ein Wort seine Aufmerksamkeit erregte: hartherzig. Er hatte sich nie für hartherzig gehalten. Aus irgendeinem Grunde war ihm die Vorstellung zuwider. Verlegen rieb er sich die Stirn und sagte in milderem Tone: »Ich habe dir schon oft gesagt, ich bin nur ein einfacher Soldat. Meine Beweggründe sind immer lauter und klar wie Quellwasser.«

Aurelia blickte sehr verständnisvoll, und das gefiel Diodorus bedeutend besser an ihr. Sie sagte: »Selbst wenn Kalliope eine Perle von der Insel Kos wäre, durch die Grazien eigenhändig mit Schönheit ausgestattet, würde Lucanus sie nie haben wollen. Iris hat mir heute sehr besorgt mitgeteilt, daß er ein heiliges Gelübde abgelegt hat, nie zu heiraten.«

»Nie zu heiraten!« rief Diodorus. »Was ist das für eine Narretei? Was hat ihn zu dieser Dummheit veranlaßt? Hat er für Mädchen nichts übrig?«

Aurelia zuckte die Achseln. »Ich betrachte Lucanus nicht, wie du oft, als Sohn«, sagte sie bedeutsam. Sie ließ diesem Stachel Zeit, in das Bewußtsein ihres Mannes zu dringen. »Ich bin nicht seine Vertraute. Er ist zu schweigsam und verschlossen für einen Jungen seiner Jahre. Jedenfalls legt ein Mann, der sich zu Frauen überhaupt nicht hingezogen fühlt, kaum erst ein heiliges Gelübde ab, sich der Ehe zu enthalten.«

Das schien einleuchtend. Diodorus runzelte die buschigen Brauen. Er war nicht mehr zornig. Er stammelte: »Unsinn!«

Aurelia zuckte wieder die Achseln. »Du hast etwas vor«, sagte sie, »und ich bin sehr neugierig auf deine Pläne.«

Plötzlich war dem Tribunen, als fiele ihm ein Stein vom Herzen. Er lächelte. »Wenn er dieses Gelübde getan hat, wird er es nicht brechen. Punktum. Schluß.«

»Ich bin trotzdem neugierig«, beharrte Aurelia.

Diodorus wußte, daß seine Frau kein scharfsinniger Verstandesmensch war. Aber sie hatte natürlich Klugheit. Er empfand deshalb Hochachtung vor ihr. »Es liegt mir nicht, weibliche Neugier zu befriedigen«, sagte er nekkend, erfreut darüber, daß sein Kopfweh wie durch ein Wunder verschwunden war. »Ich wollte Lucanus etwas Gutes erweisen. Das ist alles.«

»So, so«, machte Aurelia. Es klang nicht überzeugt. Sie gähnte. Sie verlor das Interesse an dem Gespräch und vergaß ihre gekränkten Gefühle. Sie blickte nach dem Bett und lächelte dann ihrem Gatten harmlos zu. »Du warst heute überreizt, Diodorus. Mehr als sonst. Waren die Beamten und die Steuereinnehmer und die Notabeln und die Bürgermeister besonders lästig?«

»Schweinisch haben sie sich aufgeführt«, erklärte Diodorus und reckte sich. Er hatte den Blick seines Weibes nach dem Bett bemerkt. Seine Hände begannen den Gürtel zu lösen. Aurelia stand auf, schüttelte ihre Haarflechten herab und bückte sich dann, um die Lampe zu löschen.

Als sie im Bett lagen und sich umarmten, sagte Diodorus: »Ich habe eine Heirat zwischen unserer Rubria und deinem Lieblingsneffen Piso verabredet.« Und er legte den Kopf auf die Brust seiner Gattin, und er fand Wärme für sein Herz und Kühlung für die Stirn. Er hüllte sich fast verzweifelt in die Kraft dieser Frau und überließ sich dem zarten Streicheln ihrer Hände. Er schloß die Augen und zwang sich, Iris zu vergessen, die sich wie der Mond hinter einer Wolke zurückgezogen hatte.

IX

Am Morgen erwachte der Tribun in gehobener Stimmung, in die sich einige Reue mischte. Gewiß, Lucanus war bloß der Sohn eines Freigelassenen. Trotzdem schämte sich Diodorus, der ihn aufrichtig, wie ein eigenes Kind, liebte, vor sich selber. Schuld trug natürlich diese verdammte Migräne, die auf den Geist des Menschen so versteinernd wirkte wie das Gorgonenhaupt auf den Körper! Wie hatte er vergessen können, daß keine sittsame römische Jungfrau ohne väterliche Zustimmung heiraten konnte? Wahrscheinlich wollte ich ihr junges Herz schonen, dachte der Tribun, und wollte es vor zermalmendem Leid bewahren. Es war ja möglich, daß – ähnlich, wie es ihm selber mit Iris ergangen war – die kleine Rubria in Liebe zu Lucanus entbrannte. Dieser Gedanke bestärkte Diodorus in dem Entschluß, Tochter und Mutter nach Rom zu schicken.

Unterdessen brachte er beim Frühstück mit Carvilius Ulpianus die Vereinbarungen über Rubrias Verlobung zum Abschluß. Die beiden feilschten über die Mitgift. Der vorsichtige Tribun wollte sicherstellen, daß die Mitgift zurückgestellt werden würde, falls Piso seiner Gattin den Scheidebrief schickte oder Rubria sein Haus zu verlassen beschloß.

Der Senator war guter Laune, blieb jedoch bei seinem Vorsatz, diesem unerträglich simplen Hauswesen am nächsten Morgen ade zu sagen.

In der gleichen rötlich strahlenden Frühstunde stand Keptah in Rubrias Zimmer zur üblichen Morgenuntersuchung. Er war tief bestürzt. Das Mädchen hatte in dem tödlichen Leiden, das sich länger dehnte als in allen von Hippokrates und seinen Schülern angeführten Fällen, eine vorübergehende Besserung genossen. Aber schon meldeten sich Anzeichen einer Wiederkehr der schweren Krankheitserscheinungen. Die weichen Schleimhäute von Mund und Rachen zeigten die lebensbedrohenden Anschoppungen der Weißen Krankheit. Eines der Knie war geschwollen und heiß. Über Nacht hatte die Kranke alle Farbe aus den Wangen verloren, und ihr Gesicht war gespenstisch blaß. Sie wurde matt und fiebrig. Eines jedoch berechtigte zur Hoffnung; ihre Lebensgeister waren noch wach. Wenn keine innere Blutung auftrat, konnte Rubria sich wieder erholen. Der Arzt untersuchte den Harn und stellte an die Pflegerin bestimmte Fragen. Bisher erwiesen sich alle körperlichen Ausscheidungen als frei von Blut. Keptah verordnete für einige Tage Bettruhe.

Im Stiegenhaus traf er den Tribunen. Sein sonst so grimmiges Gesicht trug den Ausdruck hoher Befriedigung und Genugtuung. »Warum ist das Mädchen nicht bei der Mutter?« erkundigte er sich.

»Rubria ist etwas müde«, sagte der Arzt leise.

Diodorus blieb mitten auf der Treppe stehen. »Ist sie krank?« fragte er, und der Puls stockte ihm.

Keptah zögerte. Wie lange sollte er dem Tribunen die Wahrheit, daß seine Tochter sterben mußte, vorenthalten? Diodorus blickte ihn scharf an. Der Arzt lächelte. »Wahrscheinlich ist sie zu viel herumgetollt«, log er. »Sie hat sich das Knie verstaucht und muß im Bett bleiben, bis die Schwellung vergeht.« Er fügte hinzu: »Ich habe ihr einen Schlaftrunk gegeben, damit das kranke Knie ruhig gelagert bleibt.«

Der feste Griff um Diodorus' Kehle lockerte sich. Der Tribun schüttelte den Kopf. »Für ein Mädchen mit vierzehn Jahren schickt es sich nicht, wie ein vierjähriges Kind herumzuhopsen. Ich wollte dich ohnedies sprechen, lieber Keptah. Bevor die Frühlingsregenzeit beginnt, werden die Frau des Hauses, Rubria und du nach Rom übersiedeln. Ich habe eben eine Heirat zwischen meiner Tochter und meinem Neffen Piso, dem Sohn des Carvilius Ulpianus, verabredet.«

Keptah war entsetzt. Er verschränkte die mageren, dunklen Hände unter seinem weißen Mantel, um Diodorus nicht merken zu lassen, wie seine Finger sich verkrampften und zitterten. »Herr«, warnte er, »der Zeitpunkt scheint mir nicht gut gewählt. Rubria hat in diesem warmen, angenehmen Klima gesundheitlich große Fortschritte gemacht. Sie war eine Reihe von Jahren wohlauf. Aber ihre Lebenskraft ist noch immer schwach, und ich halte es für gefährlich, sie jetzt schon der Feuchtigkeit und den rauhen Wintern Roms auszusetzen.«

»Unsinn!« rief Diodorus, einer aufsteigenden Beunruhigung zum Trotz. »Ich habe es erlebt, daß die kränklichsten Mädel in der Ehe dick und kräftig geworden sind, besonders nach dem ersten Kinde, Rubria ist zu sehr verzärtelt worden.«

Keptah befeuchtete sich die Lippen und schlug die Augen nieder, um nicht seine Angst zu verraten. Das Mädchen hatte kein Jahr mehr zu leben; es konnte auch schon in den nächsten Tagen sterben. Wenn man Rubria dem Vater, dem geliebten Spielgefährten, der warmen, balsamischen Luft Syriens entriß, würde das ihren Tod beschleunigen, ihr den Seelenfrieden rauben.

»In einem Jahr... in sechs Monaten«, bat Keptah. »Sie ist erst vierzehn.«

»Nein«, beharrte Diodorus und schlug zur Bekräftigung auf die weiße Wand des Stiegenhauses. »In einem Monat.«

Seine Stellung vergessend, hob Keptah die Stimme und rief: »Im Namen Gottes, Diodorus, schick nicht die Kleine von dir! Sie ist Fleisch von deinem Fleische; sie liebt dich mehr als sonst irgendwen auf der Welt.«

»Das weiß ich«, erwiderte Diodorus in milderem Tone. »Glaubst du, mir wird es leichtfallen, sie ziehen zu lassen? Aber wenn sie und ihre Mutter nach Rom übersiedeln, wird vielleicht dieser Eiszapfen von Cäsar auch mich zurückberufen. Carvilius Ulpianus wird sein möglichstes dazu tun. Tiberius hört immer auf die Senatoren, und mein Schwager hat viele Freunde im Senat.

Ich sehne mich nach Ruhe. Ich will mich auf mein Landgut zurückziehen.«

Keptah dachte an die Liebe zwischen Rubria und Lucanus. Er hatte das Wachsen der unschuldigen Leidenschaft zwischen dem Mädchen und dem Sohn des Äneas beobachtet. In der letzten Zeit hatte er seinem Schüler nicht mehr in Erinnerung gerufen, daß Rubria sterben mußte. Die beiden sollten ihren jungen Traum von Liebe, den schönsten und süßesten aller Träume, bis zum unvermeidlichen Erwachen weiterträumen. Es war eine reine Liebe; traurigerweise entwickelte sie sich täglich mehr zur Liebe zwischen Mann und Frau. Wäre Rubria nicht vom Tode gezeichnet gewesen, so hätte Keptah selbst dem Tribunen geraten, seine Tochter einem Stand der Dinge zu entziehen, der ihr unweigerlich zur Qual werden mußte.

Keptah stand vor einer schweren Entscheidung. Er brachte es nicht über sich, dem Hausherrn zu sagen, daß sein Kind innerhalb von höchstens einigen Monaten rettungslos dem Tode verfallen war. Andererseits wußte er, daß Rubria nicht nach Rom reisen durfte, um dort mit Tränen der Sehnsucht nach Lucanus und dem Vater zu sterben. Es blieb nur ein Ausweg. Mit einer stummen Verbeugung vor dem Tribunen machte Keptah sich auf den Weg nach dem Frauentrakt und ließ durch eine Sklavin die Hausfrau bitten, ihm kurz Gehör zu schenken. Aurelia, die inmitten ihres Gesindes fleißig spann, rief ihn zu sich, ohne ihre Arbeit zu unterbrechen. Keptah musterte sie. Sie war eine verständige, willensstarke Frau, nie überspannt, nie launenhaft, nie verdrossen oder grundlos schmollend. Ihre Wangen waren an diesem Morgen röter als sonst, ihre großen braunen Augen weicher, als träumte sie von erlebter Liebe und Lust.

»Darf ich mit dir unter vier Augen sprechen, Herrin?« fragte Keptah.

Aurelia schickte sofort die Sklavinnen weg; aber ihre Hände regten sich weiter. »Wie geht es Rubria?« fragte sie.

Keptah sagte: »Ich muß dir etwas mitteilen, Herrin, was ich dem edlen Tribunen nicht zu sagen wage.«

Aurelia behielt den Rocken in der Hand. Sie erblaßte ein wenig; aber ihre Augen verdüsterten sich weder, noch weiteten sie sich vor Schreck. Sie erkundigte sich ruhig: »Rubria ist wieder krank?«

»Ja, Herrin. Und sie kann nicht am Leben bleiben. Sie wird vor dem Herbst sterben.«

Aurelia wurde unter der Hautbräunung weiß. Ohne das geringste Händezittern legte sie den Rocken weg. »Erzähle mir Näheres!« sagte sie mit gedämpfter Stimme.

Keptah hatte sie nie so bewundert wie in diesem Augenblick. Sie trug in sich die Kraft einer Eiche, die der Sturm zaust, aber nicht fällt. Wie Ceres, die ihre Tochter Proserpina an Pluto verloren hatte, so würde sie ihre Tochter an den Todesgott verlieren. Aber ungleich Ceres' würde sie nicht die Erde verfluchen und jammernd landauf, landab laufen. Ihre Wurzeln waren stark und reichten tief.

»Die kleine Rubria hat die Weiße Krankheit«, berichtete Keptah, und seine rätselhaften Augen konnten sich der Tränen nicht erwehren.

Aurelia sah die Tränen und war gerührt. Sie sagte: »Die Weiße Krankheit? Die ist, soviel ich weiß, unheilbar. Bist du deiner Sache gewiß?«

»Ja, Herrin. Das Leiden hat für eine Anzahl von Jahren, für weit länger, als ich zu hoffen wagte, stillgestanden. Aber jetzt regt es sich wieder. Einmal hat Gott, für Seine eigenen geheimnisvollen Zwecke, ein Wunder gewirkt. Ein zweites Mal wird Er es nicht mehr tun.«

Aurelia faltete ihre kräftigen Hände über den Knien und schlug die Augen nieder. »Ich habe dem Tribunen nicht erzählt, daß ich schwanger bin. Ich wollte abwarten, bis es sicher ist. Soll ich es ihm jetzt sagen, um seinen Schmerz über Rubrias bevorstehenden Tod zu lindern?«

»In zwei Wochen, Herrin, kannst du es tun. Dann sehen wir klar. Aber erzähle ihm nichts von Rubria. Sie ist sein ein und alles.«

Aurelia nickte. Sie schwieg lange, während Keptah in dem kahlen, lichtdurchfluteten Zimmer vor ihr stand. Dann begann sie zu weinen, lautlos. Selbst dem Tode ihres Kindes begegnete sie tapfer.

»Er soll seinen Seelenfrieden behalten. Er soll sich seiner Tochter freuen und auch des zu erwartenden Kindes«, meinte Keptah voll Ehrerbietigkeit für die Frau. »Ich habe dir die Wahrheit gesagt, Herrin, weil ich eine Hilfe brauche. Rubria darf nicht nach Rom reisen. Da sie unwiderruflich sterben muß, ist es besser, sie stirbt hier, mit dem Vater neben sich.«

»Ich verstehe«, murmelte Aurelia. Mechanisch machte sie eine Bewegung, als wollte sie den Spinnrocken heben, und ließ die Hand wieder sinken. »Ich werde Diodorus sagen, daß ich lieber bis zum Herbst hierbleiben möchte und daß der Sommer in Antiochia unserer Tochter gut tun wird. Wir hätten in vierzehn Tagen fahren sollen.«

Sie blickte Keptah wieder an, und ihr voller Busen zitterte. »Ich danke dir«, sagte sie voll tiefer Erkenntlichkeit. Dann nahm sie von neuem den Rocken zur Hand.

Keptah fing Lucanus ab, als der Junge gerade das Schulzimmer betreten wollte, wo Kusa schon die Vorbereitungen für die Lehrstunde traf. »Komm mit mir!« sagte Keptah, nahm Lucanus beim Arm und führte ihn hinaus in die wohltuend scharfe Brise des blauen Frühlenzmorgens. Sie blieben mitten im Garten stehen, wo niemand sie hören konnte. Keptah sah dem jungen Mann ins Auge und sagte ruhig und ernst: »Ich habe eine böse Nachricht für dich. Die Weiße Krankheit hat Rubria wieder ergriffen, und die Arme wird sterben, bevor die Blätter fallen.«

Lucanus erstarrte. Seine Wangen wurden wie Marmor. Während der letzten Jahre hatte sich in ihm der Glaube gefestigt, Rubria würde am Leben bleiben. Außerdem war ihm erschienen, daß seine und ihre Seele immer mehr ineinanderwuchsen, wie die beiden Bäume, in die sich Mann und Weib, um ihrer großen Liebe willen von den Göttern begnadet, verwandelt hatten. Nie hatte er mit Keptah über Rubria gesprochen; seine Angst war zu groß gewesen. Jeden Tag, an dem es mit ihr aufwärtsging, freute er sich, jede Stunde mit ihr war wie neu gefördertes, in alter Herrlichkeit leuchtendes Gold. Ihr Lachen war heller und kräftiger geworden, die Farbe ihrer Wangen lebhafter, ihr Körper geschmeidiger und rascher in der Bewegung. Gott hatte ein Wunder gewirkt; und trotz der anfänglichen Warnungen Keptahs, es handle sich nur um vorübergehende Besserung, hatte Lucanus sich in die Überzeugung verbissen, das Wunder wäre bleibend.

»Das glaube ich nicht«, erklärte er jetzt mit erstickter Stimme und versuchte, seinen Arm aus Keptahs Hand zu befreien. Vor Angst und Schreck löste sich die Starrheit seiner Augen, und er blickte Keptah an wie einen Feind.

Der Arzt verstärkte seinen Griff. »Ich sage die Wahrheit«, beteuerte er. »Das Mädchen ist dem Tode verfallen.«

»Etwas so Entsetzliches kann Gott nicht zulassen«, rief Lucanus, und in dem Ton seiner Worte schwang Haß mit. Er blickte zu dem durchsichtig klaren Himmelsgewölbe auf. »Er kann Rubria nicht dahinraffen, die niemandem etwas zuleide getan hat, deren Herz rein ist, der auf all ihren Wegen Freude und Liebe wie Schatten folgen.«

Keptah seufzte. »Würde Gott nur die Bösen hinwegnehmen, so wäre diese Welt allerdings bald ein Paradies. Aber es heißt: Wen die Götter lieben, der stirbt jung. Gott liebt dieses Kind. Rubria wird zu Ihm eingehen und dort in ewigem Frieden und Licht auf dich warten.«

Aber das junge Gemüt des Lucanus begehrte heftig auf. Seine Seele war voll finsterer Verzweiflung. Der leichte Luftzug, der ihm über die Wangen strich, ließ ihn erschauern. Er haßte Gott, der durch Rubrias Tod ihm das Herz zerreißen und die Welt ärmer machen wollte. Alles Wissen, das er über Gott erworben, alle Liebe, die er ihm demütig, ja freudig und begeistert geschenkt hatte, verglomm zu leerer Asche, die ein tödlicher Wind vor sich her trieb. Oft hatte er gebetet: »Nicht Rubria, Vater im Himmel, sondern mich! Verschone Rubria!« Und er war überzeugt gewesen, daß Gott ihn gehört hatte und erhören würde.

Wie entgeistert dachte er: Ich glaube nicht an Gott, ich glaube nicht mehr! Wenn Er Rubria von der Erde nimmt, dann ist Er böse, dann gibt es nichts als Böses in der Welt. Dann gibt es keinen Gott.

Wäre Rubria damals, als sie todkrank gewesen war, gestorben, so hätte Lucanus es mit der Einfalt und der Trauer eines unschuldigen Kindes hingenommen und für Rubrias Seele gebetet. Jetzt liebte er sie als Mann, stark und innig, mit der Sehnsucht und Hingabe der ganzen Seele. Als Mann war er plötzlich sicher, daß sie zur Gänze sterben und auf immer für ihn verloren sein würde.

Keptah beobachtete ihn; er sah den wilden Haß und Schmerz in den Augen des Jungen, die verzweifelte Auflehnung, die Absage. Bestürzt rief er: »Hast du denn all dein Wissen vergessen, lieber Lucanus? Hast du den Großen Stern vergessen, die Liebe, das Verstehen? Hast du deine Frömmigkeit vergessen und deine Erkenntnis von Ihm?«

Mit trockenen Lippen entgegnete Lucanus: »Ich habe es vergessen. Ich habe geträumt wie ein Kind. Jetzt erwache ich in der Welt des Mannes.«

»Und als Mann mußt du dich abfinden. Aufbegehren ist die Sache unwissender Kinder.« Wieder seufzte Keptah. Er legte die Hand auf die erstarrte Schulter des Jungen. Ihm fiel der Ausspruch der drei Weisen ein, Lucanus würde einen dunklen, einsamen Pfad zu Gott wandern müssen. Aber er hätte doch gewünscht, daß sein Schützling diesen Weg nicht allein ginge.

»Empfindest du denn dieses Leid als dein einziges seelisches Erlebnis?« fragte Keptah. »Im Kummer erschauert das Herz, das ist natürlich. Aber du hast im Leben mehr erfahren als Leid. Du hast Gott erkannt. Ist Er so leicht zu vergessen?«

Lucanus schwieg.

»Wer Schmerz nicht bald überwindet, ist unwert, Mensch zu heißen«, erklärte Keptah. »Sei froh, daß alle diese Jahre dein waren, daß dir so lange nichts Trauriges widerfahren ist, daß du dich der Liebe deiner Eltern und deines Herrn erfreutest, daß dein Leben heiter und fröhlich war, daß du Rubria geliebt hast. Gott ist milde und liebevoll zu dir gewesen. Aber sobald Er fordert, daß du verstehst, daß du glaubst, daß du auch in Verzweiflung und innerem Aufruhr Ihn so selbstverständlich hinnimmst, wie du Ihn mitten in Sonnenlicht und Schönheit und Lachen hingenommen hast, da wendest du dich in Haß von Ihm ab und schreist in deiner Seele: Es gibt keinen Gott!«

Lucanus holte tief Atem. »Mag Er doch an Rubria ein zweites Wunder wirken!«

Keptah schüttelte den Kopf. »Willst du Ihm vorschreiben, was Er zu tun hat?« sagte er und fügte dann hinzu: »Ich bin dein Lehrer gewesen. An meiner Hand hast du den Weg durch dieses große Hauswesen genommen. Du hast Schmerz und Leiden und Tod gesehen. Du hast am Totenbett von Sklaven gekniet, hast sie mit Worten des Friedens, der Liebe, des Glaubens getröstet und hast ihre Seele zu Gott geleitet. Aber an dich darf Gott nicht heran, dein Herz darf Er nicht beklemmen! Bist du denn ein so unantastbares Wesen, daß dir das gemeinsame Los aller anderen Menschen erspart bleiben muß? Oh, du Egoist! Oh, du Kleingläubiger!«

Lucanus erwidert nichts. Seine Augen waren wie blaue Steine.

Keptah fuhr fort: »Die Frauen sind stärker und klüger als die Männer. Ich habe auch Aurelia eingeweiht, und sie hat die Nachricht tapfer und ergeben hingenommen.« Er fügte hinzu: »Dem Tribunen habe ich nichts gesagt. Er hat ebensowenig Seelenstärke wie du.«

Lucanus rief: »Was soll mir Seelenstärke, wenn ich keine Antwort weiß auf Leid und Qual?«

Keptah blickte sinnend zu Boden. »Die gleiche Frage hat ein Mann namens Hiob gestellt. Und Gott hat ihm geantwortet: ›Wo warst du, da ich die Erde gründete?‹ Und Hiob wußte nichts darauf zu sagen.«

»Das ist die Antwort eines Sophisten«, behauptete Lucanus.

»Mag sein, aber sie ist tröstlicher als jede andere mögliche Antwort.«

Lucanus preßte die Hände an seine Augen, und Keptah betrachtete ihn mitfühlend. Dann sagte der Arzt: »Suche jetzt Freude an kleinen Gnadenerweisen! Diodorus hatte gewünscht, daß Rubria in zwei Wochen nach Rom reist. Nun wird ihre heldenhafte Mutter, die Bescheid weiß, dem Tribunen diesen Plan ausreden. Sie will nicht, daß ihre Tochter so weit von ihrem Vater stirbt. Und so weit von dir. Kannst du nicht ebenso hochherzig sein wie eine Frau?«

Kusa trat in den Garten. »Ach, da bist du ja, du Schlingel von einem Griechen!« rief er. »Du möchtest gern den Unterricht schwänzen, was? Mach jetzt geschwind, du kleiner Strolch!«

Lucanus blickte ihn grollend an. Aber Keptah lächelte und berührte verstohlen seinen Arm. »Mein guter Kusa, dein Schüler ist bereit. Er hat eben eine Lektion, die ich selbst ihm gegeben habe, verarbeitet.« Er wandte sich an den Jungen: »Hast du sie wirklich verarbeitet?«

Aber Lucanus blickte ihn bloß finster an. Wortlos ließ er Keptah stehen, der ihm traurig nachblickte.

X

»Du würdest jetzt zweifellos lieber mit Keptah zusammen die fieberverseuchten Pritschen von Sklaven besuchen und mit wissenschaftlicher Gründlichkeit ihre Nachttöpfe beriechen«, meinte Kusa spöttisch. »Aber falls du mit mehr als einem Anflug von Bildung nach Alexandria kommen willst, möchte ich dir schon empfehlen, dich mit größerem Eifer deinem Studium zu widmen. Womit ich«, fügte er unkend hinzu, »nicht sagen will, daß dieser Eifer einem Menschen mit deinen beschränkten Geistesgaben viel nützen kann.«

Das war so eine Art, Lucanus zu besonderen Bemühungen anzuspornen. Im allgemeinen pflegte der Junge solchen Auslassungen nur das für ihn bezeichnende ruhige, verhaltene Lächeln entgegenzusetzen. Zum Zorn ließ er sich selten hinreißen; wenn es indessen soweit kam, wurde er starr wie Stein, und in seinen Augenhöhlen blitzte ein hartes Blau auf.

Heute saß Lucanus schweigsam da, die Finger untätig über dem Schreibgriffel geschlossen, die Bücher zusammengerollt, den Kopf gesenkt. Als aber Kusa ihm mit seinen Sticheleien zusetzte, blickte er auf, und das eisige Feuer in seinen Augen warnte den spottlustigen Lehrer.

Doch Kusa sagte: »Schau mich nicht an, du Sohn eines ehemaligen Sklaven, als ob du mein Herr wärest und ich dich unverzeihlich beleidigt hätte. Du bist nur durch einen Glücksfall frei geboren. In einem vernünftigeren Hause würdest du die Fußböden scheuern und die Nachtgeschirre ausleeren, und nicht wie ein Patrizier an einem Marmortische sitzen.«

»Laß mich in Frieden«, bat Lucanus mit gepreßter Stimme.

Nun erst bemerkte Kusa, daß der Junge furchtbar erregt war und daß weitere Anzüglichkeiten ihn zu einem heftigen Ausbruch reizen konnten. Schon lange war der Lehrer davon abgekommen, Lucanus während des Unterrichts zu schlagen. Im Herzen liebte er jetzt seinen Schüler und hatte fast auch aufgehört, ihn wegen seiner Schönheit und der von Diodorus auf ihn gehäuften Gunstbeweise zu beneiden.

»Schön«, sagte Kusa und strich sich über sein Satyrkinn. Er musterte Lucanus. Seine Denktätigkeit sprang hin und her wie ein Ziegenbock. Er blickte auf Rubrias leeren Stuhl. In der letzten Zeit war die Kleine atemloser gewesen als sonst und hatte manchmal, während ihre Lippen und Wangen sich mit einem merkwürdigen, gespenstischen Grau überzogen, die Augen geschlossen, als müßte sie in Ohnmacht fallen. Kusa, dessen Wißbegier keine Grenzen kannte, hatte Jahre daran gewandt, Keptahs medizinische Bücher zu studieren, und seinem beweglichen Geist ging jetzt ein flackerndes Licht auf. Bestimmt handelte es sich da um eine lebensgefährliche Sache. Lucanus, so überlegte er, würde nicht in so augenfälliger Erregung sein, wenn Rubrias Krankheit harmlos wäre. Kusa bemerkte, daß auch der Junge auf Rubrias leeren Stuhl starrte und daß seine Lippen schwerfällig zuckten. Anscheinend hatten die schon lange in ihrem blitzdurchglühten Schweigen lauernden Götter plötzlich zugeschlagen und das Mädchen auf besondere, tödliche Art getroffen, und offenbar wußte Lucanus davon. Der Lehrer räusperte sich.

»Rubria ist heute nicht gekommen«, sagte er und schaute Lucanus fest an. »Ach, wie lästig, eine Frau zu sein! Morgen wird sie sicher wieder erscheinen.«

Aber Lucanus hörte ihn nicht und hielt nur den Blick auf Rubrias Stuhl geheftet; die Kehle war ihm starr wie Marmor. Kusa empfand ungewohntes Mitgefühl.

»Also aufgepaßt!« sagte er und rollte eine Handschrift auf. Sie knisterte in der Stille. »Diodorus wendet viel Zeit und Mühe und schließlich auch Geld für dich auf. Wir wollen Männer sein, nicht Kinder.«

Lucanus antwortete nicht. So krampfhaft, als würde er gefoltert, umklammerten seine Finger den Griffel.

Kusa überlegte. Dann begann er: »Wir wollen uns nebenher, für einen Augenblick, mit Anachrusios befassen. Beachtenswert ist sein Ausspruch: ›Kritische Augenblicke sind es, an denen der Mann sich bewährt. Wenn also eine schwere Zeit über dich hereingebrochen ist, so denke dir, daß der Gott, wie ein Ausbilder von Ringkämpfern, dir einen harten, verbissenen Gegner zugeteilt hat. Warum das? wirst du fragen. Damit du aus den Großen Kampfspielen als Sieger hervorgehst.‹«

Ein spöttisches, trauriges Lächeln huschte über die Lippen des Jungen. Er blickte zu seinem Lehrer auf. »Du hast doch immer erklärt, Gott sei bloß ein Denkbild, Kusa. Eine Ausgeburt dichterischer Phantasie.«

Kusa schüttelte tadelnd den Kopf. »Das stimmt auch. Aber kürzlich ist mir aufgegangen, daß Er darüber hinaus noch etwas anderes ist: das ›Erste Bewegende‹ des Weltalls, wie Aristoteles gelehrt hat.«

»Du wirst bald in irgendeinem Tempel opfern«, warf Lucanus mit kühler Verachtung ein.

Kusa zuckte die Achseln. »Man hat behauptet, Opfer könnten nicht schaden. Falls es Götter gibt, wird ihnen dein Opfer behagen, und das ist erfreulich. Gibt es aber keine, so werden doch die Nachbarn deine Frömmigkeit rühmen, und das ist noch erfreulicher.« Es kränkte ihn, daß sein Versuch, die düstere Stimmung des Jungen aufzuheitern, mißlungen war. »Aufgepaßt! Anaxagoras hat behauptet, die Menschen hätten dadurch Verstand erlangt, daß sie ihre Hände zu gebrauchen lernten. Er hat mangelhaft beobachtet: die Affen gebrauchen ihre Hände, und ihr Verstand ist nicht hervorragend. Die Kaninchen halten auf den Feldern Möhren in den Vorderpfoten und knabbern daran, wie Menschen es tun würden; aber Kaninchen sind nur unwesentlich gescheiter als manche menschlichen Schüler, die ich beim Namen nennen könne. Aristoteles hat erklärt, daß die Menschen die Hände zu gebrauchen lernten, weil sie Verstand erlangt hatten. Er hat auch gemeint, das Gehirn sei bloß ein Organ zur Abkühlung des Blutes. Demgegenüber lehren die orientalischen Philosophen, das Gehirn – und nicht das Herz – sei der Sitz der Seele, des Ich, des Verstandes. Auch Aristoteles hat seine albernen Augenblicke, und ich halte es in dieser Frage mit den orientalischen Philosophen. Aber das steht jetzt nicht zur Erörterung. Jetzt schreib einmal etwas nieder über das Thema: Welcher Philosoph scheint dir in der Frage der Verstandesentwicklung und des Gebrauches der Hände maßgeblicher, Anaxagoras oder Aristoteles? Und warum?«

Der Griffel des Jungen bewegte sich erst träge und dann immer rascher, als die Denkkraft des Schreibenden das Problem in unsichtbaren Händen hochhielt und prüfend, erwägend, nach allen Seiten drehte. Lucanus schrieb sauber und deutlich, mit kleinen Buchstaben. Insgeheim bewunderte Kusa ihn. Irgendeine schreckliche Gewißheit hatte den jungen Mann betroffen; trotzdem vermochte er seine Gedanken auf eine geistige Streitfrage zu sammeln. Nur ein Hinterwäldler ließ sich von Gefühlen übermannen. Aber, so dachte Kusa, etwas schwermütig, ein solcher Hinterwäldler erfreut sich eines bemerkenswerten Seelenfriedens, der dem verfeinerten Menschen versagt bleibt. War der Preis für das Wissen immer Qual?

Während Lucanus sich, noch immer sehr blaß und erstarrt, seiner Aufgabe widmete, mußte Kusa gähnen. Der Tag war sehr warm geworden, sehr still, sehr schwül. Die Sonne strahlte zu stark. Die Vögel waren verstummt. Ganz plötzlich ertönte, bei hellem Sonnenschein, ein donnerähnliches, hohles Dröhnen, von dem das Haus erzitterte und für einen Augenblick die Bäume vor der offenen Tür zu schwanken begannen. Die darauf folgende Stille wirkte irgendwie unheimlich. Kusa trat zur Tür und blickte in den Garten. Der Rasen, die Blumen, selbst die Springbrunnen schienen in ein unwirkliches Licht, beängstigend und befremdend zugleich, eingefangen und eingeschlossen. Alle Farben waren greller geworden, wie durch eine Art Schreck geheimnisvoll aufgepeitscht. Kusa begann zu keuchen; es war, als wäre der Deckel eines überhitzten Kessels abgehoben worden. Der Lehrer blickte zum Himmel, wo ein seltsam erzfarbenes Licht das Blau verdunkelte. Aha, dachte er, wir bekommen ein Gewitter. Er kannte die heftigen, zerstörenden Unwetter dieser Gegend, die rasch kamen und sich ebenso rasch wieder verzogen. Aber nie hatte er so messingfarbenes Licht gesehen. Im nächsten Augenblick wurde die Erde zitronengelb. Sogar die Palmen waren wie in Ocker getaucht; die Blätter der Laubbäume vergilbten. Die Grashalme wurden topasfarben. Die weißen Lilien sahen gegerbt aus. Eine Unstetheit, ein banges Ahnen lag in der Luft. Die Hitze ins Unleidliche steigernd, schien die Sonnenscheibe zu wachsen, sich zum Goldschild Jupiters zu weiten, der zur Erde niederschwebte, nicht in Wolken, sondern in einer safranfarbenen Unermeßlichkeit.

Das sieht nicht recht geheuer aus, dachte Kusa. Als erwiderten sie darauf mit göttergleichem Hohn, loderten die Himmelsweiten in bernsteinhellen Flammen auf. Eine wilde Gewalt erfaßte die Laubbäume, die Palmen, selbst die Grashalme, daß sie sich hilflos wanden und krümmten. Bücher flogen von dem Marmortisch im Schulraum. In der Luft erhob sich ein unerträgliches Gekreisch, wie von Millionen rasend gewordener Papageien. Im Garten verschwammen alle Farben in den gleichmäßigen Hautschimmer eines Gallenkranken. Die ganze Welt ist gelbsüchtig geworden, dachte erschrokken Kusa. Er bemühte sich, die Tür zu schließen, weil der Sturm ihm mit wuchtigen Hammerschlägen zu Leibe ging. Er rief Lucanus zu Hilfe, aber seine Stimme verwehte. Doch der Junge stand schon neben ihm. Es bedurfte ihrer vereinten Kräfte, um die Tür zu schließen; und dann standen sie da und starrten einander keuchend an. Sie fanden keine Gelegenheit zu sprechen. Ununterbrochen, ohrenbetäubend hüllte das Donnerrollen sie ein, begleitet von schrecklichen, ineinander übergehenden grellgelben Blitzen. Der Boden rumpelte ständig unter ihren Füßen. Nach Atem ringend, hielten sie den Mund offen; denn die Hitze glich der Ausstrahlung vieler Hochöfen. Einigemal hörten sie ein wildes Heulen, wie von eingezwängten Gießbächen.

Dann kam der Regen, nicht in gleichmäßigen Tropfen, sondern in schräg einfallenden, zermalmenden Schichten puren, krokusgelben Wassers. Kusa und Lucanus gingen zu dem Marmortisch, der unter ihren schwitzenden Händen bebte. Kusas Lippen bewegten sich in ungestümem Gebet. Lucanus beobachtete ihn, und sein Mund kräuselte sich verächtlich. Über den Gesichtsausdruck des Jungen bestürzt, hielt Kusa einen Augenblick lang inne, nahm aber, als der Donner wie riesenhafte Wagenräder über die Erde rollte, seine Gebete hastig wieder auf. Doch dann überkam ihn ein Grübeln. In dem gelbsuchtfarbenen Halbdunkel loderte immer wieder ein greller Blitzstrahl auf, und sein Licht traf flackernd das Gesicht des Jungen, das einer in Stein gehauenen Verkörperung der Tragik glich. Stets von neuem erschauerte die Erde.

Mit ehernen Fäusten trommelte der Sturm an die Bronzetür. Der Fenstervorhang straffte sich flatternd wie ein geblähtes Segel. Von den Blitzen geblendet und am ganzen Leibe zitternd, hielt Kusa die Hände vor die Augen. Er bemerkte nicht, wie das Wasser unter der Tür einzusickern begann. Zuerst kam es in dünnen, pulsenden Rinnsalen; dann rann es in breiten, schlangenförmigen Bächen, die im Widerschein der Blitze aufleuchteten. Schließlich drang es schwallweise ein, steigend, rippelnd, flutend. Es bedeckte den Mosaikfußboden. Als es Kusas Sandalen netzte, machte er einen Satz und öffnete die Augen. Aber Lucanus rührte sich nicht. Sein Kopf war gesenkt. Er schien in nachdenkliche Betrachtung versunken.

Sicher wird es bald vorbei sein, dachte der angsterfüllte Lehrer. Doch das Unwetter nahm an Heftigkeit zu. Es schien die Erde in Feuer verzehren zu wollen. Ein seltsamer Lärm mischte sich in das Dröhnen des Donners, ein unerklärliches Sausen und Brausen. Kusa verlor jeden Zeitsinn. Wenn die Pfeiler des Hauses zusammengebrochen, wenn die Säulenhalle eingestürzt wären, hätte er nichts daran gefunden. Niemand kam vom inneren Flur her zum Schlafzimmer; alles im Hause schien sich verkrochen zu haben. Manchmal gesellte sich zu dem ständigen Krachen der Donnerschläge ein Splittern, ein besonders heftiges Aufflammen, wenn ein Baum vom Blitz getroffen wurde. Ein welliges Pulsen von Licht huschte über die weißen Wände des Zimmers; für Augenblicke waren sie in Dunkel gehüllt, dann leuchteten sie wieder auf.

Nie hatte Kusa ein solches Unwetter erlebt. Er sehnte sich nach menschlicher Tröstung und Ermutigung. Lucanus hatte ihm nichts davon zu bieten; anscheinend nahm er den Ansturm kreischender und brüllender Himmelsgeister gegen die Erde überhaupt nicht wahr. Er saß da, den Ellbogen auf den Tisch gestützt, das Kinn zwischen Daumen und Zeigefinger der linken Hand. Man hätte meinen können, er sinne über irgendeine gelehrte Frage nach.

Dann war, so plötzlich wie es begonnen hatte, alles wieder vorbei. Die Blitze ließen davon ab, ihre Flammenschwerter über die Erde zu schwingen, die Donnerschläge verstummten so jäh wie eine sich überschlagende Stimme. Das Flammenzüngeln an den Wänden des Zimmers erlosch. Der Vorhang fiel schlaff auf das Fenster zurück. Dem Lehrer allerdings klangen noch lange die Ohren. Es dauerte eine Weile, bis er das Zittern seiner Beine beherrschen, aufstehen und durch das trübe Wasser auf dem Fußboden waten konnte. Er stieß die Tür auf, und neues Wasser schoß herein.

Eine helle, unschuldvolle Sonne schaute, neugeboren, mit weit geöffneten Augen auf die Erde herab. Niedergebrochene Laubbäume und Palmen waren auf den Boden gehäuft wie Brennholz. In silbrig leuchtenden Kaskaden flossen die Springbrunnen über. Aber die Blumen lagen auf der Erde, wie zarte, bunte Vogelleichen. Plötzlich stieg vom Boden und den geknickten Rosen und dem zerzausten Jasmin süßer Duft empor. Singvögel stimmten ein schüchternes Danklied für ihre Errettung an. Das ungewohnt nahe Brausen des Flusses hielt laute und erregte Zwiesprache mit dem Himmel. Quecksilber rann überall, durch niedergetrampeltes Gras, über gestürzte Baumtrümmer, von Stämmen und Blättern noch aufrechter Bäume.

Sklaven begannen aus dem triefenden Haus zu strömen. Sie betrachteten die Zerstörung und fingen zu jammern an. Kusa schrie ihnen zu: »He! Wo habt ihr euch verkrochen gehabt, ihr Feiglinge? Bringt rasch Brot und Käse und Wein! Wollt ihr, daß wir verhungern?«

Zum erstenmal blickte Lucanus auf und lächelte ein wenig. Aber es war nicht mehr das Lächeln eines Knaben; es war das Lächeln eines müden Mannes. Ein Sklave brachte, noch zitternd, eine Platte mit grobem Brot, billigem Landwein, einer dicken Schnitte harten, gelben Käses und einigen Gurken in Sauermilch. Er schwatzte: »Oh, das Wetter hat großen Schaden angerichtet! Sechs von den besten Apfelbäumen sind hin, und vier Kirschenbäume. Und alle Granatapfelbäume! Wenn man an die Pflanzungen denkt, kriegt man überhaupt eine Gänsehaut. Viele Rinder hat der Blitz drüben auf der Weide erschlagen, und die Schafe sind durchgegangen.«

Kusa stolzierte zum Tisch, steckte einen Finger in die Schale mit Gurken und Sauermilch und leckte ihn ab. »Nicht sauer genug«, krittelte er. Dann musterte er den Sklaven. »Bist du ein Kind, daß du so eine Angst vor Gewittern hast? Wir hier haben nicht einmal richtig gemerkt, daß draußen etwas los ist. Hat es wirklich gestürmt? Wir sprachen über den ›Phaidon‹. Geh jetzt!«

Das Wasser floß durch die Tür. Lucanus bemerkte: »Ich möchte gern wissen, wer das war, der neben mir gekauert und Verwünschungen mit Gebeten vermischt gemurmelt hat.«

»Aufgepaßt!« sagte Kusa. »Wir nehmen jetzt die Kategorienlehre des Aristoteles durch.«

Die heiße Sonne trocknete das Wasser auf, und der Fußboden dampfte. Bald war ringsum der Garten, und mit ihm die ganze Erde, in leuchtende Nebel gehüllt. Noch rumorte der Fluß, und Kusa ängstigte sich, ob nicht das Land überschwemmt werden würde. Alles troff: tausend kleine Schellen klingelten melodisch von überallher. Gartenstatuen schienen im wässerigen Licht zu zerrinnen. Jasminduft überwältigte und betäubte die Sinne, als wäre es der Wohlgeruch der weißen Lilien an den Ufern des Lethe. Von draußen drangen in das Schulzimmer die Stimmen der Sklaven, die in lauten Ausrufen das vom Unwetter angerichtete Zerstörungswerk beklagten.

Kusa aß mit Genuß. Lucanus trank nur ein bißchen Wein; er schien in seine Bücher vertieft. Eine Stunde verging und noch eine und wieder eine. Die Frühlingssonne neigte sich zum Westen. Kusa konnte in dem ruhigen Gesicht seines Schülers, das etwas Undurchdringliches an sich hatte, nicht lesen. Der Schreibgriffel kritzelte.

Da öffnete sich die innere Tür, und Diodorus trat ins Zimmer. Kusa und Lucanus standen auf. Die Miene des Tribunen war gespannt, bestürzt. Er schritt zu dem Marmortisch und blickte Lucanus fest in die Augen, versuchte zu sprechen und konnte es nicht. Der Junge schrie auf und faßte den starken Arm des Tribunen. »Rubria! Rubria?«

»Komm mit mir!« sagte Diodorus. Er streckte den Arm aus und legte ihn Lucanus um die Schultern wie ein Vater.

Iris war heldenhaft in ihrem Schmerz. Aurelia weinte neben ihr; aber Iris weinte nicht. Lucanus konnte an seine Mutter nicht heran; um sie lag eine Hoheit, von der Trostgebärden abprallten. Sie stand mitten im Flur ihres Hauses, in Schweigen gehüllt, das Gesicht blind und verschlossen, die Hände vor dem Leib verschränkt. Sie schien nur Diodorus zu hören, der ihr vom Tod ihres Gatten Äneas berichtete.

»Die anderen sind wie die Hühner auseinandergestoben, er aber ist mit seinen Rechnungsbüchern in dem kleinen Schuppen beim Fluß geblieben«, erzählte der Tribun mit leiser Stimme. »Mut kann manchmal zur Narrheit werden; doch wer darf sich über Treue und Beherztheit zum Richter aufwerfen? Er konnte nicht alle Bücher mitnehmen, und so blieb er. Dann ist der Fluß über die Ufer getreten, hat die Hafenanlagen, hat den Schuppen überflutet. Und als das Wasser wieder zurückging, hat es Äneas mit sich gerissen.«

Diodorus war voll Bewunderung und Hochachtung darüber, daß dieser Freigelassene sein Leben eingesetzt hatte, um seine Rechnungsbücher zu retten. Der Tribun wußte nicht, daß für Äneas im Augenblick des Unheils diese Bücher, seine eigenhändigen Aufzeichnungen, wertvoller waren als selbst sein Leben. Sie hatten ihm seine Daseinsberechtigung verkörpert; in ihnen lag, schriftlich festgelegt, der Beweis dafür, daß er eine wichtige Persönlichkeit war; durch ihre genaue Führung wurde seine Sklavenvergangenheit ausgelöscht. Mit Genugtuung hatte er schließlich gesehen, wie Diodorus nach vergeblichen Versuchen, ihn von seinem Tisch, seinen Schreibtäfelchen, seinem Griffel loszureißen, sich vor den Fluten auf höhergelegenes Gelände zurückgezogen hatte.

Nur Lucanus verstand, durch eine Art innerer Schau, den Sachverhalt und war tief betroffen. In den letzten Jahren hatten sein Vater und er sich auseinandergelebt; die Gestalt des Vaters verlor viel von ihrer Größe in den jugendlichen Augen des Sohnes. Er hatte nicht allzu ehrerbietig zugehört, wenn Äneas abends großspurig die griechischen Philosophen erläuterte. Lucanus wußte mehr darüber, wußte es genauer und gründlicher. Oft hatte er sich über die Oberflächlichkeit des Vaters geärgert. Nur die Anwesenheit der Mutter hielt ihn dann von Bekundungen der Ungeduld ab. Manchmal war ihm der Vater unausstehlich erschienen, besonders, wenn er spöttische Bemerkungen über die angebliche Unbildung des Tribunen machte, oder wenn er andeutete, dessen Interesse für Lucanus komme einem Eingeständnis seiner Minderwertigkeit als plumpem Römer gleich. »Es ist das ein Tribut, den die Grobschlächtigkeit leider zu selten der Verfeinerung entrichtet«, pflegte er zu sagen. Lucanus öffnete dann unwillkürlich den Mund zu einer Entgegnung; aber immer warf die Mutter ihm einen zärtlichen, warnenden Blick ihrer blauen Augen zu, und er hielt sich grollend zurück.

Für Lucanus war das Hinscheiden des Vaters eine über die bloße Tatsache des Todes hinausgehende Tragödie. Er konnte nicht weinen. Er konnte nur dasitzen und seine Mutter ansehen. Am liebsten wäre er ihr zu Füßen gefallen und hätte sie kniefällig um Verzeihung gebeten.

Ich habe nur im Hause des Tribunen gelebt, dachte Lucanus. Ich habe nur für Rubria gelebt, und für Keptah und meine Bücher. Ein Vater wünscht in den Augen seines Sohnes als Gott zu erscheinen. Ich habe meinem Vater zu verstehen gegeben, daß er für mich ein Zwerg ist; er hat gemerkt, wie er in meiner Achtung schrumpfte. Ach, ich konnte ihm nicht den Glauben an seine Bedeutsamkeit geben. Ich versuchte nur, ehrerbietig und in den falschen Tönen der Hochachtung mit ihm zu reden! So weit war ich gesunken.

»Wenn der Fluß seinen Leichnam herausgibt, wird ihm eine Bestattung zuteil werden wie einem Helden«, erklärte Diodorus mit einem Blick auf die schöne Iris, deren blaue Augen ihn wie blind anstarrten. Ich werde selbst den Scheiterhaufen entzünden. Es wird Fahnen und Trompeten geben, und Soldaten in vollem Pomp. Und Weihrauch und Trommelwirbel, und ein Bahrtuch in Rot und Weiß.«

Mitten im Weinen mußte Aurelia daran denken, wie ihr wohl jetzt zumute wäre, wenn Diodorus den sinnlosen Versuch unternommen hätte, diese albernen Bücher und Aufzeichnungen zu retten.

»Schon morgen beginne ich mit den Opfern, im Tempel des Herkules, des Gottes aller Helden«, gelobte Diodorus. Wäre Aurelia nicht dabeigewesen, und auch Lucanus und Keptah, so wäre er niedergekniet und hätte den Saum von Iris' Gewand geküßt. Es drängte ihn, ihr um des toten Gatten willen Ehre zu erweisen. Die Verachtung für Äneas war von seiner Bewunderung für ihn ausgetilgt worden, und von seiner Liebe zu Iris. Ihr unbewegtes, herrliches Gesicht rührte ihn. Am liebsten hätte er ihr zugerufen: »Iris, meine Spielgefährtin, meine Teure, mein Leben gehört ganz dir!«

Keptah war hinter einem Vorhang in die Küche verschwunden. Er kam mit einem Beruhigungstrank heraus und reichte den Becher Iris, mit einer Verneigung wie vor einer Göttin. Sie trank, ohne den Blick ihrer tränenerfüllten, fast blinden Augen von Diodorus zu lösen.

»Ich will eine Statue für ihn meißeln lassen«, sagte Diodorus hilflos. »Sie wird eine Ehrennische neben dem Altar des Herkules erhalten... Im Namen des Äneas wird dir jährlich eine bestimmte Summe ausgezahlt werden, Iris. Es ist das mindeste, was ich tun kann.«

Aurelia vergoß einen neuen Tränenstrom. Zum Schluß waren ja die Bücher zusammen mit Äneas davongeschwemmt worden! Sein todbringendes Heldentum war eine zwecklose Geste gewesen. Ach, wie rührend töricht doch die Männer waren! Sie glaubten, eine Geste sei für ihre Familien wichtiger als ihr Leben. Die Männer waren Helden, aber die Frauen waren vernünftig. Aurelia bedauerte lebhaft ihre Freundin Iris, die einen Helden zum Gatten gehabt hatte.

»Ich habe ihn nicht als meinen Ehemann geliebt, sondern so wie eine Mutter ihr Kind«, sagte Iris. Es waren ihre ersten Worte seit der Todesnachricht. Aurelia verstand; und noch schluchzend, nickte sie. Aufrichtigkeit erstaunte sie nicht.

»Er war mir wie ein Kind, zärtlichkeitsbedürftig, schutzbedürftig«, fuhr Iris mit schwacher, traumhafter Stimme fort. »Er war eine tragische Natur.«

»Ja, ja«, sagte Diodorus, ohne sich im geringsten zurechtzufinden. »Alle Helden sind tragische Naturen, das ist ihr Schicksal.« Er fühlte sich sehr müde. Er war mit Schlamm bedeckt. Stundenlang hatte er gearbeitet, um soviel wie möglich zu retten. Drei mit den besten Erzeugnissen Syriens beladene Schiffe waren untergegangen. Zusammen mit seinen Offizieren hatte er schwimmend den Fluß nach dem Leichnam des Äneas abgesucht, vergebens. Gleich als er gesehen hatte, daß Äneas von den Fluten mitgerissen wurde, war er, mit Brustharnisch, Schuhen, Schwert und allem, in das tobend gelbe Wasser gesprungen. Er hatte nur an Iris gedacht.

»Ich glaube«, schlug Keptah mit höflicher Stimme vor, »es wäre am besten, unsere Herrin Aurelia brächte Iris in ihr Schlafgemach. Der Trank fängt an zu wirken.«

Tatsächlich begann Iris merklich zu schwanken. Aurelia stand auf, schlang den Arm um ihre Freundin und führte sie weg. Sie sagte über die Schulter zu ihrem Mann: »Ich bleibe eine Weile bei ihr. Wenn du heimkommst, Diodorus, so schicke meine beste Sklavin, Maia, her; sie soll in der Nacht bei Iris wachen und sie betreuen.«

Die drei Männer blieben allein. Diodorus blickte Lucanus an, der so in seinen Schmerz versunken war, daß er in Gegenwart seines Herrn saß. Der Tribun legte ihm die Hand auf die Schulter. »Möge die edle Gesinnung und die Pflichttreue deines Vaters dir ein immerwährendes Beispiel sein!« sagte er langsam und betont. Keptah faltete die Hände unter seinem Gewand und senkte die Augen.

»Ich bin kein guter Sohn gewesen«, murmelte Lucanus.

Diodorus klopfte ihm auf die Schulter. »Wir machen uns immer Vorwürfe, sobald einer unserer Lieben hinweggerafft wird«, tröstete er. »Aber wenn wir nachdenken, wird uns klar, wie sehr die Toten unserem Leben Sinn geben, es durch ihr Beispiel bedeutungsvoller machen können.«

»Ich bitte inständig um Verzeihung, Herr, aber du verstehst nicht«, sagte Lucanus, von Kummer überwältigt.

»Ich verstehe nie. Das bekomme ich von jedem zu hören«, beklagte sich Diodorus etwas gereizt. Seine Erschöpfung machte ihn schwach. Wieder klopfte er dem Jungen auf die Schulter. »Bleibe bei deiner Mutter. Tröste sie. Richte sie auf, denn sie hat einen Helden zum Manne gehabt.«

Lucanus erhob sich und ging in das Schlafgemach seiner Mutter. Sie lag auf ihr Bett hingestreckt, wie eine Marmorstatue, mit geschlossenen Augen. Er kniete neben sie hin, während Aurelia ihr die Decken über die schneeweißen Füße breitete. Er küßte eine schlaffe Hand. Iris öffnete die Augen, und ihre Lippen bewegten sich. Zum erstenmal weinte sie; und Lucanus legte seinen goldblonden Kopf an ihre Schulter und schlang stumm, schmerzerfüllt, seine Arme um die Mutter.

Sein Herz war wie ein schwerer Stein. Er hätte gern für seinen Vater gebetet, dessen Seele nun, leise klagend und einsam, irgendwo in gespenstischen elysischen Gefilden wanderte. Aber selbst in diesem Augenblick konnte Lucanus nur an Rubria denken, die strahlende, die junge, die zarte, die wundervolle Rubria, die bald den gleichen leidensvollen Pfad in das Totenreich beschreiten und ihm für immer entschwinden würde.

XI

Rubria erholte sich ein wenig, so daß man sie unter einen Baum tragen konnte, in die warme Frühlingssonne. Die geisterhafte Blässe ihres Gesichtes bekam schwache Farbe. Keptah hatte Diodorus gesagt, junge Mädchen erlitten oft solche Rückfälle in eine gewisse Gebrechlichkeit. Der liebevolle Vater wußte nicht, daß die langärmeligen Wollgewänder, die das Mädchen trotz der Hitze trug, dazu bestimmt waren, seinen Augen die schmerzhaften Blutergüsse unter der dünnen Haut zu verbergen und den versagenden Körper der Kranken zu wärmen. Aurelia war mit ihrem Gatten übereingekommen, daß sie erst im Herbst mit Rubria nach Rom übersiedeln würde. Unterdessen wurden zwischen Diodorus und dem Senator hitzige Briefe über die Mitgift gewechselt.

So oft wie möglich und vor allem dann, wenn Lucanus ihn besonders zufriedenstellte, erklärte Kusa sich bereit, dem Jungen im Garten in der Nähe Rubrias Unterricht zu erteilen, so daß die beiden jungen Leute beisammen sein konnten. Rubria lernte nicht mehr mit; ihre schwindenden Kräfte, ihre Müdigkeit, ihr häufiges Eindösen verboten jede Anstrengung. Aber sie lächelte unsagbar glücklich, wenn Lucanus rezitierte. Sie lachte leise über manche von Kusas Späßen. Er hielt sich seit jeher für einen Witzbold; jetzt lag er oft nachts wach und dachte sich für das Mädchen Scherze oder lustige Geschichten aus. Dem sich sonst so kaltschnäuzig gebärdenden griechischen Lehrer war in Rubrias Nähe das Herz ganz weich geworden. Er, dem es ausgemacht schien, daß alle Menschen schlecht waren, unfähig zu wirklich uneigennützigen Handlungen, raubtierhaft von Natur aus und in allen ihren Gedanken liederlich, er mußte über sich selbst staunen. In Gegenwart dieses Mädchens konnte man bloß von Liebe bewegt sein.

Im Hausstand des Tribunen gab es Sklavinnen, die schöner waren als Rubria. Auch im Vergleich zu Iris, die dem Alter nach ihre Mutter hätte sein können, war sie eine Sterbliche gegenüber einer strahlenden Göttin. Aber Kusa kam langsam zu der Überzeugung, daß nie zuvor ein so durchaus liebliches Wesen geboren worden war. Als ihr schmales, bräunliches Gesicht immer mehr abmagerte, wurden ihre dunklen Augen riesengroß, glänzend, von übernatürlichem Licht erfüllt, feucht von Träumen und Liebe. Ihr Mund, so sagte Kusa sich, war eine Blüte. Ihr langes, schwarzes Haar schien aus Glas gesponnen; in Kaskaden fiel es über die jungen Schultern und mädchenhaften Brüste.

Gewöhnlich saß Rubria in ihrem Sessel zurückgelehnt, Beine und Füße auch an den heißesten Tagen in Wolldecken gehüllt. Die Umrisse ihres Körpers schienen untastbar wie die Umrisse einer Geistererscheinung. Wenn sie schlief, schien sie nicht zu atmen. So plötzlich, wie sie eingeschlummert war, erwachte sie wieder und blickte voll Scheu und inniger Liebe um sich.

Obwohl sie eine Römerin aus vornehmen Hause war, behandelte sie die Sklaven mit einer sonst nur Gleichgestellten gegenüber geübten Höflichkeit. Das Geschenk des Lebens empfing sie mit Wertschätzung und Ehrerbietung. Als ihre Erdentage zur Neige gingen, wuchs ihre Seele zu einer Größe, die menschliches Begriffsvermögen überstieg.

In ihrer Gegenwart gewann man die Überzeugung, jede Art von Dasein müßte gut und voll Bedeutung und dichterischer Schönheit sein. Ihre Lieblingsvögel ließen sich auf ihre Schulter nieder und pickten das Stück Brot oder Obst auf, das sie dazu zwischen die Lippen nahm. Sie setzten sich auf ihre zarten Finger und schmiegten sich fest an sie, als wollten sie irgendein tiefes Geheimnis von ihr erfahren. Es war, als ob sogar die Sonne in Rubrias Anwesenheit heller leuchtete und sie stärker wärmte. Wenn die Kranke Schmerzen hatte, wußte niemand davon außer Keptah. Heitere Gelassenheit umgab sie wie eine Strahlenhülle; sie kannte keine Furcht. Während der letzten Monate, seit das Leiden sie wieder erfaßt hatte, war sie eine Frau geworden und, nach Kusas demütiger Empfindung, eine Göttin.

Er wußte, daß sie dem Tode geweiht war; alle wußten es, bis auf den leidenschaftlich liebenden Vater. Kusa vermutete, daß auch Rubria selbst es wußte. Ihre übermenschliche Geduld, ihre Zärtlichkeit, die Art, wie sie alles im Garten und jeden Menschen mit stiller Eindringlichkeit und Freude ansah, zeugten seinem Gefühl nach für ihr Wissen davon, daß sie vor Einbruch des Winters hinscheiden würde. Doch sie beklagte sich nie; sie lächelte bloß, als sei ihr ein göttliches Geheimnis offenbar geworden.

Lucanus aber wurde in den Zeiten, da er nicht mit Rubria beisammen war, von Tag zu Tag unzugänglicher und kälter. Sein herbes Gesicht schien bis zu den Knochen abgemagert. Er trauerte um seinen Vater, das wußte Rubria. Sie hatte Äneas selten gesehen, litt aber mit Iris und Lucanus. Sie sprach nicht von dem Toten; doch bisweilen blickte sie ihren alten Spielgefährten an und seufzte. Über ihren ausdrücklichen Wunsch aß Lucanus jetzt oft mit ihr und ihren Eltern zusammen, wenn sie die Kraft hatte, im Speisesaal zu erscheinen. Um ihrem Vater Sorgen zu ersparen, kam sie möglichst oft, mit langsamen, kraftlosen Schritten, zu ihrem Platz am Tisch. Dann wandte sie ihre ganze Aufmerksamkeit dem Vater zu, und er blickte sie liebevoll an. Er glaubte, daß es ihr besser ging. Auch seinen bestimmtesten Fragen wich Keptah mit beschwichtigenden Worten aus.

Daß Carvilius Ulpianus sich endlich mit den ihm gemachten Vorschlägen bezüglich der Mitgift einverstanden erklärt hatte, freute den Tribunen, und er sonnte sich in dem Glauben an eine langsame, aber stetige Besserung im Befinden seiner Tochter. Er freute sich auch darauf, daß Aurelia ihm einen Sohn gebären würde. »Natürlich«, pflegte er seiner Frau liebevoll zu sagen, wird es ein Knabe sein. Habe ich nicht den Göttern genug Opfer gebracht? Erst gestern wieder eine Hekatombe. Und was für Preise diese

Syrer anrechnen, diese Räuber! Ich habe den Knaben dem Mars geweiht. Selbstverständlich muß er in Rom zur Welt kommen, nicht in diesem lausigen Lande.«

Aurelia lächelte ihm zu. Wenn er sie manchmal in Tränen aufgelöst antraf, beruhigte sie ihn rasch: »Du weißt doch, daß schwangere Frauen solche Anwandlungen haben. Lege die Hand auf meinen Unterleib, Liebster. Spürst du deinen Sohn umherhüpfen wie ein Lamm? Ah, er ist kräftig! Er ist fast seines Vaters würdig.«

Eines Spätsommertages waren Rubria und Lucanus allein miteinander unter dem Schatten eines großen, grünen und glitzernden Baumes. Während sie döste, saß Lucanus neben ihr, machte seine Aufgaben und entrollte seine Bücher, um darin nachzulesen. Dann überkam ihn mit einem Male schreckliche Müdigkeit und unbeherrschbare Verzweiflung. Er legte Schreibtafeln und Griffel beiseite. Er blickte Rubria an, sah die langen schwarzen, wie Schatten auf den blassen Wangen liegenden Wimpern, sah die gefalteten Hände, die so durchscheinend waren wie Alabaster. Mit ihrem kaum bewegten Brustkorb bot sie ein Bild des Todes, der völligen Selbstaufgabe. Plötzlich wußte Lucanus mit völliger Sicherheit, daß Rubria – ungeachtet seiner Auflehnung, ungeachtet seiner flehentlichen und manchmal gotteslästerlichen Gebete, ungeachtet der trotzigen Aufbietung seines Willens gegen den Gottes – sterben würde, und zwar sehr bald. Wie Elfenbein schimmerten ihre Jochbogen durch die fleischlosen Wangen; ihr Hals war abgezehrt. Lucanus ließ den Kopf langsam an ihr Knie sinken, schloß die Augen und überließ sich seinem Kummer.

Wenn sie stirbt, dachte er, gehe ich fort. Ich werde ein unsteter Wanderer auf dem Antlitz der Erde. Ich gehe bei Nacht und Nebel davon, ziehe bis in die fernsten Winkel der Welt, und niemand soll meinen Namen kennen. Ohne meine Innigstgeliebte, ohne sie, den Inbegriff dessen, woran ich wirklich gehangen habe, ist alles nichtig.

Die Vögel sangen und zwitscherten, und er hörte sie nicht. Das Sonnenlicht tanzte ringsum auf Blatt und Blüte, und vor seinen Augen war nur Finsternis. Er war jung und heißblütig; er fühlte sich alt und kalt wie der Tod. Jegliches Verlangen nach Wesen jeglicher Art hatte ihn verlassen. Wenn das Dunkel des Grabes oder die Flamme des Scheiterhaufens dieses Mädchen verschlangen, sollten sie auch ihn verschlingen. Erstarrung und Empfindungslosigkeit krochen in seine Glieder, und er fühlte sich schrecklich elend, als müßte er selbst auf der Stelle sterben. Ein leichtes Stöhnen überhörte er.

Eine Hand, so leicht wie eine Flaumfeder, berührte seinen goldblonden Scheitel. Erschrocken fuhr er auf. Rubria lächelte ihm, zärtlich wissend wie nur eine Frau, zu. Alle Liebe leuchtete in ihren Augen, alles Verstehen.

Er faßte ihre Hand und küßte sie mit verzweifelter Innigkeit. Er spürte, wie gebrechlich, wie eisig kalt, wie fast geisterhaft diese Finger waren.

Dann sprach sie. »Du darfst dich nicht grämen, lieber Lucanus«, sagte sie, und ihre Stimme war leise und unendlich freundlich.

Lucanus gab es einen Stich. Also wußte Rubria, wie es um sie stand. Vielleicht wußte sie es schon lange. Der Gedanke, daß ein so junges, so schönes Wesen die Wahrheit erkannt und hingenommen hatte, ohne natürliche Angst, ohne Bedauern, nur mit erhabenem Mut, war für Lucanus unerträglich. Er fluchte Gott innerlich und dachte: Wenn sie stirbt, gehe ich mit ihr, denn außer ihr ist nichts. Eine große Ruhe überkam ihn, eine große Gelassenheit.

»Gräme dich nicht!« wiederholte sie, und ihre Stimme war noch sanfter. »Ich bin sehr glücklich. Ich werde nicht lange von dir und meinem Vater getrennt sein. Die Götter sind gütig; sie blicken nicht scheel auf die Liebe zwischen Sterblichen.«

Nein, Gott ist nicht gütig, dachte Lucanus. Er legte wieder den Kopf an Rubrias Knie, und der schöne Garten um ihn wurde in seinen Augen gespenstisch, von den Spukgestalten des Todeskampfes erfüllt.

Rubria sprach wieder, leise: »Ich spüre im Herzen, was du denkst, Liebling. Du darfst nicht so denken. Gott hat dir ein großes Schicksal bestimmt. Er ist unser Vater, und wir sind Seine Kinder. Glaubst du, Er würde zwecklos Kummer und Schmerz auf uns laden? Er will, daß wir zu Ihm finden.«

»Nein«, rief Lucanus. »Wenn Er so ist, wie du sagst, dann möge Er dich von diesem Sessel aufstehen lassen, möge dir gesundes Rot auf die Wangen und Kraft in die Glieder zaubern.« Seine Kehle wurde von einem Krampf der Angst zugeschnürt.

Das Mädchen seufzte. »Sicherlich weiß Er selbst, was am besten ist. Sicherlich ist der Friede, den ich fühle, Seine Gnade und Seine Güte. Heute habe ich keine Schmerzen. Die letzte Nacht habe ich fast wie ein Säugling geschlafen, und meine Träume waren unvorstellbar herrlich. Ich war voll Freude, und diese Freude ist auch den Tag über bei mir geblieben. Die Welt ist schön; aber dort, wohin ich gehe, ist es noch schöner, und dort wird es kein Abschiednehmen mehr geben.«

Sie hob den Kopf vom Kissen und blickte Lucanus an, sein versteinertes Gesicht, seinen stillen, starren Mund, das schmerzvolle Blau seiner Augen. »Ach, du hast es ganz vergessen«, meinte sie. »Als wir jünger waren, hast alles du selber mir erzählt.«

Aber inzwischen habe ich es als Lug und Trug erkannt! dachte Lucanus. Er konnte nicht sprechen. Er konnte diesem jungen Geschöpf nicht den letzten Trost nehmen, auch wenn er falsch war.

Rubria betrachtete ihn ernsten Blicks. »Und es ist wahr«, betonte sie. »Alles, was du mir in unserer Kinderzeit gesagt hast, ist wahr. Meine Seele bezeugt es mir, und am Rande des Grabes ist keine Lüge: Ich gehe zu Gott.« Sie griff sich an die Brust und zog das goldene Kreuz hervor, das Keptah ihr gegeben hatte, und drückte es Lucanus in die Hand. Dann blickte sie zum Himmel.

»Keptah ist ein merkwürdiger Mensch, voll Weisheit, Lucanus. Er hat mir gesagt, daß jener Mann, der auf diesem Kreuz sterben wird, jetzt zugleich mit uns auf der Erde lebt, kaum dem Kindesalter entwachsen. Aber wo er lebt und wer er ist, weiß niemand außer seiner Mutter. Seine Geburt wurde von den Priestern Babylons vor Jahrhunderten prophezeit, und jetzt ist er gekommen. Er wird uns in das ewige Leben führen, wo kein Tod mehr ist, nur noch Freude.«

Plötzlich fiel dem Jungen das große, weiße Kreuz ein, das er in dem Chaldäertempel zu Antiochia gesehen hatte. Und ihn übermannte Wut, Selbstverspottung, Haß und Abscheu. Priester waren bekannt als Scharlatane, mit ihren Orakeln, Weissagungen, Beschwörungen und Gaukeleien, mit ihrer vieldeutigen Redeweise! Insgeheim lachten sie über die Einfalt derer, die ihnen glaubten. Von den Opfergaben aßen sie sich Bäuche an. Sie begingen Schändlichkeiten. Sie füllten ihre Truhen mit dem Gold der Schwachköpfe. Wenn sie aber dem unerbittlichen Tode gegenüberstanden, erblaßten ihre schlauen Gesichter, verstummte ihre Redseligkeit.

Das goldene Kreuz glitzerte in der Hand des Jungen. Am liebsten hätte er es zornig weit weggeworfen und es als läppischen Tand verwünscht. Aber Rubria neigte sich aus ihrem Sessel zu ihn und schloß sanft seine Finger über dem Kreuz.

»Das ist mein Geschenk an dich.«

Am Westhimmel prangte der Sonnenuntergang, ein Meer von Scharlachrot und Gold, in dem die grünen Segel kleiner Wölkchen trieben. Der leichte Wind hatte sich gelegt; wie Weihrauch stieg der Duft von Blüten und fruchtbarer Erde empor. Rubria schlief, und Lucanus saß neben ihr, den Kopf auf ihr Knie gestützt, ihre Hand auf seinem goldblonden Haare. Er wußte nicht, wie lange sie so geblieben waren. Die Kanten des Kreuzes schnitten ihm in die Hand, und er spürte es nicht. Schließlich hob er den Kopf, und Rubrias Hand sank schwer herab. Auf ihrem Gesicht stand ein Lächeln, als wäre sie zu heiterer, ungetrübter Freude erwacht. Ihre Wangen und ihre Lippen waren zu völliger Weiße verblaßt, und ihre Stirn schimmerte. Ihre Wimpern lagen auf den Wangen wie ein ganz leichter Schatten.

Lucanus erhob sich langsam, und die Bürde des Alters lastete auf ihm. Er beugte sich über Rubria und stieß einen einzigen lauten, furchtbaren Schrei aus.

XII

»Noch stehen an der Haustür des Tribunen und an unserer Haustür die Zypressenbäumchen«, sagte Iris zu ihrem Sohn. »Ein verzweifelter Vater weint um sein Kind, eine schmerzgebeugte Mutter ist untröstlich. Und ich – ich bin nur mehr deine Mutter – muß immer an deinen Vater denken. Du aber hältst dich für den einzigen, der leidet! Du hörst keine andere Totenklage als die deine. Als Kind könntest du dich kindisch benehmen. Doch jetzt bist du ein Mann und solltest Kindereien ablegen. Hast du geglaubt, die Welt wäre ein einziger Traum von Wonne und Glück? Das meinen nur Toren, nur ewige Kinder, nur Leute, die sich in der Finsternis ducken und endlosen Nachtigallengesang wünschen, um nicht die Stimme der Tragik zu hören. Glück! Menschen, die behaupten, daß es Glück gibt, geben müsse, daß sie ein Anrecht darauf haben, weil sie ohne Makel geboren wurden, sind wie vernunftlose Kinder, deren stammelnde Lippen mit Honig beschmiert sind.«

»Du hast«, fuhr Iris fort, »deine Tür vor dem armen Sklaven, deinem Lehrer Kusa, und vor dem Arzt Keptah verschlossen. Mir hast du deine Tür vor der Nase zugeschlagen. Du läßt es die ganze Welt entgelten, daß ein Mensch, den du geliebt hast, von dir gegangen ist. Du läßt es Diodorus entgelten, der dich wie einen Sohn liebt und umsorgt. Du willst es sogar die Götter entgelten lassen. Du gedenkst fortzugehen und glaubst, daß dann alle verzweifelt sein werden. Aber ich sage dir, Diodorus wird sich trösten, wenn sein Kind zur Welt kommt, und wird dich vergessen oder mit Verachtung strafen. Dein Lehrer wird sich einen anderen Schüler nehmen. Nur ich werde deiner gedenken, ich, deine Mutter, die du nie als Frau ohne Gatten und ohne Sohn dir vergegenwärtigt hast.«

Sie zitterte in ihrem Zorn. Draußen wehklagten an Türen und Fenstern Herbststürme und Herbstregen. Iris war in die Schlafkammer ihres Sohnes gekommen. Das trübe Dämmerlicht zeigte ihn am Tisch sitzend, den Kopf in die Hände gestützt. Aber zum erstenmal seit langem hörte er zu. Schließlich hob er den Kopf, blickte seine Mutter an und sah sie. Sein hageres Gesicht verzerrte sich in namenloser Qual.

»Dabei hat dich das Schicksal begünstigt!« rief Iris. »Du warst stets von Liebe umgeben. Du bist kein Sklave, sondern ein freier Mann, frei geboren. Was weißt du von der schrecklichen Not, dem furchtbaren Elend auf der Welt? Du bist jung, man hat dich gehegt und gepflegt. Aber du triffst keine Anstalten, dein Ränzlein Unglück auf die Schulter zu nehmen und wie ein Mann zu tragen. Gleich Orpheus willst du ewig trauern.«

»Ich habe schon oft Leid und Tod gesehen«, sagte Lucanus mit der heiseren Stimme eines Menschen, der zu lange geschwiegen hat. »Diese Dinge sind mir nicht fremd.« Jetzt glitzerten seine eingesunkenen Augen im Halbdunkel, und er ballte die Fäuste auf dem Tisch. »Weißt du, was ich in diesen Wochen gedacht habe? Daß Gott ein Peiniger ist und die Welt ein Amphitheater, in dem Menschen und Tiere zu Tode gehetzt werden, grausam, grundlos, hoffnungslos.«

Iris freute sich innerlich darüber, daß ihr Sohn endlich auftaute. Aber sie sagte streng: »Die Götter zu lästern ist frevlerisch!«

Doch dem Jungen entströmten jetzt die Worte wie ein lange aufgestauter Wildbach. »Wozu ist der Mensch geboren? Doch nur, um sich in Qualen zu winden und dann so schmachvoll zu sterben, wie er gelebt hat, und ebenso lichtlos. Er schreit zu Gott, und ihm wird keine Antwort. Er fleht Gott an. Er fleht einen Henker an. Seine Tage sind gezählt, und keiner davon ist frei von Sorge oder Leid. Sein Mund wird mit Staub gestopft, und er sinkt ins Grab, und das furchtbare Rätsel des Daseins bleibt. Wer ist je mit einer tröstlichen Botschaft aus dem Grabe wiedergekehrt? Welcher Gott hat je gesagt: ›Steh auf, und ich will deine Bürde erleichtern und dich zum Leben führen?‹ Nein, einen solchen Gott hat es nie gegeben und wird es nie geben. Gott ist unser ewiger Feind.«

Er starrte auf seine Fäuste; dann drehte er sie um und öffnete sie, um Handflächen und Finger zu betrachten. Seine Miene wurde hart und finster vor Groll. »Ich will lernen, Ihn zu überwinden«, murmelte er. »Ich werde Ihm Seine Opfer abjagen. Ich werde die hilflosen Menschen Seiner Peinigermacht entreißen. Wenn Er die Hand nach einem Kinde ausstreckt, werde ich diese Hand niederschlagen. Wenn Er Tod verhängt, werde ich weiterzuleben gebieten. So will ich mich an Ihm rächen.«

Er erhob sich. Er war schwach von Unterernährung. Er schwankte und faßte die Tischplatte. Er stand da und blickte seine Mutter an, und er sah die Tränen in ihren Augen. Er schrie auf und sank in die Knie vor ihr und schlang die Arme um ihre Hüften und schmiegte den Kopf an ihren Leib. Sie legte ihm die Hände auf das Haupt und segnete ihn stumm. Dann bückte sie sich und küßte ihn auf die Stirn.

»Hippokrates lehrt, daß dieses Übel bisweilen von selbst ausheilt«, sagte Keptah. »Einmal erwähnt er, es sei eine Heimsuchung der Götter, die, falls das zutrifft, offenbar nicht gutherziger sind als die Menschen. Er empfiehlt Aufgüsse und Absude gewisser Kräuter, um die besonders heftigen Qualen zu stillen, sowie in Wein und flüssige Arzneien getauchte Tampone zur Schmerzlinderung bei Frauen, die an der ihren Schoß zerfressenden Krankheit leiden. Bei Männern empfiehlt er Ätzungen und Entmannungen. Er betrachtet das grundlegende Übel als Erkrankung der Schamteile, wobei er allerdings in manchen seiner Feststellungen unsicher ist. Handelt es sich in allen Fällen um das gleiche oder um verschiedene Leiden? Einer seiner Schüler hielt die Krankheit, wenn sie die Haut ergreift, für verwandt mit dem Aussatz. Liegt die gleiche Ursache zugrunde, wenn ein Muttermal wächst und schwarz wird und rasch zum Tode führt? Und ist die Weiße Krankheit, die das Blut zerstört und es klebrig wie Sirup macht, auch das gleiche? Und ebenso auch jenes Leiden, das Nieren, Lungen, Milz und Gedärme zerfrißt? Hippokrates ist sich nicht schlüssig darüber. Ich bin mir klar: es handelt sich um die gleiche Krankheit, mit verschiedenen Erscheinungsbildern. Und es handelt sich um das ärgste aller Übel; denn es kommt wie ein Dieb in der Nacht, und erst ganz zum Schluß, wenn ein Messer im Körper bohrt und bohrt, schreit das Opfer laut und erfleht den Tod.«

Er und Lucanus befanden sich in dem kleinen, für die Haussklaven bestimmten Krankenzimmer. Fünf Betten waren mit stöhnenden und sich hin und her wälzenden Männern und Frauen belegt. Drei Sklaven folgten dem Arzt und seinem Schüler mit Bronzeschüsseln, Ölen und weißen Leinenstreifen. Ein vierter Sklave trug ein Brett mit kleinen flüssigkeitsgefüllten Gefäßen. Keptah und Lucanus waren an dem Bett eines Mannes stehengeblieben, der vor rasendem Schmerz keuchte. Seine linke Gesichtshälfte war wie von einer riesigen Made weggefressen, das Fleisch offengelegt und zerfetzt, die Lippen aufgeschwollen und bluttriefend. Der Kranke blickte zu dem Arzt auf, der ihn sorgenvoll betrachtete. Und Lucanus schaute in bitterer Verzweiflung auf das jammervolle Bild.

Dann flüsterte er Keptah zu: »Es wäre doch nur ein Werk der Barmherzigkeit, diesem Menschen etwas einzuflößen, das ihm Frieden und Tod brächte.«

Keptah schüttelte langsam den Kopf. »Hippokrates hat das als verboten bezeichnet. Wer kann wissen, in welchem Augenblick die Seele zu Gott findet? Sollen wir den armen Kerl heute abend umbringen, wenn ihm vielleicht morgen früh die Erkenntnis Gottes zuteil wird? Außerdem vermag der Mensch nicht Leben zu geben; deshalb steht es ihm auch nicht zu, den Tod zu geben. Beides ist ausschließlich Ihm vorbehalten, dessen Wirken für uns undurchschaubar und in Geheimnis gehüllt bleibt.«

»Töte mich!« schrie der Sklave und bäumte sich in seinem Bett auf. Mit zum Skelett abgemagerter Hand packte er den Arzt am Arm. »Gib mir den Tod!« Seine Stimme erstickte röchelnd in hervorquellendem Blut.

Keptah drehte sich zu Lucanus, der voll Entsetzen die leidende Kreatur betrachtete. Er stieß ihn an; Lucanus wandte den Kopf und starrte den Arzt mit einem Gemisch von qualvoller Starre und von Fürbitte an. »Hättest du«, fragte Keptah, »Rubria um eine einzige Stunde ihres Lebens bringen wollen? Und ich sage dir, sie hat ebensoviel gelitten wie dieser Mann hier, und noch mehr.«

Er tränkte einen Leinenfleck in weißer Flüssigkeit, die er aus einem der Gefäße goß. Lucanus biß erbittert die Zähne zusammen. Was hatte dieser arme Sklave, ein Gärtner, gegen die Götter verbrochen, daß er sich ein solches Schicksal verdient hätte? Er war ein freundlicher, harmloser Geselle gewesen, voll Freude über seine Blumen, voll Stolz auf seine Beete, voll Liebe zu seinen Lilien, voll väterlicher Fürsorge für seine Rosen. Es gab Hunderttausende von Menschen, die ein friedsames Leben weniger verdienten als er. Die Welt war erfüllt von Scheusalen, die in Ruhe aßen und tranken und lachten und deren Kinder in ihren hübschen Hausgärten umhersprangen und kein Ungemach kannten.

Sehr liebevoll ergriff Keptah die krampfhaft ausgestreckte Hand des Sklaven und hielt sie fest. »Hör mich an!« sagte er. »Du bist ja ein vernünftiger Mensch und wirst mich verstehen. Die gleiche Krankheit haben auch andere Leute, aber nicht wie du im Körper, sondern in der Seele; und ich versichere dir, daß sie mehr leiden als du. Während aus deinem Mund Blut sickert, brechen aus ihren Seelen Gewalttat und Tücke. Ist bei dir das Fleisch wund, so sind es bei ihnen die Herzen. Niger, ich schwöre dir, daß du glücklicher bist als sie.«

Der Sklave begann zu wimmern, und seine Augen wurden groß und still. Mit blutendem Munde flüsterte er: »Ja, Herr.«

Tiefe Verachtung brannte wie Säure in Lucanus. Er sah Keptah den getränkten Leinenfleck auf das schrecklich entstellte Gesicht legen. Der Sklave keuchte. Die weniger leidenden Mitpatienten schauten von ihren Betten her zu. Dann, endlich, trat in die Augen des Kranken feuchte Entspannung, zitternde Erleichterung. Eine Träne rann aus einem Augenwinkel. Keptah nahm einen Becher, schob seinen Arm unter den Kopf des Sklaven und hob ihn so behutsam, wie nur eine Mutter es mit ihrem Kind tun kann; dann hielt er den Becher an die verzerrten Lippen, und Niger trank langsam, mit rührender Folgsamkeit. Als Keptah den Kopf des Sklaven auf das Kissen zurückgleiten ließ, war der Kranke schon, leise stöhnend, eingeschlafen. Lange betrachtete Keptah ihn mit rätselhafter Miene. Sein finsteres Gesicht mit den tiefliegenden Augen war unergründbar.

»Die Krankheit hat schon den Kehlkopf erfaßt«, murmelte er. »Der Mann wird nicht mehr lange leben.« Er wandte sich an einen der Pfleger. Gib ihm jedesmal, wenn die Schmerzen unerträglich werden, diesen Trank, aber nicht öfter als alle drei Stunden, nach der Wasseruhr.«

»Ist das alles, was du kannst?« fragte Lucanus.

»Nein. Wäre er zu mir gekommen, als das erste kleine, harte, weiße Geschwür an der Innenseite der Wange auftrat, so hätte ich es mit glühenden Eisen ausbrennen können. Er ist erst gekommen, als er starke Schluckbeschwerden hatte und die Mundschleimhäute schon bluteten und zerstört waren und sich ablösten. Merke dir: ob es sich nun um ein Leiden der Seele oder des Körpers handelt, es ist immer am besten, Rat und Hilfe gleich bei Beginn zu suchen. Später ist alles vergebens.«

Sie begaben sich zu dem Bett einer jungen Sklavin, die kaum geringere

Qualen litt als Niger. Ihr Bett war verschmutzt vom Scheidenfluß. Keptah fuhr einen der Pfleger an: »Habe ich dir nicht aufgetragen, die Laken trokken und rein zu halten? Was da aus ihrem Körper kommt, ist Gift. Ich werde dich dem Aufseher melden, mach dich also auf eine Auspeitschung gefaßt.«

»Herr, ich habe auch noch andere Pflichten«, jammerte der Sklave.

»Keine Pflicht ist größer als die, Leiden zu heilen oder zu lindern. Heilkunde ist die wahre göttliche Kunst. Genug. Mach deine Arbeit in Hinkunft besser, dann werde ich von der Anzeige absehen, und die Auspeitschung bleibt dir erspart.«

Die junge Sklavin war, trotz ihres ungepflegten Äußeren und des Fiebers, hübsch und anziehend. Keptah legte ihr die Hand auf die Stirn, um die Körperwärme zu prüfen. Er sagte zu Lucanus: »Sie hat an sich selbst einen Eingriff versucht, mit einem schmutzigen, primitiven Instrument, wie es die Wilden benutzen. Das sind die Folgen.«

»Ich wollte kein Kind haben, das als Sklave geboren wird!« jammerte das Mädchen.

Keptah entgegnete mit finsterer Miene: »Die Absicht war gut, die Tat nicht. Du hättest von Anfang an auf dem guten Wege bleiben sollen. Hast du einen bösen Herrn? Wenn du ihn um einen Gatten gebeten hättest, wäre dir einer gegeben worden. Das Hauswesen unseres Herrn ist sittsam. Aber du hast herumgeliebelt, aus Lüsternheit und Wollust. Nichts kann dich entschuldigen. Du wurdest im Lesen und Schreiben unterwiesen, im Spinnen und Nähen, im Kochen und in anderen nützlichen Verrichtungen. Dir ist es nicht so ergangen wie den Sklavinnen in Rom, die nach Gutdünken ihres Herrn in dessen Bett befohlen werden. Na schön. Schauen wir uns die Sache an.«

Aber zuerst wusch er sich die Hände mit Wasser und rieb sie mit stechend riechendem Öl ein. Dann untersuchte er die weinende Kranke und betastete ihre entzündeten, stark eiternden Schleimhäute. »Muß ich sterben, Herr?« rief Julia angstvoll.

Keptah antwortete nicht. Er drehte ein Stück weißes Leinen zu einem schmalen kegelförmigen Gebilde und tauchte es in Flüssigkeit aus einem seiner Gefäße. Die junge Sklavin wurde ganz blaß. Keptah spreizte ihr jedoch entschlossen die Beine und schob den Leinenpfropf in ihren Schoß. Sie schrie auf. Die Luft erfüllte sich mit aromatischem Duft. »Laß den Tampon bis abends drinnen!« befahl Keptah dem Pfleger. »Dann nimm ihn heraus und vernichte ihn; er ist verseucht und gefährlich. Anschließend wasche ihr die Schamteile mit fließendem klarem Wasser und mach einen zweiten Tampon, den sie sich selbst einführen soll. Inzwischen werden die Schleimhäute weniger schmerzhaft geworden sein.«

Er tätschelte der Kleinen die feuchten Hände und gab ihr etwas zu trinken. Dann sagte er zu ihr:

»Sterben wirst du nicht daran, meine Liebe. Du wirst am Leben bleiben, um, wie ich fürchte, weiter zu sündigen.«

Er blickte Lucanus an. »Besuche sie abends. Sorge dafür, daß meine Aufträge durchgeführt werden!«

»Weshalb tadelst du diese arme Kleine?« fragte Lucanus grollend. »Ist sie stärker als ihre Natur, mit der dein Gott sie ausgestattet hat? Er hat ihr die natürlichen Triebe eingepflanzt.«

»Wenn diese natürlichen Triebe gefährlich werden können, muß man sie im Zaum halten«, erklärte Keptah. »Und was ist natürlich? Die Welt? Man muß so viel Selbstzucht haben, daß man den Versuchungen widersteht. Sonst ist der Mensch nicht viel mehr als ein Tier.«

Die etwas beruhigte Sklavin lächelte Lucanus kokett an. Er wandte sich jäh ab, traurig, aber angewidert.

Die Fenster ließen die kühle Winterluft ein, die in Wellen den Raum füllte. »Luft und Licht sind Feinde aller Krankheiten«, erklärte Keptah, in völligem Gegensatz zur Meinung anderer Ärzte. »Auch Reinlichkeit ist ein solcher Feind. Gar nicht zu reden von Selbstachtung und Achtung vor dem Leib, in den die Seele sich kleidet.«

Sie hielten vor dem Bett einer jungen, netten Frau an, deren Bauch stark aufgedunsen war. Neben ihr kauerte mit tränenüberströmtem Gesicht ihr ebenso junger und stattlicher Gatte. Er richtete sich rasch auf und blickte Keptah aus schimmernden Augen beschwörend an.

»Ach, Herr!« sagte er. »Sie ist doch sicher schwanger und wird bald gebären, nicht wahr?«

Keptah seufzte. »Ich habe es dir schon gesagt, Glaukos. Das ist kein Kind, sondern eine große Geschwulst. Die Frau muß davon befreit werden, sonst stirbt sie. Ich hätte zwar gleich operieren können, aber ich wollte die Entscheidung dir überlassen. Du hast gezögert und so die Aussichten, daß sie am Leben bleibt, vermindert. Jetzt darf nicht länger zugewartet werden. Entschließe dich!«

»Herr, ich bin bloß ein Sklave. Du brauchst nur zu befehlen«, sagte Glaukos mit tränenerstickter Stimme.

Keptah schüttelte den Kopf. »Niemand, und mag er in Fesseln und Ketten liegen, ist ein Sklave, solange er sich nicht selbst als solcher bekennt. Du bist ein Mann. Soll ich jetzt deine Frau retten, oder willst du warten und sie sterben lassen? Ohne Operation wird sie bestimmt sterben; wenn ich sofort eingreife, bleibt sie vielleicht am Leben.«

Er wandte sich zu Lucanus. »Betaste den Bauch!« sagte er.

Der Junge war von Mitleid für diese beherzte Frau erfüllt, die nicht weinte, sondern nur tapfer lächelte. Er hob ihr Hemd. Der Bauch war so glatt und beädert wie Marmor und schimmerte von der Spannung der gedehnten Haut. Lucanus tastete sorgfältig und schloß dabei die Augen, um die ganze Aufmerksamkeit auf seine fein empfindenden Finger zu sammeln. An der rechten Seite fühlte der Bauch sich wie Stein an; wenn jedoch die Finger gegen den Nabel zu glitten, spürte Lucanus eine Schwammigkeit der Gewebe und das Schwappen von Flüssigkeit. »Ich bin überzeugt, daß es keine bösartige Geschwulst ist«, meinte er.

Keptah nickte erfreut. »Es ist eine Fett- und Schleimgeschwulst«, erklärte er. »Kommt sehr häufig vor. Hätte schon vor vielen Monaten entfernt werden sollen. Aber dieses Ehepaar sehnt sich nach einem Kinde und hat, nach dreijähriger Ehe, die Gewebswucherung für eine Leibesfrucht gehalten. Die Geschwulst hängt am rechten Eierstock, der auch entfernt werden muß.«

»Da wird sie keine Kinder mehr bekommen!« jammerte Glaukos. »Oder höchstens ein Mädchen!«

»Glaube nicht so alberne Dinge!« verwies ihn Keptah. »Schon Aristoteles hat die alte Ansicht aufgegeben, daß der eine Eierstock oder der eine Hode einen Knaben, der andere ein Mädchen erzeugt. Deiner Frau wird der linke Eierstock bleiben, und es liegt im unerforschlichen Ratschluß Gottes, ob sie später einen Sohn oder eine Tochter bekommt.«

Er zerrieb frische, scharf riechende Pflanzenblätter in einem Mörser, goß etwas Wein darüber und gab den Trank Hebra, die ihn gehorsam schluckte. Zu einem der Sklaven sagte Keptah: »Bleib bei ihr und gib ihr einen großen Becher Wein und dann noch einen. Wenn sie schläft, rufe mich!« Hebras Augen begannen sich zu schließen, während ihr Gatte sie angstvoll beobachtete. Sie hob träge eine liebevolle Hand und streichelte ihm tröstend die Wange.

»Die Frauen«, sagte Keptah zu Lucanus, während sie zu einem anderen Bett schritten, »sind, wie du siehst, um Leben und Tod weniger besorgt als die Männer. Ist das Gläubigkeit? Oder nehmen die Frauen wegen ihrer wirklichkeitsnäheren Einstellung die Tatsachen gelassener hin?«

Lucanus blickte ihn verdrossen an. Vielleicht, so dachte er, waren alle diese heute – am ersten Morgen nach seiner Rückkehr in das Haus des Diodorus und der Wiederaufnahme seiner Studien – an ihn gerichteten Bemerkungen feine Sticheleien und Vorwürfe wegen seiner Empfindsamkeit. Er ärgerte und schämte sich.

Der Mann im nächsten Bett war außerordentlich dick; seine weiße Haut schien teigig schlaff. Er sah Keptah mit grollendem Schweigen an. Der Arzt warf einen Blick auf den kleinen Tisch neben der Bettstelle, auf dem ein Eimer Wasser und ein Becher standen. Hast du das Wasser heute ausgetrunken, mein Lieber?« Der Mann murmelte etwas. Ein Geruch nach Äpfeln oder nach Heu schwebte in seiner schweren Atemluft.

»Schon vor Monaten habe ich dich gewarnt, du solltest deine Vorliebe für Bäckereien und Brot und Honig bezähmen«, sagte Keptah streng. »Ich habe dir mitgeteilt, daß du die Süße Krankheit hast und daß dir, wenn du nichts dagegen tust, schließlich die Muskeln und die Knochen in einem Strom von Harn aus dem Körper geschwemmt werden. Aber offenbar hast du dich nicht mit Magerfleisch und Gemüse begnügt, wovon es eine große Menge hier in diesem Hause gibt, das auf ausreichende Ernährung der Sklaven hält. Wenn du deine tierische Eßlust nicht bezwingst, wirst du sehr bald unter Krämpfen sterben. Du hast zu wählen. Tu es!«

Er wandte sich an Lucanus und hielt ihm einen kurzen Vortrag. »Immer spiegelt die Krankheit das Wesen des Menschen wider«, erklärte er. »Leute, die an der Süßen Krankheit, bei der der Harn zuckerhaltig ist, leiden, zeigen oft eine gewisse Nachgiebigkeit gegenüber den eigenen Gelüsten, die aus einer allgemeinen Selbstliebe, einer Bevorzugung des eigenen Ich gegenüber dem fremden Wohle, entspringt. Deshalb sind solche Leute nicht beliebt. Um ihr natürliches menschliches Bedürfnis nach Liebe zu stillen, ergeben sie sich statt den seelischen den irdischen Genüssen. Bei Kindern, die an dieser Krankheit unweigerlich sterben, äußert sie sich zum Teil anders. Es wäre interessant, mit solchen Kindern zu sprechen; vielleicht haben sie trotz ihres zarten Alters schon einen gewissen Hang zur Gier und zur Eigenliebe. Wir können gegen die Krankheit nichts tun als ganz mageres Fleisch verordnen, stärkefreie Gemüse und Obst und die Einschränkung oder Vermeidung von Süßigkeiten und stärkehaltigen Nahrungsmitteln. Leider erzielen wir damit nicht viel mehr als eine durch schmerzliche Einschränkungen erkaufte Verlängerung eines gehemmten Lebens, falls dem Patienten nicht eine seelische Erweckung zuteil wird und damit die Fähigkeit, über die Grenzen des eigenen Ich hinaus Liebe zu schenken.«

Er fixierte den mürrischen Sklaven, der ihn mit rasch blinzelnden Augen beobachtet hatte. »Schau deine Frau liebevoll an!« mahnte er. »Sage nicht: ›Sie gehört mir, und sie hat mir zu dienen.‹ Sage lieber in deinem Herzen: ›Das ist meine geliebte Gattin. Was kann ich tun, um sie zur glücklichsten aller Frauen zu machen, so daß sie den Leuten erzählt, daß sie mit dem gütigsten, edelsten Manne verheiratet ist?‹«

Als sie weitergingen, fragte Lucanus: »Ist das also eine nicht körperlich bedingte Krankheit?«

Keptah blieb stehen und dachte nach. Schließlich sagte er: »Man kann Körper und Seele nicht voneinander trennen. Mittels des Körpers äußert sich ja die Seele. Du wirst dich darüber wundern, wieso bei Epidemien manche Leute erkranken und andere nicht. Hippokrates hat im letzteren Falle von natürlicher Unempfänglichkeit gesprochen. Einer seiner Schüler war der Meinung, solche Menschen erzeugten in sich irgendeine Essenz, die die Krankheit abwehrt. Aber wie geht das zu? Wäre es möglich, daß bestimmte Gemütsveranlagungen einer Erkrankung Widerstand entgegensetzten, andere nicht? Unempfänglichkeit? Vielleicht eine Unempfänglichkeit der

Seele, obwohl andere Ärzte diese Ansicht nicht teilen. Ich spreche nicht von Gut und Böse. Ich spreche nur von Gemütsanlage.«

Sie kamen zum letzten Bett. Hier lag ein junger Mann, in hohem Fieber, das rechte Bein krampfhaft verkürzt, so daß die Muskeln wie Wülste herausragten. Er hatte dunkle Gesichtsfarbe, scharfe Züge, ungewöhnlich kluge, kecke Augen und eine finstere Miene. Keptah blickte einen der Pfleger an. »Ich habe gesagt, daß dieses Bein ständig in heiße Wolltücher gehüllt sein muß, Tag und Nacht, so heiß der Kranke es aushält. Verschone mich mit Ausreden!« Erbost hob er die Hand und versetzte dem Sklaven eine Ohrfeige. »Beschäftigen wir hier ausschließlich Leute, die nur ihre eigenen Vergnügungen und Lustbarkeiten im Kopf haben? Jetzt spute dich!«

Er betrachtete den Kranken. Dann sagte er zu Lucanus: »Dieser junge Mann hier hat eine hochmütige, stolze, rücksichtslose Art, ist außerordentlich von sich eingenommen und anmaßend. Er verachtet Unwissenheit und Dummheit. Er hat einen Geist wie die Schneide eines scharfen Messers. Er verabscheut seine Mitmenschen, die ihm an Klugheit selten gleichkommen. Er kennt keine Nachsicht, keine Güte. Ich habe ihm das Lesen und Schreiben beigebracht; er hat Zutritt zu meiner Bibliothek, kann frei kommen und gehen. Er denkt nie mit dem Herzen, immer nur mit dem Kopf. Du wirst daraufkommen, daß solche Leute sehr zu dieser verkrüppelnden Krankheit neigen. Du wirst auch feststellen, daß dümmere, geistig trägere Personen, auch schon unter den Kindern, selten von diesem Leiden befallen werden.«

Diomedes lächelte mit einer aus Stolz und Mißvergnügen gemischten Miene: »Danke, Herr, für die Anerkennung meiner Klugheit«, sagte er. Er hatte sicherlich starke Schmerzen; aber sein Stolz erlaubte ihm nicht, es sich anmerken zu lassen.

»Meine Worte waren nicht als Lob gedacht«, erklärte Keptah. »Es konnte fast nicht ausbleiben, daß du diese böse Krankheit bekommen hast, von der, fürchte ich, ein hinkendes Bein zurückbleiben wird.«

»Mir liegt wenig am Körper, wenn ich nur den Geist nähren kann«, meinte Diomedes.

Keptah blickte Lucanus an. »Du wirst diesen Wesenszug bei solchen Kranken immer wieder finden. Warum sollte jemand seinen Körper oder den eines Mitmenschen verachten, wo es sich doch um ein Wunderwerk Gottes handelt, das schöner sein kann als irgend etwas anderes in der belebten Natur? Durch den Körper erhält der Mensch Verbindung mit seiner Umwelt. Leute wie Diomedes wünschen keine solche Verbindung. Sie haschen nur nach Huldigungen und Schmeicheleien für ihre tatsächlich hohen Geistesgaben. Den Eltern derartiger Kinder pflege ich einzuschärfen: ›Lehrt eure Kinder lieben und schenken und erzieht sie in Ehrfurcht vor Gott!‹«

Lucanus verzog den Mund, entgegnete aber nichts. Zu Diomedes sagte Keptah: »Nachmittag schicke ich dir ein paar Bücher. Die vorigen hast du, wie ich sehe, ausgelesen. Übrigens ist da diese Kleine, Leda, die oft die Briefe für unsere Herrin Aurelia schreibt. Sie ist ein nettes Wesen, klug und gutherzig; und sie liebt dich innig. Nimm ihre Liebe, aber erwidere sie aus ganzer Seele. Ich weiß, so etwas wird dir schwerfallen; aber wenn man will, kann man sich zur Liebe zwingen. Einem strebsamen, entschlossenen, gescheiten Manne ist nichts unmöglich. Unsere Herrin Aurelia hält so große Stücke auf Leda, daß sie ihr, wie sie mir mitteilte, für den Fall ihrer Heirat die Freilassung erwirken wird. Willst du schuld daran sein, daß dem Mädchen dieses Geschenk entgeht?«

Diomedes begann spöttisch zu lachen. Dann wurde der Ausdruck seines Gesichtes weicher, und plötzlich kehrte er es seinem Kissen zu. Seine mageren Schultern hoben und senkten sich krampfhaft. Keptah sagte leise: »Durch demütige Tränen sind mehr Menschenseelen gerettet worden als durch alle Arzneien der Welt.«

Trotzig dachte Lucanus: Er vereinfacht zu sehr. Aber auch ihn rührte das Schluchzen des Kranken, der sich trotz Anspannung aller Muskeln nicht beherrschen konnte. Keptah sagte: »Sieh zu, daß du rasch gesund wirst, Diomedes! Ich werde dich als Gehilfen gut brauchen können, sobald du des Mitleids und der Liebe zu andern fähig bist.«

Diomedes hob sein tränenfeuchtes Gesicht vom Kissen, und Freude leuchtete in seinen Augen. Er faßte Keptahs Hände. »Du willst mich zu deinem Gehilfen machen, Herr?« fragte er ungläubig.

Keptah lächelte. »Du wirst einen ausgezeichneten Helfer abgeben, Diomedes – sobald du Liebe und Barmherzigkeit hast und fremden Schmerz am eigenen Körper spürst.«

Keptah und Lucanus kehrten zu Hebras Bett zurück, die wie im Schlafe dalag, leicht atmend. Der Arzt ließ bewegliche Zwischenwände bringen, die rings um das Bett aufgerichtet wurden. Er wies Glaukos aus dem Raume. Er stellte auf das Tischchen neben dem Krankenlager ein Brett mit Nadeln und Nahtmaterial sowie einem großen und zwei kleinen Skalpellen. Er sagte zu Lucanus: »Es ist an der Zeit, daß du der ersten Operation beiwohnst. Wenn dir übel wird, so benütze gefälligst diesen Eimer hier, sage aber nichts. Wenn du ohnmächtig wirst, lasse ich dich liegen. Es gilt, ein Menschenleben zu retten. Ich brauche deine Hilfe. Nimm diesen Leinenfleck und tauche ihn in dieses scharfe Öl. Sogar in der Luft sind Verunreinigungen.«

Lucanus begann zu zittern, aber er gehorchte schweigend. Er blickte die betäubte Kranke an, die in ihrem Schlummer lieblich aussah. Tiefstes Mitleid erfüllte ihn. Warum sollte Gott eine junge Frau so heimsuchen, die nur Kinder wollte und die Liebe ihres Gatten und ein ruhiges Dasein? O Du, der solche Übel den Menschen schickt, ich verachte Dich! dachte er. Würde nicht selbst der niedrigste unter den Menschen mitfühlender sein?

Keptah legte Hebras schimmernden, straff gespannten Unterleib frei. Er tastete ihn gründlich ab. Dann führte er mit sicherer Hand, wie jemand, der sorgfältig eine geometrische Figur zeichnet, das Messer über die weiße Haut. Den Weg des Skalpells bezeichnete ein roter Streifen, der aufklaffte und sich wie ein hungriger Mund öffnete. Lucanus spürte eine Übelkeit; aber er schaute weiter.

Nun lagen die glänzend roten, in Sehnen auslaufenden, von pulsenden Blutgefäßen durchzogenen Muskeln frei. Keptah schob sie geschickt und behutsam beiseite und sagte: »Jetzt werden wir die ägyptischen Haken benutzen, um alle Blutgefäße abzuschnüren, das Operationsfeld so frei wie möglich zu halten und lebensgefährliche Blutungen zu verhindern. Schau diese Blutgefäße an, wie sie im Takt des Herzschlages pulsen! Ist das nicht alles wunderbar eingerichtet? Wer kann so etwas sehen, ohne Ehrfurcht vor Gott zu empfinden? Gott hat den Menschen ebenso vollkommen gestaltet wie die Sonnen und ihre Planeten ... Halt, Vorsicht! Nimm diese kleinen Leinenstücke zum Offenhalten der Wunde. Die Finger dürfen nirgends die Wunde berühren; an ihnen ist ebenso Gift wie in der Luft. Die Ägypter haben das schon vor vielen Jahrhunderten gewußt, aber die Griechen und Römer spotten darüber und sagen: ›Wo ist denn das Gift? Wir sehen nichts.‹ Es gibt zahllose Dinge im Weltall, die der Mensch nicht sehen kann; trotzdem sind sie vorhanden.«

Hebra begann zu stöhnen und unzusammenhängend zu sprechen. »Es ist ihr gepeinigter Körper, der da redet«, erklärte Keptah. »Auch die Seele lehnt sich gegen die ihr durch die Betäubung angetane Schmach der Untätigkeit auf. Manche meinen, die Betäubungsmittel legten sie Seele lahm. Dem ist nicht so. Spürt diese Frau Schmerzen? Sicherlich. Aber wenn sie erwacht, wird sie sich der Schmerzen nicht erinnern. Sie wird sagen: ›Mir ist, als hätte ich ein Gewitter verschlafen.‹«

Lucanus war von Mitleid für die Frau erfüllt und rief ihr im Geiste zu: Halte aus, dulde, habe Mut! Wir werden dich retten, liebes Kind. Er richtete seine ganze Seelenstärke auf sie, um ihr Zuversicht einzuflößen. Vielleicht taten nur die eingenommenen Arzneien und der betäubende Wein ihre Wirkung: jedenfalls seufzte sie und entspannte sich. Die gestrafften Muskeln wurden locker und weich.

Jetzt legte der Arzt die graurosa gefärbten Eingeweide bloß. Hier waren sie, wanden sich, glitten Masse an Masse aneinander vorbei. Sie zitterten, verkrampften sich ein wenig. Lucanus sprach ihnen innerlich beschwichtigend zu, und auch sie erschlafften. Sehr behutsam schob Keptah sie beiseite. Und nun stieg, die Eingeweide rücksichtlos verdrängend, eine große opalisierende Kugel empor, wie in die Halme schießendes Unkraut, eine dunkle, glänzende Blase, die von Fäulnisstoffen und einem pulsenden Blutgefäßnetz strotzte. Das Gebilde tanzte rastlos über den Eingeweiden. Von unten her hing es an einem noch dunkleren Gewebestrang.

»Das ist der entscheidende Augenblick«, sagte Keptah, während er mit sicheren Händen arbeitete. »Jetzt schauen wir uns sehr achtsam den Eierstock an. Bei der geringsten Unvorsichtigkeit kann die Geschwulstblase platzen und den ganzen Unterleib mit tödlichem Gift füllen.« Er legte den gelblichweißen Eierstock bloß. »Aha«, rief Keptah. »Er ist nicht angegriffen. Wir werden ihn doch belassen können ... Du bist zu ängstlich. Nimm mehr von den Bauschen, halte die Muskeln fest auseinander!«

Plötzlich begann vor Lucanus alles zu verschwimmen und sich zu drehen. Der Blutgeruch wurde ihm fast unerträglich. Die Beine zitterten ihm heftig, und er spürte, wie eine starke, trockene Übelkeit ihm würgend vom Magen her hochstieg. Er sagte sich: Wenn ich jetzt ausfalle, dieses Mädchen im Stiche lasse und ohnmächtig werde, wer soll für mich einspringen? Er blickte auf die unheimliche, rastlos bewegte Geschwulst und zwang seinen natürlichen menschlichen Ekel nieder. Er versuchte, die Fettschichten an der Bauchdecke zu studieren, die gelblich waren und feucht wie das Fett von Schafen. Er preßte die Bauschen fester an die klaffenden Wundränder; seine Muskeln strafften sich, Schweiß brach ihm aus. Keptah band den Gewebestrang der blasigen Geschwulst an mehreren Stellen ab und zog den Leinenfaden fest. Die opalisierende Fäulnisfarbe verblaßte zu einem milchigen Ton; die Blutgefäßnetze wurden dunkel. Dann durchschnitt Keptah mit einer behutsamen Bewegung des Skalpells den Gewebestrang. Die Geschwulstblase lag nun ruhig auf den Eingeweiden.

Äußerst vorsichtig und langsam hob Keptah die Geschwulst ab und legte sie auf eine Schale. Lucanus sah wie durch einen Nebel, und Schweiß troff ihm vom Gesicht. »Schau zu, wie ich jetzt diese Gewebeschichten zusammenhefte, so säuberlich wie eine Näherin«, sagte der Arzt. »Bei den Nähten darf es keinen Kunstfehler geben.« Er legte Kreuzstichnähte und verwendete dabei einen hellen Faden, der, wie er erläuterte, aus Tierdärmen hergestellt wurde. »Nach einiger Zeit saugt der Körper diese Fäden auf, und die Verbindung wird fester als früher. Manche Ärzte verwenden Leinenfäden, die der Körper nicht aufnimmt und die später Beschwerden verursachen.«

Die Geschwulst lag, so groß wie ein zusammengekrümmtes, neugeborenes Kind, auf der Schale. Mit unendlicher Mühe schloß der Arzt alle Bauchdecken wieder und legte feste Nähte. »Das Fett macht Schwierigkeiten; manchmal löst es sich vom Faden oder zerreißt ... Also, jetzt haben wir es. Und nun kommt die Haut daran, die sehr zähe ist. Bei ihr benützen wir Leinenfäden, die wir in einer Woche herausziehen werden.«

Wie durch ein Wunder war der Unterleib flach geworden. Die junge Frau stöhnte und keuchte; unter verzweifeltem Schluchzen holte sie Atem. »Sie erwacht«, sagte Keptah. Er knüpfte kunstfertig den letzten Knoten. Er tauchte drei Tücher in heißes Wasser und legte der Kranken eines über das Herz, eines über die Füße und das dritte über die Hände. Er bückte sich und legte das Ohr an die Brust der Frau. »Rasch, aber kräftig. Sie wird nicht den sehr gefürchteten plötzlichen Zusammenbruch der Herztätigkeit erleiden. Halte ihr den Eimer ganz zum Munde und stütze ihr den Kopf!«

Keptah wand breite weiße Tuchstreifen um Hebras Körper, wie Grabtücher. Er trat zurück und betrachtete zufrieden die Patientin. Er war sehr ruhig. Er blickte Lucanus an und merkte, daß dessen Tunika triefend naß war. Er lachte freundlich: »Du hast sehr gut durchgehalten. Gratuliere. Trink so rasch wie möglich diesen Wein aus! Ich könnte beinahe sagen, daß ich stolz bin auf dich.«

Die junge Frau öffnete schlafbenommene Augen. Keptah beugte sich über das Bett. »Jetzt ist alles vorbei, mein Kind. Du bist in Ordnung.« Hebra stöhnte und begann zu weinen. Wieder zerstampfte Keptah scharfriechende Blätter, flößte der Kranken die Arznei ein und ließ sie Wasser nachtrinken. Sie schluckte kraftlos. Sie war totenblaß. »Schlafe!« befahl er ihr. »Der Schlaf heilt mehr Krankheiten als alle ärztlichen Künste.«

Er nickte Lucanus zu. »Ich habe mit Freude bemerkt, daß du die Zahl der Wundbauschen genau gezählt hast. Jetzt kannst du aufräumen und dann, nach einigen Stunden, die Kranke wieder besuchen.«

»Glaukos!« flüsterte Hebra. Keptah schob einen der Wandschirme weg und ließ den Mann holen. Glaukos stürzte eilends herein, kniete neben seiner Frau hin und schmiegte schluchzend seine Wange an ihr Gesicht. »Für den Gatten ist es viel schwerer zu ertragen«, bemerkte Keptah mit einer kleinen Grimasse.

Er überließ Lucanus das schmutzige, abstoßende Geschäft der Beseitigung aller Operationsspuren. Lucanus hantierte kraftlos und immer wieder zurückzuckend. Er wusch die Skalpelle und legte sie wieder auf das Instrumentenbrett. Der Blutgeruch und alle die Ausdünstungen des gefolterten Körpers waren ekelerregend. Warum hätte nicht ein Sklave diese Arbeit tun können? Lucanus war aufgebracht. Als er hinter dem Wandschirm hervorkam, sah er, daß Keptah heiter mit den anderen Kranken plauderte und Anweisungen gab. Der Arzt sagte zu ihm: »Du wirst nicht immer einen Helfer haben. Sehr oft muß ein Wundarzt allein bleiben und alles selber machen.«

Er blickte den Jungen an und ergriff rasch einen Eimer. Lucanus erbrach sich so heftig, daß ihm vorkam, Eingeweide und Magen und Leber würden durch den weit aufgerissenen Mund hinausbefördert werden. Keptah wartete geduldig zu. »Wieder muß ich dir gratulieren, lieber Lucanus. Es ist besser, nach der Bewährungsprobe sich gehenzulassen, als in ihrem Verlauf. Und jetzt lege dich ein wenig hin, bis du so weit bist, daß du zu Kusa gehen kannst.«

Lucanus wischte sich die sauer schmeckenden Lippen ab. »Ich möchte lieber nach Hause.«

»Nein«, sagte Keptah. »Da würdest du zu viel über das eben Erlebte nachgrübeln. Raffe dich auf. Arbeite weiter!«

Als Lucanus den Schulraum verließ, lärmte der Herbstwind, gurrend wie eine große Schar Tauben. Graue Regenböen trieben gegen Palmen und Laubbäume und durch die Säulenhallen des Herrenhauses. Und plötzlich überschüttete der Sturm, das Tosen der Brandung mit sich führend, jedes Blatt, jeden Ast und Stamm mit weißem Schimmer und entfärbte das Gras. Gedämpftes Wehklagen stieg von der Erde auf, ein beklemmender Schmerzenslaut. Lucanus zog die Kapuze seines Überwurfs über den Kopf und blickte traurig in den ausgebleichten, stöhnenden Garten. Die Springbrunnen weinten verzweifelt; die Statuen troffen von grauem Wasser; die Blumen neigten leidergeben die Köpfchen. Lucanus war jung; er vergaß, daß morgen alles wieder lächelnd und warm sein würde, daß die Palmen wieder glitzern, die Vögel zu einem azurblauen Himmel emporsingen würden. Er hatte die Empfindung, es müßte, so wie es jetzt war, immer bleiben: von Wellen der Angst geschüttelt, leise dem Wind entgegnend, der vom Meer hereinbrauste, sich endlos und hilflos beugend, wie die Gräser des gespenstischen elysischen Gefildes.

Alles ist tot, sagte sich Lucanus. Alles ist zerschlagen, alles ist grau, alles ist überschwemmt. Alles ist verwelkt und ertränkt und vernichtet. Was ich geliebt habe, ist dahin. Er trocknete sich mit dem Zipfel seines Überwurfs das feuchte Gesicht. In seinem Innern spürte er eine entsetzliche Öde, eine von keinem Träumen oder Hoffen erfüllte Leere. Sein junges Fleisch hing ihm schwer an den Knochen, als wäre dieses Fleisch alt, von Erde durchsetzt und durchweicht. Er blickte auf den wolkenverhangenen Himmel, der farblos war wie der Tod; und er hätte weinen mögen. Aber ihm kamen keine Tränen, in ihm war ausgedörrte Wüste, wo nichts wuchs und nichts sich regte.

Er sehnte sich darnach, heimzukommen, schrak aber vor dem Gedanken zurück. Dort würde Iris sein, seine Mutter, das schöne Gesicht weiß vor stillem Kummer; sie würde ihn fragend ansehen, und er hatte keine Antwort für sie. Sie war alt; sie zählte einunddreißig Jahre. Alte Leute hatten nicht Weisheit, sondern bloß offene Fragen. Einzig der junge Mensch wußte die Lösungen; aber nur wenn er glücklich war, konnte er sie in Worte kleiden. Eigentlich, dachte Lucanus, gibt es ja keine Antwort auf das Nichts. Und nichtig ist alles Bestehende. Dann erfaßte ihn ungestüme Wut, er hob geballte Fäuste gegen den Himmel. »Ich werde Deiner Herr werden!« rief er laut. »Ich werde den Opfern, die man Dir bringt, ein Ende setzen!«

Der wie eine Brandung tosende Sturm blies ihm gegen Gesicht und Leib, und er empfand das Wehen als Spott und Herausforderung. Er begann durch den Garten zu wandern, vor Wut bebend, und kam zu der offenen Säulenvorhalle des Herrenhauses. Die reliefgeschmückte Bronzetür war geschlossen. Er stand da, starrte die Tür an und hatte die Empfindung, daß sie sich gegen ihn verrammelte. Ohne weiter zu überlegen, schritt er auf sie zu und schlug mit der Faust daran. Als aufgetan wurde, sagte er zu dem Sklaven: »Ich wünsche mit meinem Herrn zu sprechen, mit Diodorus.«

Der Aufseher musterte ihn herausfordernd. »Der Herr ist in seiner Bibliothek. Seit Tagen spricht er kein Wort. Willst du dich ihm aufdrängen, Lucanus? Er wird dich nicht empfangen. Er hat den Besuch seiner römischen Freunde abgelehnt. Wird er den Sohn eines Freigelassenen sehen wollen?«

Lucanus riß die Tür auf und stieß den Sklaven beiseite. Das gespenstische, wässerige Tageslicht fiel auf den weißen und schwarzen Marmor des Flurs, und Lucanus durchschritt ihn mit widerhallenden Sandalen. Der weiße Überwurf umflatterte ihn faltig, daß er wie ein Geist aussah. Die kühle, dumpfe Luft des Hauses war ein Grabeshauch, modrig und lebensfern. Keine Stimme, keine Bewegung störte die Stille, außer dem Sandalengeklapper des Eindringlings. Der Zugang zur Bibliothek war mit einem dicken, braunen Tuch verhangen. Lucanus schob es beiseite. Erst als er in die Bibliothek trat, fragte er sich plötzlich, weshalb er gekommen war und was er hier wollte.

Diodorus saß an einem lichten Marmortisch, von vielen Bücherrollen umgeben, den Kopf in die Hände gestützt. In seiner Unbewegtheit glich er einer Statue aus schwärzlicher Bronze; sogar seine Tunika war dunkelfarben. Als er das Rascheln des Vorhangs hörte, ließ er die Arme langsam sinken, hob ein lichtloses Gesicht und starrte Lucanus ausdruckslos an, den Jungen, den er seit Rubrias Tod nicht gesehen hatte.

Lucanus war über das Aussehen seines Herrn bestürzt, über das Aschgrau seiner Wangen, die Trockenheit seiner Lippen, die Höhlen, in denen sich tote Augen ohne Aufleuchten oder Anteilnahme bargen. Selbst Haut und Muskeln schienen geschrumpft. Die Schultern hingen träge herab, und jede kleine Bewegung schien eine Anstrengung. Plötzlich spürte Lucanus, wie sehr ihm selbst, trotz seines Kummers und heftigen Grolles, Jugend, Körperkraft, Geschmeidigkeit der Glieder, Lebensfülle des Blutes erhalten geblieben waren. Hier, vor ihm, sah er, wie die Mutter es ihm gesagt hatte, ein Bild völliger Verzweiflung, jenseits aller Tröstbarkeit.

»Was ist los?« murmelte Diodorus, als sei der junge Mann ihm unbekannt. Mit völliger Teilnahmslosigkeit sah er Lucanus näherkommen und neben seinem Sessel niederknien, den Kopf an die Brust gesenkt. Aus dem Munde des Tribunen drang ein gedämpfter Laut, ein müder, abgründiger Laut. Dann ließ Diodorus den Kopf wieder in die Hände fallen und vergaß seinen Besucher.

Unwillkürlich kamen dem Jungen Worte auf die Lippen. »Herr, mein Vater hat mir einmal eine Geschichte erzählt. Ein alter Mann hat seinen einzigen Sohn verloren, und seine Freunde sagten zu ihm: ›Warum weinst du? Nichts kann deinen Sohn wiederbringen.‹ Und der Mann erwiderte: ›Gerade deshalb weine ich.‹«

Das einzige, hohe Fenster der Bibliothek ließ wanderndes Dämmergrau, trübes, unbestimmtes Licht, ein. Stille füllte den Raum. Der Junge kniete vor dem Mann, und keiner der beiden regte sich. Dann legte Diodorus langsam, zögernd seine Hand auf die Schulter des Knienden. Mit einer wie eingerosteten Stimme sagte er: »Du hast sie auch geliebt. Aber du bist nicht ihr Vater.«

»Ich habe meinen Vater verloren«, entgegnete Lucanus und drehte den Kopf so, daß die Wange auf der Hand seines Herrn lag. In wildem Schwall stürzten ihm nun die Worte hervor. »Sieh mich an, edler Tribun. Ich bin ein Sohn, der dahin gelangt war, seinen Vater zwar nicht zu hassen, aber leichtfertig zu verachten als einen Mann mit wenig Bildung und viel Dünkel. Ich wurde anmaßend, unduldsam, herablassend. Ich vergaß, was er alles gelitten, was er alles erlebt hatte. Seine Großspurigkeit fand ich nicht mehr rührend; ich fand sie lächerlich. In diesen Jahren habe nicht ich den Vater, da hat mein Vater einen Sohn verloren. Jetzt aber hat wirklich der Sohn den Vater verloren; und ich kann nicht zu ihm hin, kann ihn nicht um Verzeihung bitten für meine Grausamkeit und Ungeduld, für meinen jungenhaften Hochmut.«

Diodorus ließ seine Hand auf der Schulter des Knienden ruhen, und zum erstenmal kam in seine Augen Leben zurück und Mitgefühl. Er sah das im Schatten der Kapuze versteckte Gesicht des Jungen nicht. Sehr freundlich sagte er: »Ich bin überzeugt, daß die Götter sich gegen Zerknirschung nicht verschließen und daß reuiges Gedenken auch zu den Schatten im Totenreich dringt.«

Aber Lucanus schüttelte den Kopf, unfähig, etwas zu erwidern.

»Meinen eigenen Vater habe ich sehr geschätzt«, fuhr Diodorus mitleidsvoll fort. »Aber mir fehlt es nicht an Einfühlungsvermögen. Ich kann mir vorstellen, wie einem zumute sein muß, wenn man daran denkt, daß man über den leiblichen Vater die Nase gerümpft hat.« Er hielt inne. »Äneas war ein braver, ehrenhafter Mann. Ich habe ihm rückhaltlos vertraut. Wenn er nach höherer Bildung gestrebt hat, so war dieses Begehren nicht verachtenswert. Nur ein Mensch, der nicht strebt, ist geringer zu bewerten als ein ausgezeichnet abgerichteter Hund. Wir müssen Leute, die bei sich selbst wissen, daß sie nicht hervorragen, hochschätzen, weil sie wirkliche Größe achten und ehren.«

»Ja«, murmelte Lucanus. »Aber das entlastet mich nicht.«

Diodorus schwieg eine Weile. Dann sagte er, in einem Tonfall, als dächte er laut: »Man sollte so leben, daß man sich beim Tode eines geliebten Menschen keine Vorwürfe zu machen braucht. Aber wem gelingt das? Wer ist nicht gelegentlich einmal grob und barsch und gefühllos gewesen? Wer war nicht ein Mensch mit allen seinen Schwächen? Wozu ist es also gut, wenn wir gegen uns selbst wüten und laut rufen: ›Ach, hätte ich nur das gewußt! Hätte ich nur jenes bemerkt! Dann wäre es mir vielleicht gelungen, mit meinen bloßen Händen den Tod zurückzureißen, ehe es zu spät war‹?«

Verwunderung überflog wie ein schwacher Schimmer sein gequältes Gesicht, und seine Schultern hoben sich. Dann fuhr er fort: »Oft habe ich mir vorgeworfen, ich wäre zu lässig gewesen, hätte meine Tochter nicht sorgfältig genug beobachtet; bei größerer Achtsamkeit von meiner Seite wäre sie vielleicht nicht gestorben. Aber jetzt erkenne ich: die Götter haben ihre Stunden freier Entscheidung, und wir können nichts tun, als für die Seelen unserer Toten zu beten, sie mögen Frieden erlangen und die Gewißheit, daß wir sie geliebt haben und stets weiterlieben werden.«

Doch die Dürre in der Seele des Jungen wurde nur noch trockener, und die Worte des Tribunen waren ihm bedeutungslose Klänge.

»Ja, ja!« rief Diodorus. »Weshalb habe ich mich vom Leben zurückgezogen? Warum bin ich unter die Stufe des Tieres gesunken, das eine Zeitlang traurig ist und dann sein gewöhntes Dasein wieder aufnimmt? Wie die Götter es bestimmt haben, so möge es sein! Sie brauchen uns nicht Aufklärungen über ihr Tun zu geben, denn ihr Wesen übersteigt unser Begriffsvermögen.« Er schüttelte heftig den Kopf. Seine Finger umklammerten fest die Schulter des Jungen. »Ich habe meine arme Frau einsam in ihrem Bett weinen lassen, und dabei ist sie die Mutter meiner Tochter und trägt ein Kind unter dem Herzen. Ich habe mich nicht um sie geschert; und als sie mich trösten kam, habe ich mich von ihr abgewandt. Hat auch sie gelitten? Ist sie in ein leeres Zimmer getreten? Hat sie die Stimme eines Mädchens vermißt, eines Mädchens, das ihr eigen Fleisch und Blut war? Was hat mich das alles bekümmert in meinem Haß, meiner Verbitterung, meinem Bedürfnis, für den Verlust der Tochter Rechenschaft zu fordern? Lucanus, sicher waren es die barmherzigen Götter, die mir heute dich geschickt haben! Wenn es lange so weitergegangen wäre mit meinem Dahinbrüten, hätte ich mich schließlich in mein eigenes Schwert gestürzt!«

»Ich werde Rubria rächen«, flüsterte Lucanus zu sich selbst. »Rächen – mein ganzes Leben lang!«

Diodorus blickte auf den Knienden, dessen weißes, versteinertes Gesicht in der Kapuze versteckt war, und es schien ihm, als wäre dieser Junge ein

Bote vom Olymp. Er schlang ihm die kräftigen Soldatenarme um die Schultern, wie ein Vater den Sohn umarmt.

»Statt wegen unserer Verfehlungen gegenüber den Toten sollten wir lieber wegen unserer Missetaten gegen die Lebenden Vergebung erflehen«, sagte Diodorus. »Wir sollten uns also jetzt ermannen und an die Aufgaben gehen, die uns das Dasein stellt. Die Lebenden warten auf uns.«

Dann weinten sie beide Tränen der Wehmut, wie Odysseus und sein Sohn; und diese Tränen waren für Diodorus heilsam, für Lucanus aber waren sie ätzende Säure.

Der Junge ging unter den triefenden Bäumen heim. Völlig benommen und ungläubig fragte er sich: »Was habe ich ihm denn gesagt? Welche Botschaft habe ich ihm gebracht? Eigentlich habe ich doch nichts dergleichen gesprochen. Ich habe von meinem Vater erzählt, um den ich nicht wirklich trauere, dessetwegen ich bloß Reue empfinde. Während ich redete, waren meine Gedanken bei Rubria und nicht bei Äneas, meinem Vater. Und sie will ich rächen, gegenüber allen Göttern, die es nur geben mag.«

Diodorus trat in das Zimmer seiner Frau und fand sie betrübt auf ihrem Bette liegen. Sie schrak auf, als ihr Gatte kam; sobald sie jedoch sein Gesicht erblickte, kniete sie mit einem schluchzenden Schrei im Bett auf und breitete ihre Arme dem Manne entgegen; und er drückte sie an sich, während sie an seiner Schulter weinte.

»Verzeih mir, Teuerste«, sagte er zu ihr, und beider Tränen mischten sich.

Iris stand in der düsteren, nebeligen Abenddämmerung an ihrer Tür und sah den Sohn kommen. Sie rief ihm nicht zu, begrüßte ihn nicht, wartete nur auf ihn. Er trat ins Haus und legte seinen Überwurf ab. Sie sah die Blässe seiner Lippen, die blaue, steinerne Härte seiner Augen. Sie sagte: »Du warst bei Diodorus. Ich habe gebetet, du mögest daran denken, daß er wie ein Vater zu dir ist, und ihn besuchen. Erzähle! Ist er noch immer vom Kummer gebeugt?«

Die Augen des Jungen flackerten. »Ich begreife da etwas nicht; vielleicht hätte ich es als gedankenloses Kind besser begriffen. Ich habe mit Diodorus gesprochen. Nicht über Rubria, sondern über meinen Vater. Und plötzlich ist er aufgestanden und war wie neugeboren. Frage mich nicht, was ich gesagt habe. Ich erinnere mich nicht mehr.«

Iris hatte eine Lampe angezündet. Sie drehte sich um und sah ihren Sohn an. Und nie war sie ihm so schön erschienen, so in goldenes Licht gehüllt, so ähnlich einer Statue des Phidias. Sie trat zu Lucanus und legte ihm liebevoll die Hand an die Wange.

»Die Empfänger göttlicher Botschaften verstehen nicht immer, was ihnen offenbart wird«, sagte sie, und zum erstenmal seit dem Tode ihres Gatten lächelte sie. »Andere hören die Botschaft, und ihr Herz gibt Antwort.«

Nie hatte Lucanus seine Mutter heftig angefahren; aber jetzt tat er es. »Was redest du da für Unsinn?« rief er. »Du bist eben eine Frau, und alle Frauen schwatzen ins Blaue hinein... Ach« – seine Stimme schlug um – »verzeih! Weine nicht, bitte! Du hast das gütigste Herz der Welt. Aber ich spüre nichts als Haß und den Wunsch nach Rache. Und diese Rache werde ich nehmen!«

Er ging in sein Zimmer, nicht gewohnheitsmäßig, sondern in einer bestimmten Absicht. Er nahm Buchrollen von den Regalen, zündete eine Lampe an und begann zu studieren.

XIII

Kusa erinnerte sich an den Ausspruch des Archimedes, er könnte, wenn man ihm einen geeigneten Standort böte, die Erde in Bewegung setzen. Aber du, Kyprische Aphrodite, Mächtigste aller Unsterblichen, so dachte er, du vermagst nicht nur die Erde in Bewegung zu setzen, sondern alle Welten und selbst die Götter. Sogar aus Plutos Armen entführst du Leben und leihst dem Menschen solches Riesenmaß, daß er mit einem bis zum fernsten Stern hörbaren Eid glattweg den Olymp herausfordert!

In heimlichem Mitleid beobachtete er Lucanus, der überhaupt nicht mehr zu schlafen schien, sondern seine Lehrbücher verschlang, als hätte er die hundert Köpfe der Lernäischen Hydra. Einmal bemerkte er zu dem Jungen, lächelnd, aber auch besorgt: »Vergil hat gesagt, es sei das Vorrecht der Götter und der Menschen, zu lachen. Du lachst nicht mehr. Kommt das daher, weil du Haß hegst? Vergiß nicht, daß Haß nur Pyrrhussiege erringt.« Aber Lucanus warf ihm bloß einen kurzen Blick zu, entrollte ein neues Buch und beugte den goldblonden Kopf darüber, als hätte sein Lehrer die größte Eselei gesagt.

Etwas gereizt setzte Kusa hinzu: »Vergil hat auch festgestellt, das Menschengeschlecht errege das Lachen der Götter. Vielleicht deshalb, weil die Menschen so tierisch ernsthaft sind, besonders die jungen Leute? Bei Athene, bald wirst du mir den ganzen Lehrstoff vorweggenommen haben!«

Bei einer anderen Gelegenheit sagte er: »Es gibt noch mehr Dinge auf der Welt als die Heilkunde. Warte nur, bis du nach Alexandria kommst!« Er schüttelte mißbilligend den Kopf. »Dort wird dich Claudius Vetilius, ein kleiner gezierter Kerl, auf Herz und Nieren in Mathematik prüfen, und es wird sich herausstellen, daß du kaum bis drei zählen kannst.«

Mochte Lucanus allein durch die Wälder oder am Flußufer oder im Garten umherwandern, mochte er im Bett liegen oder kärglich essen und trinken, mochte er studieren oder Keptah bei der Krankenbetreuung helfen – innerlich beschäftigte ihn nur eine einzige große Frage: Wo ist Rubria? Für Farbe und Licht, für die wunderbaren Formen von Bäumen und Blumen und Gräsern, von Landtieren und Vögeln, von Schmetterlingen und Bienen und Käfern, von Wolken und Sternen, hatte er den Blick verloren. Alles, was er tat, diente nur der Erfüllung seines Racheschwurs. Sein Auge konnte Schönheit weder aufnehmen noch fassen. Sein Ohr war für nichts zugänglich als für Schmerzensschreie. Wenn ein Sklave starb, blieb er tagelang untröstlich. Keine Hand war freundlicher und mitfühlender als die seine, und niemandes Blick vorwurfsvoller, wenn Keptah sich als unfähig erwies, einem Kranken zu helfen. »Falls das alles ist, was du kannst, so ist es herzlich wenig«, pflegte er zu sagen. Keptah antwortete dann sanftmütig, aber mit einer gewissen Festigkeit: »Sind die Menschen unsterblich?«

Verzweifelt fragte Lucanus sich: Wenn wir nicht unsterblich sind, wozu wurden wir dann in diese Welt gesetzt? Könnte ich doch glauben, daß es keinen Gott gibt! Aber ich glaube an Ihn und will Ihm, wenn schon nicht Seine Antworten, so doch Seine Opfer entwinden! Er setzt mir ständig zu. Allen Menschen setzt Er zu, um Seinen Haß zu stillen.

Einst war dem jungen Lucanus die Welt in einem geheimnisvollen Glanz erstrahlt, der nicht von Sonne oder Mond oder Sternen kam, sondern von einer Lichtquelle, die hinter den Erscheinungen lag und doch auch rings um sie und in ihnen. Jetzt schien ihm die Welt in einem grellen Schein zu blinken, der dem Auge wehtat wie der glühende Feuerstrom der Unterwelt. Auch als Tag für Tag verging, minderten sich Groll und Pein nicht. In Lucanus loderte eine Flamme, die ständig neue Nahrung fand. Jede Nacht, wenn er schlief, verbrannte er zu Asche; am Morgen erhob er sich wie ein Phönix, von der Qual beflügelt.

Keptah, der ihn verstohlen beobachtete, dachte: Er ist wie Jakob, der mit dem Engel ringt; aber mein armer Schüler ringt voll Haß und Gram. Er träumt nicht von einer Himmelsleiter, an der die Boten Gottes auf und nieder steigen; seine Leiter hat flammende Sprossen und führt in das Reich des Hades. Wie jener altrömische Opferpriester streift er mit gezogenem Schwert durch die Haine seines Zorns, um den Widersacher zu bekämpfen. Und Keptah betete: »O Heiligster, Gütigster, Göttlichster, Barmherzigster, der du jetzt in Kindesgestalt zu einem mir unbekannten Orte auf der Erde wandelst, blicke mitleidsvoll auf einen Menschen, der im Fleische nur wenig älter ist als Du! Wie Hiob zu Dir geschrien hat, so schreit er in seinem Herzen, und er hat noch nicht Deine Stimme gehört. Erbarme Dich seiner, Herr, erbarme Dich!«

Als Kind hatte Lucanus ganz schlichte, unschuldige Fragen gestellt: »Bist Du hier? Oder dort?«Jetzt aber fragte er, falls er überhaupt seine Umgebung bemerkte: »Wo ist Rubria?« Die einzige Linderung fand seine Pein, wenn er leidende Menschen behandelte. Keptah wunderte sich darüber, wie die Gesichter der kranken Sklaven, wenn sie Lucanus kommen sahen, sich plötzlich erwartungsvoll aufhellten, wie ihr Stöhnen, sobald er freundlich seine Fragen stellte, sich legte, wie sie ihm bescheiden und hoffnungsvoll antworteten. Er brauchte nur die Hand auf eine glühende Stirn zu legen, um das Fieber zu bannen und dem armen Sklaven Schlaf zu schenken. Seine blauen Augen blickten jetzt scharf, durchdringend und dabei überaus gütig. Er half Keptah, Kinder zu entbinden, und er hielt die Neugeborenen in den Armen wie ein Vater und drückte sie an die Brust, als wollte er sie schützen.

Dann vergaßen die Sklaven, daß er selbst der Sohn eines ehemaligen Sklaven war; die älteren unter ihnen vergaßen, daß sie ihn einst wegen seiner ehrgeizigen Pläne verspottet, daß sie ihn als Kind geschmäht, gescholten, beneidet und sogar geschlagen hatten. In wenigen kurzen Wochen war er eine Art Erlöser für sie geworden, ein Heiliger, der ihre Schmerzen lindern, dessen Blick ihre Augen zu erholdendem Schlaf schließen, dessen Stimme Angst oder Schuldgefühl vertreiben konnte, dessen Hände merkwürdig heilkräftig waren. »Apollo hat ihn angerührt«, flüsterten sie einander zu.

Starb ein Ehemann oder eine Ehefrau oder ein Kind, so faßten die Hinterbliebenen Lucanus' Hand und baten ihn, den selbst Untröstlichen, um Trost. Er konnte ihnen nur Tränen geben; aber sie sahen diese Tränen, achteten sie den barmherzigen Zähren einer Gottheit gleich und fühlten sich aufgerichtet.

Keptah war über diese Dinge und über die magischen Heilkräfte, die Lucanus besaß, nicht erstaunt. Worüber er sich Gedanken machte, war nur Lucanus selbst. Sobald der Junge den kleinen Krankentrakt verließ, schwand aus seinem Gesicht der milde Glanz; er wurde fast hart, sehr herb und verschlossen.

Eines Tages rief Keptah seinen Schüler zu sich in seine Wohnung. Der Arzt saß vor vielen aufgerollten Büchern an seinem Tisch; seine Miene war feierlich und ernst. »Du hast natürlich gemerkt, lieber Lucanus, daß dir die Gabe des Heilens verliehen ist. Du bist erstaunt? Sei es nicht. Genug davon, das kann ich jetzt nicht mit dir erörtern. Wir sind in schwerer Sorge.« Er hielt eine Phiole mit trübem Harn hoch. »Sag mir, was siehst du hier?«

Lucanus nahm die Phiole, roch dazu, ließ den Inhalt an den kristallhellen Wänden des Gefäßes entlanggleiten. Dann sagte er: »Dieser Mann ist sehr krank. Der Urin ist voll Giftstoffe, verdickt, übelriechend und dunkel gefärbt. Ich glaube, Blut darin zu sehen. Die Nieren des Mannes sind in gefährlicher Weise angegriffen.« Das jugendliche Gesicht wurde lebhaft. »Wir müssen große Mengen Wasser verordnen und Salz verbieten und sofort Dampfbäder anwenden, um starke Schweißausbrüche zu erzielen.«

Keptah erklärte: »Es handelt sich nicht um einen Mann. Dieser Harn stammt von einer Frau, die bald gebären wird. Sie zeigt Erscheinungen der Wassersucht an Bauch, Gesicht und Gelenken.«

»Dann müssen wir die Flüssigkeitsansammlungen entfernen«, sagte Lucanus nachdenklich. Er betrachtete die Phiole nochmals. »Sonst könnte die Frau sterben.«

»Ja«, pflichtete Keptah bei. Er seufzte tief. »Bis zur normalen Entbindung dauert es noch mindestens sechs Wochen. Aber ich muß die Geburt sofort einleiten. Wahrscheinlich wird das Kind sterben, weil es nicht ausgereift ist. Ich muß da eine schreckliche Wahl treffen. Allerdings bietet eine rasche Entbindung die einzige Möglichkeit, die von ihrer eigenen Leibesfrucht vergiftete Mutter zu retten. Eigentlich bleibt also überhaupt keine Wahl. Eine verzweifelte Lage!«

»Und das Kind kann nicht am Leben erhalten werden?«

»Dafür sind die Aussichten sehr gering.« Keptah stützte den Kopf in die Hände, und sein Seufzen war fast ein Stöhnen.

Lucanus bedauerte ihn, und auch die arme Frau und vor allem das Kind, das, ob nun eine vorzeitige Entbindung eingeleitet wurde oder nicht, unweigerlich zum Tode verurteilt schien. Dann dachte er: Ist denn das Leben so begehrenswert? Zu Keptah sagte er: »Die Frau wird wieder schwanger werden und kann den Verlust dieses einen Kindes verschmerzen. Hat sie schon früher geboren?«

Keptah sah ihn merkwürdig an. »Ja. Einmal. Und dieses Kind ist gestorben. Die Frau ist nicht jung. Sie hat viele Jahre auf ein zweites Kind gewartet und wird jetzt untröstlich sein, wenn sie es auch verliert. Und die Enttäuschung des Gatten wird ebenso groß sein oder noch größer, weil er sich schon lange einen Erben gewünscht hat.«

Lucanus setzte sich plötzlich hin, und sein Gesicht wurde weiß. Dann umklammerte er krampfhaft die Tischkante. »Aurelia«, flüsterte er.

Keptah sagte: »Bis vor fünf Tagen war alles in Ordnung. Es ist eine Schwangerschafts-Blutvergiftung, eine lebensgefährliche Erkrankung. Ich habe es schon befürchtet, als unsere Herrin vor kurzem Kopfschmerzen bekam und etwas Fieber. Du hast ihren Urin gesehen. Du weißt jetzt, was das alles bedeutet. Ich brauche deine Hilfe. Gut, daß der edle Tribun heute nicht nach Antiochia gefahren ist!«

Er stand auf und sah Lucanus düster an. »Aurelia hat morgens zwei Krampfanfälle gehabt. Ich habe ihr ein Beruhigungsmittel gegeben, und ihre Pflegerinnen sind bei ihr, dürfen keinen Augenblick weggehen. Ich muß sie sehr rasch zur Ader lassen und brauche deine Hilfe.« Er hielt inne, und der auf den jungen Mann gerichtete Blick wurde schärfer. »Was ist denn mit dir? Du hockst ja da wie ein Häufchen Elend!« Er hob drohend die Hand. »Jetzt gibt es wichtige Arbeit, und wenn du mich dabei im Stich läßt, sage ich Diodorus, daß er mit deiner Ausbildung Zeit verschwendet und auch Geld zu verschwenden gedenkt. Komm!«

Keptah ging zum Herrenhaus und zur Bibliothek voraus, wo Diodorus ihn ungeduldig erwartete. Seine grimmigen Augen waren starr vor Furcht. »Na also!« rief er. »Es ist wohl an der Zeit, daß du endlich kommst, bei den Göttern! Du hast mir sagen lassen, ich möge heute vormittag zu Hause bleiben, wegen meiner Gattin. Was ist los? Was ist los?«

Lucanus sah ihn mitfühlend und besorgt an. Er hatte den Tribunen nicht gerade ins Herz geschlossen, weil dessen heftiger Ungestüm und Hang zu Gefühlsausbrüchen durchaus im Gegensatz stand zu dem von Natur aus herben, zurückhaltenden Wesen des Jungen, der selten Erregung oder Zorn zeigte. Für sein Empfinden war Diodorus zu rasch in allen Verhaltungsweisen, zu draufgängerisch, zu streitsüchtig, und wirkte in seinen stürmischen Stimmungsumschwüngen oft erschreckend; selbst Unverläßlichkeit war ihm seiner Meinung nach zuzutrauen. Andererseits schätzte Lucanus sein Wohlgefallen an schönen Gedichten und hochstehenden Prosawerken sowie seine umfassende, für den Jungen manchmal unglaubliche Bildung. Er wußte, daß der Tribun ihn gern hatte, vielleicht nicht wie einen Sohn, aber etwa wie einen Lieblingsneffen; und er war ihm in seiner stillen Art dankbar und bemühte sich immer wieder, diese Gewogenheit mit Hochachtung und Zuneigung zu vergelten. Indes tat er dies, zu seinem eigenen Leidwesen, nicht vorbehaltlos, und vermochte es auch nicht.

Von dem Gedanken an Aurelias bevorstehende schwere Stunde und an ihren möglichen Tod war Lucanus an sich zunächst weniger betroffen gewesen als davon, daß in dem erst kürzlich durch einen Todesfall heimgesuchten Hause nur seine Trauer um Rubria mit voller Stärke wieder auflebte. Die Frau, die sich in solcher Bedrängnis befand, war für ihn nicht die Herrin des Hauses, sondern die Mutter Rubrias.

Jetzt aber, als er schweigend Diodorus anblickte, krampfte sich sein Herz zusammen, und er fühlte die Liebe eines Sohnes zum Vater; es trieb ihn, wie ein Sohn vor diesem Mann auf die Knie zu fallen, die Wange an seine Hand zu schmiegen und sie mit Tränen zu benetzen. Er wußte plötzlich, daß der scharfäugige, adlernasige Römer furchtbare Qualen durchmachen würde, wenn nicht wegen der Ehefrau, dann zum zweitenmal wegen eines Kindes. In diesem Augenblick hätte Lucanus sein eigenes Leben hingeben mögen, um dem Tribunen dieses unsagbare Leid zu ersparen.

Keptah sagte: »Herr, ich habe traurige Nachricht für dich. Ich muß gleich zu unserer Herrin; aber vorher möchte ich dich noch vorbereiten. Es ist nötig, die Entbindung sofort einzuleiten, wenn deine Gattin überhaupt am Leben bleiben soll.« Er unterbrach sich, und sein dunkles Gesicht wurde fahl vor Erregung.

Diodorus sank in seinen Sessel. Er versuchte, sich die Lippen zu befeuchten. Dann befiel ihn ein heftiger Hustenanfall, ein trockener, würgender Husten. Dem Blick des Arztes, der in seinem grauen Leinengewand wie eine hagere Statue des Kummers neben ihm stand, wich er aus.

Keptah fügte rasch hinzu: »Wir haben keine Wahl, Herr. Ich kann dich nicht fragen: ›Soll ich die Mutter retten oder soll ich das Kind retten?‹ Wenn die Frau nicht gleich entbunden wird, muß sie sterben und wird das Kind nicht austragen können, das in diesem Falle im Mutterleib zugrunde gehen wird. Ich wollte dich darauf vorbereiten, daß der Säugling, wenn er überhaupt lebend zur Welt kommt, eine Frühgeburt und vermutlich lebensunfähig sein wird. Jetzt aber muß ich gehen.«

Diodorus faßte eine Falte von Keptahs Gewand und hielt sie fest umklammert; in seinem Gesicht spiegelte sich tiefste Verzweiflung. »Rette Aurelia!« flehte er mit erstickter Stimme. Er schob sich bis zur Stuhlkante vor und blickte den Arzt erregt, fast entrückt an. Sein kräftiger Körper zitterte heftig. »Was soll mir ein Kind, wenn meine Frau stirbt? Was bedeutet mir dann ein Dutzend Kinder?« Seine Schläfenadern wurden purpurn und knotig, und an seinem braunen Hals klopften mächtige Pulsschläge. »Du wirst sie retten, nicht wahr? Du mußt sie retten!« In seiner flackernden Stimme lag ein Gebet und eine wachsende Angst.

Lucanus trat rasch zu ihm und legte ihm die Hand auf die breite Schulter. Mit klarer, fester Stimme sagte er: »Du warst wie ein Vater zu mir, Herr; so laß dich von mir wie von einem Sohn trösten. Ich gebe alle meine Kräfte für dich! Mein Leben würde ich für dich geben!«

Schon im Fortgehen begriffen, blickte Keptah über die Schulter seinen Schüler an und lächelte leise, auf seltsame Art. Aber Diodorus spürte nur, wie das Gewand des Arztes seiner erschlafften Hand entglitt; obwohl er sein abgemagertes Gesicht dem Jungen zuwandte, war völlig klar, daß er ihn nicht sah, nicht einmal verstand. »Komm!« rief Keptah. »Ich werde deine Hilfe brauchen, und wir dürfen keinen Augenblick länger säumen.«

»Kann ich nicht bei Diodorus bleiben?«

»Nein. Hältst du ihn für ein Weib? Er ist ein Mann.« Keptah stürzte aus dem Zimmer, daß sein Gewand sich bauschte und seine Sandalen rasch über den Marmorfußboden glitten.

Lucanus zögerte. Schweißtropfen fielen schwer, wie feuchte Perlen, von der Stirn des Tribunen und blieben am Brustteil seiner Tunika hängen oder rollten über den Stoff hinunter. Der Junge lief zum Tisch, goß einen Becher mit Wein voll und hielt ihn seinem Herrn an die ausgedörrten Lippen. Wie jemand, der völlig verdutzt und bis zur Wehrlosigkeit betäubt ist, schlürfte Diodorus folgsam einen kleinen Schluck nach dem anderen.

Wenn ich nur beten könnte! dachte Lucanus, und kaltes Entsetzen griff nach ihm. Zum erstenmal ermaß er völlig, was die Entfremdung von Gott für einen Menschen in seinen kritischen Stunden bedeutet, und er ermaß auch seine eigene grauenvolle Einsamkeit. Aber man betete nicht zu einem Gott der Heimsuchungen, zu einem Gott, der sich aus menschlicher Qual nichts machte, ja sie geradezu verhängte!

Diodorus flüsterte mit heiserer Stimme. »Wenn sie stirbt, dann ist auch mein Leben verwirkt. Denn ich bin ihr im Herzen untreu gewesen, ihr, der liebevollsten und zärtlichsten aller Ehefrauen, der opferwilligsten, der teuersten.«

Lucanus wußte, daß der seelisch zusammengebrochene Mann ihn nur für einen dienenden Schatten nahm. Er konnte dieses Flüstern, dem Rascheln dürren Laubes gleich, nicht mit anhören. Er sagte:

»Herr, gestatte mir ein paar Worte. Du bist der beste Ehemann gewesen, und Gott oder die Götter werden dich nicht im Stich lassen. Bestimmt bleibt deine Gattin am Leben!«

Die Augen des Tribunen waren tränenleer. Was er vergießen konnte, kam von der triefenden Stirn. Aber Lucanus beugte den Kopf zu dem Scheitel seines Gönners, so daß die Wange auf dessen grobem, borstigem Haar lag, und weinte. Diodorus horchte auf die Klagelaute und bewegte sich unruhig hin und her. Dann sah er Lucanus zum erstenmal.

»Ach, du bist es«, murmelte er. »Du hast mich schon einmal getröstet. Jetzt tust du es wieder, Lucanus.«

Der Junge stellte den leergetrunkenen Becher weg, schob das Becken mit glühenden Holzkohlen näher an den fröstelnden Tribunen, nahm von einem Stuhl ein Wollgewand und legte es ihm über die gewölbten Schultern. Draußen war ein kalter Tag mit blassem, farblosem Sonnenschein. Diodorus ließ sich diese kleinen Liebesdienste erweisen, und ein leichtes Staunen huschte über sein Gesicht, gleich wieder von einem leeren Starren abgelöst.

»Ich muß Keptah helfen gehen«, sagte Lucanus; und von neuem spürte er die furchtbare Einsamkeit in seinem Innern. Ohne zurückzublicken, lief er aus dem Zimmer; die Tränen standen ihm noch auf den Wangen.

Keptah hatte Aurelia unter der einschläfernden Wirkung der ihr verabreichten Arznei vorgefunden. Aber sie keuchte auf ihrem Bett, und das gedunsene Gesicht war schrecklich blau. Sie hatte unter den Decken die Beine hochgezogen und hielt eine Hand an den schmerzenden Unterleib gepreßt. An ihrem ganzen Körper zuckten die Muskeln, als besäßen sie ein von ihr unabhängiges Eigenleben. Ihre verdickte Zunge trat zwischen den geschwollenen Lippen hervor, und an den Mundwinkeln stand blutiger Schaum. Ihr röchelndes Atmen füllte den Raum. Ihre Augen hefteten sich auf Keptah, glasige, erschreckte Augen. Die Pflegerinnen meldeten dem Arzt, daß ihre arme Herrin bis vor wenigen Augenblicken ruhig gewesen war und offenbar geschlafen hatte.

Keptah fühlte ihr den Puls. Er bückte sich, legte das Ohr an ihre Brust und horchte das Herz ab; es schlug sehr rasch und heftig. Er hob wieder den Kopf. Aurelia begann sich hin und her zu werfen; sie stieß gegen die hoch aufgeschichteten, rings um ihren Leib gestopften Kissen, die verhindern sollten, daß sie sich bei den krampfhaften Zuckungen selbst aus dem Bett schleuderte. Während ihr leidender Körper sich drehte und wendete, kam sie immer mehr zu vollem Bewußtsein. Sie sagte zu Keptah: »Du mußt das Kind retten. Mit mir steht es sehr schlecht. Ich werde vielleicht sterben. Daran liegt nichts. Aber rette das Kind für meinen lieben Mann!« Sie hob sich ein wenig und faßte Keptahs Arm; die feuchten Haarflechten fielen ihr über Schultern und Brust.

Von einem Tragbrett, das eine Pflegerin ihm hinhielt, nahm Keptah einen kleinen Becher und goß darein eine goldgelbe, schleimige, schimmernde Flüssigkeit. Die keuchende Kranke sah den Becher zweifelnd an, mit der gesteigerten Auffassungsgabe eines dem Tode nahen Menschen. »Wird dadurch das Kind gerettet?« fragte sie in ergreifendem Tone.

Der Arzt schätzte sie zu sehr, als daß er ihr hätte etwas vorlügen wollen. Er antwortete: »Herrin, willst du nicht den Fall erwägen, daß Diodorus wünscht, du selber mögest am Leben bleiben, unter Aufopferung des Kindes?«

Ihre geschwollenen, von blutigen Streifen durchzogenen Lippen lächelten traurig. »Das Kind wird ihm ein Trost sein. Und er wird noch einen anderen Trost finden, den ich segne. Und falls ich beim Überqueren des Styx ein Gebet sprechen darf, werde ich um ein glückliches Leben für ihn beten. Er war mir ja mehr als Vater und Mutter, Bruder und Schwester und Kind.«

Keptah verneigte sich vor ihr mit der Ehrerbietung, die man einer Gottheit erweist, und hielt ihr den Becher an die Lippen. Sie trank ihn leer, in einem einzigen Schluck des verengten, schmerzenden Schlundes. Dann entdeckte sie, über Keptahs Schulter hinweg, jemanden, und ihre glasigen Augen blickten sofort gespannt, aber sehr liebevoll und flehend. Keptah folgte dem langen Blick und sah, daß Iris im Zimmer stand. Zum Schutz vor der Kälte war sie in weiße Wolle gehüllt; die goldenen Haarflechten fielen ihr fast bis zu den Knien.

Die Griechin trat gleich an Aurelias Bett. Während ihre blauen Augen auf dem violetten, gedunsenen Gesicht der Kranken ruhten, glättete sie deren dunkles Haar mit freundlicher Fürsorglichkeit. Aurelia vergaß alle anderen Anwesenden und sah nur mehr Iris. Sie hob den zitternden Arm und umfaßte die Hand ihrer Freundin.

Dann sank Aurelia auf ihr Kissen zurück und blickte Keptah fest an. »Es heißt, daß man Julius Cäsar, um ihn lebend zur Welt zu bringen, aus dem Leib seiner sterbenden Mutter geschnitten hat. Kannst du das nicht auch bei mir machen? Was ist mein Leben, wenn es um das Glück meines Mannes geht?«

»Der Trank, den ich dir gegeben habe, wird fast sofort Wehen hervorrufen, Herrin«, entgegnete Keptah, ihrem Blick ausweichend. »Alles Weitere steht bei Gott.«

»Aber das Kind ist noch lange nicht ausgereift«, stöhnte die unglückliche Frau.

»Zur Reife fehlt nicht allzu viel, weniger als sieben Wochen«, sagte der Arzt. »In meiner Praxis sind noch früher geborene Kinder am Leben geblieben.«

Lucanus trat ins Zimmer und stellte sich neben Keptah, die Wangen noch von Tränenspuren streifig. Er und seine Mutter füllten den Raum mit Schönheit und Stattlichkeit und Würde; und selbst der hochgewachsene, edelgestaltete Keptah fiel ihnen gegenüber ab. Draußen vor dem verhangenen Fenster blies der kalte Spätwinterwind. Bedeckte Messingschüsseln voll heißer Holzkohle wurden in Wolle gewickelt und um Aurelias zuckenden Körper gestellt. Mit dem nahenden Tode wurde der Geist der Kranken frohgemuter. Da sie die Hand ihrer Freundin nicht freigeben wollte, kniete Iris neben dem Bette hin. Aurelia sagte zu ihr mit schwacher Stimme: »Alles, was ich besitze, vermache ich dir. Weine nicht! Wir waren befreundet, und Freundschaft bedeutet mehr als Abkunft, mehr als Geld, als Rang und Name, sogar mehr als Rom. Ich bitte dich um das, was du ja ohnedies geben wirst: Hingabe und Liebe, und dein ganzes Herz.«

Lucanus, der neben dem wartenden Keptah stand, war erstaunt und verwirrt. Was sprach da Aurelia zu seiner Mutter? Was besagen diese seltsamen, rätselhaften Worte? Und warum weinte seine Mutter bloß stumm und stellte keine Fragen? Dann vergaß er alles das in seiner tiefen Besorgnis um Aurelia; denn ihr Gesicht hatte sich merkwürdig verändert zu einer Art Entrücktheit, als lauschte sie tönen, die nur sie mit der Seele zu hören vermochte. Im nächsten Augenblick wurde ihr aufgetriebener Körper starr, sie warf die Arme in die Luft und krümmte in plötzlicher Verkrampfung den Rücken. Ihr Nacken streckte, ihre Schultern hoben sich, und ein langes, wie unterirdisches Stöhnen schien weniger aus der Kehle als aus tieferliegenden Schichten des Körpers zu kommen. Ihre Augen traten aus den Höhlen, ihre Zunge drängte sich zwischen purpurn verfärbten Lippen hervor.

»Schau!« sagte Keptah leise zu Lucanus. Er schob die Bettdecken beiseite und schlug Aurelias Hemd hoch. Der aufgewölbte, bläuliche, wie Marmor geäderte Unterleib zuckte heftig; Wellen von Muskelzusammenziehungen überliefen ihn. Dann ergoß sich aus den Geburtswegen ein Schwall von Flüssigkeit, Blut mit Wasser vermischt, und der Geruch davon erfüllte den Raum. Keptah führte seine langen, schmalen Finger in den Leib der armen Frau ein, und sie stöhnte wieder; Iris nahm ihre beiden zuckenden Hände und hielt sie fest. Eine der Pflegerinnen begann zu wimmern; die beiden anderen fielen auf die Knie und beteten hilflos. Das Stöhnen der Kreißenden hielt nun ununterbrochen an, so daß es schließlich mit zum Zimmer zu gehören schien, mit zum Spätwintersturm.

Lucanus wußte, wie er sich nützlich machen konnte. Er preßte beide Hände gegen die Wölbung des Unterleibs und unterstützte mit rhythmischen Bewegungen die strangförmig verdickten Muskeln bei ihren Bemühungen, das Kind aus dem Mutterschoß zu treiben. Aber die Muskeln waren durch ihre Verkrampfung gehemmt; unter Lucanus' Händen griffen sie sich wie unnachgiebiges Eisen an. Er schloß die Augen und ließ seine feinfühligen Hände und Finger ihr Werk tun; wenn eine Wehe erschlaffte, half er kräftig nach.

Die mit Aurelias Krankheit zusammenhängenden Krämpfe behinderten die Ausstoßung der Leibesfrucht; aber noch schauderte Keptah vor dem Furchtbaren zurück, das er nun tun mußte. Er hatte eine folgenschwere Entscheidung zu treffen. Höchstwahrscheinlich würde das Kind tot zur Welt kommen oder bald darauf sterben. Indes bestand eine gewissen Möglichkeit, eine Lebendgeburt, und eine noch kleinere Möglichkeit, ein Weiterleben des Kindes zu gewährleisten. Dazu mußte jedoch die verkrampfte Gebärmutter durch einen Schnitt erweitert und das Kind gewaltsam entbunden werden. Infolge dieses Eingriffs würde Aurelia verbluten. Unter den gegebenen Umständen konnte man den Kopf des Kindes nicht mit der Zange fassen, weil die unreife Frucht noch nicht bis zum Muttermund gelangt war, und auch wegen der allgemeinen Verkrampfung der Körpermuskulatur. Zu allem Unglück glaubte Keptah bei einer neuerlichen Untersuchung eine sehr ungünstige Steißlage festzustellen. »O Gott!« seufzte er laut.

Auf ein Zeichen Keptahs legte Lucanus das Ohr an Aurelias schwer atmende Brust. Bestürzt blickte er den Arzt an: das Herz schlug merklich schwächer, obwohl es wie rasend klopfte. Überdies wurde der Schmerz für Aurelia unerträglich. Als Lucanus sah, daß Keptahs dunkle, zitternde Hand nach einem kurzen, scharfen Messer griff, biß er die Zähne fest zusammen, und wilder, ohnmächtiger Groll erfüllte ihn.

Jetzt neigte er sich über Aurelia und nahm ihr eisig feuchtes Gesicht zwischen die Hände. Durch seine Willenskraft zwang er ihre starren Augen, ihn anzublicken, und begann hypnotisierend zu murmeln. »Du hast keine Schmerzen«, sagte er wieder und wieder. »Die Schmerzen sind vergangen. Du bist sehr schläfrig und müde. Die Schmerzen sind vergangen... Du bist sehr schläfrig... Du entspannst dich... Die Schmerzen sind vergangen... Du schläfst jetzt ein...«

Aurelia sah seine Augen und hörte seine Stimme. Diese Augen erschienen ihr wie blaue, mitten im Dunkel schwebende Monde. Sie füllten das ganze Weltall, sie wurden immer strahlender. Und zum Klang dieser Stimme begann alles sich leise zu wiegen. Aurelia merkte, daß sie auf einem lichtlosen, aber unendlich geruhsamen Meer dahintrieb, ohne Schmerzen. Ein Wonnegefühl durchdrang sie, ein Empfinden der Leichtigkeit, der Befreiung von jeglicher Angst. Alles war nun klar geworden, alles war Freude und Friede. Sie spürte nicht das Wühlen des Messers in ihren Eingeweiden, spürte nicht das Strömen des Bluts. Sie war körperlos. Sie lächelte; und ihr Lächeln schien erwidert zu werden, aus irgendwelchen fernen Tiefen, die ihr entgegenschwebten, aus Tiefen, die von Liebe und Zärtlichkeit und Mitgefühl durchdrungen waren. »Mutter!« sagte sie mit schwacher Stimme, hochbeglückt, und dann war sie still.

Lucanus hob den Kopf und blickte Keptah an, und die Säure der Verbitterung zerfraß ihm die Seele. »Sie ist dahin«, sagte er.

Aber Keptah zog die Beine des Kindes aus dem Mutterleib, dünne, grotesk verkrümmte Beine, puppenhaft klein und bläulich. Jetzt tauchte mit wachsender Raschheit der winzige Bauch auf, dann der kleine Oberkörper und schließlich der vom Blut feuchte Kopf, kaum größer als ein Apfel. Das

Gesicht war wie aus Wachs geformt, blutbenetzt wie der ganze Leib, und die Puppenaugen waren geschlossen, der Mund ohne Atem.

Nun lag das Kind zwischen den Beinen der toten Mutter, ebenso reglos wie sie und in einer Lache ihres Bluts. Iris schmiegte den Kopf an Aurelias starre Wange; und ihr Jammern füllte den Raum, in dem das Stöhnen aufgehört hatte, und schien eine Fortsetzung jenes Klagelauts.

Es war vorbei; keines der beiden Leben hatte gerettet werden können. Keptah kniete am Fußende des Bettes nieder und bedeckte das Gesicht mit den Händen. Lucanus richtete sich steif auf. Sein Körper schien besten zu wollen vor kalter Wut, vor Abscheu und Empörung. Zwei Menschen waren sinnlos und zwecklos gestorben. Wiederum hatte Gottes grausame Hand zwei Menschenleben ausgetilgt. »Nein!« schrie Lucanus heftig. »Nein!«

Er bückte sich und hob das entseelte Kind in den Armen hoch. Einen Augenblick lang war er entsetzt darüber, wie leicht es war. Es wog weniger als die Puppe, die er Rubria vor Jahren geschenkt hatte. Der Körper war kalt und blaß, das Gesicht blau, der Kopf hing schlaff herab. Lucanus zwängte die winzigen Lippen des Neugeborenen auf und schob ihm einen Finger in den Schlund. Er zog einen Pfropf von Blut und Schleim hervor. Niemand beachtete ihn, als er eine gewärmte Decke nahm und das Kind dareinhüllte. Wieder öffnete er den unglaublich kleinen Mund, hielt das leblose Geschöpf zu seinem Gesicht und blies ihm mit tiefen Atemzügen Luft in Kehle und Lungen. Er sammelte seine ganze Aufmerksamkeit, seine ganze Willenskraft auf den Säugling. Iris jammerte weiter, Keptah kniete und betete weiter für die beiden Seelen, die ihre Körper verlassen hatten; und die Pflegerinnen wehklagten, die Köpfe an den Fußboden gedrückt.

»Lebe!« befahl Lucanus dem Kind; große Schweißtropfen rannen ihm über die Haut und tränkten sein Gewand. Der starke Hauch seines Atems ging ein und aus durch die Kehle des Säuglings, stark wie das Leben selbst, grimmig und zielbewußt, unabweislich. Seine Finger umfaßten behutsam, aber fest den Rumpf des Kindes, preßten den Brustkorb immer wieder zusammen und ließen ihn rasch wieder los, während er mit dem linken Arm den kleinen Körper an sein Herz drückte und ihm ständig Atem in den Mund blies.

Iris zog ein Laken über Aurelias totes, entspanntes Gesicht, und ihr Jammern verstummte, als sie auf den Lippen ihrer Herrin das schwache, friedliche Lächeln sah. Der im Fenster sichtbare Fleck grauen Himmels verdunkelte sich als Vorzeichen eines kommenden Gewitters; in der Ferne hörte man Donnergrollen, und dann zuckte ein Blitz. Die Pflegerinnen hörten nicht auf, zu schluchzen und zu wimmern und für die Tote zu beten. Keptah setzte sich auf seine Fersen zurück und ließ den Kopf sinken. Sturm und Donner mischten ihre Stimmen in die Totenklage.

Dann fuhr Keptah zusammen und sprang auf. In dem Raum war ein neuer

Ton laut geworden, schwach und dünn wie das Piepsen eines Kükens. Der Ton erstarb und setzte dann stärker wieder ein. Keptah lief zu Lucanus und rief voll ehrfürchtiger Scheu: »Der Knabe lebt! Er ist nicht tot!«

Aber Lucanus sah und hörte ihn nicht. Seine Finger bewegten sich unentwegt; er hauchte seinen Atem und seinen Willen und sein Leben in den winzigen Körper. Das Kind regte sich an seinem Herzen, ganz schwach, wie ein zappelndes Vöglein. Sein blutbeschmutztes Gesicht verlor die bläuliche Blässe und wurde tiefrot. Eine unwahrscheinlich kleine Hand drückte gegen die Wolldecke.

»Das Kind lebt!« rief Keptah, von Freude übermannt. »Er atmet! Ein Wunder Gottes!«

Niemand außer Iris sah den Tribunen in das Zimmer treten, taumelnd wie ein Betrunkener. Iris ging ihm entgegen, warf sich vor ihm nieder, schlang die Arme um seine Knie und weinte laut.

XIV

Lucanus las im Siebten Buch des Herodot über Xerxes, der nach einem Sieg geweint hatte. Der Oheim des Xerxes, Artabanos, kam ihn trösten und sagte: »Königlicher Herr, erst hast du dich beglückwünscht, und jetzt weinst du.« Darauf erwiderte Xerxes: »Mich hat Trauer erfaßt bei dem Gedanken an die Kürze alles menschlichen Lebens, als ich mir vergegenwärtigte, daß von allen diesen vielen Menschen um mich in hundert Jahren kein einziger mehr am Leben sein wird.« Artabanos bemerkte dazu: »Im Leben machen wir andere, traurigere Erfahrungen als diese. Unsere Lebensspanne ist in der Tat so kurz, wie du sagst. Und doch gibt es keinen einzigen Menschen, weder in diesem Heere noch sonst auf der Welt, der so wesenhaft glücklich wäre, daß er sich nicht in dieser Zeitspanne, so kurz sie sein mag, wünschen würde – und zwar nicht nur einmal, sondern öfter –, tot und nicht lebend zu sein.«

»Ja, ja.« Lucanus legte das Buch beiseite, stützte den Kopf in die Hand und starrte mit leerem Blick auf ein Bündel heißer, gelber Sommersonnenstrahlen, das auf seinen sandalenbekleideten Fuß fiel. Er studierte jetzt viel zu Hause; aus dem Schulzimmer floh er sofort nach Schluß des Unterrichts, um den Sklaven zu entgehen, die bei seinem Anblick sich unweigerlich verneigten oder sein Gewand berührten oder vor ihm auf die Knie fielen und ihn um Fürbitte bei den Göttern anflehten. Er fand es entsetzlich und abstoßend, daß man ihn, der sich so hoffnungslos von Gott entfernt hatte, als Mittler zwischen Ihm und den Leidbeladenen anrief. Bewundernde Blicke und erhobene Hände waren ihm zuwider. Am liebsten hätte er den Leuten laut zugerufen: ›Ich sage euch, Gott haßt uns! Er schenkt uns Leben, damit wir elend sterben. Er schenkt uns Augen, damit wir die Häßlichkeit des Todes sehen. Er schenkt uns Liebensfähigkeit, damit Er uns zugrunde richten kann. Verehret lieber den Charon als Ihn!‹

Aber mochten ihm diese Gedanken auch verzehrend in der Seele brennen, aussprechen konnte er sie nicht. Seit er dem kleinen Priscus das Leben gerettet hatte, hielt die fromme Einfalt der Sklaven ihn für einen von der Gottheit berührten Mann. Er konnte sich weder mehr in den Spitalstrakt begeben noch Keptah zu Krankenbesuchen begleiten. Das ging nun schon sechs Monate lang so. Bald jedoch sollte er nach Alexandria abreisen; und dort würde er nur einer von vielen namenlosen, schüchternen Studenten sein, der Sohn eines ehemaligen Sklaven, der Schützling eines gutherzigen Römers. Bis dahin schloß er sich zu Hause ein und öffnete die Tür keinem, der ihn demütig besuchen kam; er hielt sich die Ohren zu, um nicht zu hören, wie diese Leute seine Mutter bedrängten, und wie sie ihnen traurig, mitleidig Rede und Antwort stand. Er studierte bei Keptah tote anatomische Zeichnungen; die lebenden Menschen wollte er nicht anhören. Als Keptah ihm das einmal vorwarf, rief er erbost: »Soll ich diesen Leuten sagen, was ich glaube, nämlich, daß Gott ihr Widersacher ist? Und gerade das werde ich ihnen bestimmt sagen, wenn du mich zwingst, mit ihnen zu reden! Wird ihnen damit geholfen sein? Und lügen kann ich nicht.«

»Du bist wie ein parthischer Bogenschütze, der noch auf der Flucht über die Schulter hinweg vergiftete Pfeile abschießt«, meinte Keptah. »Ich sage dir eines: Er verfolgt dich, und du wirst Ihm nicht entkommen. Deine Pfeile verwunden Ihn; aber Er beharrt in Seiner Liebe, nicht in Seinem Haß.« Indes begriff der Arzt seinen Schüler, und tiefstes Mitleid erfüllte ihn.

Eine Biene summte durch das unverhangene Fenster und ließ sich auf der geschlossenen Buchrolle neben der schlaffen Hand des Jungen nieder. Ihre goldenen Flügel zitterten; sie untersuchte umständlich die Schriftrolle. Ihre zarten Beine krabbelten aufgeregt hin und her. Plötzlich flog sie empor und setzte sich auf den Handrücken des Jungen. Er sah ihre großen, glänzenden Augen und seufzte. Vorsichtig erhob er sich, ging langsam zum Fenster und ließ das Tierchen davon schwirren. Er sah dem glitzernden Insekt nach, bis es verschwand. Ein großer Schmerz war in seinem Herzen, und ein trockenes Brennen in seinen Augen. Oh, diese unschuldigen Geschöpfe, die nur lebten, um zu sterben! Lucanus legte die Stirn auf das Fensterbrett und fühlte in sich ungeheures Mitleid, mächtige Liebe für alles, was da lebte und sich regte. Unbill und Qualen erlitt, verging und zu Staub zerfiel, von der Biene bis zum Menschen, vom Laubblatt bis zum Kinde, vom Baum bis zum Roß, von der Spinne bis zum Stern. Es drängte ihn, über alles Lebende die Arme zu breiten, es zu trösten, ihm liebevoll und aufmunternd zuzureden und es so unter seinem Schutz zu erhalten – dem Widersacher und Zerstörer zum Trotz.

Plötzlich vernahm der die Geräusche des Hauses und das Lachen eines Kindes. Es war ein ganz junges Kind, die Tochter jener Sklavin, die den kleinen Priscus säugte. Iris betreute jetzt den Sohn des Tribunen. Schon wenige Stunden nach seiner Geburt hatte sie ihn zu sich nach Hause getragen und gleich auch die Amme ebenso wie eine andere Sklavin mitgenommen. Iris pflegte und hätschelte den Säugling; während des ersten gefahrvollen Lebensmonats hatte sie ihn nie aus den Augen gelassen. Sie hatte sein erstes zahnloses Lächeln gesehen und sein erstes zärtliches Plappern gehört. Sie hielt ihn auf den Knien, sie schlief neben seinem Bettchen. Wenn er noch so leise zu wimmern anfing, kam sie schon gelaufen. Sie webte seine Kleider und nähte sie. Sie schaukelte seine Wiege, wenn er unruhig war; sie beugte sich über ihn und sang ihm Lieder. Sie wusch seinen kleinen Körper. Sie trennte sich niemals von ihm.

Jetzt hörte Lucanus die Stimme seiner Mutter und das antwortende Glucksen des Säuglings. Ihr goldblonder Kopf huschte an dem Fenster von Lucanus' Zimmer vorbei; sie trug Priscus in den Armen, eng an die Brust gepreßt. Der Kleine schaute ihr über die Schulter, und Lucanus fing den Blick auf. Er zuckte zusammen und konnte kaum hinsehen: das Gesichtchen war Rubrias Gesicht. Der Säugling verzog freundlich die Lippen; er war ein heiteres, allen Menschen zugetanes Geschöpf. Unwillkürlich erwiderte Lucanus das Lächeln. Der Kleine schob das Köpfchen zurück, krähte fröhlich und steckte die Nase in Iris' Ohr. Sie trug ihn in die Kühle des kleinen Gartens hinter dem Hause. Dort setzte sie sich unter einen ausladenden Baum, murmelte und sang, bis der Knabe einschlief. Die Sonne rollte westwärts, und der Luftraum war weit, vollgesogen mit Gold, widerklingend von verborgenem Leben. Der Duft des Bodens, der Blumen, des Rasens hob sich in das lohfarbene Licht, und irgendwo trällerte eine Sklavin auf dem Weg zu ihrer Arbeit vor sich hin. Palmen knarrten und schwankten, und Vögel schossen pfeilschnell von Baum zu Baum, die Flügel vom Sonnenlicht vergoldet.

Lucanus trat in den Garten hinaus. Iris hatte eine weiße Blume gepflückt, und Priscus war auf ihren Knien in die Untersuchung der Blüte vertieft. Er war für sein Alter noch klein, aber gut genährt, quecksilbrig und aufgeweckt; seine dunklen Augen funkelten von Lebens- und Sehensfreude. Bis auf eine weiße Windel war er nackt; seine kleine Brust war breit und braun. Schwarze Locken kräuselten sich ihm an Ohr, Nacken und Stirn. Trotz seiner Kleinheit hatte er eine Kraft, die man einem so jungen und noch dazu vorzeitig geborenen Kinde kaum zugetraut hätte. Er sah aus wie ein kleiner Soldat; aber sein Lächeln war Rubrias Lächeln, gewinnend und anmutig, mit einem Schuß Schalkhaftigkeit, und der Ausdruck seiner rührenden, forschenden Augen war Rubrias Ausdruck. Deshalb wich Lucanus dem Kinde meist aus.

Jetzt bemerkte Priscus ihn eher als Iris, und er krähte wieder zufrieden und schwenkte die Blume wie zum Gruß. Iris lächelte ihrem Sohne zu, ohne sich ihre ständige Sorge um ihn anmerken zu lassen. »Schau!« rief sie. »Ist das nicht ein Bogenschütze oder ein Ringer oder ein Wagenlenker? Muskeln hat er, fest wie Harnischplatten.« Die Lippen des Kleinen waren noch milchig von dem kürzlichen Trinken, und er hopste auf Iris' Knie umher, daß sie lachen mußte, während sie seinen Bewegungsdrang bändigte. Lucanus streckte ihm einen Finger hin, und Priscus faßte ihn, untersuchte ihn genau und steckte ihn schließlich in den Mund. Lucanus lächelte. Er hatte dem Kind gegenüber eine Art Vatergefühl. Dann runzelte er die Stirn. Merkwürdig, daß Diodorus so lange in Rom bleibt. Man sollte meinen, er hätte mehr Sehnsucht nach seinem Sohn ... »Also, so etwas!« rief er plötzlich. »Er hat ja Zähne!«

»Vier Stück«, sagte Iris stolz. »Ist das nicht herrlich?« Ihr Gesicht hatte die Unschuldsfarbe und die Jugendlichkeit eines Mädchens. Nach einer Weile sagte sie nachdenklich: »Diodorus? Ja, er ist fast schon sechs Monate weg. Diesmal bleibt er, bis er die Genehmigung zum Verlassen Antiochias erwirkt. So hat er mir geschrieben. Ich kann mir vorstellen«, fügte sie mit leisem Lächeln hinzu, »daß er seinem Schwager Carvilius Ulpianus erbarmungslos zusetzt und die kaiserliche Hofhaltung bedrängt. Er kann es in Syrien nicht mehr aushalten und ist entschlossen, sich auf sein Landgut zurückzuziehen. Ich nehme an, er hat den Cäsar schon zermürbt. Diodorus ist ja ein hartnäckiger Mann und hat großen Einfluß.«

Sie streichelte den nie stillhaltenden Kopf des Knaben. Diodorus hatte die Asche seiner Tochter und seiner Frau zur Beisetzung in der Familiengrabstätte nach Rom mitgenommen. Iris wußte, daß es eine traurige, unerquickliche Reise gewesen war. Nach Aurelias Tod hatte Diodorus zunächst überhaupt kein Wort gesprochen und war dann bald nach Rom gefahren. Es hatte Wochen gedauert, ehe er Iris kurz schrieb, ihr seine Pläne bekanntgab und nach seinem Sohn fragte. In dieser Erkundigung war fast Gleichgültigkeit zu spüren gewesen; er hatte Priscus bloß einigemal gesehen und keinerlei Gefühle für ihn gezeigt. In seinem letzten Brief jedoch war er aufgetaut. Er sei überzeugt, daß Syrien für seine Familie verhängnisvoll gewesen sei. Wenn er zurückkomme, werde es nur geschehen, um sein Hauswesen für die Übersiedlung vorzubereiten und seinen Nachfolger in die Amtsgeschäfte einzuführen; dann wolle er diesen ›Unglücksort‹ für immer verlassen. Sein Kind solle in seinem Heimatland aufgezogen werden, angesichts der Sieben Hügel, unter dem Schutz seiner Götter.

In dem Brief hatte sich nur ein Satz auf Iris selbst bezogen: ›Ich verlasse mich darauf, daß du, meine alte Spielgefährtin, meine geistige Schwester, dich bereit finden wirst, mit mir nach Rom zu kommen, um meinen Sohn weiterhin zu bemuttern.‹

Iris seufzte. Sie erhoffte sich viel mehr als das! Aber ihr eigener Sohn würde bald fern von ihr, in Alexandria, sein, ihr so gehetzter, so gequälter, so in unstillbarem Gram befangener, so schwermütiger und verzweifelter Sohn. Auch, dachte sie, er ist doch jung, und dort in Alexandria gibt es viel zu studieren und zu lernen. Sie wußte, daß Lucanus ihr in seinem Wesen ebenso ähnelte wie in der Erscheinung: geduldig, hingebungsvoll; in seiner Liebe tief, aber verhalten; gemessen im Reden und Handeln; ein zurückgezogenes, aber tätiges Leben führend; zuchtvoll und etwas starr in seinen Gemütsstimmungen. Noch hatte er sich nicht ihre jetzige Schmiegsamkeit angeeignet, ihre heitere Bescheidung und ihren festen Glauben, daß Gott gütig war und nicht böswillig.

Immer hatten sie sich miteinander weniger in Worten verständigt als durch einen beredten Blick, ein leises Lächeln, eine kleine Geste, ein kaum merkliches Kopfnicken. Immer war zwischen ihnen innigstes Einvernehmen gewesen, bis zu Rubrias Tod. Dann war Lucanus sogar seiner Mutter ausgewichen, hatte kühl und zurückweisend auch von ihr Abstand gehalten.

Ebenso hatte er es bis heute abgelehnt, sich für das von ihm gerettete Kind zu interessieren, wobei allerdings die feinfühlige Iris erriet, daß es sich hier weniger um Kaltherzigkeit handelte als um die Furcht, neuerlich in eine persönliche Zuneigung verwickelt zu werden, die seiner Meinung nach immer und überall unheildrohend und gefährlich war.

Als Lucanus sich jetzt plötzlich auf die Fersen kauerte, um sein Gesicht mit dem Kopf des Kindes in gleiche Höhe zu bringen, wurde Iris tief bewegt. Priscus war begeistert. Er streckte seine Ärmchen aus und packte die Nase des Jungen. »Er hat Hände wie ein Gladiator!« rief Lucanus. »Und Klauen wie ein Adler!«

Priscus qietschte vor Vergnügen. Er ließ die Nase des Jungen aus, faßte dafür dessen Stirnlocke und zog daran. Lucanus wunderte sich, wie stark er war. Vor nicht mehr als sechs Monaten hatte dieses Kind wie eine unbewegliche Puppe in seinen Armen gelegen, blau, ohne Atem, weich wie schmelzendes Wachs. Plötzlich erfüllten Stolz und Zärtlichkeit den Jungen. Er breitete die Arme dem Kinde entgegen, und Priscus schmiegte sich sofort an ihn. Die Wärme seines kleinen, festen Körpers drang Lucanus bis ins Herz. Er küßte die nackten, braunen Schultern, die Grübchen der Knie und Ellbogen. Er küßte die so sehr an Rubria erinnernden Augen und dann, sehr innig, den Mund, der eine kleine Nachbildung von Rubrias Mund war. Ihm brannten die Augen, und es würgte ihn in der Kehle. Oh, laß mich nicht wieder jemanden liebgewinnen! betete er zu einer gestaltlosen Gottheit.

Er legte das sich sträubende Kind in die Arme seiner Mutter, stand unvermittelt auf und ging davon. Lange und traurig sah Iris ihm nach. Aber irgendwie wurde ihr tröstlich zumute.

Am ersten Vormittag nach seinem Wiedereintreffen in Antiochia beschied Diodorus seinen Hausarzt zu sich. Sobald Keptah die Bibliothek seines Herrn betreten hatte, prüfte er dessen seelische und körperliche Verfassung mit halb zusammengekniffenen Augen. Das Gesicht des Tribunen war müde und blässer geworden; nach seinen Zügen zu urteilen, schien er um Jahre gealtert. Aber eine verbissene Gelassenheit strahlte von ihm aus, und sein Vogelgesicht zeigte sich härter, gereifter. Mehr denn je war er ein echter Römer und weniger denn je ein unproblematischer Mensch.

»Ich bin gesund«, sagte er barsch, noch ehe Keptah ihn auch nur begrüßen konnte. »Du brauchst mich nicht mit deinen Doktoraugen zu mustern. Genug davon! In vier Wochen übersiedle ich nach Rom, mit meinem ganzen Hauswesen. Du bist kein Sklave mehr. Ich höre, daß du in der Nähe Weinberge und Ölhaine gekauft und auch in Rom Gelder angelegt hast. Ich habe keine Zeit zu langen Einleitungen. Als einem Freigelassenen kann ich dir nicht gebieten, ich kann dich bloß fragen. Willst du mit mir nach Rom kommen?«

»Ist diese Frage nötig gewesen, Herr?«

Diodorus schwieg einen Augenblick. Dann sagte er mit seiner neugewonnenen Gelassenheit: »Während dieser sieben Monate in Rom habe ich eines gelernt: Man darf niemandem trauen; tut man das, so geschieht es auf eigene Gefahr. Wer die Richtigkeit dieses Grundsatzes bestreitet, ist entweder ein Lügner oder ein Narr. Welcher Philosoph hat angeraten: ›Sei freundlich zu allen, vertraulich zu niemandem‹? Es geht dabei nicht nur darum, daß der Mensch, wie mir in Rom mehrfach klar wurde, von Natur aus böse ist, sondern darum, daß er von Tag zu Tag, ja von Stunde zu Stunde, ein anderer wird ... Meine Frage sollte dich nicht kränken. Ich habe mich bloß erkundigt.«

Keptah erwiderte nichts. Er war voll Mitgefühl für diesen abgemagerten, weniger ungestüm gewordenen Mann, dessen sonst so lebhafte Augen noch immer von Gram verdüstert und erstarrt waren. Ein gewisser Schwung war dem Tribunen abhanden gekommen, und seine Lebenskraft schien gelähmt. Eine Art grimmige Schwermut hüllte ihn ein.

Diodorus fuhr fort; »Ich hatte mir vorgestellt, ich würde mich in Rom mit meinen alten Kameraden treffen, und sie würden sich meiner liebevoll erinnern. Ach, war ich ein Naivling! Sie haben mich ja mit gespielter Freundlichkeit begrüßt, weil sie wußten, daß ich viel Einfluß habe, sogar bei diesem Tiberius, der mich zumindest als tüchtigen Soldaten, wenn schon nicht als menschliches Wesen im Gedächtnis trägt. Ich hatte gemeint, in Rom etwas Entspannung zu finden ...«

Er hielt inne, und eine dunkle Wolke glitt über sein Gesicht. Er stand auf und goß sich einen Becher mit Wein voll, dann winkte er Keptah, sich auch zu bedienen.

»Kurz gesagt, Herr«, sagte der Arzt, nachdem er achtungsvoll an seinem Wein genippt hatte, »du bist draufgekommen, daß die Menschen in Rom nicht anders sind als in Syrien oder Britannien, in Gallien, Judäa, Ägypten oder Griechenland.«

Diodorus stellte seinen Weinbecher bedächtig hin, knallte ihn nicht wie sonst mit einem Dröhnen auf die Tischplatte. In Bewegung und Stimme fehlte die frühere Nachdrücklichkeit. Er sagte: »Ganz richtig. Aber schließlich war ich lange von Rom abwesend und habe es vergessen. Darüber sprechen wir ein andermal.« Er begann mit schweren, schleppenden Schritten in der Bibliothek auf und ab zu gehen. »Warum sind Klugheit und Verstand so seltene Dinge? Warum muß man sie suchen wie eine Goldader im Fels?«

»Die Götter«, antwortete Keptah mit einer Grimasse, »wachen noch immer ängstlich über ihre Weisheit. Sie ist prometheisches Feuer, und wenn dieses Feuer in einem Menschen auflodert, wird er von den Göttern, mehr noch aber von den eigenen Mitmenschen, bestraft. Es wurde auch behauptet, daß man niemanden etwas lehren kann; man kann ihm nur helfen, es aus eigenem zu finden. Wenn er keine Vernunft hat, wird ihn nichts aus seiner Tierhaftigkeit herausführen, keine Mahnung, keine Unterweisung, kein Bemühen zur Verbesserung seiner Umwelt, kein Opfer und kein Wunschbild. Für den voreiligen Schluß, daß er deshalb Vernunft besitzen muß, weil er menschliche Gestalt hat, wird er sich dadurch rächen, daß er gegen den unbedacht so Schließenden losgeht und ihm die Zähne zeigt. Und ich finde das für eine gerechte Vergeltung.«

Diodorus warf ihm einen scharfen Blick zu. Er goß sich seinen Becher wieder voll und tat einen ausgiebigen Schluck. Dann blickte er in den Becher und schien seine Worte an das Gefäß und nicht an Keptah zu richten. »Ich brauche eine Mutter für meinen Sohn.«

In Keptahs Miene malte sich Schreck. »Und du hast eine solche Frau in Rom gefunden, Herr?« Bestürzt dachte er an Iris. Aber Diodorus war ein Römer!

»Ich habe etwas Unanständiges gemacht«, sagte Diodorus, ohne Keptahs Frage zu beachten. Dann blickte er den Arzt an, und sein Gesicht wurde finster. »Warum vertraue ich mich dir an, wo du mich morgen verraten kannst? Soll ich dich bestechen, damit du dichthältst und nicht in Rom herumsprichst? Kann ich mich darauf verlassen, daß du mein Geheimnis nicht irgendwann einer Schlampe ins Ohr flüsterst, sobald du – falls das je eintritt – des Weines voll bist? Bürgst du mir dafür, daß du nicht noch in diesem oder im nächsten Jahr mein Feind sein wirst? Ich glaube, es ist eigentlich besser, du kommst nicht mit mir nach Rom.«

»Wie du willst, Herr«, sagte Keptah, und in seiner Stimme klang etwas Zorn auf.

Jetzt knallte Diodorus den Becher mit einem Anflug seiner früheren Leidenschaftlichkeit auf die Tischplatte. »Andererseits, wer würde schon einem ehemaligen Sklaven etwas glauben, was Diodorus bestreitet?«

Keptah verschränkte die Arme über der Brust. »Da hast du recht, Herr«, bestätigte er. »Deshalb ist es besser, du vertraust dich mir nicht an. Ich habe es nicht verlangt. Im Interesse meines Seelenfriedens ist es mir lieber, wenn du es unterläßt.«

»Immerhin würde ich mich in Rom unter deiner ärztlichen Betreuung sicherer fühlen. Ich habe dort allerhand Geschichten gehört! Vielleicht sind sie nicht wahr, aber es heißt, daß Tiberius sich gewisser unbeugsamer Männer, darunter zweier Senatoren, durch Bestechung ihrer Ärzte entledigt hat. Höchstwahrscheinlich ist es erlogen. Tiberius mag kaltherzig sein; aber Gift ist kein soldatisches Kampfmittel, was allerdings auch für die von ihm geübte Verwendung von Zuträgern gilt. Jedenfalls weiß ich aus sehr verläßlicher Quelle, daß viele reiche, sittenlose Schurken, hochgestellte Persönlichkeiten in Rom, die Hausärzte von Männern bestochen haben, deren Ehefrauen oder deren Grundstücke ihre Begehrlichkeit geweckt oder von deren Tod sie sich irgendwelche politische Vorteile erhofft haben.« Er lächelte Keptah merkwürdig zu. »Wenn die Sache ruchbar wurde, waren es nicht die Auftraggeber, die man bestrafte. Gewöhnlich hat man kurze Zeit darauf den betreffenden Arzt aus dem Tiber gefischt.«

Keptah konnte sich eines breiten Lächelns nicht enthalten. »Der Tiber als Begräbnisstätte hat für keine Anziehungskraft, Herr.«

Diodorus lachte kurz, lustlos auf. »Die Furien sollen dich holen! Du hast noch immer nicht begriffen. Ich brauche einen Freund. Und dazu muß ich mich an einen Freigelassenen wenden! Ist das nicht eine Ironie?«

»Und unter deinen Waffengefährten, Herr, unter den Männern deines Ranges, hast du keinen Freund gefunden?« fragte Keptah.

»Nein.« Diodorus setzte sich und starrte zwischen seinen Beinen hindurch auf den Marmorfußboden. »Ich nehme deine Bemerkung als Antwort auf meine Frage. Für alle Fälle will ich, um dich an meinen Hausstand in Rom zu binden und mich deiner Treue zu versichern, dein Gehalt verdreifachen und dir auf meinem Grund und Boden ein eigenes Haus zur Verfügung stellen.«

»Nein«, lehnte Keptah ab. »Käuflich bin ich nicht, Herr.« Seine Stimme erhob sich zu kalter Härte. »Wie ich sehe, hat Rom einen sehr unglücklichen Einfluß auf dich geübt. Ich bitte dich, daran zu denken, daß du mir vor deiner Reise dorthin stillschweigend vertraut hast, daß dein Vater sich auf mich verlassen hat und mir sehr zugetan war, daß die edle Aurelia mich in ihr Vertrauen gezogen hat und daß ich dich nie, kein einziges Mal in deinem Leben, belogen habe, außer wenn ich aus Barmherzigkeit glaubte, die Wahrheit würde dir wehtun. Darf ich jetzt gehen, Herr?«

»Nein«, sagte Diodorus. Noch immer starrte er auf den Fußboden. Es schickte sich nicht, daß ein Römer einen Niedrigergestellten um Verzeihung bat; aber erbrummte: »Entschuldige!«

Keptah war erstaunt und gerührt. Er faßte die Rechte des Tribunen und küßte sie. Er sagte: »Herr, du weißt, wie sehr ich Gott verehre.Wenn es dir helfen kann, dich mir anzuvertrauen – lieber wäre mir allerdings in deinem Interesse, du tätest es nicht –, so schwöre ich bei Gottes heiligstem Namen, dich nie zu verraten und das mir Mitgeteilte augenblicklich zu vergessen.«

Diodorus musterte ihn mit düsterer Miene. »Dann muß ich dir jetzt von der Unanständigkeit, der Betrügerei, erzählen, deren ich mich in Rom schuldig gemacht habe – nicht nur, weil du mein Freund bist, sondern auch, weil ich innerlich durcheinandergeraten bin und weil…« Er stockte. Er holte tief Atem. »In Rom lebt ein mit Carvilius Ulpianus befreundeter Senator, der es nur seinem Reichtum, seiner Erbarmungslosigkeit und seinem Ruf als grausamer Rächer verdankt, wenn sein Geheimnis allen außer Carvilius unbekannt geblieben ist. Ich habe mit meinem Schwager eine bestimmte Angelegenheit besprochen, und da hat er mir das Geheimnis des Senators preisgegeben. Nebenbei bemerkt, vermute ich, daß der Senator irgendeine Waffe gegen Carvilius in der Hand hat, mit der er ihn vernichten könnte, wenn er nicht seinen Mund hält. Du siehst, wie mein Mißtrauen genährt wurde!«

Keptah wartete. Diodorus wurde langsam rot. »Das gleiche wie der Senator habe auch ich getan. Er hat sich in eine Haussklavin auf einer seiner Besitzungen in Sizilien verliebt. Er hat sie freigelassen. Seine Gattin war unfruchtbar, und er hat ihr den Scheidebrief geschickt. Dann hat er sich an einen Ahnenforscher gewandt, der für seine Freigelassene einen prächtigen Stammbaum erfunden hat, und er hat sie ehrenvoll geheiratet. Und sie ist sehr beliebt in der römischen Gesellschaft und eine angesehene Dame.«

Keptah runzelte die Stirn. »Ich verstehe, Herr. Du hast dich an den gleichen Ahnenforscher gewandt und hast einen ausgezeichneten griechischen Stammbaum für Iris bestellt.« Er war ungeheuer erleichtert.

»Ja«, murmelte Diodorus verdrossen.

Zum erstenmal seit vielen Monaten freute Keptah sich über etwas. Dann verfinsterte sich seine Miene. »Du vergißt, Herr, daß dein ganzes Hauswesen von Iris' Sklavenvergangenheit weiß. Wie kannst du gewährleisten, daß unter so vielen Leuten keiner schwatzt?«

»In diesen Stammbaum«, erklärte Diodorus, ohne Keptahs Bemerkung zu beachten, »habe ich die Angabe aufnehmen lassen, daß Iris aus ihrer hochangesehenen Familie auf Kos, ihrer kindlichen Schönheit wegen, von Sklavenhändlern geraubt und daß erst kürzlich festgestellt wurde, wer sie wirklich war. Ihre Eltern sind vor Gram gestorben; man entdeckte, daß sie ihr Vermögen ihrer entführten Tochter vermacht hatten.«

Keptah sann darüber mit verschmitzter Miene nach. »Gut, Herr«, sagte er schließlich. »Dann bestand doch kein Anlaß, mir zu bekennen, daß der Stammbaum erfunden ist. Weshalb hast du das getan?«

Diodorus wiegte den Kopf langsam hin und her. »Ich brauche einen Menschen, dem gegenüber ich nicht lügen kann oder will. Merkwürdig allerdings, daß dieser Mensch gerade du sein mußt! Aber vielleicht entspringt mein Wunsch, dich in die Angelegenheit einzuweihen, einfach irgendeiner Verdrehtheit.«

»Und deshalb hast du trotz deines Bedürfnisses, mich ins Vertrauen zu ziehen, mir mit deinem Argwohn zugesetzt.«

Diodorus warf ihm einen Blick zu, in dem etwas von seinem früheren Jähzorn aufblitzte. »Für einen klugen Mann bist du sehr begriffsstutzig!« Er erhob sich und begann wieder auf und ab zu gehen. »Carvilius Ulpianus kennt die Wahrheit auch. Aber er wird nicht darüber reden, nicht einmal zu Cornelia, der Schwester meiner verstorbenen Frau. Aus vielerlei Gründen.«

Er blieb stehen, mit dem Rücken zu Keptah, und sagte mit sehr leiser Stimme: »Ich liebe Iris seit unserer gemeinsamen Kinderzeit. Sie kann noch Söhne zur Welt bringen. Ich könnte mir jetzt keine andere Frau als Gattin vorstellen, nicht einmal eine Dame aus den höchsten Kreisen von Rom. Du kennst diese Römerinnen nicht! Sie haben alle Frauenhaftigkeit verloren. Sie betätigen sich in Geschäften! Sie sind betrügerische, sittenlose Mannweiber geworden. Sie lassen sich in ihren vergoldeten Sänften durch Rom umhertragen, unbegleitet, und können einem mit der Geläufigkeit eines Bankiers die letzten Börsenkurse hersagen! Viele von ihnen ziehen es vor, unverheiratet zu bleiben; aber sie haben eine Menge Liebhaber. Zu solcher Entartung ist Rom gesunken. Meine Zunge sträubt sich dagegen, das widerliche Gehaben dieser Frauenspersonen zu schildern.«

Er verschränkte krampfhaft die Hände. »Ich habe viele seltsame Träume gehabt, in denen meine verstorbene Gattin mir lächelnd erschienen ist, nicht als Schatten, wie man es uns gelehrt hat, sondern in der vollen Blüte ihrer Jugend, mit Liebe in den Augen und Trost in den Händen. Sie hat mich aufgefordert, Iris, die sie ›Schwester‹ nannte, zu heiraten.« Mit einem Ruck drehte er sich zu Keptah hin und sah ihn unter buschigen Brauen herausfordernd an. »Du hältst mich für abergläubisch? Willst du vielleicht, wie schon so oft, in deiner undurchsichtigen Art erklären, Träume seien nur die Erfüllung geheimer Wünsche?«

Keptah erwiderte in ernstem Ton: »In diesem Falle bin ich der Meinung, daß es sich nicht um Aberglauben handelt und auch nicht um den Versuch, einem tiefliegenden Wunsch, der quälendes Schuldbewußtsein hervorgerufen hat, Vernunftgründe zu unterschieben. Iris ist nämlich tatsächlich an das Sterbebett deiner Gattin Aurelia gekommen.« Und er erzählte dem Tribunen, was Aurelia der Freigelassenen mit so viel Nachdruck und so viel Zuversicht gesagt hatte.

Während Keptah sprach, wurde Diodorus blaß, und seine Miene erstarrte. Er ließ sich in den Sessel fallen. Dann stützte er den gesenkten Kopf in die Hände und stöhnte. Keptah war bestürzt. Er hatte Erleichterung und Freude erwartet; statt dessen schien Diodorus fast zu Tode getroffen.

»So, so«, murmelte er ächzend. »Ich habe also meine arme Frau überhaupt nicht hintergangen! Sie hat von Anfang an gewußt, daß ich ihr im Herzen untreu war! Aber sie wußte nicht, wie sehr ich dagegen angekämpft habe. Sie wußte nicht, wie sehr ich sie geliebt habe. Was muß sie gelitten haben, wieviel Vereinsamung und Gram! Nicht genug, daß ihre Tochter gestorben ist. Nicht genug, daß sie ihr eigenes Leben aushauchen mußte, um mir einen Sohn zu schenken. Ich habe ihr auch noch das geraubt, was einer

Frau am wertvollsten ist. Und alles hat sie stumm erduldet, mit Hingabe und Zärtlichkeit.«

»Du irrst, Herr!« rief Keptah und trat näher an Diodorus heran. »Deine verstorbene Gattin mag nicht sehr gebildet oder spitzfindig gewesen sein. Aber sie hat alles verstanden, was es zu verstehen gab. Sie war eine gütige Frau.«

Keptah wünschte bei sich ebenso heftig wie mitleidig, Diodorus sollte weniger vielschichtig, weniger gescheit und weniger schwierig sein, sollte weniger der krankhaften Neigung zu kritischer Selbstzergliederung huldigen. Aber leider war der Tribun ein Mann, der selbst dort, wo überhaupt kein Verschulden seinerseits vorlag, ein solches erfinden würde!

Diodorus ließ die Hände müde sinken. Sein Gesicht trug rote Streifen von dem Druck der Finger; und obwohl er nicht geweint hatte, waren seine Augen geschwollen.

Sehr ruhig sagte er: »Alles sehr schön! Aber jetzt ist mir klargeworden, daß ich niemals Iris heiraten kann. Mein Gewissen erlaubt es nicht. Auch nach Rom nehme ich sie nicht mit. Erledigt. Das Leben ist vertan.«

XV

Am gleichen Nachmittag berief der Tribun Iris zu sich.

Während sie, von einer den Säugling tragenden Sklavin begleitet, der Aufforderung folgte, rief sie aus den Tiefen ihrer Seele heraus Aurelia an. Er hat mich zu sich bestellt, Herrin. Du weißt, daß wir einander geliebt haben und daß wir niemals dir untreu wurden, weil wir auch dich liebten. Ich kann jetzt frei vor ihn hintreten und zu ihm sagen: Wo du Gaius bist, dort bin ich Gaia. Teuerste Freundin, wir werden dir ein liebevolles, ehrendes Gedächtnis bewahren. Wenn wir mit Kindern gesegnet werden, soll das erste Mädchen deinen Namen erhalten.

Ihre Freude war so überwältigend, daß ihr schönes Gesicht zu leuchten schien. Sie hatte mit weißen Bändern ihr goldenes Haar aufgebunden, ihre Stola war sorgsam in Falten gelegt, der wellige Saum raschelte über ihre hohen, schneeweißen Fußrücken. Sie war strahlend wie eine junge Göttin, und ihr Hals färbte sich rosig von dem rasch pulsenden Blut. Sie mußte sich sehr zusammennehmen, um nicht vor Überschwang zu laufen.

Allein trat sie in die Bibliothek, und die Verzückung ihrer Augen war wie das Aufleuchten des Himmels durch einen Wolkenspalt. Diodorus stand an seinem Tisch; beim Anblick der Frau übermannten ihn qualvolle Verzweiflung und Leidenschaft und Liebe. Nicht einmal die aus den Wellen tauchende Aphrodite, so kam ihm vor, hatte einer staunenden Welt ein derartiges Bild strahlender, vollendeter Schönheit bieten können. Einzelheiten dieser Schönheit waren ihm nicht mehr genau im Gedächtnis geblieben: wie prächtig ihr Haar, wie weiß und schimmernd ihre Haut war, wie sehr die Arme aus Schnee geformt schienen. Doch nicht nur ihre Schönheit bezauberte ihn. Diese Frau hatte für ihn den Glanz einer in Licht gekleideten, jeder menschlichen Besudelung entrückten Gottheit. Sie trug ihre wundervolle Lieblichkeit schlicht und unbefangen, einer Lilie gleich und in gleicher Reinheit.

Er stand an seinem Tisch, in seiner kurzen Offizierstunika, mit dem Brustharnisch angetan, mit dem breiten Kurzschwert gegürtet. Seinen Helm hatte er auf dem Tisch neben sich liegen, und es war offenbar, daß er nach Antiochia zu fahren gedachte. Eine Atmosphäre der Hast und Schroffheit ging von ihm aus, eine kühle Soldatenhaftigkeit, ein Abstandhalten. Diese Atmosphäre war es, die Iris veranlaßte, unvermittelt auf der Schwelle stehenzubleiben, statt zu ihm zu eilen, vor ihm auf die Knie zu fallen und ihm die Hand zu küssen. Das bestimmte Empfinden einer unheilvollen Wandlung überkam sie, und das Leuchten auf ihrem Gesicht erlosch. Dieser müde, noch stärker abgemagerte Mann, dieser unnahbare, Scheu einflößende Mann war nicht jener Diodorus, den sie kannte. Er war ein fremder Mensch.

»Ich begrüße dich, edler Herr«, murmelte sie, und die Empfindung einer bösen Wende verstärkte sich in ihr. »Ich hoffe, du hast eine angenehme Heimreise gehabt.«

»Komm nur, Iris«, sagte er und wandte ihr sein Adlerprofil zu; und sie sah eiserne Zurückhaltung darin. »Ich werde dich nicht lange aufhalten. Man hat mir von der zärtlichen, mütterlichen Fürsorge erzählt, die du meinem Sohn hast angedeihen lassen. Ein solcher Dienst ist mit Gold nicht aufzuwiegen. Aber ich habe nichts anderes, was ich dir bieten könnte.«

Iris blickte ihn mit tieftraurigem Lächeln an. »Du schuldest mir nichts, Herr«, sagte sie leise. »Es war mir eine Freude, deinen Sohn zu bemuttern, der wie ein junger Mars ist und voller Lustigkeit.« Sie stockte. Kehle und Brust schmerzten sie quälend.

Während sie verzweifelt in seinem Gesicht zu lesen versuchte, fuhr ihr ein noch schmerzhafterer Stich jäher Angst durch die Seele. Sie dachte nicht mehr an sich selbst. War er krank? Woher kam dieser Ausdruck unterdrückter Pein, diese Blässe der trockenen Lippen, dieses finstere Stirnrunzeln? Besorgt rief sie aus: »Herr, mit dir ist etwas nicht in Ordnung! Hast du das Römische Fieber gehabt?« Jetzt trat sie wirklich ganz nahe zu ihm. Ihr Herz bebte vor Liebe und Schreck, und ihre blauen Augen hefteten sich aufmerksam forschend auf sein Gesicht. Er wich ihrem Blick aus. Seine Finger hielten schon mit gespannten Sehnen den Helm fest. ›Diodorus!‹ schrie sie innerlich. ›Mein Liebster! Weißt du nicht, daß ich freudig mein Leben für dich hingeben würde? Sag mir, was dich bedrückt!‹

Diodorus sah sie noch immer nicht an. Er wagte es nicht. Er atmete den Duft ihres Körpers, einen warmen, jungendlichen, blütensüßen Duft. In einer Anwandlung wilden Schmerzes umklammerte er krampfhaft den Helm.

Als hätte er ihre Frage nicht gehört, sagte er »In meinem letzten Brief an dich, Iris, habe ich dich gefragt, ob du, wenn ich diesen Unglücksort für immer verlasse, mit mir nach Rom kommen willst, um meinen Sohn zu betreuen.« Er hielt inne. Die graubraune Haut um seine abgewandten Augen straffte sich. »Aber nun kann ich das nicht mehr von dir verlangen. In drei Wochen reist dein Sohn nach Alexandria. Du wirst ihm nahe sein wollen. Als Geschenk und als Zeichen meiner Wertschätzung für dich übergebe ich dir Kusa, der Lucanus in Alexandria bei seinen Studien unterstützen wird, und Kalliope, die jetzt seine Frau ist und dir als Zofe dienen soll. Überdies werde ich fünftausend Sesterze in Gold für dich hinterlegen, so daß du angenehm in einem kleinen Hause nahe der Hochschule wohnen kannst; und zu jedem Jahresende wird dir der gleiche Betrag zur Verfügung stehen. Das alles ist natürlich, ich weiß es, nur ein armseligen Zeichen der Erkenntlichkeit für das, was du und dein Sohn für mich getan habt; aber es ist alles, was ich zu bieten vermag.«

Schrecken, Enttäuschung, Bestürzung erfaßten Iris. Ungläubig starrte sie Diodorus an.

»Du schickst mich fort von dir. Herr – für immer!« rief sie und preßte die Hände an die Brust. »Für immer, Diodorus? So hassenswert bin ich in deinen Augen?« Tränen begannen ihr über die weißen Wangen zu rinnen.

»Ich versuche nur, das Richtige zu tun«, sagte Diodorus mit erstickter Stimme. »Ich dachte, du würdest am liebsten bei deinem Sohn bleiben. Ich verstehe, daß es dir schwerfällt, dich von Priscus zu trennen, den du mütterlich umsorgt hast, wie meine eigene Mutter dich. Aber das Leben ist ein ewiges Abschiednehmen.« Er hatte die Qual in ihrer Stimme gehört, den peinigenden Zweifel, das ungläubige Staunen. »Du darfst mich nicht für undankbar halten.« Dann wandte er rasch sein Gesicht ihr zu, und seine Miene änderte sich. »Glaubst du, mir fällt das leicht?« fragte er barsch. »Aber ich wünsche diese Lösung, weil kein anderer Ausweg bleibt.«

»Dann muß ich durch irgend etwas Unverzeihliches dein Mißfallen erregt haben«, stammelte Iris. Er liebt mich nicht mehr, dachte sie in abgrundtiefer, übermächtiger Verzweiflung und Vereinsamung. Er hat in Rom eine Frau gefunden, die er heiraten wird; ich bin jetzt eine Behinderung und Verlegenheit für ihn. Am liebsten möchte er vergessen, daß ich jemals gelebt habe.

Sie fühlte sich schwach vor Gram. Sie hätte sich auf den Fußboden strekken und in barmherzige Bewußtlosigkeit oder in den Tod hinübergleiten wollen. Eine Trockenheit, wie der Sterbende sie im Munde verspürt, dörrte ihre Lippen und ihre Zunge aus, und ein heftiges Herzklopfen bereitete ihr zermalmenden Schmerz. ›Laß mich als die niedrigste Sklavin in deinem Hauswesen mitkommen!‹ flehte sie ihn stumm an. ›Gib Anweisung, daß ich dir nie vor die Augen treten darf. Aber schicke mich nicht weg von dir, im Namen aller Götter! Mir wird es genügen, unter dem gleichen Dach mit dir zu sein, dich von ferne flüchtig zu sehen, den Widerhall deiner Stimme zu hören. Wie könnte ich anders leben?‹

»Iris ...«, begann er, unterbrach sich aber wieder. Er konnte seinen Entschluß nicht ändern! Er wagte es nicht, diese Frau je wieder zu sehen. Er dachte an Aurelia, und ihm schien, als blickte sie ihn strenge an, heischte von ihm dieses schreckliche Opfer als Sühne für seine Schuld.

Er setzte den Helm auf. Er konnte die Augen nicht nochmals auf Iris richten; seine Arme waren kraftlos, wie blutleer, und er spürte, daß er sofort aus dem Zimmer fliehen mußte, wenn er sich vor Anfechtung schützen wollte. »Du wirst dich für die Abreise mit deinem Sohn vorbereiten wollen«, murmelte er, den Blick auf den Fußboden geheftet. »Iris ... wir werden uns nicht wiedersehen. Ich habe angeordnet, daß mein Sohn morgen früh in mein Haus gebracht wird, mit seiner Amme.« Er hielt inne. »Iris, ich wünsche dir allen Segen der Götter und alles erdenkliche Glück.«

Sie tastete nach einem Sessel und setzte sich, den Kopf auf die Brust gesenkt, die Arme schlaff herabhängend. Dann begann sie zu sprechen, leise, aber sehr deutlich. »Herr, ich kann nichts von dir annehmen. Was ich getan habe, das geschah, soweit es überhaupt der Rede wert ist, aus Liebe… aus Liebe… zu Aurelia und dem Kind. Wenn ich jetzt auch nur die kleinste Gabe nähme, wäre das für die beiden eine Kränkung. Und auch für mich.«

Diodorus schickte sich an, das Zimmer zu verlassen. Dann übermannten ihn seine tiefe Verzweiflung, sein Gram, seine Sehnsucht. Er blieb stehen, mit dem Rücken zu Iris. »Immerhin«, sagte er matt, »bin ich ein Römer und muß meine Dankesschuld irgendwie abtragen.«

Iris hob den Kopf und blickte Diodorus an, wie man einen gesellschaftlich Gleichgestellten anblickt, von dem man auf das gröblichste beleidigt worden ist. Er spürte ihre Kraft, und unwillkürlich kehrte er sich herum und sah sie an. Sie saß da wie eine edle Statue: die weiße Stola fiel ihr über die Brust, über die vollendet geformten Hüften und ruhte schließlich an den hohen Fußrücken auf. Ihr Gesicht war weiß wie Marmor. Würde und Stolz umhüllten sie, und ihre blassen Lippen waren spöttisch geschürzt.

»Diodorus«, sagte sie, und ihre Stimme war stark und zornmütig. »Ich muß etwas klarstellen. Ich bin keine Magd, die man entläßt und wegschickt. Ich habe bisher ein Geheimnis bewahrt, weil deine Mutter Antonia es so wollte, in der Meinung, es würde dich tief kränken – dich, den Römer! Allerdings hat sie mir freigestellt, dieses Gehimnis zu offenbaren, sobald ich es für nötig hielte. Und jetzt halte ich es für nötig. Nach dem Tode deines Vaters hat Antonia mich nach Recht und Gesetz, aber insgeheim, an Tochter Statt angenommen. Der Prätor in Rom hat es amtlich aufgezeichnet, bevor du aus Jerusalem zurückgekommen bist. Und in Rom wartet viel Geld auf mich, das ich noch nicht in Anspruch genommen habe. Mein Gatte wußte nichts davon. Du starrst mich an wie eine Lügnerin! Du brauchst dich nur in Rom beim Prätor zu erkundigen.«

Sie erhob sich langsam und anmutig, und sie war wie eine von Skopas gemeißelte Göttin. Sie erfüllte den Raum mit Licht und würdevoller Kraft.

»Du brauchst nicht Angst zu haben«, fuhr sie in bitterem Tone fort, »daß ich den Sachverhalt jemandem mitteilen könnte, um dich zu demütigen! Weder in Rom noch sonst irgendwo werde ich darauf drängen, als deine Schwester anerkannt zu werden. Niemals will ich sagen: ›Der edle Tribun Diodorus ist mein Adoptivbruder.‹ Ich weiß ja doch, wie schrecklich stolz du bist! Deine Mutter hat mich geliebt, ich war ihr wie eine Tochter. Noch etwas, was dir unbekannt ist: sie wollte nicht, daß ich meinen armen Äneas heirate. Doch ich kannte dich, Diodorus! Ich wußte, daß du mich damals und die ganze spätere Zeit geliebt hast, daß du aber als Römer dich nie entschließen wirst, mich, eine ehemalige Sklavin, zu heiraten. Um deinen Sehnsuchtsträumen, deinen Seelenkämpfen für immer ein Ende zu setzen, habe ich Äneas geheiratet. Vor der Adoption wäre ich bereit gewesen, deine Geliebte zu werden, als die niedrigste deiner Dienerinnen Holz für dein Bad zu schleppen. Aber dann bin ich deiner Mutter Tochter geworden, und ich konnte doch nicht ihr Andenken schänden.«

Diodorus wankte zum Tisch zurück und nahm den Helm wieder ab. Er stand da und starrte die Helmzier an. Er war krank vor Scham. Er befeuchtete sich die Lippen, versuchte zu reden, blieb aber stumm. Dann räusperte er sich und fuhr sich mit der Hand über die Stirn. »Laß mich dir ein paar Worte sagen«, bat er schließlich fast unhörbar. »Und dann wollen wir voneinander Abschied nehmen.« Er starrte weiter auf den Helm. »Weißt du, wie sehr ich leide? Weißt du, wie sehr ich dich liebe und immer geliebt habe? Weißt du, daß nur der Gedanke an dich mich aufrechthielt, als ich die Aschenurnen meiner Frau und meiner Tochter nach Rom brachte? Weißt du, daß die düsteren Nächte mir von dem Bilde deines Gesichtes erhellt wurden?« Er stockte und räusperte sich wieder. »Aber ich habe erfahren, daß Aurelia von meiner Leidenschaft für dich wußte. Ich kann mir vorstellen, was sie deswegen gelitten haben muß. Ich bin schuldig vor ihr. Ich muß Buße tun.«

»Oh!« rief Iris. Und sie weinte wieder, und ihr Gesicht war wie die Sonne hinter einer Regenwand. »O du römischer Dickkopf, du teurer, geliebter Dickkopf! Gewiß wußte es Aurelia. Und zwar von dem Augenblick an, da sie dein Haus betrat. Wir haben dich gemeinsam geliebt; und sie gab sich damit zufrieden, weil sie eine vernünftige Frau war und nicht ein törichter Mann! Keinen Moment lang hat sie sich beunruhigt. Du warst ihr Gatte, und du warst ein Ehrenmann. Ist deine Seele so kleinlich, daß du es wagst, Aurelias großzügige, gütige Seele zu beleidigen, mein Freund? Während sie deinen Sohn unter dem Herzen trug, hatte sie Todesahnungen und hat sich mir anvertraut. Und ehe sie starb, hat sie mich gebeten, immer bei dir zu bleiben, dir Trost und Glück zu geben. Und dafür beleidigst du sie jetzt!«

Sie wurde wieder zornig. Sie tat ein paar Schritte zur Tür.

Diodorus sagte: »Warte... Geliebte. Ich muß dir noch etwas Ärgeres beichten. In Rom habe ich einen falschen Stammbaum für dich bestellt, um dich in Ehren heiraten zu können.«

Sie blieb stehen und blickte ihn mit weit aufgerissenen Augen an, und dann mit Zärtlichkeit, und dann mit einem Lächeln, und dann mit unvermittelter herzlicher Belustigung. Sie lief zur Tür und rief der draußen wartenden Amme zu: »Trag Priscus herein!« Und nachdem das Kind ihr übergeben worden war, hielt sie es in den Armen hoch; und der Kleine krähte fröhlich und beschnupperte sie.

»Dein Sohn!« sagte sie zu Diodorus. »Der Sohn, den du vernachlässigt hast und kaum sehen wolltest, weil du ihm die Schuld am Tode seiner Mutter gabst. Der herzige Kleine, der dir und auch Aurelia so ähnlich ist. Schau ihn dir an! Er kennt dich nicht einmal, du hartköpfiger Römer!«

Dann schob sie das Kind dem Vater in die Arme, warf den Kopf zurück und lachte wie ein Mädchen. Priscus kreischte glücklich und zupfte an den Haaren seines Vaters. Diodorus blickte Iris an, und in seinen Augen lag seine ganze hingebungsvolle Seele und seine ganze Liebe.

»Nein«, erklärte Iris, und auf ihren rosigen Wangen bildeten sich Grübchen. »Zuerst mußt du ihm einen Kuß geben!«

ZWEITER TEIL

Wenn jemand mit liebender Teilnahme auf seine leidenden Mitmenschen blickt und voll Bitterkeit die Götter fragt: »Warum schickt ihr meinen Brüdern Heimsuchungen?«, so sieht Gott ihn gewiß freundlicher an als jemanden, der ihm schmeichelt, er sei barmherzig, weil er ihm Glück und Gedeihen geschenkt hat, und der nur Worte der Bewunderung zu bieten hat. Denn der erste betet aus Liebe und Mitleid, Eigenschaften, die göttlich sind und daher dem Herzen Gottes nahegehen, und der andere redet aus selbsüchtigem Behagen, einer tierischen Eigenschaft, die an das allseits strahlende Licht des göttlichen Geistes nicht herankommt.

HORAZ

XVI

Iris schrieb ihrem Sohn Lucanus:

»Es ist fast vier Jahre her, seit wir uns das letzte Mal gesehen haben, mein lieber, teuerer Sohn, und Du hast Dir unentwegt immer neue Ausreden für Dein Fernbleiben von Rom erdacht, wo es, wie ich zugeben muß, nicht so schön ist wie in Syrien. Aber wir leben ruhig auf unserem Landgute, genießen den Frieden des Abends und den Kristallglanz des Morgens. Das genügt mir. Deine Schwester Aurelia wird bald drei Jahre alt sein, und sie ist unser Herzblättchen, mit ihrem Goldhaar und ihren Augen, die so samtbraun sind wie das Mittelstück einer Maßliebchenblüte. Sie kann von Diodorus, ihrem Vater, in ihrer kindlichen Hartnäckigkeit das Unmöglichste verlangen; er wird jeden ihrer Wünsche, ohne auf meine Widerrede zu achten, sofort erfüllen. Dein Bruder Priscus ist Aurelias liebster Spielgefährte und wird von ihr tyrannisiert, was er mit der gutmütigsten Belustigung über sich ergehen läßt. Dein jüngster Bruder, Gaius Octavius, nach Deines Vaters altem Waffengefährten benannt, ist fast ein Jahr alt und ein sehr ernstes Kind, mit meinen blauen Augen und Vaters gesetzter Miene. Er lacht selten; am liebsten kriecht er auf dem Rasen umher und nimmt jeden Grashalm genau in Augenschein. Er wird bestimmt ein Philosoph. Hätten wir bloß noch meinen Sohn Lucanus bei uns, so wären wir die glücklichsten aller Sterblichen. Aber Du entkommst uns nicht! In drei Monaten hast Du keine Ausrede mehr; da verläßt Du Alexandria – als Arzt!

Im letzten Jahr hat sich bei Diodorus eine gewisse Unrast gezeigt. Ebensosehr wie ein Mann des Denkens ist er ein Mann der Tat. Lange war er zufrieden mit seiner Bibliothek, seinen Öl- und Palmenhainen, seinem Garten, seinen Feldern und seiner Familie. Philon hat uns besucht, der jüdische Philosoph, den man in Rom sehr schätzt und bewundert, und die beiden haben bis zum Morgengrauen ununterbrochen miteinander geredet. Seitdem hat Diodorus angefangen, vor sich hinzubrüten und mehrmals im Monat Rom zu besuchen. Von dort kommt er immer in sehr gereizter Laune heim und mit jedesmal frisch angefachter Empörung. Wenn ich ihm sage, daß ein einzelner Mensch nie die Welt retten oder ummodeln kann, so macht ihn das nur noch reizbarer. Oft höre ich ihn in der Bibliothek fluchen, und einmal hat er eine ganze Anzahl Bücher an die Wand geworfen und ist stundenlang hin und her gestapft. Aber zu mir, seiner Frau, und zu unseren Kindern ist er sanft wie eine Taube. Wenn Du uns besuchst – und ich bete zum Himmel, daß Du dann bei uns bleibst –, wird es Dir vielleicht gelingen, seine düstere Miene aufzuhellen und ihn zu trösten.«

Iris' Brief glühte von inniger Liebe, von Zufriedenheit, von Besorgtheit um die Familie. Lucanus spürte das alles, und er wanderte ruhelos in dem ausgedehnten Garten neben der großen Marmorkolonnade. Der Fußboden dieser Säulenhalle war aus dunkelgelbem Marmor; aber die doppelte Reihe ionischer Säulen stieg weiß schimmernd wie gerillter Schnee vom Boden zu dem weißen Dach.

Zwei Männer schritten dort jetzt im Abendrot auf und ab, der eine ein hochgewachsener Student in ehrerbietiger Haltung, der andere der untersetzte und geiergesichtige Mathematiklehrer Claudius Vetilius. Das goldene Licht umstrahlte die beiden Spaziergänger zwischen den Säulen. Manchmal blieb der Lehrer stehen, um lebhaft zu gestikulieren, und seine schrille Weiberstimme bereitete den friedlichen Vögeln und insbesondere dem in einiger Entfernung umherwandernden Lucanus Pein. Claudius Vetilius mochte keinen seiner Schüler, schon gar nicht diesen Lucanus, der unter allen Studenten der beste Mathematiker war und trotzdem hartnäckig darauf bestand, Arzt zu werden.

Wenn Lucanus daran dachte, mußte er lächeln. Jeder Lehrer hielt sein Fach für das allerwichtigste und alle anderen Fächer für zweitrangig,; eine Ausnahme machte da nur Joseph ben Gamliel, nach dessen Meinung Gott das allein Wichtige war, während alle Künste und Wissenschaften und Erkenntnisse, wie die Straßen des allgegenwärtigen Rom, nur zum gleichen Ziele, zu einem besseren Verständnis Gottes und zur Gottesstadt führten. Aber Joseph ben Gamliel war ja Jude.

Die Hochschule bedeckte acht Morgen Land, als annähernd rechteckige Agora inmitten riesiger tropischer Gärten; alle vier Seiten wurden von Säulenhallen gebildet, vor denen einer jetzt Lucanus stand. Für jedes Wissensgebiet gab es eine eigene, von den Gärten und den Säulenhallen aus durch einen gesonderten Flur zugängliche »Schule«, so die Schulen für Demokratie, Philosophie, Medizin, Mathematik, Kunst, Architektur, Drama, Naturwissenschaft, für ethische, didaktische und elegische Dichtung, für Grammatik, Sprachen und Philologie, für Geschichte, Astronomie und Literatur. Es bestand auch eine Verwaltungsschule für junge Römer, die in den öffentlichen Dienst treten wollten, ein von wachsamen ägyptischen Lehrern betreutes Museum, die berühmteste Bibliothek der Welt, ein Odeum oder Konzerthaus und außerdem der Agora selbst ein Theater für hoffnungsvolle junge Dramatiker und ein Pantheon.

Jeder Lehrer betrachtete seine eigene Stoa als Behausung der höchsten Weisheit – und als Schulungsstätte für die dümmsten, eines solchen Mentors unwürdigen Studenten. Nur Joseph ben Gamliel kannte Demut, und seine Schule der orientalischen Religionen war die einzige Oase des Friedens, eines Friedens, der nicht von großsprecherischen Tiraden gestört wurde und auch nicht von Flüchen gegen schafsköpfige Studenten, die immer wieder zum Hades geschickt wurden und den Rat erhielten, die Ziegelbrennerei oder irgendein noch niedrigeres Handwerk zu erlernen. Im allgemeinen fanden die Lehrer nichts daran, aus Leibeskräften zu schreien: »Meine tölpelhaften Studenten und ich erinnern an Laokoon vor den Mauern Trojas. Wer wird mich aus der Umklammerung dieser Schlangen befreien?« Joseph ben Gamliel dagegen sagte freundlich: »Wir wollen gemeinsam Gott betrachten und Seinen hehren Ratschlüssen auf die Spur zu kommen versuchen.«

Lucanus, der sich inzwischen auf eine Marmorbank mitten im Garten gesetzt hatte, rückte unruhig hin und her, wenn er an Joseph ben Gamliel dachte. Er allein fand bei den Vorträgen dieses Lehrers keinen Frieden. Oft wunderte er sich in düsterer Stimmung darüber, weshalb Joseph so häufig gerade ihn für ein Zwiegespräch in den Gärten auswählte.

Die Schulgebäude hinter den Säulenhallen entzogen den Blicken das Meer; aber Lucanus hörte die nie verstummenden Wellen zu dem goldenen Licht und zum Himmel sprechen. Warum entfernte sich bloß dieser Claudius Vetilius, dessen schrille Stimme ständig den schweigenden Studenten anwimmerte, nicht endlich, damit Lucanus im Garten die einzige ihm zugängliche Art von Seelenruhe fände?

Rings um ihn dehnten sich die weitläufigen Gartenanlagen, von Springbrunnen melodisch erklingend, von Blumenbeeten bunt belebt, leise knarrend vom Schwanken der Palmen, erfüllt vom Murmeln des Meerwindes, eingehüllt in den Zusammenklang der Rufe und Lieder und des schläfrigen Schilpens der Vögel. Die dunkelhäutigen Sklaven, die zu den Brunnen um Wasser kamen, mit Tonkrügen auf den Schultern; die Sklaven, die nach den goldenen Fruchtgehängen der Dattelpalmen langten und sie in Körbe warfen; die Sklaven, die zwischen den Blumenbeeten die roterdigen Gartenwege harkten – sie alle störten Lucanus nicht. Sie gehörten mit in die natürliche Tier- und Pflanzenwelt. Ihre dunklen Gestalten bildeten schöne Gegenstücke zu den vielen großen Statuen von Göttern und Göttinnen, Gelehrten und Philosophen, die in weißer, eindrucksvoller Anmut über ihre Lauben ragten und mit Würde und Hoheit die Gärten überschauten. Der Duft von Rosen, Lilien und Jasmin und andere starke Wohlgerüche schwebten wie unsichtbare Duftgewebe in den Lüften des frühen Abends.

Plötzlich begann ein Papagei geschäftig zu plappern, und ein Sklave lachte und hielt dem Vogel eine Dattel hin. Blitzschnell flog der Buntrock von seinem Baume auf und setzte sich, ein Geflimmer von Scharlachrot und Grün und Gelb, auf die Schulter des Sklaven. Mit feinschmeckerischer Umständlichkeit nahm er die Dattel in den Schnabel und mit einer Geste duldsamer Höflichkeit. »Du Schurke!« sagte der Sklave auf ägyptisch. Der Vogel blinzelte ihm mit klugen, spaßfreudigen Augen zu, und die Augen waren lebhaft und spöttisch und strahlend in der goldenen Luft. Lucanus fühlte sich versucht, laut aufzulachen. Als spürte der Vogel die Belustigung des Menschen, stieß er einen heiseren Ton aus, der wie ein Fluch klang. Er wandte den Kopf und starrte den jungen Mann auf seiner Marmorbank an. Dann flatterte er davon und übte sich auf einem Baumast weiter im Fluchen.

Der Sklave kicherte leise; dann betrachtete er scheu und verstohlen den jungen Lucanus, der seine Briefe auf den Knien hielt. Allen Lehrern, Studenten und Sklaven fielen die Schönheit und vornehme Haltung des jungen Griechen auf, und alle bewunderten insgeheim diesen Jüngling. Sein hellhäutiges Gesicht, das nicht einmal die starke Sonne zu bräunen vermochte, zeigte glatte, feste Flächen, als wäre es aus weißem Stein gemeißelt. Seine blauen, wahrhaft azurfarbenen Augen glänzten wie Edelsteine und waren ebenso kalt. Sein Blondhaar floß in schimmernden Wellen von der schneeweißen Stirn über den Scheitel und kräuselte sich hinter den Ohren. Sein Hals glich einer Säule; die von der hellen Tunika bedeckten Schultern zeigten vollendete Formen. Er war ein ausgezeichneter Wagenlenker, Diskuswerfer, Ringer, Faustkämpfer, Springer, Speerwerfer, Schwimmer und Taucher und stellte auch in den anderen von den Studenten verlangten Körperübungen seinen Mann. »Ein gesunder Geist kann nur in einem gesunden Körper wohnen, und ein gesunder Körper hat ohne gesunden Geist keinen Bestand«, sagte der Schulleiter.

Nun nahm Lucanus das Schreiben des Tribunen, das heute früh aus Rom gekommen war, zur Hand. Er freute sich über die Briefe seines Stiefvaters; sie waren zwar leidenschaftlich und scharf und strotzten von saftigen Flüchen, aber aus ihnen sprach Lebenskraft, herzhafter Zorn und einige Beredsamkeit. In diesen Briefen an Lucanus machte der Tribun seiner Empörung Luft, weil er spürte, daß er bei ihm ein geneigtes Ohr fand.

»Diodorus grüßt seines Sohn Lucanus«, begann der Brief in aller Form. Dann hieß es darin:

»Zu Hause ist alles in Ordnung. Deine Mutter ist stolz auf ihre Kinder wie Niobe, und es ist ein Vergnügen, ihr zuzusehen. Aber anders als Niobe ist sie unglaublich klug, und sie wirkt wie Balsam auf mein Herz, das nach Besuchen in der Hauptstadt oft höchst erregt ist. Von Jahr zu Jahr finde ich sie hübscher, als hätte Venus selbst sie mit unvergänglicher Jugend und Schönheit beschenkt. Womit habe ich mir eine solche Gattin und so prächtige Kinder verdient? Ich muß wohl etwas Rechtes zu leisten versuchen, um mich eines solchen Glücks würdig zu erweisen. Daher meine häufigen Besuche in Rom und meine hitzigen Auseinandersetzungen mit den rotbeschuhten Senatoren, die voll Selbstüberhebung zuschauen, wie unsere Welt rasch in den Orkus versinkt. Auf Grund meiner Verbindungen und durch Vermittlung des Carvilius Ulpianus, der von Tag zu Tag einen dickeren Bauch und ein dünneres Gesicht bekommt, wird mir manchmal gestattet, im Senat Ansprachen zu halten. Die Herrschaften langweilen sich nicht dabei, dessen kannst Du sicher sein!

Diese Senatoren hören lieber lustige als gedankentiefe Reden an; langen und langatmigen Ausführungen über ihre Sonderinteressen geben sie den Vorzug gegenüber ernsten Betrachtungen über den Zustand unseres Reiches. Die meisten sind Schreibtischstrategen, die gern abends bei einem Becher Wein auf ihren Hausterrassen sitzen und mit Freunden die Feldzüge irgendeines Generals durchhecheln, wobei sie mit fachmännischen und kritischen Bemerkungen nicht geizen. Sie zeichnen Kartenskizzen über Truppenbewegungen. Was wissen diese Kannegießer von Zeltnächten in der Wildnis, von langen, heißen Fußmärschen, von Plänkeleien mit den Barbaren? Sie sind die Gesetzgeber, behaupten sie. Dann sollen sie sich auf ihre Paragraphen beschränken und die Soldaten in Ruhe lassen! Wenn aber wirklich einmal der Pöbel aufbegehrt, dann sind die Senatoren die ersten, die nach den Prätorianern und den Legionen rufen, und zwar sehr, sehr kleinlaut. Diesen Feiglingen genügen die Stadtpräfekten und die städtische Polizei nicht; sie wollen die Heeresmacht zu ihrem Schutz haben. Manchmal gleicht Rom einem Feldlager.

Und was tun die Senatoren in den Zwischenzeiten, wenn sie nicht ihren Kollegen Reden halten über die Notwendigkeit weiterer öffentlicher Bäder und weiterer Zirkusanlagen und weiterer Gratiswohnungen für den buntscheckigen Mob von Rom und weiterer Gratisspeisungen für die arbeitsscheuen Herumstreuner? Da üben sie insgeheim Aufsichtstätigkeiten in Privatbetrieben aus, etwa in solchen zur Herstellung von Ausrüstungsgegenständen und Waffen für das Heer oder in Bekleidungs- und Deckenfabriken, oder aber sie verhelfen ihren dort tätigen Verwandten zu Staatszuschüssen oder schanzen ihnen Regierungsaufträge zu. Ich habe noch keinen Senator gesehen, an dessen Fingern nicht freiwillige oder erpreßte Bestechungsgelder klebten. Der Senat ist eine geschlossene Gesellschaft von Schurken geworden, die unter dem Deckmantel des Allgemeinwohls den Staatssäckel brandschatzen und sich ein pöbelhaftes Gefolge von Hungerleidern und habgierigen Dieben halten, die sie ihre Klienten nennen und für die sie sich auf rührendste Art besorgt zeigen. Das Schicksal Roms, das Schicksal der verzweifelten Steuerzahler bedeutet solchen Leuten nichts. Mag die öffentliche Schuld ansteigen! Mag der Mittelstand zusammenbrechen unter der Last der Abgaben, Erpressungsgelder und sonstiger Ausbeutung! Wozu haben die Götter den Mittelständler geschaffen, außer zu dem Zweck, als Zugtier für den von Scharen heißhungriger Bettler gefolgten Wagen dieses oder jenes Senators zu dienen? Ein ehrlicher Mensch, ein Mensch, der arbeitet und Rom und die republikanische Verfassung ehrt, ist nicht nur ein Tölpel; er ist höchst anrüchig. Dem muß man die Steuereinnehmer zu einem neuen Raubzug an den Hals hetzen! Wahrscheinlich zahlt er nicht den ›rechtmäßigen‹ Steueranteil.

Die Militärs schreien beständig nach neuen Staatsausgaben für die ›Verteidigung‹ Roms gegen ›den Feind‹. Wer die Notwendigkeit solcher Ausgaben in Frage stellt, zieht das Gekläff der Spitzel auf sich. Bin ich ein Verräter? Ist mir die Geltung Roms gleichgültig? Würde ich Rom angesichts einer ringsum andrängenden Meute von Barbaren schwach sehen wollen? Begreife ich nicht, daß wir unsere Verbündeten durch Zuwendungen aus dem Staatsschatz, durch Waffen und durch Truppen stark erhalten müssen? Ganz zu schweigen von der Beratung durch unsere mitlitärischen und politischen Sachverständigen, deren lange und kostspielige Expertenreisen von der öffentlichen Hand finanziert werden? Ein merkwürdiger Zufall übrigens, daß Carvilius Ulpianus, ein Ägyptologe und Liebhaber ägyptischer Kunst, zu diesem Behufe gerade in Memphis Aufenthalt genommen hat! Natürlich ist er von Staats wegen entsandt worden und hat die Reise angetreten, begleitet von Prätorianern und einem ganzen Troß hübscher Damen und Sklaven und Schauspielern und Gladiatoren, die alle aus öffentlichen Mitteln bezahlt werden. Nach seiner Rückkehr hat er dem Senat berichtet und die beruhigende Erklärung abgegeben, daß Ägypten der Pax Romana treu ist, eine Zusicherung, die auch der Statthalter in Ägypten auf Verlangen abgegeben hätte, wobei nur die Kosten für die Fahrt eines einzigen Boten auf einem Postschiff entstanden wären.«

Lucanus mußte unwillkürlich lächeln; aber das Lächeln war von Traurigkeit überschattet. Der Brief in seiner Hand schien von der zornigen Erregung des Tribunen zu zittern. Lucanus las weiter:

»Aber vor zehn Tagen war ich wieder als Gast im Senat. Einer der Patres deklamierte mit stolzer Trauer, die Führung der Welt sei auf die starken Schultern Roms gelegt worden. ›Wir hatten keine Wahl‹, erklärte der lügnerische Heuchler in heroischem Tonfall. ›Die Wahl wurde vom Schicksal getroffen oder von den Göttern oder von den geheimnisvollen Kräften der Geschichte.‹ Als führte ›die Geschichte‹ auf irgendeine mystische Art ein Dasein, außer und über dem Menschengeschlecht, das Geschichte macht! ›Sollen wir dieses Joch von den Schultern abschütteln?‹ hat der widerliche Lügner gefragt. ›Sollen wir uns weigern, das auf uns zu nehmen, was uns bestimmt worden ist, weil wir die Gabe der Verwaltung, die Gabe der Erfindung, die Gabe des schöpferischen Tuns besitzen? Nein! Bei Jupiter, nein! So schwer die Bürde ist, wir laden sie auf uns, zum Wohle der gesamten Menschheit!‹

Ich konnte nicht an mich halten. Ich sprang von meinem Gästesitz neben Carvilius Ulpianus auf und stand da, die Daumen im Gürtel; und alle bemerkten meinen Harnisch und mein Schwert. Wie sehr doch diese Muttersöhnchen militärischen Gepräge lieben! Im Nu haben sie feierliche Mienen aufgesetzt, obwohl sie mich, das weiß Mars, schon oft genug gesehen haben. ›Laßt den Tribunen sprechen!‹ schrien einige. Als hätte irgendwer dem Sohn des Priscus Schweigen gebieten können!

Ich hob die Faust und schüttelte sie vor ihren verlogenen Gesichtern.

›Von wem‹, fragte ich, ›wird eigentlich die Ansicht vertreten, die Führung der Welt sei an Rom übertragen worden? Von den hochentwickelten Griechen, die uns verachten und über uns und unsere verdammte Anmaßung lachen? Von den Ägyptern, die schon eine alte Kultur besaßen, als Romulus und Remus noch am Euter der Wölfin hingen? Von den Juden, die ihre weisen Gesetzbücher hatten, als in Rom nur das Schwert Recht sprach? Von den britischen Barbaren, die unsere Befestigungen so rasch niederreißen, wie wir sie aufrichten? Von den Galliern, den Goten, den alten Etruskern, den Germanen, von all jenen Millionen, denen bis jetzt die Segnungen des römischen Militarismus erspart geblieben sind? Von jenen Millionen, die unseren Namen nicht kennen oder, wenn sie ihn kennenlernen, bei seiner Nennung ausspucken? Wer hat uns diese Führung der Welt übertragen, wenn nicht wir selber, durch Gewalt, List und Drohung, unter dem Antrieb unserer eigenen Raub- und Stehlsucht, unseres Machthungers? Wir sind wie ein junger, noch ungesitteter, aber schon sittenloser Raufbold, der mitten unter Greisen großtut, oder inmitten von Säuglingen, die mit der Milch ihrer Mütter künftige Stärke einsaugen.‹ «

In plötzlicher Besorgtheit runzelte Lucanus die Stirn. Sein Herz klopfte vor unbestimmter Angst. Er bewunderte seinen Stiefvater wegen dieser tapferen, aufrichtigen Worte, die er da einer Versammlung von Lügnern, Ränkeschmieden und ehrsüchtigen Schurken ins Gesicht geschleudert hatte. Trotzdem war er entsetzt. Er versuchte, sich mit dem Gedanken zu trösten, daß der Cäsar Tiberius selbst Soldat war, daß er für Diodorus Hochachtung hegte und, auf seine Art, als Ehrenmann gelten konnte.

»Ich habe erwartet, daß man mich niederschreien würde«, hieß es in dem Brief weiter. »Aber meine nächsten Nachbarn saßen bloß stumm da und blickten mich mit finsteren Mienen an. Einige, verhältnismäßig junge Männer, wurden rot und starrten auf ihre Hände. Carvilius Ulpianus wich meinem Blick aus und rutschte unbehaglich auf seinem Sitz hin und her. Vielleicht hat er einen empfindlichen Mastdarm, das halte ich ihm zugute. Ich wartete; aber niemand erwiderte mir.

Rom ist nicht mehr mein Rom, nicht mehr das Rom meiner Ahnen. Die Baumeister unseres Staatswesens sind vergessen oder werden nur dann aus dem Totenreich beschworen, wenn irgendein Politiker besonders großen Unfug im Schilde führt. Die Tage der Tapferkeit, Gläubigkeit und Charakterstärke sind für immer vorbei, die Tage des Mutes und der Manneszucht. Warum ziehe ich dann überhaupt vom Leder? Weil es in der Natur des freien Mannes liegt, Sklaverei zu befehlen. Wenn er fällt, ist er in einem guten, wenn auch hoffnungslosen Kampf gefallen.

Aber genug von diesem düsteren Kapitel! Du wirst in naher Zukunft zu Deiner Familie zurückkehren. Wir werden unseren lieben Sohn mit Freude und Zuneigung aufnehmen. Segne Dich Gott, mein Sohn!«

Lucanus spürte ein Brennen in den Augen, als er den Brief zusammenrollte. Die Wahrheit auszusprechen war nie ganz geheuer; in der verderbten Welt von heute war es lebensgefährlich. Wenn Gott überhaupt für diese Menschenwelt Sorge trüge, dachte Lucanus verbittert, würde er viele Männer wie Diodorus schaffen, oder er würde sie schützen, wenn sie mit lauter, deutlicher Stimme redeten.

Ich will nicht an meine Familie denken, verschwor Lucanus sich verbissen. Ich darf – und dabei tue ich es ja doch! – nicht lieben, weil für den Fall, daß ich mich zu sehr verstricke, der Ausgang wie gewöhnlich tragisch sein wird. Und mit Tragik bin ich hinlänglich versorgt. Immerhin, wenn ich beten könnte, würde ich beten, die Senatoren mögen eiligst ihren Versammlungssaal vor Diodorus verschließen und verriegeln – im Interesse des teuren, so redefreudigen Mannes und auch im Interesse meiner Mutter und meiner Geschwister.

Ihm fiel auch ein, daß er kürzlich für seinen Stiefvater um eine beträchtliche Summe Geldes eine aus dem Chinesischen übersetzte Schriftrolle erworben hatte, mit weisen Aussprüchen, die vor Jahrhunderten ein gewisser K'ung-fu-tse tat, oder Konfuzius, wie Joseph ben Gamliel ihn genannt hatte. Der jüdische Lehrer hatte sich ungern von dem Buche getrennt; aber Diodorus, so meinte Lucanus, mochte aus diesen erhabenen, so ausgeglichenen, so gefaßten, so lebensklugen, so tiefsinnigen Worten Trost schöpfen. Er würde bestimmt zustimmend nicken, wenn er las: ›Bedenket dieses, Kinder, daß Gewaltherrschaft grimmiger und gefürchteter ist als ein Tiger!‹

Der geiergesichtige kleine Claudius Vetilius war jetzt mit seinem bedauernswerten Studenten ganz in der Nähe stehengeblieben und hatte die Stimme erhoben. »Die Mathematik ist die wahre Apollinische Kunst!« rief er schrill. »Wer sie mißachtet oder vernachlässigt und als zweitrangige Wissenschaft betrachtet, ist ein vernagelter Dummkopf!«

Das geht auf mich! dachte Lucanus einigermaßen belustigt und tat, als wäre er in sein Brieflesen vertieft. Der kleine griechische Geck schien von Zorn entbrannt. Er richtete seine Worte weiterhin an seinen Begleiter; in Wirklichkeit aber waren sie für Lucanus bestimmt.

»Meiner Ansicht nach steht Pythagoras höher als irgendein Aristoteles oder Hippokrates oder Julius Cäsar!« deklamierte er. »Auch höher als irgendein Phidias oder sonst ein Künstler oder dergleichen. Alle Wissenschaften und Künste beruhen auf gewissen mathematischen Grundgesetzen. Die Lehre von Schlüssen in der Logik! Alles das ist Mathematik! Sagen wir, wir wollen beweisen, daß die Summe der ersten ungeraden Zahlen gleich n zum Quadrat ist, also $1 + 3 + 5 + \ldots + (2n - 1) = n^2$. Stimmt das nicht für jedes n gleich 2? Ja! Denn $1 + 3 = 2^2$. Es ist aber auch richtig für jedes n gleich k. In diesem Falle hätten wir ...«

Lucanus gähnte angelegentlich, erhob sich gemächlich und schritt zu dem entfernten Tor am anderen Ende des Gartens. Als Claudius Vetilius das sah, schäumte er vor Wut und knirschte mit den Zähnen. Da war einer, dem die Apollinische Kunst verliehen war, und der Bursche zog es vor, mit den Händen in Leichen zu wühlen, sich das Gewand blutig zu machen und den bestialischen Gestank in Beinhäusern oder Spitälern einzuatmen! Pfui! Er verachtete Lucanus wegen dieser Talentvergeudung. Zum Hades mit ihm! Mochte er Bälge entbinden, die besser nicht zur Welt kämen, und jenen den Stein schneiden, die ihrem Hang zu Fraß und Völlerei nicht widerstehen konnten. Eine ehrenwerte Beschäftigung für einen ehrenwerten Mucker! Übrigens besuchte dieser affige Angeber nicht einmal die Bordelle der Stadt, wie es jeder normale junge Mann tat, und er bewies auch seinen Lehrern nicht besondere Hochachtung. Seine ganze Einstellung war ausgesprochen widernatürlich. Beehrte er Weinstuben oder Tavernen oder Zirkusse oder Theater mit seiner Anwesenheit? Woher denn! Für das alles war er sich zu gut. Bei den rauheren Sportarten war er immer darauf bedacht, seine so zarten Hände zu schützen, damit nicht etwa gar einer der Finger, mit denen er das Skalpell führte, steif würde!

»Ein junger Hermes!« sagte der geplagte Student neben ihm bewundernd und folgte Lucanus mit den Augen. Claudius Vetilius quiekte wie ein Schwein und versetzte vor Wut seinem Begleiter einen Klaps.

Lucanus verließ die Gärten und den Hochschulbereich. Er kam zu ausgedehnten grünen Rasenflächen, über die in dem goldglänzenden Licht Palmen und Zypressen, Myrten und Weiden smaragdfarbene Schatten warfen. Wohltuende Ruhe lag über der Erde. Draußen dehnte sich das Meer unfaßbar geheimnisvoll in endlose Weiten. Lucanus war allein. Alles verharrte in Schweigen, bis auf das nie verstummende Rauschen der westwärts strömenden Wellen.

Plötzlich senkte sich die Dämmerung herab. Erde und Meer wandelten sich. Der Himmel wurde eine schattenhafte Hohlkuppel aus grünlichem Blau. Die See verdunkelte sich rasch zu ruhigem Purpur, der sich am Horizont karminfarben kräuselte, dort, wo die Sonne noch auf den Wellen lag. Im Westen flutete grenzenlos orangefarbenes und scharlachrotes Licht; und darin zogen schwarze Wolken, wie römische Liburnen auf unbekanntem Kurs, die Segel von unspürbaren, erdenfernen Winden geschwellt. Die unermeßlichen Weiten von Himmel und Meer machten die Erde zwergenhaft klein, türmten sich über ihr, rollten ihr zu Seiten, und redeten zu Lucanus eine Sprache, die in ihm Ehrfurcht, aber auch eine Vorahnung von Unheil und Untergang weckte.

Unwillkürlich mußte er daran denken, wie Joseph ben Gamliel an einem solchen Abend mit seiner weichen, aber klangvollen Stimme gesagt hatte: »Die Himmel rühmen Seine Ehre!«

Lucanus setzte sich in das Gras. Wieder fühlte er die furchtbare Entfremdung zwischen sich und Gott. Ach, man sollte Gott nie den Zutritt zum Herzen gestatten! Denn Er brachte Seelenqual mit, Pflichten und Gebote und Mahnungen und Angst und Ungemach. Wenn Er sich einmal einer Menschenseele bemächtigt hatte, wurde Er Herrscher darin, und niemand anderer hatte neben Ihm Bestand.

»Aber mit Seinen Geboten und Gesetzen bringt Er auch Liebe und geistige Freude und Brot für die Seele und ein Licht in der Finsternis«, hatte Joseph ben Gamliel eines Abends zu Lucanus gesagt. »Ohne Ihn hat man nur die Welt mit allen ihren Enttäuschungen, ihrer Gier und ihrem Schmutz und ihren Kummer, und mit einer Leere, die der Mensch nicht auszufüllen vermag. Man hat nur den Tod, ohne den Allerheiligsten – gepriesen sei Sein Name! Man hat nur Tränen, die nicht getrocknet werden können. Alles Gold auf Erden kann nicht Seinen Frieden erkaufen, der über alles Begreifen geht. Ich habe dir von den Psalmen Davids, des Königs erzählt. ›Barmherzig und mitleidvoll ist der Herr, zögernd im Zorn und reich an Güte... Der Herr ist gerecht auf all Seinen Wegen und heilig in all Seinen Werken... Er wird nicht immer hadern noch ewiglich nähren Seinen Groll... Denn so hoch der Himmel über die Erde ragt, so groß ist Seine Huld für jene, die Ihn fürchten.‹ Lieber Lucanus, ich fühle, daß Er dir nahe ist. Ich vermeine Seinen Atem zu spüren. Seine Hand liegt auf dir. Fürchte dich nicht, mein Kind. Wende dich an Ihn mit den Sorgen und Kümmernissen, die dich – ich weiß es – verzehren.«

»Er schickt uns nur Drangsal«, hatte Lucanus erbittert entgegnet. »Ich will nichts von Ihm wissen. Welche Erklärung hast du, Rabbi, für das was ich täglich in den öffentlichen Krankenhäusern und in den Leichenhallen sehe? Warum muß ein Kind leiden, warum muß ein Mensch mit dem Aussatz geschlagen werden? Womit haben sie Gott beleidigt, daß Er sie derart strafen sollte? Die Welt ist ein einziges Schmerzgestöhn.«

Joseph hatte seinem Schüler einen Blick aus großen, strahlenden Augen zugeworfen, und sie schimmerten feucht vor Mitgefühl. »Hiob war ein schwer heimgesuchter Mann, und er wehklagte vor sich selbst und seinen Mitmenschen und haderte mit Gott wegen des ihm sinnlos erscheinenden Elends auf dieser Erde. Und Gott rügte ihn: ›Hast du je im Leben dem Morgen geboten und dem Frührot seinen Platz gewiesen?... Bist du zu des Meeres Quellen vorgedrungen?... Hast du die Pforten der Finsternis und des Todes geschaut?... Läßt du zur rechten Zeit das Siebengestirn aufgehen, leitest du die Löwin samt ihren Jungen? Kennst du des Himmels Gesetz und überträgst seine Schrift auf die Erde?... Schickst du aus die Blitze, daß im Nu sie hinfahren und sagen zu dir: Hier sind wir... Wer bereitet dem Raben die Zehrung, wenn seine Jungen zu Gott aufschreien?... Will mit dem Allmächtigen ein Nörgler streiten? Der Tadler Gottes antworte nun!‹

Während dieses Gesprächs war Joseph ben Gamliel mit ihm hier an dieser gleichen Stelle gestanden, hochgewachsen, achtunggebietend, mager bis fast zur Durchsichtigkeit, in dunkle Gewänder, braun und karminfarben, gehüllt, den hochstirnigen Kopf mit einem roten Baumwolltuch umwunden. Sein bärtiges Gesicht mit der perlmutterschimmernden Haut, der feingeschnittenen Adlernase und dem weichen Mund hatte in der Dämmerung wie Alabaster geleuchtet. Lucanus liebte und verehrte Joseph mehr als alle seine anderen Lehrer, obwohl dieser merkwürdige Mann sein jugendliches Herz immer wieder in Aufruhr brachte. Unentwegt suchte er seine Gesellschaft, ohne zu wissen warum; eigentlich beschränkte er sich ja darauf, seinen Lehrer kalten Sinnes wütende Fragen zu stellen und die liebevollen Antworten spöttisch zu bekritteln.

An jenem Abend hatte Lucanus die Worte seiner Entgegnung wie Steine in das ehrwürdige, gütige Gesicht seines Mentors geschleudert. »Wenn du jemals etwas mitgemacht hättest, mein geschätzter Lehrer, wenn du je den Verlust eines über alles geliebten Menschen erlitten, wenn du mit angesehen hättest, wie dieser Mensch in Schmerzen und ohne Hoffnung stirbt, wie die Lebenskraft seinen Körper verläßt, dem Wasser gleich, das unbemerkt aus einem lecken Gefäß versickert, und wenn dieser Mensch die schönste aller Frauen gewesen wäre, könntest du nicht so reden. Du würdest, wie Hiob, Asche auf das Haupt streuen und mit deinem Gott hadern! Oder wolltest du in einem solchen Falle auch von Seiner Barmherzigkeit sprechen?«

Josephs Miene hatte sich gewandelt. Oder war vielleicht nur die wachsende Dunkelheit schuld gewesen? Bestimmt hatte bloß die Dämmerung auf das Gesicht des Lehrers jene Schatten des Weltschmerzes geworfen. Joseph sprach ja immer völlig gelassen, wie jemand, der ein bequemes Leben, ohne ungelöste Probleme und ohne Aufregungen, führt.

Ja, gewiß waren bloß durch die Dämmerung plötzlich Josephs Züge für einen Augenblick verfinstert und verzerrt worden. Dann hatte er Lucanus zugelächelt und war wieder gemächlich, mit untadelig von den Schultern wallenden Gewändern, weitergeschritten. Wer selbst keine Wunden trug, konnte leicht fremde Wunden als belanglos und Klagen darüber als erstaunlich empfinden!

Jetzt, da Lucanus wieder in der Dämmerung hier stand und auf das dunkelnde Meer und den fernen Schimmer des orangefarbenen und scharlachroten Sonnenuntergangs blickte, spürte er von neuem seine furchtbare Vereinsamung, seine Verzweiflung und seinen unstillbaren, nie endenden Gram, nicht nur Rubrias wegen, die ihm für immer verloren war, sondern auch aller jener wegen, die ohne Trost litten und laut weinten. Seine Seele verhärtete sich in Auflehnung. Niemals mehr würde Gott zu ihm sprechen, weil er selbst sich die Ohren verstopft hatte! Auf eine unbeantwortbare Frage war ihm keine Antwort, kein Trost geworden.

Ein kalter Wind, der Salzluft aus unendlichen Fernen mit sich trug, strich ihm über die Haut. Er wandte sich, verzweifelt wie jedesmal, um heimzukehren in das kleine Haus, wo er mit Kusa und dessen Frau Kalliope wohnte. Um heimzukehren zu einer brennenden Lampe, einem bescheidenen Essen und seinen Studien. Er war ein Soldat im Feldlager, der sich für einen nahen Tag rüstete, für jenen Tag, an dem er zureichend bewaffnet dem Gott der Qualen entgegentreten und Ihn besiegen mochte.

»Bah!« sagte Kusa zu seiner Frau Kalliope, die vor ihm stand und ihr wohlgenährtes Töchterchen auf der Hüfte hielt. »Du bist nur eine Frau, und jeder weiß, daß Frauen keinen Verstand haben.«

»Jedenfalls hat mein Verstand ausgereicht, um dich zum Mann zu kriegen. Allerdings bist du wahrhaftig nicht der ansehnlichste Mann auf der Welt«, erwiderte Kalliope und verzog ihr ebenso freches wie hübsches Gesicht zu einem kecken Lächeln. »Schließlich habe ich unsere Herrin Aurelia um dich gebeten; und ebenso habe ich der armen, guten Dame unseren Wunsch, freigelassen zu werden, vorgetragen. Diesen Wunsch hat sie an den Tribunen weitergegeben, und so sind wir jetzt frei, wenn auch nicht frei geboren.«

»Ganz falsch«, rief Kusa boshaft, während er gleichzeitig sein ihm entgegengurrendes Töchterchen anlachte. »Hat Aurelia oder Diodorus, dieser eisenfresserische Nachfahre der alten Quiriten, uns aus eigenem Antrieb freigelassen? Nein. Als der Tribun uns dem Lucanus angeboten hat, da war es unser blauäugiger Grieche, der erklärte, er nehme das Geschenk nur unter der Bedingung an, daß wir vorher freigelassen würden. Und da der Römer ihn wie einen Sohn liebt und auch an Sohnes Statt angenommen hat, wurde seinem Verlangen entsprochen, damit Lucanus nicht allein in Alexandria ist. Hat denn der Tribun geglaubt, der Studiosus würde ohne unsere Beaufsichtigung ein Sybarit werden? Oder ein Bordellstammgast? Oder ein Spieler? Ha! Ich wollte bloß, er hätte für solche Dinge ein wenig übrig! Er ist eine männliche Vestalin. Hat er denn kein Blut, keine Gelüste, keine Leidenschaft außer seinem verdammten Medizinstudium?«

»Du mußt also zugeben«, sagte Kalliope, die sich niedergesetzt und ihr Kind zu stillen begonnen hatte, »daß du selber im dunkeln umhertappst. Und dabei machst du anzügliche Bemerkungen über meinen Verstand. Warum hält sich Lucanus von den Vergnügungen der jungen Leute fern? Warum ist er so enthaltsam? Weniger wohlwollende Menschen würden ihn für einen Jünger des Narzissus halten oder annehmen, daß er gewisse greuliche Dinge mit anderen jungen Männern treibt. Aber weder das eine noch das andere stimmt. Etwas frißt ihm an den seelischen Eingeweiden, wie der spartanische Fuchs. Er hat mit niemandem rechte Geduld; er redet kühl oder schwermütig. Stundenlang hockt er schweigend auf der Terrasse über seinen Büchern und liest entweder darin oder läßt die Hände auf ihnen liegen. Gelegentlich, wenn man ihn stört, wird er barsch und kurz angebunden. Hast du ihn oft lächeln sehen? Nur unsere kleine Mara kann ihn aufheitern. Manchmal finde ich ihn unausstehlich. Ich glaube, er ist irgendwie verhext. Gestern war ich im Serapis-Tempel und habe für ihn gebetet. Das will nicht sagen, daß ich ihn gern habe, einen so ruppigen jungen Mann, der mehr Statue als Fleisch und Blut ist, kann man unmöglich liebgewinnen. Aber ich habe an uns selber gedacht.«

»Du vergißt, daß er es war, der uns die Freiheit verschafft hat.«

Kalliope zuckte die Achseln. »Freiheit ist gut für die Seele, so sagst du oft; und wer bin ich, daß ich dir widersprechen dürfte? Trotzdem war es in Antiochia bei Diodorus im Sklavenquartier sehr lustig. Bestimmt ist es jetzt in Rom oder auf dem Landgut des Tribunen noch lustiger. Aber wer kommt schon hierher in dieses Haus? Höchstens aufgeblasene Philosophen und Lehrer, und sogar die erscheinen uneingeladen. Hat Lucanus Freunde unter den Studenten? Hört man hier im Hause lachen? Hört man Mädchen angeregt plaudern? Gibt es Festlichkeiten? Nein. Wir sind nicht uralte Leute, aber hier geht es zu wie in einem Greisenasyl.«

Kusa warf ihr einen finsteren, tadelnden Blick zu. Aber sie schüttelte die langen, hellbraunen Haarflechten und machte: »Ätsch!«

»Wenn wir in vier Wochen nach Rom zurückkehren, Kalliope, wirst du deine Freundinnen wiedersehen und kannst nach Herzenslust schwatzen und dich vergnügen. Diodorus hat seinem Schützling schon eine Stelle als Amtsarzt in Rom gesichert, mit glänzendem Gehalt. Dazu wird er eine Zahl reicher Privatpatienten haben und auch in den Krankenhäusern arbeiten. Dann können wir unsere eigenen kleinen Festgelage mit Freunden halten. Daß wir hier keinen Umgang finden, ist nicht seine Schuld. Wir sind hier fremd.«

Kalliope lächelte ihn schief an. »Aus der großzügigen Entlohnung, die der Tribun dir gewährt, könnten wir bei deiner Sparsamkeit uns selber eine kleine Bauernwirtschaft mit Obstgärten in der Nähe von Rom kaufen. Wozu mußt du denn im Dienste des Diodorus bleiben und seine Kinder unterrichten?«

»Das Wort Dankbarkeit hast du anscheinend noch nie gehört«, sagte Kusa streng. Er schlug sich auf den Schenkel. »Nein, wenn Diodorus uns nicht braucht, müssen wir bei Lucanus in Rom bleiben und ihm den Haushalt führen. Übrigens wird er sich dort bestimmt eine Frau nehmen.«

»Ha«, rief Kalliope sehr betont. »Ich sage dir, der heiratet nie! Hat er Einladungen von den Familien der hiesigen Studenten angenommen? Nein. Er haust wie ein Einsiedler in dieser schrecklichen marmorkalten Einsamkeit. Er denkt nur an Rubria; sie kann er nicht vergessen. Sie ist eine Gottheit für ihn. Ihr zu Ehren gibt er sein letztes Geld aus, um – wie unnatürlich für einen Griechen! – jeden Bettler, den er sieht, fürstlich zu beschenken. Sucht er nicht die Gefängnisse auf und behandelt dort Verbrecher und Sklaven und spricht ihnen Trost zu? Er ist ein unmöglicher Patron. Bis jetzt hat er nichts von dieser Stelle als Amtsarzt in Rom erzählt; und wenn man selber darauf zu sprechen kommt, schweigt er. Ich verstehe mich gefühlsmäßig auf Menschen. Ich fürchte, er wird den Posten ablehnen und ...«

»Rede keine Narreteien!« brüllte Kusa wütend. »Ihm mag natürliche Wärme fehlen und Herzlichkeit; aber Dummkopf ist er keiner. Wozu hat er denn studiert?«

»Aus irgendeinem grausigen Grund, den er für sich behält«, sagte Kalliope.

Befriedigt darüber, daß sie nun ihrem Mann einen Floh ins Ohr gesetzt hatte, zog sie sich mit dem Kind zum Nachmittagsschläfchen zurück. Kusa aber war so durcheinandergeraten, daß er sich nicht hinlegen konnte. Er trat auf die hohe Terrasse hinaus und murmelte leise vor sich hin.

Das Haus war weder groß noch klein, aus weißem Stein erbaut, mit einer hübschen Vorhalle, von der aus man zwischen einfachen, weißen Säulen auf das Meer hinaussah. Hinter dem Hause lag die heiße, lebhafte Stadt Alexandria, in der man mehr verschiedene Volksstämme traf als selbst in Antiochia, die größer und blendender und viel verderbter war. In ihr brodelte und ratterte, schrie und kreischte es in unzähligen Sprachen. Durch die Verkehrsadern flutete ein ruheloser Strom schwarzer, brauner und weißer Gesichter und ausländischer Gewänder. Die stickigen, gewundenen Straßen gingen fast über von Karawanen mit Kamelen und Pferden und von eselbespannten Wagen. Aus der Umgebung der Stadt hörte man während der ganzen Nacht das Geheul von Schakalen. Der Stadtpräfekt wußte nie genau, wie viele seiner Männer nachts zu ihren Kasernen zurückkehren würden; Morde waren gang und gäbe. Selbst die römischen Legionen konnten hier nicht immer die Ordnung aufrechterhalten. Steuereinnehmer verschwanden, wenn sie nicht von Soldaten begleitet waren; oft fand man ihre Leichen im Nil oder zur Flutzeit angeschwemmt in dem großen, buntfarbigen Hafen. Diese Farbigkeit war für Kusa der einzige Vorzug der Stadt, die Tag und Nacht, morgens und abends, wie von innerem Feuer glühte.

In den schmalen, schwülen Gassen der Stadt strichen zu allen Tageszeiten Scharen von Dirnen aller Rassen und Hautfarben umher. Jedes halbwegs angesehene Haus hatte eigene bewaffnete Wächter vor dem Tor; trotzdem waren Räubereien so häufig, daß außer den Betroffenen niemand darüber ein Wort verlor. Heißer, gelber Staub schwebte in solchen Wolken über der Stadt, daß nachts der rauchige Himmel unter dem Mond und über den an die Hauswände gesteckten Fackeln ganz rot aussah. Mitten in der Nacht gab es Scharmützel zwischen feindlichen Pöbelhaufen. Immer lagen sich junge Juden und Ägypter in den Haaren, fluchten, schlugen mit Keulen und zogen blinkende Messer. Am Morgen waren jedesmal die Seitengassen voll Leichen, Zeugen neuer Zusammenstöße zwischen stets neuen Völkerschaften.

Obwohl die Römer ein sehr wirksames Kanalisationssystem ausgebaut hatten, mit Entleerung der Abwässer in den Hafen, benutzten die Leute nachts die Straßen als Latrinen, weil sie es unter ihrer Würde fanden, sich der ein paar Schritte weiter stehenden öffentlichen Bedürfnisanstalten zu bedienen. Als Folge davon stank es in Alexandria auch bei sonnigstem, trokkenstem Wetter. Im Vergleich damit herrschte in Antiochia die Reinlichkeit eines gut geführten Privatkrankenhauses. Knoblauch schien am Nil das beliebteste Parfüm zu sein. Das Katzenkopfpflaster der Straßen war übersät mit tierischen und menschlichen Ausscheidungsprodukten, trotz der Armeen von Sklaven, die zur täglichen Straßenreinigung getrieben wurden. Es war eine gefährliche, leidenschaftliche Stadt, eine brodelnde, gewalttätige Stadt, in der es immer von lärmender Verfolgung und Flucht widerhallte. Seuchen wüteten in den Häusern; die Gefängnisse waren stets voll. Wagen polterten ohne Unterlaß; ihrem Rattern und Dröhnen entging man nirgends ganz.

Aber Lucanus hatte sein Haus in einer verhältnismäßig abgeschlossenen Gegend, nicht weit von der Hochschule. Es war von steil ansteigenden Gärten umgeben und mit einer wohltuend hohen Mauer umschlossen, über die noch scharfe Eisenspitzen ragten. Kusa hatte vorsorglich in der Stadt das Gerücht ausgestreut, Lucanus habe überhaupt kein Geld, und das Haus sei von spartanischer Einfachheit, ohne Silber- und Goldgegenstände oder sonst etwas Stehlenswertes. Infolgedessen hatte es in diesen vergangenen vier Jahren nur ein Dutzend Einbruchsversuche gegeben.

Als Kusa jetzt in der Säulenhalle hoch über dem Hafen stand, verwünschte er die Stadt und sein eigenes Unbehagen. Das unter dem gluthei-ßen Himmel dunstende Meer prangte im königlichsten Blau, fast in einem kaiserlichen Purpurton. Hunderte von Schiffen, große und kleine, drängten sich im Hafen. Die Segel, blau und rot und weiß und grün und gelb, hingen schlaff an den Masten; denn in dieser leuchtenden Mittagsstille ging kein Wind. Auf den Schiffen regte sich nichts; es war die Stunde unleidlichster Hitze, die man verschlief. Auch die Stadt hielt sich – vergleichsweise für Alexandria – ruhig, und nur ganz leise Geräusche drangen an Kusas Ohr. Er wischte sich mit dem bloßen Arm den Schweiß von der Stirn und keuchte. Die fast unmerkliche Brise, die vom glitzernden Meere kam, war mit Feuchtigkeit beladen. Alexandria wurde nur unerträglich, wenn der trockene, heiße Wüstensand wehte. Jetzt schwankten die Schiffe träge auf der weißglühenden Flutströmung.

Die Palmen und Gärten waren von flirrenden, gelben Staubschichten überzogen, ebenso auch die ausgedörrten Grashalme und die verschmachtenden Bäume. Es war unmöglich, die afrikanische Hitze mit Wasser zu bekämpfen, und die Springbrunnen sprudelten spärlich. Ihre schwachen Wasserstrahlen hörte Kusa in dem meerwärts gelegenen Stadtteil klagend singen. Die Blumen taten mit ihren zu grellen Farben dem Auge weh, das schon unter dem Licht des Firmaments und dem Purpurglanz des Hafens litt. Trotzdem setzte Kusa sich draußen nieder und gab sich seinen besorgten Gedanken hin.

Lucanus war nie ein fröhlicher Kumpan gewesen, auch in seinen jüngeren Jahren nicht, außer wenn er mit der kleinen Rubria beisammen war oder in halsbrecherischem Trab auf seinem Eselchen mit Keptah nach Antiochia ritt. Immer, schon als Kind, war er zu verhalten, zu still, zu besinnlich gewesen; und seine, allerdings seltenen, Wutanfälle waren so kalt wie Eis und ebenso hart. Alle, was in seinem Wesen an Sonnigkeit, Wärme und Liebe gewesen war, hatte er an die Tochter des Tribunen verausgabt. Auch damals hatte er selten gelacht und fast nur in ihrer Gegenwart.

War also Lucanus schon in Antiochia nach Rubrias Tode oft schwer genug zu verdauen gewesen, so wurde er für Kusa in diesen letzten vier Jahren manchmal unerträglich. Kusa fühlte sich allen Hochschullehrern von Alexandria ebenbürtig; wenn Lucanus seinen Auslegungen die Deutungen anderen vorzog, kränkte er sich. Sobald er aber bei den von seinem Schüler aus den Vorlesungen mitgebrachten Aufgaben mit ihm verschiedener Meinung war, heftete Lucanus einen spöttischen Blick auf ihn. Er stellte dem Lehrer Fallen und hänselte ihn – nicht spielerisch, sondern in einer Art erbitterter Zwangshandlung.

»Du bist kein Sokrates«, sagte dann Kusa, innerlich verletzt, zu ihm. »Und ich hasse diese endlosen Erörterungen, die zu nichts führen, außer dazu, mich als Tölpel hinzustellen. Ist das deine Absicht?«

Lucanus entschuldigte sich jedesmal mit aufrichtigem Bedauern; aber sein Gesicht blieb finster. Er benimmt sich, dachte Kusa, wie jemand, der unentwegt absichtlich auf einen schmerzhaften Zahn beißt. Wann, im Namen aller Götter, wird er dieses Mädchen vergessen?

Lange saß Kusa so in der Säulenhalle und dachte über Lucanus nach. Immer wieder schüttelte er den Kopf. Trotz Kalliopes Murren beschloß er, Lucanus nicht zu verlassen, außer der junge Grieche schickte ihn selbst weg.

XVII

»Sehr schade, mein lieber Lucanus«, sagte der Kunstlehrer Rastramdschi, »daß du unbedingt Arzt werden willst. Du bist nämlich ein Künstler von hohen Graden.« Rastramdschi war ein sehr gebildeter Inder; er verwaltete auch die Kunstsammlungen der Hochschule von Alexandria und zeigte dabei einen umgreifenden, erlesenen und aufgeschlossenen Geschmack. Er war ein kleiner Mann mit anmutigen, geschmeidigen Bewegungen, der merkwürdigerweise den Eindruck eines verwachsenen Zwerges machte; er hatte ein dunkles Gesicht, seltsame blasse Augen und ein feines Lächeln. Für ihn war jemand, der Kunst nicht ausübte oder wenigstens schätzte, kaum überhaupt ein Mensch. Wie die meisten Inder trennte er Kunst und Religion nicht voneinander. Er hatte Lucanus auch in Sanskrit unterrichtet. »Als Brahmane gehöre ich zu der im Ansehen am höchsten stehenden Priesterkaste, und wir haben gelobt, unsere alte Sprache zu erhalten.« Einen Augenblick lang blickte er Lucanus würdevoll an und nahm dann zwei kleine rechteckige Holztäfelchen zur Hand, auf die Lucanus Porträts gemalt hatte. Er runzelte ein wenig die Stirn.

Vorhin hatte er seinen Schüler ersucht, nach dem Weggehen der anderen Studenten noch zu bleiben. Auf sein mit Bedauern gemischtes Lob hatte der junge Mann geantwortet: »Herr, ich bin Arzt, zum Arzt geboren. Ich kann mir keine andere Tätigkeit vorstellen als das Heilwesen.«

Rastramdschi nickte jetzt und seufzte. »Das Karma jedes Menschen muß sich auswirken. Auch bei dir bestimmt im Verlauf der Seelenwanderung jedes vergangene Dasein das Schicksal in den nächsten Wiedergeburten. Oft macht es mir Spaß, darüber nachzusinnen, welche Sünden du wohl in einer früheren Verkörperung gegen deine Mitmenschen begangen haben magst, da du diese Missetaten jetzt sühnen mußt, indem du von anderen Leuten Schmerz und Tod fernzuhalten suchst.«

Unwillkürlich mußte Lucanus lächeln; seine strengen Gesichtszüge lokkerten sich aus der gewöhnlichen Starre zu jugendlicher Weichheit. Aber gleich darauf wurde er wieder ernst. Mit Rastramdschi ließ er sich nie auf Streitgespräche oder auch nur Erörterungen über Religion ein. Dieses Thema behielt er dem Zusammensein mit Joseph ben Gamliel vor, der Religion unterrichtete und der mitfühlend war, zum Unterschied von dem Inder, dem echte Hilfsbereitschaft fremd blieb, weil nach seinem Glauben das irdische Los des Menschen von unzähligen Wiedergeburten her vorausbestimmt und widerspruchslos hinzunehmen war. Jedoch tötete Rastramdschi nie irgendein Lebewesen, auch nicht die lästigste Fliege oder die schädlichste Mücke, aus Angst, in das diesem Tier beschiedene Karma einzugreifen. Mensch, Insekt oder Ratte: sie galten dem Hindu gleich. Alle Geschöpfe wanderten durch schmerzliche Wiedergeburten von Dasein zu Dasein, bis die Vergeltungskausalität erlosch; auf diesem Wege erwarteten und fanden sie kein Mitleid, weil sie sich, ohne Belohnung oder Strafe durch Götter, ihr Schicksal selbst bereitet hatten, in unendlich langen Zeiträumen und unendlich vielen Daseinsformen.

Lucanus fand die weitgespannten Kausalitätsverknüpfungen des Brahmaismus irgendwie faszinierend. Das Karmagesetz schien viel von der Lebensqual, von den unbegreiflichen Schicksalsschlägen, von der anscheinenden Planlosigkeit des Geschehens zu erklären. Konnte es vielleicht zutreffen, daß die armen Kreaturen in den Gefängnissen und Krankenhäusern, die offenbar unverdiente Martern litten, damit für frühere Verbrechen und für Mißbildungen der eigenen Seelen büßten? Und daß sie durch diese Buße zu höheren Lebensformen aufstiegen?

Diese Fragen hatte er an Joseph ben Gamliel gestellt und von ihm die Antwort erhalten: »Nein. Man braucht nur an die allumfassende Harmonie im Naturgeschehen zu denken, die eine Abspiegelung Gottes ist, an die zwingenden Naturgesetze, die keine Abweichung gestatten, an das genaue Ineinandergreifen aller Rädchen. Gott ist das Weltgesetz, und dieses Gesetz ist vollkommen und unabänderlich. Nimm nur die Zehn Gebote, das Sittengesetz! Die Tatsache, daß der Mensch bei einem Verstoß gegen dieses Sittengesetz heftige körperliche oder seelische Schmerzen, manchmal auch beides, erleidet und daß er bei Einhaltung des Gesetzes Frieden und Liebe und Rechtfertigung findet und auch in der Todesqual seelischen Rückhalt erfährt, beweist zweifellos, daß die Vollendung für ihn faßbar und erreichbar ist. Wozu dann ewige Wiedergeburten? Nein. Sühne ist eine seelische Daseinsform, ein Übergangsreich, wo die Seele sich reinigen und läutern kann.«

Lucanus hörte auf Joseph ben Gamliel nicht mehr als auf Rastramdschi, aus dem einfachen Grunde, weil er zwar die Existenz Gottes zugestehen mußte, aber an die Unsterblichkeit des Menschen nicht glaubte. Da er überzeugt war, daß Körper und Seele gleichzeitig sterben, erfüllte ihn stets tiefer, furchtbarer Groll gegen Gott.

Jetzt sagte Rastramdschi: »Ja, diese Porträts! Es sind Menschengesichter, die du im Spital oder im Gefängnis gemalt hast, Gesichter von Sterbenden. Und diese ungeheuer leidenschaftlichen Farben! Fast zu lebhaft, fast zu erschreckend; sie springen aus der Holztafel hervor. Manche Leute würden sagen, eine solche Farbgebung entspreche nicht der Wirklichkeit, sei bloß Ausdruck eines persönlichen Gefühls. Auch in den Gesichtszügen sind Verzerrungen, die nicht aus der Außenwelt stammen, sondern wiederum aus deiner eigenen Gefühlswelt. Dieser furchtbare Schmerz! Dieses ungeheure Elend! Diese Nachtmahre von Qual! Diese gewundenen Umrisse, die so hervortreten, daß man die Empfindung hat, sie müßten als Erhabenheiten tastbar sein wie an einer Kamee! Der Schweiß auf Stirn und Wangen scheint wirklich feucht, und man erwartet, daß die Schweißperlen zu rollen beginnen. In den aufgerissenen Augen der Leidenden pulst das Leben; ich würde mich nicht wundern, wenn diese Augen sich plötzlich auf mich richteten, verzweifelt, beschwörend, um Linderung flehend. Die anderen Lehrer sind entsetzt über deine Bilder, aber ich bin es nicht. Ah, Lucanus, du gehörst nach Indien; und ich weiß gefühlsmäßig, daß du manche deiner früheren Lebenszeiten dort verbracht hast. Denn nur die Inder malen so und sind deshalb ein Greuel für die maßvollen Griechen, denen olympische Schönheit und Harmonie lieber sind als die Wirklichkeit und die ihre Götterstatuen mit Farben überziehen, wie kein natürlicher Mensch sie zeigt. Immerhin hat Zeuxis eine Traube so naturgetreu gemalt, daß angeblich eine Schar Vögel sich in den Ausstellungsraum stürzte, um an den Früchten zu naschen!«

Er blickte Lucanus forschend an. »Fühlst du denn wirklich keinen Drang in dir, Künstler zu werden statt Arzt?«

»Nein, Herr. Ich bin Arzt.«

Lucanus ging nun in das Krankenhaus, obwohl er schon am frühen Morgen zwei Stunden dort verbracht hatte und heute nicht mehr hätte hingehen müssen. Auch dort gab es unter den Ärzten einen Inder; aber er war Buddhist und bemühte sich, die Qualen seiner Kranken zu lindern, damit ihre Seelen sich friedlicher Versenkung hingeben könnten. Einer der Ärzte war Jude; er hatte besonders behutsame Finger und besonders tiefes Mitgefühl für alle Leidenden. Auch einen Griechen und einen Ägypter gab es hier, und sogar einen Römer, der sich für die Seuchenlehre, die sein Fach war, interessierte. Lucanus hatte längst herausbekommen, daß in Alexandria die Lehrer keine Vorurteile in bezug auf Rasse, Glaube oder Herkunft kannten. Nicht einmal der Römer erklärte jemals stolz: »Ich bin Römer!« Die Bescheidung, die Kameradschaftlichkeit, der eifrige Wissensaustausch zwischen den Lehrern, die gegenseitige Anerkennung und Hochachtung waren anfangs für den jungen Griechen eine Offenbarung gewesen. Die anderen sahen in ihm einen Weisheitsbeflissenen mit der gleichen Einstellung wie sie selbst: einem kühl wissenschaftlichen Interesse an den Erscheinungsbildern der Krankheiten und einem heiligen Eifer für die Forschung um der Forschung willen. Für sie bedeutete der Tod von Patienten nur das eigene Versagen, ein entscheidendes Versagen, und sie konnten sich mit einem Todesfall völlig unpersönlich beschäftigen und ihn endlos erörtern. Sie sammelten Erfahrungen um der Erfahrungen willen.

Der saubere, weiße Krankensaal enthielt zehn Betten. Hierher wurden aus den Gefängnissen oder Armenvierteln von Alexandria die unheilbar Kranken, die chronisch Leidenden, die hoffnungslos Hinfälligen gebracht. Da alle Patienten entweder Sklaven oder mittellos waren, machte man mit ihnen bisweilen grausame Experimente, die ziemlich oft überhaupt nichts mit der Krankheit des Betreffenden zu tun hatten. Lucanus fand das unstatthaft und verdammenswert; und wiederum verstand ihn bloß der jüdische Lehrer. Die anderen lachten Lucanus gutmütig aus. »Ist es nicht gerechtfertigt, wenn ein einziger Mensch stirbt, damit andere, eine Menge anderer, am Leben erhalten werden können?« fragten sie ihn. Darauf erwiderte er, während der Jude in forschendem Schweigen zuhörte: »Nein. Der einzelne ist ebenso wichtig wie die Masse, vielleicht noch wichtiger.«

Diese wunderliche Haltung tat der Zuneigung und Hochachtung der Ärzte keinen Abbruch. Wenn Lucanus jedoch über eine tödliche Krankheit unglücklich war, wenn er arbeitete, bis ihm der Schweiß ausbrach, um einem Patienten die Schmerzen zu lindern und ihn zu retten, waren alle bis auf den Juden verdutzt. Wahrheit, Wissen – darnach strebte die Heilkunde. Tod war das Schicksal aller Menschen, und auch Schmerz. »Ja, sterben muß jeder«, pflegte dann Lucanus erbittert zu sagen. »Aber ist es nicht unsere Pflicht, uns sehr angelegentlich mit den Schmerzen der Kranken zu befassen? Auch mit den Schmerzen eines Sklaven?«

Er sammelte nicht Erfahrungen um der Erfahrungen willen. Er behandelte die Krankheit, weil für ihn, ebenso wie für Keptah, die Krankheit der Mensch war. Hinter dem Krankenhaus lag die Totenkammer, wo die Leichen von Sklaven und der hier im Spital oder in Gefängnissen gestorbenen alleinstehenden Personen zergliedert wurden. Zum Unterschied von Griechenland und Rom waren in Ägypten solche Sektionen gesetzlich erlaubt, weil Sklaven und Arme als seelenlos galten; und auf das rein Fleischliche des Körpers legte Ägypten überhaupt keinen besonderen Wert, außer wenn es sich um Fürsten oder Adelige handelte.

Der indische Arzt und seine Gehilfen hatten Lucanus die Kunst der Blatternimpfung beigebracht. Er ließ sich selbst immer wieder impfen und impfte auch die Kranken.

»Du bist nicht folgerichtig«, neckte ihn einer seiner Lehrer liebevoll. »Du sagst doch immer, am Kranken dürfe man keine Versuche machen!«

»Das ist kein Mangel an Folgerichtigkeit«, warf der Jude ein. »Lucanus will nur dem Patienten, der vielleicht von seiner gegenwärtigen Krankheit geheilt wird, helfen, sich für die Zukunft vor Blattern zu schützen. Aber er würde nie eine Operation, sagen wir, an dem Auge eines unserer ... Opfer vornehmen, wenn dieses Organ nicht erkrankt ist; er wird auch nicht die Hilflosigkeit eines Patienten ausnützen und eine Seuche auf ihn übertragen oder ihm irgendeine Arznei oder ein Gift einflößen, bloß um die Wirkung zu erforschen. Er will Schmerzen lindern und alle Behandlungen anwenden, die diesem Zweck dienen oder die bestimmte Krankheit heilen; aber er wird nicht im Namen der Wissenschaft Schmerzen oder Krankheiten hervorrufen.«

Der ägyptische Kliniker und seine Assistenten waren Fachärzte. Sie behandelten das Auge, das Herz oder irgendein anderes Organ, als hingen diese Organe mit dem übrigen Körper nicht zusammen. Lucanus lehnte diese Art des Fachwissens ab. »Wenn die Leber krank ist«, behauptete er, »dann ist es der ganze Mensch. Denn die Giftstoffe der Leber dringen in Blut, Auge, Herz, Magen, Eingeweide, Haut. Und das gleiche gilt von Geschwüren, Entartungsleiden und allen anderen Krankheiten. Nicht nur das Bauchfell ist entzündet; der ganze Körper ist es, aus einer Art Gemeinsinn. Krebs ist eine Erkrankung des gesamten Menschen, nicht bloß des gerade angegriffenen Organs. Wenn jemand Gelenksentzündung hat, so hat er sie nicht nur in der Schulter, dem Knie oder dem Knöchel oder den Zehen oder Fingern. Er hat sie überall.«

Die ägyptischen Ärzte lächelten belustigt. Nur der Jude stimmte zu und sagte später zu Lucanus: »Die Krankheit ist nicht nur der ganze Körper des Menschen, sondern auch seine Seele. Ein kranker Geist bewirkt einen kranken Körper, und umgekehrt. Nicht nur der Leib und seine Krankheit müssen behandelt werden, sondern auch die Seele. Es ist sehr möglich, wenn auch nicht bewiesen, daß alle Krankheiten, sogar die Seuchen, in irgendeiner Geheimkammer der Seele entstehen.«

Für Lucanus waren die Kranken nicht Sklaven oder Besitzlose oder Verbrecher. Sie waren Menschen, denen man helfen mußte bei der Abwehr des unerbittlichen Hasses, den Gott gegen die Menschen hegte. Ihre Leiden setzten ihm persönlich zu. Wenn er einen Herzkranken behandelte, spürte er Wellen von Schmerz im eigenen Herzen. Wurden die Gelenke eines Rheumatikers steif und verunstaltet, so begannen ihn sehr oft die eigenen Gelenke zu stechen. Er spürte das Wühlen einer bösartigen Geschwulst im eigenen gesunden Fleisch, wenn er einen Krebskranken behandelte. Der Gehirntumor eines Sklaven bereitete ihm hämmerndes Kopfweh. Es war, als stieße jede Krankheit unsichtbare Fäden aus, die den Arzt in ihre Äußerungen und Qualen verstrickten.

Der ägyptische Kliniker und seine Assistenten bedienten sich bei der Krankenbehandlung im Spital oft der Magie. Das erregte die kameradschaftliche Heiterkeit der wissenschaftlich geschulten griechischen und römischen Lehrer, die ihren Volksglauben an die Wirksamkeit von Amuletten oder Beschwörungen oder Zauberriten längst überwunden hatten. Aber der Jude sagte einmal zu Lucanus: »Da die Seele gleichermaßen krank ist wie der Leib, kann sie oft durch Magie geheilt werden; und da ein körperliches Leiden sehr wohl im Geiste wurzeln kann, vermag man den Geist durch Zauberkunst davon zu überzeugen, daß er geheilt ist, worauf dann der Körper häufig die Krankheit von selbst aufgibt.«

Er fügte hinzu: »Diese Ägypter haben nicht so unrecht, wie die anderen glauben. Du wirst bemerkt haben, daß die Ägypter, wenn du einem Patienten sachte und doch mit einer Art verbissener Kampfbereitschaft die Hände auflegst, sich außerordentlich interessiert zeigen, während die anderen dich hänseln. Die Ägypter haben nämlich durch Beobachtung entdeckt, daß du eine geheimnisvolle Heilkraft hast. Die anderen sind Verstandesmenschen und glauben nur an Arzneimittel und an das Skalpell. Unsere griechischen Kollegen allerdings folgen, wie du erkannt haben wirst, nicht der Knidischen Schule, die nur das erkrankte Organ behandelt. So wie wir sind sie der Meinung, daß der kranke Mensch ein Teil seiner Umwelt ist.«

Gerade jetzt nahm Lucanus besonderen Anteil an einem Mann, der mit einer rätselhaften Hirnerkrankung darniederlag. Einige der Chirurgen tippten auf einen Tumor. Da sich nicht oft Gelegenheit zur Erforschung eines lebenden Gehirns fand, vermutete Lucanus, daß diese Kollegen in Wirklichkeit nicht von ihrer Diagnose überzeugt waren. Jetzt, da er sein Studium abgeschlossen hatte und Arzt war, konnte er Einsprüche erheben, die von seiten eines Studenten nicht geduldet worden wären. Überdies war der Patient als Sklave Eigentum des Juden, der, nachdem er Lucanus angehört hatte, den Chirurgen, die schon tatendurstig mit ihren Schädelbohrern, Knochenmeißeln und Sägen bereitstanden, entschieden abwinkte.

Der Kranke war ein Sklave, und sein Herr hatte ihn wegen eines kleinen Diebstahls ins Gefängnis geschickt. Von Gesetzes wegen hätte er ihn sofort hinrichten lassen können, und tatsächlich lag schon ein Todesurteil vor. Der Herr war aber dazu überredet worden, den Sklaven zunächst gefangenzusetzen. Während der wenigen Tage bis zur Hinrichtung hatte der jüdische Hochschullehrer den armen Kerl gekauft und Lucanus zur Betreuung übergeben. »Wenn du ihn heilst, Lucanus, gehört er dir.« – »Wenn ich ihn heile«, hatte Lucanus erwidert, »kaufe ich ihn dir ab und lasse ihn frei.« – »Dann schenke ich ihn dir, und du kannst ihn freilassen. Ich denke nämlich an die Zeit, da wir Juden selber Sklaven in Ägypten waren.«

Lucanus trat nun an das Krankenlager des Mannes, und die Ägypter stellten sich neugierig um das Bett. Der Sklave hieß Odilos und war, so wie viele Sklaven in Ägypten, von unbekannter Rassenzugehörigkeit. Er hatte ein schmales Adlergesicht mit tiefliegenden, flammenden, dunklen Augen und empfindsamem, beredtem Mund, einen langen, ausgemergelten Rumpf, ruhelos feine Hände und lange, schöngegliederte Beine. Er war etwa zweiundzwanzig Jahre alt. Flehentlich und schweigend blickte er Lucanus an; nur seine Hände hoben sich ein wenig, wie im Gebet.

Lucanus schob sich einen Stuhl an das Bett und betrachtete den Sklaven mit besorgtem Mitleid. Er öffnete eine Rolle und überflog nochmals die Krankengeschichte des Mannes. Kein dauernder Druckschmerz wie bei Tumoren. Keine Anzeichen von Lähmung – bisher wenigstens nicht. Keine Trübung oder Verdunkelung der Regenbogenhaut des Auges. Kein Ausfall irgendwelcher Funktionen oder Sinnestätigkeiten. Trotzdem hatte der

Mann heftigste Schmerzen. Er beherrschte sich sehr; oft jedoch schrie er vor Qual auf und preßte die Hände an den Kopf. Sein Blutdruck änderte sich sprunghaft. Manchmal klopfte sein Herz stürmisch, obwohl kein Herzfehler vorlag. Bisweilen überliefen Krämpfe den ganzen Körper. Auf ein Beruhigungsmittel hin ließen diese Krämpfe rasch nach, und in das schlaftrunkene Gesicht trat ein Ausdruck ungeheurer Erleichterung, ein Ausdruck, der Lucanus zutiefst bewegte und rührte. Kein Organ wies erkennbare Krankheitsmerkmale auf. Die Haut war zwar an vielen Stellen fahl oder fleckig und zuckte, schien jedoch sonst gesund. Die Kopfschmerzen jedoch, so hatte der Kranke geklagt, waren wechselweise stechend, bohrend, spannend, sprengend oder brennend. In Stärke und Art wandelten sie sich, waren aber, in der einen oder anderen Form, stets vorhanden.

Die übrigen Ärzte näherten sich lässig dem Bett und sahen zu, wie Lucanus neuerlich eine seiner eingehenden Untersuchungen vornahm. Sie beobachteten, wie er an die Augen des Mannes eine Kerze hielt, und nochmals die Regenbogenhaut betrachtete. Sie beobachteten, wie er dem Sklaven befahl, Arme, Beine, den Kopf zu heben. Lucanus forschte nach gesteigerten oder erloschenen Reflexen; aber alles erwies sich als praktisch normal, während doch der Mann sich, vor Schmerzen ächzend, in seinem Bette wand. Er war intelligent, beherrschte drei Sprachen in Wort und Schrift und war bei seinem Herrn Schreiber und Buchhalter gewesen.

Lucanus verschränkte seine großen Arme auf der Brust und fixierte lange den Mann. »Wie ist der Schmerz heute?« fragte er, in Gedanken versunken. Über seine Schulter beugte sich der jüdische Lehrer vor und beobachtete genau.

»O Herr«, stöhnte der Sklave, »heute ist mein Schädel zu eng für das Gehirn! Es droht, sein Gefängnis zu sprengen.«

»Tumor – ganz offensichtlich«, flüsterte der griechische Arzt eifrig.

Lucanus schüttelte den Kopf, ohne den Blick von dem Sklaven zu lösen. »Er ist jetzt über einen Monat hier und zeigt keinen Ausfall irgendwelcher Funktionen oder Sinnestätigkeiten, keine Epilepsie, nicht das mindeste Anzeichen auch nur der kleinsten Lähmung oder Schwächung des Seh- oder Hörvermögens. Die Reflexe sind heute nur ein bißchen gesteigert. Nein, das ist kein Tumor; ein solcher würde unbarmherzig wachsende Schädigungen setzen. Der Mann hat erzählt, daß dieser Zustand schon, wenn auch weniger heftig, eine Reihe von Jahren andauert. Infolgedessen hat er keinen Tumor, weder einen gutartigen noch einen bösartigen.«

Sein hübsches Gesicht beugte sich, von Mitgefühl, Besorgtheit und Zuneigung erfüllt, über den stöhnenden Sklaven. Er faßte eine seiner Hände, und sofort hörte das Stöhnen auf, und Odilos versuchte mit flehenden Blicken, in der Miene des Arztes zu lesen. Lucanus sagte: »Ich will ihm Opiumtinktur geben, nicht so viel, daß er betäubt wird, aber genug zur

Schmerzlinderung. Dann werde ich ihn ausfragen. Mir geht etwas im Kopf herum...« Er unterbrach sich. »Sein Blutdruck ist beängstigend hoch.«

»Unmittelbare Gefahr eines Schlagflusses«, meinte einer der jungen Hilfsärzte.

»Vielleicht wird er vom Schlage gerührt werden«, gab Lucanus zu. »Aber nicht infolge eines Tumors und wahrscheinlich auch nicht infolge einer Gehirnerkrankung oder überhaupt eines irgendwo im Körper steckenden Leidens. Sollte es möglich sein, daß Schlaganfälle gelegentlich andere als körperliche Ursachen haben?« überlegte er.

Der Sklave erhielt Opiumtinktur, die er gierig hinunterschluckte, weil er wußte, daß jetzt eine Erleichterung kommen würde. Lucanus wartete. Allmählich wurde das Stöhnen seltener, das Muskelzucken ebbte zusehends ab, und aus dem hageren, beweglichen Gesicht schwanden die eingegrabenen Furchen der Qual. Odilos lächelte leise, dankbar. Seine Augen begannen sich zu schließen. »Ich möchte schlafen«, murmelte er.

Aber Lucanus drückte ihm heftig die Hand. »Harre mit mir zusammen aus, Odilos, damit du geheilt wirst«, sagte er.

Der Sklave erwiderte schluchzend. »Ich will nicht gesund werden, weil ich sonst meinem Herrn zur Hinrichtung ausgeliefert werde.«

Lucanus öffnete den Mund, um den Mann zu beruhigen und ihm zu sagen, daß er nicht mehr seinem bisherigen Herrn gehörte. Aber hielt sich zurück. Was ihm seit längerem im Kopf herumging, arbeitete jetzt rascher in ihm.

»Diese schrecklichen Schmerzen hast du auch schon gehabt, Odilos, bevor du verurteilt wurdest, zu einer Zeit, da dein Herr dir noch vertraute und du noch nichts gestohlen hattest. Bitte, öffne die Augen und antworte mir! Ist es so?«

Die schweren Augenlider öffneten sich widerwillig. »Es ist so, Herr. Ach, laß mich schlafen! Wenn ich nur«, murmelte er, »den Mut gehabt hätte, mich, als ich noch jünger war, umzubringen!«

»Ah«, rief Lucanus aufgeregt. »Erzähle mir, Odilos, wie lange du schon Sklave bist!«

»Ich weiß nicht, Herr. In meiner ersten Erinnerung sehe ich mich als kleines Kind, und ich werde von einem persischen Sklavenhalter hierher nach Ägypten auf den Markt gebracht. Ob ich als Freier oder als Sklave geboren bin, weiß ich nicht. Mein gegenwärtiger Herr besitzt mich seit meinem dritten oder vierten Lebensjahr, und ich entsinne mich meiner Eltern nicht, kann auch nicht sagen, wer sie waren.«

»Warum hast du gestohlen, Odilos? Dein Herr war nicht unbillig hart zu dir, und er hat Vertrauen in dich gesetzt.«

Die glanzlos gewordenen Augen des Sklaven flammten zu dunklem Feuer auf. »Ich habe einen Griff in seine Truhe getan – er ist nämlich ein sehr reicher Mann und weiß nicht immer genau, wieviel er besitzt –, um entlaufen zu können, weit weg. Ich gedachte einen Beutel mit Gold zu stehlen. Aber gerade an diesem Morgen hatte mein Herr Gold in die Hinterlegungsstelle in Alexandria geschickt, und es war nur ein einziger kleiner Beutel mit Silber übriggeblieben. Damit war mir nicht geholfen, aber ich nahm das Beutelchen. Sobald ich einmal in der Truhe wühlte, konnte ich nicht widerstehen.«

»Wieso denn? Bei einem so geringfügigen Werte?«

»Ja, Herr.« Der Sklave schwieg eine Weile, und seine ausdrucksvollen Augen gingen ihm über vor irgendeinem tiefliegenden, schmerzenden Gedanken. »Jedenfalls«, fuhr er dann fort, »war es ein erster Schritt zur Freiheit.«

Nun brach er in Schluchzen und Weinen aus, so heftig, daß von seinem sich schüttelnden Körper die Bettstelle schwankte.

»Selbst wenn ich hätte Gold stehlen können, wäre das keine Rettung für mich gewesen!« rief er. »Man hätte mich ausfindig gemacht!« Mit schwitzenden Fingern faßte er die Hand des Arztes. »Du als freier Mann kannst nicht verstehen, was es heißt, Sklave zu sein! Im Hauswesen meines Herrn habe ich mit vielen Schicksalsgenossen von der Freiheit gesprochen, und sie haben mich nur seltsam, verwundert angelächelt. Wurden wir denn nicht ordentlich behaust, ernährt und bekleidet? Erhielten wir denn nicht an Festtagen und, wenn der Herr besonders zufrieden mit uns war, arbeitsfreie Stunden oder sogar ein Silberstück? Wir waren doch bestimmt besser dran als die mittellosen Freien in der Stadt, die unter Torbögen oder in Gossen schlafen und sich Brot erbetteln oder hungern müssen. Wozu also eine so lästige Freiheit? Um wie ein Hund zu krepieren?«

»Ja«, sagte Lucanus. »Ja, ja.«

Der Sklave blickte ihn flehentlich an und sah den feuchten Schimmer in seinen blauen Augen. Er stützte sich auf den Ellbogen und vergaß die anderen Anwesenden. »Herr, jetzt weiß ich es: Ich wollte stehlen, weil ich wußte, daß man mich festnehmen und hinrichten würde! Und mir war der Tod lieber als die Sklaverei! Kannst du das verstehen?«

»Ja«, sagte Lucanus. »Ja, ja.«

Odilos sank auf sein Bett zurück und stöhnte wieder. »Mach mich nicht gesund, Herr. Laß mich hier sterben. Dann bin ich frei für immer.« Er hielt die Hände zum Kopf, und in einem neuen Schmerzanfall sanken seine Augen in ihre Höhlen zurück. »Opium, Herr! So viel Opium, daß ich davon sterbe. Dann falle ich in einen tiefen Schlaf, aus dem ich nicht mehr erwache, und bin einer der Menschen, die für immer frei sind.«

Lucanus hob die Stimme, um das erlahmende Hörvermögen des Mannes zu erreichen. Er blickte die anderen Ärzte an, die gespannt zusahen. »Braucht man hier auf der Hochschule jemanden, der in Buchhaltungen und Verrechnungen bewandert und verläßlich ist?« fragte er.

Der Sklave öffnete die Augen und starrte in völliger Verstörtheit. Die anderen Ärzte verzogen die Stirnen, bemüht zu verstehen, wo Lucanus hinauswollte.

»Er ist ein Sklave, lieber Kollege«, sagte ein Ägypter. »Und er gehört nicht uns, sondern seinem Herrn.«

Lucanus lachte leise und schüttelte den Kopf. Wie ein Bruder tätschelte er dem Sklaven die Wange.

»Nein. Er hat bis jetzt meinem Lehrer Jakob hier gehört, der ihn von seinem früheren Herrn gekauft hat. Aber jetzt gehört er mir, und morgen werde ich beim Prätor seine Freilassung beantragen.«

Odilos fuhr aus dem Bett auf und stieß einen erstickten Freudenschrei aus. Er schlang die Arme um den Hals des Arztes. Er zog die Arme wieder zurück, faßte die Hände seines Befreiers und bedeckte sie mit Küssen. Er schluchzte und wimmerte; er war außer sich. Sein ganzes Gesicht strahlte. Er keuchte, warf sich auf den Fußboden. Und dort lag er nun, umfaßte die Waden des Arztes und drückte die Stirn abwechselnd auf den einen und den anderen Fuß.

Lucanus richtete ihn sehr liebevoll auf und setzte ihn wieder in das Bett. Aber der Mann ergriff seine Hand und wollte sie nicht freigeben. Verehrungsvoll blickte er den Arzt an.

»Meine werten Kollegen«, sagte nun Lucanus, »ich wiederhole euch mein Angebot, das auch Odilos' Angebot ist. Könnt ihr ihn brauchen?«

»Ich kann ihn sofort als meinen eigenen Angestellten verwenden«, sagte Jakob, dessen Augen sich mit Tränen gefüllt hatten.

Lucanus tat so, als kämen ihm plötzlich Bedenken, und er schüttelte den Kopf. »Ach, wie furchtbar schade!« murmelte er. »Der arme Odilos ist zwar jetzt frei, aber krank. Und wer weiß, ob er je wieder gesund wird?«

Mit einem Ruck schnellte der Patient empor, und der Glanz auf seinem Gesicht wurde noch leuchtender. »Herr! Ich bin nicht mehr krank! Die Kopfschmerzen sind verschwunden. Mein Kopf ist klar und kühl und ruhig. Ich bitte dich, laß mich den Dienst sofort antreten!«

»Nachdem du morgen vormittag frei sein wirst und es stillschweigend schon jetzt bist und deshalb selbst über deine Zukunft bestimmen kannst, darfst du nicht sagen: Laß mich dies oder das«, erklärte Lucanus mit gespielter Strenge.

Odilos, in dessen Augen es flammte, sah ihn an, wie man einen Götterboten ansehen würde. Dann lächelte er strahlend und sagte: »Herr, wenn der Arzt Jakob meine Dienste wünscht, wird es mir ein Vergnügen sein, ihm als freier Mann zu dienen.«

»Gegen ein Gehalt, über das noch zu reden sein wird«, ergänzte der junge, bärtige Jude.

»Und jetzt schlafe!« befahl Lucanus, sich erhebend. »Wenn du aufwachst, Odilos, werden deine Schmerzen weg sein und nie mehr wiederkommen.«

Die Ärzte lachten leise und gingen, mit Lucanus in ihrer Mitte, weg.

Ein Grieche sagte belustigt: »Jetzt ist uns die Gelegenheit entgangen, ein lebendes Gehirn zu studieren.«

»Dafür habt ihr gesehen, wie ein Sterbender dem Leben wiedergegeben wurde«, erklärte Jakob. »Schaut, wie er dort schläft, mit dem Lächeln eines fröhlichen Kindes! Für Leute wie ihn ist eben die Freiheit mehr als das Leben. Möge die Zahl solcher Männer Legion werden! Möge Gott es gewähren, daß bald alle Menschen frei sind, so daß sie nicht den Tod als einzigen Ausweg sehen müssen!«

»Odilos hat an keiner Krankheit des Körpers oder des Gehirns gelitten«, sagte Lucanus achtungsvoll zu den nüchtern-sachlichen Griechen. »Er litt an einer Krankheit der Seele und ist nun geheilt. In eurer nur auf das Körperliche gerichteten Einstellung habt ihr die Denkweise des Hippokrates verlernt.«

XVIII

Lilafarbenes Dämmerlicht erfüllte Alexandrias Luft, als Lucanus erschöpft das Krankenhaus und die Leichenhalle verließ. Hier und dort sprenkelte ein Streifen eingetrockneten Blutes seine Tunika, und der Kopf brummte ihm. Er traf Joseph ben Gamliel, der offenbar auf ihn gewartet hatte.

Joseph sagte: »Ich begrüße dich, Lucanus. Könntest du mir einen Gefallen erweisen? Ich habe einen lieben Freund, der sich seit Monaten in Alexandria aufhält, nicht aus freier Wahl, sondern weil er schwer krank und dem Tode nahe ist. Er heißt Eleasar ben Salomo und ist ein reicher Handelsmann, der die ganze Welt bereist hat. Ein außerordentlich wohlhabender Handelsmann, und ein guter Mensch. Willst du ihn aufsuchen?«

Lucanus erwiderte kurz. »Verzeih, Joseph, aber ich wünsche nie und nirgends, reiche Leute zu behandeln. Ich habe mich entschlossen, auf allen Schiffen zu allen Häfen zu reisen, um in allen Städten die Armen und die Sklaven und auf den Schiffen die Ruderknechte zu betreuen. Denn für diese Menschen gibt es nirgends Heilstätten, außer in Rom, wo man mich gerade darum nicht braucht.«

»In unseren Heiligen Schriften heißt es, daß Weisheit zusammen mit Wohlstand gut ist«, sagte Joseph lächelnd. »Du brauchst nicht so rot zu werden, Lucanus. Ich will dir damit nur dazu gratulieren, daß du einen reichen Adoptivvater hast. Wovon würdest du denn sonst leben auf deinen Reisen zu den Häfen? Außerdem kommt mir vor«, fügte Joseph hinzu, »daß wohlhabende Leute unter Krankheiten nicht weniger leiden als Arme und daß Gott auch sie vor Erkrankung nicht gefeit hat. Krebs ist für einen Cäsar genauso qualvoll wie für den Geringsten seiner Sklaven.«

»Mag sein. Aber ich wünsche reiche Leute nicht zu behandeln«, wiederholte Lucanus kühl. Dann wurde er neugierig. »Übrigens bin ich vorderhand nur ein Anfänger. Hat dein Freund nicht einen der maßgeblichen Ärzte in Alexandria gerufen, einen dieser Honorarjäger? Ich könnte dir ein Dutzend aufzählen!«

Joseph betrachtete ihn nachdenklich. »Lucanus, ich glaube, du wärest imstande, Eleasar ben Salomo zu helfen, und zwar du allein. Er liegt im Sterben; das Leben wirst du ihm kaum erhalten können. Aber er ist auch seelisch aus dem Gleichgewicht geraten, und du könntest ihn trösten.«

»Ich?« rief Lucanus mit einem müden Lächeln. »Ich, der selbst Trostlose, sollte Trost geben?«

»Du tust es ja die ganze Zeit über«, erklärte Joseph mit feierlichem Ernst. »Erweise mir persönlich diesen Gefallen, denn ich liebe Eleasar. Wir waren als Kinder zusammen in Jerusalem, bevor ich nach Alexandria gekommen bin.« Seine Miene änderte sich; in ihr malte sich verborgener Kummer. »Meine Sänfte wartet vor dem Garten.«

Lucanus zögerte. An Josephs Gehaben war, dachte er, etwas Rätselhaftes; und trotz seiner Abneigung gegen reiche, bevorrechtete Patienten konnte der junge Grieche seinen Forscherdrang nicht verleugnen. Er sagte: »Vielleicht hat er eine Krankheit, die mich interessiert. Ich komme mit.«

Joseph lächelte in seinen Bart. Sie gingen zum Tor des Hochschulgartens, das bewaffnete Sklaven ihnen öffneten. Joseph selbst hatte keine Sklaven, auch seine Familie nicht; im Haushalt arbeiteten nur Freigelassene, die als Sklaven gekauft worden waren und dann die Freiheit erhalten hatten. Seine Sänftenträger waren kräftige junge Männer, die sich vor ihrem Herrn liebevoll verneigten.

An diesem Abend herrschte große Hitze, und der Himmel war jetzt ein glühender Amethyst. Joseph und Lucanus setzten sich nebeneinander in die Sänfte und schoben die Wollvorhänge beiseite, um jeden flüchtigen Luftzug zu erhaschen. Mit einem Schlage schloß sich in diesem südlichen Lande der nächtliche Baldachin über Alexandria, und der Mond sprang plötzlich zu seiner Himmelsreise hervor.

Wie gewöhnlich war die Stadt ein Gewirr von Farben, Lampen und lärmenden Stimmen, von Tieren und Menschen. Alexandria erwachte ja erst am Abend zu vollem Leben. Die scharlachroten Fackeln zischten in ihren Halteringen. Alle paar Schritte kreischten und jammerten Bettler. Wagen ratterten durch die gewundenen Gassen. Männer schrien, Frauen lachten. Musik erklang hinter weißen Mauern, über die rote und orangefarbene und weiße Blüten herabflossen. Rasch wurde es mondhell, und weißes Licht ergoß sich über niedrige, weiße Dächer, die ebenso flach waren wie die Erde. Es war, als läge schimmerndes Wasser auf diesen Dächern, wo sich jetzt die Hausbewohner versammelten, um Kühle zu suchen. Dunkle, unkenntliche Gestalten bewegten sich dort hin und her; sie redeten und lachten und klatschten in die Hände, zum Zeichen, daß die Sklaven ihnen Wein bringen sollten; und Stimmen tönten in vielen fremden Sprachen. Manchmal öffnete sich in einer Mauer ein Bogentor, und man sah beleuchtete Gärten, duftend und voll von Springbrunnen und Statuen, über die das Mondlicht wie ein Silberregen rieselte.

Joseph sprach während des kurzen Weges kein Wort. Er schien in eigene schwermütige Gedanken versunken, und Lucanus störte ihn nicht. Er haderte mit sich selbst. Warum fiel es ihm jedesmal so schwer, Joseph ben Gamliel etwas abzuschlagen? Das Brausen und der Geruch des Meeres wurden stärker, und Lucanus entnahm daraus, daß ihr Ziel nahe der See, also in sehr günstiger Lage war. Riesengroß stand ein weißer Mond am Himmel und starrte ungerührt auf die heiße, wimmelnde Stadt, ohne ihr Kühle zu bringen.

Jetzt gelangten die Sänftenträger an eine glatte, hohe, weiße Mauer; sie hielten, und einer von ihnen klopfte an ein Bogentor. Es öffnete sich, und dahinter schlief ein stiller, mondbeschienener Garten voll Blumen und Bäumen und Rasenflächen und Springbrunnen, aber ohne Statuen. Der Duft von Feigen- und Jasminblüten wehte in die Straße hinaus. In einiger Entfernung stand ein großes, weißes Haus mit einer breiten Säulenhalle und Balkonen an den Seiten, in orientalischer Art.

Aber selbst hier in dieser warmen Frische drängte sich unverkennbar der Geruch des Ostens auf, eine Mischung von Gestank und Duft. Es war kein unangenehmer Geruch; er enthielt sogar eine Spur des Aromas von Gewürzen und Weihrauch und von üppig fruchtbarer Erde.

»Hier ist es nett«, sagte Lucanus widerstrebend, während er an den Krankensaal der Hochschule denken mußte. »Der Mann knausert nicht mit seinem Gelde.«

»Warum sollte er das?« fragte Joseph gelassen. »Wäre es besser, das Vermögen zu horten?«

»Es ließe sich sehr vorteilhaft dazu verwenden, den Hilflosen zu helfen, für die Armen Heilstätten zu bauen und für die Obdachlosen Heime«, erklärte Lucanus.

Joseph seufzte. »Eleasar ben Salomo ist als eifriger Wohltäter und gütiger Mensch bekannt. Er ist sehr großherzig. Er kauft jeden jüdischen Sklaven, den er findet, frei. Weder in diesem Hause noch in seinen vielen Häusern in anderen Städten wirst du einen Sklaven antreffen. Je mehr er gibt, desto mehr gibt Gott ihm.«

Es war sehr still hier im Garten, während die beiden Männer sich dem Hause näherten. Nachtigallen sangen den Mond an, und ihre Lieder waren ebenso rührend wie wehmütig. Grillen zirpten. Irgendwo kreischten Papageien. Aber keine menschliche Stimme wurde laut. Die Vorhänge der Fenster waren beiseite geschoben, um die kühle Luft in die Zimmer zu lassen. Die große Bronzetür stand offen, und die Halle dahinter mit ihren vielen Säulen war aus schneeweißem Marmor, von zahlreichen Silberlampen auf hohen Leuchtern erhellt. Überall standen griechische und ägyptische Vasen mit Blumen.

Ein Mädchen, so schön, wie Lucanus nie eines gesehen hatte, eilte auf Joseph zu, die Hände zu freundlichem Gruß ausgestreckt. Dieses junge Geschöpf war schöner als Iris, die Mutter des Lucanus, von der er gemeint hatte, daß ihr nicht einmal die herrlichsten Statuen gleichkämen. Die Unbekannte schien noch nicht zwanzig, wahrscheinlich war sie kaum viel über sechzehn Jahre alt. Sie war hochgewachsen, sah aber in ihrem blauen Gewande so stattlich aus, daß ihre Körpergröße nicht sofort auffiel. Sie glich einer Königin; und sie bewegte sich wie eine Königin, als sie über die weißen Marmorfliesen schritt. Von ihrem kleinen, edlen Kopf wallten, nicht aufgebunden, dunkle Haarflechten, wie wellige Seide; und dieses Haar war so fein, daß es einer um den Kopf schwebenden Dunstwolke glich. Das ovale

Gesicht war perlfarben, durchscheinend und wie von innerem Licht erglühend. Die Lippen leuchteten in einem hellen, samtenen Rot, die Nase war zart und hübsch geformt, die Augen zeigten ein tiefes, strahlendes Violett. Sie trug ein Halsband, Ohrringe und einen Armreif aus glitzernden blauen Edelsteinen, die in kunstvoll geformtes Gold eingesetzt waren. Ein köstlicher Duft, wie von Rosen, schien mehr der schneeweißen Haut als dem Gewand oder dem Haar zu entströmen. Das blaue Kleid war über den mädchenhaften Brüsten hübsch gerundet; und um die enge Taille schlang sich ein Gürtel aus Gold, auch mit dunkelblauen Steinen besetzt. Die Seide floß über die geschmeidigen jungen Hüften und raschelte um die prächtigen Fesseln. Die Sandalen waren aus goldgeziertem Leder.

Die Unbekannte war sichtlich froh, Joseph zu sehen, und ihr strahlendweißer Hals bebte, als kämpfte sie zugleich gegen Tränen der Erleichterung und Dankbarkeit über Josephs Kommen an. Er nahm ihre ausgestreckten Hände, hielt sie in herzlicher Gebärde fest und blickte ihr mit der Liebe eines Vaters in die Augen. »Meine liebe Dina«, sagte er freundlich, »ich hoffe, deinem Vater geht es heute besser, nicht wahr?«

Dina bemerkte zunächst nicht Lucanus, der im Hintergrund stand, entzückt über den Anblick dieser jungfräulichen, frühlinghaft reinen Schönheit, die in wunderbaren Farbtönen prangte. Jetzt schwand das Lächeln von ihrem Gesicht; die Lippen schlossen sich über den emailweißen Zähnen. »Nein, es geht ihm nicht besser, Joseph«, murmelte sie, und ihre Stimme war so traurig und weich wie das Gurren einer Taube. »Aber er wird sich sehr freuen, daß du gekommen bist.« Ebenso wie Joseph sprach sie Aramäisch. Ihre langen, schwarzen Wimpern zitterten, und ihre schwarzen, seidigglänzenden Brauen schossen wie Pfeile gegen die weiße Stirn. Dina brauchte keine künstlichen Hilfen, keine Farbnäpfe und kein Spießglanzpulver für die Augen, keine Schminken, um sich die Fingerkuppen rosig zu färben. Die Natur hatte sie mit den zauberhaftesten Farben beschenkt, den lebendigen Farben einer Blüte.

Joseph wandte sich zu Lucanus. »Dina«, sagte er, »hier ist mein Lieblingsschüler Lucanus, von dem ich dir oft erzählt habe. Er ist ein außerordentlich tüchtiger Arzt. Ich habe ihn veranlaßt, deinen Vater zu besuchen.«

Lucanus war so betäubt und verdutzt und gebannt von dem Anblick einer derart jungen, überirdischen Schönheit, daß er einige Augenblicke brauchte, ehe er sich formgerecht verbeugte. Sein griechisches Blut wallte in Bewunderung für diese Lieblichkeit. Er mußte an eine Statue der sehr jungen Hebe denken, die er in einem Tempel in Alexandria gesehen hatte. Wie Hebe schien auch diese Jungfrau dazu geboren, in Liebe und Demut zu dienen; dafür sprach ihre ganze Art, ihre zarte, fürsorgliche, gütige Bescheidenheit.

»Bevor wir zu meinem Vater gehen, Joseph«, sagte sie, und ihre Augen hefteten sich plötzlich fasziniert auf Lucanus, »müßt ihr beide etwas essen und ein wenig Wein trinken.«

»Einen Schluck Wein trinken wir gern«, erklärte Joseph und folgte dem Mädchen in ein Zimmer hinter der Halle, das kostbar, aber einfach eingerichtet und voll bunter Blumen war. Auch hier gab es keine Statuen. Die Wände waren mit farbig glitzernden Mosaiken überzogen, die entweder Blüten und verschlungenes Blattwerk oder orientalische Linienmuster darstellten. Die Säulen bestanden aus gelbem Marmor, die Lampen aus korinthischer Bronze, den Fußboden deckten weiße und schwarze Marmorfliesen, auf denen kleine Perserteppiche verstreut lagen, wie aus Juwelen gewoben. »Aber zum Essen«, fügte Joseph hinzu, »müssen wir heim. Sonst würden unsere Leute besorgt sein um uns.«

»Ach ja, das ist richtig«, sagte Dina, ohne den Blick von Lucanus lösen zu können, der unschlüssig mitten in dem weiten, kühlen Raume stand, groß und stattlich wie ein Gott. Nach einer kleinen Weile schrak Dina auf, wurde rot und schlug die Augen nieder. Ihr hübscher Busen hob sich rasch und senkte sich wieder. Sie klatschte in die Hände, und ein Diener trat ein, mit einem Silbertablett, auf dem reich mit verschiedenartigen Edelsteinen verzierte Becher standen. Dina selbst goß in die Becher den ausgezeichneten Wein, der nach sonnenwarmen Rebenhängen duftete. Wie geistesabwesend reichte sie den ersten Becher nicht dem älteren Joseph, sondern Lucanus. Er nahm ihn; die Finger der beiden berührten sich, und Lucanus spürte unwillkürlich ein Zucken seiner Nerven. Da er an die verhaltene Art Aurelias und anderer ›alter‹ Römerinnen ebenso wie seiner eigenen Mutter gewohnt war, wunderte er sich ein wenig über das freie Benehmen und die zwanglose Unbefangenheit dieses jungen Mädchens.

Er trank den Wein, der verlockend roch und schmeckte, und zürnte sich selber, daß er Vergnügen daran fand. Joseph trank auch und fragte zwischendurch mit leiser Stimme Dina über ihren Vater aus; und sie antwortete in verzweifeltem Tone.

Lucanus war entzückt über den Klang dieser Stimme, die so süß war, so biegsam, so beredt. Während des Sprechens warf Dina dann und wann einen scheuen Blick auf Lucanus; und wenn die Blicke der beiden sich begegneten, wurde sie tiefrot.

Schließlich folgten die Männer dem Mädchen durch einen offenen Korridor, dessen Säulen im Mondlicht gleißendes Silber waren. Sie schoben einen Vorhang aus schweren orientalischen Spitzen beiseite und traten in ein großes Schlafzimmer, das von Silberlampen gedämpft beleuchtet wurde und mit Blüten- und Gewürzdurft erfüllt war. Auf einem großen, geschnitzten Bett aus Elfenbein, Silber und Gold lag ein Mann mittleren Alters, auf Seidenkissen hochgelagert, eine helle, bunte Decke über die Füße gebreitet.

Ehe Lucanus noch sein Gesicht sah, hörte er sein schweres, unregelmäßiges Atmen, und der Arzt in ihm vergaß über seinem Beruf alles andere.

»Ich begrüße dich, lieber Eleasar«, sagte Joseph, während er, von Lucanus gefolgt, auf das Bett zuging. Er faßte die Hände seines Freundes und beugte sich mit einem zärtlichen, besorgten Lächeln über ihn. Dina stellte sich an das Fußende des Bettes und lächelte dem Vater angstvoll zu.

Eleasar versuchte zu sprechen; aber was er zwischen seinen lauten Atemzügen hervorbrachte, war überstürzt und tonlos. Wiederholt mußte er husten.

»Gönne dir nur Ruhe!« sagte Joseph. »Ich habe da den jungen Arzt, Lucanus, mitgebracht.« Er richtete sich auf und winkte den Griechen mit den Augen heran. Lucanus trat näher; seine ganze Aufmerksamkeit war auf den Kranken gerichtet. Sofort, ehe ein Wort fiel, sah er, daß Eleasar im Sterben lag. Der schwarzhaarige jüdische Handelsmann war zum Skelett abgemagert und hatte eine blaugraue Gesichtsfarbe; ungeachtet seines Zustandes aber glühten die großen, traurigen Augen noch von Lebhaftigkeit. Seine Züge erinnerten Lucanus an seinen Adoptivvater: die gleiche Adlernase, das gleiche scharfgeschnittene, ausdrucksvolle Gesicht. Wiederum mußte er an die merkwürdige Ähnlichkeit zwischen Juden und Römern denken.

Eleasar versuchte dem jungen Arzt höflich zuzulächeln; aber er war trotz seiner Entkräftung sehr erregt. Seine Lippen, Ohrläppchen und Fingerspitzen waren bläulich. In seiner Miene spiegelte sich tiefe Schwermut. Sein Mund stand offen, als müßte er angestrengt nach Luft schnappen; und das Rasseln in den Lungen machte seinen Atem röchelnd und pfeifend. Wortlos hob Lucanus dem Kranken die Tunika von der Brust, bückte sich und horchte das Herz ab. Ja, der Befund war klar: unregelmäßige Zusammenziehungen des Herzmuskels, Vorhofflattern; dumpfe, kurze und schwache Herztöne, mit regellosem, sprunghaftem Schlagen; der Spitzenstoß verschoben, der Puls klein und jagend. Der Patient hatte einen schweren Herzfehler.

Lucanus hob den Kopf, betrachtete wieder schweigend das Gesicht und die todkündende Färbung der Haut, hörte den Husten, sah den blutigen Speichel an den Mundwinkeln und die starke Schwellung der Halsdrüsen. Dann nahm er eine Phiole von dem goldverzierten Marmortischchen zu Häupten des Bettes, roch dazu und prüfte den Inhalt. Er runzelte die Stirn: dieses Herzanregungsmittel hier war viel zu stark. Indes konnte für den Kranken jetzt kaum mehr viel getan werden. Lucanus war tief bewegt und vergaß, daß er einen reichen Mann vor sich hatte. Für ihn war Eleasar ben Salomo jetzt nur mehr ein leidender Mensch.

Er sagte zu dem Kranken freundlich, auf aramäisch: »Du hast ja wohl die besten Ärzte gehabt? Versuche nicht zu sprechen; gib die Antworten nur durch Kopfbewegungen! Ich nehme an, daß du vor einigen Wochen krank geworden bist. Angefangen hat es wohl mit Verdauungsstörungen, Erbrechen, Übelkeit und Durchfall.« Er hielt inne und fragte mit noch größerer Freundlichkeit. »Du weißt ja, wie es um dich steht?«

Eleasar lag auf seinen Kissen und sah gespannt in das Gesicht des jungen Arztes mit den schöngeformten, vollen, aber entsagenden Lippen, der langen, scharfgeschnittenen griechischen Nase, der schrägen Stirn und den beredten blauen Augen, die jetzt von Mitleid und Zuneigung und Güte erfüllt waren. In die Züge des Sterbenden trat eine plötzliche Regsamkeit, das Bemühen um eine letzte Kraftanstrengung. Sein fester Blick drang in die Seele des jungen Arztes, mit jener besonderen Eindringlichkeit, deren nur der Todgeweihte fähig ist; und er lächelte. Heiser und mühsam flüsterte er: »Ja, das weiß ich. Und mir tut um nichts leid, nur um meine Tochter hier, die ich verlassen muß.« Er warf Dina einen Blick voll tiefer Liebe zu, und sie brach in Tränen aus. Sie kniete neben das Bett hin und schmiegte den Kopf an die Schulter des Vaters.

»Als Arzt kann ich nichts für dich tun«, sagte Lucanus. Er begriff, daß ein heldenhafter Mann vor ihm lag, der nicht durch beschwichtigende Lügen gekränkt werden durfte. »Menschliche Hilfe kommt für dich zu spät, Eleasar.«

»Aber nicht Gottes Hilfe – gepriesen sei Sein Name!« sagte der Kranke.

»Gepriesen sei Sein Name!« wiederholte Joseph sehr bewegt.

Die Miene des jungen Griechen wurde plötzlich wieder kühl und verschlossen. Er wandte sich zu Joseph mit den Worten: »Ich weiß nicht, wozu man mich gerufen hat. Bloß, um nochmals zu sagen, was andere – und bessere – Ärzte dem Kranken schon mitgeteilt haben?«

»Nein«, erwiderte Joseph, »sondern damit du seine Geschichte hörst und ihm zu helfen versprichst. Weshalb ich gerade von dir diese Hilfe erwarte, weiß ich nicht. Wir Juden haben oft geheimnisvolle Eingebungen, die sich nicht vernunftmäßig begründen oder erklären lassen.« Feierlich ruhte sein Blick auf Lucanus, während er sich den Bart strich.

»Hebt mich!« bat der Kranke; und Dina und Joseph richteten ihn auf, so daß er halb sitzend auf den Kissen lehnte. Die ganze Zeit über löste er nicht seinen flehentlichen Blick von Lucanus, als wüßte er, daß dieser Mann seine letzte Hoffnung war.

Lucanus sagte: »Er sollte ruhen. Eigentlich darf er nicht reden.« Er verübelte Joseph dessen dunkle Worte; sein logischer Griechengeist lehnte den betonten Mystizismus der Juden ab. »Aber wenn ich Eleasar helfen kann, will ich es tun. Allerdings wüßte ich nicht, wie es geschehen könnte.«

»Vielleicht weiß Gott es«, sagte Joseph. Lucanus ging auf diese Bemerkung nicht ein. Er vermischte etwas von der Arznei in der Phiole mit Wein und hielt dem Kranken den Becher an die Lippen. Eleasar schluckte mühsam. Die mächtige Drüsenschwellung am Hals schien die gespannte, bleigraue Haut sprengen zu wollen. Lucanus spürte in der eigenen Kehle den Schmerz ebenso wie die Schluckbeschwerden; und plötzlich tat ihm der Kopf weh.

Eleasar begann: »Ich muß sprechen. Mir bleibt nur wenig Zeit. Ich habe immer auf Josephs Rat gehört, und er hat nie Unsinniges vorgeschlagen. Auch mir sagt eine innere Stimme, daß du, junger Arzt, mir helfen kannst. So höre denn!« Er hielt inne, wieder nach Atem ringend; und die Miene des jungen Griechen erstarrte vor Kummer über das jammervolle Rasseln.

»Vor zwei Jahren«, fuhr Eleasar keuchend fort, »hat mein geliebtes Weib Rebekka unserem ersten und einzigen Sohn das Leben geschenkt, hier in diesem Hause. Sie ist im Kindbett gestorben.« Seine entzündeten Augen füllten sich mit Tränen. Arieh, das ist Löwe, habe ich den Kleinen zubenannt, und er war mein Labsal, weil er wirklich einem jungen Löwen glich, so kräftig und schön war er. Ich hatte die innigste Freude an ihm; denn in ganz Israel gab es kein so hübsches Kind. Und ich habe meinen Sohn Gott geweiht.«

Er preßte die geschrumpften, fahlen Handflächen aneinander, in einer krampfhaften Geste qualvollen Kummers. »Meine Zeit ist bald um«, hauchte er. »Dina, weine nicht! Ich muß jetzt sprechen. Junger Arzt, ich habe keine Sklaven, nur freigelassene Männer und Frauen, die an mir und meiner Familie hängen. Eines Tages spielten zwei Kindermädchen mit Arieh, meinem Sohn, in dem ummauerten Hof und Garten, und ich hörte sein Kinderlachen bis in meine Bibliothek. Plötzlich aber verstummten die Stimmen, schwieg die Fröhlichkeit. Ich trat hinaus, um die Ursache festzustellen. Die Mädchen lagen zwischen den Blumen, blutüberströmt, mit eingeschlagenen Schädeln, und mein Sohn war verschwunden.«

Er unterbrach sich und schloß die Augen; die Qual der Erinnerung brach auf seinem Gesicht in großen Schweißperlen aus. Er machte eine schwache Gebärde und öffnete die Augen wieder. »Der Stadtpräfekt leitete eine Untersuchung ein. Hatte ich Feinde? Wer kann wissen, welche Feinde er unter seinen liebevollen Freunden hat? Ich habe mich stets bemüht, rechtschaffen zu sein, ehrenhaft in allen meinen Unternehmungen, und mir ist großer Wohlstand zuteil geworden. Hat das einen der Freunde mit Neid und Wut erfüllt? Mag sein. Gegen seine Feinde kann man sich schützen, nie aber gegen seine Freunde; denn die sind innerhalb der Umzäunung. Ungeachtet meines Widerspruchs ließ der Präfekt einige von meinen braven, armen Dienstleuten festnehmen und sogar foltern. Wie, so fragte er, war es möglich, daß zwei Morde hinter bewachten Mauern, in einem bewachten Garten begangen wurden und daß ein Kind entführt wurde, ohne daß ein Bedienter es rechtzeitig bemerkte? Aber der Gesindeaufseher hatte keinen Fremden gesehen. Die Torwächter hatten niemanden eingelassen.

War Bestechung im Spiel? Sehr möglich. Auf mein Drängen wurden meine Leute wieder aus dem Gefängnis entlassen; sie schworen mir, daß sie nichts mit der Sache zu tun hatten.«

Lucanus war tief empört über den ihm berichteten Vorfall. Er vergaß, daß Eleasar ein reicher Mann war, und fühlte dessen Schmerz mit.

»Das ist zwei Monate her«, fuhr Eleasar fort. »Mein Sohn Arieh ist erst zwei Jahre alt. Was hat man meinem Kinde angetan? Ist es tot? Liegt es in einer einsamen Wüstenei? Hat man es ertränkt? Mein Herz sagt mir anders. Ich weiß, daß mein Sohn lebt und daß seine Entführung eine wohldurchdachte, von Haß eingegebene Bosheit war. Wo ist der Freund, der einen Bedienten bestochen hat, zu töten und ein kleines Kind zu stehlen? Steht er manchmal hier an meinem Bett, murmelt Mitleidsbeteuerungen, trinkt meinen Wein, tröstet meine Tochter Dina und schwört meinen Feinden Rache? Sehr möglich. Meine Augen sind blind geworden von dem ewigen Forschen in den Mienen der Menschen. Wer ist dieser Freund? Er hat sich in den Mantel des Bösen gehüllt und ist deshalb unsichtbar.«

Eleasar hob die linke Hand und zeigte sie Lucanus. Der kleine Finger war seltsam verkrüppelt, im zweiten Gelenk scharf abgebogen, so daß er sich über den Ringfinger schob. »Dieser Finger ist das besondere Merkmal aller unserer männlichen Familienmitglieder«, erklärte der Kranke. »Auch mein Sohn Arieh hat ihn. Daran kann man ihn erkennen.«

Er verstummte, aber sein trauriger Blick blieb auf Lucanus geheftet:

»Du wirst meinen Sohn finden«, flüsterte er dann und lächelte leise. »Mein Herz sagt mir das. Es wird nicht morgen sein und vielleicht auch nicht in einem Jahr, sondern erst in zehn oder zwanzig Jahren. Doch du wirst ihn finden. Ich habe in allen Hauptstädten der Erde Plakate mit sehr hohen Belohnungen anschlagen lassen; aber noch hat sich kein Anhaltspunkt ergeben, obwohl Tausende und aber Tausende Spitzel und Diebe, Soldaten und Matrosen und Sklaven und Seeleute nachforschen, von wilder Geldgier angespornt. Überall werden kleinen Knaben, unübersehbaren Scharen kleiner Knaben, heimlich die Hände untersucht, in Hunderten von Dörfern und Marktflecken und Städten, auf Gassen und Straßen, in den Armenvierteln und in den Häusern der Mächtigen. Ich habe auf der ganzen Welt Freigelassene, die allen Gerüchten nachgehen und alle Meldungen überprüfen. Doch bis jetzt fehlt von meinem Sohn jede Spur.«

»Dann ist er höchstwahrscheinlich tot«, meinte Lucanus traurig.

»Nein«, widersprach Eleasar. Er legte die Hand auf die Brust. »Mein Herz sagt mir, daß er lebt. Vielleicht ist er irgendwo versteckt; aber bestimmt lebt er. Ich würde es wissen, wenn er tot wäre. Und darum wirst du ihn finden und nach Jerusalem bringen, damit er erbt, was ich ihm hinterlasse, mein Sohn mit dem verkrüppelten Finger, mein Sohn, der einem jungen Löwen gleicht.«

Lucanus schwieg, war aber von Mitleid erfüllt und von Groll gegen Gott. Jetzt wurde ihm klar, daß Eleasar an seinem quälenden Kummer starb.

»Du wirst meinen Sohn finden«, wiederholte der Kranke, und ein Lächeln zitternder Freude trat plötzlich in sein Gesicht. »Du wirst ihn zu seinem Volk und zu seiner Schwester und in die Mauern Jerusalems zurückführen.«

Lucanus empfand diese Zuversicht als anmaßend. Er öffnete den Mund zu einer Entgegnung, blieb aber still und wußte nicht warum. Schließlich sagte er, während Eleasar ihn ständig im Auge behielt: »Ich bin Arzt und werde stets inmitten der Armen sein, die keine Freunde und keine Tröster haben und keine Honorare zahlen können. Und ich werde deinen Sohn suchen. Das ist alles, was ich versprechen kann.«

»Das genügt«, flüsterte Eleasar und hielt seine bebende Hand dem Griechen hin, der sie nahm und die kalte Feuchtigkeit spürte. Bei der Berührung mit dem Finger des Arztes ging in Eleasar ein ganz merkwürdiger Wandel vor sich. Ein Ausdruck wunderbaren Friedens trat auf seine Züge. Die Schmerzen schienen geschwunden zu sein. Er schloß die Augen. Während Lucanus seine Hand hielt, wurde sein unregelmäßiges Atmen leiser, immer leiser. Und dann erlosch es ganz, und nur das schwache Lächeln in seinem Gesicht blieb, starr und gespenstig.

Mit herzzerreißendem Schluchzen sprang Dina auf und stand neben dem Bett. Tränen rollten ihr über die blassen Wangen. Sie faltete die Hände und erschauerte.

Joseph ben Gamliel sagte mit lauter, ehrfürchtiger Stimme: »Der Herr gibt, und der Herr nimmt. Gepriesen sei der Name des Herrn!«

»Gepriesen sei der Name des Herrn«, wiederholte Dina unter Tränen.

Lucanus legte die tote Hand liebevoll auf das Bett. Aber in seinem Herzen wütete beklemmender Schmerz. Mit wild funkelnden Augen blickte er Joseph an. Wie konnte ein weiser, gelehrter Mann den Namen des Todfeinds aller Menschen preisen? Er empfand Josephs Worte als feige und schwachmütig, als das Stammeln eines knechtseligen Sklaven, der ausgepeitscht wird. Er fühlte sich angewidert; ihn schwindelte vor Schmerz und Wut und Ekel. Er drehte sich um und verließ das Zimmer. Rasch durchschritt er die Säulenhalle und trat ins Freie.

XIX

Nachts allein durch die Straßen Alexandrias zu gehen war gefährlich, und Lucanus lockerte die Dolchklinge an seinem Gürtel. Er hatte keine Angst; er war im Ringen und im Faustkampf ausgebildet, er war groß und stark und hatte nicht weit nach Hause. Er behielt die Hand an dem Heft seines Dolches und schritt rasch aus, von verzehrendem Zorn und Mitleid erfüllt, die Kapuze seines weißen Überwurfs über den Kopf gezogen, das Gewand im eiligen Gehen bauschend.

Er näherte sich dem Stadtkern mit seinen gewundenen Gassen, mied Abfallhaufen, sah keine Passanten. Seine Nase war erfüllt mit den stinkenden, würzigen, wohlriechenden Ausdünstungen der Stadt; sein Herz und seine Seele waren von Gedanken voll in Anspruch genommen. An den Hausmauern staken in eisernen Ringen Fackeln und überrieselten die Gestalt des Wanderers mit aufflackerndem und erlöschendem rotem Licht. Groß und weißglühend zog der Mond über ihm durch Schichten silbrigen Feuers seine Bahn. Und so achtunggebietend und machtvoll war die Erscheinung des einsamen Wanderers, daß Gesichter, die aus Torbögen und Fluren verstohlen lugten, rasch zurückzuckten, wie vor dem Anblick eines schreitenden Gespenstes.

Lucanus merkte nichts von den fernen Rufen und Schreien, der Musik und dem Lachen, all den lärmenden Lebensäußerungen der ausgedörrten Stadt. Wessen er gewahr wurde, waren nur seine durcheinanderwirbelnden Gedanken, sein Kummer um Eleasar und die schöne, junge Dina, und sein Groll auf Gott, der in ewig wacher Rachsucht gegen die Menschen unaufhörlich ihr Vertrauen täuschte und sie mit Plagen heimsuchte. Er dachte an den Knaben Arieh, der seiner Überzeugung nach tot war, aus Bosheit und Haß ermordet. Und jetzt lehnte Lucanus sich zum erstenmal auch gegen das Böse in den Menschen auf, gegen ihre Grausamkeit und Erbarmungslosigkeit, gegen Gier und Neid, gegen Blutdurst und grenzenlose Herzensverhärtung, gegen alle den Mitmenschen angetanen Freveltaten. Hier war neben Gott ein anderer Feind: der Mensch selber.

In diesen entsetzlichen Augenblicken haßte Lucanus Gott und die Menschen zugleich; und ihn ekelte vor dem eigenen Dasein, dem eigenen Verweilen in dieser Menschenwelt. Die ganze Schöpfung war durch und durch böse; selbst die Sterne waren vom Fluch des Lebens befleckt. Vor den heißen Augen des jungen Griechen schwankte alles, vergröberte und verzerrte sich. Er war trunken von Zorn. Als ein Vorübergehender gegen ihn prallte, umklammerte er das Heft seines Dolches fester und stieß, zum erstenmal im Leben, einen wilden Fluch aus. Und der Mann floh schleunigst, erschrokken über den halb aus der Scheide gezogenen Dolch, über die mehr geahnte als erkannte, menschliches Maß übersteigende Wut, über das Funkeln von

Augen, die, trotz der bergenden Kapuze, ganz ungewöhnlichen Zorn verrieten.

Von den Sandalen des jungen Griechen hallte das Pflaster wie vom Schreiten eines Gottes. Ohne bewußt auf den Weg zu achten, außer daß er die Heimkehr durch Benützung von Seitenstraßen zu beschleunigen suchte, bog er in ein schmales, dunkles Gäßchen ein, das nur vom Glimmen einer einzigen Fackel an der Abzweigung und vom Schimmern des Mondes beleuchtet war. Große, dunkle Mauern ragten beiderseits der Gasse auf; und plötzlich wurde es sehr still, unheimlich still. Der einzige nahe Laut war das Glucksen von Schmutzwasser in der Gosse; der Gestank war ungeheuerlich. Lucanus ging weiter, mußte aber dann stehenbleiben. Vor ihm lag eine hohe Mauer; die Gasse endete blind. Er blickte um sich, auf die drohend aufragenden Umwallungen, die ihn wie eine Falle festhielten. Er war allein. Er sah nichts als die finsteren Massen unbeleuchteter Obergeschosse von Häusern jenseits der Mauern. Niemand sprach oder rief. Wie ausgestorben war es hier.

Ärgerlich erkannte Lucanus, daß er sich verlaufen hatte und die ganze Sackgasse zurückgehen mußte, um dann Ausschau zu halten. Wieder stieß er den gleichen niedrigen, heftigen Flucht aus. Vielleicht gab es in der Mauer vor ihm ein Tor, das ihm Zugang zu einem Hofe bot, von dem aus er eine andere, weniger gefahrdrohende Straße erreichen konnte! Er untersuchte den Wall, teils, soweit das Mondlicht er erlaubte, durch den Augenschein, teils mit Hilfe des feinen Tastsinns seiner Finger: überall nur rauher, rußiger Stein. Er tastete weiter. Schließlich fand seine Hand dort, wo die Quermauer an die eine Seitenbegrenzung der Gasse stieß, einen Türverschluß. Er betätigte ihn, und eine kleine, schmale Pforte öffnete sich.

Lucanus sah in einen kopfsteingepflasterten, runden Hof, umgeben von hochaufragenden Häusern, offenbar Mietskasernen, in denen ganz arme Leute hausten. Aber die Fenster waren alle unbeleuchtet und geschlossen, ebenso auch die Haustore. In der Mitte des Hofes stand ein runder Gemeinschaftsbrunnen aus dunklem Stein. Nirgends gab es Blumen; nirgends roch man Rosen- oder Jasmin- oder Lilienduft, nur den sauren, fauligen Geruch nach Armut, Angst und Tod. Im Mondlicht erkannte Lucanus, daß die armseligen Häuser den Hof lückenlos umschlossen, so daß man nicht zu einer anderen Gasse oder Straße durchdringen konnte. Er schloß die Tür wieder hinter sich und schlug den Rückweg durch die Sackgasse ein. Wiederum bedrückten die stinkenden Abwässer, die Stille, die dräuenden Mauern seine Sinne; und er hielt den Dolchgriff fest umklammert. An der Ausmündung der Sackgasse flackerte die ferne Fackel, rötlich und schwach.

Schon war Lucanus fast an diese Ecke gelangt, als er aus der dort querenden Straße das rasche Dröhnen noch unsichtbarer Füße näher kommen hörte. Das klang nach Flucht! Unwillkürlich erwachte in ihm der Selbsterhaltungstrieb. Er überlegte, daß die Fliehenden vielleicht verfolgte Diebe waren. Da bogen auch schon ein Mann und eine Frau um die Ecke und liefen auf ihn zu; ihre Füße waren sichtlich von Angst beflügelt, ihre Köpfe blickten über die Schultern zurück. In der tiefen Stille hörte Lucanus ihr keuchendes Atmen; er hörte, wie die Frau über die Steine stolperte.

Die beiden Flüchtlinge stießen fast mit Lucanus zusammen, ehe sie ihn bemerkten. Dann hielten sie mitten im Laufe inne und starrten den Fremden an. Im Mondlicht glitzerten ihre Augen wie die erschreckter Tiere. Wenn vor ihnen plötzlich ein Mensch aus dem Boden gewachsen wäre, hätten sie nicht entsetzter sein können. Dem Fremden war die Kapuze auf die Schultern geglitten, und der Mond hatte um seinen Kopf ein goldenes Feuer entzündet; sein Gesicht glich mit seinen festen, glatten Flächen einer Steinplastik. Der Mann und die Frau prallten zurück; an der hohen Gestalt vor ihnen war etwas, das ihnen den Atem benahm. Sie blickten Lucanus nur starr an.

Er sah die Jugendlichkeit der beiden und wußte sofort, daß es sich hier nicht um Übeltäter handelte, obwohl der Mann in flatternde Lumpen gehüllt war, barfuß, ohne Mantel, waffenlos. Die Frau schien gut, schlicht und schicklich gekleidet: ihr Gürtel war aus Silber; ein dunkel purpurrotes Gewand umhüllte sie; an ihren Ohren hingen Silberreifen, von einfachen Juwelen funkelnd; an ihren Armen klirrten Silberbänder, und ihre Füße waren beschuht.

»Was ist los?« fragte Lucanus rasch auf griechisch. Da die beiden nicht antworteten, wiederholte er die Frage auf ägyptisch.

Die Frau brach in wildes Schluchzen aus; dann warf sie sich vor Lucanus auf die Knie und faßte sein Gewand. »Hilf uns, Herr!« rief sie und begann leise zu wimmern. Der junge Mann stand abseits und konnte den Blick nicht von Lucanus lösen; aber er wich zurück und versuchte den Körper mit seinen Kleiderfetzen zu bedecken.

Nun hörte Lucanus die eiligen Schritte vieler Verfolger nahen und sah die roten Schatten bewegter Fackeln. Die junge Frau stöhnte auf und preßte unwillkürlich die Stirn an die Beine des jungen Griechen. Wieder flehte sie ihn um Hilfe an.

Der junge Mann aber sagte mit merkwürdig heiserer Stimme: »Asah, verlaß mich, und geh mit diesem Mann! Er wird dir zur Flucht verhelfen. Asah, geh zurück zu unseren Kindern!«

Die Frau stöhnte und schluchzte nur. Dann sagte sie: »Nein, ich bleibe bei dir. Ich will mit dir sterben.«

Die immer näher kommenden Schritte rüttelten Lucanus auf. Er riß die Frau hoch und sagte zu dem Mann: »Komm! Rasch!« Er faßte Asahs Hand und lief mit ihr zu der Abschlußmauer der Sackgasse zurück. Der Mann folgte. Lucanus fand die Pforte, öffnete sie, schob die Flüchtlinge hinein und sagte ruhig: »Bleibt hier! Ich werde die Verfolger ablenken.«

Zitternd standen sie einen Augenblick da und starrten den Fremden an, und wieder waren sie von seiner Erscheinung seltsam beeindruckt. Dann schloß sich die Tür, und sie blieben allein. »Er ist wie Osiris!« flüsterte Asah, ließ sich kraftlos auf den Brunnenrand nieder und verschränkte die Hände. Der Mann folgte ihr nicht, sondern zog sich zu einem der umgebenden Häuser zurück und schloß die Augen. »Hast du sein Gesicht gesehen?« fuhr die Frau fort und neigte den Kopf. »Still, Geliebte!« mahnte der Mann, ohne näher zu treten.

Lucanus schritt rasch die Sackgasse auswärts. Als jedoch zahlreiche Menschen, darunter Soldaten, an der Ausmündung auftauchten, unschlüssig innehielten und fluchend die Fackeln hoben, mäßigte er sein Tempo und ging ihnen gelassen entgegen. Sie bogen in die Sackgasse ein. Sie sahen ihn kommen und blieben stehen. Er bewegte sich würdevoll und selbstsicher, wie ein Edelmann, den Dolch in der Hand. Er blickte die schwitzenden, geharnischten Soldaten an und bediente sich ihnen gegenüber der achtunggebietenden Sprache Roms.

»Nach wem wird hier gefahndet?« fragte er geradewegs den Zenturio selbst. »Ich bin Lucanus, Sohn des Diodorus Cyrinus aus Rom und Arzt.«

Das Fackellicht fiel auf die finsteren Gesichter der rings andrängenden Volksmenge, und Lucanus sah in dem roten Feuerschein wilde Augen, geifernde Münder und geschwungene Keulen. Tiefes Schweigen sank über die Gruppe der Verfolger. Dann trat der Zenturio vor, hob grüßend die Hand und sagte, den jungen Mann erstaunt anblickend:

»Herr, wir suchen einen Mann und eine Frau, ein Ehepaar. Sie sind vor uns hergelaufen. Hast du sie gesehen?«

Lucanus überlegte; Lügen waren ihm fremd. Er antwortete: »Du siehst, daß ich allein bin. Übrigens ist das hier eine Sackgasse. Schau dort die Abschlußmauer! Ich bin auf dem Heimweg und habe mich vergangen. Ich wäre sehr dankbar, wenn einer der Soldaten mich begleiten könnte. In der Stadt ist es jetzt gefährlich.«

Er wollte nichts als die Soldaten und den um sie gescharten Pöbel von dieser Straße ablenken, so daß die beiden Flüchtlinge sich später in Sicherheit bringen könnten. Der Zenturio erwiderte: »Herr, einer meiner Männer wird dich begleiten. Wir aber müssen weitersuchen, bis wir die beiden finden.«

»Sind es Diebe?« fragte Lucanus. Er hielt den Atem an, so durchdringend rochen die Verfolger nach Schweiß und Gewalttätigkeit.

»Nein, Herr. Der Mann ist aussätzig.«

»Aussätzig?« Lucanus starrte den Sprecher an.

»Ja, Herr, ein gewisser Sira. Vor einigen Monaten wurde er aus der Welt in die Wüste vertrieben. Du weißt, ein Aussätziger verwirkt sein Leben, wenn er zurückkommt, nachdem er einmal verbannt worden ist und in einer

Höhle hat hausen müssen. Und heute haben einige seiner Nachbarn ihn dabei beobachtet, wie er durch ein Fenster seines Hauses, einige Straßen von hier entfernt, seine Frau und seine Kinder angestiert hat. Die Frau, Asah, wohnt bei ihren Eltern, und ihr Vater ist ein ziemlich vermögender Geschäftsmann. Die Nachbarn haben die Wache alarmiert. Als Arzt, Herr, verstehst du, daß ein zurückkommender Aussätziger nicht nur eine Gefahr für seine Mitmenschen bedeutet, sondern sterben muß, weil er gegen das Gesetz verstoßen hat.«

»Ja, das verstehe ich«, murmelte Lucanus. Seine Gedanken waren in wildem Aufruhr. Ihn schauderte. Aber plötzlich erfüllte ihn wieder inniges Mitleid und Traurigkeit; und er dachte daran, in welch üble Lage Sira geraten war, nur, weil er vor dem dauernden Einsiedlerdasein und dem Tode nochmals einen Blick auf Weib und Kinder werfen wollte.

Er fragte: »Wie konnte die Frau wissen, daß er am Fenster stand?«

Der Hauptmann gab bereitwillig Auskunft. »Sie hat gehört, wie die Nachbarn Lärm schlugen und nach der Wache riefen. Da ist sie aus dem Hause gelaufen; und als sie ihren Gatten entfliehen sah, lief sie mit ihm, weil sie wußte, daß er dem sofortigen Tod verfallen war.« Er zuckte die Achseln. »Weiber haben eben keinen Verstand, Herr.«

Nein, nur Liebe, dachte Lucanus.

Er steckte seinen Dolch wieder ein. Er wußte nicht, was er machen sollte; aber irgend etwas mußte er unternehmen. Er überlegte, daß Sira nur seine Familie hatte wiedersehen wollen. Offensichtlich war es ihm nicht darum zu tun gewesen, in der Stadt zu bleiben oder auch nur seine Frau von seiner Anwesenheit wissen zu lassen. Wenn also seine Nachbarn ihn nicht bemerkt hätten, wäre er ebenso still und stumm, wie er gekommen war, wieder gegangen, zurück zu seinem lebenden Tode, zu seinem Leiden in der Wüste. Diese Möglichkeit mußte ihm auch jetzt noch geboten werden, obwohl für einen Aussätzigen wahrscheinlich der Tod besser war als das Leben. Übrigens ging es da auch noch um seine Frau. Ihr mußte es erspart bleiben, Augenzeugin zu sein, wie der gemeine Pöbel über ihren Gatten herfiel und ihn niedermachte. Lucanus roch den Blutdurst dieser Menschen, ihr Verlangen, zu töten, zu zermalmen, zu zerschlagen, zu zertrampeln. Und diese Zerstörungswut war es, die bei ihm schließlich den Ausschlag gab.

Er sagte: »Die Sache ist sehr heikel, mein lieber Zenturio. Deshalb möchte ich dir keinen einzigen Mann entziehen. Als Arzt begreife ich die Schwere des Falles. Ich wohne nicht sehr weit von hier. Während wir hier herumstehen, entkommt euch der Kerl. Macht euch gleich wieder an die Verfolgung!«

Der Zenturio zögerte. Der Sohn des Diodorus Cyrinus war ein mächtiger, angesehener Mann, und überdies Arzt. Man sollte ihm Schutz gewähren. Aber Lucanus stand vor ihm, groß und jung und stark, und er trug eine

Waffe. Der Hauptmann lächelte und grüßte. Und die Soldaten samt ihrem Anhang machten kehrt und stürzten aus der Sackgasse hinaus, begleitet von den scharlachroten Bannern ihrer Fackeln. Bald waren sie außer Sicht.

Lucanus wartete, bis die Straße wieder still wurde. Trotz des Lärms war kein einziges Licht in den dunklen Fenstern, hoch über den Mauern, entzündet worden; kein einziger Mensch war aufgetaucht; kein einziges unsichtbares Tor hatte sich geöffnet. Das war hier eine düstere, unheimliche Gegend, und die Bewohner hielten sich wohlbedacht hinter Wänden und Mauern. Vorsichtig ging Lucanus zu der ihm schon bekannten Pforte zurück, blickte nochmals die ganze Straße entlang und trat wieder in den runden Hof.

Noch immer saß Asah weinend und trauernd auf der niedrigen Brunneneinfassung. In einiger Entfernung stand Sira, verbarg sich vor dem Mondlicht und beschwor mit gedämpfter Stimme seine Frau, ihren Tränen zu gebieten. Keiner von ihnen bemerkte Lucanus, der in dem tiefen, schwarzen Schatten an der nun wieder geschlossenen Tür stand.

»Ach, mein teurer Sira«, wehklagte die junge Frau, »wenn du nur nicht versucht hättest, die Aussätzigen zu heilen! Aber du warst ein so gutherziger, so menschenfreundlicher Arzt; du konntest nicht anders als sie betreuen und für sie in den Tempeln opfern. In deinem grenzenlosen Mitleid hast du sie vor den Behörden geheimgehalten. ›Sind sie nicht Menschen, Blut von meinem Blute, Brüder? Schlägt nicht mein Herz auch in ihnen?‹ So hast du gesagt, Teuerster. Aber Götter und Menschen sind grausam und ungerecht, und die schreckliche Krankheit ist von deinen Schützlingen auf dich übergegangen. Hast du auf Weib und Kinder Bedacht genommen? Nein. Du sagtest mir, der Arzt sei einem Größeren als wir geweiht, er habe den heiligen Eid geschworen, stets zum Heile der Kranken zu wirken und nie zu ihrem Verderben oder Schaden. Und zum Lohn dafür haben die Götter dich selbst mit dieser furchtbaren Geißel geschlagen und dich aus den Armen der Gattin vertrieben!«

Sira stöhnte. »Ich habe meinen Eid nicht verraten. Wenn die Götter mich verraten haben, so ist das ihr eigener Frevel.«

Die Frau hob ihr blasses, jugendliches Gesicht zum Mond; das dunkle Haar wallte ihr zerzaust auf die Schultern herab, und ihre Tränen wurden zu Quecksilbertropfen. »Ach ja«, murmelte sie, »es ist wahr: Manchmal sind die Menschen besser als ihre Götter. Hätte ich es über mich gebracht, dich von den Kranken fernzuhalten? Ich glaube nicht. Was kann ein Mensch anderes tun, als seine Pflicht erfüllen?« Sie erhob sich und ging auf ihren Gatten zu, ihm mitleidsvoll die Arme entgegenstreckend.

Er aber rief: »Unrein! Unrein!«

»Nicht für mich, nicht für mich, Sira! Ich bin dein Weib. Wohin du gehst, dorthin gehe auch ich. Wo du willst, dort will auch ich weilen. Was sind Kinder und Eltern für eine Frau, die ihren Gatten liebt? Nichts sind sie, nicht einmal Schemen, sobald sie die Stimme ihres Mannes hört. Wirst du in einer Höhle hausen? Dort werde auch ich sein. Wirst du das Brot der Mildtätigkeit essen? Ich werde das gleiche tun. Wenn du mit den Füchsen und den Adlern schläfst, will ich es auch tun, und dein Bett soll mein Bett sein. Denn für mich gibt es nichts auf der Welt außer dir. Nicht das Meer, nicht den Tod, keine blutbefleckte Hand eines Menschen und kein Haß der Götter sollen uns trennen.«

Sira streckte die Handflächen verzweifelt von sich, um die Frau fernzuhalten. »Ich beschwöre dich, Liebste, komm mir nicht nahe! Im Namen der Götter, bleibe mir vom Leib! Nein, du darfst nicht mit mir gehen, um auch als Aussätzige zu sterben, um eine Glocke zu läuten zur Warnung und Abschreckung der anderen, um zu verfaulen und zu verbluten und empfindungslos und blind zu werden und voll von Schwären. Ich habe deine Lieblichkeit und deine Schönheit bewundert. Soll ich mit dem Gedanken daran, was ich dir angetan habe, sterben?«

»Und soll ich sterben mit dem Gedanken, daß ich dich im Stich gelassen, meinen Schwur, nie von deiner Seite zu weichen, gebrochen habe?« Ihre Hände griffen nach ihm. Doch er preßte sich an die Mauer und schob sich zur Seite, daß es raschelte wie von einer davongleitenden Eidechse.

»Willst du mich den Folterqualen aussetzen, dein geliebtes Gesicht vom Aussatz entstellt zu sehen. Asah? Geh, ich bitte dich. Geh und vergiß mich! Ich bin den Toten zugesellt. Ich bin schon gestorben. Das verfaulende Etwas, das du siehst, ist nicht dein Gatte. Du bist jung. Heirate wieder, und bringe Kinder zur Welt. Und beweine mich, aber halte mich nicht lange in Erinnerung!«

»In meinem Herzen wird die Erinnerung für immer bleiben. Jage mich nicht von dir, Sira. Laß mich die Arme um dich schließen. Laß mich einmal wieder deine Lippen küssen!« Asah weinte, und ihr leises Klagen füllte den Hof mit jammervollem Widerhall. Sie ging langsam auf ihren Gatten zu, eine Verfolgerin, die vor Liebe und Hingabe zitterte.

»Nein!« rief Lucanus und trat aus dem Schatten. »Dein Gatte hat recht, du darfst ihn nicht berühren!«

Beim Klang seiner Stimme schraken Sira und Asah zusammen und blickten ihn stumm an. Sein Kopf hob sich von den breiten Schultern wie das Haupt eines Gottes, schön und in seiner Schönheit ehrfurchtgebietend. Asah stand, die Hand auf die Lippen gelegt, regungslos da. Sira starrte mit brennenden Augen aus der Finsternis. Lucanus ging zu ihm, nahm ihn an der Schulter, schob ihn ins Mondlicht und musterte ihn.

»Ich bin Arzt«, sagte Sira mit gebrochener Stimme, »ich habe Lepra.«

Daran war nicht zu zweifeln. Siras Züge hatten sich schon zu dem bezeichnenden Löwengesicht vergröbert. Bläulichrote und gelbbraune Hautflecken entstellten Kinn und Wangen; hier und dort, auf Stirn und Hals, zeigten sich Geschwüre, die wasserhelle Flüssigkeit und Eiter absonderten. Die heisere Stimme verriet, daß der Kehlkopf angegriffen war. Selbst die Hände bekundeten die Abscheulichkeit dieser Krankheit, und einige Finger waren schon brandig.

»Wie unbarmherzig doch die Götter sind!« klagte Asah, die zitternden Arme dem Gatten entgegenstreckend. »Mein Sira ist der gütigste, der hilfsbereiteste aller Menschen. Und jetzt muß er sterben, falls es ihm nicht gelingt, unerkannt aus der Stadt zu entkommen. Aber wenn er sterben muß, sterbe ich mit ihm, Herr.«

»Herr, führe sie weg von mir!« bat Sira. »Bringe sie in unser Haus. Wenn sie länger bleibt, ist sie bestimmt verloren.«

Lucanus fühlte sich von einer wahren Raserei des Grolles, der Verzweiflung, des Mitleids ergriffen. Mit seinen kräftigen Händen faßte er Siras Schultern, schloß die Augen und wandte sich stumm, aber voll Zorn an Gott:

›Oh, solche Qual hast Du diesem Mann geschickt, der nur Deine Opfer vor Deinem Haß in Sicherheit bringen wollte! Mußt Du immer wieder jene zu Boden strecken, die den Unglücklichen beistehen, die lauteren Sinnes sind, ohne Bosheit und Sünde? Muß stets Dein Lächeln den Arglistigen und ihren Kindern vorbehalten bleiben, und müssen Deine Segnungen stets auf die Schurken ausgegossen werden? Warum vernichtest Du uns nicht und läßt uns so den ewigen Frieden in einem lichtlosen Grabe finden, von barmherziger Nacht bedeckt, fern von Deinem rachsüchtigen Blick? Was haben wir getan, um uns Deinen Haß zu verdienen, den Haß eines Wesens, das nicht die Augen und die Glieder und das Blut der Menschen hat und nicht ihr Fleisch? Blutest Du wie ein Mensch? Zittert Dein Herz wie das Herz eines Menschen? Hast Du Schmerz erlitten, o Du, der Schmerz verhängt? Hast Du je geliebt wie ein Mensch? Hast Du einen Sohn gezeugt, den Du zu beweinen vermöchtest?‹

Sira und seine Frau standen reglos, wie versteinert, und lauschten angestrengt. Sie hörten keinen Ton, hatten aber die unbestimmte Empfindung, daß über diesem mondbeschienenen Hof, diesem stillen, übelriechenden Platz, etwas Ungeheuerliches aufklang. Sie sahen das verzerrte Gesicht des Fremden, seine geschlossenen Augen, seine halboffenen Lippen, zwischen denen die Zähne marmorgleich schimmerten.

Wieder wandte sich Lucanus, in der wilden Bitternis und Angst seines Herzens an Gott:

›Oh, wenn Du barmherzig wärest, dann würdest Du in Deiner Allmacht diesen Unglücklichen dort heilen und seiner Familie wiedergeben! Wenn Du nur die leiseste Regung menschlichen Mitleids verspürtest, würdest Du die Krankheit von ihm nehmen und ihn gesund machen. Bin ich großherziger als Du, barmherziger als Du? Ich schwöre Dir, bei allem, was mir heilig ist: Wenn es möglich wäre, würde ich statt seiner die Entstellungen dieses

Greuels auf mich nehmen und für immer in die Wüste fliehen, in dem Gefühl, daß ich einen Menschen und auch seine Familie gerettet habe.‹

Sira spürte die Hand des Fremden auf seinen mageren Schultern; und es schien ihm, als ginge von diesen umklammernden Fingern eine seltsame, unheimliche Kraft aus, wie ein kaltes, immer stärker aufloderndes Feuer. Diese Kraft durchdrang ihn, rüttelte an seinen Knochen, strich über sein Fleisch, krümmte seinen Rücken, sträubte ihm die Haare. Er war, als hätte der Blitz ihn getroffen. Er konnte weder atmen noch sich rühren. Er stemmte sich gegen die Hände des Fremden und sein Herzschlag dröhnte ihm in den Ohren wie mächtiger Paukenwirbel. Er dachte: Ich sterbe! Und das Mondlicht erlosch in seinen Augen und wich tiefem Schwarz.

›Ich bin nicht Gott!‹ rief Lucanus in seinem Herzen. ›Ich bin bloß ein Mensch. Darum habe ich Mitleid. Oh, sei Du barmherzig! Sei Du barmherzig!‹

Er zog Sira an seine Brust und hielt ihn fest; und Tränen liefen ihm über die Wangen und fielen auf die Stirn des Aussätzigen. Und Asah, die dunkel ein Geschehen ahnte, das menschliches Begreifen überstieg, sank dem Fremden zu Füßen und schmiegte den Kopf an ihn.

Lucanus fühlte jetzt, daß irgendeine ungeheure Wirksamkeit ihm entströmte wie Blut einer Wunde; und eine rätselhafte Schwäche ließ seinen Körper schwanken und beben. Sachte, mit zitternden Händen, schob er Sira von sich und seufzte auf.

»Nimm meinen Überwurf mit der Kapuze!« sagte er. »Verbirg dein Gesicht darin. Hier sind meine Sandalen.« Er bückte sich, streifte seine Sandalen ab und stellte sie neben Siras Füße. Hier mein Geldbeutel und mein Dolch! Niemand wird dich erkennen oder finden. Verlasse die Stadt, und kehre nie mehr zurück! Und wenn es einen Gott gibt, so befehle ich dich Seinem Schutze.«

Er legte den Überwurf um Siras Schultern und drückte dem Mann Geldbeutel und Dolch in die Hände. Und nun stand er vor den beiden barfuß und nur in seine gelbe Tunika gekleidet. Und sie starrten ihn an und konnten nicht sprechen vor Staunen und Dankbarkeit. Und es schien ihnen, dieser Jüngling müßte die Göttin Isis selbst zur Mutter haben.

Er wandte sich, öffnete die Tür und trat auf die stinkende Straße. Die Steine schnitten ihn in die Füße, und er spürte nicht den Schmerz. Blind vor Tränen taumelte er davon, in Kummer und Sorge versunken.

Lange konnten Sira und Asah sich nicht bewegen, kein Wort sprechen. Wie Statuen ihrer selbst standen sie im Mondlicht, zur Fühllosigkeit erstarrt. Dann kam Asah wieder mit ausgestreckten Armen auf ihren Gatten zu, und wieder hielt er sie ab. »Unrein!« murmelte er und zeigte ihr deutlich Gesicht und Hände im Licht.

Asah stieß einen lauten, durchdringenden Schrei aus; dann fiel sie bewußtlos zu Boden, wie von einem Fausthieb gefällt. Und Sira blickte auf seine Arme und sah, daß sie gesund und rein und makellos waren. Wie betäubt drehte er sie um und beschaute sie; und es war kein Fleck an ihnen. Er führte die Hände an Wangen und Stirn; und sie waren so glatt wie die Haut eines Kindes, und warm und empfindungsfähig.

Er blickte nach der geschlossenen Tür, durch die Lucanus verschwunden war. Er sank neben seiner ohnmächtigen Frau auf die Knie und hob die Hände zum Gebet.

»Oh, Vielgesegneter!« murmelte er. »Oh, welche Heimsuchung und welche Fügung!«

XX

Bestürzt richtete Kusa seinen Blick auf Lucanus. »Das kann doch nicht sein, Herr!« rief er und stützte den Kopf in die Hände. Sein schelmisches Satyrgesicht mit den dicken Wangen und dem kleinen schütteren Bart, den schalkhaften Augen und der frechen Nase war vor Schreck ganz weiß geworden.

»Verzeih mir«, sagte Lucanus geduldig. »Ich habe versucht, es dir zu erklären. In Rom, das von modernen Heilstätten wimmelt, braucht man nicht noch einen weiteren Amtsarzt. Ja, ich weiß: die Stadtverordneten haben mich, auf Betreiben unseres verehrten Tribunen, huldvoll angestellt, und noch dazu mit einem ansehnlichen Gehalt. Aber muß ein Arzt nicht dorthin gehen, wo man ihn am dringendsten braucht? So hat es Hippokrates gefordert, und den von ihm abgefaßten Eid habe ich geschworen. Mein Platz ist bei den Armen, bei den Unterdrückten und den Verlassenen, den Sterbenden und den unheilbar Kranken, für die in den Städten am Großen Meer nicht vorgesorgt ist. Ich werde die völlig Besitzlosen und die Sklaven betreuen, und ich werde keine Honorare verlangen, außer von einem reichen Sklavenhalter. Ich werde in die Gefängnisse und auf die Schiffe gehen, in die Bergwerke und die Elendsviertel, in die Häfen und in die Armenhäuser. Dahin ruft es mich. Und diesem Ruf kann ich mich nicht entziehen.«

»Ja, warum denn nicht?« fragte Kusa ungläubig.

Lucanus saß auf seinem Bett in der kahlen, weißgetüchten Stube, wo er schlief und studierte; er hielt den Blick auf seine langen, blassen Hände geheftet. »Ich habe es dir schon gesagt«, erklärte er. »Ich muß dorthin gehen, wo man mich braucht.«

Kusa wiegte den Kopf in den Händen. War Lucanus verrückt? Hatten die rotgegürteten Erinnyen seinen Geist verwirrt? Hatte Hekate ihn heimlich in der Nacht besucht? Bei allen Göttern, das war völlig unverständlich, das durfte man nicht zulassen! Kusa sprach vernünftig und ruhig, wie man zu einem Geistesgestörten redet.

»Herr, gebraucht wirst du von deiner Familie. Dein Adoptivvater ist stolz auf dich, er, der achtunggebietendste unter den Römern. Deine Mutter hat dich jahrelang nicht gesehen; deine Geschwister kennen dich überhaupt nicht. Wie steht Diodorus da, wenn sein Adoptivsohn ein Herumstreifer wird, der den Abschaum der Menschheit in lasterhaften Barbarenstädten, in Gassen und Gossen, betreut? Das paßt für einen Arzt aus dem Sklavenstande, aber nicht für den Sohn des Diodorus Cyrinus. Was wirst du dem Tribunen sagen, was deiner Mutter?«

Lucanus schüttelte den Kopf. »Ich habe nicht die Worte, die dir eingehen würden, Kusa, oder die den Nebel deiner Enttäuschung wegblasen könnten. Genug davon. Du und deine Familie werden morgen mit mir die Reise nach

Rom und auf das Landgut meines Vaters antreten. Dort wirst du glücklich sein.« Er lächelte seinem alten Lehrer liebevoll zu.

»Mein Mangel an Verständnis ist harmlos, verglichen mit dem Mangel an Verständnis, den Diodorus zeigen wird, Herr.«

»Ich weiß.« Lucanus runzelte die Stirn. Dann, beim Gedanken an den kämpferischen Römer, mußte er lächeln. »Aber was sein muß, muß sein.«

»Du kennst die Entbehrungen nicht, Herr! Wenn du als bettelarmer Arzt von Hafen zu Hafen abenteuerst, dann wirst du – Diodorus gedenkt ja bestimmt nicht, dich unter solchen Umständen mit seinem wohlgehüteten Geld zu unterstützen – bald daraufkommen, was es heißt, hungrig und schmutzig und heimatlos und in Lumpen gehüllt zu sein. Daran wirst du keinen besonderen Spaß haben, Lucanus, du, den man bisher sorgfältig gefüttert und gehegt und gepflegt und in feines Leinen oder warme Wolle gekleidet hat. Lucanus, setz mich doch ins Bild! Was soll dieser Wahnsinn? Was ist denn ein Sklave oder ein Bettler oder ein Verbrecher? Das sind doch keine richtigen Menschen. Da wäre es besser, du behandelst die Hunde und andere Haustiere der reichen Kaufleute und Patrizier in Rom! Das würde dem Diodorus weniger Schmach und Schande bringen.«

Lucanus dachte nach. Wie konnte er zu seinem Betreuer sagen: ›Ich muß die Gequälten von ihrem göttlichen Feind befreien?‹ Der Arme würde ihn endgültig für übergeschnappt halten.

Kusa musterte seinen Schüler mit zusammengekniffenen Augen. Dann brach er los: »Da steckt dieser verdammte Joseph ben Gamliel dahinter! Ich habe ihn zufällig im Garten mit dir reden hören. Herr, die Juden sind unbegreiflich, mit ihrem barmherzigen Gott und seinen Geboten und seinen lächerlichen Gesetzen für das gesittete Betragen zwischen Mensch und Mensch. Alles nur Aberglaube, ein kläglicher Aberglaube, der bloß das Leben verdüstert! Hast du schon einen Juden mit fröhlicher Miene gesehen? Hast du in einem jüdischen Haus Lachen und Tanzmusik gehört, mit römischer Festesfreude und römischer Hingabe? Nein, solche Dinge ziemen sich nur für einen barbarischen Heiden! Nicht, als würde ich«, betonte Kusa, »meinen, die Römer hätten vor den Barbaren viel voraus! Aber wenigstens sind sie Wesen mit Fleisch und Blut und haben, trotz ihrer wölfischen Amme, gebührende Hochachtung für die geistigen Werte Griechenlands. Die Römer sind Realisten. Die Juden schlagen sich mit phantastischem Aberglauben herum. Sie schwärmen von Freiheit, was an sich schon töricht ist. Sie muten ihrem Gott das Unmögliche zu. Dabei weiß doch jeder vernünftige Mensch, daß die Götter sich nie auf unmögliche Dinge einlassen, und erwartet sich schon keine Wunderdinge von ihnen.«

Zornig erwiderte Lucanus: »Ich glaube nicht, daß Gott barmherzig und gütig ist! Ich glaube nicht, was Joseph ben Gamliel mir von Gott erzählt!

Spare dir deine Worte, Kusa. Ich muß gehen und noch meinen Lehrern auf der Hochschule Lebewohl sagen.«

Gekränkt, verletzt und völlig verwirrt, begriff Kusa, daß er sich zurückziehen mußte, und ging zu seiner Frau. Kalliope hörte ihn an, während sie ihr Kind säugte. Sie schürzte nachdenklich die Lippen; dann zuckte sie die Achseln. »Ich war immer überzeugt, daß Lucanus ein Sonderling ist«, sagte sie.

Der Abschied von Alexandria fiel dem jungen Lucanus nicht schwer. Seit Rubrias Tod hatte er sich nirgends auf Erden heimisch gefühlt, nirgendshin Sehnsucht gehabt; nicht einmal das Bedürfnis, zu reisen wie ein reicher, junger Mann, empfand er. Die Welt war für ihn ein Totenhaus, voll von Klagelauten; und keine Schönheit eines Bauwerks, keine Musik vermochte seinen Kummer zu lindern.

In der vergangenen Nacht hatte er von Dina bas Eleasar geträumt, von Dina, deren Vater gestern bestattet worden war. Ein ganz verworrener Traum. Sie war durch eine Blumenwiese auf ihn zugelaufen, liebevoll lächelnd. Und als sie vor ihm stand, war ihr Gesicht das Rubrias, schimmernd wie im Frühlingssonnenschein. Das dunkle Haar fiel ihr von der weißen Stirn zurück; und Lucanus sah die entzückte Miene, voll Wonne und Freude. Und dann sah er das Violett ihrer Augen, und Schmerz überkam ihn. Im Traum hatte er sie – warum, wußte er jetzt nicht mehr – gefragt: »Rubria?« Und sie antwortete mit ihrer süßen Stimme: »Liebe!« Er schüttelte den Kopf. »Für Liebe ist in meinem Leben kein Platz. Ich werde nicht mehr lieben. Liebe ist eine Schlange am Herzen, von schmerzhaftem Gift strotzend.« Da zog sie sich von ihm zurück, blickte aber bis zuletzt traurig sein Gesicht an, forschend, entsagend. Dann wuchsen die Blumen hoch empor und verbargen sie ihm. In diesem Augenblick hatte ihn sein alter Gram in voller Stärke wieder erfaßt, und mit einem Aufschrei war er erwacht.

Er entsann sich der Einzelheiten seines Traums, während er in seine große lederne Arzttasche seine wertvollen chirurgischen Instrumente verpackte: Geburtszange, Skalpelle, Knochensägen, Sonden, Spritzen, Schädelbohrer. Jedes Stück, aus bestem Schmiedeeisen mit größter Sorgfalt gefertigt, mußte zum Schutz gegen Rost in ein mit Olivenöl getränktes Wolltuch gewickelt werden. Es gab auch ältere Instrumente, aus Kupfer oder Bronze, unhandlicher. Auch sie wurden, jedes in seiner besonderen Hülle, in die Tasche gelegt. Dann packte Lucanus seine kostbaren medizinischen Bücher ein, eine Anzahl von Wundbinden in einem seidenen Behälter und einige Phiolen mit besonderen orientalischen Arzneien. Um seine persönlichen Habseligkeiten, deren es wenige gab, bekümmerte sich Kusa. Lucanus musterte diese Dinge und überlegte, was er davon den Armen und Mittellosen in der Krankenstube der medizinischen Schule schenken könnte. Aus einem Gewand fiel ein kleiner Beutel mit lautem Krach zu Boden; Lucanus hob das Säckchen auf und öffnete es. In seiner Hand lag das goldene Kreuz, das Keptah einst Rubria gegeben hatte; die goldene Kette glitzerte.

Lucanus spürte ein plötzliches Aufwallen von Verzweiflung. Am liebsten hätte er das Kreuz weit weggeworfen, um es nicht mehr zu sehen. Aber Rubria hatte es im Augenblick des Todes ihm in die Hand gedrückt. Er wußte gar nicht mehr, daß er es mitgenommen hatte; er hatte es vergessen. Jetzt hauchte er das Gold an und rieb es mit dem Ärmel, bis es glänzte. Im Gedanken an Rubria von neuem Schmerz erfaßt, küßte er das Sinnbild der Schmach, schob es wieder in den Beutel und legte ihn in seine Arzttasche. Und wieder dachte er an Dina, die schöne, junge Dina mit ihrer anmutigen, eben erst zur Fraulichkeit knospenden Gestalt, dem weißen Hals und den lieblichen, arglosen Augen. Eilends, fast fluchtartig, verließ er das Zimmer und ging zur Hochschule.

Seine Lehrer nahmen liebreichen Abschied von ihm. Alle schenkten ihm Amulette, sogar die skeptischen griechischen Ärzte; und alle bedauerten seine Abreise, und alle wünschten ihm Glück. »Denke daran, lieber Lucanus«, sagte einer der Griechen, »daß die Heilkunde immer mit dem Priesteramt verbunden war. Ihr Gebiet erstreckt sich über den Körper hinaus. Ein Arzt muß auch die Seelen seiner Patienten behandeln, und in letzter Linie hängt sein Heilerfolg von dem göttlichen Arzt ab.« Lucanus wunderte sich über eine solche Feststellung aus dem Munde eines dieser überaus klardenkenden Griechen. Aber der Mann betrachtete ihn ernst, küßte ihn dann auf beide Wangen und sagte: »Deinetwegen mache ich mir keine Sorgen.«

Nur einem seiner Lehrer wäre Lucanus gern ausgewichen. Aber Joseph ben Gamliel wartete ihn ab und zog ihn mit sich, in seine Bibliothek in der Stoa, einen kleinen, kühlen, streng und schlicht eingerichteten Raum.

»Wir werden uns nicht mehr sehen«, sagte der jüdische Lehrer traurig, während er Lucanus mit seinen großen, leuchtenden Augen anblickte. »Niemals mehr. Das ist ein Abschied für immer.«

»Das kannst du doch nicht wissen«, meinte Lucanus.

»Oh, ich weiß es.« Eine Weile schwieg Joseph. Er wandte das Profil seines bärtigen Kopfes Lucanus zu; das durch ein kleines Fenster dringende heiße, klare Licht traf seine Züge, lieh ihnen einen geheimnisvollen Glanz und veränderte sie. »Ich muß dir etwas erzählen«, sagte Joseph.

Lucanus lächelte ungeduldig. »Ich habe festgestellt, daß die Juden immer eine Geschichte bereit haben«, scherzte er. »Bei euch ist alles ein Gedicht oder ein Gleichnis, eine Unterstellung oder dunkle Andeutung, oder es wird in die Form einer Frage gekleidet. Das Leben ist so kurz. Warum tun die jüdischen Gelehrten, als gäbe es den Zeitbegriff nicht? Und als hätte man für die Erörterung eines Problems die ganze Ewigkeit zur Verfügung?«

»Aus einem einfachen Grunde«, erklärte Joseph. »Weil es nämlich den

Zeitbegriff wirklich nicht gibt und weil man für Erörterungen wirklich eine Ewigkeit zur Verfügung hat. Glaubst du noch immer, armer Lucanus, daß die Menschenseele durch Zeit oder äußeres Geschehen begrenzt wird?« Er wandte sich zu dem Griechen; und wieder änderte sich sein Gesicht, wurde sehr fremdartig und unendlich traurig. Lucanus mußte an die alten Propheten denken, von denen er durch die Juden in Antiochia und durch Joseph in Alexandria gehört hatte.

»Du wirst dich erinnern, daß ich dir von dem Messias gesprochen habe, auf dessen Ankunft die Juden hoffen«, sagte Joseph. »Er wird sein Volk Israel befreien. So hat es Gott verheißen. Abraham, der Vater der Gläubigen, ein Babylonier aus der alten Stadt Ur, hat uns diese Frohkunde gebracht. Du hast die prophetischen Worte unserer heiligen Schriften über den Messias gelesen. Er wird ein Mann der Schmerzen heißen. Der Schlange wird er den Kopf zertreten. Der Mensch wird von Übel und Leiden befreit werden, und der Tod wird nicht mehr sein. Durch seine Wunden werden wir erlöst.«

»Ja«, sagte Lucanus mit wachsender Ungeduld, während Joseph ihn fest anblickte. »Ich kenne die jüdischen Schriften. Ich weiß von den Messiasverheißungen. Aber was gehen diese Dinge mich an? Alle Völker haben ihre Mythen und ihre Götter. Was bedeutet ein jüdischer Gott für die Nichtjuden?«

»Es gibt nur einen Gott«, erklärte Joseph. »Er ist der Vater aller Menschen. Dachtest du, der Messias würde nur zu den Juden kommen? Sie sind ein Volk der Propheten, und so versteht man, warum die Weissagung ihnen gegeben wurde. Auch die Gesetzestafeln hat Moses ihnen überbracht. Diese Gebote entscheiden über Leben und Tod des Menschen. Das mußten die Heiden schon erfahren, durch den Aufstieg und den blutigen Zerfall ihrer Reiche, durch Schutt und Asche von Jahrhunderten. Du wirst dich erinnern, Lucanus, daß messianische Weissagungen in alle Religionen der Erde gesickert sind, und nicht nur in den heiligen Schriften der Juden stehen. Gott hat alle Menschen an allen Orten mit der unbestimmten Ahnung beschenkt, daß ein Erlöser in die Welt treten wird. Die Seele hat Erkenntnisquellen, die sich dem unfruchtbaren Klügeln des Verstandes nicht erschließen. Die Menschenseele hat ebenso ihre Instinkte wie das Tier.«

Lucanus erwiderte nichts. Seine Ungeduld wurde immer heftiger. Er fingerte an der goldenen Kette, die ihm um den Hals hing; dabei entsann er sich, daß er im letzten Augenblick Keptahs Kreuz aus dem Beutel genommen und sich umgehängt hatte. Jetzt glitt das Kreuz über seine Tunika. Joseph sah es, und mächtige Erregung durchzuckte sein Gesicht. Aber in ruhigem Tone sprach er weiter.

»Vor dreizehn Jahren, Lucanus, war ich Lehrer des heiligen Gesetzes in Jerusalem. In einer kalten Winternacht gebar mein Weib einen Sohn.

Es war eine sehr merkwürdige Nacht: ein großer Stern war plötzlich am Himmel aufgetaucht, stand einige Stunden still und wanderte dann über das Firmament. Unsere Astronomen waren sehr aufgeregt. Sie nannten die Erscheinung einen Neuen Stern und weissagten, sie künde gewaltige Geschehnisse an. Ich erinnere mich dieser Nacht genau. Unser König war zu jener Zeit Herodes, ein böser Mensch. Damals verbreitete sich in der Hauptstadt das Gerücht, in dem kleinen Flecken Bethlehem sei der König der Juden zur Welt gekommen. Die Nachricht war von bescheidenen, einfachen Leuten nach Jerusalem gebracht worden, unter anderem von Hirten, die eine überaus seltsame Geschichte zu erzählen wußten. Als sie ihre Schafe auf den Hügeln weideten, seien ihnen himmlische Heerscharen erschienen und hätten ihnen eine sehr frohe Botschaft verkündet. Da Herrscher immer mißtrauisch sind, haben sie tausend Ohren. Und so erfuhr auch König Herodes von dieser Geschichte, dem Bericht unwissender, namenloser Hirten. In seiner Angst um den eigenen Thron befahl er sofort, alle kürzlich geborenen männlichen Kinder zu töten.«

Joseph hielt inne. Gegen seinen Willen hörte Lucanus wie gebannt zu. Plötzlich fiel ihm jener große Stern ein, den er als Kind in Antiochia gesehen hatte; und sein Herz klopfte laut und bange.

Joseph sagte schlicht: »Unter den von Herodes hingeschlachteten Kindern befand sich auch mein Sohn. Meine Frau ist an gebrochenem Herzen gestorben.«

Lucanus war sofort voll Mitgefühl und schämte sich seiner Ungeduld, noch mehr aber der heftigen, zornigen Bemerkungen, mit denen er früher oft Joseph bedacht hatte. Sein Lehrer kannte also Tod und Kummer und bitteren Schmerz! Und er, Lucanus, hatte ihm vorgeworfen, solche Dinge nie erfahren zu haben. Mitleidsvoll betrachtete er Joseph und sagte: »Wegen dieser sinnlosen Metzelei mußt du wohl nicht nur Herodes, sondern auch Gott oft gehaßt haben!«

Joseph schüttelte den Kopf und lächelte leise. »Nein. Wie kann ein verständiger Mensch Gott hassen? Derart unbedachten Gefühlsäußerungen geben sich nur Kinder hin.«

Er schwieg so lange, daß Lucanus sich vergessen wähnte. Dann blickte er durch das Fenster in die Ferne und fuhr fort, noch gelassener:

»Zum letzten Passahfest habe ich meine alte Heimatstadt Jerusalem wieder besucht. In der Stadt wimmelte es von Pilgern aus Galiläa und Judäa. In einem Innenhof des Tempels führte ich ein Gespräch mit meinen Freunden, Gelehrten und Ausdeutern der heiligen Schriften. Es war ein herrlicher Frühlingstag, voll Blütenduft und schweren Wohlgerüchen von Weihrauch und Gewürzen. Der Himmel schimmerte perlfarben, und die Stadt war überflutet von Licht, erfüllt von Gesang und Freudenrufen. Nie habe ich einen so schönen, ruhigen Tag gesehen. Die Leute waren frohgemut, weil

Gott sie wiederum aus dem Land der Ägypter in die Freiheit geführt hatte; sie vergaßen Cäsar und Herodes. Überall tönten Zimbeln und Trompeten. Die Stadt prangte in bunten Fahnen, und der Tempel schwebte vor dem Himmel wie ein leuchtendes Juwel. Ich war Witwer mit nur einem Kinde, einer in Alexandria verheirateten Tochter; aber seit dreizehn Jahren empfand ich zum erstenmal Freude, und erwartungsvoll schlug mein Herz höher.«

Er hielt inne. Er verschränkte die beherrschten Hände, hob das Gesicht und lächelte verträumt.

»Römische Soldaten füllten die Straßen. Auch sie spürten die außergewöhnliche Herrlichkeit des Frühlingstages. Da sie Fremde in einem fremdartigen, sie hassenden Lande waren, blieb ihnen nur eine einzige Möglichkeit, ihre Freude zu äußern. Die armen Jungen! Sie hätten wohl gern an der allgemeinen Fröhlichkeit teilgenommen; aber die Juden wollten an ihrem Feiertag nichts mit ihnen zu tun haben. So betranken sich die Soldaten und marschierten grölend durch die Stadt. Es ist traurig, wenn jemand von seinen Mitmenschen zurückgewiesen wird; und mir taten diese Römer leid.

Wir haben Tempelwächter, die das Betreten der inneren Höfe durch Unberufene verhindern sollen. Wo war an jenem Tage der Wächter? Ich weiß es nicht. Aber plötzlich teilten sich die Vorhänge, und in den Hof trat ein Knabe, ein hochgewachsener, sehr hübscher Knabe, mit dem rauhen, gelblichen Gewand der einfachen Leute bekleidet. Seine Füße waren sonngebräunt und nackt. Die Sonne hatte ihm auch die helle Gesichtshaut verbrannt und die leichten, auf die Schultern herabfallenden Locken gebleicht. Seine Augen waren blau wie der Sommerhimmel; und er sah stattlich, achtunggebietend aus. Nun lächelte er uns an, nicht wie ein Knabe, der eben erst die Glaubensmündigkeit erreicht hat und sich deshalb in der Welt der Erwachsenen noch befangen fühlt. Sein Lächeln war das eines Mannes; und er benahm sich völlig ungezwungen, wie ein Mann unter seinesgleichen, wie ein Gelehrter und Weiser unter Gelehrten und Weisen.

Wir waren sehr erstaunt. Einige machten finstere Mienen. Was suchte der Knabe in unserem abgeschlossenen, nur der Weisheit und dem Streitgespräch vorbehaltenen Hof? Wo steckte der Wächter? Der Eindringling war ja offensichtlich ein Bauernjunge! Später wunderten sie sich darüber, daß sie ihn nicht sofort hinausgewiesen hatten. Ich aber mußte bei seinem Anblick an meinen Sohn denken, der jetzt auch etwa so alt gewesen wäre wie dieser Knabe. Ich sagte zu ihm: ›Kind, was tust du hier? Wo sind deine Eltern?‹ Und er entgegnete mit seinem ernsten Lächeln und in dem schweren Tonfall der armen, ungebildeten Galiläer: ›Ich bin gekommen, um hier Fragen zu stellen und Fragen zu beantworten, Herr.‹«

Lucanus verspürte ein Kribbeln auf Gesicht und Kopfhaut. Dann sprang er plötzlich auf und wollte davonstürzen. Aber Joseph schien es nicht zu bemerken und fuhr fort, mit der gleichen entrückten, traumhaften Stimme:

»Er sah so vornehm aus wie ein König, dieser galiläische Bauernbursche mit seinen Arbeitshänden, den bloßen Füßen und dem erhobenen Kopf. Ich glaube, dieses würdige Auftreten hielt die Weisen und Gelehrten davon ab, ihn erbost wegzuschicken. Ansonsten genießen die Galiläer bei uns kein besonderes Ansehen. Sie sind Hirten und Taglöhner, ihre Sprache ist ohne jede Verfeinerung. Aber dieser Knabe war wie ein König.

Er setzte sich in unsere Mitte, und er sprach mit uns. Und bald staunten wir über seine Einsicht und seine Antworten. Trotz seines galiläischen Tonfalls sprach er wie jemand, der sehr belesen ist und dessen Meinungen Gewicht haben. Er schlug uns ganz in seinen Bann. Wir stellten die schwierigsten, kniffligsten Fragen, und er beantwortete sie mit einfachen Worten. Es war, als würde in einem finsteren, mit schwerverständlichen, gelehrten Büchern vollgestopften Raum plötzlich ein Licht entzündet. Und dabei war er fast noch ein Kind, dieser Bauernjunge aus den kahlen, heißen Bergen Galiläas, wo es weder Schriftgelehrte noch sonst gebildete Männer gibt.

Und ich fragte ihn: ›Kind, wer ist dein Lehrer?‹ Da lächelte er mir mit einem Lächeln, strahlend wie die Sonne, zu, und erwiderte nichts. In diesem Augenblick wurde der Vorhang aufgerissen. Ein derber, bärtiger Mann und eine schöne junge Frau, beide bäuerlich gekleidet, stürzten in den Hof.«

Wieder hielt Joseph inne. Er lächelte, und sein Lächeln war wie ein Widerschein ferner Glückseligkeit. Langsam setzte Lucanus sich. Er sagte zu sich selbst: Ich darf das nicht anhören! Das ist glatter Unsinn! Aber er lauschte und wartete darauf, daß Joseph weitersprechen sollte.

»Nie werde ich diese junge Frau vergessen, Lucanus. Sie hatte das Gesicht eines Engels, unbeschreiblich leuchtend. Vom ersten Augenblick an hat mir damals dieses Gesicht den Atem benommen, wie es sich über die in billigen, verwaschenen Stoff gehüllten Schultern hob. Sie trug ein blaues Tuch auf dem Kopf, ich sah ihr schimmerndes Haar und ihre reine Stirn. Wie könnte ich diese Frau beschreiben? Keine Sprache hat Worte dafür. Sie mußte etwa siebenundzwanzig Jahre alt gewesen sein, war also auch für eine Frau noch in der Vollreife. Sie schien gleichzeitig so alt wie Eva und so jung wie der Frühling. Vergangenheit und Zukunft flossen ineinander; diese Frau war zeitlos, ohne bestimmtes Alter. Ich wußte, daß sie die Mutter des Knaben war, weil sie in ihrem Gebaren einer Königin glich.

Der bärtige Bauer sprach nichts; aber man sah ihm den ausgestandenen Schreck an. Er blieb bei dem Vorhang stehen, während die Frau auf ihren Sohn zuging. Der Knabe wandte den Kopf und blickte sie an. Und sie sagte zu ihm: ›Kind, weshalb bist du hier zurückgeblieben und nicht mit uns nach Hause gegangen? Niemand wußte etwas von dir. Warum hast du uns das getan? Siehe, dein Vater und ich haben dich mit Schmerzen gesucht.‹

Der Knabe antwortete zunächst nicht. Dann sagte er sehr freundlich:

›Warum habt ihr mich gesucht? Wußtet ihr nicht, daß ich in dem sein muß, was meines Vaters ist?‹ Und seine Augen strahlten sie voll inniger Liebe an.«

Joseph verfiel in Schweigen. Lucanus wartete. Schließlich fragte er ungeduldig: »Ist das alles?«

Lucanus biß sich auf die Lippe. »Du hast gar nichts deutlich gemacht, Joseph ben Gamliel. Wer war dieser Knabe?«

Joseph erhob sich; Lucanus tat desgleichen. Der Lehrer legte ihm eine Hand auf die Schulter und sah ihn mit durchdringendem Blick an. »Darauf mußt du selbst kommen, Lucanus.«

Mit plötzlicher Traurigkeit lächelte er dem jungen Manne zu. »In unseren Schriften heißt es, Gott kämpfe nicht dauernd gegen den Menschen.« Er zögerte. »Wenn also Gott gegen einen Menschen kämpft, so tut er das zu sehr heiligen, geheimnisvollen Zwecken. Und diese Zwecke bleiben manchmal dem Menschen bis zur Sterbestunde verborgen. In deinem Falle, Lucanus, glaube ich nicht, daß der Zweck dir für immer verborgen bleiben wird.« Segnend hob er die Hände. »Geh in Frieden, mein Schüler, du geliebter, hochgeschätzter Arzt!«

XXI

Erst als Lucanus im Hafen von Alexandria auf Deck des Schiffes stand und die grellbunte, lärmende Stadt gegen den strahlend blauen Himmel abgezeichnet sah, durchzuckte unversehens ein Trennungsschmerz den Abreisenden. Er ließ die Augen über die Stadt schweifen; und plötzlich wunderte er sich, wohin die Jahre geraten waren und warum er bisher nie wirkliche Zuneigung für seine Gefährten und seine Lehrer empfunden hatte und warum die Zeit ihm wie ein verworrener Traum erschien. Er hatte seinen Lehrern schöne Abschiedsgeschenke überreicht; aber jetzt wußte er, daß diese Geschenke fühllos gegeben worden waren, und er schämte sich. Nun konnte er nicht mehr zu den Lehrern gehen und ihnen sagen, was er im Herzen spürte: Ich habe euch geschätzt und verehrt. Denn Lehrer sind die edelsten der Menschen. Sie mühen sich für geringes Entgelt und nur aus der Fülle ihrer selbstlosen Seelen. In eurem Namen und im Gedanken an euch will ich das Beste leisten, was ich vermag. Ich werde euch nie vergessen.

Träge wiegte sich das große Handelsschiff an seiner Verankerung. Kleinere Fahrzeuge mit roten, blauen, weißen, gelben, orangefarbenen Segeln umschwärmten, wie aus Schabernack, libellengleich den mächtigeren Schiffskörper und warfen ihre eiligen Schatten auf das stille, purpurne Wasser. Sie waren voll halbnackter Fischer, deren braune Leiber im glühend weißen Sonnenlicht schimmerten und deren rote Lippen stets zu Flüchen, Spottreden, Lachen und Singen offenstanden. Als die Fischer an dem römischen Segler vorbeiflitzten, schauten sie von weitem zu Lucanus auf und grüßten ihn oder riefen mit heiserer Stimme schlüpfrige Scherzworte oder bettelten um Almosen. Lucanus mußte lächeln, wie er schon viele Jahre nicht gelächelt hatte. Er öffnete den Geldbeutel und warf den Fischern Münzen zu, die im Sonnenlicht golden oder silbern blitzten. Die Leute fingen sie behende auf; lustige Kumpane, die sie waren, küßten sie die Geldstücke, verbeugten sich spöttisch und machten zotige Bemerkungen. Dann sausten sie wieder davon.

Friedlich plätscherte das Wasser gegen das Schiff. Noch wurde von der Mole aus Fracht geladen. Schwarze nubische und skythische Sklaven rollten schwere Tonnen mit Öl und Honig und Wein auf die Laderampe oder trugen Tuchballen, Fäßchen voll Oliven, Körbe voll Kokosnüssen. Andere brachten Gewürze und sonstige Erzeugnisse des Ostens in Säcken oder Holzkisten. Plötzlich ertönte ein Wehgeschrei von der belebten Mole, und eine Anzahl in Ketten geschlossener Sklaven, Männer und Frauen, Schwarze aus der Wüste, wurden mit Peitschenhieben auf die Rampe getrieben. Als Lucanus dieses Bild sah, verging sein Lächeln. Er blickte in die verzweifelten, weinenden Gesichter, und wilder Zorn flammte in ihm auf. Einige der Frauen trugen Säuglinge; hier und dort lief ein kleines Kind heulend neben

Vater oder Mutter. Die Sklaven wurden unten im Schiffsbau verstaut, von wo aus ihr Jammern gedämpfter, aber um so eindringlicher erklang.

Zwei römische Zenturionen, die angewiesen worden waren, Lucanus während der Seefahrt zu beschützen, pflanzten sich neben ihm auf. Widerwillig sah er in ihre sonnverbrannten jugendlichen Gesichter. »Herr«, sagte einer von ihnen, »wir stehen dir zu Diensten.« Die beiden freuten sich, daß sie – wenn auch als Leibwächter eines Griechen, was sie als erniedrigend empfanden – nun auf diese Weise heimreisen konnten. Deshalb waren sie Lucanus dankbar. »Ich brauche nichts«, erklärte er kurz angebunden. Der eine Offizier nahm seinen Helm ab und wischte sich seufzend die schweißbedeckte Stirn. »Eine elende Stadt!« meinte er mit einer Kopfbewegung gegen Alexandria. »Ich brate in meiner Rüstung wie Fleisch am Rost.«

»Warum legt ihr denn das Zeug nicht ab?« fragte Lucanus. Die jungen Offiziere waren empört über diese Zumutung und zogen sich ein Stück weit zurück. Lucanus lächelte leise. Die beiden trugen keine Schuld daran, daß man die Sklaven auf das Schiff getrieben hatte, und ihnen gegenüber war seine Mißfallensbekundung nicht am Platz gewesen. Er blickte die Offiziere an, die jetzt beim Laden der Fracht zusahen, die Daumen in die Ledergürtel geschoben, die Rücken noch steifer als sonst, wie aus Trotz. Lucanus schaute nach Kusa aus, der geschäftig das Aufziehen des purpurnen Sonnensegels über dem seinem Herrn vorbehaltenen Teil des Hecks überwachte. Lucanus rief ihn: »Kusa!«

Der Angerufene blickte gereizt auf. Rasch schrie er noch den schwitzenden Seeleuten, die sich mit den Tauen und Planen abmühten, einige Anordnungen und Drohungen zu, ehe er wichtigtuerisch zu seinem Herrn hinüberstolzierte. Er trug eine sehr kostbare Tunika aus ägyptischer Baumwolle, knallrot, mit einem überladen bestickten Saum aus gelber Seide. Sein schütterer Bart war mit parfümiertem Öl eingerieben, ebenso auch sein Haar. Im Gürtel stak ihm ein schmaler alexandrinischer Dolch in silberner Scheide.

»Du riechst ja«, fand Lucanus, »wie eine Hure.«

»So?« erwiderte Kusa mit einem schmutzigen Grinsen. »Wie kannst du denn das beurteilen?«

»Lassen wir das«, winkte Lucanus ab. »Bring lieber denen dort« – und er wies mit einer Kopfbewegung auf die gekränkten jungen Offiziere – »einen Krug mit unserem besten Wein. Falls wir überhaupt anständigen Wein haben.«

»Denen dort?« fragte Kusa ungläubig.

»Denen.«

»Aber, Herr, für die ist der hiesige Wein gut genug. Prahlen denn die Römer nicht immer, sie seien Weltbürger und ihnen schmecke unbesehen überall das, was gerade das betreffende Land hervorbringt?«

»Ich habe gesagt«, betonte Lucanus streng, aber mit einem seit langem nicht mehr in Erscheinung getretenen Augenzwinkern, »unseren besten Wein.«

Kusa überlegte. Dann sah er Lucanus mit einer Treuherzigkeit an, die den jungen Arzt nicht täuschte. »Herr, du weißt, anständigen Wein haben wir nie gehabt. Nichts für ungut, aber ich muß feststellen, daß du keinen Geschmackssinn hast.«

»Du Spitzbube!« rief Lucanus. »Für deine eigene Tafel besorgst du schon immer edlen Wein. Erst vor einer Weile habe ich zufällig gesehen, wie du ein paar verkrustete, spinnwebüberzogene Behälter behutsam an Bord getragen hast, zärtlich in die Arme gebettet wie einen Säugling. Bring davon einen Krug voll, und drei Becher. Ich bin selber gespannt, wie so ein Nektar schmeckt.«

Kusa bremste. »Herr, diesen Wein habe ich aus der eigenen Tasche bezahlt, aus dem großzügigen Gehalt, das mir Diodorus Cyrinus auswirft.«

»Schön«, entgegnete Lucanus. »Ich ersetze dir deine Auslagen.«

Kusa verbeugte sich umständlich. »Gestatte mir, o Baal, daß ich dir einen Krug dieses Weines in freundschaftlicher Ergebenheit verehre!« Er sprach spöttisch. Dann zögerte er und starrte Lucanus mit flehender Miene an. »Es ist ein Verbrechen gegen die Götter, zuzulassen, daß diese römischen Barbaren sich mit so einem Wein ihre ledergefütterten Mäuler ausspülen! Schau, ich habe einen guten, starken Alexandriawein. Der wird ihnen viel besser munden.«

»Unseren besten Wein!« wiederholte Lucanus. »Und führe mich nicht hinters Licht! Ich werde dir genau auf die Finger schauen.«

»Ich hoffe«, meinte Kusa, »es wird mir niemand übelnehmen, wenn ich einen vierten Becher heraufbringe, mich demütig, sehr weit weg von diesen römischen Patriziern, hinstelle und ein Schlückchen meines eigenen, höchsteigenenen Weines nippe. Was meinst du?«

»Ein kleines, ganz kleines Schlückchen kannst du haben von dem Wein, den ich dir abkaufe«, erklärte Lucanus salbungsvoll.

»Den ich dir zum Geschenk mache«, berichtigte Kusa großspurig und ging hinunter.

Während er wartete, richtete Lucanus den Blick wieder auf die Stadt. Die grellen Farben taten seinen Augen weh. Die Sonne glitzerte lebhaft auf dem purpurfarbenen Wasser und ließ dem Schiff Gerüche nach heißem Holz und Öl und Teer entströmen, den Gestank toter Fische, die Ausdünstung von Salz und Schweiß. Das glühende Sonnenlicht tanzte auf den kleineren Fahrzeugen, die sich ringsumher tummelten; ihre Segel schienen zu brennen. Die Rüstungsstücke der Soldaten flammten. Die Sklaven begannen zu ihrer Ladearbeit schwermütige Lieder zu singen, während die

Aufseher sie antrieben und mit den Peitschen knallten. Immer neue Lastwagen mit Gütern rumpelten schwerfällig zur Mole.

Sehr würdevoll kam nun Kusa heran, mit einer Silberplatte, auf der vier Becher – einer davon aus türkisbesetztem Silber für Lucanus – standen. Er stellte die Platte auf eine in der Nähe liegende Rolle ölgetränkter Taue und schnitt dabei eine Grimasse, die besagte, daß er sich an Marmortischen wohler fühle. Die Zenturionen wandten die Köpfe und sahen interessiert zu. Als sie den hellroten Wein bemerkten, leckten sie sich verstohlen die Lippen. Sie wunderten sich, als Lucanus ihnen zurief: »Wollt ihr mir nicht das Vergnügen machen, meine Herren, mir ein bißchen Gesellschaft zu leisten bei diesem ausgezeichneten Wein, dem allerbesten, den es nach Versicherung meines Lehrers auf der ganzen Welt gibt?«

Bereitwillig lächelnd kamen sie heran und vergaßen sofort die Kränkung. Lucanus winkte Kusa, beiseite zu treten, und goß den beiden Offizieren ein. Die Sonne spiegelte sich in dem Weine, und er sah aus wie eine Schmelze aus hellen Rubinen. Lucanus reichte jedem seiner Gäste einen Becher und goß dann auch für sich ein. Er sprengte einige Tropfen als Trankopfer, und die Gäste taten das gleiche. Er nippte ein wenig und sagte: »Köstlich! Wirklich köstlich! Mein Lehrer hat den feinsten Gaumen in allen drei Weltteilen.«

»Woher weißt du das wieder?« murmelte Kusa unbeschwichtigt. Er goß sich einen Becher voll, feierlich wie ein Priester am Altar, langsam und ehrfürchtig. Unter vier Leuten, so dachte er, war wenigstens einer, der diesen Genuß zu würdigen wußte. Er stellte sich etwas abseits von den drei anderen und schlürfte seinen Wein. Eine wundervolle Fechsung, die Krone aller Jahrgänge! Sonne war darin und warmes, mildes Feuer. Der Wein zerging im Munde, duftend, lieblich, beschwingend. Als Kusa die drei anderen betrachtete, wurde ihm traurig zumute. Die Soldaten spürten sichtlich nur, daß der Trunk zu Kopfe stieg. Und bei Lucanus war es ja überhaupt unvorstellbar, daß er die Vortrefflichkeit dieses Tropfens auch nur ahnen könnte.

Aber zu Kusas Überraschung plauderte Lucanus jetzt mit größerer Lebhaftigkeit als je zuvor und mit freundlicher Anteilnahme. Was ist denn, dachte Kusa, in den jungen Mann gefahren? Man könnte fast meinen, er wäre gar aus Fleisch und Blut, und nicht aus kaltem Marmor! Beim Bacchus, hat er nicht jetzt wahrhaftig einen Witz gemacht? Und keinen übermäßig zimmerreinen! Den muß er unbesehen von einem dieser losen Studenten aufgefangen haben. Ich möchte bloß wissen, ob ihm überhaupt schwant, was damit gemeint ist. Haha, ein sehr guter Witz, ausgezeichnet, und herrlich gepfeffert! Kusa war hochbegeistert. Wenn Lucanus in dieser Stimmung blieb, würde die Seefahrt nicht so langweilig werden, wie er gefürchtet hatte. Er wurde immer aufgeräumter und zuckte nicht mit der

Wimper, als Lucanus für seine Gäste und für sich nochmals die Becher füllte. Wenn er einen Rausch bekäme, dachte Kusa, würde ich mich diebisch freuen.

Der Kapitän kam an den dreien vorbei; aber ehe er etwas sagen konnte, rief Lucanus: »Mein lieber Gallo, leiste uns Gesellschaft! Kusa, noch einen Becher!«

Kusa verfluchte heimlich den Kapitän, den er verdächtigte, Wein auf eine Meile zu riechen; aber er gehorchte und brachte einen weiteren Becher. Der Kapitän, ein beleibter Mann mittleren Alters mit einem derben, aber klugen Gesicht, begann sehr unfeine Geschichten zu erzählen; die Offiziere wieherten vor Vergnügen, und Lucanus schmunzelte. Mit einer Grimasse stellte Kusa bei sich selbst fest, daß zumindest diese Zoten über das Begriffsvermögen seines Herrn gingen. Er schloß das aus dem umherwandernden Blick des jungen Griechen, einem Zeichen, daß er nun das Gespräch entweder langweilig oder widerlich fand. Offenbar hatte Gallo die Geschichten aus verschiedenen nicht sehr vornehmen Bordellen bezogen, und sogar Kusa fand sie etwas zu anrüchig für seinen Geschmack.

Höchst aufgeschlossen sagte Gallo: »Es ist mir eine Ehre, dich an Bord zu haben, Lucanus. Du bist unser einziger Passagier von Rang und Namen. Wie du weißt, ist das ein Frachter; aber er fährt schnell und vertrödelt nicht die Zeit wie diese Vergnügungsschiffe. Wir laufen zwar eine Reihe von Häfen an, kommen aber doch rasch nach Italien.«

»Ich möchte bald daheim sein«, erklärte Lucanus.

»In einem der Zwischenhäfen werden sicher Briefe auf dich warten.« Der Kapitän schielte zu den großen weißen Segeln hinauf, die sich jetzt wie die Flügel von Riesenvögeln gegen den Himmel zu entfalten begannen; er schrie den Seeleuten, die auf den Masten und Rahen umherturnten, Weisungen zu. Lucanus goß wieder Wein nach, aber nicht für sich. »Wir haben günstigen Wind«, sagte der Kapitän, die Stimme wieder zu gewöhnlicher Lautstärke mäßigend. »Wenn der Ebbstrom einsetzt, legen wir ab, in weniger als einer Stunde.«

Lucanus blickte auf die Stadt; und plötzlich erfaßte ihn, ohne daß er sich über die Ursache Rechenschaft gab, ein mächtiges, schwermütiges Sehnen. Sein Herz verzehrte sich in einem unbestimmten Wünschen; er fühlte sich einsam und verlassen. Fast unwiderstehlich drängte es ihn, wieder an Land zu gehen. Er dachte nicht mehr an den Kapitän und die Offiziere. Er rang mit Empfindungen, denen er kein Gesicht und keine Gestalt zu leihen vermochte.

»Was ist los?« fragte Gallo einen der jüngeren Schiffsoffiziere, der auf ihn zukam und grüßte. Der Offizier flüsterte ihm etwas ins Ohr. Der Kapitän blickte rasch Lucanus an; seine so fröhlichen, aber schlauen Rauchquarzaugen leuchteten auf, und sein sonngebräuntes Gesicht barst in ein Gesprüh von Lachfalten. Er wandte sich zu dem Griechen, klopfte ihm herzhaft auf die Schulter und zwinkerte.

»Eben ist auf der Mole eine von gutgekleideten bithynischen Sklaven getragene Sänfte angekommen, Lucanus!« rief er und blinzelte auch den Zenturionen zu. »Ich bin kein delphisches Orakel, aber ich wette mit dir um drei Sesterze, daß in der Sänfte eine feine Dame sitzt! Oh, wie herrlich, jung zu sein! Habe ich übrigens schon erwähnt, was die Sklaven dir bestellen ließen? Daß die Dame mit dir ein paar Worte zu reden wünscht, bevor du abfährst?«

Lucanus fuhr erschrocken zusammen. Er blickte auf die Mole und sah tatsächlich eine Sänfte mit festzugezogenen Vorhängen dort warten, getragen von sechs dunkelhäutigen Bithyniern, um deren starke Arme sich breite Silberreifen spannten. Das Blut stieg Lucanus ins Gesicht und bis an die Haarwurzeln, und er begann zu zittern. »Ich kenne niemanden«, murmelte er. »Ist das bestimmt eine Dame?« Er starrte auf die verhangene Sänfte.

»Ich wette mit dir!« rief der Kapitän. Als Kusa die aufgeregten Stimmen hörte, trat er näher und spähte auch nach der Sänfte. Er kniff die Lider zusammen, um besser zu sehen. Eine Dame? Das war bei dieser männlichen Vestalin ausgeschlossen. Kusa schüttelte zweifelnd den Kopf. Aber Lucanus ging langsam die Rampe hinunter; sein Kopf leuchtete in der Sonne. Die wohlgelaunten Zenturionen lehnten neben dem Kapitän und Kusa an der Reling und ließen die Sänfte nicht aus den Augen.

Als Lucanus neben dem Tragstuhl stand, fragte er: »Wer wünscht mit mir zu sprechen?« Die Vorhänge öffneten sich, und er sah das blasse, traurige Gesicht Dina bas Eleasars. Sie trug tiefes Schwarz, und Lucanus bemerkte, daß ihr Gewand der jüdischen Trauersitte entsprechend da und dort zerrissen war und daß ihre schönen, violetten Augen von Kummer getrübt waren.

»Dina!« rief Lucanus. Etwas schnürte ihm die Kehle zusammen.

Eleasars Tochter hielt ihm die kleine, weiße Hand hin, und er nahm sie. »Ich hätte nicht kommen dürfen«, murmelte Dina, »weil ich in Trauer um meinen Vater bin.« Ihr schwarzes Haar trug die Spuren von Asche. Sie versuchte zu lächeln, konnte aber nur tränenlos schluchzen.

Ihre Hand fühlte sich in seinen Fingern kalt an. Rings um die beiden wogte das Hafengetriebe, Sklaven rannten hin und her, es wurde gebrüllt und geschrien. Aber Lucanus sah nichts als dieses sehr junge Mädchen. Und er dachte: Sie sieht wirklich der armen Rubria ähnlich!

»Dina!« wiederholte er. Und jetzt hatte sein Sehnen und Drängen Gesicht und Gestalt gewonnen.

»Joseph ben Gamliel hat mir erzählt, daß du heute abreist«, sagte sie, und ihre Stimme war von langem Weinen etwas heiser. »Es ist ungehörig und schimpflich; aber ich mußte hierherkommen, um dir, lieber Lucanus, zu danken für die Erleichterung, die du meinem Vater gebracht, und für das Versprechen, das du ihm gegeben hast.«

»Das Versprechen habe ich im Bewußtsein gegeben, daß es wahrscheinlich unmöglich sein wird, den Wunsch deines Vaters zu erfüllen«, murmelte Lucanus zerstreut. In Dinas Augen schien ein Frühlingsmorgen zu schimmern; von ihren Gewändern stieg ein Duft auf wie von Weihrauch. Noch in ihrem Gram war sie schöner als alle Frauen, die er bisher gesehen hatte, die Stirn reiner und weißer, der jungfräuliche Körper lieblicher und zarter. Durch den Vorhangspalt fiel das Sonnenlicht auf ihren Kopf, und an den Wangen wurden die Tränenspuren sichtbar.

»Du wirst meinen Bruder finden, Lucanus«, sagte sie mit ihrer klangvollen Stimme. »Und ich warte, in Alexandria oder in Jerusalem. Oder«, fügte sie mit leiser, zitternder Stimme hinzu, »sonst irgendwo. Du kannst mich immer erreichen, Lucanus.«

Sie schwiegen nun und blickten sich gegenseitig an. Ihre Gesichter waren blaß. Dann sagte er: »Dina, dorthin, wohin ich gehe, kann niemand anderer gehen, kein Bruder, keine Schwester, keine Mutter. Keine Gattin. Ich habe vieles zu vollbringen, und ich werde heimatlos sein, ein Wanderer. In meinem Leben ist kein Raum für persönliche Liebe, weil Liebe für mich Hemmnis bedeutet.«

Plötzlich mußte er an Asah denken, dort in dem Hof, und an die Worte, die sie zu ihrem Mann gesprochen hatte. In verzweifelter Absage schüttelte er den Kopf. Doch er gab Dinas Hand nicht frei.

Sie sagte: »Ich kann dich jederzeit finden, Lucanus.« Und ihre Augen wurden feucht vor Sehnsucht. Wieder schüttelte er den Kopf. Aber er hob Dinas Hand zu den Lippen und küßte sie. Dann wandte er sich jäh um und ging wieder die Rampe hinauf. Selbst, als sie ihm nachrief: »Lebewohl! Gott sei mit dir!« sah er sich nicht um.

Da Lucanus von dem ihm vorbehaltenen Platz auf dem Deck mit dem darüber gespannten purpurnen Sonnensegel keinen Gebrauch machte, nahm Kusa die gute Gelegenheit wahr und räkelte sich auf den Kissen wie ein Fürst. Er sann nach. Also, warum, so fragte er sich, blieb dieser unbegreifliche Narr von einem Lucanus alle die herrlichen Herbsttage unten und kam erst in der Dämmerung auf Deck? Den ganzen Tag hockte er über seinen Büchern. Wenn er dann abends auf das schaukelnde Holzverdeck stieg, gab er zu verstehen, daß er keine Gespräche wünschte. Er lehnte sich an die Reling und betrachtete den grellfarbenen Sonnenuntergangshimmel oder das dunkle, von feurigen Streifen wie von tiefen Schnittwunden durchzogene Meer, ohne die Seeleute, die Zenturionen, den Kapitän oder die wenigen anderen Fahrgäste auch nur eines Blickes zu würdigen. Sein Gesicht hatte den Ausdruck stiller Zurückgezogenheit, war wie versteinert;

seine Augen waren verstört. Er schien in irgendeinem quälenden Traum befangen, aus dem nichts ihn reißen konnte.

Um diese Stunde begann die See, die tagsüber nur dumpf gemurmelt hatte, launisch zu lärmen. Das sonst weiße Kielwasser und die schräg in den Himmel hängenden weißen Segel färbten sich von dem lodernden, ebenso stillen wie unheimlichen Sonnenuntergang blutrot. Einmal zerbarst der Himmel in einem kurzen, aber heftigen Unwetter; schwarze Wolken mit blitzerhellten Rändern jagten knapp über die hohen, hin und her schaukelnden Masten; der Donner hallte mit der Stimme eines Riesen über die zu Bergen zerklüftete, schimmernde Wasserfläche. Aber Lucanus schien davon nichts zu merken. Mit der vollen Schwere seines Rumpfes lehnte er an der Reling und spürte nicht, wie der warme, in Schwaden niedergehende Regen ihn durchnäßte. Er blickte nach Osten, als versuchte er, die sich weithin dehnenden Meilen mit den Augen zu überbrücken. Er war krank vor ungeheurer Leere und Sehnsucht. Im Rollen des Donners und im Brausen des wütenden Sturms hörte er Dinas Stimme.

Bei Tag lief das Schiff verschiedene buntfarbige Häfen an; aber Lucanus kam nicht auf Deck, um sie zu sehen. Es schien, als wäre ihm das Leben wieder etwas entsetzlich Schmerzhaftes geworden, als hätten alle seine Wunden, neu aufgerissen, wieder zu bluten begonnen. Seine Seelenkämpfe steigerten sich ins Unerträgliche. Ich kann nicht nochmals lieben! schrie er innerlich. Liebe bedeutet Fesseln und Ketten. Liebe ist Tod. Liebe ist die Bindung an einen Herd, dessen Feuer den Frieden des Menschen verzehrt.

Griechenland lockte Lucanus nicht. Er saß unten in seiner kleinen heißen Kabine, mit leerem Blick, die Hände zwischen den Knien gefaltet.

»Die Heimat unseres Volkes solltest du dir doch wenigstens anschauen«, drängte Kusa ihn mit einer Stimme, in der sich Unmut und Besorgnis mischten. Aber Lucanus schüttelte nur den Kopf. »Wenn du mir sagen wolltest, welche Tränen deine Seele ...«, zitierte Kusa. Wieder schüttelte Lucanus nur den Kopf. »Du ißt nichts«, meinte Kusa. »Ich habe meinen eigenen Wein mitgebracht, meinen kostbaren Wein, und du nippst kaum davon!« Lucanus schwieg.

Eines Tages waren Meer und Luft so ruhig, daß die Segel schlaff und schlapp wurden; die Sonne brannte wütend. Das Schiff kam langsamer vorwärts, weil jetzt die Rudersklaven das einzige Fortbewegungsmittel waren. In der Abenddämmerung wurde das Schiff zu einer Motte, die auf der glatten Heliotropscheibe der Meeresfläche kroch, und das Zischen des Kielwassers war kaum noch vernehmlich. Und jetzt hörte Lucanus bis zum Deck hinauf das dumpfe, leiderfüllte Singen der Sklaven; ihm schien, als wüchse in diesen Tönen sein eigenes Leid über die Grenzen seines Ich hinaus. So singen sie wohl die ganze Zeit über, dachte er. Bisher habe ich es nie gehört! Selbstsüchtig habe ich mich nur mit dem eigenen Schmerz befaßt. Während er dies dachte und sich umdrehte, sah er einige Sklaven die Leiter aus dem Schiffsinneren heraufsteigen; sie trugen mühsam einen nackten schwarzen Mann. Dann schoben sie den Körper über die Reling, und mit leisem Platschen versank er im Meer.

Die Träger sahen den Leichnam verschwinden. Sie hoben an Halsketten hängende Amulette an ihre Lippen; dann hasteten sie wieder hinunter. Auf die Schiffe kommt der Tod ebenso wie in die Häuser, dachte Lucanus. Da fiel ihm ein, daß er dieses merkwürdige Geräusch eines auf die Wasserfläche aufprallenden Körpers auch schon sonst an Abenden gehört hatte. Er runzelte die Stirn. Dann machte er sich auf die Suche nach dem Kapitän und fand ihn, von einigen jüngeren Seeoffizieren umgeben, in seiner Kajüte. Als Lucanus eintrat, blickte der Kapitän auf; sein breites Gesicht war zornig und besorgt. Aber er erhob sich und lächelte.

In herzlichem Ton sagte er: »Ich habe schon geglaubt, daß ich dich irgendwie gekränkt habe, Lucanus. Seit wir von Alexandria abgesegelt sind, hast du noch keine zwei Worte zu mir gesprochen. Willst du mit mir zu Abend essen?«

»Danke, Gallo, ich habe schon gegessen.« Lucanus zögerte, versuchte, in der Miene des Kapitäns zu lesen. »Eben habe ich gesehen, wie man einen Leichnam über Bord geworfen hat. Mir kommt vor, als hätte ich in der letzten Zeit schon einigemal das gleiche Geräusch gehört. Irre ich mich da?«

Der Kapitän schwieg zunächst. Finster und verstohlen blickte er seine Offiziere an; dann wurde sein Lächeln breiter. »Ach, auf einer so langen Seereise sterben immer ein paar Leute«, sagte er. »Bringt Wein!« forderte er seine Offiziere auf. »Es ist kein so ausgezeichneter Wein wie der deine«, meinte er, zu dem jungen Griechen gewandt. »Aber er geht an, hoffe ich.«

Gallo lachte seinem Besucher strahlend zu und lud ihn ein, in dem bequemen Sessel neben der Lüftungsluke Platz zu nehmen. Der Kapitänskajüte war heiß und schwül. Die Wände waren mit Seekarten behangen. Auf einem Holztisch standen nautische Instrumente. Lucanus setzte sich. In dieser eingesperrten Luft hier roch es seltsam trocken; und plötzlich wußte er, daß es der Duft von Weihrauch und Spezereien und Heilkräutern war. Dann bemerkte er, daß der Geruch einer kleinen Lampe auf dem Tisch entströmte. Von der Decke hing pendelnd und rußend eine große Laterne.

Ein Offizier brachte einen Krug Wein und einige Becher. Der Kapitän und seine Offiziere und Lucanus tranken langsam. Aus irgendeinem Grunde herrschte in der Kajüte ein merkwürdiges, gespanntes Schweigen, und in Lucanus begann das ärztliche Interesse sich zu regen. Er musterte die Gesichter der Anwesenden; sie waren ausgesprochen verschlossen und zurückhaltend. Das Schiff rührte sich kaum von der Stelle; es schien in dickem Öl zu schwimmen. Das Singen der Sklaven wurde deutlicher und schriller.

Dann sagte Lucanus gelassen: »Sprich dich doch aus, Gallo!«

Der Kapitän sah ihn erstaunt und belustigt an. »Worüber soll ich mich denn aussprechen, Lucanus?«

Der Grieche hielt eine Weile die Augen auf ihn geheftet. »Du vergißt, Gallo, daß ich Arzt bin.« Er schaute bedeutsam auf die dampfende Lampe, ohne daß ihm die raschen, zwischen dem Kapitän und seinen Offizieren gewechselten Blicke entgingen.

»Ja, natürlich, du bist Arzt«, erwiderte Gallo aufgeräumt. »Das habe ich keineswegs vergessen.« Er nickte den Offizieren, und sie verließen die Kajüte. Als sie jedoch draußen waren, hatte Gallo es nicht eilig, etwas zu sagen. Er starrte in seinen Becher, füllte Wein nach, schloß die Augen und tat, als wäre er völlig vertieft darein, Geschmack und Blume des – im übrigen minderwertigen – Weines zu genießen.

Dann begann er: »Ich bin froh, daß du dich abseits hältst, Lucanus, und nicht mit den übrigen Fahrgästen verkehrst. Schließlich bist du unsere wertvollste Fracht.«

»Jetzt fällt mir auf, Gallo, daß ich von den Mitreisenden nie etwas gesehen habe. Allerdings muß ich gestehen, daß ich ihre Gesellschaft nicht suche.«

»Die Leute bleiben unten. Ich habe ihnen das empfohlen.« Gallo stellte den Becher nieder und beugte sich über seine nautischen Zeichnungen auf dem Tisch.

»Pest?« fragte Lucanus leise.

Eine Weile schien es, als hätte Gallo nicht gehört. Dann schob er seine Papiere beiseite und stützte das Kinn in die Hand. »Du wirst vielleicht bemerkt haben, daß wir einige der vorgesehenen Häfen nicht anliefen«, sagte er. Dann schlug er mit der Hand auf den Tisch und lächelte nicht mehr. »Ich hätte es dir, zu deinem Schutz, früher mitteilen sollen. Aber schließlich bist du nie mit jemandem zusammengekommen. Ja, es ist die Pest. Wir haben jetzt – und das dürfte dir entgangen sein – die gelbe Flagge gesetzt. Die Häfen werden uns nicht einlaufen lassen, wenn sie diese Flagge sehen. Aber es sind nur einige wenige Fälle, und bloß bei den Ruderknechten.« Er seufzte. »Dieser verdammte Orient! Alles Unheil für Rom stammt von dorther. Wenn wir heimkommen, wird man uns erst Landungserlaubnis geben, nachdem wir mindestens eine Woche lang pestfrei gewesen sind. So bestimmt es das Gesetz.«

»Ich bin Arzt«, wiederholte Lucanus.

»Wir haben einen Schiffsarzt an Bord«, erklärte Gallo unwillig. »Du bist Fahrgast. Du unterstehst mir nicht. Du bist der Sohn des Diodorus Cyrinus. Was würde man mir antun, wenn ich dich einer Gefahr aussetze oder wenn du die Pest kriegen und sterben solltest?« Seine haselnußbraunen Augen funkelten vor Ärger. »Ich habe dir schon gesagt: es sind nur Sklaven erkrankt, und die halten wir tief unten im Schiff eingesperrt. Gestern hatten wir keinen Todesfall. Es ist eine unglückselige Fügung, daß du heute abend die Versenkung des Leichnams gesehen hast. Lucanus, es handelt sich doch bloß um Sklaven und Bettelvolk und Verbrecher«, fügte er beschwichtigend hinzu.

Lucanus sah plötzlich vor seinem geistigen Auge die persönlichkeitslosen armen Kerle im Bauch des Schiffes, in Ketten geschlossen, vor Hitze verschmachtend, krank und sterbend. Unvermittelt sagte er: »Rufe den Schiffsarzt!«

Der Arzt war ein müde aussehender Mann mittleren Alters, ein Gallier mit stechenden, dunklen Augen, und selbst Sklave. »Das ist Priamos, mein Arzt und mein Eigentum, Lucanus«, stellte Gallo vor.

Priamos blickte Lucanus an und verbeugte sich.

»Es gibt Pestfälle an Bord, nicht wahr?« fragte der Grieche.

»Nur bei den Ruderknechten«, fiel der Kapitän ungeduldig ein. »Aber jetzt, wo du es weißt, Lucanus – ich hatte Bedenken, es dir zu sagen –, werde ich auch in deine Kabine eine solche Räucherlampe stellen lassen. Dein Kusa weiß schon Bescheid. Er bleibt jetzt samt Weib und Kind ständig in seiner Kabine, außer, wenn er dir aufwartet. Ich habe ihm, als Kapitän und unumschränkter Machthaber auf diesem Schiff, verboten, an Bord irgend etwas über die Pest verlauten zu lassen. Ich wollte dir Beunruhigung ersparen.«

»Auch die Sklaven sind Menschen«, erklärte Lucanus mit harter Stimme.

Gallo starrte ihn verdutzt an. Auch Priamos machte eine befremdete Miene und sah seinen Kollegen mit weit aufgerissenen Augen an.

»Was sind die Sklaven?« Gallo war außer sich; er traute seinen Ohren nicht. Daß Lucanus ein Sonderling war, ganz anders als sonst die jungen Männer, wußte er; aber das hier war einfach unglaublich. »Lucanus, diese Leute sind Verbrecher, Mörder und Diebe, die für eine Anzahl von Jahren oder auf Lebenszeit zur Ruderbank verurteilt wurden.«

»Trotzdem bleiben sie Menschen«, betonte Lucanus. Sein weißes Gesicht zeigte nun auf den breiten Jochbogen rote Zornflecken, und seine blauen Augen blitzten wütend unter den blonden Brauen.

Der Kapitän hielt ihn für offenbar von Sinnen. Ein Rudersklave ein Mensch! Gallo war ganz außer sich; besorgt sagte er: »Du siehst schlecht aus, Lucanus. Das Klima von Alexandria nimmt einen sehr her, das kenne ich. Wenn du gestattest, wird Priamos dir ein leichtes Beruhigungsmittel verschreiben? ....«

»Du verstehst mich nicht«, unterbrach Lucanus, bemüht, seine Stimme im Zaum zu halten. »Für mich als Arzt ist auch der Sklave ein Mensch; er spürt Schmerzen genauso wie ein Cäsar. Verbrecher, Diebe, Mörder sind Menschen, genauso wie wir.«

Gallo kniff die Augen zusammen. Am liebsten hätte er in den Weinbecher dieses Lucanus ein Schlafmittel geschüttet. Götter, dachte er, ich bin nicht schuld an seiner Geistesverwirrung! Aber was soll ich den Behörden mitteilen, wenn wir heimkommen? Daß der Adoptivsohn des Diodorus Cyrinus als geisteskrank in Gewahrsam genommen werden mußte? Bei dem bloßen Gedanken daran überlief es ihn kalt. Er mußte versuchen, Lucanus zu beruhigen!

Also sagte er in kameradschaftlichem Tone: »Ja, ja. Gewiß! Priamos wird dich in deine Kabine begleiten. Er wird dir ein bißchen Gesellschaft leisten, Lucanus. Er hat in Tarsos studiert, und sicher werdet ihr euch über alle möglichen medizinischen Fragen unterhalten können.« Er stand halb in seinem Sessel auf.

Aber Lucanus beugte sich vor und sagte in gepreßtem Tone: »Du verstehst noch immer nicht. Du bist Römer, und du fühlst und denkst als Römer, Gallo. Für dich steht ein Sklave tiefer als ein Schakal. Für mich ist er ein Bruder.«

Der Kapitän war verzweifelt. Er hatte sonst schon Sorgen genug, und jetzt trieb sich noch ein Verrückter auf seinem Unglücksschiff herum! Er blickte Priamos an, der seinerseits Lucanus wie hypnotisiert anstarrte, während in seinem Augenwinkel eine Träne hervorquoll. Gallo musterte seinen Arzt. War der Kerl betrunken? Wütend befahl er: »Priamos, führe den edlen Lucanus in seine Kabine und bereite ihm eine Arznei! Aber sofort! Er ist sichtlich sehr krank.«

Doch Lucanus wandte sich jetzt an Priamos: »Meine indischen Lehrer haben mich dahin unterrichtet, daß Ratten und deren Flöhe diese Krankheit verbreiten. Hast du davon gehört?«

Priamos war unfähig zu reden. Er schüttelte nur stumm den Kopf.

»Und diese Meinung trifft zu«, bekräftigte Lucanus in einem Tone, wie ein Arzt zum anderen spricht. Er zeigte auf die dünnen, dunklen Beine seines Kollegen. »Du solltest dir um die Unterschenkel Leinenbinden wickeln, zum Schutz gegen die Flöhe, wenn du zu den Sklaven gehst, um sie zu behandeln.«

Gallo verlor die Selbstbeherrschung und brüllte: »Glaubst du, ich würde meinem Arzt, für den ich tausend Goldstücke – wohlgemerkt, tausend Goldstücke! – bezahlt habe, erlauben, die Ruderknechte zu behandeln? Er ist auf dem Schiff, um meine Fahrgäste zu betreuen, nicht die Sklaven; und von den Passagieren ist keiner erkrankt. Sofort nach seiner Meldung, daß bei den Ruderknechten die Pest ausgebrochen ist, habe ich ihm verboten, der versperrten Tür ihres Raumes auch nur nahe zu kommen. Kapitän bin hier ich! Meine Anordnungen entscheiden über Leben und Tod auf diesem Schiff. Und ich bitte dich, Lucanus, nicht einmal um Entschuldigung, wenn ich dir das ins Gedächtnis rufe!«

Lucanus erwiderte ruhig: »Ich schlage vor, daß sofort sämtliche Ratten, die man auf dem Schiff finden kann, vertilgt, daß jeder Raum gegen die

Flöhe ausgeräuchert, daß jeder Fingerbreit der Holzwand des Schiffes mit Lauge gewaschen wird.«

Gallo hatte die Selbstbeherrschung wiedergefunden. Dieser Grieche redete ganz vernünftig! Aber schließlich hatten auch Verrückte ihre lichten Augenblicke. Er sagte: »Ich werde gleich entsprechende Aufträge geben. Und jetzt...«

Lucanus stand auf. »Und jetzt gehe ich zu den Ruderknechten und schaue, was ich tun kann. Aber zuerst werde ich mir Arme und Beine mit Leinenbinden umwickeln, gegen die Flöhe.«

Gallo sprang auf. In drohendem Tone sagte er: »Ich muß dir nochmals in Erinnerung rufen, daß ich der Kapitän bin und daß jeder Fahrgast, und wäre es Cäsar selbst, sich den Seegesetzen fügen muß. Solange wir auf dem Schiff sind, auf meinem Schiff, bin ich die höchste Obrigkeit. Du wirst dich jetzt in deine Kabine begeben, Lucanus, und mein Arzt wird mit dir gehen, um dich zu beruhigen.«

»Nein!« wehrte sich Lucanus. »Außer, du läßt mich gewaltsam wegschleppen. Ich bin Arzt, und auch ich habe meine Pflichten und meine Vorschriften.«

Man wird ihn wirklich festsetzen müssen! dachte der unglückliche Kapitän. Jeden Augenblick kann er einen Tobsuchtsanfall bekommen, und die Götter mögen wissen, was dann passiert. Wie kann nur bei einem Menschen, mag er auch schon früher närrisch gewesen sein, die Verrücktheit derartige Ausmaße annehmen? ›Ich gehe jetzt zu den Ruderknechten!‹ Welcher Wahnsinn!... Gallo überlegte. Er mußte wohl seine Offiziere rufen und den Griechen mit leichten Ketten an Händen und Füßen fesseln lassen. Vor dem Kapitän eröffnete sich die schreckliche Aussicht, daß er den Adoptivsohn des Diodorus Cyrinus, eines Mannes ältesten Adels, des gewesenen Prokonsuls von Syrien, in Ketten gleich einem Verbrecher im Heimathafen würde abliefern müssen! Es war allgemein bekannt, wie jähzornig der Tribun war. Gallo würde persönlich zur Verantwortung gezogen werden für diese dem Lucanus angetane schwere Schmach, mochte dieser Grieche auch ganz offenbar von Sinnen sein. Gallo sann und grübelte. Eine scheußliche Klemme! Aber schließlich hatte er das Gesetz auf seiner Seite, und im Interesse des Kranken selbst mußte er handeln.

»Hast du denn kein Herz, Gallo?« fragte Lucanus verzweifelt. »Ich weiß, ein Sklave, besonders ein Ruderknecht, gilt dir weniger als ein Tier. Solche Geschöpfe können straflos getötet werden. Aber denke doch nach! Befiehl deinem Herzen, einen Augenblick lang aufzuhorchen und sich rühren zu lassen! Ein Sklave blutet so wie du; er stirbt so wie du. Und seine Seele gelangt an den gleichen Ort wie die deine. Machen dir meine Gesundheit und Sicherheit Sorge? Ja. Wenn ich krank würde oder sterben sollte, hättest du Angst vor Diodorus, meinem Adoptivvater. Das verstehe ich.« Seine

Stimme wurde milder. »Du brauchst nur die Tür des Sklavenraums unversperrt zu lassen. Ich habe meine Arzneien, und ich schwöre dir, ich werde alles tun, um mich zu schützen. Und ich entbinde dich jeder Verantwortung für meine Person. Niemand außer uns beiden braucht davon zu wissen, daß ich die Sklaven behandle. Ich werde so kommen und gehen, daß mich außer den Ruderknechten kein Mensch sieht.«

»Jetzt ist meine Geduld zu Ende, Lucanus«, rief der Kapitän. »Geh jetzt sofort in deine Kabine, oder ich müßte ... ich müßte ... dich gewaltsam hinbringen lassen.«

»Wenn ich der Krankheit nicht Einhalt gebiete, Gallo, wird sie auch die Fahrgäste und die Mannschaft ergreifen. Dann werden wir vielleicht irgendwo an Land treiben, ausschließlich mit Toten besetzt.«

Gallo wandte sich ab. »Geh in deine Kabine!« wiederholte er. »Inzwischen gebe ich Auftrag, daß deine Ratschläge befolgt werden.«

XXII

»Ich muß zu den Ruderknechten«, erklärte Lucanus, nachdem er Kusa um Mitternacht geweckt hatte. Seit Stunden hörte er, wie Sklaven und Seeleute auf Ratten Jagd machten und das Schiff mit Lauge wuschen.

Kusa sagte: »Mir scheint, in deinem Kopf ist eine Schraube los. Ich werde dir Glühwein zubereiten, mit viel Gewürz.«

Lucanus sah ihn an. »Du hast geschickte Hände, lieber Kusa. Wie rasch könntest du das Schloß zum Raum der Ruderknechte aufbrechen?«

Kusa weigerte sich, seinen Herrn ernst zu nehmen; oder besser gesagt, er weigerte sich, zu zeigen, daß er ihn ernst nahm.

»Ich ein Schloß aufbrechen, Lucanus?« Er lachte belustigt. Dann gähnte er herzhaft. »Wozu hast du mich eigentlich um diese Stunde geweckt? Nur, damit wir uns gegenseitig Witze erzählen?«

»Du schlauer Grieche!« sagte Lucanus. »Ich weiß doch, daß du ein gewiegter Einbrecher bist. In Antiochia war keine Truhe, keine Lade, keine Kammer vor deiner Spürnase sicher. Du nennst Kalliope eine Schnüfflerin? Du bist selber der allerärgste Topfgucker! Ich muß gestehen, daß ich dir als Kind voll Bewunderung von weitem zugesehen habe. Ich kann mich an deine Geschicklichkeit dabei noch genau erinnern. Schau nicht so gekränkt drein!« Er horchte einen Augenblick. Das Quieken der gejagten Ratten war verstummt; das Schiff knarrte und stöhnte und schaukelte träge. Nur den Ruf der Wachen hörte man hin und wieder.

Lucanus begann laut nachzudenken: »Auf dem Schiff schläft alles, bis auf die Ruderer, die Wachen und die Offiziere auf Deck. Aus früheren Erfahrungen, lieber Kusa, würde ich schließen, daß dir einige Augenblicke genügen, diese Tür in die unteren Schiffsräume aufzubrechen und mich mit meinen Arzneien einzulassen.«

Jetzt geriet Kusa in große Aufregung. »Herr! Bedenke, daß du dir selbst die Krankheit zuziehen kannst. Ach ja, das hast du angeblich bedacht. Soll ich also dem edlen Diodorus einen Leichnam überbringen? Deine Miene ist eisern entschlossen. Prüfen wir daher greifbare Seiten des Sachverhalts! Gallo hat dir den Zutritt zu dem Raum der Ruderer untersagt; und ich muß ihm Abbitte leisten für meine Meinung, er wäre ein Halbwilder, dem guten Wein anzubieten ewig schade ist. Er hat unumschränkte Befehlsgewalt auf dem Schiff; wenn ich an dem Schloß herumtue und die Wache mich dabei ertappt, läßt der Kapitän mich in Ketten legen, und ich verdiene nichts Besseres. Du und er, ihr würdet dann eisiges Schweigen bewahren, während ich in meinen Ketten schmachten und warten könnte, bis wir landen und ich dann ins Gefängnis geschleppt werde. Ja, ja« – er hob einfühlsam die Hand – »ich weiß, du bist bereit, die Schuld auf dich zu nehmen. Aber Gallo würde niemals Lucanus, den Sohn des Diodorus, in Ketten werfen. Höchstens würde er Zimmerarrest über dich verhängen, was er gleich nach unserer Abfahrt hätte tun sollen. Ich habe Weib und Kind; die Aussicht, wegen Verletzung der Seegesetze eingesperrt zu werden, lockt mich nicht. Denke an meine Frau und mein Töchterchen, Lucanus!«

Lucanus wurde ungeduldig. »Ich habe alles bedacht«, sagte er. »Wir gehen miteinander zur Tür. Und wenn man uns erwischt, werde ich dem Kapitän sagen, daß du mich nur unter dem Druck der schrecklichsten Drohungen begleitet hast; und du kannst dann den Kapitän auffordern, dich gegen meine Tollheit zu schützen. Sollten sich die Ketten trotzdem nicht vermeiden lassen, so wird Diodorus dich im Handumdrehen freisetzen.«

»Das bezweifle ich!« rief Kusa. »Du weißt doch, was für ein Gesetzesfanatiker er ist.«

Die Miene des Arztes erhellte sich, und er schnippte mit den Fingern. »Hole mir Scipio, den jüngeren der beiden Zenturionen!«

»Zu dieser Nachtstunde?«

»Zu dieser Nachtstunde. Rasch, Kusa! Deine Einwände langweilen mich.«

Kusa schüttelte bekümmert den Kopf, verließ die von Räucherwerkdämpfen erfüllte Kabine und kehrte bald mit Scipio zurück. Der Zenturio war zwar vor Schläfrigkeit rot im Gesicht, und seine verschwollenen Augen tränten. Aber er hatte schon Harnisch, Helm und Schwert angelegt, wie es einem Soldaten geziemte. Er hob den rechten Arm, und Lucanus erwiderte den Gruß.

»Setz dich zu mir, mein wackerer Scipio«, begann der Arzt. »Ich möchte etwas mit dir besprechen.«

Kusa stand an der Tür und hörte zu, während er sich besorgt unter seiner Nachttunika kratzte.

Lucanus sagte: »Scipio, als Soldat hast du wohl keine hohe Meinung von den Seeleuten, wie?«

»Herr, als Soldat verachte ich sie. Sie sind zu nichts nutze als dazu, Kriegsschiffe in gute Stellungen zu manövrieren, so daß die Soldaten angreifen können.« Scipios schwarze Augen begannen vor Neugier zu leuchten; aber die militärische Zucht verbot ihm zu fragen, warum man ihn mitten in der Nacht geweckt hatte. Lucanus vertrat für ihn die Stelle des mächtigen Diodorus, dessen Name bei allen Soldaten in hohen Ehren stand.

»Dabei sind diese Seeleute so anmaßend!« bemerkte Lucanus seufzend. »Weißt du, daß Gallo mir heute abend Kabinenarrest angedroht hat, weil ich über eine bestimmte Sache anderer Meinung war als er? Er hat mich angeschrien, Befehlshaber auf diesem Schiff sei er.«

Scipio war empört. »So hat er zu dir gesprochen, Herr, zu dir, dem Sohn des Diodorus Cyrinus?« Eine solche Ungeheuerlichkeit konnte er nicht glauben.

Lucanus seufzte wieder. »Ja. Und zwar in Gegenwart seines Sklaven.«

»In Gegenwart seines Sklaven!« Scipios junges Gesicht verfinsterte sich; er faßte den Schwertgriff und sprang auf.

»Also«, stöhnte Kusa und hob abwehrend die Hände, »wer ist jetzt der schlaue Grieche?«

Lucanus beachtete ihn nicht. »Ich bin Arzt, Scipio; und ein Arzt ist, denke ich, klüger als ein simpler Frachtschiffkapitän, jedenfalls aber wertvoller. Unter den Ruderknechten ist die Pest ausgebrochen.« Als Scipio diese Worte hörte, erblaßte er und setzte sich langsam nieder. »Wenn ich die Krankheit nicht eindämmen kann, wird sie sich über das ganze Schiff ausbreiten, und wir fallen ihr vielleicht alle zum Opfer. Hast du schon Pestfälle gesehen, Scipio? Ach, eine ganz fürchterliche Sache! Die Drüsen schwellen an und füllen sich mit Eiter; der Körper verfault; man spuckt Blut; man hustet Blut. Man stürzt sich im Fieberwahn in die gefährlichsten Abenteuer. Das steht uns allen bevor. Und schließlich der Tod. Pestkranke haben kaum Aussicht, am Leben zu bleiben. Aber dieser Hohlkopf von Kapitän verbietet mir, die Krankheit zu behandeln und auszurotten! Ist das nicht unbegreiflich?«

Der arglose junge Offizier war außer sich. »Ja, was kann man schließlich von einem armseligen Seemann erwarten, Herr?« Er wurde ganz aufgeregt.

»Darf ich etwas sagen?« mischte Kusa sich ein.

»Du darfst nicht«, erwiderte Lucanus rasch, und Scipio warf dem vorlauten Kusa einen finsteren Blick zu.

»Als Arzt und als Mann von Stand und Würden gedenkst du natürlich nicht, dich an die Befehle dieses Tölpels von Kapitän zu halten«, sagte Scipio wutschnaubend.

»Scipio, du bist ein junger Mann von bemerkenswerter Geistesschärfe«, lobte Lucanus.

»O weh!« stöhnte Kusa. »Mir hat man Schlangenzüngigkeit vorgeworfen; aber da ist einer, vor dem sich sogar die Schlangen der Isis verstecken können!«

Lucanus ließ ihn auch diesmal unbeachtet. Scipio sagte mit zornbebender Stimme: »Wie kann er es wagen, dem Sohn des Diodorus Cyrinus Vorschriften zu machen?«

Der Arzt nickte traurig. »Er hat mich niederbrüllen wollen; er hat mit der Faust auf den Tisch geschlagen. Er hat mir gedroht, mich – wie sagtest du nur, Kusa? –, ach ja, mich in Ketten schließen zu lassen.«

Scipio sprang auf. »Dafür wird einer büßen!« rief er.

»Und ich habe ja nichts gewollt als uns alle vor der Pest schützen. Wir führen die gelbe Flagge, Scipio. Vielleicht läßt man uns gar nicht in Italien landen; vielleicht schickt man uns gar nach Alexandria zurück, oder wir müssen auf der See kreuzen, bis wir alle tot sind. Du weißt, wie streng diese Amtsärzte in Rom sind.

Wie lange hast du schon deinen Schatz nicht gesehen, Scipio, und deine Eltern und die Stadt Rom, wo die Römer einfach Römer sind und nicht Hüter einer ganzen undankbaren Welt?«

Tränen traten Scipio in die Augen. Er hätte Gallo auf der Stelle umbringen können.

Kusa starrte Lucanus mit staunender Bewunderung an. Der ›heldenhafte Idiot‹ war ja verschlagen wie ein Orientale!

»Ich brauche deine Hilfe, Scipio. Vielleicht steht ein Wachtposten an der versperrten Tür zum Raum der Ruderknechte. Oder die Schiffswache könnte bei ihrer Runde dort auftauchen, ehe mein prächtiger Kusa hier das Schloß knackt.«

Schlösser aufzubrechen war etwas Verwerfliches. Für einen Augenblick malte sich Zweifel in Scipios Gesicht. Dann hellte seine Miene sich auf. Was machte ein Einbruch schon einem Griechen aus?

»Kurz und gut«, sagte Lucanus mit einer verniedlichenden Geste, »du brauchst bloß so zu tun, Scipio, als fändest du keinen Schlaf oder hättest von mir den Auftrag, auf mich heute abend, nachdem ich manchmal sehr nervös und mondsüchtig bin, ein wachsames Auge zu haben. Du streifst also argwöhnisch auf dem Schiff herum. Du kommst zu der bewußten Tür. Du erkundest, ob sie bewacht ist. Wenn ja, wird es dir nicht schwerfallen, den Wachtposten wegzulocken. Dann hältst du meinem Kusa, während er das Schloß aufknackt, die Schiffswache vom Leibe. Ich brauche bloß eine oder zwei Stunden. Kusa wird dir sagen, wann ich wieder heraufkomme. Er als Hasenfuß traut sich natürlich nicht mit mir hinunter.«

»Das hat gar nichts mit Hasenfüßigkeit zu tun!« rief Kusa. »Hier geht es um Recht und Gesetz!«

Lucanus betrachtete ihn eher bekümmert als aufgebracht. »Kusa, du hast vergessen, was es heißt, römischer Soldat zu sein, Vollstrecker des höchsten Rechtes und höchsten Gesetzes.«

»Das Gesetz sind wir!« erklärte Scipio und warf Kusa einen vernichtenden Blick zu. »Meinst du wohl, daß die Aufträge irgendeines Seebären mehr Durchschlagskraft haben als wir?« Aber Kusa sah ihn nur mitleidig an als das Werkzeug von Schlichen, die er nicht nur für gefährlich, sondern auch für ungehörig hielt.

»Ich befehle dir zu schweigen, Kusa«, rief Lucanus.

»Schweigen sollst du!« bekräftigte Scipio. »Du hörst, was dein Herr sagt.«

»Ach ja. Aber er hat dir nicht mitgeteilt...«

Lucanus unterbrach ihn. »Jetzt ist es ganz still, Scipio. Nimm meinen Dank und geh! Haben wir nicht alle den Wunsch, gesund heimzukommen und bald?«

»Und in Ketten«, fügte Kusa verzweifelt hinzu.

»Geh jetzt auch, Kusa, und hole dein schwarzes Lederbeutelchen mit den wunderbaren Einbruchswerkzeugen, die du wahrscheinlich von einem ausübenden Fachmann gekauft hast«, sagte Lucanus lächelnd. »Und, Kusa, ich schärfe dir ein: Versuche ja nicht, deine feige Angst, sobald du außer meiner Hörweite bist, einem römischen Offizier ins Ohr zu jammern.«

»Herr«, erklärte der junge Zenturio stolz, »ein Römer ist taub gegen die Reden eines Freigelassenen.«

Kusa kam allein mit einem schwarzen Beutel zurück. Lucanus prüfte rasch den Inhalt seiner Arzttasche. »Natürlich wirst du«, meinte Kusa erbittert, »dem Scipio, wenn der Kapitän ihn einlocht, zur Tröstung von meinem guten Wein schicken. Und ebenso natürlich wirst du es unterlassen, den gleichen Liebesdienst mir zu erweisen.«

»Du machst dir zuviel Sorgen«, fand Lucanus. Er war so munter und tatkräftig, als wäre er eben erst aus dem Bett gestiegen. Seine Wangen waren rosig; seine Augen blitzten zufrieden.

»Nie hätte ich gedacht, daß mein Schüler sich zu Lügen erniedrigen würde«, erklärte Kusa.

Lucanus sah seine Skalpelle nach. »Ich habe kein einziges unwahres Wort gesagt«, betonte er.

»Nein, nein, natürlich nicht. Du bist ein Sophist. Du riechst geradezu aufdringlich nach Tugend. Auf diese Weise wirst du auch noch zum Stoiker. Du bist in vielen Sätteln gerecht, Lucanus; und ich muß gestehen, daß ich den Einschlag von Spitzbüberei bei dir unterschätzt habe. So muß ich als dein Lehrer zugeben, daß ich mir ein ganz falsches Bild von dir gemacht habe. Und das war sehr dumm von mir.«

»Sehr dumm!« bestätigte Lucanus mit jungenhaftem Grinsen.

Scipio kam zurück, vor Befriedigung strahlend. »Die Tür ist nicht bewacht, Herr. Offenbar hielt man das nicht für nötig. Und mit dem Mann, der Schiffswache hat, bin ich angenehm bekannt, weil ich ihm einige Soldatenkniffe beigebracht habe. Mir kommt vor«, fügte Scipio mit dem Gehaben eines Verschwörers hinzu, »daß ein kleiner Krug Wein, an dem er sich mit mir zusammen oben auf dem Deck gütlich tun könnte, sein Interesse für meine Feldzugserinnerungen vertiefen würde.«

»Einen Krug Wein her!« sagte Lucanus zu Kusa, der mit einem Stöhnen, als wäre sein letztes Stündlein gekommen, das Verlangte holen ging. Scipio stellte bald zu seinem Behagen fest, daß der Krug voll war, und machte sich an die Aufgabe, den militärisch interessierten Seemann von seinem Dienst wegzulocken und stillzulegen.

»Der Kapitän wird den armen Kerl baumeln lassen – vom Mast oder von einer Rah oder wie das verdammte Zeug heißt«, unkte Kusa. »Aber das wird dich natürlich nicht stören. Übrigens hast du den Offizier vergessen, der oben auf Deck Wachdienst hat.«

»Scipio ist ein gescheiter, junger Kriegsmann«, entgegnete Lucanus auf diesen Einwand. »Er schwatzt genauso gern wie du und kennt alle Schiffsoffiziere. Es wird also eine nette allgemeine Plauderstunde geben. Wie einsam muß man sich fühlen, wenn man bei einer solchen Flaute Wache hält! Komm, gehen wir! In drei Stunden dämmert es. Halt, einen Augenblick! Ich brauche zwei Eimer Wasser. Schleiche nicht daher wie ein Greis, Kusa. Du gehst nicht zur Hinrichtung.«

»Vielleicht doch«, jammerte Kusa.

Sie nahmen die Kabinenlaterne und trugen sie in den schmalen Gang hinaus. Dem jungen Arzt tat es leid, daß Kusa Angst hatte, daß er an unbedingte Befehlsgewalt glaubte und sich ihr blind unterwarf. Mochte der Kapitän ein gesetzliches Recht über Leben und Tod der Schiffsinsassen haben, in deren Interesse selbst, angesichts eines unberechenbaren, launenhaften, immer gefahrdrohenden Elementes, so gab es noch stärkere moralische Rechte, die zu schmälern niemand befugt war. Der Kapitän hatte seine Vollmachten; aber sie wurden in dem Augenblick zur nackten Gewalt, wo er den armen Sklaven jede Unterstützung oder Erleichterung, ja selbst das Anrecht auf ihr Leben versagte.

Lucanus erinnerte sich an die vielen verbürgten Erzählungen über Schiffe wie dieses hier, auf denen die Ruderknechte ebenfalls von einer heftigen, tödlichen Krankheit befallen und ohne Hilfeleistung unter Deck eingesperrt worden waren. Bei der Ankunft im Bestimmungshafen erhielten dann nach einer Untersuchung durch die Amtsärzte die nicht erkrankten Schiffsinsassen die Bewilligung, an Land zu gehen. Hierauf wurde das Schiff mit seiner Last eingesperrter, sterbender oder hoffnungslos kranker Ruderknechte auf offene See hinausgeschleppt und in Brand gesteckt. Lucanus erschauerte bei dieser Vorstellung. Das gleiche Los stand den im Schiffsbauch eingeschlossenen armen Kerlen bevor.

Der junge Arzt hatte sich die Beine und auch Arme und Hände mit Leinenstreifen dicht umwickelt. Er hüllte sich in seinen Überwurf und zog die Kapuze über den Kopf. Kusa hielt die blakende Laterne. Die schmalen Holzgänge waren vollkommen still und finster, als die beiden Männer hinunterstiegen. Scipio hatte ganze Arbeit getan: nirgends trafen sie eine Wache. Als sie an verschlossenen Türen vorbeischlichen, den Atem anhaltend und so leise wie möglich auftretend, hörten sie tief im Schiff das ferne, taktmäßige Ziehen von Rudern, das Krachen und Stöhnen der Spanten, und gedämpftes Schnarchen. Das ganze Schiff roch nach Lauge und Teer; darein mischten sich vielfach der Gestank von Fracht und Menschen und Öl, Salzgeruch und die Ausdünstungen nach der Hitze des vergangenen Tages. Während die beiden Männer, lautlos wie Geister, über die Leiter tiefer in den Schiffsraum hinabkletterten, lagen die Planken der Verbindungsgänge ohne jedes Schwanken still, als befände man sich an Land. Mit kaum merklichem Schaukeln glitt das Schiff über die Meeresfläche.

Immer tiefer stiegen die beiden, und die widerlichen Gerüche wurden fast unerträglich. Jetzt kam ein anderer Gestank hinzu: der nach Krankheit und Tod. Das Dach des letzten Laufgangs war so niedrig, daß Lucanus sich bücken mußte. Er sah, daß hier eklig riechendes Schmutzwasser in kleinen schwarzen Bächlein rieselte. Im Bemühen, die um sich greifende Krankheit einzudämmen, hatte man hier unten Kräuter und Gewürze und Giftstoffe verbrannt, was nur die Verräucherung und Verunreinigung der Luft und die beklemmende Hitze steigerte. Die Laternen warfen hinter den beiden Männern Schatten, die über den schmutzigen Dielenbelag, die verfaulenden Holzwände und die triefende Decke huschten.

Jetzt hörte Lucanus ein Geräusch, das wie unaufhörlich wehender Wind klang, mächtig, aber gedämpft, hallend und schwermütig. Es waren die Stimmen der Sklaven, ein verzweifeltes Jammern, nicht mehr menschlich und doch erfüllt von der Qual der ganzen Menschheit. Entsetzt blieb Kusa stehen. »Das sind bloß die Sklaven«, flüsterte Lucanus beschwichtigend. Aber Kusa zitterte. Lucanus schob ihn sanft weiter. Die Laterne schwankte in Kusas Hand. Er murmelte: »Wie können wir das vor dem Kapitän verborgenhalten? Hier unten sind viele Sklaven und ein Aufseher. Die Nachricht wird durchsickern.«

»Wahrscheinlich«, erwiderte Lucanus. »Aber vollzogene Tatsachen lassen sich nicht mehr rückgängig machen. Und zu Gesicht bekommen wird man nur mich. Übrigens dürfte – wenn ich, wie mein Gefühl es mir sagt, Erfolg habe – der Kapitän der erste sein, dem die Behörden ihre Anerkennung aussprechen werden. Und sei versichert, daß er dann meinen Anteil daran verschweigen wird!«

Der Gang wurde jetzt sehr niedrig und so schmal, daß die beiden Männer hintereinander gehen mußten. Am Ende des Ganges befand sich eine starke Holztür, verriegelt und versperrt. Lucanus winkte Kusa heran, der sich vorschlich und seinen Werkzeugbeutel öffnete. »Knie nicht nieder!« flüsterte Lucanus. »Das Wasser kann die Krankheit übertragen.« Kusa beugte sich über das Schloß und begann daran zu arbeiten. Seine geschickten Hände waren feucht und zitterten; von der Stirn rann ihm der Schweiß in die Augen. Lucanus hielt die Laterne ganz nahe hin und schaute dem Einbrecher über die Schulter zu. Die klagenden Stimmen der Ruderknechte hinter der Tür, von deren Widerhall Boden und Wände und Decke des Ganges erbebten, schienen in die Luft, wie mit dazugehörig, eingebettet zu sein. Andere Sklaven waren in einem anstoßenden Verschlag eingesperrt; sie mußten den Ruderern Essen und Wasser bringen und die Plätze Gestorbener einnehmen. Sie gehörten größtenteils zu der Sklavenschar, die man knapp vor

Auslaufen des Schiffes unter Lucanus' Augen an Bord getrieben hatte. Schuldlos waren sie vom Kapitän zum Tode verurteilt worden, und sie wußten es offenbar. Durch die Wände hörte Lucanus das gedämpfte Schluchzen ihrer Frauen und das Schreien ihrer Kinder.

Während Kusa arbeitete, leerte Lucanus Päckchen mit Entseuchungsmitteln in die beiden Eimer Wasser, die sie mit so viel Mühe hinuntergetragen hatten. Einer der Eimer war zum Trinken für die kranken und sterbenden Sklaven bestimmt, der andere für den eigenen Gebrauch des Arztes. Er wollte sich während der Behandlung die Hände feucht halten. Der Geruch des Entseuchungsmittels mischte sich in die anderen unerträglichen Gerüche, und Kusa mußte heftig niesen; da seine Hände an der Arbeit waren, wischte er sich die Nase in den Ärmel. Dann gab es einen scharfen Knacks, und das Schloß war offen.

»Geh rasch fort!« flüsterte Lucanus. »Ich öffne die Tür erst, wenn du weit weg bist. Bleib in meiner Kabine. Wenn jemand kommt, so sage, daß ich schlafe.«

Aber eine ganze Weile stand der kleine Lehrer da und sah Lucanus im Licht der hochgehobenen Laterne an. Seine sonst so lebhaften Augen waren jetzt merkwürdig ruhig und starrend. Er dachte: Wenn ich einen weniger gerechten und guten Herrn gehabt hätte als Diodorus, könnte auch ich jetzt ein solcher Ruderknecht sein, hilflos und hoffnungslos dem Tode preisgegeben. Hätte Lucanus sich nicht für mich eingesetzt, so wäre ich noch immer Sklave.

Er murmelte: »Herr, ich verlasse dich nicht.« Lucanus runzelte die Stirn. Aber sein Begleiter fügte hinzu: »Wohin du gehst, dorthin gehe auch ich.«

Der Arzt lächelte. Und Kusa glaubte zu bemerken, daß sein Gesicht von einem plötzlichen, kurzen Leuchten umstrahlt wurde. »Dann komm!« sagte Lucanus schlicht.

Einige Ratten, die den abendlichen Vernichtungsfeldzug überlebt hatten, liefen an ihnen vorbei, quiekend und hastend; und es schien Kusa, daß die Tiere sich an die Wände des Ganges drückten, als hätte irgend etwas nur ihnen Sichtbares, Geisterhaftes ihnen lautlos einen Befehl erteilt. Nun faßte er Mut. Mit einem Male spürte er ungeheure Zuversicht. Lucanus und alle, die ihm dienten, waren gegen jede Bedrohung gefeit!

Sie brauchten beide ihre volle Kraft, um die Tür aufzudrücken; und auch gemeinsam gelang es ihnen nur mit der größten Anstrengung. Laterne, Eimer und Arzttasche hatten sie niedergestellt, auf den trockensten Fleck. Und so fiel das Licht der Laterne nur auf den Fußboden des jetzt geöffneten Raumes; alles übrige war in völlige Finsternis getaucht. Aber aus dem Raum drang unerträglich üble Luft und Hitze in so dichten Schwaden, daß Kusa sie wie heftige Schläge auf Rumpf und Kopf empfand. Er taumelte zurück und bedeckte das Gesicht mit dem Ärmel. Das Stöhnen und Wehklagen der Sklaven füllte den ganzen Korridor.

»Rasch!« flüsterte Lucanus. Er nahm die Laterne und seine Tasche; Kusa ermannte sich und hob, obwohl es ihn würgte, die beiden Eimer. Der Arzt ließ das schwache Licht der Laterne in den Raum fallen, und sein Begleiter folgte. Durch eine plötzliche schwere Meereswelle schloß sich hinter ihnen die Tür widerstrebend von selbst.

Lucanus war auf einen entsetzlichen Anblick gefaßt gewesen. Was er aber sah, als er langsam den Schein der Laterne durch den Raum wandern ließ, überstieg alles Vorstellbare. Nur hohe, kleine, unbedeckte Luken ließen überhaupt Licht ein; und dieses Licht kam bloß von dem sternklaren, aber mondlosen Himmel und dem phosphoreszierenden Meer. Man konnte kaum überhaupt von Licht reden, sondern höchstens von einem Schimmer, wie eine im Dunkel fliegende Motte ihn erzeugt.

Und in diesem unsteten Schimmer, zu dem sich das fahle Leuchten auf den durch die Luken ragenden feuchten Rudern und das kreisende Lichtbündel der Laterne gesellten, sah Lucanus die nackten, bärtigen Männer auf ihren Bänken, die in Fesseln und Ketten geschlagenen Männer, Weiße, Schwarze, Gelbe und Braune, die Köpfe gebeugt, die Augen vor Schmerz zusammengekniffen, die Brüste schwer atmend, die Rippen unter der gestrafften Haut hervortretend. Die Arme bewegten sich in mechanischem Rhythmus, die Stimmen klagten in einem einzigen gemeinsamen ungeheuren Stöhnen, zu dem das Klirren und Rasseln von Ketten und Fesseln als leise metallische Begleitmusik erklang. An den Wänden neben der Tür lagen die Toten und Sterbenden, auf Haufen übereinander: Menschen, die noch lebten, Menschen, die eben gestorben schienen, Menschen, die seit Stunden tot waren, die Gesichter wie kahle Knochenschädel in dem unbestimmten Licht.

Der Aufseher, selbst Sklave und Verbrecher, schritt zwischen den Reihen der Ruderer umher und ließ mit furchterregenden Blicken die Peitsche knallen. Als er die beiden Eindringlinge sah, blieb er stehen; er fuhr sich mit der Zunge über die Lippen, brachte aber kein Wort hervor.

Lucanus glaubte sich in eine Unterwelt versetzt, in der Gespenster gemartert wurden, aus der üble Düfte aufstiegen, wie nur eine Senkgrube sie ausströmen konnte. Tiefes Schmutzwasser, schwarz wie kriechende Schlangen, schwappte beim Rollen des Schiffes auf dem Boden hin und her. Blut war erbrochen, blutiger Kot, rot verfärbter Harn waren auf dem Boden abgesetzt worden.

Der Aufseher erholte sich ein wenig von seinem Staunen über die beiden Ankömmlinge. Er hielt die Männer in ihren weißen Gewändern für Geister. Angstvoll kam er auf sie zu.

Lucanus sagte sofort mit ruhiger Stimme: »Ich bin Arzt, und ich brauche deine Unterstützung. Das hier ist mein Gehilfe. Wir haben keine Namen. Wir müssen rasch arbeiten.« Der Mann stand da, nackt wie die anderen Sklaven, und starrte. Lucanus winkte ihm ungeduldig. »Wir müssen rasch arbeiten«, wiederholte er, »wenn nicht alle sterben sollen. Auf! Nimm diesen Eimer und gib jedem Mann einen Mundvoll zu trinken.«

Seine befehlende Stimme durchschnitt die Luft wie Peitschenknall, und der Aufseher faßte den Eimer. Zuerst aber schluckte er selbst von dem Wasser. Unterdessen besprühten Lucanus und Kusa sich aus dem anderen Eimer Gesicht und Hände, und Kusa befeuchtete sich auch die Beine. Während der Aufseher seinem Auftrage nachkam, untersuchte der Arzt die neben den Toten liegenden Lebenden. Diejenigen, die noch nicht ganz verloren schienen, schleifte er von den Sterbenden weg auf die gegenüberliegende Seite und legte sie dorthin, die Köpfe und Schultern an die Wand gestützt. Die übrigen, für die jede Hilfe zu spät kam, ließ er bei den Leichen der Gefährten.

Es war zweifellos die tödliche Pest. Die Kranken wiesen mächtige Milzschwellungen auf, die Zungen waren dick von einem weißen, pelzigen Belag, die Haut glühte. In der Leistengegend wölbten sich Beulen vor, von Eiter und Blut strotzend, pulsend. Die Beine der Kranken troffen von Blut, das aus dem Mastdarm rieselte. Bei anderen sickerte Blut aus den Mundwinkeln. Wo Beulen aufgebrochen waren, rann der Inhalt den Leuten über die Schenkel.

Dem jungen Arzt klopfte das Herz bis zur Kehle und krampfte sich mitleidsvoll zusammen. Für diese Menschen gab es keine wirksame Behandlung mehr; nur etwas Erleichterung konnte man ihnen bringen. Rasch öffnete er seine Tasche und holte kleine Beutel mit starken Schmerzbetäubungsmitteln in Phiolen hervor. In jeden der weit aufgerissenen Münder goß er ein wenig von der Flüssigkeit. Die Männer blickten zu ihm auf, stumm wie gequälte Tiere. Lucanus lächelte ihnen freundlich zu. Die Laterne zog Funken goldenen Feuers aus seinem zum Teil freiliegenden Haar; seine blauen Augen strahlten den Kranken in tiefstem, zärtlichstem Mitleid entgegen. Die geschwollen Lippen der Männer bewegten sich still; der eine oder andere streckte unwillkürlich die Hände aus, um das Gewand des Arztes zu berühren, weil diese Männer seinen Schmerz um sie und seine Liebe spürten. Der Aufseher kam mit dem leeren Eimer zurück und blickte Lucanus aus weit offenen Augen merkwürdig an. Kusa füllte den Eimer wieder aus einem in der Nähe stehenden Faß und schüttete auf einen Wink des Arztes etwas von dem Entseuchungsmittel hinein.

Lucanus sagte zu dem Aufseher: »Gib den Leuten jede Stunde einen Schluck aus dem Eimer! Morgen werden gleiche Eimer für die nicht Erkrankten vor der Tür stehen. Laß sie durch den Sklaven, der die Tür öffnet, hereinbringen. Und es werden draußen auch mit einem roten Strich bezeichnete Eimer stehen. Aus ihnen müssen sich die Gesundgebliebenen häufig die Haut besprengen. Und stöbere alles nach Ratten durch, erschlage sie sofort und wirf sie durch die Luken hinaus!«

»Ja, Herr«, stammelte der Aufseher. Er sah Lucanus mit ehrfurchtsvoller Scheu an. Er lächelte und zitterte zugleich. »Herr, es ist, als wäre ein Gott zu uns herabgestiegen. Ich habe von deiner Arznei getrunken, und neues Leben ist in mich gekommen. Ebenso war es bei den anderen Sklaven.«

Kusa bemerkte nun, daß die Männer nicht mehr wehklagten. Im Licht der Laterne sah er Dutzende von Augen auf den hantierenden Arzt gerichtet, und es waren die Augen von Menschen, die in diesem gestankerfüllten, faulenden Loch plötzlich wieder Hoffnung gefaßt hatten. Einige stimmten einen fremdartigen Gesang an, und bald fielen die anderen mit ein. Es war ein Chor der Dankbarkeit und Danksagung, der sich in das Schaben und Knarren der Ruder mischte. Selbst die Kranken und Sterbenden vernahmen es; sie hoben die Köpfe und hörten auf zu stöhnen. Kusas Satyrgesicht leuchtete, während er Lucanus an die Hand ging. Hier in dieser Modergrube gab es keine Sklaven; es gab nur Menschen.

»Gut!« sagte Lucanus wie abwesend. Er stand mitten in dem unheilvollen Gewirr von Kranken, Sterbenden und Toten; und Kusa hatte den ganz bestimmten Eindruck eines sieghaften Gottes. Lucanus hängte die Laterne an einen Haken der triefenden Decke. Sein Gewand war mit Blut und Schmutz besudelt; aber sein Gesicht war ein einziges Strahlen. Er sagte zu dem Aufseher: »Unmittelbar unter dem Deck, zwei Geschosse höher, sind breite Luken oder Fenster. Nimm einige Ruderer und laß die Toten hinaustragen und still ins Meer werfen. Das darf nicht bis zum Morgen aufgeschoben werden. Die Toten sind die große Gefahr für euch.«

Der Aufseher zuckte zurück. »Herr, weder ich noch die Ruderer dürfen diesen Raum verlassen!«

»Wenn es nicht geschieht, und zwar sofort, werdet ihr alle sterben«, erklärte Lucanus streng. »Geht so behutsam wie möglich! Man wird euch nicht hören. Es muß geschehen! Das ist mein Befehl.«

Der Aufseher zögerte. Dann sah er das gebieterische Aufblitzen in den Augen des Arztes; und er konnte sich der Anordnung ebensowenig entziehen, als wenn sie von einem Gott ausgegangen wäre. Er rief drei der stärksten Männer und löste ihre Fesseln. Sie erhoben sich steif und ungelenk von ihren rohen Holzbänken und taumelten vor. Sie begannen die Toten auf die Schultern zu heben, auf ihre mit einem Gemisch von Schweiß und Entseuchungsmittel bedeckten Körper. Wenn der eine oder andere das Gesicht eines Freundes erkannte, schluchzte er laut auf.

Die Tür öffnete sich knarrend, und die Sklaven schlichen mit ihren traurigen Lasten davon. Nacheinander wurden, während Lucanus weiter die Kranken behandelte, die Leichen still hinausgetragen. Das Schiff schwankte und ächzte in allen Fugen. Als der Aufseher wieder keuchend neben ihm stand, ordnete Lucanus an: »Du mußt auch die Wände und den Fußboden mit diesem Mittel waschen. Vergiß meine Aufträge nicht! Nur so habt ihr Aussicht, am Leben zu bleiben.«

Mit dumpfer Stimme sagte der Aufseher: »Herr, ich habe in der letzten Zeit viel nachgedacht. Die Männer, die wir im Meer bestattet haben, sind glücklicher als wir.«

»Ja«, pflichtete Lucanus bei und runzelte die blonden Brauen. »Immerhin werden einige von euch, nachdem sie ihre Strafzeit abgedient haben, schließlich wieder frei werden. Und für die anderen gilt: Solang man lebt, bleibt Hoffnung noch.« Leidenschaftlich fügte er hinzu: »Glaubst du, ich bin glücklicher als ihr? Ich sage dir: Alles, was atmet, ist zum Tod verurteilt!«

Die Kranken und Sterbenden kauerten sich plötzlich hin und schliefen ein. An manchen der schmutzigen, bärtigen Gesichter konnte man eine große Schmerzlinderung, ein Gefühl der Befriedung ablesen. Kusa betrachtete diese Männer sorgenvoll. »Hoffnung besteht für niemanden von ihnen«, flüsterte der Arzt traurig. »Wir kennen keine wirksame Behandlung. Selbst unter den günstigsten Umständen ist die Pest fast immer tödlich.« Sein Schatten lag hoch auf der Wand und schien geflügelt.

Lucanus gab dem Aufseher die noch nicht verbrauchten, noch ungeöffneten Phiolen. »Sei barmherzig, weil du ein Mensch bist!« legte er ihm nahe. »Gib jedem Kranken und Sterbenden alle drei Stunden ein paar Tropfen von dieser Arznei, damit sie in Frieden und ohne Schmerzen sterben.« Er hielt inne. Dann fügte er, ohne es eigentlich zu wollen, hinzu: »Und Gott sei mit euch!«

Es war in Wirklichkeit nicht er, der diese Worte sprach, sondern Dina durch ihn; plötzlich hatte er ihr Antlitz vor sich gesehen und mechanisch ihren Abschiedsgruß übernommen. Mit einem heiseren Laut seufzte er auf, winkte Kusa, nahm die Laterne vom Haken und faßte seine Tasche. Er hatte noch viel zu tun. In der Einsamkeit seiner Kabine mußte er neue Entseuchungsmittel und Arzneien bereiten, damit die Sklaven weiter versorgt würden. Scipio und Kusa sollten an jedem Morgen irgendwie die Eimer vor die Tür stellen.

Zusammen mit seinem Begleiter stieß Lucanus jetzt die Tür auf. Hinter den beiden erhoben sich die Stimmen der Sklaven zu einer leidenschaftlichen Welle zittriger Freude; und, von dieser Welle getragen, schlossen und verriegelten sie wieder die Tür. Und dann bückte Kusa sich plötzlich, faßte die Tunika des Arztes und küßte wortlos den Saum des Gewandes.

Drei Tage später ließ der Kapitän den jungen Griechen zu sich bitten; und Lucanus kam der Aufforderung nach, nachdem er einige Trostworte an den erschrockenen Kusa gerichtet hatte. »Ich nehme alles auf mich. Begleitet hat mich niemand«, sagte er beschwichtigend.

Gallo lachte über das ganze Gesicht. »Nimm Platz, ehrenwerter Lucanus!« rief er, zum großen Erstaunen des Arztes, der auf allerlei Unannehmlichkeiten gefaßt gewesen war. »Wein gefällig? Ja natürlich, Wein! Ich bin heute ein glücklicher Mensch, lieber Freund! Ein sehr glücklicher Mensch!«

Lucanus nippte an dem Wein, den Gallo ihm mit einer ebenso freudigen wie formgerechten Verbeugung gereicht hatte, und musterte das gutmütige Gesicht des Kapitäns, dessen Augen vor Genugtuung strahlten. Der alte Seebär setzte sich ihm gegenüber, die mächtigen Hände auf den gespreizten Knien, und betrachtete Lucanus spöttisch. Wie ein liebevoller, aber lehrhafter Vater drohte er dem Arzt mit einem ausgestreckten Finger.

»Was du zusammengeunkt hast!« rief er. »Ah, wenn du nicht der Sohn des Diodorus Cyrinus wärst, würde ich dich auslachen! Aber du bist jung und unerfahren, und das sind Gebrechen, die die Zeit heilen wird!«

Er war so überschwenglich, daß Lucanus aus dem Staunen nicht herauskam. »Du hast gute Nachrichten erhalten?« rätselte er. »Aus dem Hafen, den wir gestern abend kurz anliefen?«

»Wir haben den Hafen nicht angelaufen«, erklärte der Kapitän. »Ein kleines Boot ist zu uns hinausgerudert und hat Briefe gebracht, auch einen für dich; er liegt hier auf dem Tisch. Wir durften nicht einfahren, weil wir die gelbe Flagge führten. Aber diese Flagge ist heute gestrichen worden!« Er jubelte vor Freude, schlug sich auf den Schenkel und grinste Lucanus herausfordernd an.

Dann schüttelte er nachsichtig den Kopf. »Ach, ihr Ärzte! Auch mein Priamos hat sich geirrt. Es war gar keine Pest an Bord! Du weißt, daß alle Pestkranken sterben müssen. Aber unter den Ruderknechten sind sogar die schon Befallenen wieder gesund geworden, und seit drei Tagen haben wir keine neue Erkrankung mehr. Hörst du, junger Lucanus? Die schon Befallenen sind gesund geworden, und das ist bei Pest unmöglich! Von einer Stunde zur anderen sind sie aufgestanden und haben ihre Plätze an den Rudern wieder eingenommen.« Nochmals schlug er sich auf den Schenkel und wieherte vor Lachen, so glücklich und erleichtert war er. »Und nicht ein einziger Todesfall in den letzten drei Tagen! Es war überhaupt keine Pest!«

Lucanus traute seinen Ohren nicht. »Das ist ausgeschlossen!« rief er. Beinahe hätte er sich verraten; dann aber fügte er hinzu: »Dein Priamos ist ein ausgezeichneter Arzt. Er kann sich nicht geirrt haben. Er hat schon früher Pestfälle gesehen.«

Sein Selbstvertrauen war sehr erschüttert. Konnten sie sich beide, Priamos und er, getäuscht haben? Er vergegenwärtigte sich die Gesichter der

Toten und der Sterbenden. Er sah wieder die Beulen vor sich. Er roch den erbrochenen blutigen Schleim. Er tastete das verzehrende Feuer des Fiebers. Dann schüttelte er völlig verwirrt den Kopf. Die Kranken und die Sterbenden waren hoffnungslos verloren gewesen. Und doch lebten sie noch, hatten sich rasch erholt, waren wieder gesund geworden?

Es konnte auch nicht an den Arzneien liegen, die er für die aussichtslosen Fälle zurückgelassen hatte. Es waren nur gebräuchliche Opiumtränke zur Linderung des Todeskampfs gewesen. Das Entseuchungspulver mochte zur Verhütung neuer Erkrankungen beigetragen haben, obwohl auch dieses Mittel sich bei so schweren Seuchen oft als unwirksam erwiesen hatte. Aber die Kranken und Sterbenden waren am Leben geblieben! Wieder schüttelte Lucanus ganz benommen den Kopf und dachte: Was bin ich für ein Arzt? Die einzige Erklärung ist, daß ich mich geirrt habe. Aber die Beulen, die Mastdarm- und Lungenblutungen? Sollte es eine noch unbekannte Krankheit geben, deren Erscheinungsformen denen der Pest ähneln?

»Von einer Stunde zur anderen haben die offenkundig Kranken und Sterbenden sich vom Fußboden erhoben und waren gesund!«, frohlockte der Kapitän. Er streckte die Hand aus und schlug Lucanus auf die Schulter. Er konnte sich vor Kichern nicht halten. »Ich habe selbst mit dem Aufseher gesprochen. Du weißt ja, wie abergläubisch diese Kerle sind. Er hat mir geschworen, Apollo und einer seiner Helfer seien lichtumflossen durch die verschlossene Tür – die versperrte Tür! – eingetreten und hätten die Sterbenden behandelt. Und daraufhin sei sofort eine Besserung eingetreten!« Der Kapitän wackelte belustigt mit dem Kopf. »Ach ja, man soll den armen Teufeln ihre Träume lassen. Sonst haben sie doch ohnedies nichts.«

»Gewiß«, bestätigte Lucanus, während er aufstand. »Sonst haben sie nichts.«

Er nahm seinen Brief vom Tisch und verließ, von dem Lachen des Kapitäns gefolgt, die Kajüte. Mit schweren Schritten, nachdenklich, machte er sich auf den Weg zu seiner Kabine. Laß dir das zur Warnung dienen! sagte er streng zu sich selber. Urteile nie voreilig!

In der Kabine erwartete ihn Kusa, zitternd vor Angst, weil er sich schon festgenommen und in Ketten geworfen sah. Lucanus lächelte ihm müde zu. »Keine Sorge!« rief er. »Alles ist in schönster Ordnung.« Und er erzählte Kusa von seinem Gespräch mit dem Kapitän.

Kusa hörte zu, und sein lebhaftes Gesicht wurde ernst und still. Er blickte den jungen Arzt ganz merkwürdig an. »Es ist so, wie ich vermutet habe«, murmelte er. Und ehe sein Herr ihn daran hindern konnte, sank er in die Knie und legte die Stirn auf die Füße des verdutzten Lucanus.

»Nein, nein«, wehrte der Arzt ab. »Ich habe sie nicht geheilt, lieber Kusa! Es war einfach keine Pest.« Aber Kusa küßte ihm die Füße und sagte nichts.

Lucanus hob ihn auf und versuchte zu lachen. »Wenden wir uns vernünftigeren Dingen zu!«, meinte er und nahm den aus Rom gekommenen Brief zur Hand. Iris hatte geschrieben.

Dann stieß Lucanus einen lauten Schrei verzweifelten Schmerzes aus. Als Kusa zu ihm eilte, warf er sich in die Arme seines Lehrers und weinte hemmungslos.

XXIII

Zwei Wochen vor seiner Abreise aus Alexandria hatte Lucanus an Keptah geschrieben; und jetzt, an diesem Morgen, fünf Wochen später, entrollte Keptah den Brief, der, durch einen raschen Segler und Sonderkurier befördert, eben eingelangt war. Der Arzt las das Schreiben. Dann blickte er nachdenklich und schwermütig über den Garten, in dem er saß. Jenseits der offenen Säulenhalle sangen die Bäume im sanften Herbstwind, und die Erde strömte so viel Süße und Frische aus, daß den Menschen weh ums Herz wurde. Strahlende Sonne glitzerte auf schmucklosen Springbrunnen und auf großen, etwas ungeschlachten Statuen.

Diodorus liebte Gebilde und Motive, die in der Strenge und Schlichtheit von Umriß und Bewegung an erdnahe Ländlichkeit erinnerten. Daher auch die Buntheit der Bodenfliesen in der Halle, die derbe Anspruchslosigkeit der umgebenden Säulen, die satten Farben der Blumen, die mächtigen, knorrigen Bäume.

Weit hinter dem Garten stiegen die niedrigen Hügel auf mit den mosaikartigen Farbtupfen der reifenden Reben: zum Gutshof gehörige Weinberge. Ihr Duft wurde vom Wind herangetragen wie eine lockende Verheißung. Auf andere Hügel stiegen Ölhaine und Obstgärten; und zwischen Haus und Hügeln waren die Weiden noch smaragdgrün, belebt von den friedlichen Gestalten der Rinder, Schafe und Pferde. Der kleine, durch die Wiesen rinnende Bach war noch strahlender grün, aber sehr gemächlich, als hätte er die Betriebsamkeit des Frühlings vergessen. Eine Stimmung des Friedens schwebte fast greifbar über dem Land, mit der Abgeklärtheit warmer, goldener Reife gewürzt.

In den letzten vier Jahren war Keptah kaum gealtert. Er trug die Zeitlosigkeit des Orientes in sich und dessen geheimes Wissen. Doch an diesem Morgen blickten seine tiefliegenden Augen beunruhigt. Er dachte an Diodorus. Sollte er dem Tribunen berichten, wie Lucanus sich seine Zukunft vorstellte? Oder war es mit Rücksicht auf den Gesundheitszustand seines Herrn besser, diese Eröffnung Lucanus selbst zu überlassen? Nochmals überlas Keptah den Brief, besonders gegen Schluß zu:

»Ich habe dunkle, schreckliche Ahnungen in bezug auf meinen Vater Diodorus. Er hat mir, ebenso wie meine Mutter, geschrieben, daß er häufig zu den Senatssitzungen erscheint, als Gast des Carvilius Ulpianus. Dieser, Senator, ein Verwandter meines Vaters, ist mir persönlich nicht bekannt; aber wenn ich an ihn denke, überkommt mich ein gewisses Unbehagen. Wer kann Diodorus kennen, ohne ihn zu ehren und zu lieben und zu achten? Bestimmt nur ein schlechter Mensch.

Ich verstehe, daß Diodorus, ebensosehr ein Mann der Tat wie des Denkens und dazu ein glühender Patriot, das Gefühl hat, alles Erdenkliche zur

Rettung Roms unternehmen zu müssen. Aber ich bin da zu einer Überzeugung gelangt: Rom ist während des letzten Jahrhunderts derart tief gesunken, derart verderbt und abscheulich geworden, daß es keinen solchen Rettungsversuch verdient. Wozu müht sich also mein Vater so verzweifelt? Überdies liegt das Menschenschicksal in Gottes Hand; und nach meinen Erfahrungen gehört es nicht zu den hervorstechendsten Eigenschaften Gottes, Seinen Propheten Güte oder Liebe zu erweisen.

Erst gestern hat mich einer meiner Lehrer wegen dieser Ansichten zurechtgewiesen. Er hat mir gesagt: ›Du verbeißt dich zu sehr in die Problematik des Menschen. Leiden und Tod sind das allgemeine Los jedes Lebewesens. Warum lehnst du dich so erbittert dagegen auf? Was würdest du denn wünschen? Daß alle Menschen unsterblich wären und nie mehr Schmerz empfinden sollten?‹ Ich merkte, daß er mich mißverstand. Aber ich erwiderte ihm: ›Wenn Gott die Welt und den Menschen erschuf, warum hat Er dann Welt und Menschheit so unzulänglich geschaffen, so voll Leid und Qual und Übel?‹ Da erhielt ich die folgende Antwort: ›Du bist jung. Aber ich habe dir von unseren Propheten und Helden erzählt, von unserer alten Religion, von unseren Legenden. Gott hat dem Menschen, der sonst wie die unschuldigen Tiere des Feldes geworden wäre, den freien Willen gegeben. Da der Mensch nicht nur einen stofflichen Leib, sondern auch eine unsterbliche Seele hat und sich dadurch von Bäumen und Tieren unterscheidet, wurde ihm die Auszeichnung zuteil, sich sein Schicksal selbst wählen zu können. Wenn er das Böse und als dessen Folge Schmerz und Leiden und Tod wählt, ist er allein schuld und nicht Gott.‹

Darnach würde es scheinen, daß Rom durch seinen Blutdurst, seine Frevel gegen die Menschlichkeit, seine Zügellosigkeit und Gewaltherrschaft von sich aus Schmerz und Leiden und Tod erwählt hat. Will mein Vater gegen diese schicksalhafte Entwicklung nutzlos ankämpfen? Er sollte dabei auch auf meine Mutter und meine Geschwister Bedacht nehmen. Falls du noch an die Macht des Gebetes zu einem Gott glaubst, der den Menschen nicht liebt, dann bete, daß mein Vater sich in die Friedlichkeit seines Landguts zurückziehen möge, von der er in Antiochia ständig gesprochen hat! Ich habe Angst um ihn.«

Ich auch, dachte Keptah. In diesem Augenblick kam auf einem der gewundenen, bekiesten Gartenwege der Aufseher des Hausgesindes rasch auf ihn zu. »Der edle Tribun wünscht deinen Besuch, Herr. Er hat wieder Kopfweh.«

Keptahs Miene verfinsterte sich. Er stand auf, begab sich gemessenen Schritts in das große, aber schlichte Herrenhaus und betrat das Zimmer des Tribunen. Diodorus lag auf dem Bett, wälzte sich fluchend hin und her und preßte die Hände krampfhaft an die Schläfen. Als er den Arzt erblickte, setzte er sich auf und starrte ihn zornig an. »Ich habe schon wieder

Migräne!« rief er vorwurfsvoll. »Aber diesmal ist es besonders arg. Und gerade heute soll ich im Senat als Gast des Carvilius Ulpianus erscheinen und eine Ansprache an die Schurken halten, als letzten Versuch ihre Geierseelen aufzurütteln. O ihr Ärzte! Nicht einmal ein simples Kopfweh oder einen Schnupfen oder Rachenkatarrh könnt ihr heilen. Und da redet ihr höchstgelehrt über ausgefallene Krankheiten und deren Behandlung! Schämt euch!«

Er ließ sich stöhnend auf das Bett zurückfallen und fluchte gotteslästerlich. Man sah ihm an, daß er sehr krank sein mußte. Seine niedrige Stirn war lebhaft gerötet; durch das Braun seiner breiten Wangen schimmerte Grau; Ohrläppchen und Lippen waren bläulich. Unter den schwarzen, wuchtigen Brauen blinzelten die Augen vor Schmerz, und Schweißtröpfchen rannen ihm von den Schläfen. An seinem kräftigen Hals pulsten die Adern verdächtig; und auch Atembeschwerden schien er zu haben.

Keptah setzte sich ruhig neben das Bett. Er sagte: »Herr, seit einem Jahr betone ich immer wieder, daß dein jetziges Leiden nichts mit deinen üblichen Migräneanfällen zu tun hat. Dein Blutdruck ist außerordentlich hoch. Ich habe dich wiederholt zur Ader lassen müssen. Dein Herz hat manchmal beunruhigende Geräusche. Ich habe dich gebeten, für Gelassenheit und Ruhe zu sorgen. Niemand wird zum Opfer seiner Aufregungen, wenn er es nicht selbst so will. Ich beschwöre dich, warte auf diese Wurzel aus Indien; ich höre, daß die dortigen Ärzte seit mehr als tausend Jahren dieses Mittel mit wunderbarem Erfolg gegen hohen Blutdruck, Aufregungszustände und geistige Zerrüttung verwenden. Der indische Lehrer des Lucanus hat mir versprochen, mir diese Wurzel zu senden, und sie dürfte in vier Wochen hier sein.«

Erbost setzte Diodorus sich plötzlich auf, griff sich wieder an die Schläfen, stöhnte und fixierte dann wütend den Arzt. »Geistige Zerrüttung!« brüllte er fluchend. »Du verdammter Sklave!«

Keptah erwiderte mit liebevollem Lächeln: »Ich bin nicht Sklave, Herr, was dein Verdienst ist. Als Arzt werde ich übrigens nach den Gesetzen Julius Cäsars einem Freigeborenenen gleichgeachtet und bin auch römischer Bürger. Nein, Herr, ich halte dich nicht für verrückt. Ich halte dich für einen edlen Charakter von vollendeter Redlichkeit, erfüllt mit Leidenschaft für Gerechtigkeit und Wahrhaftigkeit. Geistigen und seelischen Eigenschaften, wie du sie aufweist, verdanken wir unsere Dichter und unsere Helden, unsere Künstler, Lehrer und Wissenschaftler, unsere Vaterlandsfreunde und alle jene, die wie Pygmalion verhärteten Stein zu warmem Leben zu erwekken versuchen. Wer weiß, vielleicht werden nach Jahrtausenden die herrlichen, starken Mahnreden solcher Männer mit überwältigender Macht in menschlichen Herzen Widerhall finden, und es wird dann kein Übel mehr geben.«

Diodorus lag, sich den Kopf haltend, da und hörte zornig zu. Dann brüllte er: »Alles sehr schöne Worte! Aber wird sich außer der meinen keine andere Stimme für Rom erheben? Und wenn sie die einzige ist, soll ich selbst sie unterdrücken? An künftigen Generationen und ungeborenen Völkerschaften bin ich nicht interessiert. Meine Anteilnahme gilt dem eigenen Lande! Wie könnte ich sonst vor mir selbst bestehen?«

Keptah seufzte und erwiderte nichts. Mühsam setzte Diodorus sich auf. Jetzt war seine Stimme ruhiger, fast flehend. »Du bist ein weiser Mann, mein lieber Keptah. Aber du bist Philosoph; du wartest darauf, bis in ferner Zukunft irgendwo aus dem Wüstenstaub neue Staatsformen entstehen. Nimm an, wir alle wollten uns ernstlich an die Lehren gewisser Philosophen halten und dem Übel unserer Zeit untätig seinen Lauf lassen! Dann würde dieses Übel die ganze Welt erfassen, und es gäbe nicht nur keine verjüngte Gegenwart, sondern auch keine Zukunft!

Keptah, ich lebe jetzt, auf dieser Erde und in dieser Gegenwart. Die Zukunft gehört meinen Kindern. Soll ich nicht für eine Welt des Gesetzes, der Ordnung und der Gerechtigkeit kämpfen, den Kindern zuliebe, einer Zeit zuliebe, da die Urne mit meiner Asche neben den Ahnenurnen stehen wird? Oder soll ich wie du von künftigen großen Geschlechtern plappern und zunächst einmal meinen Kindern als Erbschaft Entartung, Gesetzlosigkeit und Verbrechen hinterlassen?

Hör zu, Keptah! Die erste Pflicht des Menschen ist seine Pflicht gegen Gott und Heimatland. Die Völker sind die von Gott erschaffenen Verkörperungen seelischer Bereiche. Wenn solche Völker verwahrlosen und verkommen, sich eitlem Hochmut hingeben und der Völlerei, dem Krieg und der Gewaltherrschaft, dann verunstalten sie die Reiche Gottes auf Erden, und die Strafe dafür ist der Tod. Rom wird unweigerlich zugrunde gehen, wenn nicht viele Männer so sprechen wie ich. Aber wo sind die Stimmen, die sich für Rom erheben? Wer wird den Römern zurufen: ›Ihr habt zerstört, was Gott erbaut hat. Ihr müßt unverzüglich zu Freiheit und Reinheit und Tugend zurückkehren, wenn ihr nicht des Todes sein wollt?‹«

Er hob die Hand, um dem Arzt eine Entgegnung abzuschneiden. Seine Stirn war fast blutrot, und purpurne Adern schlängelten sich an seinen Schläfen, und er keuchte.

»Laß mich ausreden! Gott und Heimatland. Sie sind das oberste Gesetz. Du möchtest mir, wie schon früher, von meiner Familie sprechen und mich ängstlich warnen, daß mein Leben in Gefahr ist. Aber in erster Linie bin ich meinem Gott und meinem Lande verpflichtet und dem Gedächtnis meiner Ahnen, die für diese beiden Ideale in den Tod gegangen sind. Wenn ich sterbe, lege ich das Schicksal meiner Familie in Gottes Hand. Sollte ich auch meine Angehörigen im Tode mit mir ziehen, so brauchen sie wenigstens nicht das Grauen des Daseins in einer Welt mitzumachen, die sittenlos, gnadenlos, gütelos geworden ist. Mir wäre es sogar lieber, wenn sie sterben; denn welcher wirkliche Mensch würde in Sklaverei leben wollen?«

Kämpferisch hob er die geballte Faust. »Besser zugrunde gehen, als in der jetzigen Welt weiterleben! Und es ist meine verdammte Pflicht und Schuldigkeit, eine Änderung dieser Welt zu versuchen, auch wenn der Versuch mißlingt.«

Keptah stand auf und verbeugte sich tief. »Ja, Herr, ich verstehe. Verzeih, daß ich meine Liebe zu dir der mächtigen, gerechten Leidenschaft entgegengestellt habe, die dich erfüllt. Ich werde dir jetzt einen Trank bereiten, der deine Schmerzen für eine Zeitlang lindert, so daß du heute vormittag nach Rom fahren kannst.«

Er wandte sich zum Gehen, als Diodorus ihn mit seltsam freundlicher Stimme zurückrief. Der Tribun streckte verlegen den Arm aus und faßte die Hand des Arztes. »Mein guter Keptah, dich hat mein Vater liebgehabt, und ich und meine Familie mögen dich auch, du verstockter Dunkelmann! Ich weiß, daß du meine Leute nie im Stich lassen wirst.«

Keptah konnte vor Bewegung nicht sprechen. Er konnte nur die Hand des Tribunen an die Lippen führen.

»Silentium für den edlen Tribunen!« schrien die Senatoren, und manche Stimme in dem Chor klang spöttisch.

Diodorus stand auf, eine ernste, adlergleiche Gestalt in seiner Soldatentunika, dem federbuschgeschmückten Helm, dem Harnisch und dem breiten, kurzen Schwert am Gürtel. Er hob die gepanzerte Hand, und die Senatoren – teils verachtungsvoll, teils finster blickend, teils lächelnd; teils alte, teils junge Männer; teils Patrizier und teils niedrige, ehrlose Freigelassene – verstummten und starrten den Tribunen an. Das Sonnenlicht glitt über ihre weißbekleideten Schultern; hier und dort wurden edle Züge von Licht und Schatten geformt, oder es wurde eine Lippe beleuchtet, ein Auge zu feurigem Funkeln entzündet oder ein würdeloses Gesicht enthüllt mit seinen memmenhaften, einer ungelenken Kinderzeichnung gleichenden Umrissen. Der Marmorfußboden und die Wände schimmerten, Säulen glänzten, und Soldaten mit gezogenen Schwertern standen an der offenen Bronzetür.

Diodorus blickte alle die Senatoren an, und eine seltsame, schreckliche Vorahnung überkam ihn. Sie steigerte nur den in seinem Herzen wachsenden Groll, den Abscheu, die Empfindung, daß alle Fugen und Gelenke seines Körpers, wie die Schweißstellen eines Kessels, verzweifelt gegen den drohenden Ausbruch einer überhitzten Seele ankämpften. Er schritt zur Rednertribüne. In der Stille hallte der Klang seiner eisenbeschlagenen Schuhe von Wand zu Wand, von Pfeiler zu Pfeiler. In einem plötzlichen

Aufleuchten erglänzte das Sonnenlicht auf seinem Helm und Harnisch. Er war Mars, und ein Hauch erhabener Größe ging von ihm aus.

Er legte die Hand auf das Rednerpult und blickte die Senatoren an. Und er lächelte, nicht freundlich, sondern grimmig.

»Römer, Freunde und Mitbürger, ihr hört mich nicht zum erstenmal. Aber heute spreche ich im Namen Roms zum letzten Male. Von jetzt ab will ich schweigen.«

Er holte tief Atem, und seine Brust weitete sich vor leidenschaftlicher Kraftentfaltung.

»Ich stehe hier, um Rom nicht zu ehren, sondern zu begraben.«

Eine Stimme schrie: »Hochverrat!«

Diodorus lächelte wieder und senkte den Kopf. »Die Wahrheit ist immer Hochverrat.« Er hob den Kopf und zwang mit dem machtvollen Blitzen seiner Augen die Zuhörer in seinen Bann.

»In diesem gleichen Saal wurde vor nur wenigen Jahren einem Senator, weil er die Wahrheit sprach, das Leben genommen. Nicht durch Dolch oder Schwert oder Speer fand er den Tod, auch nicht durch öffentliche Steinigung. Keine ehrbare Hand fällte ihn, weil es hier keine ehrbare Hand gab. Er sprach von Rom. Er rief mit lauter Stimme, Rom sei nicht länger eine Republik, es sei eine blutdürstige Tyrannis geworden, regiert nicht von weisen Männern und dem Gesetz, sondern von einem Cäsar und seinen Legionen und seinen Generalen und seinen raubgierigen Freigelassenen und seinem Hofklüngel. Der Senator stand auf eben dieser Tribüne, und er beweinte die Republik. Er klagte, daß die Cäsaren nicht vom Volke gewählt, sondern von einer schändlichen Soldateska und einem arbeitsscheuen begehrlichen Pöbel auf den Schild gehoben werden, von Menschen, die nichts im Sinn haben, als die Kornspeicher und Schatzkammern des Reiches auszuplündern und sich von Scharlatanen und Possenreißern, von Schauspielern und Sängern, von Gladiatoren und Faustkämpfern unterhalten zu lassen – auf Kosten des Gemeinwesens.

Dieser Senator war ein junger Mann mit strahlenden Augen und einem Herzen, stark wie das eines heiligen Opferbullen, von der Liebe zu seinem Heimatland angefeuert. Ein rauhbeiniger junger Mann, der keine Phrasen drechselte und keinerlei wendige Geschmeidigkeit besaß. Er besaß nur Heimatliebe. Ein leidenschaftlicher junger Mann, von dem Glauben durchdrungen, die Wahrheit sei unverletzlich, und Lügen hätten so wenig Bestand wie Spinngewebe. Aber man muß ihm zugute halten, daß er nichts kannte als Heimatliebe; und nur Narren lieben ihre Heimat.«

Die Senatoren verharrten in verbissenem, aber gespanntem Schweigen. Nur einige der älteren Männer ließen bei dem Gedanken an ihre damalige Schmach den Kopf sinken und zürnten dem Tribunen, daß er ihnen diese Schändlichkeit ins Gedächtnis zurückgerufen hatte. Die Wachsoldaten schritten langsam an der Tür hin und her und lauschten und wandten die Blicke dem Sprecher zu; und einige unter ihnen waren jung und vaterlandstreu und ihre Herzen schlugen rascher.

Der Tribun schlug mit der gepanzerten Faust auf das Rednerpult, und in der glänzenden Marmorstille klang es wie ein Donnerschlag.

»›Aus Habgier‹, so rief damals der junge Senator euch zu, ›hat in dieser Stadt der Mob üble, machtlüsterne Cäsaren unterstützt, weil sie ihm Beute aus den öffentlichen Schatzkammern versprachen. Käufliche Senatoren sind diesen Despoten an die Hand gegangen, aus Eigennutz und Machthunger. Die Cäsaren haben dem Pöbel vorgelogen, unser Land könne sich gegen die Barbaren nicht ohne Bundesgenossen verteidigen, denen man deshalb endlos schöntun und schmeicheln und ihr Hilfe abkaufen müßte. Und tückisch haben die Herrscher ihr eigenes Volk verraten, betört von der Sucht, allenthalben wie Götter in Gold gefaßt zu werden und begeisterten Beifall zu erringen bei Hunderttausenden von Dieben, Bettlern, Klopffechtern und Freigelassenen und bei all den Memmen, deren Geierherzen nie auch nur einen einzigen Schlag für das Vaterland tun!‹«

»Hochverrat!« riefen einige Stimmen entsetzt; und Gesichter starrten einander wütend und bestürzt an.

Diodorus stand hinter dem Pult, schob die Daumen unter den Gürtel und blickte voll Haß und Groll auf die Männer vor sich.

»Das waren nicht meine Worte, obwohl auch ich schon früher das gleiche gesagt habe. Es sind die Worte des Senators, dem ihr in diesem gleichen Saal das Leben genommen habt.«

Er riß die Tunika an seiner Brust auf, und der Harnisch krachte zu Boden. »Schaut euch meine Narben an, die Zeugen meiner Wunden! Ihr Senatoren, ihr Schurken, ihr parfümierten Lügner, schaut euch meine Wunden an! Ihr weichlichen Schufte, die ihr euch in Seide bettet, zum Klimpern der Harfen und dem Geflüster von Dirnen und sittenlosen Weibern und gekauften Beischläferinnen – schaut euch meine Narben an! Habt ihr auch welche auf eurer glatten Haut? Hat es euch das Herz zerrissen, daß jeder eurer Atemzüge Verrat an Rom und jedes eurer Gesetze ein weiterer Schritt zu seinem Untergang ist?«

Langsam drehte er seine nackte, narbige Brust, so daß alle sie sehen konnten. Es war ein erschreckender Anblick.

Die Stimme des Tribunen erhob sich, wurde noch hoheitsvoller und mächtiger.

»Solche Wunden trug auch der Senator davon, den ihr an jenem Tage um das Leben brachtet. Nicht mit einem ehrenvollen Schwertstreich, nicht mit einem derben Fausthieb. Sondern mit Lüge und Mißbilligung, mit Verfemung und Totschweigen. Weil er sein Land zu lieben sich erkühnte, weil er den dreisten Versuch unternahm, es von Verrätern und Mördern und

Ehrgeizlingen zu säubern, und von Lügnern! Sein Herz brach, und niemand war da, um ihm neue Zuversicht zu geben.

Hättet etwa ihr ihm Zuversicht einflößen können, die ihr euer Land verraten und dem Verfassungsbruch eurer Cäsaren das Wort geredet habt? Hättet ihr euch vermessen können, ihm Zuversicht zu bieten, ihr, deren Ränke ihm Schlangengift ins Blut geträufelt und ihn getötet haben? Ihn, der nur sein Land liebte und in seiner Schlichtheit glaubte, auch ihr liebtet es.«

Wieder schlug Diodorus auf das Pult; und jetzt dröhnte es den älteren Senatoren wie ein Blitzschlag des Mars selbst in die Ohren.

»Laßt eure Herzen erweichen!« rief er. »Noch ist es nicht zu spät! Das Cäsarentum führt nur zum Untergang. Senatoren, blickt mich an! Hört mich mit dem Herzen und nicht mit dem übelberatenen Verstand. Kehrt zurück zu Freiheit, zu Bedürfnislosigkeit, zu Sittenstrenge, zum Frieden, zu Rom. Denkt nicht länger an jene, denen ihr euer Amt verdankt, deren Hunger und Durst sich auf Fleisch und Blut von Rom richten, auf das schwerverdiente Gold von Rom. Beugt euch nicht länger vor falschen Cäsaren, die unter Mißachtung unserer Verfassung gemeinschädliche Verordnungen erlassen und sich über die Gesetze stellen, die unsere Väter geschaffen und für die sie Leben, Besitz und Ehre eingesetzt haben.

Rom ist auf Treu und Glauben und auf Gerechtigkeit gegründet, und auf die Verehrung Gottes und auf das Menschentum des Menschen. Gebt unser Land der Herrschaft des Gesetzes wieder, und schaltet das Willkürregiment einzelner Männer aus. Füllt die Schatzkammern wieder an. Zieht eure Legionen aus den fremden Ländern zurück, die uns hassen und im Handumdrehen vernichten werden, sobald das ihren Interessen dienlich ist. Beseitigt die Steuern, die gerade auf den hart und fleißig Werkenden erdrückend lasten. Sagt euren Volksmassen, daß sie arbeiten müssen, wenn sie nicht verhungern wollen. Verjagt vom Palatin die Speichellecker und Selbstlinge und Langfinger! Verjagt vom Palatin die jämmerlichen Freigelassenen, die dem Cäsar nach dem Munde reden und vor ihm kriechen, als wäre er ein Gott und kein Menschenwesen! Säubert diesen Saal hier von Schurken und Gauklern und Volksverführern, die in wohlgedrechselten Wendungen davon faseln, das Gemeinwohl liege ihnen am Herzen, die aber in Wirklichkeit mit dieser Phrase meinen, sie gedächten dem Mob gegen schnöden Beifall, gegen Machtüberlassung und gegen Bestechungsgelder zu Willen zu sein!«

Mit beschwörender Geste hob er den Zuhörern die Hände entgegen; und als er die ungerührten Senatoren überschaute, füllten seine stolzen Augen sich mit Tränen.

»Römer! Im Namen Gottes, im Namen des Cincinnatus, des Vorbildes alles echten Römertums, im Namen von Heldenhaftigkeit und Friedfertigkeit und Männlichkeit, von Freiheit und Gerechtigkeit, bitte ich euch: Werdet wieder zu Hütern Roms, vertreibt den Mann, der sich die von Rechts wegen euch zustehenden Befugnisse anmaßt, verurteilt und bestraft alle jene, die solche Machtvollkommenheit nur an sich gerissen haben, um die Gesetze eurer Väter in ihr Gegenteil zu verkehren! Laßt eure römischen Herzen sprechen, und eure römischen Seelen ihre Auflehnung hinausschreien gegen die Glücksjäger und die Bestechlichen, gegen die Großtuer und die Verräter, gegen Cäsaren, die sich selbst zu Göttern salben und hofhalten für die Lumpen und die Ehrgeizlinge und die Zerstörer unserer Volkskraft, unserer Verfassung und unseres Herkommens! Wenn ihr unser Land im Stich laßt, wird es zugrunde gehen, und tausendmal tausend Legionen werden es nicht retten, und tausend gottverlassene Cäsaren werden vergebens in den Wind brüllen.«

Seine Augen irrten verzweifelt über die Gesichter der Zuhörer. Dann ließ er den Kopf auf die Brust sinken, stieg von der Tribüne und schritt durch das feige Schweigen der Versammelten langsam, ohne einen Blick zurückzuwerfen, zur Tür. Die dort stehenden Soldaten blickten mit leuchtenden Mienen auf ihn, nahmen Stellung an und grüßten militärisch. Er wandte ihnen die blinden, tränenerfüllten Augen zu und lächelte gleich einem gramgebeugten Vater.

Dann riß er sich zusammen, und wie ein verwundeter, für sein Land sterbender General erwiderte er den Gruß.

Carvilius Ulpianus ließ sich in seiner Sänfte schleunigst zum Palatin bringen. Sein Sklavenaufseher peitschte die nubischen Träger zu Windeseile an, und sein Herold lief vor der Sänfte einher, stieß in die Trompete und schrie: »Platz für den edlen Senator Carvilius Ulpianus!« Die auf der Via Appia umherschwärmenden Nichtstuer stoben hastig auseinander; einige aber blieben stehen, höhnten und spuckten in die Richtung der verhangenen Sänfte.

Am Palatin angekommen, nahm Carvilius die hohen Marmorstufen wie ein junger Mann, die Senatorentoga um die dünnen, von der sonstigen Leibesfülle abstechenden Beine raffend. Aus seiner starren Miene sprachen Entsetzen und schlotternde Angst. Die Lakaien und Soldaten wichen dem wie besessen Einherstürmenden von weitem aus. Auf die Vorzimmergewaltigen machte die aufgeregte Eile großen Eindruck, und sie übernahmen es, Tiberius Cäsar zu verständigen, daß der Senator ihn gleich in einer überaus dringenden Angelegenheit zu sprechen wünsche.

Carvilius wurde in die Bibliothek des Herrschers geführt. Tiberius las gelangweilt militärische Berichte. Er hob das kalte, blasse Gesicht, als der Senator erschien, und seine blutleeren Lippen schürzten sich. Er sagte: »Ich begrüße dich, Carvilius. Meine Glückwünsche zu der Raschheit, mit der du meinen Zuträgern auf den Fersen gefolgt bist! Du mußt aus dem Senatssaal hierher geflogen sein. Hat Merkur dir seine Schwingen geliehen?«

Er hob einen Becher Wein an den Mund und nippte daran. Über dem goldenen, edelsteingeschmückten Becherrand waren seine Augen schwarze Eisklumpen, über die Funken boshafter Belustigung huschten.

Carvilius war verblüfft. Er fiel vor dem Cäsar auf zittrige Knie und küßte die ihm gleichgültig hingestreckte blasse Hand. »Erhabener Herr«, sagte er mit bebender Stimme, »du bist schon im Bilde. So brauche ich dir nicht von dem ungeheuerlichen Hochverrat meines Verwandten Diodorus Cyrinus zu berichten. Ich schwöre dir, erlauchter Cäsar, wenn ich gewußt hätte, daß er so sprechen wird, hätte ich ihn nie in den Senat mitgenommen. Bei seinen früheren Anwesenheiten als mein Gast war er nur eine Quelle der Erheiterung für die Senatoren; und ich dachte, es würde auch heute so sein. Ich hatte keine Ahnung, daß meine und meiner Freunde Ohren durch hochverräterische Äußerungen gegen deine göttliche Person beleidigt werden würden und daß er gegen dich und alle deine Anordnungen losziehen würde!«

Er faltete die Hände in flehentlicher Geste, und von der Stirn rann ihm der Angstschweiß. »Er ist mein Verwandter, aber ich verklage ihn hiermit in aller Form.«

»Du bist ein weitblickender Mann, und ich muß dich wieder beglückwünschen«, erklärte Tiberius trocken. Er forderte den Senator nicht auf, sich zu erheben, und bot ihm keinen Wein an. Die Prätorianer an der großen goldenen Tür starrten Carvilius Ulpianus an; ihre Gesichter schienen aus Bronze gegossen und ebenso empfindungslos.

Tiberius hielt den Blick auf seinen Becher geheftet. Er saß in seinem geschnitzten Elfenbeinstuhl, angetan mit der weißen, purpurgesäumten kaiserlichen Toga, ein hochgewachsener, hagerer Mann mit kühlem, gespanntem Gesichtsausdruck und unergründlicher Miene. Dann sprach er mit harter, schwermütiger Stimme, wie zu sich selbst:

»Ich bin Soldat. Ich bin von Kriechern und Lügnern umgeben, und damit sagt Diodorus die Wahrheit. Was sind überschwengliche, verständnislose Lobpreisungen, die aus Selbstsucht und Angst entspringen? Was sind Schmeicheleien einer Zunge, die nur aus Berechnung Speichel leckt? Nur ein stumpfes Ohr leiht sich stumpferem Munde. Als Soldat habe ich lieber Männer von schlichter Aufrichtigkeit und ohne Zwiespältigkeiten, Männer, aus denen Anstand und Heimatliebe sprechen. Der Tadel der Weisen ist mir lieber als der Beifall des Pöbels. Aber wo gibt es heutzutage noch Männer in Rom?«

Carvilius Ulpianus hörte ungläubig zu und befeuchtete sich die plötzlich pergamenttrocken gewordenen Lippen. Er war entsetzt.

»Erhabener Cäsar«, stammelte er, »ich verstehe nicht.«

»Nein«, erwiderte Tiberius, »du kannst nicht verstehen.« Wieder betrachtete er seinen Becher.

»Als Soldat weiß ich Diodorus Cyrinus zu schätzen. Ich kenne ihn gut. Er ist kein Lügner; nie habe ich ihn eine Unwahrheit sprechen hören. Er liebt sein Land.« Der Herrscher stieß ein kurzes, erbittertes Lachen aus. »Dafür allein verdient er den Tod! Wer liebt denn noch Rom? Du, Carvilius Ulpianus? Ich, der Cäsar?«

Der Senator setzte sich auf die Fersen; ein Schauer überlief ihn.

»Laß dir folgendes gesagt sein«, erklärte Tiberius gelassen. »Wenn käufliche Cäsaren, machtvolle Cäsaren, Befugnisse an sich reißen, die Gesetze brechen und ihr Land zerstören, so tun sie es nicht aus eigenem. Die Macht wird ihnen von einem nichtswürdigen, verächtlichen Volk aufgedrängt, einem habgierigen Volk, einem dummen, feigen Volk, einem selbstsüchtigen, kleinmütigen Volk. Wo sind denn in solchen Zeiten die Hüter der Volksfreiheit? Ihr seht stumm zu, ihr seid der Seele nach Sklaven, ihr seid Schurken und Memmen. Aber jedes Volk hat die Gesetzgeber, die es verdient.«

Er hob die Hand und zeigte unbarmherzig auf Carvilius Ulpianus. »Unser Volk verdient Leute wie dich«, fügte er hinzu.

Götter, helft mir! dachte der Senator. Ihn schwindelte. Er biß sich auf die Lippe. Er zitterte; sein ganzer Körper schauderte. Tiberius lächelte düster.

»Was ich dir jetzt gesagt habe, wirst du nicht weitergeben, mein lieber Senator, mein teurer, ergebener Freund.«

»Erhabener Cäsar«, beteuerte der Senator zwischen bebenden Lippen, »ich habe nichts gehört.«

»Gut. Sehr traurig, daß selbst Cäsaren manchmal das Bedürfnis haben müssen, die Wahrheit auszusprechen! Ich danke dir dafür, daß du mir dieses Wohlgefühl verschafft hast, Carvilius.«

Mit einem Krach stellte er den Becher auf den neben ihm stehenden Tisch aus Gold und Marmor. Da Tiberius an sich keineswegs leidenschaftlich war, wirkte die heftige Geste erschreckender, als es bei einem ungestümen Menschen der Fall gewesen wäre.

»Rom!« rief er. »Erkenne ich noch dieses Rom der hundertsprachigen Sklaven, der Skythen, Briten, Gallier, Griechen, Assyrer, Ägypter und des Abschaums einer ganzen Welt? Wo sind die Römer? Sie haben ihre Eigenständigkeit verloren. Sie haben ihre Sprache, ihren Geist, ihre Seele, ihre Männlichkeit verloren. Was habe ich mit solch einem Rom zu schaffen? Ich bin kein redlicher Mann! Ich bin, was meine Mitbürger aus mir gemacht haben. Ich bin ihr Gefangener, nicht ihr Herrscher. Der Verderbtheit eines entwürdigten Volkes kann man sich nicht entziehen.«

Seine Hände klammerten sich an die Armlehne seines Stuhls. »Ich bin nur dazu da, den ruchlosen Willen eines zum Selbstmord entschlossenen Volkes auszuführen. Wenn ich zugunsten einer gierigen Meute Gesetz und Verfassung breche, dann jubelt man mir zu. Wenn ich den Plan einer Wiederauffüllung des Staatsschatzes fallenlasse, preisen mich die Pöbelmassen, weil mir ihr Wohlergehen am Herzen liege. Ihr Wohlergehen! Diese Hunde und Schakale!«

Er starrte den verblüfften Senator an, der vor ihm knechtisch auf den Knien lag. Eine Weile herrschte in der Bibliothek völliges, in den Ohren klingendes Schweigen. Die Soldaten standen in militärischer Haltung, wie fühllose Statuen.

Dann hob Tiberius wieder an: »Immerhin ist es zu spät für die Wahrheit. Und wer sie ausspricht, hat nicht länger das Recht, in Rom zu leben. Deshalb muß Diodorus Cyrinus sterben. Wie konnte er sich unterstehen, vor einem solchen Volk die Wahrheit zu sagen!«

Er winkte dem Hauptmann der Garde, der sofort herbeikam und grüßend den Arm hob.

»Hauptmann, du begibst dich unverzüglich auf das Landgut des Tribunen Diodorus Cyrinus und bestellst ihm, daß sein Cäsar, sein Oberbefehlshaber, seiner Dienste nicht mehr bedarf und daß er der Gehorsamspflicht entsprechen soll.«

Bei all seiner Tücke zuckte Carvilius Ulpianus unwillkürlich zusammen. Er wußte, was diese Formel bedeutete: Diodorus erhielt Befehl, sich in das eigene Schwert zu stürzen.

Der Hauptmann grüßte wieder, machte kehrt, forderte durch einen Wink zwei Soldaten auf, ihn zu begleiten, und verließ die Bibliothek. Carvilius blieb knien, den Kopf auf die Brust gesenkt. Tiberius lächelte hämisch zu ihm hinunter.

»Das wäre erledigt«, sagte er. »Und nochmals kann ich dich beglückwünschen, Carvilius Ulpianus. Meine Zuträger waren unansehnliche Leute, die im Senatssaal umherschnüffelten; ihr Zeugnis konnte für mich, für den Gott, zu dem ihr mich gemacht habt, kaum ausschlaggebend sein. Diodorus mußte von einem Standesgenossen des Hochverrats geziehen werden, und diesen Dienst hast du mir erwiesen.«

Der Senator hob den Kopf, und Tiberius nickte.

»Ja, ich verstehe«, erklärte der Herrscher. »Es ist üblich, den Besitz von Männern, die sich gegen den Cäsar wenden und Hochverrat im Munde führen, einzuziehen. Aber in diesem Falle will ich Milde walten lassen. Ich werde verfügen, daß alles Vermögen des Diodorus seiner Witwe und seinen drei Kindern bleibt. Spende mir Beifall, Carvilius Ulpianus, für meine Herzensgüte!«

Den Senator übermannte Bestürzung. Die eiskalten Augen des Herrschers hielten seinen Blick fest, und wieder nickte Tiberius.

»Du hast ja sicher geglaubt, daß ich dir als meinem ergebenen Freund und Bewunderer, der mir einen Hochverräter und Aufwiegler gegen mich ans Messer geliefert hat, daß ich dir zur Belohnung den Besitz des Diodorus Cyrinus übertragen würde, nicht wahr? Aber schau, Carvilius, du bist ja selbst ein sehr reicher Mann, und ich werde dich zu einer mir gelegenen Zeit auf eine mir gelegene Art belohnen. Aber nicht mit Diodorus' Gütern, und nicht in diesem Zusammenhang.«

Der Senator verging vor Verzweiflung und Enttäuschung. Und auch vor Scham über die eigene Erniedrigung. Er war kein völlig verderbter Mensch. Am liebsten hätte er, wenn es möglich gewesen wäre, ein friedliches Leben in wohliger Üppigkeit geführt. Keinen Augenblick lang hatte er daran gedacht, daß Diodorus, der immer so großartig den Senatoren zusetzte, die Grenzen der eigenen Sicherheit überschreiten könnte. Schließlich genoß der Tribun die persönliche Achtung des Tiberius; und dem Senator hatte es Spaß gemacht, sich seine Angriffe gegen die anderen Senatoren, von denen er im allgemeinen nicht viel hielt, anzuhören. Weil er wußte, daß auch ihnen die Wertschätzung des Herrschers für Diodorus bekannt war, hatte er sogar vor ihren hinterhältigen Gesichtern mit seinem Schwager geprunkt. Als jedoch Diodorus in so ungeheuerlichen Tönen über die ›falschen Cäsaren‹ herfiel und den Senat beschwor, seine alten Gesetze und Vorrechte selbst wiederherzustellen, da wußte Carvilius, daß auch er in tödlicher Gefahr schwebte.

Aber auf dem Weg vom Senat zum Palatin war ihm eingefallen, daß der Cäsar ihn mit dem Vermögen des Diodorus belohnen würde. Er hatte auch Iris nicht vergessen; jedesmal, wenn er sie seit dem Umzug der Familie nach Rom gesehen hatte, war sein Gelüste nach ihr zum nagenden Hunger geworden.

Er beugte den Kopf vor Tiberius. Dann stammelte er: »Es bezeugt in der Tat das tiefe Mitgefühl des erhabenen Cäsar, wenn er die Kinder des Diodorus, eines Patriziers und Tribunen, nicht zu Bettlern machen will. Aber seine Gattin ist eine Freigelassene. Sie war die Sklavin seiner Eltern und ist die Witwe nach einem ehemaligen, auch freigelassenen Sklaven.«

Tiberius runzelte die Stirn. »Wirklich?«

Carvilius sah ihn erwartungsvoll an, und etwas Speichel trat in einen Winkel seines lüsternen Mundes. »Ja, Cäsar. Diodorus hat einen falschen Stammbaum für sie erfunden, um nicht seine Freunde in Rom und dich vor den Kopf zu stoßen.«

Tiberius blickte immer finsterer. Er trommelte mit den Fingern auf der Tischplatte und überlegte. Dann heftete sich sein Blick unwillkürlich auf den Senator, der sich in seiner Aufregung und seiner Begierde vor ihm auf dem Boden hin und her wand.

»Ach«, sagte der Herrscher, »sie ist wohl ein schönes Weib, diese Freigelassene?«

»Überaus schön, erhabener Cäsar!«

Tiberius lächelte. »Und du möchtest die Kinder des Diodorus, und insbesondere ihre Schatztruhen, in deine Obhut bekommen. Du möchtest mich veranlassen, die Freilassung der schönen Witwe zu widerrufen und sie dir als Zeichen meiner Dankbarkeit zu überantworten.«

»Seit Jahren begehre ich sie, erhabener Cäsar, seit ich sie zum erstenmal in Antiochia sah. Sie ist Aphrodite in Person!«

Tiberius musterte ihn teilnahmslos. Dann sagte er: »Ich werde morgen einen Erlaß herausgeben, dahin lautend, daß die Gattin des Diodorus die Vormundschaft über ihre Kinder und die Verwaltung des diesen Kindern zufallenden Vermögens erhält und daß ihr Name, zusammen mit ihrem falschen Stammbaum, in die öffentlichen Bücher Roms einzutragen ist.«

Carvilius starrte ihn mit offenem Munde an; seine Augen traten schier aus den Höhlen, die Arme hingen ihm schlaff herab. Entsetzen und Scham erfüllten ihn.

Dann nahm Tiberius seinen Becher vom Tisch und schüttete den Inhalt dem Senator ins Gesicht.

»Hier«, sagte er, »ist deine gerechte Belohnung, mein edler Senator.«

XXIV

Völlig erschöpft und vergrämt saß Keptah bei Sonnenuntergang im Garten. Schlaff lagen seine Hände auf den Knien, und die müden Lider hingen schwer herab. Er sah den röter werdenden Himmel über den Bergen und erschauerte. Obwohl die Luft noch warm war, wurde ihm kalt. Die Bäume – Myrten, Eichen, Kiefern und Weiden – prangten in rosigem Licht, und hoch oben am Himmel glühten in opalenem Glanz viele zarte Farben. Eine Kuhglocke bimmelte leise, als die Rinder langsam zu den Ställen schritten, und eine Ziege meckerte. Zischend begehrten die Gänse gegen den treibenden Hüter auf; Schafe lagen friedlich unter den Ölbäumen und auf den nahen Hängen. Jetzt erhob sich zitternd eine schmale Sichel des zunehmenden Mondes aus dem karminroten Himmel. In Keptahs Seele kehrte keine Stille ein.

Wie am Morgen, kam auch jetzt der Sklavenaufseher aufgeregt zu ihm; nun aber war das Gesicht des Mannes von Angst verzerrt. »Herr!« rief er. »Eben sind drei Prätorianer gekommen, darunter ein höherer Offizier! Sie wollen sofort den Tribunen sprechen. Ich habe ihnen gesagt...«

Keptah wurde kreidebleich. Er stand auf. »Ich komme sofort. Hast du ihnen Wein angeboten?«

»Ja, Herr. Aber sie haben abgelehnt.«

Mitten im Gehen hielt Keptah inne und schloß krampfhaft die Augen. Dann begab er sich in das Haus und betrat die große Halle mit ihrem derben Mosaikboden in Blau, Gelb, Rot und Weiß, mit ihren gedrungenen Säulen und ihrer einfachen Ausstattung. Die roten Sonnenstrahlen ergossen sich in den Raum, und in ihrem unheimlichen Licht sah der Arzt die Prätorianer, die Harnische blutrot, die behelmten Köpfe aufgerichtet und grimmig.

Als Keptah näher kam und voll stummer Verzweiflung in den Mienen der Ankömmlinge zu lesen versuchte, sah er, daß die Augen des Offiziers rot gerändert waren und daß sein junges Gesicht unter seiner Staubschicht äußerste Bedrücktheit verriet.

»Ich bin Arzt, römischer Bürger, und ich betreue dieses Haus«, sagte Keptah mit einer Verbeugung zu dem Offizier. »Ich höre, du wünschest den edlen Tribun Diodorus zu sprechen.«

Der Offizier sah ihn einen Augenblick lang an und antwortete dann: »Ja. Ich komme unmittelbar vom erlauchten Augustus mit einer außerordentlich wichtigen Botschaft.«

Keptah musterte ihn und sah noch deutlicher die wie versengten Augenränder. Er überlegte. »Kennst du vielleicht Diodorus?« fragte er schließlich.

Der Offizier hob den Kopf, und seine stolzen Römeraugen wichen dem

Blick des Arztes aus. Unwirsch sagte er: »Er ist mein General gewesen, als ich sehr jung und neu im Kriegsdienst war. Er und mein Vater waren Freunde. Ich heiße Plotius Lysanias. Der Tribun kennt mich gut. Er stand bei meinem vor einem Jahr geborenen Sohn Pate; und ihm zu Ehren habe ich dem Kind den Namen Diodorus gegeben.«

Plötzlich schien eine Gemütsbewegung ihm die Kehle zuzuschnüren; dann hob er den Kopf noch höher. »Ich muß den Tribunen sofort sprechen.«

Keptah sagte sehr freundlich: »Es wird dich betrüben, zu hören, daß Diodorus im Sterben liegt. Er ist heute aus Rom zurückgekommen und in dieser Halle hier zusammengestürzt. Ich konnte ihn gerade noch in meinen Armen auffangen. Eigentlich war er schon zwei Jahre lang am Rande des Grabes. Jetzt liegt er in den letzten Zügen und wird, ehe der Mond den Scheitel seiner Bahn erreicht, tot sein. Seine Frau und seine Kinder weilen jetzt bei ihm.«

Der Offizier starrte ihn eine Weile ungläubig an. Dann füllten seine jungen Augen sich mit Tränen. Er wandte den Blick seinen Soldaten zu und sagte: »Laßt mich allein mit diesem Arzt!«

Als sie allein waren, fragte Keptah ihn: »Und was mag wohl deine Botschaft sein, edler Herr, an einen heldenhaften Römer, der als Soldat stirbt, von Wunden bedeckt?«

Plotius schwieg. Dann schob er sein gezogenes Schwert in die Scheide und blickte Keptah an. »Als junger Offizier des Tribunen weiß ich, wie ich mit meinem General zu sprechen habe.« Er zögerte. »Mein Onkel war der mutige junge Senator Plotius – ich heiße nach ihm –, der vor einigen Jahren im Senat um das Leben gebracht wurde, nicht durch ein Soldatenschwert und nicht mit einem Soldatenschild am Arm. Er ist schmachvoll gestorben durch das Gift menschlicher Worte.«

»Er ist nicht schmachvoll gestorben«, erwiderte Keptah bedrückt. »In Wahrheit stirbt ein Held nie schmachvoll. Er lebt für immer in den Herzen seiner Mitbürger und im strahlenden Allerheiligsten der Geschichte.«

Er ging voraus zum Zimmer des Tribunen. Im tiefroten Licht des Sonnenuntergangs lag Diodorus auf seinem Bett, und er lag sehr still. Aber er war bei Bewußtsein. Frau und Kinder umgaben ihn. Trotz seiner tiefen Bestürzung bemerkte Plotius, daß die Gattin des Tribunen, wie sie neben dem Bette saß und die Hand ihres Mannes hielt, in ihrer fürstlichen Schönheit der Venus glich und daß ihre Haltung Liebe und Hingabe und seelische Tapferkeit bezeugte. Die Kinder standen am Bett des Vaters und weinten bitterlich, während Diodorus sie zu trösten suchte.

»Ach, lieber Priscus«, sagte er zu seinem Ältesten mit liebevoller, aber schwacher Stimme, »du brauchst nicht zu trauern. Du bist mein Sohn, und du wirst Soldat werden. Und Soldaten weinen nicht. Du mußt für deine

Mutter und deine Geschwister sorgen und immer daran denken, daß der Tod besser ist als Unehre.«

Plötzlich begann er zu keuchen und zu stöhnen. Iris beugte sich über ihn und küßte ihm die blasse Stirn, von der Todesschweiß rann, und dann die Lippen. Ihr goldenes Haar fiel über ihn wie ein Schleier. Er hob eine schwache, zitternde Hand und streichelte dieses Haar. Iris legte den Kopf an seine schwer atmende Brust und rührte sich nicht.

»Mein teuerstes, geliebtestes Weib!« murmelte er. »Du Mutter meiner Kinder! Ich gehe, aber nicht für immer. Ich warte vor dem Tor auf dich. Und wenn deine Stunde kommt, werde ich dort stehen und wieder deine Hände fassen. Und dann wandern wir gemeinsam zu ewigem Frieden und Glanz.«

Keptah und Plotius traten an das Bett, und Diodorus bemerkte sie. Seine sterbenden Augen wurden lebhaft und lebendig. »Ah, Plotius!« sagte er ein wenig verwundert. »Du hast wohl davon erfahren, daß mir eine Ladung zugestellt wurde, mich in Plutos Palast zu melden. Ich danke dir für dein Kommen. Du warst mir ja immer wie ein Sohn.«

Der stolze Prätorianer kniete an der anderen Bettseite hin und blickte den Tribunen an; aus seinen Soldatenaugen stahlen sich Soldatentränen. Er sagte: »Edler Diodorus, ich habe eine Botschaft für dich vom Cäsar, die ich dir persönlich bestellen muß.«

Das graue Gesicht des Tribunen wandelte sich. Er versuchte den Kopf zu heben. Dann blickte er Iris und seine Kinder an. Ihm wurde schwarz vor den Augen, und Wellen des Todeskampfs liefen wie eine fahle Flut über seine Züge.

Der Offizier hob die Stimme und sagte laut und deutlich: »Cäsar wird in dieser Nacht weinen. Denn die Botschaft, die ich dir, mein General, zu überbringen habe, ist eine Aufforderung, bei ihm zu erscheinen, um die Ablösung eines bestimmten Generals, mit dem er nicht zufrieden ist, zu besprechen. Er wünscht, daß du diese Ablösung in eigener Person vollziehst.«

Eine mächtige Woge der Freude übergoß das Gesicht des Tribunen. Frohlockend blickte er seine Frau an. »Hast du gehört, Liebste? Eben heute habe ich gegen Tiberius gesprochen und ihn als falschen, verderbten, blutdürstigen Cäsaren hingestellt. Aber endlich hat er sich doch darauf besonnen, daß er Soldat war und daß ich Soldat bin, und wünscht, mir die einem Soldaten gebührende Ehre zu erweisen! Ah, jetzt weiß ich, daß er nicht so käuflich ist, wie ich dachte, und daß neue Hoffnung besteht für Rom, für mein teures Heimatland!«

Seine zittrige Hand suchte die Finger des Plotius; und der junge Offizier neigte den Kopf und küßte diese Hand. Er spürte die Todeskälte an seinen Lippen.

Mit erhobener Stimme sprach Diodorus: »Bestelle Cäsar, daß Diodorus Cyrinus seiner Aufforderung nicht nachkommen kann. Ein Größerer als er hat mich zu sich berufen, in dessen Hände ich meinen Geist befehlen muß.«

Er versuchte, Plotius aufzurichten. Aber der junge Offizier blieb knien und weinte.

Dann stieß Iris einen erstickten Schrei aus und fiel über den Leichnam ihres Gatten hin, gleich einer vom Blitz gefällten weißen Birke.

Keptah und Plotius gingen in die Halle zurück und hörten, wie von allen Seiten die Totenklage anhob. Der Offizier stand schweigend, mit gesenktem Kopf; seine herben Lippen bebten. Schließlich blickte er den Arzt an und sagte:

»Es war Carvilius Ulpianus, der zu Cäsar ging. Aber schließlich wäre der Ausgang auf alle Fälle der gleiche gewesen.« Er hielt inne. »Mache dir keine Sorgen wegen Weib und Kindern des Tribunen. Wie ich selbst hörte, hat Tiberius versichert, daß ihnen kein Haar gekrümmt werden soll und daß die Gattin des Tribunen die Obsorge über die Kinder und deren Vermögen erhält und daß ihr Stammbaum in die öffentlichen Bücher Roms eingetragen werden soll, zur Bezeugung ihrer patrizischen Abkunft.«

»Gott ist barmherzig«, sagte Keptah. »Selbst aus dem Bösen vermag Er Gutes zu erwecken. Gepriesen sei Sein Name!«

Als die Senatoren vom plötzlichen Tod des Tribunen erfuhren, kamen sie insgeheim überein, es sei zur Vermeidung von Cäsars Groll ratsamer, am Begräbnis nicht teilzunehmen. Sie konnten sich vor Verwunderung nicht fassen, als der Herrscher verfügte, sie müßten alle erscheinen, in feierlichem Aufzug und in ihren Amtstogen. Ebenso unglaublich dünkte es sie, als sie hörten, die Prätorianergarde selbst würde in voller militärischer Gala den Leichnam zum Scheiterhaufen geleiten, und eine Abordnung von Veteranen, Angehörigen der einstigen Legion des Tribunen, würde die mit den Fahnen des Reiches geschmückte Bahre tragen. Die letzte und erstaunlichste Nachricht aber war, daß Tiberius selbst die Leichenrede halten würde, im Soldatenkleid und auf seinem Kriegswagen stehend. Zehn Trompeter sollten da sein und zehn Trommler.

Ehe der Leichnam den Flammen übergeben wurde, sagte Tiberius: »Er war ein Soldat Roms, schlicht in seiner Rede, sanft im Herzen, rasch bereit zu gerechtem Zorn und rasch bereit zur Güte. Er war nicht nur, er ist und bleibt ein Soldat Roms, der mit seinem tapferen Schwert das Reich zu erkämpfen geholfen hat, dem niemand eine Lüge, einen Betrug, einen Verrat an der Heimat oder den Mitmenschen nachsagen kann. Wir, die wir hier stehen, erweisen ihm keine Ehre; denn Ehre wurde ihm schon in die Wiege gelegt, stand neben ihm auf dem Schlachtfeld und starb mit ihm, als er die

Augen schloß! Nicht wir sind es, die ihm jetzt den Weg zu seinen Ahnen und in die Hut seiner Götter öffnen. Er hat Ahnen und Götter nie verlassen.«

Wenige Tage später wurde Carvilius Ulpianus tot aufgefunden, unter geheimnisvollen Umständen vergiftet. Als man Keptah davon erzählte, sagte er: »Gönnt ihm Frieden, wie auch Diodorus den Frieden erlangt hat.«

XXV

Der böseste aller Winter schien gekommen. Die Sieben Hügel wölbten sich auf wie Kegelgräber, totenstill, durch lange, bitterkalte Tage mit Schnee überzogen. Die Umgebung klirrte bald von Eis, bald taute sie zu schwarzer Sumpfigkeit auf. Schnee wehte den Menschen in die Gesichter. Die Straßen blinkten wie Spiegel, ließen zu Mittag kalte Dünste aufsteigen, glitzerten dann wieder unter einem stahlblauen Mond. Die weißen Paläste hoben sich wie Grabsteine oder Knochengerippe aus der Weiße ringsumher; ihre Säulen troffen von todbringendem Wasser, und die Gesimse starrten von Eiszapfen. Der Tiber rann träge, und manchmal wälzte sich der Strom zwischen den schneeigen Ufern wie der schwarze Styx; ein blasser Himmel und eine blasse Sonne spiegelten sich darin. Rauch ringelte sich aus den Tempeln und den Häusern der Reichen. Aber in dem Stadtteil jenseits des Tibers lag gespenstige Stille; die Bewohner, arme, trostlose, hungrige Menschen, drängten sich in winzigen, übelriechenden Kammern, Wärme suchend, eng aneinander. Zuweilen brüllte der Wintersturm in göttergleichem Zorn durch die große, überbevölkerte Stadt; und die Leute meinten, die Luft sei erfüllt von wilden, unirdischen Stimmen.

Nur wenige Menschen verließen die Häuser, nicht einmal die Damen in ihren Pelzkleidern und geheizten Sänften. Jeder blieb lieber in dem kleinsten und wärmsten Raume seines Hauses sitzen, recht nahe an dem glutroten Kohlenbecken. Manchmal sammelten sich Menschenmengen im agrippäischen Pantheon, in dessen Mitte, unmittelbar auf dem durch eine Eisenplatte geschützten Marmorboden, ein großes Feuer entzündet worden war. Die Statuen der Götter und Göttinnen schienen in ihren goldenen Nischen im Spiel der huschenden rötlichen Schatten zu atmen und sich zu regen. Der Rauch des brennenden Holzes und des Räucherwerks verhüllte die Statuen, gab sie frei und verhüllte sie wieder, wie die Wolken des Himmels. Die große Öffnung in der Decke spie den Rauch aus, wenn jedoch der Wind launisch wechselte, wurde der Qualm in den Tempel zurückgetrieben, wo er die fröstelnden Anwesenden fast erstickte. Die Statuen bedeckten sich mit Ruß, und ihre weißen Füße wurden schwarz.

Salbungsvoll sagten die alten Graubärte zur Jugend: »Das ist nicht der ärgste Winter. Ich erinnere mich an Jahre, da waren die Tiberarme wochenlang zugefroren, und die Brücken haben ausgesehen wie aus Eis erbaut. Und in der Sonne haben sie so stark geglitzert, daß man beim Hinübergehen ganz geblendet wurde. Ihr jungen Leute seid verweichlicht und wehleidig!«

Unter den Dachrinnen sammelten sich in Scharen die Tauben; manche erfroren und fielen stumm und tot auf das Pflaster.

Seine Majestät Augustus Tiberius verließ Rom mit seinem Hof, mit dem ganzen Senat, allen Rittern und Augustalen samt Frauen und Kindern, samt

Lieblingssklaven, Freigelassenen und Geliebten, samt Gladiatoren und Sängern und Tänzern und Ringern und Faustkämpfern und Wagenlenkern. Alle diese riesigen Schwärme ließen sich auf den warmen Inseln im Golf von Neapel oder in Pompeji und Herkulaneum nieder. Dort, in dem satten Grün und Gold eines milderen Klimas, sonnten sich die Winterflüchtlinge, segelten in strahlend blauen Gewässern, gaben und besuchten Gelage. Kuriere trabten auf schnellen Rossen zwischen der Hauptstadt und der Gegend von Neapel hin und her; sie brachten die neuesten Nachrichten und Gerüchte und Börsenkurse und Wettermeldungen. Die Kornspeicher, so hieß es, leerten sich beängstigend rasch; die Bevölkerung sei verzweifelt und aufrührerisch.

Aber die Hofleute und ihre Mitläufer zuckten die Achseln. Es war angenehm, bei Sonnenuntergang das pflaumenblaue Meer, über das der rote Widerschein des glühenden Himmels wanderte, zu sehen, auf Terrassen und in ummauerten Gärten beim Gesang unermüdlicher Vögel und Springbrunnen zu speisen, Tiberius zu besuchen, bei Wein und Würfelspiel zu lachen und sich von Spaßmachern aller Art unterhalten zu lassen, die dem Hof wie Aasgeier gefolgt waren. Tiberius hatte auf der Insel Capreae große Badebecken gebaut; und bunte Boote verkehrten regelmäßig dorthin, voll lachender Männer und grellgeschminkter Damen.

Dann setzte fast über Nacht der Südwind ein und wehte sanft über das frostversengte Land, voll des Duftes jungen Lebens, voll der Wohlgerüche ferner Blumenwiesen und sommerlicher Verheißung. In Rom begann in dem plötzlichen Tauwetter alles zu triefen und zu tropfen. Die Säulen schimmerten feucht; von den Dächern rannen Wasserfälle. Die Sieben Hügel und ihre dichtgedrängten Paläste und Fora glitzerten in der kräftigen Sonne. In den Straßen flossen übelriechende Bäche. Aber die Leute waren froh. Die Läden wurden geöffnet, und auf den Märkten gab es wieder wimmelndes Leben, ein Gedränge von Menschen und Tieren, ein buntes Durcheinander von Waren. Die Weinschenken füllten sich; der Duft von Pasteten und gebratenem Fleisch schwebte im warmen Wind. Ungestüm ergossen sich Ströme von Reisenden auf den Landstraßen stadtwärts. Die Wiesen prunkten mit Teppichen kleiner Mohnblüten, rot wie fließendes Blut. Über den Sümpfen lag wie gewöhnlich ein stinkender Brodem, und Wolken von Mücken tauchten auf. Auch das machte den Menschen nicht allzu viel aus; es gehörte mit zu den Frühlingsboten. Der Winter und seine harte Not waren vergessen. Grünlich floß der Tiber unter der Sonne, und auf den Brücken ging es lebhaft her. Der Cäsar und sein Hof kehrten in die Hauptstadt zurück.

»Jammerschade, daß der Senat auch wiederkommt!« sagten einige Spötter verbissen. »Im Winter waren wir wenigstens ihn und seine Niedertracht los. Schade!«

Tiberius war nicht beliebt. Seine kühle Art und sein starres, blasses Gesicht fanden keinen Anklang bei den leichtlebigen römischen Volksmassen, die an ihren Cäsaren eine gewisse Wendigkeit und Schauspielerei liebten. Gaius Octavius, ein schlichter Soldat, war nicht nach ihrem Geschmack gewesen, und Tiberius sagte ihnen noch weniger zu. Unter den älteren Leuten erzählten manche von Julius Cäsar und der Leutseligkeit seiner Freunde. Sie schüttelten nur die Köpfe, wenn ihre Söhne und Enkel sie daran erinnerten, daß Julius Cäsar seinem Streben nach ein Diktator gewesen war und ein Verächter des Senats und daß Gaius Octavius und Tiberius sich gesetzestreu dem Senat unterordneten. »Gesetzestreu unterordnen nennt ihr das?« fragten die Alten voll überlegener Verachtung. »Der Senat mag den Schein der Macht innehaben, aber Tiberius ist die Macht. Die Senatoren haben zu seinen Gunsten abgedankt, um persönlich wenigstens einigermaßen an der Macht bleiben zu können! Das ist keineswegs ein Widerspruch in sich.«

Ehe noch die Sonne in goldener Pracht über den östlichen Häusern und Palästen und Hügeln von Rom aufstieg, fluteten Menschenmengen zum Ostiensischen Tor; sie wollten die Rückkehr Cäsars und seines Gefolges mit ansehen. Unterwegs hatte Tiberius in Antium haltgemacht, um seine Villa zu besuchen und auf seine sparsame Art einen Empfang zu geben und um Ceres und Proserpina zu opfern, jetzt, da die göttliche Tochter aus den dämmerigen Gefilden des Todes zu ihrer Mutter zurückgekehrt war. Sogar das starre, farblose Gesicht des Herrschers schien einen Abglanz des wiederkehrenden Lebens zu zeigen, und er sprach mit den Senatoren in weniger mürrischem Tone als sonst.

Als er die am Stadttor wartenden Menschenmassen sah, mußte er, rings von Prätorianern mit den Adlern Roms umgeben, auf seine frostige Art lächeln. Trotz seiner Verachtung für die wimmelnden Pöbelscharen war er noch so weit Mensch, daß ihre lärmende Huldigung ihm wohltat. Wie ein Wagenlenker stand er in seinem goldenen Prunkgefährt und hielt den rechten Arm zu soldatischem Gruße steif ausgestreckt; gelber Staub, von der Sonne beleuchtet, glitzerte um ihn. Und auch dieses Schauspiel entzückte die Leute nach dem eiskalten, nassen Winter. Sie pfiffen zwar die Damen aus, brüllten den Senatoren lachend Flüche zu, machten sogar über Tiberius spöttische Bemerkungen, verhöhnten vollends die Augustalen und die Patrizier; aber sie waren glücklich.

Auch auf dem Landgut des verstorbenen Tribunen Diodorus war der grimmige, finstere Winter, waren die Tage, an denen der Schnee wie beißender Sand in die Gesichter peitschte, nun vergessen. Fast über Nacht hatten die Hügel sich üppig begrünt, die Ölhaine schimmerten in frischem Silbergrau, der Fluß leuchtete im prächtigsten Blau, der Himmel tönte seine Farbe zu sanftem Azur ab, auf den Feldern wiegten sich die Mohnblüten wie im Tanz. Die spitzen, schwarzen, himmelwärts ragenden Zypressen verloren ihre Steifheit. An den Bäumen trieben und prangten die Knospen. Die Wiesen wurden samtig und smaragdfarben. Die jungen Lämmer hoppelten hinter den Mutterschafen einher; die Pferde nahmen ihr ewig gleiches scherzhaftes Liebesspiel mit den Maultieren auf; die Rinder schritten gemächlich dahin oder standen auf ihren Spiegelbildern in den kleinen blauen Kolken des schmalen Wasserlaufs. Winzige Blätter sprossen auf den Rosensträuchern in den Gärten, und die vom Eise befreiten Springbrunnen funkelten und schwatzten wieder. Tauben mit purpurnen Brüsten gurrten an den Vorhallen und Bogengängen und Säulenreihen. Vögel ereiferten sich heftig, ehe sie den neuen Nestbau begannen. Und bei Sonnenuntergang erstrahlte die Luft in zerfließendem, warmem Gold, der Abendstern wurde wiedergeboren, und ein kupferfarbener Mond schwebte tief am Horizont in einem Nebel letzten Abendrots. Das Allerherrlichste und Allererregendste aber war der unbändige, alles durchdringende Erdgeruch, heilig und sündig zugleich, befriedend und aufwühlend zugleich.

Noch nie hatte Lucanus bisher einen römischen Frühling erlebt. Der von Unrast glühende Orient war zu dieser Jahreszeit nur noch fiebriger gewesen. Jetzt entzückten den jungen Arzt, bei all seinem Kummer und seinem dauernden seelischen Unbehagen, die grüne, sprießende Milde, das leise melodische Flüstern, die gedämpften Farbengegensätze in der Natur. Selbst in dem kleinen Sklavenspital konnte er, mitten in wichtigen Untersuchungen, nicht umhin, den Kopf für einen Augenblick zu heben, den Stimmen der Natur zu lauschen, die köstlichen, starken Düfte einzuatmen und sich die Wärme des sanften Windes über die Wange streichen zu lassen. Manchmal mußte er lächeln und wurde wieder jung.

»Auch der hartgesottenste Zweifler muß im Frühling einen Hauch der Verheißung fühlen«, sagte Keptah zu Kusa eines gesegneten Abends, als sie in einer offenen Säulenhalle saßen und den Himmel betrachteten. »Es ist die eindringliche Verheißung Gottes. Ihr kann kein Mensch widerstehen, und wäre sein Herz auch so leer wie ein geborstenes Gefäß.«

»Lucanus widersteht doch, mit mehr oder weniger Erfolg«, erklärte Kusa.

»Seine Gedanken kreisen zu sehr um Diodorus«, erwiderte Keptah traurig. »Einmal hat er mich ausgescholten, weil ich dem Tribunen erlaubt habe, sich an jenem letzten unheilvollen Tage in die Stadt zu begeben. Ich hätte ihm ein starkes Schlafmittel reichen sollen, hat er mich angeschrien. Daß der Tribun als Mann von Charakter, Lauterkeit und Ehrenhaftigkeit unweigerlich ein solches Ende nehmen mußte, hat den Groll unseres Schülers gegen mich in keiner Weise besänftigt. Wie allen jungen Menschen fehlt ihm die Folgerichtigkeit des Denkens. Er bleibt bei seinem Vorhaben, die Küsten des Großen Meeres abzufahren, seine ärztliche Tätigkeit auf lärmenden Schiffen, in stinkenden Häfen, in kleinen und großen Städten auszuüben, weil er das für seine Pflicht hält. Ich versuche ihm klarzumachen, daß er sich damit genauso in seine angeblichen Pflichten verbeißt, wie Diodorus es getan hat.«

»Und was antwortet er darauf?« fragte Kusa begierig.

»Er hat gesagt, Rom sei schon verloren, der Mensch aber nicht, eine Spitzfindigkeit, die ihm aufzuzeigen ich nicht ermangelt habe. Der Mensch, sagte ich ihm, ist sein eigener Scharfrichter; er heftet sich an sein eigenes Kreuz; er ist seine eigene Krankheit, sein eigenes Schicksal, seine eigene Todesursache. Seine Kulturen sind eine Verkörperung seines Wesens. Aber unser junger Arzt kümmert sich nicht um Kulturen. Er denkt nur an die Unterdrückten und die Verachteten und die Verstoßenen, die doch bloß deshalb unterdrückt und verachtet und verstoßen sind, weil ihr Volk verderbt ist und weil sie selbst dieser Verderbtheit Vorschub geleistet haben. Aber unser Lucanus hat sich in seine engstirnigen Vorstellungen eingekapselt, wie eine Fliege in Bernstein. Die Menschen leiden immer nur wieder an Menschen, sage ich ihm. Er jedoch erwidert, der Folterer des Menschen sei irgend etwas so Gestaltloses wie die ›Gesellschaft‹. Nur Gott, glaubt er, und die von Ihm eingesetzten Machthaber seien die Bedrücker.«

Keptah wandte sich zu Kusa, der über das Gehörte nachdachte. Wie schon so oft, fragte er jetzt wieder: »Bist du sicher, daß es Pest war, auf diesem Schiff?«

»Ganz bestimmt, verehrter Keptah. Ich habe dir doch schon so oft die Krankheitserscheinungen und das Aussehen der Toten beschrieben, und die Beulen, und das Blutbrechen.«

Keptah nickte. »Ich weiß zwar vieles, was ich dir nicht sagen kann, lieber Kusa; aber über diese Sache bin ich doch verblüfft.«

Kusa blickte Keptah in dem warmen Gold- und Scharlachlicht des Sonnenuntergangs neugierig an. »Du sprichst in Rätseln. Ich persönlich glaube, daß er göttliche Kräfte hat. Er ist ein Schützling Cheirons, daran ist kein Zweifel. Das versuche ich mir jedesmal zu vergegenwärtigen, wenn er mir besonders stark auf die Nerven geht.«

Keptah schwieg eine Weile. Dann sagte er: »Außer seiner Trauer um Diodorus muß noch etwas anderes an ihm zehren und ihn betrüben.«

Kusas Miene belebte sich; denn er war ebenso schwatzhaft wie Kalliope, seine Frau. Zum erstenmal berichtete er nun Keptah von der geheimnisvollen Dame in der Sänfte, die sich von Lucanus im Hafen von Alexandria verabschiedet hatte. »Ihre weiße Hand habe ich gesehen«, erzählte er mit Wohlbehagen, »ihr Gesicht allerdings nicht. Aber die Hand war bemerkenswert klein und schön; und ich habe nie eine häßliche Frau mit einer solchen Hand gesehen, aber auch nie eine wirklich hübsche Frau mit häßlichen Händen. Und Lucanus ist mit totenstarrer Miene aufs Schiff zurückgekommen, und seine Augen waren ganz eingesunken vor Gram und Verzweiflung. Übrigens hat er einen Kuß auf die Hand gedrückt!« – Keptah setzte sich auf und kratzte sein Kinn; er sah aufgeregt aus. »Eine Dame? Wenn eine Dame in den von Sklaven und niederem Volk wimmelnden Hafen kommt, um sich zu verabschieden, dann muß sie wirklich lieben und auch geliebt werden. Ah, das fügt sich ausgezeichnet ins Bild! Er hat der Dame, und allen Frauen überhaupt, entsagt, wegen seiner fixen Idee. Immerhin freue ich mich. Es bleibt noch Hoffnung. Wenn die Dame eine Sänfte und Sklaven hat, dann ist sie wohlhabend; und eine verliebte reiche Dame ist so unnachgiebig und wagemutig und unerschrocken wie ein Tiger. Er wird sie nicht zum letztenmal gesehen haben!«

»Da wird sie wohl wirklich sehr unnachgiebig sein müssen!« meinte Kusa spöttisch. »Aber du magst wieder einmal recht haben. Er hat viele Nächte damit verbracht, schweigend, wie ein Gespenst, auf dem Schiff umherzuwandern. Ich habe ihn auch im Schlaf rufen hören, kläglich, wie man nach etwas Verlorenem ruft.«

Lucanus saß mit seiner Mutter und seinen Geschwistern in der Abenddämmerung. Er blickte auf die schon im Schatten liegenden grünen Täler und die von der untergehenden Sonne beleuchteten Hügel. Die Luft schillerte in allen Regenbogenfarben, als wäre sie von feinstem Edelsteinstaub erfüllt; und in den dunkleren Mulden des Gartens begannen die Leuchtkäfer still zu funkeln.

Iris' Haut hatte den rosigen Schimmer verloren und war perlmutterartig hell und durchscheinend geworden; das Blau ihrer Augen hatte sich zu der ruhigen Ausgeglichenheit bewältigten Kummers vertieft. Lucanus war von Stolz und Mitleid erfüllt. Er sah Iris nicht nur als seine Mutter, sondern als Witwe und als weibliches Wesen überhaupt; und oft fragte er sich, was sie wohl denken und sich wünschen mochte. Manchmal wurde er scheu in ihrer Gegenwart. Manchmal verblüffte sie ihn durch die Art, wie sie die Wechselfälle des Lebens und vor allem den Tod des geliebten Gatten hinnahm. Lucanus hätte es lieber gesehen, wenn sie gegen das Schicksal zornig aufbegehrt hätte. Einmal sagte sie ihm: »Ich weiß, daß Diodorus lebt und daß ich ihn einst in Freude und Seligkeit wiedersehen werde. Denn Gott ist gütig und wird Seine Kinder nicht enttäuschen.« Es gab Zeiten, da wurde die Mutter für Lucanus zu einem unergründlichen Geheimnis.

Sie liebte ihre leiblichen Kinder aus der Ehe mit Diodorus, die kleine Aurelia und den letztgeborenen Gaius Octavius; aber den Sohn des Diodorus und der Aurelia schien sie sogar noch inniger zu lieben. Der fröhliche Priscus war anhänglich und beflissen und verehrte seine Stiefmutter heiß; bei all seiner gewinnenden Art hatte er mit seinen kaum fünf Jahren schon ausgeprägten Sinn für Verantwortlichkeit. Er benahm sich wie ein Vater zu seiner kleinen Schwester, die mit ihrem Haar der Mutter glich und deren sanfte, braune Augen vor Zärtlichkeit schimmerten, und ebenso auch zu seinem noch nicht zwei Jahre alten Bruder, der gravitätisch über den Rasen watschelte und wie ein Philosoph die Blumen in Augenschein nahm. Der kleine Gaius erinnerte erstaunlich stark an den Vater, und bisweilen freute Lucanus sich darüber. Dagegen erfüllte ihn Qual, wenn er Priscus sah; dessen Gesicht war das seiner toten Schwester Rubria, und auch deren Lebhaftigkeit und Frohsinn hatte er.

Gaius machte sich auf, die Leuchtkäfer aus der Nähe zu besichtigen; aber Iris faßte ihn gerade noch, als er stolperte, setzte ihn auf ihr Knie und küßte ihn. Ihr Goldhaar erstrahlte kurz im letzten Glanz, den die Sonne ausschickte, ehe sie hinter den rötlich gesäumten, dämmernden Hügeln verschwand. Gaius besah mit ernster Miene das Gesicht seiner Mutter; dann schmiegte er den dunklen, runden Kopf an ihre Brust, und sie beugte sich über ihn. »Er fängt gerade erst zu sprechen an«, sagte Iris, »und trotzdem hat er schon die tiefsten Gedanken und stellt die schwierigsten Fragen der Welt.« Sie blickte Lucanus an. »So wie sein teurer, geliebter Bruder«, setzte sie leise hinzu.

Lucanus sagte nichts. Während all dieser Monate hatte er aus Angst, Mutter und Geschwister übermäßig liebzugewinnen, sich von ihnen möglichst fernzuhalten versucht. Wilde Unrast und Betrübnis erfüllten ihn. Er mußte raschestens fort, sonst würden diese Kinder und ihre Mutter sein Herz rühren, und es würde vor Kummer brechen. Er sah, wie die glänzend polierte Mondscheibe zitternd über einem Hügel auftauchte. Jetzt erschien ihm der Mond wie ein alter Kahlkopf, von Gram und Trauer zerfurcht. Die Schönheit des Gestirns bewegte ihn diesmal nicht; denn es war die Schönheit des Todes. An allem, was man liebte, lauerte hinter der Schönheit der Tod.

Iris beobachtete ihren Ältesten zwischen halbgeschlossenen Lidern. Sie sah den weißen Schimmer auf seinem Gesicht, die starre Miene, den abwesenden Blick. Sie seufzte. Dann sagte sie: »Ich war nie eine so heißblütige Frau, daß ich meine Gefühle hätte ungehemmt zeigen können. Aber du wirst begreifen, lieber Sohn, was es für mich bedeutet, einmal alle meine Kinder bei mir zu haben und dich endlich nach so vielen Jahren daheim zu sehen. Ist es nicht wunderbar, daß du, durch Cäsars Güte, zum obersten Amtsarzt von Rom ernannt wurdest? Du wirst nur drei Tage jeder Woche in der Hauptstadt weilen und die übrige Zeit zu Hause sein können, wo die Familie dich braucht – und vor allem deine Mutter«, fügte sie leiser hinzu.

Lucanus öffnete den Mund, blieb aber dann doch stumm. Er blickte auf den schönen Ring, den Diodorus für ihn hatte anfertigen lassen und ihm bei seiner Heimkehr schenken wollte. Es war eine überaus kunstvolle, erlesene Arbeit, ein breiter, reich ziselierter Goldreif mit einem großen Smaragd. Auf dem grünen Edelstein war in Gold das Zeichen des Arztes angebracht, der von zwei Schlangen umwundene Stab; und darüber schwebten, mit Rubinen eingesetzt, die Flügel Merkurs. Priscus hatte den Ritterring seines Vaters bekommen; doch der war nicht so prächtig und kostbar und wäre für Lucanus nicht halb so bedeutungsvoll gewesen. Auch in wirtschaftlicher Beziehung hatte Diodorus seinen Adoptivsohn nicht vergessen. Er hatte ihm die Nutznießung einer sehr beträchtlichen Summe vermacht und ihn, für den Fall des Todes der Mutter, zum Vormund seiner Kinder bestellt. Aber, so sagte Lucanus sich, die Mutter war zwar alt, fast achtunddreißig, doch vollkommen rüstig und würde voraussichtlich noch eine Reihe von Jahren leben.

Er spürte, daß er jetzt sprechen mußte. Mehr als sechs Monate lang hatte er es vermieden, aus Furcht, seine Mutter zu kränken und ihren Kummer zu vergrößern. So freundlich wie möglich sagte er: »Ich muß dir mitteilen, Mutter, daß ich den mir von Tiberius zugedachten Posten nicht anzunehmen vermag. Ich kann nicht hierbleiben.«

Iris wartete. Lucanus blickte sie an; er hatte mit Tränen, Widerspruch, ungläubigem Staunen gerechnet. Doch Iris wartete gelassen. Dann sagte sie: »Sprich nur weiter, mein Sohn!«

Und so sprach er. Und sie hörte zu, gesenkten Kopfes, während sie mechanisch den kleinen Gaius streichelte, der am Einschlafen war. Priscus und Aurelia verfolgten emsig die Leuchtkäfer, und ihr kindliches Schwatzen und Lachen mischte sich in die Abendlieder der Vögel. Der Mond stieg höher, und der herbe Duft der Erde und der Zypressen und der jüngst erblühten Obstbäume drängte sich stärker auf. Mit einem Schlag überzogen die Wipfel der Zyressen sich mit Silber.

Nachdem Lucanus geendigt hatte, blieb Iris so still, daß er schließlich sagte: »Du verstehst mich wohl nicht.«

»Doch«, erwiderte die Mutter. »Ich verstehe. Du bist ganz wie Diodorus, lieber Sohn, und das macht mich glücklich. Du hast die gleiche Seelenstärke und Selbstzucht, das gleiche aufopfernde Pflichtgefühl – seltene Eigenschaften in dieser sittenlosen Welt. Du bist dir natürlich bewußt, daß der Weg, den du dir vorgenommen hast, einsam und beschwerlich ist, voll scharfer Steine und von keiner Sonne erhellt?«

»Ja«, bestätigte er. »Aber das tut nichts. Ich weiß seit langem, daß die Welt weder Freude noch Glück für mich bereit hat.«

»Ich habe gebetet«, sagte die Mutter, »du mögest eine Gattin in dieses Haus bringen, und es mögen Enkel kommen, um mich zu erfreuen.«

Lucanus schüttelte den Kopf.

»Du hast Rubria nicht vergessen«, meinte Iris und seufzte wieder.

»Ich werde sie nie vergessen.« Lucanus zögerte; dann entschloß er sich plötzlich. »Mutter, ich liebe eine Frau, die mir als die wiedergeborene Rubria erscheint. Die Ähnlichkeit habe ich vor allem in ihrem Wesen gefunden: sie hat die gleiche Güte und stille Fröhlichkeit, die gleiche innere Reinheit, die gleiche frauliche Kraft. Sie heißt Dina bas Eleasar. Mehr kann ich dir nicht sagen. In meiner Seele verschmilzt sie derart mit Rubria, daß die beiden eine Person werden. Aber ebenso wie Rubria aus meinem Leben entschwunden ist, wird es auch mit ihr geschehen.«

Diese Worte schmerzten Iris tief. Tränen traten ihr in die Augen. »Die Liebe zwischen Mann und Frau ist etwas Heiliges, mein Sohn, und ist gesegnet.«

»Nicht für mich«, erklärte Lucanus fest, und die Mutter sah seinen Gesichtsausdruck. Nach einer Weile sagte er: »Heute habe ich Cäsar geschrieben und habe ihm für sein Anerbieten gedankt, es aber abgelehnt. Rom braucht mich nicht, wie ich dir auseinandergesetzt habe. Die Hauptstadt ist voll ausgezeichneter Krankenhäuser und tüchtiger Ärzte. Sogar für die völlig ausgestoßenen Sklaven und Verbrecher gibt es ein gutes Spital auf der Tiberinsel. Aber in den Städten und Marktflecken und einsamen Siedlungen an den Küsten des Großen Meeres sind nur wenige Einrichtungen für kranke und arme Leute.«

Iris verstand; aber etwas verblüfft war sie doch. Ein so stattlicher, begabter junger Mann, so wohlhabend, mit liebevollen Familienangehörigen, von Cäsar mit Gnadenbeweisen bedacht! Und das alles wollte er im Stich lassen, unbekannten Menschen zuliebe, die an ihr unbekannten Orten hausten.

»Ich wünsche frei zu sein«, erklärte Lucanus. »Je mehr Bedürfnisse man hat, desto weniger Freiheit genießt man. Für meine eigene Person bin ich bedürfnislos.« Seine Hände lagen noch auf den Knien, und sie waren wie aus Stein gemeißelt im Licht des höhersteigenden Mondes; und der prachtvolle Ring an seinem Finger glitzerte schwach. Lucanus trug eine schlichte, billige Tunika. Sein Kleidervorrat war so armselig und beschränkt wie der eines einfachen Freigelassenen. Und doch, dachte seine Mutter, hat er eine hoheitsvolle Würde, mehr als ein Herrscher, und einen Adel, der ihn den Göttern gleichmacht! Plötzlich wurde ihr leicht ums Herz, und sie fühlte sich auf geheimnisvolle Art getröstet. Sie blickte in den dunkler werdenden Himmel, als hörte sie von dorther eine Stimme.

Aus dem hübschen Hause hinter ihnen kamen die Kindermädchen, um ihre Schützlinge zu holen. Iris stand auf. Als die Sklavinnen die Kinder hineintrugen, sah sie ihnen nach, und ihre blauen Augen wurden feucht. Dann legte sie ihrem Sohn die Hand auf die Schulter. »Gott sei stets mit dir, mein lieber Lucanus!« sagte sie und ging.

Keptah fand Lucanus allein in dem sanften Mondlicht unter den beglänzten Myrtenbäumen. Die Zypressen reckten sich schwarz zum Mond, und eine große Stille hüllte den Garten ein. Keptah setzte sich in den Sessel, aus dem Iris sich vor kurzem erhoben hatte, und starrte seinen einstigen Schüler an. »Du hast mit deiner Mutter gesprochen«, stellte er fest.

Lucanus rückte unruhig hin und her. »Ich habe es ihr gesagt. Sie versteht mich.«

»Du hast die erstaunlichsten Ansichten über das Leben«, erklärte Keptah. »Da ich sie zwar achte, jedoch nicht teile, kann ich nur meiner Verwunderung Ausdruck geben. Aber natürlich ist das alles vorausbestimmt.«

»Von wem denn?« fragte Lucanus verächtlich. »Mein Leben habe ich mir selbst vorausbestimmt.«

Keptah schüttelte den Kopf. »Nein.« Er hielt einen Augenblick inne. »Auch über manche andere Dinge bist du im Irrtum, und diese falschen Meinungen müssen berichtigt werden, sonst findest du nicht wirklich deinen Weg. Für dich ist die Natur etwas Regelloses, von den Stürmen der Anarchie geschüttelt, sinnlos, nur durch Gewalt gelenkt, ein lärmendes, aber im Wesen zweckloses Dasein. Zivilisation ist für dich der klägliche Versuch des Menschen, Ordnung in die Natur zu bringen, sie in irgendeine Form von Bedeutsamkeit einzugliedern, ihre Zwecklosigkeit zu einem Anschein von Sinn zu führen. Die Natur mit Geburt, Wachstum und Tod ist für dich eine Zusammenzählung, die keine Summe ergibt, eine Kreislinie, die nichts einschließt, ein Baum, der in einer öden Wüste blüht und fruchtet und zugrunde geht. Solche Gedanken sind zerstörerisch; sie sind Schiffe, die den Tod als Fracht tragen.«

»Nun und?« fragte Lucanus ungeduldig. Dieser Keptah, so dachte er, wurde nachgerade so lästig wie Joseph ben Gamliel.

Wieder schüttelte Keptah den Kopf. »Du bist im Unrecht. Die Natur ist unbedingte Ordnung, von unbedingten, unabänderlichen Gesetzen beherrscht, die Gott dem Weltall bei dessen Erschaffung mitgegeben hat. Die verschiedenen Zivilisationen bleiben so lange bestehen, als sie mit der Natur übereinstimmen und deren Gesetze achten: das Gesetz der Schöpfung, der freien Entfaltungsmöglichkeit, der Würde alles Lebenden, der Schönheit aller Gestaltungen, der Ehrfurcht vor dem Dasein Gottes und dem eigenen menschlichen Dasein. Sobald aber eine Zivilisation unter der Herrschaft des Staates zur Unpersönlichkeit erstarrt, sobald sie große und kleine Einzelwesen auf eine einzige dürre Ebene zwängt, sobald sie die allgemeine Freiheit verleugnet – muß die Natur diese Zivilisation zerstören, durch Kriege oder Seuchen oder raschen Verfall. Gegenwärtig stehen wir mitten in einer der Auswirkungen dieses göttlichen Gesetzes.«

»Schon wieder haspeln wir das gleiche endlose Gespräch ab wie seit Monaten«, sagte Lucanus müde.

»Ich will mich nicht mit dir auseinandersetzen«, erklärte Keptah. »Ich möchte dich nur wieder aufmerksam machen, daß du unrecht hast. Der Mensch ist nicht das armselige, stumm leidende Geschöpf, für das du ihn hältst. Er ist ein von Hekate geborener Dämon, und nur Einer kann ihn von seinem selbstgewählten Schicksal erretten.«

Er wartete auf eine Entgegnung des trotzig dasitzenden Lucanus; aber er wartete vergebens. Dann sagte er: »Bist du Fleisch und Blut oder nur Stein? Deine Sorge um die Menschen ist unpersönlich, wenn auch mitfühlend. Ich fürchte, sie ist sogar von heimlichen Rachegelüsten eingegeben. Du bist noch jung. Die Welt ist voll hübscher, liebenswerter Frauen. Du solltest dir ein Weib nehmen.«

Lucanus wurde rot und wandte sich zornig gegen ihn. »Wie kommst du dazu, so zu reden? Du selber hast nie geheiratet.«

Keptah blickte ihn merkwürdig an. »Äneas und Diodorus waren nicht die einzigen Männer, die deine Mutter geliebt haben. Ich kenne Iris seit ihrer Kindheit. Du hältst mich wohl jetzt für anmaßend, mich, den ehemaligen Sklaven?«

»In meinen Augen ist niemand ein Sklave«, sagte Lucanus. Er starrte Keptah an, und sein hartes Jünglingsgesicht wurde für einen Augenblick weicher.

»Aber in Wirklichkeit sind alle Menschen Sklaven. Und zwar aus eigenem Willen. Nur Gott kann sie freilassen, Er, der ihnen bei ihrer Geburt eine Freiheit schenkt, deren sie sich entäußern, und immer wieder entäußern werden.« Keptah stand auf und ging, ohne noch etwas zu sagen.

Lucanus blickte zum Himmel, aus dem nun glühende Sternschnuppen niedergingen. Plötzlich mußte er an den Großen Stern denken, den er als Kind gesehen hatte. Auch die ägyptischen Astronomen hatten ihm von dieser Himmelserscheinung erzählt. Es war ein neuer Stern gewesen. Zuerst hatten sie an ein Meteor gedacht; aber dazu schien die Bewegung zu langsam, die Helligkeit zu groß, die Bahn zu gleichförmig. Die Erscheinung war im Lauf der nächsten Nacht verschwunden. Lucanus entsann sich seiner Empfindungen beim Anblick des Sterns: der tiefen seelischen Bewegtheit, der leidenschaftlichen, unsagbaren Zuversicht, die ihn erfüllt hatte, der innigen Freude. Jetzt überwältigte ihn plötzlich das starke Gefühl eines schmerzlichen Scheiterns; und er barg das Gesicht in die Hände.

XXVI

Am nächsten Tage fuhr Plotius, Hauptmann der kaiserlichen Prätorianer, in seinem Dienstwagen beim Hause des Diodorus vor, umgeben von einem Trupp besonders ausgesuchter Gardisten. Da er seit dem Tode des Tribunen dieses Haus öfter besuchte und sich mit Keptah, den er als weisen Mann verehrte, sehr angefreundet hatte, fiel sein Erscheinen nicht weiter auf. Keptah lud ihn zu einer kleinen Erfrischung ein, aber Plotius sagte: »Heute bin ich nicht zu einer anregenden Plauderei mit dir gekommen, lieber Keptah. Ich komme im Auftrag Cäsars. Er wünscht, sofort mit Lucanus, dem Sohn des Diodorus, zu sprechen.«

Als Keptah sich etwas besorgt zeigte, lächelte Plotius. »Du erinnerst dich ja, daß Cäsar die Leichenrede gehalten hat. Wiederholt hat er in meiner Gegenwart seine Hochachtung vor Diodorus bezeugt und die Entschlossenheit, sein Andenken in Ehren zu halten. Ich glaube, Lucanus hat ihm gestern ein Schreiben geschickt, und er wünscht dessen Inhalt mit ihm zu besprechen.«

»Ich glaube zu wissen, worum es sich handelt«, meinte Keptah. »Lucanus hat seine Berufung zum obersten Amtsarzt von Rom abgelehnt.«

»Ist der Mann verrückt?« fragte Plotius und schüttelte verwundert den Kopf.

»Man könnte es meinen«, gab Keptah zu.

In voller Rüstung und mit den größten Machtbefugnissen Roms ausgestattet, begab Plotius sich mit Keptah in den lichterfüllten Garten, wo Lucanus wie ein Kind mit seinen Geschwistern spielte. Die kleine Aurelia ritt auf seinem Rücken; zum Entzücken der Kinder machte er ein wildes Pferd, wieherte unbändig und warf seinen Blondkopf hin und her. Plotius hatte großen Spaß an der Szene. Er staunte auch sehr darüber, wie hübsch Lucanus war. Als jedoch der junge Arzt die Besucher sah, stellte er Aurelia auf den Boden und bedeutete den enttäuschten Kindern, wegzugehen; sie liefen bis ans äußerste Ende des Gartens und spielten dort weiter. Kurz darauf aber kam Priscus zurück, so wie jedesmal magisch angezogen von dem geharnischten Soldaten, der ihm oft Süßigkeiten brachte und ihn als einen verjüngten Diodorus bezeichnete.

»Du suchst mich?« fragte Lucanus, der bisher Plotius nicht persönlich, sondern nur aus Keptahs Briefen kannte.

»Ich begrüße dich«, sagte Plotius und hob den rechten Arm zum Soldatengruß. »Du bist Lucanus, der Sohn des Diodorus Cyrinus? Ich bin Plotius, Hauptmann der Prätorianer im Cäsarenpalast. Du mußt mit mir kommen, zu einer Audienz bei Cäsar.«

Lucanus blickte Keptah an, der ihm zu verstehen gab: »Wenn Cäsar befiehlt, muß man Cäsar gehorchen.«

»Sehr wohl«, sagte Lucanus. Er streifte sich Grashalme von der Tunika. Dann zögerte er. »Ich habe keine Festkleidung. Ich muß kommen, wie ich bin.«

»Du darfst nicht Cäsar dadurch beleidigen, daß du vor ihm wie ein ungeschlachter Schafhirt erscheinst«, erklärte Keptah und lächelte Plotius zu. »Lieber Freund, dieser junge Mann hier ist recht wohlhabend, kleidet sich aber wie ein armer Bauersmann. Komm, Lucanus, ich besitze eine schöne Toga, die ich für mich selbst machen ließ. Und im richtigen Legen der Falten habe ich ein sehr geschicktes Mädchen unterwiesen.«

Er nahm den widerstrebenden jungen Arzt, der vor Ärger über Keptahs spöttischen Ton rot geworden war, am Arm. Plotius sah den beiden nach. Wie gewöhnlich fingerte Priscus erwartungsvoll an dem Griff des kurzen, breiten Schwertes.

»Oh«, sagte Plotius, »du wirst ein tüchtiger Soldat werden, wie dein Vater.« Er zog das Schwert aus der Scheide und gab es dem Knaben, der es mit seinen starken, braunen Händchen faßte. Seine sonnverbrannten Wangen glühten, und seine Augen leuchteten. »Schau«, lehrte Plotius, »so muß man den Hieb führen, so das Handgelenk drehen.«

»Ich will Cäsar dienen«, rief der Kleine, während er zum Schein gegen Plotius losging. »Ich möchte ein großer Soldat werden.« Die anderen Kinder kamen nun auch zurück und schauten. Priscus beobachtete sie zwar heimlich, tat aber stolz, als bemerkte er sie nicht. Aurelia klatschte in die Hände und kreischte vor Begeisterung, als Priscus aufstampfend eine Auslage wie ein Fechter machte und kräftig die schwere Waffe führte.

Keptah kehrte mit Lucanus zurück, der jetzt eine sehr stattliche Toga trug. Ein Stalljunge führte eines der schönsten Pferde des Gutes zum Tor, einen idumäischen Hengst. Als Lucanus aufsaß und das Pferd mit kundiger Hand im Zaume hielt, mußte Plotius an Phöbus denken; wie ein plötzlich belebtes Standbild hoben sich Pferd und Reiter gegen den sattblauen Himmel ab.

Schweigend ritt Lucanus neben dem Wagen des Hauptmanns stadtwärts; die anderen Prätorianer trabten hinter ihnen. Ein merkwürdiger junger Mann! dachte Plotius. Nach einer Weile sagte er zu Lucanus: »Rom ist heute in sehr festlicher Stimmung. Man verehrt Kybele; ihr Tempel ist gedrängt voll.«

»Ich kenne Rom gar nicht«, erwiderte Lucanus kurz. »Auf meiner Heimreise bin ich nur außerhalb der Stadtmauern vorbeigekommen.«

Der Hauptmann zuckte die Achseln, und das Gespräch schlief ein. Aber Plotius bewunderte die ganze Zeit über die Reitkunst des Arztes und die Art, wie er zu Pferde saß. Wahrhaftig, wie ein Gott! Die römischen Damen würden verrückt werden auf ihn.

Lange, ehe sie durch das Asinarische Tor einzogen, sah Lucanus die Stadt, weiß und bronzefarben und goldgetönt auf ihren sieben Hügeln, vor einem tiefblauen Himmel aufgetürmt. Da lag sie also, riesengroß, vollgepfercht nicht nur mit Römern, sondern mit Menschen vieler Rassen und Sprachen, eine stolze und sittenlose Stadt, die Herrin über alles Recht, die Herrin der Welt, glorreich an Macht und Gepränge, Ausgangspunkt gewaltiger Landstraßen; mit Wasser versorgt durch großartige Aquädukte, die aus meilenweit entfernten Bächen und Flüssen frisches, reines Wasser brachten; mit Waren beliefert durch Schiffe aus aller Herren Ländern. Hier lag Rom, das gefräßige, zerstörerische Rom, furchterregender als die Adler der Feldzeichen, jenes Rom, vor dessen Rutenbündeln Tausende und aber Tausende von Germanen, Arabern, Galliern, Briten, Ägyptern, Armeniern, Juden, Spaniern, Sugambrern, Indern, Griechen und Nubiern und zahllose andere Völkerschaften angstvoll die Knie beugten. Die Sonne beschien ferne Mauern und schimmernde Säulen; sie vergoldete Tempel zu blendendem Goldglanz. Aller Reichtum der Welt war hier vereint, all ihre Macht, alle ihre Laster und Verirrungen, alle ihre seltsamen Gelüste und noch seltsameren Götter, alle ihre Sprachen und Gebräuche, Verderbtheiten und Süchte, alle ihre Schönheiten und Künste und Wissenschaften, alle ihre Ränke und Schliche. Kein Wunder, dachte Lucanus, daß Diodorus diese Stadt geliebt und gehaßt zugleich hatte.

Die steingepflasterte Straße, einer jener Verkehrswege, die Roms Stolz bildeten, wimmelte von Reitern und Kutschen, von Lastwagen und Karren, beladen mit Waren und Bodenerzeugnissen. Neben der Straße verlief ein Aquädukt, und hoch oben gluckste das Wasser in der warmen Frühlingssonne. An beiden Seiten wogten Felder, von Mohn und Hahnenfuß gesprenkelt. Die Luft roch stark nach Erde und nach den Ausdünstungen der Menschen und Tiere. Plotius befahl einigen seiner Soldaten, ihn und Lucanus in ihre Mitte zu nehmen und ihnen einen Weg zu bahnen.

Trotz seines Widerstrebens war Lucanus von Neugier und Entzücken überwältigt. Er betrachtete die vielen dunklen Gesichter der Menschen auf der Straße; der Geruch von Gewürzen und Knoblauch drang ihm in die Nase; die Luft dröhnte vom Stampfen der Schritte, vom Klappern der Hufe, vom Rattern und Quieken unzähliger Fahrzeuge. Die wechselnden Farben und das starke Sonnenlicht taten seinen Augen weh.

»Von Tag zu Tag«, sagte Plotius verdrossen, »wird der Verkehr ärger. Auch alle anderen nach Rom führenden Straßen sind so verstopft. Aber die Hauptstadt kann nie genug bekommen; sie ist wie ein riesiges Maul, immerfort offen und immerfort fressend. Sie ist wie Kronos, der seine Kinder verschlingt.«

Wolken laut piepsender Schwalben segelten über ihren Köpfen und vermehrten den tosenden Lärm der Menschen, Wagen und Pferde, von dem die Straße zu zittern schien. Die bebauten Flächen zu beiden Seiten schimmerten in dem fast unwirklichen Grün junger Feldfrüchte, die reihenweise aus der roten, fruchtbaren Erde sprossen. Spärliche Myrtenbäume, Eichen und Zypressen warfen kärgliche Schatten auf die glühendheißen Steine; und gelegentlich standen an einem blauen, seichten Bach Gruppen großer Weiden und ließen ihr zartes Jadehaar längs der hellen, gefleckten Stämme zu dem flimmernden Wasser herabwallen. Die geräuschvolle Straße wand sich an weißen, gartenumgebenen Landhäusern vorbei, an Triften voll gutmütiger Rinder, an Scharen kettentragender Sklaven, die neue Mauern bauten oder alte ausbesserten.

Jetzt wurde der gelbe Staub dicker, bildete einen leuchtenden Nebel über der Straße und setzte sich wie Goldflitter in die Falten von Keptahs prächtiger Toga, die so kunstvoll über Lucanus' hellblauer Tunika drapiert war. Der junge Arzt versuchte, die Staubschicht wegzuwischen; aber sie haftete an dem feinen Linnen. Der Hengst schnupperte und schnob. Plotius empfand es als widersinnig, in der Toga zu reiten. Er hatte dem Arzt angeboten, ihn bis zu seinem Haus in seinem Wagen mitzunehmen; aber der junge Mann hatte das glatt abgelehnt.

Als Lucanus mit seiner Begleitung der Stadt näher und näher kam, wuchsen in ihm die Erregung und die sehr natürliche menschliche Neugier. Rom war siebenhundert Jahre alt, in Unehren grau geworden. Dazu paßte es gut, daß mit der Stadtgründung ein Brudermord verbunden gewesen war. Allerdings hatte der eigentliche Niedergang erst mit der Entartung der Republik zur unumschränkten Herrschaft eines einzelnen begonnen. Roms Fahnen wurden überall auf der Welt von Stürmen gepeitscht; zum Schutz des Reiches waren Dutzende von Legionen, waren Rudel von Spionen, Angebern und Meuchelmördern aufgeboten. Ränke und Machenschaften verpesteten die einst gesunde, reine Luft der Republik. Aber das war die unausbleibliche Folge des Übergangs zum Großreich, die Folge der Machtentfaltung und der ›Führerrolle in der Weltpolitik‹. In dem Lehrgedicht des Lucretius ›De rerum natura‹, das Lucanus gelesen hatte, wurde jene Entgötterung und Diesseitigkeit vertreten, die sich in Rom doppelt auswirkte, in den Latrinen der Stadt und den Latrinen der Seelen: in den städtischen Latrinen entledigten sich oft Mütter ihrer unerwünschten Leibesfrüchte; in die seelischen Latrinen hatten die Menschen Glauben und Gesinnungstreue geworfen.

Was machte es demgegenüber aus, wenn Gaius Octavius, Augustus Cäsar, sich seinerzeit rühmen konnte, er habe eine Ziegelstadt vorgefunden und sie in eine Marmorstadt verwandelt, die in der Sonne glitzerte und funkelte? Besser, dachte Lucanus, eine schlichte Siedlung, in der Gerechtigkeit herrscht, als ein Marmormausoleum für die hohen Tugenden! Trotzdem war er gespannt und neugierig. Am Tor mußten Wagen und Reiter anhalten und wurden von den wachestehenden, entblößte Schwerter tragenden Soldaten in Augenschein genommen. Über dem Tor knatterten im Winde die

Fahnen Roms; und die achtunggebietenden steinernen Adler starrten mit wildem Blick hinunter auf die Straße, auf die ewig bewegte Menge der Menschen und Tiere und Fahrzeuge. Für Plotius und seine Begleitung wurde das Tor mit militärischem Gruß freigegeben, während hinter ihnen ein ohrenbetäubendes Toben der ungeduldig Wartenden ertönte. Und nun waren sie in der Riesenstadt, wurden von ihr erfaßt und verschlungen.

War Lucanus schon auf der Landstraße von dem Lärm und Trubel fast betäubt gewesen, so wurde er es jetzt vollends in der Stadt selbst. Die Ruhezeit nach dem Mittagessen war vorbei, und auf dem weiteren Weg durch die Via Asinaria kamen Plotius und sein Begleiter nur im Schritt vorwärts, wegen der vielen Geschäftsleute, Beamten und Bankangestellten, die zu ihren Läden und Arbeitsplätzen zurückkehrten. Ungeachtet der von Gaius Octavius an alle römischen Bürger ergangenen Aufforderung, die Toga zu tragen, waren die eifrig ihrem Ziel zustrebenden Männer vornehmlich in kurze, farbige Tuniken gekleidet, blau, rot, gelb, weiß, braun, grün, in allen Abschattungen. Die meisten gingen zu Fuß; Wohlhabende ließen sich zum Teil in Sänften tragen. Wagenlenker und Reiter versuchten, sich auf den Platten oder Katzenkopfsteinen des Pflasters einen Weg durch die Menge zu bahnen. Noch größere Verkehrsstockungen gab es, wenn Gruppen von Bürgern unbedingt mitten auf der Straße stehenbleiben mußten, um aufgeregt ihre Geschäfte zu erörtern oder Klatsch auszutauschen. Zwang sie schließlich der Verkehrsstrom auseinanderzugehen, so flohen sie in die Torwölbungen von Läden oder Schenken, um dort weiterzuschreien und zu gestikulieren, zu fluchen und zu lachen oder rasch ein Geschäftchen abzuschließen.

Beiderseits engten die Straße hohe, bis zu acht Geschossen zählende Häuser ein, durch deren Fensteröffnungen sich Frauen beugten und laut ihre Kinder riefen, die aus den Hinterhöfen entwischt waren und ihr Geschrei in den allgemeinen Straßenlärm mischten. Hier waren die meisten Gebäude noch mit den flachen, langen, roten Ziegeln einer früheren Zeit erbaut. Männer schoben Karren mit rauchenden Kohlenbecken, über denen Würste und Pasteten brutzelten. Andere Handkarren waren mit billigem Hausierkram beladen, dazu bestimmt, die Kauflust der Frauen anzuregen, die sich aus ihren Fenstern reckten und den Händlern mit schriller Stimme abfällige Bemerkungen über ihre Waren zuriefen oder ein ihnen emporgehaltenes grellfarbiges Stück Wollstoff oder Leinen oder Baumwolle oder sonst ein Angebot durch Kopfnicken guthießen.

Lucanus fand, daß die Hauptstadt trotz immer neuer gesundheitsbehördlicher Vorschriften noch übler roch als Antiochia und Alexandria; aber dieser Gestank hatte so riesenhafte Ausmaße, daß er sich fast eine gewisse Bewunderung erzwang. Fäulnisgerüche, der heiße Dunst kochender Speisen, der Brodem von Öl und Schlachttierabfällen, der durchdringende Pesthauch Tausender Latrinen, der beißende Staub und die Ausdünstung sonnenbestrahlter Steine und Ziegel mißhandelten die Nase des jungen Arztes. Hier in dem Häusermeer wußte man nichts vom kühlen Frühling der ländlichen Gegenden; hier herrschte schon erstickende, hochsommerliche Hitze. Wirbel heißer Luft drangen aus den Seitengassen wie aus Backöfen. Und überall Getöse, Gelaufe, Geschrei, Gekeife, und das Dröhnen von Rädern und Hufen, und das Zetern riesiger Schwärme von Tauben und Schwalben. Wenn die Liktoren der Prätorianer eine besonders große Schar von Händlern auseinandertrieben, die mitten auf der Straße unter großem Stimmaufwand ihre Meinungsverschiedenheiten austrugen, gewahrte Lucanus viele schwarze Augen, deren Blick sich empört auf ihn und seine Begleitung richteten; und es war bloß dem allgemeinen Lärm zuzuschreiben, wenn er von den ausgestoßenen Flüchen nichts hörte, sondern nur die verzerrten Münder sah, aus denen sie drangen. Die Urbs fürchtete niemanden, nicht einmal Cäsar.

Was Lucanus am meisten beeindruckte und ihn schwindlig machte, war die Höhe, zu der die Stadt aufragte, waren die vielgeschossigen Mietshäuser, die sich drängten und bedrängten, die voneinander in ihren Farben, dem Gelb des Travertin und dem Grünlichgrau des Peperion, abstachen und durch deren Torbogen Menschengruppen wie durch Stromschnellen wirbelten. Die von Mauern umschlossene Stadt hatte nur eine Himmelsrichtung, in die sie wachsen konnte, nach oben. Infolgedessen brodelten alle Straßen wie reißende Wildbäche. Die Fußgänger, die sich mit Schultern und Ellbogen ihren Weg bahnen mußten, waren begreiflicherweise reizbar; und bei Verkehrsstockungen gab es oft erregte Wortwechsel und Schlägereien.

Als der Zug jetzt in ein wohlhabenderes Stadtviertel kam, wurde dieser lärmende Wirrwarr gezähmt durch Mauern, höhere Gebäude, Zirkusanlagen, Theater, Privathäuser und öffentliche Gebäude, die mit verschiedenfarbigem Marmor verkleidet waren, nicht nur in Weiß, sondern auch in Gold und Braun und Rot und gelegentlich in blendend poliertem Schwarz. Rom hatte alle Gottheiten der unterworfenen Völkerschaften in ein einziges überquellendes Pantheon aufgesogen; und überall türmten sich Tempel auf, durch deren Bronzetore in ununterbrochenem Strome Andächtige mit Opfergaben in den Händen eintraten oder nach Weihrauch duftend herauskamen. Viele Leute standen in den Säulenvorhallen umher, warteten auf Bekannte, gestikulierten, stritten miteinander.

Jetzt wurden hohe, kannelierte Säulen sichtbar, auf denen Statuen von Göttern und Göttinnen und berittenen Kriegshelden in Bronze oder weißem Marmor thronten. Wie riesige Speerschäfte ragten diese Säulen aus der wogenden Menschenmenge und dem Gedränge der Häuser und Tempel. Manchmal waren sie zu beiden Seiten breiter Freitreppen aufgerichtet, die zu öffentlichen Gebäuden oder Andachtsstätten führten; manchmal erhoben sie sich aus einer Straßenverbreiterung in deren Mitte, umgeben von kleinen kreisförmigen Anlagen, die entweder einen Springbrunnen mit bunt leuchtenden Blumen ringsumher enthielten oder aber mit schimmernden Mosaiken ausgekleidet waren. Und über dem Ganzen – über all dem ohrenbetäubenden Lärm Tausender von Stimmen, Hunderter von Fahrzeugen und Pferden, über all der Machtentfaltung des kaiserlichen Rom und seiner marmorprangenden Hügel – spannte sich der heiße, blaue Himmel wie ein gewölbter, luftdicht schließender Deckel über einem brodelnden Riesentopf.

Das Pferd des jungen Arztes stolperte mehr als einmal in den Wagenspuren der Straße. Lucanus schwitzte heftig. Da man sich in dem Lärm nicht anders verständlich machen konnte, hob Plotius die Hand und wies stumm auf den Palatin, auf dem der von Gaius Octavius erbaute Cäsarenpalast stand. Aus dieser Entfernung erschienen Palast und Umgebung klein; aber trotz des gelben Staubnebels, der fast greifbar und mit brennender Helligkeit in der Luft hing, sah Lucanus das Bauwerk von einem Wald weißer Säulen umgürtet, die sich Geschoß nach Geschoß in abnehmenden Längen schmälerer Schäfte und in steileren Bogen aufschwangen. Tempel, grüne, hängende Gärten und Terrassen und hübsche Villen ergossen sich vom Palast den fürstlichen Hügel hinab, eingebettet in eine verschwenderische Fülle von Bogen, Säulengängen, Markthallen, Theatern und riesigen, überladenen Denkmälern. Lucanus hatte den Eindruck, in dem großen Palast müsse Zeus selbst wohnen, in den kleinen Bauten aber die Schar seiner Kinder, in herrlicher Kühle und Absonderung, mitten zwischen Bäumen, Blumenbeeten und duftenden Springbrunnen. Alles das erhob sich im Licht der in Weißglut strahlenden Sonne, eine dichtbevölkerte eigene kleine Hauptstadt voll fürstlicher Macht und Schönheit.

Zum erstenmal dachte Lucanus, der bisher von seinen Eindrücken voll beansprucht worden war, an seine bevorstehende Audienz bei Tiberius. Er versuchte, sich alles ins Gedächtnis zu rufen, was Diodorus von diesem Mann erzählt hatte, von seiner kalten Launenhaftigkeit, seinem Mißtrauen gegen alle Römer, so daß er vor den Mauern der Stadt besondere, ihm allein verantwortliche Truppenabteilungen unterhielt. Einst, als Gatte der von ihm geliebten Vipsania, war er ein fröhlicher und glücklicher Mensch gewesen. Aber er hatte den Forderungen seiner Mutter und des Herrschers nachgegeben, sich von seiner bezaubernden Gattin geschieden und eine Frau geheiratet, die ihn später betrog. Seither war er ein finsterer, im stillen rachsüchtiger Charakter geworden, trotz aller seiner Verlautbarungen, daß jeder Römer Gedanken- und Redefreiheit genießen sollte, einschließlich des Senats, dem er sich nach außen hin unterordnete und den er innerlich verachtete.

Jedenfalls bewies er eine geschickte Hand bei der Auswahl jener Männer, denen er hohe Ämter übertrug; seine Machtträger, Prokonsuln und Prokuratoren, konnten, wenigstens anfangs, frei schalten und walten. In der letzten Zeit zeigte er allerdings bedenkliche Anzeichen wachsender Selbstherrlichkeit und Unduldsamkeit, riß mehr und mehr dem Senat oder dem Volk oder den Gerichten zustehende Befugnisse an sich und steuerte auf eine unumschränkte Alleinherrschaft zu; aber niemand erhob dagegen Einspruch. An dieser Entwicklung waren demnach, so hatte Diodorus widerstrebend seinem Adoptivsohn geschrieben, der Senat und die Gerichte und das Volk mehr schuld als Tiberius. Immerhin blieb er auch jetzt noch ein tüchtiger Verwalter und gerecht und im Herzen weiterhin Soldat, obwohl ihn der römische Pöbel oft zur Zielscheibe seines derben Spottes machte und an die Mauern Roms anzügliche Bemerkungen über ihn und seine treulose Ehefrau Julia kritzelte. Manchmal sah man auch in großen roten Lettern die Aufschrift: Wo ist unsere Republik? Es lebe die Freiheit! Nieder mit dem Tyrannen!

Aber die Republik war tot, und kein Cäsar hatte sie ums Leben gebracht.

Der heutige Tag wurde indes, wie Plotius schon gesagt hatte, in der Hauptstadt festlich begangen. Doch die Römer feierten ständig Feste und huldigten ununterbrochen irgendeinem einheimischen oder fremden Gott. Alles war ihnen willkommener Anlaß für einen Tag der Muße, für Opfer, für Veranstaltungen in den Zirkussen oder den Theatern oder den unzähligen öffentlichen Bädern. Unter vielem anderem kündigten allein drei Zirkusse Wagenrennen und Gladiatorenkämpfe an; Sklaven liefen in den belebten Straßen umher und riefen die Neuigkeit aus, an die sie gleich die Bekanntgabe knüpften, daß in bestimmten Theatern einige der besten und gewagtesten griechischen Schauspiele aufgeführt werden sollten. Sofort machten sich ganze Horden eilends zu diesen Vergnügungsstätten auf; wenn ihnen irgendwo Müßiggänger im Wege standen, schrien sie ihnen in den verschiedensten Sprachen Flüche und Verwünschungen zu.

Der junge Arzt und seine Begleiter nahmen nun die Straße, die auf den Palatin führte. Je höher sie kamen, desto kühler wurde die Luft. Lucanus war entzückt von der Schönheit rings um ihn und vergaß darüber den Cäsar. Hier war es weniger belebt. Die Männer und Frauen, die hier in Sänften getragen wurden oder in Wagen fuhren, waren vornehme Leute, die sich entweder in die Tempel und Theater beim Palast oder in ihre Villen begaben; manche wollten auch zum Cäsar in Audienz. Lucanus blickte auf die Adlerprofile der Männer und in die bemalten Gesichter hübscher Damen, die ihm rasch und vergnügt zulächelten. Trotz ihrer Schönheit erschienen sie ihm fremdartig, wie verwüstet, und irgendwie verderbt. Er sah Villentore sich für die Heimkehrenden öffnen und erhaschte dahinter kurze Ausblicke auf flimmernde Gärten und die silbrige Rastlosigkeit springender Brunnen, auf weiße Bogengänge und Säulenhallen, von Götterbildern und Heldenstatuen bekrönt. Noch nie in der Menschheitsgeschichte, so dachte der junge Mann, waren Gottheiten so schön und so eindrucksvoll zur Schau gestellt worden, und noch nie hatte es so wenig wirklichen Glauben gegeben. Die Götter zierten bloß die Cäsarenstadt, beherrschten sie aber nicht.

Von oben her überblickte Lucanus die ungeheuerliche, raffgierige Stadt mit ihren sich dahinwälzenden bunten Menschenströmen, mit ihrem Wald von Denkmälern und ihren dichtgedrängten Häusern, die schließlich in weiter, goldener Ferne verschwammen. Wieder beeindruckten ihn die Macht und Stärke Roms, die unglaubliche Ausdehnung dieser Stadt, ihre Lebenskraft, ihre Hunderttausende bedrängter, ergrimmter, reizbarer Einwohner, ihre ebenso kraftvolle wie klobige, unverfeinerte Größe, ihre umherstreifenden Pöbelmassen, ihr höllischer Lärm, ihr Meer von flatternden Fahnen und, aus dieser Höhe, ihre unbändige, strahlende Schönheit. Er sah den grünen, träge fließenden Tiber und seine statuengeschmückten Brücken und die bis an die Ufer drängenden Häuser mit ihren in der Sonne weiß und rot glühenden Dächern. Hier und dort schimmerte über vorkragenden Gesimsen eine vergoldente Kuppel wie eine Nebensonne. Lucanus mußte die schmerzenden Augen schließen; er war fast überwältigt. Und jetzt stieg auch eine unbestimmte Angst in ihm auf. In kleinen Perlen brach ihm der Schweiß am Haaransatz der Stirn aus.

Das von strengblickenden Prätorianern bewachte Palasttor tat sich für ihn und seine Begleitung auf. Was mochte die Folge sein, wenn er Tiberius erzürnte? Würde der Cäsar, dem Diodorus in schroffen Wendungen seine Mißachtung bezeugt hatte, diese Kränkung nun Iris und ihre Kinder entgelten lassen?

In der riesengroßen Eingangshalle des Palastes kam ihnen der Prätorianer-Oberst entgegen, ein stämmiger, unnahbar aussehender Mann, der mißtrauisch unter seinem Helm hervorblickte. Wie eine Statue aus Bronze und braunem Marmor schimmerte seine Gestalt unter dem großen Glasdach der Halle, das die Sonne durchließ; sein Schritt war gemessen und schwer. Plotius hob den rechten Arm zum militärischen Gruß und stellte Lucanus vor, der nicht wußte, wie er diesen ihn neugierig musternden Würdenträger anreden sollte.

»Ich begrüße dich«, sagte der Oberst kurz angebunden. Also das war der Grieche, der Adoptivsohn des Diodorus Cyrinus, der Arzt!

»Ich begrüße dich«, murmelte auch Lucanus, etwes steif, von dem musternden Blick nicht erbaut.

Der Oberst lächelte; er hatte spitze, weiße Eckzähne. »Cäsar hat dich gerufen«, bemerkte er und brachte durch seinen Tonfall zum Ausdruck, daß der Herrscher eben ein unberechenbarer Mensch war, ein Mann, der die allersonderlichsten Einfälle hatte.

Lucanus wurde rot. Er sagte kühl: »Das ist mir bekannt. Dachtest du, ich wäre sonst gekommen?«

Plotius unterdrückte rasch ein Lächeln; denn der Oberst war über die Bemerkung des jungen Mannes ebenso erstaunt wie verärgert. Dann aber, nach einer kleinen Weile, übten doch die stolze Haltung des Arztes, seine beherrschte Miene und der offenbare Mangel an kriecherischer Furcht unverkennbaren Eindruck auf ihn. Gleich vielen rauhen Soldatennaturen hatte er eine geheime Schwäche für Knaben und junge Männer. Er fand, dieser Lucanus sei eigentlich ein hübscher, anziehender Bursche, und legte ihm die Hand auf die um keinen Fingerbreit zurückweichende Schulter.

Obwohl er sich im allgemeinen mit der Volkssprache leichter tat, redete er jetzt in klassischem Griechisch, um Lucanus, der ihn offensichtlich nicht mochte, für sich einzunehmen. »Das ist eine große Ehre für dich«, sagte er und betrachtete mit Vergnügen die breiten Schultern des jungen Mannes, den säulengleichen Hals, das schöngeschnittene Gesicht und die großen blauen Augen.

Lucanus regte sich nicht. Plötzlich fiel ihm der Sklavenhändler Linus ein, und tiefer Ekel überkam ihn. Aber er unterdrückte seinen jähen Haß und blieb unbeweglich stehen. In der Volkssprache erwiderte er: »Cäsar ist sehr freundlich.« Er blickte Plotius an, der gespannt zusah und eine etwas finstere Miene machte. Ohne unter dem Griff der braunen Hand an seiner Schulter auch nur zu zucken, wandte er sich an den jungen Hauptmann:

»Wie soll ich Cäsar begrüßen?«

Wieder mußte Plotius gegen ein Lächeln ankämpfen, weil Lucanus ihm gegenüber das Griechische, die Sprache der Vornehmen und Gebildeten, gebraucht hatte. In feierlichem Tone antwortete er: »Du begibst dich in seine erhabene Anwesenheit, und wenn er dich bemerkt, was nicht sofort der Fall sein muß, und etwas sagt, fällst du auf die Knie und berührst mit der Stirn den Fußboden.«

Lucanus wendete ein: »Aber ein solcher Fußfall gebührt doch nur einem Gott. Die Juden werfen sich vor ihrem Jahve in den Staub, nicht vor Menschen.«

Der Oberst drückte die Finger tief in die Schulter des jungen Arztes, wie ein Vater es tun mochte. »Mein lieber Junge«, sagte er, »hast du noch nicht davon gehört? Cäsar ist tatsächlich ein Gott, und deshalb erweist man ihm göttliche Ehren.«

Lucanus bemerkte, daß Plotius ihm angstvoll mit dem Kopf ein Zeichen gab. So erwiderte er nichts.

Der Oberst lächelte ihm freundlich zu und erklärte: »Ich werde dich selbst zum erhabenen Augustus führen.« Er entließ Plotius mit einem leichten Nicken. Der Hauptmann grüßte und ging, von bösen Vorahnungen erfüllt. Auf eine freundliche Geste des Obersten folgte Lucanus ihm.

Noch nie hatte der junge Arzt einen derartigen Palast gesehen und hätte sich solche Pracht und Weiträumigkeit nie vorgestellt. In seiner Bewunderung und seinem Bemühen, sich alles einzuprägen, vergaß er sogar den Oberst. Die beiden schritten immer wieder aus einer riesigen Halle in einen riesigen Saal, zu unzähligen anderen Hallen und anderen Sälen. Und überall bestanden die Fußböden aus buntem oder schneeweißem Marmor, der mit glänzend roten und blauen Mosaiken ausgelegt war, wobei jedes Mosaiksteinchen Licht zurückstrahlte, als leuchte es von innen. Wälder kannelierter Säulen öffneten sich überall, aus Onyx, weißem Marmor, vergoldeter Bronze oder Alabaster. In Nischen thronten Götterbilder; Büsten des Herrschers und seiner Vorgänger standen auf niedrigen Säulen. Die Wände glitzerten von Mosaiken: Schlachtszenen und mythologische Darstellungen, so geschickt gearbeitet, daß sie wie feinste und großartigste Gemälde aussahen.

Längs der Wände reihten sich Ruhebänke und Stühle, aus Elfenbein, Zedern- und Ebenholz, mit Gold verziert und mit roten und blauen, weißen und gelben Seidenkissen belegt. Erlesene Tische aus Marmor und Zitronenholz waren überall verteilt; auf ihnen standen noch nicht angezündete Gold- und Silberlampen und kleine alexandrinische Kristallvasen mit Blumen oder silberne und goldene Schüsseln voll von leuchtenden Granatäpfeln, Trauben, Feigen, weißen und schwarzen Oliven. Die mächtigen Zimmerdecken schienen auf den Säulen zu schweben; sie bestanden aus Glas oder Marmor, manche aber waren weißgetüncht und mit feinen Stuckverzierungen, goldenem Rankenwerk, geschmückt. Und überall, in allen Ecken, standen hohe, mit weitverzweigten Pflanzen gefüllte Vasen, Vasen aus Kathei, Persien und Indien, in vielen zarten Farbtönen schillernd. Parfümierten Springbrunnen entströmten Wohlgerüche.

Es gab keine Halle und keinen Saal, wo es nicht von Sklaven und Kurieren und Prätorianern gewimmelt hätte, von hohen Offizieren und Senatoren, von Patriziern und Augustalen, die einer Audienz entgegensahen. Manche saßen und unterhielten sich mit Scherzen, Neckereien und Klatsch oder nahmen achtlos von den Erfrischungen auf den Tischen. Als sie den Oberst erblickten, lächelten sie ihm wegen seiner Machtfülle liebenswürdig zu und wechselten einige Worte mit ihm. Den von ihm so fürsorglich geleiteten jungen Mann aber musterten sie verwundert. Angesichts seiner stattlichen Erscheinung zwinkerten die vornehmen Herren einander zu, hielten die Hand vor den Mund und flüsterten zotige Bemerkungen.

Der Oberst und sein Begleiter durchschritten offene Säulenhallen und gelangten dann in eine andere Flucht von Räumen, bis es Lucanus schwindelte. Manchmal erhaschte er durch ein Fenster oder eine bewachte Tür einen kurzen Ausblick auf die Gärten; das Grün der Bäume und des Rasens mit den bunten Blumen bildete einen merkwürdigen Gegensatz zu der kühlen Weiße der Innenräume. Manchmal vermeinte er riesige Wandgemälde zu sehen, so lebhaft und unerwartet tauchten vor ihm die Gärten mit ihren breiten Terrassen auf. Sein Ohr vernahm Stimmen, ferne Musik und Lachen, und von draußen her das Singen der Vögel und das Rauschen mächtiger Fontänen. Gelegentlich kam eine Hofdame vorbei, das schöne Gesicht reichlich bemalt und hergerichtet, das schwarze oder kupferrote oder blonde Haar in goldenen, juwelenbesetzten Netzen aufgebunden, das weiße oder zartgetönte Gewand um den Körper fließend. Unweigerlich starrte jede dieser Damen Lucanus unbekümmert an und lächelte ihm zu. Edelsteine blitzten an weißen Hälsen und Brüsten und Armen und Handgelenken und Fingern.

Schließlich kamen die beiden Männer zu einer Bronzetür von so riesigen Ausmaßen, daß Lucanus verblüfft war. Prätorianer standen davor. Auf einen Wink öffneten vier von ihnen die Tür, und Lucanus sah vor sich eine geräumige, aber fast leere Bibliothek. An einem Tische saß, mit finsterer Miene lesend, ein eher abstoßend wirkender Mann in purpurner Tunika und weißer Toga, der langsam dunkle, grollende Augen hob.

»Sei gegrüßt, erhabener Cäsar«, sagte der Oberst und hob den Arm. »Hier bringe ich ...«

»Das sehe ich selber«, unterbrach Tiberius mit scharfer Stimme. »Du kannst gehen, mein lieber Oberst. Und deine Prätorianer nimm mit und schließ die Tür. Und wartet draußen!«

Das war unglaublich! Bloß die höchsten Würdenträger hatten Privataudienz beim Cäsar, und auch sie nur äußerst selten. Der Oberst starrte. »Geh!« sagte Tiberius, und jetzt war sein Ton kalt und ätzend. Betroffen grüßte der Oberst wieder, winkte seinen Prätorianern und verließ den Raum. Hinter ihnen schloß sich die Tür.

Tiberius lehnte sich in seinem Stuhl zurück und blickte den Besucher wortlos an. Lucanus erwiderte den Blick mit unverhohlener Neugier. Das also war der Cäsar, Mittelpunkt und höchste Verkörperung römischer Macht und Größe! Und er war ein ganz gewöhnlicher Mensch, hochgewachsen, hager, kahlköpfig, mit vergrämten Zügen in blassem Gesicht, und einem flächig verbreiteten Ausschlag auf den Wangen, die von einer öligen Salbe glänzten.

Lucanus empfand keine Angst vor diesem überaus gefürchteten Mann. Er war bloß neugierig. Unwillkürlich stellte sein Arztauge fest, daß dieser Hautausschlag falsch behandelt wurde. Außerdem, so erkannte sein fachlich geschulter Blick, litt Tiberius offenbar an einer wenig erforschten Form der Blutarmut, bei der die ägyptischen Priesterärzte Leber als Zusatz zur Nahrung wärmstens empfohlen hatten.

Während dieses langen Schweigens bemerkte Tiberius, daß der Besucher ihn eingehend musterte; und er lächelte. Lucanus empfand das Lächeln als unangenehm; wenn andere es gesehen hätten, wären sie über das ungewohnte Wohlwollen, das darin lag, erstaunt gewesen.

»Ich begrüße dich, Lucanus, Sohn des Diodorus Cyrinus«, sagte der Cäsar.

Lucanus zögerte. Dann fiel ihm ein, was Plotius ihm gesagt hatte. Aber er konnte doch vor einem Menschen nicht niederknien! So erwiderte er mit seiner kraftvollen jugendlichen Stimme:

»Sei gegrüßt, Cäsar.«

Das Lächeln des Tiberius verbreiterte sich belustigt. Seine Lippen wurden dünn und straff und zeigten kleine, vergilbte Zähne. Er wies auf einen Stuhl in der Nähe des Tisches. »Setz dich, bitte«, sagte er.

Die Audienzwerber draußen, die seit Stunden warteten, hätten die Augen aufgerissen; denn niemand saß in Gegenwart des Cäsaren, außer beim Essen. Aber Lucanus wußte das offenbar nicht; und so neigte er einfach höflich den Kopf, nahm Platz und wartete.

»Ein schöner Tag«, sagte Tiberius.

»Ja«, antwortete Lucanus und wartete wieder.

XXVII

Lucanus konnte nicht wissen, daß ihm durch die Möglichkeit, Cäsar allein, ohne Beisein anderer Personen, selbst der Gardisten, zu sprechen, eine große Ehre erwiesen worden war. Er konnte nicht wissen, daß der Scharfblick des Tiberius in ihm sofort einen unbedingt vertrauenswürdigen jungen Mann erkannt hatte. Lucanus selbst bildete sich rasch ein Urteil über den Herrscher: ein unbarmherziger, zornmütiger Mann. Worüber grollte er? Über seine treulose Gattin, seine Freunde, seine Arbeitsbürde, über Rom? Lucanus spürte lebhaftes Mitgefühl.

Irgendwo in den Gärten vor der Bibliothek schrien Pfauen, und von weit her klangen die hohen Töne einer Musik. Aber in der Bücherei blickten die beiden Männer, der mächtige Cäsar und der einfache Arzt, einander freimütig an. Lucanus schnupperte; ein leichter, aber unangenehmer Geruch von der Salbe auf dem pustelbedeckten Gesicht des Tiberius drang zu ihm. Er wollte etwas sagen, erinnerte sich aber dann, daß Cäsar das erste Wort haben mußte. Tiberius seinerseits bemerkte, daß Lucanus in keiner Weise Angst vor ihm zeigte. Einen Augenblick lang fragte er sich, ob der junge Mann nicht etwas einfältig war. Immerhin machte die Erscheinung des Besuchers Eindruck auf ihn.

Mit einem festen Blick auf den jungen Arzt sagte Tiberius: »Darf ich dir, lieber Lucanus, mein Beileid zum Tode deines Vaters aussprechen? Ein gerechter, schlichter, heldenhafter Mann. Der letzte große Römer.«

Seine Stimme knarrte und stockte, klang aber aufrichtig. Lucanus lächelte dankbar. Wahrscheinlich war dem Cäsar nicht verborgen geblieben, daß Diodorus seine soldatischen Fähigkeiten angezweifelt hatte; trotzdem brachte es Tiberius über sich, so freundlich von ihm zu sprechen! Obwohl der Schmerz über den Tod seines Pflegevaters wieder in ihm aufstieg, dachte Lucanus, Tiberius selbst müsse wohl auch ein gerechter Mann sein.

Der Cäsar lehnte sich in seinem Sessel zurück, starrte durch die offene, von Sonnenlicht glänzende Fensteröffnung.

»Ich habe angeordnet, daß in der Säulenhalle des Senatsgebäudes eine Statue für ihn errichtet wird«, sagte er und kratzte zerstreut an einer juckenden Stelle seines Gesichts. Lucanus lächelte über diese Anzüglichkeit: die Senatoren würden das zweifelhafte Vergnügen genießen, ständig das ein Marmorschwert tragende Standbild jenes Mannes vor Augen zu haben, der sie in ihrem eigenen Hause angeprangert hatte. »Du bist sehr feinsinnig, Cäsar«, bemerkte er. Tiberius zog die schwarzen Brauen hoch. Dieser junge Mann war keineswegs einfältig!

Der Herrscher fuhr fort: »Wenn ich in Rom zehntausend solche Männer wie Diodorus Cyrinus hätte, könnte ich ruhig schlafen. Aber lassen wir das.

Ich bemühe mich, Lucanus, alles in meiner Macht Stehende zu tun, um den Schmerz seiner Hinterbliebenen zu lindern und um das Andenken des Tribunen zu ehren. Deinen Brief verstehe ich nicht. Ich habe dich zum obersten Amtsarzt von Rom bestellt, zum Mißfall der älteren Ärzte, und du hast mich gebeten, die Bestellung zu widerrufen. Ich bin gespannt auf deine Begründung.«

Lucanus wurde rot. Ihm kam nicht zu Bewußtsein, daß ein Angebot Cäsars abzulehnen nicht nur unerhört, sondern auch ebenso gefährlich war, als wollte ein Sperling einen Adler herausfordern. Er sagte in gewichtigem Tone: »Rom braucht mich nicht. Das habe ich dir schon geschrieben, Cäsar. Aber die Armen und Versklavten in den Provinzen bedürfen meiner.«

Tiberius schwieg. Er kniff die Augen zusammen und richtete den Blick forschend auf das hübsche Gesicht des jungen Mannes. Er versank in Nachdenken. Hier trat ihm etwas entgegen, was er nicht begriff und als Wahnwitz empfand. Ihm fielen die alten Philosophen ein mit ihrem Gebot, allen Mitmenschen gütig zu begegnen. Auch die Priester in den Tempeln Roms mahnten das Volk, gutherzig und, eingedenk der Götter, gerecht, ehrenhaft und mitleidsvoll zu sein. Aber schließlich waren das alles nur Redensarten.
Kein vernünftiger Mensch, der die Welt so sah, wie sie war und immer blieb, glaubte solche Dinge. Tiberius verzog den Mund zu einem Lächeln.

»Du bist Arzt, römischer Bürger, Adoptivsohn eines großen, angesehenen Mannes, mit irdischen Gütern gesegnet«, sagte er. »Die Häuser der Patrizier und Augustalen stehen dir offen. Was ich dir geboten habe, ist nur ein Sprungbrett. Und das alles willst du aufgeben, um jämmerliche Bettler und Arme und Sklaven zu behandeln?« Gehörte dieser Lucanus zu irgendeiner verschrobenen, anrüchigen Sekte von Stoikern? Oder hatte er sich einem bestimmten ausländischen Gott geweiht?

Lucanus erwiderte: »Ja, denn alles andere erscheint mir nichtig.«

»Warum?«

Lucanus wurde wieder rot. »Weil mein Leben sonst keinen Sinn hätte.«

Tiberius runzelte die Stirn. Was hatte im Leben Sinn außer Macht und Reichtum und Stellung? Er dachte über sein eigenes Leben nach, und seine schmalen Züge verrieten unwillkürlich Schmerz. Welchen Sinn hatte denn sein Leben? fragte er sich plötzlich mit unbarmherziger Offenheit. Er hatte getan, was in seinen Kräften stand. Er war ein gewissenhafter Betreuer des Gemeinwesens; er hatte versucht, in dem verhärteten Senat Stolz zu erwekken und ihm seine Befugnisse wiederzugeben. Auch jene Chronisten, die ihn nicht mochten, gaben zu, daß er ein Mann mit klarem Urteil war. Er, der Cäsar, ein Soldat, sorgte für Frieden an allen Ecken und Enden des Reiches. Er hatte keine neuen Steuern eingeführt, trotz der begehrlichen

Forderungen des römischen Pöbels nach weiteren Begünstigungen. Wenn Hofleute sich über eine ihnen persönlich angetane Unbill beklagten, gab er ihnen kühl den Rat, sich an die Gerichte zu wenden, und griff selbst nicht ein.

Gerade in diesen Jahren versuchte er, Rom zu retten, einige der Eigenschaften wiederzubeleben, die es groß gemacht hatten. Doch ein entartetes Volk lehnte Freiheit, Manneszucht und Charakterfestigkeit ab. Er hatte eine schreckliche Vorahnung, daß die Verseuchung seiner Untertanen schließlich auf ihn übergreifen oder daß er im Zorn gewaltsam gegen diejenigen vorgehen würde, die ihn beharrlich entsittlichen wollten. Er dachte an seine Gattin; er dachte an jene, die auf seinen Thron lauerten. Er dachte an seinen einzigen Sohn Drusus, einen jungen Mann mit heftigen Leidenschaften, aber begrenzten Geistesgaben, der eben in der Provinz Illyricum die einheimischen Volksstämme plump gegeneinander hetzte, weil er auf seine simple Art glaubte, man müsse durch Blut waten, um das Tor des Friedens zu erreichen.

Tiberius spürte die unerbittlichen Kräfte um sich, die ihn als gerechten Mann auslöschen, ihn auf die Ebene eines römischen Glücksritters herabdrücken würden, aus Begehrlichkeit, aus niedrigen politischen Erwägungen, aus der Sucht nach Wohlleben, aus Geilheit und eigenem Machthunger. Sie hatten, so dachte er mit erschreckender Klarheit, sein Leben zunichte gemacht, sie alle: seine Frau, sein Sohn, seine Generale und der Senat. Aber mehr noch hatte dabei der verächtliche römische Mob mitgetan, der unersättliche, vielsprachige Mob, der seinen Cäsar als Gottheit ansah, ausgestattet mit einem Füllhorn nie versiegender Gaben zur Belohnung der Trägen, der Schwachen, der Nichtswürdigen, der Wänste, die, wie Fässer ohne Boden, gefüllt werden mußten, auf Kosten emsiger Nachbarn. Seelenlose Bestien! Plötzlich haßte Tiberius seine Weltstadt.

Er starrte Lucanus an, der ihm wie ein Schuljunge vom Sinn des Lebens gesprochen hatte. »Muß denn das Leben einen Sinn haben?« fragte er. »Nicht einmal die Götter selbst haben dem Menschen einen Sinn für sein Dasein gewiesen.«

»Ja, das ist wahr, Cäsar.« Das Gesicht des Arztes straffte sich. »Aber wir können selbst unserem Leben einen gewissen Sinn verleihen. In meinem Fall ist es die Aufgabe, Schmerz und Leiden zu lindern, das Sterben zu erleichtern, den Übergriffen des Todes Schranken zu setzen.«

»Wozu ist das gut?« fragte Tiberius. »Der Tod ist allen Menschen bestimmt. Ebenso auch Schmerz, sei es körperlicher oder seelischer. Und überdies – welchen Wert haben die Armen und die Sklaven?«

»Sie sind Menschen«, erklärte Lucanus. »Gewiß bleiben Schmerz und Tod unvermeidlich. Aber im Einzelfall kann oft der Schmerz hintangehalten, der Tod angenehmer gemacht oder hinausgeschoben werden. Wer kann die Menschenwelt betrachten, ohne Mitleid zu empfinden und ohne helfen zu wollen?«

Tiberius dachte an Rom und lächelte finster. Das hier war offenkundig ein schwatzhafter Schuljunge, ein Milchbart, der den Philosophen ins Handwerk pfuschte! Er kannte den ganzen Lebenslauf dieses Lucanus: der Grieche hatte ein wohlbehütetes Dasein geführt, nie an einem Feldzug teilgenommen, seine Jahre in einer sittenstrengen, friedfertigen Familie und auf Schulen verbracht. Er bedauerte den jungen Mann. Dieser Grünschnabel sprach von dem widerlichen Pöbel als ›Menschen‹. Er sprach von Sklaven als ›Menschen‹. Ohne Zweifel würde er sogar einen käuflichen Senator als ›Menschen‹ gelten lassen! Tiberius rümpfte die Nase.

»Verehrst du irgendeinen obskuren Gott, der noch nicht seinen Antrittsbesuch in Rom gemacht hat?« fragte er mit einem schwachen, spöttischen Lächeln.

Er war überrascht, als der Arzt mit außerordentlicher Heftigkeit erwiderte: »Ich verehre überhaupt keinen Gott!«

»Du glaubst nicht an die Götter?« fragte Tiberius.

Lucanus saß eine Weile still da und hielt den Blick auf den großen Marmortisch vor ihm gesenkt. Dann sagte er: »Ich glaube an Gott. Er ist unser Erzfeind. Er sucht uns heim, ohne eine Begründung dafür zu geben. Selbst der Henker liest seinem Opfer die ihm angelasteten und durch den Tod zu sühnenden Verbrechen vor. Gott hat uns nie gesagt, warum wir leiden müssen. Er verurteilt uns zum Tode, weil wir so und nicht anders sind. Er, der uns so und nicht anders erschaffen hat.«

»Du möchtest also jene trösten, die eines anderen Trösters entraten müssen«, meinte Tiberius. Er war sehr belustigt. Jetzt hielt er den jungen Mann wieder für mehr als einfältig. Er sagte: »Du hast in Alexandria studiert. Zweifellos wirst du dort jüdische Lehrer kennengelernt haben. Als ich in Jerusalem war, hörte ich die Leute von einem Messias reden, einem Tröster, einem Erlöser, einem Mann, der die Juden vom Römerjoch befreien und sie auf hohe Throne setzen soll, als Beherrscher der Welt. Ist das nicht eine verrückte Vorstellung? Aber du kannst daraus entnehmen, daß alle Menschen gleich sind, vom Machthunger getrieben.«

Er entrollte den Brief des Lucanus und überflog ihn nachdenklich. Dann sagte er, ohne den jungen Mann anzublicken: »Als ich jünger war, habe ich auf einem meiner Feldzüge eines Nachts zu meinem Staunen am Himmel einen großen Stern gesehen. Es war die Zeit der Saturnalien. Der Stern hat sich über das Firmament hin bewegt und ist dann verschwunden. Meine Astronomen sagten mir, daß die Erscheinung überall gesehen wurde und ein Neuer Stern war; und die Astrologen haben von einem großen Strafgericht gesprochen, das über die Welt kommen würde. Aber aus dem Orient habe ich vernommen, der Stern hätte zum Geburtsort eines Gottes gewiesen. Das mag etwa fünfzehn Jahre her sein oder noch länger. Wenn dort ein Gott geboren worden wäre, hätten wir sicherlich inzwischen davon erfahren. Du siehst also, wie abergläubisch die Menschen sind.«

Große Erregung bemächtigte sich des jungen Arztes. Er dachte an Joseph ben Gamliel und an seine Erzählung von dem Bauernjungen, der mit den Weisen und Schriftgelehrten im Tempel ein Streitgespräch geführt hatte. Er schüttelte verneinend den Kopf.

Tiberius legte den Brief wieder hin. Dann nahm er einen großen, flachen, in Seide gehüllten Gegenstand zur Hand. Behutsam entfernte er die Hülle und gab den Blick auf den Inhalt frei. Es war eine Platte aus schwerem Gold in der Form eines Schildes. Lucanus beugte sich vor, um besser zu sehen.

Er erkannte auf dem goldenen Schild in Treibarbeit das Kopfprofil Diodorus' und etwas tiefer eine Hand, die ein gezogenes kurzes Schwert umfaßt hielt. Darunter stand auf griechisch der Homervers:

Ein Wahrzeichen nur gilt: das Vaterland zu erretten!

Schließlich wird auf lateinisch eine Horazstelle wiedergegeben:

Nicht ganz werd ich vergehn.

Die Augen des jungen Griechen füllten sich mit Tränen. Voll grimmiger Genugtuung erklärte Tiberius: »Diese Gedenktafel wird auf meinen Befehl im Senatssaal hinter dem Rednerpult aufgehängt werden.«

Die Blicke des Cäsaren und des Arztes begegneten sich in völligem Verstehen.

Tiberius ließ die Hand liebevoll über den Schild gleiten und sagte: »Hast du dir überlegt, welche Laufbahn dir Diodorus gewünscht hätte? Er hätte sicher gewollt, daß du Rom dienen sollst, wie er Rom gedient hat.«

»Er war ein großer Mann, der an die Freiheit des Einzelmenschen glaubte«, entgegnete Lucanus. »Er hätte zwar meinen Entschluß nicht gebilligt, ich weiß; aber ihm wäre wichtig gewesen, daß ich mich so entscheide, wie ich es für recht finde.«

»Trotzdem«, betonte Tiberius, »solltest du sein Andenken so weit ehren, daß du wenigstens einige Zeit in Rom im Dienste des Volks verbringst. Du hast in deinem Briefe geschrieben, du gedächtest Rom sofort zu verlassen. Um den Zielsetzungen deines Vaters Diodorus gerecht zu werden, kann ich das nicht gutheißen. Ich befehle dir, sechs Monate lang hierzubleiben. Wenn du dann noch immer überzeugt bist, daß deine Pflicht anderswo liegt, steht dir der Weg dorthin offen.«

Der hartnäckige Lucanus schickte sich an, Einspruch zu erheben, als er die Macht der Herrscheraugen auf sich gerichtet spürte und zum ersten Male voll zum Bewußtsein der Tatsache kam, daß der Mann vor ihm Cäsar war und daß gegenüber dessen Befehlen kein Sträuben half. Denn Tiberius lächelte jetzt nicht mehr.

Nach einer langen Pause neigte Lucanus den Kopf. »So sei es«, murmelte er. »Diodorus zuliebe.«

»Ich wünsche, daß du während dieser Zeit meinem Hof zugeteilt wirst«, erklärte Tiberius. Er lächelte gemessen. »Vielleicht werde ich sogar in einigen Dingen persönlich deinen ärztlichen Rat in Anspruch nehmen.«

Vor dem Gedanken, in diesem riesigen Palast im Grunde genommen gefangengesetzt zu werden, schauderte Lucanus; aber er begriff, daß er nicht widersprechen konnte.

»Die Amtsärzte werden lässig«, erklärte Cäsar. »Es ist mir recht, wenn du ihre Arbeit überprüfst und Verbesserungen vorschlägst. Im übrigen wimmelt der Palast von Sklaven, Freigelassenen und Prätorianern; sie werden deine Betreuung zu schätzen wissen ... Ich selbst bin mit meinen Leibärzten auch nicht ganz zufrieden.«

Lucanus faßte sich ein Herz.

»Wenn du gestattest, Cäsar – darf ich bemerken, daß die Behandlung deines Hautausschlages falsch ist!«

Tiberius zog ruckartig die Brauen hoch. »Wirklich? Und was würdest du anraten?« Er war wieder sehr belustigt.

»Ölhaltige Salben vermehren nur die von Natur aus in Pusteln enthaltenen giftigen Öle«, erklärte Lucanus, und er war wieder ganz Arzt. »Ich verordne lieber einen Teig aus Wasser und Schwefelblume, der zweimal täglich aufgetragen wird, nachdem die Haut kräftig mit starker Seife gewaschen worden ist. Das wirkt trocknend und reinigend.« Er zögerte. »Ich glaube auch, daß mit dem Blut etwas nicht in Ordnung ist. Wenn du erlauben wolltest ...«

Verblüfft nickte Tibieris; und Lucanus stand auf und trat zu ihm. Wieder vergaß er, daß dieser Mann die gewaltige, unwiderstehliche Macht eines großen, furchterregenden Reiches verkörperte. Für den Arzt war er nur ein kranker Mensch. Mit festen und doch behutsamen Fingern zog er seinem Patienten die unteren Augenlider herab, öffnete ihm den Mund und untersuchte die blassen Schleimhäute. Dann setzte er sich wieder, ohne die Erlaubnis dazu abzuwarten. »Spürst du eine ständige Mattigkeit, Cäsar? Eine Schlaffheit? Ermüdet dich Arbeit über Gebühr? Kommst du bei der geringsten Anstrengung außer Atem und fühlst dich oft schwach und schwindlig?«

Da auch ein Herrscher gern über seinen Gesundheitszustand spricht, nickte Tiberius eifrig. »Du hast mein Befinden ganz genau beschrieben, lieber Lucanus.«

»Dann leidest du an Blutarmut«, erklärte der junge Arzt. »Es handelt sich vorläufig um keine schwere Form dieser Krankheit; aber sie kann sich verschlechtern. Wie sieht es mit deinem Speisezettel aus?«

»Ich lebe einfach«, erwiderte Tiberius. »Ich bin Soldat. Ich mache keine

Orgien oder Bankette mit. Ich nähre mich soldatisch, sehr genügsam: Käse, Ziegenmilch, Brot, einen bescheidenen Rotwein, Obst und Gemüse. Und sehr selten ein bißchen Fleisch oder eine Geflügelkeule.«

»Diese Ernährung ist für einen an die sechzig Jahre alten Mann falsch«, erklärte Lucanus in tadelndem Tone. »Ich empfehle frisches Ochsenfleisch, dreimal täglich, dazu gehaltvollen, schweren Wein; nur einmal im Tag etwas Gemüse und Obst. Fisch ist bei Blutarmut nicht sehr gut, auch Geflügel nicht. Als das Beste verordne ich eine große Portion Rindsleber, mindestens einmal täglich.«

Tiberius schnitt eine Grimasse. »Meine Köche bereiten einen Leckerbissen aus der fetten Leber von Säuen, die mit reifen Feigen gemästet worden sind. Ich verabscheue dieses Gericht. Da du aber jetzt mein Arzt bist, werde ich abends Rindsleber essen.«

Er stützte sein scharfes Kinn auf den Rücken der rechten Hand und starrte Lucanus an. »Du bist jung«, sagte er, »und ein ungewöhnlicher stattlicher Mann. Du bist auch wohlhabend und geachtet und Arzt. Trotzdem fühlst du dich unglücklich. Wenn ich in deinem Alter und so reich von der Natur beschenkt und nicht Cäsar wäre, würde ich der glücklichste Mensch sein. Ich bemerke deine Trübsal. Woher kommt sie?«

Lucanus konnte einen Augenblick lang nicht sprechen. Dann antwortete er leise: »Eine der Kümmernisse des Lebens ist die Unbeständigkeit aller Freuden.«

Tiberius zuckte die Achseln. »Das weiß jeder Schuljunge. Sollen wir uns deshalb heute des Vergnügens und der Freude berauben, nur, weil sie uns morgen vielleicht entschwinden?«

Lucanus blickte den Cäsar nun offen an und wußte in diesem Augenblick, daß hier ein Mann saß, der tief vergrämt, enttäuscht und verzweifelt war. Und auch in ihm wurde wie ein Echo Verzweiflung rege, weil er kein Trostwort für diesen mächtigen Mann hatte, keine Hoffnung, die er ihm hätte geben können. Wie ihm selbst Rubria entrissen worden war, so hatte Tiberius seine Liebe verloren, und sie teilten miteinander die gleiche Trostlosigkeit. Tiberius blickte ihm in die Augen und sah dem jungen Mann den aufwallenden Jammer an, den Wunsch zu helfen und die Unfähigkeit, ihm zu helfen. Und er wurde bewegt und staunte darüber, daß irgendein Lebewesen ihn wieder menschlich rühren konnte.

Rasch gab er auf die eigene Frage Antwort: »Was die Götter uns beschieden haben, können wir, ob es Gutes oder Böses ist, nicht zurückweisen. Welche Wahl bleibt uns denn? Nicht einmal ich kann mir auch nur vorübergehend den Glauben einreden oder auch nur antrinken, daß die Welt für einen denkenden Menschen erträglich ist!«

Er schlug eine auf dem Tisch stehende Glocke an. Die Bronzetür tat sich gewichtig auf, und im Nu traten Plotius und vier Prätorianer ein. Während er noch den Herrscher grüßte, blickte Plotius besorgt den jungen Arzt an und wunderte sich darüber, daß Lucanus wie ein ebenbürtiger Besucher in seinem Elfenbeinstuhl zurückgelehnt saß.

»Lieber Plotius«, sagte der Cäsar, »führe bitte Lucanus in das vornehmste Quartier, wo er eine Zeitlang als Ehrengast wohnen wird. Und schicke seiner Mutter Botschaft, daß ihr Sohn bei mir ist.«

Nachdem Lucanus mit Plotius gegangen war, blieb der Herrscher eine Zeitlang allein, den Kopf in die Hände gestützt. Draußen warteten Senatoren und Augustalen und Patrizier und Beamte darauf, vorgelassen zu werden; aber er rief niemanden zu sich. Er dachte an das ungekünstelte Betragen dieses jungen Arztes, an seine edle Schlichtheit, seine eiserne, unverrückbare Entschlossenheit und seine offenkundigen Tugenden. Er konnte nicht mit sich ins reine kommen darüber, ob dieser Lucanus ein Narr oder bei aller Jugendlichkeit ein weiser Mann war. Dann lachte er heiser auf. Jetzt wohnte der Grieche im Kaiserpalast. Bald mußte sich die Nachricht verbreiten, daß er als Gast Cäsars hier weilte, und die Niedertracht konnte langsam, heimtückisch zu ihm heransickern, wie öliges Schmutzwasser. Würde die Verderbtheit auch ihn erfassen? Und ob! Der Mensch neigte ja von Natur aus zum Laster, und Unflat war sein natürlicher Lebensbereich.

»Wir wollen sehen!« sagte Tiberius laut und lachte wieder, voll Bitterkeit.

XXVIII

Als Plotius den jungen Arzt durch neue Wälder weißer Säulen und an neuen Scharen von Statuen vorbeiführte, sagte er zu ihm: »Mich treibt bloß die Neugier zu meiner Frage – aber was hast du dem Cäsar gesagt?«

»Was ich ihm gesagt habe?« Lucanus blickte ihn überrascht an. »Nun, wir unterhielten uns über verschiedene Dinge, und er war sehr verständnisvoll. Ich habe ihm auch ärztliche Ratschläge erteilt.«

Plotius schüttelte verwundert den Kopf. Tiberius war als eigensinnig verschrien. »Du bist bei deiner Weigerung geblieben?« fragte der Prätorianer.

»Gewiß«, erwiderte Lucanus etwas gereizt. »Ich habe dir schon gesagt, daß Cäsar sehr verständnisvoll war. Immerhin sind wir übereingekommen, daß ich etwa sechs Monate in Rom und hier im Palast bleibe, um das Andenken des Diodorus zu ehren. Dann verlasse ich die Hauptstadt.«

Plotius glaubte, nicht richtig gehört zu haben; er wandte den Kopf und starrte den Arzt entgeistert an. Ein gewöhnlicher Sterblicher, und noch dazu ein Grieche, hatte sich dem Cäsar widersetzt und war nicht nur im Besitz seiner Freiheit aus dem Audienzsaal gegangen, sondern wurde wie eine hochbedeutsame Persönlichkeit behandelt! Schweigend gingen sie nebeneinander weiter, Lucanus an allem um sich her interessiert, und Plotius in völliger Verwirrung. Wenn die Statuen plötzlich lebendig geworden wären, hätte er nicht erstaunter und ungläubiger sein können.

Sie betraten einen breiten Privatkorridor, an dessen Eingang zwei Prätorianer Wache hielten, die jetzt Lucanus neugierig begafften. Der Arzt sah, daß die weißen Wände hier meisterhaft mit Szenen äußerster Sittenlosigkeit und Ausschweifung bemalt waren: Zentauren und Satyrn, Nymphen und Gottheiten, die sich auf schamloseste Art vergnügten. Aber die anmutig dargestellte Wollust erregte in Lucanus weder Ekel noch Empörung; er war Arzt und fand an der kunstvollen, wunderbaren Schönheit des menschlichen Körpers und seiner Lebensäußerungen nichts Anstößiges. Für ihn waren diese Bilder nur die Einfälle verdorbener, vorwitziger Kinder, die an tierhaftem Zeitvertreib Gefallen fanden. Er hatte viel ärgere Dinge, roh hingeschmiert, an den Wänden der Häuser und Schenken in Antiochia und Alexandria gesehen; diese Bilder hier waren wenigstens von einem hervorragenden Künstler ausgeführt. Eine Szene war so bezaubernd und unterhaltsam, daß er kurz stehenblieb und sie lächelnd musterte. Er sagte zu Plotius: »Dieser Maler hier hat ausgezeichnete Anatomiekenntnisse und Sinn für Humor.« Die beiden jungen Männer betrachteten das Kunstwerk, schauten sich dann gegenseitig an und lachten.

Überall standen, in strammer Haltung grüßend, Prätorianer, sogar in der Halle vor einem wundervollen Wohnraum, mit großer, offener Tür und mit Fenstern, die auf eine breite, rasen- und blumengeschmückte Terrasse gingen. Nie hatte Lucanus solche Pracht gesehen, und nie hätte er sich sie auch nur vorstellen können. Die Wände des geräumigen Zimmers waren mit Marmor in vier verschiedenen, aufeinander abgestimmten Farben verkleidet, mit Platten in Weiß, glänzendem Schwarz, Gold und Rosa. Der schimmernd bunte Fußboden spiegelte das Licht des Himmels und die Farben des Gartens. In der Mitte des Raums stand ein großes Bett aus vergoldetem Holz in Gestalt eines Delphins, mit glitzernden Edelsteinen, Perlmutter, Elfenbein und Silber eingelegt; auf dem Bett lag eine Decke aus reichgemusterter Seide, wie ein üppiges Blumenbeet. Rings im Raum verteilte schlanke Sockel aus schwarzem oder weißem Marmor trugen anmutige Bronzestatuetten, nackte Frauengestalten, die silberne und goldene Lampen oder unschätzbar wertvolle Kunstgegenstände hochhielten. Auf Tischen aus Zitronen- und Ebenholz oder aus Marmor standen überall murrinische Gefäße mit Blumen, so daß die durch Tür und Fenster einströmende würzige Frühlingsluft mit Düften beladen wurde. Um die Tische waren üppige Ruhelager gestellt, mit leuchtender Seide überzogen; und an den Wänden warteten viele reichgeschnitzte und vergoldete Sessel mit elfenbeinernen Füßen. Zwischen den von feinen Spitzenvorhängen umrieselten Fenstern stand eine wundervolle Truhe aus gehämmertem Messing. Darüber hing ein polierter Silberspiegel. Hinter diesem geruhsamen, verschwenderisch ausgestatteten Raum lag ein anderer, ganz in rosa Marmor; das versenkte Badebecken war mindestens zwölf Fuß lang und sechs Fuß breit, mit warmem, parfümiertem Wasser gefüllt, durch das man auf dem Boden eine lüsterne Szene in leuchtendstem Mosaik sah.

»Das sind ja Frauengemächer«, meinte Lucanus, der die Schlichtheit der Behausungen des Diodorus gewohnt war.

Zwei nackte Sklaven traten ein und verneigten sich vor ihm. Er starrte sie verwundert an. Es waren ein Jüngling und ein Mädchen, hochgewachsen und schlank und von so unglaublicher blendender Schwärze, daß man eher an polierten Marmor dachte als an menschliche Haut. Die Vertiefungen und Auswölbungen ihres Körpers schimmerten hell, wie mit Silberpulver bestäubt; und ihre hübschen Gesichtszüge, fein und edel geschnitten, schienen von einem begnadeten Künstler geschaffen. Das schwarze Haar des Mädchens floß in leichtgekräuselten Wellen über den glatten Rücken; die Brüste waren hoch und spitz und glommen in seidigem Licht. Ebenso wie der junge Mann trug es nichts am Körper außer schweren goldenen Reifen um den Hals und Goldringen in den Ohren, die ihren Widerschein auf die spiegelnde Haut warfen.

»Das sind deine Bedienten«, sagte Plotius. Dem Arzt kam es lächerlich vor, in diesen Gemächern mit Sklaven zu weilen, die ihm allein dienstbar waren. Er wollte Einspruch erheben; aber Plotius grüßte zwinkernd und ging. Lucanus blickte den Knaben und das Mädchen an, ohne zu wissen, was er sagen sollte; und sie erwiderten den Blick mit ihren großen, dunklen Augen und mit einem breiten, harmlosen Lächeln. Sie warteten darauf, angesprochen zu werden. Und so fragte er verlegen: »Wie heißt ihr?«

Mit einer neuerlichen Verbeugung gab der Knabe Auskunft: »Ich heiße Nemo, Herr, und das hier ist meine Zwillingsschwester Nema. Gib uns deine Aufträge! Wir stehen dir zur Verfügung.«

Nema schritt anmutig zu einem Tisch und goß Lucanus einen edelsteinbesetzten Becher mit Wein voll. Er nahm ihn aus ihrer zarten Haud, bezaubert durch ihre besondere Schönheit und die Vollendung von Gesicht und Körper. Er setzte den Becher an die Lippen und trank ein wenig. Noch nie hatte er solchen Wein getrunken, rosenfarbig, parfümiert und mit Honig gesüßt. Der Knabe brachte ihm eine Platte voll reifer, in kleingehackten Nüssen gewälzter Feigen und andere Leckereien. Lucanus aß ein paar Stück. Er runzelte die Stirn. »Ich brauche keine Bedienten«, sagte er. Der Knabe und das Mädchen lächelten ihm ausdruckslos zu, blieben aber wie Statuen stehen, unbeweglich, als hätte er in einer ihnen unverständlichen Sprache geredet. Ebenso erstaunt wie er über sie waren sie über ihn: niemals hatten sie noch eine so helle Gesichtsfarbe, so goldenes Haar und eine so stattliche Gestalt gesehen. Die drei jungen Leute standen da und bewunderten einander in voller Arglosigkeit.

Ein anderer Diener trat mit tiefer Verbeugung ein und meldete Lucanus, daß die Fürstin Julia sein Erscheinen bei ihrem am Abend stattfindenden Bankett angeordnet hatte. Dann zog der Diener sich zurück und ließ die drei wieder allein, zu weiterer gegenseitiger Betrachtung. Schließlich sagte Lucanus wie ein Junge: »Da werde ich wohl nicht ablehnen können. Aber ich habe nichts anzuziehen, als was ich auf dem Leibe trage.« Er blickte Keptahs in Ehren gehaltene Toga an, die jetzt von der Reise beschmutzt war, und schaute auf seine staubigen, einfachen Ledersandalen.

Nemo ging zur Messingtruhe, öffnete sie und holte eine Tunika aus feinem Linnen mit besticktem Goldsaum hervor, eine schneeweiße, ebenfalls goldverbrämte Toga, ein Paar goldene Sandalen, einen Gürtel aus kunstvoll bearbeitetem, edelsteinbesetztem Gold und dazu passende Armreifen. Wie ein Händler ehrerbietig herrliche Ware vorführt, so legte er die Kleidungsstücke in schöne Falten über den einen Arm und hielt mit der anderen Hand Gürtel und Reifen hoch.

»Das ist ja allerhand!« rief Lucanus. Ihm erschien diese Kleidung als weibisch; trotzdem strich er mit der Hand über die Stoffe und betastete die Juwelen. »Wie ein Schauspieler werde ich mir vorkommen«, bemerkte er.

Nun gab Nemo zu verstehen, das Bad sei bereit und er und seine Schwester würden ihn waschen und mit parfümierten Ölen salben und seinen Körper massieren. Aber diese Hilfeleistung wies Lucanus entschieden zurück.

Die beiden Sklaven schauten ihn verwundert an und wechselten dann stumme Blicke.

»Seit ich drei Jahre alt bin, bade ich immer allein«, erklärte Lucanus. Die Sklaven starrten ihn bloß ungläubig an. Er erhob die Stimme. »Ich wünsche, allein gelassen zu werden«, sagte er. Verblüfft verneigten sie sich, gingen und schlossen die Tür hinter sich. Draußen stellten sie sich hin und spielten, um ihrem Herrn die Zeit angenehm zu vertreiben, einschmeichelnde Musik auf Flöte und Leier. In die sanften Klänge mischte sich der gleichmäßige stahlharte Schritt des zur Bewachung aufgestellten Prätorianers. Lucanus schüttelte den Kopf. Er versuchte eines der Ruhebetten und erschrak, als er in der geräumigen Weichheit fast versank. Er stand wieder auf und ging von einem Einrichtungsstück zum anderen. Nie hatte er so viel Kunstfertigkeit gesehen. Die Statuetten waren so fein ausgeführt, daß sie die kleinsten Adern an Hand und Fuß und Hals zeigten. Lucanus fuhr mit dem Finger über die Gestalten, und sie schienen zu leben.

Der Klang junger Männerstimmen auf der Terrasse vor der offenen Tür riß ihn aus seinen Erkundungen, und er stellte sich zum Eingang. Draußen auf dem Rasen war ein Ringkampf im Gange zwischen zwei Burschen, so alt wie er oder noch jünger und völlig nackt. Ihre bernsteinfarbenen Körper waren von wohlbeherrschten Muskeln gefurcht, und nach einigen anstrengenden Augenblicken troff ihre Haut von schimmernder Feuchtigkeit. Es handelte sich offenbar um voll ausgebildete Athleten, die mehr übten als kämpften; ihre hübschen Gesichter waren angespannt, verzerrt und finster. Sie knurrten, begehrten auf und schrien, ohne Lucanus, der sie mit großem Interesse betrachtete, zu bemerken. Manchmal fluchten sie lästerlich. Der junge Arzt fragte sich, ob sie wohl Sklaven waren. Er beobachtete die Griffe und die Bodenberührungen, die straffen Muskeln, die Geschicklichkeit und Kraft. Dann trat er durch die Tür. Die Ringer sahen ihn, trennten sich rasch und machten grollende Mienen.

»Seid gegrüßt!« sagte Lucanus, der plötzlich einen Hauch von Unfreundlichkeit und Feindseligkeit spürte.

Die beiden starrten ihn dreist an und musterten geflissentlich seine von der Reise beschmutzte Kleidung, seine einfachen Sandalen. Ehe sie noch ein Wort sagten, empfand Lucanus ihr spöttisches Staunen über den Mangel jeglichen Edelsteinschmucks, ihr Urteil, daß es sich bei ihm um einen Niemand handle, und ihre Verwunderung darüber, daß sich so ein Mensch überhaupt im Palast aufhielt. Sie nahmen ihn wohl für einen widerrechtlich eingedrungenen Freigelassenen, der sich irgendwie in dieses den Wohnräumen der Fürstin so nahe Zimmer eingeschlichen hatte. Doch er wußte nicht, daß er ihr Mißfallen auch durch seine Körpergestalt erweckt hatte; denn sie waren zwar stattliche junge Männer, konnten sich aber mit ihm nicht messen. Dann warf ihm der eine einen zornigen, finsteren, mißtrauischen

Blick zu. Sollte dieser Fremde etwa gar der neueste Günstling der launischen, unersättlichen Julia werden?

»Sei gegrüßt!« erwiderte der eine und zwinkerte mit betontem Spott seinem Gefährten zu, der sich laut räusperte.

»Ich bin Lucanus, Arzt, und der Sohn des Diodorus Cyrinus«, stellte sich der Ankömmling vor und spürte es heiß in seine Wangen steigen.

»So, so«, machte einer der Ringer in gedehntem Tonfall, der Unbeeindrucktheit anzeigen sollte. Ein Arzt? Zweifellos ein ehemaliger Sklave! Keiner der beiden Burschen hatte je von Diodorus gehört. Der andere Ringer fragte. »Du bist hier, um uns zu betreuen?«

»Ich bin hier als Gast Cäsars«, entgegnete Lucanus kühl. Dann flammten seine blauen Augen auf über die offenkundigen Kränkungen, die man ihm zufügte. Während die beiden sich zweifelnd von seiner beiläufigen Erwähnung Cäsars erholten, sagte er: »Ihr seid gute Ringer, aber ungelenk. Eure Ausbilder waren nicht sehr tüchtig. Gegen einen wirklich geschulten Athleten könnt ihr nicht länger als ein paar Augenblicke aufkommen. Ihr seid noch Stümper. Aber immerhin wird eine bessere Ausbildung und harte Übung ganz erträgliche Ringer aus euch machen.«

Die beiden atmeten rasch und schwiegen. Sie konnten noch nicht glauben, daß dieser Lucanus in seinem Provinzlergewand wirklich Gast des Tiberius Cäsar sein sollte. Und sie ärgerten sich über seine abfälligen Bemerkungen. »Offenbar«, sagte der eine, »bist du ein viel besserer Ringer.«

»Das will ich meinen«, erwiderte Lucanus und lehnte sich an den Türpfosten. Er aß von den Süßigkeiten in seiner Hand und tat so, als wäre er in den Genuß der Leckerbissen völlig vertieft. Dann fügte er, während die Augen der beiden Burschen ihn anfunkelten, hinzu: »Ich war schon ein bedeutend besserer Ringer, bevor ich in Alexandria den letzten Schliff erhielt.« Als sie weiterhin schwiegen, fuhr er fort: »Als zehnjähriger Bub habe ich schon besser ringen können als ihr.« Und er lächelte sie strahlend an.

Einer der Athleten trat mit zornblitzenden Augen vor. »Mein Name ist Hyakinthos«, sagte er. »Und ich habe zehn Sesterze, die mir zuflüstern, daß ich dich auf eins, zwei, drei hinlegen kann.«

Der andere äffte ihn nach. »Ich heiße Oris, und ich habe zwölf Sesterze, die mir anvertrauen, daß ich dich auf eins, zwei hinlegen kann.«

Lucanus rekelte sich lässig an dem Türpfosten und leckte sich die klebrigen Finger ab. Dann tastete er nach der Börse an seinem Gürtel und erklärte: »Und ich habe vierzehn Sesterze, die mir eben zugeraunt haben, daß ich euch beide hintereinander hinlegen kann.«

Einen Augenblick lang fragte er sich, ob er ihnen nicht billigerweise mitteilen sollte, daß er in Alexandria von einem aus Kathai stammenden Lehrer in einer besonderen Kampfweise ausgebildet worden war. Nein! entschied er. Sie waren zu unverschämt, zu beleidigend, zu selbstsicher; und er mochte sie nicht. Plötzlich streckte er seinen Körper, warf Keptahs Toga ab und streifte sich die grobe blaue Tunika vom Rumpf. Er stand vor ihnen wie eine Säule aus weißem Marmor, und sie wichen unschlüssig zurück. Aber im nächsten Moment kam ihnen sein Leib zu glatt und zu gepflegt vor. Sie lachten, und einer von ihnen ging halb in die Hocke und rückte auf gekrümmten Beinen heran. Es war Hyakinthos.

Lucanus wartete ruhig. Er hob bloß den rechten Arm und streckte ihn aus. Die Geste war gemächlich, fast schlaff, und er beugte den Körper nicht. Oris lachte heiser auf. Hyakinthos' Zähne glitzerten zwischen straffgespannten Lippen. Dann schnellte sein Arm, wie eine geringelte Schlange, auf Lucanus los, und seine gekrümmte Hand umfaßte die Schulter des Gegners. Oris blinzelte: etwas wie ein Schatten war an seinen Augen vorbeigehuscht. Zu seiner sprachlosen Verblüffung sah er Hyakinthos auf dem Rükken im Gras liegen, die Augen hervorquellend und starrend. Lucanus gähnte. »Na?« sagte er zu Oris, ohne den anderen jungen Mann zu beachten. »Das war wohl auf eins. Und du?«

Oris fuhr sich mit der Zunge über die Lippen. Sein Gefährte lag noch immer wie eine umgefallene Statue im Gras und stöhnte. Da sprang Oris, der viel Mut hatte, auf Lucanus los. Es war, als hätte ein federnder Blitzstrahl ihn getroffen. Er sah sich in den Raum gewirbelt und landete im nächsten Augenblick, am ganzen Körper zitternd, säuberlich neben Hyakinthos im Grase.

Lucanus zog lächelnd seine Tunika über den Kopf. »Ihr schuldet mir zweiundzwanzig Sesterze«, sagte er. »Vergeßt nicht zu zahlen!«

Die beiden Burschen setzten sich auf und betasteten sich sorgfältig. Sie wackelten mit den Köpfen, um ihre Benommenheit loszuwerden.

»Ihr seid unverletzt, nicht einmal eine Schramme habt ihr«, beruhigte Lucanus sie, während er Keptahs Toga ausschüttelte. »Allerdings, wenn ihr ein Gehirn habt, was ich bezweifle, wird es jetzt ein bißchen durcheinandergerüttelt sein. Aber das gibt sich wieder.«

»Wie hast du das angestellt?« rief Hyakinthos, während er behutsam aufstand. »Ich habe nicht bemerkt, daß du eine Bewegung gemacht hättest! Ich habe nichts gespürt! Und im nächsten Augenblick bin ich durch die Luft geflogen. Das ist Magie!«

»Ja, Magie!« echote Oris. »Wer kann solchen Zauberkünsten widerstehen?«

Sie rieben sich und starrten Lucanus an, der seine goldenen Brauen hochzog. »Magie? Unsinn!« entgegnete er. »Ihr seid einfach Stümper. Habe ich euch das nicht schon gesagt?«

»Ich habe bei den Großen Spielen eine Börse voll Goldstücke gewonnen!« rief Hyakinthos, der über und über rot wurde.

»Und ich den zweiten Preis!« fügte Oris zähneknirschend hinzu.

Lucanus lachte ihnen ins Gesicht. »Dann hätte ich mir zwei Börsenvoll verdient«, meinte er. »Na, was könnt ihr denn sonst noch?« Er war in heiterster Laune; sein kräftiger junger Körper sehnte sich nach weiterer Betätigung. »Diskuswerfen? Speerwerfen? Ballspiel? Faustkampf? Wettlauf? Springen? Fechten? Ihr könnt doch bestimmt mehr als das Geraufe, das ihr da vorhin aufgeführt habt!«

Er trat zwei Schritte zurück, sprang vor, beugte die Knie und warf sich in die Luft. Ungläubig folgten ihm zwei Paar weit aufgerissener Augen. Seine Füße erhoben sich hoch über ihre emporgereckten Köpfe. Wie eine Katze kam er zur Erde zurück.

»Macht das nach!« rief er, ohne daß sein Atem schneller ging. »Dann seid ihr mir nichts schuldig.«

Von der Tür her ertönte begeistertes Klatschen. Die drei jungen Leute drehten sich um und sahen dort Plotius stehen, lachend. Hyakinthos und Oris erschraken. Sie kannten den Prätorianer gut und wußten, wie sehr Tiberius ihn wegen seines Mutes, seiner Besonnenheit und soldatischen Tüchtigkeit schätzte. Plotius schlenderte auf den Rasen hinaus und legte Lucanus die Hand auf die Schulter. »Das war ja ein Schauspiel für Götter!« rief er. »Lieber Lucanus, du könntest offenbar in allen Sportarten im Zirkus auftreten und hättest Rom zu deinen Füßen! Da ich auch gern etwas lernen möchte, bitte ich dich, morgen mit mir zu fechten.« Er blickte die beiden jungen Ringer an. »Wer sind diese Säuglinge?« fragte er.

Aber Hyakinthos und Oris ließen die Köpfe sinken und schlichen sich über die Terrasse davon.

Plotius meinte: »Die Lektion hat ihnen not getan, diesen verwöhnten Lieblingen der Fürstin. Paß nur auf, daß sie dich nicht zu vergiften versuchen bei dem Bankett, das die Fürstin heute abend zu Ehren Kybeles gibt. Sie ist eine eifrige Verehrerin der verwitweten Göttin. Offenbar wäre sie selbst gern Witwe. Nebenbei gesagt, habe ich, als du diese Milchbärte auf die Schultern warfst, deinen Bewegungen nicht einmal folgen können. Du hast nur den Arm ausgestreckt; und dann, als sie deine Schulter faßten, hast du dich zurückgeneigt, und schon sind sie durch die Luft geflogen! Wie Ikaros, und mit dem gleichen Ausgang.«

»Ich habe mir ihre Ungeschicklichkeit zunutze gemacht«, erklärte Lucanus fröhlich lachend.

Dann gingen die beiden miteinander in das Zimmer zurück, und Plotius fragte, warum die Sklaven nicht drinnen waren, sondern vor der Tür ihre Instrumente spielten. »Sie wollten mich waschen und mir die Haut mit parfümierten Ölen beschmieren«, berichtete Lucanus. Er warf die Tunika ab, sprang ins Bad und machte einige Schwimmbewegungen; dann schüttelte er sich das feuchte Goldhaar aus der Stirn und ließ einen funkelnden Sprühregen niedergehen. Plotius hockte sich an den Rand des Beckens und beobachtete den jungen Arzt mit gespannter Bewunderung. »So einen Körper habe ich in meinem Leben noch nicht gesehen«, rief er. Lucanus glitt durch das Wasser, weiß wie Alabaster und ebenso blank. »Ah, werden die Damen sich in dich verlieben!« fügte Plotius hinzu, den behelmten Kopf schüttelnd.

Keiner der jungen Männer hatte die Dame bemerkt, die beim Klang der streitenden Stimmen aus ihren Gemächern auf die Terrasse getreten war und lange zugesehen hatte, das schöne Gesicht ausdruckslos im Sonnenlicht. Als Plotius erschien, zog sie sich in ihre Räume zurück, lächelnd. Sie ging zum Spiegel, betrachtete aufmerksam ihre Züge und summte leise ein Liedchen.

XXIX

Als Lucanus nach dem Bade und der Salbung – Tätigkeiten, von denen Nema ausgeschlossen worden war – seine weißen und goldenen Gewänder angelegt hatte, versicherte ihm Nemo, er sei »strahlend wie ein Gott«. Lucanus wies die Lobeserhebung zurück, allerdings nicht, ohne einen verstohlenen Blick in den Spiegel zu werfen. Eine seltsame Erregung hatte sich seiner bemächtigt. Obwohl er es sich selbst nie eingestand, fachte diese Welt der Menschen und der seltsamen, neuen Erlebnisse jetzt unentwegt seine Lebensgeister an, als wäre er neugeboren. Nun sollte er in einen Daseinsbereich eingeführt werden, von dem Diodorus mit wütender Verachtung gesprochen hatte. Was dem jungen Arzt bisher davon vor Augen gekommen war, nötigte ihm eigentlich trotz seines Widerstrebens Bewunderung ab. Als Grieche blieb er ja für Schönheit nicht unempfänglich, und so asketisch war seine Seele nicht, daß ihm Liebreiz oder edle Vornehmheit mißfallen hätte.

Jetzt stand Lucanus allein im Sonnenuntergang und schaute von dem hochgelegenen Garten vor seinen Gemächern hinunter auf das kaiserliche Rom. Wie ein Traum in Purpur und Gold, in Violett und Weiß breitete sich die Stadt vor ihm aus. Tieferhin verschwamm alles in einem rosa Nebel, durch den da und dort eine geflügelte Statue auf hohem Sockel aufstieg, eine leuchtende Kuppel, eine schneeweiße, von den letzten Sonnenstrahlen getroffene Mauer, ein mächtiger, reliefgeschmückter Bogen oder der gewaltige Steinfächer einer himmelan steigenden Treppenanlage. Alles Unansehnliche der Stadt barg sich in diesem rosigen Nebel, der nicht nur zum Firmament, sondern auch über das ganze Antlitz der Stadt zu fluten begann, so daß viele Tausende von Rosen ausgestreut schienen, die in ein großes Strömen verschmolzen, aus dem einzelne Bauformen gleich Visionen emportauchten. Der vielgeschlängelte Tiber wand sich als Adler aus polierter Scharlachglut, die durch den blaßrosa Nebel pulste und über die sich gebrechliche Brücken spannten, wie aus Silber und Elfenbein erbaut. Selbst die fernen Hügel röteten sich leicht und wurden schwerelos.

Und jetzt stiegen die Säulen des Palastes um Lucanus in weichem, verschwimmendem Perlglanz auf, gegen Westen hin rot überhaucht. Der Klang naher Springbrunnen wandelte sich in zarte Musik; die Vogelstimmen trällerten traumhaft und verträumt. Der Wohlgeruch von Obstblüten, von Jasmin und Lilien mischte sich in die milde, farbige, ätherische Luft. Die Myrtenblätter schimmerten wie Metall; der Rasen schillerte amethystfarben.

Berückt und in das bunte Trugbild, das jetzt die Riesenstadt bot, einbezogen, lehnte Lucanus sich an eine Säule und horchte und schaute. Und nun vernahm er die Stimme Roms, leiser und doch unüberhörbarer als die nahen Vogelstimmen. Es war wie das Kreisen eines mächtigen Rades, ein dumpfes, titanisches Donnern, ständig, unablässig. Langsam aber drängte sich dem jungen Arzt ein sehr merkwürdiger Eindruck auf. Die Stimme der Stadt war zwar mächtig; doch ihr fehlte eine gewisse Durchschlagskraft, eine gewisse Leidenschaft, ein gewisser Nachdruck, eine gewisse Männlichkeit, Lucanus mußte an Worte denken, die Diodorus einst zu ihm gesprochen hatte: »Rom ist jetzt eine Stadt ohne heiligen Zorn, eine Stadt ohne Mannesmut und Heldentum.«

Diodorus, der zornvollste, mutigste und heldenhafteste Mann, hatte sehr recht gehabt. Das gedämpfte Brausen Roms war ein Keuchen der Übersättigung. Glanz und Machtentfaltung des Weltreiches trugen das Gepräge der Wohlbeleibheit. Dieses Rom mochte sich in seinen vielfältigen Erscheinungsformen hart und unerbittlich geben; aber es war die Härte und Unerbittlichkeit eines alternden Mannes, der sich überfüttert hatte und dem die Kraft seiner Glieder ebenso abhanden gekommen war wie die Begeisterungsfähigkeit des Herzens. Dieses Rom lag im Mittelpunkt der Welt wie ein verfetteter, wenn auch noch lendenstarker Satyr, der, auf ein Ruhebett aus roter Seide und Gold hingestreckt, mit der einen Hand ein Schwert umfaßt hält, mit der anderen lässig einen neuen Becher voll Wein zum Munde führt, während der Kranz ihm vom Kopfe gleitet und sein schweres Doppelkinn auf einer Brust ruht, die wie ein Frauenbusen geschwellt ist.

Heiliger Zorn und Mannesmut fehlten ihr bitter – das könnte, so dachte Lucanus, die Grabschrift dieser Stadt werden. In keinem seiner Kriege ist Rom vernichtet worden; es hat sie alle durchgestanden. Vergeblich. Sieg kann zum Tode werden, nicht weniger als Niederlage. Wenn jemand tapfer kämpfend im Harnisch fällt, auf einem Schlachtfeld der Grundsätze oder der Heimatliebe oder zur Verteidigung der ihm wertvollsten Güter, hat er nicht umsonst gelebt. Aber wer seine Siege nur der Macht zuliebe oder irgendwelchen Tandes halber erkämpft, der hat ruhmlos gelebt und ist ruhmlos gestorben, als Zielscheibe späterer Spottgedichte oder als Warnung für die Nachwelt. Merkwürdig, daß die Völker diese Lektion nie lernen! dachte Lucanus. Merkwürdig, daß die Menschen überhaupt nie irgend etwas lernen!

Während Lucanus auf die Stadt in ihrem treibenden rosa Nebel hinunterblickte, erfaßte ihn plötzlich tiefes Unbehagen. Etwas wurde ihm unheilvoll klar. Er spürte, daß er an einem Abgrund stand, in den zu blicken ihm noch versagt war; er hatte das Gefühl, daß in den Weiten der Unendlichkeit irgend etwas sich gewandelt, sich beschleunigt hatte.

Der rosige Dunst über der Stadt verblaßte. Wie eine mächtige Brandungswelle glitt lilafarbene Dämmerung über das Häusermeer hin und ergoß sich bis in die Gärten rings um Lucanus. Langsam stieg der Mond die Himmelswölbung empor. Die Vögel waren verstummt, die Springbrunnen rauschten vernehmlicher.

Nemo berührte Lucanus am Arm. Der junge Grieche fuhr auf und wandte sich zu dem Sklaven. »Es ist Zeit, Herr«, sagte der Junge. Lucanus warf noch einen Blick auf die Stadt. Er murmelte: »Nein. Es ist zu spät.« Aus der violetten Dämmerung dort unten züngelte jetzt das Flackern roter Fakkeln, Tausender und aber Tausender von Fackeln, wie geschäftige, unermüdliche Zungen.

Bald darauf wurde er Teil einer weißgekleideten Schar von Männern und Frauen, die sich durch die jetzt mit Hunderten von Lampen erhellten Hallen und Säle vorwärtsschob. Mit zielbewußter Selbstsicherheit schritten die Frauen neben ihren Männern. Rom war ja jetzt, wie schon Diodorus erbittert festgestellt hatte, eine Weiberstadt mit überheblichen Frauen, die in schrillem, anmaßendem Tone ihre Gatten gängelten. Es herrschte ein verstecktes Matriarchat, verderbt, selbstsüchtig, schamlos, zudringlich, begehrlich. Im Grunde kämpften die römischen Legionen für die römischen Frauen. Für die römischen Frauen und ihre trägen Leiber segelten aus allen Häfen der Welt Schiffe mit ihren Ladungen von Luxusartikeln, von Leckerbissen, Seidenstoffen und Juwelen; für die römischen Frauen entfalteten sich die Fahnen über Stadt und Land und erschollen die Trompeten. In den Senat hatten die Frauen nicht Eingang gefunden, aber sie waren dort vertreten durch ihre Gatten oder Söhne oder Liebhaber. Jahrmärkte und Messen, fiebernd im Rausch des Geldumsatzes und in der Gier nach Anlagewerten, mochten von den Stimmen der Männer beherrscht sein; aber diese Stimmen waren nur der Widerhall schneidend scharfer Frauenstimmen. Der Reichtum Roms lag in Frauenhänden. Unter der sanften Grausamkeit dieser Hände klirrten Sklavenketten ohne Zahl.

Als Lucanus mitten in einer ganzen Schar zu Julias Hof ging, bemerkte er, daß die Zahl der zum Feste Eilenden immer größer wurde. Es war, als hätten die Standbilder der Götter und Göttinnen in Toga und Stola ihre Säulenhallen und Nischen verlassen und sich zu den vorwärtsdrängenden Menschen gesellt und als blickten die wenigen an ihren Plätzen zurückgebliebenen Statuen mit Verachtung oder göttlichem Gleichmut den Ausreißern nach. Bisher kenne ich eigentlich die Welt nur vom Hörensagen, dachte Lucanus verwundert. Er blickte in die schönen, lasterhaften, kunstvoll hergerichteten Gesichter der Damen; er sah ihre Juwelen, das in edelsteinbesetzten Netzen oder auf griechische Art mit Bändern zusammengehaltene schwarze, braune, goldblonde oder bronzefarbene Haar. Wolken von Parfum entströmten den Körpern und Gewändern. An der weißen oder honigfarbenen Haut des Halses flimmerten Gemmen; Gold glitzerte an den schimmernden Armen und den Fingern.

Unter diesen Frauen waren berühmte Kurtisanen und von betörten Eigentümern freigelassene Sklavinnen und ausgesprochene Dirnen. Es war unmöglich, sie von den wirklichen Damen aus angesehenen Familien und mit großen Namen zu unterscheiden. Ehefrauen waren nur an ihrer Stola erkenntlich; denn ihre unverheirateten Geschlechtsgenossinnen befleißigten sich zwar in der Kleidung einer trügerischen Schlichtheit, hatten aber die gleichen diesseitigen, nüchternen, wissenden Mienen wie die Matronen und die Dirnen. Nirgends sah man einen scheuen Blick, ein erstauntes Kinderlächeln oder einen zärtlichen Ausdruck; nur Dreistigkeit, Gier und ein Umherblicken, ob man wohl bewundert wurde. Das schrille Summen zusammenhangloser Gesprächsfetzen schwebte über diesen Frauen.

Nicht minder schwer einzuordnen waren die Männer. Einzig die Senatoren erkannte man an ihren hohen roten Schuhen; sonst jedoch konnte man Augustalen und Gladiatoren, Freigelassene und Patrizier, Kaufleute und Träger altberühmter Namen nicht unterscheiden. Lucanus hegte den Verdacht, die am hochmütigsten Tuenden seien vielleicht am verächtlichsten, und die elegantesten Stutzer könnten wohl durch irgendeinen Glücksfall aus der Gosse aufgestiegen sein. Diodorus hatte oft gesagt, Gaius Octavius Augustus würde einem Niedriggeborenen, mochte er augenblicklich noch so reich oder hochgestellt sein, nie die Tore seines Palastes geöffnet haben. Aber seine tiefgesunkene Enkelin Julia, die Stieftochter des Tiberius, berief sich oft salbungsvoll auf ihre Vorurteilslosigkeit. Ihr, so erklärte sie, sei ein berühmter Gladiator genauso willkommen wie ein Senator. Von ihren weiblichen Gästen verlangte sie nur Unterhaltsamkeit; und sie deutete gelegentlich an, bei Konkubinen und Kurtisanen habe sie oft mehr Witz gefunden als bei den Ehefrauen und Töchtern aus hochansehnlicher Familie.

Ihr eigener Großvater hatte sie seinerzeit wegen ihres dirnenhaften Lebenswandels in die Verbannung geschickt, ebenso wie schon vorher ihre gleichnamige Mutter. Warum er die ältere Julia dem Tiberius zur Gattin aufgezwungen hatte, blieb ein Rätsel, weil er dem gegenwärtigen Cäsar immerhin einige Zuneigung und Achtung entgegenbrachte. Vielleicht hatte er gehofft, der kühle, rechtlich denkende, für Frauenreize bekanntermaßen nicht empfängliche und persönlich sittenstrenge Tiberius würde auf Julia mäßigend einwirken.

Der Lärm eilender Menschen übertönte die Klänge ferner Musik. Für kurze Augenblicke sah Lucanus immer wieder Füße, die in Schuhwerk aus Silber oder Gold oder aus juwelenbesetztem Brokat staken. Die Männer lachten, plauderten und musterten unbekümmert ihre Umgebung. Der weiße Strom ergoß sich über eine niedere, breite Treppe und durch lange Höfe. Zwischen ihren schwer mit Spießglanzpulver überzogenen Wimpern blickten manche der Damen Lucanus neugierig an oder lächelten ihm einladend zu. Einmal sah er ein violettes Augenpaar, das ihn überraschend an Dina bas Eleasar erinnerte, und er war plötzlich erschüttert. Einmal gemahnte eine Gestalt ihn an Rubria, und wieder gab es ihm einen Stich. Es ärgerte ihn, daß unter diesen Frauen hier einige jenen Wesen ähnelten, die er geliebt hatte und noch liebte. Er senkte den Kopf, um diese Frauen nicht länger sehen zu müssen. Die Männer warfen argwöhnische Blicke auf ihn und fragten einander, wer er wohl sein mochte. Die Lampen warfen ihr schräges Licht auf die Schar der Gäste; in diesem Licht glitzerten die Juwelen und ebenso die gierigen Augen.

Lucanus dachte, schon Cicero habe mit Recht darüber geklagt, daß zwar die Formen der Republik noch gepriesen würden, die Republik selbst aber nicht mehr bestehe. Unter den Männern und Frauen dieser Gästeschar gab es, so empfand er, keine Heimatliebe, keine Wertschätzung der Freiheit, keine Hochachtung für die großen Toten, die den Staat und seine Einrichtungen geschaffen hatten. Mochten diese Leute auch wohlriechende Plätzchen im Mund zergehen lassen, für Lucanus roch ihr Atem nach Verderbtheit. Plötzlich bemächtigte sich seiner tiefe Niedergeschlagenheit. Voll Sehnsucht dachte er an sein Heimathaus. Ihm war, als ginge er nackt mitten in dieser Schar, als läge sein ganzer Körper jeder Verwundung offen.

Ein sanfter Wind blies ihm ins Gesicht; und als er aufblickte, bemerkte er, daß der Gästestrom ihn zu einer geräumigen offenen Säulenhalle getragen hatte, wohin bei dem so milden, erfrischenden Wetter das Bankett verlegt worden war. Die Säulenhalle ging auf einen großen Garten hinaus, der mit einem Gewirr heller, im Tau des dunklen Grases gespiegelter Lichter geschmückt war. Selbst die Statuen wurden in verschiedenen Farben angestrahlt und standen wie helle Feuersäulen in den bunten Wasserflächen der Brunnenbecken. Blumen waren auf den Boden gestreut oder in große Vasen gesteckt, so daß Duftwellen durch die warme Luft zitterten.

Auch die Säulenhalle war beleuchtet und hob sich wie aus Schnee geformt gegen den schwarzen Himmel ab. Ringsumher hatte man aus Moos und Blumen künstliche Grotten aufgebaut, in denen erlesen schöne Standbilder, im Mondlicht schimmernd, verstohlen lockten. Unsichtbar spielten Musikanten auf Flöte und Harfe und Laute. Die in der Säulenhalle aufgestellten Tische waren mit karminroten, goldverbrämten und reichgestickten Tüchern gedeckt; ähnlich geschmückte Ruhebetten harrten der Speisenden. Tief unten lag die lärmende Stadt, mit ihren zuckenden Lampen und flakkernden Fackeln, und von dorther drang fernes Brüllen wie aus einem Wald voll wilder Tiere.

Mit viel erwartungsvollem Lachen begannen die Gäste sich zu setzen, und Lucanus stand unschlüssig neben einer beleuchteten Säule. Er blickte auf die Gartenbäume, als erwartete er jemanden; die Äste wiegten sich, behangen mit seltsamen, phantastisch geformten Lampen, durch deren gefärbtes Glas das Licht drang. Sklaven und Sklavinnen, schön wie junge Götter und Sirenen und nackt wie Statuen, standen da und warteten, bis die Gäste sich niedergelassen hätten, die Frauen in Sessel aus mit Edelmetall eingelegtem Elfenbein und Ebenholz, die Männer auf den Ruhebetten.

Lucanus wußte nicht, was er tun sollte, da alle anderen ihre Plätze zu kennen schienen.

Die Stimmen der Gäste wurden immer angeregter und lebhafter, so daß Garten und Säulengang davon widerhallten, wie von dem Schnattern von Papageien oder den Brunstschreien von Affen. Die Musik wurde völlig übertönt; nur gelegentlich, wenn der Lärm sich für einen Augenblick legte, hörte man sie, wie den schüchternen Gesang eines kunstsinnigen Bettlers. Die Gesichter der Sklaven waren unbewegt und hübsch. Jetzt trippelte eine Schar kleiner Mädchen herein, um die Füße der Gäste mit Balsam zu salben; über ihrer Nacktheit schwebte ein Hauch von Unschuld. Bediente erschienen mit großen Silberschüsseln voll Schnee, in dem Weingefäße staken, und gossen den Gästen ihre edelsteingeschmückten, mit grünem Efeu bekränzten Becher voll. Der Duft des goldgelben oder rubinroten Weins mischte sich mit dem Wohlgeruch der Blumen und des Grases. Die Gäste spendeten das übliche Trankopfer, und Lucanus mußte an die zu Hause dem Unbekannten Gott dargebrachten Opfergaben denken. Sein ganzer Körper schien sich zusammenzukrampfen vor Trauer und Einsamkeit. Noch immer stand er bei der Säule.

Zwar hatten die Bedienten nun Wein eingeschenkt, aber außer Blumen und Bechern stand vorläufig nichts auf den Seidentischtüchern. Die Gäste warteten. Sie sprachen von den letzten Scheidungsaffären, den neuesten Tips für Kapitalanlagen, von den Rennen und den Spielen und ermunterten die festlich gekleideten Gladiatoren durch Blicke zu spitzen Bemerkungen. Das so inhaltlose, so boshafte Schwatzen klang Lucanus' an eine solche Unterhaltung nicht gewöhnte Ohren wie das Geplapper einer Schar heiserer Vögel. Er hörte berühmte, uralte Namen mit den ärgsten Skandalgeschichten in Verbindung bringen. Eine sehr hochstehende Dame, so hieß es unter viel Gelächter, hatte sich eben den zehnten Liebhaber genommen, aber der war eine Sklavin. Ein Mädchen erzählte allen Ernstes von einem nächtlichen Besuche Kupidos und beschrieb dieses Zusammensein mit unzüchtigen Einzelheiten. Ein Senator begann mit einem Amtsgenossen seine Vermögensanlagen im Lande Israel zu erörtern; er behauptete, seine Leute hätten Salomos Goldminen entdeckt. Der zweite Senator versicherte ihm, mit diesen Berichten habe man ihn hineingelegt, er möge die angeblichen Entdekker in Ketten zurückbringen lassen. Ein Gladiator, der seinen edlen Wein in großen Schlucken hinuntertrank, erklärte, er könne einen Löwen mit bloßen Händen erwürgen. Sofort wurden Wetten für die nächsten Spiele abgeschlossen.

Die Luft wurde drückend; im Mondlicht sahen die Gärten geheimnisvoll und verführerisch aus. Die Gäste tranken immer mehr; sie wurden unruhig, und ihre Stimmen erhoben sich. Ein paar Damen, die nicht weit von Lucanus saßen, fingen plötzlich an, ihn interessiert zu beäugen. Inzwischen hatten alle Frauen die altehrwürdigen Stolen abgelegt; sie saßen in Gewändern aus ganz dünnen und feinen, vielfarbigen Seiden oder Linnen oder edelsteinbestickten Brokaten da, in Gewändern, die zwar den Busen bedeckten, aber jede Einzelheit von Rundung und Warze der Brust verrieten. Die glatten Schultern schimmerten im Lampenlicht; die Stirnen waren feucht, die Lippen wurden voller, begehrlicher und röter. Einige Frauen beugten sich aus ihren Sesseln und lehnten sich den Männern entgegen, Küsse auf Hals und Schulter und Mund herausfordernd. Sklavinnen hatten alle Gäste mit Rosengirlanden bekränzt, und jetzt flutete der Wohlgeruch von Garten und Gras und Blumen und Salbölen durch die Säulenhalle.

Vom Funkeln der Juwelen begannen Lucanus die Augen zu schmerzen; die Lampen schienen ihm nun heller und farbiger zu strahlen. Er war hungrig und fühlte sich in seiner Vereinsamung an der Säule unbehaglich. Die Musik vermischte sich, soweit sie aus dem Stimmengewirr herauszuhören war, mit dem duftenden Plätschern der Springbrunnen. Lucanus bemerkte, daß an der Kopfseite der U-förmigen Tafel ein großes, mit kaiserlichem Purpur überzogenes und mit syrischen Kissen belegtes Ruhebett stand. Also warteten die Gäste auf Julia, die Fürstin. Lucanus wußte nicht, daß sie absichtlich erst zu erscheinen pflegte, wenn die Gäste etwas angetrunken waren, damit die Tatsache, daß sie nicht mehr ganz jung war, im Nebel der Berauschtheit unterginge. Die alexandrinischen Vasen mit den Tischblumen fingen an, so fand Lucanus, allzu farbig zu funkeln. Er fühlte sich sehr angeödet. Diodorus hatte von Orgien und Ausschweifungen gesprochen. Dem jungen Griechen kam alles hier nur ausnehmend langweilig vor. Die immer rauher werdenden Stimmen der Männer widerten ihn an; das schrille, durchdringende Kreischen der Frauen tat ihm weh, als würde sein Trommelfell mit einem spitzen Gegenstand gekratzt.

Eine ehrerbietige Hand berührte ihn am Arm. Einer der Aufseher, der nach Verstößen der Diener fahndete, stand neben ihm.

»Du hast deinen Platz nicht gefunden, Herr?« murmelte er.

»Nein«, erwiderte Lucanus kurz. »Ich weiß nicht, ob überhaupt ein Platz für mich vorgesehen ist.« Er zögerte. »Ich bin Lucanus, der Sohn des Diodorus Cyrinus, und befinde mich zum erstenmal hier.«

Der Aufseher starrte ihn entsetzt an. Er verbeugte sich so tief, daß sein Kopf in die Höhe von Lucanus' Knien sank. Dann sagte er mit zitternder Stimme: »Aber Herr! Du sollst auf dem Ruhebett der Fürstin Platz nehmen!« Er warf wütende Blicke auf die jetzt heraneilenden anderen Aufseher, und seine Stimme wurde furchterregend: »Hier ist der Ehrengast, und niemand hat ihn zu seinem Platz geleitet! Morgen wird die Peitsche sausen!«

Die in der Nähe sitzenden Gäste unterbrachen ihr Gespräch und starrten. Lucanus wurde rot, trat zurück, und seine Füße versanken in einem der

Perserteppiche, die den weißen Marmorboden der Säulenhalle bedeckten. »Nein«, stammelte er, »ich bin selber schuld, niemand sonst.«

»Man hat dich nicht hierher geleitet, Herr?« fragte der Oberaufseher, während die anderen sich um Lucanus, zu dessen wachsender Verlegenheit, scharten.

Dann fiel es dem jungen Arzt ein: Plotius hatte erwähnt, er würde ihn selbst hierherbringen; aber Lucanus hatte zu warten vergessen. Rasch erklärte er: »Es war ein Geleit für mich vorgesehen, Plotius von den Prätorianern; aber ich habe ihn nicht abgewartet.«

Der Oberaufseher stöhnte. Seine Gehilfen stöhnten im Chor. Wie ein Mann verneigten sie sich. Immer mehr Gäste wurden aufmerksam. Die Aufseher umringten Lucanus gleich einer Leibgarde und führten ihn feierlich zu dem Purpurdiwan. Tiefe Stille trat ein, als Lucanus sich setzte und aller Augen hefteten sich auf ihn. Eine Girlande wurde ihm auf den Kopf gelegt; ein Kind streifte ihm die Sandalen ab und salbte seine Füße, Wein wurde für ihn eingegossen. Sein Gesicht war sehr rot, und er schwitzte. Er wußte nicht, wohin er schauen sollte, blickte aber schließlich auf das Ende der Säulenhalle. Dort stand Plotius und versuchte eine finstere Miene zu machen, brachte es aber nur zu einem höchst belustigten Ausdruck. Lucanus nahm einen tüchtigen Schluck Wein. Die Stille in der Säulenhalle, das neugierige Recken der Hälse gingen ihm auf die Nerven. Jetzt steigerte sich die Musik, von vielen hübschen Singstimmen begleitet, zu überschwenglichen Tönen, und die Springbrunnen summten den Mond an.

Die Schenkel des jungen Griechen versanken in den weichen Kissen. Er konnte nicht die gleiche Stellung zuwege bringen wie die anderen Gäste. Immerhin stützte er einen Ellbogen auf ein Kissen, während er innerlich Plotius, die Gäste, sich selbst, Julia und schließlich auch Tiberius verfluchte. In dieser illustren Gesellschaft kam er sich als Plebejer vor, wie ein eben vom Acker heimgekehrter Bauer. Und er ärgerte sich von neuem.

Dann lief ein Murmeln und Raunen durch den Raum: sein Name wurde genannt. Es war, als schüttelte heftiger Wind ein Beet zeilenförmig gepflanzter Blumen; aufdringlich funkelnde Juwelen, reiche Bemalungen, dunkle und alabasterweiße Hauttönungen, farbenfrohe Tuniken, lebhafte Augen und leuchtende Frisuren gerieten unter den schwankenden Vierkantlampen Reihe nach Reihe in verworrene, mächtige Erregung. Die Männer erhoben sich auf ihren Ruhebetten; die Frauen plusterten sich auf und lächelten mit offenen Lippen, zwischen denen die weißen Zähne aufblitzten, schamlos dem Ehrengast zu. Der junge Grieche faßte den edelsteingeschmückten Becher fester und tat einen zweiten ausgiebigen Schluck.

»Lucanus!« lief es murmelnd und rufend durch die Schar der Gäste. »Lucanus, Sohn des Diodorus!«

Dann brachen alle in freundliches Lachen aus, Becher wurden ihm entgegengehoben, die Männer neigten den Kopf, die Hände der Frauen nestelten an den sorgsam aufgebauten Frisuren, in denen Juwelen wie Regentropfen glitzerten. »Willkommen! Sei gegrüßt!« riefen die Gäste. »Willkommen, edler Lucanus!«

Der junge Mann versuchte zu lächeln; er fühlte sich höchst unbehaglich. Er sah auch Plotius sich spöttisch vor ihm verbeugen und mußte unwillkürlich lachen. Schon wieder stand ein Bedienter bei seinem Ellbogen und füllte ihm den Becher. Der Wein war gesüßt und stieg zu Kopfe. Durch die klare Luft schien der Mond, und die Sterne flimmerten über dem Garten, die prunkvollen Lampen schwangen hin und her, und die beleuchteten Springbrunnen warfen Licht zurück auf die Statuen in ihren Wasserbecken.

Plötzlich schmetterte eine Trompete, eine einzige Trompete; mit einem gleichzeitigen raschen Scharren erhoben sich die Gäste und warteten. Lucanus fand es etwas schwierig, aufzustehen, weil das Ruhebett zu weich und zu tief war und weil er den Wein zu spüren begann. Julia war, von Hyakinthos und Oris, den Athleten, begleitet, in der Säulenhalle erschienen.

Wie Lucanus mit beträchtlichem Mißfallen feststellte, war sie nach altkretischer Art gekleidet. Sie war weder groß noch klein; ihre Gestalt war üppig, ihre Haut sehr weiß. Ihr enganliegendes, kretischer Frauenmode nachgearbeitetes Kleid war aus Goldfäden gewoben und bedeckte ihren ganzen Körper einschließlich der Arme, ausgenommen die Brüste, deren Warzen scharlachrot gefärbt waren; von den Hüften abwärts bauschte sich das Kleid in Falten, mit Juwelen bestickt und mit einem Pfauenfedermuster bemalt. Julia war stolz auf ihren so auffällig zur Schau getragenen Busen, der tatsächlich untadelig geformt, straff und schneeweiß war und wie poliert schimmerte. Ihr rötliches, in der Tönung alten Weines gefärbtes Haar war kunstvoll in eine hohe Frisur aufgebaut, und hoch oben auf den gewellten Locken saß, um den kretischen Einschlag zu betonen, ein winziges Hütchen gleich einem bunten, edelsteinflimmernden Schmetterling. Die Goldfarbe des bis zu den Hüften wie angegossen sitzenden Kleides, die Pracht der Juwelen, das Glitzern des Hutes, alles wirkte zusammen, um das Auge zu blenden, durch Großartigkeit zu verblüffen. Alle Bewegungen dieser Frau waren wollüstig und berechnend und, für Lucanus wenigstens, unfein und grobsinnlich. Das metallisch schillernde Kleid gab diesen Bewegungen noch verstärkten Nachdruck.

Beim Anblick dieser funkelnden Lichterscheinung klatschten die Gäste wilden Beifall. Julia blieb in kleinem Abstand stehen, um den Willkommgruß entgegenzunehmen; und Lucanus sah ihr Gesicht, zuerst im Profil, dann von vorne. Das Profil erinnerte ihn mit seiner kühlen Unbewegtheit an eine Statue der Pallas Athene; als die Fürstin jedoch das Gesicht wandte, erwies es sich als breit, herrschsüchtig, hart und ziemlich grob. Die Haut war sehr schön, und die feinen Runzeln waren geschickt unter Lagen rosigen

Puders und gleichfarbenen Salbauftrags verborgen. Die merkwürdigen Augen leuchteten wie Lapislazuli-Kugeln zwischen steifen, schwarzen, mit Goldstaub besprühten Wimpern. Der Mund mit seiner vollen, aufgeworfenen Unterlippe schimmerte von roter Schminke. Die Nase war kurz, etwas abgeplattet, mit hochmütig geblähten Nasenlöchern. Im Gesamteindruck wirkte die Frau hartherzig und empfindsam, stolz und verspielt, anmaßend und doch zu wenig auf Abstand bedacht.

In den Augen des jungen Arztes hatte sie eine Art barbarischer Wildheit, und er dachte an ihren Stiefvater, den kalten, übertrieben sittenstrengen Tiberius, und an ihren Großvater, den alten Soldaten Gaius Octavius. Er versuchte, die lüsterne Schaustellung der Brüste, die ihn verwirrte, nicht zu beachten.

Hyakinthos und Oris berührten die Fürstin vertraulich an den Ellbogen und geleiteten sie zu ihrem Ruhebett, und zum erstenmal fiel ihr Blick auf Lucanus. Ihre Lippen öffneten sich zu einem verführerischen, schelmischen, grüßenden Lächeln; und es war ein bezauberndes Lächeln, das Lächeln eines Mädchens. Er verneigte sich und hielt den Kopf weiterhin gesenkt, während sie sich mit einem metallischen Knistern setzte. Ihr Moschusparfum betäubte ihn fast. Dann erschrak er, als sie Hyakinthos und Oris, die bei seinem Anblick finstere Gesichter machten, zu ihrer Rechten, Lucanus aber zu ihrer Linken Platz nehmen hieß.

»Ich begrüße dich, edler Lucanus«, sagte sie zu dem jungen Arzt. Sie hatte die rauhe Männerstimme der Frauen aus dem Volk, obwohl sie einer hochangesehenen Familie entstammte.

»Sei gegrüßt, Fürstin«, murmelte er zur Antwort und ließ sich hilflos wieder in dem Ruhebett versinken. Die Gäste setzten sich – es klang wie ein leichter Windstoß –, und die Musik wurde lauter und wilder, und die Sänger stimmten ein Lied zum Preise einer Göttin an. Julia war sichtlich wohlgelaunt. Sonst fühlte sie sich oft bedrohlich gelangweilt und unbefriedigt; aber heute war sie heiter. Hyakinthos und Oris saßen in ihren mit goldenen Gürteln befestigten rosenroten Tuniken schmollend da und starrten Lucanus an, zur Belustigung der Fürstin. In der Meinung, der junge Grieche sei ihr neuer Günstling, was er, ohne es zu wissen, wirklich war, lächelten die Gäste ihm gewinnend und beflissen zu. Julia jedoch beachtete ihn nach ihrem Willkomm vorläufig nicht weiter. Statt dessen quälte sie die beiden Athleten mit einer besonderen Art von Lächeln, mit besonderen leichten Liebkosungen der beringten Hand auf Wange und Nacken, mit besonderen leisen Zurufen.

Jetzt brach eine ganze Horde von Bedienten in die Säulenhalle ein, mit dampfenden Schüsseln und mit Tragbrettern voll Trauben und Feigen und Oliven und anderen Leckereien. Goldene Teller wurden vor die Gäste gestellt, die Becher frisch gefüllt. Zu jedem Teller legten die Aufwärter goldene Messer, verschieden geformte Löffel und Zahnstocher, dann kleine Schalen mit warmem, parfümiertem Wasser und bestickte Mundtücher. In Lucanus siegte die Neugier über das Unbehagen. Er nahm den ersten Gang des Mahles in Augenschein und war vorderhand taub für das Anschwellen der lärmenden Stimmen, für die Musik und für Julia. Eine riesige, reichgekerbte Silberplatte war voll kleiner, in Öl und Honig gebratener und mit Mohn bestäubter Haselmäuse. Auf anderen Platten lagen mit Gewürzen zubereitete Eier, in Öl geschmorte Nieren, kleine Räucherfische, Gänselebern mit einer scharfen Tunke und gekochte Kalbsköpfe. Die Bedienten umschwärmten die Gäste, reichten jedesmal, wenn die Speisenden ihre Finger in den Wasserschälchen von Öl und Tunke gereinigt hatten, jedem ein frisches Mundtuch, füllten die Becher mit honigvermischtem Wein und brachten sehr heiße, merkwürdig geformte Brote.

Nie hatte Lucanus eine solche Fülle an Speisen gesehen. In einer Weltfremdheit dachte er, dies wäre schon das ganze Festmahl. Er schauderte vor den Haselmäusen zurück, aß ein wenig von der Leber und ein Stück Käse. Der Wein begann, ihm ein verzerrtes Bild der Tafel vorzugaukeln, zu leuchtend, zu buntfarbig, zu hell. Immer größer wurde sein Unbehagen darüber, daß er die Fürstin, deren Brust sich seinen Sinnen immer stärker aufdrängte, so nahe saß. Die Ohren klangen ihm von den Stimmen, dem Lachen und der Musik; und das Blut hämmerte ihm in den Schläfen. Um den fieberheißen Mund zu kühlen, aß er einen Granatapfel, einige Datteln, eine Handvoll Trauben. Sie vertrieben das Fieber nicht, und wieder fing er an, von dem eiskalten Wein große Schlucke zu trinken.

Nun trat in dem Festessen eine Pause ein. Bediente trugen gebrauchte Schüsseln und Bestecke ab und reichten wieder frische Mundtücher. Bisher hatte niemand zu Lucanus gesprochen. Die Gäste warteten darauf, bis Julia das Wort an ihn richten würde, weil man aus ihrer Stimme, ihrem Tonfall, zu entnehmen hoffte, welche Stellung der Günstling einnahm und wie man ihn anreden und behandeln sollte. Aber vorläufig lehnte Julia halb an dem Rumpf des Hyakinthos. Auch die anderen Frauen hatten ihre Sessel, die von den Dienern sofort behende entfernt wurden, verlassen und sich auf die nächsten Ruhebetten gelagert, wo sie sich lüstern an einen der Männer schmiegten. Gesichter röteten sich; Girlanden glitten von den Köpfen; das Lachen wurde hart und schrill. Hier und dort hatten Männer den neben ihnen lagernden jungen Frauen die Tuniken von Schultern und Brüsten gestreift und küßten ihre Augenblicksgefährtinnen leidenschaftlich.

Obwohl er Arzt war, wurde Lucanus von neuem verlegen und verwirrt. Dahin also hatte die Befreiung der Römerinnen aus ihrem bisherigen Abhängigkeitsverhältnis geführt, zu dieser niedrigen, schamlosen Geilheit, diesem geistlosen Kreischen, diesem halbbetrunkenen Zetern, diesem streitsüchtigen Schwatzen über Geschäfte, Gesellschaftsklatsch und Politik, zu dieser Anmaßung, dieser lärmenden Rechthaberei! Er dachte an Aurelia und an Iris, seine Mutter, an ihre Geschicklichkeit im Haushalt, ihre Freundlichkeit, ihre Obsorge für die Kinder, ihre Betreuung des Gatten. Sie mochten wenig von Vergil oder Homer gewußt haben und konnten auch nicht, wie diese Frauen hier, mitreden über Feldzüge oder Sensationsprozesse; aber sie hatten es verstanden, Frieden und Freude und Ehre in ein Heim zu bringen, und waren von ihren Kindern und Ehemännern verehrt worden; Scheidung oder Ehebruch blieb ihnen fremd. Lucanus grübelte. Bedeutete es Niedergang und Untergang eines Gemeinwesens, wenn die Frauen die Herrschaft gewannen und wenn ihnen keine Tür zu Rechtspflege, Geschäft oder Politik verschlossen blieb? Oder zeigte die Herrschaft der Frauen bloß an, daß ein Gemeinwesen verfiel?

Lucanus dachte an die schöne, junge Rubria und an die scheue, liebliche Dina bas Eleasar. Plötzlich kam es ihm ganz unglaubwürdig vor, daß es solche Frauen in dieser Zeit überhaupt geben sollte. Mit einem Male sehnte er sich mit verzweifelter Leidenschaft nach Dina und vergaß alle seine Gelübde. Er umfaßte krampfhaft die Knie, während er den Frauen an der Tafel zuhörte. Obwohl der Säulengang offenstand und auf den erleuchteten Garten hinausging, war die Luft innerhalb der Säulen von Parfums und heißem Schweiß verpestet. Plötzlich drückte sich mit metallischem Knistern Julias Hüfte an seinen Rumpf, obwohl die Fürstin so tat, als sei sie in ein Gespräch mit anderen Gästen vertieft.

Von neuem verspürte Lucanus eine Welle starken Widerwillens, unbezwinglichen Ekels und tiefer Beschämung; er hielt sich ganz starr. Diese Frau war eine Fürstin, Julia, Tochter des Weltbeherrschers Tiberius; ihre Stimme aber, ihre Gebärden, ihre aufreizenden Bewegungen unter dem engen Goldgewand waren das Gehaben einer Dirne, eines liederlichen Straßenmädchens. Ihre Hüfte preßte sich noch stärker an ihn, und er konnte sich nicht rühren. Julia lag halb im Profil zu ihm; ihre üppigen Brüste wölbten sich vor, die scharlachroten Warzen sprangen spitz heraus, das Metallgewebe des Kleides ließ jede prunkende Rundung und Vertiefung ihres Körpers, einschließlich des Nabels, erkennen. Der Moschusduft ihres Leibes bekam für den jungen Arzt etwas von Aasgeruch.

Ein lauter Beckenschlag verkündete einen neuen Gang in dem Festessen, und triumphierend trugen die Sklaven hoch über ihren Köpfen eine mächtige Silberplatte herein; darauf lag ein großer lebender Fisch, dessen Schuppen perlmuttern schimmerten und der im Todeskampf verzweifelt um sich schlug. Entsetzt sah Lucanus die aufgerissenen, sich jetzt trübenden Augen und das Peitschen der regenbogenfarbenen Schwanzflosse. Feierlich wurde der Fisch zwischen den beifallklatschenden Gästen umhergeschleppt, die das arme Geschöpf unter weinseligen Ausrufen begafften und betasteten.

Inzwischen stellten andere Bediente mitten in das U der Tafel einen Kessel voll dampfenden, würzig riechenden Wassers; dann erschien der Oberkoch und brachte einen kleinen, mit besticktem weißem Musselin bedeckten Anrichtetisch. Die Speisenträger kamen mit dem wildzuckenden Fisch zu ihm; er faßte ihn mit seinen großen Händen und warf ihn in den Kessel. Das Wasser geriet in wirbelnde Bewegung, und in den Duft von Gewürzen und Kräutern mischten sich Dampfwolken.

Mit Hilfe zweier Diener, die sehr zeremoniös ihres Amtes walteten, zog der Oberkoch schließlich den Fisch aus dem Wasser und legte ihn auf einen vorbereiteten Holzblock, wo er für die Tafel zerteilt wurde. Jetzt gesellte sich der Fischduft zu allen den anderen Gerüchen; das Fleisch war rosig und saftig. Es wurde in kleinen Schüsseln aufgetragen, in einer scharfen Tunke aus Wein, Gewürznelken, Knoblauch und Zitronensaft. Lucanus blickte auf seine Portion und konnte sie nicht anrühren; plötzlich empfand er lebhaften Ekel. Er aß noch ein Stückchen Käse, etwas Lattich und Möhren und Lauch, einige Oliven und Trauben, eine Schnitte Brot. Dazu trank er einen weiteren Becher Wein.

Um den Fisch richtig auszukosten, erhob Julia sich auf den Ellbogen und verschob den Körper schräg über das Ruhebett; dadurch entfernte sich ihre Hüfte von Lucanus. Zum erstenmal sprach die Fürstin den jungen Griechen an und lächelte ihm wieder in ihrer bezaubernden Art zu. »Du magst den Fisch nicht, Lucanus?« fragte sie. Und jetzt erschien ihm, aus irgendeinem besonderen Grunde, ihre Stimme gar nicht mehr so abstoßend. Ihm drehte sich alles merkwürdig im Kopfe.

Julias Brust berührte jetzt fast seine Schulter und ließ sich beim besten Willen nicht übersehen. Diese Frau war nicht mehr ganz jung; aber sie besaß, bei aller ihrer Schamlosigkeit, wirkliche Schönheit. Er murmelte: »Ich stamme aus einer anspruchslosen Familie und kenne solche Luxusdinge nicht.«

Sie lächelte, und neben dem roten Mundwinkel tauchte ein tiefes, rosiges Grübchen auf. Sie zog die mit der Pinzette in Form gebrachten, goldpuderbestaubten Brauen schelmisch hoch. »Dieser Anspruchslosigkeit müssen wir abhelfen«, sagte sie. Mit dem Rücken ihrer weichen Hand streifte sie leicht über seine Wange und kniff sie dann. Rasch ging die Nachricht von Mund zu Mund, selbst unter den betrunkenen Gästen: Julia hatte ihre Gunst kundgetan. Von nun ab würde dieser hübsche junge Grieche eine ungeheure Macht im Palaste darstellen; einige Senatoren, die weniger benebelt waren als die anderen, überlegten kurz die Folgen. Hyakinthos und Oris wurden rot, wechselten Blicke, sahen dann Lucanus, ohne daß er darauf achtete, haßerfüllt an und versanken schließlich in Grübeln.

Vielleicht waren die Musiker und die Sänger aus dem Hintergrund näher zu den Tischen gekommen; jedenfalls hörte Lucanus sie plötzlich ganz besonders deutlich. Eine Frau mit fülliger, eingänglicher Stimme begann zu singen:

Du fragst mich, warum ich weine, mein Kind.
Nun hör, ich verkünd dir, warum.
Ich weine um den kaum erst begrabenen Freund,
Um Augenlicht, das mir erlosch,
Um Lippen, geliebte, die nicht mehr ich lieb,
Um sie gehn mir Seufzer und Klag.

Doch besser, vergebens zu lieben fürwahr,
Zu schmachten nach fernestem Glück,
Zu lechzen, im Joch einer endlosen Pein,
Nach Freude, die stets bleibt versagt,
Als daß man sich langweilt wunschesgestillt
Und flieht vor gebotenem Kuß.

Julias Lippen lagen an Lucanus' Ohr, und er zwang sich, nicht zurückzuweichen, teils, weil eine innere Stimme ihn zur Vorsicht mahnte, teils, weil er selbst diese sittenlose Frau nicht kränken wollte. Sie flüsterte: »... zu schmachten nach fernestem Glück!«

Jetzt, als Lucanus in ihre rätselhaften, weit offenen Augen blickte, als er ihre feuchten Lippen und schwellenden Brüste sah, begriff er, welche Rolle sie ihm zumutete. Er war entsetzt, und der Abscheu stak ihm wie eine Übelkeit in der Kehle. Julias einschmeichelnde Gesten waren nicht nur die jedem männlichen Wesen entgegengebrachten Liebeleien einer hemmungslosen Frau. Sie hatten als Einladungen und Befehle gegolten. Plötzliche Wut erfaßte ihn, und ein Gefühl persönlicher Entwürdigung.

Julia hielt ihm ihren eigenen Becher an die Lippen, und er mußte den Wein trinken. Seine stürmische Empörung änderte nichts daran, daß er benebelt war. Die Tische und die Gäste schwankten leise vor seinen Augen, als befänden sie sich auf einem Schiff. Außerstande, von der Hand abzurükken, die ihm jetzt streichelnd auf dem Nacken lag, sagte Lucanus zu sich: Ich spüre nicht nur Ekel und Angst und Widerwillen; ich bin betrunken und lüstern. Julias Finger betasteten leicht und sanft seinen Nacken; und so gewandt waren ihre Liebkosungen, so kundig, daß er als Widerhall Begierde in sich aufkeimen fühlte. Wollüstige Schauer durchrieselten ihn; seine Scham steigerte sich noch. Hastig leerte er seinen Becher.

Julia lachte leise, verständnisinnig. Sie zog ihre Hand zurück; denn jetzt trugen die Diener eine neue, noch größere Platte herein, auf der ein Kranz junger Spanferkel braungebraten und saftig in einer scharfen Tunke suhlte, mit gerösteten Orangen und Artischocken angerichtet. Gleichzeitig wurden andere Platten mit Kalbsbraten und den verschiedensten leckeren Fleischgerichten gebracht. Wieder reinigten die Diener den Gästen die Finger und reichten neue Servietten.

Der Lärm in der Säulenhalle nahm gewaltige Ausmaße an. Die Frauen kreischten in wildem Lachen auf, die Männer wieherten wie Pferde. Das Schmatzen von Küssen, das Klatschen von Händen gegen weiches Fleisch ertönte mit der Musik um die Wette. Nach Julias Beispiel hatten die Frauen sich die Oberkörper entblößt; weiße, rosarote und bernsteinfarbene Brüste schimmerten im Lampenlicht. Lucanus starrte begehrlich. Er war nicht mehr der sachliche Arzt; dieses Gewoge nackter Brüste war für ihn nicht mehr eine Schaustellung bloßer Anhäufungen von Milchdrüsen. Die sich wiegenden Hüften der Frauen berückten ihn, erregten ihn. Er dachte nicht daran, im Weingenuß Maß zu halten; als sein Becher frisch gefüllt war, trank er durstig. Das ganze Bacchanale verschmolz ihm zu einer einzigen großen Flut von flirrenden Farben, von Nacktheit, sinnbetörenden Gerüchen und grellen, bunten Lichtern. Es schien ihm, als strahlten selbst die Säulen einen mondlichtgleichen Glast aus, wie von innen her beleuchtet, und als belebten sich die Statuen an den Grotteneingängen und winkten ihm, ihm allein, mit unzüchtigen, schamlosen Gesten zu.

Er fuhr auf. Julias Lippen lagen an seinem Hals, und ihre Hand tastete. Ein mächtiges Drängen erfüllte ihn. Diese Frau schien ihm das schönste, begehrenswerteste aller weiblichen Geschöpfe. Er erschauerte vor beschämenden Wonnen. Mit glimmenden Augen lachte Julia ihm zu, nickte, als wäre sie zufrieden, und hob sich wieder von ihm weg, während sie sich mit der Zunge über die zuckenden Lippen fuhr. Dann widmete sie sich launisch und herausfordernd ihren früheren Liebhabern, die inzwischen über Möglichkeiten, den Nebenbuhler beiseite zu räumen, nachgebrütet hatten. Aber die Spuren, die Julias Finger auf Lucanus' Haut hinterlassen hatten, brannten wie Feuer.

Die Zeit verlor für ihn alle Grenzen, wurde ein stürmisches Drängen und Betören, überschäumend von wilder Brunst und Verwirrung, in die sich Augenblicke der Finsternis, einer von zuckenden Regenbogen erfüllten Stille und betäubenden Getöses mischten. Immer wieder zwinkerte er, um aus den Augen den Nebel von rosa, silbernen, blauen, scharlachroten Tönungen zu vertreiben; die Ohren dröhnten ihm von Stimmen und Musik. Einmal fragte er sich, in der Überzeugung, es handle sich um die ernsteste, wichtigste Frage der Welt: Wer bin ich? Auf der Zunge spürte er köstlichen Geschmack; der Wein war aufreizend gut.

Lucanus schlingerte gegen den Tisch; aus Angst, hinunterzufallen, klammerte er sich an den Rand des Ruhebetts, das unter ihm schaukelte. Er war sicher, daß seine Gedanken die Weisheit aller Zeiten ausschöpften, daß er bedeutsamsten Geheimnissen, die ihm aus den Tiefen der Unendlichkeit zuströmten, auf der Spur war. Julias linke Hand preßte sich wohlig an seinen Schenkel. Ich habe soviel versäumt, dachte er tief bewegt, und die Augen füllten sich ihm mit Tränen des Selbstbedauerns. Diese Abendgesellschaft hier war entzückend; alle Gäste waren vollendete Wesen, wie Götter und Götinnen, bezaubernd, wunderbar in ihrer geistvollen, liebreichen Freundschaft. Der Mond war der schimmernde Schild der Artemis; Lucanus betrachtete ihn und wartete darauf, daß die strahlende jungfräuliche Göttin hinter dem Schild hervortreten würde, in silberner Schönheit. In den Grotten tanzten die Statuen voll wilder Leidenschaft.

Der Kranz aus Rosenknospen glitt Lucanus in die Stirn, und er schob ihn sorgfältig, mit langsamen, behutsamen Bewegungen, wieder zurecht. Aus irgendeinem Grunde schien ihm das unbedingt nötig. Ich bin ganz bestimmt nicht betrunken, sagte er sich eindringlich vor. Die Sache ist einfach die, daß ich bisher nicht gewußt habe, was leben heißt. Wieder wurden seine Augen feucht von Tränen, und er beweinte sein bisheriges freudloses Dasein. Seine Hände und Füße waren unempfindlich; aber durch den Rumpf jagte heftig das Blut. Er dachte nicht an Rubria und Dina; doch die verschwommenen Bilder der beiden blieben ihm, wie gestaltlose Schemen, vor Augen und steigerten seine benommene Heiterkeit. Er streckte Arme und Beine von sich.

Ewigkeiten verrannen, pulsend von Lust, von unermeßlich tiefen Gedanken, von herrlichen Gesprächen. Für ganz kurze Zeit kam Lucanus zu sich und entdeckte, daß er sich in beglückender Ernsthaftigkeit mit einer Dame neben ihm unterhielt und daß diese Unterhaltung offenbar schon seit einiger Zeit im Gange war. Aber mit welchen Aussprüchen er sie in so schwarzäugiges Entzücken versetzt hatte, wußte er nicht. Höchlich erstaunt schüttelte er den Kopf, und sie flüsterte ihm zu: »Du sprichst bezaubernd. Rede weiter!« Nochmals schüttelte er den Kopf, und wieder öffnete sich ihm ein leuchtender Abgrund. Aber all seine Sinne waren angeregt, gesteigert; für eine Weile zog er sich in sich selbst zurück, um fröhlich über diesen Zustand nachzusinnen. Er war ganz fürchterlich betrunken.

Nun trugen die Sklaven ein breites Holzpodium ins Freie und stellten es neben der Säulenhalle auf den Rasen. Sie streuten Körbe voll Rosenblätter über die Gäste und besprühten die warme Luft mit Parfum. Es sah aus, als käme jetzt der Mond näher heran, bis er in Reichweite der Hände zu sein schien. Eine lebhafte Brise erhob sich vom Garten her, und die Wipfel der Zypressen schmückten sich mit Fruchtzapfen aus feurigem Silber. Tänzer erschienen, Ringer, Sänger, Schauspieler; aber ihre Darbietungen fanden fast keine Beachtung, weil die meisten Gäste entweder laut schnarchten oder mit einem Liebespartner beschäftigt waren oder aber dumpf vor sich hin blinzelten. Lucanus jedoch versuchte den ihn umgebenden rosenroten Nebel mit den Blicken zu durchbrechen und sah den Ringern zu. Er sagte zu der Dame, die er bezaubert hatte: »Ist das aber ein klägliches Schauspiel!« Oris schlief; Hyakinthos jedoch hörte die Äußerung des jungen Griechen und fauchte: »Die wenden eben keine Magie an! Das sind ehrenwerte Leute.« Seine Augen funkelten vor Wut und Eifersucht.

Sehr würdevoll sagte Lucanus: »Diese Ringer dort könnte ich alle auf die Schulter legen.« Er trank, nickte und wiederholte mit großem Nachdruck: »Alle könnte ich sie niederstrecken.«

Julia drehte sich zu ihm, küßte ihn auf die Schulter und flüsterte: »Ja, davon bin ich überzeugt, mein herrlicher Apollo.«

Ein scharfer Trompetenstoß ertönte, und die bunten Lampen erstrahlten heller auf dem Podium. Sklaven bestreuten es mit Rosen. Fünf junge Männer, die Beine mit Fellen und die Füße mit Hufen verkleidet, um bocksfüßige Faune darzustellen, die Lenden mit Girlanden aus roten Mohnblüten bekränzt, sprangen mit schrillen, leidenschaftlichen Schreien auf das Podium. Sie hielten Hirtenflöten an die Lippen und erfüllten die Luft, von den anderen Musikinstrumenten begleitet, mit ihrem dünnen, besessenen Pfeifen. Während sie sich drehten, umhertollten und Luftsprünge vollführten, schwirrten die wilden Blicke ihrer lebhaften Augen wie Libellen umher. Die Hirtenflöten bedrängten das Ohr; auch jene Gäste, die geschnarcht oder gedöst hatten, erwachten und schauten neugierig. Die dunklen Gärten waren der rechte Hintergrund für diese sinnlich tanzenden jungen Männer; ihre gespaltenen Hufe klapperten und ratterten auf dem Podium; Schweiß überströmte ihre Körper; sie keuchten; sie drehten und wanden sich; ihre mohnbekränzten Lenden wogten. Ihre Gesten waren geil und herausfordernd; ihre wild grimassierenden Gesichter entfachten Leidenschaften. Immer rascher, toller, drängender wurden die Flötentöne und die Musik.

Eine Gruppe von Mädchen, wie Nymphen in weiße, durchsichtige Gewänder gehüllt und mit Lilien bekränzt, stürmte auf das Podium; die rechten Arme der Mädchen waren erhoben und hielten Gazeschleier vor die hübschen Gesichter. Züchtig tanzten sie, mit scheuen Blicken und so, als merkten sie nichts von den sie umhüpfenden Faunen. Sie entglitten greifenden Händen; leise sangen sie vor sich hin. Die Faune gerieten in immer größere Erregung; ihre roten Zungen streckten sich aus hechelnden Mündern. Die rosigen Körper der Mädchen schimmerten durch die Gewänder; ihre jungen Brüste zitterten, ihre Schenkel schwangen zierlich. Ihre Augen leuchteten hinter den Schleiern, funkelten schwarz und blau und braun, und ihre langen Haare wallten. Die Faune sprangen höher; begehrlich verfolgten sie die tanzenden und schwebenden, singenden Nymphen.

Lucanus hätte nicht genau sagen können, in welchem bestimmten Augenblick er plötzlich stocknüchtern wurde, zumindest geistig, wenn auch nicht körperlich. Mit plötzlichem Abscheu und Widerwillen blickte er auf die Tänzer. Es drängte ihn, aufzustehen und davonzulaufen; das Blut hämmerte ihm in den Schläfen. Ihm war, als bedrohte ihn irgendeine schreckliche Gefahr. Aber diesen Regungen widersetzte sich sein Leib, der halb liegend schlaff auf dem Ruhebett lehnte. Lucanus spürte Julias heißen Atem an seiner Wange, spürte ihre Hand, die ihm den Arm streichelte, hörte ihre Stimme, die ihm schamlose Dinge zuflüsterte. Übelkeit erfaßte ihn und Ekel vor sich selbst. Er hatte das Bedürfnis, in kaltes Wasser zu springen und sich nicht nur den Körper, die geschwollenen, heißen Lippen, sondern auch die Seele reinzuwaschen. Er blickte auf die Gäste, sah die offenen Münder, durch die der Atem keuchend strömte, von Weingeruch verpestet. Er blickte auf die Frauen mit ihren nackten Brüsten, und Entsetzen überkam ihn, Abscheu vor ihnen und vor sich selber. Seine Augen brannten trocken, und sein Magen wollte sich entleeren.

Als die Faune mit ihren geschmeidigen Armen die Nymphen umfaßten, kreischten die Mädchen auf, in Wollust und vorgetäuschtem Schreck. Während die Musik immer wilder und rascher wurde, rissen die Faune den Nymphen Schleier und Gewänder ab, umklammerten die nackten Körper und schlangen die behaarten Beine um sie. Die Gäste brüllten wie rasend, und einige setzten sich schreiend auf. Die Faune hoben die Mädchen in ihren Armen, hielten sie wie lebende Statuen über die Köpfe und trugen sie in die Finsternis hinaus, mit einem tierischen Wiehern des Triumphs und der Brunst.

Wie auf ein verabredetes Zeichen erloschen plötzlich alle Lampen in der Säulenhalle und im Garten; nur das Mondlicht flutete über Rasen und Bäume und die besudelten, übelriechenden Tische. In der nun folgenden Stille saßen die Gäste selbst schweigend, wie betäubt. Dann erhoben sie sich taumelnd, Paar nach Paar, eng aneinandergeschmiegt, und eilten zu den wartenden Grotten und in entfernte Winkel des Gartens, wo nur einzelne Mondstrahlen durch das Laub sickerten. Lucanus sah die Paare verschwinden, und wieder erfaßte ihn tiefer Ekel.

Nun war er allein mit Julia und den beiden Athleten. Oris schnarchte weiter, ohne etwas gemerkt zu haben; die Züge seines Gefährten aber waren aufgedunsen vor Sinnlichkeit. Als die Fürstin sich, im Mondlicht schimmernd, erhob, tat Hyakinthos desgleichen; aber sie wandte sich von ihm ab. Sie lächelte Lucanus zu, nahm ihn an der Hand, flüsterte: »Komm!« und richtete ihn auf.

Sein Körper war noch benommen und betäubt vom Wein, die Knie zitterten ihm. Aber das Gefühl einer schrecklichen Gefahr verstärkte sich in seinem Herzen. Er blickte Julia haßerfüllt an, und seine blauen Augen blitzten in dem Silberlicht auf. Sie hielt das für ein Zeichen ungeduldigen Begehrens und warf sich ihm an die Brust. Er taumelte von dem Anprall.

Der betrunkene, von Wein und Eifersucht aufgestachelte Hyakinthos umkreiste Lucanus und Julia; dann faßte er den Nebenbuhler an der Schulter, während er Anzüglichkeiten und Drohungen brüllte. Lucanus stieß die Fürstin von sich, und Kraft kehrte in seinen Körper zurück. Er packte Hyakinthos, wirbelte ihn herum und warf ihn heftig in Julias Arme. Als wirres Knäuel von Körpern und Beinen und Armen fielen die beiden auf das Ruhebett.

Dann machte Lucanus sich davon. Er lief durch die Säulenhalle, um Tische und Sessel herum. Er rannte in den Palast. Er flitzte über den stillen, glattgescheuerten Boden, der im Schein einzelner Lampen schimmerte. Er hörte jemanden ihm nachsetzen und näher kommen; rasch drehte er sich um, die geballten Fäuste erhoben. Aber es war nur Plotius.

»Rasch!« rief der junge Prätorianer, während er den Arzt am Arm faßte. »Bei allen Furien, mach rasch!«

Er drängte Lucanus in einen langen, schmalen Marmorgang, und wie geflügelte Genien stürmten sie weiter. »Bist du aber ein verrückter Kerl!« keuchte Plotius.

»Hätte ich mich mit ihr hinlegen sollen? Was meinst du?« erwiderte Lucanus wütend.

»Nein, aber es gibt weniger handgreifliche Arten, einer Dame einen Korb zu geben«, meinte Plotius. Er stöhnte. »Und dabei hat der Cäsar mich zu deinem Leibwächter bestellt!« Er hielt Lucanus plötzlich an, und seine Augen spähten umher. Am Ende des Ganges schritten mit blankem Schwert Prätorianer, die von den beiden noch nichts bemerkt hatten. Plotius zog Lucanus hinter eine große Marmorsäule. Jetzt flüsterte er.

»Es geht dir ans Leben. Die Fürstin wird das nicht vergessen. Sie wird dich, wenn sie kann, umbringen lassen, weil du sie unerträglich gedemütigt hast.« Er seufzte leise. Er nahm den Helm ab und wischte sich mit seinen kräftigen braunen Armen das schwitzende Gesicht.

»Hör zu! Dort, acht Schritte weiter zur Linken, ist eine Bronzetür, zu der nur Offiziere einen Schlüssel haben, weil sie zu unseren Wohnräumen hinunterführt. Ich gehe jetzt weiter und tue, als wollte ich das Schloß prüfen. Dann werde ich meine Leute dort drüben ins Gespräch ziehen. In einem günstigen Augenblick lauf zur Tür, die ich aufgesperrt habe, öffne sie rasch, geh in den dort anschließenden Korridor und warte auf mich!« Seine Stimme hatte einen harten, drängenden Unterton.

Er blickte sich um, dorthin, woher sie gekommen waren. Dann warf er Lucanus, dem sehr übel zumute war, einen gebieterischen Blick zu und ließ ihn allein. In rascher, militärischer Gangart durchschritt er den Marmorkorridor, blieb bei einer Tür stehen und hantierte an dem Schloß. Dann ging er weiter und traf auf seine Leute, die stehenblieben und grüßten.

Vor Übelkeit nach Luft schnappend und ein saures Aufstoßen unterdrükkend, lugte Lucanus aufmerksam hinter der Säule hervor. Er wartete, bis Plotius die Prätorianer in eine solche Stellung gebracht hatte, daß sie ihm den Rücken zukehrten. Er hörte ihr rauhes, jugendliches Lachen, während Plotius mit ihnen scherzte. Dann lief er zu der Bronzetür, öffnete sie so leise wie möglich, huschte in den kalten, finsteren Korridor und schloß rasch hinter sich die Tür. Er lehnte sich an die feuchte Steinwand, faltete die Arme fest über seinen Bauch und schloß die Augen vor dem schmerzhaften Dröhnen in seinem Kopf.

XXX

Der Korridor war ebenso schmal wie feucht; kleine Rinnsale schlängelten sich zwischen den dunklen Steinen, und die flachgewölbte Decke hatte etwas Drückendes. Am Ende des Ganges baumelte eine schwache, gelbe Laterne an einem Haken, und dann sah Lucanus einen anderen, rechtwinkelig querenden Gang. Überall herrschte tiefe, lastende Stille, nur unterbrochen von dem leisen Träufeln des Wassers.

Nachdem der Grieche seine Übelkeit bezwungen hatte, blickte er um sich und dachte nach. Anscheinend wartete er jetzt schon geraume Zeit auf Plotius. Er runzelte die Stirn. Nie im Leben hatte er sich noch argwöhnisch oder ängstlich gezeigt. Nun fand er, sein bisheriges Dasein sei zu behütet gewesen, zu abgeschlossen, zu gelehrtenhaft, von Vaterhaus, Familie, Studium eingeengt. Und heute abend war er plötzlich in eine Umgebung und ein Erlebnis gestoßen worden, vor denen er den Kopf verloren hatte. Zwar wußte er vom Hörensagen von solchen Orgien; in Alexandria hatte er gelegentlich derartige Dinge in kleinerem Maßstab selbst mitangesehen, war aber davon als unbeteiligter Zuschauer nicht beeindruckt worden. Wenn ich mich diesmal schon so heftig gebärdet habe, dachte er, wie wird es erst sein, sobald ich ganz auf jene rauhe Welt komme? Werde ich mich von neuem als Säugling fühlen?

Es ärgerte ihn, wenn er sich daran erinnerte, daß er Tiberius Cäsar nur als Mitmenschen betrachtet hatte – mächtig, allmächtig, aber bloß ein Mensch wie er. Dabei war er doch eine furchterregende Erscheinung, Beherrscher der ganzen Welt, Gebieter über Legionen, unumschränkter Herr über alle Menschen. Würde er die Julia angetane Schmach rächen? Da war Plotius, dem Cäsar treu ergeben. Konnte man ihm trauen? Hatte er ihn, Lucanus, in diesen schmalen Korridor gelockt, um ihn aus dem Wege zu räumen? Besprach er sich eben jetzt, obwohl fast schon der Morgen graute, mit Tiberius über diese Sache? Der Sohn des Diodorus Cyrinus konnte nicht öffentlich hingerichtet werden wie ein Verbrecher. Seine Beseitigung durfte keine Zeugen haben, mußte ungesehen bleiben; hier war dazu der gegebene Ort und die gegebene Zeit. Dann würde man seinen Leichnam in den Tiber werfen und die Nachricht verbreiten, er hätte auf geheimnisvolle Art den Tod gefunden.

Lucanus hatte keine Lust zu sterben. Er dachte an Mutter und Geschwister. Er dachte an all die Arbeit, die er noch zu leisten hatte. Er war gesonnen, sich seiner Haut zu wehren. Fluch über diese vielen Becher Wein, die er getrunken hatte! Er stemmte sich von der Mauer weg und befühlte seine Muskeln. Wieder fiel ihm Plotius ein, der bald, mit seinem kurzen Schwert bewaffnet, hier erscheinen würde. Nur er und Hyakinthos waren Augenzeugen gewesen, wie er Julia von sich gestoßen hatte. Vielleicht weilte Plotius jetzt gar nicht bei Cäsar; in seiner Stellung hatte er auch Julia gegenüber Pflichten und beriet möglicherweise mit ihr, wie man sich am besten dieses Sohnes ehemaliger Sklaven entledigen konnte.

Er ist groß und stark, dachte Lucanus; aber ich bin noch größer und noch stärker. Wenn er kein Schwert hätte, könnte ich ihn erwürgen oder wenigstens kampfunfähig machen. Nun aber hat er dieses Schwert. Rasch überlegte Lucanus. Irgendwie werde ich schon mit diesem Plotius fertig! sagte er sich. Dann finde ich auch irgendwie aus diesem greulichen Palast heraus. Zu meiner Familie kann ich nicht zurück, weil ich sie in Gefahr brächte. Ich muß Rom verlassen. Er machte einige Schritte auf die Laterne zu. Warum sollte er warten, bis Plotius kam? Er wollte sich sofort davonmachen. Da hörte er das Knarren eines Schlüssels im Schloß und wußte, daß es zu spät war.

Er lief zurück und drückte sich so an die Wand, daß die Tür zu ihm hin aufgehen mußte, was ihm Gelegenheit bot, auf Plotius, ehe der Prätorianer sich vorsehen konnte, loszuspringen. Wenn der Offizier mit gezogenem Schwert eintrat, mußte er sterben! Lucanus zuckte zusammen. Nun, dachte er blitzschnell, ich verteidige nur mein Leben und das Leben meiner Angehörigen, meine ganze künftige Arbeit. Zwar fiel ihm das Gebot ein, von dem Joseph ben Gamliel ihm erzählt hatte: ›Du sollst nicht töten!‹ Aber damit war doch keineswegs untersagt, sich seiner Haut zu wehren!

Mit einem Schwung öffnete sich die Tür, Plotius wurde sichtbar, und Lucanus stellte fest, daß er sein Schwert nicht gezogen hatte. Da der Prätorianer seinen Schutzbefohlenen hinter der Tür nicht sah, fluchte er leise und rief besorgt seinen Namen. Er trat in den Korridor, schloß die Tür ab und verriegelte sie. Dann drehte er sich herum. Schließlich entdeckte er Lucanus, bemerkte dessen weißes, gespanntes Gesicht und war im Bilde. Er setzte ein breites Grinsen auf. »Du hast dich, scheint's, für alle Möglichkeiten gewappnet, mein lieber Herkules!« sagte er. »Stelle keine Fragen! Ich habe mit Cäsar gesprochen.« Er war belustigt.

»Was hat Cäsar gesagt?« erkundigte sich Lucanus, noch immer mißtrauisch.

»Ah, du lernst!« stellte Plotius mit bewunderndem Kopfnicken fest. »Ich habe Tiberius bloß erzählt, daß du in deiner Unerfahrenheit absichtslos die Fürstin beleidigt hast, die dafür bekannt ist, keine Kränkung hinzunehmen. Im übrigen habe ich dir schon gesagt: Stelle keine Fragen! Dein Leben hängt noch immer an einem Faden. Folge mir!«

Aber Lucanus zögerte. Argwöhnisch wich er vor Plotius zurück. »Stehe ich nicht unter Cäsars Schutz, als sein Gast in diesem Palaste? Er braucht nur ein Wort zu sagen, und niemand darf sich unterstehen, die Hand gegen mich zu erheben.«

Plotius seufzte ungeduldig. »Du lebst auf dem Mond, mein Unschuldslämmchen. Unter den gegebenen Umständen könnte Julia natürlich nicht offen Auftrag geben, dich umzubringen. Nein, dein Tod würde ganz im stillen erfolgen, und kein Cäsar könnte das verhindern. Da gibt es Gift, verstehst du, oder Unglücksfälle. Und dann würde dein Leichnam mit dem Ausdruck tiefsten Beileids deiner Familie überbracht werden, begleitet von einer Briefrolle in Cäsars Handschrift. Julia hat viele Spione und Vertraute im Palast, mehr als Tiberius selbst. Deshalb muß man dich in Sicherheit bringen. Morgen wirst du verkleidet die Stadt verlassen, und im Hafen wird ein Schiff dich erwarten. Keinesfalls darfst du nach Hause zurück, weil du sonst nicht nur dich selbst, sondern auch deine Angehörigen einer tödlichen Gefahr aussetzt. Sobald du in sicherer Entfernung bist, wird man Julia geschickt glauben machen, daß Cäsar über dich erzürnt war und dich verbannt hat.«

Er hielt inne und starrte Lucanus an, der noch immer den Blick auf ihn geheftet hielt. »Zu meinem Glück hat die Fürstin nicht bemerkt, daß ich am Ende der Säulenhalle versteckt stand«, sagte er. »Zu Hyakinthos' Unglück war er der einzige ihr bekannte Zeuge ihrer Demütigung. Er wird zweifellos noch vor Sonnenuntergang tot sein, zum Beispiel durch einen unglückseligen Sturz über eine steile Treppe.«

»Das ist mir ein schöner Cäsar! Und eine schöne Fürstin! Und eine schöne Hauptstadt der Welt!« rief Lucanus.

Plotius sah ihn mit offenem Munde an. Dann schüttelte er den Kopf. »Und du bist mir ein schöner Naivling!« ergänzte er.

»Ich traue niemandem«, erklärte Lucanus.

»Ein ausgezeichneter Einfall, lieber Freund! Ich gehe jetzt in meine Wohnung, und du wirst mir folgen. Ich mußte dich eine Weile hier allein lassen, um mich zu vergewissern, daß meine Offizierskameraden entweder schlafen oder auf Dienstgang sind. Aber bald ist Wachablösung.«

Noch immer zögerte Lucanus. Schließlich kannte er diesen Plotius nur ganz flüchtig. Dann sagte er: »Ich folge dir. Aber gestatte, daß ich dir zuerst das Schwert abnehme.«

Plotius sah ihm ins Auge; dann hob er lächelnd die Arme, und Lucanus entwaffnete ihn. Der Offizier eilte durch den Korridor und wandte sich nach rechts; Lucanus folgte, das Schwert fest umklammernd und vorsichtig umherblickend. In den Querkorridor war eine lange Reihe von Eichentüren eingelassen, durch die man dumpfes Schnarchen hörte. Hier war es trockener, und von irgendwoher drang der Duft von Gras und das friedsame Flüstern des Windes. Vor einer der Türen blieb Plotius stehen, sperrte auf und trat ein, nachdem er Lucanus schweigend mitkommen geheißen hatte. Sobald der Grieche in dem Zimmer stand, schloß Plotius rasch die Tür und verriegelte sie. Als er wieder sprach, tat er es mit gedämpfter Stimme. »Wir müssen leise reden. Niemand darf wissen, daß du hier bist. Ich traue nämlich niemandem.«

Sein kleines, nur von einer zischenden Lampe beleuchtetes Schlafgemach machte einen strengen, nüchternen Eindruck. Es enthielt bloß einen Sessel, ein schlichtes Bett und einen Tisch, auf dem die Lampe stand. An den getünchten Wänden hingen Schwerter und zwei Schilde, und in einigen kleinen Nischen waren rohgearbeitete, spielzeughafte Hermen verschiedener Götter aufgestellt. In einer Nische stand, allein und etwas größer, eine kunstvoll ausgeführte Marmorbüste des Diodorus, über der eine römische Fahne hing. Und auf diesem Standbild blieb der Blick des jungen Arztes haften. Noch vom Wein benommen, spürte Lucanus, wie ihm die Tränen in die Augen schossen. Er legte das Prätorianerschwert auf den Tisch, blickte Plotius fest an und sagte: »Jetzt weiß ich, daß ich dir vertrauen kann.« Er zeigte auf die Büste. »Du mußt meinen Vater geliebt haben.«

»Ja«, erwiderte Plotius. Er ging zu dem Marmorkopf und berührte ihn ehrfürchtig. »Auch mein Vater hat den Tribun geliebt, und ebenso mein Onkel, der Senator, der von seinen Amtsgenossen umgebracht wurde, weil er ein Patriot war.« Er hielt inne. »Auch Tiberius hat ihn geliebt.«

Lucanus setzte sich auf den Bettrand. Sein Kopfweh wurde immer ärger, und er war voll Gram darüber, daß er seine Familie nicht wiedersehen sollte, vielleicht nie mehr. Er hielt den Kopf in den Händen und ächzte: »Ich hätte gern Wasser, sehr kaltes Wasser.«

Plotius lachte leise, hob einen Krug vom Boden und hielt ihn an den trokkenen, heißen Mund des jungen Mannes. Lucanus trank hastig, und sofort wurde ihm übel. Plotius riß einen braunen Wollvorhang beiseite und schob seinen Schützling rasch in den Latrinenraum. Hier würgte Lucanus so lange, bis er den sauren Wein zur Gänze erbrochen hatte und völlig erschöpft war. Aber sein Kopfweh blieb. Nachdem er den Magen entleert hatte, kam er in den Schlafraum zurück, wo Plotius, noch in Helm und Harnisch, wartete. Er hatte einen Überwurf umgelegt und gähnte, als wäre alles das die gewöhnlichste Sache der Welt.

»Ich darf dich keinen Augenblick lang allein lassen«, sagte er. Er nahm den Helm ab und stellte ihn auf den Tisch. »Du wirst dich in mein Bett legen, und ich schlafe, in meinen Überwurf gewickelt, auf der Schwelle. Keine Widerrede! Deine Haut ist empfindlicher als meine; ich bin Soldat und gewohnt, auf dem Boden zu schlafen. Ich habe die Tür verriegelt; aber es ist möglich, wenn auch nicht wahrscheinlich, daß uns jemand gesehen hat, als wir vom Bankett davonliefen.«

»Und nicht einmal Cäsar kann mich schützen!« grollte Lucanus.

»Es hat Zeiten gegeben, wo du sie anscheinend nicht für eine Megäre gehalten hast«, sagte Plotius und zeigte in einem fröhlichen Lachen alle seine großen, weißen Zähne. Ich entsinne mich an Augenblicke, da hast du ihre Küsse glühend erwidert; und einmal, erinnere ich mich, da hast du ihr dieses kretische Hütchen abgenommen und es würdevoll auf deinem Kopf balanciert, zum lebhaften Entzücken der Gäste.«

»Unmöglich!«

»Aber wahr!« Plotius unterhielt sich glänzend. Er hob die Hand zum Schwur. »Ich beeide es. Du hast dich auch mehr als einmal erbötig gemacht, der Fürstin deine Athletenkünste vorzuführen; nur wollten weder Hyakinthos noch Oris mittun. Dann hast du erklärt, du würdest, bei Gelegenheit der Großen Spiele, innerhalb einer Woche sämtliche Athleten zu jeder beliebigen Kampfart herausfordern. Die Gäste zeigten sich sehr beeindruckt, und Julia war überaus stolz.«

Jetzt fielen dem Griechen die leuchtenden, glühenden Abgründe im Verlaufe des Banketts ein. Während Plotius sprach, entsann Lucanus sich plötzlich des Beifallklatschens der Gäste; und verschwommen, wie im Traum, sah er sich aufstehen und eine Verbeugung machen.

»Du hast«, fuhr Plotius in zunehmender Erheiterung fort, »mit irgendeinem Bruno geprahlt, einem bärenstarken Kerl, der dir in Alexandria das Ringen beigebracht hat und den du schließlich besiegt hast. Du gabst auch kund, in deinem Besitz sei ein Goldbecher als Beweis für die Tatsache, daß du in allen Wettkämpfen der Erste warst.«

Lucanus stöhnte noch lauter. So mußte es sich zugetragen haben; hätte nicht er selbst es gesagt, wären diese Dinge dem Offizier nicht bekanntgeworden.

»Auch als Tänzer, so hast du erklärt, bist du erstklassig. Wenn Julia dich nicht zurückgehalten hätte, wärest du gleich zu einer Vorführung deiner Tanzkünste angetreten.« Plotius seufzte. »Dieses Schauspiel hätte ich für mein Leben gern gesehen. Es hat sich aber gezeigt, daß Julia nur an Privatvorführungen interessiert war, auf tänzerischem wie auf verschiedenen anderen Gebieten.« Wieder seufzte er. »Durch eine Betätigung auf diesen anderen Gebieten hättest du allerdings Cäsar zutiefst gekränkt, nicht, weil du bei Julia gelegen hättest – du wärest nur der soundsovielte gewesen –, sondern weil er dich für einen anständigen Menschen gehalten hat.« Er schürzte sinnend die Lippen. »Als ich vorhin mit ihm sprach, hat er sich sehr einsichtsvoll gezeigt.«

Lucanus wälzte schaudernd den Kopf zwischen den Händen. »Warum verbannt er sie nicht? Ist er ein Mann oder ein Waschlappen?«

»Julia ist die Enkelin des alten Augustus, den das Volk geliebt hat. Und ihn, Tiberius, liebt es nicht.«

Wieder erschauerte Lucanus. Noch immer war ihm übel, und tausend kleine Quälgeister strampelten unter seinem Schädeldach. Er schämte sich auch sehr. Er blickte Plotius an, und dann lachten die beiden jungen Männer plötzlich unaufhaltsam. Plotius mußte sich hilflos an die Wand lehnen, und

Lucanus warf sich, alle viere von sich streckend, auf das Bett. Ihr Lachreiz wurde dadurch, daß sie das Lachen mit Händen und Armen dämpfen mußten, nur noch heftiger. Als Plotius sich wieder beherrschen konnte, sagte er, heiser vor Vergnügtheit: »Du hast auch geschworen, wenn Julia den Blumenkranz auf deinem Kopf küßte, würdest du sämtliche Rosen einschließlich der Dornen aufessen. Aber sie hat dir etwas ins Ohr geflüstert, was dich offenbar von deinem Vorhaben abgebracht hat. Ich wüßte furchtbar gern, was das war.«

»Ich nicht!« Jetzt bemerkte Lucanus, daß er irgendwann seine Toga abgeworfen haben mußte, denn er hatte nur seine hellblaue Tunika an. »Hoffen wir, daß sie mich für impotent hält und daß ich mich nicht auch zu einer Vorführung in dieser Beziehung erbötig gemacht habe!«

Sie lachten wieder. Lucanus nahm vorsichtig noch ein Schlückchen Wasser. Plotius ließ ihn nicht die Lampe ausblasen. In seinen Überwurf gehüllt, streckte er sich quer über die Schwelle und schlief sofort ein.

Lucanus jedoch, der jetzt mit sich allein war, konnte keinen Schlaf finden. Bald sollte er fern von allen seinen Lieben sein, in der Verbannung! Aber hatte er das nicht so gewünscht? Unruhig wälzte er sich auf dem Bett. Längst begann es zu dämmern, und er hörte die vielen eiligen Schritte der Offiziere auf dem Gang vor der Tür, ehe er in ein fiebriges Dösen sank.

Er hatte einen seltsamen, schrecklichen Traum. Er sah Rom in Flammen. Er hörte das Dröhnen Tausender in sich zusammenstürzender Säulen; er hörte das hemmungslose Wehklagen einer großen Menschenmenge. Der schwarze Himmel über ihm rötete sich, und ein furchtbarer Verwesungsgeruch, wie von schmorendem Aas, zog über die Stadt hin. Er sah aufgedunsene Cäsaren mit bösen, verderbten oder albernen Gesichtern, mit Eichenlaub und Lorbeer gekrönt. Säulenhallen gingen in Flammen auf; Tempel krümmten sich wie Pergament und zerfielen. Die Amphitheater widerhallten vom Gebrüll wilder Tiere, und Löwen brachen aus ihren Käfigen, in eine auseinanderstiebende Menschenschar hinein. Von irgendwoher drang eine laute, tiefe Stimme: »Wehe, wehe über Rom!« Und das Dröhnen füllte das ganze Weltall, und die Standbilder rotbemalter Götter zersprangen in tausend Bruchstücke und fielen, zusammen mit den Säulen, zu Boden; und weiße Mauern neigten sich wie Schiffe und stürzten ein. Und die Sieben Hügel rauchten wie von Bergfeuern, und der Tiber floß rot wie Blut.

Als Lucanus erwachte, sah er, daß die Lampe nachgefüllt worden war und daß sie zischend mit gelbem Licht brannte. Er konnte die Tageszeit nicht feststellen; aber es mußte, das fühlte er, sehr spät sein. Nirgends öffnete sich ein Fenster in dem Raum. Lucanus ging in die Latrine: hoch oben in der dicken Steinmauer bemerkte er kleine, runde Lüftungsöffnungen. Er stellte sich auf das Latrinenbrett, lugte durch die Öffnungen und sah einen grünen Rasenhang mit einigen Zypressen, von denen ein sonnenwarmer, scharfer Duft herüberwehte. Lucanus schätzte, daß es Nachmittag sein mußte. Er kehrte in den Schlafraum zurück, und erst jetzt sah er, daß Essen für ihn hingestellt war: frischer Käse, reines Schwarzbrot, ein Körbchen mit Obst und etwas Soldatenwein. Mit überraschendem Appetit aß und trank er. Das war die Art von Mahlzeiten, die er kannte!

Ihm war klar, daß er warten mußte. Seine Sicherheit hing von ganz unberechenbaren und ganz ausgefallenen Umständen ab. Einmal versuchte er die Tür zu öffnen; sie war von außen versperrt. Behutsam schob er wieder den inneren Riegel vor. Dann wanderte er rastlos in dem kleinen Raum umher und dachte nach. Wäre nicht seine Familie gewesen, so hätte er sich darüber gefreut, Rom und die ganze Gegend recht bald zu verlassen.

Schließlich knarrte ein Schlüssel im Schloß, und Lucanus stand schweigend an der Tür. Dann hörte er die gedämpfte Stimme des Plotius: »Ich bin es.« Lucanus schob den Riegel zurück und sprang rasch beiseite. Mit wissendem Lächeln trat der Offizier ein. Er trug ein großes Bündel in den Armen und legte es auf das Bett. »Während du wie ein Säugling geschlafen hast, war ich fleißig, mein lieber Lucanus. Zunächst hat der Prätorianer-Oberst auf Cäsars Befehl im ganzen Palast auffällige Verlautbarungen anbringen lassen, wonach du heute in aller Frühe verbannt worden bist. Das geschah, um Julias Grimm zu besänftigen.« Seine Miene änderte sich. »Ich habe mich nicht getäuscht. Vor ein paar Stunden hat man Hyakinthos tot in seinem Bett aufgefunden, vergiftet. Sein Freund Oris schmachtet jetzt im Mamertinischen Kerker, wegen Mordes.«

»Aber er hat doch den Hyakinthos nicht umgebracht!«

Plotius schürzte die Lippen und blickte zur Decke. »Ich hörte, daß er den Mord eingestanden hat – unter der Folter. Wäre Oris nicht betrunken gewesen, hätte man auch ihn vergiftet. Alle Menschen müssen sterben.«

»Was wird mit Oris geschehen?«

»An diesen Dingen kannst du nichts ändern, lieber Freund … Ich sagte dir schon, ich war fleißig. Ich bin bei dir zu Hause gewesen; und hier, in diesem großen Bündel, sind deine Arzttasche, etwas Kleidung, einige Erinnerungsgeschenke von deiner Mutter und von Keptah und deine medizinischen Bücher. Was? Fängst du gar zu weinen an? Deine Mutter versteht die Sachlage, und Keptah auch. Hier sind Briefe von ihnen.« Er fügte hinzu: »Ausweisungsbefehl hin, Ausweisungsbefehl her – es ist sehr möglich, daß die Fürstin nicht nur im Palast, sondern auch an den Stadttoren ihre Späher aufgestellt hat, die darauf lauern, dich zu überfallen und totzuschlagen. Deshalb mußt du dich verkleiden.«

Er öffnete das Bündel und zog ein sehr grobes, braunes Gewand hervor, wie es Sklaven oder Ackerknechte zu tragen pflegten, und eine gut ausgeführte Perücke mit dichten schwarzen Locken. Dazu gab es ein Paar holzbesohlte Sandalen und einen aus Stricken geflochtenen Gürtel.

»Du gehst zum Esquilinischen Tor; dort wartet draußen ein bescheidener Klepper. Aber bis zum Tor mußt du zu Fuß gehen. Du hast einen langen Weg vor dir.« Er durchstöberte das Bündel nochmals und holte zwei Geldbeutel hervor. Er schüttete einen goldklirrenden Strom auf das Bett. »Der kleinere Beutel ist von deiner Mutter. Der größere von Cäsar, mit besten Grüßen. Und hier ist noch ein Geschenk des Tiberius.«

Plotius brachte aus einer Umhüllung einen Ring von unvorstellbarer Herrlichkeit zum Vorschein. Auf der sehr großen Siegelplatte waren Bogen und Schild der Artemis dargestellt, in funkelnden Diamanten auf einem Herzen aus Türkis eingelegt, und alles in poliertes Gold gefaßt. »Den Artemis-Attributen kannst du entnehmen«, sagte Plotius trocken, »daß es sich um einen Ring für eine jungfräuliche Person handelt.«

»Du wirst vielleicht staunen, aber ich bin keine Jungfrau«, erklärte Lucanus mit leisem Lachen. Er steckte den Ring an den Finger und drehte den Reif so, daß die Siegelplatte an der Handfläche versteckt war. Er übernahm die Briefe seiner Mutter und Keptahs und setzte sich, um sie rasch durchzulesen. Sie waren kurz, erfüllt von Liebe und Vertrauen; um ihm nicht wehzutun, erwähnten sie nichts von Kummer oder Sorge. Die Mutter erklärte, sie würde ihm von Zeit zu Zeit Geld aus Diodorus' Hinterlassenschaft schikken; er brauche ihr nur zu schreiben, und sie wolle das Geld in jede beliebige Stadt abfertigen.

Noch ein dritter Brief war dabei, in einer fremden, feinen Handschrift, und Lucanus öffnete ihn. Er war von Dina bas Eleasar; auch dieses Schreiben war kurz, aber glühend und zärtlich.

»Ich werde Dich immer lieben und schätzen, teurer Lucanus. Am liebsten würde ich, wie Ruth, Dir folgen, wohin Du auch gehst, und für immer bei Dir bleiben. Sei nicht überrascht, wenn Du mich dann und wann triffst. Denn ich werde wissen, wo Du jeweils bist. Für mich gibt es keinen anderen Mann, und meine Gebete begleiten Dich. Ich weiß, daß Du immer meinen kleinen Bruder Arieh suchen und mir ihn eines Tages finden wirst, eingedenk meines Vaters, dem Du Trost gebracht hast. Gott segne und schütze Dich! Möge Er jeden Deiner Schritte bewachen und Dir betreuend zur Seite stehen. Und mögen Sein Stock und Sein Stab Dir Zuversicht geben!«

»Was?« rief Plotius. »Schon wieder weinst du? Das muß ja ein sehr rührender Brief sein. Von einer Dame, ohne Zweifel.«

»Still!« bat Lucanus und wischte sich die Tränen ab.

Er stand auf, um seine Arzttasche nachzusehen, und als er sie öffnete, fiel ein an einer Kette hängender goldener Gegenstand heraus. Es war Keptahs Kreuz. Er zögerte; dann legte er es sich um den Hals. Die lebhaften braunen Augen des Offiziers weiteten sich, dann kniffen sie sich zusammen. »Ein Kreuz?« fragte er. »Und in Gold! Was soll das?«

»Ich weiß nicht«, erwiderte Lucanus. »Aber Keptah hat mir erzählt, das sei ein altes Sinnbild, aus Chaldäa oder, wie die Juden es nennen, Babylonien, aus diesem einst mächtigen, jetzt untergegangenen Reich. Dieses Symbol haben dann die Ägypter übernommen und selbst benutzt; sie haben es in ihren Pyramiden angebracht. Einer ihrer Pharaonen, der erklärt hat, es gebe nur einen Gott, und so den Zorn seiner Priester auf sich lud, hat ein solches Sinnbild um den Hals getragen, ebenso auch seine Anhänger. Aton hieß, glaube ich, der Pharao. Aber das ist lange her. Ich trage dieses Zeichen, weil es mir von einem Mädchen geschenkt wurde, das ich geliebt habe ...«

»Na, trockne jetzt deine Tränen«, sagte der wirklichkeitszugewandte Plotius. »Bei Sonnenuntergang wirst du dieses Zimmer verlassen und in den Sklaventrakt gehen, mit einem Besen in der Hand, der draußen für dich bereitsteht. Auf diese Weise wirst du nicht auffallen. Bis dahin muß deine lilienweiße Gesichtsfarbe unter einer Schicht dieses dunkelbraunen Öls verschwunden sein. Und Vorsicht! Sprich mit niemandem. Brumme ständig leise vor dich hin, wie ein Schwachsinniger. Dann stehle dich vom Palatin hinunter, mische dich in die Menschenmenge und begib dich so rasch wie möglich zum Esquilinischen Tor!«

Er reichte Lucanus einen scharfen, kurzen Dolch und bedeutete ihm, die Waffe unter dem Gewand verborgen zu halten. »Man kann nie wissen«, sagte er. Sorgfältig bestrich er dem jungen Arzt Gesicht und Hals mit dem dunkelbraunen Öl, setzte ihm die schwarze Perücke auf und half ihm beim Anlegen der Bauernkleidung. »Also«, sagte er schließlich lächelnd, während er zur Betrachtung seiner Leistung etwas zurücktrat, »jetzt würde nicht einmal Julia dich eines Blickes würdigen!«

Er zögerte; dann umarmte er plötzlich Lucanus wie einen Bruder und küßte ihn unbeholfen auf die Wange. »Mögen die Götter dich beschützen!« sagte er. »Ich nehme nicht feierlich Abschied von dir, weil ich überzeugt bin, daß wir uns wiedersehen werden.«

DRITTER TEIL

Das Leben gehört Gott an, denn die Wirksamkeit der Seele ist Leben und Er ist Wirksamkeit. Reine Eigenwirksamkeit der Vernunft ist Gottes preislichstes, immerwährendes Leben. Wir sagen, daß Gott lebendig, ewig und vollkommen ist, und daß ständiges, immerwährendes Leben Gott angehört, denn Gott ist ewiges Leben.

ARISTOTELES

XXXI

»Dina bas Eleasar an Lucanus, Sohn des Diodorus Cyrinus.

Ich begrüße Dich, teurer Freund, Einziggeliebter. Der Versöhnungstag ist vorbei, und ich sonne mich im Frieden Gottes, im Bewußtsein, daß Er mir verziehen hat und daß ich in das Buch der Lebenden geschrieben wurde. Eine schöne Stille liegt über Jerusalem. Von meinem Fenster aus kann ich den Tempel sehen; er glänzt im Licht des Vollmonds wie ein goldener Schild. Und die Stadt funkelt unablässig wie eine Wiese voll Leuchtkäfer. Die Hügel sind kupferfarben, der Wind trägt Weinkellergeruch, und langsam fallen unter mir von einem Baum die gelben Blätter wie kleine Flammen. Die Frauen stehen im Hof und ziehen aus den Brunnen die Wassereimer hoch; ihre Stimmen sind gelassen. Und aus den Fenstern und dem Flur des Gasthofs dringen der scharfe Geruch von gebratenem Lamm und Brot und Gewürzen und das Flackern von Lampen. Denn Gott hat den Menschen wieder verziehen, und es herrscht stille Freude, weil jedermann sich Seiner Liebe und Seiner uralten Verheißung bewußt ist.

Ach, wärest Du nur bei mir, hieltest mir die Hand und ruhtest in diesem Frieden! Kämest Du nur einmal nach Jerusalem! Aber immer, wenn ich mit Dir darüber spreche, weichst Du meinem Blick aus, als hättest Du Angst vor etwas Schrecklichem, das Dir in dieser Stadt begegnen könnte. Ich verstehe das nicht, entsinne mich aber der letzten Worte, die unser teurer Freund Joseph ben Gamliel gesprochen hat, ehe er vor zwei Jahren angesichts des Tempels starb. ›Eines Tages wird Lucanus hierherkommen und wird Ihn finden, den er alle Tage seines Lebens gesucht hat.‹

Heute habe ich um Seelenfreude für Dich gebetet, um Gesundheit und Glück. Das gleiche erbitte ich jedes Jahr, alle die langen sieben Jahre, seit wir uns kennengelernt haben. Du hast mich wiederholt beschworen, zu heiraten und Dich zu vergessen; in keinem Deiner Briefe fehlt diese Mahnung und Bitte. Aber wie kann eine liebende Frau den vergessen, den sie liebt? Wie kann ein Brunnen sich mit Wasser füllen, wenn die Quelle, die ihn speisen soll, versiegt? Woher soll Wein kommen, wenn die Rebe verdorrt? Die Aufforderung, mich in das Bett eines anderen Mannes zu legen, ist gleichbedeutend mit der Aufforderung, meine Seele zu entwürdigen, mich wie eine verrufene Frau auch dann auszuliefern, wenn ich als erste unter den Hochzeitsbaldachin treten und die Hand eines Fremdlings ergreifen müßte. Meine Seele hat den Ehebund mit Dir geschlossen.

Innigstgeliebter, als wir uns das letztemal, in Theben, trafen, waren Deine Worte zwar abweisend und düster; aber ich habe bemerkt, wie Dein Gesicht bei meinem Anblick aufleuchtete. Wir hatten im Schatten Deines Gartens eine ruhige Unterredung; doch was wir in den Herzen sprachen, waren nicht Worte der seelischen Gemeinschaft und des Einklangs. Warum kannst Du nicht Deine Erbitterung gegen Gott überwinden? Ich habe Dir, wie es auch schon Joseph ben Gamliel tat, oft gesagt, daß Gott den Menschen vollendet und vollkommen geschaffen hat, ohne Bedrohung durch Krankheit und Tod. Aber die Menschen haben Gottes Gebot übertreten und dadurch Krankheit und Tod in die Welt gebracht. Der Mensch selbst hat sich der Freude entfremdet, hat den Geist des Bösen herbeigezogen, hat einen Fluch auf die Erde geladen.

Wohin ich auch komme, in allen Städten und Häfen, tönt mir Dein Name als der eines großen Arztes entgegen. Ich weiß, Du machst Dir nichts daraus; Du willst nur Schmerzen lindern, Trost bringen und den Tod hinausschieben. Trotzdem bin ich glücklich, Dich von den Armen und den Verlassenen, den Sklaven und den Bedrückten gepriesen zu hören. Man redet von Dir auf den Marktplätzen.

Obwohl ich den Arzt Keptah nur aus Deinen Erzählungen kenne, betrauere ich mit Dir den Tod Deines alten Freundes und Lehrers. Ich habe heute für seine Seele gebetet. Gott hat ja gesagt, daß es gut ist, für die Seelen der Toten, die im Staub der Erde schlafen, zu beten. Das Gedenken an sie gereicht uns zum Segen.

Manchmal, wenn ich besonders traurig bin, fallen mir Deine Erzählungen über Rom ein, und ich muß herzlich lachen. Im übrigen gibt es ja, denke ich, heute nicht viel Erheiterndes in der Welt; die Pax Romana hat, in der Maske eines sogenannten Weltfriedens, allen Völkern der Erde Unterdrükkung, Leiden, Sklaverei und Ausbeutung gebracht. Macht verdirbt die Seelen; es liegt in der Natur des Menschen, dem Beherrschten Gewalt anzutun, und die Herrschsucht lebt in uns allen wie eine geheime Krankheit.

Ich freue mich mit Dir, mein Treuer, daß Dir die ganze Zeit über bei Deinen ein- oder zweimal jährlich unternommenen Besuchen in Rom nichts zugestoßen ist. Wie gern würde ich Deine schöne Mutter, Deine reizende Schwester, Deine Brüder und alle Deine Freunde kennenlernen! Ich lache stundenlang, wenn ich von Deinem alten Erzieher Kusa, dem schlauen Schelm, lese.

Ich habe ein seltsames Erlebnis gehabt. Allerdings wirst Du, wenn ich es berichte, vielleicht überhaupt nur eines bemerkenswert daran finden, nämlich, wie empfindsam die Gedankengänge einer vierundzwanzig Jahre alten Frau werden, die ihr einsames Leben mit Zeichen und Wundern und Hirngespinsten füllen muß.

Jerusalem ist, wie Du weißt, ebenso wie die Umgebung, an den Feiertagen immer von Pilgern aus ganz Judäa und Galiläa erfüllt. Die Reichen finden behagliche Unterkunft und Verpflegung in den Gasthöfen und Herbergen oder im Haus eines Freundes, wo sie das Neue Jahr in angenehmer Gesellschaft an wohlbestellter Tafel plaudernd feiern können. Die Armen aber müssen sich irgendwelche Schlupfwinkel in der überfüllten Stadt suchen oder außerhalb der großen Mauer in Zelten oder in Höhlen übernachten. Oft wandere ich zwischen den Tausenden zusammengedrängter Pilger jenseits der Stadttore umher, sehe ihre grobe Kleidung, ihre bloßen Füße, ihre verfilzten Bärte, ihre weinenden Kinder, ihre Ziegenherden und höre ihre in den Mundarten von Galiläa und Samaria und Moab und Peräa und der Dekapolis erklingenden Stimmen. Zum neuen Jahre gönnen sie sich eine frohe Zeit; ihre braunen Gesichter sind fromm, und sie blicken mit leidenschaftlicher Liebe auf den Tempel und halten auch die nebensächlichsten Gebote mit großem Ernst. In ihren Schlaf dringt das schrille Bellen der Schakale; ihre Speise ist armselig und ihr Wein elend. Trotzdem sind sie glücklich; und was hier auf den staubigen Hängen unterhalb der Stadtmauer sich an Frohsinn und Gebeten erhebt, hat tiefere Bedeutung und Innigkeit als die Festfeiern in den Gartenhäusern der Stadt. Einmal hast Du ärgerlich bemerkt, die Armen beteten deshalb inbrünstiger, weil sie keine Vergnügungen haben, sondern nur Gott. Aber gerade dadurch sind sie wahrhaft gesegnet. Denn wer Gott nicht hat, der hat nichts; wer jedoch Gott hat, der hat alles andere noch dazu in seinem Herzen.

Am Neujahrstage drängten sich bei Sonnenuntergang die Pilger in den schmalen, gewundenen Straßen Jerusalems, Kinder auf dem Arm oder an der Hand; es war ein heißer, bunter Strom, der sich unter einer silbrigen Staubwolke dahinwälzte. Einer plötzlichen Eingebung folgend, stieg ich aus meiner Sänfte und wanderte in dem Menschenstrom zur Stadt hinaus, wo die Leute für ihr armseliges Festessen Tücher auf den Boden gebreitet hatten. Der Mond stieg über ihnen auf und ließ die Feuer freundlich erstrahlen. Immer wieder lud man mich mit lauten Zurufen ein, im Kreise einer Familie Wein oder Brot oder ein Stückchen Fleisch zu nehmen; da ich bescheiden gekleidet war, hielt man mich wohl für eine junge Frau ohne Familie oder glaubte, ich hätte zwischen den aneinandergedrängten Karawanen meine Leute verloren. Ich hörte ihren Liedern zu, ihrem Lachen, den Stimmen ihrer hungrig umherlaufenden Kinder, den Schreien ihrer Tiere, ihren Gebeten. Mit einem Male überfiel mich das drückende Gefühl der Einsamkeit, und Sehnsucht erfaßte mich. Ich stellte mich etwas abseits zu einem knorrigen Baum und betrachtete die auf dem Hang flackernden Feuer und ihren Widerschein auf den schlichten Gesichtern. Da kam ein junger Mann in grobem, blauem Gewand auf mich zu; an den Füßen trug er mit rauhen Stricken befestigte Sandalen.

Dieser junge Mann konnte nicht älter als achtzehn oder neunzehn Jahre sein. Hochgewachsen und stattlich, stand er vor mir und lächelte mir zu. Und mit einem Schlage schienen wir beide allein zu sein, unendlich fern von allen anderen. Es war, als umgäbe uns ein Zauberkreis des Schweigens; Stimmen und Rufe dämpften sich zu einem Traum. Auf dem Gesicht des Mannes war tiefe Weisheit und Güte zu lesen und große Besorgtheit, als spürte er, daß ich niemanden hatte, und bemitleidete mich. Er hielt einen weingefüllten Tonbecher in der Hand und bot ihn mir. Ich nahm und trank mit der gleichen Selbstverständlichkeit, mit der er mich dazu eingeladen hatte. Plötzlich schossen mir Tränen in die Augen, und ein Schluchzen schüttelte mich, und ich empfand das Bedürfnis, diesem Mann mein Herz mit all seiner Kümmernis, Verlassenheit, Betrübtheit zu eröffnen. Er nahm mir den leeren Becher ab, während ich um meine Selbstbeherrschung kämpfte. Er wartete, bis ich gefaßter war, und sagte dann zu mir mit der lieblichsten und kräftigsten aller Stimmen: ›Dina bas Eleasar, sei guten Mutes und trockne deine Tränen! Gott ist mit dir, du bist nicht allein.‹

Ich war erstaunt und sprachlos. Woher wußte er meinen Namen und was mich bedrückte? Er lächelte mir innig zu, und als ein nahes Feuer stärker aufflammte, sah ich die großen, blauen Augen des Fremden, und sie waren wie unendlich helle Sterne. In diesem Augenblick wäre ich am liebsten vor ihm in die Knie gesunken und hätte seine Beine umschlungen. Ich fühlte, daß er alles wußte, nicht nur über mich, sondern über die ganze Welt, und daß in ihm unvorstellbarer Friede war und alle Liebe und Hoffnung.

Die Tränen machten mich blind; und als ich mich ausgeweint und mein Herz zu zittern aufgehört hatte, war der Fremde verschwunden. Ich dachte fast, ich hätte geträumt; doch der Geschmack des Weines lag noch auf meinen Lippen. Ein furchtbares Gefühl der Versäumnis überwältigte mich, und ich suchte den Mann unter den Pilgern, fand ihn aber nicht wieder. In dieser Nacht konnte ich nicht schlafen; jedesmal jedoch, wenn ich weinte, wurde mir ein Trost zuteil, der nicht menschlicher Trost war.

Genug. Schon der Gedanke an diesen Mann macht mich verträumt und froh. War er ein schlicht gekleideter Engel wie jene Himmelsboten, die Abraham in seinem Zelt bewirtete?

Diesen Brief schicke ich Dir nach Athen, in Deine Wohnung, wo Du ja noch einige Wochen bleiben willst. Ich grüße Dich, teurer Lucanus, mit aller Liebe meines Herzens und meiner Seele; meine Gedanken kreisen um unsere nächste Zusammenkunft. Und eines Tages wirst Du meinen Bruder Arieh, den Du suchst, gefunden haben. Er ist jetzt neun Jahre alt, und eine innere Stimme sagt mir, daß er lebt und dereinst in die Arme seiner Schwester und seines Volkes zurückkehren wird. Gott sei mit Dir!«

Ursprünglich hatte Lucanus sich vorgestellt, im Lande seiner Vorfahren in Griechenland würde er eine Heimat finden. Aber nach kurzer Zeit wurde ihm die bittere Erkenntnis zuteil, daß er auch hier ein Fremdling war und in Wahrheit nirgends ein Zuhause hatte. Geboren war er in Antiochia; aber seine Heimat war nicht dort gewesen. Dann hatte er in der Gegend von Rom gewohnt und gelegentlich die Hauptstadt besucht; doch auch dort blieb er fremd. Er kam in alle Häfen und Städte am Großen Meer und besaß in vielen Orten kleine Häuser, wo er nach der Landung abstieg; nirgends indes fand er ein Heim oder erfreute sich der Gesellschaft von Freunden oder fühlte Frieden. Die Mühseligen und Beladenen, die Schlichten und Armen, die Verlassenen und Vergessenen, die Sklaven, die armseligen kleinen Kaufleute und Handwerker in den Basaren und Läden priesen seinen Namen und küßten ihm Hände und Füße. Aber er war ein Fremder, immer wieder ein Fremder in fremdem Land; obwohl er viele Sprachen konnte, war er stets nur der Ausländer, der sie sprach. Seine einzige Freude fand er im Helfen und Heilen und in den Briefen, die er von seiner Familie bekam, und von Dina bas Eleasar. Schreckliche Ratlosigkeit und trauervolle Angst und Leere quälten ihn ständig; er war wie jemand, der in der Wüste Wasser sucht.

Vor drei Jahren hatte er am Stadtrand von Athen ein Häuschen gekauft. Wenn er dort oder in einer seiner anderen Wohnstätten weilte, fühlte er sich nicht wie jemand, der an einen vertrauten Platz, zu vertrauten Stimmen und Gärten zurückgekehrt ist, sondern als Wanderer, der müde irgendwo für eine einzige Nacht Herberge genommen hat.

Hier war das Land seiner Väter. Aber es war nicht sein Land, obwohl der Ästhet in ihm an der herben, lichterfüllten Schönheit dieser Landschaft Gefallen fand, an den knochenharten Ebenen, den silbrig schimmernden Hügeln, den leuchtenden Felsen, dem grellblauen Meer, den rosa oder hellbraunen Dächern, der in Marmor erstarrten Geschichte, den weißen Tempeln, den staubiggrünen Steinchen, Myrten-, Lorbeer- und Ölbäumen, den Rebterrassen unter einem strahlenden Himmel, dem wie eine edle Krone aus beseeltem Stein prächtig der Akropolis aufgesetzten Parthenon. Hier war das Land des Helios und der hehrstirnigen Götter des Olymp, das Land des Homer, Phidias, Sokrates, Plato und des Perikles, das Land der freien Volksherrschaft, aller Wissenschaft und Kunst und Anmut und Dichtung, die Wiege menschlicher Gesittung. Hier waren Gesetz und Recht machtvollen Schrittes auf Marmor gewandelt; diese trockene, gerbende Luft hatte der Flügelschlag von Genien bewegt, und Philosophien waren aus einem Meer von Licht als Flammen helleren Lichts emporgelodert. Hier sprachen die Orakel, und Jasons Schiff lag in jedem Hafen. Hier in diesem Lande war ein Geschlecht von Helden auf die Erde gekommen, mit Schilden wie der Mond und Schwertern wie der Blitz; hier blickten die Berge auf Marathon hernieder; und die Thermopylen erzitterten noch von der Erinnerung an jene Handvoll Männer, die den persischen Horden Widerstand geleistet hatten. Unvergänglicher Ruhm lag, für alle kommenden Zeiten sichtbar, auf Griechenlands Stirn.

Das heutige Griechenland war nicht mehr das Griechenland des Perikles; aber es lebte noch wie ein Traum, fortwirkend, unnachahmlich. Und auch hier wie überall war Lucanus ein Fremdling. Er braute einsam seine Arzneien, war unbekannt, außer bei den Armen und Verlassenen; er betreute seinen Garten, in dem er Blumen und Heilkräuter zog; er trank seinen einsamen Wein, bereitete sich selbst die kargen Mahlzeiten, las, sann, schrieb Briefe und sah den Sternen zu, wie sie an dem dunklen Himmelsgewölbe tiefer glitten.

Oft verließ Lucanus am frühen Morgen, wenn die blasse Sonne eben erst schüchterne Strahlen über Athen zu werfen begann und die Stadt langsam erwachte, sein Haus, wanderte am Theseion vorbei und stieg über die breite, weiße Treppe zur Gipfelfläche der Akropolis. Hier ging er einsam durch die Hallen und strich liebevoll mit der Hand über die dorischen Säulen, die im ersten Morgenlicht silbrig schimmerten. Ehrfurchtsvoll blickte er auf die geflügelten Statuen, die bereit schienen, sich in das glühende Himmelsgewölbe zu schwingen, und blieb dann vor der westlichen Giebelseite des Parthenons stehen oder schritt durch die Cella, um die große Statue der Athene mit ihrem hohen Helm und dem edlen, erhabenen Antlitz zu bewundern. Dann schlenderte er hinüber zum Ostgiebel und betrachtete staunend die Gruppen der Moiren mit dem feinen Faltenwurf ihrer Marmorgewänder, die sich in dem trockenen, von Licht erfüllten Winde zu bauschen schienen.

Als Arzt bewunderte er die Schöpferkraft des Bildhauers, der die liegende Gestalt des Flußgottes Ilissos im Westgiebel geschaffen und dem Stein Leben eingehaucht hatte. In diesen Skulpturen pulste Weisheit durch den Marmor, und Schönheit legte ihre Hand auf leuchtende Schatten an flachen Reliefs, auf silberne Leiber mit hoheitsvollen Gesichtern und keuschen Brüsten und prachtvollen Rücken und makellosen Gliedern. Hier herrschte Unbewegtheit; aber dem geistigen Auge tat sich ein körperloser Reigen unsterblicher Wesen kund. Die ganze dichtgedrängte mächtige Schar marmorner Gestalten harrte nur eines geheimnisvollen Rufs, um sich in göttliches Leben zu wandeln, um das Ohr mit tönenden Stimmen, mit unvergänglichen Gesängen zu füllen. Nun stand schon der kühle, türkisblaue Himmel zwischen den weißen Säulen, farbig und hell; und die Gewänder der Karyatiden wurden zu Gold.

Hier fühlte Lucanus sich weniger einsam als unter Menschen. Wenn er in seinem weißen Mantel zwischen den Statuen stand, gehörte er zu ihnen. Wenn er sich in Bewegung setzte, schien es, als wäre er das erste Standbild, das zum Leben erwachte. Mitten in Schönheit und feierlichem Heldentum und versteinerter Seelengröße konnte er aus der Tatsache, daß Menschen dies alles geschaffen hatten, die Hoffnung auf eine entfernte Möglichkeit schöpfen, die Menschen könnten von neuem Menschen werden, sich in dichterischer Erhabenheit aussprechen und Geheimnisse der Ewigkeit künden. Seine Schritte hallten zwischen den Säulen und Tempelwänden wider, und manchmal hielt er inne, weil er hinter sich wuchtigere Schritte zu hören glaubte, das Schreiten irgendwelcher Gottheiten, die von ihren Sockeln auf den weißen, flimmernden Fußboden herabgestiegen waren.

Die Sonne wurde zu strahlenderem Gold, und nun regte die Stadt unten sich vernehmlich. Die rosa oder hellgelben Dächer traten ins Licht, und ein Durcheinander erregter, aufdringlicher Stimmen schwirrte zu der Felsbastion empor, wie ein Schwarm zanksüchtiger Vögel. Jetzt fühlte Lucanus sich wieder einsam und floh von der Akropolis.

Warum vermochten die Menschen nicht auf einem Höhepunkt ruhmvoller Entfaltung zu verharren, sondern mußten immer wieder in die Tiefe stürzen? Kam es daher, daß sie auch auf himmlischen Höhen zu jenen Torheiten und Verbrechen getrieben wurden, die unerbittlich zum Untergang führten? Thukydides hatte geschrieben, Geschehnisse, die einmal stattgefunden hätten, würden sich, auf Grund der menschlichen Natur, auch in Zukunft wiederholen. Darin lag die Tragödie.

An seiner wachsenden Unrast erkannte Lucanus, daß er sich bald wieder auf die Reise machen mußte. In zwei Wochen sollte er eine Stelle als Schiffsarzt auf einem zwischen Kreta und Alexandria verkehrenden Segler antreten, eine Stelle, die er für drei Monate übernommen hatte. Er war ein sehr gesuchter Arzt, nicht nur wegen seiner Heilkräfte, sondern auch, weil er so wenig Bezahlung verlangte. Und das wenige Geld verteilte er beim Abschluß seiner Tätigkeit unter die Schiffsbesatzung.

Eines Morgens, als er von der Akropolis herunterkam und keine Lust hatte, in sein einsames Haus am Ende der Panathenäenstraße zurückzukehren, mischte er sich unter die Menge auf der Agora und schlenderte durch die Attalos-Stoa, wo es vor den Warenstapeln der Händler und in den Verkaufsbuden von lärmenden Menschen wimmelte. Die kleinen, dunkelhäutigen Griechen waren rühriger und heißblütiger als die Römer und viel schlauer, viel dreister und marktschreierischer; in ihren einundzwanzig kleinen Läden im Hintergrund der Säulengänge zogen sie mit treuherzigem Augenaufschlag den Leuten das Fell über die Ohren. Was sie anboten, war oft nur bunter Kram und, da es hier die strenge Preisregelung Roms nicht gab, eher kostspieliger Schund; aber auch der Plunder schmeichelte dem Blick.

Schon zu dieser frühen Stunde, da die Läden eben erst geöffnet wurden und die Händler geräuschvoll, Türen aufsperrend und Waren entstaubend, umherschusselten, stand, wie auch sonst immer, auf der Estrade ein Redner und sprach leidenschaftlich auf die gleichgültige Menge ein. Es war ein alter Mann mit struppigem, grauem Bart und einem Stock in der Hand. Lucanus blieb stehen und horchte auf seine stoßweise hinausgeschmetterten Worte. Der Mann schrie, fuchtelte mit dem Stock und raufte sich den Bart. »Bekehret euch, bekehret euch! Denn das Himmelreich ist nahe!«

Das mußte ein Jude sein; diese Leute riefen ständig derartige Mahnungen, und niemand hörte auf sie.

Lucanus sah die Bibliothek und erinnerte sich, daß er vor seiner Abreise einige Bücher zurückgeben mußte. Männer und Frauen begannen durch das geöffnete Tor zu gehen. Am Brunnenhaus waren Mädchen in leuchtend scharlachroten oder gelben oder blauen Gewändern zusammengekommen, um ihre Eimer zu füllen; während sie sich in der doppelten Reihe um einen günstigen Platz drängten, lachten sie und tauschten Klatsch; und ihre Stimmen klangen wie das Geplapper von Papageien.

Und dort war das Buleuterion, das Ratsgebäude; sehr würdevoll verkündete es mit seiner breiten Säulenfront und den Torbogen, ein gesittetes Gemeinwesen werde von Gesetzen und nicht von Menschen beherrscht. Lucanus lächelte spöttisch. Kühlen Blickes starrte er die beiden am Bronzetor strammstehenden römischen Legionäre an. Wo nackte Gewalt sich breitmachte, dort gab es überhaupt kein Gesetz außer dem Recht des Stärkeren.

Im Odeion hörte Lucanus die Musiker für die Konzerte und Aufführungen des Tages proben. Er warf einen kurzen Blick auf die Tholos, den Rundbau, wo die Prytanen sich versammelten und als Ratsausschuß ihre lästigen Verordnungen ausheckten, auf die gleiche Weise, wie es immer und überall böse, tyrannische Menschen tun. Eine große Prozession bewegte sich zur Akropolis hinauf, um Pallas Athene zu ehren; die Teilnehmer trugen wild um sich schlagende Opfertiere. Platz machend trat Lucanus beiseite, und als er die sorgenvollen Gesichter der Andächtigen sah, überkam ihn wieder seine alte, gewohnte Traurigkeit.

Jetzt war die Stadt voll erwacht, zu ohrenbetäubender Lebendigkeit. Der starr blaue Himmel wölbte sich wie glattgescheuert, wolkenlos im Sonnenlicht. Hitzeschwaden hoben sich aus den Straßen und den gedrängt vollen Säulengängen. Welchen Sinn hatte all diese Betriebsamkeit, diese Hast, dieses eilige Kommen und Gehen, dieses rasche, zielbewußte Schreiten, dieses Feilschen, dieses Lachen der Mädchen und Schreien der Händler? Einige weißgekleidete Ratsherren stiegen mit feierlichen Mienen die Stufen zum Buleuterion hinauf und sprachen leise miteinander, als entschiede ihre Tätigkeit über Leben und Tod des ganzen Volkes. Es tat wunderbar wohl, dem Dasein eine Bedeutsamkeit beizulegen, die es nicht besaß. Aber was würde aus der Welt werden, wenn die Menschen aufhörten, an eine solche Bedeutsamkeit zu glauben? Oder sind diese Leute klüger als ich?

Er kam am Metroon vorbei, dessen rotes Ziegeldach wie eine mächtige Lage gezackter Rubine in der unbarmherzig brennenden Sonne leuchtete. Er war lange gewandert; er fühlte sich müde und hungrig und sehnte sich jetzt nach seinem ruhigen Hause, seinem kleinen Garten mit dem von scharlachfarbenen Seerosen überzogenen Teich, nach Ziegenmilch und Käse und Schwarzbrot und Honig, die sein Frühstück sein würden.

Und hier war der Sklavenmarkt, wo die Händler schon ihre menschliche

Ware möglichst vorteilhaft zur Schau stellten. So wie jedesmal fühlte Lucanus sich angewidert und wandte den Blick ab. Gewöhnlich vermied er es überhaupt, an dem hohen Holzpodium vorbeizugehen und die Sklaven anzusehen, weil er diesen quälenden Anblick nicht ertragen konnte.

Seltsamerweise wurden ihm jetzt plötzlich die Beine schwer, und er war völlig abgespannt. So blieb er unmittelbar vor dem Podium stehen. Die Händler riefen Scheltworte und knallten mit Peitschen; eine Frau schluchzte, ein Mann flehte, ein Kind jammerte. Hier wurden Menschen in die Sklaverei verkauft, die in uneinbringlichen Schulden staken, Menschen, die obdachlos waren und sich selbst zum Verkauf angeboten hatten, Menschen, die irgendeine nebensächliche Gesetzesvorschrift übertreten hatten. Einige waren wirkliche Verbrecher.

Drei schöne, sehr hübsch gekleidete Mädchen mit dunklen Gesichtern und großen schwarzen Augen wurden auf roten Seidenkissen zu einer gefälligen Gruppe vereinigt. Sie waren nicht im mindesten beunruhigt; sie reichten sich eine Schüssel mit Süßigkeiten weiter, während sie näher kommende Kauflustige schalkhaft beäugten. Solange ihnen ihre Schönheit blieb, konnten sie sicher sein, einen guten Haushalt zu finden und sehr gehätschelt und verwöhnt zu werden. Sie schüttelten sich die langen, schwarzen Haare aus den Gesichtern, verrenkten die Hälse, flüsterten untereinander in einer fremden Sprache und kicherten über die eigenen anzüglichen Bemerkungen. Sie saßen auf dem Podium und strafften züchtig die Tuniken um ihre Körper, um so jede Wölbung von Bein, Hüfte und Brust unter dem durchscheinenden Stoff zur Geltung zu bringen.

Im übrigen hatten die Händler zu dieser frühen Stunde noch nicht viel Ware ausgestellt: einige robuste Frauen, offenbar, nach den zu ihren Füßen aufgestellten Töpfen zu schließen, gute Köchinnen; einige Kinder in den Armen verstört weinender Mütter; ein paar junge Burschen ohne besondere Anmut oder Körperkraft; einen oder zwei alte Männer; eine Gruppe finster blickender Sträflinge.

Lucanus wollte weitergehen; aber die dumpfe Schwere wich nicht aus seinen Gliedern, und er blieb. Nun fiel die Aufmerksamkeit der drei schönen Mädchen auf ihn, und ihre Stimmen erhoben sich, eifrig, zwitschernd. Ein Händler kam rasch auf ihn zu und faßte ihn am Arm. »Herr!« rief er. »Schau dir diese Kätzchen an, Jungfrauen aus Arabien! Schwestern! Wäre das nicht ein Labsal für deine Häuslichkeit? Alle können Zither und andere Instrumente spielen, zum angenehmen Zeitvertreib für dich! Alle können tanzen wie die Nymphen!«

Lucanus schüttelte seine Hand ab. Die Mädchen blickten ihn entzückt an und klatschten in die Hände. Sie waren von seiner Erscheinung bezaubert. »Apollo!« rief der Kaufmann. »Sieh hier deine Chariten! Und der Preis ist lächerlich niedrig, für alle drei zusammen!«

»Ich bin nicht interessiert«, sagte Lucanus.

Der Händler beugte sich zu ihm und flüsterte ihm mit Kennermiene ins Ohr: »Herr, ich habe einen schönen, feisten Knaben, erst zehn Jahre alt, auch aus Arabien, verschnitten ...«

Lucanus machte eine Wendung, erfüllt von dem mächtigen Antrieb, diesen Mann niederzuschlagen. Aber im gleichen Augenblick hörte er Kettengerassel, einen Schrei und einen Schlag: ein Häscher trieb einen Mann auf das Podium, und Lucanus, dessen Gesicht vor Wut schon schwitzte, kehrte sich um. Der neue Sklave war buchstäblich in Ketten gekleidet; sie fielen klirrend von seinen gefesselten Handgelenken und endeten an Eisenringen, die seine Fußknöchel umschlossen. Nur ein gefährlicher Verbrecher konnte derart in Eisen gelegt werden. Die Peitsche des Händlers knallte dem Gefangenen über Rumpf und Glieder und Schultern; aber er schritt würdevoll weiter, als fühlte er keinen Schmerz und gewahrte überhaupt nicht, wo er sich befand.

Nun stand er da, und seine Ketten glitzerten im heißen Licht. Er war vollkommen nackt; nicht einmal ein Lendentuch trug er. Er war wie ein herrliches Tier, und seine dunkelbraune Haut glänzte und schimmerte wie Seide. Sehr hochgewachsen, von fürstlicher, königlicher Gestalt, mit einem Brustkorb wie ein Bronzeharnisch, mit gerillten Muskeln und prächtig geformten Beinen und Armen, blickte er unbeirrbar gleichgültig zum Himmel. Seine Gesichtszüge waren negerartig, aber achtunggebietend. Das schwarze Kraushaar war in zwei kurze Zöpfe geflochten, ein goldener Ring durch die Nasenscheidewand gezogen. In der Sonne flirrten seine schwarzen Augen wie Bergseen.

Lucanus trat gebannt näher an das Podium. Mit gefühlsmäßiger Sicherheit wußte er, daß dieser Mann trotz des Gesichtsschnitts und der Hautfarbe nicht aus der Wildnis stammte. Er war ein Herr; wenn er seine Umgebung nicht zur Kenntnis nahm, so lag das keineswegs an blinder, tierischer Unwissenheit. Die großen, glänzenden Augen waren übervoll von Klugheit und auch von Gram, doch von einem stillen, sich abfindenden Gram. Dann erblickte er Lucanus; und die beiden jungen Männer sahen einander stumm an, der eine von der Höhe des Podiums hinab und der andere aus dem Staub des glühend heißen Tages hinauf.

Als der Händler diesen Austausch von Blicken bemerkte, faßte er von neuem Lucanus am Arm. »Herr! Sehr billig! Unsinnig billig! Ein kräftiger Sklave, den man zwar vorsichtshalber ständig in Ketten halten muß, der sich aber dann durch seine Arbeit mehr als bezahlt macht. Schau dir diese Muskeln an! Und die Hände! Und die Beine! Herr, ich muß mich schämen, wenn ich dir den lächerlichen Preis nenne!«

Der Sklave hielt weiter den Blick auf Lucanus geheftet, und eine seltsame eifervolle Regsamkeit blitzte in seinen Augen auf. Er trat einen Schritt vor.

Die Ketten rasselten. Ein leidenschaftliches Forschen spiegelte sich jetzt im Gesicht des Sklaven, ein Flehen, eine Hoffnung.

»Sein Name«, sagte der Händler, während er sich die Levantinerhände rieb, »ist Ramus.«

»Was hat er verbrochen?« murmelte Lucanus und blickte in die ungestüm forschenden Augen des Sklaven.

Der Händler räusperte sich und kratzte sein bärtiges Kinn. »Verbrochen? Ach, gar nichts, Herr.« In vertraulichem Tone fügte er hinzu: »Um dir die Wahrheit zu sagen, Apollo, er ist stumm. Er kann nicht sprechen. Er ist vor einiger Zeit nach Athen gekommen, hat sich auf den Straßen herumgetrieben und den Leuten in die Gesichter gestarrt. Schließlich hat man ihn, diesen Heiden, sogar auf der Akropolis beobachtet, wo er in die Tempel eingedrungen ist und mitten unter den Statuen seine Streifzüge gemacht hat. Die Wache hat nachts gesehen, wie er im Licht der Fackeln oder manchmal mit einer Laterne umhergegangen ist. Angeblich hat er goldene Armbänder und ebensolche Knöchelreifen gehabt; aber das kommt mir erlogen vor. Jedenfalls hat er jetzt nichts Goldenes außer dem Nasenring. Er wurde vor einen Richter gebracht und von Dolmetschern in allen möglichen Sprachen befragt; er hat jedoch immer nur den Kopf geschüttelt. Man gab ihm Griffel und Tafel zum Schreiben; aber wieder schüttelte er nur den Kopf. Natürlich ist er ein Barbar, aus irgendeinem fernen Dschungel oder einer Wüste.«

»Woher weißt du dann, daß er Ramus heißt?« fragte Lucanus. Er trat noch etwas näher an das Podium. Vor tiefem Mitleid klopfte ihm das Herz.

Der Händler zuckte die Achseln. »So haben die Leute in Athen ihn geheißen. Er war ja auf den Straßen monatelang ein Schauspiel. Scharen hänselnder Kinder sind ihm nachgelaufen.«

»Und weiter?« drängte Lucanus, als der Händler sich jäh unterbrach.

»Nun ja, Herr, du weißt, wie abergläubisch die gewöhnlichen Leute sind. Man hat zu munkeln angefangen, er hätte den bösen Blick. Du wirst bemerkt haben, wie merkwürdig seine Augen leuchten. Frauen behaupteten, sein Blick hätte eine Fehlgeburt bei ihnen hervorgerufen. Als er eines Nachts über Land ging, sah ihn ein Bauer und beschwor dann, alle seine Schafe wären eingegangen und seine Ölbäume verdorrt. Immer mehr solche Gerüchte sind aufgetaucht. Kinder stürzten auf der Straße, von Krämpfen geschüttelt, hin, wenn er vorbeikam. Mädchen, die er angesehen hatte, schrien dann in der Nacht laut, sie seien von Dämonen überfallen worden.« Der Händler lachte und zwinkerte. »Wir Kaufleute sind da erfahrener. Wir wissen, daß es nur einen bösen Blick gibt: den in eine leere Geldtasche.«

»Er ist also nicht von Geburt Sklave«, stellte Lucanus erbittert fest. »Hat er denn gar kein Geld gehabt?«

Der Händler überlegte, die schlauen Augen auf den jungen Griechen gerichtet. Er zupfte sich den zottigen Bart. »Er hat sehr schwere Goldmünzen mit sonderbarer Beschriftung besessen. Gelehrte haben diese Münzen untersucht; sie konnten den Ursprung nicht aufklären. Immerhin hat er sich damit Nahrungsmittel gekauft; wo er hauste, war unbekannt. Die Sache wurde brenzlig, als er einige Laibe Brot kaufte und sie einer Gruppe Kettensklaven, Straßenarbeitern, schenkte. Gewiß, solche Handlanger bekommen nicht viel zu essen... In der Nacht darauf entflohen die Sklaven. Und nun hieß es gleich, der böse Blick des Schwarzen habe das Eisen ihrer Ketten geschmolzen... Man muß bedenken, wie abergläubisch diese unwissenden Leute sind...«

»Wieso wurde er in die Sklaverei verkauft?« unterbrach Lucanus ihn mit lauter, barscher Stimme.

»Herr, das Gericht konnte sich nicht länger auf den Standpunkt stellen, es wisse nichts von diesem Mann und von den wütenden Anschuldigungen gegen ihn. Wie ich dir schon sagte, wurde er also in Untersuchung gezogen. Er kann nicht sprechen. Er konnte sich nicht verteidigen. Man befand ihn als gefährlichen Übeltäter. Er wurde ins Gefängnis geworfen. Sicherlich sind die Richter nicht abergläubisch; aber sie müssen nach der Pfeife des Volkes tanzen. Du wirst dich ja erinnern, wie es mit Sokrates war. Man hat behauptet, er verderbe die Jugend und mache die Götter verächtlich. Die Richter glaubten nicht ernstlich daran; sie mußten jedoch auf den Pöbel, der das Stimmrecht hat, Bedacht nehmen. Und das Ergebnis? Der Schierlingsbecher... Den Mann hier haben wir heute dem Kerkermeister abgekauft, und so ist er hier.«

»Ohne daß er irgend etwas angestellt hätte! Nur, weil er herumgegangen ist und nach etwas gesucht hat?« rief Lucanus.

»Ja. Was hat er denn gesucht, Herr?« Der Händler starrte Lucanus an. »Du bist nicht nur schön wie ein Gott, o Apollo, du bist auch ein weiser Mann. Was hat er gesucht, als er Tag und Nacht durch die Straßen wanderte und allen Leuten in die Gesichter starrte?«

Lucanus sagte kurz: »Ich kaufe ihn. Aber du mußt ihm die Ketten abnehmen.« Er nahm seinen Überwurf von den Schultern und hielt ihn Ramus hin, der unter Kettengeklirr den Mantel würdevoll ergriff und über den nackten Körper legte. Dann füllten sich zu Lucanus' Kummer seine Augen mit Tränen; aber er lächelte ein zitterndes Lächeln, und große Freude erhellte seine umdüsterten Züge.

Frohlockend sprang der Händler auf das Podium. Während er dem Sklaven die Ketten abnahm, grübelte er darüber nach, welchen Preis er verlangen sollte. Dann runzelte er die Stirn und nannte einen hohen Betrag. Der junge Arzt warf verächtlich einen Geldbeutel auf das Podium, und der Händler raffte ihn habgierig an sich und begann das Geld zu zählen, während seine Lippen geiferten. Begeistert rief er: »Herr, du hast ein glänzendes Geschäft gemacht! Du wirst es nicht bedauern!«

»Komm!« sagte Lucanus zu dem Sklaven, der behende von dem Podium sprang und neben ihm stand. Eine dünne Kette baumelte noch von seinem Handgelenk. Dem Arzt war es klar, daß er ein Ende dieser Kette fassen und so seine Ware mit sich führen sollte. Er packte die Kette, und sie zerriß in seinen starken Händen; er schleuderte sie davon, als haftete eine Seuche an ihr.

»Du bist frei«, sagte Lucanus. »Folge mir in mein Haus. In unser Haus.«

XXXII

Das hellblau getünchte Häuschen mit seinem rosa Dach lag in einem kleinen, ummauerten Garten. Mitten in dem Garten war ein Teich, auf dem scharlachfarbene Seerosen mit breiten, grünen Blättern schwammen und der von kleinen goldgelben Fischen wimmelte. Ein großer Feigenbaum warf kühlen Schatten auf eine Steinbank; einige Apfel- und Mandelbäume und eine hohe Dattelpalme standen verstreut an der Umfassungsmauer. Lucanus zog nicht nur seine Heilkräuter, sondern auch Rosen, die ihn an Rubria erinnerten. Jasminsträucher umgaben sein bescheidenes Haus. Von diesem Garten sah er die silbrigen Berge Griechenlands, die hier und dort mit den dunkleren Silbertönen der Ölbäume und den schwärzlichen Flecken spitzer Zypressen gesprenkelt waren. Dazwischen stand das reine Blau des Himmels.

Im Innern des Hauses, das nur drei Räume umfaßte, waren die Wände weiß getüncht, und die einfachen Möbel warfen deshalb in der hellen Morgensonne scharf umrissene schwarze Schatten auf diese Wände. Die Fenstervorhänge waren aus schwerem, dickem, blauem Stoff; und Behänge aus dem gleichen billigen Zeug verschlossen die Türöffnungen. Der rotgekachelte Fußboden trug keinerlei Teppichbelag.

In dieses Haus führte Lucanus den neuerworbenen Mann, und Ramus blickte stumpf, gleichgültig um sich. Immer wieder aber hefteten die schimmernden Augen sich gespannt, forschend auf das Gesicht des Arztes.

Lucanus ging zu seiner Quelle im Garten, die den Teich speiste, und holte einen dort kühl gestellten großen Eimer mit Ziegenmilch. Er stellte zwei Becher mit der schäumenden kalten Milch auf den bloßen Holztisch, schnitt einige Scheiben Brot ab und legte sie zusammen mit billigem Käse auf den Tisch, ebenso wie eine Holzschale voll Obst und eine Schüssel mit einer Honigwabe. Ramus stand in der Mitte des Zimmers und sah regungslos zu. Dann sagte Lucanus freundlich: »Das ist unser Mahl. Setz dich zu mir und iß!«

Ramus sah ihn verständnislos an. Lucanus beobachtete ihn, während er die Worte auf lateinisch und dann in einigen anderen Sprachen der Länder um das Große Meer wiederholte. Die Aufforderung blieb ohne Widerhall. Lucanus versuchte es auf ägyptisch, dann schließlich in einem Gemisch von Babylonisch, Hebräisch, Aramäisch und Punisch. Schließlich kam ihm der Gedanke, Ramus könnte alle diese verschiedenen Sprachen verstanden haben, aber durch irgendeine Furcht davon abgehalten werden, es zuzugeben. Deshalb zuckte er die Achseln und sagte auf griechisch: »Es wird wohl einen Grund haben, warum du mich nicht verstehen willst. Wenn ich den Grund wüßte, wäre ich im klaren. Aber solange du mir nicht traust, magst du es halten, wie du meinst.« Er blickte Ramus mit ernster Miene an und fuhr fort: »Nach griechischer und römischer Anschauung ist der Sklave eine Sache. Für mich bist du ein Mensch.«

Das würdevolle Negergesicht des Sklaven änderte sich nicht; aber eine einzige Träne stahl sich ihm aus dem Augenwinkel, und seine Lippen zitterten. Lucanus wandte kurz den Blick ab, richtete ihn dann wieder auf den Schwarzen und sagte sehr sanft: »Ich erkenne, daß du mich hörst. Du bist also nicht auch taub?«

Eine Weile gab Ramus kein Zeichen; dann schüttelte er fast unmerklich den Kopf. Lucanus lächelte und lud ihn durch eine Handbewegung ein, auf einer der beiden Bänke am Tisch Platz zu nehmen. Aber Ramus hob die Arme über den Kopf, preßte die Handflächen aneinander, ließ die Hände so bis zur Brust sinken, fiel dann auf die Knie und berührte in stillem Gebet den Boden mit der Stirn. Die Miene des Arztes verdüsterte sich traurig, doch er wartete aus Höflichkeit. Ramus stand auf und setzte sich zu Tisch; der Mantel seines Herrn flatterte ihm um die Schultern, und sein großer goldener Nasenring glitzerte in der Sonne. Lucanus brach ein Brot und gab Ramus die Hälfte. Sie begannen zu essen. Das Licht fiel in den kleinen, nüchternen Raum und legte sich wie ein gelber Strahlenkranz um den Kopf des Griechen. Auch während des Essens und Trinkens beobachtete Ramus ihn ständig.

»Ich könnte dich morgen zum Prätor führen und freilassen«, sagte Lucanus gelassen. »Aber davon hättest du nichts. Die Behörden würden dich verhaften, ins Gefängnis werfen und neuerlich den Sklavenmeistern ausliefern. In zwei Wochen verlassen wir für eine Zeitlang Griechenland. Ich bin nämlich Arzt, mache auf Schiffen Dienst und habe hier und dort Absteigquartiere. Im ersten Hafen, den wir anlaufen, werde ich einen römischen Prätor ausfindig machen, und du sollst deine Freiheit erlangen. Dann kannst du in dein Heimatland zurückkehren.«

Er blickte Ramus an. Zu seinem Erstaunen lächelte der Mann strahlend und schüttelte den Kopf. Er hob die große, dunkle Hand, deutete auf sich, dann auf Lucanus und verneigte sich.

»Ich halte keine Sklaven«, erklärte Lucanus streng. »Ein Sklavenhalter steht in meinen Augen niedriger als die Sklaven.« Er musterte seinen Tischgenossen. »Ach, ich verstehe. Du willst sagen, daß du mich überallhin begleiten willst, nicht?«

Ramus nickte, und sein Lächeln wurde noch strahlender.

Ramus machte Schreibbewegungen, und Lucanus brachte ihm Tafel und Griffel. Der Mann begann zu schreiben, langsam, sorgfältig, auf griechisch, und reichte dann Tafel und Griffel wieder dem Arzt.

Lucanus las: ›Nenne mich weiter Ramus, Herr. Das ist der Name, den die Griechen mir gegeben haben, und mein eigentlicher Name wird Dir nichts bedeuten. Laß mich Dein Diener sein, ob Du mich freiläßt oder nicht.

Schon, als ich Dich heute früh sah, hat mir nämlich mein Herz gesagt, ich sollte Dich überallhin begleiten, weil Du mich zu ihm führen wirst.‹

Ramus hatte sehr korrektes Griechisch geschrieben; aber es war ein Schulgriechisch, gestelzt und hochtrabend. Lucanus zog die blonden Brauen hoch und klopfte sich mit dem Griffel an die Lippen. »Ich verstehe nicht«, sagte er. »Zu wem soll ich dich führen?«

Der Stumme lächelte strahlend. Er nahm wieder Griffel und Tafel und schrieb: ›Zu dem Manne, der mein Volk von dem Fluch befreien wird, der auf Ham, meinen Vorvater, gelegt worden ist. Diesen Mann suche ich, und durch Dich werde ich ihn finden, weil er Dich angerührt hat.‹

Lange blickte Lucanus auf das Täfelchen. Schließlich schüttelte er den Kopf. »Ich kenne die jüdische Religion. Noah hat, weil sein dunkelhäutiger Sohn Ham ihn nackt und betrunken sah, gegen ihn einen Flucht geschleudert. Tatsächlich liegt ja auf der schwarzen Rasse ein Fluch, doch kein göttlicher, nur ein menschlicher. Wenn es einen Gott gibt – und ich weiß, daß Gott lebt –, hat Er keines Seiner Kinder verflucht. Auch hat Er keinem Menschen aufgetragen, Mitmenschen zu verfluchen, sondern nur, ihnen Gutes zu erweisen.«

Er sprach widerstrebend; sein Groll gegen Gott trieb ihm das Blut in die Wangen. Halb zu sich selbst sagte er: »Ich liege im Kampf mit Gott, dessen Dasein ich nicht leugnen kann. Ich fange an, dich zu verstehen: du glaubst, daß irgendwo auf Erden ein Mann lebt, der den auf Hams Söhnen lastenden menschlichen Fluch lösen und den Haß der Menschen von ihnen abwenden kann. Meinst du, bloß Hams Söhne leiden unter dem Zorn und Haß der Welt? Nein. Wir leiden alle unter uns allen.« Er sprach etwas ungeduldig. »Wie sollte denn gerade ich, der ich selbst gegen Gott aufgebracht bin, dich zu irgendwem führen können, der dir und deinem Volk zu helfen vermag?«

Ramus blieb bewegungslos. Nach einer kleinen Weile erhob er sich würdevoll, nahm die Hand des Arztes und drückte sie an seine Stirn. Dann setzte er sich wieder und musterte mit durchdringendem Blick seinen Herrn. Ein weicher Schimmer der Zufriedenheit lag auf seinen großen, dicken Lippen, und Zärtlichkeit leuchtete in seinen Augen auf.

Lucanus erhob sich, holte seine Arzttasche hervor und sagte: »Laß dir Rachen und Kehlkopf untersuchen, damit ich sehe, ob deine Stummheit körperliche Ursachen hat!«

Der dunkelhäutige Mann schüttelte den Kopf, öffnete aber folgsam den Mund. Lucanus drehte ihm das Gesicht zur Sonne und drückte die Zunge mit einem silbernen Spatel nieder. Die Rachenschleimhaut war bemerkenswert sauber und gesund. Der Kehlkopf zeigte keine Mißbildung; das Knorpelgerüst war völlig in Ordnung, und die Stimmbänder lagen frei.

Lucanus setzte sich und stützte das Kinn in die Hand. »Du könntest ohne weiteres sprechen«, erklärte er, »wenn du wolltest. Hast du irgendwelche Gründe, es nicht zu wollen?«

Ramus verneinte die Frage mit einem heftigen Kopfschütteln.

»Hast du früher einmal gesprochen?«

Ramus bejahte durch Zeichen. Er hob die zehn Finger, um die Anzahl der Jahre zu bezeichnen.

»Was hat dir dann plötzlich die Sprache genommen?«

Der Stumme nahm wieder Tafel und Griffel und füllte die Schreibfläche mit kleinen, eng aneinandergereihten Buchstaben.

›Herr, ich war König einer kleinen, weltfernen afrikanischen Völkerschaft, in einem Lande, das Du nicht kennst. Es liegt in der Nähe einer der alten Minen und Schatzkammern Salomos, die wir vor allen Menschen verborgen gehalten haben, ihrer Habgier wegen. Als Junge wurde ich von meinem Vater nach Memphis geschickt, wo ich die verschiedenen Sprachen des Menschengeschlechts lernte, da der Vater sein Volk aus der Dunkelheit ins Licht führen wollte. Er war ein gerechter, edler Mann. So wie ihm, sind auch mir die Leiden aller dunkelhäutigen Söhne Hams zu Herzen gegangen, die, ohne zu wissen warum, gelitten haben und von anderen versklavt und getötet worden sind. In Memphis habe ich auch von Noahs Fluch gehört. Aber eines Nachts, als ich erst ein Jahr lang König war, hatte ich einen Traum oder eine Vision. Ich sah vor mir einen Himmelsboten mit einem Antlitz wie Licht, in Licht gekleidet und mit großen weißen Flügeln. Er ließ mich durch die ganze Welt wandern und jenen Mann suchen, der uns erlösen und die Menschen dazu bringen wird, uns nicht länger zu verachten und zu versklaven. So habe ich mich allein auf die Reise gemacht, mit Vorrat an Goldmünzen aus Salomons Schatzkammer.‹

Ramus ließ sich ein zweites Täfelchen geben und schrieb weiter: ›Überall auf der Welt, wo ich suchend umhergewandert bin, habe ich nur Schrecken und Verzweiflung und Haß und Tod und Bedrückung gesehen. Überall habe ich Menschen gegen den Bruder die Hand erheben sehen. Nicht Segenswünsche, nur Flüche habe ich gehört. Und das hat mich tief betrübt. Als ich mir alle Tränen, jedoch nicht allen Kummer ausgeweint hatte, entdeckte ich, daß ich nicht mehr reden konnte. Aber wenn ich jenen Mann finde, wird nicht nur der Fluch von meinem Volk genommen, sondern auch mir zu meiner Freude die Sprache zurückgegeben werden.‹

Lucanus saß lange da und las die Tafeln wieder und wieder. Er fühlte sich elend vor Mitleid. Wie hoffnungslos ist doch das Vorhaben dieses armen Kerls! dachte er. Da fiel ihm Dinas Brief ein. Er zögerte. Dann zuckte er die Achseln, ging zu einer billigen Holztruhe, in der er seine Bücher aufbewahrte, und holte eine Rolle. Zumindest mochte der Brief den abergläubischen, enttäuschten Ramus trösten. Als Arzt wußte Lucanus, daß dort, wo die Heilkunst versagte, oft der Glaube helfen konnte. Er legte die Rolle neben den Stummen hin und sagte mit harter, unbewegter Stimme: »Das hat mir eine Frau, die ich liebe, geschrieben. Eine Jüdin. Wenn es dir Trost schenkt, mache ich mir keine Gewissensbisse wegen des Vertrauensbruchs.«

Ramus öffnete die Rolle und begann zu lesen. Plötzlich brachen ihm Tränen aus den Augen; er lächelte strahlend. Er war wie ein knapp vor der Hinrichtung Begnadigter; immer wieder nickte er, und vor Freude wurde er ganz atemlos. Als er zu Ende gelesen hatte, preßte er die Hände an das Gesicht und wiegte sich langsam in seinem Stuhle hin und her.

Lucanus sagte trocken: »Du mußt bedenken, daß diesen Brief eine junge Frau geschrieben hat, die ganz von ihrem Glauben durchdrungen ist und seit ihrer Kindheit die Messiasverheißung ständig in den Ohren hatte. Ich persönlich glaube nicht daran. Ich bin Arzt und Wissenschaftler. Täglich begegnen mir hüllenlos Leben und Tod; und ich muß sagen, daß weder Leben noch Tod für den Menschen einen Sinn hat. ›Was ist der Mensch, daß Gott seiner gedächte? Was der Menschen Sohn, daß Gott Sorge trüge um ihn?‹ Ich habe Astronomie studiert, und es gibt Sterngruppen und Sternbilder von solcher Größe, daß bei der bloßen Betrachtung dem Menschengeist schwindelt. Was ist diese unsere winzige Erde für einen Gott? Mein einziger Vorwurf, und es ist der eines Insekts, geht dahin, daß Seine Hand einen Fehlgriff tat, als sie uns überhaupt schuf und uns nur Leiden und Tod zuteilte.«

Er kehrte sich ein wenig von Ramus ab, und sein Gesicht war blaß und streng. »Die einzige Hoffnung, die uns bleibt, ist die, daß wir unseren Weg allein gehen können, daß es uns gelingen wird, die Unterdrückung, die der Mensch von seinesgleichen erfährt, zu mildern, seine Schmerzen zu lindern. Wenn du glaubst, daß im Lande Israel wirklich jemand lebt, der dir helfen kann, so geh in Frieden!«

Ramus wandte ihm das Gesicht zu, in dem Tränen und Freude schimmerten. Er schrieb auf die Tafel: ›Du wirst mich zu ihm führen.‹

»Nein«, sagte Lucanus. »Ich werde mich nie nach Israel begeben, aus vielerlei Gründen. Du kannst morgen abreisen; ich gebe dir Geld.«

Ramus schrieb: ›Nein. Wohin Du gehst, dorthin gehe auch ich.‹

Trotz seines Unmutes war Lucanus gerührt. Er sagte: »Ich bin lange allein gewesen. Wenn du also willst, so bleib bei mir und sei mein Freund.«

In den folgenden Tagen schöpfte Lucanus großen, geheimnisvollen Trost aus der Anwesenheit seines neuen Hausgenossen, der ihm den Garten pflegte, die einfachen Mahlzeiten bereitete und bei der Betreuung des Stromes von Unglücklichen half, die heilungsuchend an seine Tür klopften. An den Abenden war es für den jungen Arzt eine seltsame Befriedigung, wenn er mit Ramus bei einem bescheidenen Essen sitzen und dem Stummen von sich selbst, seiner Familie und seinen Freunden erzählen konnte.

»Ich bin nicht sehr weise«, sagte er einmal. »Der weiseste Mann, den ich je kennengelernt habe, war mein alter Lehrer Keptah, der jetzt tot ist. Er hatte eine beredsame Zunge; und wäre er noch am Leben, würde ich dich zu ihm schicken. Ich selber habe dir ja keinen wahren Trost zu bieten und keine wirkliche Hoffnung.«

Mit großem Interesse entdeckte er, daß Ramus Kräuter auf unbekannte Arten zu brühen verstand; und er war froh, daß sein Gehilfe für die vorsprechenden Kranken derart viel Verständnis zeigte und ebenso geschickt wie freundlich mit ihnen umging. Obwohl er den Afrikaner erst zehn Tage lang kannte, war es ihm, als wäre er schon immer mit ihm zusammen gewesen; und er wunderte sich, wie er ohne diese feierliche, stumme Gegenwart hatte leben können. Bei Sonnenuntergang setzten sie sich zueinander, betrachteten die wechselnden Farben der Hügel, lauschten den Vögeln und sahen zu, wie die mächtigen Flügel der Nacht sich langsam über die Erde senkten. Sie lasen miteinander Lucanus' Bücher, und der Arzt gab Erläuterungen dazu, und Ramus schrieb seine eigenen Bemerkungen auf Täfelchen. Sie saßen friedsam beieinander, der Afrikaner in den billigen Gewändern, die sein Herr ihm gekauft hatte.

Als Lucanus sein Haus versperrte und sich einschiffte, begleitete Ramus ihn. Gemäß seinem Versprechen führte der Arzt ihn, als das Schiff in Antiochia angelegt hatte, zum dortigen römischen Prätor, gab ihm die Freiheit und zahlte ihm von nun ab ein Gehalt.

Ein Jahr ging vorbei und noch eines; und Lucanus war mehr als dreißig Jahre alt, als die beiden in das Athener Haus zurückkehrten, wo sie einige Monate bleiben sollten. Es kam ihnen vor, als wären sie nur wenige Tage fort gewesen. Der Verwalter, ein in der Nähe wohnender Bauer, hatte seine Arbeit gut getan: alles war sauber und in Ordnung; die Bäume trugen Frucht, und die Blumen blühten. Nur die beiden Männer, die zurückkamen, hatten sich gewandelt. Leiden und Schmerz und Tod, die sie erlebt hatten, lasteten diesmal schwerer als sonst auf Lucanus. Der Afrikaner dagegen war gelassener und friedlicher und noch geschickter geworden; und ein Hauch der Erwartung umschwebte ihn.

XXXIII

Lucanus erzählte seinem Gehilfen auch, daß er einen Knaben namens Arieh suche, der, falls er noch lebte, jetzt zwölf Jahre alt sein mußte. »Überall«, sagte er, »auf den Landstraßen, auf der Athener Agora, in den Tempeln, unter meinen Patienten, an allen Ecken und Enden der mir bekannten Welt, schaue ich mir bei jedem Knaben dieses Alters den kleinen Finger an. Aber Arieh ist sicherlich tot. Sein Entführer war ja voll Übelwollen und Bosheit gegen Eleasar ben Salomo, der keinem Menschen etwas zuleide getan und sein Vermögen auf rechtmäßige Art erworben hatte.« Er grübelte. »Warum hassen sich eigentlich die Menschen gegenseitig? Aus Neid oder aus Tücke oder weil der eine nach Rasse oder Hautfarbe vom anderen abweicht? Diese Frage stellt man schon seit unvordenklichen Zeiten; durch das oftmalige Stellen wird sie schal und langweilig. Aber sie umschließt die Tragödie des Menschen.«

Er sprach zu Ramus in einer Art, wie er bisher mit niemandem gesprochen hatte, nicht einmal mit Keptah oder Kusa oder Joseph ben Gamliel. Keptah hatte ihn belehrt und ermahnt, und er hatte sich gegen die Bevormundung aufgelehnt; Kusa hatte ihn unterrichtet und bei aller Liebe so etwas wie einen Narren in ihm gesehen; Joseph hatte ihn zu einer Zeit, da sein Herz voll Erbitterung war, zu Gott zu führen versucht.

Lucanus legte seinem Gehilfen dar, er lehne die Behandlung reicher und angesehener Leute grundsätzlich ab, weil sie sich andere Ärzte leisten und ihnen große Honorare zahlen könnten. Aber mit der Zeit sei er lebensklüger geworden; er habe entdeckt, daß ziemlich oft wohlhabende Bauern, die sich um ein Honorar drücken wollten, als arme Patienten bei ihm vorgesprochen hätten. »Wenn ich auf so etwas komme – und ich habe einen sechsten Sinn für derlei Dinge ausgebildet –, dann rechne ich dem Betreffenden ein, allerdings geringes, Honorar an. Warum sollten diese Leute mir Zeit wegnehmen, wenn sie sich einen bezahlten Arzt leisten können und andere meine Hilfe brauchen? Im übrigen behandle ich vermögende Kranke nur, wenn sie aus Verzweiflung zu mir kommen, weil sie von ihren eigenen Ärzten verlorengegeben worden sind.«

Da ergriff Ramus ein Täfelchen und schrieb: ›Aber alle Menschen spüren den Schmerz; und es ist ein gutes Werk, ihnen zu helfen.‹

Lucanus sah ihn verwundert und finster an: vor ihm saß jemand, dem die Mitmenschen viele Qualen angetan hatten, und dieser Mann zeigte Mitleid!

Eines Tages, als die Zeit, da Lucanus sich wieder einschiffen sollte, näherrückte, hielt vor seiner Haustür eine prächtige, von sechs stattlichen schwarzen Sklaven getragene Sänfte; der Anführer, der ausgezeichnet griechisch sprach, bat den Arzt, seinen Herrn zu besuchen, der im Sterben liege und von seinen Ärzten aufgegeben worden sei. Lucanus war entschlossen, abzulehnen. Er fühlte sich in diesen Tagen sehr müde. Schon in der Morgendämmerung begannen vor seinem Haus lange Reihen von Unglücklichen anzustehen, und dann ein zweites Mal gegen Sonnenuntergang.

Er sagte: »Wenn die Ärzte deines Herrn ihn aufgegeben haben, kann ich ihm sicherlich auch nicht helfen, da meine Erfahrung sich auf die gröberen Krankheiten auf den Schiffen und in den Städten beschränkt.« Dann erwachte die ärztliche Neugier in ihm, und er fragte: »Was fehlt deinem Herrn?«

»Alle seine Körperteile sterben ab, Herr. Seine Söhne sind außer sich; sie haben von dir gehört und wollen dich für deine Hilfe reichlich belohnen.«

Lucanus überlegte. Von dem Vermächtnis seines Adoptivvaters hatte er einen großen Teil für wohltätige Zwecke ausgegeben; augenblicklich waren seine Barmittel sehr knapp. Trotzdem schickte er sich an, durch ein Kopfschütteln abzulehnen: mindestens zwanzig kranke Männer und Frauen und Kinder warteten im Garten, auf dem Boden liegend, auf die Bänke hingestreckt, auf den Türstufen kauernd. Aber Ramus berührte den Arm seines Herrn und nickte mit einem bittenden Lächeln. Lucanus blickte auf seine Patienten. Viele hatten chronische Leiden; Ramus, der als Junge in allen Wissenschaften unterrichtet worden war, selbst geheimnisvolle Heilungskräfte besaß und viel von seinem Herrn gelernt hatte, konnte wenigstens einige dieser armen Kerle untersuchen und behandeln.

»Schön, falls es nicht länger als eine Stunde dauert«, sagte Lucanus widerwillig, stieg in die Sänfte und wurde davongetragen. Seine Neugier war nun einmal geweckt. Rasch glitt die Sänfte durch die lichterfüllten Straßen Athens, entfernte sich dann aus dem dichtbevölkerten Kern in einen Vorort mit hübschen Villen und Gärten und weißen, von rosa und purpurnen Blüten überrieselten Mauern. Die Träger hielten bei einem besonders fein gearbeiteten Schmiedeeisentor, auf dem Apollo und seine Orakel dargestellt waren. Ein Sklave öffnete die Sänfte und ließ Lucanus in den Garten ein, der einem hübschen Haus vorgelagert war.

Bewundernd betrachtete Lucanus das Haus; es war eine Art Zwergform eines großen Landschlosses, maßstabgetreu von fürstlichen Abmessungen auf eine erlesene Kleinheit übertragen. Die Mosaiken des Hofes waren in einem rosa Ton gehalten, und jedes der winzig kleinen Blumenbeete war von blauen Fliesen wie mit einem Azurrahmen gesäumt. Es gab nur einen einzigen Springbrunnen, eine niedrige Marmorschale, mit glitzerndem Wasser und rötlichen Seerosen gefüllt, und einem auf der Schwanzflosse stehenden Delphin als Mittelfigur, aus dessen offenem Maul ein schillernder Wasserstrahl drang. Das Haus selbst glänzte weiß in der Sonne, mit kleinen, aber vollendet schönen ionischen Säulen.

Von diesem herrlichen Bild war Lucanus so beeindruckt, daß er zunächst die drei Männer in mittlerem Alter nicht gewahrte, die nebeneinander auf einer bogenförmig geschwungenen Marmorbank jenseits des Springbrunnens saßen, im Schatten einer Gruppe von Myrtenbäumen. Sie waren feierlich in weiße Togen gekleidet, die nicht recht zu ihnen paßten, da sie zwar hochgewachsen waren, in ihrer Haltung und den ausdruckslosen Gesichtern aber nichts Vornehmes hatten. Mit seinem geübten Blick bemerkte Lucanus die massigen Arbeitshände, die kleinen Augen, die pockennarbige, ölig schimmernde, dunkle Haut, das struppige, ergrauende Haar. Ihm fiel auf, daß sie alle sehr wertvolle Ringe und kostspielige Ledersandalen trugen. Sie glichen einfältigen Freigelassenen, die sich in Gewänder ihres Herrn geworfen hatten. Ihre Ähnlichkeit untereinander war bemerkenswert, und Lucanus wußte sofort, daß es Brüder waren.

Der erste und sichtlich zugleich der älteste sagte: »Sei gegrüßt!« Rasch und in dem eintönigen, unsicheren Tonfall des Niedriggeborenen fügte er hinzu: »Willkommen im Hause meines Vaters Phlegon! Ich heiße Turbo, und das sind meine Brüder Sergius und Meles.«

Lucanus erwiderte die Verbeugung der drei Männer mit einem höflichen Murmeln, ohne sich anmerken zu lassen, daß ihm Turbos Redeweise keineswegs den Eindruck eines verfeinerten, gebildeten Atheners vermittelte.

Sergius und Meles schienen ganz froh zu sein, daß ihr Bruder für sie das Wort führte. Sie verhielten sich abwartend, wie Menschen, die zu gehorchen gewohnt sind. Als jedoch Turbo weitersprach, erkannte Lucanus, daß diesen drei Männern eine gewisse Willensstärke und ein natürlicher, abstandhaltender Stolz zu eigen war. Er begann freundlichere Gefühle für sie zu hegen.

Turbo sagte: »Unser Vater Phlegon ist krank. Er liegt fast schon einen Monat, und wir haben die besten Ärzte zugezogen. Aber« – er zögerte ein wenig – »der Vater jagt sie alle hinaus und schilt sie Narren und Schurken.«

Lucanus warf nochmals einen bewundernden Blick auf den Garten. Als die Brüder das bemerkten, reckten sie sich unwillkürlich höher, und ein schüchternes Lächeln trat auf ihre etwas starren Gesichter. »Man sieht wohl, daß in diesem Haus keine Kosten gescheut werden. Welche Beschwerden hat euer Vater?«

Die jüngeren Brüder blickten Turbo an, der die Antwort gab. »Mein Vater klagt über große Schwäche, und er hat immer die Wahrheit gesprochen und nie übertrieben. Überall im Körper hat er Schmerzen. Sein Rückgrat ist steif. Keine einzige Nacht, so schwört er, verbringt er schmerzlos, und er hat keinen Appetit.«

Diese Erscheinungen sprächen für eine Gelenkentzündung, meinte Lucanus.

Aber Turbo schüttelte den Kopf. »Nein. Diese Möglichkeit haben alle Ärzte ausgeschlossen. Kein Gelenk sei geschwollen oder verunstaltet oder versteift.« Seine kleinen Augen wurden noch kleiner, wie vor Erstaunen zusammengekniffen. »Natürlich kann man auf das, was Sklaven sagen, nicht viel geben, und wir haben ihrer fünf im Hause. Ich habe sie scharf ausgefragt. Sie beteuern, mein Vater esse wie ein junger Mann, mit geheimem Heißhunger. In ihrer Gegenwart wolle er nicht speisen; sie müßten sich entfernen. Er jedoch erklärt, er verfüttere das Essen an seinen großen Hund, der nie von ihm weicht, und selber trinke er nur aus gesundheitlichen Gründen ein bißchen Wein. Soll man seinem alten, verehrten Vater glauben oder den Reden von Sklaven?«

Lucanus schwieg, neigte aber taktvoll den Kopf. Er fragte nach dem Alter des Vaters, und es wurde ihm mit dreiundsiebzig angegeben. »Ein schönes Alter«, bemerkte er. »Wir müssen in Betracht ziehen, daß Greise oft schrullig sind.«

Trubo war gekränkt. »Mein Vater ist geistig so rege wie ein Jüngling, Lucanus, und so lebenskräftig wie ein junger Baum. Bis vor einem Monat ist er einhergeschritten wie ein Fünfziger, und seine Stimme konnte man überallhin hören, und seine Hand war schwer.« Er warf einen raschen Seitenblick auf die Brüder.

»Und jetzt«, ergänzte Lucanus, »ist seine Haut plötzlich welk geworden, er kann ohne Hilfe nicht gehen, sein Gesicht ist aschfarben und seine Stimme zittrig und schwach.«

Turbo kratzte sich hinter dem Ohr und blickte auf seine Füße. Die Brüder taten es ihm so genau nach, daß Lucanus nur mit Mühe ein Lächeln unterdrücken konnte. In dem allgemeinen Schweigen hörte er das Plätschern des Springbrunnens. Schließlich sagte Turbo, ohne ihn anzusehen: »Nein, so ist es nicht. Seine Gesichtsfarbe ist prächtig, seine Stimme lauter denn je, und seine Haut faltenlos gespannt. Nur klagt er ständig und erklärt, daß er schreckliche Schmerzen hat. Er war immer eine Herrschernatur, aber ...«

»Aber?« fragte Lucanus, als Turbo sich unterbrach.

»Er ist noch immer herrschsüchtig, und das freut uns.« Nun bekam seine rauhe Stimme einen anderen Klang, drückte Bestürzung aus. »Aber er liegt im Bett, steht nicht auf, und seine Stimmung ...«

Lucanus wartete; doch Turbo schien nicht geneigt, sich über die Stimmung seines Vaters auszulassen. »Wir haben Angst bekommen, es könnte ihm ans Leben gehen«, sagte er einfach. »In unserer Verzweiflung haben wir die Priester gerufen. Er nennt sie Schwachköpfe und uns selbst abergläubische Narren.«

Das Bild eines willensstarken, zornmütigen Greises begann vor Lucanus' Augen aufzutauchen. Jetzt war er neugierig darauf, seinen Patienten zu sehen, und gab das zu verstehen. Turbo rief durch einen Wink den Sklaven am Tor herbei. »Ich wünsche euren Vater allein zu sprechen«, betonte Lucanus.

Der Sklave führte ihn in das Haus, das innen ebenso ausgesucht schön war wie außen und das ein Meister entworfen, erbaut und eingerichtet haben mußte. Wieder fanden sich hier in verkleinertem Maßstab der Luxus und die Pracht großer Herrenhäuser. Lucanus dachte, dies könnte ohne weiteres die Spielzeugvilla eines römischen oder pompejanischen Edelmanns sein. Als ihm die Derbheit der drei Brüder einfiel, erwog er die Möglichkeit, daß vielleicht die Mutter aus niedrigen Kreisen stammte, der Vater aber ein vornehmer Athener war. Kopfschüttelnd betrachtete er die kleinen, lichterfüllten Hallen, die Wandgemälde, die weißen Überdachungen der Korridore, den schönen Marmor der Säulen, die Farben der Fußböden, die Erlesenheit der Möbel.

Er wurde in ein von Sonnenlicht durchflutetes Schlafzimmer geführt, das reich mit Blumen geschmückt war und dessen spiegelnder Fußboden im Schmuck von Teppichen prangte. Auf einem geschnitzten, mit Gold und mit Blättern und Blüten in Email eingelegten Elfenbeinbett lag ein stämmiger alter Mann. Neben ihm stand ein Stuhl mit Elfenbeinfüßen und darauf eine Silberschale voll Obst. Trauben- und Pflaumenkerne und Apfelbutzen waren auf einen Teppich hingestreut, den Cäsar bewundert hätte. Ein großer, brauner, sehr häßlicher und böser Hund richtete sich knurrend auf, als Lucanus eintrat, und der alte Mann hob mit einem Ruck den Oberkörper und starrte den Arzt an.

»Wer bist du?« fragte er in wütendem Ton. Lucanus erkannte sofort, daß es sich hier um keinen gebildeten Athener, keinen Gelehrten, keinen Edelmann handelte. Alles, was aus den Zügen der Söhne zu lesen gewesen war, lag auch in dem bärtigen Gesicht des Vaters, und noch einiges mehr. Tatsächlich war der Alte voll Lebenskraft; seine Schultern, Brustmuskeln und sehnigen Oberarme waren die eines kräftigen Arbeitsmenschen, der sein Leben lang nichts gekannt hatte als härteste Mühe.

Lucanus trat zu dem Bett, setzte sich auf einen Sessel und stellte seine Tasche neben sich. Er lächelte in die kampflustigen Augen, die stärker leuchteten als die der Söhne und keinerlei Alterstrübung zeigten. »Ich bin dein Arzt«, sagte er gelassen. »Von deinen Kindern gerufen.«

»Noch einer!« brüllte der Alte und stieß einige Unflätigkeiten aus. »Haben die drei noch immer nicht genug von meinem Geld vertan? Hinaus mit dir, Schlingel!«

Lucanus faltete geruhsam die Hände auf den Knien. Falls dieser Alte überhaupt krank war, merkte man jedenfalls nichts davon. Auch an eine Geistesstörung war kaum zu denken; der Mann zeigte keine Unschlüssigkeit, keine ziellose Gewalttätigkeit, keine Schrillheit der Stimme. Er war in grimmiger Laune; aber um seine Lippen lag Berechnung, in den Umrissen der Knollennase und des Mundes sprach sich naturhafte Stärke aus. Das hemmungslose, tiefe Mißtrauen verriet den ungebildeten Landmann.

»Mit der Besorgtheit deiner Söhne mußt du dich selbst auseinandersetzen«, erklärte Lucanus. »Diese Besorgtheit hat mich veranlaßt zu kommen. Wenn ich dir nicht helfen kann, verlange ich kein Entgelt.«

Wild und grollend zogen sich über Phlegons Augen die weißen Brauen zusammen. »Ha!« rief er und warf sich auf seine gestickten Kissen zurück. Er griff nach einem Apfel und biß hinein, mit den weißesten, kräftigsten Zähnen, die Lucanus je gesehen hatte. Er kaute heftig und schleuderte dann den Rest des Apfels von sich. Der Hund knurrte den Fremden an und begann ihn zu umkreisen, wie ein Wolf, der die günstigste Angriffsmöglichkeit erkundet.

»Meine Söhne!« brüllte Phlegon mit einer von Wut und Abscheu erfüllten Stimme. »Die warten doch nur, bis ich tot bin, damit sie sich auf mein Geld stürzen können! Laß es dir gesagt sein, du falscher Schönredner von einem Doktor« – er fuchtelte mit einem großen, braunen Finger vor dem Gesicht des Arztes –, »Honorar kriegst du keines von mir!«

Der Hund fing an, Lucanus nervös zu machen; darum warf er ihm einen finsteren Blick zu und murmelte einige Worte. Das Tier blieb unbeweglich, wie versteinert, stehen. Lucanus murmelte wieder; und der Hund ließ sich plötzlich auf den Bauch nieder, legte den massigen Kopf auf die Vorderpfoten und schloß die Augen. Phlegon rief: »Ein Zauberer! Ein Geisterbeschwörer! Du bist gekommen, um mich zu vergiften!«

»Ich bin kein Zauberer«, erklärte Lucanus. »Das war nur ein Kunstgriff, den mir mein erster Lehrer, auch ein Arzt, beigebracht hat... Ich hatte die Empfindung, bei deinen Söhnen echte Besorgtheit zu entdecken; du aber behauptest, daß sie nur auf deinen Tod warten, und beschuldigst sie fast, mich zu deiner Vergiftung gedungen zu haben.«

Der Alte lag auf seinen Kissen und keuchte und starrte seinen Hund an. Er hatte Angst bekommen. »Löse ihn aus deinem Bann«, verlangte er. »Gerne«, sagte Lucanus. »Aber es lenkt mich ab, wenn er mich umkreist und drohend die Zähne fletscht. Ruf ihn zum Bett und befiehl ihm, sich hinzulegen und mich in Ruhe zu lassen.« Er schnippte mit den Fingern, und der Hund sprang auf und schlich wieder knurrend auf Lucanus zu. Phlegon rief ihn mit seiner bösartigen Stimme, und der Hund ließ die Ohren hängen und winselte; dann schlängelte er sich zu dem Bett und legte sich daneben hin. Der Kranke beäugte seinen Arzt mit mißtrauischer Hochachtung und anhaltender Angst.

»Ich werde mit dir reden«, begann er. »Aber es schaut nichts dabei heraus. Vermutlich werde ich langsam vergiftet, auf Betreiben meiner Söhne. Das habe ich schon drei anderen Ärzten gesagt, mit deren Honoraren man einen wertvollen Sklaven kaufen könnte! Doch sie wollten mir nicht glauben. Ich wiederhole dir: Meine Söhne warten auf meinen Tod und arbeiten auf ihn hin.«

»Du brauchst ihnen doch nur dein Haus zu verbieten«, meinte Lucanus.

»Ach! Sie haben meine Sklaven bestochen.«

Etwas huschte ölglatt über sein Gesicht, etwas wie heimliche Schlauheit. Jedenfalls schien er dem aufmerksamen Zuhörer gegenüber bereit, sich die Wut von der Seele zu reden. Plötzlich erfüllte ihn wieder Lebenskraft.

»Laß dir erzählen von meinen Söhnen, meinen kostbaren Söhnen! Turbo, Nummer eins, ist ein Dieb. Als Dieb ist er geboren, als Dieb hat er gelebt, und als Dieb wird er sterben.«

Er nahm sich eine Weintraube und begann mit Behagen zu essen; die Kerne spuckte er auf den Boden. Dem Arzt hatte er weder Wein noch Obst angeboten. Er schloß die Augen, gab sich dem Genuß des Essens hin und schmatzte. Mit tiefer, liebevoller Stimme murmelte er: »Aus meinen eigenen Weinbergen, in sonnigster Lage!« Er öffnete die Augen und starrte den Arzt an.

»Turbo hat hier im Haus aus meinen Truhen einen sehr wertvollen Opal gestohlen, für den mir ein Vermögen geboten worden ist. Er trägt ihn ganz offen, dieser schlechte Kerl, an seiner rechten Hand; du kannst es dir ansehen. Sergius, mein Zweiter, hat den Verstand und auch das Gemüt eines Schafes. Trotzdem ist er der gemeinste in dieser ganzen Verschwörerbande und ein unverbesserlicher Lügner. Meles schließlich ist ein Verschwender, mit meinem Geld. Nacht für Nacht treibt er sich in den teuersten Bordellen von Athen herum und wirft mein Vermögen liederlichen Frauenzimmern in den Rachen.«

Lucanus rief sich die Gesichter der Söhne ins Gedächtnis. Er schürzte ein wenig die Lippen. »Sind deine Söhne verheiratet, Phlegon?«

Der Alte stieß wieder einige Flüche und Unflätigkeiten aus.

»Ja! Und zwar mit Weibern, die ihnen an Ekligkeit nichts nachgeben, die ihre schurkischen Gesinnungen hinter sanften Mienen und süßen Worten verstecken. Keine hat ihrem Mann eine Mitgift gebracht. Ich habe ihnen mein Haus verboten, und ihren Bälgern auch.«

Er gab sich den Anschein eines verfolgten, wehrlosen Greises, den alle im Stich gelassen, verkauft und verraten hatten. Eine Träne rollte ihm über die Wange.

»Trotzdem hast du«, warf Lucanus ein, »doch dafür gesorgt, daß sie ihre eigenen Häuser haben, nicht?«

Phlegon wurde sofort wieder zurückhaltend. »Haben sie dir etwas Derartiges erzählt?«

»Nein. Ich vermute es nur. Von einem liebevollen Vater wäre es nicht anders zu erwarten.«

Phlegon seufzte tief und ließ Lucanus die Träne sehen, die er sich mit der Fingerspitze vom Auge gewischt hatte. »Du vermutest richtig«, bestätigte er.

»Und du hast ihnen auch viel von deinem Vermögen gegeben, aus eigenem Antrieb.«

»Sehr wahr. Ich sehe, junger Arzt, daß du ein verständiger Mann bist.« Er wurde aufgeregt. »Und der Dank für alles, was ich für sie getan und ihnen gegeben habe, ist nur Haß, sind nur Diebereien, Ränke, Lügen und Liederlichkeiten. Und mich lassen sie hier sterben, um mein Leben zittern, ohne daß ich jemand anderen um mich habe als Sklaven.«

Seine Erregung wuchs. Wieder schürzte Lucanus die Lippen. In dieser Erregung lag wohldurchdachte Planmäßigkeit. Lucanus griff in seine Arzttasche, zog eine Phiole hervor und entnahm ihr eine weiße Pille; dann goß er einen Becher mit Wein voll.

»Nein«, rief Phlegon, mit übertriebener Angstgebärde zurückzuckend. »Ich kann dir nicht trauen.«

»Auch recht!« meinte Lucanus und legte Becher wie Pille beiseite. »Du brauchst die Arznei nicht zu nehmen. Ich wollte dir nur die Schmerzen, von denen deine Söhne mir erzählt haben, lindern.« Damit schob er die Pille in die Phiole zurück.

Phlegon wurde nachdenklich. »Was würde die Arznei bewirken?«

»Ich sagte dir schon: deine Schmerzen lindern.«

Phlegon fuhr sich mit der Zungenspitze über die bärtige Lippe. »Her mit dem Zeug!« rief er barsch. Mit einem leichten Lächeln willfahrte ihm Lucanus. Der Alte trank den Wein gierig. »Jetzt«, erklärte Lucanus, »mußt du mir von deinen Schmerzen erzählen, und ich muß dich untersuchen.«

Mit einer ganz neuen, überraschenden Fügsamkeit und sogar mit Eifer beantwortete der Patient die ihm gestellten Fragen und ließ sich untersuchen. Lucanus tat es sorgfältig und gründlich. Es war, wie er vermutet hatte. Phlegon erfreute sich bester Gesundheit. Er hatte den Körper und das Allgemeinbefinden eines um mindestens zwanzig Jahre jüngeren Mannes; seine Muskeln waren wie Eisen, seine Gelenke elastisch. Nun sah Lucanus klarer. Er setzte sich und blickte seinen Patienten düster an.

»Deinen Fall darf man wirklich nicht auf die leichte Achsel nehmen«, sagte er mit sehr ernster Miene.

Für einen Augenblick war Phlegon hocherfreut. Dann rief er erschrokken: »Lebensgefährlich ist es aber nicht?« Und die Röte wich aus seinen Wangen.

Lucanus schüttelte den Kopf, blieb aber feierlich. »Lebensgefährlich nicht. Immerhin muß man deinen Fall sehr aufmerksam beobachten.«

Wieder war Phlegon begeistert. »Du bist der einzige vernünftige Arzt, der mich bisher besucht hat, das schwöre ich bei Mithras! Alle anderen hatten die Unverschämtheit, zu behaupten, ich sei tadellos beisammen und gesund wie ein Fisch im Wasser. Solche Lügner! Solche Stümper!«

»Sie waren eben nur auf ihre Honorare bedacht«, meinte Lucanus mitfühlend.

»Jaja!« Er legte die Hand auf die Brust und verdrehte die Augen. »Schon läßt der Schmerz im Herzen nach! Und es beruhigt sich und hüpft nicht mehr so. Ich habe nie schlafen können, weil die Pulse mir so im Hals und in den Schläfen geklopft haben.«

Lucanus zweifelte nicht daran, daß der Alte tatsächlich an solchen Beschwerden litt. Trotz der einwandfreien Herztöne war der Puls zu stark, zu rasch gewesen, der Blutdruck zu hoch. Lucanus stand auf. »Ich möchte mit deinen Söhnen reden«, erklärte er.

Phlegon sah ihn listig an. »Und was wirst du ihnen sagen?«

»Daß dein... dein Leiden alle Aufmerksamkeit erheischt und daß man sofort dagegen angehen muß.«

Der Alte lächelte süßlich und legte sich bequem auf seine Kissen. »Sie sollen sich nur einmal Sorgen machen! Sie sollen nur einmal schlaflose Nächte verbringen, in dem Bewußtsein, was sie mir angetan haben mit ihrem Haß und ihrer Gier. Sie sollen nur Angst bekommen vor dem Zorn der Götter, die es dem Menschen zur Pflicht gemacht haben, den Vater zu ehren!«

Lucanus verließ das Zimmer und ging langsam durch das Haus, das ihm immer mehr als kostbares Schmuckkästchen erschien. Er trat in den Garten. Aufgeregt erhoben die drei Brüder sich von ihrer Bank und kamen rasch auf ihn zu.

»Was fehlt dem Vater?« fragte Turbo, und seine heisere Stimme zitterte.

Lucanus musterte alle drei. Er blickte auf Turbos rechte Hand und sah am Zeigefinger tatsächlich einen ganz wundervollen Opalring. Der Edelstein leuchtete wie rosa und blaue Blitze und goldener Sonnenuntergang. Er blickte Sergius an, dieses gesunde, ängstliche Gesicht mit der biederen Miene. Er blickte auf Meles, der weniger nach Bordellstammgast aussah als Phlegons Hund. Dann tat er, als erwachte er plötzlich aus einer Versunkenheit. »Verzeiht!« sagte er. »Aber ich habe eine Schwäche für Opale und bemerke da an deiner Hand, Turbo, ein besonders schönes Stück.«

Einen Augenblick lang war Turbo verdutzt; auf Überraschungen war sein schwerfälliger Geist offenbar nicht eingerichtet. Dann leuchteten seine kleinen Augen stolz auf, und er hielt dem Arzt die Hand zur Begutachtung des Opals hin. »Dieser Stein ist sehr alt und hat eine ehrwürdige Geschichte«, sagte er. »Meine Frau stammt aus einer angesehenen Gelehrtenfamilie. Einer ihrer Ahnen hat den Ring von Perikles selbst erhalten.« Er seufzte. »Ich bin kein gebildeter Mann; ich kann kaum lesen. Den Ring aber halte ich in höchsten Ehren; und wenn ich tot bin, soll mein Sohn ihn erben. Ich wollte dieses Geschenk meiner Frau gar nicht annehmen; doch wir lieben einander innig, und sie hat mir den Ring mit Gewalt an den Finger gesteckt.«

Zum erstenmal ergriff Sergius das Wort. Seine eingerostete Stimme bezeugte, daß er nicht sehr redselig war. Liebevoll sagte er zu Turbo: »Das war an eurem zehnten Hochzeitstag, lieber Bruder. Du trägst den Ring zu Recht. Wenn du auch selber kein Gelehrter bist, wird dein Sohn deinem Namen Ehre bringen.«

Turbo seufzte wieder. »Allerdings ist mein Vater auf das Schmuckstück erpicht. Oft frage ich mich, ob ich es ihm nicht als folgsamer Sohn schenken sollte.«

»Der Ring gehört dir und deinem Jungen«, erklärte Meles und tat damit auch zum erstenmal den Mund auf. »Deine Frau wäre gekränkt, wenn du ihn dem Vater weitergibst.«

In Gedanken versunken setzte Lucanus sich auf die Bank. Plötzlich wurde Turbo tiefrot. Er klatschte in die Hände. »Du mußt entschuldigen Lucanus«, sagte er. »Ich hätte Wein für dich kommen lassen sollen, aber ich habe nur an meinen Vater gedacht.« Ein Sklave erschien und erhielt Auftrag, Wein zu bringen.

»Der Vater wird sich ärgern«, meinte Meles. »Den erlesensten Wein hast du bestellt!«

Turbo entgegnete, und nun war er ganz Würde: »Sein Weinkeller ist zwar klein, aber einer der besten in Athen; und ich kümmere mich ständig um erstklassige Belieferung. Für seinen Arzt kann er schon ein bißchen was erübrigen. Aber du hast mir noch gar nicht gesagt, lieber Lucanus, an welcher schrecklichen Krankheit der Vater leidet.«

Lucanus erwiderte: »Bekanntlich läßt sich die Krankheit eines Menschen nicht getrennt von seinem Wesen und seiner Umgebung beurteilen. Ich muß erst ein paar Fragen stellen, und ich bitte um aufrichtige Beantwortung.«

»Frage nur!« riefen die Brüder im Chor; und er sah ihre Mienen und zweifelte nicht daran, daß die Besorgnis auf ihren Gesichtern echt und ihre Liebe für den Vater tief und ohne Falsch war. Sein Gesichtsausdruck wurde etwas traurig.

Der Sklave brachte eine Silberplatte mit vier Bechern. Turbo füllte die Trinkgefäße und wartete gespannt darauf, wie der Wein dem Arzt munden würde. Es war tatsächlich ein köstlicher Tropfen, und Lucanus hielt mit seinem Lobe nicht zurück. Die drei Brüder standen um ihn und tranken mit Mienen und Gebärden, die sie offenbar als Edelleute und Feinschmecker ausweisen sollten, und mit sorgsamer Zurückhaltung.

»Euer Vater«, sagte Lucanus nach einer Reihe ehrlich gemeinter Freundlichkeiten, »muß ein großes Vermögen geerbt haben.« Er zeigte auf den Garten und das Haus.

Die Brüder sahen einander an und zögerten. Dann hob Turbo den Kopf.

»Es gibt Leute, die einfache Menschen verachten«, murmelte er. »Das steht ihnen frei, obwohl sie unrecht haben. Wir sind solche einfache Menschen; aber wir haben eine gute Hand in unseren Geschäften gehabt und uns unser Vermögen selbst erworben. Der Vater war zwar frei geboren, aber sehr arm. Er hatte ein kleines Bauerngut, trockenen, schlechten Boden. Wir Brüder können uns aus unserer Kindheit und frühen Jugend an keinen Tag erinnern, an dem wir satt geworden wären; und dabei haben wir dem Vater tüchtig bei der Arbeit geholfen. Als unsere Mutter starb, waren wir noch Kinder.«

Turbo wurde rot und räusperte sich. »Du wolltest ja, daß wir aufrichtig sind. Vor fünf Jahren haben wir Brüder dieses Haus unserem Vater zum Geschenk gemacht. Bis dahin hatte er nur in ganz armseligen Behausungen gewohnt. Wir haben den besten Baumeister in Dienst genommen. Wir dachten daran, was der Vater früher durchgemacht hatte, wir dachten an das regendurchlässige Dach seines Hauses und an den Lehmboden, und wir wollten dem Vater im Alter Ehre erweisen. Er sollte jene Annehmlichkeiten und Bequemlichkeiten haben, die er verdiente.«

»Nichts war uns zu gut für ihn«, mischte Meles sich ein, und sein schlichtes Gesicht glühte. »Aus allen Teilen der Welt haben wir Kostbarkeiten kommen lassen, um das Haus zu schmücken. Nie hatte der Vater bisher ein Privatleben gehabt oder die Würde eines nicht von Kindern und Haustieren wimmelnden Heims. Nun brauchte er nur einen Wunsch zu äußern, und wir erfüllten ihn sofort. Er ist ja unser Vater und hat viel gelitten.«

»Die Möbel«, fügte Sergius hinzu, »kosteten mich zwei Jahresverdienste. Aber ich war stolz, dem Vater dieses Behagen bieten zu können.«

»Ich verstehe«, sagte Lucanus mitfühlend. »Und euer Vater hätte nicht bei einem von euch wohnen wollen?«

»Nein. Er ist ein stolzer Mann; und er mag kleine Kinder nicht, deren wir viele haben. Sein Wunsch war ein eigenes Haus.« Turbo lächelte verständnisvoll.

»Ihr habt euch ein großes Vermögen gemacht?« Lucanus war lebhaft interessiert.

»Und zwar auf ehrliche Art«, betonte Turbo rasch. »Die Götter waren uns sehr gnädig; wir bringen ihnen regelmäßig Opfer. Die Sache hat sich folgendermaßen ergeben: In der Zeit, da ich als Junge auf dem Bauernhof arbeitete, hatten wir nie genug zu essen und waren fast dem Verhungern nahe. Nun habe ich seit jeher gute Tonwaren, wie ich sie in den Kaufläden sah, sehr geschätzt. So bin ich zu einem Töpfer und Steinschneider in die Lehre gegangen, der berühmt war wegen seiner schönen Vasen und Schüsseln und Statuetten und seiner Kameen, weiß auf tiefstem Blau oder Rot. Nach einigen Jahren hat er mir seine Hochachtung ausgedrückt und mir erklärt, ich hätte eine überaus sichere Hand und ein Gefühl für künstlerische

Ausführung und für Schönheit.« Er blickte Lucanus mißtrauisch an. »Du glaubst das wohl nicht?«

Lucanus faßte freundlich Turbos Hand und betrachtete die Finger: sie waren zwar von vielen Jahren der Kinderarbeit narbig, zeigten aber die für den Künstler bezeichnende Spachtelform. »Ja«, sagte er ehrerbietig, »ich glaube dir.«

»Danke«, murmelte Turbo mit einer Bescheidenheit, die an sich schon argloser Stolz war. »Und da waren noch meine Brüder. Ich habe den Töpfer veranlaßt, sie bei sich zu beschäftigen. Sergius hat erstaunlicherweise eine Begabung dafür entwickelt, ständig untadelige Gefäße zu formen, fast ohne Ausschuß. Auch jetzt noch dreht er die Töpferscheibe, weil er sie niemand anderem anvertrauen will. Und Meles hat eine Glasur erfunden, die unser Geheimnis ist. Der Töpfer hat, da er kinderlos war, seine Werkstatt uns vermacht. Und unsere Waren sind überall auf der Welt, sogar in Rom, gesucht. Wir haben eine eigene Flotte und beschäftigen viele Menschen, und auch Sklaven. Wenn wir zweimal so viel erzeugen könnten, würden wir jede Vase und Schüssel und jeden Kunstgegenstand verkaufen; aber das ginge auf Kosten unserer Stärke, der Wertarbeit. Wir halten lieber unseren Betrieb möglichst klein, damit kein Stück ihn verläßt, das wir nicht persönlich überprüft haben. Alle unsere Erzeugnisse tragen ja unseren Namen, und nie und nirgends soll jemand enttäuscht sein.«

Seine Gestalt schien sich noch höher zu recken. »Cäsars Palast ist voll von unseren Arbeiten. Unsere Vasen wiegt man mit Gold auf, unsere Aschenurnen werden von den berühmten römischen Patriziern gekauft.«

»Leider hat der Vater«, fügte Meles hinzu, »für unsere Arbeiten nichts übrig; und nicht einmal eine Götterbüste darf in seinem Haus aufgestellt werden, wenn sie von uns stammt.«

»Dafür erklären die Ägypter, nur ihre Künstler aus alten Zeiten hielten den Vergleich mit uns aus«, erzählte Sergius mit einem Aufleuchten seiner kleinen Augen. »Sie haben uns wertvolle Kunstgegenstände zur Nachbildung geschickt. Unsere kleinen Apisfiguren und Isisköpfe stehen in ihren prächtigsten Tempeln. Doch immer ist es Turbo, der die Entwürfe macht und auf Pergament die Vorzeichnungen anfertigt; nach ihnen forme ich dann die Gegenstände, und Meles glasiert sie.«

»Ohne deine meisterhafte Einfühlung in meine Zeichnungen, Sergius, und ohne deine Glasuren, Meles, wäre alles, was ich entwerfe, wertlos«, erklärte Turbo.

Er seufzte. »Für den Vater aber sind wir Taugenichtse und Tölpel«, sagte er, »obwohl die feinsten Damen in Rom und Ägypten und Athen unsere kleinen Medaillone an juwelenbesetzten Kettchen als Halsschmuck tragen oder in unschätzbare Armbänder einsetzen lassen. Ein sehr bekannter Senator kauft unsere Vasen; er beteuert, sie seien ihm lieber als die schönsten Sklavinnen. Du mußt verzeihen, Lucanus, wenn ich wie ein Prahlhaus daherrede.«

Der junge Grieche erwiderte nichts.

»Vielleicht«, schlug Turbo schüchtern vor, »würdest du gestatten, daß wir dir einige unserer Arbeiten verehren.«

Lucanus war gerührt. »Ich bin euch sehr verbunden«, sagte er. Dann hob er den Kopf. »Jetzt muß ich euch eine etwas unhöfliche Frage stellen. Warum liebt ihr eigentlich euren Vater?«

Eine Weile starrten sie ihn mit unverhohlenem Erstaunen an. Dann stammelte Turbo: »Warum wir ihn lieben? Was für eine seltsame Frage! Hat er uns nicht das Leben gegeben und es uns damit ermöglicht, das zu erlangen, was wir erlangt haben, einschließlich unserer anbetungswerten Frauen und unserer liebevollen Kinder? Und ist es nicht sittliche Pflicht, daß man seine Eltern hochschätzt?«

Lucanus erinnerte sich an das Gebot der Juden: ›Du sollst Vater und Mutter ehren …‹ Aber es gab doch Väter und Mütter, die solche Ehrung nicht verdienten!

Mit noch größerem Nachdruck fuhr Turbo fort: »Hat nicht auch unser Vater viel gelitten? Es ist wenig genug, daß wir ihm die Greisenjahre erleichtern und verschönern können; denn als junge Leute waren wir nie imstande, seinen Hunger zu stillen, und nie hat er etwas anderes getragen als Lumpen.«

Lucanus sann darüber nach, wie seltsam und arglos Liebe sein und wie sie von bedenkenlosen Menschen mißbraucht werden konnte. Er stand auf. »Ich muß noch ein paar Worte mit eurem Vater reden. Ich habe ihm eine Arznei gegeben. Aber eines kann ich euch schon sagen: Wenn ich ihm meine Ratschläge erteile, wird seine Gesundheit für viele Jahre wiederhergestellt sein; denn er ist ein kräftiger Mann.«

Als er den Garten verließ, riefen die Brüder ihm frohe Segenswünsche nach. Er begab sich in Phlegons Schlafzimmer. Der Alte fühlte sich beträchtlich erleichtert und lag still auf seinen Kissen. Als er Lucanus sah, hob er ein wenig den Kopf und lächelte dem Arzt fast freundlich zu. »Meine Schmerzen sind verschwunden«, erklärte er. Dann änderte sich seine Miene und wurde plötzlich wieder verkniffen und hinterhältig. »Du hast mit meinen Söhnen gesprochen?«

Lucanus setzte sich umständlich hin, nahm eine Handvoll Trauben und kaute bedächtig. Die ganze Zeit über hielt er den Blick seiner strahlenden Augen auf Phlegon geheftet. Bald verfinsterte sich die Miene des Alten und wurde fast tierhaft.

»Sie haben dich angelogen«, rief er, und in seiner lauten Stimme lag Entmutigung.

»Ich glaube nicht«, erwiderte Lucanus. »Ich bin schon viele Jahre Arzt, und Ärzte erwerben sich einen besonderen Sinn zur Entdeckung von Lügen.« Seine Augen waren voll scharfer Ausdruckskraft. Trotzdem tat Phlegon ihm auch leid, der, wie er wußte, seine Söhne beneidete, ihnen Erfolg und Stellung und Ruf verübelte, weil er selbst nur ein armer, ungebildeter Bauer gewesen war. Übrigens lag es auf der Hand, daß er die Liebe seiner Söhne zu ihm kannte und darin ein Mittel fand, sie zu quälen.

»Laß mich!« schrie Phlegon plötzlich; er barg den Kopf in die Kissen, und seine mächtigen Schultern zuckten. »Ich bin ein alter, schwacher Mann, verlassen, betrogen, einsam. Laß mich allein mit meinen Göttern; sie sind schließlich die einzigen Tröster der Menschen.«

»Ganz richtig«, entgegnete Lucanus. »Aber ich bezweifle, daß du an die Götter glaubst. Bevor ich dieses Haus verlasse, werde ich deinen Söhnen einige vernünftige Ratschläge geben. Ich werde ihnen die Augen darüber öffnen, wer du in Wirklichkeit bist und was du in Wahrheit von ihnen denkst. Ich werde ihnen auch empfehlen, dich auf deinen kleinen Bauernhof zurückzuschicken und nie mehr zu besuchen, weil das meiner Meinung nach das beste für sie und ihren Seelenfrieden ist. Manchmal müssen Kinder sich von ihren Eltern trennen, um sich selbst zu retten.«

Phlegon fuhr aus seinen Kissen hoch; zwischen seinen bärtigen Lippen wurden die Zähne sichtbar, und die Augen funkelten von wildem Haß und von Angst.

»Du willst mich zugrunde richten!« kreischte er und verfluchte seinen Arzt in so bildhaften Ausdrücken, daß Lucanus von Bewunderung erfüllt war für so viel Ungestüm und so viel Erfindungsgabe. Er wartete geduldig, bis Phlegon sich ausgetobt hatte und in echte Tränen ausbrach. Dann sagte er freundlich: »Ich werde das nicht tun; ich will deinen Söhnen das trügerische Bild, das sie sich von dir machen, nicht zerstören – aber unter einer Bedingung: daß du mir sofort gehorchst und dabei bleibst, mir zu gehorchen.«

»Verdammt sollst du sein!« brüllte Phlegon. »Die Geier sollen dir die Leber aus dem Leib reißen!« Als Lucanus sich unbeeindruckt und einigermaßen gelangweilt zeigte, hielt er inne. Dann jammerte er: »Sag mir, was ich tun soll! Aber, mein lieber Arzt, hab Erbarmen mit einem alten Mann! Willst du mich im Ernst auf jenes armselige Fleckchen Erde zurückschicken, wo es nichts als Steine und Dornengestrüpp gibt? Soll ich dort meine Tage im Elend beschließen?«

»Gewiß«, sagte Lucanus. »Außer, du folgst mir. Der erste Schritt besteht darin, daß du sofort das Bett verläßt, dich in dein bestes Gewand kleidest und dir eine Kamee um den Hals hängst. Und dann gehst du mit mir in den Garten und begrüßt deine Söhne wie ein liebevoller Vater mit einer Umarmung. Und du wirst mir hier unter vier Augen einen Eid schwören, daß du nie mehr Lügen über deine Söhne aussprechen und sie auch nicht fälschlich beschuldigen und nie mehr, um ihnen das Herz zu zerreißen, Krankheit heucheln wirst.« Er hielt inne und fügte dann streng hinzu: »Der Eid, den ich dir abfordere, ist ein sehr unheimlicher Eid. Du glaubst zwar nicht an die Götter; aber in dem Eid liegt eine Zauberkraft, und wenn du ihn brichst, wird dir schreckliches Unheil zustoßen.«

Phlegon starrte ihn mit äußerstem Entsetzen an; und Lucanus lächelte innerlich und preßte die Lippen fest aneinander, um ein Schmunzeln zu unterdrücken.

Der Alte warf Wolldecken und Überschlaglaken beiseite und sprang aus dem Bett, blaß und zitternd, nackt und massig wie ein zu Jahren gekommener Herkules; seine braune Haut schimmerte seidig. Mit bebenden Händen zog er eine lange Tunika aus feinstem Linnen an, schloß einen Goldgürtel um die schmale Taille und streifte sich goldene Reifen über die Oberarme. Um den Hals hängte er sich eine Kamee. Er kämmte seine langen, grauen Locken und seinen Bart. Er sah prächtig aus.

Dann sprach Lucanus dem Alten, der vor ihm hingekniet war, aus dem Stegreif einen grausigen Eid vor, worin er die Götter zu Zeugen anrief. Schließlich besprengte er den Knienden mit einigen Tropfen Wein und ermahnte ihn nochmals strenge. Er hätte dem Greis beim Aufstehen geholfen; doch Phlegon sprang wie ein Athlet auf und preßte seine mächtigen, knorrigen Fäuste an die Brust. »Bin ich ein Schwächling?« brüllte er. »An Jahren könnte ich zwar dein Großvater sein, mein einsichtsvoller Arzt; aber ich hätte noch Kraft genug, dir mit bloßen Händen das Rückgrat zu brechen.«

»Das glaube ich gern«, räumte Lucanus ein. »Schau nur, daß du in Hinkunft nicht deinen Söhnen das Herz brichst! Sonst wird dich sofort böses Ungemach treffen.« Er gab seinem Patienten die Phiole mit den weißen Pillen. »Diese Arznei wird dich für einige Nächte beruhigen und dich«, fügte Lucanus beziehungsvoll hinzu, »in die Lage versetzen, in aller Gelassenheit über deine Verfehlungen nachzudenken.«

Von Lucanus gefolgt, stapfte Phlegon durch das Haus. Da und dort blieb er stehen und lenkte stolz die Aufmerksamkeit des Arztes auf den einen oder anderen besonders wertvollen Gegenstand, den Lucanus dann gebührend bewunderte. »Du wirst zugeben«, sagte Phlegon, sich in die Brust werfend, »daß meine Söhne nicht zu verachten sind.« Sein breites Gesicht glühte, und plötzlich waren Neid und Groll von ihm abgefallen. Lucanus dachte, wie glücklich die Menschen sein könnten, wenn sie sich von aller Niedrigkeit, von Haß und Bosheit frei machten.

Sie traten in den Garten. Als die Söhne ihren Vater festen, eilenden Schritts auf sich zukommen sahen, waren sie höchst erstaunt und ganz außer sich; ihre Augen füllten sich mit Tränen, und sie brachten kein Wort hervor. Sie fielen ihm demütig zu Füßen, und er richtete sie mit großer Geste auf, als gewährte er ihnen Vergebung; aber Lucanus wußte, daß er in Wirklichkeit sich selber verzieh. Nacheinander umarmte er sie alle drei und weidete sich an diesen Umarmungen, die ihn entsühnten.

»Ist das aber ein tüchtiger Arzt!« rief Phlegon und legte seine Arme um die Söhne. »Was können wir ihm für meine Heilung verehren?«

Ehe Turbo voll Beflissenheit antworten konnte, sagte Lucanus mit ernster Miene: »Es schlägt zum Segen aus, wenn der Geheilte selbst seinem Arzt ein Geschenk gibt.«

Phlegon grinste fröhlich und überlegte. Aber er war noch immer ein Bauer, mit aller Knauserei des Bauern. Dann machte er eine Geste, als riefe er sämtliche Anwesenden zu Zeugen für einen Akt höchster Opferfreudigkeit auf, zog von seinem Arm einen der reich mit Edelsteinen besetzten Reifen und schob ihn Lucanus in die Hand. Seine Augen zwinkerten vor Tränen.

»Mögen die Götter dich segnen!« sagte er mit heiserer Stimme und in aller Aufrichtigkeit.

XXXIV

Lächelnd und wohlgelaunt kehrte Lucanus in Turbos Sänfte heim. Er war neugierig, wie viele seiner schwerkranken Patienten noch auf seine Behandlung warteten. Sicher hatte Ramus gute Arbeit geleistet; er hatte tiefstes Mitgefühl und überaus geschickte Hände, und man liebte ihn, trotz seiner dunklen Hautfarbe, der die Griechen mißtrauten. Lucanus sann über die modernen Griechen nach: sie lebten von dem vergangenen Ruhm ihres Landes und hoben es in den Himmel, obwohl sie jetzt keine irgendwie bedeutenderen Menschen mehr hervorbrachten. Woher kam das? Äschylos hatte geschrieben: ›Gold ist nie ein Bollwerk. Es bietet keinen Schutzwall für jene, die Gottes mächtigen Altar der Gerechtigkeit verschmähen.‹

Als Lucanus die Sänftenträger entließ, wunderte er sich, daß es so still um das Haus war. Wie im Wehen eines trockenen, lebhaften Windes öffnete das Gartentor sich knarrend, und dieser Laut verstärkte noch den Eindruck einer merkwürdigen, unbegreiflichen Verlassenheit, die rings um das Haus zu liegen schien. Der Garten war leer, und keine Patienten warteten. Überall hing Lautlosigkeit, Vereinsamung. Plötzlich spürte Lucanus heftiges Herzklopfen und lief, seinen Gehilfen rufend, auf sein Haus zu. Nun merkte er, daß irgendein Unheil seinen kleinen, hübschen Garten verwüstet hatte: die Eros-Statuette, der Schmuck des Seerosenteiches, lag umgestürzt und zerschmettert im Wasser; die Blumenbeete waren rücksichtslos zertrampelt. Von den Bäumen hatte man Äste abgebrochen und die Früchte herabgeschüttelt; die Jasminsträucher waren geknickt. Und jetzt sah Lucanus einen großen schwarzen Fleck auf der Hausmauer, als wäre dort ein Feuer angezündet worden und dann erloschen.

Mit einem seltsamen Dröhnen im Kopf stürzte Lucanus in das Haus. Auch hier bot sich ihm ein Bild der Zerstörung. Seine wenigen Sessel, sein Tisch, sein und des Ramus Bett waren umgeworfen oder zerbrochen. Die Bilder, die er selbst gemalt und auf die weißen Wände gehängt hatte, waren heruntergerissen und mit Füßen getreten, die Holztafeln zerschmettert worden. Seine Gefäße und Töpfe hatte man besudelt. Der Schrank, in dem er seine größeren chirurgischen Instrumente verwahrte, stand offen und leer; seine sorgfältig gehüteten Phiolen waren zerbrochen, seine Beutel mit Heilkräutern aufgerissen und der Inhalt verstreut. Und über allem schwebte ein Hauch von Verödung und Verwüstung.

Wie betäubt hob Lucanus die Hände an den Kopf und stand fassungslos da. Ungläubig blickte er um sich, mit den Augen zwinkernd. Weshalb diese Zerstörungswut? Und wo war Ramus, sein Freund, sein Helfer? Mit schlotternden Beinen begann er laut schreiend im Haus umherzulaufen. Er hatte den verworrenen Einfall, die Athener Ärzte, die schon lange eifersüchtig auf ihn waren und ihn verachteten, hätten ihm da vielleicht einen Streich gespielt; aber seine Gedanken verfingen sich in einem Gestrüpp der Verzweiflung. Ramus war nicht im Hause. Noch einmal eilte Lucanus in den Garten, dann zu den so schändlich verunstalteten Mauern. Hier fand er schließlich den Afrikaner, zusammengekauert, blutend, bewußtlos. Er kniete neben ihn hin und schluchzte laut auf; denn er sah, daß man Ramus nicht nur grausam geschlagen, sondern ihm auch mit einem scharfen Gegenstand die obere Gesichtshälfte zerschnitten hatte. Blut strömte aus erblindeten Augen; blicklos, blutend waren diese Augen zum glühenden Himmel gekehrt.

Zuerst glaubte Lucanus, sein Freund liege in den letzten Zügen. Er hob ihn an seine Brust, untersuchte ihn mit fieberhafter Eile und fühlte ihm den Puls. Das Herz schlug sehr schwach und unregelmäßig; aber der dunkelhäutige Mann lebte. Lucanus, dem der Kopf wie von einem Alptraum schwindelte, legte seinen Freund behutsam wieder hin, lief ins Haus um die Arzttasche und kam mit ihr wieder. Er hielt dem Bewußtlosen ein Riechfläschchen an die Nase und zwängte ihm eine belebende Arznei zwischen die geöffneten Lippen. Er arbeitete mit größter Beschleunigung, ohne an etwas anderes zu denken als an die Rettung seines Freundes. Immer wieder flüsterte er: »Das ist ein Traum! Das kann nicht Wirklichkeit sein! Niemand würde einem so guten Menschen Leid antun! Niemand würde sich derart an meinem Haus vergreifen!«

Er hörte nicht, daß Schritte nahten, und erschrak heftig, als eine rauhe, ängstliche Stimme neben ihm sprach. »Herr, ich bin davongelaufen, als sie hier wüteten... Ich habe Angst gehabt... Sie waren so wild... Verzeih mir... Ach, wie haben sie diesen armen Kerl zugerichtet...«

Lucanus sah auf, und seine blauen Augen waren grimmig und weit aufgerissen. Er erkannte, daß der Besucher ein armer Bauer war, dessen Weib er erfolgreich behandelt hatte. »Siton!« rief er heiser. »Was ist geschehen? Wer hat hier so gehaust?«

Siton hockte neben ihn hin, und die Tränen rannen ihm über das sonnverbrannte Gesicht. Aber während er antwortete, schaute er immer wieder angstvoll über die Schulter. »Herr, wenn die Leute wüßten, daß ich zurückgekommen bin, um dir zu berichten, würden sie mich auch umbringen. Sie haben dich gesucht, sie hätten dich ermordet... Es war diese Frau, Gata... Sie behauptet, Ramus hätte den bösen Blick, das höre sie schon seit langem in der Stadt... Sie hat eine Fehlgeburt gehabt, und ihr Mann hat die Leute gegen dich aufgewiegelt...«

Jetzt verstand Lucanus, und die Galle lief ihm über. Gatas Mann war ein begüterter Bauer, mit vielen schönen Weinbergen; ein bösartiger, heuchlerischer, lügenhafter Kumpan, der immerfort jammerte, die Reichen und Mächtigen in Athen drückten ihn nieder, indem sie ihm den angemessenen Preis für seine Trauben verweigerten. Indes war er im Umkreis von

Meilen der wohlhabendste Landmann; seine Habgier war allgemein bekannt. In einer Behausung, gegen die Ferkel sich gesträubt hätten, wohnte er mit Weib und Kindern, obwohl seine Goldguthaben in den Banken der Hauptstadt den Neid von Anwälten und Ärzten, von Abgeordneten und Literaten erregten. Vor zwei Wochen hatte er seine verwahrloste, schweinsäugige Frau zu Lucanus gebracht und sich so gestellt, als wäre er bettelarm und außerstande, für die Entbindung seines fünften Kindes ein Honorar zu zahlen. Da er ziemlich weit weg wohnte, rechnete er damit, seine Vermögensverhältnisse würden dem Doktor unbekannt sein. Aber ein Patient flüsterte Lucanus den Sachverhalt ins Ohr, und der Arzt sagte dem Mann kühl, er müsse ihm entweder einen – übrigens sehr bescheidenen – Betrag zahlen oder zu einem der ansässigen Heilkünstler gehen, der zehnmal so viel verlangen würde. Bauer und Bäuerin stießen wilde Drohungen aus, schüttelten die Fäuste, nannten Lucanus einen Räuber und Erpresser und verließen sein Haus.

»Heute ist er in deiner Abwesenheit hier erschienen, Herr«, wimmerte Siton, wobei er immer wieder ängstlich über die Schulter spähte. »Du weißt, er hat die kleinen Bauern unter seiner Fuchtel; die schulden ihm viel Geld, weil im vergangenen Jahr nur seine Weinberge gediehen, die anderen aber kaum einen Ertrag erzielten. Offenbar hat er einen Zeitpunkt abgewartet, wo du nicht zu Hause bist... Gleich nach deinem Weggehen ist er gekommen und hat den wartenden Kranken erklärt, du mißbrauchtest sie für ruchlose Versuche, du wärest ein Zauberer, ein sehr reicher Mann, der es auf die Ausrottung der Besitzlosen abgesehen habe, weil dir bekannt sei, daß die Athener Ärzte unter der Armenbevölkerung die Geburtenbeschränkung befürworten. Du weißt ja, wie leicht erregbar ungebildete, dumme Leute sind, wie sehr sie dazu neigen, Schlechtes und Böses zu glauben, obwohl du ihnen alle die Jahre hindurch geholfen und sie geheilt hast. Gatas Mann sagte, in deinem Hause wäre unredlich erworbenes Gold, das dem Volk gehöre...«

Siton blickte auf Ramus, der vor Schmerzen zu stöhnen begann. Der Bauer schnüffelte und wischte sich Nase und Augen mit dem Handrücken, während Lucanus völlig benommen dakniete. »Ich war hier, Herr, wegen meiner Geschwüre, die du schon fast zum Verschwinden gebracht hast. Was hätte ich gegen die tobende Menge ausrichten können, die laut schreiend die Todesstrafe für dich verlangt hat, oder die Verbannung? Die Leute sind über Ramus hergefallen und haben ihn dann schließlich, in der Meinung, er sei tot, liegengelassen... Herr, du mußt sofort weg von hier! Die Bande wird wiederkommen, um dich zu töten.«

Lucanus holte tief Atem. »Hilf mir Ramus hineintragen und sein Bett wieder aufrichten! Ich muß nachdenken.«

»Herr, du solltest unverzüglich dieses Haus verlassen!«

»Hilf mir! Und wenn ich Ramus im Haus habe, dann laufe sofort, falls du ein bißchen Erbarmen oder Dankbarkeit spürst, zu Turbo, dem Töpfer, und sage ihm, daß ich, Lucanus, der Arzt, ihn bitte, für meinen Freund eine Sänfte zu schicken und ihm ebenso wie mir in seinem Hause Obdach zu geben.« Hinter dem tosenden, qualvollen Aufruhr in seiner Seele tauchte kühle Überlegung auf. Unter den Armen, denen er geholfen hatte, besaß er keine Freunde; mit den reichen, verfeinerten und gebildeten Kreisen Athens hatte er nie Umgang gepflogen. Turbo war seine einzige Hoffnung.

Siton zögerte. Er richtete sich auf und rang die Hände. Er jammerte: »Herr, wenn ich etwas für dich tue, wird die Bande sich an mir rächen!«

Lucanus erhob sich. Er ragte über dem Bauersmann auf, und seine Augen blitzten vor Zorn und Abscheu. »Ich sage dir etwas, Siton. Falls du mir nicht sofort hilfst, wird böses Unheil über dich hereinbrechen!«

Siton sah aus seiner halb knienden Stellung zu dem Arzt hinauf, bemerkte das schreckliche Leuchten auf dessen Gesicht und zweifelte keinen Augenblick daran, daß er es mit seiner Drohung ernst meinte. Schluchzend half er den Bewußtlosen heben und ins Haus tragen; dann machte er sich davon.

Lucanus steckte einen scharfen Dolch in den Gürtel; von Haß erfüllt, ballte er die Fäuste. Er wandte seine Aufmerksamkeit dem Afrikaner zu, der auf seinem Bett hingestreckt lag. Ramus ächzte und stöhnte und warf sich schwach hin und her. Lucanus untersuchte die Augen und mußte wieder weinen. Die Hornhaut war zerfetzt und blutete; die Pupillen waren verengt und verzerrt. Jetzt würde Ramus zu seiner Stummheit auch noch blind sein! Schweren, heftig klopfenden Herzens, aber mit ruhigen Arzthänden versorgte Lucanus die zerstörten Augen und legte einen Verband darüber. Wieder gab er dem Schwerverletzten Anregungsmittel, obwohl er dachte: Für ihn wäre der Tod besser als ein Erwachen zu der Erkenntnis, daß die Menschen Bestien sind und nichts verdienen als den Tod. Die Unterdrückten und Versklavten und Heimatlosen sind um kein Haar besser als die Reichen und Bevorrechteten und Mächtigen. Ich war ein Kindskopf!

Er fühlte sich ausgedörrt und leer und staubtrocken. Der Haß in ihm war wie ein hungriger Rachen, bereit, die Ruchlosigkeit, die da Mensch hieß, zu verschlingen und für immer auszutilgen. Er saß neben Ramus und hielt dessen kalte Hand, und die Tränen rannen ihm über die Wangen. Dina hatte ihm voll Freude geschrieben, sein Name werde in jedem Hafen gesegnet und die Armen verehrten ihn! Lucanus lachte laut auf, voll Bitterkeit.

Die Hand des Afrikaners wurde in seinen Fingern warm, und in dem von den weißen Augenbinden freien Teil des Gesichts bewegten sich die stummen Lippen. Lucanus beugte sich über den liegenden Mann und fragte sanft: »Hörst du mich, teurer Freund?«

Der Kopf nickte. Das heisere Stöhnen ging weiter; und jetzt fiel dem

Arzt zum erstenmal auf, daß sein Gehilfe ja doch Laute hervorbringen konnte, wenn auch nur ungeformte Klagetöne.

»Es kommt Hilfe, Ramus. Bleib ruhig liegen! Man wird uns in Sicherheit bringen.«

Er nahm aus seiner Tasche eine Phiole mit Opiumsirup. Ramus mußte einschlafen! Er durfte nicht darüber nachzudenken beginnen, was ihm zugestoßen war und durch wen. Er hielt dem Mann die Phiole an die Lippen und sagte: »Trink, aber nur einen Mundvoll!« Er wunderte sich selbst, daß er nicht gesagt hatte: »Trink das aus!« Aber sein anerzogenes Arztgewissen warnte ihn auch jetzt, wo seine Seele unvorstellbar erbittert war. Obwohl der Tod eine Gnade gewesen wäre, fühlte er sich verpflichtet, diese Gnade zu versagen. Als Ramus getrunken hatte und schläfrig geworden war, blieb Lucanus still bei ihm sitzen und hielt ihm die Hand, bis der Verwundete endlich fest einschlief, ein leichtes, friedliches Lächeln auf den breiten Lippen.

Lucanus hatte den Eindruck, daß schon zu viel Zeit verstrichen war. Hatte der feige Quengler Siton es aus Angst vorgezogen, ihm nicht zu gehorchen? Ich bin überzeugt davon, dachte er. Die Menschen sind von Natur aus Hunde und Schafe und gierige Schakale. Ich werde nie mehr Erbarmen mit ihnen haben und wende mich ein für allemal von ihnen ab. Mein Leben ist erledigt. Was mir noch an Daseinszeit bleibt, widme ich meinem armen, lieben Freund und will ihm Auge und Stimme sein.

Er tastete nach seinem Dolch und sehnte sich darnach, ihn so zu gebrauchen, wie irgendein anderer Dolch an Ramus gebraucht worden war.

Gewaltiges, leuchtendes Schweigen umhüllte das Haus. Behutsam legte Lucanus die Finger auf die verbundenen Augen und flüsterte: »Ich habe Dich verachtet und gehaßt, weil Du die Menschen erbarmungslos heimgesucht und in Finsternis gehalten hast. Aber jetzt weiß ich, daß Du durchaus gerecht bist und daß wir nichts Besseres verdienen, als uns zuteil wird, eher Ärgeres. Wenn Du den Menschen von Deiner Schwelle gestoßen hast, so deshalb, weil er einer gastlichen Aufnahme unwert ist. Gib mir ein wenig Weisheit! Laß meine Vernunft erkennen, weshalb Du diese Welt erschaffen hast. Du bist doch allwissend und mußt vorausgesehen haben, welchen Weg die Welt gehen würde, welch verabscheuenswerten Weg. Wie kannst Du, der die strahlenden Fixsterne auslöscht, mir meine Lästerungen gegen Dich verzeihen? Erleuchte mich! Und habe doch Erbarmen mit diesem guten, teuren Freund, der Dich gesucht und nach Dir geweint hat, bis seine Stimme verstummte. Hab Erbarmen. Erbarmen!«

Seine Finger lagen weiter auf den verbundenen Augen und begannen geheimnisvoll zu zucken. Er wollte sie wegziehen, aus Furcht, die Erschütterung könnte Ramus frischen Schmerz bereiten. Aber er war wie gelähmt; die leicht zuckenden Finger blieben, wo sie waren. Schließlich, nach einer ganzen Weile, konnte er die Hände abheben. Er fühlte eine seltsame Schwäche in den Fingern, eine Erstarrung, die auf den ganzen Körper überzugreifen begann, als sackte sein Blut weg.

Plötzlich bewegte sich etwas in Hof und Garten; feste Schritte erklangen. Lucanus sprang auf und riß den Dolch aus der Scheide. Der Wunsch, zu töten, wütete ihm wie Heißhunger in den Eingeweiden. Der zerrissene Vorhang wurde beiseite geschoben, und es war Turbo, der eintrat, Turbo mit erschüttertem, verweintem Gesicht; und hinter ihm standen bewaffnete Sklaven. Als Lucanus ihn sah, überkam ihn ein trockenes Schluchzen. Er breitete die Arme aus und taumelte Turbo entgegen, der ihn auffing und an die Brust drückte.

»Sei unbekümmert, teurer Herr«, sagte der Töpfer. »Ich bin gekommen, um dich und deinen Diener zu mir nach Hause zu bringen. Es ist mir eine Ehre!«

XXXV

Der römische Prokonsul in Athen war ein junger, ehrgeiziger, vorteilsüchtiger Mann. Er war nie Soldat gewesen; seine Familie genoß hohes Ansehen in Rom, und er hatte einige schwerwiegende Unbesonnenheiten begangen, die es seinen Verwandten angezeigt erscheinen ließen, ihr Geld und ihre Verbindungen spielen zu lassen, um ihn für eine Zeitlang aus Rom zu entfernen. Er war juristisch gebildet und sehr findig.

Ihn bedrängte Lucanus nun schon eine volle Woche mit seiner Forderung nach Sühne und schleuderte ihm jedesmal den Namen seines Adoptivvaters ins Gesicht. Der Prokonsul bewunderte zwar die äußere Erscheinung, Klugheit und Tatkraft des Griechen, fand ihn aber langsam lästig. Zweifellos war dieser Arzt ein Mann mit vornehmer Gesinnung; und der Prokonsul, selbst ein Patrizier, war geneigt, sich entgegenkommend und pflichteifrig zu zeigen. Doch die Sache war so unwichtig! Der Prokonsul lehnte lässig den Ellbogen auf den Tisch und blickte Lucanus freundlich an. Hinter ihm hingen in seinem Amtsraum feierlich die Banner Roms, und Soldaten standen Wache, mit den von den kaiserlichen Adlern überragten Rutenbündeln.

»Mein verehrter Lucanus«, erklärte der Prokonsul im honigsüßesten Tonfall, »deine Aufregung ist, wie schon gesagt, begreiflich. Aber der betreffende reiche Bauer bereut ja sein Verhalten; er ist gewillt, den an deinem Haus angerichteten Schaden gutzumachen. Was kannst du mehr verlangen? Er legt besonderen Wert darauf, dich in aller Öffentlichkeit um Verzeihung zu bitten. Er gibt zu, daß seine Frau die Fehlgeburt selbst herbeigeführt hat. Er will sich vor dir auf den Boden werfen. Er will zu deinen Füßen reumütig weinen. Wir sollten vernünftig sein.«

Lucanus sah ihn mit der mächtig zusammengefaßten Eindringlichkeit seiner zornigen blauen Augen an. »Ich wünsche seine Bestrafung. Ich verlange, daß er zu entsprechend langer Kerkerhaft verurteilt wird. Was nützt seine Reue meinem Freunde Ramus, der erblindet ist? Werden die Tränen des Schuldigen dem Armen das Augenlicht wiedergeben und seine Wunden und Beulen ausheilen?«

»Du bist so hartherzig«, seufzte der Prokonsul. Er bot Lucanus Wein an; aber der Grieche lehnte mit verächtlicher Geste ab. »Überlegen wir uns den Sachverhalt, Lucanus! Dein Diener, ein Schwarzer, ist Sklave ...«

»Ich habe dir tausendmal gesagt, daß er kein Sklave ist!« rief Lucanus. »Er ist zwar fälschlich unsinniger Dinge beschuldigt und eingesperrt worden, und ich habe ihn gekauft; aber ich habe dir seine Freilassungspapiere gezeigt! Wie kannst du von mir verlangen, für ihn die Abbitte des Schuldigen entgegenzunehmen? Wenn der Bauer mich verunglimpft hätte, würde ich mich vielleicht dazu verstehen, ihm zu verzeihen. Aber ich habe kein Recht, eine solche Verzeihung im Namen meines Freundes zu gewähren, der nicht nur stumm, sondern jetzt auch blind ist. Wo ist die römische Gerechtigkeit?« fuhr er verbittert fort. »Mein ganzes Leben lang habe ich vom römischen Recht gehört. Mein Adoptivvater hat mit Ehrfurcht davon gesprochen. ›Gleiches Recht für alle!‹ Welche Posse! Welcher Schwindel!«

Der Prokonsul seufzte wieder. »Dein Diener ist nicht nur ein Schwarzer, er ist ein Barbar. Der Bauer ist griechischer Landesbürger. Meiner persönlichen Ansicht nach schätzt man zwar, nebenbei bemerkt, die Griechen im allgemeinen zu hoch ein. Die modernen Griechen, meine ich. Sie leben von dem Ruf ihrer alten Geistesheroen, wie ein Bankrotteur sein Vermögen aufzehrt. Aber ich möchte dir eine Rechtsverordnung vorlesen.« Er nahm eine Rolle und las daraus. »›Ein römischer Bürger oder ein Bürger eines unter der Jurisdiktion der Pax Romana stehenden Landes hat bestimmte Ansprüche auf die Wahrung seiner Würde, auf den Schutz der Gesetze und auf Rechtsprechung durch Gleichgestellte.‹ Dein Barbar aber ist von ungeklärter Abkunft; nicht einmal ein Ägypter ist er. Er hat überhaupt keine Staatszugehörigkeit. Er ist ein Farbiger, kein Weißer. Und du verlangst von mir die Bestrafung eines reichen griechischen Bürgers, der seine Steuern nach Rom entrichtet und mit griechischen Politikern befreundet ist! Einen solchen Mann soll ich in den Kerker werfen? Man muß doch die Dinge im richtigen Maßstab sehen, ohne Vorurteil, mit gesundem Menschenverstand. Hast du dir überlegt, was die Athener dazu sagen würden, wenn man diesen schlichten Bauersmann, der ehrlich an den bösen Blick des Ramus geglaubt hat, zu einer Freiheitsstrafe verdonnern sollte?«

»Deine Verordnungen soll der Hades verschlingen!« schrie Lucanus und schlug mit der Hand heftig auf den kostbaren Tisch. »Was ist ein Gesetz wert, das dem Recht widerspricht? Anwälte und Richter sind bösartige Esel, und man sollte ihnen auf die Finger sehen. Ich verlange Gerechtigkeit für Ramus. Er ist ein Mensch, und ein anderer Mensch hat ihn fast tödlich mißhandelt; wenn ich nicht rechtzeitig eingegriffen hätte, wäre er gestorben. Hat er nicht, ohne Rücksicht auf seine Herkunft, Rechte als Mensch? Darf man sein Menschentum mißachten?« Er holte laut und wütend Atem. »Was geht mich diese eure Stadt an? Ich werde nie mehr hierher zurückkehren, wo man Güte mit Haß lohnt.«

Der Prokonsul lächelte fast schelmisch. »Das wird den Athener Ärzten, die sehr gegen dich aufgebracht sind, gar nicht ungelegen sein. Sie behaupten, du nimmst ihnen Patienten weg, von denen sie sonst Honorare bekämen; sie sehen sich durch deine kostenlosen Behandlungen geschädigt. Einzig die Kranken werden dich vermissen und auf deine Rückkehr warten.«

»Ich habe nur Leuten geholfen, die zahlungsunfähig waren …«

Der Prokonsul zuckte die Achseln. »Wer gibt sich schon mit solchem unzuverlässigen Gelichter ab? Übrigens« – und er räusperte sich – »wird mir berichtet, daß du manchmal auch reiche Patienten, hoffnungslose Fälle, übernommen hast, die ansehnliche Honorare zahlen konnten.«

»Gewiß habe ich Menschen geheilt, die von ihren Ärzten aufgegeben worden sind. Wenn ich damit diese Heilkünstler Lügen gestraft und sie ihrer Unwissenheit überwiesen habe, so ist das nicht meine Schuld.« Lucanus ballte die Fäuste auf dem Tisch, und Zornröte stieg ihm ins Gesicht.

Der Prokonsul räusperte sich noch angelegentlicher. »Ich habe dir bisher nichts davon gesagt, aber die Ärzte haben schriftliche Anzeigen erstattet, du bedientest dich der Magie und Zauberei.«

Lucanus war verdutzt. »Will man mir einreden, daß die griechischen Ärzte – diese fortschrittlichen Wissenschaftler! – einem so barbarischen Aberglauben anhängen?«

»Oh, du weißt doch sicherlich, daß sie sich um Orakel nach Delphi wenden. Und abergläubisch sind alle Menschen, Lucanus. Sogar Ärzte! Eine der Anzeigen weist besonders auf den Fall eines wohlhabenden krebskranken Kaufmanns hin, dem man nur mehr einen Monat Lebenszeit gegeben hat und den du geheilt hast!«

»Ich weiß, wer damit gemeint ist. Dieser Kaufmann hieß Kallias. Das ist zwei Jahre her. Ich habe den Befund seiner Ärzte bestätigt, dem Mann aber eine Arznei zur Schmerzlinderung gegeben. Er ist inzwischen gestorben – dessen bin ich sicher!«

»Er ist nicht gestorben. Er lebt und ist gesund und hat sich auf sein Landgut auf Kos zurückgezogen.«

Lucanus wollte es nicht glauben. »Dann haben seine Ärzte sich geirrt, und ich habe mich geirrt. Als er zu mir kam, war seine Haut ganz mit Schwären bedeckt. Wahrscheinlich hatte er irgendeine Hautkrankheit, die wie Krebs aussah. Wir müssen uns alle getäuscht haben.«

Der Prokonsul schüttelte den Kopf. »Nein. Die anderen Ärzte und auch du, ihr habt die Krankheit richtig erkannt. Durch irgendwelche magischen Künste hast du ihn geheilt; und Zauberer gelten als sehr anrüchig, weil man sie mit den finsteren Mächten der Unterwelt verbündet glaubt.«

»Ich habe im Leben schon viel Lächerliches gehört, aber das ist wirklich die Höhe! Die Ärzte wollen mir einfach am Zeug flicken. Wie ist denn das also mit den Kranken, die keine Honorare zahlen können? Sollen die hilflos zugrunde gehen?«

»Ich achte dein Mitgefühl, Lucanus, obwohl ich es bedaure. Im übrigen muß ich dir nochmals sagen, daß der Bauer dir Schadenersatz leisten wird, daß du aber die deinem Diener zugefügte Unbill vergessen mußt. Wenn ich den Bauern bestrafe, hetze ich mir ganz Athen an den Hals; und es ist die Politik Roms – die ausdrücklich von Tiberius Cäsar, unserem göttlichen Herrscher, anbefohlene Politik –, in den Provinzen die Ruhe aufrechtzuerhalten.«

»Hast du je erwogen, daß ein Akt römischer Gerechtigkeit gerade in Griechenland, der Wiege aller Demokratie, tiefen Eindruck machen würde? Hast du nicht, ebenso wie ich, die hier umlaufenden Spottreden über Rom gehört? Nicht, als ob die heutigen Griechen selbst Demokratie übten – aber wie alle Heuchler täuschen sie Ehrerbietung für sie vor. Zeige ihnen, daß alle Menschen in gleicher Weise den Schutz der Gesetze genießen ...«

»Auch ein ehemaliger Sklave, ein Schwarzer, ein Diener, den ein Grieche albernerweise verprügelt hat? Wer ist schon dieser Ramus?«

Lucanus biß die Zähne zusammen. Tagelang ging nun schon diese Auseinandersetzung, und stets endete sie so. Müde blickte er auf seine Hände; er trug immer den Ring des Diodorus und auch den ihm von Tiberius geschenkten Reif. Er schenkte diesem Schmuckstück keine Beachtung mehr. Jetzt aber schoß ihm das Blut in die Wangen, und er geriet in Erregung. Er zog den Ring des Tiberius vom Finger und schleuderte das kaiserliche Geschenk auf den Tisch.

»Schau dir diesen Ring an!« rief er. »Ich schwöre dir bei allen Göttern, daß Tiberius selbst, der meinen Vater und auch mich schätzte, mir ihn als immerwährende Zierde meiner Hand geschenkt hat! Zweifelst du daran? Schreibe Plotius, dem Prätorianerhauptmann im Kaiserpalast, der mein Freund ist, und frage ihn! Tiberius liebt ihn wie einen Sohn und vertraut ihm mehr als allen anderen Menschen; und er ist gleich einem Bruder zu mir.«

Der prachtvolle Ring lag auf dem Tisch, leuchtend und glitzernd; und der Prokonsul, ein Liebhaber von Geschmeide, erkannte den ungeheuren Wert dieses Stückes und war sprachlos. Angst erfaßte ihn. Er nahm den Reif ehrfürchtig in die Hand und betrachtete ihn mit heiliger Scheu.

»Wenn du gegen diesen Bauern nicht nach Recht und Gerechtigkeit vorgehst«, erklärte Lucanus, der sonst alle verachtete, die sich auf Namen und persönliche Beziehungen beriefen, »schicke ich diesen Ring dem Cäsar und bitte ihn, selbst nach dem Rechten zu sehen. Er wird nicht dulden, daß man mich erniedrigt und meine Forderungen geringschätzig ablehnt.«

Der Prokonsul hielt den Reif in der Hand wie ein göttliches Weihegeschenk und sagte mit zitternder Stimme: »Warum hast du mir das nicht gleich gesagt, edler Lucanus?«

»Ich hielt es nicht für nötig. Nie hätte ich geglaubt, daß es bei einem römischen Beamten des Namens Cäsar bedürfe, damit er seine Pflicht tut!« Sein Gesicht glühte vor spöttischer Verachtung. »Mein Adoptivvater war ein edler Mann und ein Tribun und gerecht; aber dieser Menschenschlag ist ausgestorben. Er hätte nicht ein Schmuckstück aus Cäsars Besitz gebraucht, um sich in Bewegung zu setzen.«

Der Prokonsul biß sich auf die Lippe. Mit dem Ring in der Hand stand er auf, verneigte sich vor Lucanus, bat ihn um Verzeihung und steckte ihm den Reif wieder an den Finger. Dann wandte er sich zu seinen Soldaten und sagte mit wütender Stimme: »Verhaftet diesen Schurken sofort und werft ihn ins Gefängnis! Dort soll er meine weiteren Entscheidungen abwarten. Darf ein Römer sich seiner Pflicht entziehen? Macht euch flugs auf den Weg! Der edle Lucanus ist von einem lumpigen Bauern auf unverzeihliche Weise beleidigt worden, und ich werde ihn rächen!«

»Du wirst nicht ungerächt bleiben«, berichtete Lucanus seinem Freund, während er sich anschickte, den Verband von den erblindeten Augen zu entfernen. »Gestern hat der römische Prokonsul mir zugesagt, daß er Gatas Mann verhaften und den Gerichten übergeben wird.«

Behutsam faßte er den Verband; doch Ramus zuckte vor der leisen Berührung zurück, und sein großer Mund verzerrte sich. Lucanus ließ von ihm ab und war entsetzt, als er unter der Binde eine Träne hervorsickern sah. »Was ist denn los?« fragte er bestürzt. Ramus ergriff seine Hand und bewegte stumm, aber verzweifelt die Lippen. »Weine nicht!« rief Lucanus erschrocken. »Sonst zerstörst du auch noch eine vielleicht verbliebene Spur von Augenlicht.«

Der schöne Raum, den Turbo seinen Gästen zugewiesen hatte, war von Sonnenlicht durchflutet. Mit einem Kopfschütteln über die eigene Achtlosigkeit zog Lucanus die Fenstervorhänge zu. Dann wurde er wieder ganz verzagt: ihm war eingefallen, daß Ramus nie mehr die Sonne sehen würde. Er wandte sich zu seinem Diener und sah die träufelnden Tränen. Er legte Ramus die Hand auf die Stirn. »Weine nicht!« wiederholte er murmelnd. Dann sagte er lauter: »Glaubst du, mir macht der Gedanke daran Spaß, daß dieser Bauer, der dir das Augenlicht geraubt hat, für seine Tat büßen muß? Verstehst du nicht meine einzige Absicht dabei? Ihm beizubringen, daß man solche Dinge nicht unschuldigen Leuten zufügen, daß man nicht straflos das Heim eines Menschen entweihen, daß man sich nicht an jemandem, der einem nichts angetan hat, vergreifen darf? Nach ein paar Rutenstreichen und einer kurzen Zeit hinter Schloß und Riegel wird er ein besserer Mensch geworden sein. Gesetz ist Gesetz.«

Er trat wieder auf Ramus zu, der von neuem seine Hand ergriff. Turbo betrat das Zimmer, bescheiden und frohgemut. »Ah, heute wird der Verband entfernt«, sagte er und klopfte im Vorbeigehen Ramus auf die Schulter. Er warf Lucanus einen bedeutungsvollen Blick zu und verneigte sich. Er schien außer sich vor Staunen. »Herr«, flüsterte er, »der Prokonsul selber, der römische Prokonsul, wartet draußen und will mit dir sprechen.«

»Führe ihn herein«, sagte Lucanus. »Er soll selbst sehen, was unter seiner Verwaltung geschehen und nur auf dringendes Verlangen gesühnt werden kann.«

Er hatte so machtvoll gesprochen, daß Turbo sich nochmals verbeugte.

»Ich schicke meinen besten Wein!« rief er eifrig. »Und auch Wein für seine Zenturionen im Hof.« Er hielt inne. »Glaubst du, daß der edle Prokonsul dem Haus die Ehre erweisen wird, die gebotene Gastfreundschaft anzunehmen?«

»Der römische Prokonsul«, erwiderte Lucanus mit spöttisch verzogenem Mund, »wird alles annehmen, was einen Wert hat.«

Im nächsten Augenblick hatte er den Würdenträger fast vergessen. Mit federleichter Berührung begann er, die dicken Verbände von den verletzten Augen zu entfernen. Er versuchte, auf die langsam hervorsickernden Tränen nicht zu achten. Er hoffte bloß, daß die Wunden ohne Verschmutzung ausgeheilt waren. Aber er seufzte dem Moment entgegen, da das gedämpfte Licht auf eingesunkene Augäpfel, geschrumpfter Lider und für immer zerstörtes Sehgewebe fallen würde. »Ach«, murmelte er, »wenn ich dir eines meiner Augen geben könnte, teurer Ramus! Wie gern würde ich es aus seiner Höhle reißen und dir einsetzen! Ich wünsche dir nur, du mögest von jetzt ab keine Schmerzen mehr haben und die Kraft finden, dich in dein Los zu schicken!«

»Wenn man durch die Wiedergutmachung reich wird, kann man sich auch ohne Augen in sein Los schicken!« sagte hinter Lucanus eine freundliche Stimme; und als er den Kopf wandte, sah er den Prokonsul, der vergnügt lächelte. »Ich begrüße dich, edler Lucanus! Ich bringe dir ausgezeichnete Nachrichten.«

»Gut«, sagte der Arzt und widmete sich stirnrunzelnd wieder seiner Arbeit. »Das hier ist eine sehr heikle Sache, wie du dir denken kannst. Ich hoffe, daß die Augenwunden geheilt sind und daß keine Entzündung eingetreten ist.«

Der Prokonsul nahm eine malerische Haltung an und rümpfte, während er den Schwarzen anblickte, die Nase. So viel Getue wegen eines jämmerlichen, heimatlosen Kerls, der nicht viel mehr als ein Sklave war! Diese Griechen! Aussichtslos, sie begreifen zu wollen! Natürlich fielen einem Thukydides und Xenophon und Äschylos ein, die jeden Menschen als wertvoll und Gott als den Allerbarmer hingestellt hatten, der alle seine Kinder liebte. Aber das war doch bloß Philosophie. Im allgemeinen hatte man es mit den rauheren Seiten des Lebens zu tun; nur in Mußestunden, etwa bei solchem Wein wie diesem hier, konnte man mit Anstand hochherzige Gemeinplätze von sich geben und sich selber beglückwünschen zur eigenen Gemütstiefe.

»Was ich sagen wollte«, begann er wieder. »Den Bauern habe ich also dem Gericht übergeben, mein teurer Lucanus. Die Richter haben mich heute verständigt, daß sie ihn, wenn er ihnen vorgeführt wird, zum Tode verurteilen und seine Hinrichtung verfügen werden. Überdies – und das wird deinem Diener Freude machen – verfällt sein bewegliches und unbewegliches Vermögen und wird dem Opfer zur Wiedergutmachung übertragen.«

Lucanus schrak heftig zusammen, und Ramus setzte sich händeringend in seinem Bett auf. »Hinrichtung!« rief Lucanus. »Ich habe Sühne verlangt, nicht Mord!«

Der Prokonsul war es nicht gewöhnt, daß jemand, und noch dazu ein Grieche, so zu ihm redete. Er warf Lucanus einen bösen, finsteren Blick zu.

»Sprich nicht in diesem Ton zu mir, Adoptivsohn des Diodorus Cyrinus«, sagte er mit kalter Stimme. »Du magst Arzt sein und Bürger von Rom und – das hat man mir gestern mitgeteilt – der Erbe des Vermögens eines Römers; aber ich, ich bin Römer!«

»Und ich bin ein Mensch!« rief Lucanus; sein Gesicht wurde dunkelrot. »Was ist denn schließlich ein Römer anders als auch nur ein Mensch? Ha! Ich werde ja vor Gericht geladen werden müssen. Dann werde ich das Nötige sagen, daß nämlich Gerechtigkeit durch Milde ergänzt werden muß.«

Der Prokonsul lächelte und nippte wieder an seinem Wein. »Du selber, lieber Lucanus, hast mir doch wie eine Erinnye zugesetzt und Strafe für den Schuldigen verlangt. Jetzt wird dir vor dem eigenen Mut bange.«

Lucanus preßte die Hände aneinander; er blickte in die spöttischen Augen des Prokonsuls und bekam Angst. »Ja«, erklärte er, »ich habe Sühne verlangt, in der Annahme, es würde sich um ein paar Rutenstreiche und einige Wochen Haft handeln. Aber das ist doch ungeheuerlich!«

Unter dem Rande seines kunstvoll gearbeiteten Helmes zog der Prokonsul seine sorgsam mit der Pinzette behandelten Brauen hoch. »Widme dich doch jetzt deinem Diener!« meinte er. »Spürst du nicht, wie er dich am Arme zieht? Du darfst doch jemanden, der dir so am Herzen liegt, nicht vernachlässigen.«

Er lehnte sich an eine Onyxsäule; seine Augen sprühten vor Belustigung. Lucanus starrte ihn einen Augenblick lang an und wandte dann seine Aufmerksamkeit Ramus zu, den er sich wieder hinzulegen zwang. »Halte jetzt still!« befahl er streng. »Du darfst dich nicht hin und her werfen. Was ich nun tue, kann Schmerzen bereiten, aber es dauert nicht lange.« Er sah über die Schulter den Prokonsul an. »Bitte, gedulde dich, bis ich damit fertig bin.«

»Auf mich warten bloß zwanzig hartnäckige Griechen«, spöttelte der Prokonsul. »Aber das macht natürlich fast gar nichts aus. Übrigens ein reizendes Haus hier! Ich habe es mir angesehen. Ach, sind das Zeitläufte, wenn Sklaven und Bauern solche Köstlichkeiten erwerben können!«

Lucanus antwortete nicht. Die letzte blutbefleckte Schicht des Verbandstoffes lag jetzt zwischen seinen behutsamen Fingern. Plötzlich zeigte der Prokonsul sich interessiert und reckte den Hals. Lucanus schöpfte tief Atem und entfernte die letzte Binde. Er schloß die Lider, um nicht gleich das grauenvolle Bild der Zerstörung zu sehen.

Stille umgab ihn, und auf seiner Stirn brach Schweiß aus. Niemand rührte sich. Dann rief der Prokonsul: »Oha! Die Augen des Sklaven sind ja tadellos in Ordnung! Was ist das für ein Unsinn?«

Lucanus öffnete rasch seine Lider. Er schaute nach Ramus, der ihn strahlend anlächelte. Die großen, klaren, schwarzen Augen waren heil, glänzend und ohne Makel. Zitternd beugte der Arzt sich über den Liegenden und blinzelte, weil ihm das Blickfeld verschwamm. Er meinte zu träumen. Er konnte es nicht glauben. Er faßte das Kinn des Afrikaners in seine schwitzenden Finger und drehte ihm den Kopf zur Seite. Dann lief er zu einem Fenster und riß den Vorhang auf. Die Knie schlotterten ihm. Er kehrte zu dem Bett zurück und starrte ungläubig in die ihm zugewandten Augen.

Ärztliche Kunst konnte das nicht bewirkt haben. Wieder hatte er sich geirrt! Die Pest auf dem Schiff fiel ihm ein, das Krebsleiden des Kallias, andere merkwürdige Fälle, die er behandelt hatte. Und jetzt das hier! Er rief Ramus zu: »Siehst du mich? Im Namen Gottes, siehst du mich, mein Freund?«

Ramus nickte. Er streckte den Arm aus und berührte die Hand des Arztes; und reines Licht strahlte von seinen Zügen. Dann faßte er den Saum von Lucanus' Kleid und küßte ihn, wie man den Gewandsaum eines Gottes küßt, und legte, einem Kinde gleich, den Kopf an die Hüfte des Arztes.

»Ich muß betonen«, erklärte Lucanus mit eiskalten Lippen, »daß ich damals seine Augen genau gesehen habe! Ich bin Arzt. Sie waren geschrumpft, zerfetzt, blutend; die Pupillen waren fast geschlossen, die lebenswichtigen Flüssigkeiten aus den Augäpfeln versickert. Er war blind!«

Der Prokonsul hörte zu lächeln auf. Er trat einige Schritte zurück und sah Lucanus furchtsam an. Der Arzt war völlig außer sich. »Er ist blind gewesen!« schrie er. »Ich kenne Blindheit, wenn ich ihr Erscheinungsbild sehe! So etwas gibt es einfach nicht!«

»Zauberei!« murmelte der Römer und wich noch weiter zurück. Er räusperte sich. Er schaute auf den kaiserlichen Ring an dem Finger des Arztes und schwieg eine Weile. Dann sagte er: »Mein lieber Lucanus, du weißt, wie empfindlich die Griechen gegen Zauberei sind. Ich rate dir, Athen so still wie möglich zu verlassen. Ich als Römer bin über jeden Aberglauben erhaben; aber ich habe dieses verfluchte Land zu verwalten und wünsche keine Ungelegenheiten.«

Lucanus eilte, den Kopf voll verworrener Geräusche und aufblitzender Lichter, auf den Prokonsul zu und wollte ihn am Arme fassen. Aber der Römer wich entsetzt zurück. »Der Bauer!« rief Lucanus. »Was ist mit dem Bauern, nachdem ich mich so fürchterlich geirrt habe?«

»Ich werde vorschlagen, daß er einen Monat Gefängnis bekommt – wegen seines Anschlags auf die Person des Dieners des Lucanus, wegen Beschädigung seines Hauses und wegen Anzettelung eines Auflaufs – und daß er dann freigelassen wird«, erklärte der Prokonsul und ergriff die Flucht. Das Geklapper seiner eilenden Sandalen widerhallte im Hause.

Schüchtern trat Turbo ein. »Herr«, stammelte er, »der edle Prokonsul ist aus dem Haus gelaufen, als wären die Furien ihm auf den Fersen. Habe ich ihn irgendwie gekränkt?«

»Nein«, erwiderte Lucanus zerstreut. Er deutete auf Ramus. »Du siehst, er ist nicht blind. Mir ist da ein haarsträubender Irrtum unterlaufen. Ich bin kein richtiger Arzt. Ich mache zu viele Schnitzer. Aber in diesem Falle bin ich froh, daß ich mich getäuscht habe ...«

Turbo ging zu Ramus und blickte ihm in die lächelnden Augen. Dann starrte er den Arzt an. Der Afrikaner stand vom Bette auf, hob die gefalteten Hände über den Kopf, senkte sie zur Brust und warf sich seinem Herrn zu Füßen.

»Mein armer Freund«, murmelte Lucanus mit bebender Stimme. »Durch meine Fehlmeinung, du wärest blind, habe ich dir viele Tage der Qual bereitet. Ich bitte dich um Vergebung.«

XXXVI

An die Zeit nach seiner eiligen Flucht aus Athen – später kehrte er ja wiederholt unbehelligt dorthin zurück – dachte Lucanus in der Folge oft als an einen Lebensabschnitt der ›Dürre‹. Teilnahmslos wanderte er durch das zu Siedeglut erhitzte, wallende und brodelnde Römerreich. Daß seine ärztliche Geschicklichkeit und Feinfühligkeit wuchsen, befriedigte ihn nicht. Seit jeher kaum gesprächig, wurde er jetzt noch schweigsamer. Sein persönliches Leben engte sich ein. Er war wie ein Same in der Schale, der auf den Frühling und die Frühlingsregen wartet, um sich zu einem großen Baum zu entfalten. In diesen Jahren regte der Same, der er selber war, sich nicht, sondern lag vertrocknet und ohne jede Bekundung inneren Lebens.

Mit anderen Menschen verkehrte Lucanus immer weniger. Nur wenn Dina unerwartet in einer Hafenstadt auftauchte, erhellte sich sein großflächiges Gesicht, und seine blauen Augen leuchteten auf; Dina traf er nur ein oder zweimal im Jahr. Ramus konnte nicht mit ihm sprechen; die beiden hatten sich eine Reihe beredter Zeichen ausgedacht, die mehr besagten als Worte. Gleich guten, aber stummen Geistern schritten sie durch die betriebsamen Häfen oder saßen still in den kleinen gartenumgebenen Häusern des Arztes oder standen an einer Schiffsreling, in die Betrachtung der Sterne und des Mondes, der aufsteigenden und untergehenden Sonne versunken.

Wenn sie in einer Stadt waren, kam Lucanus am liebsten erst spät abends heim, aus Furcht, es könnte ihn eine Menschenmenge begrüßen, wie es einigemal geschehen war. Bei Aufenthalten in Athen mußte er knapp an Lügen streifende Ausflüchte ersinnen, um sich der Gastfreundschaft Turbos zu entziehen. Tausende liebten ihn; Tausende betrachteten ihn als Gott. Er floh sie alle, außer sie kamen in Qual und Schmerz zu ihm. Seine innere Erstarrung nahm zu; eine Art Betäubung und Willenslähmung hatte ihn befallen.

Briefe von zu Hause erwartete er sehnsüchtig und freute sich besonders, wenn Priscus und Aurelia ihm schrieben; aber seine wenigen Antwortbriefe waren kurz. Er war wie ein Hungriger, den jede Speise heftig anwidert. Einmal jährlich reiste er heim nach Rom und nahm sich jedesmal vor, länger zu bleiben. Nach einigen Tagen überkam ihn jedoch eine krankhafte Rastlosigkeit; und er fuhr wieder davon, begleitet von Ausrufen des Bedauerns, des Vorwurfs und der Liebe.

Einmal sagte er zu seiner Mutter: »Frag mich nicht, was mit mir los ist! Ich weiß es selber nicht. Wenn ich in meine Seele taste, finde ich nichts als staubige Ausgedörrtheit; aber jede Berührung dieser Staubschicht schmerzt. Ich fürchte mich davor, tiefer einzudringen.«

Manchmal las er die vielen Schriften nach, die Keptah ihm hinterlassen hatte. Eine Stelle gab es, die er immer wieder vornahm, mit stirnrunzelndem

Erstaunen, aber mit jenem dumpfen Schmerz der Berührung, von dem er der Mutter gesprochen hatte. ›Wer sich, um die Bedeutung des Menschen im Leben zu ergründen, an den Menschen selbst hält, hält sich an ein Trugbild; denn der Mensch ist nichts außer in seiner Beziehung auf Gott. Richte deine Seele nicht nach den Menschen aus! Alles Menschliche ist Schimäre, ist eine Fata Morgana. Manche haben den Menschen verherrlicht, haben menschliches Wesen als etwas Absolutes, Eigenständiges in den Himmel erhoben; der Wert des Menschen, so wurde nachdrücklich behauptet, liege nur in seinen äußeren Daseinsbekundungen. Diese Lehre hat fast alle gesitteten Länder erfaßt – zu deren Unheil, weil Gesetz und Recht, Barmherzigkeit und Güte nicht im Menschen wurzeln, sondern in Gott, und ohne Ihn, der sie geschaffen hat, keinen wahren Bestand haben können. Der Mensch ist bloß das Gefäß der Gnade; er ist nicht die Gnade selbst.‹

Sooft Lucanus diese Worte las, war es ihm, als knarrte in seinem Inneren eine alte, verrostete, zugelehnte Tür mit flehentlichem Ton in ihren Angeln und wünschte, voll geöffnet zu werden. Aber er wandte sich ab. Jetzt erfüllte ihn nicht mehr leidenschaftlicher Zorn gegen Gott, weil er selten an Ihn dachte. Wenn Gott in seine Seele Einlaß begehrte, wich er wie bedrängt zurück; Gott war in der Tat nun eine schreckliche Bedrängnis für ihn, ein Etwas, das sich nicht wahrnehmen ließ, über das man sich keine Gedanken machen, das man nicht zum Kampf herausfordern, das man nicht einmal als philosophische Idee oder als Denkbild betrachten konnte. Manchmal sann er über die fruchtlosen Äonen der Vergangenheit und die schattendunklen Äonen der Zukunft nach, und gewaltige Müdigkeit übermannte ihn. Er blickte zu den Sternen auf und dachte an die Vermutungen der ägyptischen Astronomen, jene mächtigen Gestirne könnten unzählige Sonnen und um sie kreisende Planeten sein, und es könnten ständig neue Sterne, neue Sonnen und neue Planeten geschaffen werden. Die Vorstellung steigerte in Lucanus noch die seelische Erschöpfung und das Gefühl der Nichtigkeit.

Einmal, in Korinth, hatte ihm ein alter, sehr armer, sehr schlichter, sehr gütiger Priester gesagt: »Wenn ich nachts auf meinem Lager wach liege, kommt eine seltsame Gewißheit über mich, als hätte ich eine Botschaft empfangen. Gott steht nie abseits von den menschlichen Dingen, auch wenn wir uns sehr oft seiner Nähe nicht bewußt werden. Aber jetzt weiß ich, daß eine weltbewegende Offenbarung bevorsteht, über deren Form mir allerdings nichts bekannt ist. Gott wird sich wieder in Macht und Herrlichkeit Seinen Kindern kundtun, wie Er es in längstvergangenen Zeiten getan hat, und selbst die Erde bebt diesem Augenblick erwartungsvoll entgegen. Ich fühle es! Ich weiß es! Denn die ganze Welt hat das Bild Seines Angesichts verloren, und nun wird Er sich wieder enthüllen, vielleicht im Zorn, sicherlich aber auch in Liebe.«

»Warum soll Er sich gerade diesem einen welken Blatt inmitten eines endlosen Waldes offenbaren?« fragte Lucanus spöttisch. »Warum diesem Sandkorn inmitten eines grenzenlosen Strandes? Warum diesem Staubteilchen inmitten eines Samums? Das ist bloße Eitelkeit!«

Sie saßen in dem sonnverdorrten Garten des alten Priesters; zu ihren Füßen scharrten Hühner eifrig den Boden. Der Priester lächelte und zeigte auf eine Henne mit ihren Küken. Sie folgten ihr, entfernten sich manchmal ein wenig und flüchteten dann wieder eilends unter die Flügel der Mutter. »Sie kennen ihre Stimme«, sagte der Priester. »Hier im Garten gibt es viele Hennen und viele Küchlein, aber jedes kennt die eigene Mutter. So eine arme Henne kann nicht zählen; auch ihre Jungen können es nicht, und es sind ihrer viele. Wenn jedoch eines verlorengeht, das kleinste, schmutzigste, schwächste, sucht sie es und findet es. Vielleicht wundert sich das kleine, armselige Tierchen, warum die Mutter sich mit ihm solche Mühe nimmt, mit diesem Häuflein zerzauster Federn, das als Huhn völlig wertlos ist, mit diesem jämmerlichen Nichts. Wie, so mag das Küchlein sich fragen, kann sie wissen, wo ich bin, sie, die viele Kinder hat? Und was bin ich für sie, daß sie für mein Futter sorgt und mir Liebe und Schutz angedeihen läßt? Ich sage dir, teurer Lucanus, für die Liebe ist nichts wertlos, zuviel, zu klein. Die Liebe versagt sich nie. Für Gott ist das Staubteilchen, auf dem wir Menschen leben, ebenso wichtig wie der größte Sternhaufen im unvorstellbar weiten Raum.«

Er fügte hinzu: »Du urteilst mit deiner Vernunft, der blinden Sklavin deiner fünf unverläßlichen Sinne. Die größten griechischen Philosophen, denen die Vernunft das Höchste war, mußten schließlich zum Geheimnisvollen, Unerkennbaren zurückkehren; sie taten es immer widerwillig, weil es über die Vernunft hinausgeht, über das winzig kleine Flackern in einer finsteren, unerforschten Höhle. Gott kann nur mit der Seele begriffen werden.«

Aber Lucanus blieb von Müdigkeit und Überdruß erfüllt. Er stand auf und ging davon. Er wünschte keine Offenbarung. Manchmal sehnte er sich bloß nach dem Tode.

Wenn er Briefe von seiner Schwester Aurelia erhielt, sah er sie als Kind vor sich. Wenn er zu seinen seltenen Besuchen nach Rom kam, verwirrte es ihn, sie heranreifen zu sehen. Und jetzt sollte sie heiraten, und er mußte anwesend sein bei ihrer Hochzeit mit Clodius Flaminius, der aus einer alten, adeligen Familie stammte. Sie zählte neunzehn Jahre und hatte das gewöhnliche Heiratsalter schon weit überschritten, zur großen Sorge ihrer Mutter Iris. Freier hatten sich in Menge eingefunden; denn die Tochter des Diodorus Cyrinus stellte mit ihrer Mitgift eine gute Partie dar und war außerdem auffallend schön. Aber Aurelia hatte es nicht eilig gehabt, mit vierzehn oder sechzehn oder sogar siebzehn in den Ehestand zu treten. Sie hatte über die Besorgnisse ihrer Mutter gelächelt und war auch nicht beunruhigt gewesen, als Iris ihr sagte: »In deinem Alter sind Frauen sonst schon jahrelang verheiratet und haben Kinder. Gedenkst du eine Vestalin zu werden?«

Lucanus wußte indes, daß seine Schwester die Götter nicht besonders verehrte, obwohl sie deren Dasein heiteren Sinns zur Kenntnis nahm. Er vermutete auch, daß sie geistig nicht übermäßig rege war; er hatte ja gehört, wie der alte Kusa sich über ihren vergnügten Abscheu vor Büchern beklagte. »Für einen Perikles wäre sie nicht die richtige Gefährtin«, hatte er einmal brummig zu Lucanus gesagt. »Philosophie ist ihr zu hoch. An Politik, Gesetzen, Bank- und Börsengeschäften ist sie zum Unterschied von den anderen Römerinnen uninteressiert. Sie weiß nicht einmal, daß es an der Nordseite des Forums Börsen- und Maklerbüros gibt, Dinge, die den Römerinnen ihres Alters sehr wohl bekannt sind. Wenn ihre Freundinnen, junge Ehefrauen, bei ihr sitzen und von ihren Geldanlagen schwatzen oder einen aufsehenerregenden Prozeßfall erörtern oder mit dem eigenen oder des Gatten Bankguthaben protzen oder die Vorfreude auf kommende gesellschaftliche Ereignisse und auf Winterreisen in den Süden auskosten oder die neuesten Moden, die Kampfspiele und die Gladiatoren durchhecheln, lächelt sie liebenswürdig, gähnt aber dazu.«

»Sie scheint keine Bedürfnisse zu haben«, sagte Iris, deren herrliches Haar jetzt eine strömende Masse reinen Silbers war. »Doch wie lange kann ein junges weibliches Wesen zufrieden hinter dem Ofen hocken?«

Einmal hatte Lucanus auf Bitten seiner besorgten Mutter mit Aurelia, als sie achtzehn Jahre zählte und eine alte Jungfer geworden war, gesprochen. Er tat es widerwillig, weil seiner Meinung nach niemand sich in die Lebensführung eines anderen mischen sollte. Aber er sagte: »Wie kommt es, liebe Schwester, daß du dir wegen deiner Zukunft gar keine Gedanken machst? Unsere Mutter ist sehr alt und hat nun die gewöhnliche Lebensdauer schon beträchtlich überschritten. Sie ist vierundfünfzig. Wie kann man erwarten, daß sie sehr viel länger leben und für dich sorgen wird? Dein Bruder Priscus ist Soldat bei Drusus und Familienvater. Unser jüngster Bruder sitzt hinter seinen Büchern und möchte Lehrer werden; wahrscheinlich wird er nie heiraten. Wenn unsere Mutter stirbt und Priscus mit Frau und Kindern als Erbe in dieses Haus einzieht, mußt du als unerwünschte alte Schwester und Tante deine Tage hier verbringen. Ist das deine Absicht?«

Doch Aurelia hatte ihm auf ihre Art lässig, unergründlich zugelächelt und ihn auf eine Schar gelber Schmetterlinge aufmerksam gemacht, die über den Rosen flatterten. Seine Worte waren vergeblich gewesen. Aber nun sollte sie, wohl zu Iris' großer Erleichterung, heiraten, und ihr Bräutigam war gleichaltrig mit ihr. Zur Hochzeit mußte Lucanus wieder nach Rom reisen.

Jetzt, als er an der Reling eines raschen, aber kleinen römischen Seglers stand, den er eben in einem wenig bekannten afrikanischen Hafen bestiegen hatte, dachte er viel an Aurelia. Iris, der die Macht der Liebe bekannt war, hatte nicht für ihre Tochter die Ehe gestiftet. Im Gegensatz zu anderen Müttern hielt sie die freudige Zustimmung der Braut für unerläßlich. Ihre viel jüngere Freundin, die Gattin des Plotius, hatte die Bekanntschaft zwischen dem Hause des Flaminius und dem der Iris vermittelt; auf den ersten Blick hatten Clodius und Aurelia sich offenkundig sterblich verliebt, obwohl der junge Mann sich vom Standpunkt der Vernunft eine besser zu ihm passende Frau von vierzehn oder fünfzehn Jahren hätte erwählen können statt einer Neunzehnjährigen. Zu diesem Punkt war Lucanus auf eine rätselhafte Bemerkung in einem Brief seiner Mutter gestoßen, auf eine Bemerkung, die ihn verwunderte und keineswegs zur Klärung der Dinge beitrug. Eigentlich hätte Iris über die bevorstehende Ehe ihrer Tochter mit einem Mann aus so vornehmer, patrizischer Familie glücklicher und erleichterter sein müssen. Obwohl Lucanus jedesmal, wenn er sich mit den Menschen, die ihn liebten, und ihren persönlichen Angelegenheiten befassen mußte, in eine gewisse Ratlosigkeit geriet, zwang er sich zur Anteilnahme.

Dann tauchte vor seinem geistigen Auge eine ganze Flut von Bildern aus der Kindheit und Jugend seiner Schwester auf. Er sah ihre friedlichen, braunen, leuchtenden Augen; er hörte ihr sanftes Lachen. Er sah sie einen zu Boden gefallenen Vogel eilends aufheben und an die Brust drücken; er sah die Haushunde ihr mit bewundernden, einfältigen Augen nachlaufen. Sogar die Stiere wurden zahm, wenn sie zu ihnen trat; die Pferde liebten sie heiß. Die Dienerschaft las ihr jeden Wunsch von den Augen ab. Während Lucanus den heißen, wimmelnden Hafen betrachtete, auf dessen Molen Menschenmassen durcheinanderwogten, während er dem nicht endenden Geschrei der heißen Barbarenländer lauschte und ihren Gestank, der Duft zugleich war, roch, wunderte er sich über die Umstände der Hochzeit, zu der er fuhr. Hier war ein Geheimnis, das sein Interesse erregte.

An seiner Seite stand Ramus und sah zu, wie das Schiff geladen wurde. Das edle Gesicht des Afrikaners hatte wie gewöhnlich etwas eifervoll Forschendes und zugleich vertrauensvoll Wartendes an sich. In sein schwarzes, dicht gekräuseltes Haar hatten sich Strähnen von grobem Grau gemischt; aber sein nicht gealterter Körper bewahrte Muskelkraft und Geschmeidigkeit. Seine feuchten Augen musterten jedes ihm entgegenkommende Gesicht. Nach so vielen Jahren des Beisammenseins spürte er es gefühlsmäßig, wenn Lucanus an ihn dachte. Auch jetzt blickte er den Griechen liebevoll an und lächelte; dann wandte er seine Aufmerksamkeit wieder der Menschenmenge auf den Molen zu.

Das Schiff hatte abgelegt, schien aber eher stillzustehen, als über das glatte, seidige Blau der ruhigen See zu gleiten. Die Küste gewann, wie von selbst zurückweichend, immer größeren Abstand. Aus einem heißen, hellen Himmel starrte die Sonne herab, und die Segel waren kaum geschwellt. Der nächste Hafen, wo eine Ladung Gewürze auf das Schiff wartete, lag nordwärts an der gleichen Küste und sollte in zwei Stunden angelaufen werden. Lucanus setzte sich unter das rot-weiß gestreifte Sonnensegel auf dem Deck; es gab nur wenige Fahrgäste, da es sich um ein Post- und Frachtschiff handelte.

Lucanus begann über sein Leben nachzudenken. Bisher hatte er seine Gefühle nur der Außenwelt zugewandt. Dazu zwang er sich, aus Angst vor einer Befassung mit sich selbst; er wußte, daß er verzweifeln würde, sobald er den Blick seelenwärts richtete. Nun aber schaute er auf sein Leben zurück, so wie ein Wanderer von einem Berggipfel aus die Ebenen und Städte, die fernen Flüsse, das weite Meer, die Felder und die Weiler ins Auge faßt. Indes schien, wenn er jetzt sein Leben betrachtete, alles darin dunkel zu sein oder öde oder unfruchtbar oder farblos. Er vergaß die vielen Tausende, die er geheilt und getröstet oder die er barmherzig zu einem unentrinnbaren, aber friedlichen Tode geführt hatte. Noch nie hatte er so absprechend an sich selbst gedacht; und das verwirrte ihn, weil seine Wurzellosigkeit frei erwählt war, weil er selbst sich das Leben gestaltet hatte. Nun stand er sich gegenüber und sah sich als einen Menschen, den niemand missen würde. Seine Schwermut schlug sich ihm wie scharfer Metallgeschmack auf die Zunge, lag ihm wie ein Stein auf der Brust. Ramus musterte ihn von der Reling her und dachte bei sich: Mein Herr hat Kummer; er sucht, ohne zu wissen, was oder wen.

Vor Sonnenuntergang legte das Schiff im nächsten Hafen an, und an Bord kam ein Zenturio mit sechs Legionären; auch seine Familie hatte er bei sich. Er war ein schwarzhaariger, adlernasiger Mann, wie die meisten römischen Soldaten. Aber sein Gesicht hatte einen freundlichen, mitfühlenden Ausdruck; und dadurch erregte er das umherschweifende Interesse des Arztes. Es war höchst ungewöhnlich, daß ein römischer Offizier so menschlich mit seinen Untergebenen sprach, öffentlich so viel Besorgtheit für seine Familie zeigte und sich so verständnisvoll und einsichtig gab. Wenn er die seinen Hausrat tragenden Sklaven – offenbar kehrte er nach Rom heim, er war nicht mehr jung – anredete, bekam seine sonst knarrende Stimme eine merkwürdige Tiefe und Herzlichkeit, und er lächelte den Trägern zu und ermunterte sie. Immerhin behielt sein Gehaben eine gewisse Anmaßung; sein untersetzter, kräftiger Körper war trotz seines Alters achtunggebietend; sein sonngebräuntes, etwas grobes Gesicht wies noch Züge früherer Unduldsamkeit auf. Er schritt fest aus und schaute mit dem unbekümmert forschenden Blick des Römers um sich. Als sein Auge auf den Schwarzen an der Reling fiel, auf Ramus im einfachen Gewand eines Sklaven oder armen Freigelassenen, wandte er den Blick nicht ab, obwohl er einen Moment lang unsicher wurde. Dann lächelte er dem Afrikaner zu, wie man einem Bruder zulächelt, und Ramus lächelte zurück.

Nachdem der Zenturio mit Hilfe seiner Sklaven und Diener seine Familie im Schiffsraum untergebracht hatte, kam er allein auf das Deck zurück. Zufrieden blickte er über das Meer und dann zum Himmel, und er lächelte. Er spreizte die großen, braunen Beine und wiegte sich zu dem leichten Schaukeln des Schiffes, die Daumen in den breiten Ledergürtel mit dem kurzen Schwert gehakt. Er nahm den Helm ab und wischte sich die schwitzende Stirn. Als er den Griechen erblickte, wurde seine Miene freudig. Es war offenkundig, daß er Gesellschaft wünschte, und Lucanus erhob sich und lud ihn höflich zu einem Becher Wein. Ramus ging hinunter, brachte Rotwein und drei Becher und goß ein. Lucanus wartete darauf, daß auf die Miene des Römers ein erstaunter, gekränkter Ausdruck über die zwanglose Gegenwart des Afrikaners treten würde und Verwunderung darüber, daß sein Herr ihn mittrinken ließ. Aber der Hauptmann nahm den Becher von Ramus und lächelte ihm freundlich zu. Dann setzte er sich neben den Arzt, der sich während der kurzen Abwesenheit des Afrikaners vorgestellt hatte.

»Ich habe Judäa vor drei Wochen verlassen«, sagte der Hauptmann, »um meine Frau und meine beiden Töchter abzuholen, die in Afrika die Trokkenheit der Wüstenluft genossen haben. Sie sind nicht sehr gesund.« Er seufzte; doch sofort kehrte der friedliche Ausdruck in sein Gesicht zurück. »Ich habe den Dienst quittiert. In der Nähe von Neapel besitze ich ein kleines Landgut, und dort gedenke ich den Rest meines Lebens zu verbringen, ohne Bedauern und ohne weitere ehrgeizige Anwandlungen.« Er hieß Antonius. Er fuhr fort: »Früher einmal habe ich gemeint, ich könnte nur als Soldat und Schützer Roms leben. Früher war ich schrecklich stolz und, zu meiner Schande muß ich es gestehen, schrecklich unduldsam.«

Lucanus horchte auf. Stolz und Unduldsamkeit galten den Römern im allgemeinen nicht als Fehler, sondern als lobenswerte Züge völkischer Eigenart.

Der Hauptmann warf ihm einen scheuen, zögernden Blick zu, und Lucanus war sehr verwundert. Dieser Blick hatte etwas Knabenhaftes, Reines. Ramus, der nicht weit stand, trat noch näher heran.

»Doch das alles kann dich nicht interessieren, Lucanus«, entschuldigte sich der Zenturio. »Verzeih das Gefasel eines alten Mannes.« Er nippte an seinem Wein und schaute verträumt auf das Meer hinaus. »Aber mich treibt es immer, von diesem inneren Wandel jedem, der hören will, zu erzählen.« Er führte den Becher an die Lippen und hielt den Blick auf die flutende See gerichtet. Ein entrückter, erstaunter Ausdruck leuchtete in seinen solzen, schwarzen Augen auf.

»Im Gegenteil, es interessiert mich sehr«, erklärte Lucanus und bedeutete seinem Diener, die Becher wieder zu füllen. Antonius dankte dem Afrikaner, und wieder verwunderte sich Lucanus.

Der Hauptmann löste den Blick von der Ferne und starrte in den Becher, den seine sehnige Hand hielt. Er erzählte: »Ich habe lange in Kapharnaum gewohnt. Dort war ich stationiert, bis ich auf mein Ersuchen nach Rom zurückberufen wurde. Du mußt wissen, Lucanus, daß die Juden in vielen Beziehungen den Römern ähneln. Sie zeigen den gleichen Stolz und Eigensinn und lieben ihr Land; sie sind sehr fromm, aber auch schlau. Sie treiben Handel. Und sie beten. Sie sind ausgezeichnete Kaufleute. Und sie geben den Armen Almosen.«

»Ja«, meinte Lucanus mit liebevollem Lächeln, »das verstehe ich. Mein Adoptivvater war von dieser Art. Und er hat auch oft erwähnt, daß die Römer und die Juden sehr viele Züge miteinander teilen.«

Antonius nickte. Er war von seinen Empfindungen ganz erfüllt, wie ein Junge. »Die Juden waren mir, wie allen Römern, feindselig gesinnt – gibt es nicht sogar feindliche Brüder? Aber im Laufe der Jahre sind wir uns sehr nahegekommen. Ich habe nicht nur die Volkssprache, das Aramäische, erlernt, sondern auch das Hebräische der Gebildeten; und manchmal, allerdings nicht oft, haben sie mich besucht, und wir unterhielten uns über vielerlei Dinge. Vor ein paar Jahren half ich ihnen bei der Erbauung einer Synagoge, was dringend nötig war, weil die Einwohner sehr arm sind. Ich bin eher wohlhabend; ich habe eigenes Geld für den Bau eingeschossen. Ja, wir waren Freunde und haben uns gegenseitig gern gehabt, die Juden und ich. Meine älteste Tochter hat einen sehr gebildeten jungen Juden geheiratet; die beiden wohnen in Jerusalem und haben drei kleine Kinder. Sehr hübsche Kinder«, fügte er hinzu, und seine Augen wurden feucht.

Lucanus hörte höflich zu, fühlte sich aber allmählich etwas gelangweilt. Dieser Hauptmann hatte eine sehr umständliche Art, und Lucanus erinnerte sich daran, daß alte Soldaten oft ermüdend sind, weil sie Geschichten auszuspinnen lieben, die sie rückschauend für ungeheuer wichtig halten.

»Ich habe meinen Diener bei meiner Tochter und ihrer Familie gelassen«, erzählte Antonius weiter, noch immer in den Becher starrend. »Von diesem Diener muß ich dir erzählen, weil sich mit ihm etwas Merkwürdiges zugetragen hat. Er war mein Jugendgespiele, als Sklave. Wir waren wie Brüder. Als ich in die Armee eintrat, hat mein Vater den Sklaven mir übergeben, und ich habe ihn freigelassen, weil ich ihm herzlich zugetan bin. Er heißt Creticus; er ist fünfzig, zwei Jahre älter als ich. In meinen Augen war er nie ein Sklave, Lucanus.« Der Hauptmann hob den Blick, als forderte er seinen Gesprächspartner heraus.

»Kein Mensch ist in Wirklichkeit Sklave«, betonte Lucanus. Die Sonne ging rasch unter. Das Meer war purpurn geworden, und der Himmel stand in Flammen.

Antonius heftete den Blick durchdringend auf den Arzt. »Du wirst ja wissen, daß die Griechen einen besonderen Brauch haben. Bevor sie selbst trinken, gießen sie eine Trankspende aus, dem Unbekannten Gotte.«

»Ja«, sagte Lucanus. Sein Herz krampfte sich zusammen, und eine unbestimmte, aber drängende Pein erfüllte ihn. »Auch mein Vater tat so.«

Antonius hielt dem Diener den Becher zum Nachgießen hin. Dann aber führte er das Gefäß nicht an die Lippen. Er blickte vor sich in die Ferne, auf das grelle Scharlachrot des Himmels. »Ich habe den Unbekannten Gott gesehen«, sagte er in sehr ruhigem Ton.

Lucanus runzelte die Stirn. Dieser Antonius wurde lästig. Man kannte doch die abergläubischen Römer, die sich als Vernunftmenschen gebärdeten! Es gab kein Heiligtum, nirgends in der Welt, und mochte es auch nur einem bedeutungslosen orientalischen, griechischen oder afrikanischen Gott geweiht sein, das sie nicht besuchten. Sie taten es mit einer Miene, als verachteten sie diese Götzen; aber immer wieder fanden sie sich bei den ›Götzen‹ ein, ließen Geld an den Altären zurück und behingen sich mit Amuletten.

»Ja«, bekräftigte Antonius mit zitternder Stimme, »ich habe den Unbekannten Gott gesehen. Aber jetzt ist er mir nicht mehr unbekannt! Meine Augen sahen ihn von ferne, und zwar vor wenigen Monaten. Du mußt mir glauben«, fügte er flehentlich hinzu, als er bemerkte, daß Lucanus den Kopf abgewandt hatte.

»Jedenfalls glaubst du es«, entgegnete der Grieche und kehrte sein Gesicht wieder dem Hauptmann zu. Sein jetzt an den Schläfen angesilbertes Blondhaar umgab seinen Kopf wie ein Lichthof, und der Sonnenuntergang spiegelte sich in seinen eisblauen Augen.

»Gewiß glaube ich es!« rief der Römer, und in seiner Stimme klang ein mächtiges Frohlocken auf. »Du mußt mich anhören! Du darfst nicht zweifeln! Es ist unbedingt nötig, daß du glaubst – daß alle Menschen glauben!«

Angeödet murmelte Lucanus ein paar unverständliche Worte. Aber die Pein wurde heftiger in seinem Herzen, blühte auf wie eine riesige rote Blume; und er wußte nicht warum. Es drängte ihn, sich zu entschuldigen. Da er sonst, außer im Zorn, sich nie von Stimmungen leiten ließ, geriet er in Verlegenheit, wenn er auf Ungestüm, auf unabgeklärten Eifer und Starrsinn stieß. Unruhig rutschte er auf seinem Sessel hin und her. Aber als höflicher Mensch konnte er nicht weggehen. Er blickte Ramus an und sah dessen dunkles Gesicht wie in Verzückung leuchten. Lucanus sagte: »Also erzähl mir von diesem ... diesem Mann!«

Antonius streckte die Hand aus und faßte den Griechen am Arm; seine Augen glühten, feurigen Kohlen gleich. »Ich muß es allen Menschen sagen, daß ich Gott gesehen habe und Ihm so nahe gewesen bin, wie meine Scheu es erlaubte!«

»Ich verstehe«, erklärte Lucanus müde. »Auch ich war in verschiedenen Synagogen, im Vorhof der Heiden. Ins Innere, wo sich die Schriftrollen befinden und die Altäre, ließ man mich nicht. Haben denn dich deine jüdischen Freunde in das den Heiden verbotene Heiligtum geführt?«

Die Hand an seinem Arm verstärkte ihren Griff, und der Hauptmann beugte sich näher zu ihm; er zitterte. Das karminrote Licht leuchtete in jede Runzel seines gebräunten Gesichts, in seine Augenhöhlen, in die Furchen um seine Adlernase. »Du mußt mich anhören!« rief er. »Nein, vor den Altar und die Schriftrollen durfte ich nicht treten. Aber ich habe Gott gesehen, vor wenigen Monaten.« Er hob die Hand in der Gebärde eines feierlichen Eides. »Ich schwöre dir, daß ich mit diesen meinen Augen Ihn gesehen, daß ich Seine Stimme gehört habe.«

Der Mann ist von Sinnen! dachte Lucanus.

Antonius führte seine Finger an das Gesicht. »Mit diesen meinen Augen!« wiederholte er, und plötzlich rann ihm eine Träne über die Wange. Ramus stellte sich ganz dicht neben ihn; sein Atem ging rasch, und seine eigenen Augen schimmerten.

»Lucanus«, sagte der Hauptmann im Tone höchster Eindringlichkeit, »du mußt wissen, daß die Juden seit vielen Jahrhunderten lehren, ihnen würde ein Messias geboren werden, ein König. Und nun ist er wirklich zur Welt gekommen und lebt im Lande Israel. Ehe er noch nach Kapharnaum kam, habe ich schon von ihm gehört. Er ist der menschlichen Erscheinung nach jung, aber vielleicht nicht mehr ganz jung. Viele Gerüchte gehen über ihn um. Er hat zahlreiche Wunder gewirkt.«

Lucanus preßte die Lippen zusammen, daß sie alle Farbe verloren. Er war plötzlich im Bild. Kühl erklärte er: »Ich glaube, ich weiß Bescheid. Eine mit mir befreundete Frau hat mir von diesen jüdischen Wundertätern erzählt, von diesen Mystikern. Lange bevor die griechischen Ärzte den unheilvollen Einfluß einer kranken Seele auf den Körper erkannten, wußten die Juden davon. Deshalb können ihre Geisterbeschwörer dadurch, daß sie die kranke Seele befreien und heilen, eine Gesundung des Körpers herbeiführen. Das ist nichts Neues, Antonius. Auch Wunder ist es keines, obwohl wir natürlich nicht sagen können, was die Seele ist, und ihr Geheimnis auch nicht mit Skalpell und Sonde zu ergründen vermögen.«

Ganz unvermittelt bemächtigte sich seiner eine merkwürdige Angst; er wollte nichts weiter hören. Aber Antonius faßte wieder seinen Arm, und sein Soldatengesicht bebte von tiefer Erregung.

»Lucanus, ich kenne alle Überlieferungen und Glaubeslehren der Juden. Ich habe lange in Judäa gelebt, und meine dortigen Freunde haben mir vertraut. Dieser Mann ist kein bloßer Wundertäter. Er ist der Messias. Er ist

Gott. Meinst du, ich bin der einzige, der das glaubt? Nein, große Scharen von Juden glauben es, seit er unter seinem Volk erschien, um den Menschen ins Gewissen zu reden.«

»Die Juden sind sehr rasch entflammt«, murmelte Lucanus. Er spürte, wie ihm das Herz bis an die Kehle schlug. Bilder, Erinnerungen versuchten in ihm aufzusteigen, und er verschloß sich ihnen. Verzweifelt fügte er hinzu: »Wenn die Seele von Hysterie übermannt ist, wird auch der Körper krank. Alle Ärzte wissen das.«

Der Hauptmann lächelte, und das Lächeln war unendlich mild. »Er ist kein Arzt. Seine Jünger nennen ihn Rabbi, also einen Gesetzeslehrer. Ich habe viele solche Rabbis kennengelernt, fromme Männer, die durch Gebet heilen können und ihre Tage damit verbringen, das Volk zu unterweisen und zu trösten.«

Aufgedunsen sank die rote Sonne in die See; Schiffsleute erschienen mit Laternen und begannen sie auf dem Dach auszuhängen. Ein kühler Wind kam auf. Die Segel blähten sich, und das Schiff glitt rasch über das purpurne Meer.

»Aber dieser Rabbi ist ganz anders als seine Vorgänger«, erklärte Antonius mit bewegter Stimme. »Er ist der Unbekannte Gott, den die Griechen verehren und den vor ihnen die Ägypter, und vor den Ägyptern wiederum die Babylonier und Chaldäer angebetet haben. Er ist der Messias. Woher ich das weiß? Als ich durch den Besuch von Freunden aus Jerusalem und Cäsarea von ihm erfuhr, wußte ich sofort, wer er ist! Du mußt mir glauben!«

»Wieso wußtest du es?« fragte Lucanus wie gelähmt.

Der Hauptmann schlug sich mit der geballten Faust auf die Brust. »Wie weiß man denn überhaupt, daß etwas wahr ist, wenn nicht durch das eigene Gefühl der Gewißheit? Man weiß durch innere Einsicht.«

Er ließ die Faust auf das Knie gleiten und seufzte. »Ich habe dir von Creticus erzählt, von meinem Freund, meinem Freigelassenen. Er ist krank geworden, nicht seelisch, sondern körperlich. Ich habe die besten Ärzte an sein Krankenlager gerufen. Ich habe keine Ausgaben, keine Mühe gescheut. Viele Tage bin ich bei ihm gesessen, und er hat mich nicht erkannt. Er hat Blut gebrochen; er hat Blut ausgeschieden; Blut hat ihm die Haut zu Beulen abgehoben. Seine Augen waren blutunterlaufen, seine Lippen blutverkrustet. Und er ist von Tag zu Tag blässer geworden, bis er nur mehr ein Schatten seiner selbst war.«

Lucanus fuhr auf. Die Weiße Krankheit! Die mörderische, schleichende, schreckliche Krankheit, gegen die man kein Mittel kannte, die Krankheit, die Rubria und, mit ihr, auch seine Seele getötet hatte! Er starrte den Zenturio an und fuhr sich mit der Zunge über die Lippen; sie waren kalt und steif.

»Man sagte mir, Creticus müsse sterben«, berichtete der Hauptmann weiter, »seine Krankheit sei unheilbar. Mit ihm könne es nur mehr Stunden oder Tage, höchstens vielleicht eine Woche dauern.«

»Ja, es gibt keine Abhilfe dagegen«, bestätigte Lucanus in dumpfem Tone.

Der Hauptmann nickte, und im Licht der baumelnden Laternen glitzerten seine Augen, wie von Tränen erfüllt. »Aber«, sagte er dann leise, »Creticus wurde geheilt, und zwar mit einem Schlage.«

»Unmöglich!« rief Lucanus.

»Unmöglich für den Menschen, aber nicht für Gott. Creticus ist von einem Augenblick zum andern seine Krankheit losgeworden; er stand einfach vom Bette auf, die Wangen gerötet von Leben und Gesundheit, umarmte mich und sagte zur mir: ›Er hat mir im Traum die Hand berührt und mich geheißen, aufzustehen und das Bett zu verlassen‹!«

»Wer hat so zu ihm gesprochen?« fragte Lucanus. »Was redest du da?«

»Ich habe es dir schon angedeutet. Es war der Unbekannte Gott. Verzeih, ich bin nur ein rauher Krieger; mir fehlt die Beredsamkeit. Ich erzähle die Geschichte ganz jämmerlich. Ich erwähnte vorhin, daß meine jüdischen Freunde mir Gerüchte über den Messias zutrugen. Und eines Tages kam er selbst nach Kapharnaum. Meine Bedienten liefen zu mir mit der Nachricht, in unsere Ortschaft sei ein fremder jüdischer Rabbi gekommen, von dem es heiße, er sei der Messias. Drei meiner Freunde, jüdische Ärzte, saßen bei mir, um mich zu trösten, weil Creticus im Sterben lag. Mein Diener atmete stoßweise, dumpf, röchelnd; und in seiner Kehle rasselte es, und seine Augen waren verdreht und verglast. Kalte Todesschauer überrannen ihn; er stöhnte wie aus den Tiefen seines Körpers. Gerade war der Arzt kopfschüttelnd weggegangen.«

Bei der Erinnerung an diese Stunden zitterte die Stimme des Römers; er schlug die Hände vor das Gesicht. »Und da forderte ich meine Freunde, die jüdischen Ältesten, auf, zu dem Rabbi zu gehen und ihn zu bitten, meinen Diener, meinen geliebten Creticus, zu heilen. Sie begaben sich zu ihm, an den Platz, wo er dem Volke predigte, und sie sagten ihm, ich sei es wert, daß mein Knecht geheilt würde, und baten ihn, in mein Haus zu kommen. Sie erzählten ihm, ich hätte ihnen die Synagoge erbaut und sei ihr Freund. Und so, von seinen Jüngern und einigem Volk umgeben und von den Ältesten begleitet, näherte er sich meinem Haus.«

Die Laternen schwangen in der kühlen Abenddämmerung hin und her, und der Mond übergoß die hohen Segel wie mit einer Flut silbrigen Wassers. Lucanus vergaß seinen Gehilfen; er vergaß alles angesichts dieser unglaublichen Erzählung.

»Ich habe sie alle kommen hören«, fuhr der Hauptmann fort, und jetzt war seine Stimme heiser und gepreßt. »Ich empfand nur eines: Gott kam zu meinem Hause, und ich war nicht würdig, daß der Erhabene über meine

Schwelle trat. Ich lief aus dem Schlafgemach, ich lief aus dem Hause. Die Sonne war hoch und heiß. Und dann sah ich den Messias! Mit diesen Augen habe ich ihn gesehen! Lucanus, du mußt mir glauben. Der Staub war grellgelb über der Menge und über ihm, der mitten darin schritt. Er ragte weit über die anderen hinaus, ein junger Mann mit schönem Gesicht. Und der gelbe Staub leuchtete rings um ihn. Ich sah seine Augen, die dem Himmel glichen; ich sah sein Lächeln. Und wieder wußte ich, daß er Gott war.

Meine Beine schlotterten unter mir. Es schien mir, als glühten rings um ihn Erde und Himmel in weißer Glut. Und ich breitete die Arme aus, um ihm zu bedeuten, er möge nicht näher kommen, weil ich das nicht verdiente. Ich senkte den Kopf; denn es wäre gotteslästerlich gewesen, ihn anzustarren. Und ich sprach: ›Herr, auch ich, ein der Obrigkeit unterstellter Mann, habe Soldaten unter mir. Und wenn ich zu einem sage: Geh!, so geht er, und zu einem andern: Komm!, so kommt er, und zu meinem Knecht: Tu das!, so tut er es. Alles, was ich befehle, geschieht, sobald ich es befohlen habe. Deshalb, o Herr, sprich auch du nur ein Wort, so wird mein Knecht gesund.‹«

Lucanus zitterte; er preßte die Handflächen aneinander. Eiskalt strich der Abendwind um seine Wange. Aber er sagte sich vor: Nein, nein! Das ist unmöglich!

»Und dann«, fuhr der Hauptmann fast flüsternd fort, »hörte ich ihn sprechen. Und seine Stimme schien vom Himmel und von der Erde zugleich zu kommen, und er sagte zu den Leuten seiner Umgebung: ›Solchen Glauben habe ich selbst in Israel nicht gefunden.‹ Und dann, Lucanus, als ich die Augen aufschlug, war er gegangen und das Volk mit ihm, und nur meine Freunde waren da. Und wir begaben uns in das Haus und fanden meinen Diener geheilt.«

Mitten im Sausen des Nachtwinds und dem Knattern der Segel hörte Lucanus einen ganz schwachen Laut, wie ein Echo. Er fuhr zusammen und blickte verwirrt um sich; und er sah, daß Ramus nicht mehr bei ihm stand. Er sprang auf, mußte aber den Sessel fassen, weil seine Knie nachgaben. Ohne ein Wort hervorzubringen, starrte er den Hauptmann an.

»Du mußt es glauben«, wiederholte der Römer. »Du siehst mich an; und du weißt, daß ich nicht lüge. Du weißt, daß ich nicht lüge! Er hat meinen Knecht geheilt und meine Seele verwandelt!«

Lucanus wandte sich rasch um und ging davon.

XXXVII

Lucanus und Ramus verzehrten miteinander in ihrer Kabine ihr bescheidens Mahl. Der Grieche war noch schweigsamer als sonst; er konnte auch nur wenig essen. Ramus saß ihm ganz nahe, und er sah das Gesicht des Afrikaners hell leuchten und merkte, daß er in Gedanken versunken war. Langsam und bedächtig sagte er:

»Ramus, du mußt daran denken, daß kein Arzt alles Wißbare weiß. Der Mensch ist ein sehr rätselhaftes Wesen; vergebens haben Philosophen und Ärzte und Priester sein Geheimnis zu ergründen versucht. Magie und Geisterbeschwörung und Zauberei sind vielleicht nicht das, was sie scheinen. Möglicherweise benutzen sie Naturgesetze, die bisher der Mehrheit von uns unbekannt geblieben sind. In den heiligen Büchern der Babylonier, so hat mein Lehrer Keptah mir erzählt, steht geschrieben, eines Tages würden die Menschen sich ohne Zuhilfenahme von Segeln über die Ozeane hinweg fortbewegen; eines Tages würden sie wie Vögel über die Kontinente fliegen. Und eines weiteren Tages würden sie in ihrer Maßlosigkeit die Erde zerstören. Alle Philosophen kennen diese Vorhersagen, fürchten aber, sie der Menge bekanntzugeben. Du weißt ja, daß Sokrates wegen seiner Gedanken gezwungen wurde, sein Leben zu enden.

Sollte heute, in dieser modernen römischen Welt der Gewalt und der Macht und der Vergötterung alles Stofflichen, jemand das verkünden, was Babylonier und Juden seit Jahrhunderten wissen, würde man ihn einen Toren, einen Narren oder einen Zauberer nennen und ihn mundtot machen. Trotzdem glaube ich, daß alle diese vorausgesagten Dinge eintreten werden. Was wir vorhin aus dem Munde des Zenturio Antonius gehört haben, ist zweifellos wahr – von seinem Gesichtspunkt aus. Vielleicht kennt dieser jüdische Rabbi, dieser Lehrer, Geheimnisse, die uns übernatürlich vorkommen, sich jedoch einem Naturgesetz einordnen, das wir noch nicht entdeckt haben. Oder aber, und das scheint mir am wahrscheinlichsten, die Ärzte, die den Diener des Hauptmanns behandelten, haben sich geirrt. Der Knecht war gar nicht todkrank; er wäre auf jeden Fall gesund geworden.«

Lucanus brach ein Stück Brot ab, starrte es teilnahmslos an und legte es wieder hin. »Ich habe bemerkt, daß die Geschichte des Hauptmanns dich stark beeindruckt hat. Offenbar hältst du den jüdischen Rabbi für ... jemanden, den du erwartest. Hüte dich vor einer Enttäuschung!«

Er blickte Ramus an, dessen Gesicht unvermindert leuchtete. Der Grieche seufzte. »Ich habe dir gesagt, daß deine Sprechwerkzeuge organisch vollkommen in Ordnung sind. Wenn du also stumm bist, so nur, weil du im Bann einer Hysterie stehst. Eines Tages aber wirst du sprechen können; und das darf man dann auch nicht als Wunder bezeichnen.«

Ihm tat der Kopf weh. Schweißbächlein rannen ihm wie Eiswasser über die Haut; seine Gelenke schmerzten. Er stand vom Tisch auf und sagte: »Ich habe mich erkältet. Ich lege mich nieder.« Er stellte die bewegliche Scheidewand zwischen die beiden Betten und holte seine Arzttasche hervor. Er fühlte sich den Puls und fand ihn normal. Seine Haut war warm, aber nicht in auffälliger Weise. Er nahm einige Untersuchungen an sich selbst vor; alles war in Ordnung. Dennoch hatte er das deutliche Gefühl, schwer krank zu sein. Er dachte: Ich bin kein Stimmungsmensch, aber aus irgendeinem sehr albernen Grunde hat dieser Hauptmann mich völlig durcheinandergebracht.

Er ging zu Bett und hörte, wie auch sein Freund Vorbereitungen zur Nachtruhe traf. Als Ramus über die Scheidewand blickte, tat Lucanus, als schliefe er. Der Afrikaner blies die Laterne aus. Nun war alles still, bis auf das Ächzen und Knarren des Schiffs, das ferne Geräusch von Rudern, die bei Flauten das Wasser plätschernd durchschnitten, und das gedämpfte Rufen der Schiffswache. Nach einer Weile versank Lucanus in einen unruhigen, von Angstträumen gestörten Schlaf.

Im Traum stand er in einem großen geschlossen Raum, dessen Wände und Decke aus Wolken bestanden, ohne Anfang und ohne Ende. Er war ganz allein, überwältigt von einem Gefühl der Furcht und völliger Leere. Da erhob sich vor ihm ein großes Kreuz, weiß wie Schnee; rosa Schatten liefen daran hinauf und hinunter und quer über das Kreuz. Es ragte in die Unendlichkeit; seine Arme überschatteten das Weltall. Er stand zu Füßen dieses Kreuzes und begann zu weinen und sagte zu sich: »Ich selbst bin schuld daran, daß meiner nicht gedacht wird.« Und er schrie mit wilderregter Stimme: »Herr, komm zu mir!«

Er stürzte in die Tiefe des Raums, in eine nachtschwarze, bodenlose Tiefe. Und dann hörte er aus äußerster Ferne, von den Grenzen des Geschaffenen her, eine Stimme, die ihm voll Güte zurief: »Ich habe deiner nicht vergessen, o mein Diener! Ich kenne dich vom Anbeginn der Zeiten, und du wirst Meine Stimme vernehmen.«

Mit plötzlichem Schreck erwachte Lucanus in der Finsternis. Das Schiff ächzte und stöhnte vor sich hin. Er begann wieder einzudösen, zitternd in der Erinnerung an seinen Traum. Einmal glaubte er ein Aufflackern von Licht zu sehen; aber es erstarb wieder. Ruhelos wälzte er sich hin und her. Seine Haut fühlte sich brennend heiß an; und er sagte sich halb benommen, er müsse Fieber haben. Wiederum schlief er ein, und wiederum geisterten durch die rasch wechselnden Traumbilder Verzweiflung, Verlorensein und Suchen. Er befand sich in einer glitzernden, glühenden Wüste, und der Sand umwogte ihn wie die mächtigen Wellen der See. Durst peinigte ihn. Er wanderte weiter und weiter, auf der Suche nach einer Oase oder einem Anzeichen von Leben, einer Palme oder einer Kamelkarawane am flammenden Horizont. Er fiel auf das Gesicht, in den heißen Sand, und sagte zu sich:

Jetzt muß ich sterben; denn rings um mich liegt die Zwecklosigkeit meines Lebens, einer Wüste gleich, und nichts ist da, meinen Durst zu stillen. Plötzlich flutete kühles Wasser an seine Lippen, und er trank gierig und konnte nicht genug bekommen. Seine Augen waren geblendet von himmlischem Licht, und er hörte eine Stimme liebevoll sprechen: »Ich allein kann deinen Durst stillen, o Mein Diener Lucanus!«

Taumelnd stieg er auf einem schmalen, steinigen Weg zu dem wolkenverhangenen Gipfel eines hohen Berges. Nirgends auf den Hängen gab es Bäume oder Sträucher oder Gras. Die Felskämme und ihre gelblichweißen Abstürze schienen flüssiges Feuer. Gewaltige Steinbrocken, wie Medusenköpfe oder Gorgonenhäupter, lösten sich von den Graten und rollten dem Wanderer in den Weg. Sein Rücken war unter einer furchtbaren Last, die er nicht sehen konnte, gebeugt; seine Schultern knirschten von der Qual der Bürde. Er torkelte gegen eine steile Felswand, keuchte verzweifelt und sagte sich, daß er nicht weiter konnte. Und jemand sprach zu ihm mit einer Stimme, die den unendlichen Raum füllte: »Kommt her zu Mir alle, die ihr mühselig und beladen seid, und Ich will euch erquicken.«

Wieder erwachte er, in Schweiß gebadet. Das Schiff wälzte sich wehklagend weiter. Die Finsternis war erstickend. Er nahm sich vor, aufzustehen und Wasser zu holen, schlief aber wieder ein. Und jetzt verspürte er Hunger, heftiger, als er je Hunger verspürt oder sich vorgestellt hatte. In ihm war ein Abgrund, der vor qualvoller Begierde aufbrüllte. Er biß sich in die Finger und stöhnte. Da erblickte er im Nebel des Schmerzes zwei Hände; und sie brachen Brot, und sie gaben ihm ein Stück. Und er verschlang es und war gesättigt. Und eine Stimme sagte: »Das ist Meine Wahrheit, und nur sie kann deinen Hunger stillen.«

Er war in den Ruinen der Städte. Er sah die Wölbung des Firmamentes, und sie war voll von Qualm. Er schritt zwischen den Trümmern, von Horizont zu Horizont, unter einem verdüsterten Himmel. Es war kein Mond, kein Stern, keine Sonne, keine Hoffnung. Die Städte rauchten wie Gebeine auf einem Scheiterhaufen. Dann sah Lucanus weit und hoch den Stern, an den er sich von Kindheit her erinnerte. Und das Gestirn bewegte sich, und er folgte ihm in wildem Laufe. Und während des Laufes hörte er einen Chor mächtiger Stimmen, der von den Tiefen der Unendlichkeit her sang, als frohlockten ungezählte Scharen. Er rief den Singenden zu: »Wartet auf mich! Ich habe mich verirrt!«

Die Träume wurden verworrener, bedrängender, stießen einander, verschmolzen, zerteilten sich wieder, verflüchtigten sich in nichts. Dann tauchten sie von neuem auf, noch ungestümer, noch verworrener, noch beladener mit Schauern der Erhabenheit und der Offenbarung. Lucanus bemühte sich mit aller Kraft zu erwachen; und ein Bündel Sonnenstrahlen fiel durch die Luke auf sein zusammenzuckendes Gesicht. Jemand hielt ihm Wein mit

Wasser vermischt an die Lippen und sagte: »Du bist krank. Trink und ruhe!« Er fiel wieder in Schlaf; aber ihm war, als läge er auf einem feurigen Bett, und er stöhnte laut.

Nach einem Zeitraum, der ihm wie Äonen erschien, hörte er besorgte Stimmen um sich. Er schaute, sah jedoch nichts als das in allen Regenbogenfarben verschwimmende Licht von Laternen. Etwas Heißes, Scharfes war in seinem Munde; er schluckte, und sein Gaumen brannte wie Feuer, Feuchte Kühle hüllte ihn ein, und er seufzte zufrieden. Er spürte, wie man seinen Kopf hob und ihm Wasser zwischen die Lippen goß. Laternen kamen und gingen; die Sonne kam und ging. Mondlicht drang durch die Luke; als er aber hinaussah, waren statt des Mondes Sterne draußen. Morgendämmerungen glitten in Sonnenuntergänge über, und sie wieder in Morgendämmerungen. Er sagte laut: »Bin ich tot?« Niemand antwortete. Er fühlte sich erschöpft. Sein Körper hatte kein Gewicht; sein Kopf war eine Kugel aus glühendem Glas. Er hätte gern geruht; aber Schreckgespenster umtanzten ihn.

Dann erwachte er eines Morgens, in kühlem, perlgrauem Frühlicht, und sah neben sich einen fremden, weißgekleideten Mann, der ihm zunickte. Er konnte sich nicht rühren; er hörte das Knarren des Schiffs und das Ächzen der Segel. Ein grauer Regen prasselte gegen die Luke, und die Vorhänge flatterten klatschend. Der Fremde saß in seinem Sessel, nickte und döste wieder ein. Aber Ramus war nicht da.

Dann wußte Lucanus plötzlich mit ruhiger Gewißheit, daß er lange Zeit gefährlich krank gewesen war. Er lag still da, erschöpft, mit feuchter und kalter Haut, mit klarem Geist. Aber was war das für ein Fieber gewesen, das ihn befallen hatte? Er konnte sich keines Vorzeichens entsinnen, keines zunehmenden Unbehagens. Er drehte sich im Bett um und wurde von der Erinnerung übermannt.

Der Fremde seufzte und bewegte sich, schüttelte den Kopf und öffnete die Augen. Als er sah, daß Lucanus ihn betrachtete, beugte er sich über den Kranken und sagte freundlich: »Du hast vierzehn Tage lang hohes Fieber gehabt, Herr. Doch jetzt geht es wieder aufwärts. Ich bin der Schiffsarzt. Eine Zeitlang fürchtete ich, du würdest die Krankheit nicht überstehen. Aber, den Göttern sei Dank, das Leben ist dir wiedergeschenkt.«

Lucanus versuchte zu sprechen; doch seine Stimme war nur ein Flüstern: »Offenbar Sumpffieber.«

»Nein, Herr. Es war eine rätselhafte Erkrankung. Ich pflege dich, seit dein Diener verschwand und Vorübergehende dich durch die Wände hindurch stöhnen hörten.«

Lucanus lag sehr still und blickte sein Gegenüber an. Er befeuchtete sich die trockenen Lippen, und der Arzt reichte ihm Wasser, gähnend und vor Befriedigung darüber lächelnd, daß er seinen Patienten durchgebracht hatte. Dann fragte Lucanus in seinem heiseren Flüsterton: »Ramus? Ist er weg?«

»Ja, Herr. Aber was kann man schon von Dienern erwarten? Alle sind sie treulos und selbstsüchtig und denken nur an sich. Als das Schiff den ersten Zwischenhafen anlief, um Mitternacht des Abfahrtstages, muß er von Bord gegangen sein und dich im Stich gelassen haben. Seitdem wurde er nämlich nicht mehr gesehen. Ach ja! Er hat dir eine Nachricht hinterlassen, dieses Schreibtäfelchen hier auf dem Tisch.«

»Lies mir vor!« bat Lucanus, und seine Schwäche hüllte ihn ein.

Der Arzt zuckte die Achseln, nahm das Täfelchen und las.

Ramus hatte geschrieben: »Verzeih mir, Herr, aber ich muß fort, sobald das Schiff heute nacht anlegt. Ich muß den Mann finden, den ich suche und von dem der Hauptmann uns abends erzählt hat, Ich habe geschaut, ob du wach bist; aber du hast geschlafen. Und dann wurde mir klar, daß ich am besten tat, nicht zu warten; denn wenn du mir zugeredet hättest, wäre ich nicht imstande gewesen wegzugehen. In Israel ist der Mann, den ich mein ganzes Leben lang gesucht habe. Sobald ich ihn finde, wird er den Fluch der Menschen von den Söhnen Hams nehmen, und ich werde wieder sprechen, um ihn anzubeten. Ich verlasse dich mit Gebet und Tränen; denn ich habe dich mehr geliebt als Vater und Brüder, und du warst mir nicht Herr, sondern Freund.«

Verzweifelt dachte Lucanus an den einsamen, stummen und hilflosen Afrikaner, der zu Fuß in das Land seiner Hoffnung wanderte – als Fremdling, der sich nur durch Gebärden verständigen konnte. Er mußte sich durch Wälder durchschlagen und durch Wüsten, mußte glühend heiße Gebirge überschreiten, mußte feindliche Städte und feindliche Dörfer queren. Und immer und überall gab es feindselige Menschen. Er würde an Hunger oder Durst sterben oder von wilden Tieren angefallen werden. Vielleicht griff man ihn auf und verkaufte ihn neuerlich in die Sklaverei. Langsam traten dem jungen Griechen Tränen in die Augen; er wandte den Kopf ab und sprach nichts. Schließlich schlief er ein; und als er am Abend erwachte, hatte er – ohne zu wissen wie – seine Kraft zurückerlangt. Er war völlig abgemagert, aber wieder stark.

An diesem Abend bat er den Hauptmann zu sich, zeigte ihm den Brief seines Dieners und sagte verbittert: »Ich zweifle nicht an deinem guten Glauben und an deiner Erzählung, daß sich alles so abgespielt hat, wie du es mir erzähltest. Ich als Arzt habe meine eigene Erklärung für diese Dinge. Indes aber hat dein überhitzter Bericht, Antonius, meinen Freund in den sicheren Tod geführt.«

Der Hauptmann entgegnete feierlich: »Nein, ich habe ihn zu seinem Leben geführt.«

XXXVIII

»Ist es nicht an der Zeit, daß du dich mir eröffnest?« fragte Iris. Sie saß mit Lucanus in der äußeren Säulenhalle des herbstlichen Gartens.

»Ich habe keine Geheimnisse, die ich dir erzählen könnte«, erwiderte Lucanus tonlos. Seine Abgespanntheit, die nicht körperlicher, sondern seelischer Art war, wich nicht von ihm. Seine Schwester Aurelia hatte vor sechs Monaten geheiratet und war, schon schwanger, im Hause ihres Gatten.

»Ich sollte ja froh sein, daß du uns diesmal nicht gleich verlassen hast«, sagte Iris mit einem nachdenklichen Seufzer. »Vielleicht sollte ich dich nicht drängen, aus dir herauszugehen; sonst könnte dich wieder deine Unrast erfassen und wegtreiben.«

Er versuchte ihr zuzulächeln, aber alles kostete ihn Anstrengung. Sie saß mit ihm in der kühlen Sonne, und ihr Blick ruhte auf den Laubbäumen, deren erkahlende Äste sich wie ziseliertes Gold gegen den leuchtend blauben Himmel abhoben. Der Duft von Trauben und Äpfeln, von Lorbeer und reifenden Datteln wehte sanft durch die schillernde Luft. Die fernen Hügel waren pflaumenfarben. Lucanus stellte fest, daß sich an dem Gesicht der Mutter im Lauf der Jahre kaum etwas geändert hatte. Die Haut war noch immer mädchenhaft durchscheinend; auch die Augen hatten viel von ihrer lebhaften Farbe bewahrt. Die Körperformen waren noch schlank, die Hände schön und makellos.

»Wenn ich wegfahre, bleibt Priscus mit seiner Familie hier im Haus bei dir, und auch mein jüngster Bruder Gaius Octavius. Freust du dich nicht, daß die Schwiegertochter und die Enkelkinder bei dir sind? Ihr Lachen belebt das ganze Haus.«

»Du vergißt eines«, entgegnete Iris. »Du warst das Kind, das ich als junge Frau hatte. Jetzt bin ich fünfundfünfzig, und die Jahre der Erwartungen sind längst vorbei. Ich bin also alt, und meine Gedanken wandern zurück nach Antiochia. Ich sehe dich als Säugling, auf einer Decke vor meinen Füßen in der Sonne, während ich spinne. Weder Priscus noch Aurelia noch Gaius sind mir so ans Herz gewachsen wie du, mein merkwürdiger, mein sehr merkwürdiger Sohn.«

Lucanus streckte den Arm der Mutter entgegen und streichelte ihr die Hände; und sie lächelte ihm mit Tränen in den Augen zu. »Wenn du nur geheiratet hättest!« murmelte sie und führte seine Hand für einen Augenblick an ihre Wange. »Wenn du Dina bas Eleasar geheiratet hättest! Ich habe sie liebgewonnen wie eine Tochter, seit sie im Sommer herkam und von da ab bei uns geblieben ist, um ihr Lungenfieber auszuheilen. Sie blickt dich so an und liebt dich so, wie ich Diodorus angeblickt und geliebt habe. Was gibt es auf der Welt Wertvolleres als Liebe? Dina ist dir schon früher in viele Städte und viele Hafenorte gefolgt. Warum hast du dich ihr immer entzogen?«

»Ich sagte es dir schon, Mutter. In meinem Leben ist kein Raum für Liebe und für Weib und Kinder und für ein stilles Heim. Einmal hast du mir vorgeworfen, ich wäre selbstsüchtig. Vielleicht mit Recht. Ich bin mir über nichts mehr sicher. Ich komme mir wie eine zwecklos im Meer schwimmende Kokosnußschale vor, deren lebendes Innere man ausgenommen hat und die nun mit den Gezeiten immer wieder meerwärts und landwärts treibt. Seinerzeit habe ich eine Schlacht geschlagen. Jetzt kämpfe ich nicht länger, weil meine Seele bis in ihre Tiefen todmüde ist und weil mir nichts mehr wichtig erscheint. Ich bin diesmal nur zu Hause geblieben, weil ich mich nicht dazu aufraffen konnte, fortzugehen. Jetzt habe ich dich gekränkt; verzeih mir, liebe Mutter! Aber du bist ein Mensch, dem gegenüber man einfach nicht anders kann als die ungeschminkte Wahrheit sprechen.«

Er wandte sein Gesicht ab, und Iris sah sein Profil, sah die strenge, blasse, wie versteinerte, mit den Jahren zu büßerischer Fleischlosigkeit abgemagerte Wange. Er sagte: »Früher einmal wußte ich, was ich wollte; ich war voll Feuer. Es hat eine Zeit gegeben, da stand ich jeden Morgen kampffreudig auf. Aber jetzt bin ich nicht mehr weit von Vierzig, und es mag sein, daß meine Lebenskraft nachläßt, daß die Altersmüdigkeit mich anschleicht. Mir fällt da ein Ausspruch ein, den Joseph ben Gamliel mir aus seinen heiligen Schriften angeführt hat. Ich erinnere mich nicht an den genauen Wortlaut, aber es war eine Mahnung an Jünglinge, ihres Schöpfers in den Tagen der Jugend zu gedenken und nicht erst dann, wenn die bösen Tage der Sättigung und des Überdrusses kämen, jene Tage, von denen sie sagen würden: Ich habe Gottes immer gedacht. Er hat mein Leben ständig bedrängt. Erst vor einigen Jahren hat Er sich plötzlich von mir zurückgezogen und das Kampffeld, auf dem wir täglich miteinander rangen, geräumt. Ich vermisse meinen alten Widersacher.« Zum erstenmal seit Monaten hörte Iris die alte spöttische Belustigung in seiner Stimme.

»Aber Keptah hat mir beteuert, daß Gott nie die Menschen verläßt«, warf Iris ein.

Lucanus zuckte die Achseln. »Ich kann dir nur sagen, daß er mich verlassen hat. Wo früher Er war, ist jetzt eine große Stille. Wir ringen nicht mehr miteinander. Er weiß, daß Er den Kampf gewonnen hat, und ich bin Ihm kein würdiger Gegner mehr. Das verletzt meine Eitelkeit!« Und er lachte auf.

Aber Iris wußte, daß ihr Sohn nicht so schlapp war, wie er selbst glaubte. Jede Nacht hörte sie ihn in Diodorus' großer Bibliothek auf und ab gehen. Sie spürte seine gärende Unrast, die irgend etwas zu suchen schien. Lange, nachdem alle schlafen gegangen waren, brannte noch seine Lampe, manchmal bis zum Morgengrauen. Wenn jemand gar keine Interessen und Leidenschaften mehr hatte, versank er in stumme Teilnahmslosigkeit. Aber die Augen ihres ältesten Sohnes verrieten Anspannung und Qual.

»Wonach drängt es dich, mein Sohn?« fragte Iris, voll Schmerz und Mitleid.

»Nach nichts. Ich kann in allem Ernste sagen, es drängt mich nach nichts. Und das ist der schreckliche Jammer.«

Das Gespräch wurde ihm lästig, und die Mutter erkannte es. Und beide sahen sie nun zu, wie die Blätter fielen und die Wipfel der Zypressen hell aufleuchteten und die Farben der Hügel dunkler wurden. Nach langem Schweigen sagte Iris: »Ich habe mit Bangen dem Augenblick entgegengesehen, da du Clodius kennenlernen würdest.«

»Und ich war tatsächlich entsetzt, als ich ihn zum erstenmal sah, diesen jungen Mann, der als Kind durch Lähmungen verkrüppelt worden ist und sich nur auf zwei Stöcke gestützt fortzubewegen vermag. Ich fragte mich: Was kann meine Schwester, ein so schönes Mädchen, an einem solchen Mann finden? Aber später sind mir die Dinge klargeworden.«

Es hatte ihm einen niederschmetternden Eindruck gemacht, als während seiner Anwesenheit Clodius in das Haus gekommen war, um ihn und seine Verlobte und ihre Familie zu besuchen. Der junge Mann hatte ein freundliches Durchschnittsgesicht mit treuherzigen dunklen Augen und feinen Zügen. Das Adlerprofil des römischen Patriziers war bei ihm weicher geworden, hatte einen verträumten, schicksalsergebenen Ausdruck angenommen. Zunächst hoffte Lucanus, der Mann würde wenigstens etwas Geist, etwas innere Beständigkeit, etwas Seelenstärke und Charakterfestigkeit zeigen. Aber Clodius war ebenso entschlußträge wie Aurelia, ebenso unproblematisch und doch auch ebenso undurchschaubar.

Und worüber sprachen die beiden miteinander? Lucanus hörte zu, ohne das Gefühl unerlaubter Schnüffelei. Er wollte sich einfach Klarheit verschaffen. Und da enthüllte sich ihm der sehr einfache Sachverhalt: sie liebten beide alles auf dieser Welt, ohne Vorbehalt, ohne Arg, ohne Heuchelei, ohne Furcht, ob es sich nun um einen Sklaven handelte oder um ein Pferd, um einen Baum oder einen Grashalm, um einen Menschen oder eine kleine Springmaus. Zuerst war Lucanus ganz bestürzt. Das Leben würde ihnen schon diese bedingungslose Liebe austreiben! Wie kindisch und albern, sich in einem wunderschönen Garten zu wähnen, in den nie etwas Böses eindringen konnte! Er sah die Zeit voraus, da der Tod über ihre Schwelle treten und ein geliebtes Kind oder einen gern gesehenen Sklaven oder gar einen von ihnen beiden mit sich nehmen mochte. Er sah den Überdruß voraus, der ihre Ehe verdüstern würde, die natürliche Lebensangst, die Launenhaftigkeit und Gereiztheit, die Möglichkeit langer, vielleicht unheilbarer Krankheiten. Wie stand es dann mit dem Garten und der Liebe?

Eines Tages hatte er seine Schwester allein getroffen, während sie mit jungen Katzen im Garten spielte. Er setzte sich zu ihr und brachte das Gespräch auf seine Befüchtungen. Er redete mit ihr wie mit einem Kinde. Sie hörte zu und lächelte; ihre rosigen Lippen öffneten sich, ihre großen, braunen Augen waren sanft und klar. Sie hat keine Ahnung, was ich meine!. dachte er ungeduldig. Dann sagte Aurelia: »Ich verstehe dich, lieber Bruder. Clodius und ich haben oft über diese Dinge gesprochen. Natürlich wissen wir, daß die Welt voll Schmerzen und Tod und Ungerechtigkeit und Elend ist. Wir sind doch nicht blind! Wir sind doch keine Kinder! Wir haben Augen und Ohren.«

Sie hob ein weißes Kätzchen auf und küßte ihm den kleinen Kopf. Lucanus hörte sie liebevoll mit dem Tier reden. Es hüpfte ihr auf die Schulter, schmiegte die Schnauze an ihr Kinn und war zufrieden. »Aber«, fuhr Aurelia fort, »wir wissen auch, daß die Liebe unerschöpflich ist, daß sie sich immer einen Gegenstand finden wird. Die Welt ist voll von Dingen, die man lieben kann! Ein Menschenleben reicht nicht aus, um alle diese Dinge zu lieben.«

Empört dachte Lucanus: Wie unglaublich, wie jämmerlich ist doch diese Einfältigkeit!

Aurelia lächelte ihm zärtlich zu. »Du glaubst, wir sind Kinder, unvernünftige, ahnungslose Kinder. Du glaubst, wir sind jeder Verwundung preisgegeben. Ich habe auf Clodius gewartet. Zwar wußte ich bis zu dem Tage, da er hier mit seinen Eltern Besuch machte, von seinem Dasein nichts; aber ich erkannte ihn sofort. Wir haben keine Angst vor dem Leben.«

Lucanus war wie vor den Kopf geschlagen. Er musterte die leuchtenden Augen seiner Schwester, nicht nur als Mensch, sondern auch als Arzt. Und was sich ihm bot, war ein reines, edles, starkes Licht. Aurelia saß bei ihrem Bruder im Grase wie ein Kind und lehnte vertraulich den Kopf an sein Knie.

»Ich halte nichts von Gelehrsamkeit, Lucanus. Bücher sind alt, und die Welt ist jung und voll Pracht. Aber als ich Clodius sah, fiel mir ein, was Keptah mir einmal erzählt hat: Sokrates habe gesagt, ein guter Mensch brauche weder dieses Leben zu fürchten noch den Tod.«

»In der Welt gibt es ebensoviel Übel wie Schönheit«, warnte Lucanus mit rauher Stimme.

»Das kommt daher, weil die Welt haßt und nicht liebt«, erwiderte Aurelia. Ein Hund stürmte bellend in den Garten. Aurelia rief ihn, sprang auf und davon, um das Tier zu beruhigen und mit ihm zu spielen.

Und Lucanus war allein geblieben, ganz reglos. Als er dann sinnend in das Haus gegangen war, hatte er sich spröde gefühlt wie Pergament, auf dem noch nie geschrieben worden ist.

»Die beiden werden immer glücklich sein«, sagte er jetzt zu seiner Mutter. »Ihr Glück und ihre Liebe werden nie enden. Und ich muß gestehen, das ist mir ein großes Rätsel. Dabei bin ich doch kein junger Mann mehr.«

Iris lächelte ihm zu. Und plötzlich wurde ihm ganz klar, daß seine Mutter vom gleichen Schlage war wie Aurelia. »Ich bin zufrieden«, murmelte sie. »Ja, ich bin zufrieden. Denn eines Tages, das spüre ich im Herzen, wirst auch du eine solche Liebe und ein solches Glück finden.«

Dina bas Eleasar kam in den Garten und fand Lucanus allein. Sie ging langsam, weil sie monatelang krank gewesen war; sie weilte als Gast hier im Hause, und alle schätzten sie wegen ihrer Freundlichkeit und Güte. Sie zählte jetzt fünfunddreißig Jahre, war also nicht mehr jung; aber ihre violetten Augen strahlten wie in ihrer Kinderzeit, und ihr schönes, zart geschnittenes Gesicht hatte einen Ausdruck, in dessen weise, heitere Gelassenheit sich etwas Trauer mischte. Um ihre schlanke Gestalt legte sich ein in der Farbe ihrer Augen gehaltenes Wollgewand, das Iris ihr zur Wärmung und Schonung des leidenden Körpers genäht hatte, und um die Schulter trug sie einen weißen Schal. Ihr dunkles, graumeliertes Haar war auf dem Scheitel ihres kleinen Kopfes in einen schlichten Knoten aufgesteckt, und ihr schöner Mund wölbte sich zu einem ganz leichten Lächeln. Auf ihren hohen Jochbogen lag ein Hauch lebhafter Färbung; und das war, wenn sie auf Lucanus zukam und er zu ihrer Begrüßung aufstand, das erste, was ihm jedesmal wieder, besonders an den Spätnachmittagen, auffiel. Beim Händedruck fühlten ihre Finger sich ungewöhnlich warm an.

Lucanus mußte daran denken, daß Hippokrates die Ärzte davor gewarnt hatte, geliebte Menschen zu behandeln: entweder verschließe die Furcht ihnen die Sinne vor der geahnten Wahrheit, oder sie begännen aus wilder Angst zu stümpern.

»Hast du heute viel gehustet, teure Dina?« fragte er, als er sie zu dem Stuhl führte, in dem Iris gesessen hatte; fürsorglich zog er den Schal fest um ihre mageren Schultern, um sie gegen die kühle Nachmittagsluft zu schützen.

Dina lächelte ihm freundlich zu. »Nein. In den letzten Tagen habe ich überhaupt sehr wenig gehustet, Lucanus.«

Er sagte: »Du wehrst dich dagegen, aber du gehörst in die Behandlung eines besonders erfahrenen Arztes in Rom. Dina! Du mußt dich von einem dieser Ärzte, den ich rufen werde, untersuchen lassen.«

Sie drückte die Wange an die Hand, die auf ihrer Schulter lag. »Ich fühle mich tadellos. Mach dir keine Sorgen. Du genügst mir als Arzt.« Ruhig und friedvoll blickte sie auf die Hügel. »Ich verlasse ungern dein Haus. Doch für die Festtage muß ich nach Jerusalem zurück. Ich verreise übermorgen.«

»Aber du bist noch nicht ganz gesund. Die Reise ist zu anstrengend für dich. Dina, weißt du, daß ich deinetwegen hiergeblieben bin?«

Wieder lächelte sie; sie wußte, daß seine Worte nur einen Teil der Wahrheit aussprachen. »Hab keine Angst!« murmelte sie. »Mich zieht es zu meinem Volk.«

Er saß neben ihr, beugte sich zu ihr, betrachtete ihr krankhaft dünnes Gesicht, das in dem goldenen Nachmittagslicht einer edlen Kamee glich. Wenn Dina, so sagte er sich, ernstlich krank wäre, könnte sie nicht so gelassen sein. Die unbewußte Vorahnung einer drohenden Lebensgefahr schuf ein körperliches Unbehagen, das sich irgendwie äußerte, im Zucken eines Augenlids, in der Weitung eines Nasenlochs, in dem Straffen einer Lippe. Nichts davon konnte sein durchdringender Arztblick an Dinas Gesicht entdecken. Ihre Miene zeigte die bei ihr gewohnte ruhige Fröhlichkeit eines Menschen, dessen Hoffnungen sich erfüllt haben.

Schweigend saß er neben ihr, die Hand um ihre Finger geschlossen. Er spürte die zerbrechlichen Knöchel, die Weichheit der seidigen Haut. Lange blickten sie beide auf die Hügel und das Tal. Lucanus dachte: Warum sollte ich sie nicht heiraten und bei mir behalten, diese mir so teure Frau, die ich seit vielen Jahren liebe? Ich habe die Welt durchwandert, weil ich kein Heim hatte; und immer floh ich vor der Liebe. Aber jetzt bin ich nicht mehr jung. Vielleicht sind meine Müdigkeit, meine Leere, meine lähmende Verzweiflung nur die Folgen einer Wurzellosigkeit, des Gefühls, daß mein Leben seinen Sinn verloren oder nie gefunden hat. Wenn ich Dina heirate, habe ich für den Rest meiner Tage Haus und Herd und eine liebevolle Gefährtin. Ich kann ein kleines Landgut kaufen, eine Villa mit eigenen Weinbergen und Obstgärten; und vielleicht könnte ich, obwohl es recht spät dafür ist, noch ein Kind haben. Ich habe mir selbst alles versagt, was Männer seit jeher als Lebensinhalt suchen.

In einer Anwandlung seines alten Ungestüms schob er sich in seinem Sessel herum. Er neigte sich zu Dina und, ohne das traurige Erschrecken zu beachten, das ihn bei ihrem Anblick wieder durchzuckte, sagte er zu ihr: »Dina, Geliebte, willst du mich heiraten und mit mir in Rom bleiben und ein Heim mit mir zusammen aufbauen?«

Sie blickte weiter auf die Hügel; und ihre gelassenen Gesichtszüge blieben so ruhig, so unbewegt, daß er meinte, sie hätte vielleicht, in Gedanken versunken, seine Worte überhört. »Ich bin übervoll von Leere«, setzte er hinzu und führte ihre Hand an die Lippen.

Schließlich sagte Dina: »Deine Seele ist entleert worden, auf daß sie angefüllt werde mit unvorstellbarer Fülle von Freude und Frieden, Lucanus. Das sagt mir meine Liebe, ohne mir allerdings zu sagen, wie das geschehen mag. Nein, Lucanus. Ich kann nicht deine Frau werden, weil ich dich damit deiner Bestimmung entfremden würde. Was du suchen mußt, findest du nicht in meinen Armen. Gott beruft Menschen – weg von den Städten, weg von ihren Heimen, von Weib und Kind, von allem, was sie lieben; und vor

Seiner Stimme kann man die Ohren nicht verschließen. Er hat dich berufen.«

»Unsinn!« rief Lucanus. »Ich bin leer, weil ich die Liebe zurückgewiesen habe, aus Furcht davor, was Liebe einem Menschen antun kann. Ich habe Angst vor dem Dasein gehabt, Dina, und ich bitte dich jetzt, mit mir zu leben als meine Frau.«

Sie schüttelte leise, aber entschieden den Kopf. »Das geht nicht, Lucanus. Seinerzeit, als du Alexandria verließest, da hielt ich es für denkbar. Aber in all den Jahren seither habe ich eingesehen, daß es unmöglich ist, weil du Gott gehörst. Du verlangst nach Ihm mit erschreckendem Verlangen. Und dieser Hunger wird gestillt werden. Denn du bist Sein.«

Dina war abgereist. Nun blieb Lucanus allein mit seiner Familie, und die alte krankhafte Unrast erfaßte ihn wieder. Das Haus steckte voller Menschen; aber darunter befand sich kein einziger, mit dem er hätte sprechen können, und das wunderte ihn.

Da war sein lediger Bruder, Gaius Octavius, ein ernster junger Mann, der ewig hinter seinen Büchern saß und offenbar ein geheimes, spannendes Eigenleben führte. Lucanus kannte seine hohen Geistesgaben; merkwürdigerweise jedoch vermochte er mit dem nie lächelnden Gaius noch weniger zu reden als mit irgendwem anderen im Hause. Zwischen den beiden Brüdern herrschte eine sehr förmliche Höflichkeit, ohne daß Lucanus die Zurückhaltung des Jüngeren durchbrechen konnte. Diese Pedanten! dachte er. Engstirnig und selbstsüchtig sind sie! Von sich eingenommen und bei aller Friedfertigkeit rechthaberisch! Sie leben auf dem Mond; dort macht ihnen niemand die Herrschaft streitig.

Priscus, der fröhliche, zufriedene Soldat, verbrachte daheim die Urlaube zwischen seinen Feldzügen unter Drusus, dessen offenkundige Überspanntheiten und dessen Versagen in der Planung er nie bekrittelte, sondern bloß auf humorvolle Art andeutete. Ihn liebte Lucanus unter seinen Geschwistern am meisten. Immerhin fragte er sich, ob Diodorus mit ihm so ganz einverstanden gewesen wäre; denn Priscus nahm alles mit einem Scherzwort gelassen hin, und nichts ging ihm wirklich nahe. Sein rundes, braunes Gesicht und seine braunen Augen erinnerten Lucanus mit herzbewegender Eindringlichkeit an Rubria; er hatte auch ihren Frohsinn, ihren Humor, ihr stets bereites Lachen und ihr Zwinkern. Er liebte den Krieg, und auch den Frieden; er liebte seine Pflichten, und auch seine Familie. Nie fühlte er sich glücklicher, als wenn Gäste im Hause waren; er hatte viele Freunde und besuchte sie, wenn er vom Felde zurückkam. Unzweifelhaft freute er sich des Lebens, an das er keine unvernünftigen Forderungen stellte. Er liebte Wettkämpfe, Theater, Würfelspiel, Gladiatoren, Trinkgelage, Späße und wohlgelaunte Fröhlichkeit aller Art. In seine Kinder war er vernarrt. Wenn

Lucanus von Politik sprach, fühlte er sich so gelangweilt wie Aurelia, ließ das Thema mit einem breiten Zwinkern und einem Lächeln fallen und ging die große Bauernwirtschaft besichtigen. Lucanus argwöhnte, daß Priscus ihn zwar liebte, aber als lästig empfand.

Immerhin war Priscus Familienvater, und Lucanus fühlte sich verpflichtet, dem lebenslustigen Offizier eine ernste Betrachtung der Welt, in der er lebte, beizubringen. Priscus verfügte über beträchtliches Vermögen; er hatte militärischen und politischen Einfluß; er hatte – und das war die allerwichtigste Seite der Sache – Kinder. So rief Lucanus eines Abends den Bruder zu sich in sein Zimmer, und Priscus stelzte auf seinen kräftigen Beinen herbei, in eine einfache Tunika gekleidet. Er hatte mit seinen Kindern vor deren Schlafengehen gespielt; sein ruppiges schwarzes Haar war noch zerzaust, und seine breiten, roten Lippen lächelten. Er begrüßte Lucanus liebevoll; als er jedoch die spröde Miene seines Bruders sah, wurde ihm unbehaglich zumute.

Er versuchte, dem befürchteten ernsthaften Gespräch dadurch zu entgehen, daß er in aufgeräumtem Tone allerhand Dinge erzählte, von der Weinlese und dem Zustand der Obstgärten, von seinen Plänen zur Auffüllung des Fischbestandes im Bache, von seinen lustigen Flüchen über die Trägheit der Freigelassenen und Sklaven, von seinem Argwohn in bezug auf die Ehrlichkeit der Aufseher. Seine Stimme war fröhlich, sein Gesicht ohne Furchen, sein Gehaben zwanglos.

Lucanus sagte: »Wie du weißt, Priscus, verreise ich bald. Du mußt mich jetzt geduldig anhören. Du bist Familienvater. Was du denkst und was du tust, ist von größter Wichtigkeit nicht nur für deine Angehörigen, sondern auch für dein Land.«

»Ja, ja, gewiß«, machte Priscus und nahm sich eine purpurrote Traube aus der Schüssel auf dem Tisch. Er seufzte. Er war verträglich, und er liebte Lucanus. »Ich tue immer meine Pflicht; das fällt mir übrigens, wie ich gestehen muß, nicht schwer.« Er setzte sich und aß mit Genuß seine Trauben. Die Kerne spuckte er in die Hand und schichtete sie dann, ordnungsliebend wie er war, auf dem Tisch zu einem Häuflein.

»Deine eigentliche Pflicht zu erfüllen«, betonte Lucanus, »würde dir nicht so leichtfallen.«

»Derlei hast du mir schon oft gesagt«, meinte Priscus. Er putzte einen Apfel an dem kurzen Ärmel seiner Tunika ab. »Aber ich verstehe diese Andeutungen nie, und das nimmst du mir übel.«

»Ich vermute, du verstehst nur zu gut«, sagte Lucanus verärgert. Priscus biß in den Apfel und hielt die Schüssel seinem Bruder hin, der ungeduldig abwinkte.

Priscus zuckte die Achseln. »Vielleicht hast du recht«, gab er zu. »Aber ich bin, fürchte ich, um ein paar Jahrhunderte zu spät daran. Was kann ich als Angehöriger der heutigen Generation für Rom tun? Betrachten wir doch die Dinge vernünftig, Lucanus. Plötzlich schwand aus seinen braunen Augen das Lachen, und sie starrten den älteren Bruder fast hart an.

»Dein Vater hat das Leben geopfert, um zu tun, was in seiner Macht stand«, erklärte Lucanus.

Priscus zog die dichten Brauen zusammen. Zerstreut kaute er den Apfel. »Ja«, meinte er, ganz richtig. »Er hat sein Leben geopfert. Was haben seine Brandrede und sein Tod genützt? Ist deswegen irgendwer um Haaresbreite von seiner bisherigen Lebensführung abgerückt? Ist irgendein käuflicher Senator dadurch weniger käuflich geworden? Wurde dadurch ein Cicero, ein Cincinnatus auf den Plan gerufen? Ist Tiberius dadurch anders geworden? Du hast mir, glaube ich, einmal gesagt, daß Cäsaren nicht die Macht an sich reißen; sie werde ihnen zugeschoben von einem verkommenen Volk, das Tugend und Kraft verloren hat, dem Sicherheit wertvoller ist als Mannhaftigkeit, müßige Bequemlichkeit und Zirkusbesuch lieber als Pflichterfüllugn. Hat die Ansprache, die mein Vater an seinem Todestage hielt, einem einzigen Menschen das Gewissen wachgerüttelt? Wurde sie für die Ewigkeit niedergeschrieben? Nein. Schon Diodorus konnte während seines ganzen Lebens nichts vollbringen, was den Lauf der Geschichte aufgehalten hätte.«

»Du mißverstehst mich, Priscus. Ich weiß, daß Rom unentrinnbar zu dem werden mußte, was es ist. Republiken entarten zu Demokratien und Demokratien zu Diktaturen. Das ist ein unabänderliches Gesetz. Wenn Gleichheit herrscht – und Demokratien bringen immer Gleichheit –, werden die Menschen gesichtslos. Sie verlieren Durchschlagskraft und Unternehmungsgeist; sie verlieren Stolz und Unabhängigkeitssinn; sie verlieren den Glanz der Persönlichkeit. Republiken sind von männlicher Art, und deshalb befruchten sie Künste und Wissenschaften; sie sind selbstbewußt, heldenhaft und wagemutig. Sie betonen das Walten der Vorsehung und verherrlichen die Gottheit. Aber Rom ist zu einer verworrenen Demokratie entartet und hat weibliche Züge angenommen, wie die Überbewertung alles Stofflichen, die Begehrlichkeit, den Machthunger, die schlaue Berechnung.

Männlichkeit wird bei Völkern und Einzelmenschen dargetan durch Gesetzestreue, Glauben an höhere Werte, Gerechtigkeit und dichterische Gabe; Weiblichkeit durch Erdgebundenheit, Abhängigkeit von anderen, übertriebene Gefühlsseligkeit und Mangel an Schöpferkraft. Das männliche Element sucht, was richtig ist; das weibliche sucht, was für den Augenblick Freude macht. Das männliche Element ist das Seherische; das weibliche spottet über alles Seherische. Ein männliches Volk bringt Philosophen hervor und achtet den Einzelmenschen; ein weibliches Volk hat den unverständlichen Trieb, zu lenken und zu beherrschen. Das männliche Element ist aristokratisch; das weibliche hat nichts Aristokratisches an sich und ist nur glücklich, wenn es sich umgeben sieht von Gesichtern, die ihm aufs Haar gleichen, und wenn es eine Vielzahl von Stimmen hört, die ein Echo seiner eigenen winzigen Gefühle und Wünsche und Ängste und Torheiten widerhallt. Rom ist weiblich geworden, Priscus. Und weibliche Völker, weibische Männer, gehen unweigerlich zugrunde oder werden von einem männlichen Volk vernichtet.«

Noch immer versuchte Priscus, dem Gespräch eine scherzhafte Wendung zu geben. Spaßend sagte er: »Meine Soldaten, die Legionen Roms, sind keine Weiber, Lucanus!« Dann aber runzelte er die Stirn und dachte nach. Was konnte ein einzelner tun? Er war vollkommen machtlos, wenn das Volk einmütig fand, Wohlleben in Sklaverei sei besser als ein hartes Dasein in Freiheit. Deshalb setzte Priscus hinzu: »Nehmen wir an, daß du recht hast. Aber, wie gesagt, schon mein Vater ist zu spät zur Welt gekommen. Und ich gedenke nicht, mir an seiner Todesart ein Beispiel zu nehmen. Was käme schon heraus dabei, wenn ich versuchen wollte, auch nur einen einzigen Menschen zu Nüchternheit und Heldentum aufzurufen? Es wäre ein Schlag ins Wasser.«

»Wieder mißverstehst du mich, Priscus. Ich bin mir klar darüber, daß man den Lauf der Geschichte nicht aufhalten kann, weil in Republiken Verfall und Untergang unvermeidlich sind. Die einzige Gesellschaftsordnung, die in der Welt mit Würde bestehen kann, ist eine Aristokratie, in der weise Männer – Priester, Wissenschaftler, Helden, Künstler, Dichter, Philosophen –, durch Wahl bestimmt, regieren. Republiken bringen begehrliche Politiker hervor; und diese Politiker schaffen immer wieder, naturnotwendig, Demokratien und besiegeln damit den Zusammenbruch. Wenn man nur sorgsam darauf sehen wollte, daß dem Volk die Männlichkeit nicht verlorengeht! Aber niemand achtet darauf. Priscus, du als Gatte und Vater, ganz besonders aber als Vater, kannst in deinen Kindern die Mannhaftigkeit freier, edler Menschen großziehen. Man muß stets in der eigenen Familie anfangen; der nächste Schritt sind dann die Nachbarn. Vielleicht scheitert man; aber zumindest hat man es versucht. Nicht, wenn er scheitert, ist ein Mensch zu verdammen, sondern, wenn er es unterläßt, sich einzusetzen. Schließlich wird jeder Mensch als Einzelwesen beurteilt, und nie in der Masse.«

Priscus wurde ungehalten. »Ich habe diese Welt nicht geschaffen, Lucanus. Ich kann sie nicht ändern. Soll ich mit dem Kopf durch die Wand rennen und mir dabei den Schädel einschlagen? Ich führe ein möglichst sinnvolles Dasein: ich diene meinem Lande. Dabei verschließe ich bewußt die Augen vor dessen verhängnisvollen Mängeln, die ich nicht beseitigen kann, und freue mich meines Lebens, meiner Familie, meines Heimes, meiner Freunde. Verzeih mir, aber mitsamt deiner ganzen Philosophie hast du nie Freude gefunden in deinem Dasein. Wer ist da der Glücklichere?«

»Ist denn das der einzige Lebenszweck, Priscus?« fragte Lucanus traurig, nun überzeugt davon, daß sein Bruder verstanden hatte. »Bloß seine Tage genießen? Der Mensch hat doch wohl eine höhere Bestimmung. Seinen eigentlichen Sinn findet das Leben jenseits dieser Welt.«

Priscus stand auf, streckte die Arme über den Kopf und gähnte. »Das mußt du mir näher erläutern, Lucanus«, bemerkte er, und in seiner kräftigen Stimme lag ein wenig Spott.

Lucanus schwieg. Plötzlich mußte er an Keptah denken, an Joseph ben Gamliel, an alle die Philosophen und frommen Männer, die er kennengelernt hatte. Zögernd sagte er: »Es kann sein, daß die Bestimmung des Menschen jenseits des Todes liegt und daß sein Verhalten hier auf Erden über sein Schicksal in einer anderen Welt entscheidet.«

»Das glaubst du doch selber nicht!« rief Priscus lachend. »Du bist der skeptischste aller Skeptiker. Oft genug habe ich dich hier in diesem Hause über solche Dinge reden hören.«

Lucanus schwieg wieder, und er verachtete sich selbst. Ihm wurde klar, wie sehr auf den Erwachsenen, dem Vater, dem älteren Bruder, die furchtbare Verantwortung lastete, den jungen Menschen immer wieder vor Augen zu führen, daß sie mehr sind als Tiere, daß ihr Leben einen Sinn hat, der schwer erkennbar, aber höher ist, als es dem oberflächlichen Blick erscheint. Lucanus hob die Hand zum Kopf, der ihn plötzlich schmerzte.

Mit zusammengekniffenen Augen blickte Priscus ihn an. »Mach dir nicht etwa Selbstvorwürfe, Lucanus! Du hast immer, auch in deiner Verbitterung, aus ehrlicher Überzeugung gesprochen. Hättest du mich anders machen können, als ich es bin? Nein.«

O ja! dachte Lucanus, mit einem Geschmack im Munde wie von Galle. Er entgegnete: »Und du bist zufrieden, Priscus? Du hast keine weitergehenden Bedürfnisse?«

War es möglich, daß Priscus zögerte? Lucanus blickte hoffnungsvoll auf. Sein Bruder zeigte jetzt eine ernste Miene. Halb unbewußt beugte er die muskulösen Arme ab und strich sich mit den Fingern über das Kinn. Dann sprach er, wie zu sich selbst:

»Während meines letzten Feldzuges habe ich merkwürdige Gerüchte gehört. Alberne Gerüchte vielleicht. Sie kamen aus Syrien. Oder war es Armenien oder Ägypten oder Israel? Ich kann es nicht sagen. Aber die Gerüchte wollten wissen, daß Gott sich irgendwo in menschlicher Gestalt kundtue und sehr bald die Welt umgestalten werde.«

Er blickte Lucanus an und lachte verlegen. »Natürlich ein dummes Gerede! In unserer Religion wimmelt es von Erscheinungen der Götter auf Erden, wie du weißt. Wenn die Beherrscher von Himmel und Unterwelt sich nicht gerade gegenseitig in den Haaren liegen, treiben sie immer mit den Menschen Spaß und mischen sich in deren Angelegenheiten. Allerdings« – er hielt inne – »fällt dieses neue Gerücht ganz aus dem üblichen

Rahmen. Eine große Offenbarung stehe bevor, so heißt es. Und die Welt werde erneuert werden.« Er klopfte Lucanus auf die Schulter. »Sei also guten Mutes, Bruder, Vielleicht ist noch nicht alles verloren.«

Trällernd ging er davon. Wenn Lucanus genau hingehört hätte, wäre ihm aufgefallen, daß die Schritte seines Bruders nicht so fest waren wie gewöhnlich, daß sie etwas zaudernd gesetzt wurden, als wäre Priscus in Gedanken versunken. Aber Lucanus hörte nicht hin. Ein gewaltiger Schreck, ein mächtiges Begehren, eine große Unrast hatten ihn ergriffen; und er mußte, obwohl er sich dagegen sträubte, an die furchtbaren Träume denken, die er im Fieber gehabt hatte.

XXXIX

»Auf Kreta können wir nicht landen, Herr«, sagte der Kapitän zu Lucanus.

»Warum denn nicht?« fragte der Arzt betroffen. »Ich habe dort vier Kranke, die ich betreue und denen ich für jetzt einen Besuch versprochen habe.«

»Herr«, erwiderte der Kapitän, »es wird Morgen, und wenn du mit mir auf Deck kommen willst, zeige ich dir, warum wir nicht landen.«

Lucanus begleitete ihn auf das Deck. Still lag rings um sie das Meer, dessen Blau mit den rosa und goldenen Tönen der Dämmerung gestreift war, und nicht weit entfernt sah man Kreta, grün und von den ersten Sonnenstrahlen beleuchtet, mit verschwommen sichtbarem Brandungsgischt umsäumt. Vor dem Hafen lag ein großes römisches Kriegsschiff verankert; seine mächtigen weißen Segel knatterten schlaff in der Morgenbrise, seine Wimpel wehten zum Himmel. Um den Schiffsrumpf tummelten sich in fieberhafter Betriebsamkeit kleine Boote, wie die junge Brut um den Mutterfisch; die Boote schienen dicht gefüllt mit Menschen, die unter einem Schauer von Peitschenhieben auf das Kriegsschiff kletterten. Schwach und dumpf hallten ihre Klagelaute über das Wasser.

Der Kapitän, ein verschlagener Levantiner, dunkelhäutig, mit schwarzem Schnurrbart, lehnte an der Reling und stocherte sich nachdenklich die Zähne. »Hier hat es einen Aufstand gegeben«, erzählte er, während er interessiert die Vorgänge beobachtete. »Die Einwohner dieser Stadt sind von jungen Leuten aufgewiegelt worden, sich gegen Rom zu erheben und die Freiheit zu fordern! Ist es nicht lächerlich, daß eine so armselige Insel – der Aufruhr hat ganz Kreta erfaßt – der Macht und Stärke Roms trotzen wollte? Was ist dabei herausgekommen? In den Straßen der Stadt liegen die Leichen zuhauf; ganze große Scharen von Männern und Frauen und Kindern haben die Römer zusammengefangen und zu Sklaven gemacht. Jetzt bringt man sie nach Rom zum Verkauf. Solche närrischen Niemande! Nicht die geringsten Aussichten gab es für sie. Dabei haben sie sich, wie ich erfahre, während des Aufstandes an die Griechen, die Syrer, die Ägypter, mit der Aufforderung gewandt, sich ihnen in ihrem Kampf um die Freiheit anzuschließen? Die Antworten darauf waren nur Sympathiekundgebungen oder Schweigen. Ich höre, daß sie Kuriere ausgeschickt haben, die monatelang mit Fackeln in der ganzen Welt herumgelaufen sind und einen Aufruf zur allgemeinen Erhebung gegen die römische Tyrannei überbrachten. Aber die anderen Länder haben sich bestenfalls damit begnügt, zustimmende Entschließungen als moralischen Beistand zu fassen und dann zur Tagesordnung überzugehen. Einige der um Hilfe bestürmten Länder haben sich sogar angeblich beeilt, den römischen Prokonsuln und Tribunen zu versichern, daß sie nicht daran dächten, sich den ›Ruhestörern‹ anzuschließen, und daß sie keinen anderen Wunsch hätten, als die Wohltat freundschaftlicher Beziehungen zu Rom auch weiterhin zu genießen.« Er stieß ein heiseres Lachen aus.

Immer neue mit Rebellen beladene Boote fuhren auf das Kriegsschiff zu, in einer Beflissenheit, als handle es sich um eine Geste der Beschwichtigung. Jetzt sah Lucanus Rauchfahnen aus der Stadt aufsteigen und kleine scharlachrote Fontänen. Was ihm erzählt worden war, beschäftigte seine Gedanken. So hatten also die Kreter in einem wilden Aufbäumen gegen das Römische Reich losgeschlagen und die anderen unterjochten Völker beschworen und bestürmt, sich ihnen anzuschließen. Aber sie waren allein geblieben, wie alle Vorkämpfer für die Freiheit allein bleiben. Und die kleinmütigen Schicksalsgenossen ringsum hatten gefühlsselig ihr Los beweint, im übrigen aber der Tapferkeit besseres Teil erwählt. Die Menschen verdienen ihre Versklavung, ihre Botmäßigkeit, ihre Leiden, dachte Lucanus verbittert. Sie werden nicht eigentlich geknechtet; sie bieten sich selbst zur Knechtschaft an.

Aber vielleicht lebte irgendwo, grausam zurückgedrängt, doch ungebrochen, die angeborene Liebe zur Freiheit noch immer, wenn eine so kleine Insel, ein so kleines Volk, mutig die Hand gegen das kaiserliche Rom zu erheben wagte. Lucanus schüttelte den Kopf. Immer geschah es zu spät. Er konnte das Schreien und Jammern und Kreischen der in die Sklaverei geschleppten Männer, Frauen und Kinder nicht länger anhören und ging wieder hinunter.

Ohne Anklopfen öffnete sich die Tür seiner Kabine. Der Kapitän trat ein, setzte sich neben ihn in einen Sessel und starrte ihn an. »Der Tod«, sagte er, »ist immer der Preis, den der Mensch für seine Würde zu zahlen bereit sein muß.«

»Wenn man seine Menschenwürde verliert, ist man kein Mensch mehr«, erklärte Lucanus. »Die Kreter sind anscheinend zu Paaren getrieben worden; aber sie hatten ihren großen Augenblick. Möge Gott ihnen beistehen!«

»Jemand anderer wird es bestimmt nicht tun«, meinte der Kapitän, spöttisch kichernd. »Aber vielleicht versagen sogar die Götter ihr Mitgefühl, weil sie die Menschen zu jämmerlich finden.«

Das Schiff drehte bei und segelte davon. Im nächsten Hafen erhielt Lucanus Briefe von zu Hause, doch wider Erwarten keine Nachricht von Dina bas Eleasar. Priscus, der in Jerusalem mit Plotius zusammengetroffen war, hatte von dort geschrieben:

»Ich finde die Juden sehr interessant. Augenblicklich hallt ganz Judäa von dem Namen eines jüdischen Lehrers wider, eines gewissen Jesus von Nazareth, der sich lieber mit dem niedrigen Pöbel abgibt als mit den gelehrten Männern der Hauptstadt. In den erregten Volksmassen geht das Gerücht um, er wäre der von alters her verkündete Messias der Juden, der sie aus der römischen Herrschaft befreien wird! Ist das nicht lächerlich? Die Priester verachten ihn als einen barfüßigen Bauern. Er ist von Jüngern umgeben, die ebenso herabgekommen aussehen wie er. Natürlich nimmt kein besserer Mensch ihn ernst. Einige unserer Soldaten behaupten, er vollbringe Wunder wie ein wirklicher Gott; doch den Erzählungen unwissender Leute muß man mit Vorsicht begegnen, und unsere Soldaten sind überdies abergläubisch.

Judäa gefällt mir; das Klima ist gesund, die Bevölkerung von lebhafter Gemütsart. Außerdem kann man hier unbesorgt in jedem Gasthaus, auch dem einfachsten, essen, weil auf alles, was mit der Nahrung zusammenhängt, peinlichste Reinlichkeit gewandt wird. Gestern abend waren wir Offiziere bei Herodes Antipas eingeladen, einem mißtrauischen Mann, der anscheinend gegenwärtig großen Kummer hat. Angeblich ist er in seiner Lebensweise fast enthaltsam. Das dürfte jedoch kaum stimmen; er hat sogar mehr getrunken als wir. Dann ist er in Tränen ausgebrochen und hat von einem gewissen Johannes erzählt, den er zum Tode befördern mußte, weil er das Volk zu wilder Meuterei aufwiegelte. Das ist fast zwei Jahre her, aber Herodes scheint sich noch immer ein Gewissen daraus zu machen. Das Land ist in Gärung.«

Lucanus las den Brief wieder und wieder und dachte an Antonius, den römischen Hauptmann. Er schüttelte den Kopf. Ein armseliger, obskurer, ungebildeter jüdischer Rabbi! Er mußte lachen. War das der Unbekannte Gott, wie der Zenturio beteuert hatte? Wenn Gott sich offenbarte, würde Er es zweifellos in der Person eines mächtigen Königs, eines großen Weisen, eines Edelmannes, eines Patriziers tun! Aber das sah dem Mystizismus der Juden ähnlich, die überall Gott sahen. Dann dachte Lucanus an Dina und daran, was sie vor vielen Jahren über den jungen Mann berichtet hatte, der sie damals mit ihrem Namen anredete und tröstete.

Er sann darüber nach. Er sagte sich, daß es in jedem Land und zu jeder Zeit Gerüchte über Wundertäter gab, über das plötzliche Auftauchen lichtumkleideter Götter, über seltsame Geschehnisse. Eine unter der Römerherrschaft zu dumpfer, eintöniger Befriedigung herabgedrückte Welt wandte sich dem Mythos und dem Aberglauben zu.

Trotzdem fühlte Lucanus ein quälendes Unbehagen. Wie eine unwiderstehliche Flutwelle nahm ihn diese judäische Landschaft in ihren Sog. Er dachte daran, seinen Bruder in Jerusalem zu besuchen; dann schrak er davor innerlich zurück. Er wollte nichts mit dem beunruhigenden Mystizismus der Juden zu tun haben; damit hatte ihm Joseph ben Gamliel hinreichend zugesetzt.

Im nächsten Hafen erhielt er zahlreiche Briefe, nicht nur von zu Hause, sondern auch von Dina und von fremden Leuten in Jerusalem.

Und als er Dinas Brief las, wurde er so starr und kalt wie Stein, und alle

Empfindung erlosch in ihm; denn nun wußte er, daß Dina inzwischen gestorben war. Sie hatte geschrieben:

»Wenn dieser Brief in Deine Hände kommt, innigstgeliebter, teuerster Lucanus, werde ich zu meinen Vätern versammelt sein. Ich liege im Sterben. Sei nicht traurig; weine nicht! Freue Dich mit mir, daß ich zu Gott berufen wurde, der mir in keinem Augenblick meines Lebens fern war. Bete für mich, wenn Du willst. Als ich Rom verließ, wußte ich, daß der Tod mich überschattete, und ich war glücklich. Ich bin nach Jerusalem zurückgekehrt, um inmitten meines Volkes zu sterben, in meinem Heim, ohne Bedauern, ohne Sehnsucht, ohne irdische Wünsche. Ich habe ja meine Eltern und andere Menschen, die mich liebten, wiedergesehen. Ein Ungemach ist der Tod nur für die Hinterbliebenen; für den, der stirbt, ist er kein Ungemach, sondern Befreiung und Freude und ewiger Friede und Wonne. Die Tage des Menschen sind gezählt und voll von Kummer. Was kann auf dieser Welt Trost bieten?

Gräme Dich nicht! Ich werde immer bei Dir weilen und für Dich beten, und unsere Trennung wird kurz sein. Gott sei mit Dir und schenke Dir seinen gesegneten Frieden! Ich blicke auf Dich vom Himmel, während Du diesen Brief in der Hand hältst, und bete, daß Du nicht weinen mögest. Du wirst meinen Bruder Arieh finden. Ehe ich endgültig an das Krankenlager gefesselt wurde, habe ich den heiligen Mann gesehen, den Du suchst. Und ich mischte mich in die Menschenmenge auf der Straße und berührte Sein Gewand. Und Er wandte sich gütig lächelnd zu mir und forderte mich auf, guten Mutes zu sein, weil meine Gebete schon Erhörung gefunden hätten. Bringe meinen Bruder heim; denn jetzt weiß ich ganz bestimmt, daß Du ihn finden wirst. Ich sage Dir Lebewohl, aber nur für eine kleine Weile. Ich küsse Deine Lippen und Deine Augen.«

Die Tränen, die Dina befürchtet hatte, kamen Lucanus nicht. Er spürte überhaupt nichts als eine große Leere und Stille in sich, ein Erlöschen jeder Empfindung. Gelassen begann er die Briefe fremder Leute in Jerusalem, Bekannter der Verstorbenen, zu lesen, wohlgesetzte Briefe mit Versicherung, daß Dina schmerzlos hinübergegangen war, daß sie das Leben mit einem friedlichen Lächeln ausgehaucht hatte, daß sie in der väterlichen Gruft bestattet worden war. Auch Anwälte, die das Familienvermögen, für den jetzt etwa zwanzig Jahre alten Sohn Eleasars ben Salomo verwalteten, hatten Lucanus geschrieben. Sie waren alle Skeptiker, diese Anwälte. Trotzdem hatte Dina sie überzeugt: sie drückten ihre Zuversicht aus, daß Lucanus den Sohn des Eleasar, Dinas Bruder, finden und zu seinem Volk zurückführen würde.

Lucanus legte alle Briefe beiseite und goß sich etwas Wein in den Becher. Er trank langsam und wunderte sich einigermaßen, warum sich kein Sturm in ihm erhob, kein leidenschaftlicher Schmerz, wo doch die Frau gestorben war, die er so innig geliebt hatte. Dann erkannte er als Arzt, daß ein barmherziger Schock ihn betäubte. Er trank mehr und mehr, bis die Wände seiner Kabine schwankten. Er trank weiter, fiel ins Bett und schlief vierundzwanzig Stunden lang. Als er aufwachte, fühlte er heftige Übelkeit und war dankbar dafür, daß er sich erbrechen mußte, daß der Leib ihn schmerzte, daß der Kopf ihm brummte; denn nun konnte er sich seinem körperlichen Elend widmen und brauchte nicht nachzudenken.

Nach Tagen, während das Schiff seinem Kurs folgte, spürte Lucanus, daß er in einer öden, hohlen Welt lebte. Schweigend ging er seiner Arbeit nach. Niemals mehr kam ein Lächeln auf seine Lippen. Er hatte Angst vor dem Schlafen. In seinen Träumen sah er die Gesichter aller Menschen, die er geliebt und verloren hatte; er hörte ihre teilnehmenden Stimmen. Und er sagte zu ihnen: »Tröstet mich nicht! Denn ihr seid tot, und im Grabe gibt es keine Erinnerungen.«

Die dumpfen, farblosen Monate gingen vorbei, sickerten ineinander wie trübe Pfützen. Lucanus schrieb seinen Angehörigen kurz. Als er Antwortbriefe erhielt, überkamen ihn Angst und Zittern. Er befürchtete neue Todesnachrichten, neue Trauerbotschaften. Aber Aurelia hatte einen strammen Sohn geboren und war schon wieder schwanger. Kusa hatte zwei Enkelkinder. Gaius beabsichtigte, ein sehr armes, aber tugendhaftes Mädchen aus alter, rechtschaffener Familie zu heiraten. »Ich finde seine Braut nett«, hatte Iris geschrieben. »Sie ist sehr gebildet. Wenn Gaius überhaupt an Heirat dachte, mußte er sich wohl naturnotwendig ein solches Mädchen erwählen. Nun ist es fast ein Jahr her seit Deinem letzten Besuch bei uns, lieber Sohn. Ich verstehe, daß Du in Deinem Gram um Dina unser Glück nicht sehen und die Stimmen Deiner Nichten und Neffen, und auch Deiner Mutter, nicht hören willst. Aber ich werde sehr alt. Komm nach Hause, und wenn es auch nur für ein paar Tage ist, damit ich Dich wiedersehe.«

Doch Lucanus konnte sich nicht entschließen, heimzureisen. Er schrak zurück bei dem Gedanken an die Lebenden und an ihre Gesichter; er fürchtete ihre Liebe und ihre Trostworte und ihre Zärtlichkeit. An Rubria vermochte er jetzt ohne Schmerz zu denken. Bei Dina aber war jede Erinnerung noch qualvoll, eine Pein, die ihn nie verließ. In jedem Hafen schaute er, sobald das Schiff anlegte, in der Menge nach ihrem Gesicht aus. Wenn Briefe kamen, suchte er einen von ihr. In seine Verzweiflung gehüllt, ging er umher, betreute seine Kranken, saß in den Gärten seiner Häuschen, las, speiste und schlief. Er lebte wie ein Gespenst. Einmal öffnete er sehr gelassen seine Arzttasche und betrachtete eine von ihm selbst gebraute Mixtur, von der einige Tropfen, in einem Becher Wein genommen, Schmerzen linderten, die aber in starker Anreicherung rasch töteten. Er hielt die Phiole in der Hand, bis sie in seinen Fingern warm wurde. Dann legte er sie beiseite.

Aber ständig dachte er an sie in seiner furchtbaren Einsamkeit und eisigen Verzweiflung.

In einem Hafen stellte er fest, daß er seinen Bruder Priscus um nur eine Stunde verfehlt hatte. Priscus hatte ihm, ehe er für einen mehrwöchigen Urlaub nach Rom weiterreiste, einen Brief hinterlegt. In diesem Schreiben schilderte er, wie sehr er sich auf das Wiedersehen mit seiner Familie freue, und beklagte sich darüber, daß Lucanus sie alle vernachlässige. Er bestellte Grüße von Plotius und kam dann auf Jesus von Nazareth zu sprechen, den armseligen jüdischen Lehrer, desses Anhang in Judäa wuchs. Er schrieb in leichtem Tone; aber man spürte den tiefen Ernst heraus.

»Ich habe«, berichtete er, »mit vielen von den Leuten geredet, die angeblich von Jesus augenblicklich geheilt wurden, durch Handauflegung. Darunter war auch ein Bettler, den ich vom Vorbeigehen kannte; er saß an der Tempelmauer, ein Blindgeborener. Ich gab ihm seinerzeit öfter Almosen, weil er edle Züge hatte und recht gebildet schien. Dann fand ich ihn eines Tages von einer erregten Volksmenge umringt: seine Augen waren offen und sahen! Ich konnte es nicht glauben, lieber Lucanus. Der Mann ist kein Betrüger, das möchte ich beschwören. Aber er hat mich mit offenen, lebenden Augen angeblickt. Und als ich ihn ansprach, ist er auf mich zugelaufen, hat meine Hand erfaßt und gerufen: ›Der Sohn Gottes hat mir auf mein Flehen die Augen geöffnet!‹

Wirklich, lieber Bruder, das habe ich selbst erlebt, und daran ist nicht zu zweifeln. Man hat mir erzählt, daß dieser Lehrer Tote auferweckt und die Geister der Besessenheit aus Menschenseelen ausgetrieben hat und daß alle, die seine Stimme hören, Wonne und Freude verspüren. Er wandert von Stadt zu Stadt, von Dorf zu Dorf, und vollbringt, so heißt es, überall Heilungen. Wenn die Leute von ihm reden, würde man meinen, daß sie von göttlicher Verzückung ergriffen sind. Ist er Apollo, der die Gestalt eines armen jüdischen Zimmermanns angenommen hat? Oder Merkur? Oder Eros? Ist irgendeine große Offenbarung zu erwarten? Die Gelehrten hierzulande und eine Kaste, die sich Pharisäer nennt, spotten entweder laut, oder sie wüten. Es empört sie, daß ein ungebildeter Habenichts ohne Familie, ohne persönliche Macht, ohne Empfehlungen seitens hochmögender Persönlichkeiten, überall, wo er hinkommt, sofort eine große Menschenschar an sich zieht. Sie fürchten, er könnte die Juden schließlich gegen die Römer aufwiegeln; und diese Furcht ist sehr begründet, denn sein Einfluß im Volk ist erstaunlich. Falls allerdings ein Aufstand ausbricht, wird es zu einem allgemeinen Blutvergießen kommen; und der Gedanke daran ist mir verhaßt, weil ich die Juden liebgewonnen habe und in den Häusern derer verkehre, die den Besuch eines Heiden, und gar noch eines römischen Offiziers, nicht als Verunreinigung empfinden. Israel ist ein sehr kleines, ganz unansehnliches Land. Aber wenn ich dort weile, scheint es mir, als stünde auf diesem

Fleck Erde etwas ungeheuer Bedeutsames bevor. Ist das nicht merkwürdig? Ich kehre in drei Monaten dorthin zurück.«

Priscus schrieb auch über den Prokurator Pontius Pilatus. »Er ist ein friedfertiger, aber wankelmütiger Mann, dem seine Bibliothek und die Gesellschaft seiner Frau lieber sind als Bankette und Politik. Ich unterhalte mich gern mit ihm. Die Juden langweilen ihn; er meint, sie lebten mit dem einen Fuß in dieser Welt und mit dem anderen im Jenseits, und ihre Frömmigkeit nehme unfaßliche Ausmaße an. Den Tetrarchen Herodes verachtet er als weibischen Narren, der griechischen Hang zum Aberglauben mit der jüdischen Vorliebe für Weissagungen verbindet. Du hast einmal gesagt, Rom sei zu sehr vom Orient angenagt und zu stark von ihm beeinflußt und der westliche Geist könne mit der östlichen Denkart nie zusammenstimmen. Das trifft für Herodes zu; die Begegnung von Ost und West in ihm hat seine Begriffswelt durcheinandergebracht und in seiner Seele Verwirrung gestiftet.

Der Prokurator bleibt von den Berichten über den jüdischen Lehrer nicht unbeeindruckt. Aber aus den Kassandrarufen, Jesus würde die Juden gegen die Römer aufwiegeln, macht er sich nicht viel. Er hat mir folgende Geschichte erzählt, die einer seiner Soldaten ihm hinterbracht hat: Als die Pharisäer, diese steifnackigen Kaufleute und Anwälte und Ärzte, sehr hochmütige Männer, Jesus listig seiner wirklichen Mission zu entfremden versuchten und ihn fragten, ob es für die Juden recht sei, Cäsar Ehre zu erweisen, erwiderte Jesus ungefähr, man solle die Gesetze dieser Welt, die dem Cäsar gehöre, achten und auch die der überirdischen Welt, die Gott gehöre. Ist das nicht Sophisterei? Aber sehr geschickt, muß man zugeben. Pontius hat an der Geschichte viel Spaß gehabt. Er meinte, der Mann sollte Anwalt werden, da könnte er sein Glück machen.«

Daran schloß Priscus einige seltsame Worte: »Mir geht unser letztes Gespräch zu Hause im Kopf herum; und jedesmal, wenn ich daran denke, fällt mir dieser armselige, barfüßige Jude ein. Der Gedanke an unser Gespräch und an diesen Mann kommt mir immer gleichzeitig. Und das ist sehr merkwürdig.«

Lange saß Lucanus mit dem Brief seines Bruders in der Hand da. Dann und wann überlief ihn ein Schauer. Immer wieder las er den Brief, sosehr sein kühler Griechenverstand dagegen Einspruch erhob. Manchmal trat ihm der Schweiß auf die Stirn, und ein leidenschaftliches Sehnen erfaßte ihn. Dann vernichtete er den Brief, wie man etwas vernichtet, was einen innerlich aufwühlt. »Aberglaube!« schrie er laut. »Ammenmärchen!«

Als er nach Athen kam, fand er dort eine Nachricht seiner Mutter vor, wonach Priscus nach Jerusalem zurückgekehrt war. Die Frau des Gaius stand vor der Entbindung. Kusa war kränklich und reizbar. Lucanus legte das Schreiben teilnahmslos beiseite. Noch ein zweiter Brief war gekommen in einer ungewohnten Handschrift, aus einem Lande, von dem Lucanus nie gehört hatte, in Afrika.

»Teurer, geliebter Freund! Dieser Brief ist von Ramus, der unausgesetzt an Dich denkt und ständig für Dich betet.«

Lucanus traute seinen Augen nicht. Ungläubig starrte er den Brief an; dann erfüllte ihn zum erstenmal seit langem Freude. Ramus lebte! Er war nicht zugrunde gegangen, nicht verschollen, nicht in die Sklaverei verkauft. »O Gott!« rief Lucanus beglückt aus. Er preßte den Brief an sein Herz, und Tränen traten ihm in die Augen.

In dem Schreiben hieß es: »Erst jetzt bin ich zu meinem Volk zurückgekehrt, in Frieden und Glück. Nachdem ich Dich verlassen hatte – und ich bitte Dich nochmals inständig um Verzeihung –, war ich viele beschwerliche Monate unterwegs nach dem Lande Israel. Von den erlittenen Entbehrungen will ich nicht sprechen; jetzt sind sie völlig bedeutungslos geworden. Ich hatte wegen meiner Rasse Feindseligkeit erwartet; aber überall begegnete man mir, obwohl ich nicht reden konnte, freundlich, wie einem Pilger, der nach einer heiligen Stätte unterwegs ist. Ohne viel zu fragen, bot man mir Nahrung und Obdach; und so wußte ich, daß Gott mich beschützte. Keines der bescheidenen Häuser auf meinem Wege blieb mir verschlossen; in jeder Oase erhielt ich bei den einsamen Karawanen Wein und Wasser und Speise. Meine Hautfarbe stieß niemanden ab. Doch dies ist das Geringste der Wunder, und ich rede nicht weiter darüber.

In Israel angekommen, forschte ich gleich nach jenem Manne, den ich suchte. Und ich fand ihn zu Nain. Ich wagte nicht, ihm zu nahen; denn die Volksmenge war sehr groß, und ich war ein Schwarzer, heimatlos, fußwund und ohne Geld. Kann ich von ihm sprechen? Wo gibt es Worte, um zu beschreiben, wie einem in Gegenwart Gottes zumute ist? Wie erschien Jesus mir? Gleich der Sonne? Solche Worte reichen nicht an ihn heran. Ich folgte ihm, hinter der Menschenschar, und wartete eine Gelegenheit ab, mich ihm zu nähern. Trotz der Entfernung hörte ich seine Stimme, und sie war wie gedämpfter Donner und sehr gütig. Mir wurde gesagt, er käme öfter in diesen Ort, dessen Bewohner darben, von den Römern bedrückt und von den Schriftgelehrten verachtet. Es sind ärmliche Bauern und kleine Kaufleute, sehr schlichte Menschen.

Er näherte sich dem Stadttor von Nain, und ein Toter wurde herausgetragen, der einzige Sohn seiner Mutter, die selbst Witwe war. Zahlreiches Trauergefolge aus der Stadt ging mit ihr. Als der Herr sie sah, empfand er Mitleid mit ihr, weil sie so verzweifelt weinte. Nachdem er sie lange und liebevoll angesehen hatte, trat er zu der Bahre und blickte die Träger an, die sehr still wurden. Er hob die Hand und sprach zu dem toten Sohn: ›Jüngling, ich sage dir, stehe auf!‹

Lucanus, Du mußt es glauben, weil ich es selbst sah. Habe ich Dich je angelogen? Ich sage Dir: der Tote hat sich aufgerichtet und fing an, mit undeutlicher Stimme verworren zu reden, wie jemand, der plötzlich aus tiefem Schlaf und schönen Träumen aufgeweckt worden ist. Aber der Herr nahm ihn freundlich an der Hand, hob ihn von der Bahre auf und gab seine Hand der Mutter. Und sie warf sich über ihren Sohn und umarmte ihn. Dann fiel sie dem Herrn, der ihr den Sohn wiedergegeben hatte, zu Füßen. Die Leute wichen erschrocken zurück; und einige priesen Gott mit lauten Rufen und sprachen: ›Es ist ein großer Prophet unter uns aufgestanden, und Gott hat Sein Volk in Gnaden heimgesucht!‹

Lucanus, ich sah es; mit dem Augenlicht, das Du mir wiedergegeben hast, sah ich es!

Ich schlich dem Herrn nach und dachte mir: Auch wenn er mir die Zunge nicht löst, finde ich mich damit ab; ich habe ihn gesehen, und was braucht es mehr? Aber ich wollte näher an ihn herankommen; ich wollte, daß seine Augen mir erstrahlen, obwohl ich ein Schwarzer bin. Bestimmt, dachte ich, wird er mich nicht mißachten, der Herr, der mich erschaffen hat; bestimmt wird er Noahs Fluch von meinem Volke nehmen. Er redete mit seinen Anhängern, jungen Männern wie er; dann hielt er plötzlich inne und blickte über die Schultern, und seine Augen leuchteten mir. Er lächelte und schien zu warten. Und dann plötzlich spürte ich ein Zucken in meiner Kehle, ein Zittern in meiner Zunge; und mit einem Male war meine Stimme auf meinen Lippen, und ich rief aus: ›Gesegnet bin ich, weil ich den Herrn, unseren Gott, gesehen habe!‹

Ich muß ohnmächtig in den Staub gesunken sein; denn als ich erwachte, lag ich allein auf dem Erdboden, im Schein des heißen, staubverdüsterten Sonnenuntergangs. Und als ich aufstand, wußte ich, was ich zu tun hatte. Ich mußte zu meinem Volk zurückkehren und ihm die Botschaft von Leben und Freude bringen. Ich hatte ja Gott gesehen, und ich hatte den Herrn erkannt, und der Fluch war von uns genommen worden.

Friede sei mit Dir! Möge des Herrn Friede auf Dich herabkommen, und möge Jesus Dich auf seinen Weg lenken. Denn er ist es, den Du gesucht hast. Lebe wohl! Wir werden uns dort wiedersehen, wo die Menschen einander nicht hassen oder verachten, wo jeder das Herz jedes anderen versteht.«

Lucanus legte den Brief beiseite, und wieder überfielen ihn schwere Beklemmung und Niedergeschlagenheit, verzweifeltes Aufbegehren. Als Arzt glaubte er zu wisssen, was mit Ramus vor sich gegangen war. Der Afrikaner hatte das gesehen, was zu sehen er sich erwartet hatte; die Hysterie, die an seiner Stummheit Schuld trug, war plötzlich gewichen, und er hatte wieder zu sprechen vermocht. Ein ganz simpler Sachverhalt!

Aber wie verhielt es sich mit dem Jüngling, der ›von den Toten‹ auferweckt worden war? Auch ganz einfach. Der Mann hatte sich in einer leichenähnlichen Starre befunden, in einem Zustand des Scheintodes. Gut für ihn, daß man ihn noch nicht ins Grab gelegt hatte; sonst wäre er vielleicht aufgewacht, den Mund dicht mit Binden umwunden! Dieser jüdische Lehrer mußte ärztliche Fähigkeiten besitzen und erkannt haben, daß der Jüngling nicht wirklich tot war.

Für alles habe ich eine Erklärung, begann Lucanus nachzusinnen. Plötzlich hielt er betroffen inne. Muß ich denn immer nach natürlichen Ursachen forschen? dachte er. Muß ich mich immer in die vernunftgemäße Deutung aller Dinge verbeißen? Was haben die Verstandeskräfte mir eingetragen außer Trübsal? Aber alles mit den Denkgesetzen Unverträgliche ist eben in meinen Augen abstoßend, kindisch, ja lästerlich.

Ohne zu wissen warum, begann er zu weinen.

XXXX

Wieder befand Lucanus sich in Athen. Es war ein warmer Vorfrühlingstag; in der trockenen, herben Luft lagen Lebhaftigkeit und Frohsinn. Die Blumenverkäuferinnen hatten an ihren Ständen Berge von Lorbeer, Veilchen, kleinen Rosen, Anemonen und Mohnblüten aufgebaut und riefen ihre Waren mit heiseren Stimmen aus. Die Straßen schäumten von Leben. In dieser Stadt war es nie sehr kalt; wenn jedoch der Frühling kam, mit seiner Blüte und der leuchtend blauen Luft, erfaßte eine Art Wonne und Seligkeit alle Bewohner. Die kleinen Geschäftsläden widerhallten vom Feilschen. Überall schwebte der Geruch von Bratwurst und Knoblauch. Kinder rannten umher, brüllten und trugen in den Gossen ihre Ringkämpfe aus. Greise lächelten einander zu, strichen sich die Bärte und sprachen im Tonfall der Weisheit.

Die Hügel hatten sich in makelloses Grün gekleidet. Auf der Akropolis war der Parthenon eine Krone aus gefrorenem Licht; die mächtige Statue der Göttin Athene ragte zum Himmel. Überall spürte man neue Belebung, ein Gefühl freudiger Erwartung. Mädchen und junge Männer schlenderten Hand in Hand einher, lächelnd. Kleine Kinder lachten auf den Armen der Mütter. Die römischen Soldaten räkelten sich an Hausmauern, gähnten, grinsten, kratzten sich das Kinn und schauten die Frauen begehrlich an. Die Pferde zogen stolz ihre Kutschen. Hunde bellten. Anwälte und Geschäftsleute ließen ihr Hasten; sie schritten gemächlich dahin und vergaßen, ihre Anliegen zu wälzen.

Lucanus wußte, daß an diesem Tage das jüdische Passahfest begann. Nahebei befand sich eine Synagoge; aber er mied sie. Er hatte das Gefühl, sich mit eingezogenem Kopf zu ducken, als sei er auf der Flucht vor irgend etwas. Das konnte nur lächerliche Einbildung sein! Er war um Mitternacht an Land gegangen und hatte sich in sein einsames Häuschen begeben. Er mußte einige alte Patienten besuchen und wollte das morgen tun. Im allgemeinen hielt er nichts davon, zum Vergnügen planlos durch die Stadt zu schlendern; was ihn veranlaßte, es heute zu tun, konnte er nicht sagen. Aber ihn hatte ein Verlangen ergriffen, Menschen um sich zu haben; und er konnte ihrer nicht genug sehen. Ich bin einfach nicht mehr jung, dachte er. Früher hatte ich überhaupt kein Bedürfnis, mich unter die Leute zu mischen oder ihre Gesellschaft zu suchen. Was ist mit mir? Er lächelte einer alten Blumenfrau zu und kaufte ihr einen kleinen Strauß weißer Lilien ab. Er ging weiter und vergrub die Nase in die Blüten.

Er beschloß heimzugehen und drückende Briefschulden seiner Familie gegenüber abzutragen. Der Garten war still und voll Sonne. Vorher hatte Wind geweht, war aber nun abgeflaut. Alles zeigte eine Patina von Licht, wie Lucanus sie nie zuvor gesehen hatte. Jedes frische grüne Blatt war mit

Licht überzogen; jede Blume war von Licht getränkt; der Springbrunnen funkelte vor Licht; jedes Krümchen Erde war von Licht überflossen. Die Mauern des kleinen Hauses glänzten wie poliert. Lucanus blickte zum Himmel. Nie war das Firmament klarer gewesen oder strahlender; kein Wölkchen stand weit und breit.

Er aß sein bescheidenes, kärgliches Mahl. Er trank seinen Wein. Er lauschte dem Schweigen seines Hauses. Es war, als hätte irgend etwas einen tiefen Atemzug getan und hielte nun den Atem an. Nichts regte sich. Alles strahlte ein Leuchten wider, sogar der schlichte Silberbecher, sogar Löffel und Messer, sogar die Finger, sogar der gescheuerte weiße Holzboden. Von so viel Licht begannen Lucanus die Augen zu schmerzen. Er spürte eine ungeheuere Müdigkeit und dachte: Ich lege mich ein wenig zur Ruhe.

Er tat es und schloß die Augen. Er hoffte, die Nachmittagshitze durchzuschlafen. Aber auch hinter den geschlossenen Lidern war ein Gleißen, ein beharrliches Drängen. Er spürte, wie ihm der Schweiß ausbrach. Sein ganzer Körper reckte sich in quälendem Schmerz. Er konnte keine Ruhe finden. Er sprang auf und war sehr müde. Wieder ein Fieberanfall? fragte er sich bestürzt; er dachte an die für morgen fälligen Krankenbesuche und an die vielen Menschen, die sich vor seiner Tür einfinden würden. Diese Leute konnte er nicht enttäuschen! Sie warteten auf ihn. In der furchtbaren Lichtflut taumelte er im Haus umher, bis er seine Arzttasche fand. Er griff hinein, bekam etwas Kühles, Metallischen zu fassen und holte das Kreuz hervor, daß Keptah der Tochter des Tribunen geschenkt und das sie ihm gegeben hatte. Es lag auf seiner Handfläche und glitzerte blendend, als würde es von der Sonne erhitzt. Und nun brannte es ihm auf der Haut.

Blinzelnd legte er das Kreuz nieder und starrte es an; und alle seine Träume, alle die seltsamen Dinge, von denen er gehört hatte, fielen ihm mit einem dröhnenden Schlage ein. Aber was hatte dieses Kreuz zu tun mit einem armseligen jüdischen Lehrer im fernen Israel, der angeblich die Toten auferweckte, Wunder wirkte und Menschenmassen um sich scharte? Was hatte dieses Kreuz der Chaldäer, der Babylonier, der Ägypter, zu tun mit einem so weit entfernten, so simplen, in der ganzen übrigen Welt völlig unbekannten Menschen?

In diesem Hause fand sich keine Ruhe mehr; nirgends fand sich Ruhe für jemanden, der so besessen, so bedrängt, so bedrückt war wie Lucanus. Er ging in den Garten, nach Schatten lechzend. Aber dort gab es keinen Schatten, keinen Schutz vor der Sonne. Alles stand in schattenlosem Licht, festgebannt in kristallharte Flammenglut.

Dann, ganz plötzlich, senkte sich eine Finsternis über das Antlitz der Erde, verschlang alles Licht, verlöschte es, trieb es vor sich hin wie eine Flutwelle und jagte es davon. Ah, dachte Lucanus, ein Gewitter kommt, ein Sturm, der Kühlung bringt! Er blickte auf den Himmel, den ganz verfinsterten Himmel)*.

Wohin war die Sonne geraten? Forschend starrte Lucanus zum schwarzen Himmel. Alles war sehr still. Keine Grille erhob ihr Zirpen; die Vögel, die den ganzen Vormittag über gelärmt hatten, schwiegen.

Lucanus blickte auf die Stadt. Der Parthenon war ein schwacher Umriß aus reinem Silber. Weiter unten lag alles im Dunkel. Dann hörte Lucanus ein fernes, gedämpftes Lärmen, wie Meeresrauschen, und wußte, daß es die Stimme der Stadt war, voll Schreck und banger Frage. Er lief zu seiner Haustür. Die draußen vorbeiführende Landstraße war leer. Jenseits der Straße sah er verschwommen Rinder im Grase liegen, als schliefen sie.

Die Luft war klar und durchsichtig und kühl wie Wasser. Also, dachte Lucanus, kein Staubsturm! Er setzte sich im Garten auf eine Bank und spürte, wie ihm ein Frösteln, der Todeskälte gleich, über den Rücken lief. Ihm fielen alte Mythen über den Zorn der Götter ein: Einst sollte ein Tag kommen, an dem die Götter, der Menschen überdrüssig, die Sonne vom Himmel nehmen und die Erde in ewige Finsternis und ewigen Tod tauchen würden. Lucanus rückte rastlos hin und her. Dann stand er auf und durchwanderte den Garten. Der Duft von Rosen und Lilien stieg auf, als wären die Blüten unter dem Schritt eines Riesen zermalmt worden. Die Stadt begann, von hastig angezündeten Lampen und Fackeln zu leuchten und zu flimmern. Lucanus wußte, daß sich jetzt höchstwahrscheinlich ein ungeheurer Menschenstrom zum Parthenon hinaufwälzen würde, um dort die Götter anzuflehen, sie sollten diese schreckliche, unerklärliche Finsternis von der Erde scheuchen. Er selbst wurde zwar nicht von Angst um seine Person, aber von leidenschaftlichem Forscherdrang verzehrt.

Als Schüler der größten Gelehrten der Welt fing er an, der Erscheinung nachzugrübeln. Die Wissenschaft behauptete, eines Tages würde die Sonne ausgebrannt sein, und dieser Planet, die Erde, würde beim Weiterrollen durch den Raum Eis und tödliche Kälte um sich sammeln, und alles Leben würde aussterben. Aber bis dahin, so lehrten die Astronomen, sollten noch Äonen vergehen; die Sonne sollte langsam erlöschen, immer röter werden, wie glühende Schlacke auskühlen. Das sollte ungeheure Zeiträume erfor-

* Zu dieser Stunde trat in Nikäa ein gewaltiges Erdbeben auf. Nach Phlegon fiel im vierten Jahre der zweihundertzweiten Olympiade über ganz Europa eine den Astronomen unverständliche »große Finsternis«. Nach Tertullian gaben die römischen Annalen Kunde von einer vollständigen allgemeinen Verfinsterung, die den damals tagenden Senat erschreckte und die Stadt, da es weder Gewitter noch Wolken gab, in ängstliche Erregung versetzte. Die Berichte griechischer und ägyptischer Astronomen zeigen, daß diese Finsternis eine Zeitlang so dicht war, daß selbst sie, skeptische Wissenschaftler, bestürzt waren. In allen Städten zogen Menschenmassen voll panischer Angst durch die Straßen, Vögel verkrochen sich zur Nachtruhe, und die Rinder kamen zu ihren Ställen zurück. Aber nirgends wird eine Sonnenfinsternis erwähnt; es war auch keine solche zu erwarten. Es hatte den Anschein, als wäre die Sonne in den Weltraum verschwunden und verschollen. Selbst Berichte der Mayas und Inkas halten diese Himmelserscheinung für eine der Zeitdifferenz entsprechende Stunde fest.

dern und keinesfalls augenblicklich erfolgen. Doch dies hier war im Nu geschehen, zwischen zwei Atemzügen! Wieder suchte Lucanus die Sonne, die entschwunden war. Konnte sie sich von ihren Kindern losgerissen haben, um ihren leuchtenden Schwestern näher zu sein?

Ungeheure Erregung durchflutete ihn plötzlich, und zugleich ein nie gekanntes Entsetzen. Wo weilte jetzt die Sonne? In welchem der strahlenden Sternbilder? Welches Chaos schuf sie dort in einer geordneten Familie, als Eindringling aus einem Winkel des Weltalls? Welche Planeten verschlang sie auf ihrem flammenden Lauf? Da merkte er, daß er nicht allein war. Im Licht des Mondes und der Sterne spähte er um sich. Was sich dort rings um ihn im Garten bewegte, waren das bleiche Gespenster oder nur Trugbilder seiner angestrengten Augen? Das Herz schlug ihm bis zum Halse. Schatten verweilten kurz neben ihm, und er glaubte, die Gesichter Rubrias und Keptahs und Dinas zu erkennen, die ihm leise zulächelten. Dann trieben die Erscheinungen weiter wie Schneeflocken. Und hier! Wahrhaftig, das war Diodorus, jung und stark und mannhaft, die Hand zum Gruße erhoben. Und nun kam Joseph ben Gamliel – ach, das Ganze war Tollheit! – mit zärtlichem Blick. Und dort, mitten unter den Schatten vieler Frauen, denen er Beistand geleistet hatte, stand Aurelia, lebhaft, lächelnd. Eine große Schar zog an ihm vorbei, hielt vor ihm inne, grüßte ihn schweigend, liebevoll. Er schüttelte heftig den Kopf und schloß keuchend die Augen.

Dann hob sich die Erde, wie von einer Welle aufgewölbt, bebte, zitterte und glitt unter seinen Füßen weg. Aus ihren Eingeweiden tönte tiefes, dunkles Rollen. Plötzlich kam Wind auf, heftig wie ein Wirbelsturm, legte sich ebenso rasch, frischte wieder auf, heulend, so daß es dem einsamen Mann im Garten den Atem benahm. Jetzt war Lucanus nicht mehr Arzt, Philosoph oder Gelehrter. Er war ein von Angst überwältigter Mensch. Taumelnd stand er auf, und ihm klapperten die Zähne.

Er wankte im Garten umher, in einem gespenstischen Garten. Sein Körper schüttelte sich wie im Fieber. Er trat zum Springbrunnen und hörte das Wasser plätschern. Er kehrte ins Haus zurück. Hier zwang er sich, eine Lampe anzuzünden. Er stand da und starrte ausdruckslos in das Licht. Er nahm ein Buch zur Hand und legte es wieder beiseite. In seinen Schläfen hämmerte es.

Dann versuchte er, sich selbst vernünftig zuzureden. Er vergegenwärtigte sich, was er an Astronomie gelernt hatte. Die Sonne konnte sich von ihren Kindern, den ›Umherschweifenden‹, den Planeten, nicht losreißen. Wohin sie ging, dorthin folgten sie ihr. »Natürlich! Selbstverständlich!« sagte er laut zu dem lastenden Schweigen um sich und nickte wie zufriedengestellt. Aber er wußte, daß diese Erwägungen albern waren. Die Sonne blieb verschwunden; der Himmel wölbte sich in völliger Finsternis. Diesen Tatsachen gegenüber waren alle menschlichen Vernunftgründe, auch die tiefstschürfenden Gedankengänge, machtlos. Nicht einmal einen Namen, eine Theorie, konnte er dieser unerforschlichen Erscheinung anheften; in keiner Weise vermochte er das Unbekannte dem Gewußten einzuordnen. Trotzdem schwirrten seine Gedanken umher wie verstörte Vögel, und er bemühte sich fieberhaft, etwas zu erklären, was nicht erklärt werden konnte. Wieder dröhnte die Erde unter seinen Füßen, und ein langgezogenes Grollen drang in die kühle Luft.

War die Erde hinter einen anderen Planeten gestürzt? Tausend Möglichkeiten wirbelten ihm durch den Kopf, und er verwarf sie alle gleich wieder als sinnlos. Dann fiel ihm, zum erstenmal, mit einem Schauder seine Familie in Rom ein; und an Priscus in Jerusalem dachte er. Wenn die Erde unerbittlich, auf geheimnisvolle Art, zerstört wurde, dann mußten alle Menschen zugleich sterben. Entsetzen, Selbstsucht, Angst, Schrecken, Besorgnis, Liebe – alles das war ohnmächtig, konnte die kalte Hand des Schicksals nicht abwehren. Er zündete eine zweite Lampe an und dann noch eine, bis das Haus von Licht erfüllt war. Er setzte sich und starrte vor sich hin.

Plötzlich fuhr er auf. Er wußte, daß er, übermannt von dem Grauenvollen, das die Erde getroffen hatte, in tiefen Schlaf gefallen war. Seine Lampen flackerten mit kleinen Flammen; er stand auf, um sie nachzufüllen. Da bemerkte er, daß an Tür und Fenstern ein graues Licht stand, wie Dämmerung. Wieder lief er in den Garten. Das Licht wurde stärker, aber nur ganz langsam. Die Erde hatte aufgehört, zu beben und zu poltern und zu schüttern; sie stand wieder fest. Lucanus blickte zum Himmel; weithin schwebte dort ein rosiger Schein, als breitete sich Sonnenuntergangslicht von Horizont zu Horizont. Die Welt verlor ihre Gespensterhaftigkeit; immer mehr Farben fluteten heran. Die Vögel piepsten oder schwatzten aufgeregt in den Bäumen. Der Springbrunnen sang lauter, wie erleichtert. Die Stimmen der Stadt drangen zu Lucanus. Es waren Stimmen der Freude; doch sie hatten einen Beiklang von Überspanntheit. Dann zerteilte sich der rosige Schein wie ein Vorhang, und die Sonne sprang in den Himmel, gleich einem Krieger mit goldenem Schild.

Lucanus holte tief Atem. Nie – nein, auch in seiner Kindheit nicht! – war ihm die Welt so schön erschienen, so teuer, so wertvoll wie jetzt, da sie dem Untergang entronnen war. Und das war sie tatsächlich, wie ein Vogel, der aus der Umklammerung einer grimmigen Hand entwischt. Die Grundfesten der Erde waren erschüttert worden; die Sonne war verschwunden gewesen. Jetzt aber hatte das furchtbare Wüten sich verzogen; und von Blumen und Gras stieg süßer Duft, als atmete die Erde aus, nachdem sie allzulange entsetzt den Atem angehalten hatte. Lucanus drückte die Hände an das Gesicht und seufzte laut auf.

Sicherlich, so dachte er nun, gibt es für das Vorgefallene eine wissenschaftliche Erklärung. Daß ich sie nicht kenne, bedeutet nicht, daß keine vorhanden ist. Es war später Nachmittag. Er hatte Hunger. Er setzte sich und aß einige Bissen; nie waren ihm Brot und Käse so bekömmlich erschienen, und nie hatte der Wein ihm so köstlich geschmeckt. Er schrieb Briefe, und einer davon ging an einen Astronomen in Alexandria; er schilderte ihm die Finsternis und fragte an, ob sie auch dort beobachtet wurde, welche Ursache sie habe und ob sie sich wohl wiederholen könne.

Als Lucanus an diesem Abend einschlief, war ihm zumute wie jemandem, dem die Todesstrafe nachgesehen worden ist und dem mit diser Gnade nicht nur Entsühnung, sondern auch Leben und Friede und innere Ruhe geschenkt wurden, als wäre dies der erste Schöpfungstag oder als wäre die Menschheit neugeboren.

XXXXI

Dutzende von Kranken, die am nächsten Tag zu Lucanus kamen, waren ihm neu. Sie klagten über Nervenzerrüttung und waren sehr blaß; einige konnten kaum sprechen. Er beruhigte sie lächelnd mit der Zusicherung, am Vortag sei nichts wissenschaftlich Unerklärliches geschehen. Möglicherweise handle es sich um eine Sonnenfinsternis. Nur Kinder ließen sich durch solche Naturvorgänge Angst einjagen. Seien nicht die ägyptischen Astronomen schon seit langem imstande, Verfinsterungen nicht nur für die unmittelbare Zukunft, sondern für unabsehbare Zeiträume vorauszusagen? Man müsse den Weisen, den Wissenden vertrauen, die alle Himmelserscheinungen, die Mondphasen, die Sternenbahnen, genau verzeichnen könnten. Von seinen Kranken umringt, erläuterte Lucanus die Vorgänge bei einer Sonnenfinsternis mittels eines Apfels und einer Nuß. Die Patienten waren sehr interessiert; mit offenen Mündern und weit aufgerissenen Augen verfolgten sie seine Vorführungen. Und genauso, wie er selber es gestern getan hatte, nickten sie einander zu und stellten fest, das hätten sie eigentlich schon die ganze Zeit gewußt. Diese Leute sind ebenso große Gelehrte wie ich, dachte Lucanus etwas spöttisch.

»Alles recht schön!« meinte jedoch dann ein alter Mann kopfschüttelnd und musterte den Arzt pfiffig. »Aber erklärt hast du damit nichts. Die Sache bleibt für uns Menschen unverständlich.« Die anderen verlachten ihn belustigt und hießen ihn einen alten Knasterbart.

Lucanus lachte nicht. Der feste, eindringliche Blick des Greises schien ihn zu durchbohren. Er lenkte ab: »Na, mein Freund, schauen wir uns wieder einmal deine rheumatischen Knöchel an! Ich habe da eine neue Salbe; die wird dir, glaube ich, helfen.«

»Gestern habe ich gehofft«, meinte der Alte, »das Ende der Welt wäre gekommen. Sind wir nicht alle miteinander Sünder, eine ständige Herausforderung für den Himmel?« Die anderen verlachten ihn nun noch lauter, blickten ihn aber etwas übelwollend an. Niemand, dachte Lucanus, hat es gern, wenn man ihn einen Bösewicht und eine Beleidigung für die Götter nennt. Wehe dem, der den Menschen die Wahrheit sagt!

Außer der Familie Turbos gewährte Lucanus nur noch einem einzigen wohlhabenden Haushalt in Athen seine ärztliche Betreuung. Der Familienvater hieß Kleon, und er rühmte sich, von dem in der Perikles-Zeit vielgenannten Gerber und Volksführer gleichen Namens abzustammen. Er wohnte mit seiner Frau und einer verwitweten Tochter nahe der Akropolis in einer prächtigen Villa, deren Gärten von hohen Mauern umgeben waren und von Sklaven mit Schwertern oder orientalischen Säbeln auf ständigen Rundgängen bewacht wurden.

Lucanus mochte niemanden in der Familie; aber Kleon hatte eine rätselhafte Krankheit, die ihn als Arzt interessierte. Von Zeit zu Zeit bekam er einen heftigen Hautausschlag, der sich bläulich verfärbte, nach einigen Tagen abblaßte und dann in häßliche Geschwüre aufbrach. Lucanus hatte nie dergleichen gesehen; er schrieb später eine Abhandlung darüber. Die üblichen Ursachen für Ekzeme hatte er ausgeschaltet: der Mann war auf strengste Diät gesetzt worden. Da er, ebenso wie übrigens seine Frau, übelwollend und als Wucherer berüchtigt war, haßten ihn alle, die ihn kannten, Lucanus eingeschlossen. Der Arzt begann der Ansicht zuzuneigen, daß die Ausschläge mit der Gemütsverfassung des Mannes zusammenhingen. Die Haut des Kranken war rauh wie verwitterter Stein, und ein Auge hatte eine dauernde Schädigung erlitten. Es war nichts Neues, daß seelische Bosheit körperliche Erscheinungen hervorrufen konnte; aber hier lag ein besonders krasser Fall vor, der Lucanus vor ein Rätsel stellte.

An diesem Nachmittag suchte er die prunkvolle Behausung Kleons auf. Jedesmal nahm er dem Alten ein beträchtliches Honorar ab; aber jedesmal brachte er ihm auch, wenigstens vorübergehend, Erleichterung. Er wurde sofort in die abgeschlossenen Räume geführt, in denen Kleon sein qualvolles Dasein führte. Vor einer Woche war wieder der Ausschlag aufgetreten; jetzt eiterten schon die Beulen. Lucanus reinigte und versorgte die Geschwüre, während Kleon jammerte und vor Schmerzen zusammenzuckte und fluchte. Er war von zwergenhaftem Wuchs, mit einem gedunsenen Körper und einem kleinen, wie eine Nuß gefurchten und verrunzelten Gesicht; auf dem geschädigten Auge schielte er.

»Nach deinem letzten Besuch, guter Lucanus«, greinte er, »hatte ich viele Wochen Ruhe und glaubte schon, geheilt zu sein. Wenn du nicht heute gekommen wärest, hätte ich bestimmt in ein paaar Tagen sterben müssen.« Er zeigte dem Arzt eine neue Beule auf einer seiner Hinterbacken, so groß wie eine Mannesfaust und hart geschwollen. Lucanus wusch sie in sehr kaltem Wasser und strich etwas Salbe darüber.

»Du kommst nicht oft genug«, beklagte der Alte sich ärgerlich. »Ich habe mir einen neuen Hausarzt genommen; aber er ist nicht besser als die anderen. Wiederholt mußte ich ihn auspeitschen lassen, weil er, wenn er gereizt ist, eine giftige Lästerzunge hat. Im allgemeinen ist er ein mürrischer Kerl mit kaltem, verschlossenem Sinn.«

»Und was hat er dir gesagt?« fragte Lucanus zerstreut. Diese Beule hier würde in ein paar Tagen zu einem mächtigen Geschwür ausarten.

Der Alte sprang im Bett auf und schüttelte die Faust. »Als diese Ausschläge hier auftraten, rief ich ihn, und er untersuchte mich. Und dann sagte er – wagte er zu sagen, dieser Racker! –, nicht meine Haut sei krank, sondern mein Gemüt! Am liebsten hätte ich ihn ins Gefängnis geschickt oder zu Tode gepeitscht oder als Rudersklaven verkauft. Aber mich hat das viele Geld gereut, daß ich für ihn ausgegeben habe.«

Lucanus hob rasch den Kopf. »Ein Arzt? Ein neuer Arzt?« Der Mann schien recht scharfsinnig zu sein!

»Ich habe ihn auf der Agora gekauft, für eine hübsche Stange Gold, kann ich dir sagen! Angeblich hat er in Tarsos studiert; aber ich möchte wetten, seine wenigen Kenntnisse stammen von einer Hebamme oder einem Metzger! Weißt du, was sich gestern abgespielt hat? Als die Sonne verschwand – ich bin ja, wie du dich überzeugt haben wirst, kein Ignorant –, war mir sofort klar, daß es sich um eine Sonnenfinsternis handelte. Ich habe Frau und Tochter jammern hören; die Sklaven haben sich in die Keller verkrochen. Da ist dieser Schurke, dieser neue Hausarzt von mir, in mein Zimmer gekommen und hat mich mit glühenden Augen angesehen. Und hat nichts gesagt. Er ist bloß eine ganze Weile dagestanden und hat mich angestarrt, bis ich glaubte, ich werde verrückt. Ah, wenn ich wieder gesund bin, stelle ich ihn auf den Verkaufstisch, zu jeder Verwendung! Am besten natürlich als Grubenarbeiter.«

Er legte sich auf seine Kissen zurück und verzog die Lippen zu einer Fratze, die einem freundlichen Lächeln so nahe kam, wie es ihm möglich war. »Der Schmerz läßt schon nach, mein Lucanus. Ich bin dir dankbar.«

Lucanus gab den Sklaven, die den Kranken pflegten, einen Tiegel mit der Salbe und erteilte ihnen Anweisung, ihren Herrn damit alle zwei Stunden, Tag und Nacht, einzureiben. Dann ging er in die Vorhalle und winkte dem Sklavenaufseher. »Ich möchte mit dem neuen Hausarzt sprechen«, sagte er leise. »Ich glaube, ich kann ihm Richtlinien für die Behandlung des Hausherrn während meiner Abwesenheit geben. Wie heißt er?«

»Er heißt Samos, weil er angeblich auf dieser Insel geboren ist, Herr«, antwortete der Aufseher achtungsvoll. »Er ist ein mürrischer Patron. Ohne Zweifel hat er sich einmal eines Verbrechens schuldig gemacht. Er ist nämlich auf höchst widerwärtige Weise gebrandmarkt.« Er ließ für den Arzt, der sich in der sonnigen Vorhalle in einen bequemen Stuhl gesetzt hatte, Wein bringen und gab dann einem Sklaven Auftrag, Samos zu holen.

Bald darauf kam ein hochgewachsener, dunkelhäutiger junger Mann, mit breitem, aber feinem Gesicht, ziemlich langem, schwarzem Haar und tiefblauen Augen, kräftigen, massigen Schultern und dem Gehaben eines Königs. Er ging schweigend auf Lucanus zu, und seine Bewegungen waren vornehm. Dann, als er vor dem Griechen stand, hob er die Hand, strich sich das Haar aus der Stirn und zeigte verächtlich seine Brandmarkung. Sie war dunkelpurpurn und knotig verzogen und abstoßend. Dann ließ er das Haar wieder über die Narbe fallen und fragte mürrisch: »Was willst du von mir?«

Mitleid stieg in Lucanus auf. Er schickte den Aufseher weg und bedeutete dann Samos, sich zu setzen. Aber der Mann sagte verbittert: »Nein. Ich bin nur ein Sklave und bin immer Sklave gewesen. Sei nicht großherzig zu mir! Ich brauche niemandes Freundlichkeit, niemandes Güte. Ich hasse alle Menschen.«

»So, so«, machte Lucanus und lächelte ein wenig, obwohl sein Mitleid wuchs. »Dann stehe vor mir wie ein Sklave, wenn du dich für nichts anderes hältst. Ich wollte an dich als an einen Kollegen einige Fragen richten.« Er hielt inne und fügte leiser hinzu: »Ich glaube, mit deiner Ansicht über die Ursache der Ausschläge und Geschwüre deines Herrn hast du ganz recht.«

Die Miene des Sklaven änderte sich. Sein breiter, empfindsamer Mund zuckte, und seine großen blauen Augen blinzelten, als unterdrückten sie Tränen. Er war nicht alt; Lucanus schätzte ihn auf nicht mehr als einundzwanzig Jahre. Der Mann zögerte; dann murmelte er einen Fluch, schob sich mit einem Ruck einen Stuhl herbei, setzte sich zu Lucanus und starrte ihn an. »Gewiß habe ich recht«, knurrte er, und sein Ton war herausfordernd. »Aber was kann man bei einem Kerl wie Kleon ausrichten? Höchstens müßte man Priester herbeirufen und ihm seinen Dämon austreiben lassen. Falls er nicht selber ein Dämon ist!«

Lucanus lachte leise. »Wer kann das wissen?« murmelte er. »Aber sag mir, hast du wirklich in Tarsos studiert?«

Samos wandte den Kopf ab. Sein Profil war kräftig und klassisch, mit schönen Wangenflächen und einem gutgeschnittenen Kinn. Lucanus spürte ein inneres Regen: dieser junge Arzt erinnerte ihn dunkel an jemanden, und die Erinnerung war schmerzhaft. Dann sagte der Sklave: »Ich bin auf Samos geboren. In dem Hause gab es einen ausgezeichneten Arzt. Dem bin ich immer nachgelaufen, und zum Schluß hat er mich zu seinem Helfer gemacht. Er wurde alt; er empfahl meinem Herrn, der fast ebenso grausam und böse war wie dieser Kleon und ein Großkaufmann, mich nach Tarsos zu schicken. Und so geschah es. Dort habe ich drei Jahre verbracht und meine Schlußprüfungen lorbeerbekränzt mit Auszeichnungen abgelegt; und meine Lehrer waren alle freundliche, gute Menschen. Diese Jahre waren die einzigen glücklichen in meinem Leben.«

Eine Träne stahl sich ihm aus dem Auge; und er zwinkerte wütend, zog ein Taschentuch aus dem Gürtel und schneuzte sich. Dann starrte er stumpf auf den gescheuerten weißen Fußboden. »Während meines Aufenthalts in Tarsos ist mir klar geworden, daß ich nicht auf die Dauer Sklave bleiben kann. Ich mußte frei werden oder sterben. Das habe ich einem meiner Lehrer gesagt. Aber er riet mir Geduld an: Ärzte töteten sich nicht selbst; wenn ich mir aus Geschenken meines Herrn genug ersparen könnte, mochte ich mir schließlich die Freiheit erkaufen. Doch er kannte meinen Herrn nicht, der goldgieriger war als Midas. Ich bekam keine Geschenke und erwartete auch keine. Nach einem Jahr entlief ich ihm.« Er hielt inne und holte tief Atem. »Ich wurde gefangen und zurückgebracht. Ich rechnete mit dem Tode oder bestenfalls mit dem Dienst als Ruderknecht. Aber mein Herr hatte viel Geld für mich ausgegeben, und so ließ er mich brandmarken. Dann wurde ich, so fand er, wie ein wilder Wolf, und er verkaufte mich. Dadurch bin ich in dieses Haus gekommen, das auch nicht besser ist.«

Lucanus betrachtete ihn, von einem Mitleid erfüllt, das lebhaft war wie körperlicher Schmerz. Er fragte: »Würdest du bei mir bleiben wollen? Willst du, daß ich dich kaufe? Wenn mir das gelingt, gebe ich dich frei und verlange nur, daß du mein Begleiter wirst. Ich bin einsam und habe keine Freunde.«

Samos zuckte zusammen. Dann drehte er sich zu Lucanus herum, mit ungläubiger Miene. Er sah die strahlend blauen Augen des älteren Arztes, sein gütiges Lächeln, sein angegrautes Blondhaar, und wußte, daß er nicht scherzte. Er stieß einen schwachen, erstickten Schrei aus, warf sich vor Lucanus hin und schmiegte stumm den Kopf an seine Knie. Dann begann er zu weinen, nicht mit Tränen, sondern mit dem trockenen Schluchzen eines zum Tode Verurteilten, dem man Begnadigung versprochen hat. Er schlang die Arme um die Hüften des Griechen und preßte sich wortlos an ihn.

Lucanus legte die Hand auf den Kopf an seinem Knie. Das Haar des jungen Mannes war weich wie Seide und sehr dicht und leicht gelockt. Lucanus seufzte und ließ Samos in seiner Stellung, wie ein Kind an die Mutter geklammert, bis er sich ein wenig gefaßt hatte. Dann sagte er mit großer Herzlichkeit: »Bleibe hier. Ich spreche jetzt mit Kleon. Und bete!«

Er löste sich aus den Armen, die geschmeidig und doch muskulös waren und begab sich wieder in Kleons Zimmer.

Der reiche Kaufmann war, von seinen Schmerzen befreit, etwas eingedöst; als er aber Lucanus sah, hob er den Kopf von den Kissen. »Ah«, sagte er. »Dich kann man gar nicht hoch genug schätzen, lieber Lucanus. Viele Nächte habe ich schon nicht geschlafen, und jetzt fühle ich mich wie ein Säugling in einer weichen Wiege.«

»Ich wollte mir nochmals diese große Beule auf deiner Hinterbacke ansehen«, erklärte Lucanus und tat so, als wäre sein Interesse neu erwacht. »Die Anschwellung geht zurück. Es kann sein, daß sie nicht vereitert. Jedenfalls eine heikle Stelle! Hier kann eine solche Pustel gefährliche Ausmaße annehmen.«

Er setzte sich und betrachtete Kleon mit einer Miene, von der er hoffte, daß sie freundlich war. »Ich habe mit deinem Sklaven Samos gesprochen. Mir scheint, man hat dich beim Kauf hineingelegt. Dieser junge Mann wird nämlich für dich oder deine Familie nie etwas leisten können.«

Kleon schrie vor Wut laut auf und trommelte mit den Fäusten auf die Kissen. »Ich habe es ja gewußt!« rief er. »Zum Hades mit diesem Händler, diesem Aasgeier! Nie hätte ich ihm trauen sollen. Er hat einen sehr üblen Ruf. Ha! Ich verkaufe Samos als Ruderknecht!« Er klickte mit der Zunge gegen den zahnlosen Gaumen, und seine Augen funkelten vor Vergnügen.

»Es wird mir eine Wonne sein, mir ihn auf der Ruderbank vorzustellen. Aber man hat mich betrogen, ausgeplündert! Wie räche ich mich dafür?« Mit pfiffigem Zwinkern neigte er sich zu Lucanus. »Kannst du mir nicht einen Brief geben, des Inhalts, daß der Kerl mich zu vergiften versucht hat? Dann kann ich ihn hinrichten lassen.« Ein Tropfen Speichel sickerte ihm aus dem Mundwinkel, und er leckte ihn ab.

Lucanus tat so, als dächte er über den Vorschlag sorgfältig nach. Dann schüttelte er den Kopf. »Mir fällt ein, daß ich einen Hausklaven brauche. Willst du mir Samos verkaufen? Er ist allerdings sehr hochmütig und anmaßend.«

Kleon heftete seine Augen mit hartem, durchdringendem Blick forschend auf das Gesicht des Arztes. Er legte sich zurück und brummte: »Na, aber er hat mich einen hübschen Batzen Geld gekostet.«

Lucanus nickte. »Du bist zu bedauern, Kleon. Was hast du denn gezahlt für ihn?«

Kleon kniff die schlauen Augen zusammen. Er war über Lucanus im Bilde; er kannte den ganzen Klatsch der Stadt. Dieser Narr von einem tüchtigen Arzt war ein reicher Mann; wenn er den Fimmel hatte, Athens Lumpengesindel kostenlos zu behandeln und sich damit den Ruf eines Halbgotts zu erwerben, so sollte er für seine Marotte und auch für seinen Ruf bezahlen. Daher nannte Kleon eine derart unverschämt hohe Summe, daß Lucanus, der augenblicklich gar nicht über so viel Geld verfügte, wütend und besorgt ausrief: »Oh, das ist ja der Preis des hervorragendsten, unschätzbarsten Arztes! Das ist ja ein Lösegeld für einen Fürsten!«

Kleon zuckte die Achseln. Er wurde wieder schläfrig. »Dann«, erklärte er, »behalte ich ihn und amüsiere mich mit ihm. Jeden Tag lasse ich ihn auspeitschen, hier in diesem Zimmer, damit ich das Schauspiel genießen kann.«

Lucanus kannte die Hartnäckigkeit des Kaufmannes. Er stand auf. »Wenn du mir Samos nicht verkaufst, komme ich nie mehr zu dir, und du wirst bestimmt sterben. Das ist mein voller Ernst, Kleon«, fügte er in entschiedenem Tone hinzu.

Kleon riß entsetzt die Augen auf. »Du kannst doch einen alten Mann nicht im Stich lassen!«

»Sicherlich kann ich das. Überlege dir die Sache. Ich zweifle nicht daran, daß du viel Geld für Samos bezahlt hast, aber nicht so viel, wie du jetzt verlangst. Ich biete dir – und das ist mein letztes Wort – dreihundert Goldstücke, frisch gemünzt. Nimm mein Angebot an oder suche dir einen anderen Arzt.«

»Du willst mich zum Tode verurteilen?«

»Gewiß.«

»Wozu brauchst du Samos, diesen Hund?«

»Ich habe es dir schon gesagt. Er gefällt mir. Ich habe in meiner Jugend wilde Pferde zugeritten.«

Kleon schnob vor Wut und Ärger. Er wünschte, Lucanus wäre ein Sklave; er hätte ihn regelrecht ausgepeitscht, er hätte ihn mit heißem Eisen gebrandmarkt, bis sein Fleisch zischte! Er schrie: »Gib mir das Geld, und Hekate soll dir jede Nacht im Traum zusetzen!«

Lucanus lächelte. »Widerrufe deinen Fluch, sonst bin ich nicht imstande, dich morgen weiterzubehandeln.« Er warf einen Geldbeutel auf das Bett. »Und jetzt wirst du mir einen Kaufvertrag unterschreiben.«

Bald darauf kam er in die Vorhalle zurück, wo Samos auf ihn wartete. Der Sklave blickte ihn mit erregten blauen Augen an; seine Lippen zuckten verzweifelt. Lucanus faßte ihn am Arm. »Komm heim mit mir!« sagte er, wie er vor langer Zeit zu Ramus gesprochen hatte.

Lucanus stellte alle Lampen, die er besaß, auf seinen Tisch, wohin er seine scharfen, glänzenden Instrumente gelegt hatte. In einem Stuhl neben dem Tisch saß Samos, steif und erwartungsvoll, die Augen in Liebe und Hingabe auf seinen Befreier gerichtet. Lucanus mischte eine Arznei in einen Becher Wein und hielt ihn Samos hin. »Das wird deine Schmerzen lindern«, sagte er. »Ich weiß nicht, wieweit mir die Beseitigung dieses schrecklichen Brandmals gelingen wird; aber ich will mein Bestes tun.«

»Es wird dir gelingen, Herr«, erklärte Samos.

»Nenne mich nicht Herr«, verlangte Lucanus. »Nenne mich beim Namen.«

»Ich bleibe immer bei dir, ob du mir die Freiheit schenkst oder nicht, Lucanus.«

»Morgen führe ich dich zum römischen Prätor, und du erhältst die Freiheit. Vielleicht wird dir meine Lebensführung nicht behagen. Du bist jung, und aus deinen stolzen Gesichtszügen glaube ich Ehrgeiz zu lesen. Schwöre also keine Eide, die du bedauern könntest.« Lucanus lächelte und hielt Samos noch immer den Becher hin.

»Wie kann ich es jemals bedauern?« fragte der Sklave leidenschaftlich. »Wo du mich zu dir ins Haus genommen hast, als Freund, als der einzige Freund, den ich je hatte! Wo du dich erboten hast, mich freizulassen, mich, einen Menschen, der lieber tot sein als Sklave bleiben möchte! Ich verlange mir nichts, als dir mein Leben lang dienen zu können.«

»Immerhin«, mahnte Lucanus, »bist du jung, und ein ausgezeichneter Arzt. Die Welt steht dir offen. Als freier Mann wirst du römischer Bürger sein. Vielleicht wirst du einmal reich. Aber als Einleitung zu dieser glänzenden Zukunft – und ich gedenke nicht, dich an dein Versprechen zu binden – muß vorerst dein Brandmal beseitigt werden. Trink jetzt das hier!«

Mit zitternder Hand nahm Samos den Becher. Er starrte auf den trüben

Inhalt. »Opium«, murmelte er. Er sah Lucanus in die Augen; dann stellte er den Becher langsam auf den Tisch und holte tief Atem. »Nein«, sagte er.

Lucanus musterte sein Gesicht; dann nickte er. »Sklave zu werden ist qualvoll. Aber mit noch größerer Seelenqual verbunden ist die Befreiung. Ich verstehe. Du willst unter Leiden die Freiheit wiedererlangen, weil diese Leiden deine Seele läutern werden. Allerdings muß ich dir sagen, es werden sehr arge Schmerzen sein.«

»Schließ die Augen, damit nicht das Blut hineinsickert!« Lucanus hob ein schmales, scharfes Messer. Er mußte rasch arbeiten. Nochmals untersuchte er das Brandmal; es war wohl sehr häßlich, bildete aber noch keine verhärtete Narbe. Die Haut der Umgebung hatte sich, da Samos jung war, weich und dehnbar erhalten. Lucanus wollte das Mal ohne Verletzung des tieferliegenden Gewebes sorgfältig abtragen und dann die scharfen Wundränder zusammenziehen und aneinanderheften. Nach der Heilung würde nur eine lange, schmale Furche vom Haaransatz bis in die Höhe der Brauen bleiben, die in einigen Monaten ausbleichen und kaum mehr zu bemerken sein würde. Lucanus erläuterte, was er tun wolle, und Samos nickte. In Erwartung des Kommenden waren ihm die Lippen blaß und starr geworden.

Lucanus führte von oben hinunter einen feinen Schnitt, und die Narbe öffnete sich wie ein Mund und begann zu bluten. Aber unter ihr lagen keine großen Adern. Samos zuckte nicht zurück; er hielt sich ganz still. Lucanus wischte das hervorsickernde Blut weg und schnitt das Brandmal aus. Samos wurde totenblaß. An den fest um den Sessel geklammerten Händen traten die Knöchel hervor; aber er rührte sich nicht. Lucanus begann vor Eile und Anspannung zu schwitzen. Blutstropfen rannen aus der Wunde und rollten über die Wangen des jungen Mannes. Einige dieser Tropfen sammelten sich als kleine Gerinnsel an seinen Mundwinkeln. Die Lampen flackerten und blakten in einem leichten Luftzug, der durch das Fenster drang.

Bekümmert über den Schmerz, den er zufügte, musterte Lucanus einen Augenblick lang das straffe Gesicht des jungen Mannes. Wieder meldete sich die Empfindung einer Ähnlichkeit mit vertrauten Zügen. »Du bist sehr tapfer«, sagte er mit unsicherer Stimme. »Du bist ein beherzter, wackerer Mann, Samos.«

Jetzt lag das Narbengewebe in einer kleinen Schale auf dem Tisch; es sah so abstoßend aus wie ein Dämonenauge und begann schon zu schrumpfen. Lucanus nahm Leinenzwirn und Nadel. Ihm wäre am liebsten gewesen, wenn Samos, der einen ganz erschöpften Eindruck machte, ohnmächtig geworden wäre. Aber die stolze Spannung an den Mundwinkeln des jungen Mannes erschlaffte nicht. Lucanus begann behende zu nähen und erzählte unterdessen in beschwichtigendem Tone von seiner Tätigkeit in Armenkreisen und von seltsamen Fällen, die ihm untergekommen waren. Samos lächelte schwach. Die junge, schmiegsame Haut mußte gestreckt werden, um die Schnittränder aneinanderzufügen. Langsam schloß sich die Wunde, aus der nur mehr kleine Blutstropfen sickerten. Es war geschehen.

»Öffne die Augen, Samos!« sagte Lucanus. Dann sank er in einen Stuhl und wischte sich mit dem Handrücken den Schweiß von der Stirn. Samos schlug die Augen auf und lächelte stolz und froh. Nach einer Weile verband Lucanus die Wunde, die nicht mehr blutete. »Oh«, sagte er, »ich bin zufrieden. Die Sache wird sich machen, besser, als ich gehofft hatte. Aber jetzt mußt du einen Becher Wein mit mir trinken. Ich bin todmüde!«

Er lachte mit zittriger Stimme und goß Wein in zwei Becher. Samos griff nach dem seinen mit der linken Hand. Lucanus wollte ihm das Trinkgefäß in diese Hand drücken; dann hielt er plötzlich inne. Auch sein Herzschlag schien auszusetzen, und es dröhnte ihm in den Ohren. Seine Wangen wurden blässer und starrer als das Gesicht des Operierten.

Samos blickte ihn an und erschrak. »Lucanus!« rief er. »Du hast dir zu viel zugemutet! Mir scheint, dir wird übel!«

Taumelnd sprang er auf und legte den Arm um die Schultern seines Retters. Lucanus öffnete stumm den Mund und rang nach Atem. Seine Augen füllten sich mit Tränen. Er stand auf, versuchte zu sprechen und brachte nur einen krächzenden Laut hervor. Schließlich richtete er den Blick fest auf den jungen Mann und sagte mit ruhiger Stimme:

»Du bist nicht Samos. So heißt du nicht. Du heißt Arieh ben Eleasar und bist Jude. Und ich suche dich seit zwanzig Jahren!«

Er hob die linke Hand des erstaunten Mannes und hielt sie zum Licht. Der kleine Finger war stark gekrümmt und scharf einwärts, zu den anderen Fingern hin, geknickt. Und Lucanus schaute Ariehs Augen und sah die Augen Dinas und brach in ersticktes Schluchzen aus.

»Gott ist gütig«, stammelte er. »Laß mich dir das vor allem sagen: Gott ist gütig!«

XXXXII

Lucanus schrieb sofort an Dinas Anwälte in Jerusalem. Er sagte zu Arieh: »Du mußt mit dem ersten Segler verreisen, der nach Einlangen meines Briefes bei den Anwälten Israels ansteuert. Ich würde dich begleiten, weil mir diese Angelegenheit sehr am Herzen liegt; aber ich bin für zwei Monate vertraglich auf ein anderes Schiff verpflichtet und kann nicht mein Wort brechen. Doch ich komme später auch nach Jerusalem – vielleicht.«

Arieh erwiderte: »Verlange nicht, daß ich dich verlasse. Ich habe nicht viel ärztliche Erfahrung. Laß mich diese beiden Monate dein Gehilfe sein.«

Lucanus lächelte; er wußte, daß sein Schützling diese Ausrede nur gebrauchte, um sich nicht von ihm trennen zu müssen. So stimmte er zu; und Arieh, dessen Gang jetzt die Geschmeidigkeit und den Schwung der aus Fesseln befreiten Jugend annahm, blieb bei ihm.

Lucanus hatte das Gefühl, als wäre in seinem Inneren ein böses Geschwür endlich aufgeschnitten und entleert worden. Er begann nun, während der Nachtwachen, Arieh in dessen Väterglauben zu unterweisen. Der Junge war im Hause seines ersten Herrn und dann von seinen Lehrern in Tarsos ganz unpersönlich in die griechich-römische Religion eingeführt worden. Nun lauschte er seinem Mentor mit tiefster Aufmerksamkeit und stellte sehr verständige Fragen.

»Daß ich Jude bin, mutet mich seltsam an«, sagte er einmal kopfschüttelnd. »Meine Herren haben die Juden gehaßt und sie gewinnsüchtig und verschlagen gescholten. Dabei waren sie selbst die schlechtesten, habgierigsten, geriebensten Menschen! Besonders mein erster Herr konnte vor lauter Ränken nicht schlafen, ich habe ihn nie bei guter Laune gesehen, außer, wenn er einen Mitmenschen zugrunde gerichtet hatte.«

Wenn er Arieh schreiten sah, mußte Lucanus an eine Bemerkung Eleasars über seinen Sohn denken: »Er ist ein junger Löwe!« Er fragte seinen Schützling, ob er sich irgendwie der Kindheit entsinnen könne.

Arieh runzelte die Stirn und versuchte, Erinnerungsbilder wachzurufen. »Man hat mir erzählt, ich wäre auf Samos geboren und hieße nach dieser Insel. Ich war zwei Jahre alt, da hat mein erster Herr mich gekauft, als Spielzeug für seine Kinder. Ich wurde auf einem Sklavenmarkt ausgeboten. Das ist alles, was ich weiß.« Er hielt inne. »Nun fällt mir ein Traum ein, der mich während meiner ganzen Kindheit verfolgt hat und den ich sogar jetzt noch manchmal träume. Ich bin in einem großen, schönen Garten. Ich sehe weiße Säulen, aber keine Statuen, wie ich sie später in anderen Häusern angetroffen habe. Ich sehe überall große Mengen von Blumen und glitzernde Springbrunnen. Ich habe ein weißes Hündchen, das mir allein gehört. Alles ist sehr schön und sehr friedlich. Ein junger Mann kommt in den Garten, schließt mich in die Arme und küßt mich. Auch eine junge Frau mit wallendem dunklem Haar ist da und spielt mit mir.«

Arieh strich sich über die heilende Stirn. »Der Traum wird undeutlich. Handelt es sich um den gleichen Tag oder um einen anderen? Ich bin im Garten, mit zwei Mädchen, und wir tollen umher. Es ist sehr hell und sehr still in der Sonne. Mein kleiner Hund ist nicht da, und ich vermisse ihn. Plötzlich erscheinen zwei dunkelhäutige, fast nackte Männer. Ich blicke sie furchtlos an, obwohl ich sie nicht kenne, während meine Wächter mir sehr vertraut sind. Sie schleichen sich zu den Mädchen; sie heben in ihren Händen irgendwelche Gegenstände, die in der Sonne aufblitzen. Die Mädchen fallen auf ihre Gesichter nieder. Ich lache und klatsche in die Hände, weil ich das für ein neues Spiel halte. Dann packt mich einer der beiden Männer, die sich wie Schatten bewegen; man legt mir eine Hand über den Mund, und ich bekomme keine Luft. Dann fällt mir etwas Schwarzes über die Augen. Weiter weiß ich nichts mehr ... Die nächsten Erinnerungen sind ein fremdes Haus und Grausamkeit und Schläge. Um wieviel später das war, kann ich nicht sagen ... Das Ganze muß wohl bloß ein Traum sein», schloß Arieh kopfschüttelnd.

»Nein«, sagte Lucanus, »das war kein Traum.«

Arieh zeigte sich sehr begierig, alles über seine Familie, seinen Vater, seine Schwester, zu erfahren. Lucanus wurde nicht müde, von Dina zu erzählen. Als er einmal so sprach und sah, das Arieh ihn ganz merkwürdig anblickte, sagte er mit einer Stimme, die er für leidenschaftslos hielt: »Sie war eine ganz besonders schöne Frau, und ganz besonders lieb und gütig.« Dann klopfte er Arieh freundschaftlich auf die Schulter. »Dir gegenüber fühle ich mich wie ein Vater«, fügte er hinzu. »Und du könntest ja wirklich mein Sohn ein.« Er hatte seine Seelenruhe wiedergewonnen.

Er malte für Arieh ein kleines Bild Dinas. Das schöne Gesicht mit dem offenen Blick und dem hübschen Lächeln erstrahlte wie lebend von der Holztafel, und der weiße Hals war herrlich geformt. »Eine Göttin!« fand Arieh. Darüber mußte Lucanus lachen. »Du redest ja wie ein Grieche oder ein Römer!« rief er. »Deine Landsleute würden dich sehr scheel und sehr verächtlich ansehen, wenn du einen Menschen mit Gott vergleichst. Wir wollen uns gleich hinsetzen und wieder weiterlernen, von Moses, und wie er sein Volk aus der Knechtschaft der Ägypter befreite. Mir scheint, diese Geschichte fesselt dich sehr. Und als Sohn des Eleasar ben Salomo mußt du dich auch beim Hebräischen mehr ins Zeug legen.«

Von Lehrer zu Schüler erwuchs eine große Anhänglichkeit, wie die tiefe Zuneigung eines Mannes, der einen einzigen Sohn hat und dessen Herz zu diesem Sohne spricht. Mit jedem Tage verstärkte sich in Lucanus ein geheimnisvolles Empfinden der Erquickung und Erfüllung. Es war, als hätte alles, was er je geliebt hatte, sich in Arieh verkörpert, den er wie ein Kind unterwies. An Gesprächsstoff fehlte es ihnen nie. Lucanus erzählte aus seinem Leben und erlebte es dabei neu.

Als sie an einem Hafenplatz anlegten, kam ein Bote an Bord und überbrachte Arieh einen großen Beutel voll Gold und freudige Grußbriefe von den Anwälten in Jerusalem. »Wir erwarten die Ankunft des Sohnes von Eleasar ben Salomo«, schrieben sie. »Er wird im Tempel gereinigt und seinem Volk wiedergegeben werden. Gepriesen sei Gott, weil Er uns Dich finden ließ!«

Arieh verteilte seine Schätze unter die notleidende Schiffsbesatzung. Er ging zu den Ruderknechten und schenkte einigen Sklaven so viel Gold, daß sie sich ihre Freiheit erkaufen konnten. Mehrere Tage und Nächte lang widerhallte das kleine Schiff von fröhlichen Rufen und von Dankliedern für die Götter. Die Seeleute küßten, wenn sie vorbeigingen, dem jungen Arzt die Hand, und er war sehr verlegen.

Jetzt konnte Lucanus mit seinem Schützling liebevoll und rückhaltlos von Gott reden. Seine Seele hatte sich freigekämpft. Er war wie jemand, der einer Berufung harrt, die seinem Gefühl nach bestimmt kommen wird, und der deshalb unbeschwerten Sinnes wartet. Er sprach aufrichtig zu Arieh und legte ihm auch seinen früheren Haß gegen Gott dar. »Die ganze Zeit war ich heimlich wütend darüber, daß Er sich mir nicht offenbarte, sondern mich anscheinend einfach unbeachtet ließ. Ich wollte mich Ihm widersetzen, und Er stellte sich mir nicht. Das war unverzeihlich!«

Er gab an Arieh alles weiter, was Keptah und Joseph ben Gamliel ihn gelehrt hatten. Und wenn Lucanus so redete, war ihm, als stünden diese verehrten Lehrer ihm zur Seite, lächelnd und nickend. Er erzählte Arieh von den jüdischen, chaldäischen, babylonischen und ägyptischen Weissagungen. Er berichtete ihm über den seltsamen jüdischen Lehrer, von dem Priscus geschrieben und den Ramus gesehen hatte. »Aber augenblicklich hört man nichts von ihm«, fuhr Lucanus fort. »Eine Zeitlang wurden mir viele Geschichten hinterbracht – bis vor zwei Monaten. Seither ist es still um ihn. Ich habe in den verschiedenen Häfen nachgefragt; aber man hat nur verwundert gelächelt. Einigemal bat ich meinen Bruder Priscus um weitere Nachrichten, ohne Erfolg. Er hat mir überhaupt nicht geantwortet. Ist er nach Rom zurückgekehrt? Vorgestern habe ich auch meiner Mutter geschrieben.«

»In Jerusalem werden wir ja den jüdischen Rabbi sehen«, meinte Arieh sehr interessiert. »Er geht mir nicht aus dem Kopf. Wiederhole mir, bitte, die Weissagung des Jesaias!«

Wenn sie in dem einen oder anderen Hafenort eine kleine jüdische Synagoge fanden, führte Lucanus seinen Schüler dorthin. Aber sie kamen nicht weiter als bis in den Vorhof der Heiden. »Daß ich selber das Heiligtum erst betreten darf, wenn ich gereinigt bin, verstehe ich«, meinte Arieh, während er neugierig umherblickte. »Aber warum dürfen die Heiden überhaupt nicht eintreten? Gott ist doch der Gott aller Menschen. Mein Volk muß sehr verhärtet und von sich eingenommen sein.«

»Ohne diese Eigenschaften hätte es nicht überleben können«, erklärte Lucanus. »Was an einem Menschen und seinem Volk das Beste ist, muß er zu erhalten trachten. Allerdings, wie du richtig sagst, Gott ist der Gott aller Menschen. Immerhin denke ich in diesem Zusammenhang an gewisse Kulthandlungen in den griechischen und römischen und ägyptischen Tempeln. Die Mysterien sind bloß den Priestern, den Eingeweihten, zugänglich. Nur die Priester trinken den Opferwein und essen von den Opfertieren. Es gibt Dinge, von denen die rohe, dumme Menge, die nur alles in den Staub zieht, ferngehalten werden muß. Die geweihten Priester vollziehen ihren Gottesdienst und erteilen ihre Segnungen; aber man muß sich der Tatsache, daß sie berufen und geweiht worden sind, bewußt bleiben.«

»Mein Volk ist ein Priestervolk«, sagte Arieh. »Es ist das einzige Volk, das Nächstenliebe und gegenseitige Redlichkeit zum Gebot gemacht hat, nicht als Anliegen der Philosophie, sondern als Betätigung des Glaubens. Es ist ein merkwürdiges Gebot.« Er hob würdevoll den Kopf und blickte Lucanus an; dann legte er ihm die Hand auf die Schulter. »Ja. Dich hat Gott berufen.«

Eines Tages brach ein schwerer Sturm los, und der Segler mußte in einen Hafen flüchten. Dort wimmelte es schon von Schiffen, die vor dem Heulen des Orkans und dem starken Wellengang Schutz gesucht hatten. Als der Morgen blutrot dämmerte, war die See noch immer aufgewühlt; die vielfach beschädigten Schiffe schaukelten an ihren Ankern, und niemand wagte auszufahren.

Lucanus und Arieh standen auf dem heftig schwankenden Deck ihres Seglers und bemerkten, daß ihr nächster Nachbar ein prächtiges Schiff aus Edelholz war. Die eingeholten Segel des Nachbarschiffes lagen wie Haufen geglätteten Seidenstoffs auf dem Deck; die Seeleute waren gut gekleidet und gingen selbstsicher umher. Der Kaptän war offenbar ein hochmögender Mann, obwohl er jetzt mit bekümmerter Miene auf und ab schritt und sich, wie die beiden Freunde sahen, auf die Lippe biß. »Ein Privatschiff, der Zeitvertreib eines sehr reichen Mannes«, meinte Lucanus. Er rief den Kapitän an, der widerstrebend zur Reling seines Schiffes trat, die mit Ebenholz und Perlen und Gold eingelegt war. Lucanus bemerkte, daß den Schiffsbug keine weibliche Gestalt oder Sirene als Galionsfigur zierte.

»Ist drüben bei euch etwas passiert?« fragte Lucanus auf griechisch. Der Kapitän schüttelte den Kopf. Lucanus versuchte es auf aramäisch, und der Kapitän nickte eifrig. Er antwortete:

»Ja, etwas sehr Böses ist passiert. Mein ehrenwerter Herr, der Eigentümer dieses Schiffes« – und er blickte stolz um sich – »liegt krank zu Bett.

Und unser Arzt hat gestern abend bei dem Sturm den Tod gefunden; er wurde gegen eine Wand geschleudert und hat sich den Schädel zerschmettert.«

»Was fehlt deinem Herrn?«

Der Kapitän zuckte die Achseln. »Wenn man das wüßte! Jetzt liegt er mehr als zwei Monate todkrank. Er ist aus Jerusalem. Sein Arzt war sehr berühmt. Vor zwei Monaten hat mein Herr heftige Weinkrämpfe bekommen und ist im Bett liegengeblieben; er wollte niemanden sehen; weder Frau noch Kinder, weder Mutter noch Vater. Der Arzt war ganz bestürzt. Dann hat mein Herr erklärt, er wolle eine Seereise unternehmen, um zu vergessen. Aber niemand weiß, was er vergessen will. Er rührt sich nicht aus dem Bett; er ringt die Hände und will nicht sprechen. Man würde meinen, daß er im Sterben liegt.«

Lucanus flüsterte Arieh zu: »Offenbar ist der Mann irgendwie geistesgestört.« Er blickte den Kapitän an und sagte zögernd: »Ich bin Arzt. Ich möchte deinen Herrn sehen.«

Das Gesicht des Kapitäns leuchtete auf; sichtlich mochte er seinen Herrn gerne. »Einen Augenblick! Ich sorge nur dafür, daß du zu uns an Bord kommen kannst. Ich befürchte wirklich, mein Herr könnte dem Tode nahe sein.«

Lucanus und Arieh hatten es nicht leicht, auf das andere Schiff zu gelangen, weil beide Fahrzeuge ununterbrochen schaukelten, aber nicht im gleichen Takt. Der Kapitän empfing sie wie Könige. »Oh, Gott ist gütig!« rief er. »So wird mein Herr nicht sterben müssen!«

Nie hatte Lucanus ein so herrliches Schiff gesehen. Jeder römische Augustale oder selbst ein Cäsar wäre stolz gewesen, es zu besitzen. Die Deckplanken waren Zeder, die Wände Ebenholz, mit künstlerischen Blatt- und Blumenmustern aus Perlen und Silber und Gold eingelegt. Ringsum funkelte und glitzerte es in der heißen Sonne.

Lucanus sagte zu dem Kapitän: »Mir scheint, ihr seid Juden. Ich sehe nämlich nirgends Götterstatuen oder Wandgemälde mit Tieren. Wie heißt dein Herr?«

»Hillel ben Hamram«, erwiderte der Kapitän und blickte die beiden Fremdlinge an, in der Erwartung, sie würden ehrfurchtsvolle Mienen machen. »Bestimmt habt ihr von der Familie gehört. Sie ist nicht nur die reichste in ganz Judäa, sondern auch berühmt durch ihre Ärzte und Anwälte und Gelehrten. Mein Herr ist ein persönlicher Freund von Pontius Pilatus; und der Tetrarch Herodes Antipas rechnet es sich zur Ehre an, ihn als Gast bei sich zu sehen.«

Lucanus lächelte leise; der junge Arieh hörte aufmerksam zu. Lucanus winkte ihm. »Gehen wir zu unserem Kranken!« Sie wurden durch verschiedene Räume geführt, von denen einer verschwenderischer ausgestattet war als der andere, alle hell beleuchtet, mit Edelhölzern und wertvollen Geweben verkleidet und prächtig eingerichtet. »Du mußt verstehen, daß mein Herr keine Sklaven hält«, sagte der Kapitän mit verehrungsvoller Stimme. »Das widerspräche den Grundsätzen des frommen Judentums.«

Lucanus konnte sich nicht enthalten, auf Arieh zu zeigen und zu sagen: »Lieber Kapitän, du bist sehr bewandert in den Namen der angesehenen Familien Israels. Sicherlich wirst du also den Sohn des Eleasar ben Salomo kennen, der zur Vervollkommnung seiner ärztlichen Kenntnisse eine Weltreise unternommen hat?«

Arieh wurde rot. Lucanus genoß den Spaß. Dem Kapitän traten die Augen aus den Höhlen, derart starrte er Arieh an. »Den Sohn des Eleasar ben Salomo? Aber der wurde doch als Kind entführt und ist verschollen!«

»Er war verschollen, hat sich aber gefunden«, erklärte Lucanus. »Komm! Ist das die Tür zum Zimmer deines Herrn?«

Während er noch immer sprachlos den Blick auf Arieh geheftet hielt, öffnete der Kapitän eine mit Goldbrokat verhangene Tür, und die beiden Ärzte betraten ein Zimmer, dessen üppige orientalische Pracht sie überwältigte. Silberbrokatvorhänge bauschten sich an den Fenstern. Perserteppiche bedeckten den Fußboden. Obwohl das ganze Deck schwankte und schaukelte, war das große vergoldete Bett unbeweglich festgemacht. Darin lag, unter schweren Seidendecken, ein Mann, der kaum dreißig Jahre alt sein mochte. Sein Gesicht sah wie verwitterter Marmor aus; seine Augen waren zwischen breiten, wie blutunterlaufenen Ringen eingesunken. Er schien nicht zu atmen. Sein schwarzes Haar lag wie ein Fächer auf den gestickten Kissen. Seine Züge waren edel und streng. Als die beiden Ärzte an das Bett traten, rührte er sich nicht.

»Hillel ben Hamram«, sagte Lucanus freundlich, während er sich über ihn neigte, »ich bin Lucanus, ein Arzt, und will dir helfen.«

Der Kranke bewegte sich nicht. Es war, als hätte er sich schon in Regionen entfernt, zu denen menschliche Worte nicht mehr vordrangen. Dann schien Arieh zu lauschen. Er legte seine Hand auf Hillels kalte Stirn und sagte: »Höre, Israel, der Herr, unser Gott, ist der alleinige Herr!«

Hillel blieb regungslos. Die beiden Ärzte betrachteten ihn besorgt. Lucanus hob die schlaffe, eiskalte Hand und fühlte den Puls. Er legte das Ohr an die kaum atmende Brust. Das Herz schlug langsam und schwach. Als Lucanus aufblickte, sah er, daß unter den geschlossenen Lidern des Mannes Tränen hervorsickerten. Arieh setzte sich neben den Kranken, nahm seine Hand und hielt sie fest. Gerührt betrachtete Lucanus das schöne Bild, wie dieser stattliche Jüngling stumm seinem Landsmann Trost einzuflößen suchte. Die Sonne schien jetzt durch das Fenster und lag auf den Gesichtern der beiden Landsleute. »Weine nicht!« flüsterte Arieh zärtlich. »Gott ist mit dir, und mit Seiner Kraft werden wir dir helfen.«

Nun flossen die Tränen rascher unter den Lidern hervor. Arieh glaubte zu spüren, daß die Finger des Kranken seine Hand umfaßten. Er sagte: »Ich war verschollen, und Er hat mich gefunden. Ich war ein Sklave, und Er hat mich befreit. Ich war ein Fremdling, und Er hat mich zu meinem Volk zurückgebracht. Gepriesen sei Er, der König der Könige! Denn Ihm ist nichts unmöglich, und Er wird nicht taub bleiben, wenn Seine Kinder zu Ihm rufen!«

Hillel stöhnte; es war, als käme dieser Laut nicht nur aus seinem Munde, sondern aus seiner Seele. Ohne die Augen zu öffnen, flüsterte er: »Es ist zu spät. Der Messias hat mich gerufen, und ich habe mich von ihm abgewandt. Aber ich vergaß ihn nicht; und eines Tages erkannte ich, daß ich ohne ihn nicht leben konnte, obwohl er sehr Schweres von mir verlangt hatte. So ging ich wieder auf die Suche nach ihm. Es war zu spät. Inzwischen hatten die Römer ihn getötet, ihn wie einen Verbrecher ans Kreuz genagelt.«

Lucanus schrak heftig zusammen. Er faßte Hillel an der abgezehrten Schulter; unter seinen Fingern knisterte die weiche Seide. »Wann war das?« fragte er.

Hillel antwortete eine Weile nicht, als wäre er in den Todesschlaf gesunken. Dann sagte er mit schwacher Stimme: »Zu Ostern, als die Erde verdunkelt wurde.«

Lucanus mußte sich rasch setzen. Sein Herz klopfte heftig, und in seinem Kopf dröhnte es wie Donner. Er preßte die Hände an die Ohren, um diesem Dröhnen zu wehren. Nach einer Weile griff er mechanisch in seine Arzttasche und zog eine Phiole mit einem Stärkungsmittel hervor. Mit zitternder Hand goß er etwas davon in einen Becher Wein, der auf einem Thujaholztisch neben dem Kranken stand. Lucanus hielt den Becher an Hillels Lippen und rief gebieterisch: »Trink das! Und dann mußt du uns erzählen. Wir bemühen uns schon lange, zu erfahren, was da geschehen ist!«

Hillel trank, ohne die Augen zu öffnen. Dann ließ Lucanus den Kopf des Kranken auf die Kissen gleiten. Das strahlende Meer warf funkelnde Lichtbündel in den Raum; Möwen schrien vor den Fenstern, und die Stimmen vieler Seeleute hallten im Wind. Der heiße Geruch von Teer und Salz und Fischen mischte sich mit einem würzigen Duft, wie von Myrrhen. Lucanus und Arieh warteten, bis Hillel sprechen würde. Dem Kranken schlich sich eine schwache Färbung auf die elfenbeinernen Wangen; seine aschgrauen Lippen bekamen einen korallenroten Schimmer, und der Schweiß trocknete ihm auf der Stirn. Dann öffnete er schmerzumflorte Augen, düstere, gequälte Augen.

»Ihr sucht Jesus?« murmelte er. »Er ist tot. Ich sah von weitem drei Kreuze, klein und unscheinbar, auf der fernen Schädelstätte; sie hoben sich von einem wild wogenden Himmel ab, mit roten und lilafarbenen Wolken, riesigen Wolkenschwaden; und über der Erde lag ein unheimliches Licht.

Und die Leute neben mir sagten, einer der dort an den Kreuzen Hängenden sei Jesus von Nazareth, und er sei zum Tode verurteilt worden, weil er das göttliche Gesetz gehöhnt und die Leute gegen Rom aufgewiegelt habe. Und während ich, mit einem Gefühl des Sterbens und Vergehens in der Seele, dastand, verlor die Sonne ihren Glanz, und die Erde bebte, und die Menschen warfen sich zu Boden, unter Wehklagen und Jammern. Ich bin zu spät gekommen. Für alle Ewigkeit war es zu spät, dem Herrn zu sagen, daß ich ihm folgen will.«

»Und dann?« drängte Lucanus, als Hillel vor Qual den Kopf abwandte und in Schweigen verfiel.

Der Kranke machte eine müde Geste. »Ich weiß es nicht. Noch am gleichen Abend bin ich von der fluchbeladenen Stätte geflohen, nach Cäsarea. Dort blieb ich einige sinnlose Tage; und dann ging meine Flucht weiter, über das Meer, weil nichts mehr für mich Wert hatte.«

»Die alten Weissagungen behaupten, der Messias werde wieder auferstehen«, sagte Lucanus. Er versuchte, an Hillel seelisch heranzukommen.

Aber der Kranke schüttelte den Kopf. »Wie wäre denn das möglich?« murmelte er. »Ja, meine Diener haben mir tatsächlich berichtet, daß die Jünger Jesu so etwas angekündigt haben. Aber schließlich war er ja doch nur ein Mensch.« Er blickte Lucanus flehentlich an. »Er ist tot! Um meines Seelenfriedens willen mußt du mir bestätigen, daß er nur ein Mensch war und daß ich ihn eigentlich weder verraten noch gekränkt habe!«

»Haben die Menschen nicht stets Gott verraten?« sagte Lucanus traurig. »Und werden sie damit nicht fortfahren, in alle Ewigkeit? Habe ich nicht selbst den Heiland verraten, obwohl ich den Stern seiner Geburt sah und seit meiner Kindheit von ihm hörte? Geh in dich! Reue ist alles, was Gott verlangt.«

Hillel weinte. »Dann bin ich also nicht verloren? Und es wird mir verziehen?«

»Gott wird deine reumütige Seele nicht verstoßen«, erklärte Lucanus und wusch dem Kranken die Wangen mit einem in kaltes Wasser getauchten Tuch. »Aber erzähle uns!«

Es dauerte eine Zeitlang, ehe Hillel sprechen konnte. Er verschränkte seine dünnen Finger ineinander und blickte auf das Leuchten vor den Fenstern, als sähe er etwas jenseits des Sichtbaren. »Ich habe Herodes, der mit meiner Familie befreundet ist, in seinem Palast in Cäsarea besucht. Das war vor fast einem Jahr. Ich machte den Besuch zusammen mit Weib und Kindern. Da jedoch der Versöhnungstag bevorstand, konnte ich nicht bei Herodes bleiben, einem unberechenbaren Manne, der einmal Jude und dann im nächsten Augenblick Grieche ist. Ich bin nicht sehr fromm und halte auch nicht streng die religiösen Vorschriften. Trotzdem konnte ich die Reden und Launen des Herodes nicht länger ertragen. Er opfert in den römischen

Tempeln; dann reist er zur Entsühnung nach Jerusalem, streut sich Asche aufs Haupt, betet um Verzeihung und füllt den Priestern die Hände mit Gold. So habe ich in aller Stille meine Familie nach Jerusalem vorausgeschickt und bin in ein paar Tagen auch selbst dorthin gereist.«

Er hielt inne, und Lucanus erfrischte ihn wieder mit Wein und der anregenden Arznei.

»Du kannst dir denken, daß ich schon viel gehört hatte von diesem jüdischen Rabbi, der im Staube der Städte und in abgelegenen Gegenden gelehrt hat. Herodes sprach von ihm mit unbehaglichem Lachen. Viele warfen dem Rabbi vor, die Juden zum Aufruhr gegen die Römer zu hetzen. Aber das Unbehagen des Tetrarchen kam auch daher, daß er den Tod eines Mannes auf dem Gewissen hat, den das Volk Johannes den Täufer nannte. Herodes ist ja auf seine Art ein gebildeter Mann und verschonte zuerst den Johannes, in der Meinung, er sei der wiedergekommene Elias. Aber der Täufer hatte ihn, den Tetrarchen, wegen seiner Ehe mit Herodias, der Frau seines Bruders, zur Rechenschaft gezogen.

Du wirst begreifen, Lucanus, daß mir diese Dinge nur sehr verschwommen im Gedächtnis geblieben sind. Was war schon ein armseliger jüdischer Rabbi aus Galiläa für die Reichen und Mächtigen? Propheten gibt es in Israel zu jeder Zeit. Sie vermehren sich dort wie die Heuschrecken; auf einen mehr oder weniger kommt es nicht an. Allen diesen Geschichten hätte ich überhaupt keine Beachtung geschenkt, wäre nicht Herodes so außergewöhnlich reizbar und unruhig gewesen und seit dem Tode des Johannes überhaupt ganz unberechenbar und ausfällig geworden.

Vielleicht hätte Herodes, so denke ich mir, diesen Johannes wieder vergessen, wie man einen aufregenden Traum mit der Zeit vergißt, wäre nicht jener jüdische Rabbi in seine Fußstapfen getreten. Der Tetrarch selbst hat mir erzählt, Johannes habe oft von Jesus gesprochen. Dazu tauchten nun Gerüchte auf, der Rabbi wirke große Wunder; von solchen Erzählungen widerhallte bald der ganze Palast. Es hieß, der Mann sei der Messias. Seltsamerweise sprachen gerade die Sklaven und ärmsten Freigelassenen von Jesus mit maßloser Leidenschaftlichkeit und Begeisterung. Aber die Herrscher achteten auf die Reden der Sklaven; und so kamen die Messiasgerüchte dem Fürsten Herodes zu Ohren, und er geriet außer sich.«

Lucanus wischte dem Kranken das Gesicht ab. Arieh saß schweigend, lauschend; und Hillel ließ seine Hand nicht los.

»Es war ein heißer Tag, als ich von meinem Besuche bei Herodes heimfuhr, und ich lenkte meinen Wagen selbst, umgeben von meiner Dienerschaft zu Pferd und zu Fuß. Der Staub brannte in der Luft wie weißes Feuer, und ich band mir ein Tuch über Nase und Mund. Und dann sahen wir am Straßenrand eine kleine Schar Männer auf Steinen im Staub sitzen, unweit eines kleinen Dorfes; und Kinder umringten scheu die Gruppe.

Warum hielt ich? Einer meiner Männer ritt zu meinem Wagen heran und meldete mir aufgeregt, das dort drüben sei der bewußte Rabbi mit seinen Freunden. Ich war begierig, den Mann zu sehen, der Herodes in solche Unruhe versetzt hatte und über den so viele unglaubliche Geschichten umliefen. So fuhr ich ganz nahe zu der Gruppe und hörte lächelnd dem Rabbi zu, der armselig und dürftig wie ein Bettler aussah. Und ich fragte mich: Ist das der Lehrer, von dem die Leute reden?

Er erzählte gerade eine Geschichte, ein Gleichnis. Wir Juden haben ja so viele Geschichten auf Lager, wie ein Granatapfel Samen enthält. Seine grobschlächtige Redeweise verriet, daß er ein Dörfler aus Galiläa war, ein Zimmermann, wie man mir sagte. Er saß auf einem Stein und trug seine Geschichte sehr wirksam vor, mit viel Beredsamkeit. Ich blickte in sein staubiges Gesicht, auf seine staubigen Füße und Kleider, und seine Worte machten großen Eindruck auf mich.

Er erzählte von einem Pharisäer – das sind sehr fromme, strenggläubige Männer, die für alle religiösen Vorschriften so eifervoll kämpfen wie die römischen Legionäre für ihr Heimatland –, der zum Tempel hinaufging, um zu beten. Und neben ihm stand ein trübsinnig blickender, unansehnlicher Zöllner, der dem Pharisäer selbstverständlich ein Greuel war. Der muckerische Pharisäer empfand die Nähe des Zöllners unerträglich und zog sich das Kopftuch über die Nase, um nicht die Ausdünstung dieses Mannes, der auf so verächtliche Weise sein Brot verdiente, einatmen zu müssen.«

Hillels Augen änderten ihren Ausdruck; lebhaft und warm blickten sie jetzt Lucanus an. »Es war eine sehr unterhaltsame Geschichte. Ich kann ja die Pharisäer selbst nicht leiden; sie öden mich an mit ihrer Frömmelei, die nur den Buchstaben und nicht den Geist des Gesetzes erfüllt. Es hat mir deshalb Spaß gemacht, als dieser arme, zerlumpte Rabbi so von den Pharisäern redete, die der Schrecken Judäas sind, weil sie den Priestern ständig in den Ohren liegen mit ihren Klagen, die Leute befolgten nicht streng genug alle religiösen Vorschriften. Es sind lästige, gefährliche Männer, diese Pharisäer, immer und ewig auf der Ketzerjagd.«

Er keuchte, und wieder labte Lucanus ihn. Dann legte er sich auf die Kissen zurück, und sein Blick wurde verträumt. »Eine ausgezeichnete Geschichte! Der Rabbi erzählte, der Pharisäer habe zu Gott gebetet und gesprochen: ›O Gott, ich danke Dir, daß ich nicht bin wie die anderen Leute, wie Räuber, Betrüger, Ehebrecher – oder auch wie dieser Zöllner. Ich faste zweimal in der Woche und gebe den Zehnten von allem, was ich erwerbe.‹ Und der Pharisäer war sehr zufrieden mit sich selber.

Aber der Zöllner schlug sich an die Brust, weinte, wagte nicht die Augen zum Himmel zu erheben und rief: ›O Gott, sei mir Sünder gnädig!‹«

Hillel hatte sich so weit erholt, daß er leise lachen konnte. »Und der Rabbi sprach zu seinen Jüngern: ›Ich sage euch, dieser Zöllner ging gerechtfertigt nach Hause, jener Pharisäer aber nicht. Denn jeder, der sich selbst erhöht, wird erniedrigt werden; und wer sich selbst erniedrigt, der wird erhöht werden.‹

Ich muß dir noch weiter von diesem Rabbi berichten. Die Sonne strahlte; aber sein Gesicht strahlte noch mehr. Denn seine Gefühlsinnigkeit war stärker als die irgendeines Menschen. Er saß da wie ein Fürst auf dem Thron; und man vergaß, daß hier ein Angehöriger des Amhaaretz, des gemeinen Landvolks, auf einem Stein hockte und daß seine Füße staubbedeckt waren. Er lächelte wie ein Vater; mit blauen, zärtlichen Augen blickte er seine Jünger an, und sie lauschten andächtig. Sein Bart war goldfarben, seine Hände ruhten auf den Knien. Er sprach wie jemand, dem große Gewalt gegeben ist.

In diesem Augenblick näherten sich ihm voll Scheu die zerlumpten barfüßigen Kinder, die bisher im Hintergrund gestanden hatten. Während ich dem Rabbi zuhörte, waren die Mütter der Kinder herbeigekommen, arme Frauen in rauhen, gestreiften Gewändern, mit Krügen auf den Schultern. Sie schoben die Kinder zu dem Lehrer vor und blickten dabei, wie um Verzeihung bittend, demütig nach allen Seiten. Und seine Jünger sagten zu den Müttern. ›Belästigt den Meister nicht, und haltet eure Kinder fern von ihm! Er ist müde, und man darf ihn nicht stören, wenn er seine Weisheit darlegt.‹ «

Hillel seufzte tief und schloß die Augen. »Aber der Rabbi rief die Kinder zu sich, streckte ihnen die Arme entgegen und sagte zu seinen Jüngern: ›Lasset die Kindlein zu mir kommen und wehret es ihnen nicht! Denn solcher ist das Reich Gottes!‹ Und die Kinder kletterten an ihm empor, setzten sich ihm auf die Knie, schlangen ihm die Arme um den Hals, lachten und küßten ihn. Und er drückte sie an sich. Und ich schwöre dir, daß ich wiederum tief gerührt war. Denn ich bin selbst Vater und weiß, wie süß die Küsse und Liebesbezeigungen von Kindern sind. Der Rabbi aber sprach zu seinen Jüngern: ›Wahrlich, ich sage euch, wer nicht wie ein Kind das Reich Gottes annimmt, wird gewiß nicht hineinkommen.‹ «

Hillel öffnete die Augen, und nun waren sie wieder voll Qual. »Ich verstand den Rabbi und wußte plötzlich etwas, was ich nie zuvor gewußt hatte. Und ich stieg aus meinem Wagen und ging auf Jesus zu; und meine Bedienten winkten den Leuten, sie sollten mich durchlassen. Der Lehrer sah mich kommen und lächelte mir zu wie jemand, der einen Bruder erkennt, und wartete. Meine Diener riefen: ›Macht Platz für Hillel ben Hamram, der ein großer Mann in Israel ist. Er ist Ratsvorsteher, und seine Familie steht in hohem Ansehen und hat viel Gold!‹ Der Rabbi aber sagte nichts und wartete nur auf mich, während die Leute scheu beiseite traten.

Ich blieb vor ihm stehen, so nahe, daß ich seine Schulter hätte berühren können, und er blickte mich schweigend an. Ich sprach zu ihm: ›Guter Meister, was muß ich tun, um das ewige Leben zu erlangen?‹ Er lächelte mir wieder zu und sagte, und seine Stimme war voll Wohlklang: ›Was nennst du mich gut? Niemand ist gut als Gott allein. Die Gebote kennst du: Du sollst nicht ehebrechen; Du sollst nicht töten; Du sollst nicht stehlen; Du sollst kein falsches Zeugnis geben; Du sollst Vater und Mutter ehren.‹ Ich sprach zu ihm: ›Dies alles habe ich von Jugend auf beobachtet.‹

Er schwieg so lange, daß ich dachte, er hätte mich von sich gewiesen, der armselige, ungebildete Rabbi mit der groben Redeweise. Dann hob er den Blick zu mir und sagte nachdenklich: ›Eines fehlt dir noch: Verkaufe alles, was du hast, und verteile den Erlös an Arme, und du wirst einen Schatz im Himmel haben.‹ «

Hillel erhob sich auf seinen Kissen und sah Lucanus flehentlich an. »Arzt! Du verstehst doch wohl, wie unerhört das war! Warum sollte der Lehrer verlangen, daß ich mich selbst zum Bettler mache?«

Lucanus blickte auf das Meer, das er durch die Luke sehen konnte, und sagte leise: »Er verlangt, es möge jeder dasjenige opfern, was ihm das Teuerste auf Erden ist; und das waren bei dir offenbar deine Reichtümer.«

Hillel stöhnte und sank auf seine Kissen zurück. »Ja. Jetzt verstehe ich es. Damals aber bin ich vor dem Lehrer entsetzt zurückgewichen. Er hat meine Aufregung bemerkt und sehr freundlich, mit leiser Stimme, zu mir gesagt: ›Komm und folge mir nach!‹ «

Hillel fuhr sich mit der Hand über das Gesicht. »Er hat mich aufgefordert, ihm zu folgen, einer seiner heimatlosen Jünger zu werden! Das sollte ich tun, ich, Hillel ben Hamram! Ich sagte mir, das wäre Wahnsinn. Dann wandte der Rabbi sich an seine Gefolgsleute und sprach sehr bekümmert: ›Wie schwer wird es doch für die Begüterten sein, in das Reich Gottes einzugehen!‹ Und er stand auf. Er redete wieder zu seiner Umgebung, und ich kehrte zu meinem Wagen zurück und fuhr davon.«

Lucanus und Arieh sagten nichts. Hillel blickte von dem einen zum anderen, wie um Verständnis flehend. »Ich habe in Athen und Rom studiert. Ich bin ein Weltmann. Ich bin Hillel ben Hamram. Man hat mir etwas Unmögliches zugemutet.«

»Ich verstehe. Ich kann dir nachfühlen, wie unerhört die Forderung dir vorgekommen sein muß«, sagte Lucanus seufzend. »Ich habe ja selbst Gott geschmäht und gehaßt, weil Er mir einen inniggeliebten Menschen entrissen hat, und ich habe gelobt, mich an Ihm zu rächen! So wie du es nicht weißt, so wußte auch ich nicht, daß Er nur nimmt, um zu geben, nur Trauer schickt, um Seinen Trost zu gewähren, nur das irdische Augenlicht raubt, auf daß der Mensch Sein himmlisches Licht sieht. Wie könnte ich mich vermessen, dir Vorwürfe zu machen, Hillel ben Hamram?«

Er wies auf Arieh. »Wer kennt Gottes geheimnisvolle Wege? Er hat diesen jungen Mann zu mir geführt, nachdem ich ihn mehr als zwanzig Jahre gesucht hatte. Und jetzt weiß ich: wenn Er mir Arieh geschickt hat, so geschah es, um mich von meinem Haß zu befreien und auf Seinen Weg zu führen.«

Hillel blickte ihn an. Er sah, wie Arieh den Kopf an die Schulter seines Retters lehnte, und hörte ihn sprechen: »Gesegnet sind wir, weil Er uns in Gnaden heimgesucht hat.«

Lucanus streckte die Hand dem Kranken hin. »Ich erkenne deutlich, daß du Jesus nicht vergessen hast, daß der Gedanke an ihn dich im Wachen und im Traum verfolgt hat, daß du ihm nicht entfliehen konntest. Sei ruhig und getrost! Du hast viel gelitten; der Herr hat dir vergeben und verlangt nur, daß du ihm folgst und ihn nie verläßt. Komm mit uns nach Israel! Dort werden wir ihn wiederfinden; denn er ist sicherlich nicht tot, sondern lebt.«

XXXXIII

Hillel ben Hamram stand von seinem Krankenlager auf, wieder jung und lebenskräftig. Er wollte nichts davon wissen, daß Lucanus und Arieh ihn verließen. Sie sollten, so schlug er vor, auf ihrem Segler die Besatzung betreuen; er wollte mit seinem Prunkschiff nachfolgen, bis Lucanus seinen Vertrag erfüllt hätte. Dann sollten die beiden Ärzte auf sein Schiff kommen, und sie würden gemeinsam nach Israel reisen. »Ich war tot, und du hast mich wieder ins Leben gerufen!« sagte er zu Lucanus und umarmte ihn.

Wenn sie für kurze Zeit einen Hafen anliefen, legte Hillel Wert darauf, zusammen mit Arieh im Hause des Lucanus zu wohnen. Er ließ sich auf dem Fußboden ein Lager bereiten, aß die kärglichen, von seinem Hausherrn besorgten Mahlzeiten und begleitete die beiden Ärzte bei ihren Krankenbesuchen. Aber seine und Ariehs Anwesenheit flößte den einfachen Patienten Scheu ein.

Wenn sie abends alle drei nach dem Essen bei Lampenlicht um den Tisch saßen, erzählte Hillel seinen Gefährten, was er Neues über Jesus von Nazareth erfahren hatte. Sein feines Elfenbeingesicht begann zu glühen; seine dunklen Augen flammten auf, und Frohmut malte sich in ihnen. »Von meinen Bedienten höre ich, daß die Jünger des Herrn nach seiner Kreuzigung aus Angst vor den Römern die Flucht ergriffen, weil sie als Unruhestifter geächtet worden waren. Ich werde diese Männer in meinem Hause in Jerusalem versammeln, und wir wollen in ihrem Kreise sitzen und von dem Heiland reden!«

Mit gespannter Aufmerksamkeit nahm Lucanus immer wieder Hillels Erzählungen in sich auf. Und dann, spätabends, wenn er allein war, begann er diese Berichte niederzuschreiben. Er schrieb mit der kristallklaren Genauigkeit und Ausdruckskraft des Gelehrten und mit der gelassenen, aber einfühlsamen Beredsamkeit des Griechen. Ihm schien, als hätte er diese Dinge miterlebt; beim Schreiben sah er die Begebenheiten, hörte er die Stimmen der Menschen. Und so begann er sein großes Evangelium. Er zeichnete es für die ganze Welt und für die gesamte Menschheit auf. Denn er wußte, was Hillel verborgen geblieben war: daß Gott nicht nur für die Juden, sondern auch für die Heiden Menschengestalt angenommen hatte.

»Wie dir bekannt ist, Lucanus«, sagte Hillel, »haben wir die uralte Weissagung, daß der Messias aus dem Hause Davids kommen würde. Und es heißt, Jesus entstamme tatsächlich diesem Hause. Ich habe gehört, daß seiner Mutter der Erzengel Gabriel erschienen ist und ihr die Geburt des zukünftigen Messias verkündet hat. Aber diesen Dingen mußt du selbst in Israel auf den Grund gehen.«

Lucanus dachte an die Mutter des Heilands, deren Namen Hillel nicht kannte. Eines Nachts fiel ihm ein, was Joseph ben Gamliel ihm über sie erzählt hatte, jene Begebenheit, als ihr Sohn im Knabenalter die Ältesten und Schriftgelehrten im Tempel aufsuchte. Ein Gefühl innigster Zärtlichkeit und Rührung überkam Lucanus. Jesu Mutter schien ihm alle Frauen zu verkörpern, die ihm je teuer gewesen waren: seine eigene Mutter Iris, Rubria und Dina, und seine kluge, kindliche Schwester Aurelia, die alle Dinge dieser Schöpfung liebte.

Er sehnte sich darnach, jener Mutter des Messias gegenüberzustehen, aus ihrem eigenen Munde die Geschichte ihres Sohnes, Geburt und Kindheit und Jugend und Mannesalter, zu vernehmen. Sicherlich konnte sie ihm mehr sagen als irgendeiner seiner Jünger. Sie hatte ihn im Mutterschoß getragen; sie hatte ihn an ihrer Brust gesäugt; sie hatte ihn gehen gelehrt; sie hatte seine Kleider gesponnen und genäht und gewaschen. Wenn er krank war, hatte sie ihn gepflegt, war wachend die Nächte über an seinem Bett gesessen. Sie hatte seine ersten Worte gehört, sein erstes Lächeln gesehen. Beim Gedanken an diese Frau entsprang in Lucanus ein leidenschaftliches Sehnen nach ihrem Anblick; und ihre Stimme drang zu ihm, und er liebte sie. Sie war für ihn der Inbegriff alles Mysteriums. Und sie war eine Frau; und Frauen hatten ihm stets ihre tiefsten Geheimnisse anvertraut.

»Wenn wir wüßten, was die Mutter Jesu dachte und was sie tat, wüßten wir alles«, sagte er zu seinen beiden Gästen.

»Sie war nur ein Werkzeug Gottes«, meinte Hillel.

»Sie war die Mutter des Heilands. Und Mütter wissen doch alles über ihre Söhne, nicht wahr?« erklärte Lucanus. »Und warum wurde gerade dieses jugendliche Wesen dazu erwählt, Jesu Mutter zu werden? Es muß einen Grund haben, warum unter allen Frauen gerade sie auserkoren wurde; und sie wird mir diesen Grund zu sagen vermögen.«

»Und liebt nicht jeder Sohn seine Mutter?« fügte Arieh hinzu. »Mußte also nicht auch der Messias seine Mutter mehr als alle anderen Menschen lieben? Mußte er nicht voll Zärtlichkeit auf sie hören – als Kind, als Jüngling und als Mann? Ja, gewiß!«

»Bestimmt ist sie die gnadenreichste Frau aller Zeiten«, bekräftigte Lucanus.

Er schrieb die Geschichte von dem römischen Hauptmann und seinem Knechte nieder; er zeichnete auch die Geschichte auf, die Ramus miterlebt und ihm berichtet hatte: wie der Messias einen Jüngling von den Toten erweckte und der Mutter zurückgab. Aber den ersten Teil seines Evangeliums ließ Lucanus offen für die Zeit, da er die Mutter Jesu sehen würde.

Eines beunruhigte ihn. Er sagte zu Hillel: »Du hast mir erzählt, daß beim letzten Einzug des Messias in Jerusalem das niedere Volk die Straßen, durch die er auf seinem Eselsfüllen ritt, säumte, ihm Palmzweige streute, ihn als den hochgelobten König begrüßte und sich an ihn herandrängte, um ihm das Gewand zu küssen und ihm Kinder zur Segnung entgegenzuheben. Und als er zur Kreuzigungsstätte geführt wurde, säumten wiederum seine Anhänger den Weg und weinten, und eine Frau trocknete ihm das Gesicht, als er unter den Peitschenhieben der Römer zu Boden fiel, und ein armer, ausländischer Jude trug ihm das Kreuz. Wenn man ihn so geliebt hat, warum verklagte man ihn dann, ließ seinen Tod zu und verjagte seine Jünger, nach all dem, was er in seiner Güte für die Leute getan hatte?«

Hillel erwiderte: »Das Verhältnis der Juden zu den Römern ist merkwürdig zwiespältig. Die Hohenpriester und Ältesten Israels taten ihr Bestes, um zwischen ihrem Volk und Rom zu vermitteln. Sie versprachen, es sollte keine blutigen Aufstände gegen Rom geben, sie würden in ihrem Volk keine Aufwiegler dulden. Sie fürchteten nämlich, im Fall einer Volkserhebung würde Israel von Rom vernichtet werden, wie es schon anderen Völkern ergangen war.

Aber da gibt es eine Sekte junger Männer, die sogenannten Essener, sehr fromme Leute, die Monate in der Wüste verbringen, im Gebet um die Ankunft des Messias und um die Befreiung Israels aus der Gewalt Roms. Und es hieß, Jesus gehörte zu dieser Sekte; ob das zutraf oder nicht, ist mir unbekannt.

Und da sind weiter die Pharisäer, verbissene Murrköpfe, die sich zu Hütern des Sittengesetzes aufgeworfen haben. Sie sind Kaufleute und Bankiers, Anwälte und Ärzte. Sie wollen nicht frohgemut leben, und gönnen es auch anderen nicht. Sie verachten die Armen, Schlichten, Heimatlosen und den Amhaaretz, das einfache Landvolk. Diesen Bauern wollten sie sogar verbieten, zu nahe an die Altäre heranzukommen, weil sie ungebildete, grob bekleidete Leute seien!

Und schließlich ist da der Pöbel, der Straßenpöbel, der für Vaterland und Religion nichts übrig hat, der launenhafte, einsichtslose Pöbel, wie er allen Städten und allen Ländern zu schaffen macht: ewig anspruchsvoll, habgierig, rauflustig, wetterwendisch. Habt ihr diesen Pöbel nicht auch in Rom, und wird nicht Rom an ihm zugrunde gehen, ebenso wie an den Steuern, die den wertvollen Volksschichten auferlegt werden, um dem Mob ein Faulenzerdasein zu sichern?

Als nun der Messias in ganz Judäa solches Aufsehen erregte – er sprach ja zu den braven, hart arbeitenden, schlichten Leuten und verhieß ihnen, Gott würde sie nie verlassen, weil Er sie liebe; er heilte diese Menschen erbarmungsvoll und versicherte ihnen, trotz ihrer Armut verachte Gott, im Gegensatz zu den Pharisäern, sie nicht, und vor dem Antlitz des Allerhöchsten seien sie gleich wert wie ein Kaiser oder König oder Priester oder Pharisäer – da erhob sich gegen ihn der Groll der Pharisäer. Außerdem dünkte sie, der neue Lehrer springe etwas leichtfertig mit dem Glaubensgesetz um, indem er es seinen Jüngern und dem Volke in einer Weise ausdeute, wie kein Pharisäer das getan hätte. Ihrer Meinung nach zog er Gott auf die

Ebene der niedrigsten Menschen herab und sprach Ketzereien aus, die geeignet waren, Israels Seelenstärke zu untergraben.

Wenn seine Anhänger ihm als dem Messias zujubelten, wurden die Pharisäer wütend, weil sie sich den Messias in der Gestalt des gewaltigsten aller Könige erwarteten, in Glanz und Grimm und Macht gekleidet, von himmlischen Heerscharen umgeben, eines Königs, der im Nu die Römer vertreiben und endgültig in die Flucht jagen sollte. Statt dessen kam da ein schlichter Mann daher, einer aus dem Amhaaretz, ein Galiläer, dessen Werdegang, von den drei letzten kurzen Lebensjahren abgesehen, niemand kannte, ein Namenloser, in Bastsandalen und rauhem Gewand, mit der Redeweise eines ungebildeten Bauern – und den rief man ganz offen zum Messias aus! War das nicht eine Gotteslästerung, eine Verhöhnung der Weissagungen? so fragten die Pharisäer. Und was das ärgste war, Jesus selbst wies die ihm zugeschriebene Rolle nicht zurück!

Aber auch die Anhänger und das Volk gerieten in Verwirrung. Hier war also der Messias; doch er bekundete keinen Haß gegen Rom und ließ sich sogar dazu herbei, einige Römer zu heilen. Wie auch immer, die Jünger und solche Leute, denen er Trost und Linderung gebracht hatte, liebten und anerkannten ihn und billigten, was er tat. Das waren jene, die ihn beim Einzug in Jerusalem begrüßten, und jene, die Tränen vergossen, als er sein Kreuz nach Golgatha trug. Sie hofften bis ganz zuletzt; und sie erwarteten, es würde sich in dem Augenblick, da ein Römer einen Nagel durch Jesu Füße trieb der Himmel öffnen und der Zorn Gottes sich auf die Erde entladen.

Dann waren da die Priester, viele davon selbst Pharisäer, die ehrlich empört waren über die Lehren Jesu. Sie fürchteten auch, die Römer würden das Auftreten dieses Rabbi und seine Aussprüche zum Vorwand für Unterdrückung, Blutvergießen und tyrannische Verordnungen nehmen – nachdem die Priester sich so sehr bemüht hatten, Rom zu versöhnen und für ihr Volk ein gewisses Maß von Freiheit zu gewährleisten.

Und damit hast du alle Mitwirkenden an dem Drama: die Priester, voll Angst um ihr Volk und ihren Glauben; die Pharisäer, Gesetzeshüter von eigenen Gnaden, Verächter der einfachen Menschen; der grölende Pöbel, immer auf der Suche nach einem Opfer; und endlich Rom, stets auf Anzeichen von Unbotmäßigkeit gegen seine Macht lauernd. Wenn man alle diese Gegebenheiten in Rechnung stellt, dann ist es ein Wunder, daß man Jesus so lange am Leben ließ, wie es tatsächlich der Fall war! Schließlich aber wurde er bei den römischen Behörden selbst verklagt, und das war das Ende. Oder der Beginn«, fügte Hillel hinzu.

Er seufzte. »Wie man mir erzählte, hat Jesus seinen Tod schon lange vorausgesagt. Er hat erklärt, er sei geboren worden, um so zu sterben, wie er dann wirklich starb. Gott habe es vom Anbeginn der Zeiten so gewollt, um

Sein Volk mit Sich zu versöhnen, um darzutun, daß Er die Menschen nie verlassen hat, daß Er sie liebt. Jesus wollte für die Menschen sterben, damit sie den Weg, die Wahrheit und das Leben finden, um zu zeigen, daß bei Gott kein Ding unmöglich ist. Die Leute, die ihn getötet haben, taten dies schließlich nur als Gottes erwählte Werkzeuge. Jesu Tod war ebenso nötig wie sein Leben, um die Weissagungen der Propheten zu erfüllen.«

Lange schwieg Lucanus; er sann nach und nickte immer wieder. Dann fragte er: »Was weiter geschehen ist, weißt du nicht?«

Hillel zögerte. »Nein. Aber seine Jünger behaupteten, er werde am dritten Tage wieder auferstehen von den Toten; so habe er es ihnen angekündigt.«

Lucanus lächelte. »Er ist auferstanden«, sagte er. »Sei guten Mutes, teurer Freund. Er ist auferstanden! Ich weiß es in meinem Herzen.«

Frohsinn, lautere, strahlende Gewißheit erfüllten seine Tage. Er war wie ein Jüngling, voll von Worten und erfüllt mit Eingebungen. Er blickte um sich, und ihm war, als hätte er bisher nie gesehen, als wären ihm zum erstenmal im Leben Gesicht und Gehör und Verstand verliehen. Trübsal und Kummer hatten sich verzogen wie ein Gewitter. Wenn er seinen Freunden oder seinen Kranken zulächelte, leuchtete sein Antlitz wie die Sonne. Er berührte immer wieder das Kreuz, das er jetzt stets an der Brust trug. Und er schrieb sein Evangelium.

Die drei Männer hatten vorgehabt, in Joppe zu landen; aber ein Sturm trieb sie nach Cäsarea ab. Lucanus, Hillel und Arieh standen nebeneinander an der Reling und sahen Israels Küste näher kommen, und Lucanus dachte: Hier ist meine Heimat, vor der ich immer geflohen bin.

Der Hafen von Cäsarea wurde von einem langen, schwarzen, ins Meer vorspringenden Felssporn gebildet; und Hillel erläuterte, daß die römischen Segler auf der einen Seite des Sporns Fracht löschten und luden, auf der anderen Seite Fahrgäste aus- und einschifften. Lächelnd sagte er: »Ich habe hier einen guten Freund, einen römischen Offizier, der vor drei Jahren hierher beordert wurde. Er wird euch gefallen: ein spottfreudiger, scharfzüngiger, nüchtern denkender Mann.«

Hinter Hillels Prunkschiff stand am Himmel eine große, turmförmige, schwarze Wolke, von dem glühenden Gold der untergehenden Sonne umrändert. Das Meer glich einer Schmelze von Rubinen. Über dem Wolkenturm stand Mars, ein Kleinod aus Bernstein. Das Schiff glitt zu dem menschenerfüllten Felssporn, der den Hafen bildete. Verschiedene große und kleine Fahrzeuge schaukelten dort an ihren Ankern, die schlaffen Segel vom Scharlachrot des Sonnenuntergangs gefleckt. Jenseits des Hafens lag eine niedere Hügelkette, bronzefarben und nackt; und in der Luft schwebte der stechende Duft des Orients.

Hillel zeigte auf die Hügel und sagte mit einiger Bitternis: »Die Römer haben unser Land kahlgeschlägert. Aus den dunklen Zypressen ist Bauholz für ihre Schiffe geworden.« Ariehs blaue Augen blickten scharf und durchdringend das Land seiner Väter an, und seine Lippen bebten vor Erregung. Als Hillel das sah, legte er dem jungen Mann die Hand auf die Wölbung des Oberarms und drückte sie liebevoll. Er hatte eine schöne junge Schwester, Lea, fünfzehn Jahre alt, reif zur Ehe. Er begann an eine Heirat zu denken zwischen ihr und Arieh, dem Sohn des Eleasar ben Salomo, dessen Name in Israel einen guten Klang hatte.

Meisterhaft gesteuert, glitt das Schiff in den Hafen; alle Wimpel wehten fröhlich, die Segel waren gegen den eindrucksvollen Sonnenuntergangshimmel geneigt. Die ankernden Fahrzeuge grüßten das einfahrende Schiff, und Hillel grüßte zurück, das hübsche Gesicht von einem Lächeln erhellt. Von den Masten herab jubelten seine Seeleute. Auf den Molen hob sich ein lebhaftes Menschengewühl vom Himmel ab; Laternen flammten auf.

Römische Soldaten standen in einer Gruppe müßig am Hafen und sahen der Einfahrt des Schiffes zu. Als es Anker geworfen hatte, kam ihr Offizier leichten Schrittes an die Mole. »Hillel!« rief er mit starker, freudiger Stimme. »Ich begrüße dich!« Sein Helm glühte wie Feuer in der rasch sinkenden Sonne, die sein tatkräftiges, männliches Gesicht rötlich beschien. Er begann zu lachen, während er auf der Mole stand, die Daumen in den breiten Gürtel geschoben, die nackten Beine gespreizt, die Tunika im leichten Wind gebauscht. Dann, als vom Schiff der Laufsteg an Land geschoben wurde, sprang er hinauf und lief lachend an Bord. Hillel sank in seine Arme, und die beiden hielten sich umschlossen.

»Woher wußtest du, daß wir hier landen würden?« fragte Hillel.

Mit einem breiten Lächeln zwinkerte der Römer; er tat, als sähe er die neben Hillel stehenden beiden Männer nicht. »Woher ich das wußte? Ich würde dir jetzt gern einreden, du mysterienfreudiger Jude, daß ein Engel sich zu mir gebeugt und es mir ins Ohr geflüstert oder daß ein Orakel es mir verkündet oder ein Priester bei der Untersuchung der Eingeweide eines Opfertieres herausbekommen hat. Aber nein. Es gehört zu meinen Obliegenheiten, genau zu wissen, wo du dich während der letzten zwei Monate herumgetrieben und wen du an Bord gehabt hast.«

Er lächelte nicht mehr. Unvermittelt wandte er sich an Lucanus, der ihn aufmerksam musterte. »Du kennst mich nicht, Lucanus, Sohn des Diodorus Cyrinus?« fragte er mit ernster, enttäuschter Stimme.

Lucanus fuhr zusammen. Er riß die Ellbogen von der Reling hoch. »Nein!« rief er aus. »Das kann doch nicht sein! Plotius! Und er faßte die Arme des Freundes und konnte nichts sagen.

Hillel betrachtete ihn verwundert. Plotius sagte zu ihm: »Diese Griechen! Richtige Gefühlsmenschen, wenn sie sich auch immer kaltherzig stellen!«

Er schob Lucanus von sich weg, um ihn besser zu sehen, und seine Soldatenaugen wurden feucht. »So. Da bist du also endlich. Hier gibt es ein Wiedersehen. Ich war vor zwei Tagen in Joppe und habe erfahren, daß euer Schiff dort nicht landen würde.« Er hielt inne. »Lucanus«, sagte er, und seine Stimme klang tiefbewegt, »wir haben uns nie geschrieben; aber ich wußte immer, wo du warst, weil Cäsar seine schützende Hand über dich hielt.«

»Ich kann es noch gar nicht glauben!« murmelte Lucanus. »Ich freue mich schrecklich! Das bist also du, Plotius, teurer Freund! Nach so vielen Jahren!« Er begann zu lachen, um seine Rührung zu verbergen; die schwankenden Laternen und die roten Fackeln verschwammen ihm vor den Augen.

»Ich schwöre bei Kastor und Pollux, du hast dich überhaupt nicht verändert!« beteuerte Plotius. Seine Hände lagen auf den Schultern des Freundes; er beugte sich vor, um sein Gesicht zu begutachten: »Noch immer ein junger Mann! Und dabei könntest du nach deinen Lebensjahren schon einen grauen Bart haben.« Er blickte Hillel an und sagte: »Das ist unser teurer Hermes, der sich aus Julias Armen gerissen hat. Ich habe dir ja davon erzählt.« Und er lachte.

»Und du bist auch ganz der alte«, erklärte Lucanus, ein wenig gegen besseres Wissen. Denn Plotius war dicker und gedrungener geworden, als er ihn in Erinnerung hatte; er zeigte die schwerfällige Gestalt eines sechsundvierzig Jahre alten Mannes, und die vom Helm beschatteten Brauen waren mit grauen Fäden durchzogen.

»Ach wo!« widersprach Plotius. »Mir haben die Götter nicht wie dir, lieber Lucanus, das Geheimnis ewiger Jugend verraten. Unter diesem Helm steckt ein kahler Schädel. Ich nehme den Eisentopf selten ab, weil ich fürchte, ein Adler könnte meinen Kopf, wie den des Äschylos, irrtümlich für einen Stein halten und eine Schildkröte daran zerschmettern wollen. Lieber als an diese Episode denke ich allerdings daran, daß auch Perikles eine Glatze hatte und deshalb den Helm immer aufbehielt.« Wieder lachte er, und sein Lachen dröhnte über das Wasser. Er umarmte seinen Freund nochmals und schlug ihm auf den Rücken.

»Ja, ja, ich bin im Bilde«, sagte Plotius herzlich. »Von Arieh ben Eleasar habe ich gehört; die Jerusalemer Anwälte machen ein mächtiges Gesums über ihn. Ich wußte, daß er mit dir auf dem Schiff ist. Hillel, ich freue mich, daß du nicht, wie es hieß, krank bist.«

»Ich fühle mich sehr wohl«, sagte der Jude. »Und jetzt mußt du uns ein Nachtquartier verschaffen, Plotius. Ich gedenke nämlich ein paar Tage hierzubleiben.«

Die Miene des Römers änderte sich, wurde düster und undurchdringlich. Er wandte sich halb ab. Er blickte Lucanus nicht an, als er antwortete: »Es ist alles vorbereitet; wir wußten ja, daß ihr hier landen werdet. Netterweise hat euch Pontius Pilatus sein Haus zur Verfügung gestellt, da er sich einige

Wochen in Jerusalem aufhalten wird. Ich glaube, er will überhaupt nach Rom zurück, weil seine Frau seit einiger Zeit … mit den Nerven nicht ganz in Ordnung ist.«

»Dein Haus wäre uns ebenso recht«, meinte Hillel. Er runzelte ein wenig die Stirn. »Ich würde lieber nicht Gast bei Pontius Pilatus sein wollen.«

»Mein Haus«, erzählte Plotius, »habe ich kürzlich verkauft. Ich bin nun ganz dem Pilatus zugeteilt. Jetzt darfst du aber nicht ausfällig werden, lieber Hillel! Ich weiß, daß du den Prokurator nie leiden konntest …«

»Vor allem kann ich den Herodes nicht leiden, der ihm diesen prächtigen Palast gebaut hat!« rief Hillel in heftigem Tone.

Plotius musterte ihn verschmitzt. »Du meinst, daß du die Römer alle miteinander nicht mehr schmecken kannst«, sagte er. »Auch recht. Dann geh in einen Gasthof, du halsstarriger Sadduzäer! Und viel Vergnügen mit den Flöhen und den Hunden!«

Hillel zögerte. Er blickte Lucanus und Arieh an. Dann zuckte er die Achseln. »Na schön, wenn meine Freunde nichts dagegen haben, gehen wir jetzt einmal in das Haus des Pilatus – ich tue es sehr ungern.«

»Ich möchte am liebsten dort wohnen, wo du wohnst«, erklärte Lucanus, zu Plotius gewandt.

Der Römer sah ihn merkwürdig an. »Ich glaube, du wirst deine Meinung ändern, wenn ich dir mitteile, daß dein Adoptivbruder Priscus in der Pilatusvilla ist, dort drüben auf dem Hügel, und dich erwartet.«

»Dort war er, bis vor einigen Wochen.« Plotius sprach in sehr seltsamem, zurückhaltendem Tone. »Er ist ein Freund des Pilatus und hat ihn jetzt besucht.« Der Offizier hielt inne. »Hier ist das Klima gesünder als in Jerusalem, und er hat sich eine leichte Erkrankung zugezogen.«

Dem Juden entging keineswegs die Zurückhaltung, das Ausweichende im Tonfall des Plotius. Lucanus jedoch merkte – in seiner doppelten Freude über das Wiedersehen mit dem alten Freund und über die Nachricht von der Anwesenheit seines Bruders – nichts davon. Gemeinsam gingen sie zu der großen, mit vier Rappen bespannten Kutsche des Römers. Über dem Lande lag das letzte Tageslicht, und als der Wagen sich in Bewegung setzte, blickte Lucanus interessiert um sich.

Viel war in der Abenddämmerung nicht mehr zu sehen, nur ein gelegentlich aufflackerndes Licht auf einer fernen, weitläufigen Festung oder eine Lampe in einem kleinen Haus oder ein Hain lanzenförmiger Zypressen, der sich langsam gegen einen aufgehenden Mond vorschob. Buben und Mädchen rannten mit heiseren kehligen Rufen vor der Kutsche und den begleitenden Reitern einher und trieben ihre Kühe heim oder eine Ziegenherde oder braune, schwarzstirnige Schafe. Aus dem Staubgeruch entnahm Lucanus, daß in dieser Gegend der Boden trocken und sandig und krümelig war. Während der Wagen in ein niedriges Hügelland hinauffuhr, sah man unten die Stadt liegen, mit den schimmernden flachen Dächern, den schmalen, ständig von bewegten Lichtern flimmernden Gassen, den golden ausgeleuchteten Hausfluren.

Obwohl in der rasch hereinbrechenden Dunkelheit kaum mehr etwas zu unterscheiden war, schaute Lucanus angestrengt um sich, von einer Erregung erfaßt, so stark, wie kaum jemals in seinem Leben. Diese Erregung kam nicht von den starken, durchdringenden Gerüchen, die stechend und heiß in der Meeresbrise schwebten, beladen mit Ahnungen von Weihrauch- und Gewürzdüften, die der Boden selbst verströmte. Sie kam auch nicht von dem scharfen Geruch der Bäume und des ausgedörrten Grases, auch nicht von dem Staub. Lucanus kannte den Orient wohl; hier in Cäsarea waren die Ausdünstungen bloß ein wenig aufdringlicher als in Alexandria oder Memphis oder Theben oder Antiochia. Nichts dergleichen lag seiner Erregung zugrunde, sondern einzig der Gedanke, daß hier in diesem Lande die Weisen und Propheten, die Patriarchen und die Richter gelebt hatten, die Könige und Helden, Moses und Saul und David und Salomo, Samuel und Elias.

Hier hatte der eherne Gang der Jahrhunderte gedröhnt; hier war Gott über die im Beben erschauernde Erde geschritten. Hier hatten Blitz und Donner des Sinai betäubend gewettert, als der ganzen Menschheit die Zehn Gebote gegeben wurden. Hier hatte sich das Denkbild geformt, der Mensch könne über sich hinauswachsen, und es sei dies seine Aufgabe. Hier in diesem kleinen Lande waren die Riesen, die Titanen, buchstäblich aus dem Boden entsprungen; und noch hallte der Schall ihrer Stimmen in der Stille nach. Hier wohnte mehr Weisheit, als Griechenland ersonnen, mehr Größe, als Rom zutage gefördert hatte. Es gab hier kein Fleckchen Erde, das nicht gesegnet war; es gab hier keinen Baum, der nicht voll Ehrfurcht dastand.

Hier hatten die Geistesheroen ihr Erdendasein verbracht, und noch immer schritten ihre Schatten auf jedem Pfade. Hier hatte ein junges weibliches Wesen Gott im Schoße getragen; und hier hatte Er menschliche Gestalt angenommen.

Ich bin zu Hause, dachte Lucanus, und tiefes Entzücken erfüllte ihn. Denn der Herr selbst hatte auf diesem Fleckchen Erde seine Wohnung aufgeschlagen, mitten unter denen, die er sich zu Ohrenzeugen seiner Lehren erwählt hatte.

Die Vorreiter der Kutsche trugen Fackeln wie scharlachrote Wimpel. Die wandernden Lichter fielen bald auf einen einzelstehenden Baum, bald auf einen Fels, die steinige Straße, auf Gesichter, auf Pferderücken. Lucanus sah, daß der Wagen zu zwei sehr eindrucksvollen Palästen hinauffuhr. Plotius deutete auf den einen. »Pilatus!« sagte er. Dann wies er auf den zweiten. »Sein guter Freund, der Tetrarch Herodes Antipas.« Die weißen, säulengeschmückten Gebäude glitzerten im Mondlicht; der Palast des Herodes war von einer goldenen Kuppel bekrönt. Römische Legionäre begannen die Straßen zu säumen; sie grüßten.

Nun lag unter ihnen die ganze Stadt, ein Gedränge flacher, silbrig schimmernder Dächer, im Feuerschein der Fackeln und dem matteren Glimmen der Laternen aufleuchtend. Von irgendwoher drang das Wehklagen einer Frau.

»Morgen zeige ich dir einen unserer großartigsten Tempel«, kündete Plotius stolz an. »Zwei Riesenstatuen, Zeus und Apollo, einander zugekehrt; der Zeus aus Marmor, der Apollo aus rotem Porphyr. Ein sehr seltsames Land! Die Juden verachten allgemein unsere Tempel und wenden beim Vorbeigehen den Blick ab – sie, das frömmste aller Völker! Ich sage dir, aus den Juden wird niemand klug. Die ärgsten spucken sogar aus, wenn sie einem von uns begegnen. Viele römische Soldaten haben hübsche Judenmädchen geheiratet, aber erst nach einer sehr schmerzhaften Beschneidung und nach endlosem Gejammer der Mütter und Gepolter der Väter. Man würde meinen, wir wären Wilde aus dem schwärzesten Afrika.« Er lachte.

»Sie wollen ihr Volkstum und ihre Gesetze unversehrt erhalten«, erklärte Hillel etwas unbehaglich.

Plotius zwinkerte dem Griechen zu. »Ich sage dir«, betonte er nochmals, »ein sehr seltsames Völkchen! Sie verabscheuen Herodes, obwohl er sich im Tempel von Jerusalem hinstellt, Asche auf das Haupt streut und sein Opfer darbringt. Seine Bußtränen wecken nur Mißachtung bei ihnen. Oh, sind das Dickköpfe!« Er gab den Pferden die Peitsche. »Aber das Land übt einen merkwürdigen Zauber auf mich aus. Priscus wird dir in dieser Beziehung viel zu erzählen haben. Du wirst Nachsicht mit ihm üben müssen; er ist etwas außer Fassung geraten.«

»Wieso denn?« fragte Lucanus, zum erstenmal erschreckend, mit einer Stimme, die das Rattern des Wagens laut übertönte.

Plotius zuckte die Achseln. »Er war zur Kreuzigung eines armseligen jüdischen Rabbi beordert, und vielleicht ist er dabei irgendwie verhext worden. Die Juden haben ja ihre besonderen Zauberriten, und ich sagte dir schon, daß sie die Römer hassen. Ich bin froh, daß du gekommen bist. Du wirst ihm seine abergläubischen Zwangsvorstellungen weglachen.« Wieder klang seine Stimme merkwürdig.

Im flackernden Fackellicht blickte Lucanus auf Hillel und Arieh, und sie starrten ihn stumm an.

»Wie du weißt«, nahm Plotius, während er die großen Pferde geschickt lenkte, seinen Bericht wieder auf, »hat Priscus seine Familie nicht bei sich. Und bis zu dieser Hinrichtung war er so fröhlich und unternehmend wie kaum irgendwer anderer, und ich habe ihn von allen Offizieren am liebsten gehabt. Er war auch Stammgast bei einigen besseren und feineren Dirnen und ein krakeelfreudiger Tavernenbesucher. Allerdings«, fügte er hinzu, »kann ich mich entsinnen, daß er, auch schon vor dieser Sache mit dem Rabbi, öfter Anfälle von Schwermut und Grübelei hatte. Er hat mit mir lange Gespräche über Rom geführt, bei denen er sich einredete, unser Volk sei nicht wirklich entartet und verloren und verderbt. Wie hätte ich da nicht an meinen Onkel, den Senator, denken sollen, der buchstäblich für sein Vaterland gestorben ist wie ein Heerführer in der Schlacht, und zwar völlig zwecklos? Aber jetzt muß ich dir mitteilen, daß Priscus von Grund auf verändert ist.«

»In welcher Beziehung?«

Die Soldatenstimme des Römers wurde ausweichend. »Bin ich ein Arzt? Ich habe ihn nach Cäsarea gebracht, weil ich ihn wie einen Sohn liebe. Aber mach dir keine Sorgen!« fügte Plotius freundlich hinzu. »Vielleicht ist überhaupt nichts dahinter. Sowohl Pilatus wie Herodes haben auf meine Bitte ihre besten Ärzte zu seiner Betreuung geschickt; zwei sind noch bei ihm, und du kannst mit ihnen sprechen. Mir sagen sie sehr wenig. Er liegt viel im Bett und scheint Schwierigkeiten beim Essen zu haben. Oft verfällt er in ein ganz rätselhaftes Schluchzen. Doch die Ärzte erlauben mir nicht, ihn zu befragen. Es sind sehr hochnäsige Herrschaften, die sich sogar gegen Offiziere alles mögliche herausnehmen.« Liebevoll stieß er mit dem Peitschenstiel den Arm seines Freundes an. »Ach, jetzt habe ich dir einen Floh ins Ohr gesetzt! Aber sei versichert, Priscus wird von seinen Freunden gehegt und gepflegt wie ein persischer Satrap. Und als Bruder und Arzt zugleich wirst du ihm mit ein paar vernünftigen Worten den Kopf zurechtsetzen und ihn bald wieder gesund machen.«

Lucanus war bestürzt über die Art, wie Plotius jeder genaueren Mitteilung auswich. Er wußte jedoch, daß auch der Römer ein Dickkopf war und sich offenbar über Priscus nicht weiter auslassen wollte. Darum sagte er: »Am Tage jener Kreuzigung war eine Finsternis, nicht wahr?«

»Ja. Es hieß auch, viele hätten auf den Straßen und in den Häusern Tote gesehen. Ein schrecklich abergläubisches Völkchen! Die Sonne war tatsächlich verfinstert und für lange Zeit verschwunden. Aber Schuld daran trug nur ein Sandsturm.« Er zögerte. »Priscus könnte dir Genaueres berichten, falls du ihn zum Sprechen bringen kannst. Wenn ich bei den wenigen Gelegenheiten, da ich ihn sehen darf, mit ihm rede, fängt er zu weinen an wie ein Kind.«

»Und warum weint er?« bohrte Lucanus hartnäckig.

Plotius lächelte verdrossen. »Ich traue mich gar nicht, es dir zu sagen, lieber Freund, weil ich Angst habe, du wirst mich auslachen. Er behauptet, es wäre Gott gewesen, oder vielleicht Zeus oder Hermes oder Osiris oder Apollo, den man da an das Kreuz der Verbrecher geschlagen hatte! Lach mich nicht aus, ich beschwöre dich! Ich wiederhole nur, was dein Bruder mir gesagt hat.«

Lucanus schwieg, und Plotius sah ihn belustigt an. »Nimm es dir nicht so zu Herzen!« sagte er dann etwas besorgt. »Ich bin überzeugt, daß er nicht den Verstand verloren hat, sondern bloß das Opfer irgendeines Zaubers oder seiner eigenen Einbildungskraft geworden ist.«

»Warum ist er hier?« fragte Lucanus mit leiser Stimme.

Wieder zögerte Plotius. »Ich selbst habe das angeraten, weil er in Jerusalem die ganze Zeit über wie betäubt umhergegangen ist, so daß die Soldaten es bemerkt haben. Auch seine Blässe ist ihnen aufgefallen, seine Zerstreutheit und seine Neigung zu plötzlichen Tränenausbrüchen. Sollte ich warten, bis das Ärgernis nach Rom gemeldet würde und dem Cäsar zu Ohren käme, der sich erschreckend zu seinem Nachteil geändert hat und jetzt alle Menschen haßt? Ich konnte doch nicht zulassen, daß Priscus gemaßregelt würde, daß man ihn nach Rom zurückschickt, zur Strafe für ein seinem Ansehen als römischer Offizier abträgliches Verhalten!

Es geht sehr arg zu in Jerusalem, sage ich dir. Seit dieser Kreuzigung ist alles aus dem Häuschen, und auch viele Soldaten werden von der albernen Hysterie mitgerissen. Um die Ruhe wiederherzustellen, war Pilatus gezwungen, die Anhänger des hingerichteten Rabbi zu ächten; und schließlich sind sie aus der Stadt geflohen. Aber noch immer ist es recht unheimlich dort; häufig kommt es zu Zusammenstößen zwischen dem Pöbel und Leuten, die herumerzählen, der Rabbi sei wirklich ein Abgesandter des jüdischen Gottes gewesen. Man kennt doch den Straßenpöbel; er ist, beim Mars, überall ganz gleich. Diese Kerle wünschen sich nichts als Aufstand und Aufruhr; sie sind ja wie die wilden Tiere, es geht ihnen nur um den Nervenkitzel, der Anlaß ist ihnen gleichgültig. Diesen gesichtslosen Niemanden bietet jede Volkserhebung Gelegenheit, sich als Menschen aufzuspielen und mit Kundgebungen wichtig zu machen, auch dann, wenn eine solche Kundgebung einer Rechtsordnung zugute kommt, die ihnen von Natur aus verhaßt ist.«

In der Stimme des Römers schwangen Ärger und Gereiztheit mit, und Lucanus erwiderte deshalb nichts. Er wußte, daß die Mißstimmung sich nicht gegen ihn richtete, sondern gegen den auf der ganzen Welt gleichen Pöbel.

Wütend stieß Plotius hervor: »Ach, wenn wir Soldaten dem Mob zu Leibe gehen dürften! Früher einmal konnte man es, und das war heilsam. Aber jetzt muß der Pöbel überall gehätschelt, gefüttert, behaust und unterhalten werden, weil man sich vor ihm fürchtet. Und wer hat diesen Pöbel so mächtig gemacht? Käufliche Politiker, die Stimmvieh brauchen – verflucht sollen sie sein!«

Lucanus bemerkte, daß sie jetzt durch üppige Gärten fuhren; süße, durchdringende Düfte schwebten überall, vermischt mit dem Harzgeruch von Bäumen. In der Ferne sah Lucanus Springbrunnen im Mondlicht leuchten, wie Najaden, die einsam vor dem nächtlichen Dunkel tanzten. Er hörte das eintönige Schreiten von Soldaten, und an jedem Tor blitzten Helme und gezogene Schwerter auf. Die goldene Kuppel des Herodespalastes wetteiferte an Glanz mit dem Monde. Reiter und Wagen bogen durch das letzte Tor, und das Haus des Pilatus lag vor ihnen, schimmernd wie Alabaster.

Als sie in der prächtigen, hellbeleuchteten, mit Statuen und Blumen und schönen Möbelstücken ausgestatteten Halle standen, schlug Plotius vor, die Gäste sollten sich in die Gesellschaftsräume zurückziehen und dort bis zur Essensstunde ruhen. Lucanus erriet, daß sein Freund sich unbehaglich fühlte, von irgendwelchen düsteren, geheimen Gedanken bedrückt wurde und ihn eine Zeitlang nicht sehen wollte. Er legte dem Römer die Hand auf den kräftigen Arm und sagte: »Plotius, ich bin nicht müde. Ich möchte lieber mit den Ärzten des Priscus reden, weil ich in großer Sorge bin. Außerdem habe ich meinen Bruder schon lange nicht mehr gesehen.«

»Natürlich, lieber Lucanus!« entgegnete Plotius in herzlichem Tone. »Solange Pilatus auswärts ist, kannst du tun, als wärest du hier zu Hause!« Er lächelte Hillel zu und klopfte ihm auf die Schulter. »Ich habe dich vermißt«, erklärte er. Er musterte Arieh und zwinkerte. »Nichts bringt einen Verschollenen sicherer nach Hause zurück als die Anziehungskraft des Goldes! Liebe Freunde, die Sklaven werden euch in eure Wohnräume führen; und später, beim Essen, plaudern wir einmal in aller Muße über Städte und Länder.« Er schob die Daumen in seinen Gürtel; dann nahm er doch den Helm ab. Sein Schädel war tatsächlich kahl; aber die Glatze trug nur zu einer gewissen männlichen Würde bei. Er stieß Lucanus an, ohne ihm in die Augen zu sehen. »Komm!« sagte er. »Jetzt sind die Ärzte bei Priscus. Und sie werden dir viel sagen können, wovon ich nichts weiß.«

XXXXIV

Wortlos führte er Lucanus durch Räume, von denen einer entzückender war als der andere. Junge Sklavinnen sangen irgendwo zu den bezaubernden Klängen von Flöte und Harfe. Leises Lachen drang hinter Vorhängen hervor. Lampenlicht glitzerte auf bunten Marmorsäulen. Die Wände prangten im Schmucke so herrlicher Fresken, daß die darauf dargestellten Lebewesen sich in einem verborgenen, aber spannungsgeladenen Dasein aus eigenem zu bewegen schienen. Die Marmorfußböden schimmerten. Das ganze Haus war eben erst neu mit Wohlgerüchen erfüllt worden.

Lucanus dachte, Herodes habe da wirklich ein prächtiges Haus für seinen Freund, den Prokurator von Judäa, erbaut. Überall funkelte es von Gold und Silber; die Lampen waren aus alexandrinischem Glas. Während die beiden Freunde stumm von Raum zu Raum gingen, umwehte sie in den Hallen der scharfe, heftige Seewind. Einmal konnte Lucanus zwischen glatten Säulen einen kurzen Blick auf die goldene Kuppel des Herodespalastes werfen und hörte ferne Stimmen und die gedämpften Zurufe von Wachen auf ihrer Runde. Bis auf diese leisen Geräusche lastete drückende Stille über allem.

Sie kamen zu einer hohen Bronzetür, und Plotius pochte kräftig. Sofort öffnete sich die Tür, und ein bewaffneter Sklave verneigte sich. Plotius sagte: »Der edle Lucanus, Gast bei Pontius Pilatus, wünscht mit den Ärzten des Hauptmanns Priscus zu sprechen. Führe die Ärzte hierher!« Er grüßte Lucanus rasch, lächelte flüchtig und eilte davon, als wären ihm Verfolger auf den Fersen.

Stirnrunzelnd sah Lucanus ihm nach. Dann führte ihn der Sklave in ein Vorzimmer und wies ihm einen mit goldfarbenem Tuch bespannten Polsterstuhl an, einen von vielen. Der Diener brachte Wein auf einer Silberplatte; die Becher waren mit verschiedenfarbigen Edelsteinen eingelegt. Lucanus war froh, einige Schlucke trinken zu können; der Wein roch und schmeckte köstlich nach Honig und Rosen. Kunstvoll gearbeitete Lampen flackerten in dem leichten Wind. Die Füße des Sitzenden versanken in einen dicken, farbenprächtigen Perserteppich. Hier konnte man trägem Behagen verfallen, so hübsch und anmutig war die ganze Einrichtung und so stark der Wein. Aber Lucanus blieb von Angst erfüllt. Er starrte eine reichgeschnitzte Zedernholztür an und wartete ungeduldig auf die Ärzte.

Schließlich kamen sie und verbeugten sich würdevoll. Als Kollege stand auch er auf und verneigte sich. Es waren stattliche Männer mittleren Alters, und Lucanus erkannte, daß der eine Jude, der andere Grieche war. Sie stellten sich vor. Der Grieche sagte: »Ich heiße Nikias, und das hier ist der Arzt Josua.« Nach seiner schlauen und etwas kühlen Miene zu schließen, schien Nikias eine gemütsarme Natur zu sein. Josua war kleiner, und aus seinen funkelnden schwarzen Augen sprachen ruhelose Regsamkeit und Verstandesschärfe. Beide waren feierlich in blaue, goldverbrämte Togen gekleidet, und beide trugen juwelenbesetzte Arztringe. Offenbar handelte es sich um sehr angesehene, einflußreiche Männer, und sie waren über die schlichte Kleidung des Neuankömmlings sichtlich erstaunt.

Sie setzten sich zu Lucanus und schoben ihre Stühle ganz nahe an ihn heran – auf genau die gleiche Weise, wie es seit unvordenklichen Zeiten Ärzte tun, wenn sie zu einem ungemein bedeutsamen Konsilium über einen hochstehenden Patienten zusammentreten. Sie tranken den ihnen von Sklaven gereichten Wein und starrten nachdenklich vor sich hin. Lucanus wartete. Vornehme Ärzte durfte man nicht plebejisch bedrängen. Sie hatten eine Würde zu wahren, und so gaben sie sich sehr bedeutungsvoll.

Nikias erkundigte sich über Athen, und Lucanus war gezwungen, ihm höflich Auskunft zu geben. Der vornehme Grieche kam auf Isokrates, seinen Lieblingsautor, zu sprechen, und Lucanus ging sachkundig darauf ein. Nikias zeigte sich befriedigt.

Der Jude hatte sich vorgebeugt und zugehört. Jetzt sagte er etwas gönnerhaft: »Ich höre, du bist in Alexandria ausgebildet worden, edler Lucanus. Die dortige Hochschule hat, glaube ich, im letzten Jahrhundert etwas von ihrem Ruf eingebüßt. Ich selber habe in Tarsos studiert. Wie ist deine persönliche Meinung über diese beiden miteinander wetteifernden Hochschulen?«

Obwohl Lucanus von Besorgtheit verzehrt wurde, gab er mit erzwungener Gelassenheit Bescheid. Er wußte, daß diese Männer ihn nach irgendwelchen Lücken in seiner geistigen oder gesellschaftlichen Bildung abtasteten, ehe sie Vertrauen zu ihm faßten und sich entschieden, ob er es verdiente, voll eingeweiht zu werden. Er versuchte ja sozusagen, dachte er ungeduldig, sich als Fremdling zu einem feierlichen Tempeltanz zu drängen; und nun mußte beschlossen werden, ob er dem Ritual zugezogen werden sollte. »Ich versichere euch, hochverehrte Kollegen«, erklärte er schließlich recht verärgert, »daß ich unsere ärztliche Fachsprache vollauf beherrsche, daß ich viel Erfahrung habe und die letzten Behandlungsmethoden kenne. Deshalb bitte ich euch, meine verständliche Besorgnis zu berücksichtigen. Sagt mir, was meinem Bruder fehlt!«

Beide Ärzte setzten zunächst eine gekränkte Miene auf; allerdings begannen die Augenlider des Juden unhemmbar zu zucken. Lucanus meinte bestürzt, dieses Zucken als Zwinkern auffassen zu müssen. Aber er war seiner Sache nicht gewiß; denn Josuas Miene blieb ernst, und er wahrte die seit Jahrhunderten klassische Haltung des Arztes: den Kopf sinnend vorgestreckt, den rechten Ellbogen auf die Armlehne des Sessels gestützt, den rechten Zeigefinger an die gekräuselten Lippen gelegt. Auch Nikias dachte offenbar angestrengt nach.

Dann warf Josua seinem Kollegen einen raschen Blick zu, der offenbar bedeutete, nun sei den Förmlichkeiten Genüge getan. Er ließ die Hand sinken und sagte ohne weitere Umschweife: »Selbstverständlich, du bist besorgt, Lucanus. Ich will mich kurz fassen.« Nikias blickte ihn mit eiskalter Miene an; doch der Jude ließ sich nicht beirren. »Dein Bruder hat Magenkrebs. Die Krankheit hat auch schon die Leber stark angegriffen. Du hast uns aufgefordert, unseren Befund mitzuteilen. Von Herumredereien halte ich nicht viel und sage dir also die Wahrheit. Du bist dir ja klar darüber, daß dein Bruder unter diesen Umständen nicht am Leben bleiben kann. Wir haben alles Menschenmögliche getan. Der Kranke bekommt zur Anregung des sehr schwachen Appetits stark gewürzte Speisen und so viel Wein, wie er nur mag; und gegen die sehr heftigen Schmerzen geben wir Linderungsmittel.«

Lucanus saß wie gelähmt da, das Herz in Verzweiflung zusammengekrampft. Josua betrachtete ihn mitleidig. Nikias verschränkte die Hände im Schoß und sagte: »Er kann noch einen Monat am Leben bleiben oder vielleicht zwei Monate, aber jedenfalls nicht mehr lange.« Es war, als unterhielte er sich mit zwei hochgestellten Bekannten höflich über das Wetter oder sonst eine persönlich belanglose Angelegenheit. Während Lucanus seine Betrübnis niederkämpfte, erfüllte ihn plötzlich sinnloser Haß gegen diesen Mann. Und deshalb wandte er sich vor allem an Josua, bei dem er etwas menschliche Wärme und Güte spürte.

»Seit wann ist mein Bruder krank?« fragte er mit zitternder Stimme.

Josua zuckte vielsagend die Achseln. »Er war schon sehr krank, als er hierhergebracht wurde. Nach meinem Dafürhalten leidet er mindestens seit acht Monaten an dieser Krankheit. Darin lag die Ursache für seine Verdrossenheit und Teilnahmslosigkeit, für die Abmagerung und graue Gesichtsfarbe, die Appetitlosigkeit, die seltenen, aber starken Magenblutungen sowie für den unsicheren Gang und die Knöchelschwellungen. Nun ist er in den letzten Stadien des Leidens. Wir können nichts für ihn tun, als seine Schmerzen lindern und ihm Trost zusprechen. Du wirst verstehen, daß die Krankheit auch eine gewisse Neigung zu raschen Stimmungsumschwüngen mit Tränenausbrüchen und dergleichen im Gefolge hat. Er weiß zwar nicht, daß seine Krankheit tödlich ist; aber der Körper sendet dem Gehirn Notsignale und Todesboten.«

Nikias sagte mit etwas kühler, tadelnder Stimme: »Daß dem Gehirn überhaupt Botschaften zukommen, ist eine deiner unbewiesenen Theorien, Josua. Nach meiner festen Überzeugung ist als Sitz der Gefühle und Vorahnungen das Herz zu betrachten. Ich halte mich da an die Lehren des Aristoteles, auf die Gefahr hin, von gewissen Seiten als altmodisch hingestellt zu werden.« Mit den ›gewissen Seiten‹ war offenbar Josua selbst gemeint, und einen Moment lang begegneten sich die Blicke der beiden Ärzte in kurzer Fehde.

»Ach!« rief Lucanus, fast außer sich. »Wollen wir uns jetzt über Theorien auseinandersetzen? Du, Josua, sagst, daß mein Bruder Krebs hat. Ist das sicher?«

»Ganz sicher«, erklärte Josua, ohne gekränkt zu sein. Seine Augen waren mitfühlend. »Möchtest du ihn selbst untersuchen?«

Die drei Ärzte erhoben sich. Nikias zog die hellen Brauen hoch, als er Lucanus eine derbe, billige Tasche aufnehmen sah, in der es von Phiolen klirrte wie bei einem Landbader; und mit überheblicher Miene – man muß sich eben in die hartnäckigen Behelligungen durch niedrigerstehende Menschen schicken! – öffnete er die Zedernholztür. Das jetzt sichtbar werdende Schlafzimmer war prächtig, mit erlesenen Möbelstücken und einem vergoldeten Bett ausgestattet. Vier in weiße Tuniken gekleidete Sklaven hielten Krankenwache. Aber von alledem sah Lucanus nichts; er eilte zu dem Bett und rief: »Liebster Priscus! Endlich bin ich bei dir!«

Er hob rasch eine Lampe von einem der Marmortische und hielt sie hoch über das Bett. Da lag Priscus, und Lucanus war von seinem Anblick tief erschüttert. Es fiel ihm schwer, in diesem grauen, ausgemergelten Mann seinen jungen, geliebten Bruder wiederzuerkennen. Schwere Lider hingen über eingesunkene Augen; die Lippen waren geschrumpft und lagen den Zähnen auf. Für einen schrecklichen Augenblick hielt Lucanus seinen scheinbar nicht mehr atmenden Bruder für tot.

»Er schläft unter der Einwirkung unserer Mittel«, erklärte Josua mitleidsvoll. Er legte Lucanus die Hand auf die Schulter. »So hat er wenigstens zeitweise Ruhe, und dafür müssen wir dem barmherzigen Gott danken. Dein Bruder leidet sehr.«

Tränen schossen Lucanus in die Augen, als er im Licht der hochgehaltenen Lampe seinen Bruder betrachtete. Der hier lag, war ihm teurer als seine leiblichen Geschwister; denn er selbst hatte dem schon todgeweihten Priscus Leben eingehaucht. Der hier lag, war Rubrias Bruder, und er starb so wie sie. Der hier lag, war das Lieblingskind seiner Mutter Iris und der Sohn des Diodorus, jenes tapferen, ehrenwerten Kriegers, dessen Name unvergessen blieb. Der hier lag, war der eigentliche Stammhalter des Tribunen, jener Sohn, der den Namen des toten Helden mit mehr Recht und Berechtigung trug als der gelehrtenhafte, mäkelige Gaius, den beim Anblick von Schwertern und Fahnen schauderte. Der hier lag, war einst ein heiterer, von Gesundheit strotzender Junge gewesen, harmlos fröhlich und doch nachdenklich, voll von Daseinsfreude und von Liebe zu seinem Land und seinen Göttern. Lucanus mußte daran denken, wie heißblütig sein Bruder gewesen war, wie herzlich und aufmerksam, wie gütig und doch willensstark, wie arbeitsfreudig und eifrig, wie erfüllt von Liebe und Rücksichtnahme und vor allem stets von lachender Wohllaune. Lucanus konnte den Anblick nicht länger ertragen. Langsam stellte er die Lampe nieder und preßte die Hand an die Augen, um das quälende Bild zu verscheuchen.

»Ja, es ist traurig«, sagte Josua seufzend. Nikias trat in der Haltung eines Olympiers an das Bett und betrachtete den Kranken, wie man eine schwierige Rechenaufgabe mustert.

Priscus bewegte sich. Lucanus, der die Augen noch bedeckt hielt, hörte eine ganz schwache, vor kraftloser Freude zitternde Stimme. »Lucanus! Du bist es! Ich habe gewartet...«

Der ältere Bruder fiel auf die Knie und faßte die hagere, abgezehrte Hand. Sie griff sich kalt und runzelig an, und der Puls war ganz unregelmäßig. Lucanus sah die Augen des Bruders; obwohl jetzt in ihnen die Wiedersehensfreude aufleuchtete, waren sie von Schmerz und Erschöpfung getrübt.

»Liebster Priscus!« stammelte Lucanus und bemühte sich verzweifelt, seine tiefe Niedergeschlagenheit zu beherrschen. »Ja, ich bin hier. Hast du Schmerzen?«

Die geschrumpften Finger, Mumienfingern gleich, schlossen sich fest um die Hand des Bruders. Priscus befeuchtete sich die pergamenttrockenen Lippen. Dann blickte er Lucanus beherzt an. »Schmerzen«, sagte er in angestrengtem Flüstern, »muß jeder Mensch tragen. Das hast du selber mir einmal gesagt, Lucanus. Ein Soldat ist mit Körperbeschwerden vertraut; er ist gegen sie abgehärtet. Aber es gibt seelische Qualen... Hast du aus der letzten Zeit Nachrichten von zu Hause?« Er sprach die Worte ›Zu Hause‹ im Tone glühender Sehnsucht.

»Es ist alles wohlauf«, erwiderte Lucanus und schluckte den salzigen Pfropf, der in seinem Schlunde stak, hinunter. Priscus würde sein Zuhause nie mehr wiedersehen, nie mehr seine Kinder auf den Knien schaukeln, nie mehr seine Frau küssen und umarmen, ihre langen, dunklen Locken streicheln und mit den Lippen ihre Grübchenwangen und Brüste liebkosen. Nie mehr sollte er seine Obstgärten und Felder, seine Rinder und Pferde sehen, nie mehr in dem kristallgrünen Wasser seines Baches schwimmen oder von dem Wein seiner Trauben trinken. Die schlichten Annehmlichkeiten des Lebens, die man so selbstverständlich hinnimmt, sollten ihm nie mehr beschieden sein. Denn er lag im Sterben; das hatte Lucanus blutenden Herzens sofort erkannt. Aber schon lächelte er, weil Priscus ihn ängstlich beobachtete.

»Alles wohlauf?« fragte der Kranke.

»Alles wohlauf«, bestätigte der Bruder. Priscus seufzte und schloß für eine Weile zufrieden die Augen.

Behutsam begann Lucanus ihn zu untersuchen, und seine letzte Hoffnung auf einen Irrtum der behandelnden Ärzte schwand. Durch die dünne Lage absterbender Muskeln konnte man an der rechten Magenhälfte deutlich eine mächtige Gewebsmasse tasten. Lucanus befühlte die Leber, und auch hier spürte er gleichartige Auswüchse. Die oberflächlichen Lymphdrüsen des Körpers waren mächtig angeschwollen, besonders über den Schlüsselbeinen. Bei aller Vorsicht bereitete die Untersuchung dem Kranken ganz unerträgliche Schmerzen; aber als Soldat hielt er sich steif und still. Ständig blieben seine forschenden Augen auf das Gesicht des Bruders geheftet, nicht, weil er von ihm eine beruhigende Äußerung erwartet hätte, sondern nur aus Freude, ihn zu sehen. Bei sich selbst wußte er, daß seine Tage gezählt waren.

Mit schwacher Stimme sagte er: »Meine Mutter… meine Frau, meine Kinder… du mußt ihnen sagen« – jetzt hatte Lucanus eine besonders schmerzhafte Stelle berührt, und Priscus konnte ein Zusammenzucken nicht unterdrücken –, »daß ich friedlich gestorben bin. Durch einen Unfall, vielleicht. Und eines raschen Todes. Sie dürfen nicht erfahren… Ah«, seufzte er auf, als Lucanus die tastende Hand zurückzog. »Du verstehst doch, lieber Bruder.«

»Ja«, antwortete Lucanus, »ich verstehe.« Wie ein Vater tätschelte er ihm die Wange, und seine Brust hob und senkte sich krampfhaft. Er versuchte zu lächeln. »Aber noch ist es nicht soweit«, fügte er tröstend hinzu, mit der gewohnheitsmäßigen Beschwichtigungsgeste des Arztes.

Priscus drehte den Kopf auf seinen Kissen herum. »Es ist soweit«, erklärte er ruhig.

»Man darf die Hoffnung nie aufgeben«, meinte Josua.

»Ich habe mit dem Leben abgeschlossen«, stellte Priscus geradewegs fest. »Du redest von meinem Körper, guter Josua. Der Körper bekümmert mich nicht im mindesten.« Er schob seine Hand zwischen die Finger des Bruders, wie ein müdes Kind. »Ich muß mit meinem Bruder sprechen, allein«, bat er. »Ich habe noch viel zu sagen, ehe ich die lange Reise antrete.«

»Ich verstehe«, murmelte Josua, selbst von Kummer bedrückt, weil er Priscus liebgewonnen hatte, so wie alle, die mit ihm in Berührung kamen. »Aber du darfst dich nicht zu sehr anstrengen.«

»Wenn ich mich nicht von meiner Last befreie, werde ich mich nicht in Frieden zu Vater und Mutter und Schwester gesellen können«, erklärte Priscus. »Ich habe wenig Zeit.«

»Das wissen nur die Götter«, meinte Nikias kühl. Er neigte den Kopf und verließ den Raum, von Josua und schließlich auch von den Sklaven gefolgt. Priscus sah ihnen nach. Dann bat er mit gezwungener Festigkeit: »Setze mich höher auf die Kissen, lieber Bruder, damit ich leichter sprechen kann.«

Lucanus hob ihn und erschrak über die Leichtigkeit dieses Soldatenkörpers, der fast keine Muskeln mehr hatte. Doch er rang sich ein aufmunterndes Lächeln ab. Der Kopf des Kranken fiel auf die höhergeschobenen Kissen zurück, und eine Weile keuchte er leise. Er schloß die Augen. »Ich muß sprechen«, stieß er hervor; und in seinem Tone lag nun etwas von dem gebieterischen Wesen seines Vaters. »Du darfst mich nicht, aus Sorge, ich könnte mich übermüden, unterbrechen. Ich muß alles sagen, was ich zu sagen habe, Lucanus.«

»Ja«, stimmte der ältere Bruder bei. Priscus faßte seine Hand und lächelte leise. »Es war ein fruchtbares Erlebnis«, sagte er nach einigen Augenblikken. In seiner Miene malte sich plötzlich gespenstisches Entsetzen, als stürbe er eben eines qualvollen Todes. Und dann begann er.

Die Lampen flackerten und züngelten im Meereswind, der durch die Säulen hereindrang. Der Wind führte die Düfte des Orients mit sich und das Geläute der plätschernden Springbrunnen. Und Priscus erzählte weiter und weiter, mit dem Aufgebot der letzten Kräfte. Und Lucanus unterbrach ihn kein einziges Mal.

Plotius, der Vorgesetzte des Priscus, hatte seit geraumer Zeit Jerusalem zum Standort. Er fand die Stadt reizvoll und erregend. Die Juden waren ein seltsames Volk, aber nie träge oder schlaff. Im allgemeinen, von den reichen Kaufleuten und Politikern und den Reedern abgesehen, zeigten sie den Römern die kalte Schulter und mieden sie. Insbesondere die niedrigeren und bescheideneren Volksschichten brachten den fremden Zwingherren Verachtung entgegen, zum Unterschied etwa von den Hohenpriestern, deren Angehörige als Handelsleute tätig waren und einträgliche Geschäfte witterten.

»Die Juden sind einerseits Tatsachenmenschen und ebensolche Materialisten wie wir Römer«, berichtete Priscus, »andererseits stecken sie voll von Frömmigkeit und Mystizismus. An den hohen Feiertagen sieht man auch die abgebrühtesten, gewinnsüchtigsten Händler und Kaufleute und Gewerbetreibende ihre irdischen Interessen beiseite schieben; da vergessen sie alles andere und werden so weltfern wie die Schatten der Unterwelt. Der Tempel ist dann von Opferrauch und Weihrauchwolken erfüllt. An manchen heiligen Tagen wird gejammert und geweint, an anderen gejubelt und getanzt. Übrigens weinen die Juden eigentlich immer, auch wenn sie lächeln. Und sie reden von einem Messias, der sie aus der Römerherrschaft befreien und dem besiegt daliegenden Rom den Fuß auf den Nacken setzen wird, so daß es sich nie mehr erheben kann.«

Der junge und immer wißbegierige Priscus hatte viel von der Religion der Juden gehört und wollte sich mit diesen jede Annäherung zurückweisenden Menschen anfreunden. Auf religiöse Gespräche mit ihm ließ sich jedoch niemand ein; nicht einmal seine Bekannten aus Händler- und Kaufmannskreisen taten es. Sobald die Rede auf solche Dinge kam, wichen sie aus, und ihre weingeröteten, fetten Gesichter wandten sich finster ab.

Dann aber begann Priscus Gerüchte von einem merkwürdigen Dorfrabbi zu hören, von einem völlig ungebildeten Mann aus den galiläischen Bergen, einer Gegend, die bei den feinen, weltmännischen Hauptstädtern verrufen war. Dieser Mann hatte keine Familie, keinen Besitz. Er nannte nichts sein eigen als das armselige Gewand am Leib und die Bastsandalen an den Füßen. Weder Pferd noch Sänfte, nicht einmal den bescheidensten Esel besaß er. Als er indes nach Jerusalem kam, umringten ihn große Menschenmengen, die ihn überallhin begleiteten und seinen Worten lauschten. Angeblich heilte er Kranke und erweckte Tote zum Leben. Die Priester lachten zuerst, dann zeterten sie.

Alle diese Nachrichten gingen Priscus nicht weiter nahe. Man wurde ja nie klug aus den Juden mit ihren vielen sich befehdenden Sekten, mit ihrem starren Festhalten an bestimmten Ritualgesetzen, mit ihren leidenschaftlichen Auseinandersetzungen über die feinsten Bedeutungsunterschiede in den Aussprüchen ihrer alten Propheten – sogar der Stadtpöbel stritt sich über diese Dinge! Die Juden brachten ihrer Religion viel Ernst und Frömmigkeit entgegen und hielten die Vorschriften mit größter Gewissenhaftigkeit ein. Das galt für den niedrigsten Taglöhner ebenso wie für den höchsten Würdenträger. Sie kannten weder die spöttische Zweifelsucht der Griechen noch den erdgebundenen Aberglauben der Römer. Daraus erklärte sich zweifellos die Begeisterung für den Rabbi, von dem es hieß, er heile die Kranken, erwecke die Toten und vollbringe viele andere Wunder. Daraus erklärte sich aber auch der Groll der kastenstolzen Hohenpriester, die das gemeine Volk mißachteten und dessen armselige Opfergaben scheel ansahen. Der Rabbi drang in ihre geheiligten Bereiche ein und hielt das Volk von dessen religiösen Obliegenheiten ab. Überdies – und das wog fast ebenso schwer – hetzte er das Volk angeblich gegen Rom auf. Darin lag eine große Gefahr.

Schließlich tauchte, von einer ungeheuren erregten Volksmenge weitergetragen, das Gerücht auf, dieser Rabbi sei der Messias. Er würde sein Volk Israel aus der Gewalt der Römer befreien und mit Engelsscharen die römischen Legionen aus den Mauern Jerusalems vertreiben. Damit nahmen die Dinge eine solche Wendung, daß Pontius Pilatus, der sich als vorsichtiger Mann im allgemeinen nie in jüdische Angelegenheiten mischte, besorgt wurde. Mochten die Juden untereinander streiten, soviel sie wollten – sie lagen sich ja immer über irgendeinen Glaubenssatz oder dergleichen in den Haaren –; aber an der Machtstellung Roms durften diese Auseinandersetzungen nicht rütteln.

Die Hohenpriester wandten sich an den Tetrarchen Herodes, der halb Grieche, halb Jude war, und erklärte ihm, die Lehren jenes jämmerlichen Rabbi brächten die Juden in Gefahr. Der Mann behaupte nämlich nicht nur, er sei gekommen, um die Gesetze der Propheten zu erfüllen, und die

Priester seien Volksbetrüger und Unterdrücker; er stifte auch eine den friedlichen Beziehungen zwischen den Juden und ihren Herren, den Römern, abträgliche Verwirrung und Auflehnung. Herodes besprach die Sache mit Pilatus in Jerusalem, wohin der Prokurator, der die Stadt nicht liebte, sehr ungern und nur gezwungen gekommen war. Pilatus berief Plotius und Priscus zu sich und befragte sie. Plotius zuckte die Achseln und erklärte, die jüdischen Priester seien in ständiger Hochspannung und man solle ihren Äußerungen nicht allzuviel Gewicht beilegen. Priscus erzählte dem Prokurator von den Gerüchten über Wundertaten, und Plotius lachte. Für Pilatus hatten die Möglichkeiten einer jüdischen Volkserhebung mehr Belang als die Person des Rabbi.

»Ich weiß nicht genau, was daraufhin geschah«, erzählte Priscus mit schwacher, aber fester Stimme, während er aus seltsamen, lebhaften Augen den Bruder anschaute. »Die Vorgänge bei den Juden waren mir ja gleichgültig. Immerhin erfuhr ich, daß die Hohenpriester den Tod des umherwandernden, fußwunden Rabbi forderten und daß er dem Prokurator zur Verurteilung vorgeführt wurde. Pilatus fand keine Schuld an ihm. Doch der Pöbel verlangte brüllend seinen Tod, nicht, weil man ihn besonders haßte, sondern des erregenden Schauspiels wegen. Das jüdische Passahfest stand bevor, und ich erhielt Befehl, für die Aufrechterhaltung der Ordnung zu sorgen. An diesen Festtagen bezeichnen die Juden uns als Ägypter. Worauf das anspielt, verstehe ich nicht; aber es ist beleidigend gemeint. In dieser Zeit zogen sich meine jüdischen Freunde von mir zurück.«

Es war der Vorabend des Passahfestes. In der Hauptstadt stieg die Aufregung über den Rabbi zu unerträglichen Ausmaßen. Immer wieder gab es auf den Straßen Schlägereien zwischen einzelnen Gruppen; und wenn die Soldaten die Streitenden trennten, bekamen sie von beiden Seiten Flüche zu hören. Und dann erhielt Priscus den Auftrag, den aufrührerischen Rabbi zusammen mit zwei zum Tode verurteilten Verbrechern hinzurichten. Es war eine lästige Obliegenheit, wie so viele andere, und Priscus tat seine Pflicht.

Nach den römischen Gesetzen pflegten die zur schmählichsten aller Todesarten, zur Kreuzigung, Verurteilten vorher gegeißelt zu werden; zur Anwesenheit dabei hatte Priscus zwei seiner Unteroffiziere befohlen. Dann erwartete der Rabbi im Kerker seine Hinrichtung, Priscus selbst hielt sich für die Stunde bereit, da er seine Soldaten und die Henkersknechte zu dem hiefür üblichen Platz, einem Hügel namens Golgatha oder Schädelstätte führen sollte.

Und nun saß er auf seinem Pferd, bis zum Umsinken abgespannt, weil er in der vergangenen Nacht stundenlang in seiner Lieblingsschenke gewesen war; und er murrte darüber, daß man ihm dieses widerliche Geschäft aufgehalst hatte. Der hinzurichtende Rabbi war ein jämmerlicher Jude, ein armer Schlucker, gar nicht wert, daß seinetwegen ein höherer Offizier wie Priscus bemüht wurde. Immerhin betrachtete er mit einigem Staunen die wild erregte Menschenmenge. Aber aufgebracht waren die Juden immer, und oft genug über ganz belanglose Dinge. Während er inmitten seiner berittenen Soldaten auf dem Pferde saß, hörte er, wie die Leute gedämpfte Flüche gegen ihn ausstießen; doch an ihren Festtagen fluchten die Juden den Römern oft, auch wenn sie sonst freundlich zu ihnen waren. Das hatte nichts zu bedeuten. Er lachte sogar gutmütig und scherzte mit seinen Begleitern und gähnte.

Überall an der schmalen Straße, die vom Kerker zur Schädelstätte führte, hatten sich Menschenscharen versammelt. Viele unter den Wartenden trugen einen Gesichtsausdruck, der Priscus plötzlich stutzig machte. Die sonst so lebhaften Juden waren mit einem Schlage ungewöhnlich still geworden. Hunderte von Frauen schluchzten offen; andere hielten ihre kleinen Kinder hoch, wie es Mütter zu tun pflegten, damit ihre Sprößlinge einen Blick auf einen vorbeikommenden Fürsten oder hohen Würdenträger werfen könnten. Viele Männer rangen die Hände und weinten stumm oder schlugen sich auf die Brust. Über der ganzen Stadt und allem Volk lag eine seltsame Untergangsstimmung.

Ein geheimnisvolles, grelles Licht übergoß die Erde; es war, als hätte die Sonne ihren Goldschimmer verloren und wäre in wilde Weißglut geraten. Und in diesem Licht nahmen auch die Gewänder der Leute eine grelle Färbung an; das Blau und Scharlach, das weißgestreifte Rot, das Gelb und Schwarz, Rosa und Grün der Stoffe leuchtete auf, als sollten die Gewebe jetzt und jetzt in Flammen aufgehen. Die Gesichter schienen ganz nahegerückt; jeder Zug, jede Formung von Nase oder Mund, die Farbe der Augen, das Schimmern von Stirn und Kinn wurden auch an weit entfernten Köpfen unheimlich deutlich und einprägsam. Schweißgeruch durchdrang die brennend heiße Luft. In der dichtgedrängten aber merkwürdig stillen Menge sah man keine Priester. Sie hatten ihr Werk getan; nun weilten sie im Tempel und trafen Vorbereitungen für das Passahfest.

Voll Unbehagen blickte Priscus zum Himmel. Dort, über den bronzefarbenen Hügeln, war das Firmament ganz eigenartig getönt. Man hatte den Eindruck, als brodelte jenseits der Schädelstätte unsichtbar ein riesiger Kessel und schickte blaßrote und purpurne Dampfwolken hoch. Qualmend trieb der Dampf dahin. Priscus lenkte die Aufmerksamkeit des ihm nächsten Offiziers auf diese seltsame Erscheinung. Der Offizier war ein junger Mann und abergläubisch; mit tiefer Bestürzung betrachtete er die unheimlichen, bunten Schwaden. »Wer sind denn die Leute, die heute hingerichtet werden?« fragte er. Priscus erwiderte: »Ach, bloß drei Verbrecher.« Der junge Offizier faßte ein Amulett und murmelte kopfschüttelnd: »Diese Nebel dort gefallen mir nicht. Das sind böse Vorzeichen.« Priscus lachte ihn aus; aber er zuckte auf seinem Pferd zusammen und begann unter der Rüstung zu schwitzen.

Und nun geriet die Menschenmenge vor dem Kerkertor in Bewegung. Ein ohrenbetäubendes Schreien und Brüllen erhob sich, und dazu ein dumpfes Stöhnen und Jammern. Priscus und seine Männer ritten zum Tor. Gerade schleppten Fußsoldaten einen Mann heraus. Es war ein hochgewachsener Mann mit goldblondem Haar und goldblondem Bart. Er schien völlig erschöpft. Er trug ein zerrissenes weißes Gewand und einen karminroten Mantel aus billigem Stoff. Auf seinen Kopf war eine Dornenkrone gedrückt, und sein weißes Gesicht war von Blut überronnen. »Wer ist das?« fragte leise der junge Offizier; aber Priscus kam nicht dazu, zu antworten.

Denn nun sah er das Gesicht des Verurteilten, das trotz Blut und Schmutz unvorstellbar edel war und gelassen und gütig, und in einem inneren Licht zu erstrahlen schien, heller noch als das grelle Sonnenlicht. Er hatte die Haltung eines Königs, hoheitsvoll und erhaben, frei von aller Furcht. Ein kaltes Grausen, das er sich nicht erklären konnte, überrieselte Priscus. Dieser Mann war kein Verbrecher! Das war ein Wesen edelsten Geblüts. Die armseligen Kleider wandelten sich an ihm zur Pracht fürstlichen Purpurs; die Dornenkrone wurde zum Golddiadem. Das Grauen in Priscus verstärkte sich. War das wirklich der jämmerliche Dorfrabbi? War das der Landmann ohne Familie und ohne Besitz? Man konnte es nicht glauben. Er sah aus wie ein Herrscher, obwohl die Soldaten ihn stießen und schlugen, ihn, wie es rohe Knechte immer und überall tun, verlachten und ihm ins Gesicht spien.

»Sei gegrüßt, König der Juden!« spotteten die Soldaten, und der Straßenpöbel heulte. Aber Hunderte Frauen fielen schluchzend auf die Knie und streckten die Arme aus, und Hunderte von Männern wehklagten mit tränenüberströmten Gesichtern, und Hunderte kleiner Kinder weinten. Das Bild war zu vielfältig, als daß ein einziges Augenpaar es hätte erfassen können; und Priscus ließ die Blicke wie besessen schweifen, um alles in sich aufzunehmen. Aber schließlich sah er nichts als den Verurteilten, der unter den Schlägen der Soldaten wankte.

Priscus drehte sein Pferd herum, und die Hände zitterten ihm an den Zügeln. Er winkte seinen Männern, und sie trabten nun zum Stadttor, das sich knarrend auftat. Priscus fragte sich: Wer mag der Mann sein, der da zum Tode geführt wird? Er blickte zurück. Dem erschöpften Rabbi war ein Kreuz auf die Schultern geladen worden, und er taumelte hilflos hin und her, im Bemühen, sich unter seiner Last und unter den Schlägen der Soldaten auf den Beinen zu halten. Immer heftiger wurde das Grauen in Priscus. Er griff unter seinen Harnisch und faßte sein eigenes Amulett, einen Talisman gegen bösen Zauber. Aber das schweißfeuchte Metall brannte ihm an den Fingern.

Ringsum hörte er betäubendes Brüllen und Schreien und Weinen und Jammern. Das Licht wurde unerträglich stark, als hätte sich ein Dutzend neuer Sonnen um ihren weißglühenden Bruder versammelt. Die Strahlung entzündete die Augenlider und rötete die Stirn. Die Ausdünstung der Menschenmassen und der scharfe Geruch aufgewirbelten Staubes ekelten den jungen Römer an. Sein Kopf schmerzte wütend; sein ganzes Knochengerüst schien zu zittern und zu schlottern. Alle Farben leuchteten ihm übermäßig grell; er kniff die Lider zusammen, um sich dieser Orgie von Buntheit und Helle zu entziehen. Die nahen und fernen Gebäude tanzten ihm wild vor den Augen; Hitzewellen flimmerten über allen Dingen und gaben ihnen etwas Spukhaftes, Unstetes. Und hinter Golgatha streckten sich die roten und purpurnen Wolken in den Himmel hinauf wie zuckende Zungen, breiteten sich über das weißflammende Firmament, schossen aus dem Kupferblock des Hügels hervor.

Ein noch lauteres Schreien erschütterte die unheimliche Luft. Wieder blickte Priscus über die Schulter. Der Rabbi war in den Staub gesunken. Eine tränenüberströmte junge Frau trocknete ihm das Gesicht. Ein Soldat brüllte einem Zuschauer befehlend zu; und der Mann, dunkelhäutig, hünenhaft, trat sofort heran und nahm dem Verurteilten das Kreuz ab. Mit Hilfe der Soldaten lud er es sich selbst auf die Schultern und erhob sich aus seiner kauernden Stellung, ein Lächeln auf den Lippen. Er blickte zum Himmel; Tränen und Schweißtropfen mischten sich auf seinen sonngebräunten Wangen. Er schritt gefügig dahin, wie von einem Traumbild entrückt, kraftvoll, ohne Schwanken. Es war, als trüge er auf den Schultern die Sänfte eines Königs, voll Stolz. Und hinter ihm stolperte der Verurteilte, und seine Lippen bewegten sich. Die Volksscharen drängten nach, fluteten einher wie ein vielfarbiger Strom, brüllend oder jammernd, die Fäuste schüttelnd oder weinend. Und über alles ergoß sich das unirdische, nervenzerrüttende Licht.

Dann hörte Priscus eine Stimme, in gedehntem Aramäisch, aber rein und sicher und stark wie die Stimme eines Herrschers: »Ihr Töchter Jerusalems, weinet nicht über mich, sondern weinet über euch selbst und eure Kinder! Denn sehet, es kommen Tage, an denen es heißen wird: ›Selig die Unfruchtbaren, selig der Schoß, der nicht geboren, die Brust, die nicht gestillt hat!‹ Dann wird man anheben und zu den Bergen sagen: ›Fallet über uns!‹ und zu den Hügeln: ›Bedecket uns!‹«

Priscus war erschüttert von dieser Stimme und von den seltsamen Worten, die sie geredet hatte. Es war, als hätten tausend Orakel gesprochen; es war, als weinte Apollo über die Menschen, von ihrer Qual bewegt, es war, als hätte Zeus seine Donnerkeule in den Weltraum geschleudert. Und die Menge, die eben noch gejohlt und geeifert, geweint und herzzerreißend gejammert hatte, verstummte für einen Augenblick völlig.

»Wer ist er?« fragte der junge Offizier seinen Vorgesetzten; und Priscus konnte nicht antworten.

Vor ihnen lag jetzt der heiße, erschreckend steile Aufstieg zur Schädelstätte. In furchtbarer, namenloser Niedergeschlagenheit sagte sich Priscus: Ich darf nicht wieder hinter mich blicken! Aber die Ohren konnte er nicht verschließen vor dem wilden Wehklagen, das sich in das unheilkündende Licht mischte, ein Wehklagen, das dem Verurteilten wie eine Flutwelle der Betrübnis und Verzweiflung folgte. Und über diese Flutwelle erhoben sich schrill die Schreie des Straßenmobs, der, so wie immer, in seinem triebhaften Haß und Blutrausch und Gelüst über das ihm hingeworfene Opfer frohlockte.

Die gelben, zinnenbekrönten Mauern der Stadt blieben zurück, und der schmale Weg stieg scharf zum Golgathahügel an, dessen kupferfarbene Hänge von einem inneren Unterweltfeuer zu glühen schienen. Unter den Hufen von Priscus' Pferd gerieten Steine ins Rollen und kollerten polternd in die Tiefe. Hinter sich hörte Priscus Hufegeklapper und erschrockene, unterdrückte Flüche: seine Männer ritten ihm nach. Wie betäubt blickte er in die sonnverbrannte Landschaft, auf die stufenförmig bebauten Hügel mit ihrer Last von Zypressen und Ölbäumen, ihren Flecken grüner Gärten. Aber alles trug das unheimliche Gleißen eines Alptraums, wogend und stofflos. Schweiß rann dem Römer von der Stirn, und er nahm den Helm ab, um sich Haar und Gesicht zu trocknen; er atmete schwer und mühevoll. Ich darf nicht denken! rief er sich selbst zu. Ich bin krank; ich sehe alles mit den Augen eines Kranken. Hier geschieht doch nichts Besonderes: es wird einfach jemand hingerichtet, der sich gegen Rom vergangen, der den Pöbel gegen unsere Herrschaft aufgehetzt hat!

Aber Schreck und Grauen wuchsen in ihm, preßten gegen Herz und Hirn und alle Organe, als wollten sie den Körper sprengen. Priscus war entsetzt über den Anblick des Himmels über dem Hügel; die farbigen Flammen züngelten höher, zu verzehrendem Brand. Er sah geradezu, wie sie zuckten. Seine abergläubische Römerseele duckte sich zusammen. Das Wehklagen erfüllte schaurig die Luft.

Priscus rief dem nächsten Offizier zu: »Haltet den Mob zurück! Die Leute dürfen nicht auf die Hügelkuppe hinauf; sie müssen unten bleiben! Wer weiß, was sie uns antun können? Wir sind wenige, und ihrer sind Tausende, eine aufgeregte, rasende Menge.«

Die Offiziere wandten ihre widerspenstigen Pferde und ritten hinunter, auf die Menge zu. Priscus aber blickte nicht zurück. Keuchend ließ er den Kopf auf die Brust sinken und wartete. Nach einer kleinen Weile schien ihm das Johlen und Jammern etwas leiser zu werden; offenbar war es seinen Offizieren und ihren Fußsoldaten gelungen, die Menge zurückzudrängen und von der obersten Kuppe fernzuhalten. Dann sah Priscus, daß jetzt vor dem unheimlich wogenden Himmel zwei Kreuze aufgerichtet wurden, zwischen denen ein Platz frei blieb. Obwohl Priscus noch ein Stück entfernt war und tiefer stand, erkannte er deutlich auf den Kreuzen die nackten Männer. Sie hatten finstere, verzerrte Gesichter; ihre Arme waren qualvoll über die Querbalken gestreckt. Der eine Gekreuzigte schrie laut.

Jetzt waren die Offiziere wieder zu ihrem Kommandanten geritten, und der jüngste sagte: »Wir haben die Leute zurückgedrängt. Sie kommen nirgends durch. Unsere Männer halten sie mit gezogenen Schwertern in Schach.«

Jetzt mußte Priscus wohl oder übel einen Blick zurückwerfen. Die Menschenschar überzog die unteren Hänge des Hügels wie ein bunter, windbewegter Wald; die Leute schoben sich ständig hin und her, die ganze Masse schien in allen ihren Teilen zu beben und zu zittern. Und in dem freien Raum über ihnen schritt ein kleiner Zug: der Kreuzträger, einige Soldaten und der Verurteilte. Kraftlos, mit gebeugtem Kopf, stieg der Rabbi höher. Aber seine Erscheinung war ehrfurchtgebietend; er war ein kriegsgefangener König, der zur Hinrichtung schritt. Mit furchtbarer Anspannung starrte Priscus auf den Mann. Und in diesem Augenblick hob Jesus das Haupt, und in seinem Gesicht leuchtete das Blau der Augen auf. Sein roter Mantel hing ihm von den Schultern, und es war ein Königsmantel.

Trotz der Absperrung wartete am Gipfel des Hügels eine kleine Gruppe: einige schweigende Frauen und ärmlich gekleidete junge Männer und, zu Priscus' höchstem Ärger, ein paar Pharisäer und Schriftgelehrte, die er kannte. Er nahm alle Kraft zusammen, ritt das letzte beschwerliche Wegstück hinauf und rief den Pharisäern mit heiserer Stimme zu: »Was macht denn ihr hier – bei einer römischen Hinrichtung niedriger Verbrecher?«

Der eine verbeugte sich hochmütig und erwiderte: »Wir sind hier als Zeugen. Es geht nämlich das alberne Gerücht um, dieser Aufrührer Jesus würde nicht sterben, sondern am Leben bleiben, vom Kreuz herabsteigen und die Volksmenge zu Unfrieden und Umsturz anführen. Wir werden den Leuten dort unten später erzählen, was wir gesehen haben. Und damit wird alles abgetan sein.«

Priscus wußte nicht, warum er mit lauter Stimme rief: »Nein, es wird nicht abgetan sein! Ganz und gar nicht abgetan!« Und er schlug mit der Faust auf den Schwertgriff, und Schweiß rann ihm von der Stirn.

Die Pharisäer machten finstere Mienen, berieten untereinander und zuckten dann die Achseln. Die Schriftgelehrten lächelten höhnisch. Aber Priscus, dessen Atem in der beklemmenden Stille der Hügelkuppe laut ging, wandte seine Aufmerksamkeit den Frauen zu. Indes sah er eigentlich nur eine von ihnen. Es war eine schmächtige Frau unbestimmbaren Alters, deren blasses, glattes Gesicht mit der besinnlichen, aber von Kummer erstarrten Miene ebensowohl einem Mädchen wie einer reifen Frau gehören mochte. Priscus dachte: Ist sie seine Schwester, seine Gattin, seine Mutter? Nein, die Mutter kann sie unmöglich sein; denn sie hat etwas von ewiger Jugend an sich, und sie ist sehr schön, noch schöner sogar als meine Pflegemutter Iris oder meine Schwester Aurelia.

Die Frau blickte ihn aus ihren tiefblauen Augen an, als hörte sie seine Gedanken. Einige Locken ihres goldblonden Haares hatten sich unter dem dunkelblauen Kopftuch hervorgestohlen und flatterten ihr, als ein sengend heißer Windstoß sie traf, über die weiße Stirn. Ihr Mund war fein und blutlos und voll Zartheit. Was jedoch auf Priscus den größten Eindruck machte, war ihre verhaltene Ruhe, die Unbewegtheit des jugendlichen Körpers, das Statuenhafte ihrer auffallenden Schönheit. Sie trug ein grobes Leinengewand, und über ihre Schultern floß ein blauer Leinenmantel. Es drängte Priscus, sie anzureden, weil ihre Haltung so edel war, weil sie ein so ergreifendes Bild beherrschten Kummers bot. Er wußte nicht, weshalb er plötzlich vom Pferde stieg und auf die Frau zuging. Ihr gramvolles Gesicht wandte sich ihm zu.

Er versuchte, seiner Stimme Rauhigkeit zu geben. »Wer bist du? Und wer sind diese anderen Leute hier?«

Sie sagte freundlich: »Ich bin Maria, Jesu Mutter. Und das sind unsere Freunde.«

Er wollte ihr befehlen, die Hügelkuppe zu verlassen. Er zögerte. Sie sah ihn weiter ruhig an, und ihr Blick durchdrang ihn. Ihre Hände waren lose gefaltet. Zwei Frauen standen neben ihr, wie Zofen neben einer Königin; sie weinten. Aber Maria weinte nicht. Große Würde umgab sie.

»Du bist Jesu Mutter?« fragte Priscus unbeholfen. Und er mußte an Iris denken und an seine leibliche Mutter, die er nie gekannt hatte; und seine Traurigkeit galt allen Müttern der Welt.

Maria neigte den Kopf; ihre blauen Augen sahen ihn unentwegt flehentlich an.

Er machte eine unbestimmte Geste. »Es wird kein erfreulicher Anblick für eine Frau sein«, meinte er.

»Aber ich bin seit langem darauf vorbereitet«, antwortete sie.

Blinzelnd starrte er sie an. Und nun lächelte sie ein wenig. Und wieder mußte er, ohne zu wissen warum, an das mitfühlende Lächeln seiner Stiefmutter denken. Wie konnte diese arme Frau hier Teilnahme empfinden für ihn, den römischen Henker ihres Sohnes? Gern hätte er mehr mit ihr gesprochen; doch ihr Blick wandte sich von ihm ab und ihrem Sohne zu, der jetzt die Kuppe erreicht hatte. Ein Zucken lief über ihr Gesicht, wie Wellen über eine beleuchtete Wasserfläche; und sie tat einen einzigen Schritt, mit ausgestreckten Händen, in der ewigen Muttergebärde. Die Frauen legten ihre Arme um sie und hielten sie zurück. Die Farben des Himmels, sein Rosa und sein Purpur, huschten über ihre Gesichter.

Verwundert beobachteten die Soldaten ihren Hauptmann, der vom Pferd gestiegen war und sich herbeigelassen hatte, eine armselige Jüdin anzusprechen. Sie bemerkten seine unglückliche Miene, seine Unsicherheit, seine verzweifelten Augen; und sie wunderten sich noch mehr, und ihnen wurde unbehaglich zumute. Der junge Offizier murmelte leise seine Zauberformel gegen drohendes Unheil. Die Pharisäer und Schriftgelehrten standen etwas abseits, die einen kalt und stumm, die anderen höhnend und kichernd.

Dann richtete Priscus den Blick auf den schweigend in seiner Nähe stehenden Jesus; er sah die Blutstropfen, die von der Dornenkrone über das unbewegte Gesicht rannen, und sah das grenzenlose Leid. Er rief: »Machen wir Schluß damit, im Namen der Götter!« Mit einer fahrigen Geste wandte er sich ab und zögerte. »Wein und einen Becher!« befahl er dann einem seiner Offiziere. Zuerst starrte der Mann ihn fassungslos an; dann holte er aus seiner Satteltasche ein Gefäß mit Soldatenwein und einen schmucklosen Becher hervor, die er, vom Pferde springend, seinem Hauptmann reichte. »Und Opium!« murmelte Priscus, der den Verurteilten gegen seine Schmerzen abstumpfen wollte. Wortlos streute der Offizier aus einem Wollbeutelchen etwas Opium auf die Oberfläche des Weines im Becher.

Das angsterregende, bestürzende Licht steigerte sich noch, wie ein dräuendes Wetterleuchten vom Olymp. Priscus trat auf den Verurteilten zu; und alle Männer auf der Hügelkuppe verstummten, und die Frauen hörten zu weinen auf. Jetzt stand der Römer vor Jesus und blickte ihm voll ins Antlitz; er brachte kein Wort hervor. Die göttlichen Augen sahen ihn fest an, als wollten sie ihm in die Seele dringen. Und wieder dachte Priscus scheu und verstört: Wer ist er?

»Trinke!« stammelte er. »Es wird dir helfen...«

Aber Jesus schüttelte langsam den Kopf. Dann jedoch nickte er zum Zeichen des Dankes für die gute Absicht. Und der Blick, den er jetzt dem Hauptmann zuwarf, war über alle Maßen zärtlich und sehr hoheitsvoll und unglaublich gütig und freundlich. In Priscus wurden Entsetzen und Scheu größer als je zuvor, und er prallte vor diesem Blick zurück, bis er gegen sein Pferd stieß. »Lassen wir es vollbracht werden!« rief er. »Machen wir Schluß!« Und er preßte den Kopf an den Hals des Pferdes.

Mit geschlossenen Augen schmiegte Priscus sich an sein Pferd. Von weit unten drang eine Welle des Klagens und Jammerns, wie das Brausen eines Meeres der Trauer. Aber von oben – und Priscus brachte es nicht über sich, aufzublicken – kam der Klang von Hammerschlägen. Warum war es so still geworden? Weshalb schrie der Verurteilte nicht, als ihm die Nägel in das Fleisch drangen?

Und dann sprach Jesus mit lauter Stimme: »Vater, vergib ihnen, denn sie wissen nicht, was sie tun!«

Priscus spürte, wie ein kalter Schauder ihm über den Rücken lief, und klammerte sich so heftig an sein Pferd, daß es zusammenzuckte. Ruft der Mann seinen Gott an? fragte Priscus sich, während in seinem Kopf alles wild durcheinanderwirbelte. Warum sollten die Götter verzeihen? Und wem? Mir? Dem Volk? Den Henkersknechten? Welche Tollheit ist das? Wie kann irgendwer, während er furchtbare Qualen leidet und der Tod ihn schon überschattet, seinen Feinden verzeihen oder die Götter anflehen, es zu tun?

Der römische Hauptmann wünschte, es möge Finsternis sich auf ihn senken, eine wohltätige Ohnmacht, so daß er nichts mehr zu sehen brauchte. Aber das schreckliche Licht drang ihm durch die Lider, und er mußte den Kopf vom Pferdehals wegheben und schauen. Die Henker hatten ihr Werk getan. Der Verurteilte war bis auf ein Lendentuch nackt ausgezogen worden. Die Schergen begannen das Kreuz aufzurichten, zwischen den beiden Missetätern, vor dem schrecklichen Himmel. Dieses Kreuz war größer als die beiden anderen; und von dem dunklen, rauhen Holz hob der Körper des hängenden Mannes sich weiß und glatt wie Alabaster ab und schien zu leuchten. Es war, als spürte der Gekreuzigte seine Marter nicht. Mit ruhigem Blick betrachtete er seine Mutter und lächelte liebevoll, wie um sie zu trösten und zu beruhigen. Dann wandten seine Augen sich von ihr und blickten hinab auf die ruhelos wogende Volksmenge an den unteren Hängen des Hügels und glitten weiter über die in der Tiefe liegende Stadt mit ihren gewundenen, gelblichen, in das gespenstige Licht getauchten Mauern und den beleuchteten Häusern und Kuppeln. Ein schwerer, ungestümer Seufzer entrang sich seiner Brust, und für eine kleine Weile schloß er die Augen.

So schrecklich still war es nun! Maria hatte sich auf einen großen Stein gesetzt, die Hände über das Gesicht gebreitet. Ihre Frauen knieten neben ihr und sprachen zu ihr. Die Freunde des Verurteilten, kläglich wie er selbst, drängten sich dicht aneinander und ließen den Todgeweihten nicht aus den Augen. Es waren junge Männer, offenbar ganz arme Leute; ihre kurzen Bärte wehten ihnen beim leisesten Luftzug am Kinn, und ihre Wangen troffen von Tränen.

Mit entschuldigender Gebärde berührte der junge Offizier die Schulter seines Hauptmanns. »Die Soldaten erwarten dein Zeichen, edler Priscus«, murmelte er. »Sie wollen von ihrem Recht, die Habe der zum Tod Verurteilten unter sich aufzuteilen, Gebrauch machen.« Priscus sah ihn zerstreut an; alles verschwamm ihm vor den Augen. Er machte eine rasche Geste.

Eilends verteilten die Soldaten die Kleider Jesu und murrten unter sich darüber, daß die Stücke aus so minderwertigem Stoff waren und daß sich nirgends ein Geldbeutel oder sonst etwas Wertvolles fand. Unzufrieden und gähnend entfernten sie sich ein wenig, knieten hin und begannen zu würfeln. Ihnen stand ja eine ziemlich lange Wartezeit bevor. Diese Gekreuzigten starben so langsam! Eine ganz lästige Geschichte!

Die Frauen saßen da wie Statuen. Dann bemerkte Priscus, daß über dem Kopf des Sterbenden eine Schrifttafel angenagelt worden war; darauf stand in griechischen und römischen und hebräischen Lettern:

»Dies ist der König der Juden.«

Als Priscus die Spottworte las, erschütterte ihn wilder Zorn wie ein Keulenschlag. Er ballte die Fäuste; er zwang sich, an das Kreuz heranzutreten, und sah zu dem darauf hängenden Manne empor. Seine Lippen zuckten. Er versuchte zu reden. Die rätselvollen Augen blickten auf ihn hinunter mit einem schwermütigen Lächeln, in dem sich Qual und Mitgefühl mischten. Priscus legte die Hand auf den Kreuzesstamm; und ihn erfüllte der Wunsch, in die Knie zu sinken und zu weinen. Er wandte sich ab und merkte, daß seine Hand blutig war. Wie das laute Klappern von Totengebeinen klang ihm das Würfeln der Soldaten in die Ohren, und er hörte ihr aufgeregtes Rufen.

Auch eine Gruppe von Schriftgelehrten und Pharisäern näherte sich dem Kreuz. Einer der Pharisäer schaute zu dem Sterbenden auf und sagte hartherzig: »Anderen hat er geholfen. Nun mag er sich selbst helfen, wenn er Christus ist, der Auserwählte Gottes!«

Diese Worte erregten die Aufmerksamkeit der würfelnden Soldaten, und sie brachen in Gelächter aus. Einer, ein sehr junger Bursche, trat zum Kreuz, einen Weinbecher in der Hand. Sein Grinsen war unsicher, nicht feindselig, eher albern. Er hob den Becher zu Jesus empor und rief, fast freundlich: »Bist du der Juden König, so hilf dir selbst!«

Aber der Gekreuzigte sprach nichts. Ein matter, glasiger Glanz war in seine Augen getreten. Er schien in abgrundtiefes Sinnen versunken.

Einer der Übeltäter ächzte fürchterlich. Er wandte den zottigen, gemarterten Kopf zu Jesus, und seine derben Züge waren verzerrt. Er versuchte, in das heldenhafte Antlitz zu spucken; aber sein Speichel fiel in den Staub und lag dort schimmernd. Der Missetäter schrie laut: »Bist du nicht der Messias? So hilf dir selbst und uns!« Und er verfiel in ein Stöhnen des Hohns und der Lästerung.

Priscus zuckte krampfhaft; er wollte das Schwert ziehen und die Lippen des Spötters zerhauen. Aber ehe er den Knauf fassen konnte, sagte der andere Schächer mit erlöschender, vorwurfsvoller Stimme: »Fürchtest du denn nicht einmal Gott, wo du doch das gleiche Strafgericht erleidest? Uns geschieht recht, wir erhalten den gebührenden Lohn für unsere Missetaten. Dieser aber hat nichts Böses getan.«

Priscus war erschüttert; seine Hand sank vom Schwertgriff hinab. Der zweite Schächer kehrte den Kopf zu Jesus, und seine groben Züge bebten, und Tränen quollen aus seinen gequälten Augen. Seine Brust hob und senkte sich keuchend, und seine Arme wanden sich krampfhaft am Kreuz. Er schluchzte laut.

Dann sagte er demütig: »Herr, gedenke meiner, wenn du in dein Reich kommst!« Und er streckte sich Jesus entgegen, als würde seine arme Seele von einer ungeheuren Macht ergriffen und als zöge es ihn mit allen Fasern seines Herzens zu dem neben ihm am Kreuze hängenden Mann.

Jesus schien eine Weile nicht gehört zu haben. Dann hob er den Blick von der eindringlichen Betrachtung der Stadt und der weinenden Menge wieder empor und sprach. Seine Stimme war noch stark, noch klar und noch gütig. Er sah den zweiten Schächer mit überirdischem Mitleid an, und er lächelte. »Wahrlich, ich sage dir, heute noch wirst du mit mir im Paradiese sein!«

Wieder richtete er den Blick auf seine Mutter, und wieder lief ein Leuchten über sein totenblassen Gesicht, auf dem Blutstropfen gleich Rubinen herabrollten. Wie einem Befehle folgend, hob Maria das gesenkte Haupt; und Mutter und Sohn blickten einander an, als führten sie Zwiesprache, für niemanden sonst vernehmlich. Priscus betrachtete die beiden, und sein Herzschlag setzte immer wieder aus, in Furcht und in seltsamer Sehnsucht.

Unmeßbare Zeiten verrannen. Priscus war in einen traumähnlichen Zustand geraten. Ihm schien, als hätte er seit jeher so dagestanden, den Kopf an den Pferdehals gelehnt, in die gleiche körperliche Übelkeit getaucht. Ihm schien, als hätte er in seinem ganzen Leben nie etwas anderes gesehen als den Schimmer auf den Helmen der knienden und würfelnden Soldaten und ihre hin und her flitzenden Hände und das auf ihren Harnischen tanzende Licht. Von Ewigkeit her starrte er auf diese brodelnden, farbigen Wolken, die wie Dampf in den weißglühenden Himmel stiegen. Und von Ewigkeit her ruhte sein Blick gebannt auf diesen drei Kreuzen; von Ewigkeit her beschaute er die weiße Gestalt auf dem dunklen Holz, mit den überdehnten, zuckenden Sehnen, den schneeweißen Füßen. Und für alle Ewigkeit war er hier festgebannt; nie sollte er diesen Ort verlassen, nie mehr etwas anderes sehen!

Die jungen Männer, Jesu Freunde, waren zu dem Kreuz geschlichen und, wie vom Blitz getroffen, neben die hölzerne Säule hingesunken in der starren Haltung völliger Preisgegebenheit an Schmerz und Kummer, die Köpfe an den Kreuzesstamm gelehnt. Und dort, etwas abseits, kauerten die Frauen; Maria blickte vor sich hin, als schaute sie in die Ferne der Zeiten, und ihr edles Haupt hob sich über ihre Begleiterinnen.

Wieder trat der junge Offizier auf Priscus zu. Er war sehr blaß. Er stammelte: »Hauptmann, mir ist das alles unheimlich! Hier geschieht etwas Schreckliches.«

Priscus befeuchtete sich die fieberheißen Lippen. »Gib mir Wein!« sagte er. Der Offizier goß ihm sorgsam einen Becher voll; dann richteten seine Augen sich wieder entsetzt auf den Himmel. Priscus nahm den Becher und trank in großen Schlucken. Ein elendes, saures Gebräu! Ihn ekelte davor. Er schüttete den Rest auf den Boden und schauderte.

Es war die sechste Stunde. Noch blendender pulste das schreckliche Licht, als wollte es zu einer gewaltigen Feuersbrunst auflodern. Priscus fuhr sich mit der Hand über das Gesicht und spürte wie ihm der Schweiß in Strömen von der Stirn rann. Die beiden Übeltäter, die schon länger am Kreuz hingen, versanken in die Bewußtlosigkeit des Sterbens. Jesus aber schaute noch immer auf die Stadt und die anderen Hügel; er schien nachzusinnen und nichts davon zu merken, daß sein Leben zu Ende ging.

Dann erlosch das Licht. Es erlosch so völlig, als hätte tiefste Nacht sich auf die Erde gesenkt. Mit Schreckensschreien sprangen die knienden und würfelnden Soldaten auf. Der junge Offizier faßte schutzsuchend die Schulter seines Hauptmanns. Aus der Volksmenge unten stieg ein mächtiges Stöhnen empor. In diesem Augenblick hob die Erde sich, wie ein Schiff auf einer riesigen Welle, und erbebte; ein Laut wie Donnerrollen zerriß die Finsternis. Der Boden schwankte und schlingerte; von irgendwoher, von Erde und Himmel zugleich, drang ein gewaltiges Tosen.

»Es ist wahr, es ist wahr!« rief Priscus, ohne zu wissen, was er meinte. Er umklammerte den Hals seines Pferdes und hielt sich so aufrecht. Er hatte die unbestimmte Empfindung, daß er seine Leute beruhigen sollte; aber die Beine versagten ihm den Dienst.

Dann wurde die Luft durchschnitten von einer Stimme, machtvoll, tönend, stark und frohlockend:

»Vater, in Deine Hände befehle ich meinen Geist!«

Die Finsternis verstärkte sich. Die Soldaten wechselten unzusammenhängende Worte. Die Pharisäer und Schriftgelehrten bewegten stumm die Lippen, faßten sich gegenseitig an den Armen und zogen sich zurück, tiefer den Berghang hinab. Priscus aber blickte mit verzweifelten Augen auf das mittlere Kreuz. Die Gestalt darauf war das einzige Licht in der schrecklichen Dunkelheit; und dieses Licht war wie weißes Feuer. Und die Gestalt schien zu wachsen, weit über den Hügel hinauf, bis in den Himmel. Die schwankende, zitternde, keuchende Erde kam zur Ruhe und lag still.

Priscus hörte seinen jungen Offizier mit schwacher, bebender Stimme sagen: »Wahrhaftig, dieser Mensch war ein Gerechter!« Und er fiel in die Knie und streckte sich dann flach auf den Boden. Auch die anderen Soldaten sanken benommen zum Gebete nieder und flehten ihre Götter um Hilfe und Rettung an.

Furchtbare Übelkeit ergriff Priscus. Er schob sich von seinem Pferde weg; taumelnden Schrittes ging er zu dem mittleren Kreuz und zu der daran hängenden leuchtenden Gestalt. Jesus war tot; sein Kopf lag auf seiner Brust. Schwarz sickerten ihm in dieser Finsternis die Blutstropfen über den Körper. Priscus schaute auf die stumm dastehenden Freunde Jesu; rasender Kopfschmerz sprengte ihm fast den Schädel. Dann legte er wieder die Hand an das Kreuz. Und jetzt weinte er.

Lucanus beugte sich tiefer zu seinem Bruder und hielt dessen zuckende, kalte Hand. Er hatte nicht auf die Zeit geachtet. Immer noch beschien das Lampenlicht die blassen Wangen des Kranken, über die Ströme von Schweiß rannen. Viele Stunden mußten vergangen sein. Priscus schloß die matten Augen, und es herrschte Schweigen. Wie im Traum blickte Lucanus um sich. Keiner der beiden Brüder hatte bemerkt, daß Bediente leise hereingekommen waren, um zur Mahlzeit zu bitten. Keiner der beiden hatte gewahrt, daß in der Zwischenzeit Plotius besorgt eingetreten, aber stirnrunzelnd und kopfschüttelnd wieder gegangen war, als er die beiden Kopf an Kopf sah und Priscus unaufhaltsam reden hörte.

Lucanus hob den Kopf. Er war von Angst und Kummer erfüllt und zugleich doch auch von Freude und Zuversicht. Er legte dem Bruder die Hand auf die Stirn, und Priscus öffnete die Augen. »Mehr habe ich nicht zu berichten«, sagte er mit ersterbender Stimme. »Man munkelte, Jesus sei am dritten Tage wieder von den Toten auferstanden. Aber die Gerüchte wurden unterdrückt und seine Anhänger geächtet, und sie flohen verschreckt aus der Stadt. Und damals begann ich mich elend und ruhelos zu fühlen und bekam Magenschmerzen; und ich wußte, daß Gott mich wegen meiner Mitwirkung an dieser Kreuzigung zum Tode verdammt hatte.«

Aber Lucanus lächelte frohgemut und legte dem Bruder die Hand auf die graue, eingefallene Wange. »Nein!« rief er. »Wie könnte Gott dich verdammen? Von alters her ist vorausgesagt, daß der Messias auf diese Weise sterben würde, zur Erlösung aller Menschen und nicht bloß der Juden. Ich weiß das seit langem. Hat der Gekreuzigte dir Haß bezeigt? Nein, er war liebevoll zu dir! Du selbst hast erzählt, wie mitfühlend er dich angeblickt hat und wie verstehend. Er wünscht, daß du ihm näherkommst und an seinem Herzen ruhst und mit ihm eins wirst. Höre! Ich sage dir, er liebt dich und ist immer bei dir!«

Die eingesunkenen Augen des Kranken leuchteten auf. Er schmiegte die Wange an die Hand des Bruders; Tränen traten unter seinen Lidern hervor. »Ist das wahr?« forschte er drängend. »Ist das wahr?«

»Ja, es ist wahr. Und Jesus ist auferstanden! Oh, er ist in Wahrheit auferstanden!«

»Und er war wirklich Gott?«

»Er ist wirklich Gott.«

Lucanus beugte sich nieder und küßte den Bruder auf die Stirn. Ihre Augen waren einander ganz nahe, die dunklen und die blauen. Lucanus lächelte liebevoll und überzeugend. Priscus murmelte, rückte seinen welken Körper näher an den Bruder und schlief plötzlich völlig erschöpft ein. Er schien nicht zu atmen. Ein Ausdruck friedlicher Beglücktheit legte sich auf die todbereiten Züge. Priscus sah aus wie jemand, der, nach einer grauenvollen Seefahrt zwischen dräuenden Ungeheuern, endlich heimgekommen ist. Er sah aus wie jemand, der in die glutheiße Wüste verbannt und dann wieder zurückberufen worden ist.

Lucanus erhob sich und betrachtete den schlafenden, vom Tode gezeichneten Mann. Er faltete die Hände und murmelte:

»O Du, der mich in Liebe und unendlicher Güte aus den öden Weiten geführt hat, aus der Finsternis und der Unfruchtbarkeit! O Du, der über alles Begreifen mitfühlend ist, der mein Leben mit Plagen heimgesucht hat, um mich auf den rechten Weg zu bringen! O Du, der die Leiden der Menschen aus eigenem Leiden kennt! Oh, geheiligt bist Du in meiner Seele, und ich flehe Dich an: Nimm mein Leben in Deinen Dienst! Stets habe ich Dich geliebt, auch wenn ich aus Unverstand mit Dir gerungen habe! Sei mir gnädig, mir Sünder, mir nichtigem Menschen! Höre meine Stimme, die zu Dir ruft!

Sei barmherzig zu meinem armen Bruder, dem die Gunst beschieden war, Dich von Angesicht zu sehen! Er liebt Dich und kennt Dich. Schenke ihm Frieden; gewähre ihm die Stillung seiner Schmerzen! Wenn er sterben muß, so gib ihm einen sanften Tod, ohne neue Qual! Bist Du nicht gutherzig zu Deinen Kindern? Wenden sie sich vergeblich an Dich? Nein, nie wenden sie sich an Dich, ohne Hilfe und Trost zu finden. Hier liegt mein Bruder, der Dich liebt. Sei Du ihm gnädig und führe ihn zu Dir!«

Priscus schlief wie ein müdes Kind. Der Schweiß trocknete auf seinem Gesicht. Wieder beugte Lucanus sich nieder und küßte ihn und murmelte liebevolle Worte. Dann dämpfte er das Licht der Lampen und ging.

Er trat in die Speisehalle, wo Nikias und Josua saßen, Arieh und Hillel und Plotius. Er wußte es nicht, aber sein Gesicht leuchtete wie der Mond; und sie fuhren auf und starrten ihn an. Er faßte Arieh und Hillel ins Auge und rief: »Ich habe jetzt die ganze Zeit über meinem Bruder zugehört. Und ich sage euch, er hat Gott gesehen und seine Kreuzigung erlebt, und er ist gesegnet! Und ohne Zweifel ist Jesus, wie vorausgesagt war, von den Toten auferstanden. Wahrhaftig, er ist auferstanden, gepriesen sei sein Name!«

Die anderen saßen da, wie versteinert, totenblaß. Dann erhob sich Josua und hielt Lucanus die Hand hin und sagte: »Ich wußte es. Von Anfang an wußte ich es!« Auch Arieh und Hillel standen nun auf und steckten Lucanus die Hände entgegen, und er sah ihre Tränen. Plotius aber wußte nicht aus noch ein; er runzelte die Stirn und biß sich auf die Lippe.

XXXXV

Lange, nachdem alle, bis auf die Wachen und Aufseher, schlafen gegangen waren, schrieb Lucanus an seinem Evangelium über die Kreuzigung. Die Tür seines Zimmers stand dem brandungslauten Wind und den Wohlgerüchen des Gartens offen. Manchmal hob Lucanus den goldblonden Kopf und lauschte, halb träumend, den Griffel in der Hand, dem leidenschaftlichen, süßen Trällern von Nachtvögeln und dem rastlosen Plätschern der Springbrunnen. Rings um ihn brannten Lampen, und oft starrte er auf die Wandgemälde, ohne sie zu sehen.

Wieviel, so dachte er, hatte Priscus ihm berichtet, und wieviel hatte er selbst im Geist durch die sterbenden Augen seines Bruders gesehen? Priscus besaß keine besondere Erzählergabe; aber er hatte in den vergangenen Stunden die Erhabenheit und den Schrecken von Golgatha derart in Lucanus erstehen lassen, als wäre er selbst Augenzeuge der Ereignisse gewesen. Ihm kam vor, er hätte selbst das Kreuz berührt, selbst Jesus gesehen, selbst dessen strahlendes, mitleidvolles Lächeln empfangen, selbst Maria erblickt und zerrissenen Herzens ihren Gram geteilt, selbst das Toben und Wehklagen der Menge gehört. Wie hatte jener Ruf gelautet, den Jesus auf dem Kreuz in hebräischer Sprache ausgestoßen hatte und an den Priscus sich erinnerte, ohne den Inhalt verstanden zu haben? Nachdenklich hielt Lucanus inne. Als Grieche war er genau; er wollte in sein Evangelium ausschließlich Dinge aufnehmen, die Priscus erlebt und sich gemerkt oder die er, Lucanus, selbst, auf geheimnisvolle Art mit den Augen des Bruders blickend, erschaut hatte.

Während Lucanus schrieb, füllten seine Augen sich häufig mit Tränen, und sein Herz wurde übervoll von Anbetung. Bisweilen konnte er seine Erregung nicht meistern; er stand auf und schritt voll Unrast im Zimmer hin und her. Er spürte keine Müdigkeit. Manchmal trank er einen Schluck des süßen judäischen Weins oder aß eine Dattel oder einen Bissen Brot. Um Priscus machte er sich keine Sorgen mehr. Der Bruder war in guter Hut; er hatte mit eigenen Augen Gott gesehen. Sorge machte Lucanus sich nur um Iris, seine Mutter, und um die anderen, die Priscus geliebt hatten und ihn nun betrauern würden. Aber ich kann ihn nicht betrauern, dachte Lucanus; ihm ist Heil widerfahren.

Die Nachtvögel verstummten; und dann hallte plötzlich die kühle Morgenluft von den Stimmen anderer Vögel, und die Springbrunnen tönten näher. Das Evangelium von der Kreuzigung war beendet. Andere Teile mußten noch hinzugefügt werden, nach Erkundigung bei Maria und den Jüngern. Ein Bündel rötlicher Sonnenstrahlen drang dünn und schmächtig zwischen weißen Säulen ein. Lucanus erhob sich und trat hinaus in die Helle vor seiner Tür.

Nie hatte er einen schöneren oder friedlicheren Anblick genossen als hier von diesem Hügel. Im Westen lag das Meer in der Farbe reifer Trauben und flutete dem Osten zu, wo das Licht aufstieg. Im Hafen schaukelten große Schiffe, und eben streifte ein flüchtiges Rosa ihre weißen Mastspitzen. Der Westhimmel wölbte sich purpurn, und tief am Horizont brannten noch schwach die Sterne, während sie unter die Schwelle der Erde tauchten. Wie die müde Artemis folgte der bleiche Mond ihnen und sank zur Rast herab.

Cäsarea war kaum noch erwacht. Die Stadt lag zwischen der Küste und dem Hügel, auf dem der Pilatuspalast stand, eine dichtgedrängte Menge flacher weißer Dächer, die wie Schnee flimmerten. Rings um diesen Palasthügel erhoben sich ähnliche Kuppen, silbrig von Ölbäumen, geschwätzig von den Stimmen der Palmen und Zypressen, einige allerdings auch kahl, wie aus Erz geformt. Aber die von den Zwillingspalästen des Pilatus und des Herodes sanft abfallenden Gärten waren frisch grün, voll gewundener, mit rotem und weißem Kies bestreuter Wege, entzückend mit ihren jungen Sträuchern und ihren Blumenbeeten, duftend von harzreichen Bäumen. Und über allem schwebte die reine Luft, wurde heller und leuchtender, während die Erde an Glanz gewann; und die in den Gärten verstreuten, weißen Statuen begannen schwach zu schimmern.

Lucanus atmete tief, vor Freude und Erfülltheit. Vom Meere kam ein würziger Wind auf, und die Wogenkämme funkelten in zartem Rosa. Lucanus blickte auf den Osthimmel, der weit und rein in hellem Scharlach züngelte; und über diesem brodelnden Feuersee war das Firmament in einen Jadeton getaucht, unauslotbar, abgrundtief.

Nun verließ Lucanus die Säulenhalle und schritt behutsam auf einem Kiespfade um den Palast herum zu dessen Rückseite. Er runzelte die Stirn. Auf diese andere Seite des Hügels öffnete sich kein Fenster, und deshalb war dieser Hang unbepflanzt und gelb, mit schwefelfarbenem Geröll bedeckt. Selbst das stärker werdende Licht hatte hier einen gelben Stich, wie in der Wüste; und die Luft, die aus der Tiefe drang, war heiß und träge. Mit wenigen Schritten war Lucanus hier aus Schönheit in Häßlichkeit geraten. Zum erstenmal merkte er jetzt, daß er müde war, und die Augen brannten ihm. Er ging ein Stück hügelabwärts, spürte unter den Sandalen das Bröckeln der gelben, trockenen Erde, hörte das Rollen von Steinchen unter seinem Tritt. Hier war es trostlos, und die Trostlosigkeit stammte von Menschenhand.

Er setzte sich auf einen Felsblock, seufzte und rieb sich die Augen. Er betrachtete das ringsum über die Hügelkämme rieselnde Licht, das von Augenblick zu Augenblick stärker wurde. Bald mußte die Sonne sich mit einem Sprung auf den östlichen Hügelkamm schwingen, wie ein Krieger in goldener Rüstung.

Lucanus hörte ein Poltern und Gleiten im Geröll; und als er hinunterschaute, bemerkte er einen Hund, dessen Fell die gleiche gelbe Farbe hatte wie die Erde selbst. Als der Hund sich beobachtet sah, blieb er stehen und schaute zurück. Es war ein mittelgroßes Tier, und jedes Haar seines hübsch gelockten Felles funkelte in der scharfen, toten Luft. Das Tier sah merkwürdig aus, sehr geschmeidig, wild und scheu und sehr bedachtsam. Der flache Kopf war schnüffelnd vorgestreckt; die Augen glühten wie Rubine. Lucanus merkte das argwöhnische Gehaben und lächelte. Das war kein verzärtelter und verwöhnter, mit Leckerbissen von Patriziertischen gefütterter Rassehund. Das Tier war offenbar früher des öfteren mißhandelt worden; denn es starrte ihn grimmig an, und er sah, wie der Brustkorb sich in leisem Keuchen rasch hob und senkte.

Er liebte Tiere sehr. Er pfiff leise, streckte die Hand aus und schnippte mit den Fingern. Der Hund sprang ein paar Schritte zurück, ohne die wilden Augen von dem fremden Mann zu lösen. Dann wurde das Tier ganz plötzlich sehr ruhig, hielt aber den Kopf weiterhin vorgestreckt, und die Augen spähten wie erstaunt. Hinter dem Hund lag ein Gestrüpp staubigen Buschwerks, trocken, mit gelbem Sand bedeckt. Wieder lächelte Lucanus, als er nun einen Wurf von vier halbwüchsigen Welpen entdeckte, die winselnd aus der Deckung kamen und sich um das ältere Tier, offenbar die Mutter, scharten. »Komm!« lockte Lucanus, streckte wieder die Hand aus und schnippte nochmals beschwichtigend. Die Hündin spitzte die Ohren, und aus ihrem Maul drang ein fragender, erwartungsvoller Laut. Dann öffnete sie den Rachen, entblößte in einem fast menschlichen Lächeln der Freude und Zuneigung die Zähne, sprang hangaufwärts auf Lucanus zu und warf sich ihm, übelriechend und staubig, an die Brust. Sie legte ihm die scharfbekrallten Pfoten auf die Schultern; sie beschnupperte seinen Hals, sein Gesicht und leckte ihm dann die Wangen in stürmischer Liebkosung.

Der durchdringende Aasgeruch des Tieres stieß ihn nicht ab. Er hielt es in den Armen und sprach ihm leise zu, wie ein Vater. Armes Geschöpf! Er dachte daran, daß Gott, wie es hieß, die Tiere der Erde lange vor dem Menschen erschaffen hatte. Die Brust der Hündin war an Lucanus geschmiegt, so daß er den wilden Herzschlag, wie in fiebriger Sehnsucht und Liebe, spürte. Die Welpen kamen der Mutter nach und beobachteten sie verwundert und erkundeten den fremden Mann, indem sie an seinen Fußknöcheln schnupperten. Dann ließen sie sich mit einem Seufzer auf seine Füße nieder und legten die kleinen Köpfe an seine Haut. Er fuhr fort, die Hündin zu streicheln und zu ihr zu sprechen; und sie preßte sich an ihn, als wollte sie mit ihm eins werden. Aus ihrer Kehle drang ein unsagbar einsamkeitsschweres Jaulen und Flehen.

Wie tröstlich die Tiere wirkten! Sie waren nie boshaft; sie lebten ohne Verstellung, wie die Natur es ihnen eingab. Sie jagten nicht zum Vergnügen, sondern um den Hunger zu stillen. Sie hatten eine erdhafte Unschuld und eine liebenswerte Ausgelassenheit; und ihre Zuneigung war verläßlich und ohne Falsch. Die Griechen behaupteten, die Tiere besäßen keine Seele. Aber das war bestimmt ein Irrtum. Sie hatten die Seelen von Kindern, schlicht und harmlos; und selbst ihre Triebe waren kindlich und nicht, wie die der Menschen, verderbt. Kannten sie Gott? Wer vermochte darauf bündig zu antworten? Da ihnen Tugend unzugänglich war, blieben sie auch ohne echte Schuld. Selbst der verwegene Tiger, der schreckliche Löwe, der trompetende Elefant, die scheckige Schlange waren, zum Unterschied vom Menschen, wirklicher Verworfenheit unfähig. Mußte also Gott sie nicht lieben?

Plötzlich straffte sich der Körper der Hündin in Lucanus' Armen. Das Tier hob steif den Kopf, knurrte, riß sich los und sprang zu Boden, mit einem Geheul, das dem Arzt mit einem Male sehr bekannt vorkam. Solches Heulen hatte er in Syrien gehört, auch in der Umgebung Alexandrias und auf den silberweißen Hügeln Griechenlands, und er wunderte sich sehr. Die Hündin rief ihre Jungen, und sie sprangen von den Füßen des Mannes, scharten sich um die Mutter und flohen mit ihr in die Büsche, zwischen denen sie im Nu verschwanden. Es waren Schakale gewesen, die bestgehaßten und zutiefst verachteten unter allen Tieren, die Tollwutträger, die Aasfresser, die von Menschen und Tieren Verabscheuten! Lucanus hatte sie nie zuvor gesehen; denn es waren Nachtgeschöpfe, lichtscheue Wegelagerer. Er betrachtete seine Hände, die wahrhaftig Schakale gestreichelt, und die Füße, auf denen Schakale geruht hatten; und ihn erfüllte ratlose Verwunderung, denn er wußte, daß diese Tiere den Menschen haßten und fürchteten und wie die Pest mieden.

Er blickte sich um und sah weit oben, über dem gelben, heißen, staubigen Hang, eine Gruppe wie versteinert dastehender Soldaten und in ihrer Mitte Plotius und Josua, den Arzt, sowie einen Mann, den er nie gesehen hatte, aber als einen Römer erkannte. Dieser Mann trug eine weiße Toga und hatte ein strenges, blasses Gesicht mit Adlernase; sein Schädel war kahl und über den Ohren von einem Kranz schwarzen, schütteren Haares umrahmt. Seine nackten Arme waren von Goldreifen umschlossen, und an seinen Fingern glitzerten im ersten Sonnenlicht Ringe. Alle die Männer oben verhielten sich totenstill und machten entsetzte Mienen. Lucanus stand auf; er kam sich etwas albern vor, weil man ihn hier auf diesem öden Hang ertappt hatte. Er begann hinaufzusteigen. Nun trat Plotius vor, mit einem seltsamen Gesichtsausdruck.

»Das waren Schakale, Lucanus«, sagte er in merkwürdigem Tone.

»Ja, ich weiß«, entgegnete der Grieche lächelnd. »Ich muß mir gleich die Hände waschen. Diese Tiere übertragen die Tollwut.«

Die Miene des Offiziers wurde noch merkwürdiger. »Sie sind um dich herumgesessen«, sagte er, »und das Muttertier hat sich an dich geschmiegt.

Etwas Derartiges habe ich nie im Leben gehört.« Und er schauderte und musterte unablässig den Arzt, mit dem gleichen verwunderten Blick.

»Zuerst wußte ich nicht, daß es Schakale waren«, erklärte Lucanus, als müßte er sich entschuldigen.

Plotius legte ihm die Hand mit festem Druck auf die Schulter. Nun bemerkte Lucanus, daß in den Augen des Offiziers Tränen standen, und er schrak zusammen.

»Priscus?« rief er. »Priscus!«

Plotius verzog die Lippen zu einem ganz seltsamen Lächeln. »Nein, er ist nicht tot. Ihm ... geht es viel besser.« Er schien in Gedanken versunken, während sie weiter hinaufstiegen. Dann löste Josua sich von der Gruppe und kam ihm entgegen. Seine sonst so schelmischen Augen waren verschleiert; er reichte Lucanus die Hand und half ihm schweigend zur Hügelkuppe hinauf. Der Fremde wartete und musterte forschend den Ankömmling.

Josua sagte etwas Rätselhaftes. »Ich wundere mich nicht über die Schakale. Ich wundere mich keineswegs darüber, daß sie vor ihm nicht die Flucht ergriffen, sondern sich an ihn schmiegten.«

»Auch ich wundere mich nicht«, stimmte Plotius bei.

Lucanus lachte. »Arme Geschöpfe!« murmelte er. Am liebsten wäre er gleich zu seinem Bruder gelaufen, um zu sehen, ob er besonderer Wartung bedurfte. Aber jetzt stand er dem Fremden von Angesicht zu Angesicht gegenüber. Plotius wandte sich zu dem vornehmen Römer. »Edler Pontius Pilatus, das ist unser geliebter und berühmter Arzt Lucanus, der Sohn des Diodorus Cyrinus.«

Und nun tat Pontius Pilatus, der stolze Prokurator von Judäa, etwas ganz Unglaubliches: Er streckte die Arme aus und legte sie dem Arzt auf die Schultern und küßte ihm die Wange. Verdutzt sahen die anderen zu; denn dieser kalte, herrische, an kriecherische Verehrung gewöhnte Mann sprach sonst zu allen Leuten unpersönlich und kurz angebunden, als verdiente niemand seine Beachtung.

Und Lucanus dachte: Das also ist der Mann, der versucht hat, Jesus zu retten, ohne sich aber gegen den – überall gleich mordgierigen – Straßenpöbel durchsetzen zu können. War auch er von diesem Erlebnis innerlich erschüttert worden wie Priscus?

Pilatus lächelte ihm zu, und die blassen Runzeln seines Gesichts vertieften sich.

»Ich weiß viel über dich aus Cäsars Munde«, sagte er. »Einmal hat Tiberius mir erklärt: ›Ich habe einen einzigen redlichen, unverdorbenen und gütigen Menschen kennengelernt, einen Mann ohne Arglist oder Gier. Er heißt Lucanus und ist Arzt. In meinen schwärzesten Stunden denke ich an ihn.‹«

Lucanus wurde rot vor Verlegenheit. »Cäsar tut mir viel Ehre an«, entgegnete er. »Aber zu Unrecht. Ich war der verblendetste aller Menschen, tief verbittert und ungebärdig und ohne jedes Verdienst.«

Pilatus nahm seine Hand und betrachtete den Ring des Tiberius. »Diesen Reif hast du jetzt schon lange; aber nie hast du ihn dem Cäsar geschickt und nie etwas von ihm erbeten. Das allein ist schon ein Wunder.« Dann nahm er den Ring des Diodorus in Augenschein. »Dieses Vermächtnis trägst du in Ehren Lucanus.« Er seufzte. »Ich habe meine Frau nach Rom geschickt. Sie ist krank an ihrem Gemüt.« Er hielt inne. »Aber vorgestern träumte mir, ich müsse hierher zurückkommen. Ich glaube an Träume. Meine Frau hat vor einiger Zeit einen ganz seltsamen Traum gehabt. Und ich hätte ihr folgen sollen, tat es aber nicht.«

»Der Traum hat wahr gesprochen, edler Pilatus«, meinte Josua. Er nahm Lucanus freundlich am Arm. »Komm, gehen wir zu deinem Bruder, der mit dir reden will.«

Lucanus wurde wieder besorgt und kam nicht dazu, über die Worte des Pilatus nachzusinnen. »Hat er in der Nacht geschlafen? Spürt er Schmerzen?«

»Er hat in der Nacht geschlafen. Er spürt keine Schmerzen«, berichtete Josua in unbestimmtem Tone. Lange blickte er dem Griechen in die Augen, wie forschend.

Lucanus beschleunigte seine Schritte, und jetzt war nur der jüdische Arzt neben ihm. Während sie die breite Marmortreppe zu dem Haus emporstiegen, sagte Josua: »Bei deinem Bruder sitzt Nikias und weint und ist keines Wortes mächtig.«

»Wieso das?« rief Lucanus, wieder von bösen Ahnungen geplagt.

»Du wirst sehen. Ich habe dir gesagt, deinem Bruder geht es viel besser.«

Lucanus begann zu laufen, und Josua keuchte hinter ihm her und stöhnte: »Wir sind doch keine Jünglinge mehr, und ich bin nicht ein Athlet wie du, lieber Lucanus!« Aber der Grieche querte mit Windeseile die sonnendurchfluteten Räume und kam zum Zimmer seines Bruders. Als ein Sklave die Tür öffnete, riß Lucanus sie hastig noch weiter auf und stürzte durch den Vorraum in das Schlafzimmer. Mit einem Satz stand er am Bett seines Bruders traf aber nicht, wie er gefürchtet hatte einen Toten an; vielmehr lehnte, zu seinem maßlosen Staunen, Priscus mit aufgerichtetem Oberkörper auf seinen Kissen und ließ sich ein Frühstück gut schmecken. Neben ihm saß schweigend Nikias, den Kopf wie in tiefem Grübeln auf die Brust gesenkt.

»Willkommen, willkommen!« rief Priscus und stellte einen großen Becher Ziegenmilch nieder. »Lieber Bruder Lucanus! Du hast mir geholfen. Die ganze Nacht habe ich wie ein Säugling geschlafen und bin dann ohne Schmerzen aufgewacht, bloß mit einem Wolfshunger.«

Wie betäubt starrte Lucanus ihn an. Das hagere Gesicht des Bruders war glatt und zeigte einen ganz schwachen Anflug von Röte. Die eingesunkenen

Augen funkelten jungenhaft. Er reckte die Arme. »Ich könnte sofort aus dem Bett springen. Ich bin gesund!« erklärte er. »Schau mich an! Sehe ich wie ein Kranker aus? Aber diese närrischen Ärzte behaupten, ich muß liegenbleiben. Dabei reißt es mich in allen Gliedern vor lauter Gesundheit!«

Nikias stand auf und verbeugte sich tief vor Lucanus. »O Asklepios!« murmelte der Arzt. »Du hast ein Wunder gewirkt.« Er faßte die schlaffe Hand des Lucanus und küßte sie demütig. Seine Augen standen voll Tränen.

»Ich habe nichts getan. Bloß gebetet habe ich für ihn«, stammelte Lucanus.

»Das war genug«, erklärte Nikias. »Können die Götter jemandem ihresgleichen etwas abschlagen?«

»Das war genug,« bestätigte Josua. »Verweigert Gott Seinen Auserwählten etwas?«

Plötzlich wurde Priscus von einem tiefen, trockenen Schluchzen geschüttelt und lehnte den Kopf an den Arm seines Bruders. »In meinen Träumen ist mir verkündet worden, daß du kommen und mich von meinen Schmerzen befreien wirst.«

Lucanus legte ihm die Hand auf die Stirn und streichelte sie benommen. »Ich verstehe nicht«, stammelte er. Dann schleuderte er die Decken des Kranken beiseite und untersuchte ihm Magen und Leber und Drüsen. Die tödlichen Geschwülste waren verschwunden. Die Muskeln waren dünn und ausgemergelt, aber fest, und der Puls ging kräftig.

Lucanus richtete sich auf. »Das ist unmöglich!« schrie er. Flehentlich blickte er Nikias und Josua an. »Wir haben uns geirrt.«

»Nein«, sagten sie und lächelten ihm zu.

»Durch dich hat Gott ein Wunder gewirkt, als Zeichen für uns«, meinte Josua. »Wie der Messias durch Handauflegung und durch Seine Worte Menschen geheilt hat, so hat Er auf deine Fürbitte deinen Bruder geheilt. Gesegnet bist du, Lucanus, denn du bist einer der Seinen. Und wir haben mit eigenen Augen gesehen und mit eigenen Ohren gehört, und wir lobpreisen Seinen Namen.«

Lucanus ließ sich in einen Sessel fallen und starrte vor sich hin. Dann stand er auf und untersuchte Priscus nochmals, sehr eingehend. Keine Geschwülste drückten gegen seine tastenden Finger. Priscus nahm eine Traube und aß herzhaft; aber seine Augen ruhten liebevoll auf dem Bruder. »Ich wußte, daß du mir helfen kamst«, wiederholte er. »Ich war über meine Krankheit im klaren, und auch darüber, daß sie den Tod bedeutete. Aber du hast mich geheilt.«

Rasch wandte Lucanus das Gesicht ab, und es war von Tränen überströmt. Oh, mich solltest Du erwählt haben? Mich, der Dich haßte? schrie es in seinem Innern. Oh, zu mir hast Du Dich herabgelassen? Zu mir, der Dich geschmäht hat! Ja, Du hast meinen Weg begleitet, während ich Dich von mir wies, alle die Jahre meines Lebens! Verzeih mir, Vater, denn ich wußte nicht, was ich tat!

Er kehrte das Gesicht den Ärzten zu und sagte: »Nicht ich habe meinen Bruder geheilt, sondern Gott allein. Nicht mir fällt das Verdienst dafür zu, sondern Gott allein. Preiset Ihn, denn Er ist gütig und barmherzig und erhört Seine Kinder und sucht sie nicht grundlos heim.«

Josua tauchte einen Finger in Wein und zeichnete die Umrisse eines Fisches auf den Marmortisch. »Wenn man das griechische Wort für Fisch als Akrostichon auffaßt«, fragte er Lucanus, »was bedeutet es dann?«

»Jesus Christus, Gottes Sohn, Erlöser«, erklärte Lucanus aus innerer Sicht.

»Es ist das Zeichen der Christen«, sagte Josua. »An diesem Zeichen wirst du sie erkennen.«

XXXXVI

Pontius Pilatus, der Römer ritterlichen Ranges, begegnete zwar Hillel ben Hamram und Arieh ben Eleasar mit gleichmäßiger Höflichkeit; in Wirklichkeit jedoch, das war dem überaus feinfühligen Lucanus klar, mochte er die Hebräer nicht. Das verriet sehr deutlich seine erleichterte Miene, als die beiden jungen Juden nach Jerusalem reisten, um für Lucanus zu erkunden, was aus den geflohenen und verstreuten ersten Christen geworden war.

Er sagte zu Lucanus: »Ich bin zwar mit Herodes befreundet, doch der ist ein halber Grieche. Aber die Juden! Ich verstehe sie nicht. Als ich eine für sie sehr dringend nötige Wasserleitung baute und in den Schatzkammern kein Geld war, habe ich Tempelgüter beschlagnahmt. Schließlich müssen sich vor den Bedürfnissen der Menschen die Götter, sogar dieser jüdische Gott, beugen. Trotzdem kam es so heraus, als hätte ich mit dieser Enteignung das schändlichste aller Verbrechen begangen. Es gab Aufstände, die ich erbarmungslos niederschlagen mußte.

Nun stehen wir Römer unseren eigenen Göttern mit großem Wirklichkeitssinn gegenüber, sogar mit etwas Spottsucht. Aber wehe, wenn man hier über einen allgegenwärtigen Gott belustigt lächelt! Gleich fallen die Juden über einen her, auch die sogenannten Freunde! Sie haben keinen Sinn dafür, mit einem Gott in aufgeklärter Art Scherz zu treiben. Das Gesetz des Judengottes steht ihnen höher als alle vernünftigen Menschensatzungen! Zehn Jahre lang habe ich jetzt die Hebräer genossen, und ihr übertriebener Glaubenseifer, ihre Frömmigkeit wachsen mir zum Halse heraus. Immerfort reden sie von Gott und streiten sich über Gott. Aus jeder Meinungsverschiedenheit darüber machen sie eine der Sekten, von denen es bei ihnen wimmelt.«

»Nehmen wir die jüdischen Intellektuellen«, fuhr Pilatus verdrossen fort. »Setzen sie sich über die Philosophien der Welt auseinander, über Geschichte, über Künste und Wissenschaften? Nein. Haben sie Freude an Klatsch? Nein! Sie sind ja gebildete Männer. Aber ich schwöre dir, lieber Lucanus, ihre Gespräche drehen sich fast ausschließlich darum, was einer ihrer haarspalterischen Ausleger gemeint hat, wenn er die ins einzelnste gehenden Vorschriften ihres Gottes erläuterte! Sie sind verrückt, ganz und gar verrückt. Sie verabscheuen unsere Götter, nennen sie böse Geister; sie verdammen uns als Götzendiener. Ich habe für unsere Götter nicht allzuviel Verehrung übrig; aber durch solche Mißachtung fühle ich mich persönlich beleidigt, weil sie eine Kränkung für Rom ist. Wenn ihr Gott so mächtig wäre, würde er sie nicht von unserer Herrschaft befreien? Das habe ich lächelnd ihren Priestern zu erwägen gegeben; doch dann schauen sie mich jedesmal mit wilden Blicken an und schweigen.«

Lucanus hörte zu und sagte nichts. Wieder seufzte Pilatus; nervös zupfte er an einer Falte seiner Toga. »Ich habe Tiberius gebeten, mich zurückzuberufen, und ich hoffe auf seine Zustimmung. Meine arme Frau Procula ist jetzt in Rom, fast von Sinnen. Sie hat von dem Mann geträumt, den ich hinrichten ließ, einem jüdischen Rabbi, der angeblich das Volk gegen Rom aufgewiegelt hat. Ich fand keine Schuld an ihm; aber Herodes war wütend. Er und die Hohenpriester beteuerten mir, der Mann hetze die Leute auf; und es meldeten sich viele Zeugen dafür, Angehörige einer jüdischen Sekte, der Pharisäer, achtbare Männer. Ich persönlich glaube, daß der Rabbi nur die Priester verächtlich und lächerlich machen wollte, nachdem er sie schon durch irgendeine Laxheit in der Auslegung des Gesetzes gegen sich aufgebracht hatte. Was das für ein Aufhebens ist um dieses Gesetz! Die Leute sind buchstäblich bereit, für ihren Gott zu sterben und alles für ihn zu opfern. Das führt zu ausgesprochenen Tollheiten.«

»Mach dir keine Sorgen«, sagte Lucanus ruhig. »Es ist von alters her vorausgesagt, daß der Messias dieser Tage sterben würde. Du warst nur das Werkzeug Gottes.«

Pilatus starrte ihn forschend an. Dann schüttelte er den Kopf. »Lieber Lucanus, auf die Anhänger jenes Rabbi darfst du nicht hören! Bei diesen Leuten, die sich Christen nennen, handelt es sich nur um eine neue unter den zahlreichen, streitsüchtigen Sekten der Juden. Erst vor zwei Wochen mußte ich die Ausrottung einer Gruppe von Galiläern verfügen, die bei Opferhandlungen ihren Gott bestürmten, er möge Rom zerstören und ihr heiliges Land aus der Fremdherrschaft befreien! Wir haben unser eigenes Gesetz, und das muß befolgt werden.

Lucanus sah ihn entsetzt an. »Die Ausrottung?«

Pilatus zuckte die Achseln. »Ich habe dir schon gesagt, die Juden sind toll. Jeder ihrer Atemzüge ist Aufruhr. Und ich glaube fest, daß dieser ihr Rabbi, den ich hinrichten lassen mußte, meine Frau behext hat, so daß sie dann den bewußten Traum hatte.«

»Wie steht es jetzt mit den Christen?« fragte Lucanus mit leiser Stimme.

Zornig schob Pilatus sich in seinem geschnitzten Stuhl herum. »Ich habe sie in ganz Judäa geächtet. In Jerusalem sehen mich die Leute aus dem Volk finster an, wegen ihrer neuen Sekte und ihres gekreuzigten Führers, und sie schütteln die Fäuste hinter meinem Rücken und künden mir üble Dinge. Ich habe Auftrag gegeben, die Anhänger des Rabbi, die ihn als den seit Jahrhunderten erwarteten Messias, den Christus ansehen und sich deshalb jetzt Christen nennen, überall zu vertreiben oder einzukerkern und zu töten. Sie sind eine Gefahr für Rom.«

Lucanus stand auf, trat zu den Säulen der Halle und blickte zwischen ihnen hinunter auf die in der heißen Sonne glitzernde Stadt Cäsarea und auf das purpurne Meer dahinter mit seinen blendendweißen Wogenkämmen. Im Hafen ging es sehr lebhaft zu. Aber hier oben war es still und, durch die Gärten am Hang, frisch und kühl; Bienen summten über den Blumen, und die Springbrunnen sangen ihr Tanzlied.

»Es ist eine Wohltat«, sagte Pilatus, nachdem er einen Schluck Wein getrunken hatte und sich mit den Händen müde über das blasse, zerfurchte Gesicht gefahren war, »wenn man einmal mit einem vernünftigen Menschen reden kann, und nicht mit einem Juden. Ich habe viel gehört von dem Wunder, das du an deinem Bruder, den ich sehr schätze, gewirkt hast. Ich selbst fühle mich elend, Lucanus, und mein Körper wird mir zur Last. Meine Seele ist von Qualen verkrampft, ohne daß ich wüßte, warum. Was bedeuten den Göttern schon die Menschen? Es wäre vermessen, anders zu denken. Trotzdem habe ich die bestimmte Empfindung, daß Apollo dich berührt, dir seine geheimnisvolle Heilkraft verliehen hat.«

»Du möchtest, daß ich dich heile?« fragte Lucanus, ohne sich ihm zuzuwenden.

Pilatus lachte verlegen. »Ich sage dir, mich flieht der Schlaf überhaupt. Mach dich nur lustig über mich! Aber ich sehe ständig das Gesicht dieses Rabbi vor mir, den ich als freundlichen, bis auf seine Volksbetörung ganz harmlosen Mann gefunden habe. Hat er auch mich behext, als ich ihm ins Gesicht sah?«

Lucanus ging zu Pilatus zurück, setzte sich wieder neben ihn und betrachtete ihn mitleidig. »Ich gebe dir eine Arznei, lieber Pilatus, auf die du heute schlafen wirst. Ich bin froh, daß du nach Rom zurückkehrst; denn hier bedrückt dich etwas.«

»So ist es«, seufzte der Prokurator. Dann wurde er etwas lebhafter. »Aber lassen wir die Juden und ihren Messias! Reden wir von belangreicheren und vernünftigeren Dingen. Weißt du, wie lange es her ist, seit ich das letztemal mit jemandem ein hochstehendes Gespräch führte? Ich habe mich in die aristotelische Lehre vom geistigen Ursprung aller Dinge vertieft. Diese Ansicht belustigt mich; denn unsere Götter sind bei all ihrer Unsterblichkeit höchst ungeistig, nicht wahr? Wir Römer haben als Realisten mehr übrig für die Lehren der Epikureer, mit ihrer mechanistischen Erklärung des Weltalls. Diese von Demokrit hergeleitete Theorie – die Atome als Urbestandteile aller Materie – ist überaus wirklichkeitsnahe und sagt der Vernunft zu. Unsere römische Tugend, die Virtus, ist von moralischer und gesellschaftlicher Artung. Du wirst dich erinnern, daß unser Imperator Augustus gesagt hat: ›Wer würde es wagen, mit diesen mächtigen Aquädukten hier die zwecklosen Pyramiden oder die berühmten, aber keinem Bedürfnis dienenden Bauwerke der Griechen in eine Reihe zu stellen?‹ Darin muß ich ihm recht geben. Als Römer räume ich unserer Virtus den Vorzug ein vor der unverständlichen Arete der Griechen, die eine dem Menschengeschlecht unerreichbare Vollkommenheit von Geist und Seele erstrebt und verlangt.«

Lucanus lächelte zerstreut. »Schon als Grieche muß ich dir widersprechen. Der Mensch ist mehr als ein Tier. Die Römer sind tatsächlich materialistische Epikureer, und deshalb haben sie die Demokratie erfunden, die den Keim des Zusammenbruchs in sich trägt.«

In neu erwachtem Interesse leuchteten die müden Augen des Prokurators. Er straffte sich. »Aber es heißt doch, daß die Griechen die Demokratie erfunden haben, lieber Freund!«

Lucanus schüttelte den Kopf. »Nicht ihre römische Spielart. Was die Griechen schufen, war die Demokratie des Geistes – die unbeschränkte Gemeinschaft zwischen vernunftbegabten Menschen – und nicht die bloße handfeste Zusammenrottung der physischen Leiber des Pöbels zum eigenen Nutzen und zur Ausbeutung der ihnen geistig Überlegenen. Ich bin nicht immer einer Meinung mit Plato; aber dir wird seine Warnung gegenwärtig sein, daß die Stadt fallen wird, wenn ein Mann aus Erz das Tor bewacht. Den römischen Machtbereich schirmen Männer aus Erz. Lange nachdem Rom gefallen ist, wird noch die Arete der Griechen die Menschenherzen erleuchten. Denn das Seelische ist wichtiger als das Körperliche.«

Ungläubig blickte Pilatus ihn an. »Das meinst du doch nicht im Ernst?«

»Doch, in vollem Ernst. Aber du brauchst um Rom keine Angst zu haben.« Lucanus lächelte spöttisch. »Immer wird es materialistisch eingestellte Völker geben, die im Laufe der Geschichte in Roms Fußstapfen treten werden. Und bei ihnen wird die römische Virtus ihre Herrschaft weiterführen: der Glaube, daß Aquädukte und sanitäre Einrichtungen und öffentliche Gebäude, daß Nahrung und Wissenschaft und Zirkusse und Landstraßen die Bedürfnisse der menschlichen Seele befriedigen können. Schon vor Jahrhunderten ist der Kampf entbrannt zwischen den Männern des Geistes, die vor der Menschenseele Achtung haben, und den Vertretern der Stofflichkeit, die nicht nur die Existenz der Seele leugneten, sondern Kloaken und Wasserleitungen und eine blühende Volkswirtschaft für den einzigen Sinn des Lebens halten.«

Pilatus sann nach. Ein blasser Widerschein von Unbehagen spiegelte sich auf seinem Gesicht. Er trank einige Schlucke Wein und sagte dann: »Ich bin kein stumpfer, völlig materialistischer Mensch. Ich glaube an eine Seele, die mir allerdings zugleich mit dem Körper stirbt. Wichtiger jedoch erscheint mir die körperliche Wohlfahrt des Volkes.«

Sein Unbehagen wuchs; während er nachdachte, strafften sich seine dünnen Gesichtszüge. »Diesen Gekreuzigten kann ich mir nicht aus dem Kopf schlagen«, erklärte er unwirsch, als hätten sie die ganze Zeit über von nichts anderem gesprochen. »Ich freue mich schon auf deine Arznei, Lucanus.« Er warf dem Arzt einen lauernden Seitenblick zu. »Bei der Heilung deines Bruders ist es bestimmt nicht mit rechten Dingen zugegangen – nach den üblichen Maßstäben der Heilkundigen. Kannst du nicht auch mich ohne Arzneien gesund machen, Lucanus?«

Der Arzt beugte sich zu ihm; und auf seinem Gesicht lag jetzt ein so starkes Leuchten, daß der Prokurator abergläubisch zurückwich.

»Ja!« rief Lucanus. Plötzlich spürte er eine hinreißende Kraft in sich. Er hielt dem überfeinerten Römer den Ring des Tiberius hin. »Du mußt nur die Ächtung der Christen widerrufen, und zwar sofort!«

»Du bist verrückt!« schrie Pilatus und starrte auf den herrlichen Ring. »Ich sage dir, du kennst nicht diese glaubenswütigen Juden! Du weißt auch nicht, wie Tiberius sich gewandelt hat. Jetzt ist er ein grausamer, furchtbarer Mensch. Er hat mir einen einzigen Auftrag gegeben: die Ordnung in Judäa aufrechtzuerhalten. Ich sage dir, er ist ein Wüterich!«

»So hat ihn also der Pöbel schließlich entsittlicht, wie er es vorausgesagt hat«, murmelte Lucanus verbittert, hielt aber den Ring weiter dem Prokurator hin.

»Wenn ich die Ächtung der jüdischen Christensekte aufheben sollte, dann käme es wieder zu Unruhen und Tumulten, und Tiberius würde mich streng zur Rechenschaft ziehen. Was gehen diese Leute dich an, einen Griechen, den Adoptivsohn eines adeligen Römers?«

»Die Antwort darauf würde ein ganzes Leben erfordern«, erwiderte Lucanus. »Aber wie ich merke, lasten Schmerz und Qual auf dir. Du hast gesagt, daß Jesus dir im Traum erscheint und dich nicht zur Ruhe kommen läßt. Glaubst du, diese Ruhe je finden zu können, wenn du nicht die Verfolgung seiner Freunde und seiner Anhänger einstellst? Ich sage dir: nein!«

Er zog den Ring vom Finger und drückte ihn dem Prokurator in die Hand. »Schick diesen Ring dem Cäsar. Schreibe ihm, daß ich von dir verlangt habe, deine Anordnungen gegen die Christen zurückzuziehen. Sage ihm, daß du, da ich dir seinen Ring übergab, nicht das Recht hattest, meine Forderung abzulehnen!«

Pilatus drehte den Ring in der Hand, ehrfürchtig, aber auch angstvoll. Er war in einer bösen Klemme. Er sagte: »Sie werden wieder randalieren, diese Juden, und ich werde es auszubaden haben.« Er zögerte. »Immerhin, du verlangst es so – was mir völlig unverständlich ist! –, und wer bin ich, daß ich mich Cäsars Aufträgen, durch diesen wunderbaren Ring beglaubigt, widersetzen dürfte?«

Er schob den Ring in die Tasche und setzte sich in seinem Stuhle bequem zurück, erleichtert, wie ein Kranker sich auf eine wirksame Arznei hin erleichtert fühlt. »Offen gesagt«, erklärte er, »bin ich meiner Anordnungen gegen die Christen nicht froh geworden. Diese Streitereien über etwas so Nebensächliches wie Religion sind mir höchst zuwider. Die römischen Götter lachen wenigstens; der jüdische Gott lacht nie.«

Er setzte sich auf. »Ich fühle mich schon wohler! Meine Niedergeschlagenheit weicht und auch meine Schwermut. Und ich freue mich schon im voraus auf das lange Gesicht, das Herodes machen wird.«

Von Herodes sprach er immer mit boshafter Belustigung. »Da ist einmal ein armseliger Jude nach Jerusalem gekommen, Johannes der Täufer geheißen. Er hat mit großem Stimmaufwand bekundet, er komme als Vorläufer Gottes, er kündige den jüdischen Messias an. Herodes vernahm das, und seine Judenseele entbrannte in Erregung, obwohl er ein völlig diesseitiger Mensch ist und alles eher als fromm. Er hat Johannes ausgefragt. Offenbar gerieten die beiden hart aneinander – Herodes, der weltmännische Tetrarch von Galiläa, und dieser wilde, ungebildete Wüstensohn! Warum Herodes sich überhaupt auf diese Befragung eingelassen hat, geht mir nicht ein, außer wenn ich annehme, daß in seinem Kopf viel jüdischer Aberglaube herumspukt. Jedenfalls ließ er dann vorsichtshalber diesen Johannes aus dem Weg räumen. Ich war damals in Rom, und Herodes weigerte sich bis zum heutigen Tag, über Johannes zu reden, worüber ich nur lachen kann. Dagegen begreife ich sehr wohl, daß Herodes später, als er auch Jesus verhörte, enttäuscht war. Seine Enttäuschung steigerte sich zu wilder Wut. Weißt du, was ich vermute? In seiner halbjüdischen Seele hatte Herodes gehofft, der Mann wäre tatsächlich der jüdische Messias, gekommen, um Israel aus den Händen Roms zu befreien und sein eigenes Volk in die Weltherrschaft einzusetzen!«

Jetzt war Pilatus glänzend gelaunt. Er spürte, wie in seinen Körper Gesundheit und Behagen und in seine Seele Ruhe zurückkehrten. Er goß seinem Gast und sich die Becher voll Wein und trank ihm zu. »Es hat sich gut gefügt, daß du hierher auf Besuch gekommen bist«, erklärte er. »Und jetzt weiß ich, warum ich meinen Traum hatte.«

»Ich weiß es auch«, meinte Lucanus mit einem rätselvollen Lächeln.

Hillel ben Hamram schrieb an Lucanus aus Jerusalem:

»Ich habe Maria, die Mutter Jesu, gefunden. Sie wohnt außerhalb der Stadtmauer bei einem jungen Mann namens Johannes, der wie ein Sohn zu ihr ist. Ich habe gehört, daß ein gewisser Petrus, Anhänger des Jesus von Nazareth, sich in Joppe verborgen hält. Komm hierher!

Ich freue mich, dir, lieber Lucanus, mitteilen zu können, daß Arieh ben Eleasar an meiner Schwester Lea Gefallen gefunden hat. Hier herrscht große Fröhlichkeit, seit Arieh das väterliche Erbteil übernommen hat!«

XXXXVII

Lucanus blieb im Hause des Pilatus, bis er der völligen Genesung seines Bruders sicher war. Priscus gesundete rasch; sein abgezehrter Körper nahm in beträchtlichen Mengen Nahrung auf. Sein Gesicht bekam wieder die alte, frohe Bräunung. Es strahlte vor Lebenslust. Er und Plotius kreuzten die Schwerter in der äußeren Säulenhalle, und der junge Mann konnte von körperlichen Übungen nicht genug bekommen. Lucanus war sehr glücklich. Sein Bruder sollte auf das Landgut zu seiner Familie zurückkehren; die Mutter würde sich sehr freuen. »Meinen Verwaltern traue ich nicht ganz«, erklärte Priscus ernst. »Wenn Cäsar gestattet, bleibe ich jetzt mindestens ein Jahr lang zu Hause, bevor ich mich an den nächsten Feldzug wage.« Er versuchte Lucanus zu überreden, auch mit heimzukommen. Doch der ältere Bruder schüttelte den Kopf. »Ich habe hier viel zu tun«, erwiderte er, drückte sich aber, obwohl Priscus und Plotius ihn forschend ansahen, nicht näher aus.

Als Priscus eines Tages – er und Plotius genossen, zusammen mit Lucanus, die herrliche Abendluft, die hier auf dem Hügel kühl und frisch war – darauf drängte, sein Bruder sollte wenigstens für kurze Zeit mit nach Rom zurückkehren, wich Lucanus rasch aus, indem er aufsprang und lachend sagte: »Ich habe es satt, euch ungeschickten Gladiatoren beim Ringen zuzusehen.« Er warf sein Überkleid ab, stand in der Tunika da und ließ seine Muskeln spielen. Zwar durchsetzten zahlreiche graue Strähnen das Gold seines Haares, und sein griechisches Gesicht zeigte Furchen der Entsagung; aber er hatte noch den Körper eines jungen Mannes. Priscus lachte ihm ins Gesicht, nahm, während Plotius schmunzelnd zusah, Ringerstellung an, ging auf den Bruder los und wollte ihn greifen. Lucanus wartete, bis die Finger des Gegners seine Schulter faßten. Dann beugte er sich rasch zurück, und der Angreifer flog ihm über die Achsel und landete mit einem harten Plumps im Grase. Plotius war verblüfft; voll Staunen vergaß er sogar, Beifall zu klatschen. Priscus lag am Boden, blinzelte und wackelte mit dem Kopf, während sein Bruder grinste.

»Ein Blitzstrahl hat mich getroffen!« rief der Besiegte aufstehend. Wieder stürzte er sich auf den Gegner und wurde von ihm nochmals mit einer kaum merklichen Bewegung auf den Boden geschleudert. Das brachte den stämmigen, breitschultrigen Plotius in Wallung. Er forderte Lucanus heraus und erlitt das gleiche Schicksal.

»Da ist gar nichts dahinter«, meinte Lucanus entschuldigend. »Ich kann euch nicht sagen, wie oft mir dieser Kunstgriff in den Städten gegen Raufbolde und Räuber zustatten gekommen ist. Den Trick hat mir ein chinesischer Lehrer in Alexandria beigebracht, gegen eidliche Zusicherung, die Sache bei mir zu behalten.«

Dagegen war er gern bereit, seine Kniffe beim Diskuswerfen, Boxen und Fechten und beim Weitspringen preiszugeben. Sogar im Fechten besiegte er selbst den behenden Plotius. »Sapperment!« staunte der Geschlagene, während er sich mit dem muskulösen Arm den Schweiß von der Stirn wischte. »Du legst dich ja ins Zeug wie ein Jüngling!«

»Nicht auf die Kraft allein kommt es an«, erklärte Lucanus wohlgelaunt. »Wichtig ist vor allem, daß man sie geschickt anwendet und sich sowenig wie möglich ausgibt.«

Priscus und Plotius wollten den Besucher in den Zirkus bei Cäsarea führen; aber Lucanus hatte für Kampfspiele und die Rohheit der Gladiatoren nichts übrig. Als Pilatus wissen ließ, er müsse nach Jerusalem zurückkehren, und sich erbot, Lucanus mitzunehmen, nahm er freudig an. Die Stunde der Abreise war gekommen. Er umarmte den sehr betrübten Priscus und gab ihm liebevolle Botschaften für seine Familie in Rom mit. Dann verabschiedete er sich von Josua, den er nicht nur als Kollegen, sondern wie einen Bruder liebgewonnen hatte, und machte sich, zusammen mit Pilatus und Plotius, auf den Weg.

Als der lange Zug von Pferden und Wagen den Hügel herabkam, bestand Plotius darauf, daß Lucanus in der Stadt den Tempel des Zeus und des Apollo besuchte. Diesen großen, prächtigen Tempel hatte Herodes für seinen Freund Pilatus errichtet, und der Prokurator war stolz auf das Bauwerk. Dem Tempel vorgelagert stand eine lange Halle mit einer Doppelreihe gewaltiger Säulen, abwechselnd aus weißem Marmor und dunkelrotem Porphyr, was einen fremdländischen Eindruck machte. Die hohe Decke der Säulenhalle war mit buntbemalten Flachreliefs geschmückt: tanzende Götter und Göttinnen, Zentauren, Nymphen, Dryaden und Najaden, Satyrn und Faune, die geschmeidigen, wollüstigen Arme ineinandergeschlungen, die Gesichter lachend und ausgelassen. In dem strahlenden Licht schien es, als lebten sie und bewegten sich. Der Fußboden war mit bunten Marmorplatten gepflastert, rote und blaue Kreise auf weißem Grunde.

Im Gegensatz zur Vorhalle wirkte der hohe, geräumige, quadratische Tempel selbst merkwürdig nüchtern; und darin offenbarte sich das Zwiespältige an dem griechischen Einschlag des Tetrarchen. Die schimmernden weißen Mauern und die Decke der Cella trugen weder Fresken noch Reliefs. Zwei riesige Statuen in dreifacher Menschengröße saßen einander gegenüber. Zeus mit weißem und Apollo mit rotem Marmorbart. Sie starrten sich gegenseitig mit kalten, unheimlichen Mienen an, die Hände auf die Knie gestützt, wie in dauernder Herausforderung. Vor ihnen standen weihrauchdampfende Altäre. Außerdem war in dem Raum ein flacher Altartisch, auf dem eine goldene Lampe brannte und der die Inschrift trug: Dem Unbekannten Gotte.

In Betrachtung versunken, verweilte Lucanus vor dem lampenbeleuchteten, sonst aber leeren Altar, Pilatus legte nachdenklich einen Finger auf die Lippen und starrte den mächtigen, schlichten Steintisch an. Plotius warf einige Münzen in einen Bronzebehälter zu Füßen der Zeusstatue. Sonnenlicht flutete in den Tempel, und ein großes, leuchtendes Schweigen füllte ihn. Jeder Atemzug, jede Regung hallte von den Wänden und der Decke wider; selbst das leise Zischen der Lampe hörte man deutlich.

Lucanus wandte den Kopf und betrachtete die mächtige Gestalt des Zeus, mit seinem Bart, seinen strengen Zügen, seinen tiefliegenden Augen. Der Grieche mußte an Moses denken und lächelte traurig über Herodes, diesen zwischen zwei Welten und zwei Religionen hin und her gerissenen Mann. Apolls Antlitz war zwar auch unnahbar, hatte aber einen leidenschaftlicheren Ausdruck; die weiten Augenhöhlen gaben seinen Zügen etwas Unbeständiges und zugleich Trotziges. Selbst der Faltenwurf seines Gewandes und die gehobene Haltung seines ehrfurchtgebietenden Kopfes trugen zu dem Eindruck bei, daß dieser Gott sich anschickte, aufzuspringen und sein Gegenüber zum Wettstreit um die Herrschaft über das Menschengeschlecht herauszufordern. Zeus jedoch saß mit der Gelassenheit des Olympiers in göttlicher Selbstsicherheit und Erhabenheit da. Auf seinen bärtigen Lippen glaubte Lucanus in dem strahlenden, wandernden Licht ein leichtes Lächeln zu entdecken.

Nun schlug der Zug die schmale Landstraße nahe dem altehrwürdigen Meere ein, dessen Azurfarbe so leuchtend war, daß sie das Auge entzückte. Kaum bewegt, dehnte die Wasserfläche sich wie ein blauer Teppich bis zum Horizont, wo Schiffe mit geschwellten weißen Segeln herrlich dahinglitten. Die Pferde setzten sich in schärferen Trab; denn nach Jerusalem war es ein weiter Weg. Trotz der vom sandigen Boden emporwirbelnden Staubwolken war die Luft milde und rein. Zur Linken der Reisenden erhoben sich Hügel, niedrig und im Halbrund gestaffelt, zum Teil in der glühenden Hitze ehern kahl, zum Teil von gewundenen Steinterrassen umgürtet, die smaragdgrüne, fruchtbare Streifen bebauten Landes trugen. Ölhaine, schimmernd wie altes Silber, streckten verkrüppelte Arme in die Luft; Schafe grasten oder schliefen unter den Bäumen und ließen zum Dank den Schattenspendern nahrhaften Dünger zurück. Gruppen von Dattelpalmen stiegen die Hänge herab; zwischen ihren staubigen Wedeln sah man das warme Gold der Fruchtbüschel. Weinberge brieten in der Sonne auf treppigem Gelände, Obstbäume verspreizten sich in dem gelben Gestein, und Zypressen standen wie Schildwachen, ernst und achtsam, die Speere unbewegt.

Auf den niedrigeren Hängen weideten Rinder im frischen, saftigen Gras; und kleine Quellen sprangen aus dem Boden, wie Quecksilber perlend. Kinder hüteten lässig die Herden. Streitbar schnatternd, pickte eine Schar Gänse verstreutes Korn. Hier und dort hoben sich Häuschen aus Grünflekken, von Rebenlauben und blühenden Gärtchen umgeben; Frauen spannen auf den Türstufen und hoben die Köpfe, um den hufeklappernden und wagenratternden Zug vorbeikommen zu sehen. Dann und wann bellte ein Hund. Es war früh am Tage; aber schon waren die Vögel in der Hitze verstummt.

Lucanus fühlte sich friedsam in dieser friedlichen Landschaft, das Meer zur Rechten, die Berge zur Linken. Er saß in Plotius' Wagen. Berittene bildeten die Vorhut. Sie trugen die Rutenbündel und Adler und Wimpel Roms. An den Seiten hingen ihnen die breiten Schwerter, die Helme glitzerten in der Sonne. Plotius begann kernige Soldatenlieder zu singen. Pontius Pilatus saß in seiner eigenen bronzegezierten Karosse, blaß und still, den Kopf wie sinnend geneigt. Ein Sklave hielt über ihn einen purpurroten Seidenschirm.

An den Straßenseiten trotteten Bauern, in schweißglänzendes Schwarz oder dunkles Orange oder tiefes Blau gekleidet, barfuß, Körbe mit Obst auf den Köpfen oder Gemüsetragen auf den Armen. Schweigend wichen sie an den äußersten Straßenrand zurück, um den hochansehnlichen Zug vorbeizulassen, und blickten ihm finster mit wilden, grollenden Augen nach. Ein Mann zerrte hinter sich einen widerspenstigen Esel, der den Reitern und Wagen sein spöttisches Iah, Iah, gleich einem Schwall derber Flüche, nachschrie; und der Bauer lächelte grimmig.

Überall erhoben sich, in der Gegend verstreut, Roms steinerne Befestigungsanlagen, auf deren Dächern grüßende Soldaten standen. Fahnen hingen schläfrig in der stillen, glühenden Luft. Herber Duft stieg von Kiefernwäldchen auf, wo Landleute die Harzbäume anzapften. An den vereinzelten Brunnen schwatzten Mädchen, während sie ihre Krüge füllten. Mit unfreundlichen, abweisenden Blicken musterten sie Wagen und Reiter; die Falten ihrer Kopftücher waren mit flimmerndem Staub gefüllt, ihre braunen Füße unbekleidet und geschmeidig.

Nun, dachte Lucanus, so friedlich, wie ich gemeint habe, ist es hier nicht! Diese einfachen, erdverbundenen Menschen hassen die Römer; sie sind anders als ihre spitzfindigeren Landsleute in der Stadt, die mit dem Feinde Geschäfte machen und mit ihm lachen und trinken.

Der Zug hielt an; die Reisenden kauften Feigen und Datteln von einem Bauern, der die Früchte schweigend auf große, grüne Blätter breitete, und verweilten ein wenig, um aus einer kalten Quelle zu trinken und die Glieder zu strecken. Nach einer weiteren Wegstrecke setzten sie sich in ein kühles Kiefernwäldchen und nahmen ein ausgezeichnetes Mahl ein: kaltes Geflügel und Rindfleisch, Oliven, Granatäpfel, gepökelte Lammszungen und Wein.

»Reisen sind mir zuwider«, klagte Pontius Pilatus, während er sich umständlich die Hände in ein weißes Leinentuch wischte. »Und ganz besonders in diesem gottverlassenen Land! Der Wein ist scheußlich.« Aber Lucanus fand, daß dieser Wein ihm süß und seimig und ausgereift den Gaumen netzte. Pilatus hatte ein rotes Gesicht, und er seufzte. Zu Lucanus sagte er mit liebevollem Blick: »Ich habe wie ein Säugling geschlafen, und das verdanke ich dir, mein teurer Lucanus. Manchmal kommen mir noch schwere Gedanken, aber ich bin nicht mehr so niedergeschlagen. Ich habe dem Cäsar deinen Ring geschickt, und er wird ihn dir durch einen Kurier zurücksenden.«

Sie machten sich wieder auf den Weg. Die Berge schienen vor Hitze zu schmelzen. Dann und wann kam der Zug an Weilern mit gelben, von Gruppen dunkler Zypressen beschützten Häusern vorbei. Die Erde flimmerte und tanzte in den Hitzewellen; das Meer funkelte wie blaues Feuer. Manchmal sah einer der Hügel merkwürdig gedrungen aus, schwefelgelb und schroff. Weiße Mauern zu beiden Seiten der Straße flossen über von purpurnen oder rosaroten Blüten. Einmal hörten die Reisenden einen schmalen, azurnen Wasserfall über einen Steilhang herabtosen. Kleine, frischgrüne Täler spreizten sich wie Finger zwischen die Berge.

Hier auf dieser Straße, so dachte Lucanus, mochte Jesus manchmal aus seiner Heimatgegend nach Jerusalem gewandert sein. Diesen Staub hatte er verspürt und diese Landschaft gesehen: die Weiler, in denen er zur Erfrischung haltmachte, die Wäldchen, die Brunnen, die Zypressen, die Blumen, die kleinen Wiesen. Hatte Jesus wohl auf jenem Stein dort drüben gesessen und zu seinen ermatteten Jüngern gesprochen? Und in diesem Hain ein Büschel Datteln gepflückt? Und eine Handvoll dieser kleinen, schwarzen, von Tunke triefenden Oliven gegessen? Und über diese Schafe gelächelt? Und dort auf die glitzernde See hinausgeblickt? Und einen roten Granatapfel mit Genuß verspeist? Hier liegt ein Teich, wie ein blauer Spiegel. Hat er darin die müden Füße gebadet? Und was sprach er in seiner Güte zu jenen Mädchen am Brunnen? Und was dachte er von den runden oder vierkantigen römischen Festungen auf dem Boden seines Heimatlandes? Er muß die Fahnen und Soldaten gesehen und sich seine Gedanken darüber gemacht haben. Die Luft ist so still und leuchtend hier. Hat auch Jesus, wie ich jetzt, den widerhallenden Hufen römischer Pferde und dem Räderknarren römischer Wagen gelauscht? Lucanus war von gottesfürchtiger Scheu und Demut erfüllt.

Der Zug bog um die Flanke eines vorspringenden Berges, und zur Rechten dehnte sich nun in der brennenden Sonne eine weite Ebene voll glutroter Mohnblüten, unter die sich fremdartige gelbe Blumen mischten. Und dort lag ein Getreidefeld, lauteres Gold, leise wogend; und Schnitter arbeiteten darin und riefen sich in rauhem Aramäisch Worte zu. Für Augenblicke unterbrachen sie ihre Fron und sahen den Zug vorbeirattern; und ihr Schweigen war feindselig. Ein flammender Himmel wölbte sich über den Bergen, und unbarmherzig prallte das Licht auf kahle Hügel. Pilatus fand an dieser starrenden Öde nichts auszusetzen: Hatten die Römer nicht die Zypressen für ihre Schiffe gebraucht? Daß sie die Landschaft verwüstet hatten, war ohne Belang.

Dann hörten die Reisenden ein Wehklagen oder trauriges Psalmodieren.

» ›Der Herr ist mein Hirte!‹ « sangen heisere Stimmen auf hebräisch. » ›Ich leide nicht Not. Auf grünender Aue läßt Er mich lagern. An Wasser der Ruhe führet Er mich ...‹ «

Hier war der Boden ausgedörrt und bröckelig, Staubwolken wirbelten durch die Luft, und ringsum hoben die öden Berge, langsam dunkler werdend, ihre trostlosen Kuppen.

»Ein jüdisches Begräbnis«, sagte Plolius und zeigte mit der Peitsche nach rechts.

»Sehen wir es uns an!« bat Lucanus, und Plotius hielt den Wagen sofort an, weil er Lucanus nichts abschlagen konnte, nicht einmal diese Torheit. Die Berittenen fielen in Schritt; dann zügelten sie die Pferde und warteten neugierig. Die Karosse des Pontius Pilatus fuhr neben das Gefährt des Plotius hin, und er fragte: »Was gibt's«

»Ein jüdisches Begräbnis«, wiederholte Plotius. »Lucanus wünscht es zu sehen.

Ungläubig runzelte Pilatus die Brauen.

Müde, bärtige, in staubiges Schwarz gewandete Männer trugen eine schwarze Bahre, und grau gekleidete Frauen folgten weinend. Etwas abseits stand ein Mann, eine schwarze Mütze auf dem Kopf, die Hände gefaltet, die Augen zum Himmel erhoben, und rezitierte im Singsang den dreiund-

dürren, staubigen Gegend, vor diesem armseligen Friedhof, in dieser brennenden Stille. Die Leidtragenden hatten nicht bemerkt, daß die Römer stehengeblieben waren und sie beobachteten. In ergreifendem Trauerzug schlurften sie über die versengte Erde.

Der Vorbeter psalmodierte: » ›Erquickung spendet Er meiner Seele! Er leitet mich auf dem rechten Pfade, getreu Seinem Namen. Und muß ich auch wandern im finsteren Tale, ich fürchte kein Unheil, denn Du bist bei mir. Dein Stock und Dein Stab, sie geben mir Zuversicht!‹ «

Andere Männer fielen leise in das Singen ein. Die Träger schritten gebeugt unter der Last der Bahre, denn sie waren alt. Die Frauen hoben in ihrem Gram laut und verzweifelt die Stimmen und schlugen sich an die Brust, während sie den Männern folgten. Und dann sah Lucanus, daß noch jemand anderer abseits stand, ein junger Mann, der nicht zum Himmel, sondern zu Boden sah, starren Blicks, und der sich nicht an dem allgemeinen Gesang beteiligte. Seine Miene war schrecklich, wie versteinert. Er schien nichts um sich zu gewahren. Die wenigen Anwesenden schauten ihn nicht an, außer dem Vorbeter, dem Rabbi, der vorwurfsvoll zu ihm hinüberblickte und die Stimme höher hob: » ›Fürwahr, Güte und Barmherzigkeit werden mir folgen alle Tage meines Lebens.‹ «

Der junge Mann zuckte zusammen, blickte verstört um sich und barg das Gesicht in den Händen. Ein furchtbarer Aufschrei entrang sich seiner Brust, jäh und schrill; dann verstummte er wieder.

Lucanus wußte nicht, warum er vom Wagen stieg und in den Staub trat und warum er auf die Trauergemeinde zuging. »Was hat er denn?« fragte Pilatus etwas gereizt. Die berittenen Soldaten sammelten sich zu einer Gruppe und starrten den Griechen neugierig an.

Der Rabbi murmelte jetzt Gebete. Und nun sah er Lucanus herankommen, einen Fremdling in dünner, weißer, goldgesäumter Tunika und mit ernstem, schönem Gesicht und blondem Haar. Der alte Rabbi blinzelte ihn verwirrt an; seine rotgeränderten Augen waren entzündet von Staub und Gram. Dann, als er die anderen auf der Straße bemerkte, die verhaßten, anmaßenden Römer mit ihren adlerbekrönten Rutenbündeln, ihren Prunkkutschen, ihren schönen Pferden, ihren Helmen und Schwertern und Fahnen, trat ein Ausdruck kühler Empörung auf sein Gesicht.

»Müßt ihr hier stören?« rief der Rabbi dem herankommenden Fremden zu. In seinem Gesicht arbeitete es verzweifelt. Er schrie: »Laßt uns in Ruhe, ihr Römer, ihr Anbeter böser Geister! Ihr entweiht diesen Ort, wo unsere geheiligten Toten im Staube schlafen!«

Lucanus hob die Hand und sagte sehr freundlich auf aramäisch: »Friede sei mit dir, Rabbi!«

Auf diesen jüdischen Gruß schwieg der Rabbi zunächst. Er musterte die Miene des Fremden und sah nur Güte und Liebe darin, und Zuneigung. War dieser Mann auch ein Jude, von dem kleinen, armseligen Begräbnis gerührt? Die Augen des Rabbi füllten sich mit Tränen. Er blickte auf die Träger der Bahre, die an einer einfachen Grabstätte in der ockerbraunen Erde haltgemacht hatten.

»Friede sei auch mit dir!« stammelte der Rabbi. Dann sagte er: »Die Tote ist meine Tochter, mein einziges Kind. Mein Lämmchen, der Schatz meiner alten Tage, und schön. Heute früh ist sie im Kindbett gestorben. Und der dort ist ihr junger Ehemann, der sich nicht in sein Schicksal fügen will und Gott dem Herrn im Herzen flucht.«

Lucanus sah den jungen Gatten an, der so niedergeschmettert, so stumm, die Hände über das Gesicht gebreitet, verharrte. Er stand in dem blendenden Licht, schwarz gewandet, groß und schlank; und er war allein, wie nur jemand allein sein kann, dessen Liebe tot ist. »Er ist verzweifelt, Rabbi«, entschuldigte Lucanus ihn und dachte an Rubria.

Der Rabbi schlug sich an die Brust, und Tränen rollten ihm über die gefurchten Wangen. »Bin nicht auch ich verzweifelt, Herr, ihr Vater, ein Witwer, der jetzt niemanden mehr hat als ein hilfloses Enkelkind? Aber ich preise Gott und beuge mich Seinem Willen und weiß, daß Er gibt und daß Er nimmt. Für Rebekkas Gatten bleibt ja noch Hoffnung; er ist jung und hat seine Eltern und wird wieder heiraten – trotz seiner Schwüre, seiner Haßausbrüche gegen Gott und seiner ganzen Verzweiflung.«

Doch Lucanus konnte das nicht glauben; in der Haltung des Witwers sah er grenzenlose Qual. Er zögerte; dann ging er langsam auf den jungen Mann zu und legte ihm die Hand auf die Schulter. Der Trauernde rührte sich nicht, murmelte nur wie geistesabwesend: »Oh, wenn bloß der Meister hier wäre, der bei uns durchgezogen ist, mit uns gesprochen und die Toten erweckt hat! Er würde meine Frau rufen, und sie würde aufstehen und in meine Arme zurückkehren!«

Lucanus blickte in dem grellen Licht um sich. Die Träger hatten die Bahre niedergestellt und warteten. Die Frauen standen beisammen und weinten leise. Alle blickten jetzt auf den Witwer in seiner starren Grambetäubtheit, auf den Rabbi und den Fremden.

Dann redete Lucanus zu dem jungen Mann: »Der Meister ist nicht tot, sondern lebt. Seine Ohren sind nicht verschlossen, sie hören. Er ist nicht von uns gegangen, sondern weilt mitten unter uns.«

In der Hitze und dem Licht begann sich ihm der Kopf zu drehen; im Herzen aber fühlte er sich langsam über sich hinausgehoben. »Gehen wir zu der Bahre«, sprach er und nahm den Witwer am Arm. Der junge Mann stand wie versteinert. »Ich habe dir gesagt«, mischte der Rabbi sich ein, »daß er sich in sein Los, in Gottes Ratschluß, nicht fügen will.« Und der alte Mann weinte laut. »Sei demütig, David!«

»Sei zuversichtlich, David!« ermunterte Lucanus und zog den untröstlichen Gatten wieder am Arm. David ließ die Hände sinken; er wandte Lucanus sein hageres, blasses und doch hübsches Gesicht zu, so trocken wie der Staub am Boden. Seine Augen glühten wie Feuer. »Zuversichtlich!« schrie er mit furchtbarer Stimme. »Ich habe niemanden geliebt als meine Frau, und wir waren von Kind auf beisammen. Und jetzt ist sie nichts als Lehm, und ihre Seele ist von mir geflohen!«

Lucanus zitterte und wußte nicht warum. Alles schien sich vor ihm auszudehnen und wieder zusammenzuziehen, und alle Dinge wurden kristallhell in seinen Augen; und ein Befehl tönte ihm entgegen, wie eine mächtige, gebieterische Stimme.

»Gehen wir zur Bahre!« wiederholte er.

Davids zusammengepreßte Lippen zuckten; ausdruckslos hefteten seine Augen sich auf den Fremden. Und jetzt leistete er keinen Widerstand mehr. Taumelnd, mit gesenktem Kopf, ging er neben dem Fremdling. Die anderen sahen die beiden, von dem betenden Rabbi gefolgt, herankommen. Und nun traten sie an die Bahre.

Lucanus stand stumm da. Er blickte auf das Totenbrett und spürte den

Aufruhr in sich und vernahm wieder den Befehl, so laut, daß seine Ohren nichts anderes mehr hörten. Er sagte: »Öffnet die Hüllen, damit ich die Frau sehe.«

Die anderen verharrten völlig unbeweglich, wie schwarze und graue Statuen, und starrten den Fremden mit weit aufgerissenen, feuchten Augen an.

Seine Stimme erhob sich mächtig. »Öffnet die Hüllen! Ich will die Frau sehen.«

Über Davids Wangen rollten plötzlich Tränen. Er lehnte sich an die Schulter des Fremden. »Ihr habt seine Worte gehört«, sprach er mit heiserer Stimme. »Ich bin ihr Gatte. Öffnet die Hüllen. Ich möchte ihr Gesicht zum letztenmal schauen.«

Ratlos blickten die bärtigen Männer den Rabbi an, dessen Lippen zuckten. Dann sagte er leise: »Er ist ihr Gatte. Ich bin nur ihr Vater. Öffnet die Hüllen! Er hat ihr Gesicht seit ihrem Tod nicht mehr sehen wollen.«

Sie öffneten die Hüllen. Lucanus beugte sich über die Bahre und sah ein junges Wesen, nicht mehr als fünfzehn Jahre alt, im Totenhemd, die Hände auf der Brust gefaltet. Er hob das Tuch von ihrem Gesicht; die Düfte von Kräutern und wohlriechenden Ölen stiegen in die heiße Luft. David fiel auf die Knie, schluchzte laut auf, faßte den Rand der Bahre und blickte auf seine tote Gattin.

Sie war sehr schön. Ihr Gesicht sah versonnen und heiter aus, als schliefe sie. Ihre Haut war blaß und durchscheinend wie Alabaster. Ihr schwarzes Haar umfloß sie gleich einem Mantel, und ihre unschuldigen Lippen lächelten lieblich. Man konnte nicht glauben, daß sie wirklich tot sein sollte. Lucanus überlegte. Die Juden pflegten ihre Toten vor Sonnenuntergang des Sterbetages zu bestatten. Er beugte sich noch tiefer über die Bahre. Der junge Brustkorb war ohne Atem, der Mund steif und reglos, die Nase unbewegt. Lucanus spürte ein mächtiges Beben in seinem Innern. Konnte es sein, daß die Frau nicht gestorben, sondern nur scheintot war? Sein Arztauge musterte die entspannten Züge.

Er streckte die Hand aus und berührte die weiche, weiße Wange. Sie fühlte sich kalt wie Eis, aber nicht starr an. Nun war ja die junge Frau erst am Morgen gestorben, und offenbar verzögerte die Hitze des Tages den Eintritt der Totenstarre. Noch lauter erklang die gebieterische Stimme in ihm, und jetzt hörte er deutlich die Worte: »Nimm die Frau an der Hand und erwecke sie!«

»Ja, mein Herr und Meister!« sagte er mit fester Stimme. Er nahm die Hand der Frau, und sie war in dieser glühenden Hitze erschreckend eisig. Wieder zögerte er. Dann spürte er, während er noch die kleine, schlaffe Hand hielt, in seinem Innern ein schon vertrautes Fluten, eine zunehmende Schwäche, als entwiche aus ihm irgendein Strom von Wirksamkeit. Nur wie von ungeheuer weit her hörte er das Stöhnen Davids und das Weinen der

Frauen. Denn in ihm ballte sich eine Kraft zusammen, die nun die ganze Welt und alles in ihr von ihm fernhielt.

Er sagte: »Erwache, Rebekka! Du bist nicht tot, du schläfst nur!«

Bei diesen geheimnisvollen, diesen inhaltsschweren Worten hörten die anderen zu weinen auf; und David, der neben der Bahre kniete, ließ die Hände sinken und blickte den Fremden an. Und ein großes Leuchten strahlte auf dessen Gesicht.

Die starre Hand, die Lucanus umfaßt hielt, wurde rasch wärmer. Die Nasenflügel blähten sich, die Lippen zuckten. Die jungen Brüste hoben und senkten sich mit einem tiefen Seufzer. Die Augen gingen auf, dunkel und verschleiert und verwirrt, und starrten den Fremden an. Lucanus lächelte der jungen Frau zärtlich zu; er zog sie an der Hand und hob ihren Rumpf von der Bahre. Und sie setzte sich auf und strich sich das Haar zurück, wie jemand, der aus tiefem Traum erwacht ist.

Bei diesem Anblick begannen die Leidtragenden voll Schreck mit schrillen Stimmen laut zu schreien und wichen zurück; nur der Rabbi und David blieben an der Bahre, sprachlos. Der alte Mann beugte sich wie ein schwarzer Bogen über sein Kind. David warf sich vor Lucanus nieder und drückte die Stirn auf seine Füße und bedeckte sie mit Küssen.

Der Rabbi faltete die Hände, hob das bärtige Gesicht zum Himmel und stimmte einen verzückten Lobgesang an: »Sie war tot, und Du hast sie ins Leben zurückgerufen. O König der Könige! O Herr des Weltalls! Gepriesen sei der Name des Herrn!«

Lucanus bückte sich und hob David auf; und der junge Mann umklammerte ihn. »Der Meister hat uns dich gesandt!« rief er. »Oh, gesegnet sind wir, daß du uns aufgesucht hast, in Seinem Namen!«

»Preise Gott, denn Er hat das gewirkt, und nicht ich«, murmelte Lucanus. »Er ist die Auferstehung und das Leben.«

Er wandte sich zum Gehen, lächelnd und entrückt, aber müde am ganzen Körper. Ein einziges Mal blickte er zurück. Die Frauen halfen der zum Leben Erweckten beim Aufstehen; ihr Gatte küßte ihr die Hände. Der alte Rabbi betete. Dann aber hallte die Luft wider von Freudenschreien und fassungslosen Ausrufen.

Die Männer der Reisegesellschaft hatten alles beobachtet, und mit scheuer Furcht in den Mienen sahen sie Lucanus kommen. Er lächelte ihnen beschwichtigend zu. »Die Frau war nicht tot; sie hat nur geschlafen«, sagte er und stieg wieder in den Wagen. Ratternd ging die Fahrt weiter.

Da beugte Pilatus sich aus seiner Karosse, und mit einer Stimme, in deren gewohnte Überheblichkeit sich ein schriller, zitternder Klang mischte, sprach er zu Lucanus: »Die Juden bestatten ihre Toten vor Sonnenuntergang. Sie war also noch am Leben?« Etwas Flehentliches lag in seiner Frage.

»Sie war noch am Leben«, bestätigte Lucanus.

Aber Plotius warf ihm einen langen Blick zu, und sein Soldatengesicht war tief bewegt und ehrfurchtsvoll. Plötzlich fiel Lucanus in Schlaf, wie jemand, der aufs äußerste erschöpft ist.

Beim nächsten Pferdewechsel erwachte Lucanus. Die Nachmittagsluft war kühl; Plotius hatte den Freund mit seinem eigenen groben Soldatenmantel zugedeckt. Zur Rechten dehnte sich das Meer als ungeheure, gleißende Lichtfläche, so grell, daß man nicht lange hinsehen konnte, und ohne Farben. Der Himmel hatte sich zur lastenden Kuppel gehöhlt; sein helles Blau war in die Reinheit weißer Flamme aufgezehrt worden. Die Landschaft hatte sich gewandelt; vom bleichen, brennenden Himmel hoben sich im Hintergrund kahle, schwärzlich getönte Berge ab. Kamm an Kamm aus massigem Gestein. Hohe Kakteen säumten die Straße und trugen braune, stachlige Früchte. Staubige, wirr verschlungene Disteln zogen sich gleich abgestorbenen Hecken über Dünenflächen, die so leblos schienen wie die Gefilde der Toten. Sogar die Zypressen waren aus der Landschaft verschwunden; weder Ölbäume noch Palmen lockerten die Strenge von Boden und Bergen. Dann und wann zeigten die öden Hänge Auswitterungen weißlichen, brüchigen Gesteins. Flachgedeckte Häuser in der Farbe der ausgedörrten Erde standen stumm und verlassen. Aber je näher Jerusalem kam, desto mehr füllte die Straße sich mit lärmenden Menschen auf Kamelen und Eseln. Von allen Seiten hallte es. Jetzt entfernte der Zug sich von der Küste, und mit den frischen Pferden ging es rascher vorwärts. Lucanus betrachtete die von den Römern durch Rodung der Zypressenwälder angerichtete Verwüstung und dachte, sogar auf der Erde liege hier ein Fluch. Selbst die gelegentlichen trüben Brackwasserteiche, an denen Ziegen tranken, schienen leblos in ihrer Zinnfarbe. Das war der ›Fortschritt‹, von dem Pontius Pilatus gesprochen hatte, diese hemmungslos weiterrückende Zerstörung, diese Entvölkerung, dieses Vordringen der Wüste! Wohin der Mensch, habsüchtig und raubgierig, den Fuß setzte, folgte ihm der Tod.

»Eine scheußliche Gegend«, bemerkte Pontius Pilatus.

Und Lucanus erwiderte: »Sie ist erst scheußlich geworden, als der Mensch hierherkam. Häßlichkeit zieht in seinem Gefolge ein; er verunstaltet alles, was er sieht und berührt.«

Pilatus verzog die Stirn über diese scharfe Entgegnung, Dann erklärte er: »Auch Jerusalem wirst du reizlos finden, und wunderlich. Schade, daß du nicht bei mir wohnen willst. Aber du sagst, daß Hillel ben Hamram dich erwartet und daß du sein Gast sein wirst. Mein lieber Lucanus! Die Juden haben immer die merkwürdigsten Geschichten auf Lager! Du wirst bis über die Ohren in Mystizismus versinken.«

Lucanus antwortete: »Ich habe mich gewundert, warum Gott beschlossen hat, im jüdischen Volk zur Welt zu kommen und nicht bei den Griechen mit ihrer Kultur oder bei den Römern mit ihrer Machtfülle. Aber jetzt ist es mir klar.«

Er erschauerte unter dem Mantel, den Plotius über ihn gebreitet hatte, und döste wieder ein; denn seine Erschöpfung war sehr groß. Doch auch im Schlaf blieb sein Geist rege und voll Betrübnis. Er dachte an die zweitausend Juden in Syrien, die der Legat Varus als Aufrührer gegen Rom hatte ans Kreuz schlagen lassen. Er dachte an die Hinrichtungsstätte vor den Toren Cäsareas, wo regelmäßig Juden wegen ›Hetze gegen das Reich‹ gekreuzigt wurden. Er dachte an die unzählbar vielen Übeltaten, die Menschen einander im Lauf der Geschichte angetan hatten, Übeltaten, die unaufhörlich zu Gott schrien. Und in seinem Halbschlaf fragte er sich, warum Gott dieses zerstörungswütige Menschengeschlecht nicht austilgte, diesen Schandfleck der strahlenden Erde, diese Hasser des Mitmenschen und Hasser aller schuldlosen Dinge, diesen Auswurf, vor dem die sündenlosen Tiere in Angst und Grauen flohen, diese Verwüster der eigenen Städte und Kulturen, diese Strauchdiebe, Kriegstreiber und niedrigen Frevler, diese Heuchler und Lügner, Mörder und Verräter, diese unsteten bösen Geister, die wie Satan über die Erde auf und ab wanderten, um zu erspähen, wen und was sie vernichten könnten. Aber auch ich darf mir auf nichts etwas zugute tun, dachte Lucanus. Ich habe ja früher geglaubt, der Mensch wäre das Opfer ruchloser Verfolgung und nicht selbst der ruchlose Verfolger.

Er öffnete die Augen. Der Wagen, in dem er saß, fuhr einen steinigen, schwarzbraunen Hügel hinauf. Oben blieb die Kutsche stehen, und Plotius zeigte mit der Peitsche. »Jerusalem«, sagte er.

Dort lag die Stadt, im Westen, auf dem Berge Zion, als abendliches Schattenspiel der Erde, als staubig verschwommenes Blau gegen einen rötlichen Himmel, der sich darüber wölbte. Rings um Zion erhoben sich andere Hügel, weißlichbraun, aus Fels aufgefaltet oder von schmalen Terrassen gestuft, auf denen Zypressen, Lorbeer, Ölbäume und Palmen wuchsen, Weingärten angelegt waren, Granatapfel- und Johannisbrot- und andere Obstbäume standen, gelb oder grün oder violett von Früchten. Hoch auf ihrem Hügel thronend, schien die Stadt, mit ihren hellbraunen Farbtönen, zu der Kuppe selbst zu gehören, in Zuckungen des Erdbodens aus ihm hervorgetrieben und nicht von Menschen erbaut. Die gewundenen, zinnenbekrönten Mauern, mit dräuenden Schießscharten versehen, umschlossen schützend die Stadt. Die Tore und Türme waren bewacht; auf den höchsten Punkten wehten die Fahnen Roms. Graubraune Steilheit stieg zu den Mauern auf, von Staub dampfend. Unter den Wällen hatten schon Karawanen ihre Nachtlager bezogen. Feuer loderten, und das ruhelose Schwanken von Laternen wanderte hin und her. Nach Sonnenuntergang durfte niemand die Stadt betreten. Reisende, die draußen von der Abenddämmerung überrascht worden waren, schlugen ihre Zelte auf, wimmelten um ihr kleines

Behelfsdorf, versorgten ihre Pferde und Kamele und warteten auf den Morgen. Die Tore waren geschlossen; die jäh ansteigenden Pfade und Treppen zu den Mauern lagen menschenleer.

Während Lucanus noch schaute, begann die rasch hereinbrechende Nacht wie trübes Wasser die Stadt und ihre hügelige Umgebung zu überfluten. Innerhalb der Mauern sprang das rote Flackern von Fackeln empor, und Laternen leuchteten auf. Ein kupferfarbener Mond stieg über einen gleich gefärbten Hügel; und nahe seiner Scheibe funkelte der Mars wie ein Topas. Die wenigen noch fruchtbaren und bebauten Hügel verloren die Farbe. Die ganze Landschaft wurde eintönig gelbbraun, unter einem Himmel, in dem auf einem See beklemmend scharlachroter Glut Purpurinseln schwammen.

Lucanus hatte die Empfindung, nie etwas so Trostloses, so Herbes, so Düsteres, so – bis auf die Lagerfeuer und Fackeln und Laternen – Ausgestorbenes gesehen zu haben. Ein kalter Bergwind, bar alles Duftes und aller Würzigkeit, schlug ihm ins Gesicht. Da er Städte gewohnt war, die erst am Abend richtig erwachten und von Lachen und lebhaften Stimmen widerhallten, fiel ihm besonders das lastende Schweigen auf, das über dieser Siedlung lag, als hätte sie allen Klang und Lärm in sich geschluckt. Von hier oben konnte er über die Mauern hinüberblicken und sah die schmalen, winkeligen Gassen, von Fackeln rötlich verschummert und mit lautlosen Menschenscharen erfüllt. Und dort stand, hoch, breit und eindrucksvoll, der Tempel, marmorgelb und gelassen und goldtürmig, von stillen Gärten umgeben und, jenseits der Gärten, von einem Gewühl flachgedeckter Häuser, alle in dem gleichen unentrinnbaren Gelbbraun der Erde und der Berge. Nur gelegentlich tauchten aus der Stadt Gruppen von Zypressen, dicht aneinandergedrängt, wie schutzsuchend.

»Vergleiche einmal dieses Jerusalem mit Cäsarea, das wir erbaut haben!« sagte Pontius Pilatus mit kalter, angewiderter Stimme. Aber Lucanus verstand, daß die Stadt sich, zur Abwehr des Eroberers, auf sich selbst zurückgezogen hatte und daß die Habgier der Römer Schuld daran trug, wenn viele Hügel tot dalagen. Die alte Stadt hatte sich vor ihren Zwingherren verschlossen, und ihr düsteres Gepräge war das Gepräge der Verzweiflung.

Rasch bewegte sich nun der Zug den Hügel hinab; an der Spitze ritten die Legionäre mit ihren Fahnen und Rutenbündeln. Lucanus spürte in der Nase die Schärfe jahrhundertealten Staubes. In den Brustwehren der Stadtmauer, die sich nun vor den Ankömmlingen erhob, strahlten beleuchtete Schlitze. Rücksichtslos jagten Wagen und Pferde durch die Zeltlager hindurch. Im Schein der Fackeln vor den Zelten sah man für Momente das glitzernde Weiß mürrischer oder wachsamer Augen; Esel, Pferde und Kamele drängten, empört wiehernd und quiekend, zur Seite, um den Zug vorbeizulassen. Kinder liefen in Rudeln zusammen und begafften die Reisenden. Jetzt hallte von den Bergen her das durchdringende Heulen von Schakalen, unirdisch und gespenstisch. Der Mond war ein gelber Totenschädel am dunklen Himmel.

Auf der steil ansteigenden Straße zur Stadt war für Reiter und Wagen das Vorwärtskommen recht schwierig; kleine Steine prasselten hinter ihnen. Ein Tor öffnete sich, und eine römische Trompete blies ihren Willkomm, weckte schrillen, mehrfachen Widerhall. Durch Reihen grüßender Soldaten ging es in die Stadt.

Und nun waren sie in den staubigen, schmalen Gassen, deren Läden geschlossen und deren Bewohner stumm waren. Sie ratterten über schwarze Kopfsteine. Auf den flachen Dächern wurden Gruppen von Menschen sichtbar; sie wandten die Gesichter von den Römern ab. Torflure glühten golden aus dem düsteren Dunkel; Fenster schimmerten blaß im Lampenlicht. Es war eine belagerte Stadt, schweigsam grollend, stolz in ihrer Erniedrigung.

Lucanus, der die Farbigkeit des Ostens gewohnt war, empfand Jerusalem überhaupt nicht als orientalisch; der Stadt fehlten Frohsinn, Lachen, Musik, eilige Schritte und heitere Stimmen. Er hatte die Empfindung, die Zeit sei hier, zum Grabmal versteinert, stehengeblieben und könne nie wieder in Gang gebracht werden. Die in ihren Halteringen steckenden Fackeln schienen das träge Leben der Stadt eher noch zu dämpfen als anzuregen. Die roten Schatten tanzten über die Mauern wie der Widerschein eines in den Totengefilden wütenden Brandes.

»Bei Tag geht es lebhafter her«, sagte Plotius, als spürte er, was Lucanus dachte. »Die Juden kennen keine nächtlichen Vergnügungen; es sind schwermütige Menschen.«

Sie bogen in eine breitere Straße hinunter, die, von Fackellicht und zitronengelbem Mondschein erfüllt, durch höhere Mauern behütet war. Hier roch Lucanus den Duft von Gärten und die Kühle von Springbrunnen, und er hörte manchmal Stimmen und gelegentlich den Klang einer Laute oder einer Leier, die zaghaft in die Stille der Nacht klimperten. Hier wohnten die römischen Verwaltungsbeamten und die reichen Juden, die mit ihren Zwingherren gemeinsame Sache machten und sogar manche römische Bräuche übernahmen.

Der Zug hielt an einem Tor, und Plotius sagte: »Das ist die Villa Hillel ben Hamrams, deines Gastgebers. Wir anderen fahren mit dem edlen Pontius Pilatus zu seinem Haus.«

Ein schwarzes Eisentor öffnete sich, und Hillel erschien, lächelnd und stattlich, in weißem Gewande. »Seid gegrüßt, edle Freunde!« rief er. »Ich hatte euch schon für früher erwartet.«

»Lucanus mußte die Reise unterbrechen, um einem jüdischen Begräbnis beizuwohnen«, bemerkte Pilatus trocken. »Glücklicherweise hat er verhindert, daß eine junge Frau lebendig begraben wurde. Ihr Juden habt es so schrecklich eilig, eure Toten noch vor Sonnenuntergang loszuwerden! Schon oft habe ich mir gedacht, wieviel Unglückliche wohl im Grabe erwachen; und ich male mir aus, wie sie Entsetzliches durchmachen, bevor sie im Dunkel ersticken und sterben.«

Hillels Miene verzog sich angesichts dieser Beleidigung; aber er lächelte weiter. Er warf Plotius einen liebevollen Blick zu und lud die Reisegesellschaft zu einem Becher Wein. Pilatus erklärte jedoch, er sei müde; voll Unrast schob er sich in seinem Wagen hin und her. Hillel reichte Lucanus die Hand und half ihm beim Aussteigen. Der Druck seiner Finger war herzlich und beschwichtigend zugleich; denn er spürte, daß der Grieche sich ärgerte. Plotius grinste Hillel kurz zu und grüßte militärisch. Der Zug setzte sich wieder in Bewegung.

Noch immer hielt Hillel die Hand seines Gastes, und er führte ihn in einen großen Garten mit vielen Springbrunnen, erfüllt von Jasminduft und dem Wohlgeruch nachtblühender Blumen. Das große Marmorhaus inmitten des Gartens warf das Mondlicht mit goldenem Schimmer zurück. Lucanus atmete auf; nun spürte er seine Müdigkeit. Jetzt eilte ihnen Arieh ben Eleasar über einige niedrige Marmorstufen entgegen, breitete die Arme aus und rief laut und voller Freude: »Lucanus!« Die beiden umarmten einander.

Dann begleiteten Hillel und Arieh den Gast in die große Halle, und er blickte interessiert um sich. Hillel war ein Weltmann. Die verschiedenfarbigen Marmorwände des großen Raumes waren mit erlesenen bunten Stoffen behangen: Brokat und Seide und andere juwelenbestickte Gewebe. Alles glitzerte und funkelte im Licht vieler hoher Lampen und Bronzekandelaber auf geschnitzten Tischen aus Marmor, Eben- und Zitronenholz. An den Wänden und in den Ecken standen mächtige persische und chinesische Vasen, aus denen große, duftende Lilien und Rosen, Jasminzweige und glänzend dunkelgrüne Blätter ragten. Fremdartiges orientalisches Gitterwerk, mit Gold und Silber und Elfenbein eingelegt, zierte die Fenster; es ließ die kühle, würzige Gartenluft ein. Mit Brokat und bunten Seiden überzogene Sessel standen auf kleinen Perserteppichen. Lucanus hatte schon viele vornehme Wohnungen gesehen; aber diesen Saal hier fand er besonders anheimelnd. Allerdings bemerkte er keine Statuen. In der Mitte der geräumigen Halle plätscherte der silbrige Strahl eines Springbrunnens in ein rundes Becken und füllte die Luft mit Wohlgeruch. Die drei Männer setzten sich auf einen granatapfelfarbenen, weichen, römischen Diwan, und ein Diener brachte ihnen römischen Wein und eine Schüssel mit Datteln und in Nüssen gerollten Feigen und anderen feinen Leckereien.

Müde und zufrieden streckte Lucanus sich hin. Seine Freunde betrachteten ihn liebevoll. Arieh sagte: »In meinem Hause, das ich von meinem Vater geerbt habe, sieht es bescheidener aus als hier; aber in ein paar Tagen mußt du auch mein Gast sein.« Er umfaßte die Hand seines Befreiers wie ein Sohn.

»Ich bin nicht zum Vergnügen in Jerusalem«, wehrte Lucanus ab; aber er lächelte. »Du mußt bedenken, daß ich nicht mehr sehr jung bin und noch viel zu erkunden und zu tun habe.« Hillel beobachtete ihn teilnehmend.

»Früher einmal«, fuhr Lucanus fort, »fehlte mir jede Hoffnung. Die Welt erschien mir durchaus verderbt und ohne Gott. Erbittert und verzweifelt habe ich meine Jahre durchlebt. Aber es ist so, wie mein Bruder Priscus es mir gesagt hat: Nun ist dem Menschen eine Offenbarung durch Gott zuteil geworden, und die Welt hat sich von Grund auf geändert. Hoffnung und Freude sind ihr geschenkt worden; ein neues Zeitalter ist angebrochen, voll von Zeichen und Wundern. Ich bin dazu berufen worden, an dieser neuen Zeit mitzubauen und die frohe Kunde allen, denen ich begegne, zu bringen.«

Hillel zögerte. »Ich war in Joppe. Ich habe Petrus gesehen, einen der Apostel Christi, den hervorragendsten unter ihnen. Er ist ein Mann von etwa vierunddreißig Jahren, leidenschaftlich, ungeduldig und etwas unduldsam. Seine Rede ist bündig und freimütig. Du mußt wissen, daß er wenig oder keine Berührung mit den Heiden hatte; er ist ein Fischer aus Galiläa, ein Mann vom Lande. Er war ein sehr frommer Jude, fast ohne Erfahrung in den Dingen dieser Welt. Trotzdem hat er große Überzeugungskraft und glüht von innerem Feuer. Er hält sich in einem kleinen Haus in Joppe verborgen und verbringt die Tage auf dem Dach, indem er zum Meer hinausblickt und betet.«

Hillel unterbrach sich; dann lachte er ein wenig. »Als ich hinkam, hat er mich nicht freundlich aufgenommen. Ein paar Tage lang wollte er mich überhaupt nicht sehen. Er ist ein mißtrauischer Mann. Dann machte er mir in seiner galiläischen Mundart Vorwürfe; ich sei ein schlechter Jude, sagte er mir ins Gesicht. Ich hätte Umgang mit Griechen und Römern und anderen abscheulichen Leuten. Was wisse ich von den Heiligen Büchern? Es sei offenkundig, erklärte er zornig, mit einem Seitenblick auf meine Gewandung, daß ich nur meinem Vergnügen lebe; und er halte es für durchaus möglich, daß die Zehn Gebote bloß Worte für mich seien. Ich sei ein reicher Mann; wie könne ich für arme und schlichte Leute Verständnis haben? Für Menschen wie mich sei der Herr nicht auf die Erde gekommen und gestorben. Seine Botschaft müsse über mein Begriffsvermögen hinausgehen. Nachdem ich diese tadelnden und verächtlichen Reden über mich hatte ergehen lassen, hörte er sich schließlich doch meine Geschichte an, wobei er allerdings ständig vielsagend meine Ringe und meine Silbersandalen ansah. Mit der Zeit wurde er umgänglicher; es fiel ihm ein, daß ich der reiche Mann war, der mit Jesus gesprochen hatte. Plötzlich begann er zu weinen und sagte: ›Wie komme ich dazu, dich zu schelten, wo ich selber den Herrn dreimal verleugnet habe und geflohen bin, als man ihn gefangennahm und kreuzigte?‹ «

Hillel goß seinem Gast Wein nach und erzählte dann weiter. »Nach einiger Zeit sagte Petrus stockend: ›Als der Herr wieder zu uns kam und bei uns weilte, gab er uns Auftrag, die Frohbotschaft allen Völkern zu verkünden. Ich muß gestehen, daß ich entsetzt war. Wir sind unser wenige, und wir sind Juden, und wir stehen ohne Geld oder Freunde da. Der römische Prokurator hat uns geächtet. Was können die Heiden vom Messias verstehen? Was sollen wir ihnen sagen? Wir kennen sie nicht! Für uns waren sie ein Greuel; unser Gesetz hat befohlen, wir sollten uns von den Heiden fernhalten, um nicht durch sie verdorben zu werden. Die Unbeschnittenen stehen außerhalb des Gesetzes; sie sind unrein, ihre Wege sind nicht unsere Wege. Schwach und ohnmächtig – so sollen wir unter die Fremden treten, mit ihren Götzenbildern und ihren lasterhaften Göttern und ihren unsagbar scheußlichen Sitten! Ihnen sollen wir von unserem Messias erzählen, den wir nur unserem Volke gesandt glaubten! Ich bin nicht bloß nach Joppe gekommen, um mich vor dem Zorn der Römer, die uns als Aufrührer bezeichnen, zu verbergen, sondern auch, um zu beten und mich um Einsicht zu mühen. Nacht für Nacht bin ich auf diesem Dach gestanden und habe nachgedacht. Und dann wurden mir Visionen zuteil. Ich muß tun, wie der Herr befohlen hat. Aber es bleibt das Grauen im Herzen; und ich schrecke vor den Heiden zurück, ihrer Grausamkeit und Schändlichkeit.‹ «

Hillel lächelte belustigt. »Ich habe zwar die Heiden nie mit dem Abscheu und Entsetzen dieses schlichten, leidenschaftlichen Mannes betrachtet; aber ich kann ihm seine Bedenken nachfühlen. Ich habe ihm von dir erzählt und habe erwähnt, daß du mit ihm sprechen willst. Was? Ein Grieche, ein Heide? Jemand, der falsche Götter verehrt hat, eine fremde Sprache redet, nicht beschnitten ist! Dann hat er von neuem zu weinen begonnen und war ganz zerknirscht, weil er, wie er mir gestand, wiederum die Sünde des Hochmuts und der Unduldsamkeit begangen hatte. Und er hat einer Unterredung mit dir zugestimmt. Vor meiner Abreise hat er mich getauft. Ein besonders liebenswürdiger Mann ist er wirklich nicht; du wirst vielleicht eher finden, daß er grob und sogar ausfällig ist, ein richtiger Bauer in seiner derben Redeweise.

Ich habe auch zwei andere Apostel getroffen, die Brüder Jakobus und Johannes, Söhne eines gewissen Zebedäus, auch Galiläer. Sie haben den Beinamen Boanerges, Söhne des Donners, und das kennzeichnet sie sehr treffend. Sie wohnen außerhalb der Stadtmauer. Die Mutter Jesu lebt bei ihnen wie ihre eigene Mutter; so hat der Herr es befohlen. Es sind sehr junge Männer, etwas draufgängerisch und von leidenschaftlicher Hingabe erfüllt. Sogar eine gewisse Rachsucht regt sich bisweilen in ihnen. Ich habe gehört, daß sie einmal, als ein Marktflecken der Samariter dem Herrn und seinen Jüngern die Aufnahme verweigerte, Christus fragten, ob sie nicht beten sollten, daß Feuer vom Himmel falle und die Ortschaft verzehre. Auch als sie zurechtgewiesen wurden, schnoben sie noch Wut und Zorn. Ich habe die beiden zwar auch dazu gebracht, dich anzuhören; aber freundliche Augen werden sie dir nicht machen.«

Hillel seufzte. »Sogar unter diesen heiligen Männern, unter jenen, die dem Herrn gefolgt sind und mit ihm gegessen und geschlafen und stündlich seine Worte gehört haben, herrscht Zwietracht. Einige erklären steif und fest, bevor jemand Christ würde, müsse er zunächst in die jüdische Religionsgemeinschaft aufgenommen und beschnitten werden. Es sind das die bejahrteren Leute, die verbissen an dem von alters her überkommenen Gesetz festhalten. Die jüngeren behaupten, das sei nicht nötig; sie haben ihre eigenen Auslegungen. Die Alten weisen darauf hin, Jesus habe gesagt, er sei nur zu den verlorenen Schafen des Hauses Israel gesandt; das müsse man buchstäblich nehmen. Die jüngeren dagegen sind entschieden der Ansicht, mit diesen Worten Jesu sei das ganze Menschengeschlecht gemeint. So werden die Anhänger Christi nicht nur durch die Ächtung des Pontius Pilatus in ihren Verstecken von der übrigen Welt abgeschlossen; sie sondern sich auch voneinander durch ihre eigenen Meinungsverschiedenheiten. Ich sehe recht schwarz für die Zukunft.«

»Ich nicht«, erklärte Lucanus in festem Tone. »Ihr müßt bedenken, Freunde, daß auch die Apostel nur Menschen sind; und jeder Mensch sieht nun einmal die Dinge anders. Ich werde so bald wie möglich Petrus aufsuchen.«

Ein junges Mädchen betrat geräuschlos die Halle, in eine weiße Palla gekleidet, einen Gazeschleier auf dem Kopf. Die Kleine war fünfzehn Jahre alt und besonders hübsch, mit einer reifen, anmutigen Gestalt, schönen dunklen Augen unter schmalen Brauen, schneeweißer Haut und säulenschlankem Hals. Ihr Mund war wie eine Rose; unter dem Schleier wallte von dem kleinen Kopf eine lockige Fülle dunkelroten Haares herab. Das Mädchen hatte eine scheue, aber gefallfreudige Miene und wußte offenbar genau, wie schön es war.

»Ah, Lea!« rief Hillel liebevoll. Er stand auf, faßte das Mädchen an der Hand und führte es zu Lucanus. »Das ist meine Schwester«, stellte er vor, »Lea, die ich Arieh zur Frau versprochen habe. Ist er nicht glücklich zu preisen?« Er lächelte dem Mädchen stolz zu. Viele edelsteinbesetzte Armbänder klirrten an Leas Handgelenken, und ein schweres, gemmenverziertes Goldband umschloß ihr den Hals; ihre Sandalen waren aus Silber.

Lucanus war gerührt und belustigt zugleich. Bei aller Jugendlichkeit schien die umhegte und wohlbehütete Lea ein rechtes Weltkind. Sie erwiderte seine Begrüßung leise auf griechisch, und es stellte sich heraus, daß sie die Sprache tadellos beherrschte.

Arieh stellte sich neben sie, und seine dunkelblauen Augen strahlten vor Liebe. Sie tat, als bemerkte sie ihn nicht, obwohl an ihren breiten Jochbeinen helle Röte stand. Sie redete zu ihrem Bruder mit der Anmaßung junger, verzärtelter Geschöpfe. »Warum ist unser Gast nicht schon auf seinem Zimmer und kann sich ausruhen? Das hast du nicht gut gemacht, Hillel.«

»Du hast recht«, gab er zu. Er klatschte in die Hände, und gleich trat der Gesindemeister in die Halle. »Bitte, führe den edlen Lucanus in seine Gemächer, Simon!« sagte er. Dann überlegte er einen Augenblick lang. »Meine Frau, Lucanus, wirst du beim Abendessen sehen. Die Kinder sind im Bett. Meine Eltern« – er zögerte – »werden uns nicht Gesellschaft leisten; sie sind alt und haben Fieber.«

Lucanus verstand sofort: Hillels Eltern mißbilligten es, daß ihr Sohn Heiden einlud und unter ihr Dach brachte. Er nickte bedeutungsvoll. »Ich wünsche ihnen baldige Besserung«, sagte er. Dann konnte er sich doch eine kleine Bosheit nicht verkneifen. »Wenn du willst, bin ich gern bereit, sie zu untersuchen und ihnen nötigenfalls etwas zu verschreiben.«

Etwas hastig erwiderte Hillel: »Schönen Dank, lieber Freund! Aber ich möchte dich nicht bemühen. Außerdem vertrauen meine Eltern nur unseren Hausärzten. Alten Leuten muß man ihren Willen lassen; sie haben eben ihre Eigenheiten.«

»Die Eltern sind sehr unleidlich«, beklagte sich Lea schmollend. »Sie können nicht den Mund auftun, ohne mir Ausstellungen oder Vorwürfe zu machen. Glauben sie denn, wir leben noch in den Zeiten, wo man junge Frauen nach der Heirat eingesperrt gehalten hat, wo sie sich wie Matronen anziehen und das Haar verstecken mußten?« Sie schüttelte die hübschen Locken. »Heute haben wir eine neue Zeit, und man muß sich neue Lebensformen zu eigen machen, angenehmere und fortschrittlichere.«

Hillel lachte und zupfte die Schwester liebevoll an einer ihrer Locken. »Denk daran, Lea: Du sollst Vater und Mutter ehren!« mahnte er.

Aufgebracht riß sie sich von ihm los. »Du hast leicht reden, lieber Bruder«, zeterte sie. »Du hast nicht wie ich den ganzen Nachmittag damit verbringen müssen, ihre Quengeleien anzuhören. Ich bin unmanierlich; ich kenne mich in den Gesetzen der Propheten nicht aus; ich achte unsere Vorväter nicht; ich weiß nichts von den frommen Bräuchen; man hat schwere Bedenken gegen mich geäußert; ich werde mich als Gattin römischer Art entpuppen, und meine Kinder werden verwahrlosen und ihre religiösen Pflichten nicht kennenlernen. Und deine Frau Deborah gibt den Eltern nicht viel nach, mit ihrem Kopftuch über den Haaren und den züchtig niedergeschlagenen Augen und dem Schweigen in Gegenwart des Mannes! Wenn du nicht dahinterher wärest, würde sie nicht einmal bei Tische erscheinen, sondern allein essen – aus lauter Demut. Für sie alle bin ich eine Jezabel.«

»Jetzt geh aber, Kind!« drängte Hillel. »Genug gemault!«

»Du weißt nicht, was ich durchmache!« rief Lea und stampfte mit dem hübschen, kleinen Fuß auf. »Außerdem bist du eben ein Mann, und keine Frau!«

»Du benimmst dich unmöglich«, erklärte Hillel, einen strengen Ton anschlagend. »Es ist nicht verwunderlich, daß man an dir viel auszusetzen hat, und wir haben Verständnis dafür. Du behelligst unseren Gast.«

Lea warf den Kopf zurück und hampelte hinaus. Entschuldigend bemerkte Hillel zu Lucanus: »Sie ist die Letztgeborene meiner Eltern und wurde übermäßig verzärtelt. Das Ergebnis haben meine Eltern sich selbst zuzuschreiben. Übrigens sind sie entzückt von ihrer Schönheit und fürchten nur für ihre Seele. Aber wenn sie verheiratet ist, wird sie eine richtige jüdische Ehefrau werden und ohne Zweifel ihre eigenen Kinder genauso schulmeistern und genauso todunglücklich über sie sein.«

»Sie ist ein Labsal für meine Augen«, sagte Arieh. »Nebenbei bemerkt, unterweist sie mich im göttlichen Gesetz und jammert über meine Unwissenheit. Sie ist das süßeste aller weiblichen Wesen.«

Als Lucanus in den ihm zugewiesenen Gemächern war, blickte er vergnügt um sich. Er trat auf einen Balkon und schaute über die von Laternen und Fackeln beleuchtete Hauptstadt. Er wusch sich die Hände in parfümiertem Wasser und erhielt von einem Bedienten weiße Handtücher gereicht. Schöne neue Gewänder aus weißestem Linnen waren sorgsam für ihn vorbereitet, und er legte seine groben, von der Reise verstaubten und beschmutzten Kleider ab. Er schob die Füße in Sandalen aus feinstem Leder. Sehnsüchtig blickte er auf das prächtige Bett. Von irgendwoher im Hause hörte er fernes Harfenspiel und vermutete, daß Lea aus Trotz fröhliche Musik machte. Aus irgendeinem Grunde wurde ihm, als er die Tanzrhythmen hörte, leichter ums Herz. Diese Musik hatte etwas Unschuldiges, Bejahendes; diese Töne glaubten an das Leben und warfen sich ihm leidenschaftlich in die Arme.

Ein Diener führte den Gast durch verschwenderisch ausgestattete Räume in den Speisesaal, wo Hillel, Arieh, Lea und Deborah, Hillels Gattin, ihn erwarteten. Deborah war eine junge, wohlgenährte Frau, sehr schlicht in ein blaues Gewand gekleidet. Ein blaues Tuch bedeckte ihr Haar vollständig; auch Arme und Hals waren verhüllt. Ihr rundes Gesicht erinnerte Lucanus an Aurelia; trotz ihrer züchtigen Haltung hatten ihre braunen Augen, die sich einmal zu seinem Gesicht erhoben und dann wieder niedergeschlagen wurden, einen lebhaften Blick. Ein Grübchen geisterte um die betont strengen Lippen und sprach von einer Fröhlichkeit, die zweifellos für ihren Gatten vorbehalten blieb. Deborah trug keinen Schmuck. Ohne auch nur ein Wort zu sagen, setzte sie sich an das Fußende der üppig bestellten Tafel neben Lea, die sie eine Weile ungeduldig ansah, ohne sich dann weiter um sie zu kümmern. Das Mädchen mischte sich keck in die Unterhaltung, widersprach, lachte, scherzte und benahm sich überhaupt wie eine verzogene junge Schönheit modernen Schlags. Deborah atmete Mißbilligung; Lea rümpfte die Nase, schüttelte die Locken und ließ die Armbänder klirren.

»Ihr habt einen ausgezeichneten Koch«, lobte Lucanus, der plötzlich großen Hunger verspürte. Die Fischklöße waren gewürzt und schmackhaft, die Gemüse und Salate köstlich angerichtet, der Lammbraten war saftig. Dann gab es mit Rosinen gefüllte Blätterteigkuchen, Dörrpflaumen und mohnbestreute Datteln. Der Wein war feinste römische Fechsung. Kerzen in Silberleuchtern beschienen ein weißes Tischtuch, in dem Silberfäden glitzerten. Die Löffel und Messer waren reich durchbrochen und graviert, die Becher aus schwerem Gold, mit Gemmen eingelegt, ebenso die Salzfässer und die Teller.

»Wir leben wie Bauern«, krittelte Lea unzufrieden. »Nicht als ob ich ungebührliche Sachen verlangen wollte! Aber auf mehr Eleganz und Abwechslung würde ich Wert legen. Im Hause meiner besten Freundin ist es bei Tisch ganz entzückend.«

»Schweig doch, mein Kind!« mahnte Hillel gewohnheitsmäßig. »Lucanus, manchmal wünsche ich mir, wir hätten noch die alten Bräuche, und die Frauen wären von den Mahlzeiten der Männer ausgeschlossen.«

»Sie ist jung«, verteidigte Arieh sie. Er wandte sich zu seiner Verlobten und bat in ernstem Tone: »Du hast mich unwissend genannt, und das mit Recht. Wiederhole mir doch einige der mosaischen Vorschriften über Tempel und Opfer!«

Lea hob stolz den Kopf und begann mit strenger Stimme Arieh zu unterweisen. Lucanus hörte in liebevoller Belustigung zu, Arieh mit demütiger Miene. Deborah sagte nichts; aber gelegentlich sah Lucanus ihre Grübchen auftauchen. Das Glück dieser jungen Leute rührte Lucanus tief. Während er den Worten Leas lauschte und ihre unschuldige Miene betrachtete, ihre rosigen Wangen, das Strahlen ihrer Augen, die Geschmeidigkeit ihres Halses und der nackten Arme, mußte er an Rubria und Dina denken, die Toten, die er mit solcher Zärtlichkeit liebte; und er sagte sich, daß es in Wirklichkeit Altern, Kräfteverfall, Schmerz, Verzweiflung, Trennung, Tod nicht gab. Die Erde und die Planeten stimmten Harmonien unsterblicher Jugend an, und die Sonnen und fernen Fixsterne ergötzten sich daran. Große Heiterkeit erfüllte ihn. Alles, was er je geliebt hatte, blieb für immer bei ihm.

Ehe er an diesem Abend einschlief, horchte er auf das Heulen der Schakale jenseits der Stadtmauern, und es schien ihm, als wären das die Stimmen von Wesen, die in der Wildnis riefen und der Tröstung entgegenharrten, dem Augenblick, da sie in die Gemeinschaft der Seligen Aufnahme fänden.

XXXXVIII

Lucanus hatte eine Einladung zum Abendessen bei Pontius Pilatus erhalten und war eben daran, sie unwirsch abzulehnen, als Hillel sagte: »Du warst sein Gast in Cäsarea. Und aus irgendeinem Grunde gehst du ihm im Kopf herum. Seit der Kreuzigung Jesu ist ihm sehr unbehaglich zumute. Fällt es dir so schwer, ihm ein bißchen Entspannung zu verschaffen?«

»Dich, meinen Gastgeber, hat er nicht eingeladen. Das ist eine arge Unhöflichkeit.«

Hillel lächelte. »Mag sein. Aber die Römer legen keinen besonderen Wert darauf, gegen Besiegte höflich zu sein. Dir hat die Bemerkung auf der Zunge gelegen, er könne die Juden nicht leiden. Wir wären selber unduldsam, wenn wir gegen Unduldsamkeit nicht Duldung aufbrächten.«

»Das ist Sophisterei«, meinte Lucanus. Aber er nahm die Einladung an.

Hillel putzte ihn sehr elegant heraus. »Den Römern als Materialisten sticht reiche, geziemende Kleidung angenehm in die Augen. Für Schlichtheit haben sie nichts übrig; sie lieben Prunk.«

Lucanus trug eine blaue Tunika und darüber eine Toga aus sehr feinem, aber schwerem Linnen, mit Gold gesäumt. Seine Schuhe waren aus Gold, mit einer edelsteinbesetzten Lederlasche über dem Spann. Hillel streifte ihm juwelengeschmückte Reife über die Arme. »Jetzt siehst du wirklich prächtig aus«, sagte er liebevoll. »Wie eine höchst edle griechische Statue.«

Gegen Abend bestellte er eine Sänfte, und Lucanus wurde zum Hause des Prokurators getragen, einem großen Gebäude, von hohen Mauern und üppig blühenden Gärten umgeben, wo im roten Schein der untergehenden Sonne Springbrunnen spielten. Aber aus der Gegend der Käserstraße wehte ein Lüftchen herüber, gegen das alle Wohlgerüche von Baum und Gras und Blume nicht aufkommen konnten. Naserümpfend sagte Pilatus: »Dieser Gestank ist gräßlich!« Lucanus dachte daran, daß er höflich sein sollte, und unterließ es daher, auf den Gestank Roms hinzuweisen, besonders auf die Düfte, die bei entsprechender Windrichtung aus den Stadtvierteln jenseits des Tiber drangen.

Pilatus, der sehr bedrückt schien, führte seinen Gast in ein Vestibül, das noch verschwenderischer ausgestattet war als Hillels Vorhalle. Lucanus war überwältigt von der Pracht, die allerdings überladen und manchmal geschmacklos wirkte. Der Springbrunnen in der Mitte war stark parfümiert, und der Geruch drängte sich übermäßig auf. Das Haus schien voll hübscher junger Sklavinnen, die auf dem schimmernd weißen, kissenbedeckten Fußboden saßen, Flöte oder Harfe oder Laute spielten und die langen Locken schüttelten.

»Gehen wir auf das Dach!« schlug Pilatus vor. »Dort ist die Luft frisch, und wir haben eine schöne Aussicht auf die Stadt. Ich erwarte auch andere

Gäste.« Sein verschlossenes Gesicht lächelte kühl. »Niemand Geringeren als Herodes Antipas selbst und seinen Bruder. Er wünscht mit dir zu sprechen; und das ist, mußt du wissen, ein Erweis besonderer Herablassung! Früher haben wir uns gegenseitig nicht leiden können; jetzt sind wir die besten Freunde. Staatsräson!«

»Du hast Herodes von mir erzählt?« Lucanus war beunruhigt.

»Ja. Übrigens ist er wütend darüber, daß ich die Ächtung der Sekte, die sich selbst Christen nennt, widerrufen habe. Er neigt dazu, dich unleidlich zu finden.« Pilatus lachte in einer plötzlichen Anwandlung guter Laune und führte den Gast über einige breitstufige, mit Perserteppichen belegte Treppen; im Vorbeigehen sah Lucanus flüchtig in prunkvolle Räume. Musik folgte den beiden Männern. Das Dach war sehr geräumig und von hohen, in geschlungenen Mustern durchbrochenen Steinbrüstungen umgeben. Auf dem Boden lagen Teppiche; die niedrigen Sessel und Ruhebetten waren durch buntgestreifte Seidenplanen gegen den Wind geschützt; auf den Tischen warteten Lampen. Die jungen Sklavinnen kamen nach und begannen wieder ihre Instrumente zu spielen.

Interessiert betrachtete Lucanus die Aussicht auf die Stadt von hier oben. Auf den felsigen oder stufenförmig abgegrabenen Hügeln rings um Jerusalem lag die karminrote Glut des Sonnenuntergangs und schien auf den Hängen Feuersbrünste entzündet zu haben. Die gewundenen, zinnenbekrönten gelben Stadtmauern sahen gespenstig aus; über die schmalen, menschenerfüllten Straßen hatte sich eine staubige Scharlachtönung gebreitet, gleich dem Widerschein eines Brandes. Aus der Stadt drang leises Summen, gedämpft und murmelnd. Lucanus sah das römische Forum, dessen weiße Mauern und Säulen in dem glosenden Licht wie Schnee leuchteten, und das römische Theater, eine reichgekerbte Schüssel, und die Paläste, hoch aufgebäumt über die endlose, gerillte Ebene kleinerer Häuser, deren flache Dächer in einem Anflug von Rot schimmerten. Beherrschend aber überragte alles der Tempel, in einem eigenen Mauerviereck thronend, die goldenen Türme in Glut getaucht, die Mauern rötlich überflossen. Da der Tempel von der Pilatusvilla aus ostwärts lag, war hinter ihm der Horizont tief pfauenfarbig, im Gegensatz zu dem flammenden Rot des Westhimmels. In der Ferne sah man einen ausgedehnten Hain schwarzer Zypressen, die in Gruppen zusammengedrängt oder vereinzelt in einem großen, grünen Garten standen.

»Gethsemane«, sagte Pilatus, als er bemerkte, daß Lucanus hinblickte. In seiner Stimme zitterte ein seltsamer Unterton mit. Die beiden Männer setzten sich unter eine Plane und tranken Wein. Pilatus verfiel in Schweigen, als sänne er nach. Musik klang auf, und ein Mädchen sang mit weicher Stimme. Lucanus hörte zu. Die Weise war ihm unbekannt, traurig und bedrückend; die Worte waren aramäisch.

Oh, wie so huldvoll ist Gott unser Herr!
Ja, Seine Huld ist umspannender noch als die See.
Seine höchst liebreiche Güte schließt Erde und Himmel in sich,
Und Seine Worte sind Balsam und Trost für mein Herz.

Wer wohl vermag Ihn zu kennen und Seinen hehren Entschluß?
Kennen die Hügel, die kahlgrauen Berge den Herrn
Oder die endlosen Wüsten, die niemand betritt?
Oder der schreitende Löwe, der einsam ragende Baum?

Oder ein Weib, das da schläft mit dem Kind an der Brust,
Oder ein freudlos in Qualen Verscheidender? Oder der goldene Strom,
Der sich zum Meere ergießt? Oder die Gärten im dämmernden Licht?
Nur an geheimstem Orte kennet man Ihn!

Lucanus sah die junge Sängerin an; ihre großen dunklen Augen lagen schwermütig unter den Brauen, ihr Gesicht war glatt und blaß. Er staunte über die Worte des Liedes und blickte Pilatus an, der offenbar nicht zuhörte. Der Römer hatte den Ellbogen auf die Armlehne seines Sessels gestützt, und seine Finger verdeckten ihm zum Teil das Gesicht. Er war in Gedanken versunken und hatte seinen Gast vergessen. Dann sagte er, ohne die Finger zu rühren, wie zu sich selbst: »Es ist unmöglich, daß er von den Toten auferstanden sein sollte! Seine Anhänger haben ihn mit sich genommen; er ist einfach zu früh vom Kreuz genommen worden.«

Lucanus erwiderte nichts und wartete. Die Musik wurde sanfter und weniger eindringlich. Mit der gleichen, wie aus weiter Ferne kommenden Stimme fuhr Pilatus fort: »Es würde mich nicht wundern, wenn dieser alte fromme Schurke, Joseph von Arimathia, bei all dem die Hand im Spiele gehabt hätte. Er ist Ratsherr, anständig und rechtschaffen, wie es heißt. Ich habe ihn kennengelernt und konnte ihn trotz meines Mißtrauens bei keiner Spitzfindigkeit oder Eigensüchtigkeit ertappen. Dieser Joseph hat sich bei mir den Leichnam des Gekreuzigten ausgebeten und ihn bestattet. Man hat mir genug zugetragen über diesen Jesus, an dem ich, offen gesagt, keinen wirklichen Fehl entdecken konnte! Aber dieser Hohepriester Kaiphas! Wenn man sich solche Würdenträger zu Feinden macht, tut man es immer auf eigene Gefahr; sie können allerhand Unheil anrichten. Und ich hatte Befehl, hier im Lande unbedingt die Ordnung aufrechtzuerhalten. Kann man mir da einen Vorwurf machen?« Er blickte Lucanus scharf an.

»Nein«, murmelte der Grieche zögernd.

Pilatus sagte: »Joseph ist ein sehr reicher Mann. Es kann sein, daß da irgendeine Bestechung am Werk war und daß Jesus noch lebend vom Kreuz genommen und in Josephs Haus gebracht wurde, wo man ihn pflegte und ausheilte.« Unruhig schob der Römer sich hin und her. »Wegen der Gerüchte, er werde am dritten Tage von den Toten auferstehen, habe ich Wachen an der Gruft aufgestellt, um jeden Betrug auszuschließen. Der Hohepriester hat mich darum gebeten.«

Er hielt inne. Sein Kopf war abgewandt, so daß Lucanus das Gesicht nicht sehen konnte. Wieder wartete der Grieche. Schließlich seufzte Pilatus. »Die Menschen sind sehr abergläubisch; sie neigen auch zur Überspanntheit. Als meine Wachtposten mir später Meldung erstatteten, traute ich meinen Ohren nicht. Sie hatten, so erzählten sie fast unzusammenhängend, rings um das Grab Lagerfeuer unterhalten und Wein getrunken und gewürfelt und gescherzt. Hat ihnen dieser allgegenwärtige alte Schurke Joseph vielleicht ein Schlafmittel in den Wein gemischt? Er leugnet das feierlich, unter Eid. Meine Leute aber haben mir mit ängstlich umherschweifenden Blicken beteuert, am dritten Tag habe vor Sonnenaufgang ein gewaltiges Licht um die Gruft erstrahlt und sie seien bewußtlos zu Boden gestreckt worden. Als sie erwachten, fanden sie den massigen, schweren Stein vom Grufteingang weggewälzt, und in der Kammer war nichts als Grablinnen, eine leere Steinbank und der Geruch von Gewürzen und Öl!«

Flehentlich sah er Lucanus an. »Wie kann ein vernünftiger Mensch daran etwas Übernatürliches finden? Die ganze Sache war in Wirklichkeit ein derber Scherz, den man aufgeführt hat, um einfältige Leute zu narren und ihnen heilige Scheu einzujagen, ein Taschenspielerstück, um eine Weissagung zu erfüllen. Hör mal, Lucanus, ich bin ein gebildeter Mann, aus adeliger Familie. Kannst du mir zumuten, diesen Unsinn zu glauben, der sich an einen jämmerlichen Dorfrabbi aus Galiläa knüpft? Wer könnte die Götter weniger zum Eingreifen veranlassen?«

»Welcherlei Antwort erwartest du von mir?« fragte Lucanus leise.

»Sag mir, was du persönlich von diesem Unsinn hältst!« Der Prokurator beugte sich zu ihm, und Lucanus sah, daß er aufgeregt war und sich über die eigene Aufregung ärgerte.

Der Grieche griff in sein Gewand und zeigte, im Licht der roten Sonne, das Kreuz, das ihm auf der Brust hing. Pilatus starrte es an. »Schon vor Jahrhunderten«, erklärte Lucanus, »ist das Erscheinen dieses Mannes von den Chaldäern und dann auch von den Juden vorausgesagt worden. Gerüchte dieser Art verbreiteten sich in der ganzen gesitteten Welt. Die Ägypter haben ihre Pyramiden mit dem Sinnbild des Kreuzes geschmückt; die Griechen haben dem Unbekannten Gott Altäre errichtet. Die vor langer Zeit abgefaßten Heiligen Schriften der Juden sprechen vom Messias, von seiner Sendung, seiner Geburt, von seinem Leben und seinem Tode.«

Pilatus war bestürzt. Das karminfarbene Licht der letzten Sonnenstrahlen lag starr auf seinem Gesicht. Er blickte Lucanus durchdringend an. »Und das alles glaubst du?« rief er entsetzt.

»Ja. Ich glaube es. Ich weiß es.«

Eine Weile schwieg der Prokurator. Hernach fragte er mit gepreßter Stimme: »Und wenn das so wäre, was ist dann mit mir? Ich habe ihn doch dem Tode preisgegeben!«

»Du warst nur ein Werkzeug.«

»Die Götter sind rachsüchtig...«

»Er ist nicht rachsüchtig. Hab keine Angst!«

Pilatus grübelte. »Du hast deinen todgeweihten Bruder geheilt...«

»Nein. Das hat Gott gewirkt. Auch ich war nur ein Werkzeug.«

»Sag mir, was ich tun soll!« rief Pilatus plötzlich verstört. Voll Furcht blickte er Lucanus an. »Ich habe viel darüber nachgedacht. Diese junge Frau, die da begraben werden sollte – die war nicht tot?«

»Ich habe es dir schon gesagt: sie war nicht tot. Es gibt keine Toten.«

»Du sprichst in Rätseln, wie das Delphische Orakel.«

»Der Mensch macht die einfachsten Dinge zu Rätseln und Geheimnissen, Pontius.«

»Ich bin verloren«, erklärte der Prokurator verzweifelt. Sein abergläubisches Römerherz schlug sehr rasch. »Wer bist du eigentlich, Lucanus?« fragte er.

Der Grieche runzelte die Stirn. »Ich bin der, als den du mich kennst.«

»Aber du hast geheimnisvolle Kräfte.«

»Nein. Ich habe keine Kraft, kein Verdienst. Nur Gott hat sie.«

»Dann hat er sie dir geliehen.«

Lucanus schüttelte den Kopf. Aber in diesem Augenblick kam ein Sklave und meldete das Eintreffen des Tetrarchen Herodes Antipas und seines Bruders Herodes Philippus. Die jungen Sklavinnen stimmten eine jubelnde Weise an; andere Mädchen liefen auf das Dach, um Körbe voll Rosenblätter wie roten Schnee niederrieseln zu lassen; noch andere versprühten Wohlgerüche in die Luft. Der Prokurator ging seinen Gästen entgegen, die Lampen auf dem Dach wurden eilig entzündet, und neugierig blickte Lucanus die beiden nun auf ihn zukommenden Männer an.

Antipas erinnerte ihn sofort an einen rötlichen Fuchs; er hatte ein schmales, reizbares Gesicht, seine Bewegungen waren ruckartig, ungeduldig. Er trug einen kurzen, rostfarbenen Bart; dem Griechen fiel ein, daß der Tetrarch sich für die jüdischen Feiertage einen Bart hatte wachsen lassen, ihn aber sofort darnach wieder stutzen ließ. Philippus, der jüngere von den beiden, war größer und hatte eine edle Haltung, schöne und feuchte, dunkle Augen, ein klassisches Gesicht wie eine Statue und ein gemessenes, würdevolles Auftreten. Er schien in düstere Gedanken versunken.

Antipas erwiderte Gruß und Verbeugung des Griechen mit einem kurzen

Wort und einem Blick braunäugigen Mißfallens. Philippus jedoch lächelte dem Arzte zu, erkundigte sich nach seinem Befinden und fragte ihn höflich, wie ihm Jerusalem gefalle.

Die Männer setzten sich und tranken Wein. Die Nacht flutete über die Stadt; unten flammten Fackeln auf, und Laternen blinkten. Antipas war ganz unverkennbar übel gelaunt. Er richtete seine spöttischen Bemerkungen ausschließlich an Pilatus, den einstigen Feind und nunmehrigen Freund. Dabei machte er eine anmaßende und zugleich fast unterwürfige Miene. Philippus blickte den Bruder von Zeit zu Zeit an und runzelte die schwarzen Brauen. Er unterhielt sich freundlich mit Lucanus und sagte ihm, er habe schon viel von ihm gehört. Bei dieser Bemerkung fixierte Antipas mit drohendem Blick über die Schulter hinweg den Griechen und sagte mit scharfer Fuchsstimme: »Ja. Darüber müssen wir noch reden!« Ruckartig zog er die mageren, in blauen Brokat gekleideten Schultern hoch und strich sich den Bart. Ehe er sich wieder an Pilatus wandte, warf er seinem Bruder einen gehässigen Blick zu, den Philippus gelassen hinnahm.

Ein Beckenschlag ertönte, und alle erhoben sich, um in den Speisesaal hinunterzugehen, der von Marmor und edelsteinbesetzten Wandbehängen und prunkvollen Lampen glitzerte. Das Mahl war üppig. Antipas aß wenig und trank maßvoll einige Schlucke Wein. Er beklagte sich bei dem mächtigen Römer über viele belanglose Dinge. Nichts paßte ihm, weder in Jerusalem noch in seinen persönlichen Angelegenheiten. Seine Miene entspannte sich nur, wenn er von seiner Gattin Herodias sprach. Dann aber setzte Philippus sich jedesmal in seinem Sessel auf und blickte den Bruder mit glühenden Augen an, und um seinen Mund gruben sich harte, erbitterte Linien ein.

»Wie gerne würde ich in Rom leben wollen!« rief Antipas. »Dort trifft man nur gebildete und weltläufige Menschen. Hier aber dreht sich alles um Gott, alles um religiöses Brauchtum, alles um widerlichen Glaubensstreit! Sogar der Hohepriester weiß über nichts anderes zu reden als über Schriftauslegungen. Für die Juden gibt es nur eines, ihren Gott.«

Lucanus erklärte: »Schon vor vierhundert Jahren hat Demokrit gesagt: ›Wenn man die Güter der Seele erwählt, so wählt man den göttlicheren Teil; greift man nach den Gütern des Leibes, so faßt man nur den sterblichen Teil.‹ «

»Alles recht schön!« brummte Antipas in unfreundlichem Tone und lächelte spöttisch. »Aber der Mensch hat nun einmal auch diesen sterblichen Teil, und der muß mit Nahrung versorgt werden.« Er hielt inne. Dann fügte er fast drohend hinzu: »Merkwürdige Dinge habe ich von dir gehört, Lucanus. Es gehen Gerüchte um, daß du Wunder wirkst!« Er lachte kurz.

»Nein«, erwiderte Lucanus; das Mißfallen des Tetrarchen mit ihm begann gleiche Gefühle gegen Antipas in ihm zu erregen. »Ich wirke keine Wunder. Nur Gott tut das.« Vor Empörung stieg ihm das Blut in die Wangen.

»Haha!« rief Antipas. »Ausgezeichnet! Wir haben hier in Judäa genug Wundertäter oder Gaukler! Ich hoffe, du bist nicht hierher gekommen, um das Volk aufzuwiegeln. Oder um zu behaupten, du hättest einen ganz besonderen Auftrag von Gott!«

»Ich bin bloß gekommen, um die Wahrheit zu erforschen und aufzuzeichnen«, betonte Lucanus zornig. Pilatus begann zu lächeln. Philippus hörte zu, während er seinen Weinbecher an die Lippen hielt; nur seine lebhaften Augen strahlten Lucanus an.

»Und ich bin hier, um im Lande Frieden zu wahren, und Ordnung«, rief Antipas. »Gegen Unruhestifter werde ich erbarmungslos vorgehen.« Seine Augen funkelten drohend.

»Diese judäischen Oliven sind herrlich, wenn ich das an meinem eigenen Tisch sagen darf«, lenkte Pilatus ab. »Was ist mit dir, Lucanus? Du scheinst wenig Appetit zu haben. Mein Koch versteht sein Handwerk; dieses gebratene Spanferkel schmeckt köstlich.«

»Vielleicht legt einer der geehrten Gäste keinen Wert auf Schweinefleisch«, stichelte Antipas mit einem garstigen Lächeln. Lucanus ging auf diese Herausforderung nicht ein. Er ließ sich von einem Sklaven ein Stück Spanferkelbraten geben.

Verwundert sann er darüber nach, welche Ursache wohl die augenfällige Reizbarkeit und Aufregung des Tetrarchen haben mochten. Antipas schob eine Handvoll kleiner gesalzener judäischer Oliven in den Mund, kaute sie mit finsterer Miene und spuckte die Kerne aus.

»Also«, sagte er dann, »du bist gekommen, um die Wahrheit zu erforschen und aufzuzeichnen. Sag mir, bist du ein Christ?«

»Ich bin Christ seit dem Tage von Jesu Geburt«, erklärte Lucanus.

Vor Verblüffung ließ Antipas fast den Becher fallen; er riß den Mund auf. »Was redest du da?« fragte er ungläubig. Philippus beugte sich in seinem Sessel vor, und auf den Lippen des Pilatus erstarb das feine Lächeln.

»Bist du verrückt?« schrie Antipas und schlug mit der Hand auf den Tisch. »Noch vor vier Jahren hat niemand etwas von den Christen gehört! Da ist der Galiläer überhaupt erst in die Öffentlichkeit getreten!«

»Trotzdem kenne ich ihn vom Tage seiner Geburt an. Mein eigener Unwert war schuld, daß ich ihn jahrelang vergaß, meine eigene Verranntheit und Zornmütigkeit.« Lucanus blickte den Tetrarchen fest an, der verdutzt dasaß. »Laß dir das erklären.« Er zog nochmals das Kreuz hervor und zeigte es Antipas, der plötzlich zusammenzuckte. Er erzählte ihm von Keptah, von den Chaldäern und Ägyptern und Griechen, von den alten Prophezeiungen. Er erzählte ihm von den Weisen aus dem Morgenlande und von dem mächtigen Kreuz in ihrem geheimen Tempel zu Antiochia. Er erzählte ihm von dem großen Stern, den er als Junge gesehen hatte. Manche von den Sklaven, die an den Wänden standen, beugten sich neugierig vor, um zu hören, und einigen füllten die Augen sich mit Tränen.

»Am Tage seiner Kreuzigung war ich in Athen«, schloß Lucanus in leisem, nachdrücklichem Tone. »Die Sonne war verschwunden; die Luft wurde erfüllt vom Dröhnen und Stöhnen eines Erdbebens. Während meiner Wanderfahrten habe ich gehört, daß zur gleichen Zeit ähnliches überall in der bekannten Welt geschehen ist. Hältst du das für Zufall?«

Aus dem schmalen Gesicht des Tetrarchen wich die Röte; an ihre Stelle trat fahle Blässe. Er schwieg; aber seine Blicke schweiften umher, als suchten sie einen Fluchtweg. Er befeuchtete sich die Lippen. Pontius starrte brütend vor sich hin; seine Hand spielte mit dem Becher. Philippus lächelte; er hob den Kopf, als hätte er sich zu einem großen Entschluß durchgerungen.

Plötzlich begann Antipas zu zittern, wie von innerer Raserei geschüttelt. Schließlich sagte er mit gepreßter, wütender Stimme: »Das ist alles Unsinn! Ich habe selbst mit Jesus gesprochen. Ich hatte gehofft, er wäre der Messias. Ich wollte eines der angeblichen Wunder mit eigenen Augen sehen.« Er warf Pilatus einen verstohlenen Blick zu. »Die Weissagungen über den Messias kenne ich. Ich habe sie mein ganzes Leben lang gehört.« Wieder befeuchtete er sich die Lippen und blickte den Prokurator an. »Darnach sollte der Messias die Juden befreien von... von dem Bedrücker. Du verzeihst wohl, Pontius? So lautete tatsächlich die Weissagung! Aber dieser Jesus hat erklärt, er sei nicht von dieser Welt, die Angelegenheiten des Kaisers gingen ihn nichts an. Ich habe ihn mir vorführen lassen.«

Er hielt inne; sein Zittern war unverkennbar. »Obwohl der Hohepriester ihn nicht nur der Mißachtung des Religionsgesetzes anklagte, sondern auch der Aufhetzung der Menge gegen die Obrigkeit und der Schürung von Aufständen, zum Schaden der Sicherheit des jüdischen Volkes, ließ ich ihn mir zum Verhör kommen. Wenn er der Messias sein sollte, dachte ich, würde er sich mir in Glorie und in Wundertaten kundtun und vor meinen Augen göttliche Gestalt annehmen. Aber zu meiner großen Enttäuschung war er bloß ein jämmerlicher, schäbig gekleideter Bauer aus Galiläa. Ich fragte ihn aus. Ich beschwor ihn, sich zu offenbaren, falls er wirklich der Messias sei. Doch er stand schweigend da und antwortete mir nicht – mir, dem Tetrarchen von Galiläa! Er starrte mich bloß an, als hätte er nicht gehört. Mir wurde hinterbracht, er habe mich ›diesen Fuchs‹ genannt. Ich wäre bereit gewesen, ihm das, wenn er tatsächlich der Messias wäre, nachzusehen; denn die Götter verhalten sich nun einmal den Menschen, auch Königen, gegenüber nicht sehr achtungsvoll.«

Zum erstenmal trank Antipas seinen Becher aus.

»Dieser erbärmliche Galiläer! So eine Unverschämtheit, zu behaupten, er sei der von alters her erwartete Messias! Da stand er und fixierte mich nur und redete nichts. Warum hat er mir nicht geantwortet? Zu seinen Jüngern und zum Volk war er recht gesprächig! Ich bin zu der einzig möglichen Schlußfolgerung gelangt: Angesichts der königlichen Erhabenheit hat es ihm die Rede verschlagen, und die Angst hat seine Zunge gelähmt. Damit wußte ich aber auch, daß er nicht der Messias war, sondern bloß ein Volksaufwiegler, bloß ein armseliger Bauer, auf den die Einfältigen und Leichtgläubigen hereingefallen sind. Ich geriet in heftigen Zorn, ebensosehr wegen seiner Gotteslästerung wie wegen der von ihm angezettelten Meuterei. Deshalb habe ich ihm ins Gesicht gesagt: ›Du bist nicht der Messias. Du bist ein Lügner und Betrüger.‹ Ich kann nicht schildern, wie wütend und enttäuscht ich war, und wie stumpfsinnig er mich angeglotzt hat. So habe ich ihn dann den Richtern überantwortet. Um seine angemaßte Würde zu verspotten, warf ich ihm ein Prunkgewand um die Schultern und schickte ihn weg.«

Philippus bemerkte: »Auch gegen einen gewissen Johannes den Täufer warst du aufgebracht. Er hat dich ausgescholten wegen deiner Frau Herodias. Und auf ihr Betreiben hast du ihn enthaupten lassen.«

Die Blicke der Brüder kreuzten sich wie Schwerter im Zweikampf.

Dann fuhr Antipas den Bruder haßerfüllt an: »Schlag dir deine ehrgeizigen Pläne aus dem Kopf! Ich bin Tetrarch von Galiläa, und Pontius Pilatus ist mein Freund.«

Philippus zuckte die Achseln. »Du redest von leichtgläubigen Menschen. Und du hast dir eingebildet, Johannes könnte vielleicht der wiedergeborene Elias sein.«

Antipas wandte sich von ihm ab und kehrte sein gerötetes, bösartiges Gesicht dem Griechen zu. »Du bist zwar der Gast meines teuren Freundes Pontius Pilatus und römischer Bürger; aber ich muß dich warnen, daß ich in meinem Lande keine Unruhen und keine Aufhetzung mehr dulden werde. Deine Wahrheit kannst du erforschen, wo du willst, bloß nicht bei den Unwissenden und den Betrogenen. Ich jedenfalls habe dir die Wahrheit gesagt. Laß dir daran genügen!«

»Nichts ist so löblich wie Aufrichtigkeit«, meinte Pilatus lächelnd.

»Lucanus ist abergläubisch wie alle Griechen«, erklärte Antipas und sah den Arzt wiederum voll Haß an.

»Trotz deiner Warnung werde ich die Wahrheit erforschen«, beharrte Lucanus mit einem kühlen Blick auf Herodes. »Wer kann mich daran hindern?«

Antipas blähte die Nasenflügel und atmete laut. »Ich bin ein wohlerzogener Mensch. Ich kenne meine Pflicht als Gast des Prokurators. Von einem Gast erwartet man Höflichkeit. Aber ich habe ein Hühnchen mit dir zu rupfen, sehr geschätzter Lucanus.« Er schnitt eine spöttische Grimasse. »Auf mein Verlangen hat Pontius die Christen geächtet. Dann aber hast du ihn dazu gebracht, die Ächtung trotz meines Widerspruchs und meiner Gegengründe aufzuheben. Das wird wieder böses Blut machen, wird gefährliche Umtriebe säen. Doch ich gedenke mit diesen Schwierigkeiten fertig zu werden.«

Pontius lächelte. »Ich bin dabei einem Befehl Cäsars nachgekommen. Tiberius hat unserem verehrten Arzt einen prächtigen Ring geschenkt. Lucanus bat mich, die Ächtung zu widerrufen, und hat dabei den Ring in meine Hand gelegt. Tiberius schätzt den Mann sehr, und ich konnte nichts tun, als seiner Forderung entsprechen.« Er schien sich köstlich zu amüsieren.

Herodes Antipas sagte: »Von Tiberius halte ich große Dinge. Aber auch Cäsaren können sich irren.«

»Gewiß«, meinte Pilatus und drehte spielerisch seinen Becher.

Lucanus preßte die Lippen aneinander. Eben wollte er leidenschaftlich entgegnen, als er sah, daß Pilatus und Philippus eindringliche bedeutungsvolle Blicke tauschten, und daß Philippus' Hand sich auf dem seidenen Tischtuch zur Faust geschlossen hatte. Dann schüttelte Pilatus kaum merklich, wie verneinend, den Kopf und hob die Handfläche in einer geduldheischenden Gebärde.

Wieder wandte Antipas sich an Lucanus. »Ich habe dir die Wahrheit gesagt. Was du sonst irgendwo, außer von Pilatus und mir, erfahren solltest, können nur Lügen sein. Wen willst du ausfragen? Die jämmerlichen Nachläufer Jesu? Du bist von abergläubischen Vorstellungen geschwellt hierhergekommen. Kinder denken sich alles mögliche aus; und so kann es sich bei dem, was du uns vorhin als Tatsachen aus deiner Kinderzeit aufgetischt hast, um eigene Trugbilder handeln oder um Hirngespinste unverantwortlicher Leute deiner Umgebung, die nichts als Hexerei und Magie im Kopf hatten. Ich kann mich erinnern, wie es mir als Kind ergangen ist. Mir hat einmal geträumt, ich würde mit eigenen Augen den Messias sehen!«

»Und das hat sich erfüllt«, bemerkte Lucanus.

Antipas schlug auf den Tisch, wiederum völlig außer sich. Mit seinen beweglichen Augen blickte er Pilatus fast flehentlich an, als wollte er fragen: Was soll man mit einem solchen Narren anfangen? Er sagte: »Soweit ich gehört habe, bist du ein gebildeter Mann, in der Heilkunst hervorragend begabt. Du hast auf der Hochschule von Alexandria deine Prüfungen abgelegt. Du bist weit gereist. Zweifellos hast du mit klugen Männern und mit Gelehrten verkehrt. Und da kommst du hierher, erfüllt von einer hartnäckig vorgefaßten Meinung, wo du doch diesen Galiläer niemals gesehen hast. Wahrhaftig, daß heißt einem vernünftigen Menschen zu viel zumuten!« Er wandte sich an Pilatus. »Ich bitte dich, die Ächtung dieser sogenannten

Christen wieder in Kraft zu setzen. Ich fordere das im Interesse des Friedens innerhalb des römischen Reiches, im Namen Cäsars.«

»Ich hatte beim Widerruf keine Wahl«, erklärte Pilatus begütigend und streckte in einer Gebärde der Hilflosigkeit die Hände aus. »Da war dieser Ring des Tiberius. Der Ring hat die Bedeutung, daß der Eigentümer etwas in Cäsars Namen verlangen kann, als spräche Cäsar selbst. Du wirst das verstehen, mein lieber Antipas.«

Herodes dachte nach; er biß sich mit den kleinen gelblichen Zähnen auf die Unterlippe. Seine Augen funkelten, verdüsterten sich, glühten auf. Schließlich sagte er zu Lucanus in verändertem, bittendem Tone: »Verzeih, wenn ich den Anschein erweckt habe, als wollte ich dir drohen. Versuche zu begreifen! Ich habe gehört, daß du tiefe Liebe zum jüdischen Volk hegst. Kannst du wollen, daß hier wieder Unruhen und Aufstände ausbrechen, daß Unschuldige ihr Leben einbüßen? Kannst du wollen, daß Roms Schwert auf diesen kleinen Volksstamm herabsaust, der so viel erduldet und so viel gelitten hat? Was hat Israel dir getan, daß du seine Zerstörung betreiben solltest?«

»Ich bin nicht gekommen, um zu zerstören«, erklärte Lucanus, »sondern um die Wahrheit zu ergründen.«

»Ja, ja«, wehrte Antipas ungeduldig ab. »Das meinte ich nicht. Aber dadurch, daß du Pontius Pilatus bewogen hast, die Ächtung der unwissenden, aufrührerischen Christen, einer Rotte wilder, verbissener Leute, aufzuheben, hast du neuen sinnlosen Unruhen Tür und Tor geöffnet. Die Juden sind ein streitsüchtiges Völkchen. Über jeden Glaubenssatz liegen sie sich in den Haaren; sie neigen zu wütenden Auseinandersetzungen. Die Ächtung hat die Christen in alle Winde zerstreut, so daß sie nicht mit den übrigen Juden Händel suchen konnten. Jetzt werden sie wieder auftauchen, und alles wird ein böses Ende nehmen.«

»Gott behüte!« sagte Lucanus mit ernster Miene. »Jesus war zweifellos ein Mann des Friedens. Mit der Zeit werden seine Anhänger das begreifen.«

»Nein«, widersprach Antipas. »Du kennst die Juden nicht.«

Nun mischte Philippus sich ein. »Auch du selber kennst sie nicht«, warf er gelassen dem Bruder vor. »Du warst nie ein Freund deines Volks. Immer nur ein Feind.«

Tiefes Schweigen senkte sich auf die Tischgesellschaft. Alle saßen wie versteinert. Antipas blickte seinen Bruder an; Lucanus und Pilatus blickten die beiden Brüder an. Dann, nach einer geraumen Weile, sagte Antipas ruhig: »Philippus, wagst du es, so zu mir zu reden?«

»Ja, ich wage es«, erwiderte Philippus ebenso ruhig. »Du bist eine kleine, bösartige Seele. Das sage ich dir ins Gesicht. Du hast keine Haltung, kein Ehrgefühl, keine Würde, kein Benehmen. Das ist alles.« Voll Abscheu starrte er seinen Halbbruder an.

Antipas streckte sein bärtiges Kinn in die Luft und brach in ein dünnes, überlautes Lachen aus. »Oho!« rief er. »Er hat nicht vergessen, daß ich ihm sein Weib Herodias weggeschnappt habe! Du hast mich in Gegenwart meines Freundes beleidigt, aber ich verzeihe dir deine Manierlosigkeit. Du hast mich eine kleine Seele genannt. Wenn du mehr Format gehabt hättest, wäre es mir nicht gelungen, dir deine Frau abspenstig zu machen. Wer ist also der größere von uns beiden?« Boshaft und spöttisch funkelten seine Augen den Bruder an.

Philippus' Lippen waren weiß, aber er sprach mit beherrschter Stimme. »Die Sache mit Herodias trage ich dir nicht nach. Hätte ich sie geliebt und sie mich, so hättest du sie nicht verführen können. Dadurch fühle ich mich nicht erniedrigt; denn man kann niemanden erniedrigen, ohne daß er selbst dareinwilligt. Du redest von Manieren. Du selber hast keine.«

Lucanus wurde verlegen. So hemmungslose Auseinandersetzungen und Beschimpfungen, noch dazu unter Verwandten, war er nicht gewohnt.

Da ergriff Pilatus das Wort und sagte mit umgänglicher Stimme: »Du warst übel beraten, Antipas, als du nach Krone und Purpur griffst. Man soll einen Kaiser nie um eine Königskrone angehen. Du bist bei Cäsar in Ungnade gefallen. Gerade heute habe ich einen Brief von ihm erhalten, worin er empfiehlt, du mögest dich ohne viel Aufsehen zurückziehen. In der Regel empfehlen Cäsaren nicht; sie befehlen. Willst du auf den Befehl warten?«

Antipas wurde totenbleich, und sein rostfarbener Bart hob sich auffällig von der geisterhaften Blässe des Gesichtes ab. »Du beliebst zu scherzen«, stammelte er.

»Nein«, sagte Pilatus im gleichen freundlichen Tone. »Cäsar hat seine Gnade deinem Bruder zugewandt.« Er nippte an seinem Becher, während Antipas die Tischkante faßte und sich keuchend zu ihm neigte. »Ich habe dich und Philippus heute hierher gebeten, um euch das bekanntzugeben. Du, Antipas, hast deine Herodias; du hast dein beträchtliches Vermögen. Ich schlage dir aber vor, dieses Land zu verlassen. So wird es für alle Beteiligten am besten sein.«

Lucanus bedauerte fast den aus allen Wolken gefallenen Antipas und wandte den Blick ab. Vor einem Fremden, wie er es war, hätte man den Tetrarchen nicht so demütigen dürfen!

»Ich werde mich an meinen Schwager Agrippa wenden«, stieß Antipas mit schriller, halb erstickter Stimme hervor.

»Tu das nicht, wenn ich dir raten darf! Man würde es kaum mit Wohlwollen aufnehmen.«

»Ich dachte, du wärest mein Freund, Pontius.«

»Eben als Freund überbringe ich dir die Nachricht hier im verborgenen. Als Feind hätte ich dir einen unwiderruflichen Befehl geschickt und dich in aller Öffentlichkeit abgesetzt, vor deinen spöttisch grinsenden Untertanen.«

Mit einem Ruck wandte Antipas sich gegen seinen Bruder und griff zum Dolch. Philippus starrte ihn mit stolzer Verachtung an. »Da steckst du dahinter!« schrie Antipas. »Du hast mich verraten, du hast gegen mich intrigiert, aus Rachsucht!«

»Ich möchte dir nahelegen«, erklärte Pilatus, »deinen Bruder ungeschoren zu lassen. Übrigens habe ich meinen Obersten Plotius angewiesen, das Haus deines Bruders zu bewachen, für den Fall, daß du so unbedacht sein solltest, Cäsars Wünsche durchkreuzen zu wollen, durch einen dem Philippus... zustoßenden Unfall.«

Lucanus stand auf. Er sagte kühl. »Ich bin müde. Ich muß deine verständnisvolle Einsicht anrufen, Pilatus, und dich bitten, mich zu entschuldigen.«

Nun kehrte Antipas seine Wut gegen den Griechen. Er wies mit dem Finger auf ihn, und seine Hand zitterte. »Du, du hast mit Hilfe von Cäsars Ring den Prokurator veranlaßt, nicht nur die Ächtung der Christen aufzuheben, sondern meine Verbannung zu ›empfehlen‹, um deine Schützlinge, dieses Lumpengesindel, zu sichern!«

Mahnend hob Pilatus die Hand. »Niemand hat dich verraten, Antipas, weder dein Bruder noch ich. Laß diese Beschuldigungen!«

Er winkte mit gekrümmtem Finger einem Sklaven und befahl, eine Sänfte für Lucanus zu holen. Der Grieche verneigte sich vor den Männern an der Tafel und ging.

»Ich halte es auch für ratsam«, sagte Pilatus zu Antipas, »daß dem Arzt Lucanus kein Haar gekrümmt wird. Er steht unter Cäsars Schutz; und du weißt, welch furchtbarer Wüterich Tiberius geworden ist.«

XXXXIX

Lucanus erzählte seinen Freunden Hillel und Arieh, was sich im Hause des Pilatus zugetragen hatte. Mit großer Anteilnahme hörten die beiden zu. Dann sagte Hillel freudig: »Danken wir Gott, daß Herodes Antipas abgesetzt werden soll!«

»Immerhin hätte Pilatus ihn nicht vor mir demütigen sollen.«

»Pilatus ist ein undurchschaubarer Mann; sicherlich hat er seine Gründe gehabt.«

Dann berichtete Hillel, Maria, die Mutter Jesu, habe sich zu ihren Verwandten nach Nazareth begeben; es sei nämlich dort in der Familie ein Todesfall eingetreten.

»Ich werde sie dort aufsuchen«, erklärte Lucanus.

Hillel gab zu bedenken, das sei eine recht umständliche Reise. »Allerdings«, fügte er hinzu, »bekommst du so Gelegenheit, Galiläa zu sehen, wo Jesus zuerst gelehrt hat. Es ist ein schöner Fleck Erde! Übrigens liegt dort eine kleine Stadt, Tiberias, von Herodes zu Ehren Cäsars erbaut und benannt. Den Juden ist dieser Ort ein Greuel, und sie betreten ihn nicht. Auch Jesus tat es nicht. Er hat aber auf einem nahen Berge gepredigt, in der Synagoge, die einfach und bescheiden ist wie die Leute selber. Doch deine Reise hat ja keine Eile. Bleib bei uns, bis Lea und Arieh heiraten.«

»Ich muß tun, was mir aufgetragen ist«, sagte Lucanus bedauernd.

»Dann wollen wir warten, bis du zurückkommst.«

Als Lucanus an diesem Abend allein war, schrieb er nieder, was er von Pontius Pilatus und von Herodes Antipas über Jesus gehört hatte. Sein Evangelium wuchs. Er legte darin nichts von seinen eigenen Meinungen nieder, sondern nur die Berichte, die ihm zukamen. Manchmal faßte ihn ein überwältigendes Sehnen. Hätte er doch selbst Christus gesehen, selbst mit ihm sprechen und in seine wundervollen Augen blicken können! Ich hätte ihn nicht, wie seine Jünger, aus Angst im Stich gelassen, dachte er.

Am nächsten Tage ließ er sich schon frühmorgens in einer Sänfte zu dem Haus des Jakobus und des Johannes, außerhalb der Stadtmauer, bringen. Hillel hatte den beiden jungen Brüdern Botschaft geschickt; und sie waren, etwas widerwillig, bereit gewesen, Lucanus zu empfangen. Hillel hatte ihnen geschrieben, daß ohne Lucanus die über sie verhängte Ächtung noch bestünde. Als die Sänftenträger das Stadttor durchschritten hatten und den Zionshügel hinabstiegen, blickte Lucanus durch den heißen, beißenden Staub zurück. Trotz der frühen Morgenstunde glänzten die gelben Mauern Jerusalems in grellem Licht; blendende, unerbittliche Glut strahlte von den Steinen zurück und von den gewellten, felsigen Kuppen. Selbst die bebauten

Hügel lagen in völliger Starre, Kammlinie nach Kammlinie, in furchtbarer Hoffnungslosigkeit.

Außerhalb der Stadtmauern stiegen die zu Weilern gescharten Häuser auf die Hänge, gelblichgrau und wie brennend im Licht. Die meisten waren armselig, von kleinen, staubigen Gärten umgeben, in denen Palmen, Zypressen, Öl- und Obstbäume schmachteten. Nie hatte Lucanus so ausgedörrten, so trockenen, so staubigen Boden gesehen. Während die Sänftenträger einen der Hügel hinaufgingen, begannen sie zu keuchen und waren froh, als sie schließlich haltmachen konnten, vor einem gelblichen Häuschen, das noch ärmlicher war als alle anderen.

An der Eingangstreppe stand ein junger Mann; mit düsterer Miene und gerunzelter Stirn wartete er schweigend. Jetzt mußte er etwas gerufen haben; denn ein zweiter junger Mann trat hinaus, mit sehr schmalem, blassem Gesicht, struppigen schwarzen Brauen, vollem, aber hartem Mund und einer Fülle kastanienbrauner Locken, die ihm von dem hohen Scheitel wallten. Der erste Mann war in graues Gewand gekleidet, über das er einen dunkelgrünen Mantel geworfen hatte; der zweite trug einen mattgelben Mantel. Beide schienen sehr arm zu sein. Sie sagten nichts, als Lucanus von der Sänfte sprang; sie standen bloß da und blickten ihn an.

»Ich bin Lucanus, Arzt, Gast des Hillel ben Hamram«, stellte der Ankömmling sich vor und bemühte sich, das vereinte feindselige Starren der Jünger Jesu wegzulächeln. »Ihr erwartet mich?«

Die beiden sahen einander an. Der ältere von ihnen hatte kein so schmales Gesicht wie sein Bruder, aber eine lange, dünne Nase, einen Bart, dunkles Haar und einen noch dünneren Mund. Er schien weniger von unbezähmbaren Fanatismus und frostiger Unzugänglichkeit erfüllt als der jüngere Bruder. In einem durch galiläische Mundartfärbung gedehnten Aramäisch sagte er: »Wir erwarten dich.« Das war die einzige Begrüßung. »Ich bin Jakobus, Sohn des Zebedäus aus Kapharnaum, und das ist mein Bruder Johannes.« Jakobus wies auf den jüngeren Mann mit der furchterregenden Miene und den großen, zornvollen Augen, deren Blick die Starre einer schwärmerischen Entrücktheit hatte. Die ›Söhne des Donners‹! Wie gut paßte dieser Beiname zu ihnen! Lucanus spürte ihre starke Feindseligkeit, ihr Widerstreben gegen jedes Gespräch mit ihm, ihr tiefes Mißtrauen.

»Ich bin Christ«, sagte er, während er zu ihnen trat, und hoffte, sie dadurch zu beschwichtigen. Aber sie antworteten ihm nicht. Mit einer Kopfbewegung bedeutete Jakobus dem Gast, ihnen zu folgen, und sie führten ihn hinter das kleine, armselige Haus, wo die Mauern etwas Schatten warfen und vor der ärgsten Hitze schützten. Garten gab es hier keinen, nur gelben Staub und Steine; nahe der Hausmauer standen zwei Holzbänke. Die Brüder setzten sich auf eine davon und begannen wieder, den Ankömmling zu mustern; Lucanus ließ sich auf der anderen Bank nieder. Er seufzte; mit diesen Männern würde er es schwer haben. Er war der Fremdling, der Unbeschnittene, der Unreine. Auch wenn sie Wein oder Brot hatten, würden sie ihm nichts davon anbieten und ihm auch nicht einmal für seine Fürsprache bei Pilatus danken.

Er hatte sich vorgenommen, ihnen von Keptah zu erzählen, von den Chaldäern, von Joseph ben Gamliel, von den Griechen und ihrem Unbekannten Gott und von all den Weissagungen, die aus grauer Vorzeit überliefert waren, nicht nur bei den Juden, sondern auch bei anderen Völkern. Aber jetzt wußte er plötzlich: sie würden nicht nur von allen diesen Mitteilungen nichts begreifen, sondern ihnen auch keinen Glauben schenken und ihm noch mehr grollen als bisher. Er blickte sie ernst an und wunderte sich, wie diese Menschen, die Jesus angehangen hatten, so ungastlich sein konnten, so bar jeder Güte dem Fremden gegenüber, so hart und unerbittlich.

Im Kreuzfeuer ihrer feindseligen Blicke sprach Lucanus zögernd von dem Evangelium, das er schrieb. Er sagte ihnen, er habe auf seinen Reisen viel vom Messias gehört. Er wolle sie nur um eines bitten: ihm zu erzählen, was sie selbst wußten, damit er sein Werk fortsetzen könne. »Ich habe Jesus nie gesehen, aber ich verehre ihn seit vielen Jahren«, bemerkte er liebevoll.

Zum erstenmal ergriff Johannes das Wort, in entschiedenem Tonfall. »Wir werden dir berichten, was wir mit eigenen Augen gesehen haben.« Er holte tief Atem, und die eisig starre Entrücktheit in seinen Augen verstärkte sich. »Aber du wirst nichts davon verstehen. Hast du den Herrn gekannt? Hast du Jesus gehört? Ohne das persönliche Erlebnis kann man nichts wissen.«

Gewiß, dachte Lucanus, ihr habt Christus gekannt und gesehen; aber seine Güte und Liebe wohnen nicht in euch, auch nicht sein Erbarmen. Ihr werdet gute Glaubensverkünder abgeben; doch in dem, was ihr sagt oder tut, wird wenig Barmherzigkeit oder Einfühlung oder Wohlwollen sein!

Mit gepreßter Stimme sagte Jakobus: »Hätte der Herr nur diese Stadt vernichtet, als sie ihn zu verwerfen wagte! Warum hat er nicht den Zorn des Himmels auf sie entladen?«

Lucanus erwiderte nichts. Er legte die Hände auf die Knie und wartete. Wieder sahen die Brüder einander an; sie waren nicht Zwillinge, aber offenbar unzertrennlich und so aufeinander eingestellt, daß sie sich mit vielsagenden Blicken verständigten und kaum der Worte bedurften. Selbst in diesen stauberfüllten Schatten drang die schreckliche Hitze; Lucanus trocknete sich Stirn und Wangen mit seinem Taschentuch. Die Brüder starrten ihn wieder an; und jetzt trat zum erstenmal etwas wie Neugier auf ihre von Inbrunst glühenden Gesichter. Die Gelassenheit und Feierlichkeit ihres Besuchers, die Schönheit seiner Erscheinung, das strahlende Blau seiner Augen begannen Eindruck auf sie zu machen und ihre Abneigung gegen den Fremdling etwas zu mildern.

Es war Johannes, der Jüngere, der zu sprechen begann, in kurzen, zögernden Sätzen. Aber nach einer Weile erfaßte ihn unbeherrschbare Begeisterung; seine Augen erglänzten von einem lebhaften, inneren Leuchten, und er blickte auf den lodernden Himmel. Seine Stimme wurde beredt. »Im Anfang war das Wort, und das Wort war bei Gott, und Gott war das Wort! Gepriesen sei Sein Name! In Ihm war das Leben, und das Leben war der Menschen Licht!«

Johannes erzählte von Jesu Wundern, von seinen Lehren, von Johannes dem Täufer. Als er über den ungestümen, heftigen Täufer sprach, bekam seine Stimme etwas Überschwengliches, Schwärmerisches. Das war ein Mann gewesen, den er wirklich verstanden hatte! Das war ein Mann gewesen, der vom Zorn und von der Rache Gottes den Ungläubigen gegenüber gepredigt hatte, von dem kommenden Gericht, von beklemmenden Visionen. Das war ein Mann gewesen, der gewarnt und nicht von Barmherzigkeit geredet hatte! Der leidenschaftliche Wüstenbewohner, der sich von wildem Honig und Heuschrecken genährt hatte, der halbnackte, bärtige Rufer in der Wüste und Wegbereiter des Herrn war dem Jünger Johannes besonders ans Herz gewachsen. Er umfaßte die Knie mit den mageren Fingern und erschauerte vor Jubel und Freude.

»Ich habe gewaltige Offenbarungen empfangen!« rief er und schlug sich mit den Fäusten auf die Knie. »Über den Tag des Gerichtes, über die furchtbaren Dinge, die dann geschehen werden, über die dampfenden Abgründe Hölle, in die verruchte Seelen wie Schneeflocken fallen werden, über die rächenden Cherubim und Seraphim, über die endgültige Scheidung der Guten und der Bösen, über Gottes Zorn und die auf ewig Verdammten! Diese Dinge werde ich selbst aufzeichnen!«

»Ja, ja«, sagte Lucanus beschwichtigend. »Aber ich bin gekommen, um etwas über Jesu Aussprüche zu erfahren und über seine Wunder.« Das schreckliche Glimmen in den Augen des Jüngers war ihm unheimlich.

Johannes saß versunken da; seine Nasenflügel waren gebläht und zitterten. Mit dem inneren Auge sah er die furchtbarsten Visionen und freute sich ihrer voll Zornmütigkeit. Als Lucanus sprach, fuhr er zusammen und sah ihn ausdruckslos an. Jakobus sagte: »Unser Besucher hat nach den Aussprüchen und Wundern des Herrn während seines Erdenwandels gefragt. Wir waren Augenzeugen. Erzähle davon!«

Und so berichtete Johannes mit immer beredteren, immer eindringlicheren Gesten alles, was der Besucher wissen wollte. Die Zeit verrann, stickig vor Hitze und beißendem Staub, und Lucanus lauschte mit ganzer Seele. Die Stimme des Jüngers Jesu bekam einen Klang wie Siegesposaunen und Jubelrufe. Während andere, wenn sie von Christus sprachen, es mit Liebe und inniger Freude taten, redete Johannes mit steigender Entrücktheit und Wucht. Manchmal konnte er sich nicht halten: er sprang auf und schritt fiebrig hin und her; sein schmales Gesicht glühte. Er schien größer und stärker geworden. Wenn er aus dem harten Purpurschatten in den härteren Sonnenglanz und wieder zurück schritt, wurden seine Züge abwechselnd hell und düster, seine Hände bald wie Flammenzungen, bald wie Schattenflekken. Unwillkürlich fühlte Lucanus sich hingerissen, ebensosehr von der seltsamen Erscheinung des jungen Glaubenskünders wie von dem, was er berichtete.

Wenn Johannes erschöpft einen Augenblick innehielt, mischte manchmal Jakobus sich ein, um ein Gleichnis oder eine Geschichte zu erläutern; und Johannes starrte ihn ungeduldig, mit feuchten Augen an. Entstanden jedoch Pausen, so machte Lucanus sich rasch Aufzeichnungen mit seinem Griffel, damit alles genau festgehalten würde. Bisweilen dachte er: Bei rücksichtsvollen, gütigen, mitleidigen Menschen würde dieser Mann nur Bestürzung wecken. Aber den Trägen, den Lauen, den Selbstsüchtigen, den Gleichgültigen, den Skeptikern, den Teilnahmslosen und ebenso auch denen, die allem Visionären weit offen sind und Tatsachengenauigkeit verachten, wird er eine furchtbare Feuersäule sein, den Materialisten aber ein Greuel. Er wendet sich an die Leidenschaften und vermag sie selbst in dem Friedfertigsten wachzurufen! Wenn Johannes das von ihm Gesehene und Gehörte schilderte, tat er es nicht, wie andere in ihren Berichten an Lucanus, mit Verwunderung und Freude und Kummer. Er erzählte seine Geschichte mit einer Miene wilden Trotzes, als forderte er den Unglauben heraus, gerüstet, ihn zu zerschmettern.

Er schilderte die Kreuzigung nicht mit Gram und Angst und Trauer wie Priscus, sondern voll Wut und Groll; und sein zornmütiges Gesicht wurde noch zornmütiger. Bisweilen rückte Jakobus unruhig hin und her, nicht, weil er über die Ereignisse anders gedacht hätte als sein Bruder, sondern unter dem Eindruck der funkelnden Augen des Erzählenden und des Tones seiner Stimme. Und manchmal blickte Johannes den Besucher so wild an, als hätte der Grieche selbst die Nägel in den geheiligten Körper getrieben. Für ihn, dachte Lucanus, bin ich einer der bösen Heiden, die den Leib Christi zerstört haben; und er ist offenbar überzeugt davon, daß ich dafür unweigerlich in seiner flammenden Hölle schmoren werde.

Mit unerträglicher Lichtfülle wälzte der Mittag sich über das armselige kleine Haus, und die Schatten wurden kürzer. Jetzt war Johannes erschöpft; er sank auf die Bank hin, bedeckte das schwitzende Gesicht mit den Händen und schluchzte laut. Immer wieder murmelte er: »Der Tag des Jüngsten Gerichts! Diesen Tag habe ich mit dem Auge des Geistes gesehen. Meine Seele zittert vor Furcht und ist doch hochgestimmt!«

Um die Hausecke trotteten zwei Ziegen, auf der Suche nach Kühle und nach Disteln und dürrem Gras. Jakobus ging in das Haus, holte einen Bronzeeimer und molk die neugierig gaffenden Tiere. Dann trug er den Eimer in das Haus zurück; und als er wiederkam, brachte er drei Tonbecher und einen Teller mit Schwarzbrot und etwas Käse. Er stellte alles neben sich auf die Bank und sah den Bruder liebevoll an. »Wir wollen uns ausruhen und essen«, schlug er vor.

»Es naht der Tag, an dem es mit allem Essen und Trinken zu Ende sein wird«, kündete Johannes, und seine Stimme zitterte. Aber er ließ die Hände sinken; sein blasses Gesicht zeigte Streifen von dem ungestümen Druck der Finger. Er blickte auf die drei Becher, in denen die warme Ziegenmilch schäumte, und sein Mund öffnete sich, als wollte er Einspruch erheben. So weit war er noch nicht, einfach mit einem Heiden zusammen zu essen und zu trinken oder auch nur seine Gegenwart gleichmütig hinzunehmen! Aber Jakobus nahm einen der Becher und reichte ihn Lucanus und hielt ihm den Messingteller mit Brot und Käse hin. Lucanus lächelte ihm dankbar zu, und Jakobus machte eine unsichere, verlegene Miene. »Du wirst verstehen, daß mein Bruder sich innerlich mit den Ereignissen noch nicht abgefunden hat«, entschuldigte er. Johannes runzelte unversöhnt die Stirn. Schweigend nahm auch er einen Becher, lehnte aber Brot und Käse ab. »Wir haben den Auftrag erhalten, die Kunde allen Völkern der Erde zu bringen«, bemerkte er in einem Tone, als billigte er diesen Auftrag nicht.

»Einem dieser ›Völker der Erde‹ gehöre auch ich an«, betonte Lucanus, teils mitfühlend, teils etwas verärgert über diesen hochmütigen, verblendeten, eifernden Mann. Johannes trank mit finsterer Miene. Seine Gedanken weilten nicht mehr bei dem Besucher; er schien nun mit sich selbst zu sprechen und in der Seele mit wachsender Inbrunst zu beten. Jakobus aber blickte den Griechen immer unsicherer an, als hätte sich seine Meinung über ihn geändert und als bedauerte er seine anfängliche Ungastlichkeit. Schließlich sagte er: »Du darfst keineswegs meinen, daß wir dein Eintreten für uns nicht zu würdigen wissen.«

Johannes hob den Kopf und sagte verächtlich: »Auch so hätte Gott es nicht lange zugelassen, daß wir verfolgt würden!«

Lucanus schwieg dazu. Seine Sänfte kam, und er stand auf, mit einigen Dankesworten an Jakobus für die gute Milch und den Imbiß. Jakobus erhob sich und begleitete ihn vor das Haus, während Johannes mit gesenktem Kopf, schwer atmend, auf seiner Bank sitzen blieb. Als der Besucher in die prächtige Sänfte stieg und die Hand zum Abschied hob, zögerte Jakobus zunächst, erhob aber dann gleichfalls ungelenk die Hand zum Gruße und wandte sich rasch ab. Lucanus empfand jetzt noch tieferes Mitleid für die Brüder. Sie waren zu einer riesenhaften Aufgabe unter den fremden Völkern berufen worden, und ihre Seelen schraken davor zurück; aber sie mußten gehorchen.

Als die Sänftenträger die heiße Steintreppe zu den Stadtmauern von Jerusalem emporstiegen, rasteten sie unterwegs ein wenig. Und aus dieser

Höhe erblickte Lucanus in der Ferne die kleine Siedlung Bethlehem, eine Gruppe schimmernder gelber Hauswürfel mit flachen Dächern. Dort war Jesus zur Welt gekommen, in jenem staubigen Dorf; und dort, über den nahen Hügeln, hatte der große Stern geleuchtet und hatten die Hirten die Stimmen der Engel gehört, die ihnen die Botschaft der Ewigkeit verkündeten. Ein Land der Zeichen und Wunder, ein höchst seltsames Land, das jeden in seinen Bann schlug!

Hillel erwartete seinen Gast im Garten, wo Springbrunnen Kühlung in die Hitze brachten. Lucanus sah sich erfreut um. Über die Mauern quoll eine Fülle von Blüten, wie Purpurwolken herabwallend. Mit Steinplatten ausgelegte Spazierwege wanden sich um viereckige Teiche, in denen goldfarbige Fische schwammen; und leuchtend gelbe Sträucher waren mit Blüten besternt. Zwischen dem dichten grünen Laubwerk des blühenden Oleanders schimmerte es rosa. Beete roter oder weißer Rosen waren von rostbraunen oder ockerfarbenen, sorgsam geharkten Fußpfaden umgeben. An hohen, schlanken Dattelpalmen hingen üppige Fruchtbüschel, und Johannisbrotbäume warfen Schatten. Schwatzend und funkelnd sprühten die Springbrunnen ihr Wasser auf den Rasen, der in fast unwirklichem Grün lebhaft leuchtete.

Lucanus trank ein wenig eisgekühlten Wein und berichtete Hillel von seinem Besuch bei Jakobus und Johannes.

»Solche Männer machen friedfertigen Menschen das Leben schwer«, bemerkte Hillel und schüttelte den stattlichen Kopf.

»Morgen reise ich nach Galiläa, vor allem nach Nazareth«, erklärte Lucanus.

»Die Aufhebung der Christenächtung hat in Jerusalem viel Staub aufgewirbelt«, erzählte Hillel. »Übrigens hat Pilatus sich heute früh plötzlich nach Rom begeben. Er hat mir das in einem vergnügten Briefe mitgeteilt; an Judäa hat ihm nie viel gelegen. Und eine Gruppe Zenturionen hat sehr feierlich für dich ein Schreiben des Tiberius abgegeben, zusammen mit deinem Ring.« Er überreichte seinem Gast den wundervollen Ring. Lucanus steckte sich ihn an den Finger und öffnete dann Cäsars Brief.

»Gruß dem edlen Lucanus, Sohn des Diodorus Cyrinus.

Mit Freude habe ich den Ring erhalten, den ich Dir geschenkt habe, und ich schicke ihn Dir wieder zurück. Ich bin jetzt ein alter Mann und sehr müde. Viele Jahre hindurch habe ich bei den verschiedensten Gelegenheiten unter spöttischen Gedanken den Ring zurückerwartet. Aber die Jahre verstrichen, und es blieb still darüber. Als mir schließlich durch Pontius Pilatus ein Brief zugeschickt wurde, mit Deiner Bitte, es möge irgendeine von ihm über eine kleine Judensekte verhängte Ächtung durch ihn und in weiterer Folge durch mich aufgehoben werden, da war ich überrascht. Du hast nichts für Dich verlangt. Ich sann darüber nach. Oft habe ich an Dich gedacht, mein lieber Lucanus. Ich habe, durch die Familie des Diodorus Cyrinus, viel von Dir gehört. Du wirst Dich freuen, zu erfahren, daß es Deinen Angehörigen gut geht. Dein Bruder Priscus ist zu einem langen Urlaub rückberufen worden. Wie mir gesagt wurde, hast Du ihn von einer sehr bösen Erkrankung geheilt. Wird es Dich verwundern, wenn ich Dir mitteile, daß ich die Nachricht nicht angezweifelt habe? Ich glaube sie uneingeschränkt. In meinen dunkelsten Stunden wenden meine Gedanken sich zu Dir. Manchmal fühle ich mich versucht, Deine Rückkehr nach Italien anzuordnen, damit ich Dich von Angesicht zu Angesicht sehen und mit Dir sprechen kann. Dann jedoch mache ich mir klar, daß Du zwar gehorchen würdest, es aber ungern tätest. Männern wie Dir befehle ich nicht, auch nicht, wenn es um mein eigenes Wohlbefinden geht.

Zweifellos hast Du in den letzten Jahren die schrecklichsten Geschichten über meine Grausamkeit und Tyrannei gehört. Tu sie nicht als Lügen ab, auch vor Dir selber nicht! Sie sind wahr. Ich bin voll Haß, und mein Haß wächst immer mehr. Ich räche mich an denen, die mich entsittlicht haben: das Volk von Rom und seine Kreaturen, die Senatoren und Tribunen und die Politiker und alle die gefräßigen, finsteren Geier, die um mich herumhocken. Früher einmal hatte ich davon geträumt, Rom wieder zu Rom zu machen, voll Tugend, Friedfertigkeit, Rechtlichkeit und Ehrgefühl, wie Dein Vater es erträumt hat. Aber was vermag ein Herrscher gegen sein Volk? Das Volk besudelt ihn. Es zieht seinen Purpur in die Gosse. Es schreit ihm die Ohren voll mit seinen gierigen Forderungen. Es schändet ihn durch seine niedrigen Gelüste. Es macht mit geiferndem Speichel sein Schwert rostig. Ich bin verloren. Denke an mich freundlichen Sinnes, wenn Du willst; denn ich liebe Dich wie ein Vater.«

Als Lucanus diesen Brief las, konnte er sich der Tränen nicht enthalten, und er reichte Hillel das Schreiben. Der Jude begann es kühl zu lesen, war aber schließlich tief bewegt. »Armer Mann«, murmelte er. »Wie verbittert und zerrüttet muß er sein, wenn er sich derart einem Menschen anvertraut!«

Dann erzählte Hillel weiter: »Entgegen dem Rate des Pilatus hat Antipas sich an seinen Schwager Agrippa in Rom gewandt. Agrippa hat viel Einfluß. Deshalb wird die Abreise des Tetrarchen aus Jerusalem zunächst verschoben, bis sich herausstellt, was Agrippa bei Cäsar erreichen kann. Aufschub ist eine höchst wirksame Waffe in der Hand von Fürsten. Jedenfalls wird die Christenverfolgung hier nicht sofort wiederaufgenommen werden. Was später sein mag, kann niemand sagen. Das hängt auch von der Zurückhaltung der Christen selbst ab, mit der es aber bei ihnen, diesen Eiferern, schlecht bestellt ist. Der Hohepriester ist wütend und schickt ständig Briefe an Antipas. Wer weiß, was uns die Zukunft bescheren wird? Eines nur ist gewiß: sie wird einen Wandel bringen – vielleicht zum Guten, vielleicht auch zum Bösen.

Ich habe an vielen Orten in der Welt Freunde. In Damaskus versuchen die Judenchristen Anhänger zu werben, und dort herrscht großer Unmut. Das habe ich heute erfahren. Anscheinend sind einige der jüngeren und rührigeren Schüler Jesu in diese Stadt gekommen und predigen und mahnen dort ständig, wobei sie sich mit ihrer Botschaft an die sehr frommen Juden dieser Stadt wenden. Heute früh habe ich eine besonders interessante Nachricht erhalten. Saulus von Tarsos, aus edlem jüdischen Hause, römischer Bürger, sehr angesehener Anwalt und Amtsträger hier in Jerusalem, schreibt mir, er reise nach Damaskus, um dort den Friedensbruch und die Unruhen zu unterdrücken. Er nimmt seine Pflichten als Amtsträger sehr genau. Er wollte mich besuchen; aber im letzten Augenblick mußte er noch etwas bei den Gerichten erledigen. Saulus hat nicht geringe Macht, und er ist unerbittlich. Ich fürchte für die Christen in Damaskus.«

Bekümmert überlegte Lucanus. Dann, plötzlich, mitten im Nachdenken, fühlte er sich wohlgemut und geheimnisvoll getröstet. »Mach dir keine Sorgen!« sagte er, und wunderte sich über die eigenen Worte. »Alles wird gut ausgehen.«

»Im allgemeinen habe ich für oberflächliche Beschwichtigungen nichts übrig«, erklärte Hillel lächelnd. »Ich bin ein folgerichtig denkender Mensch, der nicht zu übertriebener Hoffnungsfreudigkeit neigt. Aber wenn du sagst: ›Alles wird gut ausgehen‹, dann spüre ich, daß du mit Engelszungen redest und nicht in der Sprache der Menschen.«

L

Hillel wollte seinem griechischen Freunde eine Begleitung nach Galiläa mitgeben. Aber Lucanus lehnte dankend ab. Er brauche, so sagte er, nur ein kleines, kräftiges, kurzbeiniges Pferd, das steilen Anstiegen gewachsen sei. Er wollte die Nächte unterwegs in Herbergen verbringen. Hillel war entsetzt. Obwohl er Lucanus einigermaßen kannte, schien es ihm undenkbar, daß ein römischer Bürger aus angesehener Familie, ein recht begüterter Arzt, ein Freund Cäsars, wie ein gewöhnlicher Sterblicher reisen sollte. »Ich spiele nicht den Anspruchslosen«, erklärte Lucanus lächelnd. »Ich will nur rasch, ohne hinderliches Gefolge, vorwärts kommen und möchte etwas vom Lande sehen.«

Das von Hillel beschaffte Pferd war ein Araberrappe von sanfter Gemütsart, an lange Reisen, an Staub und Steigungen gewöhnt. Lucanus befestigte am Sattel die Arzttasche, eine Decke und sein Malgerät. Hillel ließ es sich nicht nehmen, einen Korb mit feinen Eßwaren und verschiedenen Weinen beizustellen. Der Grieche wand sich ein Kopftuch um, zum Schutz gegen die glühende Sonne, und nahm einen schweren Überwurf, der die Beine bedeckte. Mit etwas unguten Gefühlen wünschte Hillel ihm kopfschüttelnd angenehme Reise. Lucanus ritt davon und winkte seinem Freunde zum Abschied.

Es war frühmorgens. Er verließ Jerusalem. Die Luft war schon heiß. Das ausgeruhte Pferd trabte frisch voran. Auf einer Steinbrücke ging es über den Kedronbach. Der Himmel war tiefgolden, und seine Farbe spiegelte sich in Streifen und Schatten auf dem ruhigen, schmalen Gewässer, mit seinen Kringeln von leuchtendem Gold. An den Ufern hielten schwarze, spitze Zypressen Wache. Hillel hatte geraten, den Weg über Bethanien und Jericho zu nehmen, weil Lucanus so an den Jordan kam und diesem Fluß nach seinem ersten Reiseziel, dem Lande Galiläa, folgen konnte.

Bald sah der Reisende sich in einer trostlosen Wildnis: rotbraun, baumlos, der Boden mit hohen, ineinandergeschlungenen Disteln überzogen, alles umgeben von niedrigen, flachen Hügeln, die in der Hitze messinggelb schimmerten. Die holprige, schmale Straße war menschenleer. Sie wurde wenig benutzt; die meisten Reisenden zogen die Küstenstraße vor. Manchmal kam Lucanus an einer einsamen römischen Festung vorbei, von deren Zinnen Soldaten ihn neugierig musterten. Einmal wurde er von einem besonders pflichteifrigen Offizier, der nicht verstehen konnte, wie ein schlichtgekleideter Mann sich im Besitz eines so edlen Pferdes und auf einer solchen Straße befinden konnte, angehalten und aufgefordert, sich auszuweisen. Als Lucanus sagte, wer er war, staunte der Offizier noch mehr, wurde aber höflich und lud den Reiter zu einem Becher Wein. Da Lucanus gerade durstig war, nahm er an, betrat das kühle Festungsinnere und setzte sich auf eine

Steinbank, um mit dem jungen Offizier Wein zu trinken. Auf eine forschende Frage erwiderte der Grieche, er reite nach Tiberias. Der Offizier bemerkte seinen wertvollen Ring und sagte: »Kein Jude und nicht einmal ein barbarischer Samaritaner würde je einen Raubüberfall auf dich unternehmen. Aber es gibt auf der Straße verkommene, armselige Karawanen, deren Angehörige nicht zögern werden, dir wegen dieser Ringe hier die Kehle durchzuschneiden.« So steckte Lucanus die Ringe in seine Arzttasche.

Als er weiterritt, traf er tatsächlich einige kleine Kamel- und Eselkarawanen, begleitet von Männern mit finsteren, wilden Gesichtern, die sein Pferd anstarrten. Aber Lucanus starrte zurück. Er war hochgewachsen und trug ein Schwert am Gürtel; seine blauen Augen blickten kühl und furchtlos.

Er kam nach Bethanien, das in brodelnden Hitzewellen tanzte. Die engen Gäßchen waren getreppt und von gelbem Staub überflutet. Die hin und her gehenden Leute schwatzten laut und stritten sich; ihre grimmigen Gesichter waren so sonngebräunt, ihre Köpfe durch schwarze, weiße oder braune Tücher geschützt; sie trugen gleichfarbige staubbedeckte Überwürfe. Die kleinen Kaufläden wimmelten von Menschen, die alle aufgeregt schienen. Hunde bellten, und Kinder spielten auf den Stufen der ansteigenden Gassen. Frauen mit Krügen auf den Köpfen blieben stehen und plauderten. Ein schwerer Geruch von Bratfleisch, herbem Wein, Kräutern und Knoblauch und Kehricht hing über dem Marktflecken, und Lucanus war froh, daß er ihn bald hinter sich hatte.

Nun war er wieder in der Wildnis. Hier änderten die Berge ihr Aussehen; sie wurden stumpf ockerfarben, mit den weißlichgrauen Auswitterungen dichtgedrängter Dörfer auf den Hängen. Die Ebenen um Lucanus herum waren gottverlassen, unendlich einsam und abgeschieden, ausgedörrt und leer. Gelegentlich kämpfte eine zaunlattenförmige, staubige Palme um ihr elendes Dasein auf dem braunen, krümeligen Boden, der mit schwarzen Felsbrocken übersät war. Gestrüpp und halbtotes Strauchwerk, von den alles durchwuchernden Disteln verfilzt, und stoppelige Massen von Kakteen unterstrichen nur die Schwermut der wilden Landschaft. Und die Sonne, eine erzene Scheibe, schleuderte ihre Schauer unerträglich grellen Lichts herab.

Zu Mittag traf Lucanus plötzlich mitten in der Wüstenei einen aus einer unterirdischen Quelle gespeisten tiefblauen Teich. Zu seinem Entzücken nickten an den Ufern gelblichgrüne junge Weiden und streckten ihre gebrechlichen Goldäste in die heiße Luft. Nachdem das Pferd an dem kühlen Wasser seinen Durst gelöscht hatte, band er es an und hängte ihm den Futtersack um. Dann setzte er sich in den Schatten der Weiden und öffnete seinen Proviantkorb. Er aß ein Stück ausgezeichnetes Brathuhn, mit geriebenem Brot, Kräutern und Zwiebeln gefüllt, einige Gerstenkuchen, die er mit Honig bestrich, und zwei herrliche Pasteten. Er trank Hillels erlesenen Wein, den er vorsorglich kalt gestellt hatte. Wenn er das wilde, öde Land rings um sich und die steinigen, von Hitze und Staub dampfenden Hügel in der Ferne betrachtete, war ihm, als säße er mitten in einer Fata Morgana. Nirgends sah er ein Lebewesen; ungeheure Stille lag über der Ebene und den Hügeln. Er begann einzunicken, schüttelte die Schläfrigkeit ab und bestieg wieder sein Pferd.

Er achtete darauf, Jericho zu umgehen, sah aber im Vorbeireiten die Stadt: nichts als dichtgedrängte, zweigeschossige braune Häuser mit Gruppen in der Hitze schmachtender Zypressen dazwischen. Selbst von weitem hörte er geschäftigen Lärm und Stimmengewirr. Dann traf er Schafherden, auf dem lohfarbenen Gras unter der Aufsicht finster blickender Hirten weidend, und Ziegenrudel, von schwatzenden, schreienden Kindern bewacht. Er beeilte sich, in die Jordangegend zu kommen; denn in diesen Breiten brach die Nacht rasch herein, und Hillel hatte ihm von einer Herberge nahe dem Fluß erzählt. Fast unmerklich wurde das Land fruchtbarer; hier und dort trug ein Berghang Terrassen mit kleinen grünen Grasflächen oder Palmen oder Ölpflanzungen, manchmal sogar mit einzelnen Obstbäumen. Weingärten verströmten ihre Düfte in die trockene, heiße Luft. Lucanus ritt einen kahlen Hügel hinauf; Steine rollten zu Tal, laut in der Stille. Von der Höhe erblickte er unter sich den schmalen, gewundenen Jordan, unglaublich grün, von Weidengebüsch und hohen, schattenspendenden Bäumen gesäumt. Sobald das Pferd Wasser roch, trabte es rasch den Abhang hinunter und beschleunigte seine Gangart immer mehr.

Als Lucanus das hohe Flußufer erreicht hatte, stieg er ab; Mann und Pferd glitten und krochen über die warme, feuchte Erde zum Wasser. Der Rappe trank in vollen Zügen; Lucanus wusch sich Kopf, Gesicht und Hände. Die Süße der Fruchtbarkeit lag über dem smaragdenen Fluß, der mit einer scharfen Biegung in der Ferne verschwand. Kleine Bauernhöfe standen in der Umgebung; die weißen Häuser lagen deutlich sichtbar in der Sonne oder waren durch Obstbäume und Zypressen geschützt. Von hier aus sahen selbst die noch immer im Landschaftsbild vorherrschenden Berge weniger trostlos und abschreckend aus.

Ein Kind, das eine Schar Gänse vorbeitrieb, starrte den Fremden forschend mit großen, schwarzen Augen an. Lucanus grüßte die Kleine freundlich; sie zögerte und erwiderte dann den Gruß in einem samaritanisch gefärbten Aramäisch. Er wollte ihr etwas von den Süßigkeiten in seinem Korb geben und winkte ihr; doch sie kam nicht näher. Sie hielt ihn für einen Judäer. Die Samaritaner aber lagen immer in Streit mit ihren jüdischen Nachbarn; sie sagten ihnen Überfeinerung und Hochmut nach und spielten ihnen an den Feiertagen manchen Schabernack, indem sie etwa auf den Bergen Feuer entzündeten, um die Priester in Harnisch zu bringen. Plötzlich lachte die Kleine schrill auf, streckte dem Fremdling frech die Zunge heraus und lief davon, während die Gänse ihr zischend und schnatternd nachwatschelten.

Lucanus stieg wieder zu Pferde, folgte dem unglaublich gewundenen Flußlauf und ergötzte seine Sinne an den kleinen Bauernwirtschaften, dem Muhen der Kühe und Blöken der Schafe, dem Zwitschern vieler leuchtender Vögel in den dunkelgrünen Bäumen, den in der sinkenden Sonne goldenen Gersten- und Weizenfeldern und den schönen, weißen, viereckigen Höfen mit ihren farbenfreudigen Gärten. Hier waren auch die Berghänge bebaut; sie sahen aus, als wären riesige leuchtend bunte Perserteppiche über sie gebreitet. Jetzt wurde es rasch dunkler. Zwischen seinen hohen Ufern wandelte der Fluß sich zu strömendem Gold. Über den Bergen errötete der Himmel zu Scharlach- und Jadetönen. Die Luft wurde kühler.

Schließlich fand Lucanus die Herberge in der Nähe des Flusses, mit einem Hofraum aus schimmernden schwarzen Kopfsteinen. Das Haus war klein, aber sauber; und der Wirt begrüßte Lucanus, als er sein Pferd sah, mit viel Vergnügen. Nicht einmal das akzentfreie Aramäisch des Fremden störte ihn oder kühlte sein Samaritanerherz ab. Reisende mit solchen Pferden kehrten selten bei ihm ein, und das Gehaben des Ankömmlings bestärkte ihn darin, daß er es jedenfalls nicht mit einem armen Schlucker zu tun hatte. Er freute sich derart über diesen Gast, daß er beschloß, ihm nicht mehr als das Dreifache seiner gewöhnlichen Ansätze für Unterkunft und Verpflegung anzurechnen. Er führte Lucanus in ein kleines, nettes Zimmer, dessen Fenster auf den Fluß hinausging, und beteuerte ihm, er werde das Bett sehr bequem finden und nicht unter Flöhen oder Läusen zu leiden haben. Lucanus blickte auf das rohe, weiße Holz des Fußbodens und nickte.

Müde setzte er sich auf das Bett und gähnte. Die Herberge war erfüllt von heiseren Männerstimmen und lautem Männerlachen. Pferde stampften im Stall. Schritte erklangen auf den Steinen des Hofes. Mägde trällerten fröhlich. Durch das grobe Gitterwerk des einzigen kleinen Fensters drang der Geruch von fruchtbarer Erde, von Trauben und Dung in den Raum und mischte sich mit dem angenehmen Duft von Ziegenbraten und frischgebackenem Brot und dicker, gewürzter Suppe. Ohne anzuklopfen, brachte eine Aufwärterin einen Eimer heißen Wassers, ein Waschbecken und ein rauhes, braunes Leinenhandtuch. Lucanus gab ihr eine Münze, und sie war so überrascht und beglückt, daß sie den Fremdling mit einem schelmischen Kichern beehrte und genauer in Augenschein nahm. Seine Erscheinung gefiel ihr, obwohl seine helle Haut von der Sonne gerötet und verbrannt war. Sie machte einen Knicks und ging; unten in der Küche erzählte sie dann von dem Fremden, einem feinen Herrn, der ihr eine so wertvolle Münze geschenkt hatte.

Lucanus öffnete die Gitterläden und blickte auf den blutroten Himmel über den Bergen. Er hörte das Murmeln des Flusses, der zwischen seinen Bäumen und Weidensträuchern zu sich selbst sprach.

Dann wusch Lucanus sich behutsam, zusammenzuckend, das Gesicht und rieb die brennende Haut mit Öl ein. Hierauf ging er über die steile, kleine Steintreppe zum gemeinsamen Speiseraum hinunter, wo schon mindestens zehn Reisende saßen. Eine riesige steinerne Feuerstätte knisterte von brennendem Holz; an einem Spieß drehte sich langsam Fleisch, und ein Mädchen begoß es mit dem herabtriefenden Fett. Den Fußboden bedeckten Fliesen; die Wände waren weiß getüncht. Als Lucanus eintrat, verstummten die anderen Reisenden, und ihre dunklen Gesichter wurden forschend: sie versuchten herauszubekommen, ob er Judäer, Galiläer oder Samaritaner war. Sie hatten die Kopftücher abgelegt und sich flüchtig die Haare gekämmt; im Feuerschein und Lampenlicht glitzerten ihre Augen.

Lucanus grüßte bedachtsam auf aramäisch. Zuerst antworteten die Männer nicht; sie zuckten die Achseln und tauschten Blicke aus. Dann erwiderten sie zögernd den Gruß. Die Galiläer waren fast so blond wie dieser Fremde, und auch viele Judäer. Aber jüdisch sah er nicht aus, trotz seiner tadellosen Aussprache. Jetzt wurden die funkelnden Augen mißtrauisch. Lucanus lächelte den Männern zu; sie lächelten nicht zurück. Besorgt dachte er an seine Tasche oben im Zimmer, mit seinen Ringen. Er hatte die Tür versperrt; aber Einbrecher ließen sich durch Schlösser nie abhalten. Ihm fiel der alte Kusa ein und seine Geschicklichkeit, und er lächelte wieder. Eine Zeitlang sprachen die Männer überhaupt nichts; sie spürten die hemmende Anwesenheit eines Fremden. Sie musterten die armselige Kleidung des Ankömmlings und fanden sich nicht zurecht. Trotz seines schlichten Gewandes machte der Mann den Eindruck der Selbstsicherheit und Gelassenheit. Auch von seinem edlen Roß hatten sie schon gehört. Mit seinem fürstlichen Gehaben war er ihnen ein Rätsel; und Rätsel mochten sie nicht.

Stille brütete über der eben noch geräuschvollen Tafel. Die Suppe war dick und gut, reichlich mit Gewürzen und Kräutern versetzt; in der Flüssigkeit schwammen Klößchen aus Weizenmehl und Fleisch. In verdrossenem Schweigen aßen die Reisenden und spähten gelegentlich nach dem Fremdling, dem die Suppe zu munden schien. Da die Aufwärterinnen schon von seiner Freigebigkeit vernommen hatte, bedienten sie ihn zuerst und mit Ehrerbietung, in der Hoffnung auf weitere Trinkgelder. Sowohl vom Ziegenbraten wie von einem gedünsteten Huhn bekam er die saftigsten Stücke. Der Wein war schauderhaft; aber man sorgte dafür, daß der Becher des geheimnisvollen Fremdlings stets nachgefüllt wurde. Auf seinem Teller häuften sich, immer wieder ergänzt, die reifsten Datteln und viele kleine gesalzene Oliven und gekochtes Gemüse. Eine der Mägde schnitt schwungvoll eine Opuntienfrucht auf und löffelte geschickt den weichen Inhalt heraus, damit der Paradegast sich nicht an den Stacheln der Schale verletze.

Alles das beobachteten die anderen Reisenden mit Groll und Mißtrauen und steigender Gehässigkeit. Lucanus aß herzhaft. Am Ende des Mahles öffnete er seine Börse und legte neben seinen Teller auf den Tisch einen Betrag, der hier als ausnehmend hohes Trinkgeld galt. Die anderen Reisenden wurden aufgeregt und blickten sich gegenseitig an.

Einer von ihnen, ein hochmütiger, bärtiger Mann mit zornigen Augen, erkundigte sich ohne Umschweife: »Wer bist du, Herr?«

»Ich?« fragte der Angeredete überrascht. »Ich bin Arzt und heiße Lucanus.«

»Römer?« Die Frage war von Verachtung getränkt.

»Nein. Grieche.« Lucanus lächelte.

»Du sprichst gut Aramäisch, Herr.«

»Ich spreche viele Sprachen.« Jetzt erst merkte Lucanus die Feindseligkeit der anderen.

»Und du trägst einen Degen. Ist das bei Ärzten so der Brauch?«

»In einem friedlichen Lande?« mischte ein anderer sich ein.

Lucanus blickte auf seine Waffe und dann auf die drohenden Gesichter. »Mit dem Degen verstehe ich ausgezeichnet umzugehen«, sagte er gelassen. »Ich war der beste Athlet in Alexandria.«

Niemand antwortete; aber alle blickten finster. Schließlich meinte einer, durch die kalte, blaue Beharrlichkeit von Lucanus' Blick unsicher geworden: »Wir sind friedfertige Leute. Bewaffnete Männer haben wir nicht gern.«

Lucanus zuckte die Achseln. »Ich bin es gewohnt, mit dem Degen in der Hand zu schlafen«, betonte er und erhob sich.

Er hatte vorgehabt, nach dem Essen einen Spaziergang zu machen. Diese Absicht ließ er fallen. Er ging auf sein Zimmer und verschloß sorgfältig Tür und Fensterläden. Er zog den Degen aus der Scheide und legte ihn auf das Bett. Plötzlich war er erschöpft. Er streckte sich hin und schlief sofort ein. Die Lampe ließ er brennen.

Sofort nach Tagesanbruch stand Lucanus auf und gewann sich das Herz des Wirtes dadurch, daß er gegen die gepfefferte Rechnung keinen Einspruch erhob. Der Mann schickte ihm laute Segenswünsche nach, und die Mägde versammelten sich im Hof zu einem schrillen Abschiedschor.

So gut es ging, folgte Lucanus nun dem Flußlauf. Aber manchmal bog die Straße aus, und er sah sich für kurze Zeit wieder in der Wildnis. Jetzt waren viele der höheren Hügel scharf gezackt und hoben sich, bronzefarben wie das Erdreich, gegen einen weißlich flammenden Himmel ab; sie warfen das Hufeklappern des trabenden Pferdes zurück. Lucanus fühlte sich einsam in einer Welt trostloser Verlassenheit. Manchmal erblickte er auf den Hängen ausgeblichene Häuser mit einigen staubigen Zypressen davor, und er fragte sich, wie Menschen unter so entsetzlichen Verhältnissen leben konnten. Als die Straße sich wieder dem leuchtend grünen Fluß zuwandte, war Lucanus froh und kletterte das Ufer hinab, um sich die heißen Arme und Beine zu waschen. Zu Mittag aß er von dem in ein Tuch gehüllten Inhalt seines Korbes, trank etwas Wein und keuchte in der unerträglichen Hitze. Zwischen den Bäumen leuchteten Stücke des Flußlaufes wie smaragdene Glutschmelze. Wenn man aber die Hände ins Wasser streckte, war es kühl und frisch und klar.

Lucanus ritt durch winzige Dörfer, und Hunde liefen ihm kläffend nach und schnappten nach den Beinen des Pferdes. Jetzt ging es durch das Gebiet der Dekapolis, und die Bewohner wurden hellhäutiger und etwas größer, hatten blaue oder graue Augen und hellbraunes Kopf- und Barthaar. Als der Reiter eine Ziegenherde auf der Straße überholte, blickte der Hüter zu ihm auf, lächelte freundlich und grüßte mit der Peitsche. In einem Dorfe kam Lucanus an dem Häuschen eines Zimmermanns und Tischlers vorbei. Der Handwerker war von seinen vier Söhnen umgeben, und sie plauderten miteinander, während sie das rohgelbe, harzduftende Holz bearbeiteten.

Lucanus dachte an den Heiland und dessen Nährvater. So hatte auch der junge Jesus mit Holzhammer, Stemmeisen und Säge an den einfachen Möbelstücken der Landbevölkerung gearbeitet. So hatte Joseph ihm Ausstellungen gemacht, weil er einen Nagel krumm einschlug. Hier, angesichts dieser Handwerker, fühlte Lucanus sich Christus näher, als es in Jerusalem oder bei Johannes und Jakobus der Fall gewesen war. Aus dem Hause kam eine Frau mit einem Eimer Milch und einigen Trinkgefäßen. Die Frau hielt einen Spinnrocken in der Hand und lächelte Lucanus zu. War auch Jesu Mutter so gekommen, um den Gatten und den Sohn zu laben?

An diesem Abend betrat Lucanus das Land Galiläa und wäre noch bis zum See von Genezareth durchgeritten; doch gerade als die Nacht hereinbrach, traf er auf eine kleine Herberge. Er war in Jesu Heimat; und als er sich in der armseligen Schlafkammer in seine Decke hüllte, hatte er das Gefühl, nach Hause gekommen zu sein.

LI

Als Lucanus am nächsten Morgen weiterreiste, machte es großen Eindruck auf ihn, wie ganz anders in Galiläa Landschaft und Bevölkerung waren. Er kam durch einen Weiler aus niedrigen, weißen Häusern, die, umgeben von kleinen fruchtbaren Gärten und Feldern, in der Frühsonne blendend erstrahlten, und ritt dann an Hügelketten vorbei, die merkwürdig schwarz schimmerten, rauh und steil waren; und über dem allen wölbte sich ein farbloser, glutheißer Himmel. Die Kleidung der Männer und Frauen, denen der Reiter auf der Straße begegnete oder die er Rinder und schwarzköpfige Schafe weiden sah, war hier farbenprächtiger; außer dunklem Purpur und Schwarz bemerkte er hier auch Gelb, Rot und Blau. Die Leute waren noch größer als in der Dekapolis oder in Judäa und auffallend hübsch, mit goldblondem oder rotem Haar, leuchtend blauen oder hellgrauen Augen und blasser oder rosiger Gesichtsfarbe. Die Männer mähten Disteln und Kakteen ab, um die neugewonnene Flut für den Anbau von Weizen oder die Anpflanzung von Bäumen vorzubereiten; sie hatten etwas Fröhliches, Schlichtes, Freundliches, Erdverbundenes an sich. Kinder hüteten kleine Lämmer und Geflügel an schmalen, rieselnden Bachläufen, die dem jadefarbenen Jordan zustrebten, und lachten, wenn sie im Wasser planschten oder Steine hineinwarfen. Frauen saßen auf Türstufen und stillten Säuglinge oder spannen oder schalten umherwatschelnde Kinder. Tiefer, stiller Friede lag über dem Land, eine Friedlichkeit, der auch die düsteren Basaltberge und die Hitze nichts anhaben konnten.

Wieder einmal verließ Lucanus den Fluß und folgte der Straße, die über eine mit schwarzen Felsblöcken besäte Lehne zu einem ebenso schwarzen, gezackten Kamm stieg. Oben hielt der Reiter an, um das Pferd verschnaufen zu lassen, und betrachtete die Aussicht. Der sich ihm öffnende Tiefblick erfüllte ihn jäh mit maßlosem, scheuem Staunen. Er kam sich vor wie jemand, der aus der Hölle mühsam über einen düsteren, kahlen Hang emporgeklettert ist und plötzlich das Paradies vor sich sieht, von unsagbarem Glanz umflossen. In einer Senke zwischen den gewellten, blaß heliotropfarbenen Bergen lag der See von Genezareth, schimmernd und vollkommen ruhig, himmelblau und funkelnd, mit Schatten dunkleren Blaus, die über die strahlende Fläche zogen. Hier war nicht nur Ruhe, sondern unirdischer Friede, tiefer als völlige Lautlosigkeit. Während Lucanus noch schaute, leuchtete der Kranz von Bergen ringsum auf und schien sich um den See zu ringeln wie eine schützende Riesenschlange, deren Leib sich in den Kerbungen mit goldenen Lichtfurchen füllte.

Dem See entströmte der Jordan, smaragdgrün, gewunden und umsäumt mit der üppigen Fruchtbarkeit von Weidengebüsch und Bäumen und Schatten und warmer, fetter Erde. Keine Stimme, keine Bewegung störte das lautlose Schweigen, obwohl auf dem schwärzlichen Hang unter Lucanus Ölpflanzungen und Palmenhaine angelegt waren und Wein- und Obstgärten. Das Laub der Ölbäume sah aus wie aufgerauhtes Silber; die grünen Palmen standen regungslos in der reinen, unbewegten Luft; die Granatapfelbäume trugen ihre roten Früchte wie Edelsteine auf den Zweigen. Im Schatten der Ölbäume schliefen Schafe, und ihre Wolle schillerte wie helles Erz. Kein Vogelruf durchdrang dieses goldene Leuchten. Ein unausdenklicher Friede, ein nirgends sonst über Land oder Meer liegendes Licht war hier eingefangen, wie einen glühenden Kristall, ewig, unwandelbar.

Lange saß Lucanus hier statuengleich auf seinem Pferd, atmete die herrliche Luft und genoß den erhabenen Frieden. Dann bemerkte er am Seeufer Tiberias, die kleine Stadt, von Herodes Antipas zu Ehren des Kaisers erbaut, weil sie auf dem Gelände eines alten Friedhofs namens Rakkath stand. Der schwarze Basalt des Gebirges war zum Bau der die Stadt schützenden römischen Festung und auch für viele Häuser verwendet worden. Im Stadtkern selbst allerdings waren die Gebäude weiß oder safrangelb, mit schimmernden flachen Dächern.

Lucanus dachte: Hier war Jesus zu Hause gewesen. Hier wandelte und lehrte er einst und machte sich Menschen, die ihm widerspruchslos folgten, zu Jüngern. Diesen türkisblauen See und diese bernsteinfarbenen, violett verschatteten Berge hatte er gekannt.

Langsam begann Lucanus auf dem schmalen, rauhen Pfade talwärts zu reiten, dem See entgegen. Kaum hatte er den Talboden erreicht, hörte er Hufegeklapper. Sechs Soldaten und ein Zenturio galoppierten von der Festung her auf ihn zu, mit Helm und Harnisch, in den Händen Lanzen, die das Sonnenlicht flammend zurückwarfen. Der Zenturio ritt voraus, grüßte und lächelte bärbeißig. »Sei gegrüßt, edler Lucanus, Sohn des Diodorus Cyrinus«, sagte er auf lateinisch und weidete sich an dem Erstaunen des Reisenden. Der Offizier war ein vierschrötiger Mann mittleren Alters mit römischer Adlernase, strengen Augen und sonngebräunter Haut. »Ich bin Aulus, Befehlshaber der Festung.«

»Ich begrüße dich, Aulus«, erwiderte Lucanus. »Aber woher wußtest du, daß ich kommen würde?«

»Dein Freund Hillel ben Hamram hat mir geschrieben und mich gebeten, dir alle Ehre und Hilfe angedeihen zu lassen.«

Lucanus war zwar gerührt über Hillels Fürsorglichkeit, ärgerte sich aber zugleich ein wenig. Er hatte gehofft, sich einen kleinen Gasthof ausfindig machen zu können, wo er einige Tage wohnen und seine Zeit damit verbringen könnte, an dieser heiligen Stätte zu sinnen, nach Belieben umherzuwandern und die Gegend zu erkunden. Doch nun blieb ihm nichts übrig, als dem Offizier der ihn beobachtete, dankbar zuzulächeln. Aulus sagte – und dabei wurden seine harten Züge weicher –: »Als junger Legionär habe ich unter dem heldenhaften Diodorus gedient und ihn wie einen Vater geliebt. Er war ein großer Mann, voll Tugend. Ich freue mich, jetzt seinen Adoptivsohn kennenzulernen.«

Die Soldaten nahmen Lucanus und den Zenturio in ihre Mitte, und im Trab ging es auf die kleine Stadt zu und durch das Festungstor. Aulus führte den Gast in einen kleinen Speiseraum, wo Erfrischungen warteten, und schob ihm sehr förmlich einen Stuhl zurecht. Hier innerhalb der schwarzen Steinmauern war alles blauer Schatten und Kühle. »Straußenflügel oder spitze Flamingozungen, wie man sie in Rom vorgesetzt bekommt, kann ich dir nicht anbieten«, erklärte Aulus. »Aber wir haben gute Fische aus dem See, saftiges Schwarzbrot, Gänsebraten, Obst und Landwein.« Er hielt inne und zwinkerte. »Wollen wir nicht zuerst einen Becher ausgezeichneten syrischen Dattelwein versuchen? Er ist stark und ein richtiger Sorgenbrecher.«

Lucanus fand die Tagesstunde für das schwere Getränk etwas früh, stimmte aber höflicherweise zu. Der Dattelwein schimmerte bernsteinfarben im Becher, brannte aber scharf auf der Zunge und in der Kehle. Indes fühlte Lucanus sich nach einigen Schlucken aufgeheitert, und er lachte und scherzte mit dem Offizier. Sein von der Sonne gerötetes Gesicht wurde noch röter; seine blauen Augen funkelten. Er machte wieder den Eindruck eines jungen Mannes. Aulus erzählte ihm, er habe ein Zimmer für ihn bestellt, im besten Gasthof von Tiberias, am gerölligen Seeufer; er werde sich dort wohl fühlen. »Du bist der Gast Roms«, erklärte der Zenturio. »Man weiß sehr gut, daß du unter Cäsars Schutze stehst.«

Aulus unterbrach sich. In seinem Briefe hatte Hillel bloß erwähnt, Lucanus wünsche in dem Lande, für das er sich als Reisender und als Arzt interessierte, umherzustreifen; er wolle auch die jüdische Medizin erforschen. Neben seine Unterschrift hatte Hillel einen kleinen Fisch gezeichnet. Die Sonnenfältchen um die lebhaften Augen des Offiziers vertieften sich. Er füllte den Becher seines Gastes wieder und tat so, als gösse er auch für sich nach. Er hatte bemerkt, wie zurückhaltend der Grieche anfangs gewesen war; nichts löste die Zunge besser als Dattelwein.

Lucanus lobte überschwenglich die kleinen frischen, über Holzkohlenfeuer gebratenen Fische; er war begeistert von der knusprig gebratenen, mit Kräutern und Zwiebeln gefüllten Gans; Salat, Obst und Käse waren einfach, aber frisch und außerordentlich wohlschmeckend. Die tiefblaue Stille, die sie umgab, der Wein und das Essen lockerten ein wenig seine sonstige Einsilbigkeit. Er blickte Aulus freundlich an. »So herrlich habe ich noch selten gegessen«, erklärte er; er lehnte sich auf die Bank zurück, trank in kleinen Schlucken seinen Wein und genoß sein Wohlbehagen.

Aulus lächelte. Er dachte darüber nach, was seinen Gast wohl eigentlich veranlaßt haben mochte, das abgelegene Galiläa aufzusuchen. Dieser Lucanus war bei Pontius Pilatus, dem kaltsinnigen, hochmütigen Patrizier, zu Besuch gewesen; er hatte mit Herodes Antipas gespeist; er war ein Schützling Cäsars, ein reicher Mann, durch Adoption einem adeligen Hause angehörig. Aulus glaubte nicht daran, daß er einfach zum Vergnügen umherreiste oder sich auch nur im mindesten für die hiesige Heilkunst interessierte. Vielleicht war er ein geriebener, sehr gefährlicher Spion! Gedankenvoll kratzte der Offizier sich das Kinn. Er hatte nicht nur diesen Griechen, sondern auch eine ganze Anzahl römischer Soldaten, die an ihm hingen, zu beschützen.

Wie aus Zerstreutheit tauchte Aulus den Finger in den Becher, fuhr langsam, anscheinend in Gedanken vertieft, mit der feuchten Fingerspitze über die Tischplatte und zeichnete in rohen Umrissen einen Fisch. Dann blickte er mit seinen scharfen, durchdringenden schwarzen Augen rasch den Arzt an. Lucanus sah das feuchte, mit Wein gezeichnete Bild. Seine Miene wandelte sich, wurde liebevoll, aber erstaunt. Er erwiderte den Blick des Offiziers; dann befeuchtete auch er den Finger und zog die gleichen Umrisse. Aulus runzelte die Stirn, noch immer argwöhnisch und sehr verdutzt. Er sagte: »Hat sich die Lage in Jerusalem seit der Kreuzigung dieses galiläischen Juden Jesus wieder beruhigt? Soviel ich gehört habe, ist es eine Zeitlang sehr arg hergegangen.«

Lucanus blickte nachdenklich die Wand an. Auch er war mißtrauisch. Dann öffnete er seine Tasche, nahm die Ringe heraus und schob sie sich an die Finger. Sie funkelten in dem kühlen Dämmerlicht des kleinen Speiseraumes, und Aulus sah sie bewundernd.

»Diesen Ring«, erklärte Lucanus, »hat mir Cäsar geschenkt, als ich jung war. Erst vor drei Monaten habe ich von ihm Gebrauch gemacht; da übergab ich den Ring dem Pontius Pilatus, und er hat ihn dem Kaiser geschickt.« Er wartete einen Augenblick. »Pilatus hatte die Christen, harmlose Leute, geächtet. Ich habe den Widerruf dieser Anordnung verlangt und auch erreicht. Du wirst ja von der Aufhebung der Acht gehört haben?«

»Ja«, erwiderte Aulus. Er verschränkte die muskulösen Arme auf dem Tisch und schaute dem Arzt gerade in die Augen. »Nur wußte ich nicht, daß du es erwirkt hast, Lucanus.« Er senkte den Blick auf die beiden Fischzeichnungen, die als dunkle Umrisse auf dem weißen Holz getrocknet waren. »Darf ich fragen, was dich dazu bewogen hat?«

Aber Lucanus ließ die Frage unbeachtet und erkundigte sich selbst: »Hast du, als Jesus hier in Galiläa war, ihn selbst sprechen hören?«

»Allerdings.« Das Gesicht des Offiziers wurde unergründlich.

»Ich habe schon als Junge von ihm vernommen, am Tage seiner Geburt.« In kurzen Worten erzählte Lucanus dem Römer, was er wußte, und beobachtete ihn unterdessen genau. Langsam hellte das Gesicht seines Zuhörers sich auf und entspannte sich; ein leiser Schimmer des Frohlockens dämmerte in seinen Augen. Nachdem Lucanus seinen Bericht beendet hatte, zeigte er dem Römer das Kreuz mit der goldenen Kette an seiner Brust.

Lange schwieg Aulus. Dann flüsterte er: »Friede sei mit dir, Lucanus!«

»Und auch mit dir, Aulus!«

Als der Zenturio den Gesichtsausdruck seines Gastes sah, wußte er, daß er nichts zu fürchten brauchte. Er stand auf und winkte dem Griechen, der ihm in das blendende Licht draußen folgte. Aulus wies auf eine nahe Anhöhe, wo eine armselige Synagoge aus Basalt stand, mit weißgestrichener Tür und flachem Ziegeldach. »Dort hat Jesus oft gelehrt. Natürlich durfte ich nicht hinein; aber ich habe an der Tür gehorcht. Manchmal stellte der Herr sich auch, von seinen Jüngern umgeben, an das Seeufer und sprach zu den Leuten. Und eines Tages habe ich ihn im Freien auf dem Berge predigen hören, und ich stand unter dem Volk, den armen Männern und Frauen der Gegend, und lauschte.«

Aulus unterbrach sich. Das Sonnenlicht spielte lebhaft auf seinem völlig veränderten Gesicht. »Ich sage dir, Lucanus, es war unmöglich, Jesus zu hören und nicht im Innersten bewegt zu sein! Wer ist dieser Mann? fragte ich mich. Welcher unserer römischen Götter hätte je so sprechen können, welcher unserer käuflichen, launischen, grausamen Götter? Wann haben sie, in ihrer Verderbtheit, in ihrer eifrigen Bedachtnahme auf die eigenen göttlichen Vergnügungen, je den Menschen Hoffnung oder Freude oder Verheißung geschenkt? Aber dieser Mann hier redete von Gottes Barmherzigkeit und Liebe zu Seinen Kindern, von Seiner immerwährenden Fürsorge, von einem ewigen Leben in Wonne, von Gottes Mitleid und Seinem Wunsch, die Menschen sollten zu Ihm kommen, nicht bloß, um Ihn zu preisen und sich angstvoll vor Ihm auf den Boden zu werfen, sondern um mit Ihm für alle Ewigkeit Seine eigene Glückseligkeit zu teilen.

Was für eine Art Mensch ist das? fragte ich mich verblüfft. Wieso redet er mit solchem Nachdruck, als überbrächte er die Botschaft eines mächtigen Herrschers? Warum sehen die Leute ihn mit solcher Freude und Liebe an und verharren in tiefem Schweigen, um nur ja keines seiner Worte zu überhören? Warum wandern sie hinter ihm her wie ein Gefolge und drängen sich heran, um ihm ins Gesicht zu blicken und sein Gewand zu berühren? Die Kinder in den Armen der Mütter lachen vor Frohsinn, und er lächelt ihnen zu, und sein Antlitz ist wie die Sonne selbst! Aber was war denn eigentlich Hinreißendes an seiner Erscheinung? Er trug die Kleidung eines galiläischen Bauern, mit schlichten Bastsandalen; und er hatte kein Geld, keine Bedienten, und zog zu Fuß umher.

Hier ist die Gegend still, Lucanus, aber die besondere Friedlichkeit, die du jetzt bemerkst, diesen tiefen, heiligen Frieden, hat die Landschaft erst von der Stunde ab angenommen, da Jesus hier erschien. Und sie hat diese Friedsamkeit nie wieder verloren.

Eines Tages, mein Freund, stand ich lauschend am Rand der Volksmenge, und Jesus lehrte die Leute, wie sie beten sollten. ›Vater, geheiliget werde Dein Name. Es komme Dein Reich! unser tägliches Brot gib uns immerdar! Vergib uns unsere Sünden; denn auch wir vergeben einem jeden, der an uns schuldig wurde. Und führe uns nicht in Versuchung!‹ Seine Stimme tönte über die Berge wie Sommerdonner, und das Volk betete mit ihm. Und nach dem Gebet fanden die Augen des Herrn plötzlich mich, der sinnend und verlegen dastand; und er lächelte mir über die Köpfe der Menge hinweg zu. Von diesem Augenblick an gehörte ich ihm, und ich wäre mit Freuden für ihn gestorben. Warum es so war, kann ich nicht erklären; denn ich bin doch Römer, und er war nur ein galiläischer Jude, ein Zimmermann. Aber dieses Wunder geschah nicht nur an mir. Auch einige meiner Leute hörten ihm zu, und er nahm ihre Herzen in seine Hand.«

Aulus seufzte. »Ich war gewandelt. Die Welt Roms verlor ihre Wichtigkeit für mich. Meine Ängste und Besorgnisse schwanden. Ich war voll Frieden. Ich war voll Jubel. Auf Erden wohnten nicht mehr Feinde, sondern Freunde. Ich hegte einen einzigen Wunsch: mich so zu läutern, daß ich würdig wäre, zu seinen Füßen zu liegen und immer zu ihm hinaufzublicken. Wie könnte ich diese Gefühle schildern? Man muß sie selbst erlebt haben. Aber eines kann ich sagen: für mich senden nun alle Dinge ein eigenes Licht aus; nie hat der Mond so silberhell geleuchtet, nie die Sonne meinen Augen so glänzend gestrahlt. Die Menschen haben für mich nicht länger eine Rangordnung; man soll, so empfinde ich jetzt, niemandem bloß seiner Stellung oder seines Reichtums halber Ehre erweisen, sondern nur seiner Tugend wegen. Im übrigen sind mir jetzt alle Menschen Brüder, auch die niedrigsten. Manchmal murrt eine Stimme in mir: Aber du bist ja Römer, ein Herr der Welt! Doch diese Worte bedeuten mir nichts. Und wenn die Stimme fortfährt: Wir haben ja die Führung der ganzen Erde inne!, dann entgegnet eine andere Stimme in meiner Seele: Ein Volk, das eine solche Führerrolle anstrebt, ist zum Untergang verurteilt, weil es, so großherzig es sich auch gehaben mag, innerlich böse ist; zur Führung drängen die Menschen sich bloß, um andere zu beherrschen und zu versklaven.«

Die beiden Männer betrachteten die Landschaft ringsumher. Das Licht hatte sich gewandelt. Die dichtgeknäuelten Berge waren mit sattem, schillerndem Purpur übergossen. Der See hatte sich in die Farben eines kobaltblau gestreiften Aquamarins gekleidet, und der Himmel war wie blaues Email. Lucanus hatte die Empfindung, daß von dieser ganzen Natur ein Hauch des Überirdischen ausging, etwas Tiefes und Großes und Stetiges, als schwebten über allem unsichtbare himmlische Wesen, von der Sonne beflügelt.

»Eines Tages«, erzählte Aulus mit leiser Stimme, »brachte man zehn Aussätzige zu Jesus, weinende Frauen und Männer und Kinder. Sie riefen sein Erbarmen an, und das Volk wich ängstlich vor ihnen zurück. Er aber berührte sie und hob die Hände über sie, und sie wurden geheilt. Und die große Menschenmenge frohlockte, und einer der vom Aussatz Gereinigten fiel vor ihm hin und küßte ihm die Füße. Das habe ich mit eigenen Augen gesehen! Du mußt es mir glauben.«

»Ich glaube es dir«, sagte Lucanus liebevoll.

Am gleichen Abend schrieb Lucanus alles nieder, was der Zenturio ihm in langen Stunden erzählt hatte, alle Gleichnisse, die Christus in Galiläa geredet, alle wundervollen Aussprüche, die er getan hatte. Lucanus mußte an den Stein denken, der auf geheimnisvolle Art von der Gruft gewälzt worden war, in die man Jesus nach seiner Kreuzigung gelegt hatte. So wie dieser Stein nicht von menschlichen Händen entfernt worden ist, so kann, dachte er, der Stein, der auf einem toten Herzen lastet, nur durch die Liebe Gottes gelüftet und das Herz wieder zum Leben erweckt werden. »Mache mich würdig, von Dir zu schreiben und Dir zu folgen, und schenke mir Deine Gnade, o Vater!« betete er demütig.

Als Herodes zu Ehren des Kaisers die Stadt Tiberias erbaut hatte, wollten die Juden den entweihten Platz nicht betreten. Aber der Tetrarch ließ viele Galiläer zusammenfangen und siedelte sie zwangsweise in der Stadt an. Diese Bedauernswerten waren es gewesen, die Jesus gesehen und gekannt und geliebt hatten, ebenso wie die Bewohner anderer Ortschaften am See, Magdala, Kapharnaum, Betsaida. Welchen Trost und welche Freude mußte er diesen schwer um ihr Dasein Ringenden gebracht haben! Er hatte das Los dieser armen Menschen erträglich gemacht, die sich mit dem schwarzen und rostbraunen Boden abkämpften und die dunklen Steine der Gegend wegrollten, von den Römern und vor ihren eigenen einheimischen Herren bedrückt.

Die Herberge, in die Aulus seinen Gast gebracht hatte, war geräumig und ansprechend. Der Wirt, ein freundlicher Mann, zeigte sich stolz auf seine einfache, aber reichliche Tafel und auf die Sauberkeit der Zimmer. Das Gebäude lag am Seeufer, das mit schweren, schwarzen, langsam über die sanfte Böschung zu dem azurnen Wasser niedergleitenden Basaltblökken bestreut war. Dem Hause vorgebaut lag eine fliesenbedeckte Terrasse, und mächtige Weidenbäume mit weißlichen, braungesprenkelten Stämmen neigten sich über kleine, schwach gekräuselte Wellen.

Lucanus saß auf der Terrasse in einem bequemen Stuhl, allein, obwohl rings um ihn Reisende an kleinen Tischen tranken und Süßigkeiten knabberten und angeregt gestenreiche, laute Gespräche führten. Viele waren Händler. Lucanus atmete auf, als sie zum Abendessen in das Haus gingen. Nun konnte er in Ruhe schauen, wie die Berge zu tiefem Purpurrot dunkelten und wie der See ihre unbewegten Spiegelungen zurückwarf. Von Augenblick zu Augenblick wurde die Landschaft noch stiller, noch großartiger, noch eindrucksvoller. Der Himmel wandelte sich zu einem satten Violett, und das Wasser tat es ihm nach. Die Sonne verließ die Erde. Eine feurigweiße Mondsichel erhob sich über einem Bergkamm und beschaute ihr Bild im Wasser; und Sterne flimmerten nicht nur am Himmel, sondern auch im See. Aus der kleinen Synagoge auf dem Hügel zur Linken drang das Psalmodieren von Betern und unterstrich noch die Stille.

Alles das hatte der Heiland gesehen und gehört. In jener kleinen Synagoge hatte er gebetet; den gleichen Mond, das gleiche von Sternen erschauernde hyazinthfarbene Wasser hatte er gesehen, die gleichen Weiden, die schwarzen Zypressen, die Sträucher mit ihren gelben, lilienartigen Blüten, die Granatapfelbäume am jadeschimmernden Fluß, die Palmen und Ölbäume rings um Tiberias, das ganze grüne Tal.

Gesegnet bin ich, weil Du, o Herr, mir das Leben geschenkt hast, um Dich zu erkennen, sagte Lucanus im Herzen. Ich habe es nicht verdient. Sei mir Sünder gnädig!

LII

Lucanus blieb nur einige Tage in Tiberias. Während dieser Zeit durchwanderte er das Tal und die Berge. Er stellte sich an die Tür der Synagoge und hörte die Andächtigen drinnen beten. Er stand dort, wo Christus gestanden hatte, und blickte auf den ewig wechselnden, überirdischen blauen und stillen See von Genezareth hinab.

Dann machte er sich auf die Reise nach Nazareth, um Maria aufzusuchen. Er sehnte sich nach ihr, der Frau, die den Heiland geboren, genährt und auf ihren Knien geschaukelt, die ihn zu Lehrern und zum Tempel gebracht, die ihn mehr als alle anderen geliebt und die ihn den schmählichen Tod des Verbrechers sterben gesehen hatte. Beim Gedanken an sie füllte sein Herz sich mit Ehrfurcht und Freude. Sie war gesegnet unter allen Frauen aller Geschlechter!

Traurig verabschiedete Aulus sich von ihm. »Sollten wir uns auf Erden nicht mehr treffen, so finden wir uns im Himmel«, sagte er und umarmte Lucanus.

Während das Pferd den steinigen Hang emporstieg, blickte Lucanus auf den See zurück; und er dachte, nur im Paradies könnte wieder solch ein Friede sein, eine so weite, blaue Stille, eine so lächelnde Gelassenheit. Als er den Kamm erreichte, sah er in der Ferne Nazareth, auf seinen ausgedörrten, hellbraunen Hügeln mit den da und dort das Erdreich durchbrechenden steilen Felsklippen. Die flachgedeckten, mit der Umgebung gleichfarbigen Häuser schimmerten in der Sonne, spärlich gesäumt von dichten, grünen Laubbäumen und düster zum heißen Himmel ragenden Zypressen. Dort nistete das kleine Städtchen, als wäre es für alle Ewigkeit hingebaut und könnte nie von der Stelle gerückt oder zerstört werden. Dahinter erhoben sich die fernen Berge, Kette nach Kette, in tiefem Braun, wie eine mächtige Barre. Hitzewellen zitterten über der weiten Landschaft und gaben ihr etwas Unwirkliches.

Lucanus ritt hangabwärts und kam in ein kleines, dicht mit mächtigen schwarzen Basaltbrocken bestreutes Tal; zwischen den Felsen sproß schütteres Gras, von der Sonne gewelkt und gebleicht. Hier weideten Schafe; die hütenden Hirten saßen auf großen Steinen. Unter ihren zum Schutz der sonngebräunten Gesichter umgebundenen Kopftüchern musterten die Männer den Fremdling prüfend. Lucanus grüßte, und sie grüßten zurück, voll Neugier. Er blickte sie an und dachte: Diese Leute haben den Herrn gekannt; manche haben vielleicht als Kinder mit ihm gespielt.

Große Erregung bemächtigte sich seiner, als er den Talboden verließ und gegen Nazareth aufstieg. Vor Hitze rannen ihm Schweißtropfen in die Augen. Wolken weißen, warmen Staubes folgten ihm, umhüllten ihn, benahmen ihm den Atem, reizten ihn zum Husten. Aber er hielt den Blick auf Nazareth gerichtet und spornte sein Pferd, das nach Schatten lechzte. Die Berge warfen den Schall der klappernden, stolpernden Hufe zurück, und auch das Poltern der hinter ihnen in die Tiefe kollernden Steine.

Endlich kam Lucanus an den Ortsrand, in ein steiles, schmales Gäßchen, das, von Staub wirbelnd und von spielenden Kindern wimmelnd, zwischen kleinen offen Läden hindurchführte, wo es Lamm- und Hammelbraten, Würste und billigen Wein, Haushaltsgeräte, Sandalen und bunte Kleidungsstücke zu kaufen gab. Nach der Stille der Berge empfand Lucanus den Straßenlärm fast als wohltuend. Und als er durch andere Gäßchen weiterritt, fiel auf ihn gelegentlich der dichte Purpurschatten einer Eiche, eines Johannesbrotbaums, einer hohen Zypresse, einer Akazie, eines Myrtenbaums oder einer Gruppe staubiger Dattelpalmen. In der Mitte eines runden, mit den hier überall vorherrschenden schwarzen Basaltsteinen höckrig gepflasterten Platzes stand ein Brunnen, und Mädchen füllten die Krüge und schwatzten; die Seile knarrten, und die Eimer sprühten funkelnde Tropfen in die Sonne. Die Mädchen starrten den Fremden verdutzt an, aus blauen Augen, die neugierig unter bunten Kopftüchern hervorlugten.

Es war eine armselige Siedlung. Nirgends sah man schöne Häuser oder fontänengeschmückte Gärten oder hohe, von roten oder rosa Blüten überflossene Mauern, nirgends Sänften oder Kutschen, nirgends vornehm gekleidete Männer und Frauen. Hinter einigen Häusern gab es kleine Gemüsegärten, oder es hingen Trauben von Lattengerüsten. In allen Gassen bellten Hunde oder schrien geduldige, schwer mit Marktwaren beladene Esel. Lucanus blieb am Brunnen stehen und fragte die Mädchen, ob sie ihm das Haus Marias, der Mutter Jesu, zeigen könnten.

Die jungen Geschöpfe blickten den großen, blonden Mann auf seinem schönen Rappen an, und sein Gehaben machte sie scheu und zurückhaltend. Sie kicherten und wechselten Blicke miteinander. Dann deutete eines der Mädchen stumm auf eine Gasse, die von dem Platz ausging. Lucanus ritt weiter, während hinter ihm aufgeregt getuschelt wurde. Diese Gasse war noch ärmlicher als die anderen und führte zum jenseitigen Ortsrand; es waren nur einige Häuser darin, besonders niedrige Häuser, an denen kurze Leitern lehnten, über die man nach Sonnenuntergang zur Erfrischung auf die flachen Dächer stieg. Durch offene Türen sah man Steintreppen, die steil zu kühlen Kellerräumen hinunterführten, wo die Familien während der Tageshitze sich aufhielten und ihre Mahlzeiten einnahmen.

Lucanus zügelte das Pferd und blickte ratlos umher. Der Rappe scharrte ungeduldig, schüttelte den Kopf und schlug mit dem Schweif, um einen dichten Fliegenschwarm zu vertreiben. In diesem blendenden Mittagslicht sah das steile Gäßchen unendlich trostlos aus; Staub flimmerte darüber. Nirgends war ein Mensch.

Schließlich wandte Lucanus sich dem nächstgelegenen Hause zu, stieg davor ab, versorgte sein Pferd, trat in den offenen Flur, blickte hinein, schaute dann die Treppe hinunter, die zu dem kühlen unterirdischen Wohnraum führte. In der winzigen Kammer über der Treppe standen einige wenige, sehr ärmliche Möbelstücke, ein paar hausgefertigte Sessel, eine Bank, ein Tisch. Die Wände waren getüncht und schimmerten im Abglanz des von außen dringenden Sonnenlichts. Aus dem Keller drang fröhliches Plätschern von Wasser. Lucanus rief; und als er keine Antwort erhielt, trat er in die schmale Türöffnung und blickte die Treppe hinab. Nun sah er einen winzigen Brunnen mitten in dem Steinboden des Kellerraums, ferner einige Eisentöpfe und eine schwarze Feuerstelle. Wieder rief er. Jetzt raschelten Gewänder, und eine Frau erschien unten und sah wortlos zu ihm hinauf.

»Ich suche Maria, die Mutter Jesu, liebe Frau«, sagte er. »Ich bin von weit her gekommen, um mit ihr zu sprechen.«

Ohne zu antworten, kam die Frau die Treppe hinauf; und im Widerschein des Lichtes sah er, daß sie jung und geschmeidig war, in billigen, dunkelblauen Stoff gekleidet, ein weißes Kopftuch über den Haaren. Als sie sich aufrichtete und ihr Gesicht ihm zuwandte, bemerkte er, daß sie überaus schön war. Ihr glattes, blasses Gesicht mit feingeformter Nase und hellrosa Lippen verjüngte sich zu einem Grübchenkinn; die blauen Augen waren so bezaubernd, wie er es nie gesehen hatte. Unter dem Kopftuch stahl sich eine Locke goldenen Haars hervor. Die Frau hatte die schlanke Gestalt eines Mädchens; ihre Füße waren bloß und weiß.

Dann stand sie in schlichter Würde vor ihm und sagte: »Das bin ich.«

Lucanus war erstaunt. Nach allem, was er gehört hatte, mußte Maria jetzt achtundvierzig Jahre alt sein; aber sie sah aus wie eine junge Fürstin, vornehm und edel und unsagbar lieblich. Keine Runzel verunzierte die Haut. Fragend lächelte sie dem Fremden zu, und ihre kleinen Zähne waren wie makellose Perlen. Als er sie jedoch länger betrachtete, schien sie sich fast unmerklich zu wandeln, älter zu werden, von Kummer und Trauer erfüllt, schien ein wenig gebeugt zu stehen. Aber im nächsten Augenblick war sie auf geheimnisvolle Art jung und aufrecht in sich gegründet wie eine Statue, mit ungetrübt weißer Stirn.

Lucanus begann zu zittern und wußte nicht warum. Ehrfurcht und Liebe durchfluteten ihn. Am liebsten wäre er vor dieser Frau hingekniet und hätte ihre Arbeitshände geküßt. Sie schaute ihn ohne Neugier an, und der Blick ihrer blauen Augen schien ihm in die Seele zu dringen.

»Ich bin Lucanus, ein griechischer Arzt«, murmelte er. »Ich bin von weit her gekommen, um dich aufzusuchen, weil ich deinen Sohn liebe und ihm diene, obwohl ich ihn, außer in meinen Träumen, nie gesehen habe.«

Maria war nicht erstaunt. Sie lächelte ihm gütig zu. Sie sprach, und ihre Stimme klang wie eine Harfe, an deren Saiten die Finger sanft rühren. »Setzen wir uns hinter das Haus, in den Schatten, Lucanus«, sagte sie und ging voraus zu einer an der hinteren Hauswand stehenden Bank. Alle ihre Bewegungen waren voll Anmut und so geschmeidig wie das Wiegen einer Weidengerte; und hohe Würde umschwebte die Frau. Sie setzten sich nebeneinander, und Maria blickte sinnend in die Ferne. Ganz plötzlich spürte Lucanus, daß diese Frau alles von ihm wußte; aber wie das zuging, blieb ihm ein Rätsel.

In dem ausgebleichten Grase knabberten einige Ziegen emsig an niedrigen Disteln. Ein paar Hühner scharrten im Staube. Und etwas weiter weg rankten sich Reben um Pfähle und füllten die heiße, trockene Luft mit Wohlgeruch. Maria saß da, die Hände auf den Knien gefaltet, und ihr Gesicht war wunderbar still und lieblich.

Lucanus begann zu reden. Er berichtete von seinem Leben, seinen Lehrern, von Diodorus, von seiner Mutter, seinen Studien. Er schilderte seine lange Erbitterung und dann sein langes Suchen. Er erzählte, was er über Jesus gehört hatte, und sprach von seiner Zusammenkunft mit Jakobus und Johannes. Maria stellte keine Frage, unterbrach nie; ihre Züge waren durch innere Schau weich geworden. Der kurze blaue Schatten des Hauses dehnte sich. Eine Ziege kam und schnupperte an Marias Knie; kleine Küken krabbelten um ihre Füße. Unter einem goldenem Himmel wurden die fahlen Berge in der Ferne goldbraun.

Lucanus war mit seiner Erzählung zu Ende und verfiel in Schweigen. Er blickte auf Marias Gesicht, und dieses Gesicht schien ihm alle Züge jener Frauen zu vereinen, die er geliebt hatte: seine Mutter Iris, Rubrias und Dinas. Marias Gelassenheit strömte auf ihn über; Friede erfüllte ihn. Er vergaß, daß Jesu Mutter eine arme Galiläerin war, die Witwe eines bescheidenen Zimmermanns. Sie hielt die Jahrhunderte in ihren stillen Händen; sie war eine Königin unter den Frauen. Und wieder vollzog sich jener merkwürdige Wandel an ihr: etwas Unbekanntes überfloß ihre Züge, gab ihr für eine Weile das Aussehen einer alten gramgebeugten Matrone. Aber im Nu war sie wieder jung und jungfräulich, ein reines, unberührtes Wesen.

»Du möchtest etwas über mich wissen«, sagte sie schließlich sehr sanft, »und über meinen Sohn. Ich werde dir erzählen. Doch zuerst mußt du eine Erfrischung nehmen«, fügte sie in mütterlichem Tone hinzu. Sie stand auf, ging zu den Rebstöcken, pflückte eine Traube und brachte sie dem Gast. Es waren große, runde Beeren, mit bernsteinfarbenen Streifen auf rotem oder purpurrotem Grunde, leuchtend wie Edelsteine. Lucanus nahm die Traube und begann zu essen. Der Saft war warm und süß, und sein Durst wurde gelöscht. Dankbar blickte er Maria an; es war, als hätte sie ihm mit diesen Früchten Leben gespendet. Und sie saß da und lächelte ihm zu; und ihr Gesicht leuchtete aus dem Schatten.

Sie begann zu sprechen, und die heiße, stille Luft um sie füllte sich mit dem edlen Wohllaut ihrer Stimme. Sie erzählte von ihrer alten Base Elisabeth, deren Gatte Zacharias gewesen war, ein Priester. Sie hatten keine Kinder und grämten sich sehr darüber. Sie wohnten in einem kleinen Marktflecken in Judäa und liebten die junge, erst vierzehn Jahre alte Maria innig. Und Maria besuchte sie oft, wenn sie zu den hohen heiligen Festtagen nach Jerusalem reiste; und Vetter und Base begleiteten sie und ihre Eltern für den Rest der Reise. Und mit Marias Eltern kam auch immer ihr Verlobter, Joseph, ein Zimmermann, ein guter, freundlicher Mensch.

Und eines Tages, während Zacharias im Tempel seiner kleinen Gemeinde das Opfer darbrachte, da erschien vor ihm neben dem Altar, während er allein, seines Priesteramtes waltend, räucherte, ein Engel. Das Volk verharrte während des Opfers draußen im Gebet. Beim Anblick des Engels erschrak Zacharias sehr, und Furcht befiel ihn. Der Engel aber sprach zu ihm: »Fürchte dich nicht, Zacharias! Denn dein Gebet ist erhört worden, und Elisabeth, dein Weib, wird dir einen Sohn gebären, und du sollst ihm den Namen Johannes geben. Und er wird dir Wonne und Jubel sein, und viele werden sich seiner Geburt freuen. Denn er wird groß sein vor dem Herrn; Wein und berauschendes Getränk wird er nicht trinken; schon vom Mutterleibe an wird er voll des Heiligen Geistes sein, und viele von den Söhnen Israels wird er zu dem Herrn, ihrem Gott, bekehren. Er wird vor Ihm hergehen in des Elias Geist und Kraft, um die Herzen der Väter wieder zu den Kindern, Ungläubige zur Gesinnung der Frommen zu wenden und dem Herrn ein wohlgerüstetes Volk zu bereiten.«

Aber Zacharias rief laut: »Woran soll ich dies erkennen können? Denn ich bin schon alt, und mein Weib ist hochbetagt!«

Der Engel gab ihm zur Antwort: »Ich bin Gabriel, der vor Gott steht, und bin gesandt, zu dir zu reden und dir diese frohe Botschaft zu bringen.« Dann schien Gabriel erzürnt über den Zweifel des Zacharias und fuhr fort: »Du aber sollst stumm sein und nicht reden können bis auf den Tag, da dies geschehen wird, weil du meinen Worten nicht geglaubt hast, die sich erfüllen werden zu ihrer Zeit.«

Noch einen Augenblick lang stand der Engel da, lichtatmend, die mächtigen Flügel gefaltet. Dann war er verschwunden, und Zacharias sah sich allein vor dem rauchenden Altar, Angst und ehrfürchtige Scheu im Herzen. Als er aus dem Tempel trat, konnte er nicht sprechen, und Tränen rannen ihm über die alten Wangen; und das Volk wußte, daß er eine Erscheinung gehabt hatte. Für diese schlichten, frommen Menschen waren Erscheinungen nichts Außergewöhnliches; Erzählungen über die Herabkunft von Engeln und über Wunderzeichen flochten sich in alle ihre Gespräche. Aufgeregt befragten sie Zacharias; doch er konnte nur stumme, bestürzte Gesten machen.

Zacharias war zwar Priester, aber ein armer Mann, und er kehrte in sein kleines, bescheidenes Haus zurück und blickte, stumm weinend, seine Frau an. Späterhin wurde Elisabeth trotz ihres hohen Alters, zu ihrer großen, fast ungläubigen Freude, schwanger. Fünf Monate lang hielt sie sich verborgen, indem sie sprach: »Also hat der Herr an mir getan, in jenen Tagen, da er gnädig beschloß, meine Schmach vor den Menschen hinwegzunehmen!«

Maria hielt inne und blickten Lucanus an; ihre blauen Augen leuchteten und lächelten unter Tränen. Es war, als freute sie sich von neuem mit ihrer Base Elisabeth an diesem Wunder und als gedächte sie ihrer Worte zärtlich und verständnisvoll.

Die Zeit kam heran, so berichtete sie weiter, da sie selbst Joseph heiraten sollte, den sie liebte und mit dem sie verlobt war. Sie zählte vierzehn Jahre und war reif für die Ehe; aber manchmal machte sie sich Sorgen darüber, ob sie wohl diesem braven Manne eine gute Frau sein würde. Als das einzige Kind ihrer Eltern war sie von ihnen recht verwöhnt worden; das wenige, was sie sich leisten konnten, hatten sie in Hingabe und Liebe ihr geboten. Die Mutter hatte ihr so manche Arbeit erspart; darum verfügte sie nicht über alle Kenntnisse, die andere Mädchen sich für die künftige Aufgabe als Gattinnen und Hausfrauen erworben hatten. Bloß spinnen und nähen und kochen und einen kleinen Garten bebauen konnte sie zur Not. Ihre Eltern waren mehr auf ihre Frömmigkeit bedacht gewesen als auf ihre bescheidenen irdischen Pflichten; denn sie hingen sehr Gott dem Herrn an und führten Ihn stets im Munde, nicht nur beim Gebet.

Während Maria weitererzählte, blickte sie mit stiller Verzückung zum Himmel, und ihr Gesichtsausdruck änderte sich. Seit ihrer frühesten Kindheit, da sie kaum noch gehen konnte, hatte sie Gott geliebt und gekannt. Er füllte ihre Tage wie das Sonnenlicht; sie pflog Zwiesprache mit Ihm, wenn sie in ihrem ärmlichen Bette lag. Ihr Herz frohlockte über Ihn mit leidenschaftlicher Freude und Gläubigkeit. Selten konnte sie an andere Dinge denken; ihr ganzes Leben war von Anbetung erfüllt.

Die Bäume und die Erde sprachen ihr von Ihm; Er war in jeder Frühlingsblume, die sie sah. Seine Gegenwart strahlte vom Firmament ebenso wie aus einem Obstkern. Nachts, wenn der Mond voll war, sah sie Seinen Schatten; sie lebte und atmete in dem Gedanken an Ihn. Manchmal überwältigte eine unertragbare Verzückung ihre Seele, und sie stahl sich von den Eltern und Freunden und Verwandten weg, um über Ihn nachzusinnen. Jeder Stein und jeder Baum und jeder Stern wurden ihr von einem goldenen Strahlenkranz verklärt; denn in allen Dingen war Er. Oft weinte sie, ohne zu wissen warum, und ihr Herz bebte. Ihre Seele wuchs und weitete sich; sie wünschte nur Ihm zu dienen und ihr Leben in Betrachtungen über Ihn zu verbringen.

Auf die häuslichen Pflichten aber verstand sie sich sehr wenig; manchmal machte die Mutter ihr sanfte Vorwürfe und schalt sich dann selber, weil sie diesem jungen Mädchen keine bessere Lehrerin war. Und schließlich wurde auch Maria besorgt, wenn sie an Josephs Gutherzigkeit dachte und sich fragen mußte, ob sie wohl jene brave jüdische Gattin werden würde, die er erwartete, eine Ehefrau, die die Kerzen segnete, jede kleine Einzelheit der Gesundheits- und Speisegesetze peinlich genau beachtete und seinem Hauswesen zur Ehre gereichte.

So stieg sie eines Abends über die Leiter auf das Dach dieses ihres Geburtshauses hier, um zu Gott dem Herrn zu beten und Seinen Trost, Seine Führung zu erflehen. Der Himmel hatte die Farbe einer reifen Pflaume. Auf dem Dach war die Hitze des Städtchens gemildert, und Friede waltete unter den Sternen. Ein großer, goldener Mond stand erschauernd über allen Dingen, warf sein gelbes Licht auf Mauer und Baum und zeichnete verschlungene Muster goldener Linien auf den Boden. Von den Bergen blies ein kühler Wind; Jasminduft schwebte überall. Darüber wunderte Maria sich, weil der Tag heiß und trocken gewesen war und die Blumen gewelkt hatte. Dann füllte die Luft sich mit dem Wohlgeruch von Lilien und Rosen, der wie Weihrauch allseits emporwallte. Der Mond stieg höher; die Berge waren in kupfernen Schimmer getaucht, und die Dächer ringsum flirrten golden. Ohne daß sie wußte warum, zuckte Marias Herz, und sie hielt den Atem an.

Im nächsten Augenblick erglühte die Luft unter dem Mond. Mit gefalteten Händen stand Maria da und betete aus reiner Seele. Die Empfindung eines wundersamen Geschehens durchdrang sie. In ihrer scheuen Freude hätte sie laut aufjubeln mögen. Sie wandte den Kopf, und ein mächtiger Engel stand bei ihr, glänzender als der Mond. Sein weißes Gewand war ein Strömen flockigen Lichts; seine Flügel sprühten Silberfunken. Sein Antlitz war schöner als jedes Menschengesicht. Vor Angst und Ehrfurcht stockte Marias Herzschlag, und ihre Lippen wurden eiskalt. Sie dachte, sie würde hier, auf dem Dach, in Ohnmacht sinken. Sie machte eine Bewegung, um das Gesicht mit den Händen zu bedecken; denn der Engel war von hellstem Glanz umflossen.

Da sagte er, sehr freundlich, indem er die lichterfüllten Hände verehrend faltete: »Gegrüßet seist du, Gnadenvolle! Der Herr ist mir. Du bist gebenedeit unter den Weibern!«

Als Maria diesen Gruß hörte, erstarrten ihre Arme mitten in der Luft, wie gelähmt. Alles drehte sich vor den Augen, und ihr Körper bebte. Was bedeuteten diese Worte? Der Atem versagte ihr; dann entrang er sich der Kehle als lautes, trockenes Schluchzen. Maria war sehr jung; sie hatte von Engeln geträumt. Doch nun, da ein Himmelsbote vor ihr stand, wurde sie von Schreck überwältigt.

Mit der gütigsten aller Stimmen sprach der Engel: »Fürchte dich nicht, Maria, denn du hast Gnade gefunden bei Gott. Siehe, du wirst empfangen im Schoße und einen Sohn gebären und seinen Namen Jesus nennen. Er wird groß sein und Sohn des Höchsten geheißen werden; der Herr Gott wird ihm den Thron seines Vaters David geben. Herrschen wird er über das Haus Jakob in Ewigkeit, und seines Reiches wird kein Ende sein.«

Maria, die Jungfrau, konnte nicht sprechen. Unsicher und benommen blickte sie um sich. Ihr kam vor, sie träume oder bilde sich das alles in ihren grübelnden Betrachtungen ein. Aber das kleine Städtchen lag in orangefarbenem Licht um sie, und der Duft der Blumen betäubte ihr die Sinne. Sie spürte den rauhen Boden unter den Füßen; ein ganz leichter Wind streichelte ihr junges Gesicht. Sie träumte nicht. Ohne hinzublicken, sah sie aus den Augenwinkeln die lichtzuckende Erscheinung neben sich, und ihr Herz krampfte sich zusammen. Sie dachte daran, was der Bote gesagt hatte: sie würde im Schoße empfangen und einen Sohn gebären. Langsam und demütig schüttelte sie verneinend den Kopf.

»Wie wird dies geschehen, da ich keinen Mann erkenne?« stammelte sie.

Der Engel lächelte; und dieses Lächeln war wie ein Aufleuchten der Sonne. Unwillkürlich wich Maria zurück und schloß die Augen.

»Der Heilige Geist wird über dich kommen, und die Kraft des Höchsten wird dich überschatten. Darum wird auch das Heilige, das aus dir geboren wird, Sohn Gottes geheißen werden.«

Maria befeuchtete sich die kalten Lippen. Ihr fielen die Weissagungen vom Messias ein. Sie hob die schmalen Hände und blickte sie bestürzt an; sie sah die Arbeitsspuren an ihnen. Sie sah ihr grobes Gewand; sie dachte daran, daß sie erst vierzehn Jahre alt war, eine Tochter galiläischer Landleute. Wie sollte es zugehen, daß gerade sie erwählt würde und nicht eine Prinzessin aus Israels fürstlichem Stamme, umgeben von Trompetenschall und Marmorsäulen und wohlriechenden Springbrunnen und Bedienten? Betäubt rang sie mit ihren zwiespältigen Gedanken. Sie blickte den Engel an und wunderte sich, wie durch einen Nebel hindurch, warum er sie, das kleine, bedeutungslose Mädchen, mit solcher Verehrung ansah.

Der Engel neigte den Kopf, als stünde er vor einer erhabenen Fürstin.

»Siehe, Elisabeth, deine Verwandte – auch sie hat einen Sohn empfangen in ihrem Alter; und dies ist der sechste Monat bei ihr, welche unfruchtbar genannt wurde. Denn bei Gott ist kein Ding unmöglich!«

Maria sann. Dann war ihr, als überströmte eine große Woge von Licht sie und durchflutete ihr ganzes Wesen. Und alles wurde ihr klar.

Mit lauter, freudiger Stimme rief sie: »Siehe die Magd des Herrn! Mir geschehe nach deinem Worte!«

Der Engel beugte das Knie vor ihr; und während sie ihn noch anblickte, entschwand er. Aber wo er gestanden hatte, blieb ein Licht wie der Widerschein des Mondes; und dieses Licht kreiste und verblaßte langsam, nebelhaft, bis es ganz erlosch.

Maria bedeckte das Gesicht mit den Händen und weinte. Sie wußte nicht, ob sie vor Schreck oder vor Freude weinte; beide Empfindungen gingen ineinander über. Ihr erster Gedanke galt den Eltern. Sie stieg die Leiter hinab und betrat das kleine Haus. Joachim und Anna schliefen; in der Dunkelheit war ihr friedliches Atmen vernehmlich. Am liebsten hätte Maria sie geweckt und ihnen von der Erscheinung erzählt. Ihre Wangen wurden heiß und rot. Würden die Eltern es glauben? Es verstehen? Oder würden sie ihr freundlich zulächeln und wiederum, wie schon so oft, sagen, sie habe geträumt? Sie dachte an Joseph, ihren Verlobten. Einen Augenblick lang fühlte sie sich gedrängt, mit ihrer merkwürdigen Offenbarung zu ihm zu laufen. Dann aber wehrte sich alles in ihr dagegen. Sie lehnte sich an die dunkle Wand und überlegte. Sie mußte Elisabeth aufsuchen, und zwar gleich! Die alte, auf so seltsame Art gesegneten Leibes gewordene Base sollte als erste die Kunde erhalten. Auf leisen Füßen, mit hauchleichten Schritten, ging Maria durch das Zimmer ihrer Eltern in ihre eigene Kammer. Dort schrieb sie ihnen kurz, sie sollten sich ihretwegen nicht beunruhigen, sie wolle Elisabeth besuchen und werde wohlbehalten zurückkehren.

Als sie dann allein in dem stillen Städtchen stand, wo außer ihr alles schlief, machte sie sich sofort zu Fuß auf die lange Reise, ohne Zögern, im Gefühl, behütet und umhegt zu sein. Niemals war sie bisher unbegleitet bei Nacht im Freien gewesen. Aber jedes Gäßchen schimmerte von gelbem Licht; und sie sah die Wipfel der Zypressen sich klar gegen den Mond abheben und sah das leise Wiegen schützender Schattenbäume vor einem weichen, samtenen Dunstvorhang.

Ein Gefühl des Friedens und der Geborgenheit war in ihr. Nirgends bellte ein Hund aus den unbeleuchteten Häusern, an denen sie vorbeiging. Sie hob das lächelnde Gesicht zum leuchtenden Himmel und betete. Während des Gehens hüpfte sie manchmal in ihrem jugendlichen Ungestüm auf und machte einige Laufschritte. Kraft erfüllte ihren Körper. Wie würde sie, ohne Geld und Nahrung, den weiten Weg nach Ain Karim in Judäa zurücklegen können? Auch auf dem Eselsrücken brauchte man einige Tage dazu. Sie wußte nur, daß sie hingelangen würde, daß sie auserwählt war, daß ihr kein Leid zustoßen konnte. Voll Vertrauen verließ sie Nazareth, und vor ihr lag die schmale südwärts führende Straße; Kies und Steine zeichneten sich scharf im Mondlicht ab.

Lange ging Maria, ohne müde zu werden. Sie begegnete keinem Menschen. Manchmal sah sie liegende Hirten, die auf den Hängen der ausgedörrten Berge inmitten ihrer Schafe schliefen. Sie kam durch einige Weiler, in denen sich nichts regte.

Plötzlich war Maria durstig und blickte in der stummen Weite umher. In dieser Gegend waren die nahen Hügel bebaut; Ölhaine standen wie aus Silberfäden gewoben unter dem Mond, und Palmen wiegten ihre Wedel in der warmen Mitternachtsluft. Da hörte Maria das Plätschern eines kleinen

Wasserlaufs und fand ihn. Golden rann das Bächlein zwischen schwarzen Steinen und sang sich selbst ein Liedchen. Sie kniete am Ufer hin und trank aus den Händen, in tiefen Zügen; und es war, als schlürfte sie stärkenden Wein. Sie langte an dem Stamm einer jungen Palme hinauf und pflückte sich ein Büschel warmer, reifer Datteln und stillte ihren neu erwachten Hunger.

Dann nahm sie die Wanderung wieder auf, leise vor sich hinträllernd. Ihre Kinderfüße flitzten unter dem Gewand hervor, und hinter ihr stieg der Staub auf. Manchmal konnte sie ihre Freude kaum beherrschen; dann wieder sann sie schlicht in ihrem Herzen nach. Aller Zweifel war gewichen. Irgendwo in ihrem Leibe pulste es stark und ständig; und es war wie ein neues, kräftiges Herz. Und lauteren Gemütes wunderte sie sich.

Obwohl sie keine Müdigkeit spürte, beschloß sie, der Ruhe zu pflegen. Sie fand eine Gruppe kühler Eichen und legte sich unter ihnen ins Gras und schlief sofort ein, zusammengerollt wie ein wohlbehütetes Kind, die Wange an der Hand. Als sie erwachte, schwamm der Himmel in Scharlach- und Perltönen, und die ockerfarbenen Berge glühten. Wieder fand Maria ein Bächlein, wusch sich Hände und Gesicht und trank von dem Wasser. An der Straße trat sie in einen Granatapfelhain und aß begierig von den Früchten. Einige stopfte sie in ihre Reisetasche, für später. Dann machte sie sich wieder auf den Weg; jetzt sang sie laut.

Ein paar Stunden später, als die Sonne schon hoch stand, holte eine Karawane sie ein, eine ärmliche Karawane, etliche Kamele und Esel, mit Waren für die Städte beladen. Die begleitenden Männer, es waren ihrer drei, hatten die wilden, finsteren Züge der Berge und entlegenen Gegenden. Als aber der eine die einsame Wanderin sah, stieg er von seinem Esel und half ihr wortlos aufsitzen. Ihr kam das ganz natürlich und geziemend vor. Einigemal nickte sie ein; wenn sie erwachte, bemerkte sie jedesmal, daß die braune Hand des Mannes sie stützte. Niemand stellte ihr Fragen. Als die Karawane Rast machte, teilten die schweigsamen Reisenden Brot und Käse und Wein mit ihr. Sie behandelten sie mit großer Höflichkeit. Ihre beweglichen Männeraugen forschten nicht, wunderten sich nicht darüber, daß dieses so schöne und lächelnde Mädchen allein und ohne Schutz war. In dieser Nacht schliefen sie an der Straße und breiteten für die Fremde eine grobe Decke auf den Boden. Eine Weile lag Maria wach und horchte auf das Ächzen der knienden Kamele, das Stampfen der Esel, das ferne Heulen von Schakalen. Ein kleines Feuer züngelte mitten im Lager. Sehr beglückt schlief sie ein.

Und so ging es weiter. Bisweilen sangen die finsteren Männer ihre Gebete; und Maria mischte, auf dem Esel sitzend, ihre scheue Stimme in den Chor. Und manchmal starrten sie in das friedliche Kindergesicht und lächelten väterlich. Sie brachten der Fremden ihre mit kühlem, frischem

Wasser gefüllten Schläuche; sie drängten ihre Früchte auf. Sie zogen durch das wilde Land; und die wenigen Menschen, die sie trafen, hielten das Mädchen für die Tochter eines der Männer.

Schließlich gelangten sie nach Ain Karim, dem kleinen Dorf; und als wüßten sie, daß die Fremde am Ziele war, halfen sie ihr vom Esel; und zögernd strich einer der Männer zärtlich mit dem Handrücken über die warme Wange. Sie wollte ihnen danken; aber die Männer winkten ihr zu und zogen weiter.

Maria fand das Haus, in dem Zacharias und Elisabeth wohnten, ein lehmfarbenes Häuschen, das auf einem steilen Hang klebte, zwischen Zypressen und anderen Bäumen. Es war früher Morgen. Maria klopfte an die geschlossene Tür; dann trat sie ein. Die alte Elisabeth war schon auf den Beinen und ging fleißig ihren Haushaltsarbeiten nach. Maßlos erstaunt blickte sie die grüßende Besucherin an. Dann überlief ein starkes Zittern ihren Körper; sie streckte der jungen Base die Hände hin und rief mit lauter, seltsam veränderter Stimme:

»Gebenedeit bist du unter den Weibern, und gebenedeit ist die Frucht deines Leibes! Woher geschieht mir dies, daß die Mutter meines Herrn zu mir kommt? Denn sieh, sobald der Klang deines Grußes an mein Ohr drang, da hüpfte vor Freude das Kind in meinem Schoß. Selig, die du geglaubt hast! Denn erfüllt wird werden, was dir vom Herrn gesagt ward.«

Ihr runzeliges Gesicht war gewandelt, ihre Augen leuchteten. Sie breitete die Arme der Base entgegen, und die beiden umarmten sich wie Mutter und Kind, voll des Verstehens und ohne Fragen. Sie küßten einander und flüsterten liebevoll Wange an Wange. Wonne erfüllte sie; Entzücken feuchtete ihre Augen. Dann lehnte Maria sich in die Arme der Base zurück und blickte ihr glückselig ins Gesicht.

Mit ihrer reinen, unschuldigen Stimme sprach sie, und es wurde ein Lied:

»Hoch preist meine Seele den Herrn, und mein Geist frohlockt in Gott, meinem Heiland: weil Er herniedergeschaut hat auf die Niedrigkeit Seiner Magd. Denn siehe, von nun an werden mich seligpreisen alle Geschlechter, weil Großes an mir getan hat der Mächtige, dessen Name heilig ist. Und Seine Barmherzigkeit waltet von Geschlecht zu Geschlecht über denen, die Ihn fürchten. Macht hat Er geübt mit Seinem Arme; hat zerstreut, die hoffärtig sind in ihres Herzens Sinne. Gewaltige hat Er von den Thronen gestoßen, und Niedrige hat Er erhöhet. Hungrige hat Er mit Gütern erfüllt, und Reiche ließ Er leer ausgehen. Angenommen hat Er sich Israels, Seines Knechtes, eingedenk Seiner Barmherzigkeit, wie Er gesprochen hat zu unsern Vätern, Abraham und seinen Nachkommen in Ewigkeit.«

Ohne sich auf seiner Bank zu bewegen, hörte Lucanus zu. Marias Stimme hatte sich, als sie dieser Tage gedachte, erhoben gleich einem Läuten wohltönender Glocken. Und wie es ihm mit seinem Bruder Priscus ergangen war, konnte er auch jetzt nicht scheiden, wieviel er durch Marias Worte erfahren hatte, und wieviel einer mystischen Einsicht entsprang, die ihm durch den Glanz ihrer Augen und den Klang ihrer Stimme zuteil wurde.

Maria blickte zum Himmel, und ihr Gesicht glühte auf vor Freude; und sie hob die Hände, daß ihre Flächen vom Lichte vergoldet wurden. Voll Liebe und Ehrfurcht schaute Lucanus auf diese Frau, die unter ihrer kindlichen Brust Gott getragen und den Heiland in einem Stall zur Welt gebracht hatte. Er beugte sich zu ihr. Sie ließ die Hände sinken und sah ihn lächelnd an. Und ihm schien, als hätte er nie ein solches Antlitz gesehen, so anmutig und edel, so von unirdischer Schönheit umflossen. Er zögerte; dann nahm er ihre Hand und küßte sie und sagte: »Ich bin glücklich, daß ich diese Dinge von deinen Lippen vernommen habe, edle Frau. Ich verdiene dieses Glück nicht.«

Ehrerbietig blickte er sie an und dachte: Wahrlich, hier ist ein Mensch, der ohne Sünde blieb, der sündlos geboren wurde und sündlos gelebt hat, der Böses erduldete, ohne von ihm berührt zu werden. Diese Frau kannte Kummer, nicht aber Schuld. Sie hat geweint, doch nicht eigener Verfehlungen wegen. Sie hat geliebt, und ihre Liebe war rein wie das Licht des Mondes. Sie ging durch Angst und Gram hindurch; aber auf ihre Seele ist kein Schatten gefallen, kein Makel auf ihre Hände. Sie ist gebenedeit unter den Weibern!

»Nur Gott kann beurteilen, ob ein Mensch Glück verdient oder nicht«, erklärte Maria freundlich. »Du hast viel gelitten, und Gott hat dich auf Seinen Weg geführt.«

Rasch wuchsen die Nachmittagsschatten; ein heißer Wind wirbelte den Staub auf. Die Ziegen meckerten. Maria erhob sich und sagte: »Ich werde die Tiere melken. Und wenn du willst, so trink und iß mit mir!«

»Ich helfe dir«, erbot sich Lucanus. Und beide knieten auf den bröckeligen Boden hin und melkten die Ziegen; schäumend rann die warme Flüssigkeit in die Eimer. Dann brachte Maria Schüsseln mit Brot und Käse, kleine schwarze Oliven, ein paar einfache Kuchen, die sie vorher gebacken hatte, und einen Holzteller mit Obst. In schweigender Zufriedenheit setzten die beiden sich und aßen.

Dann nahm Maria ihre Erzählung wieder auf. Sie berichtete Lucanus, wie sie etwa drei Monate lang bei Elisabeth geblieben war, bis zur Geburt des kleinen Johannes, der vom ersten Tage an lebhaft und ein kleiner Schreihals gewesen war, und wie der Vater die Sprache wiedergewann, sobald er auf einem Täfelchen den Namen des Sohnes bezeichnet hatte.

Zacharias – so erzählte Maria weiter – hob dann, während seine Freunde ihn bei der Beschneidungsfeier durch Kuß auf seinen Bart beglückwünschten, die Hände zum Himmel und rief laut:

»Gepriesen sei der Herr, der Gott Israels; denn Er hat Sein Volk heimgesucht und ihm Erlösung gebracht. Er hat uns einen starken Retter erweckt im Hause Davids, Seines Knechtes, wie Er versprochen hat durch den Mund Seiner von Unzeit her heiligen Propheten: Rettung vor unseren Feinden und aus der Hand aller, die uns hassen; Barmherzigkeit zu üben an unseren Vätern und zu gedenken Seines heiligen Bundes, des Eides, den Er unserem Vater Abraham geschworen hat, und zu verleihen, daß wir, aus der Hand unserer Feinde erlöst, furchtlos Ihm dienen in Heiligkeit und Gerechtigkeit vor Ihm alle unsere Tage.«

In Entrückung und voll des Heiligen Geistes fuhr er fort, während seine Freunde staunend und verwundert ihn umstanden:

»Und du, Knabe« – dabei legte er seine verwelkte alte Hand auf den Kopf des Kindes – »wirst Prophet des Höchsten genannt werden: denn du wirst hergehen vor dem Angesichte des Herrn, zu bereiten Seine Wege, um Seinem Volk Erkenntnis des Heiles zu schenken, in der Vergebung seiner Sünden, durch das innige Erbarmen unseres Gottes, mit dem Er uns heimgesucht hat als ein aufgehend Licht aus der Höhe, um zu leuchten denen, die in Finsternis und in Todesschatten sitzen, und unsere Füße auf den Pfad des Friedens zu lenken.«

Maria berichtete von ihrer Heimreise zu den Eltern und zu Joseph, der sehr beunruhigt gewesen war. Sie erzählte von ihrer Vermählung mit Joseph und dann von der Verordnung des Augustus, wonach alle seine Untertanen auf dem ganzen Erdkreis gezählt werden sollten, und von ihrer Reise nach Bethlehem, zusammen mit ihrem Gatten. Zögernd und mit leiser, bebender Stimme sprach sie von der Geburt ihres Sohnes, von den Engeln, die den Hirten in den Bergen erschienen waren, und davon, wie die Hirten dann das Kind, in der Krippe liegend, gefunden hatten.

Vieles davon wußte Lucanus schon von anderen; aber er lauschte so gespannt, als hörte er alles zum erstenmal. Denn Marias schöne, wohltönende Stimme klang ihm wie Musik in die Ohren. Die Hügel um Nazareth kleideten sich jetzt in das Gelb reifer Zitronen, und der Himmel darüber färbte sich golden; und nun drang der Lärm des Städtchens sogar bis in diese ärmliche, abgelegene Gasse.

Maria wurde müde. Blässe überzog ihre glatten Wangen; ihre blauen Augen verschatteten sich vor Ermattung. Als daher die Sonne sich rasch zum Untergang neigte und plötzlich die ganze Erde mit dem roten Lichtschein einer Feuersbrunst überflutete, stand Lucanus auf.

»Gestatte, daß ich morgen für kurze Zeit wiederkomme«, bat er. »Ich möchte etwas über die Kindheit deines Sohnes erfahren. Jetzt suche ich mir Herberge.«

»Es gibt nur einen Gasthof in der Stadt«, sagte Maria und glättete ihr vom Abendwind gebauschtes Gewand. »Und die Unterkunft ist dürftig.«

»An Bequemlichkeit liegt mir nichts«, erklärte Lucanus.

Maria begleitete ihn bis vor die Haustür; und wieder beeindruckte ihn die staubige Verlassenheit des Gäßchens, auf dessen Kopfsteinen Ziegen trotteten, während aus verschlossenen Häusern Kinder schrien und am glühenden Himmel Geier schwebten. Maria beschrieb ihrem Besucher den Weg zum Gasthof. Lucanus bestieg sein Pferd, ritt durch die Gasse hinunter und blickte zurück. Die einsame Frau hob die Hand und lächelte.

Wie Maria vorausgesagt hatte, war die Herberge wirklich erbärmlich, ein rohgebautes Häuschen mit einem offenen Brunnen in dem mit schwarzen Steinen ausgelegten Hof. Lucanus war der einzige Gast, und der Wirt, ein alter Mann mit graumeliertem Rotbart, begrüßte ihn freudig und führte ihn in das beste der vier Zimmer, eine winzige Kammer mit binsenbedecktem Fußboden, schmalem Bett und einem einzigen Sessel. An der Holzwand hing eine Lampe.

Später saß Lucanus allein in dem armseligen Speiseraum. Aber der Wirt brachte stolz kaltes Bier und auch Wein, einen Teller mit lauwarmem und sehr fettem Hammelfleisch, ein halbes gedünstetes Huhn, zähe und von gelbem Fett durchzogen, einige welke Gurken und eine Schüssel mit Granatäpfeln, Datteln und Trauben.

»Das Bier ist aus Ägypten«, rühmte der Wirt, der sich neben Lucanus hingestellt hatte. »Dort braut man das beste Bier der Welt. Die Römer sind stümperhafte Nachahmer.« Er räusperte sich entschuldigend.

»Ich bin kein Römer«, erklärte Lucanus lächelnd. »Willst du mir Gesellschaft leisten, bei einem Becher Bier? Es schäumt ganz prächtig.«

Der Wirt legte den Finger an die Nase und sagte beflissen: »Oh, ich habe noch etwas viel Besseres!« Er zwinkerte wie ein Verschwörer, »herrlichen Dattelwein!«

Unschlüssig dachte Lucanus an die möglichen Folgen des Durcheinandertrinkens von Bier und Dattelwein. Aber er war müde; außerdem fühlte er sich merkwürdig hochgestimmt. »Wenn du mithältst«, sagte er höflich.

Der Wirt war hocherfreut; aber als ehrenhafter Mann zögerte er angesichts der einfachen Gewandung seines Gastes. »Der Dattelwein ist sehr teuer. Vielleicht kannst du ihn nicht erschwingen, guter Herr. Er kostet drei Sekel die Flasche. Das kommt von dem hohen Zoll, den die Römer darauf einheben. Oh, diese Römer mit ihren verdammten Abgaben! Sie machen einem das Leben sauer, sage ich dir! Wenn wir Waren ausführen, stehen die Zöllner mit ausgestreckter Hand und vielen Papyrusblättern da; wenn wir etwas einführen – und wir sind ein armes Volk und müssen viel einführen –, stellen sich die Zöllner wieder ein, mit neuen Fragebogen und mit ausgestreckter Hand, und mit ihren Stempeln.«

»Dem Amtsschimmel entgeht man nie«, sagte Lucanus mit verständnisvollem Seufzer. »Aber trinken wir unseren Dattelwein und vergessen wir die Obrigkeit und ihre Steuern und ihre Beamten, die den Reichtum des Volkes auffressen!«

Mit ehrfurchtsvoller Gebärde brachte der Wirt eine verstaubte Flasche. »Den Dattelwein müssen wir aus Syrien einführen«, bemerkte er. »Bei uns ist man von Amts wegen auf starke Getränke nicht gut zu sprechen. Aber du würdest staunen, wieviel trotzdem eingeführt und getrunken wird! Schau dir das Siegel und den Stempel darauf an! Es ist echter Import und nicht ein Gesöff, wie man es insgeheim in den Bergen zusammenbraut.«

Lucanus prüfte höflicherweise das Siegel und nickte. Der Wirt brachte zwei kleine Becher, und Lucanus füllte sie bis zum Rande. Der Wirt schüttelte den Kopf darüber, wie verschwenderisch sein Gast mit dieser Kostbarkeit umging, äußerte aber kein Wort des Tadels oder des Widerspruchs. Er setzte sich neben Lucanus, und seine alten Augen leuchteten. Er sagte: »So ein Dattelwein ist Nektar für die alten Jahre; und ich bin ein Greis und brauche Wärme, auch in diesem Klima. Da wir nicht weit von Syrien sind, viel näher als Jerusalem ...« Wieder räusperte er sich.

Lucanus lächelte. »Ich habe dir schon gesagt, ich bin kein Römer. Ich bin Grieche, und als solcher bewundere ich Schmuggler.«

»Wenn man eine machthaberische Obrigkeit hintergeht, ist das überhaupt nicht ehrenrührig«, erklärte der Wirt mit einem schlauen Blick. Wie kann man sonst leben? Übrigens, wer schafft alles Vermögen? Die Obrigkeit oder wir selber? Man sollte allen Regierungen eines unserer großen Gebote in Erinnerung rufen: Du sollst nicht stehlen! Aber hat es je in der ganzen Weltgeschichte eine Obrigkeit gegeben, die nicht gestohlen hätte?«

»Nie«, bestätigte Lucanus. »Alle Obrigkeiten sind von Natur aus Räuber.«

Behutsam nippte er an seinem Dattelwein. Es war kein edler Tropfen, schmeckte scharf und brannte im Magen. Der Wirt trank mit Genuß und rief dann: »Ah!« Aber beide nahmen rasch einen tüchtigen Schluck Bier darnach.

Der Alte schielte ein wenig; das gab ihm etwas Verwegenes. Er sagte: »Ohne Steuern gäbe es kein Geld für Soldaten; und ohne Soldaten gäbe es keine Kriege und keine Eroberungen; und ohne Kriege und Eroberungen würden die Menschen lernen, in Frieden miteinander auszukommen. Aber gerade das wünschen die hohen Herrschaften nicht! Sie machen Krieg aus Habgier und Profitsucht.«

In kluger Voraussicht hatte er einen zweiten Teller auf den Tisch gestellt und bediente sich nun von den seinem Gast vorgesetzten Speisen, was Lucanus nicht besonders appetitlich fand. Der Alte zog weiter gegen alle Obrigkeit los und bemerkte, schon Samuel habe das Volk gewarnt, es sollte nie einen König über sich einsetzen, sonst gebe es Unglück. Der Wirt war nicht nur alt, sondern auch in seinem Gesichtskreis beschränkt; aber er hatte einen hellen Verstand, und Lucanus hörte ihm gern zu. Die einfachen Leute, dachte er, sind oft ein Born der Weisheit; und die überzüchteten Bildungsprotzen in den Städten könnten viel von ihnen lernen.

»Mein Name ist Isaak«, sagte der Wirt. Er ging langsam aus sich heraus, und seine welken Wangen wurden rot. »Ich bin Witwer. Zu mir kommen selten Gäste, und manchmal falle ich ihnen wohl zur Last.« Er schob die schwarze Baumwollmütze auf seinem Kopf zurecht.

»Mir nicht«, betonte Lucanus. Er trank wieder einen Schluck Dattelwein. Jetzt kam ihm das Getränk nicht mehr so gräßlich vor. Sein Magen wurde warm; die wenigen Lampen in dem Raum schienen heller zu leuchten. Wirt und Gast leerten wieder einen Becher Bier. Lucanus beschloß zunächst, es an einem Stück Huhn, einem Kuchen, ein paar Oliven und einem Büschel Datteln genügen zu lassen. Nach einigen Bissen Huhn verlegte er sich aber ganz auf die mit Mohn und Rosinen gefüllten Kuchen, auf die Oliven und das Obst. Langsam fühlte er sich immer aufgeräumter. Jetzt bekam der Dattelwein einen ausgesprochen rätselvollen Geschmack. Lucanus glaubte nicht mehr an die syrische Herkunft dieses Getränks; es mußte verstohlen in der Gegend von Nazareth gebraut worden sein.

Isaak ließ sich das Hammelfleisch gut schmecken. »Du hast einen empfindlichen Magen, Herr?« erkundigte er sich.

»Sehr empfindlich«, erwiderte Lucanus mit ernster Miene. »Hammelfleisch bekommt mir nicht gut.«

Sie tranken mit Behagen. Isaak erzählte ein paar schrullige, unterhaltsame Judenwitze, und sein Gast lachte. Dann vertiefte Lucanus sich in die Betrachtung zweier langer Sprünge im Wandbewurf. Sie erschienen ihm wie gewundene Flußläufe; Schmutzflecken zu beiden Seiten der ›Flüsse‹ nahmen die Gestalt dichtverbauter Dörfer an.

Plötzlich aber stellte Lucanus seinen Becher hin. Isaak war sehr geschwätzig geworden. Seine Witze gerieten nun, wie es bei alten Männern zu gehen pflegt, hart an die Grenze des Zotigen. »Ach«, entschuldigte er sich selbst, »wenn die Zeugungskraft versagt, muß man sich mit losen Reden schadlos halten. Wer einen hört, glaubt dann, wunders wie leistungsfähig man noch ist. David hat sich zum Anheizen eine Jungfrau zugelegt; mir ist Dattelwein lieber.«

»Ein Ziegenbock ist sehr zeugungsfähig«, meinte Lucanus. »Aber bekommt er im Alter Verstand? Nein, er nimmt seinen Weg in den Kochkessel oder auf den Bratspieß.«

In Isaak erwachte freundschaftliche Zuneigung für seinen Gast. Seine Augen wurden feucht, und er legte seine knorrige Hand dem Griechen auf den Arm. »Bist du aber ein kluger Mann!« rief er.

Lucanus trank einen Schluck Bier. Er stützte die Ellbogen auf den ungehobelten, versplissenen Tisch. »Ich befasse mich da mit einer wissenschaftlichen Arbeit«, bemerkte er wie nebenher. »In diesem Zusammenhang interessiere ich mich für einen gewissen Jesus, den Sohn Marias und Josephs, des Zimmermanns. Kannst du mir etwas über die Leute sagen?«

Sofort wurde Isaaks Miene verschlossen und wachsam. »Ach, Maria und Joseph. Und Jesus.«

»Ich bin kein Spion«, betonte Lucanus. »Ich bin kein Römer.«

Isaak war noch nicht so angeheitert, wie Lucanus gehofft hatte; seine Zunge hatte sich keineswegs hinreichend gelöst. Mit zusammengekniffenen Augen musterte er den Fremden und sagte in erstauntem Tone: »Wer hat von Spionen gesprochen? Warum sollten in dieses gottverlassene Nest Spione kommen? Und mit welchem Auftrag? Eine schlichte jüdische Familie, Jesus, Maria und Joseph! Was können diese Leutchen die große Welt interessieren? Vater und Sohn – beides Handwerker, einfache, ehrliche Kerle, wie alle hier in Nazareth.« Er strich sich den Bart und fixierte den Griechen noch schärfer. Dann fuhr er fort: »Maria, sagtest du, hat dich in meinen Gasthof geschickt? Ich muß mich, wenn ich sie sehe, bei ihr bedanken. Sie ist eine sehr weitschichtige Base und will mir wohl.«

Plötzlich schlug er mit der Hand fest auf den Tisch. Sofort kam ein hübscher dunkelhaariger Jüngling herein und fragte: »Ja Großvater?«

Isaak sprach nun in so ausgezeichnetem, gepflegtem Hebräisch, daß Lucanus staunte. Es war ihm klar, daß er das Gesagte nicht verstehen sollte, er, ein reisender griechischer Arzt, der selbstverständlich die Gelehrtensprache Israels nicht kannte. Isaak trug seinem Enkel auf: »Ezechiel, geh gleich hinüber zu Base Maria und frage, ob sie wirklich diesen Fremden zu uns geschickt hat, diesen Griechen, und ob man ihm trauen und was man ihm erzählen kann. Vielleicht lügt er. Schau dir ihn genau an, damit du ihn ihr beschreiben kannst. Angeblich heißt er Lucanus und ist Arzt. Er hat einen schönen Araberrappen, und an Geld scheint es ihm nicht zu mangeln. Wir müssen sehr vorsichtig sein und immer an Pilatus und Herodes denken.«

Ezechiel sah den Fremden genau an und prägte sich seine Züge ein. Lucanus trank sein Bier und aß eine Handvoll Trauben, ohne sich anmerken zu lassen, daß er Isaaks Aufträge verstanden hatte. Der Junge sagte: »Er trägt schöne Ringe. Und macht einen feinen Eindruck.«

Lucanus lächelte innerlich. Der junge Mann ging, und Isaak erklärte mit entwaffnender Harmlosigkeit: »Wie gesagt, wir sind einfache Leute. Ich habe mit meinem Enkel in unserer hiesigen Mundart gesprochen und ihm befohlen, eine zweite Decke für dich aufzutreiben, weil die Nächte kühl sind.«

»Sehr lieb von dir«, bedankte sich Lucanus. »Ist mein Pferd versorgt?«

»Gewiß, gewiß, Herr. Ich habe Ezechiel auch eingeschärft, ihm frisches Wasser zu bringen.«

In gemächlichem Schweigen tranken die beiden ihr Bier. Nachdenklich aß Isaak den Hammelfleischteller leer. Dann sagte er: »Ich möchte dir das Zimmer zeigen, Herr, wo ich selber wohne und schlafe.«

Er stand auf, und seine Gewänder wallten, trotz ihrer Armseligkeit, stattlich an ihm herab wie ein Königsornat. Er führte den Gast in eine Kammer hinter dem Speiseraum und entzündete die Laterne an der Wand. In dem Stübchen standen einfache Möbel: ein großer Tisch, einige schlichte Sessel, ein schmales Bett, eine Kommode. Alles glänzte. Isaak sagte: »Schau dir diese Möbel an! Sie sind weder geschnitzt noch vergoldet, noch auch besonders schön. Aber sie sind ausgezeichnet gearbeitet, abgehobelt und glattgeschliffen. Diese Stücke haben Joseph und Jesus für mich gemacht; in ganz Galiläa gab es keine besseren Zimmerleute und Tischler. Leider ist Joseph tot, und unglücklicherweise auch Jesus. Jetzt müssen wir Möbel von schlechteren Handwerkern kaufen.«

Lucanus fuhr mit den Händen über die Einrichtungsstücke und dachte: Das also hat Jesus verfertigt, Christus der Herr. Er hat es nicht verschmäht, als Handwerker zu arbeiten, der Sohn Gottes, der die in aller Ewigkeit strahlenden Sterne und Sonnen erschaffen hat. Er hat dieses Holz glattgehobelt, daß es wie Seide glänzt. Er hat dieses Bett, diesen Tisch geschaffen, und ohne Zweifel war der Stolz darüber ebenso groß wie über die Erschaffung der Plejaden!

Am liebsten hätte Lucanus nicht nur die Finger, sondern auch die Lippen auf diese schlichten, einfachen Möbelstücke gelegt, an denen Jesu Hände gearbeitet hatten. Seine Augen wurden feucht. Er setzte sich auf einen Stuhl. Isaak beobachtete ihn. Er merkte, wie bewegt sein Gast war. Verdutzt runzelte er die Stirn.

»Aus diesem Städtchen stammen ja auch andere Männer, von denen ich gehört habe«, sagte Lucanus. »Mit Jakobus und Johannes habe ich schon gesprochen. Petrus werde ich bald besuchen.«

»Ach ja,« murmelte Isaak achtlos. »Die kenne ich gut.« Auch er setzte sich.

Bald darauf kam Ezechiel zurück. Seine Augen strahlten vor Aufregung, und er berichtete: »Großvater, Maria läßt dir sagen, du kannst mit diesem Mann frei reden. Er liebt unseren Herrn und schreibt über ihn. Und er ist von weit her gekommen, um etwas über ihn zu erfahren!«

»Maria läßt sich nie täuschen«, meinte Isaak, erleichtert aufatmend, und schickte seinen Enkel weg. Nun wandte er sich zu seinem Gast und sprach mit ernster Stimme: »Frage mich über Jesus, was du willst! Maria ist eine entfernte Verwandte von mir, und ich habe sie seit ihren ersten Lebenstagen lieb. Ein so herziges Kind, ein so hübsches Mädchen! Von überirdischer Unschuld und weltabgewandter Weisheit. In ihrer Gegenwart hat man ein Gefühl der Süße wie von Honig. Schon als sie zur Welt kam, habe ich meiner

Frau gesagt: ›Sie ist ohne Sünde empfangen und geboren worden.‹ Man brauchte nur ihr Gesicht anzusehen, um das zu wissen.«

Er legte die verkrümmten alten Hände auf die Knie und ließ den bärtigen Kopf auf die Brust sinken. »Maria und Joseph waren aus dem Hause David. Die uns bekannten Weissagungen über den Messias sprachen davon; sie besagten auch, daß der Erlöser Israels in Bethlehem zur Welt kommen und daß er so sterben würde, wie es tatsächlich in Jerusalem geschah. Seit Jahrhunderten sind diese Dinge bekannt. Als die Prophezeiungen sich jedoch erfüllten, da wollten die Leute nichts davon wissen, bis auf die sehr einfachen und die verzweifelten Menschen.«

Lange sprach Isaak. Vieles, was er erzählte, war seinem Zuhörer schon bekannt, vieles aber noch nicht. Die Lampe flackerte an der Wand; mit schrillem Ton flogen Insekten in den Raum und surrten wieder hinaus. Draußen zirpten die Grillen, und manchmal ließ ein Nachtvogel seine Stimme erschallen.

Isaak erzählte seinem Gast, wie Maria sich nach der Geburt ihres Sohnes der im mosaischen Gesetz vorgeschriebenen Reinigung unterzogen und wie sie Jesus nach Jerusalem gebracht hatte, um ihn Gott darzustellen. Joseph war ein armer, biederer Mann und konnte nur wenig Geld für das übliche Opfer aufwenden; alles, was er erschwingen konnte, war ein Paar Turteltauben, die er in einem Käfig nach Jerusalem brachte. »Die dort im Tempel verkäuflichen Tauben konnte er sich nicht leisten«, erklärte Isaak mit einiger Bitterkeit. »Wie können nur Menschen so habgierig sein, an heiligen Dingen Geschäfte machen zu wollen?«

Er sprach von dem alten Simeon, der sehr fromm gewesen war und den beim Anblick des Christuskindes während der Darstellung im Tempel plötzlich die Kraft des Heiligen Geistes erfüllte. Ihm war geoffenbart worden, er würde nicht sterben, bis er den Gesalbten des Herrn gesehen hätte. Er nahm das Kind in die Arme, lobte Gott und sprach: »Nun entlässest Du, Herr, Deinen Knecht nach Deinem Worte in Frieden; denn meine Augen haben Dein Heil geschaut, das Du bereitet hast vor dem Angesicht aller Völker, ein Licht zur Erleuchtung der Heiden und zum Ruhm Deines Volkes Israel.«

Simeon segnete dann Maria und Joseph und sagte zu der jungen Mutter: »Siehe, dieses Kind ist gesetzt zum Falle und zur Auferstehung vieler in Israel und zu einem Zeichen, dem widersprochen wird – auch deine eigene Seele wird ein Schwert durchdringen –, auf daß die Gedanken vieler Herzen offenbar werden.«

»Ich war dabei«, sagte Isaak und breitete die Arme aus. »Mit eigenen Ohren habe ich diese Worte gehört. War Maria erstaunt oder erschrocken? Nein. Sie schien alles zu wissen. Und doch wurde ihr junges Gesicht bei Simeons Worten bekümmert.«

»Und als die drei aus Jerusalem zurückkamen?« fragte Lucanus freundlich.

»Sie wurden, was man von ihnen erwartete. Eine gute Mutter und Hausfrau: das war Maria. Ein braver Zimmermann: das war Joseph. Und ein stiller, hübscher Junge: das war Jesus. Sie lebten in schönster Eintracht mit ihren Nachbarn.

Nun, von unseren Zeloten wirst du gehört haben? Ja. Sie trugen nichts im Sinn, als ihr Heiliges Land aus den Händen der Römer zu befreien. Es wurde viel gemunkelt von Aufstand, von einer Vertreibung der Römer aus unserem Lande, der Römer mit ihrer Überheblichkeit und ihren Steuern. Besonders erwärmt dafür haben sich die Galiläer; für einfache Menschen ist ja alles einfach. Sie schienen sich nicht der Tatsache bewußt zu werden, daß Rom die Welt beherrschte, daß es über hundert kampffähige, schwerbewaffnete Legionen verfügte. Die Galiläer, denen nur wenige Römer zu Gesicht kamen, konnten leicht davon träumen, es wäre doch gar nichts dahinter, die fremden Eindringlinge ins Meer zu jagen und das Heilige Land zu befreien. Dazu brauchte man nur einige scharfe Messer und Steine und einen festen Willen. Die Juden hatten die babylonische und die ägyptische Fremdherrschaft abgeschüttelt. Sie konnten, mit Gottes Hilfe, auch Rom loswerden.

Alle unsere Zeloten waren junge Leute. Sie versuchten, auch Jesus, den jungen Zimmermann, in ihre Reihen zu ziehen. Aber für solche Dinge hatte er nichts übrig; seine Augen blickten träumerisch in die Ferne. Das ärgerte die glühenden Vaterlandsfreunde. Wie konnte ein junger Mann sich abseits stellen, wenn es darum ging, die Heiden vom Heimatboden zu vertreiben und die heiligen Stätten von ihnen zu säubern? Jesus wurde unbeliebt. Manche höhnten, Maria habe wohl für diesen ihren einzigen Sohn ganz besondere Dinge vor. Sie schickte ihn auf die Synagogenschule! Einmal hatte er den Eiferern, die ihn in seinem Elternhause aufsuchten, gesagt: ›Mein Reich ist nicht von dieser Welt.‹ Das war unfaßbar! Ein Reich? Für einen Galiläer? Der Junge war verrückt! Die Zeloten spotteten; die alten Männer schüttelten die Köpfe. Maria ließ ihrem Sohn eine Ausbildung angedeihen, die weit über Gebühr und Bestimmung hinausging!

Jesus war sehr eigenartig. Er streifte in der Umgebung umher und betrachtete lächelnd alles, was da blühte und kroch und flog. Manchmal setzte er sich auf einen Felsblock und sann nach, mitten im heißen Sonnenschein. Ich sage dir, Lucanus, niemanden verabscheuen die Nachbarn so sehr wie einen Menschen, der sich von ihnen unterscheidet. Wenn jemand es wagt, anders zu sein als sie, fühlen sie sich gekränkt und bedroht. Wer in einer Gemeinschaft lebt, muß sich ihren Vorstellungen und Gebräuchen anpassen; sonst ist er wie ein herrenloser Köter, eine tödliche Beleidigung für die als ›zugehörig‹ Anerkannten. Er muß sich Haar und Bart auf die übliche

Weise kämmen; er muß den anderen nach dem Munde reden. Wenn er sich den Anerkannten gegenüber lau verhält, ist er ihr Feind. Die Leute sind sehr dumm. Habe ich recht, Herr?«

»Die Dummheit hat mehr Greueltaten auf dem Gewissen als alle Armeen der Welt«, bekräftigte Lucanus. »Man könnte die Dummen bemitleiden, wenn sie nicht so unüberwindlich, so lautstark, so selbstbewußt wären. Doch sie sind furchtbar in ihrer grenzenlosen Macht.«

»Aber soll man sie trotzdem bemitleiden, Herr?«

Lucanus überlegte; dann schüttelte er den Kopf. »Niemand – außer, er ist mit einem geistigen Gebrechen zur Welt gekommen – hat eine Entschuldigung dafür, wenn er ein Dummkopf wird oder ein Mensch ohne Persönlichkeit, der sich seiner Umwelt so genau wie möglich angleicht.«

Isaak wackelte mit dem bärtigen Kopf. »Nicht, als hätte Jesus irgendeine der levitischen Vorschriften außer acht gelassen oder seinen Lehrern mit ketzerischen Fragen zugesetzt oder die Anschauungen der Pharisäer in Zweifel gezogen. Indes stach er, auch für das stumpfeste Auge, von den anderen ab; daher die Erbitterung vieler seiner Nachbarn. Die Gebete und die Psalmen sprach er in der Synagoge mit Innigkeit und Hingabe und mit Tränen auf den Wangen. Joseph belehrte ihn über seinen Stammbaum und über seine Vorfahren. Er unterwies ihn im Zimmermannshandwerk; die Juden vom alten Schlage halten es nämlich nicht für hinreichend, nur den Geist auszubilden. Man muß, sagen sie, auch die Hände gebrauchen lernen; die Kenntnis eines Gewerbes sei ebenso wichtig wie Bücherwissen. Bei allen diesen Dingen hielt Jesus sorgfältig die Bräuche ein. Vielleicht war, was an ihm auffiel, der in die Ferne gerichtete Blick seiner Augen, sein häufiges Schweigen, sein merkwürdiges Lächeln, die Art, wie er ging. Als Kind spielte er gleich jedem anderen Kind und war stark und munter und hatte ein helles Bubenlachen. Und doch unterschied er sich von seiner Umgebung.

Wir sehr wenigen, die die Weissagungen verstanden und die Umstände seiner Geburt und seiner Bestimmung kannten, wir fanden ihn nicht seltsam. Aber die Nachbarn erbosten sich über ihn. War er hübscher als andere gleichaltrige Jungen? Das war schwer zu entscheiden. Ich kann nur sagen, daß selbst denen, die nicht wußten, wer er war, bei seinem Anblick das Herz rascher schlug. Er beunruhigte alle, die ihn sahen; und die Menschen haben es nicht gern, wenn man sie aus ihrer Ruhe scheucht.«

Der gelbe Mond blickte in die Kammer, und irgendein gepanzertes Tier rasselte über die Steine des Hofes. Isaak erzählte vom Auftreten Johannes des Täufers im Jordantal, der zu den Leuten sagte: »Ich taufe euch nur mit Wasser. Es kommt aber einer, der stärker ist als ich, dessen Schuhriemen aufzulösen ich nicht wert bin; er wird euch im Heiligen Geist und im Feuer taufen.«

Johannes war ein zornmütiger Mann. Jesus wußte, daß er mit ihm verwandt war. Johannes trug nicht einen Purpurmantel mit langen weißen Fransen wie die Pharisäer; sein Kopf war nicht mit dem spitzen Turban der Leviten bedeckt. Er war ein ruppiger Geselle aus der Wüste, mit kupferrotem Bart, dunklem Gesicht, kräftiger, furchterregender Stimme. Wenn er in Wut geriet, brüllte er wie ein Stier; und er geriet oft in Wut. Zur Kleidung dienten ihm Tierfelle. Aber er redete sehr machtvoll; die Leute hörten ihm zu – sogar die Römer, denen er begegnete. Seine innere Glut war so unwiderstehlich wie die Kraft der Sonne.

Ohne Unterlaß sprach er von dem Heiland, dessen Kommen bevorstehe. Die Zuhörer gerieten in Erregung. Die Tage der Römer waren also gezählt! Der Messias würde die fremden Zwingherren bis zum letzten Mann ins Meer werfen und sein Volk Israel befreien und sich auf einen goldenen Thron setzen. Und die Welt würde auf ihn blicken und sagen: ›Wie mächtig ist der König, und wie mächtig ist Israel!‹ Sinai würde wieder von Blitz und Donner umwittert sein, und dem ganzen Erdkreis würde das Gesetz neu verkündet werden; und Erzengel würden im Himmel über dem Tempel von Jerusalem stehen! Die Herzen der Menschen hüpften vor Hoffnung und Freude, wenn sie den Täufer reden hörten, obwohl er in Wirklichkeit nichts von dem sagte, was sie sich erwarteten. Sie glaubten diese Dinge bloß in ihren Seelen. Woran sollten sie denn sonst den Messias erkennen? Die Weissagungen vergaßen sie.

»Auch mein Enkel Ezechiel ist zum Jordan gewandert, um sich von Johannes taufen zu lassen«, erzählte Isaak weiter. »In der Nähe des Ufers stand eine große Menschenmenge, und über ihr Summen und Murmeln erhoben sich die lauten Mahnungen des taufenden Johannes. Er verlangte innere Einkehr und verhieß Vergebung der Sünden. Zwischen diese Aufforderungen und Verkündungen streute er seine Ansichten über das Menschengeschlecht im allgemeinen ein – sehr wenig schmeichelhafte und sehr offenherzig ausgedrückte Ansichten. Der gelindeste dieser Aussprüche war der folgende: ›Natterngezücht! Wer hat euch beigebracht, daß ihr dem bevorstehenden Zorngericht entfliehen könntet? Bringet also würdige Früchte der Bekehrung und fanget gar nicht erst an, bei euch zu sagen: Wir haben Abraham zum Vater. Denn ich sage euch: Aus diesen Steinen hier vermag Gott dem Abraham Kinder zu erwecken! Schon ist die Axt an die Bäume gelegt. Jeder Baum, der keine gute Frucht bringt, wird umgehauen und ins Feuer geworfen.‹

Die Frauen weinten, und die Männer schlugen sich an die Brüste, und die Kinder schrien. Und alle traten ans Flußufer, um sich taufen zu lassen und um zu bekennen, wie arme Sünder sie waren. Dabei mögen sie einen Schauer der Heiligkeit und Reinigung verspürt haben; aber ich bin überzeugt davon, daß sie gleichzeitig aufs äußerste erregt waren von dem Gedanken an den kommenden Messias, der sie zu Fürsten in Israel machen und zu seiner Rechten thronen lassen würde. Einige waren aus Nazareth, darunter auch mein Enkel.

Johannes war eben dabei, wiederum und mit noch mächtigerer Stimme die Übeltaten der Menschheit zu brandmarken – er war ein Mann, der auch die kleinste Verfehlung unerbittlich verurteilte und in dessen Seele wenig mitfühlende Güte wohnte –, als plötzlich über ihm auf der Uferböschung Jesus erschien. Woher kam es, daß augenblicklich alle Menschen, jäh verstummend, die Köpfe erhoben und den Zimmermannssohn anstarrten? Nur wenige aus Nazareth kannten ihn; aber auch sie schwiegen. Er stand am Ufer des tiefgrünen Flusses, und ein Bündel Sonnenstrahlen vergoldete ihm Haar und Bart; und aus seinen blauen, mitleidsvollen Augen blickte er auf Johannes und die schluchzende Menge hinunter.

Nach Ezechiels Schilderung hatte er, als er in seinem Bauerngewande barfuß dastand, die Erhabenheit eines Königs und den Glanz eines großen Fürsten, die Würde eines Propheten, die achtunggebietende Persönlichkeit eines Moses. Man meinte, eine himmlische Erscheinung zu schauen. Auch jene, die ihn kannten, waren von scheuer Ehrfurcht erfüllt, weil sie ihn nie zuvor so gesehen hatten, so in überirdische Macht gehüllt.

Als Johannes ihn erblickte, unterbrach er seine Strafpredigt und streckte mit feuchtschimmernden Augen seinem Vetter die Hände entgegen. Und mitten in der unerklärlichen Stille schritt Jesus die Uferböschung hinab und bat den heiligen Mann, ihn zu taufen. Johannes war bestürzt; ehrerbietig führte er die Hände zur Stirn und verschränkte dann die Arme über der Brust.

Mit leiser Stimme sagte er: ›Ich hätte es nötig, von dir getauft zu werden, und du kommst zu mir?‹

Jesus lächelte liebevoll und blickte die Menschenmenge an und neigte das Haupt. Er trat ins Wasser und wartete ruhig. Am Ufer drängten sich die Leute. Einige Nazarener flüsterten den Nächststehenden zu: ›Aber das ist doch Jesus, unser Nachbar, unser Zimmermann, der Sohn der Maria und des Joseph! Wir kennen ihn.‹ Sie starrten hinunter auf die beiden Männer im Fluß – den einen so ungebärdigen, den anderen so stillen und würdevollen. Und nun taufte Johannes den jungen Jesus, hob das grüne Wasser in zitternden Händen, mit unfaßbar demütiger Miene und mit Tränen in den Augen. Die dichten Bäume und Sträucher warfen smaragdenes Licht auf die beiden; nur Bart und Kopfhaar Jesu leuchteten wie Gold.

Und unmittelbar nach der Taufe, da geschah etwas Merkwürdiges. Über die Einzelheiten gehen allerdings die Berichte auseinander. Jedenfalls fiel plötzlich helles Licht auf Jesu Gestalt, als hätten die Baumkronen eine Lücke geöffnet, um das Sonnenlicht in vollem, feurigem Glanze durchzulassen; und das Leuchten wurde so blendend, daß man kaum hinblicken konnte. Ein weißer Vogel schwebte aus dem Nichts auf Jesu Schulter herab, und vom Himmel her wurde eine mächtige Stimme vernehmlich: ›Du bist Mein geliebter Sohn; an dir habe Ich Mein Wohlgefallen gefunden.‹ «

»Ezechiel schwört, daß es so war, mein lieber Lucanus«, betonte Isaak und wischte sich mit dem Ärmel Tränen aus seinen alten Augen. »Und mein Enkel hat nie im Leben eine Unwahrheit gesprochen. Er ist sehr aufgeregt hierher nach Nazareth zurückgekommen und hat mir, von Schluchzen geschüttelt, sein Erlebnis erzählt. ›Ich habe die Stimme Gottes gehört!‹ hat er wieder und wieder gerufen und hat sich die Hände über die Ohren gelegt, als wollte er den Klang festhalten. Er war ganz außer sich vor Verzückung und Furcht, dieser sonst so verhaltene junge Mann.

Als die anderen Nazarener heimkamen, waren viele von ihnen in der gleichen Gemütsverfassung wie Ezechiel. Sie umlagerten das bescheidene Haus, wo seit Josephs Tode Maria und ihr Sohn allein wohnten. Sie riefen nach Jesus; und schließlich trat er über die Schwelle, und sie warfen sich vor ihm nieder, mit der Stirn den Boden berührend. Und er segnete sie mit seinem gütigen, mitleidsvollen Lächeln. Er kannte seine Landsleute; er wußte, wie arm sie waren, wie verachtet von den Leviten und den Pharisäern, wie bedrückt durch römische Steuern, wie hoffnungslos. Er liebte sie; sie gehörten zu ihm.

Aber etliche unter den Nazarenern konnten sich nicht genug tun an zornigem Spott. Sie hätten, erklärten sie, nichts von einem Wunder am Jordan bemerkt. Was? Dieser Zimmermann mit seinem vornehmen Getue? Dieser Sohn Marias, der noch ärmer war als sie selbst? Welche Anmaßung! Noch nie waren aus Nazareth Propheten hervorgegangen, und schon gar nicht aus den Kreisen, denen sie und er angehörten. Wenn leichtgläubigere Mitbürger behaupteten, sie hätten Jesus lichtumstrahlt gesehen und eine Stimme vom Himmel gehört und einen weißen Vogel sich auf seine Schulter niederlassen sehen, so war das Selbsttäuschung – ja, geradezu Gotteslästerung!

Es kam zu wütenden Auseinandersetzungen zwischen Freund und Freund, zwischen Vater und Sohn, zwischen Mutter und Tochter, zwischen Nachbar und Nachbar. Kurz darauf verließ Jesus unsere Stadt,und es hieß, er sei zu frommen Betrachtungen in die Wüste gegangen. ›Er ist ein Zelot‹, erklärten einige mit finsterer Miene. ›Er wird uns bösen Verdruß mit Rom bereiten. Ist nicht unser Leben so schon hart genug, ohne neue Unannehmlichkeiten? Erinnert ihr euch nicht, wie es uns ergangen ist, als die Römer vor ein paar Monaten eine Zelotenjagd veranstalteten?‹ «

Es war sehr spät geworden, und trotz aller Angeregtheit konnte Isaak sein Alter und seine Müdigkeit nicht verleugnen. Lucanus hätte ihm die ganze Nacht über zuhören können; als er aber seine erschöpfte Miene sah, stand er auf, wünschte ihm angenehme Ruhe und ging in sein Zimmer.

In der Abgeschlossenheit der vier Wände schrieb er an seinem Evangelium. Das Licht des gelben Mondes lag auf seiner Schulter, und die Lampe wurde trüb. Irgendwo bellte ein einsamer Hund, und in der Ferne antworteten Schakale mit ihrem wilden Heulen. Lucanus schrieb rasch und gönnte sich erst Ruhe, als er Isaaks Bericht zur Gänze aufgezeichnet hatte.

Schließlich wandelte die Dämmerung den Himmel zu Perlmutter, und Vögel riefen der noch nicht aufgegangenen Sonne ihren Gruß entgegen. Lucanus ging zu Bett, betete und fiel friedlich in Schlaf. Ihm träumte, er stünde am Ufer des Jordan. Ein in Licht gekleideter Mann kam durch den Fluß auf ihn zu, und er sank auf die Knie. Er fühlte sich in blendenden Glanz getaucht und legte die Hände über die Augen.

LIII

Am Morgen klopfte Ezechiel an Lucanus' Tür; und als der Arzt öffnete, sah er, daß die Miene des jungen Mannes angstvoll und unsicher war. Er schob ein Päckchen in die Hand des Gastes und stammelte: »Das hat heute früh ein römischer Soldat gebracht, aus Tiberias, für dich.«

»Sei unbesorgt!« sagte Lucanus freundlich und legte Ezechiel die Hand auf die Schulter. »Das sind bloß Briefe für mich, die mir mein Jerusalemer Freund, Hillel ben Hamram, nachgeschickt hat!«

Er setzte sich auf das Bett und las die Briefe, die man zunächst in Hillels Haus zugestellt hatte. Da war ein Schreiben seiner Mutter Iris, ein zweites von Aurelia, seiner Schwester, eines von Priscus und schließlich eines von Plotius. Er las sie alle voll Liebe. Manchmal seufzte er. Würde er die Menschen, denen seine Zuneigung gehörte, nochmals sehen? Die Mutter war alt. Aber zum erstenmal beschwor sie ihn nicht, nach Rom zu kommen, nicht einmal für einen Besuch. Sie schrieb: »Teurer Sohn, Du mußt so handeln, wie Deine Seele es Dir eingibt, und ich werde es verstehen. Ich hatte einen Traum, worin mir kundgetan wurde, daß Du nicht länger Deiner Familie gehörst, daß Gott Dich berufen hat und daß Du Ihm gehorchen mußt. Aber denke in Liebe an uns; Du bist ja immer in unseren Herzen.«

Von der Familie gab es viele angenehme Nachrichten, und Lucanus freute sich darüber. Aber um Tiberius Cäsar stand es schlecht; und Rom hoffte insgeheim auf seinen Tod, weil er ein grausamer Wüterich geworden war, bar jeden Mitleids oder Erbarmens. Seine Übeltaten waren Legion. Es schien, als nähme er furchtbare Rache an seinem Reich und seinem Volk. Lucanus seufzte. Mögen die Untertanen, dachte er, auf der Hut sein vor dem Zorn des Herrschers; denn sie sind schuld, wenn er das Maß verliert.

Dann las er Hillels Brief, mit wachsender Anteilnahme und Bewegung. Zunächst erwähnte sein alter Freund, er warte auf Lucanus' Rückkehr, um Ariehs und Leas Hochzeit auszurichten. Dann berichtete er von einem Besucher, der in seinem Hause weilte.

»Ich schrieb Dir schon – Du wirst Dich erinnern, lieber Lucanus – von Saulus aus Tarsos, der als römischer Bürger auch Gaius Julius Paulus heißt. Er ist Pharisäer. Früher war er überaus engstirnig in seinen religiösen Ansichten und hielt, trotz seiner Stellung in der römischen Gesellschaft und seines hohen Ranges als Rechtskundiger und Mitglied des Synedriums, alle Vorschriften des Glaubensgesetzes strenge ein. Er war auch ein stolzer, anmaßender Mann, wie alle Juristen sehr wortgewandt, aber in seinen Meinungen außerordentlich unnachgiebig. Zum Teil hängt das mit seiner Gemütsart zusammen. Er neigt zur Buchstabengläubigkeit, zu starkem Gefühlsüberschwang, zu Anfällen von Überheblichkeit. Er läßt niemanden vergessen, daß er ebensowohl römischer Bürger ist wie Jude aus vornehmer, einflußreicher Familie; Unbotmäßigkeit konnte er nie ertragen und sann immer gleich auf Vergeltung. Für einen jungen Mann war er stets ungewöhnlich starrsinnig und in seinem Stolz ganz furchtbar freimütig. Bei Gericht fürchtete und bewunderte man seine anwaltlichen Fähigkeiten.

Vor allem war er jederzeit ein frommer Jude, voll Haß gegen jeden, der die Thora auch nur in der kleinsten Einzelheit anzuzweifeln wagte. Als er von Jesu, dem schlichten Nazarener, hörte und von den Gerüchten, er sei Gottes Sohn, war er empört und fühlte sich persönlich gekränkt. ›Nie ist etwas Gutes aus Nazareth gekommen‹, hat er mir einmal geschrieben. ›Wenn Gott uns unseren Messias schickt, wird er, umringt von Erzengeln, unter Posaunenschall, wie ein Blitz aus dem Himmel herniederfahren; und alle werden ihn erkennen, und die Völker der Erde werden vor ihm die Knie beugen. Wie kann es dieser Bauer, dieser Zimmermann, dieser Jesus von Nazareth wagen, sich von dem einfältigen Volk als Erlöser ausrufen zu lassen? Das ist Gotteslästerung! Ich bin voll Zorn, und gerechter Unmut erfüllt mich. Narren und roher Pöbel verletzen das göttliche Gebot. Du weißt, wie sehr ich immer die Nichtwisser verachtet habe, die ihre Gebete abhaspeln und von dem wirklichen Gesetz und seiner tieferen Bedeutung keine Ahnung haben. Wenn es nach mir ginge, würden diese Leute in die äußeren Tempelhöfe verbannt; denn ihr Geruch und ihre stumpfen Mienen sind eine Schmach angesichts der Glorie Gottes! Und ihre Opfer sollte man zurückweisen.‹

Ich fürchte, Lucanus, daß meine Briefe an ihn seine Wut nur gesteigert haben. Wie konnte ich, Hillel ben Hamram, ein Mann aus angesehener jüdischer Familie, ein Gelehrter, ein Würdenträger, im Tempel geehrt, mich so verblenden lassen von den Gerüchten über diesen Jesus, diesen Bauern aus den öden Bergen und Abgründen und Schluchten von Galiläa? Ich war einem bösen Zauber zum Opfer gefallen! Unerhört! Und obwohl man die Christen auseinandergejagt hatte, stifteten sie schon wieder viel Unfrieden, zankten sich in Damaskus mit ihren Nachbarn und höhnten die Heiligen Schriften, indem sie behaupteten, der Messias sei von einer Jungfrau aus einfacher Familie geboren, habe überall in Israel gepredigt, habe die Priester, die berufenen Hüter des göttlichen Gesetzes, geschmäht, sei den Pharisäern, den Eiferern für dieses Gesetz, entgegengetreten und habe sie Heuchler und Natterngezücht genannt. Aber freilich war er dann gekreuzigt worden, verdientermaßen, weil er das Volk gegen Rom aufgehetzt und damit in tödliche Gefahr gebracht hatte!

Als Bevollmächtigter des Synedriums war Saulus nach Damaskus gereist, mit der ausdrücklichen Aufgabe, jenen Geheimbund zu zerschlagen, den die Römer als Auflehnung gegen die Staatsgewalt ansahen, den er selbst aber als Gotteslästerung betrachtete. In Begleitung von Amtsgenossen und mit einer Bedeckung römischer Soldaten ritt er seines Weges, voll Wut und

Mordgier. So entflammt war er, daß er nicht einmal in einer Herberge übernachtete, sondern ohne Rast wie ein Wirbelwind nach Damaskus eilte.

Und nun erzählt er, der jetzt als Freund und Gast in meinem Hause weilt, mir die wunderlichste und seltsamste aller Begebenheiten. Bei der Schilderung des Vorfalls erfaßt ihn jedesmal so leidenschaftliche Erregung, als wäre ich ein Ungläubiger und er der Prediger, der mich überzeugen müßte!

Er trabte an der Spitze seines Gefolges auf der Straße nach Damaskus; sein Haar und Gewand flatterten im schnellen Ritt. Plötzlich wieherte sein Pferd laut und bäumte sich auf, und er hatte alle Mühe, es im Zaum zu halten. Hinter ihm versuchten seine Begleiter ihre Pferde zu zügeln, mühten sich mit ihnen ab und fluchten; sie zuckelten auf der Straße hin und her und ließen die Gerten sausen, während die Vorderhufe der Tiere wie rasend in die Luft schlugen und das Zaumzeug im Mondlicht glitzerte.

Dann erschien dem Saulus ein gewaltiges Licht, wie eine neue Sonne; und mitten darin sah er eine leuchtende Gestalt, dornengekrönt und in blendende Helle gekleidet. Und die Gestalt hob die von Wundmalen durchbohrten Hände und rief dem Eiferer mit mächtiger, aber gütiger Stimme zu: ›Saulus, Saulus, warum verfolgst du mich?‹

Zwischen den Fingern, die er schützend vor die Augen gelegt hatte, blickte Saulus auf die Gestalt. Und ein furchtbares Zittern befiel ihn, und ein Gefühl drückendster Schuld und tiefster Ehrfurcht. Er wußte nicht, was er tun oder antworten sollte. Seine Seele war zerissen und erschüttert. Es war der Messias, den zu verfolgen und dessen Jünger zu töten er sich auf den Weg gemacht hatte! Er blickte in das herrliche Antlitz, und sein Herz hüpfte vor Wonne und in Demut. Aber solche Schau kann der menschliche Geist nicht lange ertragen. Von Bewußtlosigkeit umfangen, sank Saulus vom Pferd.

Einige Männer seiner Begleitung hatten überhaupt nichts bemerkt. Andere erklärten, ein blendendes Licht gesehen zu haben, das sie mit Schrecken erfüllte. Jedenfalls kehrte Saulus nach Jerusalem zurück, als gewandelter, geläuterter Mann, in Tränen aufgelöst, voll Seligkeit und Qual zugleich und voll leidenschaftlicher Liebe. Er hatte den Auferstandenen gesehen. Seine ganze ungestüme Wesensart bejahte das, was diese gleiche Wesensart eben erst mit Verachtung und Abscheu von sich gewiesen hatte.

Jetzt wohnt er bei mir. Er will, so sagt er, so bald wie möglich nach Joppe reisen, zu Petrus, um sich von ihm taufen zu lassen und Anweisungen zu holen. Dann will er selbst für die Verbreitung des Glaubens an Christus tätig sein. Er hat mir erklärt: ›Unser Herr ist nicht nur zu den Juden gekommen, sondern auch zu den Heiden. Denen will ich Stimme sein und sie zum Heile führen!‹ Wohlgemerkt, das hat der stolze Gaius Julius Paulus gesagt!

Ich habe ihm nahegelegt, zu warten, bis Du von Deiner Reise nach Galiläa, von Deinem Besuch bei Maria, zurückkommst. Er ist noch immer ein sehr ungeduldiger Mann und wollte zuerst nicht bleiben. Mit dem Werke, das ihm aufgetragen sei, könne er keinen Augenblick säumen. Ich habe ihm Deine ganze Lebensgeschichte erzählt, teurer Freund. Und jetzt hat er sich entschlossen, mit Dir zusammen Petrus aufzusuchen.

Wie Petrus, der schlichte Galiläer, der ärmliche Fischer, sich zu ihm stellen wird, weiß ich nicht. Saulus ist so unbändig; selbst jetzt kann er nicht vergessen, daß er aus vornehmem jüdischem Geschlecht und römischer Bürger ist. Er strömt über vor Begeisterung und Anbetung. Wird er mit Petrus in Streit geraten? Und Petrus mit ihm? Saulus glaubt, von unserem Herrn eine besondere Weihe empfangen zu haben, eine Weihe, die, wie er andeutete, sogar weit über die den Aposteln verliehene Gnade hinausgeht. Wird er anmaßend zu Petrus sein? Demut fällt ihm schwer. Petrus sah und glaubte. Saulus hat den Herrn nicht in dessen Körperlichkeit gesehen; aber nun glaubt er an ihn mit einer jubelnden Hingabe, die manchmal beängstigend wirkt. Sogar mich schulmeistert und rügt er, wo doch ich es war, der ihm schon lange ins Gewissen geredet hat. Es ist, als beherbergte man einen Sturmwind im Haus; die ganze Nacht geht er auf und ab, murmelt vor sich hin und betet.

Gestern hat er mir gesagt: ›Für diesen Lucanus interessiere ich mich sehr. Was du mir von ihm erzählt hast, geht mir im Kopf herum. Aber er ist Heide, und ich muß ihn erst bekehren. Die Heiden haben verhärtete Herzen; und ich bin ausgesandt, ihnen den Glauben zu bringen.‹ Ich mußte ein Lächeln unterdrücken. Manchmal redet er mir fast ein, daß ich ein Dummkopf bin, der von der Botschaft des Messias keine Ahnung hat. Und jetzt, liebster Lukas, erwarten wir Dich.«

Es war zum erstenmal, daß jemand Lucanus gegenüber diese Verkleinerungsform seines Namens, diesen Kosenamen Lukas, gebrauchte. Immer wieder las er Hillels Brief. Und seine Erregung wuchs. Er hatte ein Vorgefühl, daß Saulus und er sich gut verstehen würden. Keiner von ihnen kannte Jesus von Angesicht. Nur mit ihren Seelen hatten sie ihn geschaut; und sicherlich war die seelische Schau reiner als das Bild sterblicher Augen. Mit jäher, unerklärlicher Zuneigung dachte er an Saulus. Er lächelte, als er sich diesen stolzen, ungestümen Mann vorstellte, der römischer Bürger war wie er selbst. Dieser Saulus wird, so dachte er, große Dinge vollbringen. Er wird mit leidenschaftlicher Überzeugungskraft sprechen. Er wird für die Apostel, die den Heiden noch immer mit Argwohn und Furcht gegenüberstehen, eine anfeuernde Peitsche sein. Auch für die Heiden selbst wird er eine solche Peitsche sein.

Nachdem Lucanus in seinem Zimmer das Abendbrot eingenommen hatte, holte er sein Malgerät hervor. Er wollte Marias Antlitz für alle Zeiten festhalten. Er vergegenwärtigte sich ihre schönen, friedsamen Züge, ihre Erhabenheit, ihre Anmut, ihre ruhevolle, überirdisch strahlende Erscheinung. Er vergegenwärtigte sich ihre durchdringenden, aber freundlichen Augen, ihr tapferes Lächeln, ihr rührendes Gehaben. Er begann zu arbeiten. Doch Maria entzog sich seiner Gestaltung. Sie war zugleich alt und doch unsterblich jung, schlicht und doch tief. Wie sollten armselige Farben sie wiedergeben, sie, die Mutter Gottes?

LIV

Lucanus ging zu seinem letzten Besuch bei Maria. Die öde, stille Gasse, in der sie wohnte, bedrückte ihn; die Kiesdecke war voll Löcher, in die der heiße, helle Staub sich gesetzt hatte. Überall starrten ihn verschlossene Fenster und Türen an, ängstlich vor der Sonne zugetan. Ein paar staubige Ziegen und Hühner liefen vor ihm davon. Die sepiabraunen Hügel tanzten in Hitzewellen unter einem ehernen Himmel. Lucanus war froh, daß Maria bald nach Jerusalem übersiedeln wollte, zu dem jungen Mann, Johannes, in dessen Obhut ihr Sohn sie gestellt hatte. Johannes hatte von ihr mit Tränen in den Augen und einer vor tiefer Verehrung zitternden Stimme gesprochen; so brauchte Lucanus nicht zu befürchten, daß Jesu Mutter vernachlässigt werden könnte.

Auf sein Klopfen öffnete Maria die Tür und ließ ihn, freundlich lächelnd, die steile Steintreppe in den Kellerraum hinabsteigen, wo es kühl war. Sie hatte auf dem Holztisch ein Mahl vorbereitet: Honig in einer Wabe, frisches Brot, Obst und Käse, Ziegenmilch und Wein. Unbestimmtes blaues Licht durchsickerte den armseligen Raum, in dem Maria ein leuchtender Schatten war. Während ihr Gast zugriff, saß sie da und betrachtete ihn; ihre Hände waren auf den Knien gefaltet, ihr schönes Gesicht blieb regungslos.

Lucanus hatte ihr Bild auf Holz gemalt; doch als er jetzt sie anblickte, war er von seiner Arbeit enttäuscht. Er hatte gedacht, schließlich doch ein getreues Abbild von ihr geschaffen zu haben. Aber sie schien inzwischen wieder gewandelt. Nun war sie eine scheue Jungfrau, vornehm und verhalten, den Blick träumerisch in die Ferne gerichtet. Von ihrer Haut ging ein Leuchten aus, daß rings um sie ein Schimmer lag.

Lucanus fragte: »Edle Frau, wußte dein Sohn immer, wer er war? Schon von Kindheit an?«

Maria dachte nach; dann neigte sie den Kopf. »Ich glaube wohl. Ja, bestimmt. Schon in der Wiege, die Joseph, mein Gatte, so liebevoll selbst gefertigt hat, schien er immer zu sinnen. Er war ein ganz besonders braves Kind. Nie hat er geschrien, auch nicht, wenn er Hunger hatte. Von seiner Geburt an kannte er uns offenbar. Manchmal hielt ich in der Nacht eine Lampe über ihn, um mich zu vergewissern, ob alles in Ordnung war und ob er schlief. Dann öffnete er die lieben Augen und sah mich beruhigend an.

Er wurde ein starker, kräftiger Junge, folgsam und oft einsilbig. An den Spielzeugen, die Joseph ihm machte, hatte er große Freude; er spielte wie alle Kinder. Aber mitten im Spielen wurde er oft still, als dächte er über etwas nach. Das ärgerte die anderen Kinder, wie seine Gewohnheit, sich plötzlich von ihnen zurückzuziehen, um allein zu sein.

Von seiner Geburt und seiner Berufung sprachen wir Eltern nicht zu ihm.

Wir verstanden uns alle ohne Worte. Einmal fand er mich weinend, weil ich sein Schicksal dunkel ahnte, aus den Weissagungen und aus den Worten des alten Simeon im Tempel. Ich bin eine Mutter, Lucanus. Mein Sohn war mir teurer als das eigene Leben; und manchmal brach mir fast das Herz, und ich verstieg mich zu dem Zweifel, ob denn die Welt seiner wert sei. Als er mich weinen sah – er war damals zehn Jahre alt –, trat er zu mir, schlang die Arme um mich und drückte mich an seine kindliche Brust, geruhsam und tröstend. Er fragte nichts. Er trocknete mir freundlich die Augen, und ich brach wieder in Schluchzen aus. Schließlich sagte er: ›Du darfst nicht weinen, Mutter; ich bin immer bei dir.‹«

Maria unterbrach sich. Sie lächelte zwar, aber in den Augen standen ihr Tränen. Ihre sonst so ruhigen Hände begannen zu zittern.

»Als er mich, nachdem Johannes ihn getauft hatte, verließ und sich für vierzig Tage in die Wüste zurückzog, war mir, als wäre alles Licht aus meinem Leben entschwunden. Ich begriff, daß ich ihn nun nicht mehr besaß, daß er von jetzt ab Gott und der Welt gehörte. Joseph war gestorben. Sehr oft folgte ich meinem Sohn auf seinen Wanderungen; und er machte sich Sorgen meinetwegen, denn ich war nicht mehr jung. Manchmal, wenn die Leute ihn umringten und ihm lauschten, stand ich ganz hinten in der Menge, weil ich ihn nicht durch meine Anwesenheit beunruhigen wollte. Aber seine Augen fanden mich immer, und bisweilen wurden sie traurig. Zwischen uns war stets die größte Liebe und Verehrung, und das innigste Verstehen. Oft, wenn er ganz weit weg war, erschien er mir im Traum, voll Zärtlichkeit und Aufmunterung. Er wußte, daß ich eine Frau war und eine Mutter und daß ich um ihn litt und daß ich in ihm stets vor allem mein leibliches Kind und den Liebling meines Herzens sah.«

In tiefem Schmerz schloß sie die Augen. Und Lucanus wußte, daß sie an die Kreuzigung dachte; denn ihr Antlitz wurde blaß und starr. Nach einer Weile nahm sie wieder mit leiser Stimme ihre Erzählung auf.

»Ein merkwürdiger Abend fällt mir ein. Mein Sohn zählte damals erst vierzehn Jahre. Den ganzen Tag hatte er in der Werkstatt gearbeitet; er war ja ein ausgezeichneter Zimmermann, und es kamen viele Aufträge. Er war müde. Aber an diesem Abend trat er bei Sonnenuntergang aus der Tür und stieg auf den Hügel hinter dem Haus. Kein Mensch befand sich sonst draußen, weil Essenszeit war. Nie sah ich den Himmel so rot wie damals; eine Feuersbrunst schien das Firmament zu verzehren. Selbst die Berge glühten wie flüssige Lava. Ich weiß nicht, warum ich meinem Sohne folgte. Ich blieb weiter unten stehen, auf dem steinigen Pfade, und schaute aus der Ferne zu ihm hinauf. Er trug einen weißen Überwurf, den ich für ihn gewoben und genäht hatte; und er hob sich von der feurigen Landschaft wie eine Statue ab. Er regte sich nicht; es war, als wartete er. So großartig und zeitlos und ehrfurchtgebietend war das Bild, so von gedämpftem Feuerschein lodernd, daß ich für eine Weile die Augen schloß. Als ich sie öffnete, war mein Sohn nicht allein.

Ein großer schwarzer Engel stand vor ihm, ragend, gewaltig. Und ich wußte, daß der Engel, trotz der düsteren Schönheit seiner Züge, die Verkörperung alles Bösen war. Er schien in Flammenglut und Nachtdunkel gekleidet; und seine mächtigen Flügel warfen die Strahlen der untergehenden Sonne zurück wie glattgemeißelter Basalt.

Er und mein Sohn betrachteten einander schweigend; und mein Herzschlag stockte vor Angst, als die beiden sich so gegenüberstanden. Sprachen sie miteinander? Ich weiß es nicht. Obwohl ich mich ganz still verhielt, hörte ich keinen Laut. Mein Sohn war sehr jung, aber hochgewachsen; und er stand aufrecht da, ohne Angst vor dem schrecklichen Engel mit dem schönen, so verfinsterten, und doch so stolzen Gesicht.

Dann sah ich den Engel sich bücken. Er hob mit den Händen etwas bröckelndes Erdreich und zeigte es meinem Sohn; und jetzt hörte ich sein schwaches, spöttisches Lachen. Ich weiß nicht, wie ich es erkannte, aber mir wurde klar: er führte Jesus die Wertlosigkeit der Welt vor. Er warf die Erdbrocken weg und zertrat sie. Und in diesem Augenblick vernahm ich ein leises Donnerrollen, als ginge es von dem Engel selbst aus.

Und nun bückte auch Jesus sich und hob Erde empor und hielt sie liebevoll auf den Handflächen und zerkrümelte sie behutsam zwischen den Fingern. Es war trockene Erde, ohne jede Spur von Pflanzenwuchs; doch während er sie hielt, entsproß ihr plötzlich dichtes grünes Blattwerk voll kleiner, nickender Lilienblüten. Ich roch den Duft; der Wind trug ihn mir zu.

Der Engel blickte auf die Blüten, und er prallte zurück und bedeckte das Gesicht mit den Händen. Dann stieß er einen gewaltigen Schrei aus und verschwand. Und mein Sohn war allein.

Eilends lief ich den Weg hinab ins Haus, und bald kam auch Jesus zurück. Er blickte mich durchdringend an; dann schlang er den Arm um mich und küßte mich auf die Wange. Ich schmiegte mich an ihn. Wir sprachen kein Wort. Wir setzten uns und aßen unser Abendbrot.«

Lucanus blickte diese herrliche Frau an, die so viel erlebt und so viel erlitten hatte. Sie lächelte ein wenig und verfiel wieder in Träumerei. Da kniete er vor sie hin und berührte mit den Lippen ihre Füße, und er bebte vor Ehrfurcht und Liebe. Sie blickte zu ihm hinab, und ihr Antlitz leuchtete, und sie legte ihm die Hand auf das Haupt, und er dachte an seine Mutter Iris.

Maria füllte seinen Becher wieder mit Wein und reichte ihm das Gefäß. Noch kniend trank er und war wunderbar gelabt. »Liebes Kind«, sagte sie, »weine nicht! Bin ich nicht die gesegnetste unter allen Frauen? Freue dich mit mir, daß der Heiland mein Sohn ist!«

Miteinander stiegen sie die Treppe empor und traten hinaus in das strahlende Mittagslicht, das die kleine Gasse nur noch trostloser machte als sonst.

»Jetzt muß ich gehen, edle Frau«, sagte Lucanus. »Ich habe viel vor mir.«

Sie nickte. »Ich weiß. Friede sei mit dir, Lucanus!«

Langsam schritt er durch das schmale Gäßchen davon. Dann, am Ende der Gasse, wandte er sich um und blickte Maria an.

Ihre Gestalt zeichnete sich gegen die heißen, glühenden Berge hinter ihr ab. Und ihm schien, daß sie zu riesenhafter Größe emporwuchs und daß sie in reines Licht gekleidet war und daß ihr Antlitz schimmerte wie der Mond in seinem hellsten Glanz. Unglaublich schön und friedvoll sah sie aus, gefaßt und unverzagt. Und die Gasse lag nicht mehr trostlos.

Maria hob ihm die Hand entgegen, abschiednehmend und segnend.

Alles aber, was Lucanus jetzt und späterhin gehört und gesehen hatte, zeichnete er getreulich auf, in seinem Evangelium und seiner Apostelgeschichte.

LITERATURNACHWEIS

Aristoteles: Politika
Bakewell, Charles M.: Source Book in Ancient Philosophy
Beesly, E. S.: Catiline, Clodius and Tiberius
Broch, Hermann: Der Tod des Vergil
Carcopino, Jérôme: La vie quotidienne à Rome à l'apogée de l'Empire
Cardona, Chiara: Roma Antica
Catholic Encyclopedia, The
Craven, Thomas: Greak Art
Daniel-Rops: Jésus en son temps
Denison, J. H.: Emotions as Basis of Civilization
Dunbar, Flanders: Mind and Body
Durant, Will: The Mansions of Philosophy
Ehrenwald, Jan: From Medicine Man to Freud
Encyclopaedia Britannica
Fernan, John S., S. J.: Christ as Prophet and King
Fillion, L. C.: The Life of Christ
Frazer, James G.: The Golden Bough
Gibran, Kahlil: Jesus, Son of Man
Gollancz, Viktor: Man and God
Haggard, Howard W.: Devils, Drugs and Doctors
Harnack, Adolf: Lukas der Arzt
Johns, C. H. W.: The Laws of Babylonia and Laws of the Hebrew Peoples
Lebreton, Jules, S. J.: La vie et l'enseignement de Jésus-Christ
Lin Yutang: The Importance of Living
Machiavelli, Niccolò: Il principe
Malraux, André: Les Voix du Silence
Merivale, Dean: History of the Romans under the Empire
Mischna
Mommsen, Theodor: Römische Geschichte
Noüy, Lecomte du: La Destinée Humaine
Oman, C. W. C., u. G. Mercer Adam: Greece (History of Nations)
Petronius Arbiter: Satyricon
Philips, J. B.: St. Luke's Life of Christ
Santayana, George: The Realm of Spirit
Steinmueller, John, Rev., S. T. D.: A Companion to Scripture Studies, Vol. 13
Tarver, J. C.: Tiberius the Tyrant
Toynbee, Arnold Joseph: Greek Historial Thought
Walker, Kenneth: The Story of Medicine